Grundzüge der Betriebswirtschaftslehre

Von
Dr. Henner Schierenbeck
o. Professor der Betriebswirtschaftslehre

11., völlig überarbeitete und erweiterte Auflage

R. Oldenbourg Verlag München Wien

Die Deutsche Bibliothek – CIP-Einheitsaufnahme

Schierenbeck, Henner:
Grundzüge der Betriebswirtschaftslehre / von Henner
Schierenbeck. – München ; Wien : Oldenbourg.
   Bis 4. Aufl. d. Hauptbd. im Verl. Schmidt, Giessen
   Bis 4. Aufl. d. Hauptbd. u.d.T.: Schierenbeck, Henner:
   Betriebswirtschaftliche Grundlagen

[Hauptbd.]. – 11., völlig überarb. u. erw. Aufl. – 1993
   ISBN 3-486-22290-2

© 1993 R. Oldenbourg Verlag GmbH, München

Das Werk einschließlich aller Abbildungen ist urheberrechtlich geschützt. Jede Verwertung außerhalb der Grenzen des Urheberrechtsgesetzes ist ohne Zustimmung des Verlages unzulässig und strafbar. Das gilt insbesondere für Vervielfältigungen, Übersetzungen, Mikroverfilmungen und die Einspeicherung und Bearbeitung in elektronischen Systemen.

Gesamtherstellung: R. Oldenbourg Graphische Betriebe GmbH, München

ISBN 3-486-22290-2

Inhaltsverzeichnis

	Seite
Inhaltsverzeichnis	V
Vorwort	XII

Einleitung: Wirtschaften und Wirtschaftswissenschaften 1
1. Der Begriff des Wirtschaftens 1
2. Das ökonomische Prinzip 3
3. Disziplinäre Arbeitsteilung in den Wirtschaftswissenschaften 5
Fragen und Aufgaben zur Wiederholung 11
Literaturhinweise 11

Erster Teil: Betrieb und Unternehmung 13

Erstes Kapitel: Betriebe und Haushalte als Träger
  des arbeitsteiligen Wirtschaftsprozesses 15
1. Hauptmerkmale moderner marktwirtschaftlicher Systeme 15
2. Schema der gesamtwirtschaftlichen Güter- und Geldströme 20
3. Die Unternehmungen im Brennpunkt des Wirtschaftskreislaufs 22
Fragen und Aufgaben zur Wiederholung 26
Literaturhinweise 26

Zweites Kapitel: Typologie der Unternehmungen 27
1. Wesen und Sinn der Typenbildung 27
2. Rechtsformen der Unternehmung 28
3. Gliederung der Unternehmungen nach Branchen und Größenklassen .. 34
4. Merkmale der technisch-ökonomischen Struktur
   von Industriebetrieben 38
5. Räumliche Strukturmerkmale der Unternehmenstätigkeit 42
6. Unternehmensverbindungen und verbundene Unternehmen 49
Fragen und Aufgaben zur Wiederholung 52
Literaturhinweise 53

Zweiter Teil: Der Wirtschaftsprozeß der Unternehmung 55

Drittes Kapitel: Unternehmungsziele 57
1. Entstehung von Unternehmungszielen 57
2. Ökonomische Dimension der Unternehmungsziele 61
3. Soziale und ökologische Dimension der Unternehmungsziele 67
4. Die formale Struktur des Zielplanungsprozesses 75
Fragen und Aufgaben zur Wiederholung 79
Literaturhinweise 80

Viertes Kapitel: Unternehmungsführung 81
A. Hauptfunktionen des Management 81
  1. Begriff und Merkmale des Management 81
  2. Phasenstruktur des Managementprozesses 83
  3. Organisation als Managementfunktion 89
  4. Führung und Management 93

Fragen und Aufgaben zur Wiederholung 97
Literaturhinweise 98
B. Elemente und Strukturen von Managementsystemen 99
  1. Bestandteile des Managementsystems der Unternehmung 99
  2. Organisationssysteme 100
  3. Planungs- und Kontrollsysteme 112
  4. Informationssysteme 128
  5. Personal-(Führungs-)Systeme 133
  6. Analyse ausgewählter „Management-by"-Konzepte 139
  Fragen und Aufgaben zur Wiederholung 144
  Literaturhinweise 146
C. Management-Techniken 147
  1. Übersicht über wichtige Management-Techniken 147
  2. Brainstorming als Kreativitätstechnik 149
  3. Punktbewertungsverfahren (Scoring-Modelle) 151
  4. Netzplantechnik 156
  5. Extrapolierende Prognoseverfahren 166
  6. Entscheidungstabellentechnik 167
  7. Entscheidungsregeln bei Ungewißheit 171
  8. Lineare Programmierung als analytische Optimierungstechnik 174
  Fragen und Aufgaben zur Wiederholung 178
  Literaturhinweise 179

Fünftes Kapitel: Betriebliche Leistungsprozesse 181
A. Güterwirtschaftliches Gleichgewicht im Leistungsprozeß 181
  1. Grundphasen des betrieblichen Leistungsprozesses 181
  2. Begriff des güterwirtschaftlichen Gleichgewichts 183
  3. Phasenbezogene Gestaltungsprobleme eines optimalen güterwirtschaftlichen Gleichgewichts 184
  Fragen und Aufgaben zur Wiederholung 184
  Literaturhinweise 184
B. Bereitstellungsplanung 185
  1. Gegenstand der Bereitstellungsplanung 185
  2. Personalbereitstellung 185
  3. Betriebsmittelbereitstellung 191
  4. Materialbereitstellung 196
  Fragen und Aufgaben zur Wiederholung 205
  Literaturhinweise 206
C. Produktionsplanung 207
  I. Gegenstand der Produktionsplanung 207
    1. Die Teilpläne betrieblicher Produktionspolitik 207
    2. Kostendeterminanten und Kostenkategorien im Rahmen der Produktionsplanung 211
    Fragen und Aufgaben zur Wiederholung 214
    Literaturhinweise 242
  II. Produktionsaufteilungsplanung 215
    1. Produktionstheoretische Grundlagen 215
    2. Produktionsaufteilungsplanung auf der Basis einer substitutionalen Produktionsfunktion 223

3. Produktionsaufteilungsplanung auf der Basis
   einer limitationalen Produktionsfunktion 227
   Fragen und Aufgaben zur Wiederholung 234
   Literaturhinweise 242
III. Operative Produktionsprogrammplanung 235
   1. Problemstrukturen der operativen Produktions-
      programmplanung 235
   2. Programmplanung ohne Kapazitätsbeschränkung 237
   3. Programmplanung bei Bestehen eines Kapazitätsengpasses 238
   Fragen und Aufgaben zur Wiederholung 242
   Literaturhinweise 242
D. Absatzplanung 243
   I. Gegenstand der Absatzplanung 243
      1. Marketing als integrierendes Konzept der Absatzplanung 243
      2. Marketing in der Wettbewerbswirtschaft 245
      3. Gestaltungsfelder und Instrumente des Marketing 247
      4. Marketingforschung zur Unterstützung der Absatzplanung 252
      5. Das Problem der Optimierung des Marketingmix 255
      Fragen und Aufgaben zur Wiederholung 261
      Literaturhinweise 295
   II. Erlösplanung bei gegebener Preis-Absatzfunktion 263
      1. Das preispolitische Entscheidungsfeld 263
      2. Klassische Preistheorie 266
      3. Praxisorientierte Preisfestlegung 272
      Fragen und Aufgaben zur Wiederholung 278
      Literaturhinweise 295
   III. Planung des präferenzpolitischen Mitteleinsatzes 279
      1. Produkt- und sortimentspolitische Entscheidungen 280
      2. Konditionenpolitische Entscheidungen 286
      3. Distributionspolitische Entscheidungen 287
      4. Kommunikationspolitische Entscheidungen 290
      Fragen und Aufgaben zur Wiederholung 294
      Literaturhinweise 295

Sechstes Kapitel: Betriebliche Finanzprozesse 297
A. Komponenten und Grundmaximen betrieblicher Finanzprozesse 297
   1. Finanzielle Bestands- und Stromgrößen 297
   2. Determinanten des Kapital-, Finanz- und Geldbedarfs 300
   3. Begriff und Wesen von Investitionen 304
   4. Finanzierung und finanzielles Gleichgewicht 307
   5. Teilpläne der Finanzpolitik 309
   Fragen und Aufgaben zur Wiederholung 314
   Literaturhinweise 314
B. Investitionskalküle 315
   I. Investitionsrechnungen als Entscheidungshilfe 315
      1. Bedeutung von Investitionsrechnungen für
         Investitionsentscheidungen 315
      2. Arten und Merkmale von Investitionsrechnungen 316

3. Einsatz von Investitionsrechnungen für alternative
Fragestellungen 321
Fragen und Aufgaben zur Wiederholung 323
Literaturhinweise 323
II. Verfahren der Wirtschaftlichkeitsrechnung 323
1. Fundierung von Investitionsentscheidungen mit Hilfe statischer
Kalküle 323
2. Fundierung von Investitionsentscheidungen mit Hilfe
dynamischer Kalküle 334
3. Wirtschaftlichkeitsrechnung unter Berücksichtigung von
Gewinnsteuern 361
4. Ansätze zur Bewältigung der Unsicherheit bei
Wirtschaftlichkeitsrechnungen 370
Fragen und Aufgaben zur Wiederholung 385
Literaturhinweise 387
III. Verfahren der Unternehmensbewertung 388
1. Überblick über die Anlässe und Verfahren
der Unternehmensbewertung 388
2. Der (subjektive) Zukunftserfolgswert der Unternehmung 389
3. Die traditionellen Verfahren der Unternehmensbewertung 391
Fragen und Aufgaben zur Wiederholung 396
Literaturhinweise 396
C. Finanzierung und Finanzierungsrechnungen 397
I. Finanzierungsformen 397
1. Systematik der Finanzierungsformen 397
2. Die Beteiligungsfinanzierung emissionsfähiger und
nicht-emissionsfähiger Unternehmen 399
3. Grundtypen und Mischformen der Kreditfinanzierung 405
4. Leasing und Factoring als Kreditsubstitute 418
5. Subventionsfinanzierung 426
6. Überschußfinanzierung und Finanzierung
aus Vermögensumschichtung 429
Fragen und Aufgaben zur Wiederholung 434
Literaturhinweise 436
II. Finanzierungsmodelle 436
1. Arten und Gegenstand von Finanzierungsmodellen 436
2. Effektivzinskalküle 437
3. Kapitalstrukturmodelle 457
Fragen und Aufgaben zur Wiederholung 468
Literaturhinweise 469
III. Liquiditätssteuerung 469
1. Kriterien und Modelle der Liquiditätssteuerung 469
2. Kassenhaltungsmodelle 470
3. Inhalt und Struktur des Finanzplans 473
4. Finanzieller Mobilitätsstatus 477
Fragen und Aufgaben zur Wiederholung 482
Literaturhinweise 482

Dritter Teil: Das Rechnungswesen der Unternehmung 483

Siebentes Kapitel: Grundbegriffe und Systematik des Rechnungswesens ... 485
1. Gliederung des Rechnungswesens 485
2. Buchhalterische Systeme und Grundzusammenhänge 486
3. Kontenrahmen und Kontenplan 490
4. Abgrenzung rechnungstheoretischer Strom- und Bestandsgrößen 493
Fragen und Aufgaben zur Wiederholung 497
Literaturhinweise 498

Achtes Kapitel: Bilanzen 499

A. Bilanzarten und Bilanzauffassungen 499
   1. Übersicht über wichtige Bilanzarten 499
   2. Bilanztheoretische Auffassungen im Überblick 501
   Fragen und Aufgaben zur Wiederholung 505
   Literaturhinweise 505
B. Der handelsrechtliche Jahresabschluß 506
   I. Rechtliche Grundlagen und Aufbau des Jahresabschlusses 506
      1. Vorbemerkungen 506
      2. Grundvorschriften und Zwecke der Bilanzierung nach
         Handelsrecht 506
      3. Aufbau der Handelsbilanz nach § 265ff. HBG 512
      4. Aufbau der GuV gemäß § 275ff. HGB 521
      5. Aufgaben und Inhalt des Anhangs und Lageberichts 526
      Fragen und Aufgaben zur Wiederholung 527
      Literaturhinweise 528
   II. Bilanzierung und Bewertung im Jahresabschluß 528
      1. Grundsätze ordnungsmäßiger Buchführung und
         Bilanzierung (GoB) 528
      2. Bilanzierung von Wirtschaftsgütern 532
      3. Bewertung von Wirtschaftsgütern 535
      Fragen und Aufgaben zur Wiederholung 547
      Literaturhinweise 548
   III. Besonderheiten des konsolidierten Jahresabschlusses 548
      1. Die Grundlagen der Konzernrechnungslegung 548
      2. Die Konsolidierung der Einzelbilanzen zur Konzernbilanz 551
      3. Die Erstellung der Konzern-Gewinn- und
         Verlustrechnung 558
      4. Der Pyramideneffekt im Konzern 561
      Fragen und Aufgaben zur Wiederholung 566
      Literaturhinweise 566
C. Bilanzanalyse und Bilanzpolitik 567
   I. Die Bilanz als Instrument unternehmenspolitischer Analyse
      und Gestaltung 567
      1. Zum Begriff Bilanzanalyse und Bilanzpolitik 567
      2. Wechselseitige Abhängigkeiten zwischen Bilanzanalyse
         und Bilanzpolitik 568

Fragen und Aufgaben zur Wiederholung 569
Literaturhinweise 589
II. Bilanzpolitik 569
   1. Ziele der Bilanzpolitik 569
   2. Instrumente der Bilanzpolitik 575
   3. Die optimale Kombination bilanzpolitischer Instrumente 587
   Fragen und Aufgaben zur Wiederholung 588
   Literaturhinweise 589
III. Bilanzanalyse 590
   1. Erkenntnisziele, Grenzen und Stufen der Bilanzanalyse 590
   2. Aufbereitung des bilanzanalytischen Zahlenmaterials 591
   3. Bildung und Berechnung von Bilanzkennzahlen 597
   4. Durchführung von Kennzahlenvergleichen 607
   Fragen und Aufgaben zur Wiederholung 610
   Literaturhinweise 611

Neuntes Kapitel: Kalkulatorische Erfolgsrechnungen 613

A. Aufgaben und Systeme der kalkulatorischen Erfolgsrechnung 613
   1. Gegenstand der kalkulatorischen Erfolgsrechnung 613
   2. Kostenrechnungssysteme und Kostenrechnungsgrundsätze 614
   Fragen und Aufgaben zur Wiederholung 619
   Literaturhinweise 619
B. Betriebsabrechnung und Kalkulation 620
   I. Traditionelle Betriebsabrechnung auf Vollkostenbasis 620
      1. Grundstruktur der periodischen Betriebsabrechnung 620
      2. Kostenartenrechnung 621
      3. Kostenstellenrechnung 626
      4. Kostenträger-(ergebnis-)rechnung 634
      Fragen und Aufgaben zur Wiederholung 637
      Literaturhinweise 637
   II. Moderne Betriebsabrechnung auf Teilkostenbasis 638
      1. Arten von Teilkostenrechnungen 638
      2. Das System des Direct Costing 638
      3. Das System der stufenweisen Fixkostendeckungsrechnung 641
      4. Das System der relativen Einzelkostenrechnung 643
      Fragen und Aufgaben zur Wiederholung 646
      Literaturhinweise 647
   III. Verfahren der Kalkulation 647
      1. Wesen und Aufgaben der Kalkulation 647
      2. Divisionskalkulationen 649
      3. Zuschlagskalkulationen 653
      4. Kuppelkalkulationen 654
      Fragen und Aufgaben zur Wiederholung 656
      Literaturhinweise 656
C. Plankostenrechnung 657
   1. Aufgaben und Arten der Plankostenrechnung 657
   2. Voll- und Grenzplankostenrechnung 658

3. Prozeßkosten- und Standard-Einzelkostenrechnung 664
Fragen und Aufgaben zur Wiederholung 669
Literaturhinweise 669

Abkürzungsverzeichnis 671
Literaturverzeichnis 675
Stichwortverzeichnis 697

Vorwort zur 11. Auflage

Wie schon in den früheren Auflagen habe ich mich auch bei der Neubearbeitung der „Grundzüge" davon leiten lassen, neuere Ansätze in der Betriebswirtschaftslehre möglichst immer dann aufzunehmen, wenn ihre völlige Nichtberücksichtigung oder zumindest nicht ausreichende Berücksichtigung zu einem Mangel auch für denjenigen zu werden droht, der sich lediglich mit den betriebswirtschaftlichen Grundtatbeständen unseres Faches auseinandersetzt.

Diesem Anspruch eingedenk habe ich erklärende Passagen und Abschnitte zu folgenden Themenbereichen erstmals aufgenommen bzw. ausführlicher behandelt:

- Internationalisierung der Unternehmenstätigkeit
- Ökologische Aspekte des Wirtschaftens
- Controlling als integratives Konzept der Unternehmenssteuerung
- Marktzinsmodell der Investitionsrechnung
- Prozeßkostenrechnung.

Darüberhinaus sind wiederum zahlreiche Kapitel überarbeitet und auf den neuesten Stand gebracht worden. Beispielsweise habe ich die in der 10. Auflage noch durchgeführte synoptische Gegenüberstellung von altem und neuem Bilanzrecht aufgegeben, so daß die Ausführungen sich nunmehr lediglich auf das neue Bilanzrecht beziehen. Ferner wurde das Kapitel zur Wirtschaftlichkeitsrechnung vollständig überarbeitet. Dabei habe ich mich neben der Einfügung des oben angesprochenen „Marktzinsmodells der Investitionsrechnung" auch entschlossen, die MAPI-Methode herauszunehmen, weil ihre praktische Bedeutung in den letzten Jahren offenkundig immer kleiner geworden ist. Bei den Rentabilitätskennzahlen hat mich ein wertvoller Hinweis von Herrn Kollegen D. Hahn, Giessen, dazu gebracht, diese sauberer abzugrenzen und auch differenzierter zu kennzeichnen.

Bei der Umsetzung der Neuauflage haben mich wiederum meine Mitarbeiter verdienstvoll unterstützt. Erwähnen möchte ich Frau Diplom-Kauffrau Doris Fellenstein, die Herren Diplom-Kaufleute Dr. Reinhold Hölscher, Dr. Arnd Wiedemann, Günter Fiebach sowie Jörg Raaymann. Besonders hervorheben möchte ich Herrn Dipl.-Kfm. Michael Lister, der die komplette Drucklegung mit den zahlreichen Korrekturschleifen sorgfältig und engagiert begleitet und auch die Koordinationsarbeiten für das zeitgleiche Erscheinen des Übungsbuches zu den „Grundzügen" besorgt hat. Ihm zur Seite standen meine Sekretärin Frau Ruth Müller, Frau cand. rer. pol. Pascale Keller, Frau cand. rer. pol. Cornelia Laffer, Frau cand. rer. pol. Claudia Wöhle, Herr cand. rer. pol. Frank Wolff sowie Herr cand. rer. pol. Stefan Paul. Ihnen allen gebührt mein herzlicher Dank.

Basel, im Herbst 1992   Henner Schierenbeck

Vorwort zur 10. Auflage

Für die vorliegende Neuauflage habe ich insbesondere das sechste Kapitel „Finanzprozesse" einer Überarbeitung unterzogen. Neben der Ergänzung und Vertiefung von Passagen zur Subventionsfinanzierung, zum Leasing und zum Factoring, habe ich den Abschnitt „Effektivzinskalküle" neu formuliert und dabei stärker auf die Belange der Praxis abgestellt. Ferner habe ich mich nach langem Zögern entschlossen, zentrale Basiselemente der „Portfolio Selection-Theorie" sowie des darauf aufbauenden CAPM („Capital Asset Pricing Model") in das Lehrbuch zu übernehmen. Wesentliche Teile der modernen Kapitalmarkttheorie sind ohne diese beiden theoretischen Konstrukte nicht denkbar, so daß ich ihre völlige Nichtbeachtung in den „Grundzügen" zunehmend als Mangel empfunden habe.

Wie stets in allen vorherigen Auflagen sind zahlreiche Korrekturen und Verbesserungen im Detail vorgenommen worden, deren Aufzählung sich hier verbietet. Danken möchte ich an dieser Stelle aber allen, die mich auf Druckfehler oder Inkonsistenzen hingewiesen haben. Namentlich gebührt mein besonderer Dank Frau Dipl.-Kfm. U. Erdmann, sowie den Herren Dipl.-Kaufleuten A. Wiedemann, H. Echterbeck, J. Mehl und B. König, die mir bei der Neuauflage tatkräftig zur Seite standen. Speziell Herr König und Herr Wiedemann haben sich dabei um die überfällige Neubearbeitung des Stichwortverzeichnisses verdient gemacht.

Henner Schierenbeck

Vorwort zur 9. Auflage

In der vorliegenden Neuauflage, die bereits knapp zwei Jahre nach Erscheinen der 8. Auflage notwendig wurde, sind wiederum zahlreiche Ergänzungen und Verbesserungen vorgenommen worden. An erster Stelle hier zu erwähnen ist die Überarbeitung des seit der 5. Auflage fast unverändert gebliebenen Abschnitts „Absatzplanung" (Marketing), die eine in Anbetracht der neueren Entwicklungen auf diesem Fachgebiet sicher längst überfällige Maßnahme war. Eingefügt bzw. ergänzt wurden ferner Textabschnitte zur Entscheidungstabellen- und Netzplantechnik, zur Subventionsfinanzierung sowie zum Pyramideneffekt im Konzern. Eine Aktualisierung erfahren hat auch die Übersicht über die Steuerarten und -merkmale im deutschen Steuersystem. Ferner wurde den neueren Erscheinungsformen auf den internationalen Anleihemärkten (wie z. B. Zerobonds, Floating Rate Notes u. ä.) durch entsprechende Passagen Rechnung getragen. Natürlich wurden auch wieder allfällige Fehlerkorrekturen vorgenommen.

Angesichts des starken Zeitdrucks, unter dem die Arbeiten zur 9. Auflage standen, wäre eine fristgerechte Manuskripterstellung nicht möglich gewesen, wenn ich nicht tatkräftige Unterstützung bei meinen Mitarbeitern gefunden hätte. Besonders erwähnt seien in diesem Zusammenhang vor allem Frau *Dr. Ulrike Kilhey*, Frau *Dipl.-Kfm. Ulrike Müller* sowie Herr *Dr. Robert Banken*. Ihnen allen gebührt mein herzlicher Dank.

Henner Schierenbeck

Vorwort zur 8. Auflage

Nachdem im Vorjahr die siebente Auflage von 1983 mehrfach unverändert nachgedruckt werden konnte, hat das zum 1. Januar 1986 in Kraft getretene neue Bilanzrecht Anlaß gegeben, die vorliegende achte Auflage in Teilen grundlegend zu überarbeiten. Das gilt natürlich in erster Linie für das *achte Kapitel* „Bilanzen", das vollständig neu bearbeitet wurde. Soweit die neuen Regelungen dabei erst aus der Gegenüberstellung mit den alten Vorschriften ihre volle Tragweite erkennen lassen bzw. die alten Regelungen noch gewisse Bedeutung für die Rechnungslegung der Unternehmen in den nächsten Jahren behalten werden, ist allerdings auf die Vorschriften des nunmehr alten Rechts weiterhin Bezug genommen worden.

Neu bearbeitet wurde auch der Abschnitt zur optimalen Investitions- und Finanzierungsprogrammplanung, wo insbesondere die sehr einschränkenden Prämissen des „Dean-Modells" schärfer herausgestellt worden sind. Ergänzungen und Präzisierungen haben auch die Ausführung zur optimalen Kapitalstruktur (*sechstes Kapitel*) sowie zu den Scoring-Modellen (*Viertes Kapitel*) erfahren. Ansonsten sind wiederum die üblichen Druckfehler korrigiert und Literaturangaben aktualisiert worden.

Für die Unterstützung bei der Vorbereitung dieser achten Auflage und die vielfältigen Anregungen möchte ich wiederum meinen Mitarbeitern am Institut für Kreditwesen der Universität Münster herzlich danken. Namentlich hervorheben möchte ich dabei Herrn *Dipl.-Kfm. Robert Banken*, der sich sehr engagiert um die sachgerechte Rezeption des neuen Bilanzrechts für die vorliegende Neuauflage gekümmert hat. Herr *Dipl.-Kfm. Christian von Villiez* war zuständig für die Korrekturarbeiten und die Neubearbeitung des Literaturverzeichnisses. *Frau Helgard Scherer* setzte die nicht immer sehr leserlichen Manuskriptfassungen in Maschinenschrift um. Ihnen allen gebührt mein herzlicher Dank.

Vorwort zur 7. Auflage

Die vorliegende siebente Auflage ist wiederum vollständig überarbeitet worden. Neben der Korrektur von offenbar nicht ausrottbaren Druckfehlern sowie der Aktualisierung der Literaturangaben und des Stichwortverzeichnisses sind zahlreiche Passagen neu formuliert und präzisiert worden. Ich würde mich freuen, wenn die „Grundzüge" hierdurch dem Anspruch etwas näher gekommen sind, das gesicherte Grundwissen zur allgemeinen Betriebswirtschaftslehre zuverlässig abzudecken.

Diesem Ziel dienen auch drei Erweiterungen, die ich gegenüber der alten Auflage vorgenommen habe. Dem oft beklagten Umstand, daß Steuern in Lehrbüchern zur allgemeinen Betriebswirtschaftslehre nur ein Schattendasein führen, wenn sie überhaupt Erwähnung finden, habe ich dadurch zu begegnen versucht, daß ich neben einer aktuellen Übersicht über das Deutsche Steuersystem einen Abschnitt „Wirtschaftlichkeitsrechnung unter Berücksichtigung von Gewinnsteuern" eingefügt habe. Der Bedeutung in der Praxis entsprechend habe ich ferner die kurzen Ausführungen zur Effektivzinsrechnung in der 6. Auflage zu einem neuen Kapitel „Effektivzinskalküle" ausgebaut. Erwähnt werden mag schließlich die Ergänzung des Kapitels „Managementtechniken" um den Gliederungspunkt „Punktbewertungsverfahren (Scoring Modelle)".

Für die vorliegende Auflage habe ich wieder einer Reihe von Kollegen und Praktikern für vielfältige Anregungen zu danken. Dies gilt nicht zuletzt auch für meine Mitarbeiter am Institut für Kreditwesen der Universität Münster, insbesondere Frau *Dipl.-Kfm. U. Kilhey* sowie die Herren *Dipl.-Kaufleute F. Allerkamp, R. Banken, M. Borosch, R. Hölscher, B. Rolfes* und *St. Schüller*. Dank gebührt auch den Münsteraner Studenten der Wirtschaftswissenschaften, die mich durch kritische Anmerkungen und Rückfragen oftmals veranlaßt haben, über Passagen im Buch nachzudenken und sie ggf. neu zu formulieren. Aus dieser Arbeit mit meinen Mitarbeitern und den Studenten ist im übrigen auch ein in Vorbereitung befindliches Übungsbuch zu den „Grundzügen" entstanden, das in Kürze erscheinen wird.

Wertvolle Hilfestellung bei der Überarbeitung des Stichwortverzeichnisses leistete mein Mitarbeiter Herr *Dipl.-Kfm. Hans-Joachim Kliem*. Zuständig für die technische Abwicklung und Koordinierung aller Aktivitäten im Zusammenhang mit der Neuauflage war mein Mitarbeiter Herr *Dipl.-Kfm. Manfred Borosch*, der sich dieser Aufgabe mit großem Engagement gestellt hat und dem ich hierfür sehr zu Dank verpflichtet bin.

Vorwort zur 6. Auflage

Gegenüber der vollständig überarbeiteten und erweiterten fünften Auflage der „Betriebswirtschaftlichen Grundzüge", deren Erscheinen erst kurze Zeit zurückliegt, sind in der vorliegenden sechsten Auflage nur wenige Änderungen vorgenommen worden. Neben der Korrektur von Fehlern und Unklarheiten sowie der Überarbeitung des Literaturverzeichnisses wurden lediglich kleinere inhaltliche Erweiterungen vorgenommen. Besonders erwähnt sei die Einfügung eines kurzen Abschnitts zur linearen Programmierung, die zunehmend zum betriebswirtschaftlichen Grundwissen gezählt wird. Ferner wurden bei den Finanzierungsformen einige Passagen neu formuliert und ergänzt. So ist u.a. das sogenannte „Scheck-Wechsel-Tausch-Verfahren" wegen seiner großen praktischen Bedeutung als Finanzierungsinstrument neu in die Darstellung aufgenommen worden.

Danken möchte ich allen Kollegen, Studenten und Praktikern, die mir für die vorliegende sechste Auflage wiederum zahlreiche Anregungen gegeben haben. Besonderer Dank gebührt wiederum meinen Mitarbeitern, namentlich Herrn *Dipl.-Kfm. F. Allerkamp* für die gewissenhaft erledigten Korrekturarbeiten.

Vorwort zur 5. Auflage

„Das Wissen um betriebswirtschaftliche Grundtatbestände ist eine notwendige Voraussetzung für jeden, der in Betrieben an verantwortlicher Stelle tätig ist oder sich als Studierender auf eine solche Tätigkeit vorbereitet. Dabei kommt es häufig nicht so sehr auf ein spezifisches Detailwissen, als vielmehr auf die Fähigkeit an, betriebswirtschaftliche Zusammenhänge konzeptionell zu erfassen und betriebliche Probleme in ihrem spezifisch ökonomischen Wesenskern zu begreifen.

Aufbau und Inhalt des vorliegenden Lehrbuchs sind von dieser Grundüberlegung geprägt. Das unter einer einheitlichen Konzeption entwickelte Lernprogramm ist auf prinzipielle Fragestellungen der Betriebswirtschaftslehre beschränkt und wird – ohne in jeder Hinsicht Vollständigkeit anzustreben – systematisch gegliedert dargestellt. Hinzu treten Kontrollfragen und Übungsaufgaben, durch die das Denken in ökonomischen Kategorien schrittweise geschult wird. Zugleich ergibt sich die Möglichkeit zur Kontrolle des eigenen Lernerfolgs und zur Vertiefung des Gelernten, wozu auch entsprechende Literaturhinweise am Schluß eines jeden Gliederungspunktes dienen ..." (*aus dem Vorwort zur 1. Auflage*).

Nachdem der 1. Auflage 1974 drei weitere, im wesentlichen unveränderte Auflagen folgen konnten, liegt nun mit der 5. Auflage eine vollständig überarbeitete und erweiterte Fassung der „Betriebswirtschaftlichen Grundzüge" vor. Eine Reihe von Teilgebieten sind neu aufgenommen worden, andere wurden wesentlich vertieft und auf den neuesten Stand gebracht. Ferner ist die Zahl der Abbildungen und Übersichten gegenüber den ersten Auflagen erheblich vergrößert worden, was zusammen mit dem verstärkten Einsatz typographischer Mittel dazu beitragen möge, die Darstellung insgesamt gefälliger und leichter lesbar zu machen. Konsequent beibehalten wurde jedoch die Gesamtkonzeption des Lehrbuchs, die sich im ganzen gesehen didaktisch bewährt hat.

Ein Werk wie das vorliegende ist stets in einem weiteren Sinn das Produkt einer Vielzahl von Personen, Quellen und Anregungen. Besonderen Dank schulde ich in diesem Sinne meinen *Münsteraner Kollegen,* denen ich manche Einsicht verdanke und deren wissenschaftliches Werk an zahlreichen Stellen verarbeitet wurde. Das gleiche gilt für meine verehrten *akademischen Lehrer,* die mich persönlich und wissenschaftlich geprägt haben, wovon viele Kapitel Zeugnis ablegen. In der Phase der umfangreichen Vorarbeiten zur vorliegenden 5. Auflage hat mich Herr *Dr. Klaus Neubürger, Essen* maßgeblich unterstützt. Ihm schulde ich ebenso Dank wie meinen Assistenten, Herrn *Dipl.-Kfm. Ferdinand Allerkamp* und Herrn *Dipl.-Kfm. Michael Prill,* die die technische Abwicklung der Drucklegung mit großer Umsicht und Geduld erledigten. Darüber hinaus waren sie mir stets kompetente Gesprächspartner. Dank gebührt auch meiner Sekretärin *Frau Helgard Scherer,* die mit großer Einsatzbereitschaft und Zuverlässigkeit die Umsetzung des nicht immer leicht zu entziffernden umfangreichen Manuskripts in die maschinenschriftliche Form besorgte. Schließlich möchte ich es nicht versäumen, *meiner Frau* Dank für ihre wichtigen Verdienste um meine wissenschaftliche Arbeit abzustatten. Denn, um *Eugen Schmalenbach* (aus dem Vorwort von „Kapital, Kredit und Zins", Leipzig 1933) zu zitieren: „Diese Arbeit kann nur gedeihen in einem Hause, in dem liebevolle Fürsorge den Verfasser und seine Arbeitsstätte umgibt."

Einleitung

Wirtschaften und Wirtschaftswissenschaften

1. Der Begriff des Wirtschaftens
2. Das ökonomische Prinzip
3. Disziplinäre Arbeitsteilung in den Wirtschaftswissenschaften

1. Der Begriff des Wirtschaftens

Jeder Mensch ist auf die vielfältigste Weise mit dem Phänomen verbunden, das wir gemeinhin „die Wirtschaft" nennen. Ob als Unternehmer, Arbeitnehmer, Hausfrau, Student oder Rentner, ob als Produzent, Konsument oder Sparer, keiner kann sich den Einflüssen entziehen, die hier wirksam werden.

Die Wirtschaft ist sprichwörtlich unser Schicksal, denn sie bestimmt in fast totaler Weise unsere Lebensbedingungen. Sie ist zugleich aber auch unsere Chance, denn mit ihrer Hilfe läßt sich unser Wohlstand mehren, werden wir zunehmend befreit von der Angst um das tägliche Brot, können wir unser Leben mehr und mehr auch Dingen widmen, die über die Befriedigung unserer existentiellen Grundbedürfnisse (wie Nahrung, Kleidung, Unterkunft) hinausgehen.

Daß dies für die überwiegende Mehrheit der Bevölkerung in den entwickelten Industrieländern gilt, wird einem nur selten bewußt. Denn es entspricht der Psyche des Menschen, sich sehr schnell an verbesserte Lebensbedingungen zu gewöhnen und sie dann als selbstverständlich hinzunehmen. Ein Blick in die Chroniken läßt es aber zumindest erahnen, in welch unvergleichlich kärglichen und dumpfen Verhältnissen die Masse der Bevölkerung vor noch nicht allzulanger Zeit in den jetzigen hoch entwickelten Industriestaaten gelebt hat. Daß wirtschaftlicher Fortschritt und Wohlstand auch in der Gegenwart nicht selbstverständlich sind, mag besonders kraß die Situation vieler Entwicklungsländer zeigen, wo bis heute für viele Menschen die Versorgung selbst mit den einfachsten Gütern des existentiellen Grundbedarfs nicht zufriedenstellend gewährleistet ist. Hier scheinen also die Faktoren, die den Industriestaaten wirtschaftlichen Wohlstand und Fortschritt gebracht haben, noch unterentwickelt oder nur begrenzt wirksam zu sein. Zu diesen (erst in ihrer wechselseitigen Verstärkung voll wirksamen) Wohlstandsfaktoren zählen in erster Linie:

(1) Das Potential an **menschlichen** und **natürlichen Ressourcen**;
(2) Die Nutzung einer produktivitätsfördernden (internationalen, regionalen, nationalen, betrieblichen, personellen) **Arbeitsteilung**;
(3) Das Niveau der **Mechanisierung** und **Automatisierung** in den Produktionsprozessen;
(4) Die **Standardisierung** von Werkstoffen und Produkten;
(5) Die Entwicklungsrate des **technisch-wissenschaftlichen Fortschritts**;
(6) Die Effizienz des **Wirtschaftssystems**, das die unzähligen Gestaltungskräfte der Wirtschaft optimal anreizt und koordiniert.

Motor der Wirtschaft ist der Mensch mit seinen (unerfüllten) Wünschen, die in den Wirtschaftswissenschaften Bedürfnisse genannt werden. Diesen prinzipiell unbegrenzten Bedürfnissen stehen (weil wir bekanntlich nicht in einem Paradies leben) grundsätzlich aber nur begrenzte Möglichkeiten gegenüber, diese Bedürfnisse zu befriedigen. Es ist also der **Tatbestand der Güterknappheit**, der den Kern des Wirtschaftens ausmacht: Ohne Güterknappheit gäbe es für die Menschen keine unerfüllten Wünsche und somit auch nicht die Notwendigkeit oder den Anreiz, besondere Anstrengungen in Kauf zu nehmen, um in den Besitz dieser Güter zu kommen.

Daß dieser Motor des Wirtschaftens dabei nicht nur in bezug auf die Güter des menschlichen Grundbedarfs wirksam ist, sondern weit darüber hinausgeht, belegt die Erfahrung.

Wirtschaften kann also umschrieben werden als **disponieren über knappe Güter**, soweit sie als **Handelsobjekte (= Waren) Gegenstand von Marktprozessen sind** (oder zumindest potentiell sein können). Voraussetzung für den Warencharakter eines knappen Gutes ist dabei, daß es überhaupt Gegenstand von marktlichen Austauschbeziehungen sein kann (also **verfügbar** und **übertragbar** ist) und daß es eine bestimmte **Eignung zur Befriedigung menschlicher Bedürfnisse aufweist**.

Güter, die diese Eigenschaften aufweisen, werden auch als **Wirtschaftsgüter** bezeichnet. Sie lassen sich dabei nach den verschiedensten Merkmalen weiter unterteilen:

(1) **Input-** (oder Einsatz-)**güter** und **Outputgüter**. Diese Unterscheidung knüpft an der unterschiedlichen Stellung von Wirtschaftsgütern in wirtschaftlichen Produktionsprozessen an. Inputgüter (z. B. Rohstoffe, Maschinen, menschliche Arbeit) werden benötigt um andere Güter (z. B. Nahrungsmittel) zu produzieren, die als Outputgüter insofern das Ergebnis dieser Produktionsprozesse darstellen.

(2) **Produktionsgüter** und **Konsumgüter**. Diese Unterscheidung hebt darauf ab, ob die Wirtschaftsgüter nur indirekt oder direkt ein menschliches Bedürfnis befriedigen. Güter der letzteren Kategorie (z. B. Schuhe, Genußmittel, Touristikreisen) sind stets Outputgüter und dienen als solche unmittelbar dem Konsum, während Produktionsgüter (z. B. Werkzeuge, Maschinen) nicht nur Outputgüter darstellen, sondern zugleich auch Inputgüter für nachgelagerte Produktionsprozesse, an deren Ende dann schließlich auch grundsätzlich Konsumgüter stehen.

(3) **Verbrauchsgüter** und **Gebrauchsgüter**. Hier werden die Wirtschaftsgüter nach ihrer Beschaffenheit in solche gegliedert, die bei einem einzelnen (produktiven oder konsumptiven) Einsatz verbraucht werden, d. h. hierbei wirtschaftlich gesehen untergehen (z. B. Material, Energie) und in solche, die einen wiederholten Gebrauch, eine längerfristige Nutzung erlauben (z. B. Kleidungsstücke, Kraftfahrzeuge). Das Begriffspaar Verbrauchs- und Gebrauchsgüter wird in der Praxis vor allem für Konsumgüter verwendet. Für den Bereich produktiver Inputgüter verwendet man nach einem Vorschlag von *Heinen* (1986) hierfür oft die Begriffe **Repetierfaktoren** (was auf den Verbrauchscharakter hinweist, da die Beschaffung dieser Güter „repetiert", also laufend wiederholt werden muß) und **Potentialfaktoren** (was auf ihre spezielle Eigenschaft hindeutet, ein bestimmtes Leistungspotential zu verkörpern).

(4) **Materielle** und **immaterielle** Güter. Diese Unterscheidung ist höchst augenfällig, wenngleich im technisch-physikalischen Sinne durchaus Zweifelsfälle auftreten können. Immaterielle Güter haben im Gegensatz zu den erstgenannten keine materielle Substanz, kommen also vor allem in zwei Ausprägungen vor, als Dienste und als Rechte (z. B. Dienstleistungen jeglicher Art, die Arbeitskraft des Menschen, Lizenzen).

(5) **Realgüter** und **Nominalgüter**. Diese Unterscheidung erlangt nur in einer Geldwirtschaft Bedeutung, da es sich bei den Nominalgütern um Geld und Rechte auf Geld handelt. Sie sind stets immaterieller Natur. In einer reinen Tauschwirtschaft beinhalten Wirtschaftsgüter dagegen ausschließlich materielle und immaterielle Real- oder Sachgüter.

Weitere Unterscheidungsmerkmale von Wirtschaftsgütern ließen sich mühelos finden. Entscheidend ist dabei nur, daß sie stets sauber abgegrenzt werden von den sog. **freien Gütern**, die wegen fehlender Knappheit aus der Kategorie der Wirtschaftsgüter ausscheiden. Freie Güter brauchen nicht bewirtschaftet zu werden, weil sie ohne Mühe in beliebiger Menge zur Verfügung stehen, also kein Mangelempfinden auslösen. Sie haben wirtschaftlich gesehen keinen Preis, d. h. es gibt keinen Menschen, der bereit wäre, für ihren Besitz Wirtschaftsgüter einzutauschen oder – anders ausgedrückt – für sie zu bezahlen. Zur Vermeidung von Mißverständnissen sei allerdings darauf hingewiesen, daß die Frage, ob ein bestimmtes Gut ein freies Gut oder ein Wirtschaftsgut darstellt, nur situativ, raum-zeitlich gebunden beantwortet werden kann. Was an einem Ort, zu einer bestimmten Zeit ein freies Gut ist, kann an einem anderen Ort, zu einer anderen Zeit ein Wirtschaftsgut von höchstem Wert darstellen.

2. Das ökonomische Prinzip

Wirtschaftliche Untersuchungen und Aussagen berühren durch ihre spezifische Betrachtungsweise stets unmittelbar oder mittelbar die Frage nach dem optimalen Einsatz bzw. der optimalen Verwendung von Wirtschaftsgütern. Warum dies so ist, wird deutlich, wenn man sich das eingangs beschriebene Spannungsverhältnis von knappen Ressourcen einerseits und prinzipiell unbegrenzten menschlichen Bedürfnissen andererseits vergegenwärtigt: Es erscheint bei Güterknappheit nämlich vernünftig (= rational), stets so zu handeln, daß

(1) mit einem gegebenen Aufwand an Wirtschaftsgütern ein möglichst hoher Ertrag (= Nutzen) erzielt wird (Maximumprinzip)
(2) der nötige Aufwand, um einen bestimmten Ertrag zu erzielen, möglichst gering gehalten wird (Minimumprinzip)
(3) ein möglichst günstiges Verhältnis zwischen Aufwand und Ertrag realisiert wird (generelles Extremumprinzip).

Alle drei Formulierungen sind Ausdruck des sog. **ökonomischen Prinzips**, wobei letztere die allgemeinste Version ist und die ersten beiden als Spezialfälle einschließt: **Wirtschaftlich optimal handeln heißt also nichts anderes, als Extremwerte zu realisieren und zwar generell im Sinne eines möglichst günstigen Verhältnisses zwischen Aufwand und Ertrag.**

Müller-Merbach (1976, S. 8ff) hat den Inhalt des ökonomischen Prinzips in seinen drei Formulierungen sehr plastisch beschrieben: Studenten, denen es nicht auf die Note, sondern nur auf das Bestehen des Examens ankommt, handeln unabhängig davon, ob dieses Verhalten den Professoren gefällt, ökonomisch, wenn sie ihren Lerneifer auf ein Minimum begrenzen. Denn bei ihrer Interessenlage ist es vernünftig, nur die für ein ausreichendes Examen unbedingt notwendige Menge an Arbeit zu leisten. Auf der anderen Seite gibt es auch Studenten, die – aus welchen Motiven auch immer – ihre ganze Arbeitskraft auf das Studium konzentrieren und ein möglichst gutes Examen machen wollen. Auch sie handeln ökonomisch, da sie mit gegebenem Bestand an Zeit und Intellekt ein maximales Ergebnis zu realisieren suchen. Zwischen diesen beiden extremen Typen von Studenten gibt es natürlich noch viele andere, die weder ihren Arbeitseinsatz minimieren, noch ihre Arbeitskraft voll dem Studium widmen wollen. Sofern sie aber zumindest ein möglichst günstiges Verhältnis von Einsatz und Ergebnis zu erreichen trachten, handeln sie auch ökonomisch.

Versteht man unter **Aufwand** (bzw. **Kosten**) den wertmäßigen Ausdruck für das, was an Wirtschaftsgütern für einen bestimmten Zweck eingesetzt werden muß, bzw. eingesetzt wird, und unter **Ertrag** (bzw. **Leistung**) das bewertete Ergebnis dieses Einsatzes, so beinhaltet das ökonomische Prinzip also (alternativ) das Streben nach

· Ertrags-(Leistungs-)maximierung
· Aufwands-(Kosten-)minimierung
· Ertrags-(Leistungs-) und Aufwands- (Kosten-)optimierung.

Dabei wird natürlich nicht behauptet, daß Menschen generell nach diesen Kriterien handeln. Das ökonomische Prinzip ist seiner Natur nach vielmehr ein **normatives** Prinzip, indem es postuliert: Es ist vernünftig (rational), bei Güterknappheit nach diesem Prinzip vorzugehen!

Das ökonomische Prinzip darf nicht mit dem Begriff der **Wirtschaftlichkeit** verwechselt werden. Hier handelt es sich i. d. R. um eine einfache Kennzahl, die das Verhältnis von Ertrag (Leistung) und Aufwand (Kosten) zum Ausdruck bringt, ohne aber eine Aussage darüber zu machen, ob dieses Verhältnis im Sinne des ökonomischen Prinzips auch optimal ist. Sie läßt nur die Aussage zu, ob (und in welchem Maße) Wirtschaftlichkeit im Sinne eines Ertrags- oder Leistungsüberschusses gegeben ist. Verfeinerungen dieser Kennzahl

$$\text{Wirtschaftlichkeit} = \frac{\text{Ertrag (Leistung)}}{\text{Aufwand (Kosten)}}$$

können ihre Aussagefähigkeit allerdings erhöhen:
(1) indem eine Soll-Wirtschaftlichkeit bestimmt und der Ist-Wirtschaftlichkeit gegenübergestellt wird;
(2) indem die (wertmäßige) Wirtschaftlichkeit in eine mengenmäßige Wirtschaftlichkeit (Technizität im Sinne von *Kosiol*) und in eine Preiskomponente aufgespalten wird.

Der Realisierung des ökonomischen Prinzips stehen in der Realität eine Reihe von Problemen entgegen. In erster Linie ist das Problem der **unvollkommenen Information** zu nennen. Damit ist gemeint, daß der wirtschaftende Mensch in aller Regel nicht mit Sicherheit weiß,

- ob die von ihm verfolgten (Nah-)Ziele sich später als richtig oder falsch gewählt herausstellen werden,
- ob er auch alle möglichen Handlungsalternativen zur Erreichung dieser Ziele in seinem Kalkül berücksichtigt hat und schließlich,
- ob er im Rahmen der formulierten Ziele und berücksichtigten Handlungsalternativen auch tatsächlich die im Sinne des ökonomischen Prinzips bestmögliche Entscheidung getroffen hat.

In den Fällen unvollkommener Information läßt sich das ökonomische Prinzip nur schwer exakt realisieren. Nichtsdestoweniger behält es aber seine Bedeutung als Verhaltensmaxime für wirtschaftliches Handeln. Allerdings ist es dahingehend zu modifizieren, als nunmehr „lediglich" gefordert wird, **das Optimum bei gegebenem Informationsstand zu suchen**, wobei jedoch die **Risikoneigung (das Sicherheitsstreben)** des Entscheiders als eine zusätzliche Variable eingeführt werden muß, um zu einer Lösung zu kommen. Da der Informationsstand in der Regel keine Konstante, sondern eine Variable ist, entsteht zusätzlich das Problem, **den Informationsstand selbst unter Kosten-Nutzenaspekten zu optimieren**.

Ein weiteres, mit dem ökonomischen Prinzip zusammenhängendes Problem ist die Frage der **Bewertung** von Aufwand (Kosten) und Ertrag (Leistung). Die Bewertung eines Handlungsergebnisses wie des dazu erforderlichen Mitteleinsatzes ist zunächst ein höchst subjektiver Vorgang. Ob das ökonomische Prinzip im Einzelfall als realisiert angesehen wird oder nicht, wäre damit abhängig von den jeweiligen individuellen Kosten- und Nutzenvorstellungen des Entscheiders. Wird allerdings den Märkten die Aufgabe der Bewertung von Wirtschaftsgütern übertragen (wie das in marktwirtschaftlichen Systemen der Fall ist), so erfährt dieser Vorgang der Bewertung eine Quasi-Objektivierung. Der Markt bestimmt, was Rohstoffe, Dienstleistungen usw. wert sind, und Marktpreise sind es entsprechend, aus denen der Wert von wirtschaftlichen Handlungsergebnissen und Mitteleinsätzen abgeleitet wird.

In marktwirtschaftlichen Systemen ist das ökonomische Prinzip also generell erfüllt, wenn ein möglichst günstiges Verhältnis zwischen **marktmäßig bewertetem** Aufwand und Ertrag realisiert wird. Definiert man die Differenz zwischen Ertrag und Aufwand vereinfacht als

Gewinn, so läuft das ökonomische Prinzip demnach auf die Forderung nach **Gewinnmaximierung** hinaus.

Das Gewinnmaximierungsprinzip als spezifische Konkretisierung des ökonomischen Prinzips in marktwirtschaftlichen Gesellschaftssystemen unterliegt häufig der Kritik. Abgesehen von der Kritik am marktwirtschaftlichen System als solchem und der aus Unverständnis den marktwirtschaftlichen Mechanismen gegenüber geäußerten Kritik, konzentriert sich die (ernstzunehmende) Kritik vor allem auf zwei Problemkreise:

(1) Auf monopolistischen oder administrierten Märkten verlieren die Preise der Wirtschaftsgüter leicht ihre Funktion als Knappheitsindikatoren, so daß das Gewinnmaximierungsprinzip „Ausbeutungsprozesse" begünstigt.

(2) Es werden einerseits nicht alle Wirtschaftsgüter marktmäßig gehandelt und andererseits gehen zwangsläufig nur solche Aufwendungen bzw. Erträge in den Wirtschaftlichkeitskalkül der Wirtschaftssubjekte ein, die der Markt von ihnen fordert bzw. ihnen vergütet. Dadurch, daß z. B. bestimmte kollektive (öffentliche) Güter genutzt werden können, ohne dafür direkt zu bezahlen oder dadurch, daß z. B. die „social costs" einer wirtschaftlichen Entscheidung nicht automatisch auch von dem Verursacher getragen werden müssen, führt das Gewinnmaximierungsprinzip möglicherweise zu schwerwiegenden Fehlallokationen: Der Einzelne handelt nicht mehr unbedingt so, wie es auch gesamtwirtschaftlich von Vorteil ist.

3. Disziplinäre Arbeitsteilung in den Wirtschaftswissenschaften

Die Wirtschaftswissenschaften gehören zu den Geistes- und Sozialwissenschaften. Ihr spezifisches Untersuchungs- bzw. Erkenntnisobjekt ist das wirtschaftliche Handeln des Menschen, wobei sie ihre normative Basis aus dem ökonomischen Prinzip ableiten. Dies gilt, da das ökonomische Prinzip einen im Sinne *Gutenbergs* (1984) systemindifferenten Tatbestand umschreibt, unabhängig vom zugrundeliegenden Wirtschafts- und Gesellschaftssystem, wenngleich natürlich der konkrete Inhalt der wirtschaftswissenschaftlichen Forschung ganz erheblich hiervon beeinflußt wird.

Im folgenden wird vom Modell einer Marktwirtschaft mit überwiegend privatwirtschaftlicher Güterproduktion, aber hoher staatlicher Aktivität ausgegangen, wie sie für die westlichen Industriestaaten und speziell für die Bundesrepublik Deutschland typisch ist.

Die Wirtschaftswissenschaften lassen sich nach verschiedenen Kriterien gliedern. Eine erste Aufgliederung läßt die **drei** Dimensionen sichtbar werden, in denen sich die wirtschaftswissenschaftliche Forschung abspielt und deren saubere Trennung – wenngleich im Einzelfall schwierig – wissenschaftlich geboten erscheint (vgl. auch *Chmielewicz* 1979):

(1) Wirtschafts**theorie**
(2) Wirtschafts**technologie**
(3) Wirtschafts**philosophie**.

Zu (1): Die **Wirtschaftstheorie** analysiert Ursachen und Wirkungen wirtschaftlicher Prozesse und bemüht sich, allgemein gültige Aussagen (Gesetzmäßigkeiten) hierüber zu formulieren. Sie strebt damit eine **Erklärung** und **Prognose** wirtschaftlicher Sachverhalte an. Eine theoretische Erklärung z. B. weist typischerweise folgendes Grundmuster auf: **Wenn** die Situation z_i eintritt, **dann** verändert sich der Wert x nach der Gleichung $x = a + b \cdot z_i$.

Theoretisch gehaltvolle Aussagen mit empirischem Wahrheitsanspruch sind wegen der Komplexität wirtschaftlicher Phänomene äußerst schwierig zu gewinnen. Häufig bleibt es daher bei der im ersten Stadium der Theoriebildung üblichen systematisierenden **Beschreibung** dessen, was in der Realität vorgefunden wird.

Zu (2): Die **Wirtschaftstechnologie** analysiert Ziele und Instrumente (Mittel) wirtschaftlichen Handelns, wobei sie sich wie die Theorie um empirische Regel- bzw. Gesetzmäßigkeiten bemüht. Ihre Ausrichtung ist aber anders als die Theorie unmittelbar praxeologisch geprägt, was folgende beispielhafte Fragestellungen verdeutlichen mögen:

- Unter welchen Bedingungen sind wirtschaftlich relevante Ziele miteinander vereinbar oder nicht vereinbar?
- Welches sind die möglichen Instrumente, um diese Ziele zu erreichen?
- Welche Wirkungsbeziehungen bestehen zwischen den einzelnen Instrumenten sowie zu den Zielen?
- Welches sind die Möglichkeiten und Bedingungen einer Zusammenfassung dieser Instrumente zu optimalen Handlungsprogrammen?
- Welche Maßnahmen können die Effizienz wirtschaftlicher Entscheidungsprozesse erhöhen, und welche Faktoren vermindern sie?
- usw.

Die Wirtschaftstechnologie ist das eigentliche Kernstück der wirtschaftswissenschaftlichen Forschung, die sich ausdrücklich als anwendungsbezogene (pragmatische) Wissenschaft versteht. Dabei ist die bereits erwähnte Wirtschaftstheorie systematisch gesehen der Unterbau der Technologie, die sich der Theorie bedient, indem sie die theoretischen Ursachen/Wirkungsaussagen instrumental umformt und in ihr wissenschaftliches Ziel/Mittel-System einbaut.

Zu (3): Die **Wirtschaftsphilosophie** schließlich untersucht wirtschaftliche Abläufe auf ihren ethischen Gehalt und auf ihre Vereinbarkeit mit übergeordneten Grundsätzen und Normen, wie sie z. B. in allgemeinen Menschenrechtskonventionen, im Grundgesetz usw. verankert sind. Darüber hinaus gibt sie selbst (explizit oder implizit) nicht wahrheitsfähige, aber als normativ gültig akzeptierte Werturteile ab, und zwar im einzelnen

- über die mit dem wirtschaftlichen Handeln zu verfolgenden Ziele,
- über die Priorität einzelner Zielvorstellungen im Rahmen einer Mehrheit verfolgter Ziele,
- über den Einsatz bestimmter Mittel zur Zielerreichung, insbesondere wegen damit verbundener Nebenwirkungen.

Ihre systematische Basis erhält die Wirtschaftsphilosophie naturgemäß aus der Wirtschaftstheorie und -technologie, obwohl es häufig umgekehrt so ist, daß zuerst spezielle oder generelle Normen vorliegen, um die herum dann erst Theorien und/oder Technologien entwickelt werden.

Wirtschaftstheorie, -technologie und -philosophie können wirtschaftliche Sachverhalte aus gesamtwirtschaftlicher und aus einzelwirtschaftlicher Sicht analysieren. Entsprechend lassen sich die zwei Teildisziplinen der Wirtschaftswissenschaften, die **Volkswirtschaftslehre** (Nationalökonomie) und die **Betriebswirtschaftslehre** unterscheiden:

(1) Die **Volkswirtschaftslehre** untersucht primär gesamtwirtschaftliche Zusammenhänge. Sie ist durch eine makroskopische, auf das Ganze oder zumindest wesentliche Teile hiervon, gerichtete Betrachtungsweise charakterisiert. Nicht so sehr die einzelnen Wirtschaftssubjekte selbst stehen im Vordergrund des Interesses, sondern das übergeordnete Ganze wird analysiert und dabei nur soweit in Segmente aufgespalten, wie dies notwendig erscheint, um die wesentlichen Wirtschaftsgruppen in ihrer wirtschaftlichen Verflechtung und Wirkung auf das Ganze einer Volkswirtschaft untersuchen zu können. Das wissenschaftliche

Interesse an den einzelnen Wirtschaftssubjekten korreliert mit ihrer Bedeutung für die Gesamtwirtschaft. Die Nationalökonomie versucht also aus der übergeordneten Perspektive eines Volkes, Staates oder Staatsverbandes das Wesen der Wirtschaft zu erfassen und ihre Strukturen sowie Abläufe zu gestalten.

(2) Die **Betriebswirtschaftslehre** ist in Umkehrung zur Nationalökonomie einzelwirtschaftlich orientiert. Sie betrachtet die Wirtschaft in erster Linie aus mikroskopischer Perspektive. Ihr Interessenfeld sind die einzelnen Wirtschaftseinheiten (Betriebe, Haushalte), deren Strukturen und Prozesse, die hier ablaufen. Das übergeordnete gesamtwirtschaftliche Ganze oder Teile hiervon finden nur soweit Berücksichtigung, als sie aus der Sicht der einzelnen Wirtschaftseinheiten Relevanz besitzen. Die Betriebswirtschaftslehre versucht also, die Wirtschaft von ihren Zellen zu begreifen und zu gestalten.

Bei allen Unterschieden im spezifischen Untersuchungsfeld der beiden wirtschaftswissenschaftlichen Teildisziplinen gibt es, wie die Ausführungen angedeutet haben mögen, einige Berührungspunkte und sogar teilweise Überschneidungen. Abb. 1 verdeutlicht das unter Einbeziehung der für die Betriebswirtschaftslehre (BWL) wie für die Volkswirtschaftslehre (VWL) geltenden drei Dimensionen wirtschaftswissenschaftlicher Forschung.

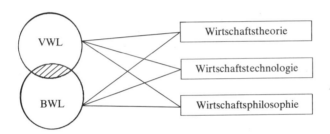

Abb. 1 Gliederung der Wirtschaftswissenschaften

Die Schnittflächen, die die Volkswirtschaftslehre mit der Betriebswirtschaftslehre aufweist, zeigen sich deutlich, wenn die einzelnen Teilgebiete der Nationalökonomie näher betrachtet werden. Traditionell wird in der Volkswirtschaftslehre nämlich zwischen **Mikro-** und **Makroökonomie** unterschieden, wobei die Grundlagen der Mikroökonomie in einer Zeit entstanden sind, als es die Betriebswirtschaftslehre als wissenschaftliche Disziplin noch gar nicht gab. Die Mikroökonomie ist also eine Art volkswirtschaftlicher Betriebswirtschaftslehre, deren sachgerechte Rezipierung für die mittlerweile eigenständige Betriebswirtschaftslehre das bleibende Verdienst *Erich Gutenbergs* ist.

Betrachtet man zunächst die **Volkswirtschaftslehre** aus der Sicht der Wirtschaftstheorie, so lassen sich im wesentlichen folgende Hauptgebiete unterscheiden:

1. **Mikroökonomie**
   1.1 Konsumtheorie
   1.2 Produktionstheorie
   1.3 Preistheorie
   1.4 Verteilungstheorie
2. **Makroökonomie**
   2.1 Theorie des Wirtschaftskreislaufs
   2.2 Geldtheorie
   2.3 Konjunktur- und Wachstumstheorie
   2.4 Außenwirtschaftstheorie.

Die Wirtschaftstechnologie wird in der Volkswirtschaftslehre als „Theorie der (staatlichen) Wirtschaftspolitik" bezeichnet. Auf der Grundlage bestimmter wirtschaftsphilosophischer Grundhaltungen, die sich in der Bundesrepublik Deutschland etwa hinter dem Stichwort „Soziale Marktwirtschaft" verbergen, kommt der Wirtschaftstechnologie die Aufgabe zu, Ziele und Instrumente staatlicher Wirtschaftspolitik wissenschaftlich zu durchleuchten. Um welche Instrumente beispielsweise es sich hier vor allem handelt, verdeutlicht die Systematik in Abb. 2 (nach *Leipold* 1988).

	Ordnungspolitik	Ablaufspolitik
Einzel-steuerung	Einzelordnungspolitik – Produktionsverfassung (Unternehmensverfassung, Arbeitsrecht, Gewerbeordnung) – Marktverfassung (Gesetz gegen Wettbewerbsbeschränkungen, Börsengesetz)	Einzelablaufspolitik – Preispolitik (Mindest-, Höchst-, Fixpreise, Zölle, Subventionen) – Mengenpolitik (Absatzgarantien, Kontingente)
Struktur-steuerung	Strukturordnungspolitik – Raumordnungsgesetz – Ordnungsrahmen für Infrastruktur-, Regionalstruktur- und Branchenstrukturplanung – Finanzausgleich	Strukturablaufspolitik – Regional- und Branchenstrukturpolitik (Infrastrukturvorleistungen, Anpassungs- und Erhaltungsmaßnahmen, Preis- und Mengenpolitik)
Niveau-steuerung	Niveauordnungspolitik – Geldverfassung (Währungssystem, Bundesbankgesetz) – Finanzverfassung (Steuersystem, Haushaltsgesetz)	Niveauablaufspolitik – Geldpolitik (Diskontsatz-, Mindestreserven- und Offenmarktpolitik) – Finanzpolitik (Einnahmen- und Ausgabenpolitik öff. Haushalte)

Abb. 2 Instrumente staatlicher Wirtschaftspolitik

Die staatliche Wirtschaftspolitik beeinflußt das Wirtschaftsleben nach dieser Systematik, in dem sie einerseits den Rahmen für das Handeln der Wirtschaftssubjekte fixiert (Ordnungspolitik), andererseits Einfluß auf die wirtschaftlichen Prozesse selbst nimmt (Ablaufspolitik). Sie bezieht sich als **Einzelsteuerung** auf bestimmte Personengruppen, Wirtschaftszweige und Märkte, als **Struktursteuerung** auf die Gestalt und das Verhältnis der Wirtschaftsregionen, Branchen und Sektoren zueinander sowie als **Niveausteuerung** auf makroökonomische Kreislaufgrößen.

Neben die im traditionellen wirtschaftspolitischen Zielbündel enthaltenen Ziele der **Preisniveau-Stabilität**, der **Vollbeschäftigung**, des **angemessenen Wirtschaftswachstums** und des **Zahlungsbilanzgleichgewichts** treten zunehmend **einkommens- und sozialpolitisch orientierte Zielsetzungen**, über die eine Korrektur der vom Markt vorgenommenen „Zuweisung" von Einkommens- und Lebenschancen bestimmter Bevölkerungsteile angestrebt wird. Die Formulierung respektive Kritik der die Wirtschaftspolitik bestimmenden allgemeinen Wertungen seitens der Wissenschaft ist Aufgabe der Wirtschaftsphilosophie, deren Aussagen allerdings höchstenfalls normativ gültig, nicht jedoch wahrheitsfähig sind. Stellvertretend für die Wirtschaftsphilosophie als wissenschaftliche Disziplin seien zwei ihrer herausragenden Vertreter genannt: *F.A. v. Hayek* (als kompromißloser Verfechter marktwirtschaftlicher Ideen) und *G. Myrdal* (als Vertreter einer stärker sozialistischen Wirtschaftskonzeption).

Die gleiche Unterscheidung in Theorie, Technologie (Politik) und Philosophie, wie sie für die Volkswirtschaftslehre gilt, ist auch für die **Betriebswirtschaftslehre** relevant. Allerdings bestehen gewisse Nuancen:

(1) Die Betriebswirtschaftstheorie und die (Theorie der) Betriebswirtschaftspolitik sind in vielen Bereichen fast untrennbar miteinander verquickt, wobei die technologische, anwendungsorientierte Sichtweise dominiert. Diese Betonung findet sich bereits bei *Schmalenbach* (1911/12), der von der Betriebswirtschaftslehre als einer **Kunstlehre**, einer technologisch ausgerichteten Wissenschaft sprach.

(2) Im Gegensatz zur Situation in der Nationalökonomie, die auf eine lange wirtschaftsphilosophische Tradition blicken kann, haben solche Versuche in der Betriebswirtschaftslehre vergleichsweise nur ein Schattendasein geführt. Zwar sind schon in den Anfängen Wissenschaftler (vor allem *Nicklisch* und *Kalveram*) mit dem Gedanken einer normativen Wirtschaftslehre hervorgetreten, aber eigentlich ist erst in neuester Zeit die Notwendigkeit, sich wissenschaftlich mit den Wertprämissen einzelwirtschaftlicher Entscheidungen zu beschäftigen, stärker ins Bewußtsein gedrungen. Die wachsende Literatur zu Fragen der Management- oder Unternehmensphilosophie zeugt hiervon.

Die Betriebswirtschaftslehre gliedert sich als wissenschaftliche Disziplin traditionell in die **Allgemeine Betriebswirtschaftslehre** und in **Besondere Betriebswirtschaftslehren**. Die Allgemeine Betriebswirtschaftslehre beschränkt sich von der Idee her auf die Untersuchung von Tatbeständen, die für alle Wirtschaftseinheiten (Betriebe und Haushalte) gleichermaßen Gültigkeit haben. Sie ist damit das Fundament, auf dem die Besonderen Betriebswirtschaftslehren aufbauen. Letztere werden vor allem nach zwei Kriterien gebildet:

· nach der Zugehörigkeit der Wirtschaftseinheiten zu bestimmten Wirtschaftszweigen und -sektoren (**institutionelle** Gliederung der Besonderen Betriebswirtschaftslehren)
· nach den wirtschaftlich relevanten Funktionen respektive Aspekten, die in den verschiedenen Wirtschaftseinheiten zu beobachten sind (**funktionelle respektive aspektorientierte** Gliederung der Besonderen Betriebswirtschaftslehren).

Abb. 3 veranschaulicht mögliche Gliederungen betriebswirtschaftlicher Forschungs- und Lehrgebiete, wobei in letzter Zeit eine zunehmende Hinwendung zu funktionalen Gliederungen festzustellen ist, nachdem lange Zeit die „Institutionenlehre" vorherrschend war.

Die vorliegende Schrift ist als Lehrbuch der Allgemeinen Betriebswirtschaftslehre konzipiert. Dort, wo der Bezug auf bestimmte Betriebstypen sachlich notwendig ist, wird vom Modell einer (größeren) **Industrieunternehmung** ausgegangen. Diese Sichtweise hat sich nicht nur didaktisch bewährt, es darf auch nicht vergessen werden, daß das Wesen der modernen Wirtschaft entscheidend durch die Industrie und ihre Unternehmungen geprägt wird (vgl. auch S. 38ff.).

Noch ein letztes Wort zur Bedeutung der Betriebswirtschaftslehre (respektive allgemein der Wirtschaftswissenschaften). Gemäß ihrem spezifischen Erkenntnisobjekt werden menschliche Handlungsweisen, Vorgänge und Entwicklungen jeglicher Art unter dem Aspekt des ökonomischen Prinzips betrachtet und analysiert. Dem Ökonomen, der in dieser Weise (nach einer gewissen Zeit der Übung häufig schon unbewußt) an Probleme und Problemlösungen herangeht, muß dabei allerdings stets klar sein, daß ein Sachverhalt nicht nur unter ökonomischen, sondern

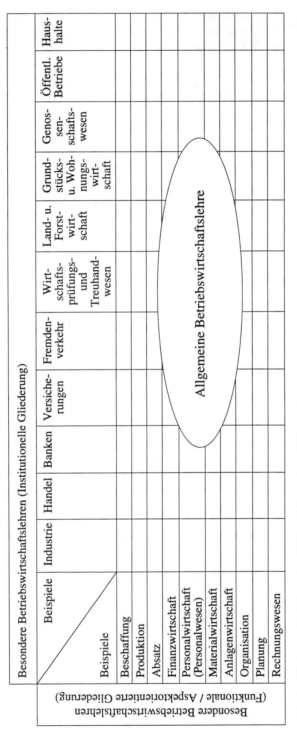

Abb. 3 Gliederung in Allgemeine BWL und Besondere BWL

auch unter technischen, sozialen, rechtlichen und sonstigen Aspekten betrachtet werden kann. Man wird sogar so weit gehen dürfen zu behaupten, daß für ein umfassendes Problemverständnis keine disziplinäre Betrachtungsweise allein ausreicht, sondern letztlich ein interdisziplinärer Ansatz notwendig ist, der die Erkenntnisse verschiedenster Fachdisziplinen integriert.

Fragen und Aufgaben zur Wiederholung (S. 1–11)

1. *Welches sind wichtige Faktoren des wirtschaftlichen Wohlstands in einer Gesellschaft?*
2. *Woraus entsteht die Notwendigkeit bzw. der Anreiz zu wirtschaften?*
3. *Was versteht man (a) unter Wirtschaftsgütern und (b) unter freien Gütern?*
4. *Nennen Sie die drei Ausprägungen des ökonomischen Prinzips!*
5. *Was heißt: wirtschaftlich optimal handeln?*
6. *Was sind die möglichen Gründe, weswegen Menschen ihr Handeln nicht dem ökonomischen Prinzip unterwerfen?*
7. *Wie läßt sich Wirtschaftlichkeit messen?*
8. *Welche Probleme stehen der Realisierung des ökonomischen Prinzips in der Realität entgegen?*
9. *Diskutieren Sie den Satz: Wirtschaften heißt Bewerten! Welche Probleme sind hiermit angesprochen?*
10. *Welche Dimensionen wirtschaftswissenschaftlicher Forschung lassen sich unterscheiden? Charakterisieren Sie sie kurz!*
11. *Worin unterscheiden sich Volkswirtschaftslehre und Betriebswirtschaftslehre? Was sind die Gemeinsamkeiten, wo ergeben sich Berührungspunkte und Überschneidungen?*
12. *Welches sind die Hauptgebiete der Volkswirtschaftstheorie?*
13. *Nennen Sie wichtige Instrumente staatlicher Wirtschaftspolitik!*
14. *In welche Teilgebiete läßt sich die Betriebswirtschaftslehre gliedern?*

Literaturhinweise:

Bellinger, B. (1967)
Chmielewicz, K. (1979)
Engels, W. (1962)
Gäfgen, G. (1974)
Gutenberg, E. (1990)
Heinen, E. (1985b)
Koch, H. (1975)

Kosiol, E. (1972b)
Leipold, H. (1988)
Müller, J. H., Peters, H. (1991)
Müller-Merbach, H. (1976)
Schmalenbach, E. (1911/12)
Schmidt, R.-B. (1977)

Erster Teil

Betrieb und Unternehmung

Erstes Kapitel:
Betriebe und Haushalte als Träger des arbeitsteiligen Wirtschaftsprozesses

1. Hauptmerkmale moderner marktwirtschaftlicher Systeme
2. Schema der gesamtwirtschaftlichen Güter- und Geldströme
3. Die Unternehmungen im Brennpunkt des Wirtschaftskreislaufs

1. Hauptmerkmale moderner marktwirtschaftlicher Systeme

In jeder Wirtschaftsordnung stehen **drei** Grundfragen im Vordergrund:

(1) **Was** soll produziert werden?
(2) **Wie** soll produziert werden?
(3) **Für wen** soll produziert werden?

In marktwirtschaftlichen Systemen werden diese Fragen grundsätzlich nicht von einer zentralen Behörde geregelt, sondern ihre Beantwortung wird prinzipiell den **Märkten** überlassen, die sich – je nach Art und Intensität der **staatlichen Eingriffe** in das Wirtschaftssystem – im wesentlichen frei bilden können. Auf den Märkten konkretisiert sich das Angebot und die Nachfrage nach Wirtschaftsgütern, wobei die Vielzahl der wirtschaftlichen Entscheidungen dezentral über den Preismechanismus koordiniert werden. Märkte sind insofern auch die Bindeglieder des **arbeitsteiligen** Wirtschaftsprozesses, dessen reibungsloses Funktionieren wesentlich durch das **Geld** als allgemein anerkanntes Tauschmittel und Recheneinheit begünstigt wird.

In diesem Sinne stellt ein marktwirtschaftliches Ordnungssystem, so wie wir es – bei allen Unterschieden im Detail – in den Ländern der westlichen Welt vorfinden, im Kern also stets

(1) eine auf dem Prinzip der **Arbeitsteilung** beruhende
(2) **Geldwirtschaft**
(3) mit prinzipiell **freien Märkten**
(4) und **staatlicher Aktivität** dar.

Zu (1): Die Arbeitsteilung umschreibt allgemein eine bestimmte Form der Spezialisierung von Wirtschaftssubjekten auf beschränkte Teilaufgaben innerhalb des gesamtwirtschaftlichen Leistungsprozesses. Bereits die Herausbildung spezieller **Produktionsbetriebe** gegenüber den **Haushalten**, die damit auf eine autonome Selbstversorgung verzichten, ist der erste Schritt zu einer solchen Arbeitsteilung, geht in den entwickelten Industriestaaten aber weit darüber hinaus. Mindestens drei Ebenen der Arbeitsteilung sind hier zu beobachten:

- Die **internationale (regionale)** Arbeitsteilung, bei der sich die einzelnen Volkswirtschaften (Regionen) jeweils auf die Produktion derjenigen Güter spezialisieren, für die jeweils im internationalen (regionalen) Vergleich die günstigsten Bedingungen vorherrschen.
- Die **zwischenbetriebliche** Arbeitsteilung, bei der sich die einzelnen (Produktions-) Betriebe insoweit spezialisieren, als sie nur in einem (mehr oder weniger) begrenzten Segment der Gesamtwirtschaft tätig sind und daraus resultierende Wettbewerbsvorteile optimal nutzen.
- Die **innerbetriebliche** Arbeitsteilung, bei der die Arbeitsprozesse insoweit aufgespalten und zerlegt werden, als die Arbeitskräfte somit gemäß ihren speziellen Fähigkeiten und Fertigkeiten eingesetzt, hieraus resultierende Spezialisierungseffekte also weitgehend genutzt werden können.

Die **produktivitätsfördernde** Wirkung der Arbeitsteilung hat bereits im Jahre 1776 der Nationalökonom *Adam Smith* in seinem berühmt gewordenen Stecknadelbeispiel beschrieben (zitiert aus: *Smith, Adam,* Der Wohlstand der Nationen. Eine Untersuchung seiner Natur und seiner Ursachen. Aus dem Englischen übertragen nach der 5. Aufl. von „An Inquiry into the Nature and Causes of the Wealth of Nations", London (1776) 1789 von *Horst Claus Recktenwald,* München 1974, S. 9 f.):

„Wir wollen daher als Beispiel die Herstellung von Stecknadeln wählen, ein recht unscheinbares Gewerbe, das aber schon häufig zur Erklärung der Arbeitsteilung diente. Ein Arbeiter, der noch niemals Stecknadeln gemacht hat und auch nicht dazu angelernt ist (erst die Arbeitsteilung hat daraus ein selbständiges Gewerbe gemacht), so daß er auch mit den dazu eingesetzten Maschinen nicht vertraut ist (auch zu deren Erfindung hat die Arbeitsteilung vermutlich Anlaß gegeben), könnte, selbst wenn er sehr fleißig ist, täglich höchstens eine, sicherlich aber keine zwanzig Nadeln herstellen. Aber so, wie die Herstellung von Stecknadeln heute betrieben wird, ist sie nicht nur als Ganzes ein selbständiges Gewerbe. Sie zerfällt vielmehr in eine Reihe getrennter Arbeitsgänge, die zumeist zur fachlichen Spezialisierung geführt haben. Der eine Arbeiter zieht den Draht, der andere streckt ihn, ein dritter schneidet ihn, ein vierter spitzt ihn zu, ein fünfter schleift das obere Ende, damit der Kopf aufgesetzt werden kann. Auch die Herstellung des Kopfes erfordert zwei oder drei getrennte Arbeitsgänge. Das Ansetzen des Kopfes ist eine eigene Tätigkeit, ebenso das Weißglühen der Nadel, ja, selbst das Verpacken der Nadeln ist eine Arbeit für sich. Um eine Stecknadel anzufertigen, sind somit etwa 18 verschiedene Arbeitsgänge notwendig, die in einigen Fabriken jeweils verschiedene Arbeiter besorgen, während in anderen ein einzelner zwei oder drei davon ausführt. Ich selbst habe eine kleine Manufaktur dieser Art gesehen, in der nur 10 Leute beschäftigt waren, so daß einige von ihnen zwei oder drei solcher Arbeiten übernehmen mußten. Obwohl sie nun sehr arm und nur recht und schlecht mit dem nötigen Werkzeug ausgerüstet waren, konnten sie zusammen am Tage doch etwa 12 Pfund Stecknadeln anfertigen, wenn sie sich einigermaßen anstrengten. Rechnet man für ein Pfund über 4000 Stecknadeln mittlerer Größe, so waren die 10 Arbeiter imstande, täglich etwa 48 000 Nadeln herzustellen, jeder also ungefähr 4800 Stück. Hätten sie indes alle einzeln und unabhängig voneinander gearbeitet, noch dazu ohne besondere Ausbildung, so hätte der einzelne gewiß nicht einmal 20, vielleicht sogar keine einzige Nadel am Tag zustande gebracht. Mit anderen Worten, sie hätten mit Sicherheit nicht den zweihundertvierzigsten, vielleicht nicht einmal den vierhundertachtzigsten Teil von dem produziert, was sie nunmehr infolge einer sinnvollen Teilung und Verknüpfung der einzelnen Arbeitsgänge zu erzeugen imstande waren."

Zu (2): Die Arbeitsteilung führt zwangsläufig zur Tauschwirtschaft, denn die über den Eigenbedarf hinausgehende Produktion von Gütern bringt nur dadurch einen Nutzen für den Produzenten, daß sie gegen andere benötigte Güter eingetauscht werden kann. Dabei spielt das Geld in der modernen Wirtschaft eine so erhebliche Rolle, daß man sie ihrem Wesen nach zutreffend auch als **Geldwirtschaft** kennzeichnen kann.

Das Geld verkörpert in der modernen Wirtschaft gleichzeitig zwei Funktionen (*Deppe* 1973):

(a) Geld wird zum einen als **Recheneinheit** verwendet, was gleichbedeutend ist mit der Funktion des Wertmessers der ausgetauschten Güter und Dienste;
(b) Geld wird zum anderen als **allgemeines Tauschmittel (Zahlungsmittel)** verwendet, was besagt, daß man mit Geld Verpflichtungen begleichen oder Leistungen erbringen kann, ohne unmittelbar reale Güter oder Leistungen hinzugeben.

Zu (a): Die Funktion des Geldes als **Recheneinheit** wird deutlich, wenn man sich das Geld „wegdenkt". Gäbe es kein Geld, so müßte man den Wert der zu tauschenden Güter bzw. Leistungen in Einheiten der Gegenleistung ausdrücken. Dies hätte zur Konsequenz, daß die Zahl der zu bestimmenden Austauschverhältnisse um ein Erhebliches höher läge als im Fall einer Geldwirtschaft. *Deppe* (1973) erhellt dies an einem plastischen Beispiel (S. 8f.):

> „Die Zahl der Austauschverhältnisse für eine bestimmte Anzahl von Gütern läßt sich nach einer Formel der Kombinatorik ermitteln. Bei n Gütern erhalten wir zunächst $n \cdot n = n^2$ Austauschverhältnisse. Dieses Produkt ist um die Austauschverhältnisse der einzelnen Güter mit sich selbst zu reduzieren: $n^2 - n$. Vernachlässigen wir darüber hinaus noch die reziproken Werte, dann beträgt die Zahl der Austauschverhältnisse:
>
> $$\frac{n^2 - n}{2} = \frac{n(n-1)}{2}.$$
>
> Beispiel zur Anzahl der Austauschverhältnisse eines Warenhauses und Folgerungen: Als Ergebnis halten wir fest, daß sich bei der Vielzahl von Gütern, die in einer modernen Wirtschaft produziert und gehandelt werden, eine große Anzahl von Austauschverhältnissen ergäbe, die kein Mensch mehr überblicken könnte. Betrachten wir zur Illustration nur das Sortiment eines modernen Kaufhauses in einer westdeutschen Großstadt, dessen Sortiment 1970 mit ca. 70 000 Artikeln angegeben wurde. 70 000 Artikel bedeuten
>
> $$\frac{70\,000\,(70\,000 - 1)}{2} = 2\,449\,965\,000$$
>
> Austauschverhältnisse. Diese Größenordnung bedarf keiner näheren Interpretation und demonstriert die Funktion des Geldes als Recheneinheit mit nur 70 000 Preisen nachhaltig. Der Wirtschaftswissenschaftler zieht daraus die *Folgerung*, daß jeder denkende Mensch angesichts dieser Schwierigkeiten das Geld als Recheneinheit erfinden würde. Er könnte ein Standardgut wählen und bei z. B. 70 000 Gütern eines Warenhauses die anderen 69 999 Güter in Einheiten des Standardgutes ausdrücken und dadurch die etwa 2,5 Mrd. Wertverhältnisse auf 69 999 Preise reduzieren. Sobald ein Gut als Bezugseinheit gewählt würde, erübrigt es sich, die gesamten Austauschrelationen zu ermitteln. Es genügen lediglich die $(n - 1)$ Austauschrelationen, die durch die Wahl einer Bezugseinheit in $(n - 1)$ Preise übergehen. Der Preis des ausgewählten Gutes wäre als 1 anzusetzen.
>
> Daß solche Überlegungen nicht nur reine Theorie sind, zeigt das Beispiel der deutschen Wirtschaft in der Nachkriegszeit bis zur Währungsreform von 1948, als Güter auf den schwarzen Märkten gehandelt wurden. Das offizielle Geld – die Deutsche Reichsmark – erschien als Recheneinheit und Wertmesser ungeeignet, da die Reichsmark durch inflationistische Aufblähung des Geldvolumens nicht mehr als Zahlungsmittel anerkannt wurde. Am Kriegsende bedeutete eine Reichsmark lediglich einen mehr oder weniger wertlosen Papierlappen. Die Praxis schuf sich daher zum Ausgleich auf dem Schwarzmarkt als „Geldeinheit" reale Güter. Vielfach wurde die sogenannte „Ami"-Zigarette als Recheneinheit verwendet. Die Schwarzhändler legten den Wert des von ihnen angebotenen Gutes in Zigaretteneinheiten fest, z. B. 1 Fahrrad für 1000 Zigaretten, 1 Radio für 1000 Zigaretten und entsprechend 1 Fahrrad für 1 Radio. Dadurch entstanden feste Wertrelationen für die einzelnen Tauschobjekte, ohne daß man das reale Austauschverhältnis eines bestimmten Gutes zu allen Gütern zu kennen brauchte. Man sprach in diesem Zusammenhang auch direkt von der „Zigarettenwährung". Die amerikanische Zigarette war das Standardgut, das als Recheneinheit verwendet wurde."

Zu (b): Würde man das Geld nur als Recheneinheit verwenden, könnte man von einer Geldwirtschaft im eigentlichen Sinne noch nicht sprechen, denn die Wirtschaft bliebe letztlich noch auf der Stufe des Naturaltausches. Erst in dem Augenblick, wo sich die Beteiligten am Wirtschaftsprozeß auf Geld als **allgemeines Tauschmittel** einigen, erfolgt der Übergang zur Geldwirtschaft. Deren Kennzeichen besteht nämlich darin, daß die Wirtschaftssubjekte sich generell bereit erklären, das als Geld definierte Medium für ihre Leistungen in Zahlung zu nehmen, auch wenn es in keiner Weise direkt als Ware verwendet werden kann oder soll. Es muß aber natürlich jederzeit in andere Güter und Dienstleistungen eingetauscht werden können, also eine bestimmte Kaufkraft verkörpern. Durch die Verwendung von Geld als allgemeinem Tauschmittel werden somit Käufe und Verkäufe in voneinander unabhängige Transaktionen zerlegt, worin letztlich der entscheidende Fortschritt gegenüber der Naturalwirtschaft zu sehen ist.

In der modernen Wirtschaft fallen die beiden Funktionen des Geldes als Recheneinheit und als Zahlungsmittel zusammen (*Deppe* 1973, S. 13):

„Die Einheit des Tauschmittels (d. h. Geld in der Zahlungsmittelfunktion) ist in der Bundesrepublik die DM, und gleichzeitig ist die DM auch Recheneinheit (der Wertmesser) innerhalb der Wirtschaft unseres Landes.
Jeder Preis eines Gutes wird in DM-Einheiten festgelegt (Funktion der DM als Recheneinheit); jeder Preis wird aber auch im Barverkehr in DM-Einheiten durch Hingabe von DM-Noten und DM-Münzen bezahlt (Zahlungsmittelfunktion). Mit anderen Worten: „wir rechnen in Einheiten des Mittels, das wir tatsächlich für Zahlungszwecke verwenden". Trotzdem erscheint es nützlich und wichtig, den hier behandelten Unterschied zwischen Zahlungsmittel und Recheneinheit zu beachten. Geld ist als Zahlungsmittel etwas Konkretes (Münzen, Banknoten oder Sichtguthaben), dagegen als Recheneinheit etwas Abstraktes. Geld als Zahlungsmittel wirft technisch-organisatorische Probleme auf, von denen die Frage der Automation des bargeldlosen Zahlungsverkehrs besonders aktuell ist. Geld als Recheneinheit wirft Währungsprobleme auf, von denen hier nur das alle Ökonomen der westlichen Welt beschäftigende Fragengebiet der internationalen schleichenden Geldentwertung erwähnt sei."

Zu (3): Wirtschaftliche Transaktionen, die rechtlich als Kauf-, Miet-, Werk-, Arbeits- oder Dienstverträge gekennzeichnet werden können, sind in einer Marktwirtschaft stets das Resultat aus dem Zusammentreffen von Angebot und Nachfrage auf den dafür existierenden **Märkten**.

Es gibt die unterschiedlichsten Arten von Märkten, und im allgemeinen kann man so weit gehen, für jedes Gut einen besonderen Markt zu definieren, auf dem eben das Angebot und die Nachfrage für dieses Gut zusammentreffen. Entsprechend lassen sich z. B. unterscheiden

· Konsumgütermärkte
· Investitionsgütermärkte
· Rohstoffmärkte
· Arbeitsmärkte
· Finanzmärkte
· Informationsmärkte.

Funktionierende (freie) Märkte werden dezentral über den Preismechanismus gesteuert. Der Preis hat dabei die Aufgabe, Angebot und Nachfrage mengenmäßig aufeinander abzustimmen. Die folgende Abb. 4 verdeutlicht diesen Mechanismus einmal für den Fall eines anfänglichen Angebotsüberhangs und einmal für den Fall eines anfänglichen Nachfrageüberhangs. Dabei wird der Normalfall unterstellt, daß nämlich die Nachfrage nach einem Gut um so höher liegt, je niedriger der Preis ist, und daß für das Güterangebot der umgekehrte Zusammenhang gilt, die angebotene Menge bei einem höheren Preis also größer ist als bei einem niedrigeren.

Zu (4): Moderne marktwirtschaftliche Systeme existieren nicht in einem staatsfreien Raum. Wirtschaftliches Handeln ist hier vielmehr stets begrenzt durch einen von Staatsgewalt, Verfassung und Rechtsordnung gezogenen Rahmen. Der **staat-**

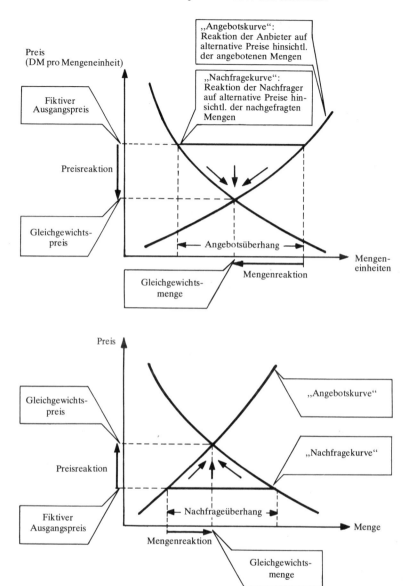

Abb. 4 Preisreaktion bei anfänglichem Angebots- bzw. Nachfrageüberhang

liche Einfluß geht dabei teilweise recht weit, wie auch die Aufzählung der Instrumente staatlicher Wirtschaftspolitik auf S. 8 gezeigt haben mag.

Aber solange bestimmte marktwirtschaftliche Grundprinzipien, wie

· freie wirtschaftliche Betätigung (einschließlich freier Berufswahl und -ausübung)
· Vertragsfreiheit
· freie Preisbildung auf den Märkten
· Anerkennung und Sicherung des privaten Eigentums

zumindest in ihrer Substanz gewährleistet werden und der Staat diese Freiheiten nur dort begrenzt, wo der Wettbewerbsmechanismus zu allgemein unerwünschten Ergebnissen führt, solange kann noch von einer im Prinzip marktwirtschaftlichen Ordnung gesprochen werden.

Wenn diese (zugegebenermaßen fließenden) Grenzen allerdings überschritten werden, etwa dann, wenn die **Planungsautonomie** der privaten Wirtschaftssubjekte durch staatliche Ge- und Verbote so erheblich beeinträchtigt wird, daß von einer freien wirtschaftlichen Betätigung schlechterdings nicht mehr gesprochen werden kann, dann nimmt das Wirtschaftssystem zunehmend Charakterzüge einer zentral gelenkten Wirtschaft an.

2. Schema der gesamtwirtschaftlichen Güter- und Geldströme

Mit zunehmender Arbeitsteilung des komplexen Wirtschaftsprozesses wird die Zahl der Betriebe bzw. Produktionsstufen, die in den Prozeß der Überführung natürlicher Existenzgrundlagen in konsumreife Produkte eingeschaltet sind, tendenziell größer. Dieser Prozeß wird in den Wirtschaftswissenschaften auch als **(Real-) Güterstrom** gekennzeichnet, der sich von der Urproduktion (z. B. Erzabbau) in zunehmender Differenzierung bis zum Konsum bewegt. Diesem (Real-) Güterstrom steht in einer Geldwirtschaft ein **Geldstrom** (Nominalgüterstrom) gegenüber, der dadurch zustande kommt, daß im Normalfall auf jeder Produktionsstufe Geld gegen Ware getauscht wird.

Bereits in einem stark vereinfachten **2-Sektoren-Modell** der Wirtschaft, das nur Produktionsbetriebe einerseits und Haushalte andererseits unterscheidet, wird dieser Zusammenhang deutlich. Wie Abb. 5 zeigt, stellen die privaten Haushalte Arbeitsleistungen für die Betriebe bereit und beziehen als Gegenleistung hierfür Einkommen. Dieses verwenden die Haushalte im Grundmodell zur Bezahlung der von den Betrieben bezogenen Konsumgüter, so daß insgesamt zwei kombinierte Güter- und Geldströme zu beobachten sind. Sie bilden einen einfachen Wirtschaftskreislauf.

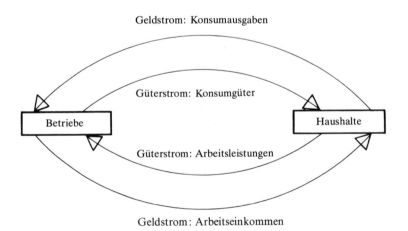

Abb. 5 Einfaches Schema des Wirtschaftskreislaufs

Erstes Kapitel: Betriebe und Haushalte

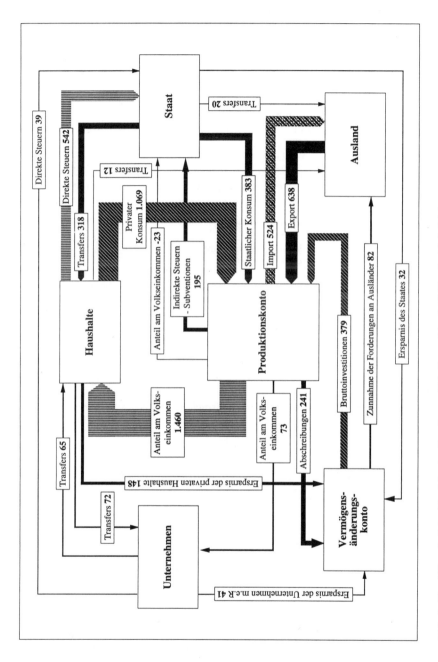

Abb. 6 Der Wirtschaftskreislauf in der Bundesrepublik Deutschland 1961 – in Mrd. DM –

Die Zusammenhänge werden realitätsnäher, wenn der Wirtschaftskreislauf differenzierter betrachtet wird. Dazu ist es erforderlich, zumindest noch den Staat und das Ausland zusätzlich als am Wirtschaftsprozeß Beteiligte einzuführen und auch die Realgüter- und Geldströme zwischen diesen Sektoren artmäßig noch weiter als in Abb. 5 geschehen aufzuspalten. Abb. 6 (aus Statistisches Bundesamt (Hrsg.) 1991) zeigt ein solches erweitertes Schema des Wirtschaftskreislaufs, in dem jedoch aus Gründen der Übersichtlichkeit nur die Geldströme (nicht jedoch die gegenläufigen Realgüterströme) Berücksichtigung gefunden haben.

Die Kenntnis der Ergebnisse aus dem volkswirtschaftlichen Rechnungswesen ist unerläßlich für die wirtschaftliche Entscheidungsfindung. Dabei wird häufig das Sozialprodukt verwendet, um in zusammengefaßter Form ein Bild der wirtschaftlichen Leistungsfähigkeit einer Volkswirtschaft zu erhalten. Das Sozialprodukt soll Wohlstandsindikator und Maßstab für die produktiven Leistungen einer Volkswirtschaft sein. Abb. 7 zeigt die Zusammenhänge zwischen den verschiedenen Größen des Sozialprodukts auf, wobei auf Zahlen des Jahres 1990 zurückgegriffen wird (in Mill. DM).

	Bruttoinlandsprodukt zu Marktpreisen	2.403.390
+	Saldo der Erwerbs- u. Vermögenseinkommen zwischen Inländern u. der übrigen Welt	22.110
=	Bruttosozialprodukt zu Marktpreisen	2.425.500
-	Abschreibungen	300.060
=	Nettosozialprodukt zu Marktpreisen	2.125.440
-	indirekte Steuern	303.400
+	Subventionen	47.690
=	Nettosozialprodukt zu Faktorkosten (Volkseinkommen)	1.869.730

Abb. 7 Der Zusammenhang zwischen Volkseinkommen und Bruttoinlandsprodukt zu Marktpreisen
(Quelle: Statistisches Bundesamt, Statistisches Jahrbuch 1991 für das vereinte Deutschland, Wiesbaden 1991, S. 628. Vorläufige Zahlen für 1990 alte Bundesländer)

Bei der Berechnung des Sozialprodukts muß zwischen der Entstehungs-, Verteilungs- und Verwendungsseite unterschieden werden. Abb. 8 zeigt die Zusammenhänge und verdeutlicht, auf welche Weise die Wertschöpfung der einzelnen Unternehmungen in das gesamtwirtschaftliche Rechnungswesen einfließt.

3. Die Unternehmungen im Brennpunkt des Wirtschaftskreislaufs

Die Unternehmungen spielen in marktwirtschaftlichen Ordnungssystemen eine herausragende Rolle bei der Produktion und marktlichen Verwertung von Sachgütern und Dienstleistungen. Auch die Betriebswirtschaftslehre beschäftigt sich seit jeher zu Recht mit ihnen besonders intensiv. Es ist demnach abschließend zu fragen, welche besonderen **Merkmale** das Wesen einer Unternehmung ausmachen und wie sie insbesondere zu den privaten Haushalten einerseits und den von staatlichen Einflüssen geprägten öffentlichen Betrieben und Verwaltungen andererseits abzugrenzen sind.

Gemeinsam ist allen drei Gruppen, daß es sich bei ihnen aus betriebswirtschaftli-

Ermittlungsarten:	Entstehung			Verteilung		Verwendung
Bruttosozialprodukt zu Marktpreisen	Saldo der Erwerbs- u. Vermögenseinkommen zwischen Inländern u. der übrigen Welt			Abschreibung		Abschreibung
				Indirekte Steuern-Subventionen		Nettoinvestition
	Bruttoinlandsprodukt	Bruttowertschöpfung der Sektoren		Nettosozialprodukt zu Faktorkosten	Bruttoeinkommen aus unselbständiger Arbeit	privater Verbrauch
				Volkseinkommen	Bruttoeinkommen aus Unternehmertätigkeit und Vermögen	Staatsverbrauch
		Einfuhrabgaben				Außenbeitrag

Abb. 8   Die Ermittlungsarten des Sozialprodukts

cher Sicht um **Wirtschaftseinheiten** handelt, die (im Regelfall unter einheitlicher Leitung stehend) als Marktparteien oder Kontrahenten am arbeitsteiligen Wirtschaftsprozeß beteiligt sind. Die privaten Haushalte bilden dabei insofern eine eigenständige Kategorie, als sie im Gegensatz zu den Unternehmungen sowie den öffentlichen Betrieben und Verwaltungen primär konsumieren. Soweit private Haushalte Sachgüter produzieren und Dienstleistungen vollziehen, geschieht dies regelmäßig nur für den Eigenbedarf, während es für Betriebe konstitutiv ist, daß sie im Sinne arbeitsteiligen Vollzugs des Wirtschaftsprozesses Sachgüter und Dienstleistungen überwiegend für den Bedarf anderer Betriebe und der privaten Haushalte erzeugen bzw. bereitstellen (vgl. Abb. 9).

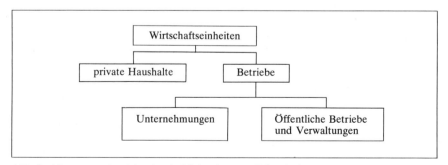

Abb. 9   Abgrenzung betriebswirtschaftlich relevanter Wirtschaftseinheiten

Nach *Gutenberg* (1983) gibt es Betriebe sowohl in marktwirtschaftlichen Systemen als auch in einer zentral geleiteten Wirtschaft. Denn in allen Wirtschaftssystemen müssen fremdbedarfsdeckende Wirtschaftseinheiten (= Betriebe) bestimmte – vom konkreten Wirtschaftssystem unabhängige – Merkmale erfüllen (vgl. Abb. 10):

(1) Kombination von Produktionsfaktoren (Arbeit, Betriebsmittel und Werkstoffe)
(2) Prinzip der Wirtschaftlichkeit
(3) Prinzip des finanziellen Gleichgewichts.

Eine **Unternehmung** als spezieller Betriebstyp ist für *Gutenberg* ein Phänomen marktwirtschaftlicher Systeme. Denn nur hier können die für Unternehmungen konstitutiven Merkmale erfüllt sein (vgl. Abb. 10):

(1) Autonomieprinzip
(2) Erwerbswirtschaftliches Prinzip
(3) Prinzip des Privateigentums (und des daraus abgeleiteten Anspruchs auf Alleinbestimmung).

Auch für *Kosiol* (1972b) ist die **Unternehmung** ein ökonomisches Gebilde, das mit der Marktwirtschaft begriffsnotwendig verbunden ist. Allerdings bestehen Unterschiede zu *Gutenberg* vor allem darin, daß *Kosiol* das erwerbswirtschaftliche Prinzip und das Prinzip des Privateigentums nicht zu den konstitutiven Merkmalen einer Unternehmung zählt. Für ihn gibt es also Unternehmen, die nicht nach Gewinnmaximierung streben und die nicht in Privateigentum stehen. *Kosiol* zählt hierzu die **öffentlichen** Unternehmen, die er insofern von den **privaten** Unternehmungen (im Sinne *Gutenbergs*) abgrenzt. Damit kommt er auch zwangsläufig zu einem Unternehmungsbegriff, der weiter gefaßt ist und dem er entsprechend folgende Merkmale zuordnet:

(1) Fremdbedarfsdeckung über den Markt
(2) Wirtschaftliche Selbstständigkeit (im Sinne finanzieller Eigenständigkeit und unternehmerischer Entscheidungsfreiheit)
(3) Übernahme eines Marktrisikos.

Den gedanklichen Gegensatz zu den Unternehmungen bilden die **öffentlichen Betriebe und Verwaltungen**, die als Organe der Gesamtwirtschaft vom Staat getragen werden und als Wirtschaftseinheiten besonderer Prägung den (gesellschaftlichen) Bedarf nach bestimmten Gütern (z.B. öffentliche Straßen) und nach Dienstleistungen (z.B. Aufrechterhaltung der öffentlichen Ordnung) kollektiv oder über den Markt befriedigen. Was die kollektive Art der Bedarfsdeckung betrifft, die sich zum Teil aus historischen Gründen, zum Teil aus Zweckmäßigkeitserwägungen heraus ergibt, so werden die Leistungen der Allgemeinheit ohne direkte Gegenleistung und zum Teil auch zwangsweise zur Verfügung gestellt. Soweit öffentliche Betriebe und Verwaltungen die Nachfrage nach ihren Leistungen über den Markt befriedigen, ähneln sie von hierher den Unternehmungen, ohne in der Regel aber deren konstituierende Merkmale zu besitzen.

Öffentliche Betriebe und Verwaltungen existieren als besondere Wirtschaftseinheiten grundsätzlich auch in marktwirtschaftlichen Ordnungssystemen. Sie haben hier aber gegenüber den Unternehmungen systemimmanent eine vergleichsweise nur untergeordnete Bedeutung. Dies ist anders in einer zentral geleiteten (Plan-)Wirtschaft, wo sie zusätzlich auch die Funktionen übernehmen, die in einer Marktwirtschaft den Unternehmen zukommen. Ihre konstitutiven Merkmale sind aber in

Erstes Kapitel: Betriebe und Haushalte

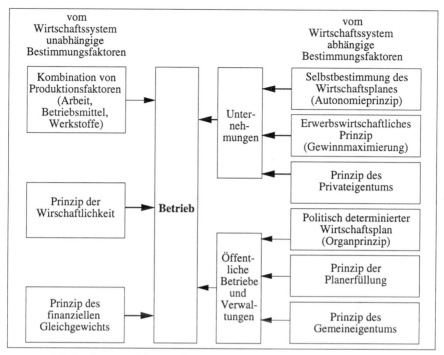

Abb. 10 Die Bestimmungsfaktoren des Betriebes

einer zentral geleiteten Wirtschaft denen der Unternehmungen nach *Gutenberg* diametral entgegengesetzt (vgl. Abb. 10):

(1) Organprinzip
(2) Prinzip der zentralen Planerfüllung (plandeterminierter Leistungserstellung)
(3) Prinzip des Gemeineigentums (und eines daraus abgeleiteten gesellschaftlichen Anspruchs auf Mitbestimmung).

Abschließend noch ein Wort zum deutschen **Steuerrecht**, das eine Anzahl unterschiedlicher Betriebs- und Unternehmensbegriffe verwendet. *Wöhe* (1990b) weist darauf hin, daß hier unterschiedliche Bezeichnungen nicht nur von Gesetz zu Gesetz bestehen, sondern daß auch innerhalb eines einzelnen Gesetzes verschiedene Ausdrücke für dieselbe Sache verwendet werden (z. B. Gewerbebetrieb, gewerblicher Betrieb, gewerbliches Unternehmen, wirtschaftlicher Geschäftsbetrieb). In der Abgabenordnung wird der Betriebsbegriff dem Unternehmensbegriff untergeordnet. Gleiches gilt für das Umsatzsteuerrecht. Nach §2 Abs. 1 UStG umfaßt das Unternehmen die gesamte gewerbliche oder berufliche Tätigkeit des Unternehmers. Diese muß selbständig ausgeübt werden. Fehlt das Merkmal der Selbständigkeit, so wird aus einem Unternehmen im Sinne des UStG ein Betrieb (Organschaft).

> *Fragen und Aufgaben zur Wiederholung (S.15–25)*
>
> 1. *Welche drei Grundfragen sind in jeder Wirtschaftsordnung zu lösen?*
> 2. *Was sind – bei allen Unterschieden im Detail – die vier Hauptmerkmale moderner marktwirtschaftlicher Ordnungssysteme?*
> 3. *Was versteht man unter Arbeitsteilung, und welche verschiedenen Ebenen sind hier zu beobachten?*
> 4. *Beschreiben Sie die zwei Funktionen, die das Geld in der modernen Wirtschaft verkörpert!*
> 5. *Welche Rolle spielt der Preismechanismus in einer Marktwirtschaft?*
> 6. *Welches sind wichtige marktwirtschaftliche Grundprinzipien?*
> 7. *Skizzieren Sie das Grundschema des Wirtschaftskreislaufs!*
> 8. *Worin unterscheiden sich Betriebe von den privaten Haushalten?*
> 9. *Welches sind die Merkmale (a) eines Betriebs und (b) einer Unternehmung nach Gutenberg?*
> 10. *Wie definiert Kosiol die Unternehmung?*
> 11. *Wie sind die öffentlichen Betriebe und Verwaltungen in das Gliederungsschema von Gutenberg und Kosiol einzuordnen?*

Literaturhinweise:

Castan, E. (1963)
Deppe, H.-D. (1973)
Gutenberg, E. (1983)
Kirsch, W. u.a. (1975)
Kosiol, E. (1972b)

Reichard, C. (1987)
Schneider, E. (1964)
Schneider, E. (1969)
Wöhe, G. (1990b)

Zweites Kapitel:
Typologie der Unternehmungen

1. Wesen und Sinn der Typenbildung
2. Rechtsformen der Unternehmung
3. Gliederung der Unternehmungen nach Branchen und Größenklassen
4. Merkmale der technisch-ökonomischen Struktur von Industriebetrieben
5. Räumliche Strukturmerkmale der Unternehmenstätigkeit
6. Unternehmensverbindungen und verbundene Unternehmen

1. Wesen und Sinn der Typenbildung

Ein Begriff dient allgemein als sprachliches Hilfsmittel, um einen bestimmten Sachverhalt zu erfassen. Dazu werden Merkmale herangezogen, die sich nach ihrer Art in diskrete (klassifikatorische) und stetige (quantitative und komparative) unterscheiden lassen. Letztere mißt man mithilfe von Kardinalskalen, erstere mit Ordinalskalen.

Typen sind besondere komparative Begriffe. Sie enthalten stetige Merkmale und sind meßbar in dem Sinne, daß die Merkmale abstufbar sind und so mit einer Skala eine Ordnung hergestellt werden kann.

In der Auswahl der Merkmale kommt zugleich der jeweilige Untersuchungszweck zum Ausdruck. Denn bei typologischem Vorgehen werden nicht alle möglichen, sondern nur die im Hinblick auf den Untersuchungszweck erforderlichen Merkmale erfaßt. Entsprechend lassen sich auch unterschiedliche Arten von Typen bilden (*Kosiol* 1972b):

(1) **Real**typen, die sich auf empirisch nachweisbare Erscheinungen beziehen, und **Ideal**typen, die gedachte, empirisch nicht nachweisbare Gebilde erfassen;

(2) **Individual**typen, bei denen nur ein einziger Gegenstand angesprochen wird, und **Allgemein**typen, die eine Klasse von Erscheinungen umfassen;

(3) **Eindimensionale** Typen, die lediglich ein abstufbares Merkmal verwenden, und **mehrdimensionale** Typen, die gleichzeitig eine Mehrzahl typologisierender Merkmale zur Kennzeichnung von Gegenständen heranziehen.

Fragt man allgemein nach dem Sinn der Typenbildung, so treten vor allem zwei Aspekte in den Vordergrund:

(1) Durchführung einer logischen Analyse von Erscheinungen bei schwerpunktartiger Fallbildung,

(2) Ordnende (systematische) Beschreibung der Realität bzw. gedanklicher Gebilde.

Diese Vorzüge des typologischen Verfahrens sollen im folgenden für die verschiedenen Erscheinungsformen der **Unternehmungen** als „dezentrale Schaltstellen" des arbeitsteiligen Wirtschaftsprozesses genutzt werden. Von der Art der Typenbildung her gesehen sind Unternehmungen dabei grundsätzlich als **allgemeine Realtypen mehrdimensionaler Art** einzustufen.

Um die vielfältigen Erscheinungsformen der Unternehmungen möglichst von verschiedenen Seiten her zu erschließen, erfolgt eine fünffache Differenzierung der Typenbildung:

(1) Typologie der Rechtsformen von Unternehmen
(2) Branchen- und Größenklassentypologie

(3) Typen von Industriebetrieben
(4) Typologie der Standortcharakteristika von Unternehmen
(5) Typen von Unternehmensverbindungen und verbundenen Unternehmen.

2. Rechtsformen der Unternehmung

Unter dem Begriff „Rechtsform" lassen sich alle diejenigen rechtlichen Regelungen zusammenfassen, die einen Betrieb über seine Eigenschaft als Wirtschaftseinheit hinaus auch zu einer rechtlich faßbaren Einheit machen. Die Rechtsform ist also gleichsam das „juristische Kleid" einer Wirtschaftseinheit und bindet in dieser Funktion deren Handeln in die bestehenden Rechtsnormen ein.

Abb. 11 gibt eine Übersicht über die Rechtsformen, wobei privatrechtliche und öffentlich-rechtliche Formen unterschieden werden können. Mit Ausnahme einiger privatrechtlicher Mischformen (z.B. GmbH & Co. KG), die von der Wirtschaft entwickelt wurden, handelt es sich dabei um gesetzlich geregelte Formen, die den Betrieben von der Rechtsordnung ausdrücklich zur Verfügung gestellt werden.

I. Privatrechtliche Formen
  1. Einzelunternehmungen
  2. Personengesellschaften
    a. Gesellschaft des Bürgerlichen Rechts
    b. Offene Handelsgesellschaft (OHG)
    c. Kommanditgesellschaft (KG)
    d. Stille Gesellschaft
  3. Kapitalgesellschaften
    a. Aktiengesellschaft (AG)
    b. Gesellschaft mit beschränkter Haftung (GmbH)
  4. Mischformen
    a. Kommanditgesellschaft auf Aktien (KGaA)
    b. AG & Co. KG
    c. GmbH & Co. KG
    d. Doppelgesellschaft
  5. Genossenschaften
  6. Versicherungsvereine auf Gegenseitigkeit (VVaG)
II. Öffentlich-Rechtliche Formen
  1. Ohne eigene Rechtspersönlichkeit
    a. Regiebetriebe
    b. Eigenbetriebe
    c. Sondervermögen
  2. Mit eigener Rechtspersönlichkeit
    a. Öffentlich-Rechtliche Körperschaften
    b. Anstalten
    c. Stiftungen

Abb. 11 Rechtsformen der Betriebe

Speziell für die Unternehmungen spielen natürlich in erster Linie die privatrechtlichen Rechtsformen eine Rolle. Von diesen seien im folgenden die fünf wichtigsten Arten näher betrachtet:
· Einzelfirma
· Offene Handelsgesellschaft (OHG)

- Kommanditgesellschaft (KG)
- Gesellschaft mit beschränkter Haftung (GmbH)
- Aktiengesellschaft (AG).

Die Abb. 12 gibt einen Überblick über diese Rechtsformen, wobei folgende Merkmale zur näheren Kennzeichnung herangezogen werden:

- Gesetzliche Grundlage
- Bezeichnung der (Mit-)Eigentümer
- Mindestanzahl bei Gründung
- Vorgeschriebenes Haftungskapital bei Gründung
- Regelung der Haftung
- Steuerliche Belastung
- Finanzierungspotential
- Leitungsbefugnis
- Bedeutung der Rechtsformen.

Wenngleich mit der Übersicht (Abb. 12) auch die fünf wichtigsten Rechtsformen genannt und charakterisiert sind, so ist es doch nicht ohne Reiz, zumindest kurz auch auf die übrigen in Abb. 11 genannten **privatrechtlichen** Unternehmensformen einzugehen. Die Ausführungen müssen sich dabei allerdings jeweils auf einzelne charakteristische Merkmale beschränken:

(1) **Gesellschaft des Bürgerlichen Rechts** (BGB-Gesellschaft): Vertraglicher Zusammenschluß von natürlichen oder juristischen Personen zur Förderung eines gemeinsamen Zwecks. Häufig in Form der Gelegenheitsgesellschaft (Arbeitsgemeinschaften, Kartelle, Konsortien).

(2) **Stille Gesellschaft**: Beteiligung an einem Unternehmen durch Vermögenseinlage, ohne daß der stille Gesellschafter nach außen hin als Gesellschafter in Erscheinung tritt. Beteiligung am Gewinn (Verlustbeteiligung kann ausgeschlossen werden). Die Haftung des stillen Gesellschafters ist auf seine Einlage beschränkt. Er besitzt gewisse Kontrollrechte (wie Einsichtnahme in die Bücher, Anspruch auf Erhalt der Jahresbilanz).

(3) **Kommanditgesellschaft auf Aktien** (KGaA): Eine Kombination von KG und AG, wobei die KGaA als juristische Person der AG näher steht als der KG (und entsprechend auch im AktG geregelt ist). Das Kommanditkapital ist in Aktien verbrieft, mindestens ein Gesellschafter haftet aber als Komplementär unbeschränkt persönlich und ist damit auch zur Geschäftsführung und Vertretung der Gesellschaft befugt. Die KGaA verbindet die Vorteile der AG (insbesondere was die Finanzierungsmöglichkeiten betrifft) mit der starken Stellung der persönlich haftenden Gesellschafter einer KG.

(4) **AG & Co. KG bzw. GmbH & Co. KG**: Spezialform der KG, bei der eine juristische Person (AG, GmbH) die Funktion des Komplementärs übernimmt. Dabei können die Gesellschafter der AG oder GmbH gleichzeitig auch Kommanditisten der KG sein. Durch die spezielle Konstruktion dieser Rechtsform ist einerseits die Haftung aller natürlichen Personen, die an einer solchen Unternehmung beteiligt sind, auf ihre Kapitaleinlage beschränkt, andererseits gelten für die Kommanditisten die gesetzlichen Vorschriften zur KG als Personengesellschaft, was insbesondere aus steuerlichen Gründen vorteilhaft sein kann. Spezielle Unterschiede zwischen den beiden Formen AG & Co.KG und GmbH & Co.KG sind in den Unterschieden der beiden Grundformen AG bzw. GmbH zu suchen.

Rechtsform / Merkmale	Einzelfirma	Personengesellschaften		Kapitalgesellschaften	
		OHG	KG	GmbH	AG
(1) Gesetzliche Grundlage	§§ 1–104 HGB	§§ 105–160 HGB	§§ 161–177 HGB	GmbHG	AktG
(2) Bezeichnung der (Mit-)Eigentümer	Inhaber	Gesellschafter	Komplementäre, Kommanditisten	Gesellschafter	Aktionäre
(3) Mindestanzahl bei Gründung	1 (höchstens, sonst Gesellschaft)	2	2	1 (aber: bei 1-Mann-GmbH Sicherheiten für nicht eingezahltes Stammkap. notw.)	5 (aber: *nach* Gründung auch 1-Mann-AG zulässig)
(4) Vorgeschriebenes Haftungskapital bei Gründung	–	–	–	50 000,– DM (Stammkapital bzw. gezeichnetes Kapital) davon mindestens 25 000,– DM eingezahlt	100 000,– DM (Grundkapital bzw. gezeichnetes Kapital)
(5) Regelung der Haftung	unbeschränkt persönlich	unbeschränkt persönlich und solidarisch	Komplementäre: unbeschränkt persönlich Kommanditisten: Beschränkt auf die Kapitaleinlage	Beschränkt auf die Kapitaleinlage; es kann aber eine Nachschußpflicht im Gesellschaftsvertrag vereinbart sein	Beschränkt auf die Kapitaleinlage
(6) Gewinnsteuerliche Belastung	Gewinn unterliegt der Einkommensteuer; Steuersatz je nach Höhe der persönlichen Gesamteinkünfte 19–53%; keine unterschiedliche Besteuerung von einbehaltenen und ausgeschütteten Gewinnen				Gewinn unterliegt der Körperschaftsteuer; Steuersatz 50% bei einbehaltenen und 36% bei ausgeschütteten Gewinnen. Die Gesellschafter resp. Aktionäre versteuern die an sie ausgeschütteten Gewinne nach Maßgabe ihres persönlichen Steuersatzes, wobei sie zur Vermeidung einer Doppelbesteuerung eine Steuergutschrift in Höhe von 36/64 der gezahlten Dividende erhalten.

		Einzelunternehmen	OHG	KG	GmbH	AG
(7) Finanzierungspotential (siehe auch S. 377 ff.)	Zuführung von Haftungskapital	Begrenzt durch Privatvermögen Darüberhinaus allenfalls durch Aufnahme stiller Gesellschafter	Begrenzt durch die (notwendigerweise geringe) Zahl der Gesellschafter und ihr Privatvermögen	Begünstigt durch Haftungsbeschränkung beim Kommanditkapital, aber begrenzt durch dessen geringe Fungibilität und das vergleichsweise hohe Anlagerisiko	Vergleichsweise wie bei der KG; teilweise etwas besser wegen der stärkeren Rechtsstellung der Gesellschafter	Relativ die günstigsten Voraussetzungen durch Emissionsfähigkeit der AG, hoher Fungibilität und typischem Kapitalanlagecharakter von Aktien sowie weitgehendem Aktionärsschutz
	Kreditaufnahme	Kreditwürdigkeit relativ groß durch die unbeschränkte Haftung der (Mit-)Eigentümer		Kreditwürdigkeit relativ gering aufgrund der beschränkten Haftung (bei der KG abhängig vom Privatvermögen des Komplementärs)		Kreditwürdigkeit größer wegen des verbesserten Gläubigerschutzes
(8) Leitungsbefugnis		Liegt allein beim Inhaber	Liegt je nach Gesellschaftsvertrag bei allen oder einzelnen Gesellschaftern	Liegt beim Komplementär (i. a. nicht bei den Kommanditisten)	Liegt (mit unterschiedlichen Schwerpunkten) bei den dafür gesetzlich vorgesehenen Organen: a) Geschäftsführer/Vorstand (brauchen nicht unbedingt aus dem Kreis der Anteilseigner zu kommen) b) Aufsichtsrat (vorgeschrieben bei AG's sowie bei GmbH's mit über 500 Beschäftigten, in der Montanindustrie mit über 100 Beschäftigten) c) Gesellschafter-/Hauptversammlung	
(9) Bedeutung der einzelnen Rechtsformen (in BR-Deutschland 1987)		77,3% aller Unternehmungen,* 27,7% aller Beschäftigten**	2,5 % aller Unternehmungen,* 7,0% aller Beschäftigten**		10,5% aller Unternehmungen,* 25,9% aller Beschäftigten**	0,1% aller Unternehmungen,* 14,5% aller Beschäftigten**

Abb. 12 Fünf wichtige Rechtsformen im Überblick (*sonstige Unternehmen: 9,6%; **sonstige Beschäftigte: 24,9%)

(5) **Doppelgesellschaft**: Besteht aus zwei rechtlich selbständigen Gesellschaften, die i.d.R. durch gemeinsame Anteilseigner verbunden sind. Üblich ist die Trennung in eine Personen- und eine Kapitalgesellschaft, von denen z. B. die eine als Produktionsgesellschaft, die andere als Vertriebsgesellschaft fungiert oder von denen die eine eine Art Besitzgesellschaft ist, die ihre Produktionsmittel an die eigentliche Betriebsgesellschaft verpachtet. Hierdurch wird häufig eine insgesamt geringere Steuerbelastung erreicht. Auch spielen Haftungsaspekte sowie das Moment der Risikobegrenzung und Vermögenssicherung eine Rolle.

(6) **Genossenschaft**: Gesellschaft mit offener, wechselnder Zahl von Mitgliedern (Genossen), die einen wirtschaftlichen Zweck verfolgen und sich dazu eines gemeinsamen Geschäftsbetriebes bedienen. Genossenschaften sind ein wirtschaftlicher Verein, dessen Kapital sich aus den Einlagen der Mitglieder zusammensetzt. Die Statuten bestimmen, ob die Mitglieder beschränkt mit ihrer effektiven Einlage, mit einer bestimmten Haftsumme oder unbeschränkt haften. Genossenschaften werden steuerlich wie Kapitalgesellschaften behandelt, genießen aber eine Reihe steuerlicher Privilegien. Genossenschaften treten vor allem auf als
- Einkaufsgenossenschaften
- Baugenossenschaften
- Kreditgenossenschaften
- Landwirtschaftliche Verwertungsgenossenschaften.

(7) **Versicherungsvereine auf Gegenseitigkeit (VVaG)**: Unternehmensform der Versicherungswirtschaft, die sowohl Merkmale der Genossenschaft wie der BGB-Gesellschaft aufweist. Der „Gründungsstock" (das Haftungskapital) wird von Vereinsmitgliedern oder anderen Personen als Darlehen oder Schenkung eingebracht. Mitglieder des Vereins sind die Versicherungsnehmer, die auch das wirtschaftliche Risiko des Vereins tragen und etwaige Überschüsse aus der Geschäftstätigkeit i.d.R. in Form der Beitragsrückgewähr erhalten. Entsprechend besteht bei Auftreten von Verlusten (je nach Satzung) eine beschränkte oder unbeschränkte Nachschußpflicht, deren Folgen jedoch üblicherweise durch den Abschluß einer Rückversicherung aufgefangen werden.

Nach dieser kurzen Charakterisierung der nicht in der Übersicht (Abb. 12) enthaltenen privatrechtlichen Unternehmensformen ist abschließend noch auf ein Sonderproblem einzugehen, nämlich das des **Wechsels der Rechtsform** einer Unternehmung. Diesen Vorgang bezeichnet man auch als **Umwandlung**. Ein Wechsel der Rechtsform kann vielfältige Ursachen haben. Wichtige Faktoren sind u.a.

- das Wachstum oder die Schrumpfung des Unternehmens,
- veränderte Steuergesetze,
- Veränderung des Kreises oder der Zahl der Gesellschafter,
- Auflagen der Kreditgeber.

Der Gesetzgeber hat die Möglichkeiten und Bedingungen eines Wechsels der Rechtsform sehr weitgehend geregelt. Das gilt natürlich insbesondere für die steuerrechtliche Seite der Umwandlungsvorgänge, geht aber weit darüber hinaus. Abb. 13 (nach *Wöhe* 1990b) gibt eine Übersicht über die verschiedenen rechtlichen Formen der Umwandlung und der dabei anzuwendenden gesetzlichen Vorschriften.

Nur erwähnt sei, daß die rechtliche Form der Umwandlung nicht zuletzt auch von erheblicher ökonomischer Bedeutung ist. Die Umwandlung im Wege der Gesamtrechtsnachfolge oder durch Satzungsänderung ist kostenmäßig und insbesondere auch steuerlich in aller Regel wesentlich vorteilhafter als eine Umgründung, also die formelle Liquidation und Einzelübertragung der Vermögensteile auf die neue Rechtsform. Ist letzteres vorgeschrieben, so führen diese Belastungen nicht selten dazu, daß eine wirtschaftlich an sich zweckmäßige Umwandlung unterbleibt oder zumindest hinausgezögert wird.

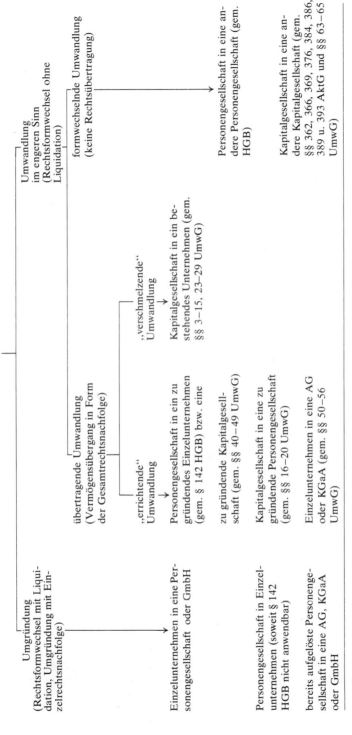

Abb. 13 Rechtliche Formen der Umwandlung (im weiteren Sinn)

3. Gliederung der Unternehmungen nach Branchen und Größenklassen

In der modernen arbeitsteiligen Wirtschaft wird der volkswirtschaftliche Leistungsprozeß von einer Vielzahl von Unternehmungen vollzogen, die alle entweder in unmittelbarer oder aber zumindest in mittelbarer Weise für den menschlichen Konsum tätig sind. Der wirtschaftliche Gesamtprozeß findet in der Versorgung menschlicher Bedürfnisse zwar seinen „letzten" Sinn, nicht jede Unternehmung ist hieran aber unmittelbar beteiligt. Vielmehr wird es Unternehmungen geben, die nur mittelbar mit dem menschlichen Konsum verbunden sind, indem sie lediglich „Vorprodukte", also noch nicht konsumreife Produkte erzeugen, die bis zu ihrer konsumptiven Verwendbarkeit noch weitergehend be- oder verarbeitet werden müssen. Verfolgt man den gesamtwirtschaftlichen Leistungsprozeß in dieser Weise über die verschiedenen Produktionsstufen zurück, so kann er schließlich bis auf die Naturgrundlagen der menschlichen Existenz zurückgeführt werden. Ausgangspunkt des Wirtschaftsprozesses sind damit die mineralischen, pflanzlichen oder tierischen Naturvorkommen oder die Naturkräfte. Angefangen von ihrem Abbau bzw. ihrer Nutzbarmachung bis hin zum konsumreifen Erzeugnis erstreckt sich der volkswirtschaftliche Leistungsprozeß; und die Träger dieses Prozesses, die Unternehmungen, sind in diesen Prozeß eingespannt.

Je nach Art ihrer Produkte oder Leistungen bzw. ihrer Funktion im gesamtwirtschaftlichen Leistungsprozeß lassen sich die Unternehmungen dementsprechend einteilen. Das Ergebnis ist zugleich eine erste grobe Branchengliederung.

Abb. 14 unterscheidet zunächst **Sachleistungs**unternehmungen (= Unternehmungen, die Sachgüter erzeugen und anbieten) und **Dienstleistungs**unternehmen (= Unternehmungen, die Dienste bereitstellen und anbieten). Die weitere Aufgliederung der Sachleistungsbetriebe läßt die drei Hauptstufen der Erzeugung sichtbar werden (*Mellerowicz* 1968):

· Gewinnung des Urproduktes,
· Veredlung (Aufbereitung) zum Zwischenprodukt,
· Verarbeitung zum Endprodukt.

Sachleistungsbetriebe			Dienstleistungsbetriebe
Gewinnungsbetriebe	Veredlungsbetriebe	Verarbeitungs- (Fertigungs-) betriebe	

Abb. 14 Beispiel einer (groben) Branchengliederung

In den Analysen der **Deutschen Bundesbank** und des **Statistischen Bundesamtes** werden die Branchen nach den für sie charakteristischen Produkten bzw. Arten der erstellten Leistung gegliedert. Dabei erfolgt je nach Analysezweck eine beliebige Verfeinerung der Systematik. Das folgende Beispiel (Abb. 15) zeigt die dekadische Gliederung nach (Haupt-) Wirtschaftszweigen.

Die verschiedenen Wirtschaftszweige haben gemessen an der **Zahl** der jeweils dort **Beschäftigten** ein recht unterschiedliches Gewicht. Wie Abb. 15 zeigt, sind allein im verarbeitenden Gewerbe fast 40% der Beschäftigten tätig. Demgegenüber ist der Anteil der Beschäftigten, die die Land- und Forstwirtschaft (einschl. Tier-

Zweites Kapitel: Typologie der Unternehmungen

Wirtschaftszweige	Unternehmen		Beschäftigte		Beschäftigte pro Unternehmen	Unternehmen- und Beschäftigtengrößenklassen					
						1-49		50-499		500 und mehr	
	absolut	%	absolut	%		Unternehmen	Beschäftigte	Unternehmen	Beschäftigte	Unternehmen	Beschäftigte
Land- und Forstwirtschaft, Fischerei	28 195	1,34	137 958	0,63	4,9	28 012	121 702	182	15 573	1	683
Energie- und Wasserversorgung, Bergbau	3 010	0,14	485 183	2,21	161,2	2 512	20 788	385	60 799	113	403 596
Verarbeitendes Gewerbe	336 561	16,04	8 581 947	39,16	25,5	317 359	2 210 940	17 357	2 341 471	1 845	4 029 536
Baugewerbe	181 598	8,66	1 864 592	8,51	10,3	177 086	1 240 408	4 407	458 510	105	165 674
Handel	585 073	27,89	3 878 928	17,70	6,6	578 119	2 331 454	6 552	763 958	402	783 516
Verkehr und Nachrichtenübermittlung	81 039	3,86	1 513 583	6,91	18,7	79 534	380 916	1 405	164 778	100	967 889
Kreditinstitute und Versicherungsgewerbe	80 052	3,82	979 435	4,47	12,2	78 096	209 292	1 677	246 780	279	523 363
Dienstleistungen soweit von Unternehmen und freien Berufen erbracht	802 325	38,25	4 474 212	20,42	5,6	796 114	3 075 714	5 699	748 881	512	649 617
Σ	2 097 853	100,00	21 915 838	100,00	10,4	2 056 832	9 591 214	37 664	4 800 750	3 357	7 523 874

Abb. 15 Ergebnisse der Arbeitsstättenzählung vom 25.5.1987: Amtliche Gliederung nach Wirtschaftszweigen

Zweites Kapitel: Typologie der Unternehmungen

Wirtschaftszweige	Einzelfirma		Unternehmen mit mehreren Personen (BGB-Gesellschaft, Sozietät)		OHG bzw. KG		GmbH & Co. KG		GmbH		AG bzw. KGaA		Eingetragene Genossenschaft		Unternehmen mit sonst. priv. Rechtsform		Unternehmen einer Körperschaft d. öffentl. Rechts	
	absolut	%	absolut	%	absolut	%	absolut	%	absolut	%	absolut	%	absolut	%	absolut	%	absolut	%
Land- und Forstwirtschaft, Fischerei	23 520	1,45	2 881	2,11	321	0,61	253	0,52	976	0,44	*	*	98	1,40	118	2,81	*	*
Energie- und Wasserversorgung, Bergbau	469	0,03	114	0,08	76	0,14	50	0,10	426	0,19	164	5,90	85	1,21	30	0,72	1 596	51,52
Verarbeitendes Gewerbe	230 637	14,22	19 821	14,50	13 935	26,36	17 091	34,86	53 471	24,34	671	24,14	682	9,71	171	4,08	82	2,65
Baugewerbe	128 755	7,94	9 165	6,70	4 147	7,84	7 126	14,53	32 261	14,69	*	*	37	0,53	33	0,79	*	*
Handel	457 841	28,22	27 779	20,32	22 355	42,28	13 717	27,98	61 299	27,91	308	11,08	1 445	20,58	296	7,06	33	1,07
Verkehr und Nachrichtenübermittlung	61 405	3,78	3 342	2,44	3 049	5,77	2 600	5,30	9 987	4,55	249	8,96	122	1,74	176	4,20	109	3,52
Kreditinstitute und Versicherungsgewerbe	68 443	4,22	2 194	1,60	990	1,87	249	0,51	2 953	1,34	634	22,81	3 487	49,66	370	8,82	732	23,63
Dienstleistungen soweit von Unternehmen und freien Berufen erbracht	651 413	40,15	71 414	52,24	7 998	15,13	7 944	16,20	58 293	26,54	688	24,75	1 066	15,18	2 999	71,52	510	16,46
Σ Gesamtzahl der Unternehmen: 2 097 853	1 622 483	100,00	136 710	100,00	52 871	100,00	49 030	100,00	219 666	100,00	2 780	100,00	7 022	100,00	4 193	100,00	3 098	100,00
in % der Gesamtzahl der Unternehmen	77,34		6,52		2,52		2,34		10,47		0,13		0,33		0,20		0,15	

Abb. 16 Arbeitsstättenzählung vom 25.5.1987, Unternehmen nach Rechtsformen und Wirtschaftszweigen

haltung und Fischerei) auf sich vereinigt, äußerst gering. Eine Mittelstellung nehmen etwa der Handel und das Baugewerbe ein.

Von betriebswirtschaftlichem Interesse ist insbesondere die durchschnittliche **Größe** der Unternehmen in den verschiedenen Wirtschaftszweigen. Einen ersten diesbezüglichen Anhaltspunkt erhält man, wenn (wie bereits analog bei den Rechtsformen zur Kennzeichnung ihrer relativen Bedeutung geschehen) die Beschäftigtenzahlen in Relation zur **Zahl der Unternehmen** in den einzelnen Wirtschaftsbereichen gesehen werden. Gemäß Abb. 15 beschäftigen die Unternehmen der Energiewirtschaft, Wasserversorgung und des Bergbaus mit 161,1 hiernach im Durchschnitt die meisten Personen, während die Handelsunternehmen, die landwirtschaftlichen Betriebe sowie die freien Berufe mit durchschnittlich etwa sechs Beschäftigten am unteren Ende der Skala stehen.

Branchen-Durchschnittswerte sagen natürlich noch nichts über die Größenverteilung der Unternehmen **innerhalb** einzelner Wirtschaftszweige aus. Diese Information gibt Abb. 15 ebenfalls, indem **drei** Größenklassen gebildet wurden. Dadurch ergibt sich ein recht gutes Bild von der unterschiedlichen Verteilung großer, mittlerer und kleiner Unternehmen auf die einzelnen Wirtschaftsbereiche.

Die Verbindung zu Abb. 12 stellt schließlich Abb. 16 her, die verdeutlicht, wie sich die Rechtsformen der Unternehmen im einzelnen auf die Wirtschaftszweige verteilen.

Die alleinige Verwendung von Beschäftigtenzahlen zur Messung der Unternehmensgröße ist nicht unproblematisch. Denn die Beschäftigtenzahl, die in einem Wirtschaftszweig als typisch für einen Großbetrieb angesehen wird, mag in einer anderen Branche noch für einen eher kleinen Betrieb charakteristisch sein. Auch besteht nicht notwendigerweise eine direkte Korrelation zwischen der Beschäftigtenzahl und anderen Maßgrößen, wie etwa dem Umsatz, der Wertschöpfung oder der Höhe des investierten Kapitals, die ebenfalls grundsätzlich zur Messung der Unternehmensgröße in Frage kommen. Deshalb verwendet man im allgemeinen einen **mehrdimensionalen** Maßstab, dessen Bildung durch die notwendige Auswahl und Gewichtung der einzelnen Maßgrößen zwangsläufig nicht frei von Willkür ist und eine entsprechende Konvention voraussetzt.

Beispielsweise verwendet das sog. **Publizitätsgesetz** (v. 15.8.1969) zur Messung der Unternehmensgröße einen dreidimensionalen Maßstab. Nach diesem Gesetz müssen Unternehmen unabhängig von ihrer Rechtsform grundsätzlich dann öffentlich Rechenschaft legen, wenn für einen Bilanzstichtag und in der Regel für die zwei darauf folgenden Stichtage jeweils mindestens zwei der drei folgenden Merkmale zutreffen:

(1) Die Bilanzsumme übersteigt 125 Mio. DM,
(2) Die Umsatzerlöse übersteigen 250 Mio. DM,
(3) Die Beschäftigtenzahlen übersteigen 5000 Arbeitskräfte.

Da in der Begründung zum Publizitätsgesetz von der Notwendigkeit einer Erweiterung der Publizitätspflicht auf Großunternehmen ohne Rücksicht auf deren Rechtsform gesprochen wird, sind obige Merkmale also nach dem Willen des Gesetzgebers kennzeichnend für eine Großunternehmung. Erheblich restriktiver werden im „Bilanzteil" des neuen HGB die großen Kapitalgesellschaften definiert. Da hierbei gleichzeitig auch der Begriff der kleinen und mittleren Kapitalgesellschaft festgelegt wird, sei dieses Schema als Beispiel für eine dreidimensionale Größengliederung dargestellt. Für die Kennzeichnung eines Klein-, Mittel- oder Großbetriebes reicht dabei die Erfüllung von zwei der drei genannten Kriterien aus (Abb. 17).

Merkmale Größenklassen (von Kapitalgesellschaften)	Beschäftigte	Bilanzsumme in DM	Umsatz in DM
Kleinbetrieb	≤ 50	$\leq 3,9$ Mio	≤ 8 Mio
Mittelbetrieb	51–250	3,9–15,5 Mio	8–32 Mio
Großbetrieb	> 250	> 15,5 Mio	> 32 Mio

Abb. 17 Bildung von Unternehmensgrößenklassen im HGB

4. Merkmale der technisch-ökonomischen Struktur von Industriebetrieben

Eine bedeutsame Kategorie der Unternehmungen sind die Industriebetriebe. Ihre Bedeutung zeigt sich schon in der Verwendung der Worte „Industriestaaten" oder „Industriegesellschaft", die darauf hindeuten, daß das Wesen der modernen Wirtschafts- und Gesellschaftsformen entscheidend durch die Industrie und ihre Unternehmungen geprägt wird. In der Bundesrepublik Deutschland gab es nach den Untersuchungen des Statistischen Bundesamtes 1975 genau 41 733 Industrieunternehmen, deren direkter Beitrag zum Bruttoinlandsprodukt etwa **40%** ausmachte.

Durch welche Merkmale läßt sich ein Industriebetrieb generell charakterisieren und von anderen Unternehmensformen abgrenzen?

Nach *Jacob* (1983) erzeugt ein Industriebetrieb Sachgüter, ist also gemäß Abb. 14 (vgl. S. 34) entweder ein Gewinnungs-, Veredlungs- oder Verarbeitungsbetrieb. Nicht alle Sachleistungsbetriebe sind aber einfach gleichzusetzen mit einem Industriebetrieb. Als weitere Merkmale werden entsprechend genannt:

- Industriebetriebe verwirklichen in besonders weitgehender Weise das Prinzip der **Arbeitsteilung**, und zwar nicht nur im Hinblick auf die Zerlegung ausführender Tätigkeiten, sondern auch hinsichtlich der Trennung von ausführenden und leitenden Tätigkeiten.
- Die industrielle Erzeugung ist durch einen relativ hohen **Mechanisierungsgrad** gekennzeichnet, der Anteil individueller Handarbeit ist entsprechend gering.
- Industriebetriebe produzieren für einen **größeren Markt** und treten damit auch nur selten als ausgesprochener Kleinbetrieb in Erscheinung.

Nicht zu den industriellen Unternehmen zählen i. d. R. die Betriebe der Land- und Forstwirtschaft, auch wenn sie im Einzelfall obige Merkmale erfüllen sollten. Schwierig ist die Abgrenzung zwischen Industrie- und **Handwerksbetrieb**. Allgemein gilt hier, daß Handwerksbetriebe typischerweise weniger arbeitsteilig organisiert sind, einen geringeren Mechanisierungsgrad aufweisen und im Durchschnitt kleiner sind als Industriebetriebe.

Geht man von dieser Abgrenzung zunächst aus, so fragt sich weiterhin, welche Arten von Industrieunternehmen denn im einzelnen unterschieden werden können. Hierzu ist es zweckmäßig, die speziellen typologischen Merkmale der **technisch-ökonomischen Struktur** eines Industriebetriebs darzulegen. *Schäfer* (1979, S. 371 ff.) verwendet dazu einen sehr umfangreichen Katalog von Merkmalen mit den

I. Allgemeine Merkmale	
1. Stellung im gesamtwirtschaftlichen Leistungszusammenhang	1.1 Natur- bzw. Konsumnähe 1.2 Produktionstiefe (vertikaler Integrationsgrad) 1.3 Grad der Verflechtung mit Vor- und Nachstufen
2. Art der Stoffverwertung	2.1 analytische Stoffverwertung 2.2 durchlaufende Stoffverwertung (veredelnd/verformend) 2.3 synthetische Stoffverwertung
3. Vorherrschende Technologie	3.1 mechanische Technologie 3.2 chemische Technologie
4. Produktionstyp (Programmtyp)	4.1 Massenfertigung (-programm) 4.2 Sortenfertigung (-programm) 4.3 Serienfertigung (-programm) 4.4 Partie- und Chargenfertigung (-programm) 4.5 Einzelfertigung (-programm)
5. Repertoire	5.1 Tiefe (tiefes/flaches Sortiment) 5.2 Breite (breites/schmales Sortiment) 5.3 Konturen (konturiertes/unkonturiertes Sortiment) 5.4 Produkt- und Sortimentsänderungen (ständig/von Zeit zu Zeit/selten/nie)
6. Art der produktionsrelevanten Marktbeziehung	6.1 Produktion auf Bestellung 6.2 Produktion nach (Mengen-, Sorten- oder Muster-) Vordisposition 6.3 Produktion auf Verdacht
7. Spezialisierung	7.1 Grad der Spezialisierung (stark/gering) 7.2 Richtung der Spezialisierung (Material-/Verfahrens-/Bedarfsspezialisierung)
8. Vermögens-, Kosten-, und Ertragsstruktur	8.1 anlagenintensiv (abschreibungsintensiv) 8.2 personalintensiv (lohnintensiv) 8.3 materialintensiv 8.4 wertschöpfungsintensiv
II. Merkmale des Fertigungsaufbaus und -ablaufs	
1. Standortverhältnisse	1.1 ortsgebunden/frei 1.2 vorstufen-/nachstufenorientiert 1.3 offen/geschlossen
2. Art der Anlagen (Fertigungs-/Produktionsmittel)	2.1 modern/veraltet 2.2 langlebig/kurzlebig 2.3 beweglich/unbeweglich 2.4 multipel/dimensioniert 2.5 isolierte/integrierte Fertigungseinheiten 2.6 betriebs-/repertoire-/produkt-/auftragsbezogene Fertigungsmittel 2.7 Vielzweck-/Mehrzweck-/Einzweckanlagen 2.8 material-/verfahrens-/erzeugnisspezialisierte Produktionsmittel

Abb. 18 Merkmale der technisch-ökonomischen Struktur von Industriebetrieben

Fortsetzung von Abb. 18

3. Mechanisierungsgrad	3.1 reine Handarbeit
	3.2 maschinell unterstützte Handarbeit
	3.3 handwerkliche Maschinenarbeit
	3.4 Maschinenarbeit
	   3.4.1 mit menschlicher Steuerung
	   3.4.2 mit mechanischer Steuerung

4. Zuordnung von Mensch und Aggregat	4.1 Einzel-Aggregatbedienung 4.2 Mehr-Aggregatbedienung 4.3 aggregatbezogene Gruppenarbeit
5. Arbeitskräftestruktur	5.1 männliche/weibliche Arbeitskräfte 5.2 gelernte/angelernte/ungelernte Arbeitskräfte 5.3 einheimische/auswärtige Arbeitskräfte

6. Fertigungssystem	6.1 Werkstattfertigung
	6.2 Baustellenfertigung
	6.3 Fließfertigung (Straßenfertigung)
	   6.3.1 mit/ohne Taktzwang
	   6.3.2 mit/ohne automatisierten Teiletransport
	   6.3.3 mit/ohne parallelen, konvergierenden oder divergierenden Fertigungssträngen

7. Körperliche Eigenschaften des Fertigungsobjektes	7.1 ungeformt/geformt 7.2 klein/groß 7.3 leicht/schwer 7.4 kompakt/sperrig
8. Beherrschbarkeit der Fertigungsabläufe	8.1 quantitative Dosierbarkeit (hoch/gering) 8.2 qualitative Beherrschbarkeit (hoch/gering)
9. Dauer und Rhythmus der Fertigung	9.1 lange/kurze Fertigungsdauer 9.2 gleichförmiger/ungleichförmiger Fertigungsrhythmus 9.3 kontinuierliche/diskontinuierliche Beschickung
10. Anpassung bei Beschäftigungsschwankungen	10.1 Anpassung über Lager- und Auftragsbestände 10.2 intensitätsmäßige Anpassung 10.3 zeitliche Anpassung 10.4 quantitative Anpassung 10.5 kombinierte Anpassung

dazugehörigen Merkmalsausprägungen, der in oben stehender Übersicht etwas abgewandelt und verkürzt wiedergegeben wird (Abb. 18).

Die Mehrzahl der in der Übersicht (Abb. 18) genannten Merkmale sind nicht nur strukturbildend für die unterschiedlichen Erscheinungsformen industrieller Unternehmungen, sondern wirken auch als relevante Einflußgrößen auf deren Kosten und Erträge, auf deren wirtschaftliche Stabilität ebenso wie auf deren Anpassungsfähigkeit. Insofern wird auf sie noch wiederholt einzugehen sein. An dieser Stelle seien lediglich drei Merkmale etwas näher betrachtet:

(1) der **Produktionstyp (Programmtyp)** einer Industrieunternehmung;
(2) ihre **Produktionstiefe** bzw. ihr **vertikaler Integrationsgrad**;
(3) die **Breite** ihres Repertoires.

Zu (1): Der in einem Industriebetrieb vorherrschende Programmtyp läßt sich zunächst anhand des **Homogenitätsgrades** der Produkte im Leistungsprogramm kennzeichnen. Homogen in diesem Sinne sind Produkte immer dann, wenn sie einem einheitlichen, allenfalls geringfügig differenzierten Produktionsprozeß entstammen und auch in den Augen der Nachfrager als gleichartig und austauschbar angesehen werden. Liegt kein homogenes Leistungsprogramm vor, so spricht man von einem heterogenen Programm.

Ein **homogenes Leistungsprogramm** kann nun weiterhin danach unterschieden werden, ob es sich um ein undifferenziertes Massenprogramm mit einem einzigen Massenprodukt und kontinuierlicher, für einen gegebenen Zeitraum auch unbegrenzter Auflage handelt, oder aber um ein sogenanntes differenziertes Massenprogramm. Letzteres liegt vor, wenn im Rahmen eines Massenprogramms Sortenleistungen hergestellt werden, die im Gegensatz zum undifferenzierten Massenprodukt nach äußeren Merkmalen wie Farbe, Ausstattung, Abmessung usw. differenziert werden können. Die Unterschiede zwischen den Produkten sind dabei aber noch so geringfügig, daß die Homogenitätsbedingung im wesentlichen nicht verletzt wird.

Heterogene Leistungsprogramme können unterteilt werden in Serien- und Individualprogramme. Beim Serienprogramm werden innerhalb heterogener Produktgattungen homogene Gruppierungen zu Serien zusammengefaßt. Zwischen den homogen gruppierten Serienprodukten bestehen dabei so große Unterschiede, daß man nicht mehr von homogenen Sortenleistungen sprechen kann. Auch das Individualprogramm ist wie das Serien- ein Mehrproduktprogramm. Allerdings besteht der wesentliche Unterschied darin, daß die Auflagehöhe typischerweise bei eins liegt, wobei allerdings Wiederholungen möglich sind. Den Serienprodukten steht also die Individualleistung gegenüber, die keinerlei homogene Gruppierungen mehr ermöglicht. Abb. 19 gibt einen Überblick über das Gesagte.

Homogenes Leistungsprogramm		Heterogenes Leistungsprogramm	
Undifferenziertes Massenprogramm	Differenziertes Sortenprogramm	Serien- programm	Individual- programm
Einprodukt- programm	Mehrproduktprogramm		
	Auflagenhöhe > 1		Auflagenhöhe = 1

Abb. 19 Programmtypologie

Zu (2): Die **Produktionstiefe** bzw. der **vertikale Integrationsgrad** einer Industrieunternehmung drückt ihren relativen Anteil am wirtschaftlichen Gesamtprozeß der Überführung natürlicher Existenzgrundlagen in konsumreife Produkte aus. Anders ausgedrückt zeigt sich die Produktionstiefe einer Unternehmung an der Anzahl der von ihr übernommenen Produktionsstufen, und eine Zunahme der **vertikalen Integration** erfolgt entsprechend durch Angliederung produktionstechnischer Vor- oder Nachstufen.

Eine **Rückwärtsintegration** führt zu den Bezugsquellen der Unternehmung und wird im allgemeinen zur besseren Kontrolle der Preise und Qualitäten sowie zur Sicherung der Versorgung auch in Krisenzeiten betrieben.

Bei einer **Vorwärtsintegration** werden hingegen Weiterverarbeitungs- und Handelsstufen angegliedert. Dabei ergibt sich typischerweise eine zunehmende Differenzierung der Produkte und Spezialisierung der Fertigungsverfahren, was vom Effekt her einer Art Risikostreuung entspricht, wenngleich die Produktpalette stets im Bereich der vorgegebenen Schwerpunktindustrie bleibt. Auch verringert sich mit zunehmender Verarbeitungstiefe erfahrungsgemäß häufig die Konjunkturempfindlichkeit der Nachfrage, und zudem nimmt wegen der mit fortschreitender Vorwärtsintegration einhergehenden Produkt- und Verfahrensdifferenzierung in aller Regel auch der Wettbewerbsdruck ab, wodurch nicht zu unterschätzende Stabilitätsakzente gesetzt werden.

Zu (3): Die **Breite** des Repertoires eines Industriebetriebs wird entweder von dem Wunsch bestimmt, den sog. Sortimentsverbund von Erzeugnissen zu nutzen oder durch Diversifikation die schicksalhafte Abhängigkeit von einem Produkt bzw. Tätigkeitsfeld zu mildern.

Der **Sortimentsverbund** von Erzeugnissen beschreibt zwei Kategorien von Effekten: Zum einen lassen sich durch eine gezielte Kombination von Erzeugnissen u. U. spezifische Kostenvorteile in der Fertigung realisieren, zum anderen besteht die Möglichkeit einer Nutzung komplementärer Ertragseffekte dadurch, daß den Kunden ein komplettes Sortiment in einem Gesamtbereich angeboten wird, wobei der Absatz des einen Produkts dann gleichzeitig den Verkauf der anderen Erzeugnisse fördert und umgekehrt.

Ein effizient **diversifiziertes** Produktprogramm wird insbesondere als Mittel verstanden, die Gewinnentwicklung über Konjunkturschwankungen hinweg zu verstetigen. Dazu macht man sich die Existenz gespaltener Konjunkturen nutzbar, indem

- die Strukturierung des Produktprogramms betont in Richtung auf vergleichsweise konjunkturstabile Branchen oder Märkte erfolgt und/oder
- eine Ausdehnung auf spezielle Geschäftsbereiche vorgenommen wird, die eine möglichst entgegengesetzte Konjunkturentwicklung zu den vorhandenen Tätigkeitsfeldern aufweisen.

Abb. 20 zeigt (neben der bloßen Markterweiterung, hier als Strategie 1 bezeichnet) beispielhaft unterschiedliche Arten von Diversifikationsstrategien (2–7), wobei in Abwandlung des Prinzips der „reinen" Risikostreuung von organischer Diversifikation dann gesprochen wird, wenn die Verbreiterung des Repertoires um ein zentrales, wettbewerbsfähiges Know How (in Technologie und Distribution) vorgenommen wird.

		alte Märkte und Abnehmergruppen	neue Märkte und Abnehmergruppen
Zweckhomogene Produkte	alte Technologie	angestammtes Tätigkeitsfeld	①
	neue Technologie	⑦	②
Zweckheterogene Produkte	alte Technologie	⑥	③
	neue Technologie	⑤	④

Abb. 20 Markterweiterungs- und Diversifikationsstrategien

5. Räumliche Strukturmerkmale der Unternehmenstätigkeit

Ein Unternehmen hat in der Regel einen „Sitz" (Hauptniederlassung) als ihren rechtlichen Mittelpunkt, ihre Unternehmenstätigkeit ist aber zumeist auf mehrere Standorte verteilt. Die räumliche Struktur der Unternehmenstätigkeit hängt damit weniger mit der Unternehmung als abstraktem Rechtsgebilde als in erster Linie mit ihren konkret wirtschaftenden Teileinheiten zusammen. Die Festlegung dieser räumlichen Struktur ist aufgrund der damit (meistens) verbundenen räumlichen und zeitlichen Bindung hoher Kapitalbeträge eine Entscheidung von erheblicher Tragweite und gehört somit zu den **konstitutiven unternehmerischen Führungsentscheidungen**. Innerhalb dieses Themenkomplexes ergeben sich dabei für ein Unternehmen Entscheidungen bezüglich

(1) des Grades der geographischen Zentralisierung/Dezentralisierung der Unternehmenstätigkeiten und
(2) der Bestimmung der spezifischen topographischen Lage der Betriebsstätten einer Unternehmung.

Zu (1): Zur Festlegung der räumlichen Struktur der Unternehmenstätigkeit gehört zunächst eine Entscheidung über den **Grad ihrer geographischen Zentralisierung bzw. Dezentralisierung**. Dabei lassen sich mindestens drei Dimensionen unterscheiden:

· Ein Unternehmen kann nur inländische Stützpunkte haben oder aber diese sind über verschiedene Länder/Kontinente verteilt (**nationale/internationale/multinationale** Unternehmen).

· Ein Unternehmen kann innerhalb eines Landes mehrere Produktions-/Vertriebsstätten haben oder aber nur in einer Region dieses Landes tätig sein (**regionale** Unternehmen).

· Ein Unternehmen kann in dieser Region nur einen Betrieb in einer Stadt/Gemeinde haben (**lokale** Unternehmen).

Aufgrund der zunehmenden Internationalisierung bis hin zur Globalisierung der Unternehmenstätigkeit gewinnt die geographische Dezentralisierung der Unternehmenstätigkeit auf internationalen Märkten (**Internationalisierung**) zunehmend an Bedeutung. Sie wird aus diesem Grund im folgenden näher betrachtet.

Motive für diese verstärkte **Auslandsdiversifikation** der Unternehmenstätigkeit sind im wesentlichen:

· Absatzsicherung durch größere Marktnähe,

· Senkung der Lohn- und Lohnnebenkosten,

· Umgehung von Importrestriktionen,

· Realisierung von Transportkostenvorteilen,

· Investitionsförderung der Gastgeberländer sowie die

· Unabhängigkeit von der unsicheren Entwicklung der Devisenkurse.

Unterschieden werden können dabei nationale, internationale und multinationale Unternehmen, wobei als wesentliches Abgrenzungskriterium die räumliche Struktur von „Produktion" und „Absatz" verwendet werden kann. Während die **Nationale Unternehmung** ihre Produkte im Inland produziert und absetzt, weitet die **Internationale Unternehmung** den Absatz ihrer im Inland produzierten Güter bereits auf die Auslandsmärkte aus. **Multinationale Unternehmungen** schließlich besitzen ein internationales Produktionsstättensystem und vertreiben ihre Produkte auf den verschiedensten Auslandsmärkten. Diese Grenzen sind naturgemäß fließend und bedürfen daher noch einer zusätzlichen Abgrenzung durch weitere Merkmale. Beispielsweise wird eine Unternehmung mit geringfügiger Exporttätigkeit sicher noch als nationale Unternehmung, eine Unternehmung mit einer oder zwei ausländischen Produktionsstätten noch nicht als multinationale Unternehmung zu klassifizieren sein (*Schoppe* 1991). Für eine Abgrenzung eignet sich damit ein Polaritätsprofil, mit dem die unterschiedlichen Schwerpunkte der genannten Unternehmenstypen verdeutlicht werden können (Abb. 21):

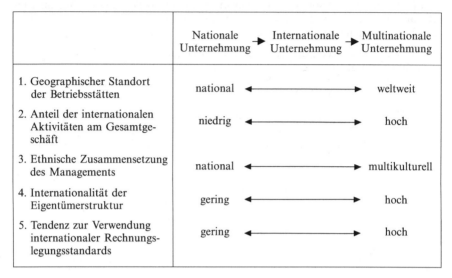

Abb. 21 Polaritätsprofil zur Abgrenzung von nationaler, internationaler und multinationaler Unternehmung

Als **Vorteile internationaler/multinationaler Unternehmungen** gegenüber nationalen Unternehmungen werden besonders häufig genannt:

· der **verbesserte Zugang** zu den internationalen **Faktormärkten** (Arbeit, Kapital, Rohstoffe, ausländische Technologien),

· die **Möglichkeit** der internationalen **Produkt- und Prozeßspezialisierung** durch die Ausnutzung komparativer Kostenvorteile in verschiedenen Ländern,

· die **Produktion für einen größeren Markt** zur Realisierung von „Skaleneffekten",

· die **Minimierung der internationalen Steuerbelastung** durch die Möglichkeit des konzerninternen Im- und Exports von Zwischenprodukten zu Transferpreisen, um etwa dadurch Gewinne statt in Hoch- in Niedrigsteuerländern anfallen zu lassen (*Pausenberger* 1982, *Schoppe* 1991).

Natürlich sind internationale/multinationale Unternehmungen auch mit zusätzlichen Problemen gegenüber nationalen Unternehmungen belastet. Im Vordergrund stehen dabei vier zentrale **Problemfelder internationaler/multinationaler Unternehmungen**:

· die notwendige **Berücksichtigung unterschiedlicher politischer und rechtlicher Gegebenheiten** in den verschiedenen Ländern,

· das teilweise starke **Niveaugefälle** im technologischen **Know-how** und der wirtschaftlichen/ technischen **Infrastruktur** zwischen einzelnen Ländern,

· die erhöhte **Schwierigkeit bei der Koordination der Unternehmensaktivitäten** unter dem Gesichtspunkt einer (konzernweiten, alle Länder einschließenden) Liquiditäts- und Rentabilitätsoptimierung,

- die erhöhten **Anforderungen an das Führungssystem**, um die Integration der aus unterschiedlichen Kulturen stammenden Mitarbeiter zu gewährleisten und ein gemeinsames Leistungsverhalten zu generieren.

Im Regelfall entstehen internationale/multinationale Unternehmen aus nationalen Unternehmen. Innerhalb des Problemkomplexes „Internationalisierung der Unternehmenstätigkeit" ergibt sich für ein Unternehmen dabei die **Form der internationalen Betätigung** als ein wesentliches Entscheidungsproblem.

Die Betätigungsform hängt von der jeweiligen Situation (z. B. Aufnahmefähigkeit des Auslandsmarktes, Größe und Finanzkraft des Unternehmens) sowie den strategischen Zielvorstellungen und der daraus formulierten Internationalisierungsstrategie des Unternehmens ab. Dabei versteht man allgemein unter **Internationalisierungsstrategie** einen längerfristigen, bedingten Verhaltensplan zur Erreichung unternehmerischer Zielsetzungen auf Auslandsmärkten (*Meffert* 1988). Eine Möglichkeit zur Strukturierung der sich hier bietenden Alternativen bildet das Stufenkonzept zur Internationalisierung, das hypothetisch die Entwicklung eines Unternehmens, das bislang nur auf dem Inlandsmarkt tätig ist, zum internationalen Unternehmen darstellt. In Abhängigkeit von den notwendigen Kapital- und Managementleistungen im Stamm- bzw. Gastland zeigt die untenstehende Abbildung die einzelnen **Internationalisierungsstufen** eines Unternehmens (*Meissner/Gerber* 1980, *Meffert/Althans* 1982):

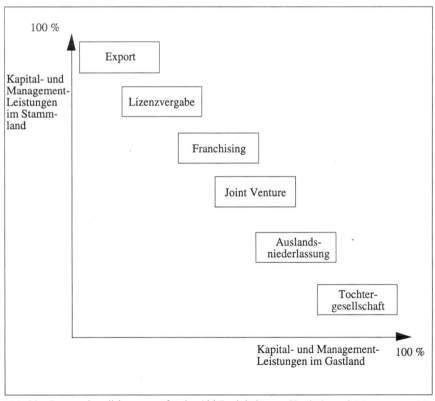

Abb. 22 Internationalisierungsstufen in Abhängigkeit von Kapital- und Managementleistungen

Während der **Export** den ausländischen Absatz der im Inland hergestellten Produkte bezeichnet, beinhaltet die **Lizenzvergabe** an ausländische Unternehmen die Erlaubnis zur (entgeltlichen) Nutzung der gewerblichen Schutzrechte des Lizenzgebers, insbesondere Patente und Warenzeichen und/oder der nicht schutzrechtsfähigen Betriebsgeheimnisse (Know-how in Form von Kenntnissen, Erfahrungen, Zeichnungen etc.) zur Herstellung und zum Absatz der Produkte. Eine Sonderform der Lizenzvergabe ist das **Franchising**-System, bei dem die Übertragung der Schutzrechte und der Betriebsgeheimnisse zusätzlich die Verpflichtung des Franchise-Nehmers umfaßt, sich nach den geschäftspolitischen Vorgaben des Franchise-Gebers (z. B. bezüglich Werbemaßnahmen, Produktqualitäten, Lieferungs- und Zahlungsbedingungen bis hin zur Ausstattung der Geschäftsräume) zu richten.

Werden in der Entwicklung zur Internationalisierung Direktinvestitionen im Ausland vorgenommen, lassen sich drei weitere Stufen aufzeigen. Bei **Direktinvestitionen** im Ausland handelt es sich dabei um solche Investitionen, die nicht allein auf die Erzielung von Kapitalerträgen im Ausland ausgerichtet sind, sondern zusätzlich auf die Geschäftspolitik des ausländischen Unternehmens Einfluß zu nehmen beabsichtigen (*Perlitz* 1981). Im einzelnen handelt es sich bei internationalen **Joint Ventures** um Kooperationsformen, an denen zwei oder mehrere Unternehmen beteiligt sind, um Geschäftsführung, Risiko und Ertrag der Unternehmenstätigkeit teilen zu können, wobei häufig einer der Kooperationspartner im betreffenden Ausland ansässig ist. Befinden sich die ausländischen Produktions- und Absatzstätten des Unternehmens hingegen im Alleineigentum, lassen sich die Errichtung rechtlich unselbständiger **Auslandsniederlassungen** oder rechtlich selbständiger **Tochtergesellschaften** unterscheiden.

Zu (2): Die im Rahmen einer geplanten geographischen Zentralisierung/Dezentralisierung getroffene Entscheidung über die räumliche Struktur der Unternehmenstätigkeit ist durch die **Bestimmung der spezifischen topographischen Lage** der Betriebsstätten zu konkretisieren. Hierbei geht es somit um die **Wahl eines „optimalen" Standortes**, die sich in einer Hierarchie der Standortentscheidung in folgende **Entscheidungsstufen** einteilen läßt:

- **In welchem Land** sollen die geplanten Unternehmungstätigkeiten durchgeführt werden,
- innerhalb des Landes **in welcher Region** und
- innerhalb der Region **in welcher Stadt/Gemeinde** soll der Aufbau/Kauf der Produktions- und/oder Absatzstätten erfolgen?

Von Bedeutung bei jeder Standortentscheidung ist zunächst der **Freiheitsgrad** bei der Wahl eines betrieblichen Standorts. Hier wird üblicherweise zwischen **gebundenen** und **freien** Standorten unterschieden. An bestimmte Standorte gebunden sind vor allem die Betriebe der Urproduktion (z. B. Bergbau, Forstwirtschaft), während die Mehrzahl der verarbeitenden Betriebe, Handelsbetriebe usw. relativ frei sind in der Wahl ihres Standortes.

Unternehmen mit einer gewissen Freiheit bei der Wahl ihres Standortes können sich (zumindest theoretisch) einen „optimalen" Standort suchen. Was dabei unter „optimal" zu verstehen ist, hängt im wesentlichen von den Unternehmungszielen einer Unternehmung ab. Für erwerbswirtschaftlich orientierte Unternehmen ist der optimale Standort durch die Bedingung definiert, daß dort die Differenz zwischen standortabhängigen Erträgen und standortbedingten Aufwendungen größtmöglich ist.

Abb. 23 Nationale, regionale und lokale Standortbedingungen

Entscheidungskriterien für die Auswahl eines „optimalen" Standortes sind die sogenannten **Standortfaktoren**, die für diese Unternehmen (ausschließlich oder mit anderen Faktoren kombiniert) jeweils von besonderer Bedeutung sind. Sie tragen, als die an einem Ort anzutreffenden Gegebenheiten und Gestaltungskräfte mit positiver/negativer Wirkung auf die unternehmerische Tätigkeit, wesentlich zur Zielerreichung der Unternehmung bei (*Zink* 1971). Die Standortfaktoren können mit Hilfe ausgewählter Merkmale systematisiert werden:

(a) Entsprechend ihrem **Stellenwert in der Hierarchie der Standortentscheidung** sind **nationale, regionale** und **lokale** Standortbedingungen zu differenzieren, die in der Abbildung 23, S. 47, zusammengefaßt worden sind (*Tesch* 1980).

(b) Entsprechend dem **Ausmaß ihrer Entscheidungsrelevanz** bei der Standortwahl lassen sich allgemein limitationale und substitutionale Standortfaktoren (*Küpper* 1982) unterscheiden. **Limitationale Standortfaktoren** (sog. Muß-Kriterien) kennzeichnen dabei Standortanforderungen, die von einem gewählten Standort auf jeden Fall erfüllt werden müssen. Sie dienen der Vorauswahl potentieller Standortalternativen. **Substitutionale Standortfaktoren** (sog. Soll- oder Kann-Kriterien) sind dadurch gekennzeichnet, daß ungünstige Ausprägungen eines Faktors durch günstige Ausprägungen anderer Faktoren kompensiert werden können. Diese Faktoren dienen der relativen Bewertung der in die engere Wahl gezogenen alternativen Standorte.

Konkret lassen sich die folgenden Standortfaktoren aufzeigen, wobei der angesprochene Charakter der Limitationalität bzw. Substitutionalität der einzelnen Faktoren von der speziellen Entscheidungssituation des jeweiligen Unternehmens abhängt. Bei der Standortentscheidung eines Unternehmens können z. B. die folgenden Aspekte vorherrschend sein:

- **Materialorientierung** (Standort richtet sich nach den minimalen Kosten der gesamten Materialbereitstellung);

- **Arbeitsorientierung** (Standort in „Niedriglohn"-Gebieten, in Landesteilen mit ausreichendem Arbeitskräftepotential oder mit hohem Freizeitwert sowie guter Infrastruktur);

- **Abgabe- und Subventionsorientierung** (Standort in Kommunen mit niedrigen „Hebesätzen", in internationalen Steueroasen oder in Gebieten mit hoher staatlicher Förderung);

- **Energieorientierung** (Standort richtet sich nach den Orten mit entsprechendem Energievorkommen oder nach den minimalen Energiepreisen);

- **Verkehrsorientierung** (als Standort werden Umschlagplätze, Verkehrsknotenpunkte sowie allgemein Gebiete mit guter Verkehrsanbindung bevorzugt);

- **Absatzorientierung** (Standort des Betriebes richtet sich nach den Standorten seiner Kunden).

(c) Anhand der **finanziellen Wirksamkeit** lassen sich finanzielle und nicht-finanzielle Standortfaktoren unterscheiden. Die finanziellen Auswirkungen der einzelnen Standortfaktoren haben dabei wesentlichen Einfluß auf die möglichen **Bewertungsmethoden** zur Beurteilung der Vorteilhaftigkeit einzelner Standorte und der sich daran anschließenden Entscheidung für einen Standort.

Handelt es sich dabei um Standorteigenschaften, deren finanzielle Konsequenzen von vornherein abschätzbar sind (**finanzielle Standortfaktoren**) (*Küpper* 1982), wie z. B. die Kosten für die Errichtung von Produktions- und Absatzstätten, eignen sich die **Verfahren der Wirtschaftlichkeitsrechnung** (vgl. S. 323 ff.) zur Auswahl des Standortes. Betrachtet man zusätzlich die Standortfaktoren, bei denen entweder die Abschätzbarkeit der finanziellen Auswirkungen ex ante nicht möglich ist oder deren Entscheidungsrelevanz in der Standortwahl aus den nicht-finanziellen Zielen der Unternehmung resultiert (**nicht-finanzielle Standortfaktoren**), wie z. B. Rechtssicherheit, politische Stabilität etc., werden bei der Standortwahl **qualitative Entscheidungstechniken** eingesetzt. In diesem Zusammenhang seien speziell **Scoring-Modelle** erwähnt, die an anderer Stelle ausführlich behandelt werden (vgl. S. 151 ff.).

6. Unternehmensverbindungen und verbundene Unternehmen

Einzelne Unternehmungen sind häufig, ohne daß sie hierbei ihre rechtliche Selbständigkeit unbedingt aufgeben, Teil oder Mitglied größerer Wirtschaftseinheiten, die durch **Unternehmungszusammenschlüsse** gebildet worden sind. Hierbei unterschieden werden müssen Vorgänge der Kooperation und Konzentration.

Unter **Kooperation** versteht man allgemein die (freiwillige) Zusammenarbeit selbständiger Unternehmen mit dem Ziel, bei grundsätzlicher Aufrechterhaltung ihrer wirtschaftlichen Selbständigkeit gewisse Vorteile aus der Zusammenarbeit zu ziehen.

Solche Kooperationen treten vornehmlich in drei Gruppen auf:

(1) **Kartelle**. Hier handelt es sich um (vornehmlich horizontale) Zusammenschlüsse auf vertraglicher Basis, bei denen die Zusammenarbeit sich wettbewerbsbeschränkend auswirkt bzw. sie als Ziel hat. Kartelle, insbesondere solche, die Preisabsprachen beinhalten, sind grundsätzlich verboten. Es werden aber Ausnahmen gemacht. So sind

- Konditionenkartelle
- Rabattkartelle
- Normungs- und Typungskartelle
- Spezialisierungskartelle
- Exportkartelle

unter bestimmten Bedingungen nur anmeldepflichtig. Andere Kartelle, wie z. B. Strukturkrisenkartelle, **können** vom Bundeskartellamt auf Antrag erlaubt werden.

(2) **Arbeitsgemeinschaften (Konsortien)**. Im Unterschied zu den Kartellen handelt es sich hier um Zusammenschlüsse ohne wettbewerbsrechtliche Relevanz, die zur Durchführung genau abgegrenzter Aufgaben (im allgemeinen Großprojekte) gebildet werden und sich nach Erfüllung der Aufgaben wieder auflösen. Beispiele sind Bauarbeitsgemeinschaften, Banken- und Versicherungskonsortien.

(3) **Unternehmensverbände**. Sie umfassen solche Zusammenschlüsse, die zum Zwecke der Vertretung gemeinsamer Interessen gegenüber der Öffentlichkeit, dem Staat usw. gebildet werden. Daneben erfüllen sie häufig auch Koordinierungs- und Informationsaufgaben gegenüber den angeschlossenen Unternehmen (*Grochla* 1959). Die Unternehmensverbände gliedern sich in

- Wirtschaftsfachverbände
- Kammern
- Arbeitgeberverbände.

Ebenfalls zur Gruppe der Kooperationen wird die Gründung eines **Gemeinschaftsunternehmens (joint venture)** durch mindestens zwei Gesellschaftsunternehmen gezählt. Bestimmendes Merkmal ist auch hier die (freiwillige) Zusammenarbeit mehrerer Unternehmen, die sich in der Gründung eines rechtlich selbständigen Unternehmens unter gemeinsamer Leitung dokumentiert. Ziel ist die Ausführung von Aufgaben im gemeinsamen Interesse aller Gesellschafterunternehmen (*Schubert, Küting* 1981).

Im Gegensatz zu den drei erstgenannten Gruppen der Kooperation, die allein auf vertraglichen Regelungen basieren, wird bei joint ventures die Zusammenarbeit allerdings durch Kapitalbeteiligungen der Gesellschafterunternehmen zusätzlich verstärkt und auch nach außen verdeutlicht. Typisch ist die gleichmäßige Beteiligung aller Gesellschafterunternehmen am Kapital des gemeinsam gegründeten, neuen Unternehmens (z. B. bei zwei Gesellschafterunternehmen eine Kapitalverteilung von 50 : 50 beim Gemeinschaftsunternehmen).

Neben die Kooperation treten Vorgänge der **Konzentration**. Hier erfolgt eine Angliederung bestehender Unternehmen an eine andere Wirtschaftseinheit, wobei die wirtschaftliche Selbständigkeit des angegliederten Unternehmens zugunsten der übergeordneten Einheit verloren geht oder zumindest eingeschränkt wird.

Konzentrationsfälle treten grundsätzlich in zwei Arten auf:

(1) **Fusion (Verschmelzung)**. Hier erfolgt ein Zusammenschluß zweier oder mehrerer Unternehmen in der Weise, daß sie danach eine rechtliche Einheit bilden. Man unterscheidet grundsätzlich zwei Gestaltungsformen:

```
                    100%
    Eingliederungsbeteiligung
                    95%
    Dreiviertelmehrheits-
    beteiligung
                    75%

    Mehrheitsbeteiligung
                    50%

    Sperrminderheitsbeteiligung
                    25%

    Minderheitsbeteiligung
                    0%
```

Abb. 24 Abstufungen kapitalmäßiger Verflechtung (Beteiligungsquoten)

- Fusion durch Übertragung des Vermögens mit vorheriger Liquidation der aufgenommenen Unternehmung
- Fusion durch Übertragung des Vermögens im Wege der Gesamtrechtsnachfolge (nur möglich bei Kapitalgesellschaften). Das AktG (§§ 339 ff.) unterscheidet dabei die Verschmelzung durch **Aufnahme** und die Verschmelzung durch **Neubildung**.

(2) Bildung eines **wirtschaftlichen Verbunds rechtlich selbständig bleibender Unternehmen**. In einem Unternehmensverbund sind die einzelnen Unternehmen über die Grenzen der Kooperation hinaus durch kapitalmäßige Verflechtung (möglich auch nur durch Vertrag) miteinander verbunden. Dabei drückt sich die

Intensität der kapitalmäßigen Verflechtung in der Höhe der jeweiligen Beteiligungsquoten aus, die von den angegliederten Unternehmen gehalten werden (vgl. Abb. 24).

Auskunft über die in der Realität vorkommenden Beteiligungsstrukturen liefern sogenannte „Beteiligungsstammbäume", die besonders bei stark verschachtelten Besitzverhältnissen dazu beitragen, die Zusammenhänge zu erhellen. Wie Abb. 25 zeigt, enthält ein solcher Beteiligungsstammbaum Informationen über

- die gehaltenen Beteiligungsquoten,
- die Art der Beteiligungsverhältnisse (einseitige/wechselseitige Beteiligungen),
- den vertikalen (hierarchischen) Aufbau des Unternehmensverbundes.

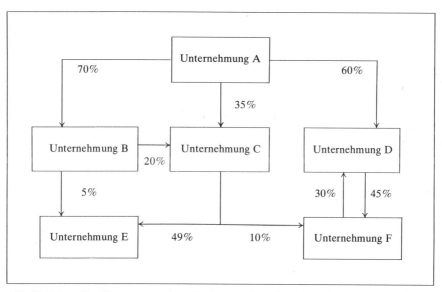

Abb. 25 Der „Beteiligungsstammbaum" eines mehrstufigen (verschachtelten) Unternehmensverbundes

Der Begriff des **verbundenen Unternehmens** findet sich sowohl im HGB als auch im AktG, wobei die jeweiligen Definitionen allerdings nicht deckungsgleich sind.

Im Handelsgesetzbuch verweist § 271 Abs. 2 HGB zur näheren Begriffsbestimmung auf § 290 HGB, der den Einbezug von Mutter- oder Tochterunternehmen in einen Konzernabschluß regelt. Es werden zwei Fälle unterschieden. Der Tatbestand des verbundenen Unternehmens liegt zum einen vor, wenn eine Beteiligung unter einheitlicher Leitung steht (§ 290 Abs. 1 HGB) und zum anderen, wenn konzerntypische Merkmale erfüllt sind (§ 290 Abs. 2 HGB).

Hinsichtlich der konzerntypischen Merkmale werden im Gesetz drei Fälle präzisiert:

(1) **Mehrheit der Stimmrechte** (§ 290 Abs. 2 Nr. 1 HGB),

(2) **Recht, als Gesellschafter die Mehrheit der Organmitglieder zu bestimmen** (§ 290 Abs. 2 Nr. 2 HGB),

(3) **beherrschender Einfluß** (§ 290 Abs. 2 Nr. 3 HGB),

Demgegenüber unterscheidet das AktG in den §§ 15 ff. AktG (klammert man den rein vertraglich begründeten Unternehmensverbund, der in §§ 291, 292 AktG geregelt ist, aus) vier verschiedene Arten von verbundenen Unternehmen:

(1) **Im Mehrheitsbesitz stehende Unternehmen und mit Mehrheit beteiligte Unternehmen.** Gemäß Abb. 22 trifft dies direkt für die Unternehmen A, B, D zu. Hinzu treten aber in einer weiteren Betrachtung auch die Unternehmen C, E, F, da sich nämlich bei Kumulierung der einzelnen Beteiligungsquoten zeigt, daß diese sich auch zumindest indirekt im Mehrheitsbesitz von A befinden.

(2) **Abhängige und herrschende Unternehmen.** Für das Vorliegen eines Abhängigkeitsverhältnisses genügt die Möglichkeit der beherrschenden Einflußnahme, wie sie i.d.R. durch Kapitalmehrheit gegeben ist. In diesem Sinne sind in Abb. 22 die Unternehmen B, C, D, E, F von der herrschenden Unternehmung A abhängig. Bei einem (möglichen) Auseinanderfallen von Kapitalmehrheit und Stimmenmehrheit kommt es allerdings letztlich auf die Mehrheit der Stimmrechte an, damit von einem Abhängigkeitsverhältnis gesprochen werden kann.

(3) **Konzernunternehmen.** Von einem Konzern spricht man, wenn verbundene Unternehmen unter einheitlicher Leitung stehen. Wird dieser Tatbestand in Abb. 22 als gegeben angenommen, so sind die Unternehmen A bis F entsprechend Konzernunternehmen. Dabei liegt ein **Unterordnungs**konzern vor, wenn die einheitliche Leitung von einer herrschenden Unternehmung ausgeübt wird. Besteht ein solches Abhängigkeitsverhältnis nicht, ist aber das Merkmal der einheitlichen Leitung erfüllt, wird von einem **Gleichordnungs**konzern gesprochen.

(4) **Wechselseitig beteiligte Unternehmen.** Da das AktG von 1965 (§ 152 Abs. 2) im Zweifel als Beteiligung nur Anteile an einer Kapitalgesellschaft ansieht, deren Nennbeträge insgesamt mindestens den vierten Teil des Nominalkapitals dieser Gesellschaft ausmachen, liegt der Fall wechselseitig beteiligter Unternehmungen nur dann vor, wenn jedem Unternehmen mindestens 25 % der Anteile des anderen Unternehmens gehören. Dies ist in Abb. 22 für die Unternehmen D und F der Fall, die damit auch ohne die übrigen kapitalmäßigen Verflechtungen als verbundene Unternehmen gelten. Nach dem neuen Handelsrecht gelten im Zweifel bereits Anteile an einer Kapitalgesellschaft, deren Nennbeträge insgesamt 20 % des Nennkapitals überschreiten, als Beteiligung (§ 271 Abs. 1 HGB).

Konzentrationsfälle fallen nach ähnlichen Kriterien wie Kooperationen unter bestimmte Verbote (oder zumindest Anzeigepflichten). Von Verboten betroffen werden vor allem **horizontale** Konzentrationsvorgänge (Zusammenschlüsse von Unternehmen der gleichen Produktions- oder Handelsstufe), wenn durch den Zusammenschluß eine marktbeherrschende Stellung entsteht oder verstärkt wird. **Vertikale** Zusammenschlüsse sowie **Diversifikations**vorgänge sind dagegen weitgehend zulässig, sofern der Wettbewerb hierdurch nicht beeinträchtigt wird. Zunehmend eingeengt wird aber auch hier die Möglichkeit gerade großer Unternehmen, serienweise kleine Unternehmen aufzukaufen.

Fragen und Aufgaben zur Wiederholung (S. 27–52)

1. *Was ist das Wesen und der Sinn der Typenbildung?*
2. *Nennen Sie wichtige privatrechtliche und öffentlich-rechtliche Rechtsformen von Betrieben!*
3. *Charakterisieren Sie die Einzelfirma, die OHG, die KG, die GmbH und die AG anhand ausgewählter Merkmale!*
4. *Was ist eine stille Gesellschaft, eine Gesellschaft des Bürgerlichen Rechts, eine Doppelgesellschaft, eine Genossenschaft?*

5. *Was sind die wesentlichen Motive für die Gründung einer Kommanditgesellschaft auf Aktien (KGaA) und einer GmbH & Co. KG?*
6. *Skizzieren Sie die verschiedenen rechtlichen Formen der Umwandlung (= des Wechsels der Rechtsform)!*
7. *Nach welchen (leistungswirtschaftlichen) Merkmalen lassen sich die Unternehmungen grob einteilen? Welche Wirtschaftszweige unterscheidet das Statistische Bundesamt?*
8. *Welche Merkmale lassen sich zur Bildung von Unternehmensgrößenklassen heranziehen? Wann liegt nach dem Publizitätsgesetz eine Großunternehmung vor?*
9. *Was sind die Hauptmerkmale eines Industriebetriebs?*
10. *Nennen Sie ausgewählte Merkmale der technisch-ökonomischen Struktur von Industriebetrieben!*
11. *Was versteht man unter dem Produktionstyp (Programmtyp) einer Unternehmung? Welche Typen können unterschieden werden?*
12. *Wodurch läßt sich die Produktionstiefe einer Unternehmung kennzeichnen? Was heißt in diesem Zusammenhang Vorwärts- und Rückwärtsintegration?*
13. *Welche Überlegungen sind bezüglich der optimalen Breite des Repertoires eines Industriebetriebs anzustellen?*
14. *Charakterisieren Sie nationale, internationale und multinationale Unternehmen anhand ausgewählter Merkmale!*
15. *Was versteht man unter einer Internationalisierungsstrategie und welche Internationalisierungsstufen eines Unternehmens lassen sich unterscheiden?*
16. *Nennen Sie die wichtigsten Faktoren, die die Standortwahl eines Unternehmens bestimmen können! Systematisieren Sie die genannten Faktoren mit Hilfe verschiedener Kriterien!*
17. *Was versteht man unter Kooperation, und in welcher Weise können Unternehmungen kooperieren?*
18. *Was ist das Wesen einer Fusion, und in welchen Formen kann sie auftreten?*
19. *Welche vier Arten (kapitalmäßig) verbundener Unternehmen unterscheidet das Aktiengesetz?*
20. *Welche Abstufungen kapitalmäßiger Verflechtung (Beteiligungsquoten) sind in der Praxis von Bedeutung?*

Literaturhinweise:

Behrens, K. Ch. (1971)
Böttcher, C., Zartmann, H., Kandler, G. (1982)
Bussmann, K. F. (1963)
Grochla, E. (1959)
Jacob, H. (1976)
Jacob, H. (Hrsg.) (1983)
Korndörfer, W. (1989)
Kosiol, E. (1972b)
Kübler, F. (1990)
Liefmann, R. (1930)
Lück, W., Trommsdorf, V. (Hrsg.) (1982)
Mellerowicz, K. (1968)
Pausenberger, E. (1981)
Schäfer, E. (1979)
Schoppe, S. G. (1991)
Schubert, W., Küting, K. (1981)
Szyperski, N. (1962)
Wöhe, G. (1990b)
Zartmann, H., Litfin, P. M. (1977)

Zweiter Teil
Der Wirtschaftsprozeß der Unternehmung

Einführung

Das Wirtschaften in den Unternehmungen vollzieht sich als ein Komplex von Prozessen oder Handlungsabläufen, die nach verschiedenen Aspekten analysiert werden können. Abb. 26 verdeutlicht dies in einem Vorstellungsmodell, das vier „Bausteine" enthält:

(1) Wirtschaftliches Handeln ist im Kern eine spezifische Form **ziel**gerichteten Handelns. Daraus folgt, daß das Wirtschaften in den Unternehmungen sich zumindest bei „rationalem" Vorgehen an klar umrissenen **Zielen** orientieren sollte.

(2) Der Wirtschaftsprozeß ist in Richtung auf die verfolgten Ziele bewußt zu lenken. Das heißt, es bedarf des Einsatzes schöpferischer und dynamischer Gestaltungskräfte, damit die Unternehmungsprozesse zielgerecht in Gang gesetzt werden und koordiniert ablaufen. Ob und inwieweit dies erfolgreich gelingt, hängt von der Qualität des **Managementsystems** einer Unternehmung ab.

(3) Den Gegenstandsbereich des Wirtschaftens bilden die sich in der Unternehmung real vollziehenden Prozesse der (technischen) Leistungserstellung und (marktlichen) Leistungsverwertung. Der betriebliche **Leistungsprozeß** gliedert sich dabei genetisch in drei Grundphasen (Beschaffung, Produktion, Absatz).

(4) In einer Geldwirtschaft schlagen sich die realen Güterprozesse (gleichsam spiegelbildlich) regelmäßig auch in einem **Finanzprozeß** nieder, in dessen Problembereich aber weitergehend auch solche finanziellen Sachverhalte fallen, die losgelöst von den realen Güterprozessen auftreten, und der insoweit allgemein Prozesse der Kapitalbindung, Kapitalfreisetzung, Kapitalzuführung und Kapitalentziehung beinhaltet.

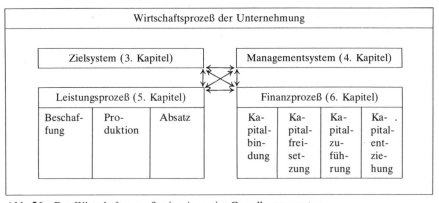

Abb. 26 Der Wirtschaftsprozeß mit seinen vier Grundkomponenten

Im nun folgenden zweiten Teil schlägt sich die hier vorgenommene Differenzierung insoweit nieder, als die Gliederung ebenfalls vier Hauptpunkte vorsieht, wobei deren kapitelmäßige Zuordnung aus der Abb. 26 hervorgeht.

Drittes Kapitel:

Unternehmungsziele

1. Entstehung von Unternehmungszielen
2. Ökonomische Dimension der Unternehmungsziele
3. Soziale und ökologische Dimension der Unternehmungsziele
4. Die formale Struktur des Zielplanungsprozesses

1. Entstehung von Unternehmungszielen

Die Ziele der Unternehmung, auf die sich ihre gesamten zielerreichenden Maßnahmen auszurichten haben und anhand derer die Zielerreichung der Unternehmung als wirtschaftliche Einheit beurteilt wird, sind keine von vornherein vorgegebenen, festen Größen. Vielmehr sind sie regelmäßig das Ergebnis eines (vor allem in größeren Unternehmungen multipersonalen und multioperationalen) Zielentscheidungsprozesses, in dem die unterschiedlichen Ziele der Unternehmungsträger und gesellschaftlicher Gruppen **für** die Unternehmung zu einem Ausgleich gebracht werden.

Eine zentrale Rolle spielt dabei die **Machtverteilung** zwischen den verschiedenen Unternehmensträgern (-gruppen). Denn es ist leicht einzusehen, daß es hierfür letztlich darauf ankommt, die Willensbildung in der Unternehmung im Sinne der individuellen oder kollektiven Ziele zu beeinflussen und diese Ziele auch gegenüber konfliktären Interessenlagen durchzusetzen. Je mehr es einzelnen Personen bzw. Personengruppen gelingt, ihre Individual- bzw. Gruppenziele zu Zielen der Unternehmung zu machen und andere Personen oder Personengruppen zur Akzeptanz und Verfolgung dieser Ziele zu veranlassen, desto umfassender kann die Unternehmung von ihnen zur Erfüllung individueller oder kollektiver Ziele instrumentell genutzt werden.

Die hinter diesen Aussagen stehende These von der **Instrumentalfunktion** der Unternehmung (*Schmidt, R.-B.*, 1977) verknüpft also die Unternehmungsziele (als Ziele **der** Unternehmung) mit den Zielen der Unternehmungsträger und gesellschaftlichen Gruppen **für** die Unternehmung, wobei der Erklärungszusammenhang von der sogenannten Anreiz-Beitrags-Theorie respektive Koalitionstheorie (*Simon/Cyert/March*) wie folgt hergestellt wird (vgl. auch *Kirsch* 1971 b):

(1) Individuen oder Gruppen besitzen stets Werte und Ziele, die sie über ihre Mitwirkung am Wirtschaftsprozeß erfüllt sehen möchten. Als Gegenleistung unterwerfen sie sich der „Organisationsgewalt" und leisten die erforderlichen Beiträge zumindest solange, wie dies unmittelbar oder mittelbar die eigenen Ziele fördert.

(2) Die „Organisation" befindet sich im Gleichgewicht, wenn die Anreize für jeden „Organisationsteilnehmer" dessen Beiträge gerade übersteigen. Wird dieses Anreiz-Beitrags-Gleichgewicht gestört, so versucht der Organisationsteilnehmer wieder zu einem Gleichgewicht zurückzufinden. Er kann sich dabei zum einen als Anpasser verhalten, indem er die Ursachen der Gleichgewichtsstörung als Datum hinnimmt und sein Anspruchsniveau variiert. Er kann jedoch auch versuchen, die Ursachen selbst zu ändern, indem er Ziele formuliert, die zum Ausdruck bringen, wie der zukünftige Zustand der Organisation sein müßte, damit sein Anreiz-Beitrags-Gleichgewicht wieder hergestellt ist.

(3) Damit ein Ziel **für** die Organisation zu einem Ziel **der** Organisation wird, muß das Ziel „autorisiert" werden, d. h., die Zielformulierung muß von der hierzu legitimierten Person oder Gruppe (Kerngruppe) beschlossen und für die Organisation als verbindlich erklärt

werden. Die Unternehmungsziele sind somit die durch die Kerngruppe autorisierten Zielformulierungen. Die individuellen Ziele für die Unternehmung stellen demgegenüber allenfalls Forderungen an die Kerngruppe dar, bestimmte Ziele zu autorisieren. Deren „Konzessionsbereitschaft" wird dabei allerdings ganz erheblich durch den Umstand beeinflußt, daß sie ihre eigenen Ziele durch die Organisation nur insoweit erreichen kann, wie sie die Beiträge der anderen Teilnehmer durch das Angebot hinreichender Anreize erhält.

Als Ausgangsgröße für die Beschreibung (und Erklärung) von Zielbildungsprozessen sind also zunächst die jeweils dominierenden Interessenlagen respektive Motive (Bedürfnisse) der Unternehmungsträger (vor allem Unternehmensleiter, Anteilseigner, Arbeitnehmer) anzusehen (vgl. Abb. 27).

Nach *Maslow* (1970), an dessen Motiv-Klassifikation hier angeknüpft wird, können die vielfältigen Motive menschlichen Handelns in fünf **hierarchisch** angeordnete Motivklassen eingeteilt werden, wobei sich die Hierarchie der Bedürfnisse aus der unterschiedlichen Dringlichkeit ihrer Befriedigung ergibt:

Die unterste Stufe bilden die **physiologischen Motive**, wie z. B. die Bedürfnisse nach Nahrung und Schlaf, von denen der stärkste Verhaltenseinfluß ausgeht. Bei dauerhafter Deprivation dieser – für das Überleben des Menschen entscheidenden – Bedürfnisse werden nämlich die übrigen Motive verdrängt, und alle Aktivitäten sind nur noch auf die Befriedigung dieses Motivs ausgerichtet, solange der Mangelzustand nicht behoben ist. Nun ist es insbesondere für die physiologischen Bedürfnisse charakteristisch, daß sie immer wieder – teilweise in regelmäßigen zeitlichen Abständen – auftreten, so daß sie auch ständig innerhalb kürzerer Zeitspannen befriedigt werden müssen. Dennoch können sie aber – aus der Sicht des Individuums – dann als dauerhaft „quasi-befriedigt" angesehen werden, wenn ihre Befriedigung bzw. „Gratifikation" auch in der Zukunft als sicher betrachtet werden kann.

Wenn die physiologischen Motive in dieser Sichtweise hinreichend befriedigt sind, wird die nächsthöhere Motivklasse, die die **Sicherheitsbedürfnisse** umfaßt, für das Verhalten dominant. Zur Kategorie der Sicherheitsmotive gehören beispielsweise das Verlangen nach Schutz vor physischen Gefahren, das Bedürfnis nach Arbeitsplatzsicherheit und Altersvorsorge, sowie das allgemeine Verlangen nach geregelten und vorhersehbaren Lebensverhältnissen, mit denen das Individuum konfrontiert wird.

Sind auch die Sicherheitsbedürfnisse befriedigt, so verlieren sie ihre dominante Verhaltenswirksamkeit und **soziale Motive** treten auf, die nun die Verhaltensorientierung bestimmen. Die sozialen Motive umfassen z. B. das Bedürfnis nach Gruppenzugehörigkeit, nach persönlichem Kontakt und Freundschaft.

Erst wenn auch die Befriedigung dieser Motive sichergestellt ist, werden die **Wertschätzungsmotive**, die auf der nächsthöheren Stufe der Motivhierarchie angesiedelt sind, verhaltenswirksam. Zu diesen Wertschätzungsmotiven gehören zum einen die Bedürfnisse nach Fremdwertschätzung bzw. Achtung durch andere, wie beispielsweise das Verlangen nach Anerkennung, Status, Prestige und Respekt, zum anderen gehört hierzu das Bedürfnis nach Selbstwertschätzung bzw. Selbstachtung, wie es in dem Streben nach Kompetenz, Nützlichkeit, Wichtigkeit und Leistung zum Ausdruck kommt. In diese Bedürfnisklasse kann also auch das Leistungsmotiv eingeordnet werden, das im Mittelpunkt zahlreicher Untersuchungen steht (vgl. beispielsweise *McClelland, Atkinson/Feather, Heckhausen*).

Wenn auch diese Wertschätzungsmotive befriedigt sind, werden die **Selbstverwirklichungsbedürfnisse**, die die oberste Motivklasse bilden, für das Verhalten dominant. Die Selbstentfaltungsmotive umfassen die Bedürfnisse nach Realisierung und Weiterentwicklung der individuellen Kenntnisse und Fähigkeiten und damit der Verwirklichung auch der nur latent vorhandenen Potentiale. Die Voraussetzung dafür, daß die Selbstverwirklichungsmotive, die auch als „Wachstums-Motive" bezeichnet werden, für das Verhalten die höchste Priorität erlangen, ist also, daß die Bedürfnisse der vier unteren Bedürfnisklassen, die auch „Defizit-Motive" genannt werden, hinreichend befriedigt sind. Während diese „Defizit-Motive" mit fortschreitender Befriedigung an relativer Dringlichkeit verlieren, weisen die Selbstverwirk-

Drittes Kapitel: Unternehmungsziele 59

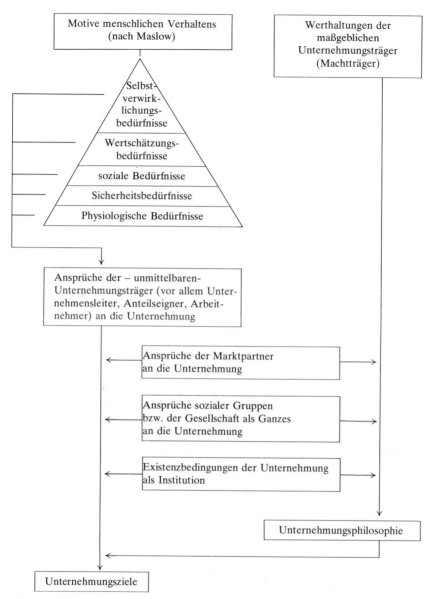

Abb. 27 Entstehung von Unternehmungszielen aus den Bestimmungsgrößen menschlichen Verhaltens und den Existenzbedingungen der Unternehmung

lichungsbedürfnisse insofern eine Besonderheit auf, als sie auch bei ständig zunehmender Befriedigung das dominante Handlungsmotiv bleiben.

Der von der erreichten Bedürfnisbefriedigung abhängige Dominanzwechsel bedeutet aber nicht, daß das jeweils dominierende Bedürfnis allein das Verhalten bestimmt. Der Übergang von einer Motivklasse zur anderen vollzieht sich nämlich graduell und nicht etwa durch einen abrupten Sprung. Das Verhalten eines Individuums kann demnach zu einem bestimmten Zeitpunkt durch mehrere Motivklassen beeinflußt werden. Doch immer spielt eine Bedürfnisklasse die dominierende Rolle. Folglich üben auch die bereits weitgehend befriedigten niedrigeren Bedürfnisse wie auch die allmählich aktivierten – in der Hierarchie oberhalb der dominanten Motivklasse angeordneten – Bedürfnisse Verhaltenseinflüsse aus, wenn auch von vergleichsweise viel geringerer Intensität.

Die unterschiedlichen Motive menschlichen Handelns, deren erlebte Dringlichkeit und Intensität im Einzelfall natürlich auch von der Maslow'schen Prioritätenordnung abweichen kann, haben als persönlichkeitsspezifische Verhaltensdeterminanten der jeweiligen Unternehmungsträger ohne Zweifel maßgeblichen Einfluß auf die Wahl der Unternehmungsziele. Denn dominante Verhaltensmotive von Unternehmungsleitern, Anteilseignern und Arbeitnehmern (etwa der Wunsch nach angemessener Entlohnung bzw. Kapitalverzinsung, nach sicheren Arbeitsplätzen, Aufstiegsmöglichkeiten u. ä.) lassen sich gleichsam als Ansprüche an die Unternehmung interpretieren, die damit in den Zielen respektive bei der Zielerreichung der Unternehmung entsprechende Berücksichtigung verlangen (vgl. Abb. 27).

Ansprüche, die sich in dieser Weise in den Unternehmungszielen niederschlagen können, sind regelmäßig nicht beschränkt auf die unmittelbaren Unternehmungsträger. Zusätzliche Einflüsse kommen auch von den Marktpartnern (Lieferanten, Kunden) sowie sozialen Gruppen bzw. der Gesellschaft als Ganzes (vgl. Abb. 27). So erwarten **Lieferanten** beispielsweise angemessene Erlöse und pünktliche Bezahlung, während für die **Kunden** der Unternehmung gelten wird, daß ihre Anforderungen etwa darauf gerichtet sind, preisgünstige Leistungen für die gewünschte Qualität fristgerecht zu erhalten. Auch der **Staat** und die **Öffentlichkeit** stellen Ansprüche an die Unternehmung, indem etwa erwartet wird, daß (Wirtschafts-, Umweltschutz- und sonstige) Gesetze eingehalten werden, daß ein angemessener Beitrag zur Finanzierung des gesellschaftlichen Lebens durch Spenden und Steuern geleistet wird oder daß die Ziele der staatlichen Wirtschaftspolitik unterstützt werden.

Von besonderer Bedeutung sind schließlich noch die **Existenzbedingungen** der Unternehmung als Institution, die sichergestellt werden müssen, damit die Unternehmung überhaupt zur Erfüllung der an sie gerichteten vielfältigen Ansprüche instrumentell genutzt werden kann (vgl. Abb. 27). Zu solchen Existenzbedingungen zählen in erster Linie:

(1) **Liquidität** (als Fähigkeit, fällige Zahlungsverpflichtungen uneingeschränkt erfüllen zu können):
Die Liquidität ist eine Existenzbedingung „sine qua non", die jederzeit auch kurzfristig gesichert werden muß, wenn Illiquidität mit der daraus folgenden Konkurskonsequenz vermieden werden soll.

(2) **Rentabilität** (als Fähigkeit, die aus dem Wirtschaftsprozeß erwachsenden Aufwendungen resp. Kosten durch entsprechende Erträge – mindestens – abzudecken):
Eine Unternehmung muß zumindest langfristig (und im Durchschnitt) rentabel arbeiten, da sie sonst keine Kapitalgeber findet bzw. das vorhandene Eigenkapital sich durch die Verluste verzehrt, was schließlich auch zur Illiquidität oder zur Überschuldung mit daraus folgender Konkurskonsequenz führt.

(3) **Wachstum** (gemessen an Größen wie Gewinn, Umsatz, Wertschöpfung, Bilanzsumme, Beschäftigtenzahl u. ä.):
In einer prinzipiell wachsenden Gesamtwirtschaft ist ein zumindest durchschnittliches „Mitwachsen" für eine Unternehmung existenznotwendig, um im Wettbewerb bestehen zu können und Rentabilität sowie Liquidität zu sichern.

Die in der bisherigen (exemplarischen) Aufzählung zum Ausdruck gekommenen vielfältigen Interessenlagen lassen sich häufig nur schwer auf einen Nenner bringen. Denn einerseits muß regelmäßig von der Existenz **konfliktärer** Interessenverknüpfungen ausgegangen werden und andererseits liegt wegen der unterschiedlichen persönlichen oder finanziellen Bindung der einzelnen Träger(-gruppen) an die Unternehmung regelmäßig eine unterschiedliche **Bereitschaft** vor, persönliche Ziele vor übergeordneten Gesamtzielen oder kurzfristige Ziele im Interesse langfristiger Ziele zurücktreten zu lassen. Insoweit ist es von zentraler Bedeutung,

(1) **wer** in einer Unternehmung die rechtlichen, satzungsmäßigen und tatsächlichen Möglichkeiten hat, die eigenen Ziele oder die als richtig für die Unternehmung als Institution erkannten Ziele gegebenenfalls gegen andere Ziele durchzusetzen, und

(2) **wie** hierbei auftretende Interessenkonflikte bewältigt werden.

Was (1) betrifft, so gilt für die Marktwirtschaft der Grundsatz, daß dem Eigentümer-Unternehmer bzw. dem von den Eigentümern (Anteilseignern) eingesetzten Management die dominierende Stellung zukommt. Sie haben gegenüber allen anderen Trägergruppen umfassende Einflußrechte auf die Zielsetzung der Unternehmung und besitzen die Legitimation, Akzeptanz dieser Ziele für die Zielerreichung der Unternehmung zu fordern. Lediglich in den von den **Mitbestimmungsgesetzen** betroffenen Kapitalgesellschaften wird diese Machtstellung in bestimmter Weise eingeschränkt (vgl. ausführlicher S. 67ff.).

Was (2) betrifft, so sind zwei grundlegende Durchsetzungsstrategien zu unterscheiden: (a) Auf **einseitige** Interessendurchsetzung und (b) auf **gegenseitige** Interessenberücksichtigung zielende Strategien. Welche hiervon gewählt werden, ist nicht zuletzt eine Frage der dominierenden **Werthaltungen** bei den Machtträgern der Unternehmung. Diese Werthaltungen sind dabei zugleich als Bestimmungsgrößen für die jeweils vorherrschende Unternehmungs-Philosophie anzusehen, die insofern ebenfalls in engem Zusammenhang zu den Unternehmungszielen stehen (vgl. Abb. 27).

Als **Unternehmungsphilosophie** wird nach *Ullrich* (1977) ein System von Leitmaximen verstanden, deren Ausprägungen von ethischen und moralischen Werthaltungen bestimmt wird. Damit dient sie als eine Art „moralischer und ethischer Unterbau" für den Wirtschaftsprozeß der Unternehmung. In ihr manifestieren sich insbesondere solche Grundeinstellungen, die das Verhältnis der Kerngruppen (Machtträger) zu Mitarbeitern, Aktionären, Kunden, Lieferanten sowie allgemein das Verhältnis Unternehmung-Gesellschaft zum Ausdruck bringen. Definiert werden können in einer Unternehmungs-Philosophie demnach beispielsweise

- das Bekenntnis zur Wirtschaftsordnung und zur gesellschaftlichen Funktion der Unternehmung,
- die Einstellung zu Wachstum, Wettbewerb und technischem Fortschritt,
- die Rolle des Gewinns für die Unternehmung und Gesellschaft,
- die Verantwortung gegenüber den Mitarbeitern und Aktionären,
- die akzeptierten Spielregeln und Verhaltensnormen im Rahmen der wirtschaftlichen Tätigkeit der Unternehmung.

2. Ökonomische Dimension der Unternehmungsziele

Eine von ethischen und moralischen Werthaltungen bestimmte Unternehmungs-Philosophie berührt in erster Linie die soziale Dimension der Unternehmungsziele, wenngleich natürlich nicht vergessen werden darf, daß die Unternehmung in erster Linie ein **Wirtschaftsbetrieb** ist und in dieser ihrer Eigenschaft vorrangig ökonomische Ziele verfolgt. Hierauf ist dementsprechend nunmehr das Augenmerk zu lenken.

Die Gesamtheit der (ökonomischen) Ziele einer Unternehmung wird auch als ihre **Zielkonzeption** (*R.-B. Schmidt*, 1977) bezeichnet, die grundsätzlich aus **drei** Zielkategorien besteht (vgl. Abb. 28):

(1) **Leistungsziele** (Beschaffungs-, Lagerhaltungs-, Produktions- und Absatzziele);

(2) **Finanzziele** (Liquiditäts-, Investitions- und Finanzierungsziele);

(3) **Erfolgsziele** (Umsatz-, Wertschöpfungs-, Gewinn-, Rentabilitätsziele).

	Ökonomische Zielkonzeption der Unternehmung		
	Leistungsziele	Erfolgsziele	Finanzziele
Exemplarisch ausgewählte Zielparameter	– Art und Struktur des Produktions- u. Absatzprogramms – Marktanteile – Produktions- u. Lagerkapazitäten – Produktions- u. Absatzmengen – Faktor- und Produktqualitäten – Produktionsstandorte – Absatzwege – usw.	– Umsatzvolumen u. -struktur – Wertschöpfung – Kostenstruktur – Gewinn/Rentabilität – Dividenden – usw.	– Zahlungsfähigkeit – Umfang u. Struktur der Liquiditätsreserve – Gewinnreservierung – finanzielle Struktur – Struktur u. Volumen des Investitions- u. Finanzierungsprogramms – usw.

Abb. 28 Elemente einer trinitären Zielkonzeption der Unternehmung

Leistungs- und Finanzziele bilden als wirtschaftliche **Sachziele** den Gegenstandsbereich des Wirtschaftens in der Unternehmung ab, während Erfolgsziele als wirtschaftliche **Formalziele** den Umfang der angestrebten Wirtschaftlichkeit bei der Verfolgung wirtschaftlicher Sachziele zum Ausdruck bringen. Auf die wirtschaftlichen Formalziele sei dabei ihrer besonderen Bedeutung wegen im folgenden noch näher eingegangen.

Für die Formulierung spezifischer Erfolgsziele bedarf es naturgemäß einer genauen Kenntnis der verschiedenen Erfolgsbegriffe, die sich vor allem dadurch unterscheiden,

(1) welche Erträge und Aufwendungen (Kosten) im Einzelfall einander gegenübergestellt werden und

(2) ob sie als absolute Erfolgsgröße (etwa im Sinne einer absoluten Gewinngröße) oder als relative Erfolgsgröße (im Sinne von Rentabilität) definiert werden.

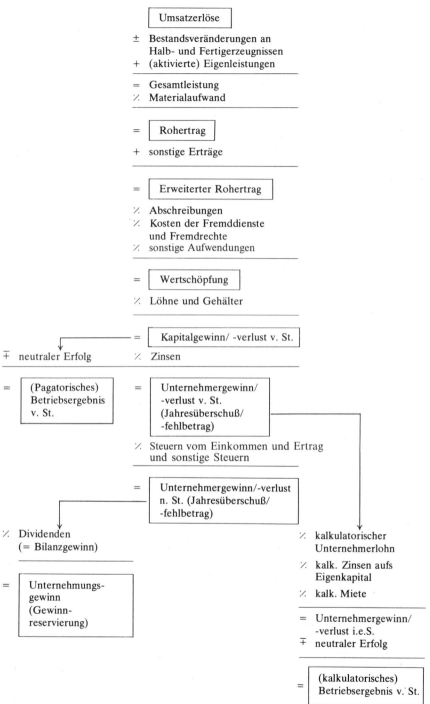

Abb. 29 Alternative Erfolgsbegriffe

Abb. 29 veranschaulicht die diesbezüglichen Zusammenhänge zwischen alternativen **Erfolgsbegriffen**, Abb. 30 hierauf aufbauend die Definition einiger **Rentabilitätskennzahlen**. Ausgeklammert bleiben hierbei die kalkulatorischen Rentabilitätsgrößen.

Nenner \ Zähler	Jahresüberschuß (≙ Betriebsergebnis nach Abzug der Zinsen)	Kapitalgewinn (≙ Betriebsergebnis vor Abzug der Zinsen)
Eigenkapital	Eigenkapitalrentabilität (EKR)	—
Gesamtkapital	—	Gesamtkapitalrentabilität (GKR)
Betriebskapital (= Gesamtkapital - Finanzanlagen)	(Netto-) Return on Investment (ROI_{Netto})	(Brutto-) Return on Investment (ROI_{Brutto})
Umsatz	(Netto-) Umsatzrentabilität (UR_{Netto})	(Brutto-) Umsatzrentabilität (UR_{Brutto})

Abb. 30 Konstruktionsprinzipien wichtiger Rentabilitätskennzahlen

Die veranschaulichten Konstruktionsprinzipien der verschiedenen Rentabilitätskennzahlen gehen dabei von der vereinfachenden Annahme aus, daß die Gewinngrößen mit dem Betriebsergebnis gleichzusetzen sind, ein neutrales Ergebnis also nicht existiert bzw. keinen relevanten Einfluß auf den Kennzahlenwert ausübt. Würde man dies konsequent auch auf die Kapitaleinsatzprämisse übertragen, müßten das Gesamtkapital und das für den Betriebszweck eingesetzte Kapital identisch sein. In einem solchen Fall würde die Gesamtkapitalrentabilität mit der Brutto-Return on Investment-Kennzahl zusammenfallen, so daß es nur noch eine Netto-Return on Investment-Kennzahl gäbe. Hiervon wird im folgenden ausgegangen, so daß insgesamt drei Kapitalrentabilitäten (EKR, GKR, ROI) und zwei Umsatzrentabilitäten (UR_{Brutto}, UR_{Netto}) betrachtet werden.

Zwischen diesen Rentabilitäten bestehen nun eine Reihe relevanter Beziehungen, die bei der Zielsetzung insofern Berücksichtigung verlangen, als grundsätzlich zu fordern ist, daß die Zielkonzeption der Unternehmung widerspruchsfrei formuliert ist. Dazu gehört vor allem die Feststellung, daß die einzelnen Ziele miteinander verträglich (kompatibel) sind (vgl. hierzu im einzelnen S. 75 f.). Die Beziehungen zwischen den Rentabilitäten spielen aber auch eine große Rolle für die Kontrolle der Zielerreichung bzw. allgemein für eine rentabilitätsbezogene Unternehmungsanalyse.

Exemplarisch dargestellt werden sollen im folgenden (ohne Einbeziehung von Steuern) die Beziehungen zwischen

(a) Eigenkapitalrentabilität (EKR) und Gesamtkapitalrentabilität (GKR),

(b) Gesamtkapitalrentabilität (GKR) und der Bruttoumsatzrentabilität (UR_{Brutto}) sowie zusammenfassend zwischen

(c) Eigenkapitalrentabilität (EKR), Return on Investment (ROI) und den Umsatzrentabilitäten (UR_{Brutto} und UR_{Netto}).

Zu (a): Die Beziehungen zwischen **GKR** und **EKR** werden über die sogenannte **Leverage**formel hergeleitet:

(1) Kapitalgewinn = GKR · (EK + FK)
    (EK = Eigenkapital, FK = Fremdkapital)

(2) Kapitalgewinn = EKR · EK + FKZ · FK
    (FKZ = Fremdkapitalzinssatz)

(1) und (2) zusammengefügt ergibt

(3) EKR · EK + FKZ · FK = GKR (EK + FK)

und nach EKR aufgelöst

(4) $EKR = GKR + (GKR - FKZ) \frac{FK}{EK}$

Die EKR ergibt sich mit anderen Worten als Resultante aus Gesamtkapitalrentabilität, Fremdkapitalzinssatz und Verschuldungsgrad (FK/EK). Die EKR unterscheidet sich dabei umso mehr von der GKR, je größer der (positive oder negative) Klammerausdruck und je höher der Verschuldungsgrad ist. Wie Abb. 31 zeigt, bewirkt ein positiver Klammerausdruck (GKR > FKZ), daß sich die Eigenkapitalrentabilität mit zunehmender Verschuldung gegenüber der Gesamtkapitalrentabilität immer stärker erhöht, während ein negativer Klammerausdruck (GKR < FKZ) eine entgegengesetzte Wirkung hat. Der Verschuldungsgrad wirkt sich also als eine Art „Hebel" auf die Eigenkapitalrentabilität aus. Im Falle eines positiven Klammerausdrucks (GKR > FKZ) spricht man daher auch vom „Leverage"-Effekt, der die eigenkapitalrentabilitätssteigernde Wirkung wachsender Verschuldung umschreibt. Allerdings wirkt sich dieser Verschuldungshebel auch im umgekehrten Fall aus, wenn der Klammerausdruck negativ wird

	FK/EK	0	1	2	10	20
Positiver Leverage-Effekt	GKR	10%	10%	10%	10%	10%
	FKZ	5%	5%	5%	5%	5%
	EKR	10%	15%	20%	60%	110%
Negativer Leverage-Effekt	GKR	3%	3%	3%	3%	3%
	FKZ	8%	8%	8%	8%	8%
	EKR	3%	-2%	-7%	-47%	-97%

Abb. 31 Rentabilitäts-Leverage-Effekt

(GKR < FKZ), wenn also die Gesamtkapitalrentabilität kleiner als der Fremdkapitalzinssatz ist. Die Eigenkapitalrentabilität sinkt dann unter die Gesamtkapitalrentabilität und kann bei hoher Verschuldung sehr schnell negativ werden, bis hin zum vollständigen Verzehr des Eigenkapitals (EKR = -100%) oder noch darüber hinaus (Tatbestand der Überschuldung). Das sich hier andeutende **Verschuldungsrisiko** wird im allgemeinen um so größer sein,

- je höher der Verschuldungsgrad ist,
- je niedriger die durchschnittliche Gesamtkapitalrentabilität liegt und
- je größer die Gefahr, daß (zumindest längerfristig) GKR < FKZ wird.

Es ist unmittelbar einsichtig, daß diese Zusammenhänge von größter Bedeutung für die Formulierung von Eigen- und Gesamtkapitalrentabilitäten (als Zielgrößen in der Zielkonzeption) sind. Denn zum einen sind hierfür die inneren Beziehungen zwischen beiden Rentabilitätsgrößen strikt zu beachten, zum anderen wird durch die Leverage-Formel deutlich, wie die Eigenkapitalrentabilität stärker noch als die Gesamtkapitalrentabilität bzw. die umsatzbezogene Kapitalrentabilität auch von Zielen und Entscheidungen im Finanzbereich der Unternehmung bestimmt wird.

Zu (b): Die Beziehungen zwischen **GKR** und **UR**$_{Brutto}$ werden deutlich, wenn die Formel für die Gesamtkapitalrentabilität im Nenner und im Zähler mit der Größe Umsatz multipliziert und die Formelelemente anders gruppiert werden:

(1) $\quad GKR = \dfrac{Kapitalgewinn}{Gesamtkapital} \times \dfrac{Umsatz}{Umsatz}$

(2) $\quad GKR = \dfrac{Kapitalgewinn}{Umsatz} \times \dfrac{Umsatz}{Gesamtkapital}$

(3) $\quad GKR = UR_{Brutto} \times Kapitalumschlag\ (KU)$

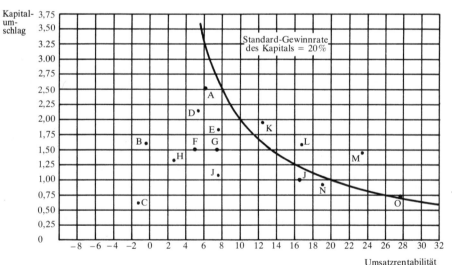

Abb. 32 Zusammenhänge zwischen Umsatzrentabilität und Gesamtkapitalrentabilität

Die GKR ergibt sich mit anderen Worten als Produkt aus Umsatzrentabilität und Kapitalumschlag: Bei einer gewünschten GKR (als Zielgröße in der Zielkonzeption der Unternehmung) kann UR um so kleiner sein (bzw. muß UR um so größer sein) je höher (niedriger) der Kapitalumschlag KU ist. Abb. 32 verdeutlicht diese Zusammenhänge, wobei von einer Standard-GKR von 20% ausgegangen wird und die einzelnen Punkte verschiedene Produktgruppen, Geschäftszweige oder Unternehmungen darstellen mögen.

Noch einmal erwähnt sei, daß der Zusammenhang zwischen GKR und UR nur dann sinnvoll interpretiert werden kann, wenn das gesamte Kapital der Unternehmung umsatzbezogen eingesetzt wurde. Ist ein Teil des Kapitals in Finanzanlagen investiert, wird es zweckmäßig sein, statt der GKR die Kennzahl (Brutto-) Return-on-Investment (ROI_{Brutto}) zu verwenden.

Zu (c): Um im übrigen noch weitergehende Einsichten zu erhalten, können zum einen die beiden Größen Umsatzrentabilität und Kapitalumschlag noch weiter zerlegt und zum anderen die Verknüpfung zur Zielgröße Return on Investment sowie zur Eigenkapitalrentabilität hergestellt werden. Dieses als erweiterte **ROI** (Return on Investment)-Analyse zu kennzeichnende Verfahren zeigt in differenzierter Weise die Grenzen für realisierbare Rentabilitätsziele auf bzw. deutet auf mögliche Ansatzpunkte für eine Verbesserung einer als unbefriedigend angesehenen Rentabilitätssituation hin. Gemäß den in Abb. 33 sichtbar gemachten Rentabilitätskomponenten lassen sich beispielsweise folgende Faktoren mit positivem Einfluß auf die Eigenkapitalrentabilität nennen:

1. Optimierung der Eigenkapitalquote
   – Berücksichtigung des Rentabilitäts-/Risikohebels von Fremdkapital
   – Streben nach Unabhängigkeit
2. Verbesserung des Kapitalumschlags
   – Straffung des Produktionsprogramms
   – Kontrolle kapitalbindender Aktiva
3. Senkung der Zinsbelastung
   – Umschichtung zu kostengünstigen Finanzierungsmitteln
   – Timing von Finanzierungsentscheidungen
4. Erlös- und Betriebsergebnisoptimierung
   – Einsatz von Marketing-Instrumenten
   – Kostensenkung und Rationalisierung
   – Investitionen zur Zukunftssicherung

Über die Höhe der im Einzelfall anzustrebenden Rentabilitäten selbst lassen sich naturgemäß keine allgemeinen Aussagen machen. Immerhin könnte man den Grundsatz anerkennen, daß sich die Zielrentabilität

· an der realisierten eigenen Durchschnittsrentabilität sowie
· an der Rentabilitätslage und -entwicklung der Konkurrenten

orientieren sollte.

3. Soziale und ökologische Dimension der Unternehmungsziele

Unternehmungsziele haben stets (implizit oder explizit) auch eine nicht-ökonomische Dimension. Sie wird deutlich, wenn man sich noch einmal vergegenwärtigt,

68 Drittes Kapitel: Unternehmungsziele

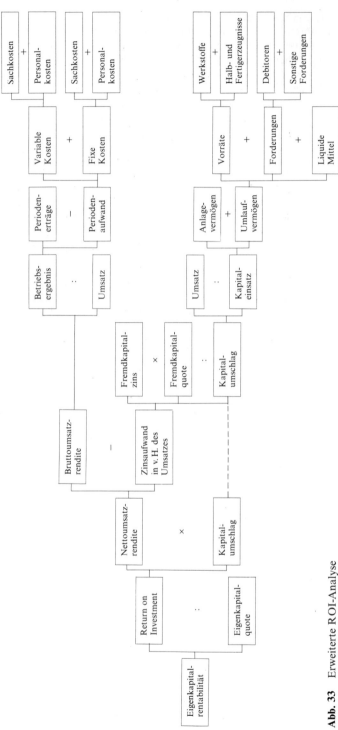

Abb. 33 Erweiterte ROI-Analyse

aus welchen verschiedenen Interessenlagen und Ansprüchen Unternehmerziele entstehen und damit auch verdeutlicht, daß wirtschaftliche Prozesse sowohl von den Motiven wie von den (beabsichtigten und unbeabsichtigten) Wirkungen her weit über das Moment des reinen Geldverdienens, der Kapitalakkumulation, der Versorgung mit Konsumgütern u. ä. hinausgehen.

Eine besondere Rolle spielen in diesem Zusammenhang **soziale** – und in den letzten Jahren immer dringender – **ökologische** Aspekte des Wirtschaftens. Auf sie sei im folgenden etwas ausführlicher eingegangen.

(1) **Soziale Aspekte des Wirtschaftens** finden sich in fast allen Problemen, mit denen sich die Betriebswirtschaftslehre beschäftigt, nicht zuletzt deshalb, weil im Wirtschaftsprozeß der Unternehmungen letztlich stets Menschen agieren und von den Aktionen auch stets Menschen betroffen werden. Damit stehen Probleme wie die folgenden im Mittelpunkt sozialökonomischer Analysen:

- Gerechte Entlohnung für die im Interesse der Unternehmung geleistete Arbeit
- Menschenwürdige Arbeitsbedingungen
- Arbeitsplatzsicherheit
- Beteiligung der Arbeitnehmer am Gewinn und Vermögen
- Mitspracherechte bei der Formulierung und Verfolgung der Unternehmungsziele
- u. a.

In einer strikt ökonomischen Analyse würden diese Aspekte natürlich auch dem ökonomischen Kalkül von Kosten und Nutzen zu unterwerfen sein. Ihnen käme also insofern Mittelcharakter im Hinblick auf die ökonomischen Ziele zu. Betont man jedoch die soziale Dimension der Unternehmungsziele, so ist die Blickrichtung eine etwas andere: Die Organisationsmitglieder werden nicht lediglich als „Werkzeuge" zur Erreichung der Unternehmungsziele betrachtet, sondern sie werden als Menschen mit individuellen Zielen und Bedürfnissen anerkannt. Das bedeutet, daß den sozialen Aspekten des Wirtschaftsprozesses insofern auch nicht mehr nur und ausschließlich Mittelcharakter zukommt, sondern daß sie, wenn möglich, gleichrangig neben ökonomische Überlegungen gestellt werden.

Im Zweifel wird für eine Unternehmung natürlich auch hier das „Primat des Ökonomischen" gelten müssen, denn letztlich handelt es sich bei den Unternehmungen ja um Wirtschaftsbetriebe mit Erwerbscharakter. Daß dies kein Hindernis für eine stärkere Beachtung sozialer Ziele ist, wird aber deutlich, wenn man bedenkt,

- daß die Möglichkeiten zur Befriedigung materieller Bedürfnisse, wie sie den Organisationsmitgliedern ökonomisch erfolgreicher Unternehmungen geboten werden können, eine ganz wichtige (wenn nicht die wichtigste) soziale Funktion erfüllen und
- daß umgekehrt der ökonomische Erfolg einer Unternehmung erst die materiellen Voraussetzungen dafür schafft, sozialen Aspekten stärkeres Gewicht geben zu können.

Zu den Rahmenbedingungen für eine stärkere Betonung sozialbezogener Unternehmungsziele gehört es, daß die Kerngruppen (Machtträger) in einer Unternehmung auch entsprechende (ethische und moralische) Werthaltungen aufweisen und diese in einer praktizierten, betont sozialbezogenen Unternehmungsphilosophie (vgl. S. 61) zum Ausdruck bringen. Dabei ist es natürlich von Bedeutung, wie die Führungsgremien einer Unternehmung zusammengesetzt sind, denn diese bestimmen maßgeblich das „Wertklima" dieser Unternehmung.

Bei der in Deutschland praktizierten **Mitbestimmung** wird diesem Grundgedanken insofern Rechnung getragen, als in den hiervon betroffenen Kapitalgesellschaften **drei Zentren der betrieblichen Willensbildung** unterschieden werden (vgl. Abb. 34):

(1) Die Eigentümer (Anteilseigner) als Vertreter des Faktors „Kapital" im Aufsichtsrat der Unternehmung,
(2) die Arbeitnehmer (direkt oder über ihre Repräsentanten) als Vertreter des Faktors „Arbeit" im Aufsichtsrat der Unternehmung,
(3) der Vorstand (die Geschäftsführung) als eigentliches Leitungsorgan der Unternehmung.

Abb. 34 Die drei Zentren der betrieblichen Willensbildung

Dadurch, daß gemäß der Mitbestimmungsgesetze den Arbeitnehmern resp. ihren Repräsentanten ein institutionalisiertes Einflußrecht auf die Unternehmungspolitik eingeräumt wird, findet also eine Art Macht- und Arbeitsteilung statt. Die Arbeitnehmervertreter im Aufsichtsrat sind zuständig für die Einbringung sozialer Argumente in die Unternehmungspolitik, wohingegen die „Kapitalinteressen" von der Eigentümerseite artikuliert werden. Der Vorstand bzw. die Geschäftsführung schließlich hat die Aufgabe, etwaige Spannungen zwischen sozialer und ökonomischer Dimension der unternehmungspolitischen Entscheidungen zum Wohle der Unternehmung und aller Beteiligten auszugleichen.

Die existierenden Mitbestimmungsgesetze – es gibt deren drei – unterscheiden sich in ihrem Geltungsbereich und in der organisatorischen Ausgestaltung. Abb. 35 (entnommen aus *Chmielewicz u. a.*, 1977, S. 116f.) gibt eine Übersicht über diese Unterschiede.

(2) **Ökologische Aspekte des Wirtschaftens** finden sich ebenso wie die sozialen Aspekte in zahlreichen Problemen, mit denen sich die Betriebswirtschaftslehre beschäftigt. Allerdings ist zu konstatieren, daß sich der klassische betriebswirtschaftliche Ansatz mit Fragen des Umweltschutzes im weitesten Sinne kaum auseinandersetzte und man sie dort, wo etwa staatliche Umweltschutzauflagen zu beachten waren, lediglich als Teil des jedem Wirtschaften immanenten Datenkranzes (bestehend aus natürlichen, technischen und restlichen Restriktionen) betrachtete.

Diese verengte Sicht des Wirtschaftens wird in letzter Zeit zunehmend in Frage gestellt. Maßgebend dafür ist zum einen die objektiv meßbare, strukturell zunehmende Überforderung der natürlichen Umwelt durch industrielle Produktionsprozesse und Massenkonsum, zum andern die auf allen Ebenen der Gesellschaft zu beobachtende wachsende Sensibilität für die Notwendigkeit des Umweltschutzes als Garant für Lebensqualität und Erhalt der zukünftigen Lebensgrundlagen schlechthin.

Die Überforderung der natürlichen Umwelt findet ihren Niederschlag dabei in zwei zentralen ökologischen Problembereichen:

Drittes Kapitel: Unternehmungsziele

			Betriebsverfassungsgesetz 1952	Mitbestimmungsgesetz	Montan-Mitbestimmungsgesetz
			1	2	3
Vollständiger Name des Gesetzes			Betriebsverfassungsgesetz vom 11. Oktober 1952 (§§ 76ff, 81, 85, 87 bleiben gemäß § 129 I BetrVG 1972 in Kraft) – BetrVG 1952 –	Gesetz über die Mitbestimmung der Arbeitnehmer vom 4. Mai 1976 – MitbestG –	Gesetz über die Mitbestimmung der Arbeitnehmer in den Aufsichtsräten und Vorständen der Unternehmen des Bergbaus und der Eisen und Stahl erzeugenden Industrie vom 21. Mai 1951 – Montan-MitbestG –
			Paragraphen ohne Kennzeichnung beziehen sich auf das Gesetz der betreffenden Spalte		

Grundsätzliche Stimmenverteilung im Aufsichtsrat (AR)			1	Unterparität (1/3) der Arbeitnehmer-(AN-)Repräsentanten im AR					Parität (1/2) der AN-Repräsentanten im AR			Parität (1/2) der AN-Repräsentanten, zusätzlich ein „Neutraler" im AR		
Kopfzahl des AR	Mindestens		2	3					12			11		
	Höchstens		3	21					20			21		
	Abhängig von		4	Grund- bzw. Stammkapital					Beschäftigtenzahl			Grund- bzw. Stammkapital		
Kopfzahlverhältnis der Anteilseigner-Repräsentanten zu AN-Repräsentanten			5	Grund- bzw. Stammkapital a) ≤ 3 Mill. DM: 2:1 oder 4:2 oder 6:3 b) > 3 Mill. bis 20 Mill. DM: wie a) oder 8:4 oder 10:5 c) > 20 Mill. DM: wie b) oder 12:6 oder 14:7 [§§ 76 I, 77 I in Verb. mit § 95 AktG]					Beschäftigtenzahl a) > 2000 bis 10 000: 6:6 oder 8:8 oder 10:10 b) > 10 000 bis 20 000: 8:8 oder 10:10 c) > 20 000: 10:10 [§§ 1 I, 7 I]			Grund- bzw. Stammkapital (jeweils bis zu 2 „weitere Mitglieder") und ein „Neutraler") a) ≤ 20 Mill. DM: (4+1):(4+1):1 b) > 20 Mill. bis 50 Mill. DM: wie a) oder (6+1):(6+1):1 c) > 50 Mill. DM: wie b) oder (8+2):(8+2):1 [§§ 4 I, 9]		
Verteilung der AN-Gruppen im AR	AN-Repräsentanten		6	[§§ 76 II, 77 I]					[§§ 7 II, 15 II]			[§§ 4 I, II, 6, 9]		
	im AR insgesamt			1	2	3	4	5	6	7	6	8	10	5	7	10
	intern (in der Unternehmung beschäftigt)	Arbeiter	7	1	≥1	≥1	≥1	≥1	≥1	≥1	≥1	≥1	≥1	1	2	3
		Angest.	8		1	≥1	≥1	≥1	≥1	≥1	≥1	≥1	≥1	1	1	1
		Leitende Angest.	9	0	0						≥1	≥1	≥1			
	Intern oder extern	Arb. o. Angest.	10	0	0	≤1	≤2	≤3	≤4	≤5						
		Gewerk.-vertreter	11	0	0						2	2	3	2	3	4
	Extern	Sonstige („weiteres Mitglied")	12											1	1	2
Beschlüsse des AR	Beschlußfähigkeit		13	Hälfte der Soll-Mitgliederzahl, mindestens aber 3 [§ 108 II AktG; § 77 I in Verb. mit § 108 II AktG]					Hälfte der Soll-Mitgliederzahl [§§ 28, 25 I in Verb. mit § 108 II AktG]			Hälfte der Soll-Mitgliederzahl [§ 10]		
	Mehrheitserfordernisse bei	Wahl des AR-Vorsitzenden	14	Einfache Stimmenmehrheit					1. Wahlgang: 2/3-Mehrheit der Soll-Mitgliederzahl 2. Wahlgang: einfache Mehrheit der abgegebenen Stimmen der Anteilseigner-Repräsentanten [§ 27]			Einfache Stimmenmehrheit		
		Vorstandsbestellg./abberufung (nicht bei KGaA)	15	Einfache Stimmenmehrheit. AG: je AR-Mitglied 1 Stimme; GmbH (Gesellschafter, nicht AR; s. Zeile 23); je 100 DM Geschäftsanteil 1 Stimme [§§ 46 Nr. 5, 47 GmbHG]					1. Wahlgang: 2/3-Mehrheit der Mitgliederzahl 2. und 3. Wahlgang: einfache Mehrheit der Mitgliederzahl [§ 31]			Einfache Stimmenmehrheit, aber Vetorecht der AN-Vertreter bei Bestellung bzw. Abberufung des Arbeitsdirektors [§ 13 I]		
		Sachentscheidungen	16	Einfache Stimmenmehrheit					1. und 2. Abstimmung: einfache Mehrheit der abgebenen Stimmen [§ 29]			Einfache Stimmenmehrheit		
	Auflösung der Pattsituation		17	Nicht geregelt: Patt tritt wegen fehlender Parität und ungerader Mitgliederzahl i. d. R. nicht auf					a) Zeile 17: Wahl durch Anteilseigner-Repräsentanten; Wahl des stellvertretenden AR-Vorsitzenden durch AN-Repräsententen b) Zeilen 18, 19: AR-Vorsitzender hat Zweitstimme [§§ 27 II, 29 II, 31 IV]			Im Sollkonzept Auflösung durch neutrales Mitglied		

Abb. 35 Wesentliche Unterschiede der Mitbestimmung nach BetrVG 1952, MitbestG und Montan-MitbestG (nur AG, KGaA, GmbH; ohne Konzern).

- in der **Ressourcenerschöpfung**, hervorgerufen durch ein strukturelles Ungleichgewicht von Ressourcenabbau und ihrer natürlichen Regeneration;
- in der **Umweltverschmutzung**, d. h. der Belastung der Umwelt mit Schadstoffen, die in ökologischen Prozessen nicht mehr vollständig aufbereitet oder abgebaut werden können.

Beide Problembereiche können sich noch gegenseitig potenzieren und in letzter Konsequenz zur Zerstörung ganzer ökologischer Systeme (wie Wasserkreislauf, Nahrungskette, Mensch – Pflanzensymbiose) führen und damit die Lebensgrundlagen des Menschen insgesamt zerstören.

Es ist deshalb auch nur folgerichtig, daß im Einklang mit der gewachsenen Einsicht in diese Gefährdungspotentiale die Zahl und Intensität staatlicher Eingriffe in das Wirtschaftsgeschehen in Form von **Umweltschutzgesetzen** stark zugenommen hat (vgl. Abb. 36, entnommen aus *Stahlmann* 1988).

Für die Unternehmungen entstehen aber nicht nur hieraus höchst bedeutsame ökologische Herausforderungen. Denn allgemein muß es angesichts der Bedeutung des Umweltschutzes darum gehen, die ökonomische Dimension der Unternehmungsziele durch eine explizite ökologische Komponente zu erweitern. Dies bedeutet aber, daß die möglichen Konflikte bei einer Verbindung ökonomischer An-

Luft/Lärm	Gewässer	Abfall	Produkte	Sonstiges
Bundesimmissionsschutzgesetz (1974)	Wasserhaushaltsgesetz (1957)	Abfallbeseitigungsgesetz (1972)	Düngemittelgesetz (1977)	Bundesnaturschutzgesetz (1976)
Durchführungsverordnung zum BImSchG (1974ff.)	Verwaltungsvorschriften über Mindestanforderungen (1979–1981)	Abfallnachweis VO (1974)	Futtermittelgesetz (1975)	Bundeswaldgesetz (1975)
TA-Luft (1974)	Landeswassergesetze (ab 1970)	Abfallbeförderungs-VO (1974)	Pflanzenschutzgesetz (1968)	Gesetz über Umweltstatistiken (1974)
TA-Lärm (1968)		Abfalleinfuhr-VO (1974)	Waschmittelgesetz (1975)	
Smog-VO der Länder (1974)			DDT-Gesetz (1972)	Atomgesetz (1959)
Verordnung über Großfeuerungsanlagen (1983)	VO über Anlagen für wassergefährdende Stoffe (Entwurf)	Altölgesetz (1968)	Arzneimittelgesetz (1961)	Strahlenschutzverordnung (1976)
Benzin-Blei-Gesetz (1971)	Abwasserabgabengesetz (1976)	Tierkörperbeseitigungsgesetz (1975)	Lebensmittel- und Bedarfsgegenständegesetz (1974)	Raumordnungsgesetz (1965)
Fluglärmgesetz (1971)			Chemikaliengesetz (1982)	Bundesbaugesetz (1960)
Verkehrslärmgesetz (Entwurf)				Umweltkriminalitätsgesetz (1980)
Störfall-Verordnung (1980)				Gentechnologiegesetz (Entwurf)
				Tierschutzgesetz (1972)

VO = Verordnung
in Klammern = Erscheinungsjahr

Abb. 36 Ausgewählte Umweltschutzgesetze

sprüche an die Unternehmung mit entsprechenden ökonomischen Forderungen in den Mittelpunkt betriebswirtschaftlicher Analyse gestellt werden muß. Abb. 37 verdeutlicht das hierbei entstehende Problemfeld (vgl. auch *Meffert/Kirchgeorg* 1992):

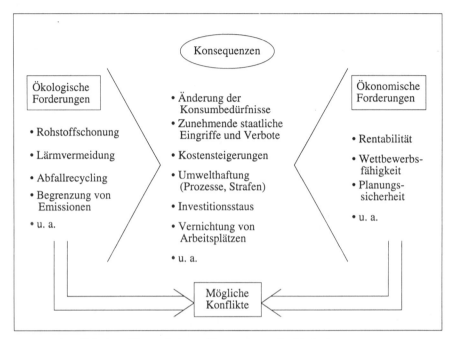

Abb. 37 Mögliche Konflikte zwischen „Ökonomie" und „Ökologie"

Grundsätzlich wird es verschiedene Strategien geben, diese Probleme in Form möglicher Konflikte zwischen Ökologie und Ökonomie im Zielsystem der Unternehmungen zu berücksichtigen:

(a) Ein erster Ansatz betont die Dominanz der ökonomischen Zieldimension, so daß die ökologischen Ansprüche nur so weit berücksichtigt werden, wie staatliche Gebote und Verbote sie einfordern. Eine solche **ökologische Defensivstrategie** entspricht der klassischen betriebswirtschaftlichen Sichtweise, bei der Umweltschutz lediglich als eine von außen gesetzte Restriktion gilt.

Abgesehen davon, daß hier dem Staat die alleinige Verantwortung für die Lösung ökologischer Probleme übertragen wird, sind mit einer solchen Strategie aus Unternehmersicht nicht überschaubare Risiken und Nachteile verbunden. So nimmt bei stets voller Ausnutzung gesetzlicher Spielräume und Lücken im Umweltschutz die Gefahr von Imageverlusten, aber auch die von gerichtlichen Auseinandersetzungen zu; ganz abgesehen davon, daß sich solche Unternehmungen der Chancen berauben, die in einer stärker antizipativen und freiwilligen Berücksichtigung von Umweltbelangen begründet sind.

(b) Damit ist ein zweiter Ansatz angesprochen, der als **ökologische Offensivstrategie** bezeichnet werden kann. Hier wird nun bewußt eine Änderung der Zielbeziehungen von ökonomischen und ökologischen Zielen herbeizuführen versucht. Dabei lassen sich im einzelnen zwei (häufig miteinander verbundene) Varianten unterscheiden.

Im ersten Fall wird die vorherrschende Dominanz der ökonomischen Ziele über ökologische Belange praktisch umgekehrt, so daß nunmehr ökonomische Anforderungen die Funktion von Restriktionen einnehmen, wohingegen die ökologische Zieldimension dominiert. Probleme einer solchen **ökologie-dominanten** Strategie sind in einem marktwirtschaftlichen Wettbewerbssystem evident und können wohl allenfalls in Nischenpositionen dauerhaft durchgehalten werden.

Erfolgsversprechender ist dagegen eine **Komplementaritätsstrategie**. Sie besteht darin, den postulierten Gegensatz von Ökonomie und Ökologie quasi zu versöhnen, indem Umweltschutzmaßnahmen als Chance wahrgenommen werden, Produkte und betriebliche Leistungsprozesse so zu verändern, daß eine Komplementarität zwischen ökologischen und ökonomischen Zielen erreicht wird. Diese Sichtweise, daß für den Umweltschutz auch aus Unternehmenssicht handfeste ökonomische Gründe sprechen, setzt sich zunehmend durch.

Unmittelbar einsichtig ist dies beispielsweise im Hinblick auf den Markt für Umweltschutz, der sich im Gefolge umweltpolitischer Gesetzesmaßnahmen zu einem großen und stark wachsenden Geschäftsfeld entwickelt hat. Aber auch bei den Unternehmungen, die Umweltschutz nicht als Geschäftszweck betreiben, läßt sich zeigen, daß sie zusätzliche Markterfolge realisieren und sogar Kosten einsparen können, wenn sie umweltgerechtere Produkte und Produktionsprozesse entwickeln oder Recyclingprogramme zur Abfallvermeidung respektive -wiedernutzung und andere Maßnahmen der Umweltpolitik gezielt nutzen.

Wichtige flankierende Maßnahmen für solche ökologischen Offensivstrategien sind in diesem Zusammenhang freiwillige Branchenabkommen in Form kollektiver Selbstverpflichtungen, um der Gefahr von Wettbewerbsverzerrungen, die durch isolierte Umweltschutzmaßnahmen einzelner Unternehmungen auftreten können, zu begegnen. Wichtig ist auch, daß in den einzelnen Unternehmungen selbst **Grundsätze ökologieorientierter Unternehmensführung** erarbeitet werden, die als System von Leitmaximen das Umweltverhalten im Wirtschaftsprozeß der Unternehmung zu steuern in der Lage sind. Ein Beispiel für solch einen Verhaltenskodex liefert Abb. 38 (nach einem Vorschlag des Bundesdeutschen Arbeitskreises für umweltbewußtes Management e. V. [BAUM]):

Umweltverhaltenskodex

Wir verstehen die Natur, die Gesellschaft, die Wirtschaft und jedes einzelne Unternehmen als Teile eines globalen ökologischen Systems, dessen Gleichgewicht und Artenvielfalt entscheidend für den Fortbestand allen Lebens sind, und wir bekennen uns als Wirtschaftsunternehmen zu unserer besonderen Mitverantwortung für die Bewahrung der natürlichen Lebensgrundlagen.

Wir sind überzeugt, daß der schonende Umgang mit den öffentlichen Gütern Wasser, Luft und Boden sowie Flora und Fauna mit marktwirtschaftlichen Instrumenten gesichert werden muß, daß dafür eine enge zusammenarbeit zwischen Wirtschaft und Politik erforderlich ist und daß in gemeinsamer Anstrengung das allgemeine Bewußtsein für den Umweltschutz durch Information und Ausbildung zu verstärken ist.

Wir sehen große unternehmerische Chancen in einer umweltorientierten, frei verfaßten und vom Markt gesteuerten Wirtschaftsordnung, die nachhaltigen Wohlstand auch für künftige Generationen sichert. Eine solche Ordnung bietet die Möglichkeit, die Konflikte zwischen Ökonomie und Ökologie zu lösen.

Aus dieser Erkenntnis verpflichten wir uns auf den folgenden Kodex unternehmerischen Verhaltens.

1. Wir ordnen den Umweltschutz den vorrangigen Unternehmenszielen zu und nehmen ihn in die Grundsätze zur Führung des Unternehmens auf. Ihn zu verwirklichen ist ein kontinuierlicher Prozeß.

2. Wir sehen den Umweltschutz als wichtige Führungsaufgabe und stellen sicher, daß er in allen betrieblichen Funktionen und auf allen ebenen in konkrete Ziele und Verhaltensregeln umgesetzt wird.

3. Wir betrachten den Umweltschutz als Teil der Linienverantwortung. Die Fachkompetenz wird durch Einsetzung von Umweltschutzbeauftragten oder Umweltausschüssen so organisiert, daß eine umfassende Information und Einbeziehung in alle Entscheidungen sichergestellt ist.

4. Wir integrieren den Umweltschutz als eigenständiges Kriterium in das Planungs-, Steuerungs- und Kontrollsystem, nach Möglichkeit in quantifizierter Form.

5. Wir geben uns periodisch detaillierte Rechenschaft über den Stand des Umweltschutzes im Unternehmen, um Schwachstellen zu erkennen, die notwendigen Maßnahmen zu veranlassen und erreichte Fortschritte zu dokumentieren.

6. Wir informieren unsere Mitarbeiter ausführlich über Umweltaspekte, motivieren sie zu umweltbewußtem Verhalten, auch im privaten Bereich, und legen in unseren Bildungsmaßnahmen einen besonderen Schwerpunkt auf den Umweltschutz.

7. Wir nutzen die Forschung und Entwicklung verstärkt zur ständigen Verbesserung der Umweltverträglichkeit unserer Produkte und Verfahren. Wir setzen dabei Rohstoffe, Energie, Wasser und sonstige Güter so sparsam wie möglich ein und berücksichtigen die gesamte Lebenszeit der Produkte einschließlich ihrer Entsorgung.

8. Wir beziehen alle Marktpartner in unsere Bemühungen um verbesserten Umweltschutz ein. Wir erarbeiten mit unseren Lieferanten spezielle Umweltstandards, informieren und beraten den Handel und klären unsere Verbraucher über den umweltschonenden Umgang mit unseren Produkten und deren Entsorgung auf.

9. Wir sind zum offenen Dialog mit allen gesellschaftlichen Gruppen bereit, stellen den Medien umweltrelevante Informationen zur Verfügung und arbeiten mit Behörden, Verbänden und anderen Institutionen im Umweltschutz zusammen.

10. Wir verstehen die gesetzlichen Bestimmungen als Mindestanforderungen und streben im gesamten Unternehmen ein höheres Maß an Umweltschutz an.

Abb. 38 Ein Beispiel für ökologische Unternehmensgrundsätze

4. Die formale Struktur des Zielplanungsprozesses

Im Vordergrund der Überlegungen zur Zielplanung steht die Einsicht, daß in der Praxis stets gleichzeitig mehrere Ziele verfolgt werden, wobei die Ziele zueinander in bestimmten Beziehungen stehen. Die Zielplanung kann also nur im Rahmen eines **Zielsystems** erfolgen.

In normativer Sicht und ausgehend von ihrer Funktion, den Wirtschaftsprozeß der Unternehmung in die gewünschte Richtung zu lenken, sind Zielsysteme zu entwickeln, die bestimmten Anforderungen genügen. Als wichtigste Anforderung sind nach *Wild* (1982, S. 55 ff.) zu nennen:

(1) **Realistik**: Ziele sollten realisierbar sein, d. h. die verfügbaren Mittel sollten im Rahmen der gegebenen Bedingungen eine Verwirklichung der verfolgten Ziele erlauben.

(2) **Operationalität**: Ziele sollten nach Zielinhalt, -ausmaß, Zeitbezug und Zuständigkeit so genau wie möglich und notwendig definiert werden, um Schwierigkeiten bei der Zielerreichung zu vermeiden.

(3) **Ordnung**: Die Beziehung der Ziele zueinander sowie ihr unterschiedliches Gewicht sollte klar definiert sein. Insbesondere ist die Einordnung der Ziele in eine Hierarchie über-, unter- und gleichgeordneter Ziele und die Festlegung von Prioritäten zu fordern.

(4) **Konsistenz**: Ziele sollten darüber hinaus widerspruchsfrei und aufeinander abgestimmt sein, was die Existenz zumindest partieller Zielkonflikte jedoch nicht ausschließt.

(5) **Aktualität**: Das Zielsystem sollte keine bereits aufgegebenen oder überholten Ziele enthalten, was eine entsprechende Anpassung im Zeitablauf erfordert.

(6) **Vollständigkeit**: Das Zielsystem sollte zumindest alle wichtigen Ziele enthalten, also möglichst keine Leerstellen aufweisen, die zu falschen Prioritäten, verdeckten Konflikten und dergleichen mehr führen können.

(7) **Durchsetzbarkeit**: Ziele sollten auch Durchsetzungserfordernisse erfüllen, also so beschaffen sein, daß sie von den für die Zielerreichung zuständigen Stellen akzeptiert werden können und auch entsprechende Motivationskraft haben.

(8) **Organisationskongruenz**: Da Ziele in einem bestimmten Zusammenhang zur Organisation stehen, die vor allem eine Aufgaben-, Kompetenz- und Verantwortungsverteilung liefert (vgl. S. 109), ist zu fordern, daß
- alle wichtigen Ziele durch Aufgabenträger (Organisationseinheiten) abgedeckt sind und umgekehrt,
- das Zielsystem und die Einzelziele nicht gegen organisatorische Gegebenheiten verstoßen und
- Ziele so gebildet werden, daß eine hinreichend eindeutige Zuordnung zu den Aufgabenträgern (Organisationseinheiten) möglich ist.

(9) **Transparenz und Überprüfbarkeit**: Das Zielsystem sollte schließlich übersichtlich und verständlich, einheitlich gegliedert und überprüfbar sein. Letzteres ist dabei wesentlich davon abhängig, ob das Zielsystem schriftlich dokumentiert wird.

Die Idealvorstellung eines Zielsystem, das allen diesen Anforderungen genügt, ist schwer realisierbar. Denn die Entwicklung eines solchen Zielsystems stellt eine äusserst komplexe Führungsaufgabe dar, zu deren Bewältigung nur begrenzt leistungsfähige Hilfsmittel und Techniken verfügbar sind. Die Zielsysteme, die in den Unternehmungen heute vorherrschen, sind demzufolge unvollständig, zum Teil ungeordnet, weisen Widersprüche, Unklarheiten usw. auf und sind in der Regel auch nicht allen Beteiligten bekannt oder sind nur teilweise schriftlich fixiert. Solche Mängel beeinträchtigen ohne Zweifel – objektiv gesehen – die Steuerungseignung von Zielsystemen, obwohl sie nicht selten bewußt oder unbewußt in Kauf genommen oder gar herbeigeführt werden (*Wild* 1982).

Kirsch (1971 a) hat als eine Erklärung für letzteres eine Hypothese formuliert, die vor allem die Mittelentscheidungen der obersten Instanzen betrifft:

> Je mehr eine Mittelentscheidung die Machtverteilung beeinflußt, desto weniger sind die Kerngruppen (Machtträger) bereit, sich aus Anlaß und zum Zwecke der Bestimmung dieser Mittelentscheidungen auf ein Zielsystem der Unternehmung zu einigen.

Dieses Phänomen, das auch *Witte* (1968) in seiner empirischen Untersuchung von Entscheidungsprozessen zur Anschaffung von automatisierten Datenverarbeitungsanlagen festgestellt hat, hängt damit zusammen, daß ein vereinbarendes Zielsystem der Unternehmung von der herrschenden Machtverteilung (wie auf S. 57 dargestellt) abhängig ist. Eine Mittelentscheidung, abgeleitet aus einem solchen Zielsystem, hätte Rückwirkungen auf diese Machtverteilung, die das Zielsystem wieder in Frage stellen würden. Da diese Entwicklung unschwer zu antizipieren ist, werden es die Beteiligten am Entscheidungsprozeß vorziehen, direkt über die zu treffende Mittelentscheidung zu verhandeln, ohne zuerst eine Einigung über ein Zielsystem der Unternehmung herbeizuführen. Dies wird allenfalls nachträglich festgelegt, um die Entscheidungsergebnisse gegenüber Außenstehenden zu erklären und zu rechtfertigen sowie sicherzustellen, daß die nachfolgenden Detail- und Vollzugsentscheidungen im gewünschten Sinne getroffen werden.

Erst für die Ebenen unterhalb der Unternehmungsspitze entsteht in der Praxis folglich das Bedürfnis, Zielsysteme zu entwickeln, die den genannten Anforderungen bestmöglich entsprechen.

Nach *Wild* (1982, S. 57 ff.) lassen sich die einzelnen Prozeßstufen der Entwicklung von Zielen (Zielsystemen) wie folgt gliedern und beschreiben (vgl. Abb. 39). Der Gesamtprozeß selbst muß natürlich keineswegs immer in der bezeichneten strengen Folge ablaufen. Vielmehr sind in praktischen Planungssituationen Rückkopplungen, Verzweigungen und Auslassungen einzelner Prozeßstufen möglich.

Abb. 39 Prozeßstufen der Zielplanung

(1) **Zielsuche**: Das Problem besteht darin, die „richtigen" Ziele zu finden. Denn wer falsche Ziele verfolgt, löst bei der Zielerreichung auch die falschen Probleme. Um sicherzustellen, daß „richtige" Ziele gefunden werden, geht es zunächst darum, mögliche oder denkbare Ziele zu suchen. Letzteres ist ein kreativer Prozeß, bei dem es vor allem auf die Quantität der Ideen, also auf die Erfassung möglichst aller denkbaren Ziele ankommt.

(2) **Operationalisierung der Ziele**: Voraussetzung für die Eignung der Unternehmungsziele zur Steuerung des Wirtschaftsprozesses ist, daß sie in ihren wesentlichen Bestimmungselementen

- Zielinhalt (-richtung)
- Zielausmaß (-betrag)
- Zieltermin (-zeitraum)
- Zielerreichungsrestriktionen
- Zuständigkeiten für die Zielverwirklichung
- Verfügbare Ressourcen (Finanzmittel, Personal, Sachmittel) für die Zielerreichung

hinreichend präzise formuliert sind.

(3) **Zielanalyse und Zielordnung**: Sind mögliche Ziele gefunden und operationalisiert, so muß eine Ordnungsstruktur hergestellt werden, die die Einzelziele aufgrund ihrer Beziehungen zueinander in eine Hierarchie einfügt. An Zielbeziehungen sind zu unterscheiden:

(a) **Zweck-Mittel**-Beziehungen: Die Erreichung eines untergeordneten Ziels ist Mittel zur Erreichung des übergeordneten Ziels. Als Unterfall zählen hierzu auch **Zeitraum**-Beziehungen zwischen lang-, mittel- und kurzfristigen Zielen, da längerfristige praktisch nur über kürzerfristige Ziele erreicht werden können. Beispiele für ökonomisch relevante Zweck-Mittel-Hierarchien sind aus dem bereits vorgestellten ROI-Schema (Abb. 32, S. 66 und Abb. 33, S. 68) abzuleiten.

(b) **Ziel-Prioritäten**: Sie drücken eine Rangfolge der Wichtigkeit oder Dringlichkeit der Ziele (auf einer Ebene der Zielhierarchie) aus. Die Setzung von Prioritäten ist bei einer Mehrheit von Zielen immer dann notwendig, wenn es sich um miteinander in Konflikt stehende Ziele handelt, die eine spezielle Ausprägung von Zielbeziehungen der Kategorie (c) repräsentieren.

(c) **Zielkonkurrenzen (-konflikte), Zielindifferenzen und Zielkomplementaritäten**: Sie drücken aus, ob Maßnahmen zur Erreichung eines Zieles positive (unterstützende), negative (einschränkende) oder keinerlei Wirkungen auf die Erreichung anderer Ziele haben (vgl. für ein Beispiel Abb. 40).

Neben den genannten Ordnungsbeziehungen ist ferner die Unterscheidung von (Haupt-) Zielen und Nebenbedingungen (-zielen) sowie die Zuordnung der Ziele zu den einzelnen Managementebenen bedeutsam. Unter dem letzten Aspekt lassen sich etwa unterscheiden:

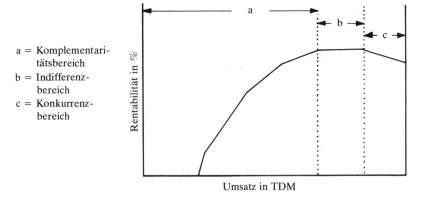

a = Komplementaritätsbereich
b = Indifferenzbereich
c = Konkurrenzbereich

Abb. 40 Beziehungen zwischen Rentabilitäts- und Umsatzzielen

- Gesamtziele der Unternehmung,
- Bereichsziele (einzelner Funktionsbereiche oder Sparten),
- Abteilungsziele,
- Stellenziele (Aufgabenträgerziele).

(4) **Prüfung auf Realisierbarkeit**: Hierzu gehört einmal, daß Ziele realistisch, also weder zu hoch noch zu niedrig gesetzt werden, wobei allgemein zu beachten wäre, daß Ziele den Charakter einer „Herausforderung" als Leistungsansporn haben sollten. Die Prüfung auf Realisierbarkeit muß darüber hinaus Fragen wie die folgenden beantworten:

(a) Sind die zwecks Erreichung der einzelnen Ziele erforderlichen Maßnahmen im Rahmen der insgesamt verfügbaren Ressourcen innerhalb der geplanten Zeiträume durchführbar?

(b) Reichen das Leistungspotential und die organisatorische Kompetenz der mit der Durchführung beauftragten einzelnen Stellen aus, um die Maßnahmen zeitgerecht zu realisieren?

(c) Sind die einzelnen Ziele innerhalb des Zielsystems miteinander verträglich oder treten Zielkonflikte auf?

(5) **Zielentscheidung (-selektion)**: Sofern der bisherige Entwurf des Zielsystems noch Alternativen enthält, ist nun abschließend eine Entscheidung über die letztlich konkret angestrebten Ziele zu treffen.

(6) **Durchsetzung der Ziele**: Dies setzt voraus, daß die Ziele den einzelnen Organisationseinheiten, die für die Zielrealisierung verantwortlich sein sollen, bekanntgemacht und zugeordnet werden. Dabei ist anzustreben, daß sich diese möglichst weitgehend mit den Zielen identifizieren, was dadurch erleichtert werden kann, daß die betreffenden Organisationseinheiten bereits an der Zielplanung mitwirken.

(7) **Zielüberprüfung und Zielrevision**: Ziele respektive Zielsysteme müssen laufend (periodisch) überprüft und gegebenenfalls korrigiert werden. Zielrealisierungen, Planabweichungen, Umwelt- und Prämissenänderungen sind Anstöße hierzu.

Fragen und Aufgaben zur Wiederholung (S. 56–79)

1. Was beinhaltet die These von der Instrumentalfunktion der Unternehmung? Welchen Erklärungszusammenhang bietet diesbezüglich die Anreiz-Beitrags-Theorie respektive Koalitionstheorie?

2. Welche Motiv-Klassifikation wählt Maslow für seine Motivationstheorie und welche Aussagen werden hieraus abgeleitet?

3. Skizzieren Sie die Entstehung von Unternehmungszielen aus den Bestimmungsgrößen menschlichen Verhaltens und den Existenzbedingungen der Unternehmung!

4. Was ist und welche Funktion hat eine Unternehmungs-Philosophie?

5. Beschreiben Sie die Elemente einer ökonomischen Zielkonzeption der Unternehmung!

6. Definieren Sie die folgenden Erfolgsbegriffe: (a) Rohertrag, (b) Wertschöpfung, (c) Kapitalgewinn, (d) Jahresüberschuß, (e) kalkulatorisches Betriebsergebnis und (f) Bilanzgewinn!

7. *Was ist eine Rentabilitätsgröße und welche wichtigen Rentabilitäten sind zu unterscheiden?*
8. *Wie lautet die sogenannte Leverageformel, und welche Effekte werden durch sie zum Ausdruck gebracht?*
9. *Stellen Sie den Zusammenhang zwischen der Return-on-Investment-Kennziffer und der Umsatzrentabilität her!*
10. *Welcher Zusammenhang besteht zwischen der Eigenkapitalrentabilität, dem Return on Investment und den beiden Ausprägungen der Umsatzrentabilität? Nennen Sie wichtige Ansatzpunkte zur Verbesserung dieser Rentabilitätsgrößen!*
11. *Welche Blickrichtung steht im Vordergrund, wenn die soziale Dimension der Unternehmungsziele betont wird?*
12. *Was versteht man unter der Mitbestimmung im Vorstand und Aufsichtsrat? Welche gesetzlichen Regelungen bestehen in Deutschland und was ist deren Inhalt?*
13. *Was sind die Gründe für eine stärkere Berücksichtigung ökologischer Gesichtspunkte in der Betriebswirtschaftslehre?*
14. *Wo liegen mögliche Konflikte zwischen „Ökonomie" und „Ökologie"? Erarbeiten Sie die verschiedenen Strategien, wie diese Probleme im Zielsystem der Unternehmung berücksichtigt werden können!*
15. *Welchen Anforderungen sollte das Zielsystem der Unternehmung idealerweise genügen?*
16. *Skizzieren Sie die einzelnen Prozeßstufen der Zielplanung!*
17. *Was sind Zielkonkurrenzen (-konflikte), Zielindifferenzen und Zielkomplementaritäten?*

Literaturhinweise:

Bidlingmaier, J. (1968)
Bidlingmaier, J. (1973)
Chmielewicz, K. u.a. (1977)
Dyllick, T. (1991)
Frey, R.L. (1972)
Frey, R.L. (1987)
Frey, R.L., Staehelin-Witt, E., Bloecklinger, H. (Hrsg.) (1991)
Hauschildt, J. (1977)
Kirsch, W. (1970, 1971a, 1971b)
Langenegger, E. (1967)
Maslow, A. (1970)

Meffert, H., Kirchgeorg, M. (1992)
Schmidt, R.B. (1977)
Schmidt-Sudhoff, U. (1967)
Seidel, E., Menn, H. (1988)
Seidel, E., Strebel, H. (1991)
Steinmann, H. (1980)
Strebel, H. (1980)
Ullrich, K.V. (1977)
Wagner, G.R. (Hrsg.) (1990)
Wild, J. (1982)
Witte, E. (1968)

Viertes Kapitel:

Unternehmungsführung

Der Wirtschaftsprozeß der Unternehmung bedarf – wie bereits eingangs erwähnt – entsprechender Gestaltungskräfte, damit er zielgerecht in Gang gesetzt wird und koordiniert abläuft. Die hierfür erforderlichen Impulse und Steuerungsmaßnahmen machen den Kern dessen aus, was als „Unternehmungsführung" oder „Management" bezeichnet wird. Welche **Hauptfunktionen** des Management damit im einzelnen angesprochen werden, verdient nun eine etwas nähere Betrachtung. Hieran anschließend werden dann wesentliche Elemente und Strukturen von **Management-Systemen** sowie ausgewählte **Management-Techniken** zu erörtern sein.

A. Hauptfunktionen des Management

1. Begriff und Merkmale des Management
2. Phasenstruktur des Managementprozesses
3. Organisation als Managementfunktion
4. Führung und Management

1. Begriff und Merkmale des Management

Der Begriff „Management" kann auf zweifache Art verwendet werden: als Institution und als Funktion.

Als **Institution** beinhaltet das Management alle leitenden Instanzen, d.h. alle Aufgaben- bzw. Funktionsträger, die Entscheidungs- und Anordnungskompetenzen haben. Je nach der Stellung in der Unternehmungshierarchie lassen sich dabei grundsätzlich drei Managementebenen unterscheiden:

- Top-Management (Oberste Unternehmungsleitung: Vorstand, Geschäftsführer)
- Middle-Management (Mittlere Führungsebene: Werksleiter, Abteilungsdirektoren)
- Lower-Management (Unterste Führungsebene: Büroleiter, Werkmeister).

Den Versuch einer Abgrenzung dieser drei Managementebenen nach ausgewählten Tätigkeitsschwerpunkten macht Abb. 41 (*Grochla* 1983).

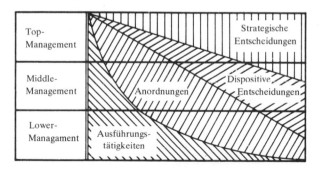

Abb. 41 Ausgewählte Tätigkeits-(Aufgaben-)schwerpunkte des Top-, Middle- und Lower-Management

Als **Funktion** umfaßt das Management im weitesten Sinne alle zur Steuerung einer Unternehmung notwendigen Aufgaben; negativ formuliert also alle Aufgaben, die nicht rein ausführender Natur sind. Besteht diesbezüglich Einigkeit in der Literatur, so gehen die Meinungen allerdings auseinander, wenn es darum geht, die einzelnen Funktionen des Management konkret zu bezeichnen und voneinander abzugrenzen.

Ausgehend von der Erkenntnis, daß Wirtschaften im Kern stets Entscheidungen bedingt, die dann zielgerichtet durchgesetzt werden müssen, umschreibt „**Entscheiden und Durchsetzen**" also die umfassendste Managementfunktion. Damit sind aber viele spezifische Eigenschaften des Managements noch nicht hinreichend präzise erfaßt. Insofern erscheint es sinnvoll, etwas stärker detailliert folgende **Hauptfunktionen** des Managements zu unterscheiden.

- PLANUNG und KONTROLLE
- ORGANISATION und DISPOSITION
- FÜHRUNG

Warum gerade diese und keine anderen Funktionen hier in den Vordergrund gestellt werden, wird deutlich, wenn eine **dimensionale** Aufspaltung des komplexen Phänomens „Management" vorgenommen wird, wie das in Abb. 42 geschehen ist. Hier zeigen sich nämlich Ansatzpunkte für eine Systematisierung, indem

- eine **prozessuale** Dimension,
- eine **strukturelle** Dimension und
- eine **personelle** Dimension

des Managements unterschieden wird. **Planung** und **Kontrolle** komplettieren dabei „Entscheidung und Durchsetzung" zum Management**prozeß**, wobei **Organisation** bei Hervorhebung der spezifisch **strukturellen Führung** dagegen bei Betonung der spezifisch **personellen** Komponente dieses Managementsprozesses in den Vordergrund tritt.

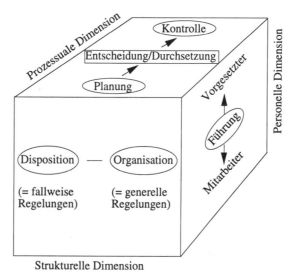

Abb. 42 Der Management-Würfel

Viertes Kapitel: Unternehmungsführung

Auf diese Abgrenzung wird in den weiteren Ausführungen zum Kapitel „Unternehmungsführung" Bezug genommen. Dabei bleiben aber sachinhaltliche Probleme der unternehmungspolitischen Zielerreichung, wie sie sich hinter den Begriffen Finanzmanagement, Marketingmanagement u.ä. verbergen, noch weitgehend ausgeklammert. Gegenstand des Kapitels „Unternehmungsführung" ist also eine mehr **formale** Darstellung allgemeiner Managementkonzepte, -prinzipien und -instrumente, die unabhängig von der Branche, Größe, Leistungsstufe oder dem konkreten Tätigkeitsbereich anwendbar sind.

2. Phasenstruktur des Managementprozesses

Mit der Hervorhebung der prozessualen Dimension von Managementaktivitäten ist die Erkenntnis verknüpft, daß das Fällen von Entscheidungen in aller Regel kein punktueller Wahlakt ist, sondern als Entscheidungsprozeß zu deuten ist. Die einzelnen Phasen dieses Prozesses zeigen dabei einen logisch-genetischen Zusammenhang und bilden so einen komplexen, sich ständig wiederholenden **Managementzyklus,** der durch Vor- sowie Rückkopplungsbeziehungen gekennzeichnet ist (vgl. Abb. 43, entnommen aus *Wild* 1982, S. 37).

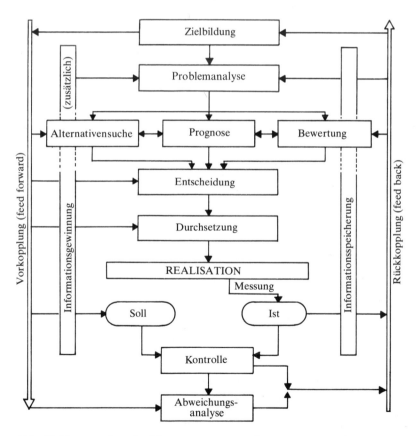

Abb. 43 Phasenstruktur des Managementprozesses (Managementzyklus)

Die in Abb. 43 dargestellte Phasenfolge beschreibt einen Grundablauf als Soll-Vorstellung. Sie kann nur andeuten, daß die einzelnen Phasen nicht immer linear, sondern eher **zyklisch** verlaufen (worauf auch empirische Forschungsergebnisse hindeuten). So sind z.B. Ziele Voraussetzung für die Problemerkenntnis und damit auch für die Planung, andererseits werden die Ziele oft erst in der Planung konkretisiert, so daß Rückläufe im Phasenschema unvermeidlich sind. Umgekehrt können auch einzelne Prozeßstufen übersprungen werden, etwa bei ausgeprägten Routineaufgaben oder um im Sinne einer Vorkopplung (feed forward) rechtzeitig mögliche Störungen des Prozeßablaufs vorherzubestimmen.

Bedingt durch den zyklischen Charakter des Managementprozesses kann sich die in Abb. 43 dargestellte **Makrostruktur** grundsätzlich auch als **Mikrostruktur** innerhalb der einzelnen Phasen teilweise oder vollständig wiederholen. Dies bedeutet, daß sich jede Phase wieder in Unterphasen zerlegen läßt, die einen formal gleichen Aufbau wie das Gesamtschema aufweisen.

Was nun die einzelnen Phasen des Prozeßschemas selbst betrifft, gelten folgende Feststellungen:

(1) Planung: In der Literatur existieren zahlreiche Planungsdefinitionen, die zum Teil nicht erkennen lassen, welche Phasen zur Planung gerechnet werden. Der weiteste noch zweckmäßige Begriff schließt alle Phasen von der Zielbildung bis zur Entscheidung ein, der demgegenüber engste umfaßt lediglich die Alternativensuche, Prognose und Bewertung. In Anbetracht der Tatsache, daß einerseits im vorherigen Kapitel von Ziel**planung** gesprochen wurde, damit die Zielbildung implizit also zur Planung gezählt wurde, und andererseits in der Praxis häufig zwischen Planung (im Sinne von Entscheidungsvorbereitung) und Entscheidung getrennt wird, soll der Begriff der Planung im Einklang mit *Wild* auf die Phasen

1.1 Zielbildung
1.2 Problemanalyse
1.3 Alternativensuche
1.4 Prognose und
1.5 Bewertung

beschränkt werden.

Zu 1.1: Auf den Prozeß der **Zielbildung** wurde bereits im vorherigen Kapitel ausführlich eingegangen (vgl. S. 75 ff.).

Zu 1.2: Geplant wird, weil Probleme gelöst werden sollen. Sind diese nicht bereits klar definiert, in allen Bestandteilen bekannt und systematisch strukturiert, ist eine **Problemanalyse** erforderlich. Um mit ihrer Hilfe zu einer frühzeitigen und umfassenden Problemerkenntnis zu kommen, sind folgende Schritte angezeigt (*Wild* 1982):

(a) Feststellung des Ist-Zustands durch Diagnose (Lageanalyse),
(b) Prognose der wichtigsten Faktoren der Lageanalyse (Lageprognose),
(c) Gegenüberstellung von Zielen und den Ergebnissen der Lageanalyse und -prognose (Problembestimmung),
(d) Auflösung der Probleme in Teilprobleme oder Problemelemente (Problemfeldanalyse),
(e) Ordnung der Teilprobleme nach Abhängigkeiten und Prioritäten (Problemstrukturierung).

Zu 1.3: Der Problemerkenntnis genetisch nachgelagert ist die **Alternativensuche**, in der es darum geht, solche Handlungsmöglichkeiten zu finden und inhaltlich zu

Viertes Kapitel: Unternehmungsführung 85

konkretisieren, die geeignet erscheinen, das erkannte Problem zu lösen. Hierbei können eine Reihe von Schwierigkeiten auftreten:

- Alternativen können unabhängig voneinander realisierbar sein, sie können aber auch aus einem gemeinsam zu realisierenden Paket möglicher Teilmaßnahmen bestehen oder einen Verbund sachlich untergeordneter und zeitlich nachgeordneter Teilalternativen aufweisen. Letzteres führt zu möglicherweise komplexen Alternativenhierarchien und -folgen.
- Das Möglichkeitsfeld der Alternativen ist in vielen Fällen nicht konstant, sondern ändert sich im Zeitablauf, was auch die bedeutende Rolle der Kreativität für die Alternativensuche begründet.
- Alternativen sind ferner hinsichtlich ihrer Realisierbarkeit und ihrer Wirkungen in aller Regel vom Eintritt bestimmter Bedingungen oder Ereignisse abhängig, was speziell problematisch ist, wenn diese nicht eindeutig voraussagbar sind.

Die Prozeßstufen der Alternativensuche lassen sich analog zur Problemanalyse wie folgt charakterisieren (*Wild* 1982):

(a) Sammlung von Einzelvorschlägen (-ideen) durch kreative Suche,
(b) Gliederung, Ordnung und Zusammenfassung der Einzelvorschläge zu Alternativen,
(c) nähere Beschreibung (Konkretisierung) der Alternativen hinsichtlich erforderlicher Maßnahmen, Ressourcen, Termine und Träger,
(d) Analyse der Alternativenbeziehungen und -bedingtheiten,
(e) Vollständigkeitsprüfung dahingehend, ob die Alternativpläne das Möglichkeitsfeld hinreichend vollständig erfassen, sämtliche Problembestandteile abdecken und inhaltlich hinreichend vollständig bestimmt sind,
(f) Zulässigkeitsprüfung dahingehend, ob die erarbeiteten Alternativen gegen zwingende Nebenbedingungen oder allgemeine Prämissen der Problemlösung verstoßen.

Zu 1.4: Der Alternativensuche schließt sich die **Prognose** der (zukünftigen) Wirkungen dieser Alternativen an. Im Gegensatz zu den weiter oben erwähnten Lageprognosen handelt es sich hier um Wirkungsprognosen, die die Frage beantworten sollen, welche Konsequenzen bei Verwirklichung der verschiedenen Handlungsalternativen (unter gleichzeitiger Geltung bestimmter Randbedingungen) zu erwarten sind. Das Vorgehen bei der Aufstellung solcher Prognosen läßt sich dabei wie folgt umreißen (*Wild* 1982):

(a) Abgrenzung des Prognoseproblems insbesondere hinsichtlich der erforderlichen Präzision und zeitlichen Reichweite der Prognosen sowie hinsichtlich deren Informationsgehalt, Wahrheit, Bestätigungsgrad, Prüfbarkeit, Wahrscheinlichkeit und anderer Gütekriterien,
(b) Klärung der Rahmendaten und Analyse des Ursachensystems,
(c) Aufstellung (Auswahl) eines Prognosemodells, Prüfung auf Anwendbarkeit, Beschaffung und Auswertung der Informationen, Ableitung der Prognose und Angabe der Bedingungen, unter denen die Prognose gelten soll,
(d) Aufstellung von Alternativprognosen, Beurteilung der Alternativen anhand von Gütekriterien unter Berücksichtigung vorliegender Evidenzen, Auswahl der Prognosen, die die Gütekriterien am besten erfüllen,
(e) Abschätzung der Prognosewahrscheinlichkeiten,
(f) Prüfung der (Einzel-) Prognosen auf Verträglichkeit und Widerspruchsfreiheit (Konsistenzprüfung).

Nur erwähnt sei, daß die Hauptprobleme bei der Ableitung von Prognosen eine Folge des (faktisch wie logisch) unauflösbaren Widerspruchs sind, der zwischen den einerseits i.d.R. hohen Anforderungen an die Qualität der Prognosen (vgl. zu den Determinanten der Prognosequalität Abb. 44; entnommen aus *Wild* 1982, S. 138) und den andererseits stets beschränkten Möglichkeiten, zugleich sichere und informative Prognosen abzuleiten, besteht.

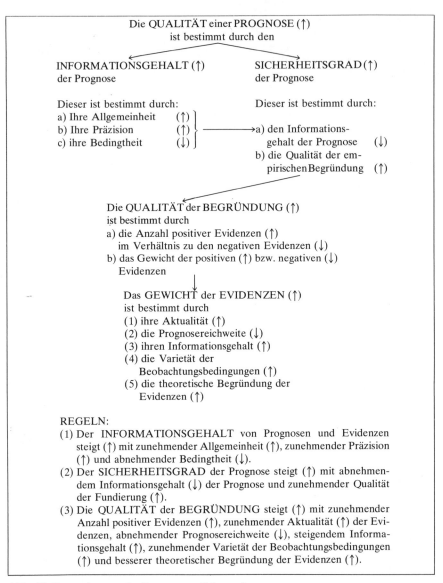

Abb. 44 Determinanten der Prognosequalität

Zu 1.5: Die (i.d.R. wahrscheinlichkeitsgewichteten) Aussagen über die voraussichtlichen Auswirkungen der geprüften Handlungsalternativen werden schließlich im Rahmen der **Bewertungsphase** auf ihre Zielwirksamkeit hin verglichen. Dazu werden schrittweise die zugrundeliegenden Ziele in (direkt oder indirekt meßbare) Bewertungskriterien umgesetzt, deren relative Bedeutung zueinander festgelegt, die gewünschten bzw. möglichen (Nominal-, Ordinal- oder Kardinal-) Skalen zur Messung von Zielwirksamkeitsunterschieden ausgewählt sowie schließlich die Bewertung selbst durchgeführt. Für einen solchen Bewertungsprozeß ist dabei vor allem dreierlei kennzeichnend:

- Da in der Regel mehrere Ziele gleichzeitig verfolgt werden, ist eine sogenannte **Wertsynthese** erforderlich. Hierbei geht es darum, die Alternativen in bezug auf alle Ziele respektive Kriterien zu beurteilen und für sie eine konsistente Rangordnung zu ermitteln, wobei zwangsläufig die Notwendigkeit entsteht, die Einzelurteile zu einem Gesamtalternativenurteil zu aggregieren. Besondere Schwierigkeiten treten hier auf, wenn die Kriterienwerte und -gewichte nicht alle quantitativ (und mit gleichem Maßstab) bestimmt sind.

- Sofern die Planung sich nur auf einen Teilbereich der Unternehmungspolitik bezieht, ist auch eine **Abstimmung** mit den Zielen und Instrumenten der anderen Unternehmungsbereiche notwendig. Es handelt sich hier ebenfalls formal um eine Wertsynthese, wobei allerdings das Spektrum der Kriterienwerte und Kriteriengewichte entsprechend umfassender ausgelegt ist.

- Da die Bewertung von Handlungsalternativen sich stets auf prinzipiell unsichere Wirkungsprognosen über deren zielrelevante Eigenschaften stützt, muß der (Un-)Sicherheitsgrad respektive die Wahrscheinlichkeit solcher Prognosen mit in die Alternativenbewertung einfließen. Dieses läuft letztlich darauf hinaus, daß eine Alternativenbewertung ohne Einbezug einer entsprechenden **Risikoanalyse** grundsätzlich nicht auskommen kann und besonders dann unerläßlich ist, wenn relativ große Prognoseunsicherheiten bestehen.

Nachdem nunmehr die einzelnen Phasen der Planung näher charakterisiert worden sind, können auch deren Merkmale präzisiert werden:

- Planung ist ein komplexer, mehrstufiger **Denk- und Informationsprozeß** ohne definitiven Beginn und Abschluß, der aus den oben genannten Teilprozessen besteht.
- Planung ist in dem Sinne **rational,** als im Gegensatz zum rein intuitiven Handeln oder der sogenannten ad-hoc-Entscheidung bewußtes zielgerichtetes Denken und methodisch-systematisches Vorgehen dominieren.
- Planung ist der Versuch einer zieladäquaten **Beherrschung** zukünftigen Geschehens.
- Planung ist stets zukunftsbezogen und fußt demnach auf **Prognosen,** die mehr oder weniger unsicher sind.

Aus den genannten Merkmalen ergibt sich schließlich folgende Definition der Planung (*Wild* 1982): **Planung ist ein systematisch-methodischer Prozeß der Erkenntnis und Lösung von Zukunftsproblemen.**

(2) Entscheidung: Der Planung, die mit der Phase der Bewertung ihren Abschluß findet, folgt die endgültige Auswahl der Problemlösungsvorschläge (= Entscheidung). Die Positionierung der Entscheidung an das Ende der Planung schließt dabei natürlich nicht aus, daß zahlreiche **Vor**entscheidungen schon im Zuge der Planungsphasen getroffen werden müssen. Allerdings schrumpft die Entscheidungsphase, wenn die Alternativenbewertung eine eindeutige Rangordnung geschaffen hat und hierbei möglicherweise sogar schon die Kombination verschiedener Einzelalternativen zu Maßnahmenprogrammen berücksichtigt worden ist, im Grenzfall dann auf den abschließenden Auswahlakt und auf die Akzeptanz der Entscheidungsprämissen zusammen.

Dies ist auch der Grund, weswegen die Entscheidung neben der Planung nicht als eigenständige Hauptfunktion des Management betrachtet wird, wenngleich diese Phase prozeßgenetisch natürlich unerläßlich ist, um den Prozeß der Willensbildung abzuschließen.

Dieser eingeschränkten Bedeutung der Entscheidung – wenn man sie lediglich als Auswahlakt definiert – steht die Verwendung des oft erheblich weiter gefaßten

Entscheidungsbegriffs in der Literatur gegenüber. Hier werden nämlich spezifische Planungsmerkmale, organisatorische Tatbestände u. ä. mit einbezogen, um relevante Entscheidungstypen gegeneinander abzugrenzen. Genannt seien beispielsweise folgende Begriffspaare:

- Routineentscheidungen und innovative Entscheidungen
- delegierbare und nicht delegierbare Entscheidungen
- komplexe und einfach-strukturierte Entscheidungen
- Einzel- und Gruppenentscheidungen
- Grundsatz- und Einzelentscheidungen
- Gesamt- und Bereichsentscheidungen
- flexible und starre Entscheidungen
- autonome Entscheidungen und Anpassungsentscheidungen.

Gutenberg (1962) hat aus der Verwendung einiger dieser Entscheidungsmerkmale die **„echten Führungsentscheidungen"** gekennzeichnet, d. h. diejenigen Entscheidungen, die von den obersten Führungsorganen (vom Top Management) der Unternehmung zu treffen sind. Folgende Merkmale werden von ihm hervorgehoben:

(a) Echte Führungsentscheidungen betreffen den Bestand und die Entwicklung des Unternehmens; sie heben sich in ihrer Bedeutung qualitativ von den anderen Entscheidungen ab.

(b) Echte Führungsentscheidungen werden aus dem Ganzen des Unternehmens heraus getroffen.

(c) Echte Führungsentscheidungen können nicht delegiert werden.

Aufgrund dieser Merkmale nennt *Gutenberg* einen Katalog echter Führungsentscheidungen:

- Festlegung der Unternehmenspolitik auf weite Sicht
- Koordinierung der großen betrieblichen Teilbereiche
- Beseitigung von Störungen im laufenden Betriebsprozeß
- Geschäftliche Maßnahmen von außergewöhnlicher betrieblicher Bedeutsamkeit
- Besetzung der Führungsstellen im Unternehmen.

(3) Durchsetzung: Der Entscheidung folgt die Durchsetzung der beschlossenen Maßnahmen. Sie tritt als eigenständiger Problemkreis zwischen Entscheidung und Realisation (als dem technischen Vollzug der Entscheidung) immer dann in Erscheinung, wenn

- die Realisationsphase von der Entscheidungsphase personell (genauer: aufgabenmäßig/organisatorisch) getrennt ist und/oder

- eine (personelle) Arbeitsteilung zwischen den Entscheidungsträgern in der Unternehmung besteht und gleichzeitig bereichsübergreifende Entscheidungsinterdependenzen zu beachten sind und/oder

- die Entscheidungsträger nicht identisch sind mit denjenigen unternehmungsexternen Personen und Institutionen (z. B. Banken), die das Realisationsergebnis als von den Entscheidungen „Betroffene" beeinflussen können.

Liegen solche Gründe für ein eigenständiges Durchsetzungsproblem vor, geht es vor allem um die Minimierung von etwaigen Durchsetzungsschwierigkeiten. Als ein herausragendes Instrument hierfür wird dabei im allgemeinen die (vorherige) Einbeziehung der von den Entscheidungen dann später betroffenen Personen und Gruppen in den Prozeß der Planung und Entscheidungsfindung angesehen. Für die Durchsetzung selbst sind dann vor allem folgende Mittel zu nennen:

- Anordnungen/Vorgaben
- Verhandlungen

- Stellenbildung/Stellenbesetzung
- Information/Instruktion
- Motivation.

Wie ersichtlich handelt es sich primär um führungs- und organisationsspezifische Instrumente, deren komplexer Wirkungszusammenhang erst bei Hervorhebung der **strukturellen** und **personellen** Komponente des Managementprozesses voll sichtbar wird (vgl. S. 89 ff., S. 93 ff.). Bereits hier läßt sich aber sagen, daß diese Instrumente darauf ausgerichtet sind, die Realisation getroffener Entscheidungen sicherzustellen. Denn um dies zu erreichen, ist insbesondere dreierlei erforderlich:

- Die mit der Ausführung beauftragten Personen (Organisationseinheiten) müssen über die beschlossenen Maßnahmen (die angestrebten Sollzustände) Bescheid wissen (**Kennen**);
- sie müssen die zur sachgerechten Ausführung notwendigen Fähigkeiten, Fertigkeiten und persönlichen Eigenschaften besitzen sowie die entsprechenden Ressourcen und Kompetenzen zugewiesen bekommen (**Können**);
- sie müssen die notwendige Leistungsbereitschaft aufweisen, was zugleich eine gewisse Akzeptanz der getroffenen Entscheidungen impliziert (**Wollen**).

(4) Kontrolle: Der Durchsetzung und Realisation folgt die Kontrolle. Sie dient prozessual gesehen als Bindeglied zu nachfolgenden Planungs-, Entscheidungs- und Durchsetzungsprozessen und zugleich als deren Impulsgeber. Dabei beinhaltet die Kontrolle (i.w.S.) nicht nur einen **Soll/Ist-Vergleich**, sondern schließt auch die **Abweichungsanalyse** ein, in der die Ursachen für etwaige Soll/Ist-Abweichungen untersucht werden. In beiden Fällen sind also Rückkopplungen in die vorgelagerten Phasen des Managementprozesses (bis gegebenfalls zurück in die Zielplanung) erforderlich.

Diese Überlegungen zeigen im übrigen den engen Zusammenhang zwischen Planung und Kontrolle, der auch bewirkt, die Kontrolle neben der Planung zu den Hauptfunktionen des Management zu zählen. Denn: **Planung ohne Kontrolle ist sinnlos, Kontrolle ohne Planung unmöglich** (*Wild* 1982); eine Sichtweise, die sich auch das Controlling als modernes Managementkonzept zu eigen macht (vgl. S. 112 ff.).

Grundsätzlich lassen sich drei Typen von Kontrollen unterscheiden:

- **Prämissenkontrollen.** Sie dienen dem Zweck zu prüfen, ob und inwieweit die Entscheidungsgrundlagen, wie sie im Rahmen der Planung erarbeitet bzw. zugrundegelegt waren, noch zutreffen, d.h. mit dem gegenwärtigen Zustand noch vereinbar sind.
- **Ergebniskontrollen.** Sie knüpfen (lediglich) an den angestrebten Sollzuständen und den realisierten Istzahlen an und stellen etwaige Abweichungen fest. Sie schließen begriffssystematisch auch sogenannte Planfortschrittskontrollen ein, die als eine Art zwischenzeitlicher Ergebniskontrollen charakterisiert werden können.
- **Verfahrens-/Verhaltenskontrollen.** Sie sind primär prozeßorientiert und konfrontieren die im Planungsprozeß verwendeten Techniken und Verfahren, aber auch die Entscheidungs-, Durchsetzungs- und Ausführungsvorgänge mit den ursprünglich erwarteten bzw. vorgesehenen Verhaltens- und Verfahrensweisen.

3. Organisation als Managementfunktion

Wurde bislang Management als komplexer Prozeß der Planung, Entscheidung, Durchsetzung und Kontrolle gedeutet (vgl. Abb. 42), geht es nunmehr um eine andere Sichtweise: Management wird nun als Funktion mit strukturbildender Kraft betrachtet, die aber umgekehrt selbst auch strukturdeterminiert ist, also sich in bestimmte Strukturen fügt. **Struktur** ist dabei gleichzusetzen mit **Ordnung.** Strukturieren als Managementfunktion bedeutet somit Ordnen und Regeln von Arbeitsabläufen, Zuständigkeiten und dgl. in allen Bereichen der Unternehmung.

Mit dem Strukturbegriff verknüpft ist der Begriff der **Organisation,** der wiederum das Gegenstück zur **Disposition** bildet:

(1) **Organisation** als Funktion ist als Strukturieren von Daueraufgaben (von Vorgängen mit Wiederholungscharakter) zu kennzeichnen. Es werden also generelle Regelungen getroffen, nach denen sich diese Vorgänge jetzt und in der Zukunft vollziehen sollen. Im Ergebnis ergibt sich ein Gebilde, das gleichfalls als Organisation bezeichnet wird.

(2) **Disposition** als Funktion kennzeichnet fallweise verfügende Anordnungen, die nur für den Einzelfall getroffen werden. Individuelle Dispositionen ersetzen stets eine fehlende Organisation bzw. treten dort an deren Stelle, wo jene nicht realisiert werden kann oder soll.

Die Möglichkeit und zugleich Zweckmäßigkeit generell regelnder Organisation ist insbesondere in zwei Ursachen begründet:

· Viele Aufgaben **wiederholen** sich in überschaubaren Zeitabständen in gleicher oder zumindest ähnlicher Form. In solchen Fällen erweist es sich als sinnvoll, einen Sachverhalt exemplarisch so zu regeln, daß die betreffende Anordnung grundsätzlich auch für zukünftige Wiederholungsvorgänge gilt. Ohne Organisation wäre jedesmal eine Einzelentscheidung notwendig.

· Der Wirtschaftsprozeß der Unternehmung vollzieht sich normalerweise **arbeitsteilig.** Daher müssen allgemein gültige Regelungen der Zusammenarbeit gefunden werden, nach denen sich jeder zu richten hat. Ohne solche Regeln ist die Gefahr eines Zerfalls der organisatorischen Einheit gegeben, und es besteht die für instabile Verhältnisse typische Tendenz, daß vor lauter Diskussion, wer welche Aufgaben zu erledigen hat, keine Zeit für ihre eigentliche Erledigung bleibt.

Organisation führt zu einer Vereinheitlichung in der Aufgabenerfüllung und bewirkt damit **Stabilität,** indem gleiche Fälle – im Ergebnis wie im Verfahren – immer gleich behandelt werden. Als weitere Vorteile der Organisation sind u. a. zu nennen:

· Erhöhung der Management-Kapazität, Vereinfachung der laufenden Führungsaufgaben
· Tendenz zur Rationalisierung der Betriebsabläufe
· Ermöglichung großbetrieblicher, arbeitsteiliger Wirtschaftsformen.

Organisation kann aber auch – insbesondere, wenn sie zu weit getrieben wird – negative Wirkungen entfalten. Dazu zählt die Einschränkung der **Elastizität** (Anpassungsfähigkeit) durch

· Routinisierung und Schematisierung der Betriebsabläufe,
· Einschränkung des individuellen Gestaltungs- und Entscheidungsspielraums,
· Entpersönlichung des Managementprozesses und Ersatz natürlicher Autoritätsbeziehungen durch organisatorisch bedingte Sachzwänge.

Dieser Tendenz zur Erstarrung (Bürokratisierung) als Nachteil einer (zu weitgehenden) Organisation stehen die Nachteile gegenüber, die eintreten, wenn zu wenig organisiert ist, also zu viel der fallweisen Disposition überlassen bleibt.

Für das Management ergibt sich damit die schwierige Aufgabe, ein ausgewogenes Verhältnis von organisatorisch geregelten und fallweise entschiedenen Tatbeständen zu finden und sowohl den Zustand der **Überorganisation** wie den der **Unterorganisation** zu vermeiden. Gelingt dies, so spricht man davon, daß der Betrieb sich in einem **organisatorischen Gleichgewicht** befindet, d. h. daß er sowohl die notwendige Stabilität besitzt als auch zugleich die Fähigkeit aufweist, sich elastisch an veränderte Bedingungen einer dynamischen und komplexen Umwelt anpassen zu können.

Organisation als Management-Funktion beinhaltet nicht nur Entscheidungen über das zweckmäßige Ausmaß organisatorischer Regelungen, sondern natürlich in erster Linie die gestaltende Tätigkeit des Organisierens selbst. Hierzu erscheinen folgende Bemerkungen angebracht:

(1) Der klassische Ansatz der organisatorischen Gestaltung ist das **Analyse-Synthese**-Konzept von *Kosiol* (1976). Nach ihm ist Ausgangspunkt jeglicher organisatorischer Tätigkeit die von der Unternehmung im Wirtschaftsprozeß zu erfüllende (Produktions-, Distributions- oder sonstige) Aufgabe. Diese ist zunächst zu **analysieren**, d.h. in ihre elementaren Teile zu zerlegen, um sich eine vollständige und systematische Übersicht über den zu organisierenden Tatbestand zu verschaffen. Darüber hinaus ist es erforderlich, auch die sonstigen organisatorisch relevanten Elemente

- Menschen
- Sachmittel
- Informationen

zu erfassen und hinsichtlich möglicher Beziehungen zu analysieren. Denn in der anschließenden **Synthese** benötigt der Organisator diese Elemente, um sie so miteinander zu verknüpfen, daß organisatorische Strukturen entstehen. Dies geschieht, indem beispielsweise bestimmte Aufgaben auf Menschen übertragen, Sachmittel zur Unterstützung eingesetzt und Informationskanäle geschaffen werden.

Die speziell durch personenbezogene Zuordnung organisatorischer Elemente entstehenden **Stellen** bilden die kleinsten Aktionseinheiten einer Unternehmung. Sie werden deshalb auch als organisatorische Basissysteme bezeichnet. Durch ihre Verknüpfung entstehen höhere Einheiten (**Abteilungen**), aus denen wiederum Einheiten höherer Ordnung gebildet werden können, bis sich zuletzt die organisatorische Gestalt des Gesamtsystems der Unternehmung ergibt.

(2) Die eigentliche Tätigkeit des Organisierens umfaßt die Zusammenfassung organisatorisch relevanter Elemente zu arbeitsteiligen Aktionseinheiten und die Herstellung von Beziehungen zwischen diesen Einheiten. Letzteres ist notwendig, um sicherzustellen, daß der arbeitsteilige Gesamtprozeß koordiniert im Sinne der Unternehmungsziele abläuft.

In Theorie und Praxis wird üblicherweise zwischen **Aufbau-** und **Ablauforganisation** unterschieden. Dabei dient als Differenzierungsmerkmal die Art der organisatorischen Beziehungen zwischen den Aktionseinheiten. Aufbaubeziehungen werden als **Bestands**phänomen, Ablaufbeziehungen als **Prozeß**phänomen angesehen. Beide Sachverhalte sind eng miteinander verknüpft, denn Veränderungen beispielsweise im Rahmen der Aufbauorganisation haben grundsätzlich Konsequenzen auch für die Regelung der Ablaufbeziehungen und umgekehrt. Dennoch empfiehlt sich eine getrennte Betrachtung wegen des unterschiedlichen Charakters dieser beiden organisatorischen Phänomene.

Aufbauorganisatorische Beziehungen als Bestandsphänomene lassen sich am besten beispielhaft verdeutlichen:

- Zusammenfassung von Teilaufgaben und ihre Übertragung auf Personen (sachlogische Beziehungen zwischen Aufgaben sowie personale Zuordnungsbeziehungen)
- Einsatz von Sachmitteln (instrumentale Beziehungen zwischen Stellen und Sachmitteln)

- Verbindung von Stellen (weisungsgebundene Beziehungen = Instanzenwege; weisungsungebundene Beziehungen = allgemeine Kommunikationskanäle und Transportwege).

Ablauforganisatorische Beziehungen regeln als spezifisches Prozeßphänomen die räumlichen und zeitlichen Vollzugsbedingungen der Aufgabenerfüllung. Denn die Erfüllung von Aufgaben spielt sich stets in **Raum** und **Zeit** ab. Bildlich gesprochen sind Aufbaubeziehungen also vergleichbar mit den Straßen einer Stadt, während die Ablaufbeziehungen die zeitliche und räumliche Nutzung dieser Straßen regeln. Entsprechend geht es in der Ablauforganisation beispielsweise um

- die Bestimmung von Arbeitsgängen
- Maßnahmen der Takt- und Rhythmenabstimmung von Arbeitsabläufen
- Reihenfolge-, Terminierungs- und Standortprobleme.

(3) Organisieren tritt grundsätzlich in zwei Formen auf. Im ersten Fall wird eine Organisation völlig neu geschaffen (= Neuorganisation), im zweiten Fall werden an einer bestehenden Organisation Veränderungen vorgenommen (= Reorganisation). In beiden Fällen wird ein **Organisationsprozeß** in Gang gesetzt, der aus verschiedenen Stufen besteht (*Schmidt* 1991 b):

- In der **Vorstudie** wird der Organisationsauftrag präzisiert und geprüft, ob das Vorhaben wirtschaftlich sinnvoll ist.
- Mit der **Hauptstudie** werden vom Groben ins Detail vorausschreitend isoliert zu bearbeitende, integrationsfähige Problemfelder in ihren Abhängigkeiten bestimmt und grobe Lösungskonzepte entwickelt.
- Anschließende **Teilstudien** ergeben Lösungen für Teilbereiche und Basissysteme.
- Mit dem **Systembau** werden die Konzepte verwirklicht, indem Organigramme, Stellenbeschreibungen, Zeitpläne usw. aufgestellt werden.
- Die mit entsprechender Schulung und Information der Betroffenen einherzugehende **Einführung** beinhaltet die Umsetzung der Lösung in die Praxis, wobei drei Variationen in Frage kommen: schlagartige Einführung, stufenweise Einführung oder parallele Einführung, bei der die alte und neue Lösung für eine bestimmte Zeit nebeneinander bestehen.
- Während der Laufzeit einer organisatorischen Lösung treten Aufgaben der **Erhaltung** auf, zu der Überwachung und Pflege (= Aktualisierung und Anpassung der Lösung) zählen.

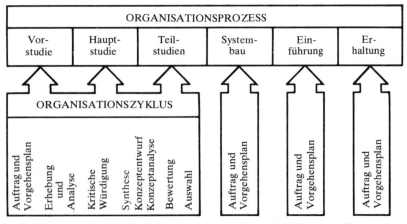

Abb. 45 Zusammenhang zwischen Organisationsprozeß und Organisationszyklus

Die ersten drei Stufen des so gekennzeichneten Organisationsprozesses weisen im wesentlichen eine Struktur auf, die der Ablaufstruktur des Willensbildungsprozesses im Rahmen des bereits beschriebenen allgemeinen Managementzyklus (vgl. S. 83 ff.) entsprechen. Mit der gleichen Begründung wie dort wird deshalb auch vom **Organisationszyklus** gesprochen. Den Zusammenhang von Organisationsprozeß und -zyklus zeigt Abb. 45 (entnommen aus *Schmidt* 1991 b).

4. Führung und Management

Bei arbeitsteiliger Aufgabenerfüllung ist Management stets auch immer mit Führung gleichzusetzen. Das gilt für Organisation und Disposition ebenso wie für die hierauf bezogenen Planungs-, Entscheidungs-, Durchsetzungs- und Kontrollprozesse. Allerdings liegen Führungsschwerpunkte prozessual gesehen wohl in der Durchsetzungsphase, wenn es darum geht, sicherzustellen, daß vom Management getroffene Entscheidungen von den dafür zuständigen bzw. beauftragten Mitarbeitern zielgerecht ausgeführt werden.

Von den bisher behandelten **Fach**funktionen des Management (Planung, Organisation und Kontrolle) unterscheidet sich Führung demnach – vereinfacht ausgedrückt – durch die Betonung der personalen Komponente von Managementaktivitäten (Führung also als **Personal**funktion im engeren Sinn von „Menschenführung"). Abb. 46 verdeutlicht diesen besonderen Charakter der Führungsfunktion, indem zum Ausdruck gebracht wird, daß Führungsaspekte wegen der Bedeutung des Faktors „Mensch" im arbeitsteiligen Wirtschaftsprozeß grundsätzlich alle Fachfunktionen des Management durchdringen und damit zugleich relativieren.

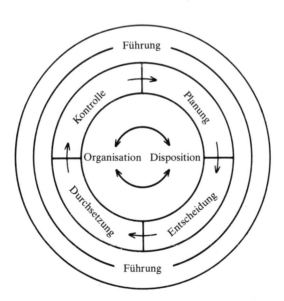

Abb. 46 Personal- und Fachfunktionen in der Managementspirale

Führung läßt sich aus der Sicht des einzelnen Vorgesetzten prinzipiell wie folgt charakterisieren (*Ulrich/Fluri* 1988):

- Führen heißt einerseits, Einfluß auf die Mitarbeiter auszuüben, der sie veranlaßt, die erwarteten Beiträge zur Erreichung der Unternehmungsziele zu erbringen (**Produktivitäts-/Leistungsaspekt**).
- Führen heißt andererseits, Bedingungen zu schaffen, die es zugleich ermöglichen, daß die Mitarbeiter auch ihre persönlichen Ziele zu realisieren in der Lage sind (**Zufriedenheitsaspekt**).

Das eigentliche Führungsproblem ist in der Regel in der Integration dieser beiden Aspekte zu sehen. Die Notwendigkeit, nicht nur einseitig Leistungsaspekte sondern auch Zufriedenheitskriterien zu berücksichtigen, ergibt sich für die Führung dabei namentlich aus zwei Gründen:

(a) dem von der Motivationstheorie konstatierten Wirkungszusammenhang von Leistung und Zufriedenheit,

(b) der „ethisch-sozialen" Verpflichtung der Unternehmung als Institution, ihre Mitarbeiter nicht nur als Wirtschaftsgut, sondern auch als Menschen mit eigenen Zielen, Motiven und Erwartungen zu behandeln (vgl. auch S. 67 ff.).

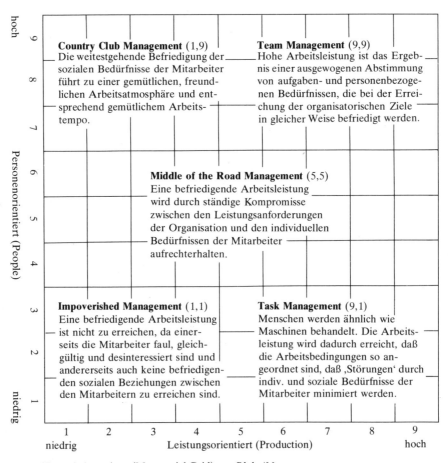

Abb. 47 Verhaltensgitter (Managerial Grid) von *Blake/Mouton*

Viertes Kapitel: Unternehmungsführung

100%	Willensbildung beim Vorgesetzten						
0%							Willensbildung beim Mitarbeiter/Gruppe
Charakterisierung	Vorgesetzter entscheidet, setzt durch, notfalls Zwang	Vorgesetzter entscheidet, setzt mit Manipulation durch	Vorgesetzter entscheidet, setzt mit Überzeugung durch	Vorgesetzter informiert, Meinungsäußerung der Betroffenen	Gruppe entwickelt Vorschläge, Vorgesetzter wählt aus	Gruppe entscheidet in vereinbartem Rahmen autonom	Gruppe entscheidet autonom, Vorgesetzter als Integrator, Koordinator
Benennung	»autoritär«	»patriarchalisch«	»informierend«	»beratend«	»kooperativ«	»partizipativ«	»demokratisch«

Autoritärer Führungsstil ←――――――――――→ Demokratischer Führungsstil

Abb. 48 Ausprägungen alternativer Führungsstile

Eine der bekanntesten Darstellungen zur Verdeutlichung dieser zweidimensionalen Betrachtungsweise des Führungsproblems stammt von *Blake/Mouton* (1986), denen mit ihrem sogenannten Verhaltensgitter („managerial grid") eine diesbezügliche Klassifikation alternativen Führungsverhaltens gelingt (vgl. Abb. 47).

Mit dieser Klassifikation eng verknüpft ist die Unterscheidung alternativer **Führungsstile**, in denen sich Art und Weise, in der Führung ausgeübt wird, ausdrücken.

Die möglichen Ausprägungen eines Führungsstils, die üblicherweise durch Begriffe wie „autoritär", „kooperativ", „demokratisch" gekennzeichnet werden, unterscheiden sich dabei vor allem darin, in welchem Umfang der Vorgesetzte die Mitarbeiter in den Willensbildungsprozeß einbezieht. Abb. 48 zeigt als Beispiel das weithin gebrauchte Schema von *Tannenbaum* (1958) zur Verdeutlichung einzelner Führungsstile.

Der in einer Unternehmung oder in Teilbereichen praktizierte Führungsstil wird in starkem Maße geprägt von der Persönlichkeitsstruktur des Managements. Unter den Gesichtspunkten von Effizienz und Zufriedenheit darf der Führungsstil aber dessenungeachtet nicht allein als „Privatsache" der jeweiligen Vorgesetzten angesehen werden. Vielmehr ist der Führungsstil **situativ** an die jeweils herrschenden Führungsbedingungen anzupassen, um optimale Ergebnisse zu erzielen. Die Übersicht in Abb. 49 zeigt diesbezüglich beispielhaft einige Bedingungen auf, die nach einem

	Rahmenbedingungen für den mehr autoritären Führungsstil	Rahmenbedingungen für den mehr partizipativen Führungsstil
Person	– starkes Niveaugefälle zwischen Vorgesetzten u. Mitarbeitern – Mitarbeiter mit überwiegenden autoritären Wertvorstellungen, ohne Eigeninitiative und stark sicherheitsmotiviert	– geringes Niveaugefälle zwischen Vorgesetzten u. Mitarbeitern – Mitarbeiter mit hoher Leistungsmotivation, Aufgeschlossenheit, Kreativität und Initiative
Situation	– Situationen, die rasche Entscheidungen verlangen – stabile Umweltverhältnisse mit geringer Komplexität und Dynamik	– Situationen, die ideenreiche Entscheidungen erfordern – Hohe Umweltkomplexität und -dynamik mit starken Innovationszwängen
Aufgabe	– Aufgaben, die wenig Eigeninitiative erfordern, sondern schlicht Pflichtbewußtsein und Zuverlässigkeit – Aufgaben mit hohem Routinegehalt (repetitive und programmierbare Tätigkeiten)	– Aufgaben, die schöpferische Eigengestaltung, Flexibilität und unkonventionelles Vorgehen erfordern – Nichtstandardisierte Aufgaben, deren Schwerpunkt in der Lösung innovativer Probleme liegt
Organisationsstruktur	– Strenge Hierarchie (Direktorialprinzip) mit Betonung vertikaler Informationskanäle (Befehle und Meldungen) – Hoher Organisationsgrad (geringer Dispositionsspielraum)	– Aufgelockerte Hierarchie (Tendenz zum Kollegialprinzip) mit freier Kommunikation – geringer Organisationsgrad (Beschränkung auf Rahmenregelungen)

Abb. 49 Rahmenbedingungen autoritärer und partizipativer Führung

mehr autoritären und solche, die nach einem mehr partizipativen Führungsstil verlangen.

Unter Beachtung dieser Rahmenbedingungen (vgl. Abb. 49) können dann die spezifischen Vorteile des mehr autoritären respektive partizipativen Führungsstils genutzt werden. Zu diesen wird beim **autoritären** Führungsstil gezählt:

- rasche Entscheidungen
- klare und eindeutige Rollenverteilung
- erleichterte Koordination aller Aktivitäten
- höhere Zufriedenheit bei autoritätsangepaßten Mitarbeitern
- bestmögliche Nutzung von Spezialkenntnissen und Fachbegabungen bei den Mitarbeitern,

wohingegen beim stärker **partizipativen** Führungsstil als Vorteile genannt werden:

- qualifizierte Entscheidungen durch Einbezug des Sachverständnisses der Mitarbeiter
- höhere Innovationsrate bei engagierten Mitarbeitern
- höhere Zufriedenheit bei Mitarbeitern, die nach produktiver Selbstentfaltung streben
- Ausschöpfung sowie Förderung des betrieblichen Kreativitäts- und Problemlösungspotentials
- Förderung des Führungsnachwuchses.

Fragen und Aufgaben zur Wiederholung (S. 81–97)

1. *Was versteht man unter dem Begriff „Management" (a) als Institution und (b) als Funktion?*
2. *Skizzieren Sie die Phasenstruktur des Managementprozesses! Warum spricht man in diesem Zusammenhang von einem Managementzyklus?*
3. *Was sind die Hauptmerkmale der Planung?*
4. *Welche Prozeßstufen lassen sich im Rahmen der Planung (a) bei der Problemanalyse, (b) bei der Alternativensuche und (c) bei der Prognose unterscheiden?*
5. *Was sind die Determinanten der Prognosequalität?*
6. *Welche Rolle spielt die Phase der Bewertung für die Planung?*
7. *Was sind die Merkmale einer „echten Führungsentscheidung"? Nach welchen Merkmalen lassen sich Entscheidungen sonst noch systematisieren?*
8. *Unter welchen Bedingungen tritt die Durchsetzung als eigenständiger Problemkreis zwischen Entscheidung und Realisation?*
9. *Was beinhaltet die Kontrolle und welche Funktion hat sie im Managementprozeß? Welche Typen von Kontrollen lassen sich unterscheiden?*
10. *Was versteht man unter Organisation als Managementfunktion und was sind deren Voraussetzungen?*
11. *Was sind die Vorteile und Nachteile der Organisation? Wann befindet sich die Unternehmung in einem organisatorischen Gleichgewicht?*
12. *Skizzieren Sie das organisatorische Analyse-Synthese-Konzept von Kosiol!*
13. *Was ist der Unterschied zwischen Aufbau- und Ablauforganisation? Welche Verknüpfungen bestehen?*
14. *Beschreiben Sie die Stufen des Organisationsprozesses! Was versteht man in diesem Zusammenhang unter Organisationszyklus?*
15. *Wie läßt sich Führung von Planung, Organisation und Kontrolle abgrenzen?*

16. *Was sind die Hauptmerkmale und -probleme der Führung?*
17. *Skizzieren Sie den Grundgedanken des „managerial grid" von Blake/Mouton!*
18. *Was versteht man unter einem Führungsstil, und welche alternativen Ausprägungen lassen sich unterscheiden?*
19. *Was sind wichtige Rahmenbedingungen für einen mehr autoritären und einen mehr partizipativen Führungsstil?*

Literaturhinweise:

Blake, R. R., Mouton, J. S., (1986)
Drucker, P. F. (1970)
Grochla, E. (1982)
Grochla, E. (1983)
Gutenberg, E. (1962)
Heigl, A. (1989)
Horváth, P. (1991)
Kieser, A., Reber G., Wunderer, R. (1987)
Kosiol, E. (1976)
Müller, W. R. (1981)

Schmidt, G. (1991 a)
Schmidt, G. (1991 b)
Staehle, W. H. (1973)
Staehle, W. H. (1991)
Szyperski, N., Winand, U. (1980)
Tannenbaum, R., Schmidt, W. (1958)
Ulrich, P., Fluri, E. (1988)
Wild, J. (1982)
Wunderer, R. (Hrsg.) (1988)
Wunderer, R., Grunwald W., Moldenhauer, P. (1984)

B. Elemente und Strukturen von Managementsystemen
1. Bestandteile des Managementsystems der Unternehmung
2. Organisationssysteme
3. Planungs- und Kontrollsysteme
4. Informationssysteme
5. Personal-(Führungs-)Systeme
6. Analyse ausgewählter „Management-by"-Konzepte

1. Bestandteile des Managementsystems der Unternehmung

Unter einem Managementsystem kann man mit *Wild* (1982) die Gesamtheit des Instrumentariums, der Regeln, Institutionen und Prozesse verstehen, mit denen Managementfunktionen erfüllt werden. Entsprechend lassen sich als wichtigste Bestandteile eines solchen Managementsystems unterscheiden:

(1) das Planungssystem,
(2) das Kontrollsystem,
(3) das Organisationssystem,
(4) das Informationssystem,
(5) das Personal-(Führungs-)System.

Diese Teilsysteme weisen engste Interdependenzen auf und überschneiden sich auch teilweise. Ihre inhaltliche, prozessuale und strukturelle Abstimmung ist deshalb für das Managementsystem als Ganzes eine unerläßliche Forderung, wenn es den ständig zunehmenden Ansprüchen an seine Funktionsfähigkeit bei gleichzeitiger Gewährleistung humaner Rahmenbedingungen genügen soll.

Funktionsfähigkeit des Managementsystems ist dabei natürlich eine höchst schillernde Anforderungskategorie. Präzisiert werden kann diese aber, indem die jeweils spezifischen Anforderungen an das Management einer Unternehmung herausgestellt werden. Beispielsweise werden die Effizienzkriterien eines **innovativ-strategieorientierten** Managementsystems anders aussehen (müssen) als diejenigen eines mehr **bürokratisch-administrativen** Managementsystems. Folgende Gegenüberstellung mag diesen wichtigen Grundgedanken verdeutlichen:

Innovativ-strategieorientiertes Management	Bürokratisch-administratives Management
· Auf Stärken konzentrieren	· Schwachstellen ausmerzen
· Offensiv agieren	· Defensiv reagieren
· Die richtigen Dinge tun (strategisch konzentrieren)	· Die Dinge richtig tun (perfektionieren)
· Bedarfs- und Verhaltensorientierung	· Material-, Produkt- und Verfahrensorientierung
· Die eigene Alternative zum entwicklungsbestimmenden Parameter der Umwelt machen	· Stabilität gegenüber Störungen aus der Umwelt bewahren
· Die vorhandene Lösung überflüssig machen	· Die vorhandene Lösung verbessern, modifizieren, renovieren
· Erträge vorbereiten, investieren	· Erträge ernten, Kosten senken
· Qualitativer Zuwachs	· Quantitatives Wachsen
· Dynamische Sicherheit	· Statische Sicherheit
· „navigate a ship"	· „run a ship"

Bei dem Versuch einer Klassifizierung von in der Praxis praktizierten Managementsystemen kann sich die Analyse natürlich nicht auf die beispielhaft genannten Unterschiede in den Effizienzkriterien zweier Kategorien von Management beschränken. Vielmehr sind hierfür ganz allgemein alle Merkmale, die den Charakter eines Managementsystems bestimmen, in ihren jeweiligen Ausprägungen anzugeben. Hierauf bezugnehmend werden im folgenden wichtige Elemente und Strukturen von Managementsystemen erörtert. Grundlage hierfür ist die Aufspaltung solcher Systeme in ihre **fünf** Teilsysteme bzw. Bestandteile (Organisationssystem, Planungs- und Kontrollsystem, Informationssystem, Personal-(Führungs-)System). Ausgeklammert bleiben (weil bereits behandelt) Erörterungen zum Zielsystem und (wegen ihrer Bedeutung unter einem eigenen, nachfolgenden Gliederungspunkt behandelt) Ausführungen zu den Management-Techniken.

2. Organisationssysteme

Die theoretische Grundlage bei der Gestaltung von Organisationssystemen liefern die verschiedenen Ansätze der Organisationstheorie. Von Bedeutung sind dabei:

(1) der bürokratisch-soziologische Ansatz (Begründer: *Max Weber*),
(2) der Ansatz der (traditionellen) betriebswirtschaftlichen Organisationslehre (wichtigster Vertreter: *Erich Kosiol*),
(3) der Ansatz der neoklassischen (soziologischen, sozialpsychologischen, psychologischen) Organisationstheorie (wichtige Vertreter: *Argyris, Likert, McGregor*),
(4) Entscheidungs- und systemtheoretische Ansätze (wichtige Vertreter: *Simon, March, Cyert, Kirsch*).

Da keiner dieser Ansätze allein für sich genommen voll zu befriedigen vermag, ist in neuester Zeit ein umfassender **situativer Ansatz** entwickelt worden, der die theoretisch fruchtbaren und empirisch überprüfbaren Bestandteile der vier genannten Ansätze in ein umfassendes Konzept der Organisationsstruktur zu integrieren versucht. (Vgl. hierzu und zum folgenden *Kieser/Kubicek* 1983). Dieses Konzept arbeitet mit **fünf Hauptdimensionen**, die die wichtigsten Aspekte von Organisationsstrukturen umfassen, wobei jede dieser fünf Dimensionen selbst wiederum aus mehreren Teildimensionen besteht, mit deren Hilfe sich dann aber ein differenziertes Bild realer Organisationsstrukturen (-systeme) ergibt:

(1) Spezialisierung,
(2) Koordination,
(3) Leitungssystem,
(4) Entscheidungsdelegation,
(5) Formalisierung.

Zu 1: Generelle Regeln zur **Spezialisierung** bilden den einen Eckpfeiler von Organisationssystemen. Spezialisierung ist dabei gleichzusetzen mit artmäßiger Arbeitsteilung (vgl. auch S. 15f.), bei der Teilaufgaben unterschiedlicher Art mehr oder weniger ausschließlich von verschiedenen Organisationseinheiten (Stellen, Abteilungen, Kollegien u. ä.) wahrgenommen werden. Unterschiede in der Spezialisierung zeigen sich entsprechend hinsichtlich

(a) des **Umfangs** (Ausmaßes) der Spezialisierung (Frage: Wie hoch ist die Anzahl der in einer Unternehmung existierenden spezialisierten organisatorischen Einheiten?)
(b) der **Art** der Spezialisierung (Frage: Liegt eine Spezialisierung auf Verrichtung bzw. Verrichtungszentralisation oder eine Spezialisierung auf Objekte bzw. Objektzentralisation vor, und worin besteht diese im einzelnen?).

Nach dem Kriterium der Spezialisierungsart werden üblicherweise auch zwei idealtypische Organisationsstrukturen unterschieden: von einer **funktionalen Organisationsstruktur** wird gesprochen, wenn unterhalb der obersten Leitungsinstanz (Geschäftsführung, Vorstand) die Hauptorganisationseinheiten nach dem Verrichtungsprinzip gebildet werden. Dagegen liegt eine **divisionale Organisationsstruktur** oder **Spartenorganisation** vor, wenn sie nach dem Objektprinzip gebildet werden. Im ersten Fall heißen die Hauptorganisationseinheiten **Funktionsbereiche**, im zweiten Fall **Sparten** (vgl. Abb. 50, entnommen aus *Kieser/Kubicek* 1983, S. 94).

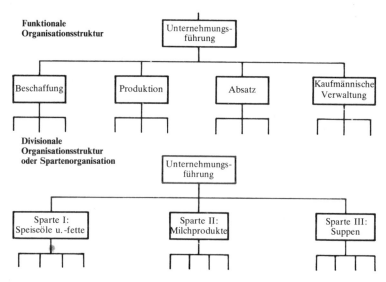

Abb. 50 Funktionale und divisionale Organisationsstruktur

Eine generelle Beurteilung dieser Strukturtypen ist schwierig, weil in der Praxis Organisationsstrukturen höchst selten in reiner Form auftreten, vielmehr dominieren Mischtypen. Hinzu kommt, daß spezifische Vor- und Nachteile solcher Strukturtypen nur in Verbindung mit der jeweiligen situativen Komponente des organisatorischen Umfeldes zur Geltung kommen. Gewisse Tendenzaussagen zu den Vor- und Nachteilen der divisionalen Struktur gegenüber der funktionalen scheinen dennoch möglich (vgl. für eine Übersicht Abb. 51, *Hill/Fehlbaum/Ulrich* 1981 und 1989).

Zu 2: Aus der Arbeitsteilung resultiert die Notwendigkeit der **Koordination**, d.h. der Abstimmung der arbeitsteiligen Aktivitäten im Hinblick auf das Gesamtziel. Spezialisierung **und** Koordination bilden damit Grundprinzipien, auf denen alle realen Organisationssysteme beruhen.

Durch die prinzipiell bestehende Totalinterdependenz aller arbeitsteiligen Aktivitäten in einer Unternehmung müßte streng genommen eine Koordination zwischen allen Stellen (= kleinste, auf einzelne gedachte oder real existierende Personen zugeschnittene organisatorische Einheiten) erfolgen. Eine entscheidende Vereinfachung der Koordination wird jedoch in der Regel durch zwei eng zusammenhängende Maßnahmen bewirkt:

	Vorteile der divisionalen Struktur	Nachteile der divisionalen Struktur
Kapazitätsaspekt	– Entlastung der Leitungsspitze – Entlastung der Kommunikationsstruktur (zwischen den Sparten)	– Größerer Bedarf an qualifizierten Leitungskräften
Koordinationsaspekt	– Geringe Interdependenz der Subsysteme – Klar getrennte Verantwortungsbereiche – Transparenz der Struktur – Leichte Anpassung der Subsysteme	– Bedarf nach aufwendigen Koordinationsmechanismen – Notwendigkeit zusätzlicher zentraler Koordinationsstellen – Notwendigkeit getrennter Erfolgskontrollen
Aspekt der Entscheidungsqualität	– Nach Produkten, Abnehmern oder Regionen spezifisch angepaßte Entscheidungen – Kenntnis der spezifischen Umweltbedingungen – Schnellere Anpassungsentscheidungen an Marktveränderungen – Mehr integrierte, problemorientierte Entscheidungen	– Mehrfachaufwand in bezug auf Funktionsbereiche – Gefahr des Verlustes einer einheitlichen Politik des Gesamtsystems – Gefahr der Suboptimierung der Subsysteme (Eigeninteresse, kurzfristiger Erfolgsausweis)
Personenbezogener Aspekt	– Bessere Entfaltungsmöglichkeiten für Nachwuchskräfte, da weniger funktional spezialisiert – Ganzheitliche Leitungsaufgaben, direktere Beziehung zum eigenen Beitrag – Personelle Autonomie der Subsysteme	– Geringere Integration des Gesamtpersonals – Geringere Beziehung zum Gesamtsystem und seinen Zielen

Abb. 51 Vor- und Nachteile der divisionalen gegenüber der funktionalen Organisationsstruktur

(a) Durch Abteilungsbildung, also durch Zusammenfassung bestimmter Stellen zu größeren Organisationseinheiten werden Stellen voneinander getrennt („entkuppelt") und somit die Zahl der notwendigen Koordinationsbeziehungen reduziert. Zugleich entsteht die Notwendigkeit, zwischen einer abteilungs**übergreifenden** und einer abteilungs**internen** Koordination zu differenzieren.

(b) Dadurch, daß spezielle Leitungsstellen (= Instanzen, ausgestattet mit Entscheidungs-, Weisungs- und Kontrollbefugnissen) für die Wahrnehmung von Koordinationsaufgaben eingerichtet werden, verringert sich das Koordinationsproblem erheblich, und es können zugleich – durch die Trennung von Entscheidungs- und Ausführungsaufgaben – Spezialisierungsvorteile genutzt werden.

In beiden Fällen ist die Vereinfachung der Koordination ein Resultat der **Hierarchisierung** der Organisationsstruktur, die Hierarchie also auch eine entscheidende

Voraussetzung für das Funktionieren komplexer arbeitsteiliger Wirtschaftsprozesse.

Koordination sowohl im Sinne vorausschauender Abstimmung (**Vorauskoordination**) als auch im Sinne einer Reaktion auf Störungen (**Feedbackkoordination**) kann mit Hilfe unterschiedlicher organisatorischer Regelung bewirkt werden (*Kieser/Kubicek* 1983):

(a) Koordination durch **persönliche Weisungen**. Die Organisationsstruktur bildet hier nur den Rahmen, in dem die einzelnen Koordinationsprozesse ablaufen. Diese sind durch einen prinzipiell vertikalen Kommunikationsfluß (Anordnungen und Prämissen für die delegierten Entscheidungen von oben, Meldungen von unten) gekennzeichnet.

(b) Koordination durch **Selbstabstimmung**. Die Koordinationsaufgaben werden hier von den jeweils Betroffenen als Gruppenaufgabe wahrgenommen. Dabei kann die Selbstabstimmung der Initiative der Gruppenmitglieder überlassen werden, häufiger sind aber bestimmte strukturelle Regelungen, die sich etwa erstrecken auf die Einrichtung von Kommunikationskanälen, auf die Ausstattung von bestimmten Gremien mit Entscheidungskompetenzen, auf die Vorgabe abstimmungsbedürftiger Fragen u.ä.

(c) Koordination durch **Programme**. Die Koordination erfolgt hier auf der Basis festgelegter Verfahrensrichtlinien bzw. genereller Handlungsvorschriften, die Anweisungen von Vorgesetzten ersetzen oder zumindest verringern können. Programme können zwar auch lediglich das Ergebnis eingeübter Verhaltensmuster sein, aber im wesentlichen handelt es sich doch wohl um explizit vorgegebene Richtlinien, die mehr oder weniger flexibel formuliert oft in sog. Handbüchern („Manuals") fixiert sind.

(d) Koordination durch **Pläne (Budgets)**. Die Abstimmung erfolgt hier bereits im Rahmen der Planung, die systematisch erarbeitete Sollvorgaben (Handlungsziele, Budgets) für die zukünftigen Aktivitäten bestimmt.

Die folgende Übersicht (Abb. 52) zeigt einige Vor- und Nachteile, die mit den vier genannten Koordinationsinstrumenten verbunden sind:

	Vorteile	Nachteile
(a) Koordination durch persönliche Weisungen	– ohne große organisatorische Vorkehrung leicht zu handhaben – äußerst flexibel einsetzbar	– Überlastung der Instanzen und „Dienstwege" – hohe Qualifikation d. Vorgesetzten erforderlich
(b) Koordination durch Selbstabstimmung	– Entlastung der hierarchischen Koordination – erhöhte Motivation bei den Mitarbeitern	– i.d.R. höherer Zeitbedarf als bei (a) – setzt entsprechend qualifizierte Mitarbeiter voraus
(c) Koordination durch Programme	– Informationsaustausch erheblich vermindert – Reduzierung von Unsicherheit für die vom Programm betroffenen Mitarbeiter	– nur geeignet für Routinefälle – Bequemlichkeit führt leicht zur Anwendung auf eigentlich nicht programmadäquate Fälle
(d) Koordination durch Pläne	– flexibler einsetzbar als (c) – Vorteile von (c) ohne die Nachteile	– hoher Informationsbedarf in quantitativer und qualitativer Hinsicht – erfordert ein ausgebautes, funktionsfähiges Planungssystem

Abb. 52 Vor- und Nachteile alternativer Koordinationsinstrumente

Zu 3: Mit dem **Leitungssystem** wird die dritte Hauptdimension (formaler) Organisationssysteme angesprochen. Sie rückt in den Mittelpunkt, wenn man bei der Analyse der äußeren Form des Stellengefüges den mit spezifischen

- Entscheidungsbefugnissen,
- Weisungskompetenzen,
- Aufsichtspflichten und
- Kontrollrechten

ausgestatteten **Instanzen** besondere Beachtung schenkt. Wichtige Merkmale eines Leitungssystems sind dabei (*Kieser/Kubicek* 1983):

- die **Struktur** der Weisungsbeziehungen
- die Gliederungs**tiefe** des Stellengefüges
- die Gliederungs**breite** der einzelnen organisatorischen Ebenen (**Leitungsspanne**).

(1) Die Analyse der **Struktur der Weisungsbeziehungen** zwischen Instanzen sowie zwischen Instanzen und Ausführungsstellen läßt verschiedene Ausprägungen von Leitungssystemen erkennen:

(a) Zunächst können zwei **idealtypische** Grundformen eines Leitungssystems unterschieden werden (vgl. Abb. 53):

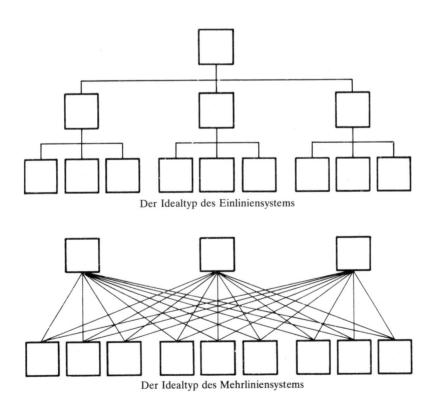

Der Idealtyp des Einliniensystems

Der Idealtyp des Mehrliniensystems

Abb. 53 Idealtypische Strukturen von Leitungssystemen

Viertes Kapitel: Unternehmungsführung 105

- Der Idealtyp des **Einliniensystems**. Es beruht auf dem **Prinzip der Einheit der Auftragserteilung**. Die Vorgesetzten sind im Rahmen ihrer Leitungsfunktion für alles zuständig, was sie und die ihnen unterstellten Stellen betrifft. Damit soll eine klare Zuordnung von Verantwortlichkeiten und eine reibungslose Koordination bewirkt werden. Als Nachteil gilt die starke Beanspruchung der Instanzen, da der hierarchische Dienstweg sowohl bei abteilungsinternen als auch bei abteilungsübergreifenden Problemen stets einzuhalten ist.
- Der Idealtyp des **Mehrliniensystems**. Dieser Typ beruht auf dem **Prinzip der Mehrfachunterstellung**. Weisungsbefugnisse und Verantwortlichkeiten der einzelnen Vorgesetzten sind auf bestimmte Sachgebiete begrenzt (funktionales Weisungsrecht). Dadurch soll eine Spezialisierung der Vorgesetztentätigkeit ermöglicht und die Qualität der Entscheidungen und Weisungen verbessert werden. Zugleich hilft das Mehrliniensystem, das **Prinzip des kürzesten Weges** zu realisieren. Als Nachteil muß gesehen werden, daß es wegen der Gefahr von Funktionsüberschneidungen leicht zu Kompetenzstreitigkeiten und unklaren Verantwortlichkeitsbeziehungen kommen kann.

(b) In der Praxis **kombiniert** man häufig die Idealtypen des Ein- und Mehrliniensystems miteinander. In der Regel wird dabei allerdings auf eindeutige **disziplinarische** Unterstellungsverhältnisse geachtet. Auch die Gesamtverantwortung wird nicht aufgegliedert, sondern jeweils einer Instanz übertragen. Um aber die genannten Vorteile des Mehrliniensystems zu nutzen, kommt es zu einer **zusätzlichen** fachlichen oder funktionalen Unterstellung (vgl. für ein Beispiel Abb. 54, aus *Kieser/Kubicek* 1983, S. 141).

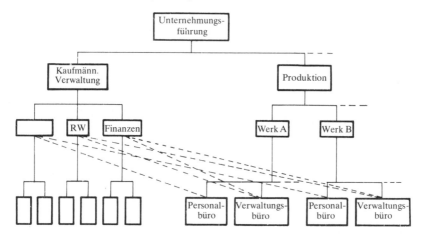

Legende: ——— Disziplinarische Weisungsbefugnisse und Gesamtverantwortung
         – – – Funktionale Weisungsbefugnisse und fachliche Verantwortung

Abb. 54 Disziplinarische und funktionale Weisungsbefugnisse

(c) Eine andere Modifikation erfahren Leitungssysteme in der Praxis durch den Einbau sogenannter **Stabstellen** in das Organisationssystem.
Stäbe sind Leitungsassistenzstellen: Sie beraten und unterstützen Instanzen bei der Erfüllung ihrer Leitungsfunktion, haben aber selbst keine (originären) Entscheidungs- und Weisungsbefugnisse gegenüber den Linienstellen (Instanzen

und Ausführungsstellen). Je nach der Art der von Stäben geleisteten Assistenz werden üblicherweise generalisierte Stabstellen (Beispiel: Direktionsassistent) und spezialisierte Stabstellen (Beispiel: Justitiar) unterschieden.

Stäbe spielen eine wichtige Rolle vor allem im Einliniensystem, wo man dann entsprechend von einer **Stab-Linien-Organisation** spricht (vgl. für ein Beispiel Abb. 55). Mit ihrer Hilfe sollen die Vorteile der klaren Kompetenz- und Verantwortungsabgrenzung des Einliniensystems verbunden werden mit den Vorteilen der Spezialisierung, wie sie sonst im Mehrliniensystem möglich sind. Die Effizienz der Stab-Linien-Organisation wird allerdings durch eine Reihe von Konfliktmöglichkeiten beeinträchtigt. Eine besondere Gefahr sind Stäbe als „Graue Eminenzen" (Macht ohne Verantwortung) bzw. wenn sie sich als Konkurrenz zur Linie aufbauen. Aus der Stabsperspektive selbst entstehen häufig Spannungen und Frustrationen, weil Vorschläge des Stabes oft nicht anerkannt werden und Stabsmitarbeiter wegen ihrer fehlenden Entscheidungskompetenzen, ungeachtet ihrer nicht selten hohen Fachkompetenz, nur als Mitarbeiter zweiter Klasse angesehen werden.

Fließende Übergänge bestehen in der Praxis zwischen der Stab-Linien-Organisation und dem Einliniensystem mit **zentralen Dienststellen**. Letztere unterscheiden sich von den Stäben lediglich dadurch, daß sie hinsichtlich der von ihnen zu lösenden Sachaufgaben nicht nur einer Instanz zugeordnet sind, sondern grundsätzlich mehreren oder im Grenzfall sogar allen Instanzen zur Verfügung stehen. Typische Einsatzgebiete für solche zentralen Dienststellen (Zentralabteilungen) sind Planung, betriebs- und volkswirtschaftliche Analyse, Berichtswesen, Statistik, Rechnungswesen, automatische Datenverarbeitung u.ä. (vgl. Abb. 55).

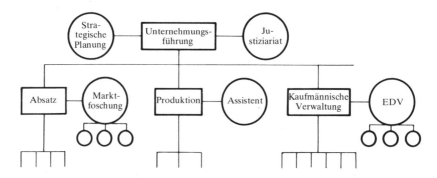

Abb. 55 Darstellung von Stabs- und zentralen Dienststellen (-abteilungen)

(d) In neuerer Zeit diskutiert werden organisatorische Konzepte, in denen man bewußt den Gedanken des Mehrliniensystems fortentwickelt. Grundlage ist dabei die Unterscheidung in funktionale und divisionale Organisation (vgl. S. 100 f.), deren Vorteile man zu kombinieren versucht. Das **Matrix**-Prinzip besteht darin, eine zweidimensionale Struktur zu schaffen, indem die traditionellen vertikalen Funktionssäulen von einer horizontalen produktorientierten Struktur überlagert werden (vgl. Abb. 56)

Der Gedanke der **Matrix-Organisation** beruht auf Erkenntnissen der verhaltenswissenschaftlichen Organisationstheorie, nach denen sich Konflikte zwischen den Instanzen in einem Mehrliniensystem nicht unbedingt nachteilig aus-

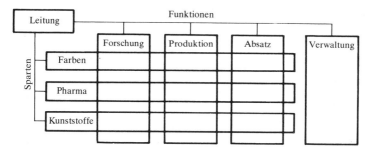

Abb. 56 Beispiel einer Matrix-Organisation

wirken müssen. Vielmehr können Konflikte auch zu positiven Ergebnissen führen, wenn sie bei den Beteiligten einen stärkeren Einsatz hervorrufen und Leistungsreserven mobilisieren. Dazu sind allerdings bestimmte Voraussetzungen notwendig, so z.B. eine klare Abgrenzung der Kompetenzen und Verantwortlichkeiten. Da dies bei Mehrfachunterstellungen aber praktisch nicht befriedigend gelöst werden kann, existieren die in der Praxis entwickelten Matrix-Strukturen (**Projekt-Management, Produkt-Management**) nur in mehr oder minder abgeschwächter Form.

Beim **Produkt-Management** beispielsweise hat der Produktmanager ein funktionelles Weisungsrecht häufig nur gegenüber wenigen Stellen (etwa gegenüber den Service-Abteilungen des Marketingbereichs). Er muß seine Aufgabe der Querschnittskoordination also im wesentlichen durch Überzeugung und persönliche Autorität erfüllen und kann sich nur begrenzt auf eine organisatorisch geregelte „Amtsautorität" stützen.

Nicht zuletzt deshalb sind für den Produktmanager die modernen **Managementtechniken** (vgl. S. 147 ff.) unverzichtbare Hilfsmittel zur Erfüllung seiner Aufgabe: den Produktstandpunkt in einer ansonsten funktionsorientierten Organisationsstruktur zu vertreten (vgl. ausführlicher *Wild* 1972 a).

(2) Neben der durch Ein- oder Mehrlinienbeziehungen, Stabstellen und dgl. charakterisierten Struktur der Weisungsbeziehungen sind, wie eingangs erwähnt, auch die **Gliederungstiefe** des Stellengefüges sowie die **Leitungsspanne** auf den einzelnen organisatorischen Ebenen wesentliche Merkmalskategorien eines Leitungssystems.

In Abhängigkeit von der Gliederungs**tiefe**, also der Anzahl der hierarchischen Ebenen, wird das pyramidenförmige Stellengefüge einer Unternehmung steiler oder flacher. Da mit der Einordnung einer Stelle in die Hierarchie zugleich ihr organisatorischer Rang (Entscheidungs-, Weisungsrechte, Verantwortung) festgelegt wird und in der Praxis damit auch in aller Regel der Status des Stelleninhabers verbunden ist, werden die rang- und statusmäßigen Unterschiede zwischen den Stellen(-inhabern) um so größer, je mehr Ebenen das Stellengefüge aufweist.

In der Literatur wird besonders auf die Vorteile einer flachen Organisationspyramide mit möglichst wenigen Hierarchieebenen hingewiesen (vgl. *Grochla* 1983). Sie liegen vornehmlich in der Sicherung der Spontaneität des Organisationssystems, in der Verkürzung des vertikalen Kommunikationsflusses sowie ganz allgemein in der Eindämmung von dysfunktionalen Bürokratisierungserscheinungen.

Als Nachteile einer sehr flachen Organisationspyramide sind die dann notwendigerweise großen Leitungsspannen anzusehen. Denn wenn als **Leitungsspanne** allgemein die Anzahl der einer Instanz direkt untergeordneten Stellen bezeichnet wird,

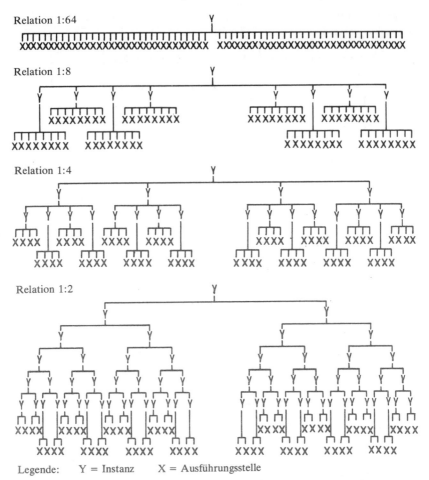

Abb. 57 Der Zusammenhang zwischen Leitungsspanne und Gliederungstiefe

besteht bei gleicher Organisationsgröße offensichtlich eine Beziehung zwischen Gliederungstiefe und Leitungsspanne: Je größer die Leitungsspannen sind, umso weniger Ebenen müssen gebildet werden (vgl. Abb. 57, entnommen aus *Kieser/Kubicek* 1983).

Der Nachteil zu großer Leitungsspannen besteht allgemein darin, daß die Instanzen schlicht überfordert werden und daher ihre Leitungsfunktion nur noch unvollkommen erfüllen können. Die Festlegung der Leitungsspanne wird damit zu einem Optimalproblem: Sie muß auf jeder Ebene im Sinne einer flachen Organisationspyramide möglichst groß sein, allerdings höchstens so groß, daß die Vorgesetzten von ihrer – quantitativen und qualitativen – Leitungskapazität her nicht überfordert werden. Die Lösung dieses Optimalproblems wird dabei von sehr vielfältigen Faktoren determiniert. Zu ihnen zählen:

· Art der Aufgaben
· Struktur der Weisungsbeziehungen

- Art der Koordinationsinstrumente
- Entscheidungsdelegation
- Führungsstile
- Formalisierungsgrad
- Art und Niveau des Planungs-, Kontroll- und Informationssystems
- persönliche Eigenschaften von Vorgesetzten und Untergebenen.

Zu 4: Die Ausführungen zum Leitungssystem, insbesondere zur Struktur der Weisungsbeziehungen, haben den inhaltlichen Umfang der Entscheidungsbefugnisse auf den verschiedenen Ebenen der Organisationshierarchie noch nicht berücksichtigt. Daher ist als eine vierte Dimension eines Organisationssystems der Aspekt der **Entscheidungsdelegation** herauszustellen.

Unter Entscheidungsdelegation wird die umfangmäßige Verteilung der Entscheidungsbefugnisse in einer Hierarchie verstanden. Eine solche Delegation beinhaltet im einzelnen (*Kieser/Kubicek* 1983):

- die Zuweisung von Aufgaben
- die Vorgabe von erwarteten Ergebnissen
- die Ausstattung mit den zur Aufgabenerfüllung notwendigen Rechten und
- die Zuweisung von Verantwortung (Handlungsverantwortung und Führungsverantwortung).

Dabei wird die Beachtung von folgenden Prinzipien als wichtig angesehen:

(a) Das **Kongruenzprinzip**. Es fordert in seiner einfachsten Form, daß Aufgaben, Kompetenzen und Verantwortung sich decken müssen. Niemand soll bei Entscheidungsdelegation zur Verantwortung gezogen werden für Sachverhalte, die er mangels Kompetenzen nicht beeinflussen kann.

(b) Das **Operationalitätsprinzip**. Es fordert, daß die Entscheidungsdelegation so operational zu erfolgen hat, daß im Regelfall tatsächlich feststellbar ist, ob die erwarteten Ergebnisse eingetreten sind, eine Verantwortung zu tragen ist usw.

(c) Das **Minimal-Ebenen-Prinzip**. Hiermit ist der Grundsatz angesprochen, daß Entscheidungsdelegation so zu erfolgen hat, daß möglichst wenige Management-Ebenen zur Koordination und zur Lösung auftretender Konflikte benötigt werden.

(d) Das Prinzip des „**Management by Exception**". Hiernach wird gefordert, daß Entscheidungen von der untersten Stelle gefällt werden, die dazu noch über den nötigen Überblick verfügt. Damit verbunden ist allerdings die Notwendigkeit, hierfür klare Kriterien zu definieren und insbesondere Ausnahmefälle genau zu kennzeichnen.

Abb. 58 gibt einen kurzgefaßten Überblick über Vor- und Nachteile einer zunehmenden Entscheidungsdelegation, die um so größer ist, je mehr Entscheidungsbefugnisse aufgrund genereller Regelungen offiziell auf die unteren Hierarchieebenen verteilt werden (nach *Hill/Fehlbaum/Ulrich* 1981 u. 1989).

Zu 5: Als letzte Hauptdimension einer Organisationsstruktur ist deren **Formalisierung** anzusprechen, worunter Art und Umfang des Einsatzes **schriftlich fixierter organisatorischer Regeln** in Form von Schaubildern, Handbüchern, Stellenbeschreibungen usw. verstanden wird.

Anknüpfend an *Pugh et al.* (1968) und *Kieser/Kubicek* (1983) kann der Aspekt der Formalisierung grundsätzlich in drei Teildimensionen aufgegliedert werden:

(a) **Struktur**formalisierung. Sie bezieht sich auf den Umfang, in dem organisatorische Regeln schriftlich fixiert sind. Wichtige Instrumente der Strukturformalisierung sind dabei:

	Vorteile	Nachteile
Kapazitätsaspekt	– Entlastung der übergeordneten Stellen von jenen Entscheidungen, die ihrer Leitungsfunktion nicht entsprechen – vermehrte Delegation macht eine wasserkopfartige Stabstruktur überflüssig – Entlastung der Kommunikationskanäle durch Reduktion der notwendigen Anrufungen und Anordnungen	– Vergrößerung des gesamthaften „Entscheidungsvolumens" in der Unternehmung – Bedarf an qualifizierten Mitarbeitern auf unteren Ebenen steigt (kann auch als Vorteil interpretiert werden)
Koordinationsaspekt	– Relativ autonome Handlungsfähigkeit der unteren Stellen durch Übereinstimmung von Aufgaben und Kompetenzen – „Selbstkoordination" der unteren Stellen durch Selbstverantwortung – Zwang zur sorgfältigen Analyse des „Entscheidungshaushaltes" im gesamten sozialen System – ermöglicht „Management by exception"	– Abbau der autonomen Entscheidungsfähigkeit der Leitungsspitze (kann auch als Vorteil interpretiert werden) – erhöhtes Konfliktpotential – Notwendigkeit vermehrter Ergebniskontrolle
Aspekt der Entscheidungsqualität	– Konzentration der Leitungsspitze auf wichtige politische und strategische Entscheidungen – Ausnützung des vorhandenen „Human Capital" – Entscheidungen dort, wo ihre Folgen unmittelbar wirksam werden – frühzeitiges Entscheidungstraining des Führungsnachwuchses	– Homogenität zwischen den verschiedenen Entscheidungen kann verlorengehen (Gefahr der Suboptimierung)
Personenbezogener Aspekt	– Entfaltungsraum für die persönliche Entwicklung nicht nur an der Spitze, sondern auch auf unteren Ebenen – positiver Lernprozeß durch erhöhte Anforderungen an den Stelleninhaber stärkt Leistungsfähigkeit und Leistungsbereitschaft – Ermöglichung psychologischer Erfolgserlebnisse fördert Sicherheit, Selbstvertrauen, Arbeitsbefriedigung	– Gefahr der Überforderung einzelner Stelleninhaber, was zu Mißerfolgserlebnissen, Frustration und damit Reduktion der Leistungsbereitschaft führen kann (negativer Lernprozeß) – erhöhter psychischer Leistungsdruck auf unteren Ebenen (Streß durch Verantwortung)

Abb. 58 Mögliche Vor- und Nachteile der Delegation

- **Organigramme** oder Organisationsschaubilder, in denen die Art der Spezialisierung der größten organisatorischen Einheiten, die Struktur der generellen Weisungsbefugnisse, die Leitungsspanne u.a.m. zum Ausdruck kommt.
- **Stellenbeschreibungen.** Sie legen die Unter- und Überstellungsverhältnisse fest, spezifizieren einzelne Rechte und Pflichten des Stelleninhabers und nennen häufig auch die gestellten Anforderungen an den Stelleninhaber (etwa als Grundlage für die Entlohnung).
- **Richtlinien** (Durchführungsverordnungen) für die Abwicklung von Anträgen, Beschaffung von Investitionsgütern, Behandlung von Kündigungen u.ä.

(b) Formalisierung des **Informationsflusses**. Unter diesem Aspekt werden diejenigen Regelungen zusammengefaßt, die vorsehen, daß bestimmte Informationsprozesse schriftlich zu erfolgen haben und damit aktenmäßig gemacht werden. Eine solche Formalisierung dient vor allem zu Kontrollzwecken sowie zur Sicherung der Kontinuität bei einem allfälligen Personalwechsel.

(c) **Leistungsdokumentation**. Diese Teildimension der Formalisierung erstreckt sich auf den Umfang der Regelungen, die eine schriftliche Leistungserfassung und Leistungsbeurteilung der Mitarbeiter als Teil der disziplinarischen Rechte von Vorgesetzten vorsehen. Die schriftliche Leistungsdokumentation hat dabei den Zweck, in diesen sehr delikaten Bereich der Personalpolitik eine gewisse Versachlichung einzubringen. Als Instrumente hierfür dienen beispielsweise

- Arbeitszeitkarten
- Schemata für die analytische Arbeitsbewertung
- Fragebögen für die periodische Leistungsbeurteilung der Mitarbeiter
- u.a.m.

Nachdem nunmehr in enger Anlehnung an *Kieser/Kubicek* (1983) die **fünf Hauptdimensionen** formaler Organisationssysteme mit ihren verschiedenen Teildimensionen erörtert und im Überblick dargestellt worden sind, soll zum Abschluß noch kurz auf den Tatbestand der situativen Bedingtheit realer Organisationssysteme hingewiesen werden. Denn die beschriebenen alternativen Ausprägungen struktureller Teilmerkmale einer Organisation treten in der Realität in den verschiedensten Kombinationen auf, so daß sich zwangsläufig die Frage nach den relevanten Einflußgrößen für die zu konstatierende Vielfalt und Komplexität existierender Organisationssysteme stellt.

Kieser/Kubicek (1983) nennt in diesem Zusammenhang folgende Hauptkomponenten von Einflußgrößen der Organisationsstruktur (zu denen noch das **Verhalten** der Organisationsmitglieder als eine indirekte Einflußgröße hinzuzurechnen wäre) und unterzieht die wesentlichsten hiervon einer ausführlichen theoretischen wie empirischen Analyse:

1. Dimensionen der internen Situation
    1.1. Gegenwartsbezogene Faktoren
      - Leistungsprogramm
      - Unternehmungsgröße
      - Fertigungstechnologie
      - Informationstechnologie
      - Rechtsform und Eigentumsverhältnisse

    1.2. Vergangenheitsbezogene Faktoren
      - Alter der Organisation
      - Art der Gründung
      - Entwicklungsstadium der Organisation

2. Dimensionen der externen Situation
  2.1. Aufgabenspezifische Umwelt
    · Konkurrenzverhältnisse
    · Kundenstruktur
    · Technologische Dynamik
  2.2. Globale Umwelt
    · Gesellschaftliche Bedingungen
    · Kulturelle Bedingungen.

3. Planungs- und Kontrollsysteme

Zu den Hauptbestandteilen eines Managementsystems zählen neben dem Organisationssystem auch das Planungs- und Kontrollsystem. Wegen der für die Planung unabdingbaren Ergänzungsfunktion der Kontrolle wird häufig auch nur von einem Planungssystem gesprochen. Begrifflich gekennzeichnet werden kann ein Planungssystem (in Anlehnung an *Wild* 1982) dabei wie folgt: **Eine geordnete und integrierte Gesamtheit verschiedener Teilplanungen (Pläne), die zwecks Erfüllung bestimmter Planungs- und Kontrollfunktionen nach einheitlichen Prinzipien aufgebaut und miteinander verknüpft sind.**

Als eine wesentliche Determinante eines Planungs- und Kontrollsystems ist das Organisationssystem einer Unternehmung anzusehen (das aber natürlich auch wiederum selbst Objekt der Planung und Kontrolle sein kann). Denn die Organisation regelt die Verteilung der Planungs- und Kontrollfunktionen ebenso, wie sie Einfluß auf den Ablauf von Planungs- und Kontrollprozessen nimmt. So ist es unter organisatorischen Gesichtspunkten beispielsweise von Bedeutung, ob die Planung von Linien- oder Stabsstellen durchgeführt wird und wie stark Planungsaufgaben delegiert sind.

Die organisatorische Bedingtheit eines Planungs- und Kontrollsystems drückt sich allgemein darin aus, daß die Organisationsstruktur vorgibt,

· welche Stellen auf den einzelnen Hierarchieebenen
· in welcher Reihenfolge
· wie (Teilfunktionen, Kompetenzen)
· an den verschiedenen Teilprozessen der Planung und Kontrolle

mitwirken sollen, wie also über die verschiedenen Hierarchieebenen hinweg Pläne in einer Unternehmung entstehen, koordiniert, durchgesetzt und kontrolliert werden.

Das System der **hierarchischen Unternehmensplanung** (*Koch* 1977) hat sich in der Unternehmenspraxis weitgehend durchgesetzt. Es bestehen zwar unterschiedliche Varianten im Detail, aber gemeinsam ist ihnen die Integration des Planungs- und Kontrollsystems in das hierarchische Stellengefüge der Unternehmungsorganisation und damit verbunden das Betreiben von Teilplanungen bzw. Aufstellen von Teilplänen.

Die Charakterisierung und inhaltliche Differenzierung solcher Teilpläne erfolgt dabei durch eine kombinierte Anwendung von (mindestens) **vier** Merkmalen:

· Der **Umfang** der Teilpläne ergibt sich aus der Anzahl und Größe der betrieblichen Bereiche, die sie umfassen. Es können beispielsweise Beschaffungs-, Produktions-, Vertriebs- und Lagerpläne ebenso wie Kapitalbedarfs-, Kredit-, Liquiditäts- und Erfolgspläne unterschieden werden. Diese Pläne können beliebig weiter aufgespalten werden, wodurch sich der Planungsumfang dementsprechend verringert.

- Die **Dimension** eines Plans bestimmt sich danach, ob es sich um reine Arten-, Mengen- oder Werteplanung handelt. So können beispielsweise Produktartenpläne, Absatzmengenpläne und Kostenpläne unterschieden werden. Daneben kann man gegebenenfalls auch noch eine spezifische Raum- bzw. Zeitplanung unterscheiden. Eine ausgesprochene Raumplanung ist beispielsweise die Standortplanung und die innerbetriebliche Transportplanung, während es sich bei der Ablauf- und Terminplanung von Fertigungsaufträgen um eine typische Zeitplanung handelt.

- Die **Tiefe** eines Planes drückt den Detaillierungsgrad der durch die Planung fixierten Vorgabewerte aus. In diesem Sinne kann eine mehr oder weniger ausgeprägte Grob- bzw. Rahmenplanung einerseits und eine Detail- bzw. Feinplanung andererseits unterschieden werden. In der Rahmenplanung werden nur die generellen Maßnahmen der Zielerreichung festgelegt bzw. nur die grundsätzlichen Daten gesetzt. Grobpläne gehen nicht so sehr auf die differenzierten Einzelheiten ein, sondern bestimmen nur den Rahmen, innerhalb dessen sich die Detailpläne bewegen müssen. Erst die Detailpläne sind realisationsreif in dem Sinne, daß sie die Realisation der Zielerreichung eindeutig und bis in die letzten Einzelheiten festlegen. Während also ein Grobplan beispielsweise das Investitionsbudget vorgibt, bestimmen Detailpläne, welche speziellen Anlagenkäufe vorzunehmen sind.

- Die **zeitliche Reichweite** eines Plans ergibt sich aus dem Zeitraum, den die Planung explizit umfaßt. Dementsprechend können Kurz-, Mittel- und Langfristpläne unterschieden werden. Die Planungsperiode bei Langfristplänen hängt ab vom jeweiligen Planungshorizont, der in den verschiedenen Branchen und bei den einzelnen Unternehmungen sehr unterschiedlich sein kann. So kann eine langfristige Planung fünf, aber auch 20 Jahre umfassen. Kurzfristpläne können sich im Extremfall auf unmittelbar anstehende Maßnahmen und somit auf einen Zeitraum von beispielsweise einer Stunde und weniger beziehen. Häufig wird man aber bei einer Planungsperiode bis zu einem Jahr von kurzfristigen Plänen und erst danach von mittelfristigen Plänen sprechen.

Was die organisatorischen Varianten der hierarchischen Planung im einzelnen betrifft, so lassen sich drei Haupttypen unterscheiden (*Wild* 1982):

(a) das retrograde Planungsverfahren
(b) das progressive Planungsverfahren
(c) das Gegenstromverfahren.

Zu (a): In diesem Fall erfolgt die Planung hierarchisch von oben nach unten (**top-to-down**). Dabei werden durch die Führungsspitze der Unternehmung die (obersten) Unternehmungsziele festgelegt, die generelle Unternehmungspolitik fixiert sowie übergeordnete Rahmenpläne aufgestellt. Den nachgeordneten Managementebenen obliegt es dann, diese globalen Vorgaben speziell für ihren Verantwortungsbereich stufenweise in detaillierte Teilpläne umzusetzen.

Zu (b): Die Entwicklung der Pläne erfolgt hier im Gegensatz zur retrograden Planung von „unten nach oben" (**bottom-up**). Die untersten noch mit Planungsaufgaben betrauten Organisationseinheiten stellen zunächst für ihre Bereiche Detailpläne auf und reichen sie an die übergeordneten Instanzen weiter. Diese fassen die Teilpläne zusammen, koordinieren sie und reichen sie ihrerseits nach oben weiter, bis die Pläne schließlich an der Unternehmensspitze endgültig zu einem Gesamtplan geformt werden.

Zu (c): Diese dritte Variante stützt sich auf eine **kombinierte** Anwendung der beiden erstgenannten Verfahren. Zunächst werden vorläufige Oberziele gesetzt, die wie im Fall der retrograden Planung von oben nach unten zunehmend konkretisiert und detailliert werden. Nachdem dieser Prozeß die unterste Planungsebene erreicht hat, setzt in umgekehrter Richtung ein progressiver Rücklauf ein, der auf jeder Managementstufe die unmittelbar nachgeordneten Pläne schrittweise koordiniert und zusammenfaßt. Erst wenn dieser Rücklauf vollständig beendet ist (was u. U. ein mehrmaliges Durchlaufen von Unterzyklen erfordert), trifft die Unternehmensleitung eine endgültige Entscheidung über das Gesamtsystem der Pläne.

Im Vergleich zu den beiden erstgenannten Varianten vermeidet das Gegenstromverfahren das logische **Zirkelproblem**, daß man über untergeordnete Ziele/ Pläne/Alternativen nicht ohne Kenntnis der übergeordneten Ziele/Pläne/ Alternativen entscheiden kann und umgekehrt. Dadurch ist das Gegenstromverfahren schon aus logischen Gründen den beiden anderen überlegen. Hinzu kommt, daß es drei zentralen Führungsgrundsätzen Rechnung trägt (*Wild* 1982):

[1] Jede Führungskraft sollte die Aktivitäten in ihrem unmittelbaren Verantwortungsbereich aus Motivationsgründen selber planen und zugleich die Planung nachgeordneter Instanzen steuern und integrieren.

[2] Die Planung sollte arbeitsteilig erfolgen und so delegiert werden, daß das im Betrieb vorhandene Planungswissen optimal genutzt wird.

[3] Es sollte strikt unterschieden werden zwischen der Aufgabe der Entwicklung und Konkretisierung von Plänen einerseits und der Koordination/Integration sowie der Entscheidung und Durchsetzung der Pläne andererseits.

Das Gegenstromverfahren kann als weitestgehende Annäherung einer hierarchisch strukturierten Unternehmungsplanung an das System der **totalen Simultanplanung** angesehen werden, die ansonsten das genaue Gegenstück einer hierarchisch angelegten Sukzessivplanung darstellt. Denn bei der totalen Simultanplanung werden alle Unternehmungsvariablen in einem einstufigen Totalmodell festgelegt und so optimiert. Dieses Vorgehen wird zwar wegen der stets vorhandenen **Interdependenzen** zwischen allen Variablen auch letztendlich als theoretisch geboten angesehen, hat sich aber in der Praxis (abgesehen von Anwendungen in begrenzten Teilbereichen) als nicht sinnvoll und praktikabel erwiesen. Insbesondere scheitern Ansätze zur simultanen Totalplanung an den damit verbundenen Informationsgewinnungs- und -verarbeitungsproblemen, speziell an den hohen Anforderungen an die Prognosegenauigkeit.

Mit dem System der hierarchischen Unternehmungsplanung auf das Engste verbunden ist das Konzept des **Controlling**. Es ist nachgerade Ausdruck des Bemühens, das beschriebene Gegenstromverfahren systematisch zu vervollkommnen und den beteiligten Instanzen Instrumente und Informationen an die Hand zu geben, damit diese ihre Rolle in dem komplexen Managementsystem zielorientiert wahrnehmen können.

Das Controlling, obgleich in der modernen Betriebswirtschaftslehre in aller Munde, ist begrifflich nur schwer präzise zu fassen. In der direkten Übersetzung von „to control" (= steuern, lenken, überwachen) wird zunächst die unmittelbare Verbindung zum Planungs- und Kontrollsystem der Unternehmung deutlich: Controlling ist damit als Funktion gleichzusetzen mit „Steuerung durch Planung und Kontrolle". Insofern ist es auch keine neue oder zusätzliche Managementfunktion. Allerdings wird stärker als bei der bloßen Erwähnung von Planung und Kontrolle als Managementfunktion (neben Organisation und Führung s.S. 81 ff.) die **Integrationsfunktion** des Controlling betont. Controlling stellt betont darauf ab, daß die Planung kontrollbegleitet erfolgt und Kontrollen systematisch für den Planungsprozeß genutzt werden, daß also ein **dynamischer Regelkreis von Planung und Kontrolle** institutionalisiert wird. Man spricht insofern auch von einem Controlling-Zyklus, der zugleich auch eine bestimmte Organisationsform betrieblichen Lernens umschreibt. Durch die

– systematische Koordination der zentralen und dezentralen Planungsaktivitäten in einem ausgewogenen Gesamtplan sowie durch die
– Sicherstellung einer regelmäßigen Zielerreichungskontrolle und Abweichungsanalyse werden u. a. auch die entscheidenden Grundlagen für ein produktives Problembewußtsein und die für ein betriebliches Überleben in einer Wettbewerbswirtschaft so wichtige Fähigkeit zur Selbstregulierung geschaffen.

Controlling als integratives Konzept der Unternehmenssteuerung ist naturgemäß auch eng mit den anderen Management-Teilsystemen (also dem Organisations-, Führungs- und Informationssystem) verknüpft. Beispielsweise wird Controlling bei Betonung der Informationsfunktion sogar als **systematisches Informations-Management** bezeichnet (*Hauschildt* 1988). Damit wird aber auch deutlich, daß Controlling-Aspekte praktisch in allen betriebswirtschaftlichen Teilbereichen, insbesondere vor allem auch im Rechnungswesen zu finden sind, so daß diese Zusammenhänge hier nur in Form der speziellen Aufgaben, die dem Controlling schwerpunktmäßig zukommen, angesprochen werden können.

Der dreidimensionale Aufgabenwürfel des Controlling macht diese übergreifende, integrative Komponente des Controlling besonders transparent (vgl. Abb. 59):

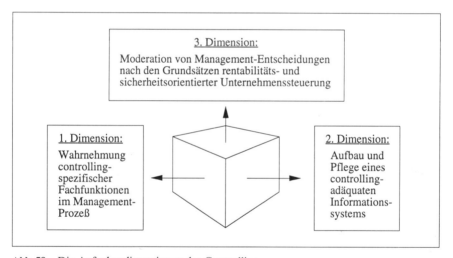

Abb. 59 Die Aufgabendimensionen des Controlling

1. Dimension: Das Controlling muß im Managementprozeß spezifische Fachfunktionen wahrnehmen. Diese sind eng mit den Aktivitäten im Controlling-Zyklus verbunden und betreffen vor allem
• die vorausschauende Ziel- und Mittelplanung
• die Erarbeitung von Entscheidungsvorlagen, insbesondere die Analyse von Alternativen, Prämissen und Konsequenzen betrieblicher Entscheidungen
• die Erfassung und Interpretation von Kontrollinformationen (z. B. in Form von Budgetabweichungen, Frühwarnsignalen u. a.)
• das Einbringen von Erkenntnissen aus dem Kontrollprozeß in nachgelagerte Planungsprozesse (z. B. in Form von Vorschlägen für Kurskorrekturen).

2. Dimension: Das Controlling hat wesentliche Aufgaben im Aufbau und in der Pflege eines Informationssystems, das die oben angesprochenen Fachfunktionen unterstützt. Wichtig ist dabei die Sicherstellung einer einheitlichen, möglichst automatisierten, entscheidungsorientierten Informationsbasis für die betrieblichen Entscheidungsträger. Eine besondere Rolle kommt hierbei dem betrieblichen Rechnungswesen zu, das Informationen zum „echten" Erfolgsbeitrag einzelner Geschäfte, Produkte, Kunden, Niederlassungen oder Sparten zum Gesamtergebnis liefern muß, das „richtige" Informationen für Preisuntergrenzen zu generieren hat und vieles andere mehr (vgl. ausführlich S. 128 ff.).

3. Dimension: Controlling ist historisch eng mit dem Anspruch verknüpft, einen wichtigen Beitrag zur Existenzsicherung des Unternehmens und zur Herausbildung einer betont rentabilitätsorientierten Geschäftspolitik zu leisten (vgl. ausführlich *Schierenbeck* 1991). Insoweit sind wichtige materielle Aufgaben des Controlling darin zu sehen, Managemententscheidungen nach spezifischen Grundsätzen einer rentabilitäts- und sicherheitsorientierten Unternehmenspolitik zu moderieren. Der Ausdruck „Moderation" wird dabei deshalb verwendet, weil Controlling prinzipiell nur eine Stabsfunktion ist und deshalb Entscheidungen gemäß dem genannten Selbstverständnis zwar beeinflussen, nicht jedoch bestimmen kann.

Im System der hierarchischen Unternehmensplanung sind diese drei Aufgabendimensionen des Controlling gemeinsam zu verwirklichen. Damit hieraus aber ein integriertes Plan- und Kontrollsystem im Sinne des Controlling wird, bedarf es stets der Beachtung zentraler **Funktionsprinzipien**. Auf einige wichtige soll im folgenden kurz eingegangen werden:

(a) Prinzip der Dominanz der strategischen Planung
(b) Prinzip der revolvierenden Planung
(c) Prinzip flexibler und elastischer Planung
(d) Prinzip der Budgetierung
(e) Prinzip der Manipulationsabwehr in Planungs- und Kontrollsystemen.

Zu (a): Als Merkmale der **strategischen Planung** (ihr Gegenstück wird als **operative** Planung bezeichnet) werden genannt (*Ulrich/Fluri* 1988):

Merkmale	Strategische Planung	Operative Planung
1. Hierarchische Stufe	Schwerpunkt bei der obersten Führungsebene der Unternehmung	Involvierung aller Stufen mit Schwerpunkt auf mittleren Führungsstufen
2. Unsicherheit	wesentlich größer	kleiner
3. Art der Probleme	meistens unstrukturiert	relativ gut strukturiert und oft repetitiv
4. Zeithorizont	Akzent langfristig, jedoch auch kurz- und mittelfristige Aspekte möglich	Akzent kurz- bis mittelfristig
5. Informationsbedürfnisse	primär Richtung Umwelt	primär nach innen
6. Alternativen	Spektrum an Alternativen grundsätzlich weit	Spektrum eingeschränkt

Merkmale	Strategische Planung	Operative Planung
7. Umfang	Konzentration auf einzelne wichtige Problemstellungen	umfaßt alle funktionellen Bereiche und integriert alle Teilpläne
8. Grad der Detaillierung	globaler und weniger detailliert	relativ groß

Das Prinzip der Dominanz der strategischen Planung (gegenüber der operativen Planung) ergibt sich direkt aus dem Zielcharakter der strategischen Planung für die operative Planung. Indirekt ist es eine Folge des von *Gutenberg* formulierten **„Ausgleichsgesetzes der Planung"**:

Da ein koordinierter Ablauf des betrieblichen Geschehens die ständige wechselseitige Abstimmung von Absatzmöglichkeiten, Herstellungskapazitäten, Beschaffungs- und Lagerungsgegebenheiten sowie von Finanzierungsinstrumenten und -konditionen erfordert, wird man stets auf – im Zeitablauf durchaus wechselnde – Bereiche stoßen, die als „Engpaßsektor" die übrigen betrieblichen Teilbereiche wegen der bestehenden Verflechtungen an ihrer vollen quantitativen und/oder qualitativen Entfaltung hindern. Für die Planung bedeutet dies, daß sich die Teilpläne durch Abstimmungsmaßnahmen auf diesen **Minimumsektor** einzunivellieren haben, da sich sonst zielschädliche, ja sogar existenzgefährdende Folgen für die Gesamtunternehmung ergeben können.

Das so charakterisierte „Ausgleichsgesetz der Planung" gilt grundsätzlich, aber mit besonderer Eindringlichkeit in kurzfristiger Sicht, da in Kurzfristplänen die meisten der planungsrelevanten betrieblichen Tatbestände – vor allem auch die Größen, die den Minimumsektor bewirken – Daten darstellen, die kurzfristig nicht beeinflußbar sind. So müssen in einem kurzfristigen Plan beispielsweise die Maschinenkapazität, der Personalbestand oder das Leistungsprogramm als gegeben angesehen werden, während diese Größen in längerfristigen Plänen durchaus einer möglichen Veränderung durch entsprechend geplante Maßnahmen unterliegen. Kurzfristig bewirkt das „Ausgleichsgesetz der Planung" also ein Einpendeln der Gesamtplanung auf den Minimumsektor, wohingegen es langfristig gesehen in Richtung auf einen Abbau oder sogar auf eine Beseitigung betrieblicher Engpaßsituationen hinwirkt.

Hieraus resultiert der eine zentrale Vorteil langfristiger Planungen gegenüber ausschließlich kurzfristigen Abstimmungsmaßnahmen. Der andere Vorteil besteht darin, daß Langfristpläne durch die Wirkungen des „Ausgleichsgesetzes der Planung" prinzipiell auf den Markt ausgerichtet sind, da marktliche Engpässe bei abnehmender Relevanz innerbetrieblicher Engpässe zunehmend an Bedeutung gewinnen. Langfristpläne werden sich daher tendenziell stets auf den Markt mit seinen überhaupt nicht oder nur mittelbar beeinflußbaren Gegebenheiten, die letztlich den Minimumsektor darstellen, einpendeln.

Im Rahmen der strategischen Planung werden die wichtigsten Merkmale eines Unternehmens relativ global für einen längerfristigen Zeitraum fixiert. Es sollen Konzepte und Strategien entwickelt werden, mit denen die Existenz der Unternehmung dauerhaft gesichert werden kann.

Ausgangspunkt des strategischen Planungs- und Kontrollprozesses bilden Unternehmens- und Umweltanalysen, mit denen Stärken und Schwächen der Unternehmung und ihrer Konkurrenten sowie die strategisch bedeutenden Veränderungen der Umwelt erfaßt werden. Auf der Basis dieser Erkenntnisse kann geprüft werden, ob die Unternehmung die gesetzten Ziele mit den gegenwärtigen Strategien erreicht (vgl. Abb. 60).

Ausgehend von der strategischen Lücke sind nun neue Strategien zu entwickeln bzw. vorhandene zu modifizieren, damit die gesetzten Ziele erreicht werden kön-

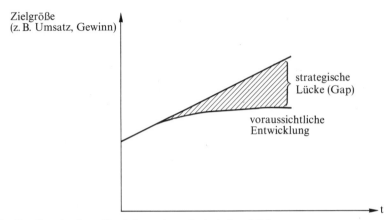

Abb. 60 Gap-Analyse: Ermittlung einer strategischen Lücke

nen. Dafür sind insbesondere zwei Zusammenhänge von Bedeutung: (1) die Vorstellung von einem Produkt-Lebenszyklus sowie (2) das Konzept der Erfahrungskurve.

(1) Die **Lebenszyklushypothese** besagt, daß der Absatz von Produkten durch einen typischen zeitlichen Verlauf gekennzeichnet ist. Analog zur Absatzentwicklung verläuft die Höhe des Einnahmeüberschusses: in der Einführungs- und Wachstumsphase übersteigen die finanziellen Mittel für Investitionen, Marktbearbeitung die Umsatzerlöse. Bei Eintritt in die Reifephase liegen dann die erzielbaren Umsätze über den eingesetzten finanziellen Mitteln. Diese Zusammenhänge verdeutlicht Abb. 61 (in Anlehnung an *Dunst* 1982).

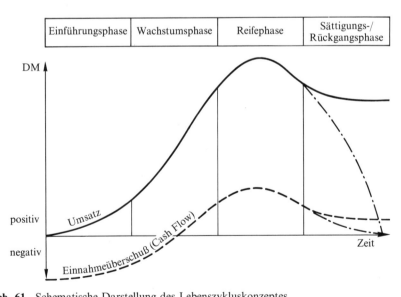

Abb. 61 Schematische Darstellung des Lebenszykluskonzeptes

(2) Das Konzept der **Erfahrungskurve** basiert auf dem empirisch nachgewiesenen Phänomen, daß die Produktionskosten je Stück mit zunehmender Ausbringungsmenge stark abnehmen. Den Zusammenhang verdeutlicht Abb. 62.

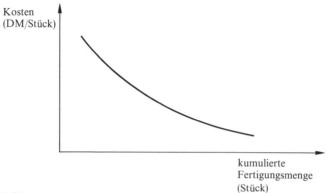

Abb. 62 Erfahrungskurve

Aus beiden Effekten ergibt sich nun die Forderung, eine Unternehmung müsse einerseits über eine ausgewogene Mischung von Produkten unterschiedlicher Reifegrade verfügen, andererseits sollte sie bemüht sein, hohe Marktanteile zu gewinnen, um aufgrund des Erfahrungskurveneffektes gegenüber Mitbewerbern einen relativen Kostenvorteil zu erzielen.

Diese strategischen Empfehlungen werden auch von der **Portfoliotechnik** aufgegriffen. Da sie eine in der Unternehmenspraxis weit verbreitete strategische Planungsmethode darstellt, sei auf sie im folgenden beispielhaft näher eingegangen (vgl. zum folgenden *Meffert/Wehrle* 1983).

Grundlage der Portfoliotechnik ist die Bildung **strategischer Geschäftsfelder** (SGF). Ein SGF stellt eine Produkt-Markt-Kombination dar, für das eine eigenständige, abgrenzbare Strategie entwickelt werden kann.

In Anlehnung an das Portfolio von Wertpapieren interpretiert die Portfoliotechnik ein Unternehmen als Menge einzelner SGF, die in ihrem Zusammenwirken unter Berücksichtigung dynamischer Aspekte auf ihre Zielwirkung hin analysiert werden.

Die Vorgehensweise sämtlicher Varianten der Portfoliotechnik zielt dabei darauf ab, die Chancen und Risiken von SGF durch ein System von Bestimmungsfaktoren zum Ausdruck zu bringen. Gruppiert man diese Bestimmungsfaktoren in zwei Kategorien, so läßt sich unabhängig von ihrer konkreten Ausprägung eine zweidimensionale Matrix aufstellen, in die sich die SGF des Unternehmens einordnen lassen. Eine Achsendimension wird hierbei regelmäßig von solchen Faktoren bestimmt, die weitgehend am Markt orientiert sind und von der Unternehmensleitung nicht bzw. nur indirekt beeinflußt werden können (z. B. Marktwachstum, Ressourcenversorgung). Die zweite Dimension repräsentiert dagegen in erster Linie vom Unternehmen direkt beeinflußbare Faktoren wie Marktanteile oder Qualifikation der Führungskräfte. Je nach Auswahl der Erfolgsfaktoren lassen sich nun aus der Positionierung der SGF innerhalb der jeweiligen Portfolio-Matrix strategische Tendenzaussagen ableiten.

Die einzelnen entwickelten Portfoliovarianten unterscheiden sich im wesentlichen in dem zugrundegelegten Einflußfaktorensystem. Zu nennen sind hier vor allem

- das Marktwachstums-/Marktanteilsportfolio,
- das Marktattraktivitäts-/Wettbewerbsstärkenportfolio,
- das Marktlebenszyklus-/Produktlebenszyklusportfolio sowie
- das Geschäftsfeld-/Ressourcenportfolio.

Eines der bekanntesten und anschaulichsten Portfolios, das von der Boston Consulting Group entwickelte Marktwachstums-/Marktanteilsportfolio soll beispielhaft kurz umrissen werden.

Es basiert auf dem Erfahrungskurven- und dem Lebenszyklus-Konzept und geht von der Überlegung aus, daß das Wachstum eines Marktes einen Indikator für seine Stellung im Lebenszyklus, und daraus abgeleitet, für seinen Investitionsbedarf darstellt. Hohe Marktwachstumsraten werden dementsprechend frühen Lebenszyklusphasen und hohem Investitionsbedarf zugeordnet. Der Marktanteil als zweite Determinante gilt als Indikator für die kumulierte Fertigungsmenge und damit verbundene Kostenvorteile im Wettbewerb. Ein hoher relativer Marktanteil ist hier als Indiz für besondere Stärken des Unternehmens in Form von komparativen Kostenvorteilen zu werten.

Als wesentliche Erfolgsfaktoren der SGF werden dementsprechend das Marktwachstum und der relative Marktanteil (= eigener Marktanteil im Verhältnis zum Marktanteil des größten Wettbewerbs) gewählt. Stellt man die beiden Faktoren einander in einer Matrix gegenüber und unterscheidet auf jeder Achse grob zwei Bereiche, so ergibt sich eine Matrix in der in Abbildung 63 dargestellten Form.

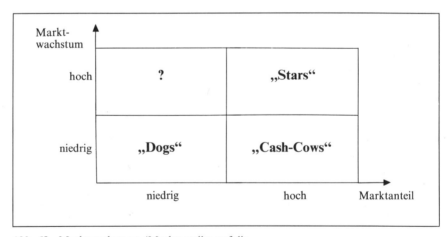

Abb. 63 Marktwachstums-/Marktanteilsportfolio

Die einzelnen SGF eines Unternehmens lassen sich nun anhand der zwei Kriterien bewerten und in die Matrix einordnen, wobei die Definition der vier Felder Rückschlüsse auf Erfolgspotentiale und strategische Erfordernisse zuläßt.

„**Stars**" sind SGF mit überdurchschnittlichem Marktwachstum und dem Potential zu dominierender Marktposition bis in die Reifephase. Sie beanspruchen meist sehr große finanzielle Ressourcen und erwirtschaften in der Zeit des starken Wachstums i.d.R. kaum Finanzmittelüberschüsse. Stars bilden die wichtigsten Geschäftsfelder im Hinblick auf die Zukunft und erfordern somit die sofortige Reinvestition der erwirtschafteten Finanzmittel zum Halten des hohen Marktanteils bzw. zur Marktanteilsausweitung. Die Positionierung eines Geschäftsfeldes als Star spricht tendenziell für eine Investitionsstrategie.

„Cash-Cows" sind SGF auf kaum noch wachsenden oder gar stagnierenden Märkten, für die sich das Unternehmen jedoch eine gute Marktposition aufbauen konnte. Cash Cows bedingen im allgemeinen einen deutlich niedrigeren Investitionsbedarf als Stars, liefern allerdings aufgrund der starken Wettbewerbsposition hohe Erfolgsbeiträge, so daß SGF in diesem Matrixfeld meist die Hauptquelle für Gewinn und Liquidität eines Unternehmens darstellen.

„Question Marks" verzeichnen nur einen geringen Marktanteil, dafür aber in einem Markt mit hohen Wachstumsraten. Sie bewirken aufgrund ihres starken Wachstums einen hohen Finanzmittelbedarf, ohne daß dieser durch Kostenvorteile aufgrund von Erfahrungskurveneffekten kompensiert würde. Eindeutige strategische Empfehlungen sind für diese SGF i.d.R. nicht möglich. Die Unternehmen müssen vielmehr von Fall zu Fall prüfen, ob es möglich ist, die Questionmarks durch gezielten Ausbau des Marktanteils in eine Position der Stars zu manövrieren bevor das Marktwachstum zurückgeht (Investitionsstrategie). Erscheint dies nicht erreichbar, so empfiehlt es sich i.d.R., das betreffende SGF aufzugeben und so den Finanzmittelbedarf zu verringern (Desinvestitionsstrategie).

„Dogs" bilden schließlich die SGF, die sowohl durch ein niedriges Marktwachstum als auch durch einen niedrigen relativen Marktanteil gekennzeichnet sind. Sie sind für das Unternehmen tendenziell weniger interessant, da sie einerseits kein großes Marktpotential mehr aufweisen, es andererseits auch nicht gelungen ist, in ihnen besondere strategische Wettbewerbsvorteile zu erarbeiten. Da Dogs außerdem meist nur durch einen unverhältnismäßig hohen Einsatz von Ressourcen in günstigere strategische Positionen zu bringen sind, empfehlen sich für solche SGF tendenziell Desinvestitionsstrategien.

In Umsetzung der Hypothesen des Erfahrungskurven- und des Lebenszyklus-Konzeptes zielt das Marktwachstums-/Marktanteilsportfolio auf die Sicherung einer strategischen Ausgewogenheit des Portfolios ab. Diese Ausgewogenheit gilt immer dann als gewährleistet, wenn einerseits die gegenwärtige und die zukünftige Ertragskraft des Unternehmens sichergestellt ist, und andererseits durch eine gleichgewichtige Mischung von finanzmittel-freisetzenden und finanzmittelverbrauchenden SGF das finanzielle Gleichgewicht des Unternehmens dauerhaft gewährleistet werden kann.

Entsprechend sollte ein Unternehmen

- einen genügend großen Anteil an Produkten im „Cash-Cow"-Quadranten haben, da die hier erwirtschafteten Finanzierungsüberschüsse zur Finanzierung der „Stars" benötigt werden;
- eine ausreichende Menge von SGF in „Star"-Positionen als Grundlage für das Zukunftsgeschäft
- sowie möglichst wenige SGF in der „Dog"-Position haben, da diese i.d.R. nur einen Hemmschuh für die strategische Gesamtposition des Unternehmens bedeuten.

Signalisiert die Verteilung der SGF nun Unausgewogenheiten in der Geschäftsstruktur eines Unternehmens, so bildet diese Erkenntnis Stimulanz und Ausgangspunkt für die Suche nach Strategien zur Herbeiführung einer Ausgewogenheit, wobei die in der Matrix aufgezeigten Positionen bereits wesentliche Hinweise auf zu ergreifende Strategien liefern (vgl. Abb. 64).

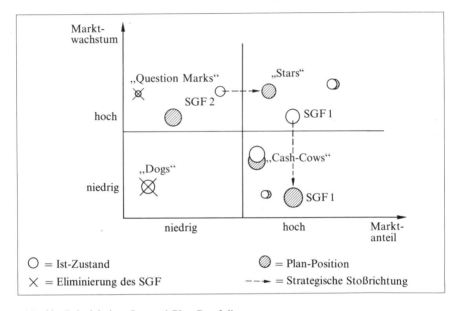

Abb. 64 Beispiel eines Ist- und Plan-Portfolios

Zu (b): Das Prinzip **revolvierender Planung** verbindet zwei wichtige Teilprinzipien der Unternehmensplanung:

- wegen der grundlegenden informatorischen Probleme einer (an sich notwendigen) langfristigen Planung wird das **Prinzip des minimalen Prognosebedarfs** formuliert (*Hannsmann* 1985): Die Planung ist so auszugestalten, daß Prognosen nur in dem Umfang benötigt werden, als sie gegenwärtige Entscheidungen beeinflussen bzw. soweit alternative Zukunftsentwicklungen unterschiedliche gegenwärtige Entscheidungen erfordern;
- wegen der Interdependenzen zwischen den Teilplänen und ihrer damit erforderlichen Integration in ein Gesamtsystem ist das **Schachtelprinzip** (*Wild* 1982) zu verwirklichen: Jeder längerfristige Plan übergreift stets den kürzerfristigen Plan in vollem Umfang, impliziert also auf diese Weise mehrere Teilpläne mit unterschiedlicher zeitlicher Reichweite.

Aus diesen beiden Teilprinzipien ergibt sich das Konzept einer revolvierenden Planung als einer bestimmten Form der Anpassung in mehrstufigen Planungs- und Kontrollsystemen, die periodisch (in festen regelmäßigen Zeitabständen) im Wege der Überprüfung, Konkretisierung, Änderung und Fortschreibung erfolgt und dabei auch eine Überarbeitung vorgelagerter Planungsstufen einschließt. Abb. 65 (nach *Wild* 1982, S. 180) verdeutlicht die so entstehende **Rhythmik** eines Planungs- und Kontrollsystems an einem Beispiel.

Planungssystem Prozesse	1. Stufe kurzfristiger Plan	2. Stufe mittelfristiger Plan	3. Stufe langfristiger Plan
Überprüfung Konkretisierung Änderung Fortschreibung	monatlich – – halbjährlich	halbjährlich jährlich bei Bedarf jährlich	jährlich jährlich bei Bedarf 2jährlich
Reichweiten	1 Jahr	3 Jahre	7 Jahre

Abb. 65 Rhythmendiagramm eines Planungs- und Kontrollsystems

Die regelmäßige Fortschreibung und Konkretisierung der Pläne ist auch das charakteristische Merkmal der sogenannten **rollenden Planung** (*Agthe* 1972), die eine Trennung in eine langfristige Grob- und eine kurzfristige Detailplanung vornimmt, um die Vorteile einer Langfristplanung mit der Notwendigkeit detaillierter Kurzfristpläne zu verbinden (vgl. Abb. 66).

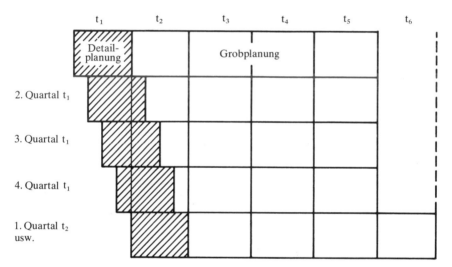

Abb. 66 Konzept der rollenden Planung

Eine Unternehmung möge sich bei der Aufstellung ihrer Pläne beispielsweise mit einem Planungshorizont von fünf Jahren begnügen müssen. Da eine realisationsreife Detailplanung nur für jeweils ein Jahr im voraus erstellt werden kann, muß der verbleibende Planungszeitraum durch eine Grob- oder Rahmenplanung ausgefüllt werden. Mit fortschreitender Planerfüllung wird der zunächst nur grob fixierte Rahmenplan nun beispielsweise quartalsweise detailliert, womit eventuell auch eine Planänderung verbunden ist, wenn zwischenzeitlich weitere, genauere und/oder sicherere Informationen eingegangen sind. Mit fortschreitender Detaillierung und Planerfüllung erfolgt zugleich eine Anpassung der Grobplanung an den Planungshorizont, indem die Grobplanung – beispielsweise einmal pro Jahr – um jeweils diesen Zeitraum verlängert wird. Die Koordination der Teilpläne erfolgt bei der rollenden Planung also zweifach: Einerseits liefert die langfristige Grobplanung den Rahmen für die kurzfristigen Detailpläne, andererseits wirkt sich die fortschreitende Detaillierung der Pläne kombiniert mit einem Planänderungssystem auch gestaltend auf die Grobplanung aus.

Zu (c): Der Begriff der **Flexibilität** wird in der Literatur üblicherweise von dem der **Elastizität** getrennt. Während Flexibilität dort die Eigenschaft eines Planungsverfahrens bezeichnet, kennzeichnet Elastizität die Existenz eines für die Zukunft verbleibenden Anpassungsspielraumes bzw. auch den Grad der Anpassungsfähigkeit, der nach Plandurchführung noch verbleibt. Gemeinsam ist beiden Begriffen, daß sie eine bestimmte Form der Bewältigung von Planungsungewißheit umschreiben.

Das Prinzip **elastischer Planung** schlägt sich in dem Aspekt der **Reservenhaltung** und in der Berücksichtigung elastischer **Planalternativen** nieder. So ist etwa unter dem Gesichtspunkt der Elastizität eine Universalmaschine einer Spezialmaschine wegen ihrer größeren Verwendungsbreite vorzuziehen. Ähnliches gilt für Entscheidungen, die im nachhinein noch (zumindest teilweise) reversibel sind, gegenüber solchen, die ein hohes Maß an Irreversibilität aufweisen.

Letztere sind damit ceteris paribus stets risikoreicher. Wo solche Entscheidungen aber unumgänglich sind, sind zumindest Vorsorgemaßnahmen zu treffen, die eine Art Sicherungsfunktion gegenüber den zu tragenden Risiken beinhalten. Dazu zählt an herausragender Stelle die Reservenhaltung, die in den verschiedensten Varianten auftritt. Von Bedeutung sind aber vor allem Liquiditätsreserven, die unvorhergesehene Zahlungsverpflichtungen oder Einnahmerückgänge auffangen helfen, Rücklagen, die als Ertragspolster zur Abdeckung von Verlusten dienen, Auftragsreserven, die bei Nachfragerückgängen dazu beitragen, die Beschäftigung der Unternehmung zu sichern sowie schließlich auch Kapazitäts- und Vorratsreserven, die auftretende Beschaffungsengpässe überwinden helfen.

Das Prinzip **flexibler Planung** ist von dem der Elastizität zu trennen. Allgemein hat es die Aufgabe, die „dynamische Rationalität" **mehrstufiger Entscheidungssequenzen unter Ungewißheit** zu sichern. Theoretischer Ausgangspunkt ist dabei die Feststellung, daß bei mehrstufigen Entscheidungsproblemen unter Ungewißheit

- die Aktionsmöglichkeiten, die in einem Zeitpunkt zur Verfügung stehen, abhängig davon sind, welche Aktionen in früheren Zeitpunkten gewählt worden sind,
- mehrwertige Erwartungen über zukünftige Ereignisse sowie über die voraussichtlichen Ergebnisse der eigenen Aktionen bestehen, und daß
- die optimale Entscheidung nur gefunden werden kann, wenn zugleich berücksichtigt wird, wie eine gegenwärtige Entscheidung den Aktionsspielraum späterer Zeitpunkte beeinflußt.

Das Prinzip der flexiblen Planung berücksichtigt nun diese drei Punkte, indem die Entscheidungen über zukünftige Maßnahmen **simultan** mit denen über gegenwärtige Aktionen abgestimmt werden und der Unsicherheit der Zukunft in der Weise Rechnung getragen wird, daß **Eventualentscheidungen** für alle möglichen Umweltkonstellationen getroffen werden (vgl. *Hax/Laux* 1972). Das Fällen von Eventualentscheidungen bzw. die Aufstellung sogenannter „Schubladenpläne" bedeutet dabei, daß die Möglichkeiten und Bedingungen einer späteren Anpassung bereits zum jeweils gegenwärtigen Zeitpunkt gesehen werden und in die Gestaltung der Programme und Pläne einfließen. Da dies grundsätzlich im Rahmen eines mehrstufigen Entscheidungsmodells geschieht, das auf der Basis des bei der dynamischen Programmierung verwendeten **Roll-back**-Verfahrens bzw. **Rekursionsprinzips** arbeitet, wird auf diese Weise zugleich die optimale Entscheidung für die Gegenwart (und auf der Basis des gegenwärtigen Informationsstandes auch die optimale Entscheidungssequenz im Zeitablauf) fixiert (vgl. hierzu auch die Technik der Entscheidungsbaumanalyse S. 375 ff.).

Viertes Kapitel: Unternehmungsführung

Zu (d): Gemäß dem Prinzip der **Budgetierung** sind für alle Unternehmensteilbereiche Zielgrößen zu ermitteln, die diesen als Richtschnur für ihr Handeln dienen. Ein Budget stellt demzufolge eine vorgegebene oder vereinbarte Mengen- oder Wertgröße dar, die vom Budgetverantwortlichen eingehalten werden soll.

Die Budgetierung ist eine Planungsmethode, die schwerpunktmäßig im operativen Planungs- und Kontrollsystem eingesetzt wird. Sie erfüllt im einzelnen folgende Funktionen:

- Planungsfunktion: mit der Erstellung des Budgets wird die Zukunft des Unternehmens im vorhinein festgelegt.
- Koordinationsfunktion: Durch die Erstellung von Budgets für verschiedene Organisationseinheiten werden die Teilbereiche aufeinander abgestimmt.
- Bewilligungsfunktion: Im Rahmen seines Budgets kann jeder eigenverantwortlich entscheiden.
- Motivationsfunktion: Durch die Budgetierung werden Leistungsanforderungen und -ergebnisse sichtbar.
- Kontrollfunktion: Durch den Vergleich zwischen Plan und Ist werden Abweichungsanalysen möglich.

Budgetsysteme können unter verschiedenen Gesichtspunkten näher differenziert werden (vgl. dazu auch die Ausführungen zur Plankostenrechnung, S. 657 ff.).

- **starre Budgets** sind Größen, die während einer Budgetperiode unbedingt einzuhalten sind, **flexible Budgets** enthalten Größen, die sich unter geänderten Bedingungen z. B. bei Beschäftigungsschwankungen, verändern lassen.
- Die **Inhalte** der Budgets können erhebliche Unterschiede aufweisen: man unterscheidet z. B. Umsatz-, Absatz-, Kosten-, Investitionsbudgets etc.
- Gemäß den unterschiedlichen organisatorischen **Verantwortungsbereichen** lassen sich z. B. Abteilung-, Kostenstellen- oder Projektbudgets unterscheiden.

Grundgedanke des Budgetprinzips ist die Überlegung, aus der Vorgabe von Soll-Größen und der Gegenüberstellung mit dem Ist-Zustand

- frühzeitig Planabweichungen zu erkennen und zu analysieren,
- Gegensteuerungsmaßnahmen rechtzeitig einleiten zu können,
- das Verhalten der Mitarbeiter „vor"-zusteuern,
- und einen organisatorisch einheitlich verankerten und akzeptierten Maßstab für ihren Erfolg zu haben.

Zu (e): Bei organisatorischer Einbindung des Planungs- und Kontrollsystems in die Unternehmungshierarchie besteht grundsätzlich die Gefahr, daß untergeordnete Stellen (Instanzen, Stäbe) durch Beeinflussung von Planungs- und Kontrollinformationen ihre persönlichen Interessenlagen durchzusetzen versuchen. Der Zweck solcher als **Manipulation** zu bezeichnenden Einflußaktivitäten kann dabei sein:

- gewünschte Genehmigungen zu erhalten (z. B. Lieblings-Investitionsprojekte),
- den Leistungs- und Verantwortungsdruck zu lockern,
- die (lästige) Einmischung von Vorgesetzten und ihren Stäben auf ein Mindestmaß zu reduzieren,
- einen positiven Eindruck bei den Vorgesetzten zu erzeugen und daran anknüpfende Belohnungen (Beförderung, Gehaltserhöhung) zu erhalten oder zumindest negative Sanktionen zu vermeiden.

Die verschiedenen Einflußmöglichkeiten, die untergeordnete Stellen bei Arbeits-

126 Viertes Kapitel: Unternehmungsführung

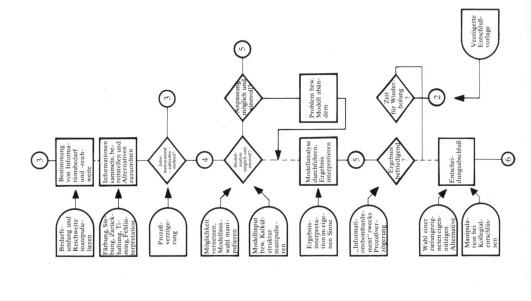

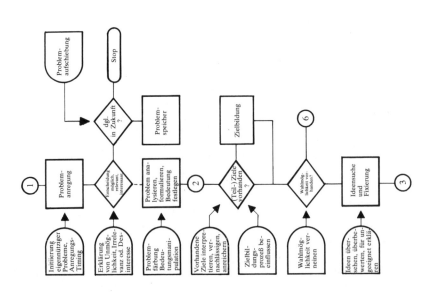

Abb. 67 Einflußmöglichkeiten im Management-Prozeß

Viertes Kapitel: Unternehmungsführung

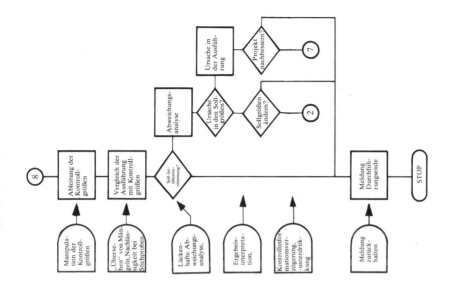

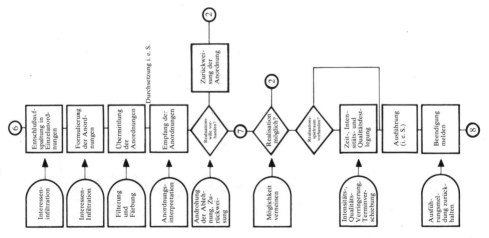

teiligkeit des Managementprozesses auf Verlauf und Ergebnis von Planungs- und Kontrollaktivitäten haben, verdeutlicht beispielhaft das folgende **Flußdiagramm** (Abb. 67, entnommen aus *Schmidt, R.-B.*, 1973, S. 152f.).

Die Hauptflußrichtung des Diagramms verläuft von oben nach unten und von links nach rechts. Die rechteckigen Symbole beinhalten Operationen, die rhombenförmigen Symbole charakterisieren Ja-Nein-Abfragen (Entscheidungen). Die Nein-Alternative geht immer nach rechts heraus. Die einzelnen Prozeßstufen sind numeriert (z. B. Anregung und Problemerkennung = 1, Durchsetzung = 6).

In der Regel sind die Wirkungen solcher von persönlichen Ambitionen getragenen Einflußaktivitäten untergeordneter Stellen **dysfunktional**:

· zu späte Erkenntnis von Risiken und Chancen durch die Führungsspitze,
· übermäßige Reservebildung auf den einzelnen Managementebenen,
· falsche Zuteilung von Ressourcen (z.B. aufgrund zu optimistischer Absatzpläne),
· falsche Beurteilung des vorhandenen Managementpotentials,
· u.a.m.

Daher gilt die **Manipulationsabwehr** allgemein als ein wichtiges Prinzip in Planungs- und Kontrollsystemen. Als mögliche Maßnahmen zur Manipulationsabwehr lassen sich dabei nennen (*Kormann* 1974):

[1] Analyse der Interessenlage untergeordneter Stellen und der bevorzugten Ansatzpunkte manipulationsgefährdeter Bereiche
[2] Festlegung der Berichtsinhalte (Standardisierung und Formalisierung des Planungs- und Kontrollsystems)
[3] Durchführung von (Soll/Ist-, Branchen-, Zeit-) Vergleichen
[4] Ausarbeitung von Alternativplänen (mit expliziter Kennzeichnung von Prämissen und Schätzungen)
[5] Einschaltung von Personenmehrheiten in die Prognose von Prämissen
[6] Betonung von Berichten, die Informationen über Ursachen und nicht nur über Wirkungen liefern
[7] Getrennte Budgetierung der Aufwendungen zur Zukunftssicherung und Genehmigungsvorbehalte bei ihrer Änderung
[8] Budgetierung von Abweichungen und Schaffung transparenter Reserven
[9] Fortlaufende Prognose der voraussichtlichen Budgetabweichungen zum Jahresende und für das Folgejahr
[10] Schaffung dezentraler Controlling-Instanzen mit Unterstellung unter eine zentrale Controller-Instanz
[11] Eingehende Analysen des Leistungspotentials aller Unternehmungsbereiche
[12] Einsatz der internen Revision zur Prüfung „vor Ort" (Management Audit)
[13] Sicherung des Prinzips der Gegenkontrolle durch Verteilung von Planungs- und Kontrollkompetenzen auf verschiedene voneinander unabhängige und fachlich spezialisierte Stellen
[14] Ergänzung der schriftlichen Fakten-Information durch verbale Kommunikation.

4. Informationssysteme

Mit den bisher behandelten Bestandteilen eines Managementsystems in engstem Zusammenhang steht das betriebliche Informationssystem:

· Der komplexe Managementprozeß, der inhaltlich auch als Planungs- und Kontrollprozeß interpretiert werden kann, (vgl. auch S. 81 ff.) besteht so gut wie ausschließlich aus Tätigkeiten, deren gemeinsamer Zweck die Gewinnung, Verarbeitung, Speicherung und Übertragung von Informationen ist. Planungs- und Kontrollsysteme sind damit stets auch als Informationssysteme zu deuten.

- Informationssysteme sind auch Teil des Organisationssystems, und zwar einmal dadurch, daß Stellen geschaffen werden, denen die Gewinnung, Verarbeitung, Speicherung und Übertragung von Informationen obliegt, und zum anderen dadurch, daß Informationsbeziehungen (Kommunikationsbeziehungen) zwischen den Stellen zu den zentralen (aufbau-) organisatorischen Phänomenen zählen (vgl. auch S. 91 f.).

Informationen werden als „zweckorientiertes Wissen" (*Wittmann* 1959) definiert. In dieser **pragmatischen** Betrachtung sind sie begrifflich von Nachrichten (**semantische** Ebene) und Signalen (**syntaktische** Ebene) zu unterscheiden.

Die unterste Ebene der Betrachtung von Informationen ist die syntaktische Dimension: Betrachtet werden lediglich Signale, Symbole oder Zeichen als materielle Ausprägung von Informationen, ohne daß diesen bereits eine irgendwie geartete Bedeutung beigemessen wird. Dies erfolgt erst auf der semantischen Ebene, wo man sich mit den Beziehungen zwischen den Symbolen und Zeichen befaßt und ihre Bedeutung festlegt: Signale mit einer bestimmten Bedeutung werden als Nachrichten bezeichnet. Erst dann, wenn solche Nachrichten für einen beliebigen (Management-) Zweck Verwendung finden, spricht man dann von Informationen.

Mit der syntaktischen und semantischen Ebene beschäftigt sich die (mathematisch-physikalische) Informationstheorie. Ein Beispiel ist das **binäre** Alphabet, das in allen EDV-Systemen verwendet wird (vgl. Abb. 68, entnommen aus *Meffert* 1975a, S. 12):

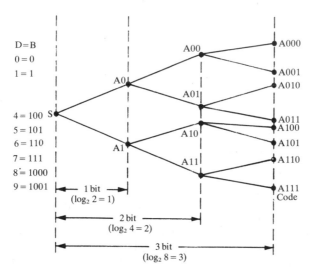

Binäre Codierung = ein Code, der nur aus zwei unterschiedlichen sinnvollen Signalqualitäten besteht, z. B. 1 u. 0, links + rechts

Abb. 68 System der binären Codierung

Die betriebswirtschaftliche Informationstheorie hat ihren Schwerpunkt auf der pragmatischen Ebene des Nutzens von Informationen für Zwecke der betrieblichen Steuerung. Als Qualitätskategorien (Gütekriterien) für Informationen kommen demnach in Betracht (*Berthel* 1975):

- **Problemrelevanz** (Zweckorientiertheit)

- **Informationsgehalt** (mit seinen drei Bestimmungsgrößen: Allgemeinheit, Präzision und Bedingtheit der Aussage)
- **Wahrscheinlichkeit** (Grad der Sicherheit, wahr zu sein)
- **Bestätigungsgrad** (Glaubwürdigkeit aufgrund verfügbaren Erfahrungswissens)
- **Überprüfbarkeit** (Möglichkeit, einen Wahrheitsbeweis zu führen)
- **Aktualität** (Alter bzw. Neuheitsgrad von Informationen).

Die Qualität betrieblicher Informationssysteme ist in der Realität dadurch gekennzeichnet, inwieweit es gelingt, Informations**angebot**, **-nachfrage** und Informations**bedarf** zur Deckung zu bringen. Dabei stellt sich die Situation in der Regel etwa so dar, wie in Abb. 69 wiedergegeben (vgl. *Berthel* 1975, S. 30).

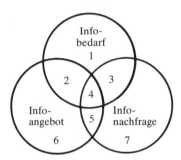

1 = Info, die weder angeboten noch nachgefragt werden
2 = Info, die angeboten, aber nicht nachgefragt werden
3 = Info, die nachgefragt, aber nicht angeboten werden
4 = Angebotene und zugleich nachgefragte Info
5 = Nachrichten, die angeboten und nachgefragt werden, aber nicht notwendig sind
6 = Nachrichten, die angeboten werden, aber weder nachgefragt werden noch notwendig sind
7 = Nachrichten, die nachgefragt werden, aber weder angeboten werden noch notwendig sind

Abb. 69 Informationsbedarf, -nachfrage und -angebot

Ansatzpunkte, die zu einer (prinzipiell anzustrebenden) höheren Deckung von Informationsbedarf-, -angebot und -nachfrage beitragen, sind einmal die betrieblichen Informations**prozesse** selbst und zum anderen die **Träger** dieser Prozesse. Was letzteres betrifft, so geht es um die bestmögliche Ausnutzung des bei den Mitarbeitern vorhandenen respektive aktivierbaren Informationspotentials sowie um einen möglichst effektiven Einsatz von technischen Hilfsmitteln (Büromaschinen, Lochkartensystemen, Computern). Ihr produktives Zusammenwirken bei den betrieblichen Informationsprozessen ist dabei jedoch zwangsläufig verbunden mit der Aufgabe, diese Prozesse selbst in ihren verschiedenen Aktionsphasen (Beschaffung, Speicherung, Übermittlung und Verarbeitung von Informationen) optimal zu gestalten (vgl. zu folgendem *Berthel* 1975):

(a) **Informationsbeschaffung.** Alle bedarfsnotwendigen Informationen müssen, soweit sie nicht bereits vorhanden (im Betrieb gespeichert) sind, beschafft werden. Gelingt dies nur unzureichend, wird der Informationsbedarf nur unzureichend gedeckt. Als mögliche Gründe dafür kommen in Frage:

- unzureichende **Kenntnis** adäquater Verfahren der Informationsgewinnung bzw. in Anspruch zu nehmender Informationsquellen,
- unzureichende **Möglichkeiten**, bestimmte Informationen zu beschaffen,
- unzureichender **Wille**, bestimmte Informationen zu beschaffen.

(b) **Informationsspeicherung.** Fallen Informationsverwendung und Informationsverfügbarkeit zeitlich auseinander, wird eine Speicherung erforderlich. Sie kann grundsätzlich in zwei unterschiedlichen Formen erfolgen: In natürlichen Speichern (menschliches Gedächtnis) oder in künstlichen Speichern (Schriftgutablage, Lochkarten, Mikrofilmen u.a.m.). Maßgebliche Kriterien speziell für die Wahl künstlicher Speicherformen sind dabei

- zu speichernder Informationsumfang
- voraussichtliche Speicherdauer der Information
- Häufigkeit und notwendige Schnelligkeit des Zugriffs zu gespeicherten Informationen
- Häufigkeit der Änderung (Aktualisierung) des gespeicherten Informationsmaterials
- Notwendigkeit der Sicherung gespeicherter Informationen vor ungewolltem und unerlaubtem Zugriff.

(c) **Informationsübermittlung (Kommunikation).** Die Notwendigkeit der innerbetrieblichen Kommunikation ergibt sich aus der Arbeitsteilung. Dementsprechend sind Kommunikationsvorgänge zusammengesetzte Tätigkeiten, die mindestens aus der Informationsabgabe und der Informationsaufnahme bestehen und an denen mindestens zwei Partner beteiligt sind: Ein Sender von Informationen und ein Empfänger von Informationen. Beide können Menschen oder maschinelle Anlagen sein.

Als Hauptproblem der Kommunikation ist anzusehen, daß alles im Betrieb vorhandene Informationsmaterial auch (unverfälscht) an die Stellen des Bedarfs gelangt. Von den Gründen, daß dies häufig nicht der Fall ist, kann man folgende hervorheben:

- Dem Informationsproduzenten oder der Speicherstelle ist unbekannt, daß die Informationen woanders benötigt werden. Den Stellen, die bestimmte Informationen benötigen, ist unbekannt, daß bzw. wo diese Informationen in der Unternehmung existieren.
- Es fehlt an der Initiative, dem Willen und/oder dem Können der Beteiligten, daß die Information dorthin gelangt, wo sie (bekanntermaßen) benötigt wird.

(d) **Informationsverarbeitung.** Hier werden Informationen durch Kombinations- oder Verknüpfungsvorgänge in inhaltlich neue Informationen umgewandelt (umgeformt, verdichtet oder spezifiziert). Daß Schwierigkeiten im Zusammenhang mit der Informationsverarbeitung auftreten, kann dabei verschiedene Gründe haben:

- Die verfügbaren Informationen haben nicht die für eine sinnvolle Verarbeitung erforderliche Qualität oder werden wegen mangelnder Kenntnis hinsichtlich ihrer Qualität falsch eingeschätzt.
- Es stehen keine problemadäquaten Verfahren der Informationsverarbeitung zur Verfügung oder sie können nicht richtig eingesetzt werden.
- Es fehlt an der Bereitschaft, bedarfsgerechte Informationen mit problemadäquaten Methoden zu verarbeiten.

Betrachtet man die Gesamtheit der Informationsprozesse in einem Informationssystem, so lassen sich über die bisher genannten Teilaspekte hinaus ganz generell noch zwei charakteristische Merkmale hervorheben:

(a) Der **Grad der Integration** des betrieblichen Informationssystems in die übrigen Bestandteile eines Managementsystems (namentlich in das Planungs- und Kontrollsystem).

(b) Der Mechanisierungs- bzw. **Automatisierungsgrad** betrieblicher Informationsprozesse (namentlich die Verwendung der EDV für das Informationssystem).

Zu (a): Hier lassen sich zwei grundsätzliche Typen eines Informationssystems unterscheiden: Solche, die man auch als reine **Berichts-** und **Auskunfts**systeme bezeichnet und deren charakteristisches Merkmal darin besteht, daß ihr Informations-Output nur potentiell und in zunächst nicht spezifizierter Form für die alternativen Managementfunktionen Verwendung findet, sowie solche, deren Output unmittelbar als Entscheidungsprämisse im Managementprozeß eingeht und die deshalb auch als spezifische **Management-Informations-Systeme** (MIS) bezeichnet werden.

Zu (b): Hier lassen sich graduell drei Grundformen von Informationssystemen unterscheiden: Manuelle, teilautomatisierte und vollautomatisierte Informationssysteme. Letztere sind mit der Entwicklung und den Möglichkeiten der elektronischen Datenverarbeitung verbunden und existieren gegenwärtig in Form unterschiedlicher Dialogsysteme (Mensch-Maschine- sowie Maschine-Maschine-Kommunikation).

Moderne Informationssysteme sind ihrem Anspruch nach Management-Informationssysteme auf EDV-Basis bzw. **Computergestützte Management-Informations-Systeme** (kurz: CIS). Sie sind gekennzeichnet durch folgende Grundkomponenten (vgl. *Grob/Reepmeyer* 1990)

[1] Die **Hardware**. Sie umfaßt die maschinentechnische Ausstattung eines CIS.

   Dazu zählen
   - die **Zentraleinheit** (Central-Processing-Unit = CPU) mit Steuer- und Rechenwerk,
   - der **Hauptspeicher** (er dient der Aufnahme von Programmen und Daten, die in binärer Form gespeichert werden),
   - die **Kanäle** (sie stellen das Bindeglied zwischen Zentraleinheit und E/A-Peripherie dar; ihre Aufgabe ist die Steuerung und Kontrolle der gesamten E/A-Operationen),
   - die **Ein-/Ausgabeperipherie** (Steuereinheiten, Eingabeeinheiten (z.B. Lochkartenleser), Ausgabeeinheiten (z.B. Drucker), kombinierte E/A-Einheiten mit oder ohne direkten Zugriff zu gespeicherten Daten).

[2] Die **Software**. Sie ermöglicht erst den Einsatz eines Computers für Zwecke eines Management-Informations-Systems und kann in zwei Bereiche unterteilt werden:
   - **Systemprogramme** stellen eine Zusammenfassung aller programmierten Hilfsmittel zum Betrieb eines Computers dar. Es handelt sich hierbei um eine Vielzahl von standardisierten Arbeits- und Steuerprogrammen, die der Erleichterung der Systembedienung und der Erhöhung der Effektivität des Computereinsatzes dienen. Beispielsweise sind hier Programme einzuordnen, die Programmierhilfen darstellen oder der Wartung und Pflege von extern gespeicherten Datenbeständen dienen.
   - **Anwendungsprogramme** dienen der Lösung definierter Aufgabenstellungen im Rahmen eines CIS. Im Vordergrund steht hierbei die sogenannte **Methoden- und Modellbank**, die alle verfügbaren quantitativen Modelle und Methoden, die zur Lösung von Managementproblemen eingesetzt werden können, in Form spezifizierter Programme enthält.

[3] Die **Datenbasis**. Sie umfaßt alle dem Manager zu den verschiedenen Problemkreisen verfügbaren, in Dateien oder **Datenbanken** gespeicherten Informatio-

nen. Eine Übersicht über die verschiedenen Informationsarten, die dafür prinzipiell in Frage kommen, enthält Abb. 70 (nach *Wild* 1982, S. 123):

Informationsart	Aussagen-Typ	besagen etwas über die...
(1) faktische	Ist-Aussage	Wirklichkeit (Vergangenheit)
(2) prognostische	Wird-Aussage	Zukunft
(3) explanatorische	Warum-Aussage	Ursachen von Sachverhalten
(4) konjunktive	Kann-Aussage	Möglichkeit
(5) normative	Soll-Aussage	Ziele / Werturteile / Normen
(6) logische	Muß-Aussage	logische Beziehungen (Notwendigkeit)
(7) explikative	–	Definitionen (Sprachregelungen)
(8) instrumentale	–	methodologische Beziehungen

Abb. 70 Informationsarten

Zu den entscheidenden Merkmalen solcher Datenbanken zählt die Möglichkeit direkten Zugriffs auf problembezogen zueinandergehörende Datenbestände. Denn nur so können Dateien den besonderen Informationswünschen des Management gerecht werden. Weitere diesbezügliche Anforderungen sind:

· kurze Zugriffzeiten
· Datensicherheit
· Datenaktualität
· Integration von Einzeldaten zu Datenbanksystemen.

Das zentrale Problem bei der Gestaltung von CIS liegt nicht im technischen Bereich, sondern in der Frage, welche Informationen für welche Probleme welchen Personen in welcher Form zugänglich gemacht werden sollen. Dabei besteht eine große Gefahr darin, daß nicht zu wenige, sondern eher zu viele Informationen erfaßt, verarbeitet, gespeichert und weitergegeben werden. Notwendig ist daher eine sinnvolle Begrenzung der Informationsflut durch Verdichtung von Detailinformationen zu komplexen, aussagekräftigen Management-Informationen.

5. Personal-(Führungs-)Systeme

Als letzter wichtiger Bestandteil eines Managementsystems ist das Personal- respektive (i. e. S.) Führungssystem der Unternehmung zu nennen. Besonders hervorzuheben ist es wegen der spezifischen Bedeutung des Faktors Arbeit im Wirtschaftsprozeß und wegen der Managementprobleme, die zu einem großen, wenn nicht größten Teil stets auch Führungsprobleme sind.

Zu den Grundelementen eines Personal-(Führungs-)Systems zählen nach *Wild* (1971) mindestens:

(1) die konstitutiven Führungsprinzipien (Wertrahmen und Grundorientierung der Führung),
(2) das Motivationskonzept und Anreizsystem,
(3) das Personalentwicklungssystem (Management-Development).

Zu (1): Konstitutive **Führungsprinzipien** stellen Leitmaximen dar, nach denen sich Führung zu vollziehen hat bzw. vollzieht. Sie beruhen auf bestimmten Leitbildern vom Menschen und drücken zugleich bestimmte grundlegende Zielsetzungen und Werthaltungen der Führung aus. So findet etwa die Grundsatzentscheidung für oder gegen betont mitarbeiterbezogene oder auch ausdrücklich leistungsorientierte Führungsformen ihren Niederschlag in solchen allgemeinen Führungsprinzipien.

Ein bekanntes Beispiel für ein auf bestimmten Leitbildern beruhendes Führungssystem ist die von *McGregor* (1960) entworfene „Theorie X und Y".

Nach der **„Theorie X"** hat der Mensch eine angeborene Abneigung gegen Arbeit und versucht ihr möglichst aus dem Wege zu gehen. Auch günstige Arbeitsbedingungen, gute Löhne u. ä. ändern hieran prinzipiell nichts. Um mehr als nur ein Minimum an Leistung zu erhalten und den Menschen aus seiner Trägheit und Verantwortungsscheu zu reißen, muß man folglich die „Zuckerbrot- und Peitsche"-Strategie einsetzen.

Demgegenüber postuliert die **„Theorie Y"** ein optimistischeres Bild vom Menschen. Es ist dem der „Theorie X" diametral entgegengesetzt und insofern gekennzeichnet durch Merkmale, wie sie auch die Grundlage für moderne Führungskonzeptionen bilden, die auf den Prinzipien der Selbstverantwortung, Integration und Partizipation beruhen.

Zu (2): Um dem Leitbild der „Theorie Y" gerecht zu werden, bedürfen moderne Führungsmodelle eines entsprechenden **Motivationskonzeptes**. Es beruht vornehmlich auf zwei Thesen (*Steinle* 1978):

· Menschliches Verhalten ist auf die Befriedigung von Motiven gerichtet. Eine mangelnde Befriedigung wie auch eine langanhaltende Behinderung der Befriedigung von Motiven werden als unangenehm oder bedrohlich empfunden und begünstigen Störungen im Managementprozeß. Führung ist demnach auf die Befriedigung gewünschter Motivklassen auszurichten.

· Menschliche Motive können nach *Maslow* in fünf Teilklassen hierarchisch geordnet werden (vgl. S. 57 ff.). Gerade den „höheren" Motiven kommt in der modernen Arbeitswelt große Bedeutung zu. Für ihre Erfüllung muß der Führungsprozeß daher schwergewichtig Chancen bereitstellen.

Anreize aktivieren Motive und richten das Verhalten auf eine Erfüllung dieser Bedürfnisse. Damit rufen sie zugleich ein bestimmtes Ausmaß an Leistung und Zufriedenheit hervor. Insofern ist das betriebliche Anreizsystem mit dem Motivationskonzept der Führung eng verbunden.

Elemente eines Anreizsystems sind monetäre und nicht-monetäre Anreize. Entsprechend sind u. a. zu nennen:

· Entlohnung
· Aufstiegsmöglichkeiten
· Anerkennung
· allgemeine Arbeitsbedingungen
· Mitsprache- und Mitgestaltungsrechte
· Betriebsklima

Für den konkreten Einsatz solcher Anreizfaktoren ist zweierlei wichtig:

· zu erkennen ist zum einen, daß die verschiedenen Anreizfaktoren in ihren Motivationswirkungen nur situativ zu beurteilen sind und insbesondere sehr stark von dem konkreten Vorgesetzten–Mitarbeiterverhältnis geprägt werden.

· Zum anderen zeigen Erkenntnisse der Führungsforschung, daß Mitarbeiter in hohem Umfang aus sich selbst heraus motiviert sind, wenn sie in ihrer Arbeit Chancen für die Verwirklichung persönlicher Ziele sehen. Das bedeutet also, daß Führungssysteme danach beurteilt werden sollten, inwieweit sie die Motivationskräfte der Mitarbeiter nutzen. Erfolgreiche Führung wäre in diesem Sinne darin zu sehen, vorhandene Motivationsbarrieren zu beseitigen, also Mitarbeiter nicht so sehr mit teuren „Incentives" zu motivieren suchen, sondern sie eher **weniger zu demotivieren** (*Sprenger* 1992).

Bei alledem ist die „richtige Entlohnung" natürlich eine wesentliche Geschäftsgrundlage für die Erbringung von Arbeitsleistungen im wirtschaftlichen Alltag. Dies zu betonen, ist nicht abwegig, stehen doch Fragen der Entlohnung in der modernen Führungsliteratur nicht gerade im Mittelpunkt des Interesses, weil monetäre Anreize dort überwiegend den „niederen" Motivklassen zugeordnet werden. Aber dabei wird leicht übersehen, daß Geld wegen der Universalität seiner Einsatzmöglichkeiten auch für die sog. „höheren" Motive von erheblicher Bedeutung ist. Wegen dieser „Macht des Geldes" ist die betriebliche Lohnpolitik zu Recht als zentraler Bestandteil eines jeden Personal-(Führungs-)Systems anzusehen.

Betriebswirtschaftlich gesehen geht es bei Fragen der Lohnfestsetzung primär nicht um die Bestimmung der **absoluten** Lohnhöhe, sondern um die Festsetzung der **relativen** Lohnhöhe, also um das Verhältnis der Löhne zueinander. Die relative Lohnhöhe wird dabei im wesentlichen durch drei Faktoren bestimmt:

- Die physischen und psychischen **Arbeitsanforderungen**;
- die Quantität und Qualität des **Arbeitsergebnisses**;
- **soziale** Einflußgrößen, wie Lebensalter, Familienstand, kulturelles Existenzminimum usw.

Diese Faktoren sind wiederum Ausgangspunkt dreier **Grundprobleme** der betrieblichen Lohnpolitik:

Das **erste** Problem besteht in der Gewichtung der sozialen Faktoren, die die relative Lohnhöhe bestimmen. Dieses Problem berührt die Frage, ob es sich um einen stärker **leistungs**betonten oder um einen stärker **sozial**betonten Lohn handeln soll. Dazu sei hier lediglich die betriebswirtschaftlich bedeutsame Tatsache vermerkt, daß – worauf empirische Untersuchungen hindeuten – ein leistungsgerechter Lohn, der einen direkten Bezug von Lohn und Leistung herstellt, tendenziell zu höheren Leistungsergebnissen führt als eine Kopplung der Entlohnung an Kriterien der Sozialgerechtigkeit.

Das **zweite** Problem offenbart sich in der Schwierigkeit, die leistungsbezogenen Arbeitsanforderungen und Arbeitsergebnisse bei konkreten Tätigkeiten zu messen und die Entlohnungshöhe hieran auszurichten (vgl. hierzu *Adam* 1990). Um dieses Problem zu lösen

(a) müssen die Arbeitsplätze nach der Höhe ihrer Anforderungen (ihrer **Arbeitswertigkeit**) geordnet werden und
(b) muß die **Spannweite der Entlohnung** von der niedrigst bezahlten bis zur höchstbezahlten Tätigkeit fixiert werden.

Eine anforderungs- respektive leistungsgerechte Entlohnung gilt in diesem Sinne immer dann als realisiert, wenn mit steigender Arbeitswertigkeit ein steigender Lohnsatz gewährt wird und die Spannweite der Entlohnung („Lohnhierarchie") eine als leistungsgerecht empfundene Lohnsatzdifferenzierung zuläßt.

Wichtige Instrumente für eine anforderungs- respektive leistungsgerechte Entlohnung sind die **Methoden der Arbeitsbewertung**, deren Aufgabe darin besteht, die Arbeitsplätze entsprechend ihren Anforderungen zu klassifizieren.

Unterschieden werden können die analytische und die summarische (globale) Arbeitsbewertung (vgl. *Adam* 1990).

Bei der **analytischen Arbeitsbewertung**, die heute in Großbetrieben vorherrschend ist, werden für jeden Arbeitsplatz einzelne Anforderungsarten, z. B.

· geistige Anforderungen (Fachkenntnisse, geistige Beanspruchung)
· körperliche Anforderungen (Geschicklichkeit, Muskelbelastung, Aufmerksamkeit)
· Verantwortung (für Betriebsmittel, Produkte, Sicherheit, Arbeitsablauf)
· Arbeitsbedingungen (Temperatur, Nässe, Schmutz u. ä.)

unterschieden, die einzeln bewertet und dann zu einer Ziffer, dem Arbeitswert, zusammengefaßt werden. Als zentrales Problem der analytischen Arbeitsbewertung gilt die Gewichtung der einzelnen Anforderungsarten und ihre Zusammenfassung zu einem komplexen Arbeitswert, denn dafür existieren keine logisch begründbaren Ansätze. .

Bei der **summarischen (globalen) Arbeitsbewertung** wird auf eine Aufspaltung der Arbeitsplätze in einzelne Anforderungsarten verzichtet. Die Arbeitsplätze werden vielmehr als Ganzes betrachtet und – etwa durch globalen Vergleich der Schwierigkeitsgrade – in eine bestimmte Abstufung oder Reihung gebracht.

Das **dritte** Grundproblem einer betrieblichen Lohnpolitik ergibt sich schließlich durch die Möglichkeiten und Grenzen einer betriebswirtschaftlich sinnvollen **Lohnformdifferenzierung**.

Grundsätzlich können **drei** Lohnformen unterschieden werden: Zeitlohn, Akkordlohn und Prämienlohn (vgl. *Kosiol* 1962).

(a) Beim **Zeitlohn** wird für eine feste Zeiteinheit (Stunde, Woche, Monat) ein bestimmter Lohnsatz festgelegt. Lohnkosten entstehen damit bereits durch Zeitablauf, also durch die Bereitstellung von Arbeitskraft, ohne daß eine Arbeitsleistung in jedem Fall erbracht worden sein müßte. Die Zeit ist also der gewählte Maßstab für die Arbeitsleistung. Daher wird der Zeitlohn immer dann von Vorteil sein, wenn solche Tätigkeiten entlohnt werden,

· die sich nicht im voraus bezüglich Inhalt, Reihenfolge, Ergebnis oder Dauer bestimmen lassen,
· die besondere Vorsichtsmaßnahmen erfordern,
· die schwer meßbare Tätigkeiten geistig-schöpferischer Art voraussetzen oder
· deren Ablauf durch nicht direkt beeinflußbare Faktoren bestimmt wird.

Der Zeitlohn ist seiner Natur nach nicht in der Lage, individuelle Leistungsschwankungen im Entgelt zu berücksichtigen, da stets eine Normalleistung entlohnt wird. Ebensowenig liegt in ihm ein Anreiz zur quantitativen Leistungssteigerung. Dafür bewirkt der Zeitlohn aber eine tendenzielle Förderung der qualitativen Arbeitsleistung sowie der Leistungskontinuität, da ein Anreiz für schnelles, nachlässiges Arbeiten und für Überanstrengungen fehlt.

(b) Beim **Akkordlohn** (Stücklohn) wird für die Erstellung einer festgelegten Leistungseinheit ein bestimmter Lohnsatz angesetzt. Dabei geht man von einem Normallohnsatz aus, der bei einer **Normalleistung**, also bei einer Leistung, die der arbeitende Mensch bei voller Übung und Einarbeitung auf Dauer ohne Gesundheitsschädigung erreichen kann (REFA), gewährt wird. Im Gegensatz zum Zeitlohn sinkt und steigt der Verdienst entsprechend der Anzahl der pro Zeiteinheit erstellten Leistungseinheiten, während die Lohnkosten wiederum im Gegensatz zum Zeitlohn zeitunabhängig sind.

Zur Kennzeichnung von Akkordlohnsystemen lassen sich vier Merkmale verwenden (*Adam* 1990):

- nach der Zusammensetzung des Stundenverdienstes: **reiner Akkord** (ausschließlich leistungsabhängig) und **gemischter Akkord** (kombiniert mit einem garantierten Mindestlohn pro Zeiteinheit);

- nach der Anzahl der beteiligten Personen: **Einzelakkord** (die Leistung wird dem einzelnen Mitarbeiter zugerechnet und entlohnt) und **Gruppenakkord** (bei dem ein Team die Leistung erbringt und entlohnt wird);

- nach der Form der Entlohnungskurve: **proportionaler Akkord** (mit einem konstanten Lohnsatz pro Leistungseinheit) mit **Akkord-Sonderformen** (mit einem variablen Lohnsatz pro Leistungseinheit);

- nach der Form der Akkordlohnberechnung: **Geldakkord** (vorgegeben wird ein bestimmter zu verdienender Geldbetrag pro Zeiteinheit) und **Zeitakkord** (vorgegeben wird ein bestimmter Soll-Zeitwert je Leistungseinheit, dem seinerseits ein bestimmter Geldfaktor zugeordnet wird).

Der Akkordlohn findet dort seine Anwendungsfälle, wo es sich um die Entlohnung ausgeprägt „mechanischer" Tätigkeiten handelt, die regelmäßig wiederkehren und sowohl vom Ergebnis als auch von ihrer Dauer eindeutig bestimmbar sind. Da der Akkordlohn eine Tendenz zur quantitativen Leistungssteigerung bewirkt, ist sowohl die Gefahr einer Vernachlässigung der Arbeitsqualität als auch die einer psychophysischen Überanstrengung gegeben, die die Leistungskontinuität in Frage stellt. Der Akkordlohn ist aus diesen Überlegungen her immer dann von Vorteil, wenn es einerseits auf eine hohe Qualität der Arbeit nicht ankommt und andererseits eine Leistungserhöhung nicht primär über eine erhöhte Anstrengung, sondern vor allem über erhöhte Übung und verbesserte Fertigkeiten bewirkt werden kann.

(c) Beim **Prämienlohn** wird zu einem vereinbarten Grundlohn ein zusätzliches Entgelt (Prämie) gewährt, dessen Höhe von einer definierten Mehr- oder Besserleistung abhängt. Folgende Arten von Prämien können unterschieden werden (*Adam* 1990):

- **Mengenprämien** (sie werden gezahlt, wenn die erreichte Leistungsmenge eine vorgegebene Sollmenge überschreitet);

- **Güteprämien** (sie werden für eine überdurchschnittliche Leistungsqualität gezahlt);

- **Ersparnisprämien** (sie werden für die Senkung von Fehlzeiten, Materialverbrauch, Instandhaltungskosten u.ä. gezahlt);

- **Terminprämien** (sie werden gewährt für die Einhaltung oder Unterschreitung vereinbarter Termine);

- **Nutzungsprämien** (honoriert wird hier eine verbesserte Nutzung von Kapazitäten);

- **Sorgfaltsprämien** (sie werden für die Einhaltung von Vorschriften, Senkung der Unfallzahlen u.ä. gewährt).

Allen Prämienlohnsystemen ist gemeinsam, daß sie – wie Akkordlohnsysteme – einen Leistungsanreiz bewirken. Unterschiede zum Akkordlohn bestehen jedoch im folgenden (*Adam* 1990, S. 31 f.):

- „Der Prämienlohn besteht aus zwei Teilen, dem Grundlohn und der Prämie; der Akkordlohn kennt diese Zweiteilung nicht.

- Der Prämienlohn kann sowohl für quantitative Mehrleistungen als auch für viele qualitative Mehrleistungen angewendet werden (Ausschußquote, Materialausnutzungsgrad, Umfang an Maschinenstillstandszeiten), während beim Akkord nur quantitative Mehrleistungen zum Tragen kommen.

- Im Gegensatz zum Akkordlohn kann der Prämienlohn auch für solche Arbeiten angewendet werden, bei denen Intelligenz- oder Charakterleistungen zu bewerten sind.

- Beim Prämienlohn ist das Verdienstrisiko im Vergleich zum reinen Akkord geringer, weil die Prämie lediglich von der Mehrleistung abhängt. Bei Minderleistung erfolgt kein Abzug.
- Die Prämie kann sowohl auf der Normalleistung als auch auf einer anderen Leistung aufgebaut werden (z. B. der Istleistung vor Einführung des Prämiensystems). Der Akkord basiert immer auf der Normalleistung."

Eine gewisse Ähnlichkeit mit Prämienlohnsystemen weisen die vielfältigen Formen der **Erfolgs-** oder **Gewinnbeteiligung** auf, die ebenfalls als Prämie zum Grundlohn interpretiert werden können. Im Gegensatz zu den anderen Prämiensystemen stehen Erfolgsprämien aber im allgemeinen nicht in einem festen Verhältnis zur jeweils individuellen Arbeitsqualität oder -quantität des Einzelnen, sondern werden auf der Basis der Gesamtleistung aller prämienberechtigten Mitarbeiter und in Abhängigkeit vom erzielten Gewinn der Unternehmung gewährt.

Erfolgsbeteiligungssysteme lassen sich nach mindestens **drei** Merkmalen kennzeichnen:

- nach der **Bemessungsgrundlage** (hier kommt der Steuerbilanzgewinn, das Betriebsergebnis, der Bilanzgewinn o. ä. in Betracht),
- nach der **Auszahlungsform** (die Prämie kann den Mitarbeitern zur freien Verwendung ausgezahlt werden oder ihnen gegen Ausgabe von Anteils- oder Gläubigerpapieren gutgeschrieben werden. Möglich ist auch die Abführung der Prämie – bar oder in Form von Anteilswerten/Gläubigerpapieren – an einen überbetrieblichen Fonds),
- nach dem **Verteilungsmodus** (Verteilung des Gewinns nach Köpfen oder nach der Jahreslohnsumme; bei Ausgabe von Anteilsrechten oder Gläubigerpapieren Regelung der Eigenbeteiligung, Sperrfristen, Verlustbeteiligung u. ä.).

Zu (3): Das **Personalentwicklungssystem** als drittes Grundelement eines Personal-(Führungs-)Systems ist eng mit den bereits behandelten Aspekten verknüpft. So ist etwa ein funktionsfähiges Personalentwicklungssystem unbestritten auch wesentlicher Bestandteil eines umfassenden Motivationskonzepts und Anreizsystems der Führung. Desgleichen schlagen sich Führungsprinzipien nicht zuletzt auch in der Existenz respektive Ausgestaltung des Personalentwicklungssystems einer Unternehmung nieder.

Personalentwicklungssysteme (Systeme des **Management-Development**) verfolgen vornehmlich folgende Zielsetzungen (vgl. *Ulrich/Fluri* 1988):

(a) Besetzung aller Leitungsstellen mit Führungskräften, die sowohl das entsprechende Fachkönnen und spezifische Führungs-Know-how besitzen als auch so motiviert sind, daß sie ihr Potential voll einzusetzen gewillt sind.

(b) Sicherung der Kontinuität des Management, indem rechtzeitig die Neubesetzung neuer oder frei werdender Positionen geplant und eine systematische Vorbereitung der dafür in Frage kommenden Nachwuchskräfte betrieben wird.

(c) Berücksichtigung der Mitarbeiterbedürfnisse nach Aufstieg und Entfaltung durch ein entsprechendes Angebot von Aufstiegsmöglichkeiten und Entwicklungschancen.

(d) Erhöhung der Beförderungsgerechtigkeit durch eine transparente Beförderungspolitik sowie durch eine leistungsgerechte Auswahl der zu fördernden Nachwuchskräfte.

Die (systematische) Vorgehensweise im Prozeß der Personalentwicklung läßt sich dabei verkürzt wie folgt charakterisieren (vgl. Abb. 71, nach *Ulrich/Fluri* 1988, sowie ausführlich *Berthel* 1991):

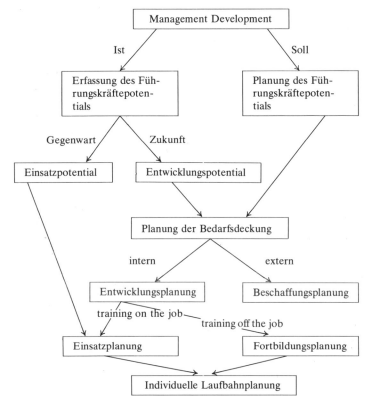

Abb. 71 Ebenen eines Personalentwicklungssystems

In der Ist-Analyse (vgl. Abb. 71) geht es darum, einen Überblick über das vorhandene und das entwicklungsfähige Potential an Führungskräften zu gewinnen. Dem steht die Soll-Analyse des zukünftig erwarteten Führungskräftebedarfs gegenüber. Hierbei ist zwischen einem Bruttobedarf und einem Nettobedarf (= Bruttobedarf abzüglich vorhandenes und entwicklungsfähiges Führungskräftepotential) zu unterscheiden. Der Nettobedarf ist rechtzeitig am Markt zu decken (= Beschaffungsplanung), während das Potential an entwicklungsfähigen Nachwuchskräften entweder „on the job" oder im Wege von Kursen und dergleichen (training off the job) auf die zukünftigen Aufgaben vorzubereiten ist (= Entwicklungsplanung mit den beiden Varianten Einsatz- und Fortbildungsplanung). Aus der Kombination von betrieblichen Einsätzen und dazwischenliegenden Ausbildungsmaßnahmen ergeben sich schließlich individuelle Laufbahnpläne (vgl. Abb. 71). Sie sind – wie alle übrigen Phasen des Management Development – periodisch zu überprüfen und gegebenenfalls fortzuschreiben, um die notwendige Dynamik des Personalentwicklungssystems zu sichern.

6. Analyse ausgewählter „Management-by"-Konzepte

Zum Abschluß dieses Kapitels soll nun noch in aller Kürze auf ausgewählte Managementmodelle eingegangen werden, die in der Praxis eine nicht unerhebliche Bedeutung haben.

Es handelt sich hierbei um Konzepte, die eine mehr oder minder komplexe Soll-Vorstellung darüber entwickeln, wie Management sich vollziehen sollte. Während aber aus theoretischer Sicht anzustreben wäre, daß diese Modelle ein möglichst vollständiges und präzises Abbild vom angestrebten Aufbau und der Funktionsweise aller Management-Teilsysteme und deren Verknüpfung liefern, sind die heute bekannten Managementmodelle mehr oder weniger nur als Partialkonzepte zu verstehen. Sie beziehen sich stets nur auf einzelne Teilaspekte des Managementproblems und lassen andere, mindestens ebenso wichtige Gesichtspunkte außer acht. Man kann sie deshalb auch für sich genommen nicht als umfassende Modelle des Management auffassen.

Solche in der Praxis als „Management-by"-Konzepte bekannte Modelle sind (beschränkt auf die wichtigsten):

· Management by Exception (MbE),

· Management by Delegation (MbD; bekannteste Ausprägung: Harzburger Modell),

· Management by Objectives (MbO),

· Management by System (MbS).

In Abb. 72 (entnommen aus *Wild* 1972b, S. 62f.) ist der Versuch unternommen, diese vier Konzepte in Kurzform darzustellen und kritisch zu würdigen. Dabei zeigt sich tendenziell eine Entwicklung des Modellniveaus, die vom MbE und MbD über MbO zum MbS führt. Das Modell des MbS wird von *Wild* als „reale Utopie" bezeichnet und kommt vom Anspruch her noch am ehesten der theoretischen Sollvorstellung eines umfassenden Modells des Management entgegen.

Viertes Kapitel: Unternehmungsführung 141

	Management by Exception	Management by Delegation	Management by Objectives	Management by System
Kurzdefinition:	Führung durch Abweichungskontrolle und Eingriff im Ausnahmefall	Führung durch Aufgabendelegation (Harzburger Modell; Führung im Mitarbeiterverhältnis)	Führung durch Zielvereinbarung	Führung durch Systemsteuerung beziehungsweise Führung mit Delegation und weitestgehender Selbstregelung auf der Grundlage computergestützter Informations- und Steuerungssysteme
Hauptziele:	• Entlastung der Vorgesetzten von Routineaufgaben (Vermeidung von »Herzinfarkt-Management«) • Systematisierung der Informationsflüsse und Regelung der Zuständigkeiten, so daß Störeinflüße rasch behoben werden • Entscheidungen sollen an gewisse Richtlinien gebunden werden	• Abbau der Hierarchie und des autoritären Führungsstils, Ansatz zur partizipativen Führung • Entlastung der Vorgesetzten (wie bei MbE) • Förderung von Eigeninitiative, Leistungsmotivation und Verantwortungsbereitschaft • Entscheidungen sollen auf der Führungsebene getroffen werden, wo sie vom Sachverstand her am ehesten hingehören • Mitarbeiter sollen lernen, wie man eigenverantwortlich Entscheidungen trifft	• Entlastung der Führungsspitze • Förderung der Leistungsmotivation, Eigeninitiative, Verantwortungsbereitschaft und Selbstregelungsfähigkeit der Mitarbeiter • partizipative Führung, Identifikation der Mitarbeiter mit Unternehmungszielen • Mitarbeiter sollen ihr Handeln an klaren Zielen ausrichten, objektiv beurteilt, leistungsgerecht bezahlt und nach Fähigkeiten gefördert werden • bessere Planung und Zielabstimmung, bessere Organisation • systematische Berücksichtigung von Verbesserungsmöglichkeiten	wie bei MbO, zusätzlich: • quasi-automatische Steuerung der Routine-Management-Prozesse durch Computereinsatz • bessere Informationsversorgung aller Führungsebenen • abteilungsübergreifende Wirkungen von Entscheidungen sollen schnell erkennbar sein • Beschleunigung aller Management-Prozesse

Abb. 72 Die vier wichtigsten „Management-by"-Konzepte

Fortsetzung von Abb. 72

	Management by Exception	Management by Delegation	Management by Objectives	Management by System
Wichtigste Bestandteile/ Instrumente:	• Festlegung von Sollergebnissen • Informationsrückkopplung • Abweichungskontrolle (-analyse) • Vorgesetzter greift nur bei Abweichungen und in Ausnahmefällen ein • Richtlinien für Normal- und Ausnahmefälle mit Kompetenzabgrenzung	• Delegation von Aufgaben (mit Kompetenzen und Handlungsverantwortung) • Verbot der Rückgabe und Rücknahme der Delegation • Stellenbeschreibung • Regelung für Ausnahmefälle • Regelung für die Dienstaufsicht und Erfolgskontrolle • Regeln für den Informationsverkehr	• organisatorisch institutionalisierter Zielbildungs- und Planungsprozeß, Einzelziele werden durch »Herunterbrechen« aus Unternehmungszielen abgeleitet • periodische Wiederholung eines kybernetischen Management-Zyklus • Zielbilder, Stellenbeschreibungen (MbD) und Ausnahmeregelungen (MbE) • Präzisierung der vereinbarten Ziele durch Leistungsstandards und Kontrolldaten • regelmäßige Ziel-Ergebnis-Analysen (ZEA) • objektivierte, zielorientierte Leistungsbeziehungsweise Personalbeurteilung • leistungsorientierte Bezahlung • Förderungsinterview und Vereinbarung persönlicher Entwicklungsziele • Management-Development-System, das an die ZEA anknüpft und in den Management-Zyklus integriert ist • partizipativer Führungsstil/Delegation • regelmäßige Überprüfung der Kongruenz von Zielsystem und Organisation	wie bei MbO, zusätzlich: • Impics (Integriertes Management-Planungs-, -Informations- und -Control-System) • Integration der Management-Techniken, -Methoden und -Instrumente in das Impics • weitestgehende Entscheidungsdezentralisation und Delegation
Voraussetzungen:	• Anwendungsbereich auf programmierbare Entscheidungsprozesse beschränkt • alle Beteiligten müssen Ziele, Abweichungstoleranzen und Definition der Ausnahmefälle kennen • entsprechendes Kontroll- und Berichtssystem • klare Regelung der Zuständigkeiten	• Delegationsbereitschaft der Vorgesetzten und Delegationsfähigkeit der Mitarbeiter (müssen eigenständig handeln können) • Klärung delegierbarer und nichtdelegierbarer Aufgaben, Kompetenzen und Verantwortung • entsprechendes Kontroll- und Berichtssystem • ausreichende Information der Mitarbeiter (auch Querschnittsinformation)	• Delegation wie bei MbD, Entscheidungsdezentralisierung • zielorientierte Organisation (Kongruenz von Zielsystem und Organisationsstruktur) • gut organisiertes, leistungsfähiges Planungs-, Informations- und Kontrollsystem, • entsprechende Informationsversorgung und Ausbildung der Mitarbeiter • weitere Instrumente wie oben genannt	wie bei MbO, zusätzlich: • leistungsfähiges Impics (sehr problematisch) • Feststellbarkeit des wirklichen Informationsbedarfs der Manager

	Management by Exception	**Management by Delegation**	**Management by Objectives**	**Management by System**
Kritik:	• einseitig (Beschränkung auf Abweichungsfälle) und fehlendes feed forward (Vorkopplung) • Tendenz zum »Management by Surprise« • über Ziele und Pläne als Grundlage für Sollgrößen und Kontrolle wird nichts gesagt • fördert nicht unbedingt Eigeninitiative und Verantwortungsfreude, Tendenz zur »Delegation nach oben« • unter Umständen negative Verhaltensmotivation (Mißerfolgsvermeidung, Frustration durch fehlende Erfolgserlebnisse) • Lerneffekte bei Mitarbeitern beschränkt, da interessante Probleme Vorgesetzten vorbehalten bleiben	• Hierarchie wird nicht abgebaut, sondern unter Umständen gefestigt • Prinzip beruht auf statischem Denkansatz, ist zu stark aufgabenorientiert und vernachlässigt dynamische Prozeßaspekte und Zielorientierung • partizipative Führung wird hiermit allein kaum erreicht (gemeinsame Entscheidungen von Vorgesetzten und Mitarbeitern?) • Motivationsaspekte ungenügend berücksichtigt • Vorgesetzte delegieren unter Umständen nur uninteressante Routineaufgaben • Prinzip berücksichtigt nur die vertikalen Hierarchiebeziehungen, vernachlässigt dagegen notwendige Querkoordination und übergreifende Zielabstimmungen	• bei unsachgemäßer Anwendung: Gefahr überhöhten Leistungsdrucks (Folge: Mißerfolgsmotivierung, Frustration) • partizipativer Planungs- und Zielbildungsprozeß ist zeitaufwendig • Zielidentifikation nicht ohne weiteres erreichbar • Tendenz zur Konzentration auf meßbare Ziele (Leistungsstandards), obwohl qualitative Ziele unter Umständen wichtiger sind • relativ hohe Einführungskosten (kein echtes Argument: bei konsequenter Anwendung von MbE und MbD ähnlich) • Schwierigkeiten bei Zielabhängigkeiten über Abteilungsgrenzen hinweg (Zielpooling) nicht immer lösbar	• bisher nicht realisierbar wegen fehlender Impics (MIS) • hohe Kosten der Entwicklung und Einführung • stärkere Störanfälligkeit • unter Umständen negative Effekte auf menschliches Arbeitsverhalten und zwischenmenschliche Beziehungen (Enthumanisierung, Entfremdung) • psychologische Widerstände zu erwarten: Wollen Manager tatsächlich solche Systeme oder werden sie ihnen von Systemplanern und EDV-Herstellern „aufgezwängt"?
Gesamturteil:	• kein eigenständiges Modell, lediglich einfaches generelles Prinzip • löst nur kleinen Teil der Management-Probleme, geht aber in andere Modelle ein	• als einfaches Prinzip allgemeingültig verwendbar, aber nur begrenzt wirksam • in Form des Harzburger Modells zwar leistungsfähiger, aber zu statisch und daher stark erweiterungsbedürftig. • Im Vergleich zum MbO bleibt vieles offen	• mehr als nur Schlagwort oder Prinzip • modernste, umfassende und am weitesten entwickelte Management-Konzeption • berücksichtigt den Stand moderner Führungstheorie und die zentrale Rolle der Ziele für die Steuerung sozialer Systeme	• heute nur „reale Utopie", zeigt aber die Entwicklungsrichtung • so wird im Prinzip die zukünftige Unternehmungsführung aussehen, wobei MbE, MbD und MbO hierin integriert sind

Fragen und Aufgaben zur Wiederholung (S. 99–143)

1. Was sind die wichtigsten Bestandteile eines Managementsystems?
2. Nennen Sie charakteristische Merkmale eines innovativ-strategie-orientierten Managementsystems und eines demgegenüber mehr bürokratisch-administrativen Managementsystems!
3. Welche verschiedenen Ansätze zur Gestaltung von Organisationssystemen sind von der Organisationstheorie entwickelt worden?
4. Was sind die fünf Hauptdimensionen, mit denen sich Organisationsstrukturen charakterisieren lassen?
5. Welche Unterschiede bestehen zwischen einer funktionalen und einer divisionalen Organisationsstruktur?
6. Was sind spezifische Vor- und Nachteile einer divisionalen Struktur?
7. Wie läßt sich durch organisatorische Maßnahmen das Problem der Koordination arbeitsteiliger Aktivitäten in einer Unternehmung vereinfachen?
8. Welche organisatorisch relevanten Formen der Koordination lassen sich im einzelnen unterscheiden? Was sind deren Vor- und Nachteile?
9. Was sind die Hauptmerkmale eines idealtypischen Einlinien- und Mehrliniensystems?
10. Was versteht man (a) unter einer Stab-Linien-Organisation und (b) einer Matrix-Organisation?
11. Worin bestehen die Vorteile einer geringen Gliederungstiefe des Stellengefüges (einer flachen Organisationspyramide)?
12. Welche Beziehungen bestehen zwischen Gliederungstiefe und Leitungsspanne, und von welchen Faktoren wird die optimale Leitungsspanne determiniert?
13. Was wird unter Entscheidungsdelegation verstanden, und was beinhaltet sie im einzelnen? Welche Prinzipien sind dabei zu beachten?
14. Nennen Sie mögliche Vor- und Nachteile der Delegation!
15. Welcher Aspekt wird mit der Formalisierung von Organisationsstrukturen angesprochen?
16. Skizzieren Sie die Hauptkomponenten von Einflußgrößen der Organisationsstruktur (nach Kieser/Kubicek)!
17. Was versteht man unter einem Planungs- und Kontrollsystem?
18. Skizzieren Sie das System der hierarchischen Unternehmensplanung! Welche organisatorischen Varianten lassen sich hauptsächlich unterscheiden?
19. Skizzieren Sie den dreidimensionalen Aufgabenwürfel des Controlling!
20. Erläutern Sie das Wesen und die Funktionen des Controlling! Inwiefern kann man vom Controlling als einem integrativen Konzept der Unternehmenssteuerung sprechen?
21. Welches sind die Hauptmerkmale der strategischen und der operativen Planung?
22. Wie lautet das von Gutenberg formulierte „Ausgleichsgesetz der Planung", und in welcher Weise wirkt es sich auf die Unternehmensplanung aus?
23. Erläutern Sie die zugrundeliegenden Prinzipien und das Konzept der rollenden Planung!
24. Beschreiben Sie das Lebenszyklus-Konzept sowie das Konzept der Erfahrungskurve! Wie kann man mit ihrer Hilfe konkrete Marktstrategien entwickeln? Gehen Sie hierbei insbesondere auf die sogenannte Portfoliotechnik ein!

25. Beschreiben Sie das Prinzip der Budgetierung in Planungs- und Kontrollsystemen!
26. Was versteht man unter flexibler Planung? Welche Unterschiede bestehen zum Prinzip elastischer Planung?
27. Welche als Manipulation zu bezeichnenden Einflußmöglichkeiten besitzen untergeordnete Stellen bei Arbeitsteiligkeit des Managementprozesses auf Verlauf und Ergebnis von Planungs- und Kontrollaktivitäten?
28. Welche möglichen Maßnahmen zur Manipulationsabwehr in Planungs- und Kontrollsystemen lassen sich nennen?
29. Was versteht man unter einer Information? Welche sind die hauptsächlichen Gütekriterien für Management-Informationen?
30. Charakterisieren Sie die Qualität betrieblicher Informationssysteme anhand der Kategorien Informationsangebot, -bedarf und -nachfrage!
31. Skizzieren Sie die verschiedenen Aktionsphasen betrieblicher Informationsprozesse! Diskutieren Sie die Schwierigkeiten, die der optimalen Gestaltung von Informationsprozessen in den einzelnen Aktionsphasen entgegenstehen!
32. Welche Aspekte werden (a) mit dem Integrationsgrad und (b) mit dem Mechanisierungs- respektive Automatisierungsgrad von betrieblichen Informationssystemen angesprochen?
33. Was sind die Grundkomponenten eines computergestützten Management-Informationssystems?
34. Nennen Sie die Grundelemente eines Personal-(Führungs-)Systems!
35. Auf welchen Thesen beruht das Motivationskonzept moderner Führungsmodelle?
36. Welches sind die Hauptbestimmungsfaktoren der relativen Lohnhöhe?
37. Wozu dient die Arbeitsbewertung, und welche Methoden lassen sich unterscheiden?
38. Charakterisieren Sie (a) den Zeitlohn, (b) den Akkordlohn und (c) den Prämienlohn! Wo finden diese Lohnformen jeweils ihr Hauptanwendungsgebiet?
39. Nach welchen Merkmalen lassen sich die verschiedenen Systeme der Erfolgsbeteiligung kennzeichnen?
40 Was sind die hauptsächlichen Zielsetzungen eines Personalentwicklungssystems? Wie läßt sich die (systematische) Vorgehensweise im Prozeß der Personalentwicklung charakterisieren?
41. Worin besteht das Wesen der sogenannten „Management-by-"Konzepte, und welche konkreten Modelle haben in der Praxis eine gewisse Bedeutung erlangt?
42. Kennzeichnen Sie die Ziele und Instrumente (a) des Harzburger Modells, und (b) des Management-by-Objectives! Worin liegen deren Vorzüge und Schwächen?

Literaturhinweise:

Adam, D. (1990)
Agthe, K. (1972)
Albach, H. (1978)
Albach, H. (1979)
Berthel, J. (1975)
Berthel, J. (1991)
Bleicher, K. (1971)
Bleicher, K. (1982)
Bleicher, K. (1991)
Blum, E. (1982)
Dunst, K. H. (1982)
v. Eckardstein, D., Schnellinger, F. (1978)
Frese, E. (1978)
Grob, H. L., Reepmeyer, J.-A. (1990)
Grochla, E. (1975)
Grochla, E. (1982)
Grochla, E. (1983)
Hahn, D. (1991)
Hansen, H.-R. (1986)
Hanssmann, F. (1987)
Hax, H., Laux, H. (1972)
Heinrich, L. J., Burgholzer, P. (1990)
Hill, W. (1971)
Hill, W., Fehlbaum, R., Ulrich, P. (1981 u. 1989)
Höhn, R., Böhme, G. (1983)
Horvath, P. (1991)
Kieser, A., Kubicek, H. (1983)
Kieser, A., Reber, G., Wunderer, R. (1987)
Koch, H. (1977)
Kosiol, E. (1962)
Krüger, W. (1984)
Mayer, E., Weber, J. (Hrsg.) (1990)
Meffert, H. (1975a)
Oesterle, H., Brenner, W., Hilbers, K. (1991)
Pugh, D. S. u. a. (1968)
Rosenkranz, F. (1990)
Schmidt, R. B. (1973)
Seidel, E., Redel, W. (1987)
Staehle, W. H. (1991)
Stahlknecht, P. (1991)
Steiner, G. A. (1971)
Steinle, C. (1978)
Töpfer, A. (1976)
Ulrich, P., Fluri, E. (1988)
Weber, J. (1990)
Welsch, G. A. (1957)
Wild, J. (1971)
Wild, J. (1972a)
Wild, J. (1972b)
Wild, J. (1982)
Wittek, B. F. (1980)
Wittmann, W. (1959)

C. Management-Techniken

1. Übersicht über wichtige Management-Techniken
2. Brainstorming als Kreativitätstechnik
3. Punktbewertungsverfahren (Scoring-Modelle)
4. Netzplantechnik
5. Extrapolierende Prognoseverfahren
6. Entscheidungstabellentechnik
7. Entscheidungsregeln bei Ungewißheit
8. Lineare Programmierung als analytische Optimierungstechnik

1. Übersicht über wichtige Management-Techniken

Wenngleich eine eindeutige definitorische Abgrenzung des Begriffs „Management-Techniken" sich als schwierig erweist, sollen im folgenden hierunter vereinfacht alle **Instrumente, Methoden, Modelle** und **Verfahren** zur Lösung von typischen Managementproblemen verstanden werden. Was dabei typische Managementprobleme sind, ist in den vorhergehenden Abschnitten, insbesondere im Rahmen der Erörterung der hauptsächlichen Managementfunktionen, dargelegt worden. In Modellen wird die Realität nach ausgewählten Merkmalen abgebildet; Methoden respektive Verfahren dienen der Informationsgewinnung und -verarbeitung im Rahmen eines Modells (z.B. ist ein Optimierungsalgorithmus eine Methode zur Lösung eines mathematischen Modells); Instrumente schließlich unterstützen bzw. ermöglichen erst den Einsatz von Methoden und Modellen im Managementprozeß.

Soweit Management-Techniken als Hilfe zur Entscheidungsfindung eingesetzt werden, bedarf es zur Fundierung der nötigen Wahlvorgänge vielfach genauer Bewertungen. Der Einsatz von Management-Techniken ist damit in weiten Bereichen gleichbedeutend mit der Quantifizierung wirtschaftlicher Sachverhalte und insofern zugleich verbunden mit einem Problem, das *Galilei* so ausdrückte (zitiert nach *Schmalenbach* 1963, S. 145):

„Was man messen kann, soll man messen;
was man nicht messen kann, soll man meßbar machen."

Eines der ehrwürdigsten und zugleich umfassendsten Modelle und Instrumente zur Unterstützung von Managemententscheidungen ist zweifellos das **Rechnungswesen** mit seinen Teilbereichen **Buchhaltung, Bilanz, Betriebsabrechnung** und **Kalkulation**. Es gehört zugleich zu den wichtigsten quantitativen „Informationslieferanten" für rationale Managemententscheidungen.

Darüber hinaus gibt es eine Vielzahl von zum Teil erst in neuerer Zeit entwickelten Techniken des Management, die über den klassischen Ansatz des Rechnungswesens hinausgehen. Ihre erschöpfende Aufzählung erscheint fast ebenso unmöglich wie eine befriedigende Systematisierung. Der Grund für die Schwierigkeit, eine allgemeingültige Klassifikation zu finden, ist dabei vornehmlich in der Komplexität und Dynamik der Managementprozesse selbst zu sehen. Hieraus resultiert, daß trotz einer Vielzahl möglicher Ordnungsgesichtspunkte für eine Einteilung letztlich keine überschneidungsfreie Zuordnung der Techniken realisierbar erscheint.

Ein (zweifellos unvollkommener) Versuch einer Systematisierung wird in Abb. 73 unternommen. Hier werden 8 Kategorien von Management-Techniken unterschieden:

(1) Erhebungstechniken
(2) Analysetechniken

Management-Techniken	Literaturhinweise
1. Erhebungstechniken	
– Interviewtechnik – Fragebogentechnik – Stichprobenverfahren	*Schmidt, G.* (1981) *Cochran* (1972)
2. Analysetechniken	
– Systemanalyse – Scenario-writing – Netzplantechnik* – Kennzahlensysteme* – Check-list-Verfahren – Wertanalyse	*Koreimann* (1972) *Jantsch* (1967) *Große-Oetringhaus* (1979) *Staehle* (1969) *Wild* (1972a) *Fulton* (1973)
3. Kreativitätstechniken	
– Brainstorming* – Methode 653 – Synektik – Morphologische Methode	*Clark* (1970) *Rohrbach* (1973) *Gordon* (1961) *Zwicky* (1971)
4. Prognosetechniken	
– Delphi-Methode – statistische Extrapolationsverfahren* – Analogieverfahren – Querschnittsanalyse – Indikatormethode – Regressionsanalyse – Ökonometrische Modelle – Verweilzeitverteilungen – Input-Outputanalyse – Simulationsmodelle	*Albach* (1970) *Lewandowski* (1974) *Martino* (1972) *Lehneis* (1971) *Rogge* (1972) *Schneeweiß* (1990) *Guhse* (1967) *Leontief* (1970) *Mertens* (1982)
5. Bewertungstechniken	
– Produkt-Status-Analyse – Scoring-Modelle* – Relevanzbäume (Pattern) – Kosten-Nutzenanalyse – Wirtschaftlichkeitsrechnung* – Break-Even-Analyse* – Risiko-Analyse* – Risiko-Chancen-Kalkül	*Wild* (1972a) *O'Meara* (1961) *Töpfer* (1976) *Recktenwald* (1971) *Blohm/Lüder* (1991) *Tucker* (1973) *Müller-Merbach* (1971) *Neubürger* (1980)
6. Entscheidungstechniken	
– Mathematische Entscheidungsmodelle* – Entscheidungsregeln bei Ungewißheit* – Entscheidungstabellentechnik – Entscheidungsbaumtechnik*	*Müller-Merbach* (1973) *Schmidt, R.-B.* (1973) *Elben* (1973) *Bühlmann et al.* (1969)
7. Darstellungstechniken	
– Funktionendiagramme – Stellenbeschreibungen – Flow Charts* – Methode Jordt-Gscheidle	*Wild* (1972a) *Höhn* (1979) *Reichard* (1987) *Schmidt, G.* (1981)
8. Argumentationstechniken	
– Präsentationstechnik – Verhandlungstechnik	*Wohlleben* (1984) *Lay* (1983)
Anmerkung: Mit * bezeichnete Techniken sind in diesem Buch näher erläutert (Vgl. Stichwortverzeichnis).	

Abb. 73 Übersicht über wichtige Management-Techniken (mit Literaturhinweisen)

(3) Kreativitätstechniken
(4) Prognosetechniken
(5) Bewertungstechniken
(6) Entscheidungstechniken
(7) Darstellungstechniken
(8) Argumentationstechniken.

Da nicht beabsichtigt ist, die Vielzahl existierender Management-Techniken im einzelnen abzuhandeln, enthält Abb. 73 repräsentative Literaturhinweise, aufgrund derer eine vertiefte Beschäftigung mit den genannten Techniken möglich ist. Stellvertretend für andere werden im folgenden lediglich **sechs** Arten von Management-Techniken näher behandelt:

· Kreativitätstechniken am Beispiel des Brainstorming
· Punktbewertungsverfahren (Scoring-Modelle) als Bewertungstechnik
· Netzplantechnik als wichtige Analysetechnik
· Statistische Extrapolationsverfahren als ein Beispiel für Prognosetechniken
· Entscheidungstechniken am Beispiel der sog. Entscheidungsregeln bei Ungewißheit und der Entscheidungstabellen
· Lineare Programmierung als analytische Optimierungstechnik

2. Brainstorming als Kreativitätstechnik

Bei der Lösung von Innovationsproblemen steht die Suche nach neuen Ideen naturgemäß im Vordergrund aller Bemühungen. Kreativitätstechniken haben hier den Zweck, den Prozeß der Ideengewinnung zu fördern und zu kanalisieren. Ihr gemeinsames Kennzeichen ist

· die Sammlung möglichst vieler Lösungsideen,
· die Betonung des spontanen und divergenten bzw. lateralen Denkens,
· die Förderung freier Assoziationen,
· die Nutzung gruppendynamischer Prozesse.

Das Brainstorming gehört zu den bekanntesten Kreativitätstechniken. Das Wesen dieser Methode besteht darin, in einer ad-hoc Gruppe von 5–12 Personen in kurzer Zeit (möglichst keine Sitzung über 30 Minuten) eine möglichst große Anzahl kreativer Lösungsvorschläge zu einem konkreten Problem zu finden. Hierbei gelten vier Grundregeln:

(1) Keine Kritik oder Bewertung
(2) Quantität vor Qualität
(3) Möglichst unorthodoxe Ideen jenseits üblicher Denkschablonen
(4) Aufgreifen und Weiterentwickeln bereits vorgebrachter Ideen.

Als wichtig für das Gelingen einer Brainstorming-Sitzung ist anzusehen,

· daß keine allzu großen hierarchischen Unterschiede zwischen den Teilnehmern bestehen, um eine „Ideenblockierung" durch Konformität, Überbewertung von Sachverstand, Angst vor Fehlern u.ä. zu vermeiden,
· daß ein eng und klar umrissenes Thema vorliegt, von dem aus ein konstruktives „Weiterspinnen" möglich ist,
· daß ein einfühlsamer und souveräner Moderator ohne „Killer"-Ambitionen die Sitzung leitet,
· daß alle Ideen ohne Namensnennung der Urheber sofort protokolliert werden und nach Sitzungsende systematisch ausgewertet werden (dabei keine Killerphrasen wie „das haben wir noch nie so gemacht").

Abb. 74 (entnommen aus *Reichard* 1987, S. 78) zeigt modellhaft die Grundstruk-

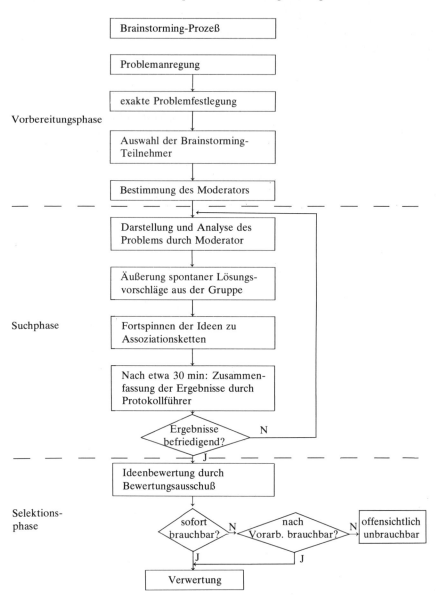

Abb. 74 Grundstruktur des Brainstorming-Prozesses (dargestellt mit Hilfe eines Flow Charts)

tur eines Brainstorming-Prozesses, wobei drei Phasen (Vorbereitungs-, Such- und Selektionsphase) unterschieden werden. Nur erwähnt sei, daß zur Darstellung des Ablaufs eines Brainstorming-Prozesses eine weitere Management-Technik, die Technik des **Flow-Charting** (Flußdiagrammtechnik) Verwendung findet.

Viertes Kapitel: Unternehmungsführung   151

3. Punktbewertungsverfahren (Scoring-Modelle)

Punktbewertungsverfahren oder **Scoring-Modelle** sind für Entscheidungsprobleme entwickelt worden, deren (optimale) Lösung nicht nur von Kosten- und Erlösaspekten sondern auch (oder sogar vorrangig) von qualitativen Überlegungen geprägt wird (z. B. Reparaturanfälligkeit und Servicequalität bei der Entscheidung über den Einsatz alternativer Computersysteme).

Die Vorgehensweise bei Scoring-Modellen ist durch sechs Stufen gekennzeichnet (vgl. hierzu und zum folgenden *Schmidt, G.* 1981, S. 284 ff.):

(1) Ermittlung der Ziele
(2) Gewichtung der Ziele
(3) Vergabe von Punkten für die Varianten
(4) Multiplikation von Gewichten mit zugehörigen Punkten
(5) Ermittlung der gewichteten Punkttotale
(6) Sensibilitätsanalyse.

Zu (1): Ermittlung der Ziele. Die Ziele ermittelt man zweckmäßigerweise mit Hilfe von Kreativitätstechniken und einer möglichst vollständigen, noch ungeordneten Zielsammlung.

Beispiel:

Es soll ein neues Schreibmaschinenmodell ausgewählt werden. Im Brainstorming werden folgende Ziele gesammelt:

- Preis niedrig
- Schriftbild variabel
- Reparaturanfälligkeit gering
- Qualität des Service des Lieferanten hoch
- Ansprechende Form
- Auswahlmöglichkeiten hinsichtlich verschiedener Farben
- Korrekturmöglichkeiten
- Anzahl der Bedienerhilfen ausreichend
- Lärmentwicklung minimal.

Diese Ziele sind in einem zweiten Schritt zu ordnen, zu bereinigen, zu einer Zielhierarchie zu verdichten und auf Vollständigkeit zu prüfen.

Beispiel:

Kosten
├── Anschaffungskosten (Preis) niedrig
├── Laufende Wartungskosten minimal
├── Kosten für Verbrauchsmaterial niedrig
└── Wiederverkaufserlöse hoch

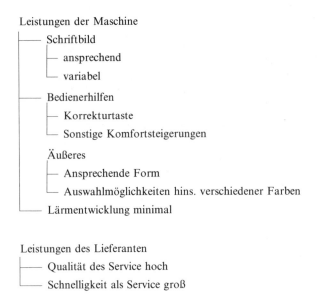

Leistungen der Maschine
- Schriftbild
  - ansprechend
  - variabel
- Bedienerhilfen
  - Korrekturtaste
  - Sonstige Komfortsteigerungen
- Äußeres
  - Ansprechende Form
  - Auswahlmöglichkeiten hins. verschiedener Farben
- Lärmentwicklung minimal

Leistungen des Lieferanten
- Qualität des Service hoch
- Schnelligkeit als Service groß

Diese Zielhierachie muß schließlich operationalisiert werden, d.h. es sind Beurteilungsmaßstäbe für die Zielerreichung zu bestimmen und es ist zu bestimmen, welche Ziele **MUSS**- und welche **KANN**-Ziele sind. Die MUSS-Ziele bewirken, daß alle denkbaren Varianten, die diese Ziele nicht erfüllen, erst gar nicht in die Auswahl kommen. KANN-Ziele beinhalten die Anforderungen, die möglichst weitgehend erfüllt sein sollten.

Zu (2): Gewichtung der Ziele. Ausgehend von einer zu verteilenden (maximalen) Zahl von Gewichtspunkten (meistens 100) können zur Gewichtung der Ziele zwei Wege beschritten werden:
- die freihändige Vorgabe,
- die Verwendung einer Präferenzmatrix.

Die **freihändige Vergabe** von Gewichtspunkten verführt naturgemäß zu Manipulationen, indem solche Ziele besonders hoch gewichtet werden, die für die favorisierte Alternative sprechen. Daher ist die Verwendung einer **Präferenzmatrix** zu empfehlen, die zu einer wesentlich tieferen Auseinandersetzung mit den einzelnen Gewichten zwingt und weniger anfällig gegen Gewichtungsmanipulationen ist.

Abb. 75 zeigt das Beispiel einer Präferenzmatrix (entnommen aus *Schmidt, G.* 1981, S. 288), in der alle Ziele (gekennzeichnet durch die Buchstaben a bis l) paarweise miteinander verglichen werden. Im Schnittpunkt von jeweils zwei Zeilen wird stets der Buchstabe vermerkt, dem im direkten Vergleich zweier Ziele das höhere Gewicht zugewiesen wird. Die Gewichtungen für die einzelnen Kriterien ergeben sich dann aus der absoluten (besser: relativen) Zahl der Nennungen in der Matrix (vgl. Abb. 76).

Die so beschriebene Vorgehensweise führt jedoch häufig zu folgendem Problem. Läßt sich eine Faktorgruppe in sehr viele Einzelkriterien aufspalten, so erhält sie leicht ein insgesamt zu hohes Gewicht. Dies läßt sich allerdings vermeiden, indem zunächst mit Hilfe der Präferenzmatrix die einzelnen Faktorgruppen (Kosten, Lei-

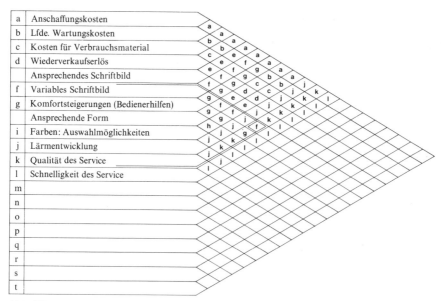

Abb. 75 Beispiel einer Präferenzmatrix

Beispiel:	a	b	c	d	e	f	g	h	i	j	k	l
$\sum$ 66	8	4	3	2	5	7	8	1	–	11	7	10
$\sum$ 100%	12,1	6,1	4,5	3,0	7,6	10,6	12,1	1,5	–	16,7	10,6	15,2

Abb. 76 Ermittlung der Zielgewichte am Beispiel

stungen des Produkts, Leistungen des Lieferanten) anhand der Nennungen gewichtet werden. Danach erfolgt eine isolierte Gewichtung der einzelnen Faktoren einer Faktorgruppe. Das bedeutet, daß auf den Vergleich von Einzelfaktoren verschiedener Faktorgruppen verzichtet wird.

Insbesondere das Verfahren der Faktorgruppengewichtung führt allerdings zu einem weiteren Problem. Da nur relativ wenige Vergleichsoperationen vorgenommen werden, ist gerade bei diesem Verfahren die Wahrscheinlichkeit, daß in der Präferenzmatrix eine Faktorgruppe keine Nennung erhält, ausgesprochen groß. Tritt ein solcher Fall ein, wird die entsprechende Faktorgruppe aus dem Entscheidungsprozeß eliminiert, obwohl sie deshalb nicht zwingend von untergeordneter Bedeutung sein muß. So ist nicht auszuschließen, daß die eliminierte Faktorgruppe die Bedeutung der anderen Faktorgruppen nur geringfügig unterschreitet oder daß einzelne Teilfaktoren dieser Gruppe bestimmte Teilfaktoren der anderen Gruppe dominieren. Kann man demgegenüber unterstellen, daß die ausgeschlossene Faktorgruppe tatsächlich ohne Bedeutung ist, so hätte man diesen Faktor a priori von der Bewertung ausschließen müssen, da seine Berücksichtigung das relative Gewicht der anderen Faktoren zueinander mit beeinflußt. In diesem Fall wäre der Gewichtungsvorgang ohne die eliminierte Faktorgruppe zu wiederholen.

Zu (3): Vergabe von Punkten. Als nächster Schritt folgt die Punktvergabe auf die Varianten, um den jeweiligen Grad der Zielerreichung zu bestimmen. Dazu bedient man sich zweckmäßigerweise der nachstehenden Matrix (s. Abb. 77, entnommen aus *Schmidt, G.* 1981, S. 290), in der in der Kopfzeile die Varianten grob beschrieben und darauf geprüft werden, ob sie die MUSS-Ziele einhalten. Für die KANN-Ziele werden maximal 10, minimal 0 Punkte vergeben. Normalerweise erhält die Variante, die das Ziel am besten erfüllt, 10 Punkte, die Lösung, die aus der Sicht des Ziels als schlechteste abschneidet, erhält 0 Punkte. Denkbar ist aber auch der Weg, diese Extremwerte nicht zu vergeben, sondern für theoretisch denkbare Best- bzw. Schlechtestlösungen zu reservieren.

		VARIANTEN							
		A		B		C		D	
MUSS-ZIELE									
Preis (Max. 2500)		1900		2500		1500		2200	
Korr.-Taste vorhanden?		JA		JA		JA		JA	
KANN-ZIELE	Gewicht	Punkte	Produkt	Punkte	Produkt	Punkte	Produkt	Punkte	Produkt
Kosten									
Anschaffung (Preis)	12	6	72	–	–	10	120	3	36
Laufende Wartung	6	4	24	2	12	10	60	–	–
Verbrauchsmaterial	5	4	20	3	15	10	50	–	–
Wiederverkaufserlös	3	2	6	10	30	–	–	8	24
Leistungen Maschine									
Schriftbild									
ansprechend	8	6	48	8	64	–	–	10	80
variabel	11	2	22	10	110	–	–	6	66
Bedienerhilfen									
Komfortsteigerungen	12	6	72	10	120	–	–	6	72
Äußeres									
ansprechende Form	1	–	–	4	4	6	6	10	10
Lärmentwicklung	17	6	102	8	136	–	–	10	170
Leistungen Lieferant									
Servicequalität	10	5	50	10	100	–	–	9	90
Serviceschnelligkeit	15	7	105	6	90	–	–	10	150
SUMME	100		521		681		236		698

Abb. 77 Punktwertung

Stehen viele Varianten zur Auswahl, kann bei quantifizierbaren Zielen die **Punktverteilung relativ zueinander objektiviert werden,** indem in einem Koordinatensystem auf einer Koordinate die Punktzahl und auf der anderen das quantifizierbare Merkmal (Ziel) eingetragen werden. Verbindet man die maximale Punktzahl und die schlechtestmögliche Ausprägung einer Zielgröße, so können anhand der Verbindungslinie Punktwerte aller anderen Varianten abgelesen werden (siehe Abb. 78).

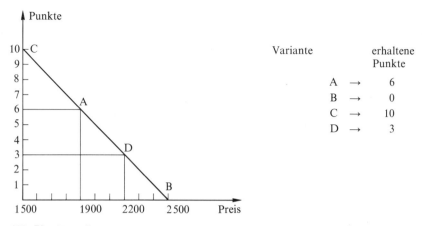

Abb. 78 Koordinatensystem zur „Objektivierung" der Punktverteilung

Zu (4) und (5): Multiplikation und Ermittlung der gewichteten Punkttotale. Die vergebenen Punkte müssen mit den Gewichten, die im Beispiel den auf- bzw. abgerundeten Werten aus der Präferenzmatrix entsprechen, multipliziert werden. Die Summe der gewichteten Punkttotale errechnet man dann durch spaltenweise Addition der Produkte (vgl. Abb. 77).

Das Bewertungsbeispiel ergibt somit die Reihenfolge:

1. D → 698 Punkte
2. B → 681 Punkte
3. A → 521 Punkte
4. C → 236 Punkte

Selbstverständlich ist dieses kein im engeren Sinne „objektives" Ergebnis. In drei Stufen gehen nämlich subjektive Vorstellungen in das Punktwertverfahren ein:

(1) Bei der Festlegung der Ziele. Hier kann es im Einzelfall durchaus strittig sein, ob ein Ziel aufzunehmen ist oder nicht.

(2) Bei der Gewichtung der Ziele. Über die Wertrelationen von Zielen dürften die heftigsten Meinungsverschiedenheiten auftreten.

(3) Bei der Vergabe von Punktwerten. Vor allem bei den nicht eindeutig quantifizierbaren Kriterien besteht ein Ermessensspielraum, den die Beteiligten nutzen können, um die eigenen Vorstellungen durchzubringen.

Nur deutliche Punktabstände zwischen zwei Varianten lassen den Schluß zu, daß die höher bepunktete Variante wirklich spürbar besser ist. Sollten Meinungsverschiedenheiten über die Stichhaltigkeit einer Bewertung auftreten, empfiehlt sich eine Sensibilitätsanalyse.

Zu (6): Sensibilitätsanalyse. Unter einer Sensibilitätsanalyse versteht man das Variieren von Zielen, Gewichten und Punktwerten und die Überprüfung der Auswirkungen auf die bewertete Reihenfolge der Varianten. Wird beispielsweise ein Gewicht auf- und ein anderes abgewertet, so errechnet man die punktmäßigen

Auswirkungen auf das Gesamtergebnis. Diese Sensibilitätsanalyse kann verschiedenen Zielen dienen:

- dem Beweis, daß selbst bei veränderten Annahmen eine favorisierte Lösung standhält,
- der Demonstration, wie sich die Reihenfolge ändert, wenn bestimmte Teilbewertungen geändert werden,
- dem Versuch, eine erwünschte Lösung durch Manipulation der Zielgewichte und Punktvergabe zu erreichen. Dieses Vorgehen kann durchaus legitim sein, wird dem Manipulierer doch auf jeden Fall deutlich, wo Abstriche gemacht werden müssen, um auf ein Wunschergebnis zu kommen.

Zusammenfassend: Als Vorteile der Punktbewertung gelten, daß sie u. a.

- eine objektivere Bewertung ermöglicht, weil an alle Varianten die gleichen, gleichgewichteten Kriterien angelegt werden,
- die Transparenz fördert, es also dem Entscheider ermöglicht, den Bewertungsvorgang nachzuvollziehen,
- konzeptionell ermöglicht, daß die Auswirkungen abweichender Wertvorstellungen durchgerechnet werden können,
- im Fall bewußter Manipulation deutlich macht, worauf man verzichten muß, um ein Wunschergebnis zu erhalten.

4. Netzplantechnik

Die Netzplantechnik ist ein Sammelbegriff für Verfahren zur Lösung von Projektablaufproblemen. Sie hilft, eine komplexe Folge von Projekttätigkeiten zu planen, durchzuführen und zu kontrollieren.

Als Anwendungskriterien für die Netzplantechnik werden genannt:
· hoher Projektwert
· komplexe Ablaufstrukturen mit Terminvorgaben
· einigermaßen determinierte Tätigkeitsfolgen.

Entsprechend findet man die Netzplantechnik eingesetzt bei
· größeren Bauvorhaben (Verwaltungsgebäude, Hotels, Straßen, Brücken usw.),
· Großanlagenprojekten (Stahlwerke, Schiffbauvorhaben u. ä.),
· der Planung und Durchführung von Großveranstaltungen (Messen, Olympiaden u. ä.),
· größeren Organisationsprojekten (Umstellung auf EDV, Reorganisation des Außendienstes usw.).

Die drei wichtigsten Methoden der Netzplantechnik (alle Ende der 50er Jahre entwickelt) sind:
(1) CPM (Critical Path Method)
(2) PERT (Programm Evaluation and Review Technique)
(3) MPM (Metra Potential Method).

Ihr gemeinsames Kennzeichen ist ein grundsätzlich vierstufiges Vorgehen, wie in Abb. 79 demonstriert (vgl. *Große-Oetringhaus* 1979).

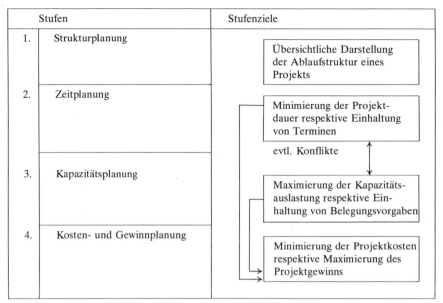

Abb. 79 Die vier Stufen der Netzplantechnik

Die Unterschiede äußern sich demgegenüber vor allem
(1) in der Strukturdarstellung:
  · CPM: Vorgangspfeil-Netzplan
  · PERT: Ereignisknoten-Netzplan
  · MPM: Vorgangsknoten-Netzplan
(2) in den Anordnungsbeziehungen:
  · CPM: Ende-Anfang Beziehung (Beispiel: Vorgang B kann erst beginnen, wenn A abgeschlossen ist.)
  · PERT: Ende-Ende Beziehung (Beispiel: Ereignis A liegt vor dem Ereignis B.)
  · MPM: Anfang-Anfang Beziehung (Beispiel: Vorgang B kann erst beginnen, wenn A begonnen hat.)
(3) in dem Charakter der Zeitschätzung:
  · CPM/MPM: Deterministisches Zeitmodell
  · PERT: Stochastisches Zeitmodell.

Im folgenden soll das Wesen der Netzplantechnik am Beispiel von CPM und MPM erläutert werden. Dabei erfolgt eine Beschränkung auf die ersten beiden Stufen (**Struktur-** und **Zeit**planung) der Netzplantechnik.

Die Strukturplanung besteht im wesentlichen aus vier, die Zeitplanung aus drei Teilschritten:

1. Strukturplanung
  1.1 Feststellung und Auflistung der einzelnen Tätigkeiten des Projekts in einer Vorgangsliste (unter Verwendung von Kurzzeichen für die Vorgänge).

1.2 Ermittlung der strukturellen Anordnungs-respektive Folgebeziehungen dieser Vorgänge zueinander (Beispiel: Vorgang B hat A als Vorgänger sowie C und D als unmittelbare Nachfolger).
1.3 Zeichnen des Netzplans (Umsetzung der Vorgangsliste in eine graphische Übersicht). Dabei unterscheidet sich die Darstellungsform bei MPM und CPM, wie in Abb. 80 skizziert: Denn bei CPM handelt es sich um einen Vorgangspfeil-Netzplan, d. h. die Vorgänge werden als Pfeile dargestellt, deren Anfang und Ende bzw. Anfangs- und Endereignisse durch Kreise markiert werden, während sich MPM als Vorgangsknoten-Netzplan darstellt, bei dem die Vorgänge die Knotenpunkte des Netzplans bilden, während die Pfeile zwischen den Knoten lediglich die Folgebeziehungen wiedergeben.
1.4 Prüfen des Netzplans auf logische Fehler.

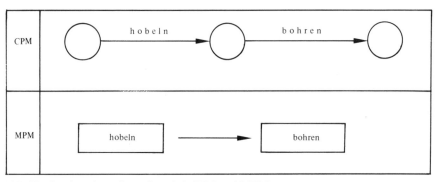

Abb. 80 Strukturdarstellungsform bei CPM und MPM

2. Zeitplanung

2.1 Ermittlung des Zeitbedarfs für jeden Vorgang und Eintragung der Zeitangaben in den Netzplan
2.2 Ermittlung der Anfangs- und Endtermine, und zwar im einzelnen bei CPM

· der frühestmöglichen Zeitpunkte (FZ) sowie

· der spätest erlaubten Zeitpunkte (SZ) für die einzelnen Ereignisse

bzw. bei MPM

· des frühestmöglichen Starttermins (FA),

· des spätest erlaubten Starttermins (SA),

· des frühestmöglichen Endtermins (FE) sowie

· des spätest zulässigen Endtermins (SE) für die einzelnen Vorgänge.

Die FZ-Ereignisse (bei CPM) bzw. die FA/FE-Termine (bei MPM) werden dabei durch Vorwärtsrechnung, die SZ-Ereignisse bzw. die SA/SE-Termine durch Rückwärtsrechnung durch den Netzplan ermittelt.
2.3 Bestimmung der Pufferzeiten und des kritischen Pfades
Pufferzeiten geben an, um wieviel sich ein Vorgang bzw. ein Ereignis verzögern darf, ohne den Projektendtermin zu gefährden. Bei CPM unterscheidet man Vorgangs- und Ereignispuffer, während bei MPM nur Vorgangspuffer betrachtet werden.

Für einen Vorgang ergeben sich bei CPM Pufferzeiten dann, wenn die Differenz zwischen dem spätest erlaubten Zeitpunkt des Eintritts eines Ereignisses und der Summe von frühestmöglichen Zeitpunkten des vorgelagerten Ereignisses und der Dauer des betrachteten Vorgangs größer als Null ist. Ein Vorgangspuffer ergibt sich also dann, wenn die Differenz zwischen den genannten Ereigniszeitpunkten größer ist als die Dauer des betrachteten Vorgangs. Ein Ereignispuffer liegt dann vor, wenn die Differenz zwischen dem frühestmöglichen und dem spätest erlaubten Eintrittszeitpunkt eines Ereignisses größer als Null ist.

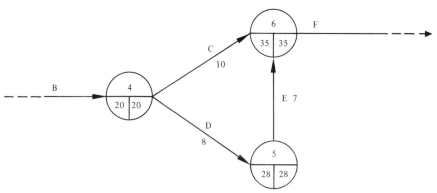

Abb. 81 Beispiel für verbundene CPM-Ereignisknoten

In Abb. 81 geben die Zahlen in den unteren Knotenhälften die frühestmöglichen bzw. die spätest erlaubten Zeitpunkte des Eintritts der Ereignisse an; die Zahl in der oberen Hälfte kennzeichnet die Nummer des Ereignisses. Wie ersichtlich, liegt bei Vorgang C ein Vorgangspuffer vor, da zwischen dem Eintritt des Ereignisses 6 (Abschluß der Vorgänge C **und** E) und Ereignis 4 (Abschluß von Vorgang B) eine größere Zeitspanne als die Dauer des Vorgangs von 10 Zeiteinheiten (Angabe unter dem entsprechenden Pfeil) liegt. Gleichzeitig verdeutlicht die Abbildung auch, daß die Vorgänge D und E (sowie B und F) auf dem kritischen Weg liegen, ferner daß die Ereignisse 4, 5 und 6 kritisch sind, im betrachteten Netzplanausschnitt also kein Ereignispuffer vorliegt.

Für die MPM-Methode sei im folgenden eine detailliertere Analyse der Pufferzeiten durchgeführt. Grundsätzlich lassen sich vier verschiedene Pufferzeiten (Vorgangspuffer) unterscheiden:

– der Gesamtpuffer GP,
– der freie Endpuffer FEP,
– der freie Anfangspuffer FAP und
– der unabhängige Puffer UP.

Abb. 82 zeigt diesbezüglich beispielhaft den Aufbau eines MPM-Vorgangsknoten. Hierzu wurde aus Abb. 81 der Vorgang C aus dem Netzplanausschnitt herausgegriffen.

Den Gesamtpuffer GP eines Vorganges erhält man, indem der SA-Termin vom FA-Termin bzw. der SE-Termin vom FE-Termin subtrahiert wird. Sämtliche Vorgänge, die einen Gesamtpuffer GP von Null aufweisen, liegen auf dem kritischen

Nr.	Dauer	Anfang		Ende	
C	10	FA	20	FE	20
		SA	25	SE	35
Pufferzeit					
GP	FEP		FAP	UP	
5	5		5	5	

Abb. 82 Beispiel für einen MPM-Vorgangsknoten

Weg. Sie werden als kritisch bezeichnet, da jede zeitliche Verzögerung bei ihrer Ausführung automatisch zu einer Verschiebung des angesetzten Projektendtermins führt.

Alle übrigen Vorgänge mit Gesamtpufferzeiten GP größer als Null gelten als unkritisch in dem Sinne, daß bei ihnen eine zeitliche Verschiebung oder Ausdehnung der Vorgangsdauer möglich ist. Der Umfang ergibt sich aus den jeweiligen Pufferzeiten. Die absolute Obergrenze wird durch den Gesamtpuffer GP bestimmt.

In aller Regel läßt sich der Gesamtpuffer GP aber nicht für sämtliche nichtkritischen Vorgänge in gleichem Umfang nutzen, vielmehr steht er für sämtliche Vorgänge eines nicht-kritischen Weges nur einmal zur Verfügung. Ist er ausgenutzt, so werden alle übrigen Vorgänge auf diesem bis dahin nicht-kritischen Weg zu kritischen Vorgängen, da ihre Gesamtpufferzeit nunmehr Null beträgt. Diese Interdependenzproblematik sei am folgenden Beispiel verdeutlicht (Abb. 83).

Die Vorgänge B und C gehören zu einem nicht-kritischen Weg. Beide weisen eine Gesamtpufferzeit GP von 2 auf. Sollte bei B dieser Gesamtpuffer bereits aufgebraucht werden, so wird C ebenfalls zu einem kritischen Vorgang. Der frühestmögliche Anfangstermin würde sich bei C um 2 Tage nach hinten verschieben und damit dem spätestmöglichen Anfangstermin entsprechen.

Aufgrund dieser mangelnden Eindeutigkeit der Gesamtpufferzeit für mögliche zeitliche Flexibilität von Vorgängen, bieten die folgenden drei Pufferarten weitere Erklärungshilfen.

Der freie Endpuffer FEP (in der Literatur auch als freier Puffer FP bezeichnet) ist insbesondere der Puffer am Ende eines nicht-kritischen Weges, der zur Verfügung steht, wenn sämtliche Vorgänge auf diesem Weg zum frühestmöglichen Zeitpunkt beginnen und der sich anschließende Vorgang noch zum frühestmöglichen Zeitpunkt beginnen kann. Unter diesen Voraussetzungen kann der letzte Vorgang auf einem nichtkritischen Weg um die freie Endpufferzeit FEP ausgedehnt oder verschoben werden. Der frühestmögliche Beginn des Nachfolgers wird dadurch nicht gefährdet.

In Abb. 83 läßt sich dies an Vorgang C darstellen. Unter der Voraussetzung, daß B zum frühestmöglichen Termin beginnt, ergibt sich für C ein freier Endpuffer von 2 Tagen. Dieser kann genutzt werden, ohne daß der frühestmögliche Beginn des Nachfolgers von C, Vorgang E, gefährdet ist.

Der freie Anfangspuffer FAP (in der Literatur auch als freier rückwärtiger Puffer

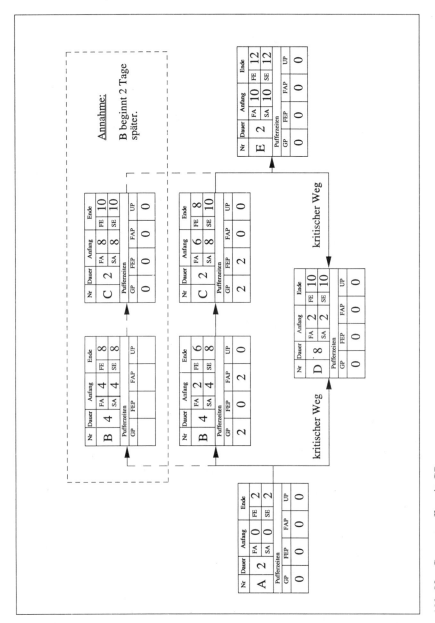

Abb. 83 Gesamtpufferzeit GP

FRP bezeichnet) bildet das Gegenstück zum freien Endpuffer FEP. Dieser stellt insbesondere die Zeit am Anfang eines nicht-kritischen Weges dar, wenn sämtliche nachfolgenden Vorgänge auf diesem Weg zum spätestmöglichen Zeitpunkt beginnen und der Vorgänger zum spätestmöglichen Zeitpunkt endet. Diese Pufferzeit gibt den Spielraum des nicht-kritischen Weges aus der Sicht der Rückwärtsrechnung mit den spätestmöglichen Terminen an.

In Abb. 83 ergibt sich für Vorgang B ein freier Anfangspuffer von 2 Tagen. Dieser steht zur Verfügung, wenn der Vorgänger von B, Vorgang A, zum spätestmöglichen Zeitpunkt endet und die Nachfolger von B, Vorgang C und E, zum spätestmöglichen Zeitpunkt beginnen. Wiederum gilt, daß das geplante Projektende durch Ausnutzen des freien Anfangspuffers von Vorgang B nicht beeinflußt wird.

Wie dargestellt, treten FAP's und FEP's stets zu Beginn und zum Ende von nichtkritischen Wegen auf. Innerhalb von nicht-kritischen Wegen können sie sich ergeben, wenn sich diese Wege aufspalten und wieder zusammen finden oder wenn Überkreuzverzweigungen existieren. Derartige Pufferzeiten treten z. B. im komplexeren Netzplan von Abb. 85 auf.

Ebenfalls zu beachten sind die möglichen Interdependenzen zwischen FEP's und FAP's. Wird der freie Anfangspuffer FAP ausgenutzt, so können sich Konsequenzen für den am Ende des nicht-kritischen Weges befindlichen freien Endpuffer ergeben. Bestehen auf einem nicht-kritischen Weg keine Verzweigungen oder Verknüpfungen, so bewirkt die additive Kette der Vorgänge, daß der Verbrauch des freien Anfangspuffers zu einer entsprechenden Minderung der Möglichkeiten beim freien Endpuffer führt.

Eine derartige Konstellation besteht auch in Abb. 83. Der freie Anfangspuffer von Vorgang B (FAP = 2) sei ausgenutzt worden. Hierdurch beginnt B nicht mehr zum frühestmöglichen Termin von 2, sondern zum spätestmöglichen von 4. Die additive Verknüpfung der Vorgänge B und C führt dazu, daß der ehemals freie Endpuffer bei Vorgang C (FEP = 2) nicht mehr existiert. Vorgang C ist ebenfalls zu einem kritischen Vorgang geworden.

Völlige Freiheit zum Verschieben oder Ausdehnen von Vorgängen besteht lediglich beim unabhängigen Puffer UP. Er wird errechnet unter der Annahme, daß sämtliche Nachfolger zum frühestmöglichen Zeitpunkt beginnen und sämtliche Vorgänger erst zum spätestmöglichen Zeitpunkt enden. Wählt man aus den frühestmöglichen Zeitpunkten der Nachfolger den minimalen Wert und subtrahiert hiervon den maximalen spätestmöglichen Zeitpunkt für das Ende der Vorgänger sowie die Dauer des betrachteten Vorgangs, so ergibt sich die unabhängige Pufferzeit UP. Die restriktive Definition – maximales spätestes Ende der Vorgänger und frühestmöglicher Beginn der Nachfolger – bewirkt, daß diese Zeitspanne unabhängig von allen anderen Vorgängen und ohne Konsequenzen auf den Projektablauf genutzt werden kann.

Abschließend seien die mathematischen Formeln für die Errechnung der Start- und Endtermine sowie der vier Pufferzeiten von MPM zusammengefaßt dargestellt. Die Formeln basieren vereinfachend (und im Gegensatz zum ursprünglich allgemeineren MPM-Ansatz von Anfang-Anfang-Beziehungen wie bei CPM) auf dem Grundsatz, daß ein Vorgang erst dann beginnen kann, wenn sämtliche seiner Vorgänger abgeschlossen sind.

Formelsammlung

FA = max [FE(Vorgänger)]
FE = FA + D
SE = min [SA(Nachfolger)]
SA = SE − D
GP = SA − FA = SE − FE
FEP = min [FA(Nachfolger)] − FE
FAP = SA − max [SE(Vorgänger)]
UP = min [FA(Nachfolger)] − max [SE(Vorgänger)] − D

Beispiel zur Netzplantechnik. Aufgrund der Teilschritte 1.1, 1.2 und 2.1 im Rahmen der Struktur- und Zeitplanung liegen folgende Angaben zu einem Bauvorhaben vor:

	Tätigkeit	Vorgänger	Dauer (in Wochen)
A	Planung und Projektierung des Bauvorhabens	−	3
B	Ausschreibung des Bauvorhabens	A	3
C	Genehmigung des Vorhabens	A	4
D	Einrichtung der Baustelle	B	2
E	Errichten der Bauarbeiterunterkünfte	B	4
F	Maurer- und Erdarbeiten	C	20
G	Konstruktion des Daches	D, E	3
H	Installationsarbeiten	D, E	5
I	Schreinerarbeiten	G	3
K	Maler-, Fußbodenverleger- und Verputzarbeiten	H	10
L	Abbau der Bauarbeiterunterkünfte und Erstellung der Außenanlagen	F, I, K	3

Die aus diesen Angaben erstellten Netzpläne nach CPM (Abb. 84) und MPM (Abb. 85) haben die folgenden Strukturen:

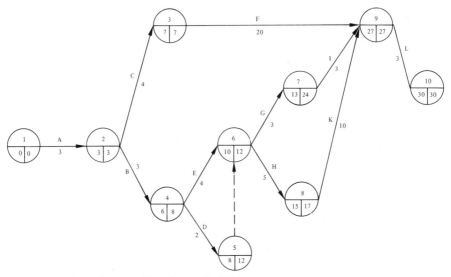

Abb. 84 Beispiel für einen Netzplan nach CPM

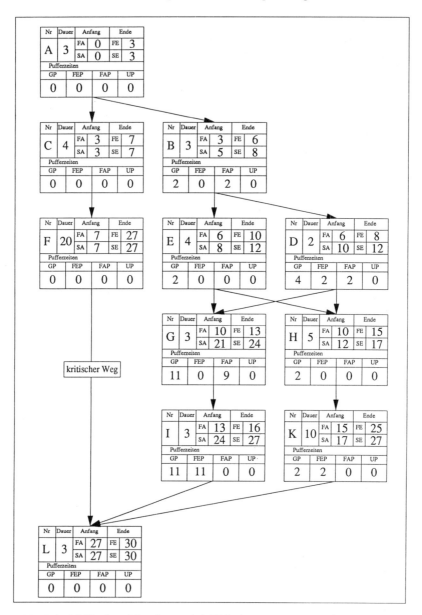

Abb. 85 Beispiel für einen Netzplan nach MPM

Den Netzplänen entnimmt man, daß die Vorgänge A, C, F, L auf dem kritischen Pfad liegen. Die Gesamtdauer des Projekts beläuft sich auf 30 Wochen. Dem CPM-Netzplan entnimmt man außerdem, daß die Ereignisse 1, 2, 3, 9, 10 kritisch sind.

Im CPM-Netzplan verläuft von Ereignisknoten 5 zu Ereignisknoten 6 ein gestrichelter Pfeil. Dieser Pfeil stellt eine Scheinaktivität dar. Die Aufnahme von Scheinvorgängen ist bei CPM vor allem deshalb erforderlich, um die Eindeutigkeit von Netzplandarstellungen zu sichern. So dürfen bei CPM zwei Ereignisse nur durch einen Vorgangspfeil unmittelbar verbunden werden, da insbesondere bei maschineller Verarbeitung mehrere solcher Pfeile nicht als unterschiedliche Vorgänge identifizierbar sind. Des weiteren kommt den Scheinvorgängen eine Differenzierungsfunktion im Rahmen der Abbildung von Vorgangsbeziehungen zu.

Für den MPM-Netzplan sind zusätzlich zu den FA- und FE- sowie SA- und SE-Terminen die vier verschiedenen Pufferzeiten berechnet worden. Es zeigt sich, daß die nicht-kritischen Vorgänge so stark miteinander verwoben sind, daß kein Vorgang einen unabhängigen Puffer UP von größer als Null aufweist. Bezüglich der Puffer FEP und FAP gilt, daß B als Beginn der nicht-kritischen Wege einen freien Anfangspuffer sowie I und K als Endvorgänge der nicht-kritischen Wege einen freien Endpuffer aufweisen. Die Überkreuzverschachtelung E, D und G, H führt dazu, daß hier ebenfalls freie Anfangs- und Endpuffer auftreten.

Wenngleich der CPM-Netzplan bei der Wiedergabe bestimmter Vorgangsbeziehungen übersichtlicher gestaltet ist, weist er doch im Verhältnis zum MPM-Netzplan einen wesentlichen Nachteil auf, der seine praktische Anwendung erschwert. Bei CPM kann mit einem neuen Vorgang grundsätzlich erst dann begonnen werden, wenn der vorherige Vorgang bzw. die vorherigen Vorgänge abgeschlossen sind. Zur Abbildung sich zeitlich überlappender Vorgänge (Vorgang B kann begonnen werden, bevor Vorgang A abgeschlossen ist) sowie zur Abbildung von Wartezeiten (Vorgang B kann erst eine bestimmte Zeit nach Abschluß von Vorgang A beginnen), ist bei CPM im Falle einer zeitlichen Überlappung ein Vorgang künstlich in Teile zu zerlegen bzw. im Wartezeitfall die Einführung zusätzlicher „Wartevorgänge" erforderlich, um die Anforderung des direkten zeitlichen Abschlusses formal zu erfüllen. Hierdurch erhöht sich die Zahl der zu berücksichtigenden und abzubildenden Vorgänge, so daß die Erstellung und Anwendung des Netzplans komplizierter wird. Bei MPM ist die Berücksichtigung derartiger Sachverhalte ohne zusätzliche Vorgänge möglich.

Als **Vorteile** der Netzplantechnik können insbesondere folgende Aspekte genannt werden:
- die Netzplantechnik zwingt dazu, den Ablauf eines Projekts genau zu durchdenken,
- die graphische Darstellung ermöglicht eine gute Übersicht über die Interdependenzen für alle Beteiligten,
- die Projektdauer wird (ggfs. unter Kosten- und Kapazitätsgesichtspunkten) minimiert, Termine werden besser eingehalten,
- die Engpaßaktivitäten werden deutlich hervorgehoben und Maßnahmen zur Engpaßbeseitigung oder zumindest -kontrolle können frühzeitig ergriffen werden,
- Auswirkungen von Verzögerungen sind sofort überschaubar und in ihren Konsequenzen für den Projektendtermin genau abzuschätzen.

Probleme beim Einsatz der Netzplantechnik liegen vornehmlich
- in der Zeitschätzung der Vorgänge,
- in der Strukturplanung, wenn die Beteiligten unterschiedliche Auffassungen über den Projektablauf haben,
- in dem Parkinson-Phänomen (Pufferzeiten werden durch zeitliche Aufblähung von Aktivitäten verbraucht, so daß es im Verlauf des Projekts u.U. zu einer Verschiebung des kritischen Pfades kommt).

5. Extrapolierende Prognoseverfahren

Allen Verfahren der Extrapolation ist gemeinsam, daß Vergangenheitswerte mithilfe einer mathematischen Funktion, die den chronologischen Verlauf einer Zeitreihe abbildet, in die Zukunft projiziert werden. Dabei werden keine Kausalitätsüberlegungen angestellt. Es wird lediglich angenommen, daß die in der Vergangenheit wirksamen Einflüsse weitgehend unverändert auch in der Zukunft Geltung haben.

Damit Extrapolationsverfahren überhaupt sinnvoll eingesetzt werden können, ist allgemein zu fordern,

- daß die Umweltbedingungen eine gewisse Stabilität aufweisen,
- daß das verwendete Extrapolationsverfahren in der Lage ist, zufällige Schwankungen einer Zeitreihe auszuschalten oder zumindest zu glätten,
- daß die verfügbaren Vergangenheitsdaten möglichst weit in die Vergangenheit zurückreichen und mindestens den gleichen Informationsgehalt aufweisen wie die gewünschten Prognosewerte.

Allgemein werden folgende Klassen von Extrapolationsverfahren unterschieden (vgl. *Witte/Klein* 1983):

(1) Verfahren der **konstanten** Extrapolation
  (11) Einfache Mittelwertbildung
  (12) Gleitende Mittelwertbildung
  (13) Exponentielle Glättung erster Ordnung

(2) Verfahren der (linearen und nichtlinearen) **Trend**extrapolation
  (21) Methode der kleinsten Quadrate
  (22) Freihandmethode

(3) Verfahren der **zyklischen** Extrapolation
  (31) Saison-Indexverfahren
  (32) Konjunkturindikatoren-Methode.

Die Verfahren der konstanten Extrapolation sind anwendbar, wenn die Vergangenheitswerte einer Zeitreihe keinem erkennbaren Trend folgen und Abweichungen vom Mittelwert weder saisonal noch konjunkturell bedingt sind. Sind lineare oder nichtlineare Trends vorhanden (d.h. ist die Entwicklung einer Zeitreihe durch Zuwachs- oder Abnahmeraten gekennzeichnet, die einer linearen oder nichtlinearen Funktion folgen), kommen dagegen die Verfahren der Trendextrapolation zum Einsatz. Auch hier gilt, daß Abweichungen vom Trend weder saisonal noch konjunkturell bedingt, sondern lediglich zufälliger Natur sein dürfen. Um saisonale und konjunkturelle Einflüsse auszuschalten bzw. zu ermitteln, bedarf es nämlich gesonderter Verfahren, die besonders dann kompliziert sind, wenn derartige Zyklen einen linearen oder nichtlinearen Trend überlagern.

Ein einfaches Beispiel zur linearen Trendextrapolation, das auf der Methode der kleinsten Quadrate aufbaut und exemplarisch die spezifische Vorgehensweise von Extrapolationsverfahren kennzeichnet, sei im folgenden vorgestellt (entnommen aus *Witte/Klein* 1983):

(1) Die zu errechnende lineare Trendfunktion lautet allgemein:
  $Z_t = a + b \cdot t$

(2) Zur Berechnung von a und b wird auf folgende Grundformeln zurückgegriffen:

Viertes Kapitel: Unternehmungsführung 167

$\sum W_t = n \cdot a$

$\sum W_t \cdot t = b \cdot \sum t^2$

W_t = Werte der Vergangenheit (z. B. saisonbereinigte Umsatzziffern)
t = Zeitintervalle (z. B. Quartale)
n = Zahl der Zeitintervalle

(3) Zur Errechnung der Trendgeraden wird folgende Tabelle (Abb. 86) verwendet, wobei W_t und n gegeben, t, $W_t \cdot t$ und t^2 zu berechnen sind:

n	t	W_t	$W_t \cdot t$	t^2
t_1	−3	144	−432	9
t_2	−2	145	−290	4
t_3	−1	191	−190	1
t_4	0	186	0	0
t_5	+1	228	228	1
t_6	+2	243	486	4
t_7	+3	287	861	9
7	0	1.424	662	28

Abb. 86 Tabelle zur Berechnung der Trendgeraden nach der Methode der kleinsten Quadrate

Durch Einsetzen der Werte von Tabelle 80 in die Formeln (1) und (2) erhält man:

a = 203,4
b = 23,6
$Z_t = 203,4 + 23,6 \, t$

Somit ergeben sich für die Zeitintervalle t_8 bis t_{12} folgende Prognosewerte:

t_8 : $203,4 + 23,6 \cdot 4 = 298$
t_9 : $203,4 + 23,6 \cdot 5 = 321$
t_{10} : $203,4 + 23,6 \cdot 6 = 345$
t_{11} : $203,4 + 23,6 \cdot 7 = 369$
t_{12} : $203,4 + 23,6 \cdot 8 = 392$

6. Entscheidungstabellentechnik

Zu den Entscheidungstechniken zählen u.a. die Entscheidungstabellentechnik sowie die sogenannten Entscheidungsregeln bei Ungewißheit. Wegen ihrer völlig verschiedenen Aufgaben werden diese beiden Techniken in eigenen Abschnitten dargestellt. Zunächst wird die Entscheidungstabellentechnik behandelt.

Entscheidungssituationen sind häufig durch eine Vielzahl von **Voraussetzungen** (Bedingungen) und **Aktionen** (Maßnahmen) gekennzeichnet, die ihre vollständige, widerspruchsfreie und klare verbale Beschreibung nicht mehr ermöglichen. **Entscheidungstabellen** dienen deshalb zur nachvollziehbaren Darstellung und logischen Durchdringung komplexer, dabei jedoch routinisierbarer Entscheidungssituationen. Sie zeigen an, welche Bedingungen erfüllt oder nicht erfüllt sein müssen, um eine Aktion auszulösen oder nicht auszulösen.

Eine Entscheidungstabelle besteht formal aus **vier Feldern.** Die beiden oberen Felder enthalten die Bedingungen der möglichen Entscheidungssituationen, wäh-

Die folgende Abbildung zeigt den Grundaufbau einer Entscheidungstabelle:

Beschreibung der Bedingungen (Bedingungsteil)	Entscheidungsregeln (Bedingungsanzeigerteil)
Beschreibung der Aktionen (Aktionsteil)	(Aktionsanzeigerteil)

Abb. 87 Grundaufbau einer Entscheidungstabelle

rend die beiden unteren Felder die Aktionen (bzw. Tätigkeiten der Entscheidungen) angeben. Des weiteren stehen in den linken Feldern die Begriffe, die die Bedingungen und Aktionen beschreiben, die rechten Felder kennzeichnen spaltenweise die Entscheidungsregeln.

In den Spalten wird im oberen Teil durch die Symbole „J" (Ja) und „N" (Nein) festgelegt, welche Bedingungen für die betreffende Entscheidungsregel erfüllt bzw. nicht erfüllt sein müssen, im unteren Teil wird durch das Symbol „X" festgelegt, welche Aktionen jeweils ausgelöst werden sollen.

Anhand eines einfachen Beispiels soll gezeigt werden, wie Entscheidungstabellen zu verwenden sind. Es ist ein Plan für die Feierabendgestaltung aufzustellen, wobei die Problemstellung folgendermaßen formuliert werden kann:

Wenn man Hochzeitstag hat, dann müssen Blumen gekauft werden und man geht nach Hause zum Fernsehen, unabhängig vom Fernsehprogramm. Ist außerdem die Schwiegermutter zu Besuch, dann werden zusätzlich noch Pralinen gekauft. Hat man keinen Hochzeitstag, und ist das Fernsehprogramm interessant, dann geht man zum Fernsehen nach Hause oder zu Bekannten, je nachdem ob die Schwiegermutter zu Besuch ist oder nicht. Ist das Fernsehprogramm dagegen uninteressant, dann geht man in die Kneipe.

Die Entscheidungstabelle zu dieser Problematik zeigt die Abbildung 88. Die folgenden Beispiele zeigen, wie die Entscheidungsregeln (R_1 bis R_8) gelesen werden:

Regel 1:
Wenn man Hochzeitstag hat **und** die Schwiegermutter zu Besuch da ist **und** das Fernsehprogramm interessant ist, dann werden Blumen **und** Pralinen gekauft, **und** man geht zum Fernsehen nach Hause.

Feierabend	R_1	R_2	R_3	R_4	R_5	R_6	R_7	R_8
Hochzeitstag	J	J	J	J	N	N	N	N
Schwiegermutter zu Besuch	J	J	N	N	J	J	N	N
Fernsehprogramm interessant	J	N	J	N	J	N	J	N
Blumen kaufen	X	X	X	X				
Pralinen kaufen	X	X						
Fernsehen zu Hause	X	X	X	X			X	
Fernsehen bei Bekannten					X			
Kneipe						X		X

Abb. 88 Beispiel für eine Entscheidungstabelle

Regel 3:
Ist am Hochzeitstag die Schwiegermutter nicht zu Besuch **und** das Fernsehprogramm interessant, so werden Blumen gekauft, **und** man geht zum Fernsehen nach Hause.

Regel 6:
Hat man keinen Hochzeitstag **und** ist die Schwiegermutter zu Besuch, so geht man in die Kneipe, wenn das Fernsehprogramm uninteressant ist.

Bereits dieses einfache Beispiel macht den inhaltlichen und logischen Aufbau von Entscheidungstabellen deutlich (*Büchi* 1976):

- Die einzelnen (Entscheidungs-)Regeln stehen in einer **Oder**-Beziehung zueinander. Sie schließen sich insofern gegenseitig aus, als immer nur **eine Regel gleichzeitig** zutreffen kann.
- In einer Entscheidungstabelle werden die Regeln **sequentiell von links nach rechts abgeprüft**. Sind die vorgegebenen Bedingungen durch eine Regel erfüllt, dann werden die übrigen Regeln **nicht** weiter geprüft.
- Die Ja/Nein-Eintragungen in einer Regelspalte sind durch eine **Und**-Beziehung verknüpft (die Reihenfolge der Bedingungen spielt dabei keine Rolle).
- Die „Wenn-Dann"-Beziehungen sind durch die einzelnen Spalten eindeutig und übersichtlich festgelegt und bieten keinen Interpretationsspielraum.

Die bisherigen Ausführungen, insbesondere das verwendete Beispiel, stellten auf die einfachste Art von Entscheidungstabellen, die **begrenzte Entscheidungstabelle**, ab. Sie ist dadurch gekennzeichnet, daß der linke Teil der Tabelle sämtliche Bedingungen und Aktionen vollständig beschreibt. Die rechte Seite der Tabelle (= Anzeigerteil) enthält nur Ja/Nein-Indikatoren bzw. standardisierte Anzeiger für die verschiedenen Bedingungen und Aktionen.

Kann ein Entscheidungsprozeß nur mit Hilfe einer Vielzahl von Bedingungen und/oder Aktionen beschrieben werden, so wird die begrenzte Entscheidungstabelle unübersichtlich und unhandlich. Man kann dies vermeiden, indem man Teile aus der linken Seite der Entscheidungstabelle auf die rechte Seite (= Anzeigerteil) verlagert. Hierdurch kann eine erhebliche Verkürzung von Bedingungs- und Aktionszeilen erreicht werden. Die Bedingungen und Aktionen sind dann (auf der linken Seite) zunächst nur unvollständig beschrieben; sie werden erst im Anzeigerteil näher determiniert. Diese Darstellungsform bezeichnet man als **erweiterte Entscheidungstabelle**. Von Vorteil ist diese Form der Entscheidungstabelle vor allem dann, wenn die im Bedingungsteil angegebenen Bedingungen viele Ausprägungen annehmen und sich gegenseitig ausschließen.

Eine dritte Form der Entscheidungstabelle ist die sogenannte **gemischte Entscheidungstabelle**, die sich als Kombination der begrenzten und der erweiterten Entscheidungstabelle darstellt. Für die gemischte Entscheidungstabelle ist kennzeichnend, daß sie im linken Teil sowohl vollständige als auch unvollständige Beschreibungen von Bedingungen und/oder Aktionen enthält, die dann im rechten Teil durch genauere Beschreibungen ergänzt bzw. spezifiziert werden.

Bevor eine Entscheidungstabelle als Hilfsmittel zur Lösung von Entscheidungsproblemen Verwendung findet, ist sie noch den folgenden Analyse- und Bearbeitungsverfahren zu unterziehen:

- Vollständigkeitstest
- Redundanztest

- Widerspruchstest sowie
- Verdichtung (Konsolidierung).

Mit Hilfe eines **Vollständigkeitstests** muß zunächst geprüft werden, ob alle in der Realität vorkommenden Bedingungen mit den dazugehörigen Aktionen auch tatsächlich in der Tabelle erfaßt sind; das heißt, es ist die maximale Zahl der theoretisch möglichen Entscheidungsregeln zu berechnen und mit den vorhandenen Regeln zu vergleichen.

Durch den **Redundanz- und Widerspruchstest** lassen sich in einer Entscheidungstabelle redundante und widersprüchliche Entscheidungsregeln aufdecken. **Redundanz** liegt dann vor,

- wenn eine bestimmte Bedingungskonstellation mehrmals in der Entscheidungstabelle enthalten ist (trivialer Fall) oder
- wenn verschiedene Entscheidungsregeln trotz einer Abweichung bei einer bestimmten Bedingung zur gleichen Aktion bzw. Aktionsfolge führen.

Eine Entscheidungstabelle enthält einen **Widerspruch**, wenn mindestens 2 Entscheidungsregeln inhaltlich gleiche Bedingungen enthalten, jedoch zu unterschiedlichen Aktionen führen.

Um Redundanz und/oder Widerspruch festzustellen, muß jede Entscheidungsregel mit jeder anderen Entscheidungsregel verglichen werden. Stellt man Redundanzen fest, werden die entsprechenden Entscheidungsregeln zu einer neuen Entscheidungsregel zusammengefaßt, bei der die für die Entscheidung unwesentliche Bedingung mit „-" (= irrelevant) gekennzeichnet wird. Im Falle eines aufgedeckten Widerspruchs wird die falsche Entscheidungsregel aus der Tabelle entfernt.

Bei dem eingangs verwendeten Beispiel zur Feierabendplanung zeigt die Redundanzprüfung, daß die Regeln R_1 und R_2 sowie R_3 und R_4 zu jeweils einer Regel zusammengefaßt werden können. In diesen Fällen beeinflußt die Qualität des Fernsehprogramms nicht die Entscheidung. Widersprüche liegen nicht vor.

Den letzten Schritt bildet schließlich die **Verdichtung (Konsolidierung)** der Tabelle. Hierbei ist das Ziel, die Tabelle möglichst optimal zu gestalten, und damit die Entscheidungssituationen durch möglichst wenig Entscheidungsregeln exakt darzustellen.

Zusammenfassend können als wesentliche **Vorteile der Entscheidungstabellentechnik** genannt werden:

- genaue Problembeschreibung ohne verbale Erläuterung;
- wirksames Kommunikationsmittel, da Entscheidungstabellen leicht verständlich und einfach zu handhaben sind;
- die Logik von Abläufen wird unmittelbar anschaulich gezeigt.
- Redundanz, Widersprüchlichkeit und Unvollständigkeit werden eliminiert. Entscheidungstabellen zwingen zur exakten Aufgabenformulierung und zur Prüfung von Redundanz, Widersprüchlichkeit und Unvollständigkeit.
- Entscheidungstabellen stellen eine unmittelbare programmierfähige Formulierung eines Problems dar und führen somit zu Rationalisierungseffekten.

7. Entscheidungsregeln bei Ungewißheit

Entscheidungen unterliegen in der Realität prinzipiell der Ungewißheit, was sich vor allem darin äußert, daß weder alle Handlungsalternativen bekannt, noch die konkreten Zielwirksamkeiten der bekannten Handlungsmöglichkeiten in eindeutiger Weise belegt sind.

Es ergibt sich mithin das Problem, wie trotz der vorhandenen Ungewißheit eine zumindest relativ optimale Alternative aus den verschiedenen im Entscheidungszeitpunkt zur Verfügung stehenden Handlungsmöglichkeiten ausgewählt werden kann.

Für dieses Problem können sogenannte **Entscheidungsregeln** angewandt werden, die in Ungewißheitssituationen zur Entscheidungsfindung insofern beitragen, als sie im Fall des Vorhandenseins **mehrwertiger** Erwartungsstrukturen bei den Zielwirksamkeiten der alternativen Handlungsmöglichkeiten eindeutige Auswahlvorschriften anbieten.

Mehrwertige Erwartungsstrukturen betreffen die Unsicherheitskomponente der vorhandenen sowie ausreichend präzise formulierten Informationen und liegen immer dann vor, wenn den einzelnen Handlungsmöglichkeiten mehr als ein mögliches Ergebnis zugeordnet werden kann. Dabei spielt es eine wichtige Rolle, ob bestimmte differenzierte Eintritts**wahrscheinlichkeiten** für die möglichen Handlungsergebnisse bestimmt werden können oder nicht. Sind wahrscheinlichkeitsgewichtete Aussagen möglich, so können diese ausschließlich auf der subjektiven Einschätzung der Entscheidungssituation, also auf Glaubwürdigkeiten beruhen, oder sie können – was aber bei ökonomischen Entscheidungen selten der Fall ist – auf statistischen Häufigkeitsverteilungen basieren.

Folgendes Beispiel sei zur Illustration des Gesagten herangezogen. Es handelt sich um das berühmte von *Savage* formulierte „**Omelettenproblem**" (nach *Bühlmann et al.* 1969):

Eine Person beabsichtigt eine Omelette aus sechs Eiern zu backen. Bereits in einer Schüssel befindet sich der Inhalt von fünf Eiern. Daneben liegt ein ungeöffnetes sechstes Ei, dessen Zustand (faul oder gut) man nicht kennt.

In einer Entscheidungs- bzw. Ergebnismatrix läßt sich das so gestellte Problem verdeutlichen (vgl. Abb. 89). An zusätzlichen Informationen stehen dabei zur Verfügung:

(1) Vorhandene **Handlungsalternativen** (a_i). Es besteht die Möglichkeit, auch das sechste Ei in die Schüssel zu brechen, das Ei zuerst in eine Tasse zu brechen, um zu sehen, ob es gut ist oder das Ei gleich wegzuwerfen.
(2) Die **Wahrscheinlichkeit** (w_j) dafür, daß das Ei gut ist, betrage 0,9 ($= 90\%$), daß es faul ist entsprechend 0,1 ($= 10\%$).
(3) **Bewertung der Ergebnisse** (e_{ij}). Jedes gute Ei zu einer Omelette vereinigt erbringt einen Nutzen von 1 GE; Wert eines guten Eies 0,20 GE; ein faules Ei habe keinen Wert; eine Tasse abzuwaschen verursache Kosten in Höhe von 0,50 GE.

Betrachtet man die Fülle der zur Lösung eines solchen Problems angebotenen Entscheidungsregeln (vgl. für eine Übersicht *Schmidt, R.-B.* 1973), fällt auf, daß diese zum Teil völlig unterschiedliche Auswahlvorschriften aufweisen und daß selbst bei gleichem Entscheidungsproblem die Anwendung verschiedener Entscheidungsregeln zu teilweise erheblich abweichenden Ergebnissen führt. Dies resultiert zu allererst daraus, daß alle Entscheidungsregeln unter Ungewißheit eine bestimm-

Umweltzustand S_j Entscheidungs- alternative a_i	S_1 = Ei gut w_1 = 0,9		S_2 = Ei faul w_2 = 0,1	
a_1 : Sechstes Ei in die Schüssel brechen	e_{11}	: Omelette aus sechs Eiern (= + 6,00 GE)	e_{12}	: keine Omelette und fünf gute Eier zerstört (= −1,00 GE)
a_2 : Sechstes Ei zuerst in eine Tasse brechen	e_{21}	: Omelette aus sechs Eiern u. Tasse abzuwaschen (= + 5,50 GE)	e_{22}	: Omelette aus fünf Eiern u. Tasse abzuwaschen (= + 4,50 GE)
a_3 : Sechstes Ei wegwerfen	e_{31}	: Omelette aus fünf Eiern u. ein gutes Ei zerstört (= + 4,80 GE)	e_{32}	: Omelette aus fünf Eiern (= + 5,00 GE)

Abb. 89 Ergebnismatrix „Omelettenproblem"

te, aber jeweils unterschiedliche Annahme über die Risikoeinstellung bzw. Risikobereitschaft des Anwenders solcher Regeln implizieren. Das ist notwendig, da Entscheidungen unter Ungewißheit stets insofern risikobehaftet sind, als prinzipiell die Gefahr falscher bzw. nicht optimaler Entscheidungen besteht. Ohne Annahme über die Risikopräferenz des „Entscheiders" können Entscheidungen unter Ungewißheit nicht gefällt werden.

Im folgenden soll eine Auswahl von vier Entscheidungsregeln dargestellt und anhand des „Omelettenproblems" demonstriert werden:

(1) Minimax-Kriterium
(2) Minimax-Risiko-Kriterium
(3) Kriterium der höchsten Wahrscheinlichkeit
(4) Kriterium des maximalen Erwartungswertes.

Die ersten beiden Entscheidungsregeln gehen von der Annahme gleichverteilter Wahrscheinlichkeiten aus. Um ihre Anwendung zu zeigen, wird also auf die differenzierten Wahrscheinlichkeitsverteilungen in Abb. 89 verzichtet. Ausschließlich die verschiedenen Ergebniswerte finden Berücksichtigung. Dagegen sind die zwei letzten Entscheidungsregeln für die Erfassung auch differenzierter Wahrscheinlichkeitsverteilungen, wie sie im Beispiel angenommen sind, geeignet.

Zu (1): Die Auswahlvorschrift beim Minimax-Kriterium lautet: **Wähle die Alternative, deren minimales Ergebnis größer ist als die minimalen Ergebnisse aller anderen Alternativen!**

Diese Entscheidungsregel führt im Beispiel dazu, das sechste Ei gleich wegzuwerfen, da für den schlechtestmöglichen Fall eines faulen sechsten Eies hier noch das relativ beste Ergebnis (+ 4,80 GE) erzielt werden könnte.

Die Minimax-Regel bringt einen starken Pessimismus und geringe Risikobereitschaft zum Ausdruck, weil man mit dem „schlimmsten" rechnet und hieran seine Entscheidung ausrichtet.

Zu (2): Die Auswahlvorschrift beim Minimax-Risiko-Kriterium, das auch als Savage-Regel bekannt ist, lautet: **Wähle die Alternative, bei der die maximal mögliche Enttäuschung, nicht die beste Alternative gewählt zu haben, am geringsten ist!**

Die „Enttäuschung" ergibt sich für jede mögliche Umweltkonstellation, indem man in der Entscheidungsmatrix spaltenweise die Differenz zwischen dem jeder Alternative zugeordneten Ergebnis und dem maximal möglichen Ergebniswert bildet. Danach wird für jede Alternative, also zeilenweise, die maximal mögliche „Enttäuschung" gesucht und von diesen maximalen Werten der minimale Enttäuschungswert ausgewählt. In dem gegebenen Beispiel müßte man demnach die Alternative 2 (Ei zuerst in eine Tasse brechen) wählen, da hierbei die höchstmögliche Enttäuschung, gegebenenfalls nicht die beste Alternative ausgesucht zu haben, mit − 0,50 GE am geringsten ist.

Die Savage-Regel impliziert einen nicht so ausgeprägten Pessimismus wie das Minimax-Kriterium. Die Risikobereitschaft, die im Kriterium zum Ausdruck kommt, ist aber weiterhin gering, so daß man sagen könnte, die Savage-Regel wird von einem „vorsichtigen Pessimismus" getragen.

Zu (3): Die Auswahlvorschrift beim Kriterium der höchsten Wahrscheinlichkeit lautet: **Wähle die Alternative, die das höchste Ergebnis von allen vorhandenen wahrscheinlichkeitsgewichteten Ergebnissen aufweist!**

Nunmehr werden also die in Abb. 89 angegebenen Wahrscheinlichkeiten bezüglich des Eintritts der einzelnen Umweltkonstellationen bei der Auswahl berücksichtigt. Man multipliziert die Wahrscheinlichkeiten mit den jeweils zugeordneten Ergebniswerten und wählt von den dabei errechneten Werten das maximale wahrscheinlichkeitsgewichtete Ergebnis aus. In dem gegebenen Beispiel ist das der Wert $0,9 \cdot 6 = 5,40$ GE, der zur Alternative 1 gehört. Diese wird demnach ausgewählt.

Das Kriterium drückt eine hohe Risikofreude und einen starken Optimismus aus, da die möglichen negativen Folgen der Wahl einer Alternative nicht beachtet werden. Die Gewichtung mit Wahrscheinlichkeiten bewirkt allerdings, daß die extrem unwahrscheinlichen Werte außer Betracht bleiben, so daß es nur bedingt als „optimistisches Gegenstück" zum extrem pessimistischen Minimax-Kriterium verstanden werden kann.

Zu (4): Die Auswahlvorschrift beim Kriterium des maximalen Erwartungswertes lautet: **Wähle die Alternative, deren wahrscheinlichkeitsgewichtete Ergebnissumme am größten ist!**

Im Gegensatz zu allen bisher genannten Entscheidungsregeln werden bei diesem Kriterium nicht nur die möglichen Ergebnisse pro Alternative isoliert berücksichtigt, sondern es wird das gesamte Erwartungsspektrum einer jeden Alternative erfaßt. Man multipliziert die einzelnen Ergebniswerte mit den ihnen jeweils zugeordneten Wahrscheinlichkeiten und summiert die errechneten Werte für jede Alternative. Ausgewählt wird dann die Alternative mit der höchsten wahrscheinlichkeitsgewichteten Ergebnissumme oder anders ausgedrückt mit dem höchsten Erwartungswert. In dem gegebenen Beispiel ist dies die Alternative 2 mit dem Erwartungswert 5,40 GE.

Das Kriterium des maximalen Erwartungswertes ist in seiner Grundstruktur durch Berücksichtigung des gesamten Erwartungsspektrums relativ risikoneutral formuliert, unterscheidet sich also erheblich von allen bisher genannten Kriterien. In betriebswirtschaftlichen Modellen findet es entsprechend auch verbreitete Anwendung, wenngleich es natürlich im Einzelfall durch zusätzliche Risikokriterien zu verfeinern ist. Vorbehaltlos ist seine Anwendung nur dort zu empfehlen, wo das Gesetz der großen Zahl gilt, also mit echten statistischen Wahrscheinlichkeiten gerechnet werden kann, und wo Fehlentscheidungen im Einzelfall hingenommen werden können (Qualitätskontrollen bei Massenfertigung, Versicherungsgeschäfte u. ä.).

8. Lineare Programmierung als analytische Optimierungstechnik

Mathematische Entscheidungsmodelle arbeiten mit analytischen Verfahren zur Optimumbestimmung. Eines hiervon ist die Technik der **linearen Programmierung**. Sie wird zusammen mit der **Differentialrechnung** zur **Marginalanalyse** gezählt, die sich von der **Totalanalyse** dadurch unterscheidet, daß sie bei der Lösung eines Problems auf Änderungsraten des Erfolgs bei einer Niveauänderung der Entscheidungsvariablen abstellt (vgl. hierzu und zum folgenden *Adam* 1983). Während die Differentialrechnung ihre typische Anwendung in den klassischen Modellen der Produktions- und Kostentheorie (vgl. S. 207ff.) sowie der Preistheorie (vgl. S. 266 ff.) findet, ist die lineare Programmierung ein zunehmend auch von der Praxis akzeptiertes Instrument zur Lösung komplexer Entscheidungsprobleme. Als spezielle Voraussetzungen für den Einsatz dieser analytischen Optimierungstechnik sind dabei zu nennen:

- Die Zielsetzung der Entscheidungssituation kann durch eine lineare Funktion dargestellt werden. Variablen treten nur in der ersten Potenz auf und sind nicht muliplikativ miteinander verknüpft;
- die das Entscheidungsproblem begrenzenden Nebenbedingungen können als lineare Gleichungen und Ungleichungen formuliert werden;
- die Variablen des Problems dürfen ein bestimmtes unteres Niveau (im Normalfall null) nicht unterschreiten.

Die Entscheidungssituation kann damit in allgemeiner Form wie folgt beschrieben werden:

(1) $\quad Z = \sum_{j=1}^{n} c_j \cdot x_j \to \max$

(2) $\quad \sum_{j=1}^{n} a_{ij} \cdot x_j \leqq b_i \quad$ für alle i

(3) $\quad x_j \geqq 0 \quad$ für alle j

mit:

x_j : Variable j der Problemstellung
c_j : Zielbeitrag der Variablen j
a_{ij}: Koeffizient der Variablen j in der Nebenbedingung i
b_i : Maximale Wertausprägung der Nebenbedingung i

Die Lösung eines derartigen Entscheidungsproblems mithilfe des **Simplex-Algorithmus** soll an folgendem Beispiel verdeutlicht werden (*Adam* 1983):

Ein Unternehmen plant sein Produktionsprogramm, bestehend aus 2 Produkten x_1 und x_2 mit folgenden Gewinnbeiträgen und entsprechender Zielfunktion:

(4) $G = 10 x_1 + 15 x_2 \to \max$

Die Zielfunktion ist unter Beachtung der Kapazitätsrestriktionen

(5a) $5 x_1 + 3 x_2 \leqq 50$

(5b) $3 x_1 + 6 x_2 \leqq 72$

sowie der Nichtnegativitätsbedingungen

(6a) $x_1 \geqq 0$
(6b) $x_2 \geqq 0$

zu maximieren.

Zur Lösung des so formulierten mathematischen Problems wird im allgemeinen der **Simplex-Algorithmus** verwendet. Im vorliegenden Fall läßt sich aber auch eine **graphische Lösung** darstellen, weil das Entscheidungsproblem nur aus zwei Strukturvariablen besteht. Diese graphische Lösung soll zunächst demonstriert werden, weil sie die Vorgehensweise der Simplex-Methode besser verstehen hilft (*Müller-Merbach* 1973).

In einem zweidimensionalen Koordinatensystem werden auf der Abszisse x_1 und auf der Ordinate x_2 aufgetragen (vgl. Abb. 90). Im ersten Schritt werden die Nebenbedingungen eingetragen. Da es sich in dem Zahlenbeispiel um Ungleichungen handelt, trennen sie den zulässigen Lösungsbereich von dem unzulässigen Bereich. In ihrer Kombination ergeben sie (zusammen mit den Nichtnegativitätsbedingungen) den – hier schraffierten – zulässigen Lösungsraum, der alle Kombinationen von x_1 und x_2 enthält, die die Nebenbedingungen nicht verletzen.

Gesucht sind jedoch nicht alle möglichen Lösungen, sondern die optimale Lösung des Entscheidungsproblems. Um sie zu bestimmen, zeichnet man die Zielfunktion ein, wobei für G alternative Werte eingesetzt werden. Man erhält sog. **Iso-Gewinnlinien**, die sich mit steigendem Gewinniveau parallel vom Koordinatenursprung entfernen. Solange diese Gewinnli-

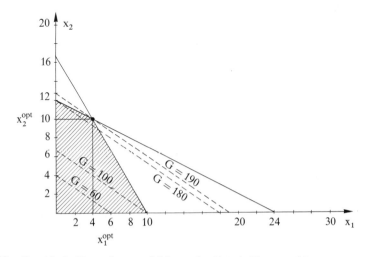

Abb. 90 Graphische Darstellung und Lösung des Entscheidungsproblems

nien noch innerhalb des Lösungsraumes verlaufen, sind die dazugehörigen Gewinnwerte realisierbar. Will man nun den Gewinn maximieren, so ist damit natürlich eine möglichst weit vom Koordinatenursprung liegende, den Lösungsraum noch gerade tangierende Gewinnlinie zu realisieren. Die gewinnmaximale Mengenkombination liegt also im Regelfall in einem äußeren Eckpunkt des zulässigen Lösungsraumes (im Beispiel ist das die Mengenkombination $x_1 = 4$ und $x_2 = 10$ mit einem Gesamtgewinn von 190 Geldeinheiten).

Die allgemeine Lösung des Entscheidungsproblems mit Hilfe des Simplex-Algorithmus nutzt nun diese Erkenntnis, nämlich daß die optimale Lösung immer in einem Eckpunkt des zulässigen Lösungsraumes liegt, indem sogenannte **Basis-Lösungen** konstruiert werden, die jeweils in den Eckpunkten des Lösungsraumes liegen. Ausgehend vom Koordinatenursprung wird in mehreren Rechenschritten (Iterationen) die Basislösung gesucht, die die Zielfunktion maximiert.

Diese Rechenschritte des **Simplex-Algorithmus** sollen anhand des obigen Zahlenbeispiels nun demonstriert werden (vgl. Abb. 91).

	Basisvariable	x_1	x_2	y_1	y_2	b_i	Minimumsektor b_i/a_{ij}
1. Simplex-(Ausgangs-)tableau	y_1 y_2	5 3	3 6	1 0	0 1	50 72	$16^2/_3$ 12
		10	15	0	0	0	
2. Simplextableau	y_1 x_2	$\frac{7}{2}$ $\frac{1}{2}$	0 1	1 0	$-\frac{1}{2}$ $\frac{1}{6}$	14 12	4 24
		$\frac{5}{2}$	0	0	$-\frac{15}{6}$	-180	
3. Simplextableau	x_1 x_2	1 0	0 1	$\frac{2}{7}$ $-\frac{1}{7}$	$-\frac{1}{7}$ $+\frac{10}{42}$	4 10	
		0	0	$-\frac{5}{7}$	$-\frac{90}{42}$	-190	

Abb. 91 Simplex-Algorithmus

(1) **Bildung des Ausgangstableaus.** Zunächst werden Zielfunktion und Nebenbedingungen in eine Matrix (das Ausgangstableau) überführt. Dazu müssen die Nebenbedingungen durch die Einführung sogenannter Schlupfvariablen (y_1 und y_2) in Gleichungen umgeformt werden:

(7a) $\quad 5x_1 + 3x_2 + 1y_1 \qquad = 50$
(7b) $\quad 3x_1 + 6x_2 \qquad + 1y_2 = 72$

Da dieses Gleichungssystem aus 2 Gleichungen mit vier Variablen unmittelbar so nicht lösbar ist, wird im Ausgangstableau eine der Zahl der Freiheitsgrade des Gleichungssystems entsprechende Anzahl von Variablen (und zwar zunächst alle Strukturvariablen, hier also x_1 und x_2) gleich null gesetzt, wodurch dann die restlichen Variablen des Problems (entsprechend also die Schlupfvariablen) durch die

Gleichungen determiniert sind. Letztere werden **Basisvariablen**, die gleich null gesetzten Variablen werden **Nicht-Basisvariablen** genannt.

Das weitere Vorgehen nach dem Simplex-Algorithmus besteht nun darin zu prüfen, ob durch Austausch von Variablen, d.h. durch Nullsetzen einer bisherigen Basisvariablen und Aufnahme einer neuen (Nicht-Basis-)Variablen in die Basislösung, das Ergebnis (der Gewinn) erhöht werden kann.

(2) **Rechenschritte im Ausgangstableau.** Um die ersten Basislösungen zu erhalten, werden im Ausgangstableau die auszutauschenden Variablen bestimmt. Dazu müssen die Pivotspalte und die Pivotzeile festgelegt werden.

- Festlegung der **Pivotspalte**. Es wird zunächst die neu in die Basislösung aufzunehmende Variable bestimmt; nach dem einfachen Simplex-Kriterium ist das die Variable mit dem höchsten Gewinnbeitrag pro Einheit, also im Beispiel x_2 mit 15 GE.

- Festlegung der **Pivotzeile**. Für die neu aufgenommene Variable muß eine alte Basisvariable gleich null gesetzt werden, sie wird durch Festlegung der Pivotzeile bestimmt. Da die alten Basisvariablen y_1 und y_2 den Umfang der freien Kapazität in den beiden Restriktionen anzeigen, ergibt sich die zu eliminierende Variable durch Ermittlung derjenigen Restriktion, die bei einer Vergrößerung von x_2 zuerst ausgelastet ist. Ein Vergleich der Quotienten b_i/a_{ij} zeigt, daß dies bei der Restriktion 2 der Fall ist, y_2 also die aus der Basislösung zu eliminierende Variable ist (aufgrund der Restriktion 1 können $16^2/_3$, gemäß Restriktion 2 dagegen maximal 12 Mengeneinheiten von x_2 hergestellt werden, wobei y_2 dann den Wert null annimmt). Für die Bestimmung der Pivotzeile dürfen bei positiven rechten Seiten b_i nur die positiven Koeffizienten $a_{ij} > 0$ der Pivotspalte verwendet werden.

- Der Koeffizient im Schnittpunkt von Pivotspalte und -zeile wird als **Pivotelement** ($\bar{a}_{ij}$) definiert. Mit seiner Hilfe wird das nächste Simplextableau gewonnen.

(3) **Bildung des neuen (2.) Simplextableaus.** Um die Werte der neuen Basisvariablen direkt aus dem Tableau ablesen zu können, ist es erforderlich, dies so umzuformen, daß die Spaltenvektoren der Basisvariablen außer einer „Eins" nur Nullen aufweisen. Der Wert der Basisvariablen ergibt sich dann aus den Gleichungen des Tableaus direkt als entsprechender Wert der rechten Seite b_i, da die übrigen auftretenden Nichtbasisvariablen gleich null gesetzt sind. Der Spaltenvektor der neuen Basisvariablen muß also in der ersten Zeile eine Null, in der zweiten eine „Eins" und in der dritten Zeile (der Zielfunktion) eine Null aufweisen. Zu diesem Zweck ist das Ausgangstableau durch folgende Rechenschritte umzuformen:

- Division der Pivotzeile durch das Pivotelement $\bar{a}_{ij}$ (im Beispiel $\bar{a}_{ij} = 6$). Hierdurch wird die „Eins" im Spaltenvektor von x_2 erzeugt und das Niveau dieser Variablen mit $x_2 = 12$ festgelegt. Die umgeformte Gleichung wird in die zweite Zeile des neuen Simplextableaus eingetragen.

- Erzeugung der „Nullen" in den übrigen Gleichungen des Tableaus durch Subtraktion eines geeigneten Vielfachen der neu gewonnenen Gleichung von den jeweiligen Zeilen des Ausgangstableaus. (Für die erste Zeile des Beispiel-Tableaus: Subtraktion des 3-fachen der neu erzeugten 2. Zeile des 2. Tableaus von der 1. Zeile des Ausgangstableaus; für die Zielfunktionszeile: Subtraktion des 15-fachen der neuen 2. Zeile von der Zielfunktionszeile des Ausgangstableaus). Die entsprechend umgeformten Gleichungen werden in die jeweiligen Zeilen des neuen Simplextableaus eingetragen.

Die neue (2.) Basislösung enthält y_1 mit dem Wert 14 sowie x_2 mit dem Wert 12. Das Produkt x_2 wird mit der gemäß Restriktion 2 maximal möglichen Menge produziert ($72:6 = 12$), wodurch gleichzeitig die Schlupfvariable y_2 den Wert Null annimmt. Dieses Produktionsvolumen von $x_2 = 12$ verursacht gleichzeitig eine Auslastung der 1. Restriktion von $12 \cdot 3 = 36$ Einheiten durch das Produkt x_2.

Wird diese Auslastung von der verfügbaren Kapazität in Höhe von 50 Einheiten abgezogen, ergibt sich eine Restkapazität und damit ein Niveau der Schlupfvariablen y_1 für die 1. Restriktion von $50 - 36 = 14$ Einheiten. Die produzierten 12 Mengeneinheiten von x_2 erbringen einen Erfolgsbeitrag von 15 Geldeinheiten pro Stück. Multipliziert mit der das Niveau von x_2 festlegenden 2. Zeile des 2. Simplextableaus sind das insgesamt im Beispiel $15 \times 12 = 180$ Geldeinheiten, ablesbar als Koeffizient in der Zielfunktionszeile (mit negativem Vorzeichen).

An den Koeffizienten der neuen Nicht-Basisvariablen (x_1 und y_2) in der Zielfunktion kann nun abgelesen werden, ob durch Hereinnahme einer dieser Variablen in die Basislösung im Austausch gegen eine bisherige Basisvariable der Zielfunktionswert noch erhöht werden kann. Positive Koeffizienten signalisieren eine Erhöhung, negative Koeffizienten eine Verringerung des Zielfunktionswertes bei Einführung der jeweiligen Variablen. Mithin ist durch Übernahme der bisherigen Nicht-Basisvariablen x_1 in die Basislösung noch eine Gewinnsteigerung möglich.

(4) Es wird somit in der nächsten Iteration ein weiteres (**3.**) **Simplextableau** für die Ermittlung einer neuen Basislösung mithilfe der oben dargestellten Rechenschritte erzeugt. Neue Pivotspalte ist die 1. Spalte des 2. Tableaus, neue Pivotzeile die 1. Zeile, die aus der Basis zu entfernende Variable also y_1. Die neue Basislösung enthält $x_1 = 4$ und $x_2 = 10$ als Basisvariablen und führt zu einem Gewinn von 190 Geldeinheiten. Da bei dieser dritten Basislösung keine positiven Koeffizienten in der Zielfunktionszeile mehr auftreten, ist die Optimallösung gefunden.

Fragen und Aufgaben zur Wiederholung (S. 147–178)

1. Was sind und wozu dienen Management-Techniken?
2. Geben Sie eine Übersicht über die acht verschiedenen Kategorien von Management-Techniken!
3. Beschreiben Sie den Zweck und das Wesen des Brainstorming! Wie läuft ein Brainstorming-Prozeß ab?
4. In welchen Stufen laufen Punktbewertungsverfahren typischerweise ab? Wozu dienen solche Verfahren und was sind ihre Vor- und Nachteile?
5. Was versteht man unter Netzplantechnik? Welches sind die vier Stufen der Netzplantechnik?
6. Worin bestehen die Unterschiede zwischen (a) CPM, (b) PERT und (c) MPM?
7. Wie ermittelt man in einem Netzplan den kritischen Pfad, und wodurch ist er gekennzeichnet?
8. Was sind allgemein die Vorteile und die Probleme der Netzplantechnik?
9. Welche Klassen von Extrapolationsverfahren lassen sich unterscheiden, und was sind im einzelnen deren Anwendungsvoraussetzungen?
10. Beschreiben Sie die Vorgehensweise einer linearen Trendextrapolation mithilfe der Methode der kleinsten Quadrate!
11. Erläutern Sie Zweck, Aufbau sowie das Vorgehen bei der Erstellung von Entscheidungstabellen!
12. Skizzieren Sie die Unterschiede zwischen begrenzten, erweiterten und gemischten Entscheidungstabellen!
13. Was sind und welche Funktion haben Entscheidungsregeln bei Ungewißheit?

14. Formulieren Sie die Auswahlvorschrift beim (a) Minimax-Kriterium, (b) Minimax-Risiko-Kriterium, (c) Kriterium der höchsten Wahrscheinlichkeit und (d) Kriterium des maximalen Erwartungswertes! Welche Risikoeinstellung des Entscheiders implizieren diese Regeln jeweils? Wann kann ihre Anwendung empfohlen werden?
15. Welche analytischen Verfahren der Optimumbestimmung für mathematische Entscheidungsmodelle können unterschieden werden?
16. Unter welchen Voraussetzungen läßt sich ein lineares Programmierungsmodell formulieren und wann läßt es sich noch graphisch lösen?
17. Charakterisieren Sie die Vorgehensweise des Simplex-Algorithmus!

Literaturhinweise:

Adam, D. (1983)
Albach, H. (1970)
Backhaus, K., Plinke, W. (1986)
Blohm, H., Lüder, K. (1983)
Büchi, R. (1976)
Bühlmann, H. et al. (1969)
Cochran, W. G. (1972)
Elben, W. (1973)
Fulton, C. (1973)
Gordon, W. J. J. (1961)
Große-Oetringhaus, W. F. (1979)
Guhse, S. (1967)
Höhn, R. (1979)
Jantsch, E. (1967)
Kieser, A., Reber, G., Wunderer, R. (1987)
Koreimann, D. S. (1972)
Lay, R. (1983)
Lehneis, A. (1971)
Leontief, W. (1970)
Lewandowski, R. (1974)
Martino, J. P. (1972)

Mertens, P. (1982)
Müller-Merbach, (1971)
Müller-Merbach, (1973)
Neubürger, K. (1980)
O'Meara, J. T. (1961)
Recktenwald, H. C. (1971)
Reichard, C. (1987)
Rogge, H.-J. (1972)
Rohrbach, B. (1973)
Schmalenbach, E. (1963)
Schmidt, G. (1981)
Schmidt, R.-B. (1973)
Schneeweiß, H. (1990)
Schwarze, J. (1989)
Staehle, W. H. (1969)
Töpfer, A. (1976)
Tucker, S. A. (1973)
Wild, J. (1972a)
Witte, E., Klein, H. (1983)
Wohlleben, H. D. (1984)
Zwicky, F. (1971)

Fünftes Kapitel:
Betriebliche Leistungsprozesse

A. Güterwirtschaftliches Gleichgewicht im Leistungsprozeß

1. Grundphasen des betrieblichen Leistungsprozesses
2. Begriff des güterwirtschaftlichen Gleichgewichts
3. Phasenbezogene Gestaltungsprobleme eines optimalen güterwirtschaftlichen Gleichgewichts

1. Grundphasen des betrieblichen Leistungsprozesses

Das Management als Inbegriff aller schöpferischen und dynamischen Gestaltungskräfte steuert die in der Unternehmung sich real vollziehenden Prozesse der (technischen) Leistungserstellung und (marktlichen) Leistungsverwertung sowie die unmittelbar oder mittelbar hiermit zusammenhängenden Finanzprozesse der Kapitalbindung, Kapitalfreisetzung, Kapitalzuführung und Kapitalentziehung. Leistungs- und Finanzprozesse bilden damit den Gegenstandsbereich des Wirtschaftens in der Unternehmung.

Betrachtet man zunächst den Leistungsprozeß mit den hiermit unmittelbar verknüpften Zahlungsvorgängen (als ein Element betrieblicher Finanzprozesse), so lassen sich am Beispiel eines gewerblichen oder industriellen Unternehmens die Zusammenhänge vereinfacht wie in Abb. 92 geschehen darstellen: Hiernach besteht der betriebliche Leistungsprozeß dem Grunde nach aus **drei** Phasen:

(1) **Beschaffung** (Bereitstellung) **der Produktionsfaktoren**, was in einer Geldwirtschaft Zahlungsvorgänge (gegebenenfalls unter Einschluß von kreditorischen Vorgängen) auslöst.
Die betrieblichen Produktionsfaktoren (Leistungsfaktoren) werden seit *Gutenberg* (1983) üblicherweise in drei Gruppen eingeteilt:
· **Arbeitsleistungen** (= alle von Menschen im Betrieb erbrachten Tätigkeiten)
· **Betriebsmittel** (= alle Sachgüter, die im Leistungsprozeß genutzt werden, ohne mit ihrer Substanz Eingang in die Erzeugnisse zu finden)
· **Werkstoffe** (= alle Roh-, Hilfs- und Betriebsstoffe, Halb- und Fertigerzeugnisse, die als Bestandteil in die Erzeugnisse eingehen oder, wie Energie und Schmiermittel, zum Betrieb von Betriebsmitteln erforderlich sind).

(2) **Kombination der Produktionsfaktoren** (= Be- oder Verarbeitung von Werkstoffen unter Einsatz von Arbeitsleistungen und Betriebsmitteln) zu Halb- und Fertigerzeugnissen.

(3) **Absatz** (= marktliche Verwertung) **der erstellten Erzeugnisse,** was wiederum Zahlungsvorgänge (gegebenenfalls zunächst kreditorische Vorgänge) auslöst.

Der Leistungsprozeß läuft in aller Regel nicht ohne Bestandsbildungen ab. So kann sich im Falle von bestandsfähigen Einsatzgütern zwischen Beschaffung und Leistungserstellung eine **Einsatzlager**phase schieben, in der die Einsatzgüter auf ihre Verwendung in der Herstellungsphase „warten". In gleicher Weise werden fertiggestellte Produkte, wenn sie nicht sofort Absatz finden und sofern sie bestandsfähig sind, in ein **Absatzlager** eingestellt. Ursachen für die Entstehung von Einsatz- und Absatzlägern liegen in der gestörten oder fehlenden Synchronisation von Beschaffungs- und Herstellungsprozessen einerseits sowie von Herstellungs-

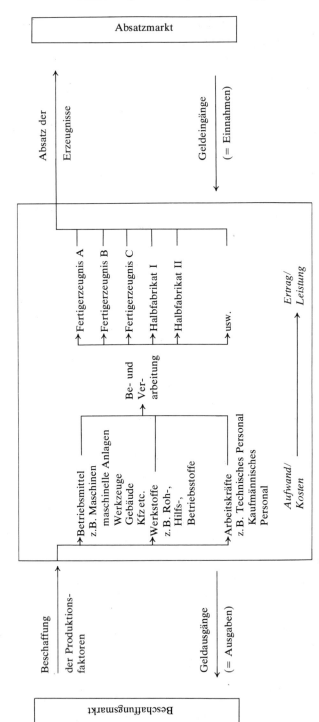

Abb. 92 Grundstruktur des betrieblichen Leistungs- und Finanzprozesses

und Absatzprozessen andererseits. Auch innerhalb der Herstellungsphase können Läger entstehen. Solche **Zwischenläger** ergeben sich fast zwangsläufig bei mehrstufigen Produktionsprozessen.

2. Begriff des güterwirtschaftlichen Gleichgewichts

Ausgangspunkt für die Analyse des Leistungsprozesses und seiner betriebswirtschaftlichen Gestaltungsprobleme ist die Tatsache, daß Leistungsprozesse sachlich mit den zugrundeliegenden **wirtschaftlichen Leistungszielen** verbunden sind. Letztere stellen nämlich den materialen Bezugspunkt für die Gestaltung des Leistungsprozesses dar, indem sie festlegen, was, wann, wo, in welcher Qualität und Menge produziert und abgesetzt werden soll. Damit ist zugleich das Sachproblem der Gestaltung des Leistungsprozesses angesprochen. Es besteht darin, die zur Erfüllung der Leistungsziele sachinhaltlich notwendigen Beschaffungs-, Herstellungs- und Vertriebsvorgänge aufeinander abgestimmt festzulegen.

Gelingt eine Lösung dieses Problems in dem Sinne, daß die Erfüllung der Leistungsziele gewährleistet ist, so liegt ein sogenanntes **güterwirtschaftliches Gleichgewicht** (*Kosiol* 1972b) im Leistungsprozeß vor. Je nach Formulierung der zugrundeliegenden Leistungsziele kann es sich dabei um ein **stationäres** Gleichgewicht oder um ein **evolutionäres** (Entwicklungs-)Gleichgewicht, das bei Wachstums- und Schrumpfungsprozessen von Bedeutung ist, handeln.

Eine gütermäßige Gleichgewichtssituation im Leistungsprozeß, die sich darin äußert, daß die Beschaffungsphase den Anforderungen der Herstellungsphase zu jedem Zeitpunkt entspricht und die Ausbringung der Herstellungsphase zu jedem Zeitpunkt mit den Anforderungen der Vertriebsphase übereinstimmt, braucht nun aber keineswegs auch zugleich der ökonomischen Optimalitätsbedingung zu genügen. Solche Bedingungen leiten sich zusätzlich aus den kosten- und ertragswirtschaftlichen Anforderungen zugrundeliegender **Erfolgsziele** ab. Diese stehen mit der Gestaltung eines stationären bzw. evolutionären Gleichgewichts insofern in Zusammenhang, als die Erträge langfristig mindestens zur Deckung der entstandenen Kosten ausreichen, in aller Regel aber entsprechende Gewinne erzielt werden müssen, um eine im Zeitablauf leistungszielgerechte Aufrechterhaltung bzw. Entwicklung betrieblicher Leistungsprozesse sicherzustellen.

Ein **optimales** güterwirtschaftliches Gleichgewicht liegt in diesem Sinne also erst dann vor, wenn der Leistungsprozeß der Unternehmung zu Ergebnissen führt, die nicht nur in Einklang mit den Leistungszielen stehen, sondern auch als bestmöglich im Hinblick auf spezifische Erfolgskriterien (Kosten-, Ertrags-, Gewinn-, Rentabilitätskriterien) angesehen werden können.

Die Schaffung und Aufrechterhaltung einer solchen optimalen Gleichgewichtssituation im Leistungsprozeß stellt sich sowohl als ein **dynamisches** als auch **komplexes** Gestaltungsproblem dar. Dynamisch ist das Gestaltungsproblem insofern, als die internen und externen Bedingungen des Leistungsprozesses – einschließlich der zugrundeliegenden Zielsetzungen – typischerweise im Zeitablauf Wandlungen unterliegen, die nicht ohne Einfluß auf das güterwirtschaftliche Gleichgewicht sein werden. Das Gestaltungsproblem ist zudem insofern komplexer Natur, als sich die Abstimmungsmaßnahmen auf alle Phasenaktivitäten im Leistungsprozeß zu beziehen haben und letztlich auch finanzielle Gesichtspunkte nicht unbeachtet bleiben dürfen.

3. Phasenbezogene Gestaltungsprobleme eines optimalen güterwirtschaftlichen Gleichgewichts

Bei dem Versuch, die betriebswirtschaftlichen Grundprobleme der Gestaltung eines optimalen güterwirtschaftlichen Gleichgewichts zu erfassen und zu analysieren, ergeben sich – unbeschadet vielfältiger Interdependenzen – zwangsläufig **drei** Schwerpunkte, die mit der beschriebenen Phasengliederung des Leistungsprozesses zusammenfallen:

(1) Den ersten Schwerpunkt bildet die Bereitstellung der Produktionsfaktoren. Aufgabe dieser Phase ist es, die Produktionsfaktoren in der erforderlichen Art, Güte und Menge rechtzeitig und am richtigen Ort für den Kombinationsprozeß bereitzustellen. Dabei ist gemäß dem Wirtschaftlichkeitsprinzip Sorge dafür zu tragen, daß die **Bereitstellungskosten** unter bestmöglicher Berücksichtigung der Bedingungen, die eine hohe **Produktivität** der anschließenden Faktorkombination gewährleisten, minimiert werden.

(2) Den zweiten Schwerpunkt bildet die Phase der betrieblichen Faktorkombination selbst. Entsprechend sind hier aus betriebswirtschaftlicher Sicht die Ansatzpunkte zu diskutieren, die sich bei dem Bemühen ergeben, die **Minimalkostenkombination** unter den verschiedenen produktionstechnischen Bedingungen und Zielen zu realisieren.

(3) Der dritte Schwerpunkt schließlich wird von der Absatzphase gebildet. Sie umfaßt alle vertriebsbezogenen, absatzunterstützenden Maßnahmen. Ihre Aufgabe liegt darin, den Einsatz der absatzpolitischen Instrumente (des Marketingmix) unter Berücksichtigung der **Produkt- und Marketingkosten** sowie von **Umsatz-, Gewinn-, bzw. Rentabilitätszielen** zu optimieren.

Die hiermit angedeuteten möglichen Schwerpunkte einer betriebswirtschaftlichen Analyse güterwirtschaftlicher Gleichgewichtsprobleme im Leistungsprozeß liegen der weiteren Untersuchung zugrunde. Entsprechend ergibt sich ein dreiteiliger Aufbau der Gliederung:

[1] Bereitstellungsplanung
[2] Produktionsplanung
[3] Absatzplanung.

Fragen und Aufgaben zur Wiederholung (S. 181–184)

1. Skizzieren Sie Grundstruktur und Aufbau des betrieblichen Leistungs- und Finanzprozesses!
2. Erläutern Sie das System der betrieblichen Produktionsfaktoren nach Gutenberg!
3. Wo und wodurch können im betrieblichen Leistungsprozeß Läger entstehen?
4. Wann liegt ein optimales güterwirtschaftliches Gleichgewicht im Leistungsprozeß vor? Wieso stellt sich die Gestaltung des güterwirtschaftlichen Gleichgewichts als ein dynamisches und komplexes Problem dar?
5. Worin liegen die Schwerpunkte einer betriebswirtschaftlichen Analyse güterwirtschaftlicher Gleichgewichtsprobleme?

Literaturhinweise: Gutenberg, E. (1983)
Kosiol, E. (1972a)

B. Bereitstellungsplanung

1. Gegenstand der Bereitstellungsplanung
2. Personalbereitstellung
3. Betriebsmittelbereitstellung
4. Materialbereitstellung

1. Gegenstand der Bereitstellungsplanung

Wie aus der Phasengliederung des betrieblichen Leistungsprozesses sichtbar wird, ist als sachliche Voraussetzung für den eigentlichen Prozeß der Leistungserstellung die Bereitstellung von entsprechenden Produktionsfaktoren anzusehen. Die Bereitstellungsplanung hat dabei zwei Aufgaben:

(1) Die **technische** Aufgabe der Bereitstellungsplanung besteht darin, dafür zu sorgen, daß die Produktionsfaktoren (Arbeit, Betriebsmittel, Werkstoffe) in der für den Produktionsprozeß erforderlichen Art, Güte und Menge zur richtigen Zeit und am richtigen Ort zur Verfügung stehen. Die Lösung dieser Aufgabe äußert sich entsprechend in einer störungsfreien Produktion, in eingehaltenen Fertigstellungsterminen, in der Erfüllung von Qualitätsstandards u.ä. mehr.

(2) Die **ökonomische** Aufgabe der Bereitstellungsplanung ist aus den Erfolgszielen der Unternehmung abzuleiten. So wäre etwa bei der Zielsetzung Gewinnmaximierung Sorge dafür zu tragen, daß die mit der Faktorbereitstellung verbundenen Erträge abzüglich der Kosten möglichst groß gehalten werden. Üblicherweise wird die ökonomische Aufgabe der Bereitstellungsplanung wegen der Schwierigkeiten einer Erlöszurechnung allerdings darauf beschränkt, die Bereitstellungskosten zu minimieren. Als Bereitstellungskosten gelten u.a.:
· die direkten und indirekten **Beschaffungskosten**, die mit der Planung und Abwicklung des Beschaffungsvorgangs verbunden sind,
· die Kosten für das Halten von Faktorreserven (**Reservierungskosten**; insbesondere Lagerkosten bei Werkstoffen und Leerkosten bei Potentialfaktoren),
· die **Fehlmengenkosten** (sie bestehen aus entgangenen Gewinnen, Konventionalstrafen u.ä. infolge des Auftretens von Fehlmengen im Bedarfszeitraum).

2. Personalbereitstellung

Die Planung der Personalbereitstellung läßt sich in drei Stufen unterteilen (vgl. *Streitferdt* o.J.):

· Die Planung des **Personalbedarfs**. Die Personalbedarfsplanung soll ermitteln, wieviele Arbeitskräfte in welchem Zeitraum wo benötigt werden und welche Anforderungen diese Arbeitskräfte erfüllen müssen. Wichtige Einflußgrößen des Personalbedarfs sind Produktprogramm, Beschäftigungsniveau und Arbeitsproduktivität.

· Die Planung der **Personalbeschaffung**. Die Personalbeschaffungsplanung ermittelt, wieviele Arbeitskräfte zu welchem Zeitpunkt eingestellt oder abgegeben werden sollen und welche Anforderungen die einzustellenden bzw. abzugebenden Arbeitskräfte besitzen sollen. Bei bekanntem Personalbedarf kommt es hier darauf an, die Entwicklung des Personalbestandes des Betriebes quantitativ und qualitativ zu prognostizieren. Quantitativ, weil z.B. durch Kündigung, Ruhestand, Urlaub, Unfall die Zahl der Arbeitskräfte im Laufe der Zeit gemindert wird. Qualitativ, weil die Arbeitskräfte im Betrieb durch Lernprozesse ihre Eignung, ihre Kenntnisse und Fähigkeiten verändern.

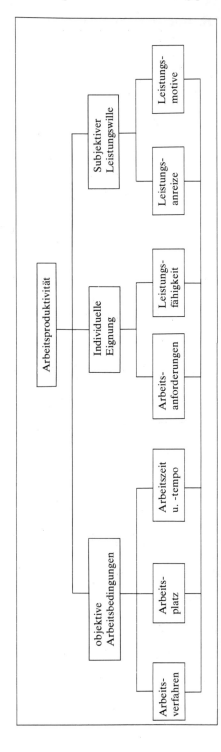

Abb. 93 Determinanten der Ergiebigkeit menschlicher Arbeit

- Die Planung des **Personaleinsatzes**. Die Personaleinsatzplanung ermittelt, welche der verfügbaren Arbeitskräfte welche der zu erledigenden Arbeiten ausführen sollen.

Eine zentrale Größe für die Personalbereitstellungsplanung spielt die **Produktivität** der menschlichen Arbeitskraft. Sie bestimmt den mengenmäßigen Personalbedarf ebenso wie sich Personalbeschaffung und Personaleinsatz an ihr orientierten bzw. aus betriebswirtschaftlich-normativer Sicht orientieren sollten (für sonstige Aspekte der Personalbereitstellung siehe S. 138 ff.).

Die Arbeitsproduktivität wird üblicherweise durch die Mengenrelation Arbeitsleistung zu Arbeitseinsatz definiert. Eine häufig verwendete Kennziffer für die Arbeitsproduktivität ist in diesem Zusammenhang die **Wertschöpfung pro Mitarbeiter** (in konstanten Preisen). Sie kann angesichts der Vielfalt unterschiedlicher Arten von Arbeitsleistungen und Personalqualitäten allerdings höchstens als ein ersatzweiser Produktivitätsindikator angesehen werden; eine Einschränkung, die generell für alle Versuche exakter Produktivitätsmessungen gilt.

Die Produktivität (Ergiebigkeit) menschlicher Arbeit hängt von drei Hauptdeterminanten ab, die mit ihren Teilfaktoren in Abb. 93 wiedergegeben sind:

(1) Die **objektiven Arbeitsbedingungen** erstrecken sich vor allem auf die drei Hauptkomponenten des Arbeitsvollzugs (*Gutenberg* 1983):

- Arbeitsverfahren (Art und Reihenfolge der Arbeitsverrichtungen);
- Arbeitsplatz (räumliche Bedingungen für den Arbeitsvollzug);
- Arbeitszeit und Arbeitstempo.

Im Sinne einer möglichst hohen Arbeitsproduktivität gilt es, diese Komponenten des Arbeitsvollzugs so zu gestalten, daß die **Arbeitsbelastung für den arbeitenden Menschen möglichst gering ist**. Hierauf abzielende Maßnahmen der Arbeitsgestaltung basieren notwendigerweise auf arbeitswissenschaftlichen, d.h. vor allem auf arbeitspsychologischen sowie arbeitsphysiologischen Erkenntnissen (**REFA-Arbeitsstudien**) und beinhalten in aller Regel auch zugleich eine **Rationalisierung** der Arbeitsvorgänge.

Studien über die Verbesserung von Arbeitsverfahren haben beispielsweise die produktivitätssteigernde Zerlegung und Ordnung von Bewegungsabläufen zum Gegenstand, während die Gestaltung von Arbeitsplätzen sich u.a. auf den notwendigen Bewegungsspielraum des arbeitenden Menschen, auf die sinnvolle räumliche Anordnung der Arbeitsmittel sowie auf die erforderlichen Beleuchtungs- und Temperaturverhältnisse bezieht. Die Arbeitszeit- und Arbeitstempogestaltung schließlich bemüht sich u.a. darum, die Arbeitsproduktivität über ein angemessenes Arbeitstempo sowie durch Arbeitszeit- und Pausenregelungen zu beeinflussen.

Das von REFA entwickelte Schema zur Bestimmung der Vorgabezeit berücksichtigt systematisch solche Zeitfaktoren, die von den objektiven Arbeitsbedingungen ausgehen (vgl. Abb. 94). Eingesetzt wird es sowohl als Hilfsmittel zur Produktivitätsanalyse und -gestaltung als auch zur Sicherstellung einer leistungsgerechten (sprich: produktivitätsgerechten) Entlohnung bei gegebenen Arbeitsbedingungen (vgl. zur Entlohnung S. 134 ff.).

(2) Die **individuelle Eignung** arbeitender Menschen bezieht sich stets auf das Verhältnis zwischen ihrer persönlichen Leistungsfähigkeit einerseits und den geforderten Arbeitsleistungen andererseits. Letztere gestalten sich in Abhängigkeit vom jeweiligen Arbeitsobjekt und den Arbeitsbedingungen zwar zum Teil sehr unter-

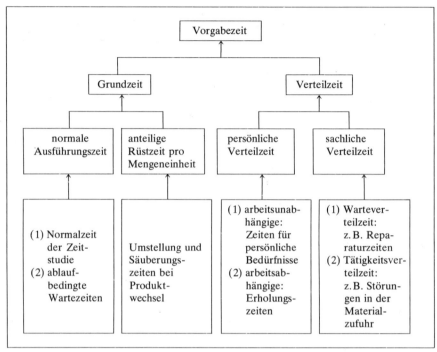

Abb. 94 Schematischer Aufbau der Vorgabezeit (nach REFA)

schiedlich, aber es lassen sich prinzipiell doch einzelne typische Anforderungskategorien nennen, mit deren Hilfe die Eignung arbeitender Menschen für alternative Tätigkeiten bestimmt werden kann:

- Begabung und intellektuelle Anlage;
- Charakterliche Eigenschaften (Zuverlässigkeit, Sorgfalt, Verantwortungsgefühl u.ä.);
- Fachliche Fähigkeiten und Fertigkeiten;
- Körperliche Verfassung (Gesundheitszustand, Belastbarkeit, Alter u.a.).

Im Grundsatz gilt, daß alle Arbeitskräfte **mit solchen Arbeiten zu betrauen sind, die von den Anforderungen her ihrer Eignung gerade entsprechen.** In diesem Sinne geht es also darum, das betriebliche Eignungspotential möglichst weitgehend mit den Arbeitsanforderungen in Einklang zu bringen. Zur näherungsweisen Lösung dieses Problems werden zwei Ansätze diskutiert. Sie lassen sich wie folgt beschreiben:

[a] **Der beste Mann auf jeden Platz.** Bei diesem Ansatz wird angestrebt, jedem Arbeitsplatz den Mitarbeiter zuzuordnen, der für diesen Arbeitsplatz am besten geeignet ist.

[b] **Spezialbegabungen auf ihren Platz.** Hier wird so vorgegangen, daß Arbeitsplätze mit denjenigen Mitarbeitern besetzt werden, die hierfür jeweils die höchste Spezialbegabung aufweisen.

Bei der Abstimmung des betrieblichen Eignungspotentials mit den Anforderungen der betrieblichen Arbeitsplätze ist stets zu berücksichtigen, daß Eignungsstrukturen, aber auch Arbeitsanforderungen sich typischerweise im Zeitablauf verändern können. Von Bedeutung ist hier neben anderem, daß der Mensch generell Lernprozessen zugänglich ist. Hieraus ergibt sich auch die Rechtfertigung für Schulungs- und Ausbildungsmaßnahmen, die in aller Regel darauf gerichtet sind, latent vorhandene Eignungsreserven zu mobilisieren, um so das betrieblich nutzbare Eignungspotential mit den Arbeitsanforderungen besser in Einklang zu bringen.

(3) Die individuelle Arbeitseignung wird erst durch den **subjektiven Leistungswillen**, der sich in der persönlichen Leistungsbereitschaft des arbeitenden Menschen äußert und durch Leistungsanreize ausgelöst wird, produktiv wirksam. Leistungs**anreize** – also Anreize, die den Menschen bewegen, seine Arbeitskraft in dem wirtschaftlichen Leistungsprozeß einzusetzen – sind mannigfacher, individuell sehr unterschiedlicher Natur. Die produktiven Wirkungen ihres Einsatzes hängen daher stets von den jeweils zugrundeliegenden **Motiven** der Mitarbeiter in einem Unternehmen ab. Welche Motive dabei im einzelnen verhaltensrelevant sein können, wurde bereits an anderer Stelle diskutiert (vgl. S. 57ff.).

Hier mag der Hinweis genügen, daß Leistung bei Mitarbeitern mit zumindest latenter Leistungsmotivation im Grundsatz dadurch aktiviert werden kann,

- daß ihre Entlohnung betont leistungsorientiert erfolgt,
- daß sie weitgehend eigenverantwortlich Arbeitsmethoden, Arbeitszeit und Arbeitstempo bestimmen können,
- daß sie Aufgaben übertragen bekommen, die Befriedigung „höherer" Motive (Macht, Anerkennung, Entfaltung) und damit Erfolgserlebnisse ermöglichen,
- daß attraktive Aufstiegsmöglichkeiten geschaffen werden und Aufstiegschancen leistungsgerecht verteilt werden.

Abb. 95 (entnommen aus *Kieser/Kubicek* 1983, S. 443 f.) zeigt in einer Übersicht exemplarisch verschiedene Modelle der Fertigungsorganisation, in denen sich in unterschiedlicher Art und Weise solche leistungsmotivationalen Bezüge widerspiegeln.

Nicht nur für Fragen speziell der Arbeitsorganisation, sondern allgemein für den gesamten Komplex der Schaffung leistungsgerechter Arbeitsbedingungen gilt der Grundsatz, die Leistungsanreize so zu gestalten, daß im Rahmen des vorhandenen und realisierbaren betrieblichen Eignungspotentials **die geforderten Arbeitsleistungen auch in entsprechender Qualität und Quantität erbracht werden**. Dabei ist darauf zu achten, daß die gewährten Leistungsanreize den Menschen nicht dazu veranlassen, ständig an der oberen Grenze seiner Leistungsfähigkeit zu arbeiten. Eine solche Überbeanspruchung der Kräfte kann auf lange Sicht zu schwerwiegenden Störungen führen, da die menschliche Natur nicht so angelegt ist, daß sie dauernde Höchstleistungen ohne Schaden zu nehmen zuläßt.

Die Ergiebigkeit menschlicher Arbeitsleistungen kann also zusammenfassend durch drei Kategorien von Maßnahmen, die wechselseitig aufeinander abzustimmen sind, erhöht und im Grenzfall optimiert werden:

(1) Verbesserung der objektiven Arbeitsbedingungen auf der Grundlage arbeitswissenschaftlicher Erkenntnisse,

(2) verbesserte Anpassung der Arbeitsanforderungen an die individuellen Eignungsstrukturen und

(3) wirksamer Einsatz von Leistungsanreizen zur Ausschöpfung des betrieblichen Eignungspotentials.

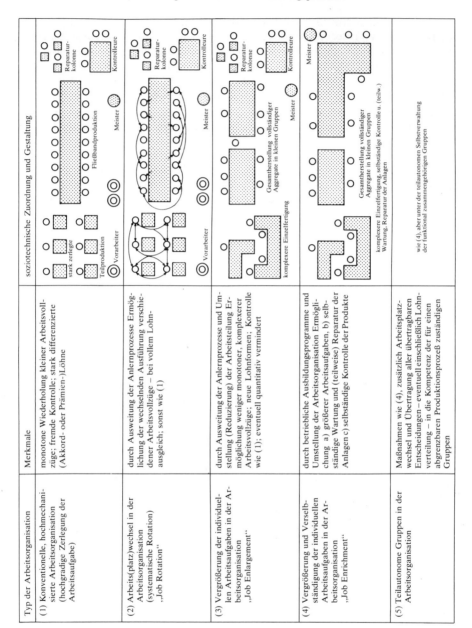

Abb. 95 Modelle der Arbeitsorganisation

3. Betriebsmittelbereitstellung

Die Planung der Betriebsmittelbereitstellung läßt sich zweckmäßigerweise in vier Stufen unterteilen:

- Die Planung des **Betriebsmittelbedarfs**. Da Betriebsmittel im Rahmen ihrer Eigenschaft als Potentialfaktor (zusammen mit dem Faktor Arbeit) die Kapazität eines Betriebes determinieren, geht es hier darum, den Bedarf an quantitativer und qualitativer Kapazität (unter Mitberücksichtigung von Elastizitätsanforderungen) zu ermitteln. Dabei ist es zweckmäßig, zwischen einem **Neubedarf** (bei Gründung oder Umstrukturierung des Produktprogramms), einem **Erweiterungsbedarf** und einem **Ersatzbedarf** zu unterscheiden. Letzterer ist in der Regel gleichbedeutend mit einem Modernisierungsbedarf.

- Die Planung der **Betriebsmittelbeschaffung**. Hier geht es für den Fall, daß der Betriebsmittelbestand nicht dem gegenwärtigen oder zukünftigen Bedarf entspricht, um die Auswahl geeigneter Hersteller, um Entscheidung über Kauf oder Miete (Leasing), um das optimale „timing" von Beschaffungsentscheidungen u. ä. mehr.

- Die Planung des **Betriebsmitteleinsatzes**. In der Betriebsmitteleinsatzplanung stehen Entscheidungen über die Kombination von Einzelaggregaten zu fertigungstechnischen Einheiten (Produktionsstraßen, Werkstätten) und damit die Wahl der verfahrenstechnisch optimalen Prozeßstruktur im Vordergrund.

- Die Planung der **Wartung und Instandhaltung** des Betriebsmittelbestandes. Die Sicherung der Einsatzbereitschaft vorhandener Betriebsmittel erfolgt durch Wartung und Instandhaltung. Der normale Verschleiß soll erkannt und überwacht, ein übernormaler Verschleiß verhindert werden. Reparaturen haben die Aufgabe, Anlagen wieder funktionsfähig zu machen, sofern das technisch möglich und wirtschaftlich vertretbar ist.

Bestimmte Aspekte der Betriebsmittelbereitstellung, wie etwa die Auswahl geeigneter Fabrikate respektive Hersteller, ähneln den Problemen der Materialbereitstellung (und werden dort noch einmal aufgegriffen (S.196ff.)). Das gleiche gilt für den gesamten finanzwirtschaftlichen Komplex, der bei der Betriebsmittelbereitstellung deshalb eine so vorrangige Rolle spielt, weil der Betrieb durch den Einsatz von Betriebsmitteln große Geldbeträge typischerweise langfristig bindet. Dadurch erscheint es gerechtfertigt, die Mehrzahl der angesprochenen Problemkreise im Rahmen der Analyse des Finanzprozesses zu diskutieren (S. 297 ff.). Hier sollen analog zur Personalbereitstellung lediglich die unmittelbaren Produktivitätsaspekte des Betriebsmitteleinsatzes betrachtet werden.

Gutenberg (1983) nennt zwei Hauptgruppen von Determinanten, die Einfluß auf die Produktivität des Betriebsmitteleinsatzes haben (vgl. Abb. 96):

(1) der technische Leistungsstand der Betriebsmittel und
(2) die technische Eignung der Betriebsmittel für die Zwecke des Leistungsvollzugs.

Zu (1): Der **technische Leistungsstand** der Betriebsmittel ist ganz allgemein und ohne Bezugnahme auf die besonderen Verhältnisse des betrieblichen Leistungsvollzugs von folgenden Faktoren abhängig: (a) dem Grad der Modernität, (b) dem technischen Abnutzungsgrad und (c) der Betriebsfähigkeit.

Die **Modernität** der Betriebsmittelausstattung bringt zum Ausdruck, inwieweit diese jeweils dem neuesten Stand des technischen Fortschritts entspricht. Unterstellt wird dabei, daß die Leistungsfähigkeit von Betriebsmitteln mit fortschreitender technischer Verbesserung ebenfalls ansteigt.

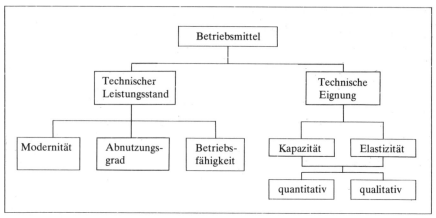

Abb. 96 Hauptdeterminanten der Ergiebigkeit von Betriebsmitteln

Betriebsmittel unterliegen – mit Ausnahme von Grund und Boden – prinzipiell der **technischen Abnutzung**. Sie ergibt sich vor allem durch den Gebrauch des Betriebsmittelbestandes bei der Leistungserstellung, zum Teil aber auch einfach durch den natürlichen Verschleiß (z. B. durch Witterungseinflüsse). Im allgemeinen kann man davon ausgehen, daß bei Betriebsmitteln eine zunehmende Abnutzung mit einer fortschreitenden Verringerung ihrer quantitativen und/oder qualitativen Leistungsfähigkeit einhergeht und zugleich damit die Betriebskosten ansteigen.

Wartungs- und Instandhaltungsmaßnahmen können den Prozeß der technischen Abnutzung zwar verlangsamen, sind jedoch prinzipiell nicht in der Lage, ihn völlig aufzuhalten. Ihre Aufgabe besteht vor allem darin, die **Betriebsfähigkeit** der vorhandenen Betriebsmittel bestmöglich zu gewährleisten. Je weitgehender es durch entsprechende Instandhaltungs- und Wartungsmaßnahmen gelingt, unwirtschaftliche Arbeitsunterbrechungen infolge von Betriebsmittelausfällen zu vermeiden, desto größer ist die Betriebsfähigkeit und damit der technische Leistungsstand der vorhandenen Betriebsmittel.

Störungsbedingte Nutzungsunterbrechungen sind natürlich nicht die einzige Ursache für auftretende Stillstandszeiten bei Betriebsmitteln. Diese können z. B. auch arbeitsablaufbedingt oder durch den Faktor Arbeit bedingt sein, ihre Ursache also in der Organisation des Arbeitsablaufs oder in menschlichen Unzulänglichkeiten haben. Abb. 97 zeigt diesbezüglich eine mögliche Einteilung der **Betriebsmittelzeit**,

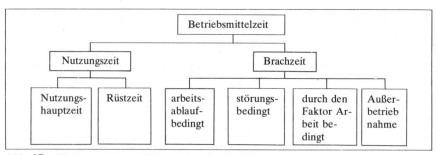

Abb. 97 Gliederung der Betriebsmittelzeit (nach REFA)

die unter Produktivitätsgesichtspunkten grundsätzlich so zu gestalten ist, daß die Nutzungs-(haupt-)zeit von Betriebsmitteln zugunsten der Brachzeit möglichst groß ist.

Zu (2): Die technische Eignung des Betriebsmittelbestandes für die Zwecke des Leistungsvollzugs bezieht sich auf das Verhältnis zwischen der verlangten und der mithilfe des Betriebsmittelbestandes tatsächlich erzielbaren Leistungen.

Letzteres beinhaltet zunächst die Frage nach der Kapazität des Betriebsmittelbestandes bzw. einzelner Betriebsmittel. Darunter versteht man allgemein eine bestimmte Leistungsfähigkeit, die darin besteht, in einem Zeitabschnitt Leistungen in bestimmter Menge und Qualität zu erstellen. Das bedeutet zugleich, daß sich eine quantitative und eine qualitative Kapazität unterscheiden lassen.

Für die Auslastung der **quantitativen** Kapazität eines Betriebsmittels sind vor allem drei Unterbegriffe von Bedeutung:

(a) die **Maximal**kapazität gibt die technisch gesehen höchstmögliche Leistung an, die ein Betriebsmittel in einem Zeitabschnitt zu erstellen in der Lage ist;
(b) die **Mindest**kapazität bezieht sich auf den Umstand, daß viele Betriebsmittel erst ab einer gewissen Mindestleistung einsatzfähig sind;
(c) die **Optimal**kapazität liegt im allgemeinen unter der Maximalkapazität und meint die Inanspruchnahme, bei der ein Betriebsmittel **den günstigsten Wirkungsgrad hat, also am wirtschaftlichsten arbeitet.**

Eine wesentliche Bedingung für die optimale Ergiebigkeit von Betriebsmitteln besteht darin, daß die durchschnittliche Inanspruchnahme ihrer Kapazität sich möglichst nahe um den Punkt oder die Zone ihrer jeweiligen Optimalkapazität herum bewegt. Dies gilt nicht nur für das einzelne, sondern für die Gesamtheit der Betriebsmittel, was eine Abstimmung der optimalen Kapazitäten aller Betriebsmittel erfordert. Ein Betriebsmittelbestand ist in diesem Sinne für die Zwecke des Leistungsvollzugs um so geeigneter, je mehr es gelingt, die Betriebsmittel kapazitätsmäßig so zu harmonisieren, daß sie bei gegebenen Leistungsanforderungen alle in der Zone ihrer Optimalkapazität, also am wirtschaftlichsten arbeiten.

Ein solcher Idealfall eines optimal aufeinander abgestimmten Betriebsmittelbestandes und einer jederzeit unter Wirtschaftlichkeitskriterien optimalen Inanspruchnahme aller Betriebsmittel kann allerdings nur selten realisiert werden. Es wird also regelmäßig einzelne Betriebsmittel geben, die bei gegebenen Leistungsanforderungen im unwirtschaftlichen Bereich unterhalb ihrer optimalen Ausnutzungszone oder auch im ebenfalls kostenungünstigen Bereich oberhalb ihrer optimalen Kapazität arbeiten müssen. Wenn solche **kapazitativen Disproportionalitäten** schon nicht gänzlich vermieden werden können, so sind die dadurch verursachten Unwirtschaftlichkeiten doch im Interesse einer optimalen Ergiebigkeit der Betriebsmittel stets möglichst weitgehend zu begrenzen.

Neben der quantitativen Kapazität ist die **qualitative** Kapazität der Betriebsmittel eine wesentliche Einflußgröße für ihre Eignung zu Zwecken des Leistungsvollzugs. Werden Betriebsmittel für Arbeiten verwendet, die ihr qualitatives Leistungsvermögen nicht ausnutzen, so hat das ähnliche Wirkungen für die Wirtschaftlichkeit wie die unteroptimale Auslastung der quantitativen Kapazität. Das gleiche gilt, wenn Betriebsmittel von den qualitativen Leistungsanforderungen her überbeansprucht werden.

Die technische Eignung eines Betriebsmittelbestandes ist in diesem Sinne also um so größer, je mehr es gelingt, nicht nur ihr quantitatives, sondern auch ihr qualitatives Leistungspotential optimal auszuschöpfen. Ebenso wie hinsichtlich der quantitativen Kapazität eines Betriebsmittelbestandes sind demnach auch in bezug auf ihre qualitative Kapazität stets entsprechende Harmonisierungsmaßnahmen erforderlich, um eine optimale Ergiebigkeit des Faktoreinsatzes zu gewährleisten.

Solche Harmonisierungsmaßnahmen sind nun naturgemäß um so leichter zu realisieren, je breiter die Zonen optimaler Nutzung bei den einzelnen Betriebsmitteln sind. Dies ist vornehmlich eine Frage ihrer **Elastizität**.

Die **quantitative fertigungstechnische** Elastizität entspricht dem Mengenspielraum für Änderungen der Ausbringung, wird also durch das Intervall zwischen Mindest- und Maximalkapazität bestimmt. Dabei spielt es aus Wirtschaftlichkeitsgründen eine Rolle, wie sich die Kosten (pro Mengeneinheit der Ausbringung) bei Abweichungen von der Optimalkapazität verhalten. Eine Anlage weist eine hohe **wirtschaftliche** Elastizität auf, wenn Änderungen der Ausbringung nur zu einer geringfügigen Kostenerhöhung führen, was zu den oben erwähnten Erleichterungen bei Harmonisierungsmaßnahmen führt.

Abb. 98 zeigt beispielhaft zwei Aggregate, die sich sowohl in ihrer fertigungstechnischen als auch in ihrer wirtschaftlichen Elastizität unterscheiden. Der Tatbestand der dabei auch gezeigten Gegenläufigkeit von hoher (geringer) wirtschaftlicher Elastizität und relativ geringer (hoher) Wirtschaftlichkeit bei optimaler Auslastung ist ein in der Praxis häufig zu beobachtendes Phänomen. Welche Anlage hier letztlich die vorteilhafteste ist, kann nur in Abhängigkeit von den erwarteten Anforderungen an die Elastizität der Anlage entschieden werden.

Ebenso wie die Kapazität weist auch die Elastizität stets eine qualitative Komponente auf. Die **qualitative fertigungstechnische** Elastizität ist nach *Riebel* (1954) dabei definiert als das Maß, in welchem sich ein Betriebsmittel an Änderungen in der Art und Güte von Erzeugnissen anpassen läßt. Treten Anforderungen auf, die solche Änderungen bedingen, so ist die qualitative Elastizität (Umstellungsfähigkeit) einer Anlage naturgemäß eine wesentliche Determinante für ihre (weitere) technische Eignung.

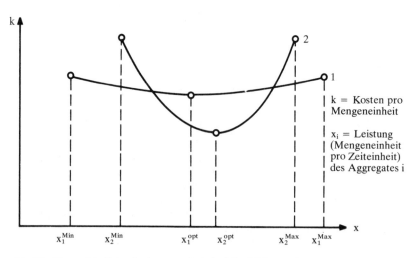

Abb. 98 Unterschiedliche fertigungstechnische Elastizität von Aggregaten

Als optimal gilt die (quantitative und qualitative) fertigungstechnische Elastizität eines Betriebsmittelbestandes allgemein, wenn dieser den für die Zwecke des betrieblichen Leistungsvollzuges günstigsten technischen Verfahren bestmöglich entspricht. Ein solcher Zustand wird als **verfahrenstechnisches Optimum** bezeichnet und ist immer dann gegeben, wenn die technischen Verfahren der Leistungserstellung so auf die Leistungsanforderungen abgestimmt sind, daß sich durch andere Verfahren oder Verfahrenskombinationen keine günstigeren Bedingungen für die Leistungserstellung erreichen lassen.

Technische Verfahren lassen sich nach verschiedenen Merkmalen kennzeichnen. Die drei für das Prinzip verfahrenstechnischer Entsprechung wichtigsten seien kurz beschrieben:

(a) Nach der **technologischen** Basis lassen sich mechanisch-technologische, chemisch-technologische oder biologisch-technologische Verfahren unterscheiden.

(b) Im Hinblick auf den Aspekt der **Mechanisierung/Automatisierung** lassen sich Verfahren danach charakterisieren,

- welche Arten von Mechanismen Verwendung finden (Werkzeuge als einfache und Aggregate als komplexe Mechanismen; Aggregate mit Bewegungsvorgängen werden auch Maschinen, solche ohne Bewegungsvorgänge Apparate genannt);
- auf welche Energiequellen zurückgegriffen wird und
- wie groß der Mechanisierungs- bzw. Automatisierungsgrad ist (mit steigender Mechanisierung bedarf es für die Leistungserstellung bis zum Grenzfall der Vollautomatisierung immer weniger der Mitwirkung des Menschen).

Ein illustratives Beispiel für die kostenmäßigen Auswirkungen zunehmender Mechanisierung zeigt Abb. 99 (entnommen aus *Funke/Blohm* 1969, S. 110):

Auf die gleiche Leistung bezogener Faktoreinsatz	Entwicklungsrichtung des Fortschritts ⟶		
	a) Konventionelle Drehmaschine	b) Einspindel-Halbautomat	c) Mehrspindel-Vollautomat
	DM/Jahr bei 2.000 Stunden/Jahr		
1. Abschreibung und Verzinsung als Ausdruck des Betriebsmitteleinsatzes	4.700	13.400	14.100
2. Lohn	20.000	4.300	2.000
3. Auf 1,– DM Lohn entfallen Kosten für Betriebsmittel	0,2	3,1	7,1
4. Kosten in DM pro Arbeitsstunde	12,35	8,85	8,05

Abb. 99 Substitution des Faktors Arbeit durch den Faktor Betriebsmittel

(c) Nach der **Prozeßstruktur** können technische Verfahren schließlich danach unterschieden werden, ob bestimmte Arbeitsverrichtungen sachlich zentralisiert oder dezentralisiert sind (**organisationstechnische** Verfahrenstypen) und wie die einzelnen Teilprozesse der Leistungserstellung miteinander verknüpft sind (**vergenztechnische** Verfahrenstypen).

- Aus organisatorischer Sicht führt die Zentralisation artgleicher Verrichtungen bei gleichzeitiger Dezentralisation der Arbeitsobjekte zur **Werkstattfertigung**. Dagegen ist die sog. **Straßenfertigung** gekennzeichnet durch Dezentralisation der Verrichtungen, die nach den zentralisierten Objekten der Leistungserstellung, also entsprechend dem Objektdurchlauf, angeordnet sind. Der Begriff der **Fließfertigung** umreißt den Sonderfall der Straßenfertigung mit kontinuierlichem Objekttransport sowie mit Zeitzwang für die einzelnen Verrichtungen.

- Aus der Blickrichtung vergenztechnischer Verfahren können **Parallel**prozesse, **konvergierende** (synthetische, zusammenfassende) und **divergierende** (analytische, zerlegende) Prozesse unterschieden werden. Typische Beispiele für konvergierende Prozesse sind Montage- und Mischprozesse, während als Beispiel für divergierende Prozesse vor allem die Spaltprozesse in der chemischen Industrie zu nennen sind. Neben diesen „reinen" Grundformen treten in der Realität zahlreiche Mischformen auf, wie beispielsweise der Hochofenprozeß, die sowohl konvergierende als auch divergierende Prozeßelemente aufweisen.

Für die Frage nach dem **Grad der verfahrensmäßigen Entsprechung** eines Betriebsmittelbestandes ist auszugehen von den konkreten Leistungszielen und -bedingungen, aus denen sich die jeweiligen verfahrenstechnischen Anforderungen ableiten lassen. Aus der Vielzahl der Aspekte, die in diesem Zusammenhang zu erwähnen wären (z.B. die verfahrenstechnischen Anforderungen, die sich aus den erstrebten Produktqualitäten und den Eigenschaften der verwendeten Werkstoffe ergeben), sei im folgenden lediglich der verfahrenstechnische Zusammenhang zwischen **Leistungsprogrammtyp** (vgl. S. 41) einerseits und der organisatorischen Prozeßstruktur sowie dem Aspekt der Mechanisierung/Automatisierung andererseits herausgegriffen:

Individual- und Kleinserienprogramme setzen wegen der im Zeitablauf häufig wechselnden Leistungsanforderungen ein hohes Maß an fertigungstechnischer Elastizität der Betriebsmittel voraus. Die Einzel- und Kleinserienfertigung ist damit der typische Anwendungsbereich der sog. Universalwerkzeuge, -maschinen und -apparaturen, die vielseitig verwendbar und einsetzbar sind. Ihre verfahrenstechnische Entsprechung finden sie vorwiegend im Rahmen der mehr oder weniger handwerklich geprägten Werkstattfertigung. Im allgemeinen gilt, daß Mehrzweckbetriebsmittel unwirtschaftlicher arbeiten als spezialisierte Einzweckbetriebsmittel (Spezialwerkzeuge, -maschinen und -apparaturen). Letztere können wegen ihrer geringeren fertigungstechnischen Elastizität aber nur dann optimal ausgelastet werden, wenn keine oder zumindest keine häufigen Umdispositionen der Fertigung notwendig sind. Dies ist vor allem bei Massenprogrammen, aber prinzipiell auch bei Großserien- und Sortenfertigung gegeben. Hier können die Vorteile der Straßenfertigung und Automatisierung in hohem Maße genutzt werden, so daß Einzweckbetriebsmittel vor allem bei diesen Programmtypen ihre verfahrenstechnische Entsprechung finden.

4. Materialbereitstellung

Die betrieblichen Potentialfaktoren (menschliche Arbeit und Betriebsmittel) bilden in ihrem kombinierten Zusammenwirken gleichsam den Rahmen für den Einsatz der Werkstoffe in dem Leistungsprozeß. Die Werkstoffe (= **Material**) gehen dabei als **Grundstoffe** (= Erzeugungshauptstoffe) oder **Hilfsstoffe** unmittelbar in die Erzeugnisse ein bzw. dienen als **Betriebsstoffe** (z.B. Energie, Büromaterial) der Aufrechterhaltung des betrieblichen Leistungsprozesses.

Die Werkstoffe (Materialien) beeinflussen die Ergiebigkeit und damit die Wirtschaftlichkeit betrieblicher Faktorkombinationen auf vielfältige Weise, wobei prinzipiell zwei Gruppen von Bestimmungsgrößen, die nicht unabhängig voneinander sind, unterschieden werden können:

- die Beschaffenheit der verwendeten Werkstoffe und
- die primär mengen-, ort- und zeitbezogene Verfügbarkeit der zur Leistungserstellung erforderlichen Werkstoffe.

Diesen beiden Einflußgrößen entsprechend kann von einem **materialwirtschaftlichen Optimum**, also von einem fertigungstechnischen Optimum des dritten Produktivfaktors dann gesprochen werden, wenn es gelingt,

(1) materialbedingte „Unproduktivitäten" zu minimieren und
(2) die Verfügbarkeit der zur Leistungserstellung benötigten Werkstoffe bei Minimierung der Materialbereitstellungskosten sicherzustellen.

Die Verwirklichung des materialwirtschaftlichen Optimums setzt die Lösung einer Vielzahl von Teilproblemen voraus. Zu den wichtigsten zählen (*Grochla* 1990):

- Das **Mengenproblem**. Damit sich der Produktionsablauf ohne Störungen vollziehen kann, müssen zum Zeitpunkt des Bedarfs die benötigten Mengen zur Verfügung stehen. Dies macht eine Abstimmung sowohl mit der Fertigung als auch mit den Zulieferern erforderlich.
- Das **Sortimentsproblem**. In der Regel liegen weder Art noch Qualität der zu verwendenden Materialen so eindeutig fest, daß keinerlei Entscheidungsspielraum verbleibt. Daher entsteht häufig ein Sortimentsproblem, dessen Lösung sowohl in der Festlegung anforderungsgerechter (Minimal-)Qualitäten für verwendete Werkstoffe als auch in einer möglichst weitgehenden Verringerung der Sortimentsbreite und -tiefe (bzw. in der Verhinderung einer notwendigen Ausweitung des vorhandenen Materialsortiments) gesehen werden muß.
- Das **Raumüberbrückungsproblem**. Dieses stellt sich im wesentlichen als Transportaufgabe dar, die von der modernen Verkehrstechnik aus gesehen zwar als weitestgehend gelöst angesehen werden kann, mit der aber auch heute noch Risiken verbunden sein können (etwa die Gefahr von Verspätungen, Qualitätseinbußen durch den Transport u. ä.).
- Das **Zeitproblem**. Dieses mit dem Transportproblem eng verbundene Teilproblem bezieht sich auf die Zeitspanne zwischen Materialbeschaffung und -verwendung und ist gekennzeichnet durch Problemstellungen wie das „Timing" von Materialeinkäufen bei schwankenden Preisen, den Ausgleich von unterschiedlichen Beschaffungs- und Produktionsrhythmen oder die Steuerung von Reifeprozessen während der Lagerung.
- Das **Kapitalproblem**. Bei Kapitalknappheit ergibt sich die Notwendigkeit, eine möglichst hohe Umschlagshäufigkeit des Materials zu erreichen. Dies erfordert eine präzise Planung und Überwachung der Materialbewegungen und -bestände.
- Das **Kostenproblem**. Alle genannten Teilprobleme berühren direkt oder indirekt Kostenaspekte, und ihre Lösung hat sich somit letztlich unter dem Aspekt der Kostenoptimierung bei Berücksichtigung der Sicherung eines kontinuierlichen Produktionsvollzugs zu vollziehen.

Die zur Erreichung des materialwirtschaftlichen Optimums erforderlichen Maßnahmen sind abhängig von den konkreten betrieblichen Gegebenheiten, die ihrerseits die Anwendung ganz unterschiedlicher Materialbereitstellungsprinzipien nahelegen. Weiterhin ist die Beachtung des Art-Mengen-Wert-Verhältnisses und der Verbrauchsstruktur der Materialien von Bedeutung (*Grochla* 1990).

Aus den grundsätzlich bestehenden Möglichkeiten, die Deckung des Materialbedarfs mit oder ohne Vorratshaltung durchzuführen, wobei im letzteren Fall noch zu differenzieren wäre, ob die Bereitstellung aufgrund eines speziellen Einzelbedarfs oder aufgrund eines irgendwie definierten Gesamtbedarfs vorgenommen wird, lassen sich drei grundlegende **Materialbereitstellungsprinzipien** ableiten:

(a) Prinzip der **Einzelbeschaffung im Bedarfsfall:** Die Anwendung dieses Prinzips bedeutet, daß das erforderliche Material fallweise jeweils bei Auftreten eines entsprechenden Bedarfs beschafft wird. Es ist einsichtig, daß eine solche Lösung des Bereitstellungsproblems praktisch nur für die am Markt sofort beschaffbaren Güter sowie für den nicht vorhersehbaren und nicht zu planenden Materialbedarf in Frage kommen wird.

(b) Prinzip der **Vorratshaltung:** Hier werden die Werkstoffe auf Vorrat beschafft und im eigenen Betrieb „auf Abruf" gehalten, um sie bei einem auftretenden Bedarf sofort greifbar zu haben. Vorratshaltung ist der materialwirtschaftliche Normalfall für Güter, die nicht sofort am Markt beschaffbar sind und damit eine gewisse Beschaffungszeit aufweisen. Ohne Hinnahme von Stockungen in den nachgelagerten Prozeßphasen ist eine Einzelbeschaffung im Bedarfsfall dann nicht durchzuführen. Allerdings kommt eine Anwendung des Prinzips der Vorratshaltung naturgemäß nur für den zumindest in gewisser Weise vorhersehbaren Bedarf und auch nur für nicht „verderbliche" Güter, deren Qualität also durch die Lagerhaltung nicht wesentlich beeinträchtigt wird, in Betracht.

(c) Prinzip **einsatzsynchroner Anlieferung:** Hier werden die Lieferanten mithilfe bindender Lieferverträge veranlaßt, an festen Terminen, die sich durch den Produktionsablauf ergeben, das erforderliche Material zu liefern. Eine Vorratshaltung erübrigt sich damit weitgehend. Allenfalls werden noch Reservebestände für den Fall von Lieferungsengpässen gehalten. Es ist offensichtlich, daß die Anwendung des Prinzips fertigungssynchroner Anlieferung nur für den Teil des genau vorhersehbaren Güterbedarfs (also vornehmlich in der Großserien- und Massenfertigung) möglich ist und auch nur bedeutenden Unternehmungen offensteht, die in der Lage sind, ihre Lieferanten entsprechend zu binden.

Die im Rahmen der drei Bereitstellungsprinzipien zur Optimierung des materialwirtschaftlichen Problemkomplexes erforderlichen Maßnahmen sind zweckmäßigerweise nach Maßgabe des Art-Mengen-Wert-Verhältnisses und der Verbrauchsstruktur der Materialien zu differenzieren (*Grochla* 1990):

(a) Das **Art-Mengen-Wert-Verhältnis** gibt Aufschluß über die Relation zwischen dem prozentualen Anteil einer Materialart (-gruppe) an der Gesamt**menge** des bewirtschafteten Materials zu dem prozentualen Anteil des Verbrauchswertes dieser einen Materialart (-gruppe) am Gesamt**wert** des bereitgestellten Materials (bezogen auf eine bestimmte Periode).

Üblicherweise werden drei Klassen von Material (A, B, C) gebildet, wobei sich in der Regel zeigt, daß ein verhältnismäßig großer Wertanteil auf nur einen geringen Mengenan-

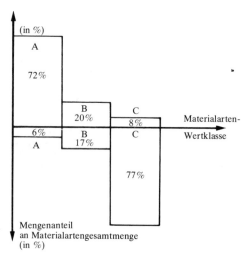

Abb. 100 Beispiel für eine ABC-Analyse

teil entfällt (A-Materialien) bzw. umgekehrt, daß ein relativ großer Mengenanteil von Materialien gestellt wird, die insgesamt nur einen geringen Wertanteil aufweisen (C-Materialien). Bei B-Materialien ist dagegen das Mengen-Wert-Verhältnis verhältnismäßig ausgeglichen.

Für diese Vorgehensweise der Materialklassifizierung hat sich in der Praxis die Bezeichnung **ABC-Analyse** durchgesetzt (vgl. für ein Beispiel Abb. 100, aus *Grochla* 1990, S. 30). Sie bildet eine wichtige Grundlage für eine sinnvolle Differenzierung von Materialbereitstellungsmaßnahmen. So wird z. B. der Einsatz von sehr präzisen, aber auch entsprechend aufwendigen Verfahren zur Planung und Kontrolle von Bereitstellungsprozessen im wesentlichen wohl nur bei Materialien der Klasse A gerechtfertigt sein, wohingegen es etwa für C-Materialien ausreichen wird, möglichst einfache und kostengünstige Verfahren anzuwenden.

(b) Nach ihrer zeitlichen **Verbrauchsstruktur** lassen sich Materialien ebenfalls in drei Gruppen aufteilen:

- Materialien, die in relativ konstanter Menge pro Zeiteinheit verbraucht werden (**R-Material**),
- Materialien, deren Verbrauchsmuster einen saisonal und/oder konjunkturell schwankenden Verlauf um einen bestimmten Mittelwert oder Trend aufweist (**S-Material**),
- Materialien mit völlig unregelmäßigem, nicht vorhersehbarem Verbrauch (**U-Material**).

Bezogen auf die genannten Materialbereitstellungsprinzipien wird eine gewisse Tendenz bestehen, für U-Material das Prinzip der Einzelbeschaffung im Bedarfsfall anzuwenden, während für R-Material vor allem die einsatzsynchrone Anlieferung und für S-Material die Vorratshaltung in Frage kommt.

Nur erwähnt sei, daß es unter Umständen zweckmäßig sein kann, die genannten Gliederungsmerkmale (a) und (b) auch miteinander zu kombinieren, was dann zu insgesamt 9 unterschiedlichen Materialklassen führt und eine differenzierte Feinanalyse des materialwirtschaftlichen Problemkomplexes erlaubt.

Die Planung der Materialbereitstellung dient der Verwirklichung des materialwirtschaftlichen Optimums. Sie läßt sich (analog zur Planung der Bereitstellung von Arbeitskräften und Betriebsmitteln) in mehrere Stufen unterteilen:

(1) Planung des Materialbedarfs,
(2) Planung der Materialbeschaffung,
(3) Planung der Materialvorratshaltung.

Zu (1): Ziel der **Materialbedarfsplanung** ist die Bestimmung des optimalen Material-Sortiments (bei gegebenem Produktionsprogramm) sowie die Festlegung der im Rahmen eines gegebenen Sortiments in der Planungsperiode benötigten Materialmengen.

(a) Die **Sortimentsoptimierung** umfaßt generell Maßnahmen mit dem gemeinsamen Ziel, materialbedingte „Unproduktivitäten" zu minimieren. Diese haben ihre Ursache in zwei Hauptfaktoren:

- Unzweckmäßige **Materialeigenschaften** führen zu (vermeidbaren) Materialabfällen oder beschränken zumindest deren Verwertbarkeit als Nebenprodukte. Sie können auch einen vermehrten Ausschuß (= unbrauchbare Erzeugnisse) bewirken, was schon deshalb besonders ins Gewicht fällt, weil nicht nur die fehlerhaften Materialien, sondern auch die mitverarbeiteten Werkstoffe und die im Zuge der Fertigung bereits eingesetzten Arbeitsleistungen und Betriebsmittelnutzungen „vergeudet" sind. Unzweckmäßige Materialeigenschaften liegen aber auch vor, wenn eine ungünstige Formgebung die Bearbeitung des Werkstoffs erschwert. Das gleiche gilt für physikalische Eigenschaften, wie etwa ein unnötig hoher Material-Widerstand, der sich in der Regel negativ auf die Länge der Bearbeitungszeit auswirkt.

- Eine zu weit getriebene **Materialvielfalt** wirkt sich ebenfalls störend auf die Wirtschaftlichkeit betrieblicher Leistungsprozesse aus. Sie wird durch eine gezielte Sortimentsauslese beseitigt. Dazu zählt zum einen die möglichst weitgehende Verwendung genormten Materials. Denn genormtes Material erfordert in der Regel eine geringere Bearbeitungszeit und geringeren Aufwand an Betriebsmittelnutzungen und Arbeitsleistungen als nicht genormte Sonderanfertigungen. **Materialnormen**, die vor allem als Typennormen (Abmessungsnormen) und/oder als Gütenormen vorkommen, wirken dabei um so zeit- und arbeitssparender, je mehr Objekte hiervon erfaßt sind und je umfassender der Geltungsbereich ist. Sie fördern darüber hinaus die Spezialisierung und Automatisierung und wirken sowohl materialsparend als auch auf eine Verminderung der notwendigen Lagervorräte hin. Ähnliche Rationalisierungseffekte ergeben sich durch eine **Typenbereinigung** im Produktionsprogramm. Hierunter versteht man eine entsprechende Reduzierung der Ausführungsformen von Erzeugnissen, wobei es weniger darum geht, die Produktarten zu beschränken, als vielmehr darum, eine Mehrfachverwendung der Einsatzstoffe zu erreichen. Das bei einer Typenbereinigung anzustrebende Ziel ist also letztlich in der Einführung des **Baukastensystems** zu sehen.

Als ein leistungsfähiges Instrument zur materialwirtschaftlichen Sortimentsoptimierung hat sich in der Praxis die sog. **Wert-Analyse** bewährt (vgl. hierzu ausführlicher *Kern/Schröder* 1978).

(b) Für die Ermittlung der **Materialbedarfsmenge** (bei gegebenem Sortiment) können grundsätzlich zwei verschiedene Verfahren angewandt werden (vgl. ausführlich *Grochla* 1990): die programmgebundene Bedarfsplanung als deterministisches Verfahren und die verbrauchsgebundene Bedarfsplanung als stochastisches Verfahren.

- Die **programmgebundene** Bedarfsplanung leitet den Materialbedarf unmittelbar aus dem Produktionsprogramm der Planungsperiode ab.
  Hilfsmittel hierfür sind **Stücklisten** und **Rezepte**. Stücklisten sind Verzeichnisse, in denen die genaue strukturelle und mengenmäßige Stoffzusammensetzung eines Erzeugnisses festgehalten wird. Das gleiche gilt für Rezepte, die als Fertigungsvorschrift speziell in Betrieben der chemischen Industrie die Materialzusammensetzung und den Herstellungsablauf der Produkte angeben.

Um den konkreten Materialbedarf einer Periode zu ermitteln, stehen verschiedene Verfahren zur Verfügung. Die **analytische** Methode geht von dem einzelnen Fertigungserzeugnis und der dazugehörigen Stückliste aus und ermittelt den Bedarf aus der Multiplikation der Erzeugnismengen mit den entsprechenden Materialmengenangaben der Stückliste. Im Gegensatz hierzu setzt die **synthetische** Methode an den einzelnen Bauteilen und Rohmaterialien an und prüft, in welchen Mengen diese in dem geplanten Produktionsprogramm enthalten sind. Eine Weiterentwicklung der analytischen und synthetischen Methode ist die Bedarfsermittlung nach der **Gozinto**-Methode (*Vazsonyi* 1962), bei der die Zusammensetzung eines oder mehrerer Erzeugnisse mittels Graphen bzw. Matrizen dargestellt wird (vgl. Abb. 101).

Die Knoten des Gozinto-Graphen stellen dabei die Rohmaterialien, Teile oder Fertigerzeugnisse dar, während die Pfeile den Bedarfszusammenhang kennzeichnen. Die numerische Darstellung erfolgt mithilfe einer Matrix, wobei eine Direktbedarfs-Matrix und eine Gesamtbedarfs-Matrix unterschieden werden. Letztere entsteht mathematisch durch Inver-

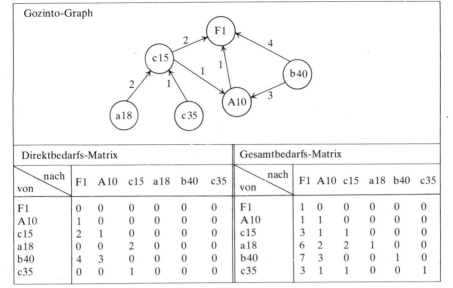

Abb. 101 Bedarfsermittlung nach der Gozinto-Methode

sion der Matrix, die sich als Differenz zwischen Einheits-Matrix und Direktbedarfs-Matrix ergibt. Spaltenweise gelesen, zeigt die Gesamtbedarfs-Matrix den Mengenbedarf an Material für jeweils eine Mengeneinheit der verschiedenen Teil- und Fertigerzeugnisse. Die Zeilen der Gesamtbedarfs-Matrix stellen demgegenüber Teileverwendungsnachweise dar.

- Die programmgebundene Bedarfsplanung erstreckt sich in der Praxis vorwiegend auf hochwertige Erzeugnishauptstoffe. Für Hilfs- und Betriebsstoffe sowie geringwertige Erzeugnishauptstoffe ist in der Regel die **verbrauchsgebundene** Bedarfsplanung vorteilhafter.

Voraussetzung für die verbrauchsgebundene Bedarfsplanung ist die genaue Kenntnis des Materialverbrauchs in der Vergangenheit einschließlich aller Einflußgrößen, die den Verbrauch quantitativ und qualitativ bestimmen. Denn nur so kann die Prognose des Materialbedarfs auf der Grundlage von Vergangenheitswerten einigermaßen zuverlässig erfolgen. Hilfsmittel der verbrauchsgebundenen Bedarfsplanung sind deshalb zum einen korrekt geführte Materialbestands- und -bewegungsrechnungen, aus denen der Materialverbrauch der Vergangenheit hinreichend genau ermittelt werden kann. Zum anderen sind leistungsfähige Prognoseverfahren unentbehrlich, die aus den ermittelten Verbrauchswerten der Vergangenheit Bedarfswerte für die Zukunft extrapolieren (vgl. hierzu S. 166 ff.).

Zu (2): Aufgabe der **Materialbeschaffungsplanung** ist es, den ermittelten Materialbedarf der Planungsperiode zum richtigen Zeitpunkt, beim richtigen Lieferanten zu günstigsten Konditionen einzukaufen. Bei Vorratshaltung wird diese Aufgabe, also den Beschaffungsvollzug zu planen, ergänzt durch die Beschaffungsmengenoptimierung, bei der es darum geht, den ermittelten Gesamtbedarf (nach Berücksichtigung von verwendbaren Lagerbeständen) in wirtschaftliche Einkaufslosgrößen aufzuteilen.

(a) Das Problem der **Beschaffungs-(Bestell-)mengenoptimierung** besteht in der

Grundversion darin, zwei gegensätzliche Kostenentwicklungen auszugleichen:
- **Bestellfixe Kosten** fallen bei jeder Bestellung unabhängig von der Größe der Bestellung an. Zu solchen Bestellkosten zählen etwa Meldekosten, Kosten der Bestellabwicklung, Buchungs- und Schreibkosten, Kosten der Materialannahme usw. Bestellkosten wachsen im Planungszeitraum mit der Anzahl der Bestellungen.
- Je häufiger bestellt wird, um so kleiner sind die einzelnen Bestellmengen (bei einem gegebenen Gesamtbedarf pro Planungsperiode). Kleine Bestellmengen aber haben zur Folge, daß die Lagerbestände im Durchschnitt relativ niedrig sind. Da die **Lagerkosten** (einschließlich der Kosten für das im Lager gebundene Kapital) aber überwiegend von den Lagermengen respektive -werten abhängig sind, bedeutet dies, daß die Lagerkosten mit steigenden Bestellmengen zunehmen.

Ziel der Bestellmengenoptimierung muß es angesichts dieser gegenläufigen Kostenentwicklung sein, die Bestellmenge (bzw. bei gegebenem Gesamtbedarf die Anzahl gleich großer Bestellungen) zu ermitteln, bei der die **Summe der Lager- und bestellfixen Kosten im Planungszeitraum minimiert ist.**

Zur Lösung dieses Problems kann die klassische Losgrößenformel verwendet werden. Sie bestimmt sich aus folgenden Überlegungen (*Adam* 1990):

(1) Die Lagerkosten je Bestellung (K_L) belaufen sich auf

$$K_L = \underbrace{\frac{y}{2}}_{\varnothing \text{Lagerbestand}} \cdot \underbrace{\frac{y}{V}}_{\text{Lagerzeit}} \cdot \underbrace{Cl}_{\text{Lagerkostensatz}}$$

Dabei sind:

y = Bestellmenge [ME]

V = Lagerabgangsgeschwindigkeit $\left[\frac{ME}{ZE}\right]$

Cl = Lagerkostensatz $\left[\frac{GE}{ME \text{ u. } ZE}\right]$

(2) Aus (1) leiten sich die Lagerkosten je Stück (k_L) ab

$$k_L = \frac{K_L}{y} = \frac{y}{2V} \cdot Cl$$

(3) Bezeichnet man die bestellfixen Kosten mit C_b, so beträgt die Summe der bestellfixen Kosten je Stück sowie der Lagerkosten je Stück entsprechend

$$k(y) = \underbrace{\frac{C_b}{y}}_{\text{bestellfixe Kosten}} + \underbrace{\frac{y}{2V} \cdot Cl}_{\text{Lagerkosten}}$$

(4) Wird die Gleichung (3) nun nach y differenziert, die erste Ableitung gleich null gesetzt und nach y aufgelöst, ergibt sich

$$y_{opt} = \sqrt{\frac{2V \cdot C_b}{Cl}}$$

Graphisch ergibt sich der in Abb. 102 verdeutlichte Zusammenhang: Die optimale Bestellmenge wird durch den Schnittpunkt der bestellfixen Kosten und der Lagerkosten je Stück bestimmt.

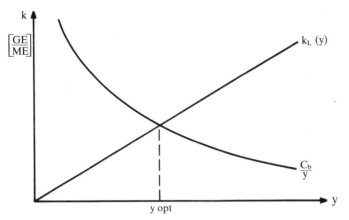

Abb. 102 Graphische Lösung des Grundmodells der optimalen Bestellmenge

Das Grundmodell arbeitet mit einer Reihe von Prämissen, die in der Realität häufig nicht gegeben sind:

· konstante Lagerabgangsgeschwindigkeit (keine Bedarfsschwankungen im Planungszeitraum),
· konstante Einstandspreise (keine Mengenrabatte und Transportkostenstaffelungen),
· frei wählbare Anlieferungszeitpunkte,
· keine Lagerungs- und Finanzierungsrestriktionen.

In der Literatur sind daher auch eine Vielzahl von Ansätzen entwickelt worden, die diese engen Prämissen des Grundmodells aufgeben und durch realistischere Annahmen ersetzen (vgl. die Übersicht bei *Grochla* 1990).

(b) Bei der **Planung des Beschaffungsvollzugs** stehen eine Vielzahl von Teilfragen im Vordergrund. Zu den wichtigsten zählen:

· Die Wahl des **Beschaffungsweges** im Rahmen bestehender Wahlmöglichkeiten (Direktbezug vom Erzeuger, Bezug über den Handel, Bezug aus dem Ausland usw.).
· Die Wahl des **Lieferanten** (Kriterien hierfür sind u. a. Beschaffungskosten, Zuverlässigkeit, Produktqualität, Lieferzeiten, Standort, Sicherung der Unabhängigkeit u. ä.). Die Lieferantenauswahl ist häufig so eng mit der Wahl des Beschaffungsweges verknüpft, daß das eine häufig das andere determiniert.
· Die Planung der **Beschaffungszeit**. Hierbei ist der innerbetriebliche Zeitaufwand von der Bedarfsfeststellung bis zur Auftragserteilung ebenso zu berücksichtigen wie die anschließende Liefer- und Transportzeit des Materials. Ziel muß es sein, die Beschaffung so rechtzeitig einzuleiten, daß keine Materialengpässe auftreten.

Zu (3): Die Planung der **Materialvorratshaltung** beinhaltet zum einen Überlegungen zur Vorratsoptimierung und Vorratssicherung. Zum anderen stehen Fragen im Vordergrund, die die Lagerausstattung und den Lagerstandort betreffen (vgl. ausführlich *Grochla* 1990).

(a) Die Planung der **Vorratsmenge** berührt grundsätzlich zwei Problemkomplexe: die Vorratsoptimierung und die Vorratssicherung.

Ersteres ist bereits behandelt worden. Denn die Optimierung der Bestellpolitik mithilfe des Modells der optimalen Bestellmenge führt zwangsläufig zu einer gleichfalls optimalen **Vorratspolitik**, weil sich ja aus der Bestellmenge unmittelbar auch der (durchschnittliche) Lagerbestand herleitet (vgl. S. 201 ff.).

Was die **Vorratssicherung** betrifft, so äußert sich diese im Streben nach kontinuierlicher Versorgung der Fertigung mit Material bzw. nach Vermeidung von Materialengpässen. Gefordert wird demnach, im Einsatzlager stets genügend Material für die Fertigung „auf Abruf" zu halten. Eine solche Sicherung erfolgt häufig durch Einführung eines **Meldebestandes**, der eine bestimmte untere Bestandsgröße im Einsatzlager fixiert, bei der eine Meldung an den Einkauf zwecks Auffüllung des Lagers zu erfolgen hat. Die Höhe dieses Meldebestandes ist abhängig (vgl. Abb. 103)

- von der Lagerabgangsgeschwindigkeit,
- von der Beschaffungszeit und
- von dem Risiko, daß sich die durchschnittliche Abgangsgeschwindigkeit und/oder die Beschaffungszeit ändert.

Kein Meldebestand ist erforderlich, wenn entweder die Beschaffungszeit gegen null tendiert oder – bei nicht kontinuierlichem Lagerabgang – der Zeitraum zwischen zwei Lagerentnahmen größer ist als die Beschaffungszeit.

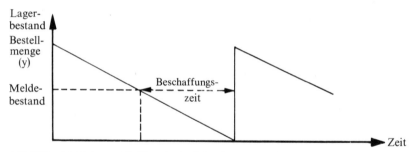

Abb. 103 Meldebestand bei kontinuierlicher Lagerentnahme sowie deterministischer Lagerabgangsgeschwindigkeit und Beschaffungszeit

(b) Die Planung der **Lagerausstattung** hat sich in erster Linie an den stofflichen Eigenschaften der gelagerten Objekte zu orientieren. So muß etwa die **Lagerbauart** derart beschaffen sein, daß eine mögliche Qualitäts- und Quantitätsminderung der Lagergüter auf ein Mindestmaß beschränkt wird und zugleich etwaige Sicherheitsvorschriften erfüllt werden. Für die Wahl der **Lagereinrichtung** und der besonderen **Lagerhilfsmittel** gelten ähnliche Kriterien, wenngleich diese natürlich eingebettet sein sollten in übergeordnete Produktivitäts- und Kostenüberlegungen, wie sie für Betriebsmittel allgemein gelten (vgl. S. 191 ff.).

(c) Die Planung des **Lagerstandorts** berührt die räumliche Gesamtstruktur der betrieblichen Leistungserstellung. Ziel ist es in der Regel, die Materiallagerstandorte so zu fixieren, daß die gesamten **Transportkosten** (die als Funktion der Entfernung zwischen Lagerstandort und Verbrauchsort, der Transportmenge pro Planungsperiode sowie der Transportkosten pro Mengen- und Entfernungseinheit zu betrachten sind) **minimiert werden**. Zur Lösung dieser Problemstellung sind eine Vielzahl heuristischer und analytischer Verfahren entwickelt worden (vgl. die Übersicht bei *Grochla* 1990).

Nur erwähnt sei, daß in den letzten Jahren im Bereich der Materialwirtschaft immer häufiger der Begriff der **Logistik** verwendet wird. Ursprünglich aus dem militärischen Bereich kommend, wird in der Praxis hierunter vor allem die physische Materialbereitstellung verstanden. Dazu zählen also insbesondere die Maßnahmen, die den Transport und die Lagerung der benötigten Materialmengen regeln. In einem weiteren Sinne wird allerdings teilweise sogar die gesamte Materialwirtschaft unter dem Begriff der (Beschaffungs-)Logistik subsummiert.

Fragen und Aufgaben zur Wiederholung (S. 185-205)

1. *Nennen Sie die Aufgaben der Bereitstellungsplanung!*
2. *Welche Bereitstellungskosten sollten in einer betriebswirtschaftlichen Analyse Berücksichtigung finden?*
3. *Beschreiben Sie die verschiedenen Stufen der Personalbereitstellung in ihren wesentlichen Aspekten!*
4. *Definieren Sie den Begriff der "Arbeitsproduktivität"!*
5. *Welches sind die Determinanten der Ergiebigkeit menschlicher Arbeit?*
6. *Unter welchen Umständen kann von einer optimalen Ergiebigkeit menschlicher Arbeitsleistung gesprochen werden?*
7. *Aus welchen Komponenten setzt sich die Vorgabezeit (nach REFA) für den Faktor "Arbeit" zusammen?*
8. *Welche Maßnahmen können ergriffen werden, um die Leistungsmotivation der Mitarbeiter zu erhöhen?*
9. *Skizzieren Sie ausgewählte Modelle der Arbeitsorganisation!*
10. *In welchen Phasen läuft die Planung der Betriebsmittelbereitstellung ab?*
11. *Welche Determinanten haben Einfluß auf die Produktivität des Betriebsmitteleinsatzes?*
12. *Zerlegen Sie die Betriebsmittelzeit (nach REFA) in ihre Komponenten!*
13. *Grenzen Sie Maximal-, Mindest- und Optimalkapazität sowie quantitative und qualitative Kapazität voneinander ab!*
14. *Diskutieren Sie Möglichkeiten und Probleme einer optimalen Harmonisierung der Kapazität des Betriebsmittelbestandes!*
15. *Inwiefern ist die (quantitative und qualitative) Elastizität des Betriebsmittelbestandes von Bedeutung für das verfahrenstechnische Optimum?*
16. *Nach welchen Merkmalen würden sie technische Verfahren kennzeichnen?*
17. *Beschreiben Sie die Verfahrenstypen: Werkstattfertigung, Straßenfertigung, Fließfertigung!*
18. *Diskutieren Sie die typischen Einsatzgebiete von Universal- und Einzweckbetriebsmitteln!*
19. *Welche Einflußgrößen determinieren das materialwirtschaftliche Optimum, und welche wichtigen Teilprobleme sind im Zusammenhang damit zu lösen?*
20. *Welches sind die drei grundlegenden Materialbereitstellungsprinzipien?*
21. *Skizzieren Sie das Vorgehen bei einer ABC-Analyse!*
22. *Wie werden Materialien nach ihrer zeitlichen Verbrauchsstruktur klassifiziert, und welche Bereitstellungsprinzipien bieten sich jeweils an?*
23. *In welchen Stufen vollzieht sich die Materialbereitstellungsplanung?*

24. Welche Vorgehensweisen bieten sich an bei der Ermittlung der Materialbedarfsmenge?
25. Skizzieren Sie die Überlegungen und Prämissen, die einer Beschaffungsmengenoptimierung zugrundeliegen, und leiten Sie die klassische Bestellmengenformel ab!
26. Welche Fragen stehen im Zusammenhang mit einer Planung des Beschaffungsvollzugs?
27. Welche verschiedenartigen Überlegungen beinhaltet die Planung der Materialvorratshaltung?
28. Wie kann man Materialengpässe vermeiden, und welche Komponenten sind dabei zu berücksichtigen?
29. Grenzen Sie den Begriff der Logistik ab!

Literaturhinweise:

Adam, D. (1990)
Busse von Colbe, W. (1990)
Funke, H., Blohm, H. (1969)
Grochla, E. (1990)
Gutenberg, E. (1983)
Heinen, E. (Hrsg.) (1991 b)
Jacob, H. (Hrsg.) (1983)
Kern, W., Schröder, H.-H. (1978)

Kroeber-Riehl, W. (1966)
Naddor, E. (1971)
Orth, Th. (1968)
Riebel, P. (1954)
Streitferdt, L. (o.J.)
Vazsonyi, A. (1962)
Wagner, H. (1966)

C. Produktionsplanung

I. Gegenstand der Produktionsplanung

1. Die Teilpläne betrieblicher Produktionspolitik
2. Kostendeterminanten und Kostenkategorien im Rahmen der Produktionsplanung

1. Die Teilpläne betrieblicher Produktionspolitik

Der Bereitstellung der Produktionsfaktoren schließt sich die Phase der eigentlichen betrieblichen Leistungserstellung an. Sie stellt ihrem Wesen nach einen **Kombinationsprozeß** dar, in dessen Verlauf Produktionsfaktoren in absatzreife Produkte (Sach- und/oder Dienstleistungen) transformiert werden.

Ebenso wie die Bereitstellungsplanung läßt sich auch die Planung betrieblicher Produktionsprozesse in eine Reihe von Teilplanungen zerlegen, die jede ein spezifisches Teilproblem der Produktionsplanung ansprechen. Abb. 104 gibt einen diesbezüglichen Überblick (vgl. Adam 1990):

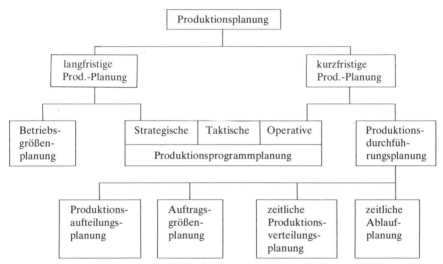

Abb. 104 Teilpläne betrieblicher Produktionspolitik

Von **kurzfristiger** Produktionsplanung wird gesprochen, wenn Entscheidungen die Kapazität des Betriebes als gegeben hinnehmen. Hierzu zählt die Produktionsdurchführungs- und die operative Programmplanung. Dagegen liegt **langfristige** Produktionsplanung dann vor, wenn die Kapazität, also die Ausstattung eines Betriebes mit Betriebsmitteln und Arbeitskräften, auch zur Variablen wird. Mit der langfristigen Produktionsplanung werden damit gleichzeitig stets **Investitionsprobleme** angesprochen (vgl. auch S. 304 ff.), die vor allem wegen

- der **nicht beliebigen Teilbarkeit** kapazitätsdeterminierender Potentialfaktoren und
- der typischerweise **längerfristigen Bindung** des Betriebes an einmal getroffene Kapazitätsentscheidungen

sich deutlich von den Problemen kurzfristiger Produktionsplanung unterscheiden. Das gilt sowohl für die (langfristige) Betriebsgrößenplanung, die die Festlegung des Kapazitätsvolumens zum Gegenstand hat, als auch für die langfristige Produktionsprogrammplanung, die sich mit Fragen einer zielsetzungsgerechten (z.B. ausgewogen diversifizierten) Produkt- und Fertigungsstruktur beschäftigt.

Die (kurzfristige) **Produktionsdurchführungsplanung** umfaßt vier Teilpläne (*Adam* 1990):

(1) Aufgabe der **Produktionsaufteilungsplanung** ist es festzulegen, welche Produktionsfaktoren in welchen Mengen, wie lange und mit welcher Intensität einzusetzen sind, um eine gegebene Produktionsmenge bzw. ein gegebenes Produktionsprogramm mit **minimalen Produktionskosten** zu erstellen (vgl. ausführlich S. 223 ff.).

(2) Wenn auf einer Produktionsanlage hintereinander unterschiedliche Produktarten hergestellt werden sollen, kommt der **Auftragsgrößenplanung** die Aufgabe zu, die Größe und Reihenfolge der Fertigungsaufträge so festzulegen, daß die gegebene Bedarfsmenge aller Produktarten im Planungszeitraum mit **minimalen** Kosten (zusammengesetzt aus **Umrüstungs- und Lagerkosten**) produziert wird.

Die Problemstellung und -lösung entspricht in etwa dem, was zur Bestellmengenoptimierung im Rahmen der Materialbereitstellungsplanung ausgeführt wurde (vgl.S.201ff.). Nur daß jetzt

(a) statt der bestellfixen Kosten Rüstkosten zu berücksichtigen sind, die bei jeder Umrüstung der Produktionsanlagen, die einem Erzeugniswechsel vorausgeht, entstehen und deren Höhe unabhängig von der Losgröße ist und

(b) die Lagerkosten zusätzlich abhängen vom Wiederauflagerhythmus der einzelnen Produktarten sowie der Verkaufspolitik.

(3) Aufgabe der **zeitlichen Produktionsverteilungsplanung** ist es, die Produktionsmengen in den einzelnen Teilzeiträumen der Planungsperiode so mit den Absatzmöglichkeiten abzustimmen, daß das Fertigungsprogramm mit **minimalen Kosten für Produktion und Lagerung** der Fertigerzeugnisse bis zum Zeitpunkt ihres Absatzes durchgesetzt werden kann.

Als Alternativen der zeitlichen Verteilung der Produktionsmengen kommen in Frage

(a) vollständige **Synchronisation** von Produktion und Absatz

(b) teilweise oder vollständige **Emanzipation** der Produktion vom Absatz.

Bei schwankendem Absatz fallen bei (a) in der Regel höhere Produktionskosten an. Außerdem sind die Kapazitäten zur Befriedigung auch der Spitzennachfrage höher zu dimensionieren, was eine entsprechende Kapitalbindung bedeutet. Dafür entfallen jegliche Lagerkosten und die Kapitalbindung im Vorratsvermögen ist minimiert. Im Fall (b) können die Produktionskosten leichter minimiert werden und auch die Kapazität, die vorgehalten werden muß, ist geringer. Als Preis entstehen bei schwankender Nachfrage aber Lagerbestände an Fertigerzeugnissen, die Kosten verursachen und Kapital binden.

(4) Gegenstand der **zeitlichen Ablaufplanung** schließlich ist es festzulegen, in welcher zeitlich durchsetzbaren Reihenfolge welche Aufträge auf welchen Anlagen unter Einsatz welcher Arbeitskräfte zu produzieren sind, damit im Rahmen eines mehrstufigen Produktionsprozesses die **Kosten für die Zwischenlagerung** der Erzeugnisse und **für die ablaufbedingten Stillstandszeiten** der Anlagen **minimiert** werden.

Die Problemstellung kann wie folgt umschrieben werden: Der Ablaufplan mit minimalen (ablaufbedingten) Stillstandszeiten der Aggregate auf den einzelnen Produktionsstufen weicht in der Regel von dem Plan ab, bei dem das Minimum der Durchlaufzeit erreicht wird. Der nach dem Kriterium minimaler Stillstandszeiten aufgestellte Maschinenbelegungsplan wird sich dabei regelmäßig durch höhere Zwischenlagerzeiten und -kosten auszeichnen als der nach dem Kriterium minimaler Durchlaufzeit aufgestellte Plan. Bei letzterem wird andererseits mit höheren Stillstandszeiten bei den verschiedenen Aggregaten zu rechnen sein. Aus dieser gegenläufigen Entwicklung von Durchlaufzeit und Stillstandszeit resultiert das **Dilemma der Ablaufplanung.**

Wie ersichtlich ist den einzelnen Teilplanungen der Produktionsdurchführung gemeinsam, daß Optimierungsüberlegungen ausschließlich unter Kostengesichtspunkten geführt werden. Für eine Optimierung der Produktionsprogrammplanung, gleich ob sie kurz- oder langfristig orientiert ist (vgl. Abb. 104), reichen Kostenüberlegungen allein allerdings grundsätzlich nicht aus. Hier und zusätzlich stets auch die Auswirkungen auf die Erlöse zu berücksichtigen, was den Übergang zu einer **gewinnorientierten Zielsetzung** bedingt. Dies gilt im Zweifel übrigens auch für Optimierungsanalysen im Rahmen der (langfristigen) Betriebsgrößenplanung, wo eine Beschränkung auf Kostengesichtspunkte die Problemstellung häufig unzulässig verkürzt.

Die Aufgabe der insofern über die Produktionsdurchführungsplanung hinausgehenden **Produktionsprogrammplanung** ist es nun, im einzelnen festzulegen (vgl. *Adam* 1990),

- welche **Erzeugnisse,**
- in welchen **Mengen,**
- unter Einsatz welcher **Produktionsprozesse** (Aggregate und/oder Intensitätsstufen)

im Planungszeitraum zu produzieren sind, um den Gewinn (oder die Rentabilität) **zu maximieren** bzw. allgemein, um vorgegebene **Erfolgsziele** (vgl. S. 61 ff.) **bestmöglich zu realisieren.** Dabei kann grundsätzlich zwischen

- **strategischer** Programmplanung (Auswahl der strategischen Produktfelder bzw. Geschäftsbereiche und Entscheidung über die Produktionstiefe),
- **taktischer** Programmplanung (Entscheidung über Produkt- und Anwendungsvarianten im Rahmen eines gegebenen Produktfelds und einer gegebenen Produktionstiefe) sowie
- **operativer** Programmplanung (Bestimmung des endgültigen Produktionsprogramms nach Art und Menge)

unterschieden werden (vgl. zur operativen Programmplanung ausführlich S. 235 ff.).

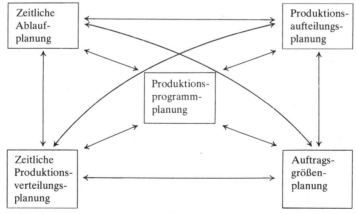

Abb. 105 Interdependenzen zwischen den Produktionsteilplänen

Zwischen allen diesen Teilplänen bzw. Teilplanungen bestehen wichtige Interdependenzen (wechselseitige Beziehungen) (vgl. S.112 ff.). Sie erzwingen theoretisch eine **Simultanplanung**, die ihrer Komplexität wegen beim gegenwärtigen Stand der Erkenntnisse und Methoden aber nur bedingt realisierbar erscheint. Abb. 105 verdeutlicht das Netz der Beziehungen zwischen den Teilbereichen der Produktionsplanung (ohne Betriebsgrößenplanung).

Nur erwähnt sei, daß allerdings mit zunehmendem Computereinsatz die Möglichkeit einer solchen integrativen Abstimmung zwischen den Teilplänen zunehmen wird. Dies jedenfalls ist der Anspruch, den das System des „**Computer Integrated Manufacturing**", kurz **CIM** erhebt.

CIM-Systeme beschreiben allgemein den integrierten Computereinsatz für alle Unternehmensbereiche, die direkt oder indirekt mit den Teilplänen der Produktionsplanung und ihrer Realisierung zu tun haben. Dabei werden alle notwendigen Planungsinformationen vernetzt und für alle Beteiligten zugänglich gemacht. CIM umfaßt dabei im einzelnen das informationstechnologische Zusammenwirken von

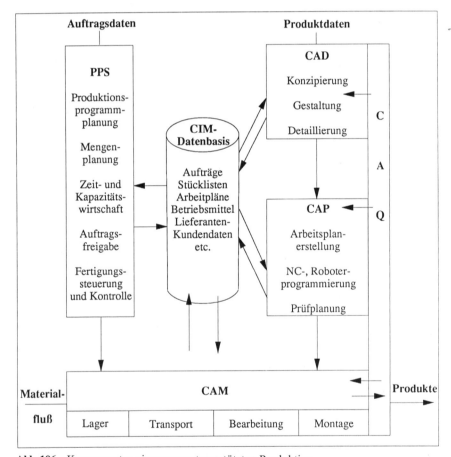

Abb. 106 Komponenten einer computergestützten Produktion

- Computer Aided Design (CAD)
- Computer Aided Planning (CAP)
- Computer Aided Manufacturing (CAM)
- Computer Aided Quality Assurance (CAQ)
- Computer Aided Production Planning and Steering (PPS)

Die Abbildung 106 verdeutlicht das so verstandene Konzept des CIM (nach *Helberg* 1987): Auf der einen Seite sind die betriebswirtschaftlichen Funktionen des Produktionsplanungs- und -steuerungssystems PPS zusammengefaßt, während auf der anderen Seite die technischen Funktionen CAD, CAP, CAM, CAQ berücksichtigt sind. Die Verknüpfung beider Seiten erfolgt über eine gemeinsame CIM-Datenbasis (ausführlich dazu *Becker* 1991 a).

2. Kostendeterminanten und Kostenkategorien im Rahmen der Produktionsplanung

Während die Erlöse nur bei der Produktionsprogrammplanung und gegebenenfalls bei der Betriebsgrößenplanung berücksichtigt werden müssen, spielen die Kosten in allen Produktionsteilplänen eine zentrale Rolle. Ohne zutreffende Kosteninformationen lassen sich hier grundsätzlich keine ökonomisch optimalen Entscheidungen fällen. Das mag rechtfertigen, einleitend kurz auf die für die Produktionsplanung relevanten Kostenkategorien einzugehen.

Ausgangspunkt ist das **System der Kostendeterminanten**, zu denen die vom Betrieb in der jeweiligen Situation nicht beeinflußbaren **Daten** sowie die durch Entscheidungen veränderbaren **Variablen** gehören. Daß letztere auf das Engste mit den Aktionsparametern der verschiedenen Produktionsteilpläne zusammenhängen, kann dabei nicht überraschen. Denn die Kosten der Faktorkombination bestimmen sich nach der hier vertretenen Auffassung in erster Linie nach der Effizienz, mit der die Produktionsplanung im Rahmen des Möglichen betrieben wird.

Abb. 107 (nach *Adam* 1990, S. 92) gibt einen Überblick über die so verstandenen Kostendeterminanten. Unter der Rubrik „Beschäftigung" als Kostendeterminante sind dabei die Aktionsparameter der Produktionsaufteilungsplanung, der Programmplanung sowie der Betriebsgrößenplanung zusammengefaßt. Die übrigen Determinanten ergeben sich mit Ausnahme der „technischen Daten" unmittelbar aus dem bisher Gesagten. Auf diese wird bei der Diskussion produktionstheoretischer Grundlagen noch näher eingegangen (vgl. S. 215 ff.).

Als Unterscheidungsmerkmal von Kosten kommt (neben anderen Möglichkeiten) vor allem (a) ihre **Dispositionsbezogenheit** sowie (b) die **Dimension**, in der sie gemessen werden, in Betracht.

(a) Wenn Kosteninformationen als Grundlage für die Aufstellung optimaler Produktionspläne dienen sollen, müssen sie problembezogen (verursachungsgerecht) erfaßt werden. Das führt unmittelbar zu zwei Kategorien von Kosten (vgl. *Adam* 1990):

- Kosten, deren Höhe durch die zu treffende Entscheidung beeinflußt wird; diese Kosten werden als **relevante, dispositionsabhängige** oder **variable** Kosten bezeichnet;
- Kosten, deren Höhe nicht durch die zu treffende Entscheidung beeinflußt wird; sie werden **nichtrelevante, dispositionsunabhängige** oder **fixe** Kosten genannt.

Eine allgemeine Aussage darüber, welche Kosten relevant (variabel) oder nichtvariabel (fix) sind, läßt sich nicht machen. Es kommt stets auf die Art des Entscheidungsproblems und die konkreten Bedingungen der Entscheidungssituation an. **Generell gilt jedoch, daß zur optimalen Lösung eines Entscheidungsproblems grund-**

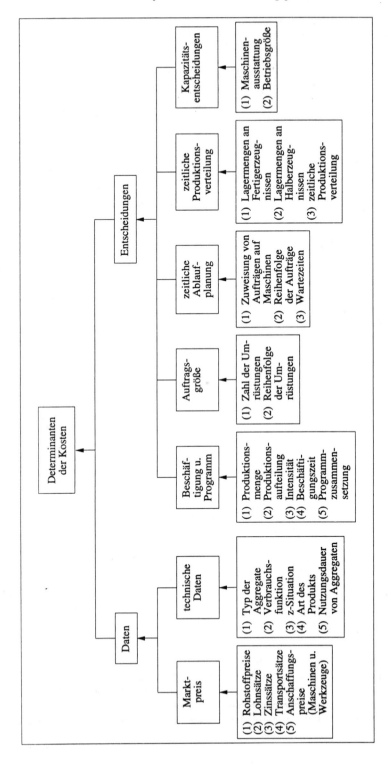

Abb. 107 System der Kostendeterminanten

sätzlich nur die jeweils dispositionsabhängigen, variablen und damit relevanten Kosten einzubeziehen sind!

Die variablen Kosten eines konkreten Problems der Produktionsplanung (oder eines beliebigen anderen Entscheidungsproblems) können unterschiedliche Verläufe aufweisen. Betrachtet man beispielsweise Veränderungen in der Beschäftigung (= Ausbringungsmenge bzw. Leistung pro Zeiteinheit) als die relevante Einflußgröße für Kostenveränderungen, können die vier Ausprägungen variabler Kostenverläufe wie folgt umschrieben werden:

- **proportionale** Kosten (Kostenveränderung verläuft proportional zur Beschäftigungsänderung),
- **progressive** Kosten (relative Kostenveränderung ist größer als der relative Beschäftigungsrückgang bzw. -zuwachs),
- **degressive** Kosten (relative Kostenveränderung ist kleiner als der relative Beschäftigungsrückgang bzw. -zuwachs) und schließlich
- **regressive** Kosten (Beschäftigungserhöhung bewirkt absolut sinkende Kosten bzw. Beschäftigungsrückgang läßt die Kosten absolut zunehmen).

Abb. 108 stellt die verschiedenen Kostenverläufe unter Einbeziehung der fixen Kosten graphisch und anhand eines Zahlenbeispiels dar. Im Zahlenbeispiel sind den Kosten pro Zeiteinheit K(x) noch zur Verdeutlichung der Kostenabhängigkeiten die Stückkosten k(x) gegenübergestellt. Sie ergeben sich, wenn man die Kosten pro Zeiteinheit K(x) durch die Ausbringung pro Zeiteinheit (x) dividiert.

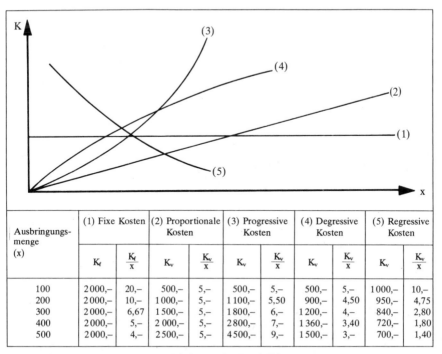

Ausbringungs- menge (x)	(1) Fixe Kosten		(2) Proportionale Kosten		(3) Progressive Kosten		(4) Degressive Kosten		(5) Regressive Kosten	
	K_f	$\frac{K_f}{x}$	K_v	$\frac{K_v}{x}$	K_v	$\frac{K_v}{x}$	K_v	$\frac{K_v}{x}$	K_v	$\frac{K_v}{x}$
100	2 000,–	20,–	500,–	5,–	500,–	5,–	500,–	5,–	1 000,–	10,–
200	2 000,–	10,–	1 000,–	5,–	1 100,–	5,50	900,–	4,50	950,–	4,75
300	2 000,–	6,67	1 500,–	5,–	1 800,–	6,–	1 200,–	4,–	840,–	2,80
400	2 000,–	5,–	2 000,–	5,–	2 800,–	7,–	1 360,–	3,40	720,–	1,80
500	2 000,–	4,–	2 500,–	5,–	4 500,–	9,–	1 500,–	3,–	700,–	1,40

Abb. 108 Kostenverläufe in Abhängigkeit von der Beschäftigung

Die durch Ableitung der Stückkosten (= Kosten **pro Mengeneinheit**) aus den Kosten **pro Zeiteinheit** vorgenommene Umdimensionierung der Kosten wird immer dann zum Problem, wenn es sich im Kern um fixe Kosten handelt. Denn in einem solchen Falle werden die Kosten pro Zeiteinheit auf eine Bezugsgröße (hier: Mengeneinheit) umdimensioniert, die keinen ursächlichen Bezug für die Höhe der (mengenunabhängigen) Kosten aufweist. Eine derartige „**Proportionalisierung fixer Kosten**" macht nämlich aus dispositionsunabhängigen Kosten keineswegs variable Kosten, und die Verwendung solcher „künstlich" proportionalisierten Kosten birgt somit stets die Gefahr von Fehlentscheidungen in sich, da die Kostenabhängigkeiten falsch dargestellt werden.

(b) Mit dem Sachverhalt der Umdimensionierung ist das zweite Unterscheidungsmerkmal von Kosten bereits angesprochen worden. Die betriebswirtschaftliche Theorie kennt **vier** verschiedene Dimensionen, in denen Kosten gemessen werden (*Adam* 1990):

- **Gesamtkosten** K_T in der Planungsperiode
  (Dimension: GE)
- **Kosten** K pro Beschäftigungszeiteinheit
  (Dimension: GE/ZE)
- **Stückkosten** k
  (Dimension: GE/ME)
- **Grenzkosten** K'
  (Dimension: GE/ME).

Die Gesamtkosten K_T ergeben sich alternativ
- aus der Multiplikation der Kosten K pro Zeiteinheit mit der Beschäftigungszeit t
- aus der Multiplikation der Stückkosten k und der Ausbringungsmenge M in der Planungsperiode

(1) $$K_T = K \cdot t = k \cdot M$$

Da sich die Kosten K pro Beschäftigungszeiteinheit aus der Multiplikation der Stückkosten mit der Leistung x pro Zeiteinheit ergeben, läßt sich auch schreiben

(2) $$K_T = k \cdot x \cdot t$$

mit

(3) $$x \cdot t = M$$

Die Grenzkosten K' entsprechen der ersten Ableitung der Gesamtkosten K_T nach der Ausbringung M, drücken also die **Kostenveränderungen** bei Übergang von einem Ausbringungsniveau zu einem anderen aus. Welchen Wert die Grenzkosten dabei konkret annehmen, hängt maßgeblich davon ab, wie, d.h. mittels welcher **Anpassungsform**, Veränderungen der Ausbringungsmenge M in der Planungsperiode bewirkt werden (vgl. hierzu S. 223 ff.).

Fragen und Aufgaben zur Wiederholung (S. 207–214)

1. *Aus welchen Teilplänen setzt sich die Planung der Produktion zusammen?*
2. *Grenzen Sie kurzfristige und langfristige Produktionsplanung voneinander ab!*
3. *Skizzieren Sie die Teilpläne der Produktionsdurchführungsplanung und zeigen Sie deren Interdependenzen auf!*
4. *Welche Aufgaben stellen sich der Produktionsprogrammplanung?*
5. *Aus welchen betriebswirtschaftlichen und technischen Funktionen setzt sich das CIM-Konzept zusammen? Erläutern Sie die zwischen diesen Funktionen bestehenden Beziehungen!*

> 6. Welche Kostendeterminanten sind im Rahmen der Produktionsplanung zu berücksichtigen?
> 7. Welche Bedeutung hat der Begriff „verursachungsgerecht" im Rahmen der Produktionsplanung?
> 8. Welche Ausprägungen variabler Kostenverläufe lassen sich unterscheiden?
> 9. In welchen Dimensionen werden Kosten in der betriebswirtschaftlichen Theorie gemessen?

II. Produktionsaufteilungsplanung

1. Produktionstheoretische Grundlagen
2. Produktionsaufteilungsplanung auf der Basis einer substitutionalen Produktionsfunktion
3. Produktionsaufteilungsplanung auf der Basis einer limitationalen Produktionsfunktion

1. Produktionstheoretische Grundlagen

Von den vier Teilplänen der Produktionsdurchführungsplanung (vgl. S. 207ff.) soll im folgenden exemplarisch die **Produktionsaufteilungsplanung** herausgegriffen und eingehender diskutiert werden. Ihre Fragestellung lautet:

Welche Produktionsfaktoren sollen in welchen Mengen, wie lange und mit welcher Intensität eingesetzt werden, um eine gegebene Produktionsmenge bzw. ein gegebenes Produktionsprogramm mit minimalen Produktionskosten zu erstellen?

Soll diese Fragestellung der Produktionsaufteilungsplanung produktionstheoretisch fundiert behandelt werden, müssen Produktionsfunktionen abgeleitet und der Analyse zugrundegelegt werden (vgl. zu folgendem im wesentlichen *Adam* 1990 und die dort angegebene Literatur). **Eine Produktionsfunktion gibt den quantitativen Zusammenhang zwischen den zur Leistungserstellung einzusetzenden Produktionsfaktormengen und der Ausbringung M in der Planungsperiode an.** So hat etwa für ein Einproduktunternehmen, das die Produktionsfaktoren h = 1,2,...,n in der Menge r_h einsetzt, die Produktionsfunktion die allgemeine Form

$$M = f(r_1, r_2, ..., r_n) \text{ mit } r_h > 0$$

Bezüglich der Beziehungen, die zwischen der Ausbringung und den Produktionsfaktoren bestehen, lassen sich nun verschiedene Arten von Produktionsfunktionen charakterisieren.

- Je nachdem, ob für eine gegebene Ausbringung ein technisch bindendes Einsatzverhältnis der Faktoren vorgeschrieben ist oder nicht, lassen sich **limitationale** und **substitutionale** Produktionsfunktionen unterscheiden.
- Je nachdem, ob sich die Ausbringung linear, überlinear oder unterlinear verändert, wenn der Einsatz aller Produktionsfaktoren prozentual in gleichem Umfang erhöht bzw. gesenkt wird, lassen sich **linear-homogene, überlinear-homogene, unterlinear-homogene** Produktionsfunktionen unterscheiden. Liegt keiner dieser Fälle vor, spricht man von einer **inhomogenen** Produktionsfunktion.

Die betriebswirtschaftliche Produktionstheorie arbeitet üblicherweise auf der Basis linear-homogener Produktionsfunktionen, bei denen also eine gleichzeitige Verdopplung, Verdreifachung usw. der Einsatzmengen r_h aller Produktionsfaktoren h auch zu einer Verdopplung, Verdreifachung usw. der Ausbringungsmenge M führt.

Näher betrachtet werden sollen nun [1] substitutionale und [2] limitationale Produktionsfunktionen.

[1] Substitutionale Produktionsfunktionen sind charakterisiert durch zwei Eigenschaften:

- Die Verringerung der Einsatzmenge eines Faktors kann bei Konstanz der Ausbringungsmenge durch verstärkten Einsatz eines anderen Faktors ausgeglichen werden.
- Die Ausbringungsmenge kann durch veränderte Einsatzmengen nur eines Faktors bei Konstanz der übrigen Faktoren beeinflußt werden.

Sofern der Austausch von Produktionsfaktoren nur in bestimmten Grenzen möglich ist (**periphere** Substitution), werden substitutionale Produktionsfunktionen auch als ertragsgesetzliche Produktionsfunktionen bezeichnet.

Wegen ihrer geringen Realitätsnähe gelten substitutionale bzw. ertragsgesetzliche Produktionsfunktionen in der Betriebswirtschaftslehre seit den Arbeiten *Gutenbergs* auf diesem Gebiet als wenig geeignet für eine theoretisch fundierte Produktionsplanung, und man weist ihnen allgemein heute nur noch eine **didaktische Funktion** zu, um einige Grundbegriffe der Produktionstheorie zu klären. Als schwerwiegende Einwände gegen ertragsgesetzliche Produktionsfunktionen werden dabei genannt (*Adam* 1990):

- Ertragsgesetzliche Produktionsfunktionen kennen nur Faktoren, deren Einsatz durch die Menge pro Planungsperiode gemessen wird. Die Einsatzdauer der Produktionsfaktoren ist also fest vorgegeben, die Möglichkeit einer zeitlichen Anpassung entfällt.
- Die Produktionsfaktoren können in beliebig kleinen Mengen vermehrt oder vermindert eingesetzt werden. Dies ist jedoch zumindest bei Betriebsmitteln und dem Faktor Arbeit in der Realität nicht möglich.
- Ertragsgesetzliche Produktionsfunktionen gelten für den Gesamtbetrieb. Die Betrachtung einzelner Aggregate und Berücksichtigung technischer Einflußgrößen ist damit nicht bzw. nur bedingt möglich.
- Schließlich ist (periphere) Substitutionalität der Produktionsfaktoren für industrielle Verhältnisse als nicht repräsentativ anzusehen. Vielmehr dominieren hier technisch determinierte limitationale Beziehungen zwischen den Produktionsfaktoren.

Ein Beispiel für eine ertragsgesetzliche Produktionsfunktion ist die Funktion

(1) $\qquad M = \sqrt{c \cdot r_1 \cdot r_2} \qquad$ mit c als Konstante

Diese Produktionsfunktion hat zwei unabhängige Variable für den Input und eine abhängige Variable für den Output. Um die Zusammenhänge graphisch darstellen zu können, bedarf es also einer dreidimensionalen Analyse, wie sich dies mittels des sog. „**Ertragsgebirges**" veranschaulichen läßt (vgl. Abb. 109).

Um die Kompliziertheit dreidimensionaler Analysen zu vermeiden, erfolgt die Analyse ertragsgesetzlicher Produktionsfunktionen üblicherweise in zwei getrennten Schritten:

(a) Die Ausbringung wird konstant gesetzt, und es werden die Beziehungen analysiert, die zwischen den variablen Einsatzfaktoren bestehen. Man legt also praktisch einen **horizontalen Schnitt** durch das „Ertragsgebirge" parallel zur r_1- und r_2-Ebene der Einsatzfaktoren.

(b) Die Einsatzmenge eines der beiden Einsatzfaktoren wird konstant gesetzt, und es werden die Beziehungen zwischen der Einsatzmenge des variablen anderen Faktors und der Aus-

Die Art des Zusammenhangs zwischen der Entwicklung der Ausbringung M, der Durchschnittsproduktivität und der Grenzproduktivität ist abhängig vom Typ der Ertragsfunktion. Unterschieden werden können insbesondere

* Ertragsfunktionen mit zunächst zunehmenden, später abnehmenden Grenzerträgen,
* Ertragsfunktionen mit ständig zunehmenden Grenzerträgen,
* Ertragsfunktionen mit ständig abnehmenden Grenzerträgen sowie
* Ertragsfunktionen mit zunächst abnehmenden, später zunehmenden Grenzerträgen.

Die Ertragsfunktion (4) ist z. B. eine vom Typ mit ständig abnehmenden Grenzerträgen. Für die anderen Fälle lassen sich ohne weiteres Beispiele finden. In der Produktionstheorie vorherrschend ist der Typ mit zunächst zunehmenden, später abnehmenden Grenzerträgen (sog. **s-förmiger Ertragsverlauf**). Eine solche Ertragsfunktion (7) wird der folgenden Analyse zugrundegelegt (vgl. *Adam* 1990).

(7) $M = ar_1 + br_1^2 - cr_1^3$

Die s-förmige Ertragsfunktion läßt sich in vier Phasen unterteilen (vgl. Abb.111):

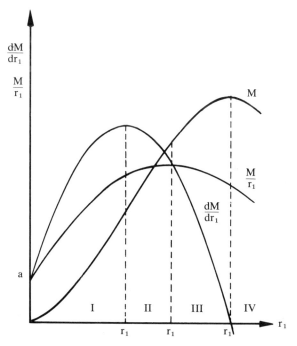

Abb. 111 Analyse ertragsgesetzlicher Zusammenhänge

In der **Phase I** steigen Gesamtausbringung, Durchschnitts- und Grenzproduktivität mit wachsendem Einsatzniveau des variablen Faktors an. Diese Phase endet, wenn die Grenzproduktivität ihr Maximum erreicht. Dort hat die Ertragsfunktion zugleich ihren Wendepunkt.

Das Maximum der Grenzproduktivität errechnet sich durch Nullsetzen der zweiten Ableitung der Ertragsfunktion (7) bzw. der ersten Ableitung der Grenzproduktivitätsfunktion nach r_1.

(8) $$\frac{d\left(\frac{dM}{dr_1}\right)}{dr_1} = \frac{d(a + 2br_1 - 3cr_1^2)}{dr_1} = 2b - 6cr_1 \overset{!}{=} 0$$

$$r_1 = \frac{b}{3c}$$

Die **Phase II** ist gekennzeichnet durch sinkende Grenzerträge, aber noch steigende Durchschnittsproduktivität. Sie wird folglich durch das Maximum der Durchschnittsproduktivität begrenzt. Hier liegt gleichzeitig der Schnittpunkt mit der Grenzproduktivität.

Das Maximum der Durchschnittsproduktivität errechnet sich durch Nullsetzen der ersten Ableitung der Durchschnittsproduktivitätsfunktion (9).

(9) $$\frac{dm}{dr_1} = \frac{d(a + br_1 - cr_1^2)}{dr_1} = b - 2cr_1 \overset{!}{=} 0$$

$$r_1 = \frac{b}{2c}$$

Daß die Grenzproduktivitätsfunktion die Kurve der Durchschnittsproduktivität in ihrem Maximum schneidet, läßt sich wie folgt beweisen:

(10) $$\underbrace{(a + 2br_1 - 3cr_1^2)}_{\text{Grenzproduktivität}} - \underbrace{(a + br_1 - cr_1^2)}_{\text{Durchschnittsproduktivität}} = 0$$

$$\text{mit } r_1 = \frac{b}{2c}$$

In der **Phase III** sinken Grenz- und Durchschnittsproduktivität, während die Gesamtausbringung M noch zunimmt. Dort, wo sie ihr Maximum erreicht, endet die Phase III. Dies ist zugleich die Stelle, an der die Grenzproduktivität den Wert 0 erreicht.

Das Maximum der Ausbringung M ist aus der null gesetzten ersten Ableitung der Ertragsfunktion (7) bzw. Grenzproduktivitätsfunktion zu ermitteln.

(11) $$\frac{dM}{dr_1} = a + 2br_1 - 3cr_1^2 \overset{!}{=} 0$$

$$r_1 = \frac{b}{3c} + \sqrt{\frac{b^2}{9c^2} + \frac{a}{3c}}$$

In der **Phase IV** schließlich entwickeln sich sowohl Ausbringung, Durchschnittsproduktivität als auch Grenzproduktivität rückläufig. Die Grenzproduktivität ist negativ.

[2] Von substitutionalen Produktionsfunktionen zu unterscheiden sind **limitationale Produktionsfunktionen**. Bei ihnen sind die Einsatzverhältnisse technisch determiniert, was z. B. darin zum Ausdruck kommt, daß die Grenzproduktivität eines Faktors null ist. Solche „Limitationalitäten" werden als typisch für industrielle Erzeugungsprozesse angesehen.

Die technisch determinierten Abhängigkeiten zwischen Faktoreinsatz und erstellter Leistung, die sich in sogenannten „technischen Produktionskoeffizienten" für jeden Leistungsfaktor ausdrücken, können sowohl konstant als auch variabel sein. **Konstante Produktionskoeffizienten** kennzeichnen den Typ der **Leontief-Produktionsfunktion**. Diese Funktionen sind dadurch charakterisiert, daß sie völlig unabhängig von der Inanspruchnahme betrieblicher Potentialfaktoren eine unmittelbare, lineare Beziehung zwischen Faktoreinsatzmenge und Ausbringungsmenge (z. B. Reifenverbrauch bei der PKW-Produktion) herstellen. Demgegenüber sind **variable Produktionskoeffizienten** merkmalsbestimmend für den Typ der **Gutenberg-Produktionsfunktion**.

Variable Produktionskoeffizienten liegen dabei vor, wenn bei einer ansonsten limitationalen Faktorkombination der Verbrauch einzelner Faktormengen nicht nur unmittelbar von der Ausbringungsmenge abhängig ist, sondern auch von der Arbeitsintensität der Aggregate bestimmt wird.

Aus der Klasse limitationaler Produktionsfunktionen soll im folgenden lediglich die **Gutenberg-Produktionsfunktion** näher betrachtet werden. Sie weist anerkanntermaßen eine gegenüber ertragsgesetzlichen Produktionsfunktionen erheblich höhere Realitätsnähe auf,

- weil sie aggregatbezogen formuliert ist und damit detaillierte Aussagen über Anpassungsprozesse an den einzelnen Aggregaten erlaubt,
- weil sie die für industrielle Verhältnisse unrealistische Prämisse der Substitutionalität von Produktionsfaktoren aufgibt,
- weil sie neben den Faktoreinsatzmengen auch die Einsatzdauer der Produktionsfaktoren als variable Größe enthält und über die variablen Produktionskoeffizienten auch die Möglichkeit einer intensitätsmäßigen Anpassung der Aggregatleistung berücksichtigt.

Die Gutenberg-Produktionsfunktion läßt sich als eine **dreistufige Beziehung** zwischen dem Faktoreinsatz r_h in der Planungsperiode und der Ausbringung M beschreiben (vgl. Abb. 112 sowie hierzu und zum folgenden *Adam* 1990).

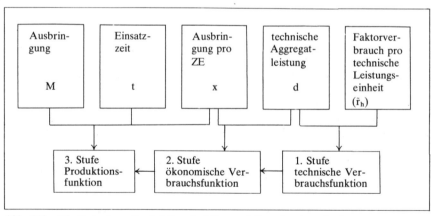

Abb. 112 Die Gutenberg-Produktionsfunktion und ihre einzelnen Stufen

(a) Die **erste** Stufe bildet die Ableitung der **technischen Verbrauchsfunktion**. Sie stellt den Zusammenhang zwischen dem Faktorverbrauch $\tilde{r}_h$ pro technischer Leistungseinheit TLE (z. B. gemessen als Energiemenge pro Schnittmillimeter) und der technischen Leistung d (z. B. gemessen in Schnittmillimeter pro Minute) bei gegebener z-Situation (als komplexer Ausdruck der spezifischen, technischen, für den Faktorverbrauch bedeutsamen Daten eines Aggregates) her.

Eine technische Verbrauchsfunktion, die für jedes Aggregat und für jeden Produktionsfaktor existiert, mag z.B. folgendes Aussehen haben (vgl. Abb. 113):

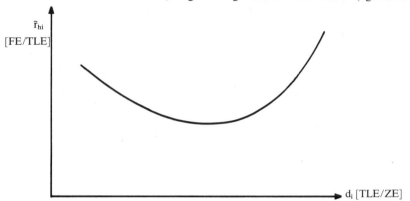

$\tilde{r}_{hi}$ = Faktorverbrauch (z.B. Energiemenge) pro technischer Leistungseinheit am Aggregat i
d_i = Leistung des Aggregats i, gemessen in technischen Leistungseinheiten (z.B. Schnittmillimeter) pro Zeiteinheit

Abb. 113 Beispiel für eine technische Verbrauchsfunktion

(b) Aus der technischen Verbrauchsfunktion wird auf der **zweiten** Stufe die **ökonomische Verbrauchsfunktion** abgeleitet. Dies geschieht, indem die technische Leistung d (z.B. Schnittmillimeter) in die ökonomische Leistung x (gemessen in Mengeneinheiten der jeweiligen Produktart, z.B. Bolzen) transformiert wird. Zwei Arbeitsgänge sind dazu notwendig:

- Die Umdimensionierung von $\tilde{r}_{h_i}$ in $\bar{r}_{h_i}$ (statt der technischen Leistungseinheit – z.B. Schnittmillimeter – ist nunmehr von einer ökonomischen Leistungseinheit – z.B. Bolzen – auszugehen).
- Die Substitution der Variable d_i durch die Variable x_i mithilfe einer Transformationsbeziehung $d_i = g_i(x_i)$.

Im Ergebnis gibt die ökonomische Verbrauchsfunktion des Faktors h am Aggregat i den Faktorverbrauch $\bar{r}_h$ für eine Mengeneinheit der ökonomischen Leistung in Abhängigkeit von dieser Leistung x am Aggregat i an. Sie existiert – wie die technische Verbrauchsfunktion – für jedes Aggregat und für jeden Produktionsfaktor.

(c) In der **dritten** Stufe wird schließlich die eigentliche **Produktionsfunktion** entwickelt. Diese stellt die Beziehung zwischen der Ausbringung M_i des Aggregates i und dem Faktorverbrauch r_{h_i} an diesem Aggregat in einer bestimmten Planungsperiode her, wobei dieser Faktorverbrauch von der ökonomischen Verbrauchsfunktion, der ökonomischen Leistung x_i pro Zeiteinheit sowie der Einsatzzeit des Aggregats abhängig ist. Für den Zusammenhang zwischen dem Produktionsfaktor r_{h_i} und der Ausbringung M_i kann demnach allgemein geschrieben werden:

(1) $\qquad M_i = \underbrace{f_i\,[\bar{r}_{h_i}\,(x_i)}_{\substack{\text{ökonomische}\\\text{Verbrauchs-}\\\text{funktion des}\\\text{Faktors h}\\\text{am Aggregat i}}} \cdot \underbrace{x_i}_{\substack{\text{ökonomische}\\\text{Leistung pro}\\\text{Zeiteinheit}\\\text{des Aggregats i}}} \cdot \underbrace{t_i]}_{\substack{\text{Einsatz-}\\\text{zeit des}\\\text{Aggregats i}}}$

Will man den gesamten Faktorverbrauch am Aggregat i berücksichtigen (h = 1,2,...,n), so ist die Formulierung (1) entsprechend zu ergänzen. Das gleiche gilt, wenn auch noch andere Aggregate in die Betrachtung einbezogen werden (i = 1,2,...,m). Des weiteren sind in einer umfassenden Formulierung Verbrauchsmengen zu berücksichtigen, die unabhängig von x_i sind, also allein von der Länge der Planungsperiode abhängen. Bezeichnet man diesen leistungsunabhängigen Faktorverbrauch mit G_h, so läßt sich unter Berücksichtigung der ersten beiden Aspekte eine Produktionsfunktion entwickeln, die die Ausbringung M des gesamten Betriebes zur Einsatzmenge r_h der Faktoren h an allen Aggregaten in Beziehung setzt:

$$(2) \quad M = f \left\{ \sum_i [\bar{r}_{1_i}(x_i) x_i \cdot t_i + G_1]; \ldots ; \sum_i [\bar{r}_{hn_i}(x_i) x_i \cdot t_i + G_{hn}] \right\} = \sum_i x_i \cdot t_i$$

Wie aus Gleichung (2) ersichtlich, sind die Aktionsparameter der Gutenberg-Produktionsfunktion, über die also Einfluß auf den Faktorverbrauch respektive auf die Ausbringung genommen werden kann,

· die Leistung x der einzelnen Aggregate (= **intensitätsmäßige Anpassung**),

· die Einsatzzeit t der Aggregate (= **zeitliche Anpassung**),

· die Menge der eingesetzten funktionsgleichen Aggregate i mit gleichen (= **quantitative Anpassung**) oder unterschiedlichen Verbrauchsfunktionen (= **selektive Anpassung**).

2. Produktionsaufteilungsplanung auf der Basis einer substitutionalen Produktionsfunktion

Die bisher abgeleiteten produktionstheoretischen Grundlagen sind nunmehr das Fundament, auf dem eine fundierte Analyse des Problems einer optimalen (= kostenminimalen) Produktionsaufteilung vorzunehmen ist (vgl. zur spezifischen Fragestellung der Produktionsaufteilungsplanung noch einmal S. 207 ff.). Dabei wird zunächst die Vorgehensweise für den Fall untersucht, daß eine ertragsgesetzliche Produktionsfunktion existiert.

Für die Produktionsaufteilungsplanung auf der Basis substitutionaler Produktionsfunktionen sind zwei Fragestellungen typisch:

(a) Es soll eine bestimmte Ausbringung M produziert werden. Gefragt ist nach der Faktorkombination, bei der die Kosten insgesamt minimiert werden. Dieser Fall wird auch als **totale Anpassung** bezeichnet, weil die Einsatzmengen aller Faktoren als beeinflußbar unterstellt werden.

(b) Die Einsatzmenge des einen Faktors wird variiert, während die Einsatzmengen der anderen Produktionsfaktoren konstant gesetzt, bzw. als gegeben angenommen werden (= **partielle Anpassung**). Gefragt ist nach der Entwicklung der Gesamtkosten, Durchschnitts- und Grenzkosten in Abhängigkeit der variablen Faktoreinsatzmenge.

Zu (a): Es sei angenommen, daß der Produktionsprozeß durch die folgende ertragsgesetzliche Produktionsfunktion beschrieben werden kann:

$$(1) \quad M = c \cdot r_1 \cdot \sqrt{r_2}$$

Die Produktionskosten des Planungszeitraums T ergeben sich durch Multiplikation der Faktoreinsatzmengen mit den Preisen. Die zu minimierende Kostenfunktion lautet demnach

(2) $\quad K_T(r_1; r_2) = p_1 \cdot r_1 + p_2 \cdot r_2$

Mit Hilfe eines Lagrange-Multiplikators wird die Funktion (1) zur Kostenfunktion (2) hinzugefügt.

(3) $\quad K_T = p_1 \cdot r_1 + p_2 \cdot r_2 + \lambda \left[M - c \cdot r_1 \cdot \sqrt{r_2} \right]$

Für die **kostenminimale Faktorkombination** bei totaler Anpassung gilt, daß durch eine Substitution der Faktoren keine weiteren Kosteneinsparungen (bei gegebener Ausbringung) mehr erzielt werden können. Dies bedeutet nichts anderes, als daß **die Grenzkosten beider Faktoren gleich hoch sein müssen.**

Die Grenzkosten der Einsatzfaktoren lassen sich bestimmen, indem die Funktion (3) partiell nach r_1 und r_2 differenziert und jede Ableitung gleich null gesetzt wird.

(4a) $\quad \dfrac{\partial K}{\partial r_1} = p_1 - \lambda c \cdot \sqrt{r_2} \stackrel{!}{=} 0$

(4b) $\quad \dfrac{\partial K}{\partial r_2} = p_2 - \dfrac{\lambda \cdot c \cdot r_1}{2 \cdot \sqrt{r_2}} \stackrel{!}{=} 0$

Die nach λ aufgelösten Gleichungen ergeben die Grenzkosten des ersten bzw. zweiten Faktors in bezug auf die Ausbringung.

(5a) $\quad \lambda = p_1 \cdot \dfrac{1}{c \cdot \sqrt{r_2}}$

(5b) $\quad \lambda = p_2 \cdot \dfrac{2 \cdot \sqrt{r_2}}{c \cdot r_1}$

Wie ersichtlich, stellt der zweite Term von (5a) bzw. (5b) die reziproke Grenzproduktivität $\dfrac{\partial r_1}{\partial M}$ des ersten Faktors bzw. die reziproke Grenzproduktivität $\dfrac{\partial r_2}{\partial M}$ des zweiten Faktors dar. Die Grenzkosten des ersten (zweiten) Faktors entsprechen damit also dem Preis des ersten (zweiten) Faktors dividiert durch die Grenzproduktivität des ersten (zweiten) Faktors.

Da nun die Grenzkosten beider Faktoren bei kostenminimaler Faktorkombination gleich hoch sein müssen, sind die Formeln (5a) und (5b) gleichzusetzen. Umgeformt ergibt sich hieraus die Beziehung, die das allgemeine Optimum definiert.

(6) $\quad \dfrac{p_1}{p_2} = \dfrac{\partial M}{\partial r_1} : \dfrac{\partial M}{\partial r_2}$

In Worten: **Die Minimalkostenkombination ist erreicht, wenn das Verhältnis der Faktorpreise dem Verhältnis der Grenzproduktivitäten der Faktoren entspricht.**

Graphisch läßt sich die Bedingung für das Optimum wie folgt darstellen (vgl. Abb. 114):

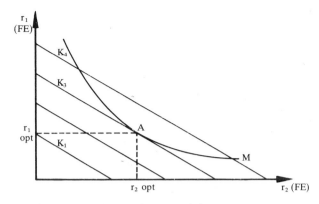

Abb. 114 Minimalkostenkombination bei gegebener Ausbringung

Für jedes Ausbringungsniveau läßt sich im $r_1; r_2$ – Koordinatensystem eine Isoquante gemäß Abb. 110, S. 217 zeichnen. Gesucht ist auf einer gegebenen **Isoquante**, die die gewünschte Ausbringung repräsentiert, das kostenminimale Faktoreinsatzverhältnis. Zu diesem Zweck wird die Kostenfunktion (2) für verschiedene Kostenniveaus durch eine Schar von Geraden dargestellt, deren Steigung – unabhängig vom jeweiligen Kostenniveau – allein durch die Relation der Faktorpreise definiert wird. Kostengeraden unterschiedlichen Kostenniveaus verlaufen also parallel, wobei sie sich mit steigendem Kostenniveau vom Koordinatenursprung entfernen.

Das optimale Faktoreinsatzverhältnis läßt sich nun bestimmen, indem man eine Kostengerade mit der Steigung, die sich aus dem Verhältnis der Faktorpreise ergibt, vom Koordinatenursprung aus so lange parallel verschiebt, bis sie die Isoquante, die die gegebene Ausbringung repräsentiert, erstmals berührt. In diesem Punkt (A in Abb. 114) gilt die Beziehung (6), die die Bedingung für das optimale Faktoreinsatzverhältnis definiert.

Aus dieser Bedingung wie aus der allgemeinen Kostenfunktion (2) läßt sich im übrigen erkennen, daß Faktorpreisänderungen bei substitutionalen Produktionsfaktoren eine zweifache Wirkung auf die Kosten haben:

- eine **direkte** Wirkung, indem jede Preisveränderung sich mit dem Produkt aus Verbrauchsmenge und Preisdifferenz auf die Kosten auswirkt;

- eine **indirekte** Wirkung, indem Preisveränderungen sich bei Optimalverhalten auch auf die Einsatzverhältnisse der Produktionsfaktoren und damit auf die Kosten auswirken; und zwar bestimmt sich dieser kostenwirksame „Substitutionseffekt" durch Multiplikation der induzierten Verbrauchsmengenänderung mit den (alten) Faktorpreisen.

Zu (b): Bei partieller Anpassung wird nur ein Faktor variiert, während die anderen konstant gehalten werden. Der hier angesprochenen kostentheoretischen Fragestellung liegt also eine Ertragsfunktion – etwa des in der Produktionstheorie vorherrschenden Typs mit zunächst zunehmenden, später abnehmenden Grenzerträgen – zugrunde (vgl. S. 215 ff.).

Aus einer Ertragsfunktion läßt sich unmittelbar die dazugehörige Kostenfunktion ableiten. Notwendig ist lediglich die Multiplikation der bei den einzelnen Ausbringungsniveaus einzusetzenden Faktormengen mit ihren Faktorpreisen. Dabei ergeben sich gegenüber dem Verlauf der Ertragsfunktion allerdings zwei entscheidende Veränderungen (vgl. Abb. 115):

- Da bei der Darstellung der Kostenfunktion die Abszisse und die Ordinate vertauscht werden, ergibt sich die Gesamtkostenfunktion als **Spiegelbild** der Ertragsfunktion.

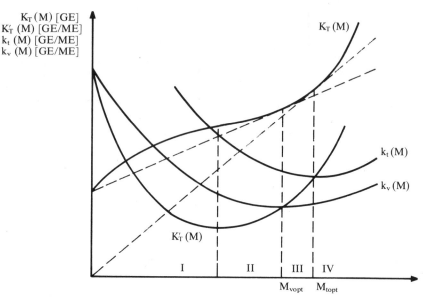

Abb. 115 Kostenverläufe bei partieller Anpassung und s-förmiger Ertragsfunktion

- Ferner ist zu berücksichtigen, daß die konstant gesetzten Produktionsfaktoren bei einer Einsatzmenge des variablen Faktors von null zwar keinen Ertrag bringen (periphere Substitution), daß sie aber nichtsdestoweniger Kosten in Höhe des Produkts aus Faktorpreis und (konstanter) Faktoreinsatzmenge verursachen. Die Gesamtkostenfunktion beginnt also nicht im Nullpunkt des Koordinatensystems, sondern ist um die **fixen Kosten** der konstanten Faktoren nach oben verschoben.

Ebenso wie bei der s-förmigen Ertragsfunktion lassen sich auch bei der hieraus abgeleiteten Kostenfunktion vier Phasen unterscheiden. Sie lassen sich abgrenzen hinsichtlich der Entwicklung

- der Gesamtkosten K_T in der Planungsperiode
- der Grenzkosten K'_T pro Mengeneinheit
- der variablen Stückkosten k_v
- der totalen Stückkosten k_t (sie umfassen neben den variablen Stückkosten anteilige Fixkosten in Höhe von $\frac{K_f}{M}$).

In der **Phase I** sinken die Grenzkosten, da die Gesamtkosten zunächst einen degressiven Verlauf haben. In dieser Phase ist der produktive Beitrag des variablen Faktors so groß, daß die Kosten insgesamt relativ geringer steigen als die Ausbringung zunimmt. Die totalen Stückkosten sinken in der Phase I aus zwei Gründen: Zum einen durch die mit steigender Ausbringungsmenge wachsende Fixkostendegression und zum anderen durch die sinkenden variablen Stückkosten. Letzteres ist der Fall, weil die Grenzkosten (noch) kleiner sind als die variablen Stückkosten. Die Phase I reicht bis zum Wendepunkt der Gesamtkostenfunktion bzw. bis zum Minimum der Grenzkostenfunktion.

Ab der **Phase II** steigen die Gesamtkosten progressiv an, da der produktive Beitrag des variablen Faktors infolge zunehmender „Sättigung" nunmehr relativ abnimmt. Die Grenzkosten nehmen daher wieder zu, während die (variablen und totalen) Stückkosten noch sinken. Die **variablen Stückkosten** erreichen ihr **Minimum** dann im Schnittpunkt mit der Grenzkostenkurve. Hier endet auch die Phase II.

In der **Phase III** steigen die Grenzkosten über die variablen Stückkosten, die deshalb nun ebenfalls ansteigen. Die totalen Stückkosten sinken jedoch noch weiter. Dieser Effekt ist naturgemäß nur solange zu beobachten, wie die zunehmende Fixkostendegression noch nicht von der Progression der variablen Stückkosten überkompensiert wird. In dem Punkt, wo sich Progressions- und Degressionswirkungen gerade ausgleichen – im sogenannten **Betriebsoptimum** – liegt das **Minimum der totalen Stückkosten.** Hier liegt folglich auch deren Schnittpunkt mit der Grenzkostenkurve.

Die **Phase IV** schließlich ist gekennzeichnet durch steigende Gesamt-, Stück- und Grenzkosten.

3. Produktionsaufteilungsplanung auf der Basis einer limitationalen Produktionsfunktion

Entsprechend der Vorgehensweise bei Existenz substitutionaler Produktionsfunktionen soll nunmehr die Problemstellung der Produktionsaufteilungsplanung auf der Basis der (für industrielle Verhältnisse realitätsnäheren) limitationalen **Gutenberg-Produktionsfunktion** diskutiert werden.

Wie erinnerlich existiert in der Gutenberg-Produktionsfunktion für jeden Produktionsfaktor h an jedem Aggregat i eine ökonomische Verbrauchsfunktion (vgl. S. 215 ff.). Die zu **minimierenden Kostenfunktionen** in der Produktionsaufteilungsplanung sind mit diesen Verbrauchsfunktionen nun zwangsläufig verbunden. Dabei lassen sich die folgenden Kostenfunktionen unterscheiden (*Adam* 1990):

(a) Mengen-Kosten-Leistungsfunktion [$k_i(x_i)$]
(b) Zeit-Kosten-Leistungsfunktion [$K_i(x_i)$]
(c) Gesamtkostenfunktion [$K_T(x_i; t_i)$]
(d) Grenzkostenfunktion
    [1] bei zeitlicher Anpassung [$K_{T_i}^{'Z}$]
    [2] bei intensitätsmäßiger Anpassung [$K_{T_i}^{'I}$]

Zu (a): Die **Mengen-Kosten-Leistungsfunktion** (kurz: MKL-Funktion) wird in zwei Schritten aus ökonomischen Verbrauchsfunktionen abgeleitet:

· Durch Bewertung des Verbrauchs $\bar{r}_{hi}$ mit dem Preis p_h des Faktors h entsteht für jeden Faktor eine **bewertete** Verbrauchsfunktion (1).

(1) $\qquad k_{1i} = p_1 (a_1 - b_1 x_i + c_1 x_i^2)$
$\qquad\qquad k_{2i} = p_2 \underbrace{(a_2 - b_2 x_i + c_2 x_i^2)}_{\text{ökonomische Verbrauchsfunktion}}$

· Durch Summierung der bewerteten Verbrauchsfunktionen über alle Produktionsfaktoren, die am Aggregat i eingesetzt werden, erhält man die MKL-Funktion (2).

(2) $\qquad k_i(x_i) = \underbrace{p_1(a_1 - b_1 x_i + c_1 x_i^2)}_{\text{bewertete Verbrauchsfunktion}} + p_2(a_2 - b_2 x_i + c_2 x_i^2)$

Die MKL-Funktion $k_i(x_i)$ gibt die Kosten pro Mengeneinheit eines bestimmten Erzeugnisses an, welches am Aggregat i mit der Intensität x_i (gemessen in ME pro ZE) produziert wird.

Ob in die MKL-Funktion beschäftigungszeitabhängige, von x_i unabhängige Kosten einzubeziehen sind oder nicht, hängt im übrigen davon ab, ob die Beschäftigungszeit eine Variable des Planungsproblems ist oder ob sie als konstant angenommen wird. Im ersten Fall sind die beschäftigungszeitabhängigen (fixen) Kosten auf die Mengeneinheit umdimensioniert in die MKL-Funktion einzubeziehen, im zweiten Fall wegen fehlender Relevanz für die Problemlösung nicht.

Zu (b): Die **Zeit-Kosten-Leistungsfunktion** (kurz: **ZKL**-Funktion) ist definiert als Produkt der MKL-Funktion (2) und der Leistung x_i (gemessen in ME pro ZE).

(3) $\qquad K_i(x_i) = k_i(x_i) \cdot x_i$

Sie beschreibt die Kosten pro Zeiteinheit eines bestimmten Erzeugnisses in Abhängigkeit von der Leistung x_i am Aggregat i.

Zu (c): Die **Gesamtkostenfunktion** repräsentiert die Kosten in der Planungsperiode und ist definiert als Produkt der ZKL-Funktion und der Beschäftigungszeit t_i des Aggregates i.

(4) $\qquad K_T(x_i; t_i) = K_i(x_i) \cdot t_i = k_i(x_i) x_i \cdot t_i$

Diese Funktion (4) ist es im übrigen letztlich, die in der Produktionsaufteilungsplanung unter der Bedingung (5) zu minimieren ist.

(5) $\qquad x_i \cdot t_i = M_i \qquad x_i \in [x_{i\min}; x_{i\max}]$
$\qquad\qquad\qquad\qquad t_i \in [0; t_{i\max}]$

Zu (d): Da die Funktion (4) zwei Aktionsparameter, nämlich x und t aufweist, ist die aus (4) abzuleitende **Grenzkostenfunktion** abhängig davon, ob intensitätsmäßige Anpassung (x als Aktionsparameter) oder zeitliche Anpassung (t als Aktionsparameter) betrieben wird.

[1] **Bei zeitlicher Anpassung entsprechen die Grenzkosten $K_{T_i}^{'Z}$ in bezug auf die Ausbringung M_i den Stückkosten $k_i(x_i)$ der MKL-Funktion bei konstanter Intensität** $\bar{x}_i$ (vgl. zum Beweis *Adam* 1990). Optimalverhalten vorausgesetzt, wird der Betrieb bei zeitlicher Anpassung dabei natürlich mit der kostenminimalen Intensität $x_{i\,opt}$ arbeiten.

[2] **Bei intensitätsmäßiger Anpassung (und konstanter Beschäftigungszeit) sind die Grenzkosten $K_{T_i}^{'I}$ in bezug auf die Ausbringungsmenge M_i dagegen gleich der ersten Ableitung der ZKL-Funktion nach der Intensität x_i** (vgl. zum Beweis *Adam* 1990).

Beispiel (aus *Adam* 1990, S. 153f.): Gegeben ist die ZKL-Funktion (6) bzw. MKL-Funktion (7).

(6) $\qquad K_i(x_i) = 19 x_i - 0{,}4 x_i^2 + 0{,}02 x_i^3$
(7) $\qquad k_i(x_i) = 19 - 0{,}4 x_i + 0{,}02 x_i^2$

Zur Berechnung der Grenzkosten bei zeitlicher Anpassung, wenn Optimalverhalten unterstellt wird, ist die MKL-Funktion (7) nach x_i abzuleiten und null zu setzen.

(8) $\qquad \dfrac{dk_i(x_i)}{x_i} = -0{,}4 + 0{,}04 x_i \stackrel{!}{=} 0$
$\qquad\qquad x_{i\,opt} = 10$

$x_{i\,opt} = 10$ in die Funktion (7) eingesetzt, ergibt die Grenzkosten bei zeitlicher Anpassung im Minimum der MKL-Funktion.

(9) $\quad K^Z_{T_i}(x_{i\,opt}) = k_i(x_{i\,opt}) = 19 - 4 + 2 = 17$

Die Grenzkosten bei intensitätsmäßiger Anpassung lassen sich durch die 1. Ableitung der ZKL-Funktion (6) bestimmen.

(10) $\quad K'^I_{T_i}(x_i) = \dfrac{d K_i(x_i)}{dx_i} = 19 - 0{,}8\,x_i + 0{,}06\,x_i^2$

Den Zusammenhang zwischen (7), (9) und (10) in Abhängigkeit von x_i stellt Abb. 116 (aus *Adam* 1990) dar. Wie ersichtlich, schneiden sich alle drei Funktionen bei $x_{i\,opt} = 10$. Für $x_i < x_{i\,opt}$ sind die Grenzkosten (bei nichtoptimaler) zeitlicher Anpassung höher als bei intensitätsmäßiger Anpassung, während für $x_i > x_{i\,opt}$ der umgekehrte Sachverhalt gilt.

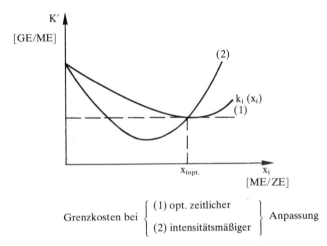

Abb. 116 Grenzkosten bei (1) opt. zeitlicher, (2) intensitätsmäßiger Anpassung

Wie anhand des Verlaufs der Grenzkostenfunktion bei zeitlicher und intensitätsmäßiger Anpassung deutlich geworden ist, spielt die Art der Anpassung eine zentrale Rolle für die Ableitung von Kostenfunktionen, die der Bedingung kostenminimaler Faktorkombinationen genügen. Es ist daher nun zu fragen, für welche **Form des Anpassungsprozesses** der Betrieb sich bei Optimalverhalten entscheiden wird bzw. wie die hieraus abgeleitete **optimale Kostenfunktion** aussieht.

Zunächst sind die verschiedenen Typen produktionstechnischer Anpassung zu bestimmen. Aus der Kombination der Möglichkeiten intensitätsmäßiger und zeitlicher Anpassung sowie in Abhängigkeit davon, ob der Betrieb nur ein Aggregat oder mehrere funktionsgleiche (aber kostenverschiedene) Aggregate besitzt, lassen sich alternative Prozeßtypen der Anpassung unterscheiden (vgl. Abb. 117).

Der Lösungsweg bei der Ableitung optimaler Kostenfunktionen ist abhängig vom zugrundeliegenden Anpassungsprozeßtyp. So lassen sich für den Typ 4 sowie für den Typ 5 (hier allerdings nur, wenn beschäftigungszeitabhängige Kosten auftreten und/oder die Leistung eines Aggregats nicht stufenlos bis auf null gesenkt werden kann) wegen des Auftretens **sprungfixer Kosten** keine marginalanalytischen Überlegungen anstellen. Auf der Basis von Grenzkostenanalysen sollen im folgenden aber die optimalen Kostenfunktionen abgeleitet werden, so daß folgende Pro-

Nr. des Typs	x_i variabel	x_i konst.	t_i variabel	t_i konst.	Anzahl Aggregate i: 1	>1	Bezeichnung des Prozeßtyps	
1	x			x	x		intensitätsmäßig	produktionstechnische Anpassung eines Aggregats
2		x	x		x		zeitlich	
3	x		x		x		intensitätsmäßig/zeitlich	
4		x		x		x	quantitativ	kombinierte Anpassung mehrerer Aggregate
5	x			x		x	intensitätsmäßig/quantitativ	
6		x	x			x	zeitlich/quantitativ	
7	x		x			x	zeitlich/intensitätsmäßig/quantitativ	

Abb. 117 Prozeßtypen der Anpassung

zeßtypen für die weitere Diskussion ausgewählt worden sind (vgl. *Adam* 1980):
- **Typ 3**: zeitliche/intensitätsmäßige Anpassung eines Aggregats,
- **Typ 6**: kombinierte zeitliche/quantitative Anpassung mehrerer Aggregate,
- **Typ 7**: kombinierte zeitliche/intensitätsmäßige/quantitative Anpassung mehrerer Aggregate.

Typ 3: Für die **zeitliche/intensitätsmäßige Anpassung** eines Aggregats möge die ZKL-Funktion (6) bzw. die MKL-Funktion (7) gelten (vgl. S. 227f.). Dann kann die Gesamtkostenfunktion K_{T_i} wie folgt beschrieben werden (vgl. Abb. 118, aus *Adam* 1990).

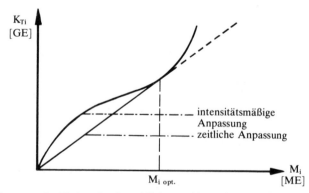

Abb. 118 Gesamtkostenverlauf bei optimaler zeitlicher und intensitätsmäßiger Anpassung

- Bei **zeitlicher** Anpassung mit der optimalen Intensität ($x_{i\,opt}$) gilt eine im Koordinatenursprung beginnende linear ansteigende Kostenkurve, denn die Grenzkosten $k_i(x_{i\,opt})$ sind konstant. Die Kostenkurve endet dort, wo eine weitere zeitliche Anpassung nicht mehr möglich ist ($t_{i\,max}$). Die Ausbringungsmenge M_i ist an diesem Punkt $x_{i\,opt} \cdot t_{i\,max} (= M_{i\,opt})$.

- Bei **intensitätsmäßiger** Anpassung mit der maximalen Beschäftigungszeit ($t_{i\,max}$) und dem zulässigen Intensitätsintervall $x_i \in [0; x_{i\,max}]$ beginnt die Kostenkurve wiederum im Koordinatenursprung und entwickelt sich dann s-förmig mit zunächst degressivem, später progressivem Verlauf. Sie berührt die Kostenfunktion bei zeitlicher Anpassung im Punkt $M_{i\,opt}$ ($= x_{i\,opt} \cdot t_{i\,max}$), wo für beide Anpassungsformen die gleichen Grenzkosten, die gleiche Intensität ($x_{i\,opt}$) und die gleiche Beschäftigungszeit ($t_{i\,max}$) gelten.

Aus Abb. 118, der die ZKL-Funktion (6) bzw. die MKL-Funktion (7) zugrundeliegt, läßt sich nun unmittelbar die optimale Gesamtkostenfunktion K_{T_i} ableiten. Denn da es dem ökonomischen Prinzip entspricht, daß sich der Betrieb zunächst bis $t_{i\,max}$ zeitlich anpaßt und erst dann die Intensität des Aggregats i über die optimale Intensität $x_{i\,opt}$ hinaus steigert, kann die Kostenfunktion bei Optimalverhalten wie folgt beschrieben werden:

$$(11) \quad K_{T_i}(M_i) = \begin{cases} 17 \cdot x_{i\,opt} \cdot t_i & \text{für } x_{i\,opt} \cdot t_i = M_i \text{ und } t_i \in [0; t_{i\,max}] \\ (19 x_i - 0{,}4 x_i^2 + 0{,}02 x_i^3) t_{i\,max} \\ & \text{für } x_i \cdot t_{i\,max} = M_i \text{ und } x_i \in [x_{i\,opt}; x_{i\,max}] \end{cases}$$

Typ 6: Für die **kombinierte zeitliche/quantitative Anpassung** mehrerer Aggregate mit konstanter Intensität existiert eine einfache Entscheidungsregel. Da die Intensität nicht variiert werden kann, existiert für jedes Aggregat ein konstantes Grenzkostenniveau [$k_i(\bar{x}_i) = \text{const}$]. Dem ökonomischen Prinzip entspricht es daher, die Aggregate in der Reihenfolge steigender Grenzkosten einzusetzen und zeitlich bis $t_{i\,max}$ anzupassen. Wenn ein Aggregat seine maximale Ausbringung ($\bar{x}_i \cdot t_{i\,max} = M_{i\,max}$) erreicht hat und die Ausbringung noch gesteigert werden soll, kommt das Aggregat mit den nächsthöheren Grenzkosten zum Einsatz.

Abb. 119 (aus *Adam* 1990) zeigt die hierdurch bewirkte sprunghafte Entwicklung der Grenzkosten und die Gesamtkostenkurve K_T, die bei Optimalverhalten nach jedem Intervall immer steiler verläuft.

Typ 7: Der optimale Anpassungsprozeß bei **kombinierter zeitlicher/ intensitätsmäßiger/quantitativer Anpassung** mehrerer Aggregate weist eine Reihe

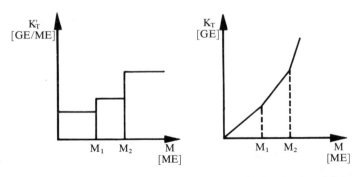

Abb. 119 Grenzkosten- und Gesamtkostenverlauf bei optimaler zeitlicher und quantitativer Anpassung

charakteristischer Intervalle auf. Um diese zu beschreiben, ist zunächst für jedes Aggregat die Grenzkostenfunktion für die optimale zeitliche und intensitätsmäßige Anpassung abzuleiten. Für die Aggregate 1 und 2 möge diesbezüglich gelten, was in Abb. 120 wiedergegeben ist.

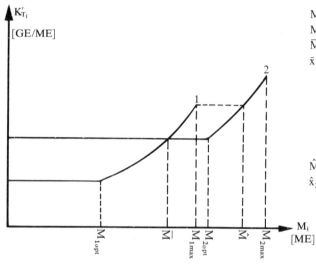

$M_{i\,opt} = x_{i\,opt} \cdot t_{i\,max}$
$M_{i\,max} = x_{i\,max} \cdot t_{i\,max}$
$\bar{M} = \bar{x}_1 \cdot t_{1\,max}$
$\bar{x}_1 =$ Intensität des 1. Aggregats, bei der die Grenzkosten bei intensitätsmäßiger Anpassung den Grenzkosten bei zeitlicher Anpassung des 2. Aggregats entsprechen
$\hat{M} = \hat{x}_2 \cdot t_{2\,max}$
$\hat{x}_2 =$ Intensität des 2. Aggregats, bei der die Grenzkosten bei intensitätsmäßiger Anpassung gleich sind den Grenzkosten des 1. Aggregats bei maximaler Intensität

Abb. 120 Grenzkosten zweier (kostenverschiedener) Aggregate bei optimaler zeitlicher und intensitätsmäßiger Anpassung

Mithilfe der Zusammenhänge in Abb. 120 läßt sich der **optimale Anpassungsprozeß** bei zwei Aggregaten nun allgemein wie folgt darstellen:

1. Anpassungsintervall: Zunächst wird das Aggregat mit den niedrigsten Grenzkosten (hier Aggregat 1) eingesetzt und dessen Ausbringung durch Ausdehnung der Beschäftigungszeit bis zur oberen Grenze erhöht. Die Produktion beträgt am Schluß $M_1 = x_{1\,opt} \cdot t_{1\,max}$.

2. Anpassungsintervall: Eine weitere Produktionssteigerung wird durch intensitätsmäßige Anpassung des ersten Aggregats bis zu dem Punkt bewirkt, an dem die Grenzkosten bei intensitätsmäßiger Anpassung dieses Aggregats gerade den Grenzkosten bei zeitlicher Anpassung des Aggregats mit den nächsthöheren Grenzkosten (hier Aggregat 2) entsprechen. Das erste Aggregat kommt am Ende dieses Intervalls auf eine Produktion von $\bar{M} = \bar{x}_1 \cdot t_{1\,max}$.

3. Anpassungsintervall: Soll die Produktion noch gesteigert werden, wird nunmehr das Aggregat 2 mit den nächsthöheren Grenzkosten mit optimaler Intensität in Betrieb gesetzt und zeitlich bis zur oberen Grenze der möglichen Einsatzzeit dieses Aggregats angepaßt. Die beiden bisher eingesetzten Aggregate produzieren entsprechend am Ende des dritten Anpassungsintervalls zusammen $\Sigma M_i = \bar{x}_1 \cdot t_{1\,max} + x_{2\,opt} \cdot t_{2\,max}$.

4. Anpassungsintervall: Eine weitere Produktionssteigerung kann nun nur noch durch intensitätsmäßige Anpassung beider Aggregate über $\bar{x}_1$ bzw. $x_{2\,opt}$ hinaus bewirkt werden. Dabei ist die Intensität beider Anlagen so einzustellen, daß die Grenzkosten bei intensitätsmäßiger Anpassung beim jeweils gewünschten Ausbringungsniveau stets gleich groß sind. Am Ende dieses vierten Intervalls, das dadurch gekennzeichnet ist, daß eine der beiden Anlagen ihre maximale Intensität erreicht (hier Aggregat 1), beträgt die Gesamtproduktion

$$\Sigma M_i = x_{1\,max} \cdot t_{1\,max} + \hat{x}_2 \cdot t_{2\,max}.$$

5. Anpassungsintervall: Soll die Ausbringung noch einmal gesteigert werden, steht hierfür nur noch das Aggregat 2 zur Verfügung. Es kann intensitätsmäßig angepaßt werden, bis auch es seine maximale Produktion erreicht. Die maximale Gesamtproduktion beläuft sich damit auf

$$\Sigma M_i = x_{i\,max} \cdot t_{i\,max} + x_{2\,max} \cdot t_{2\,max}.$$

Abb. 121 (aus *Adam* 1990) verdeutlicht noch einmal den hier skizzierten optimalen Anpassungsprozeß und die sich hieraus ergebende optimale Grenzkostenfunktion K'_T in bezug auf die Ausbringung M.

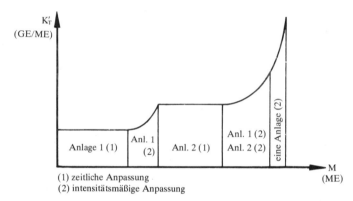

Abb. 121 Anpassungsprozeß und Grenzkostenverlauf bei optimaler zeitlicher, intensitätsmäßiger und quantitativer Anpassung zweier Aggregate

Ein Zahlenbeispiel möge zur Verdeutlichung des beschriebenen Anpassungsprozesses dienen (entnommen aus *Adam* 1990, S. 185ff). Ein Betrieb verfügt über zwei Aggregate, die folgende Daten aufweisen:

(1)	ZKL-Funktion	$K_1(x_1) = 15x_1 - 0{,}4x_1^2 + 0{,}04x_1^3$ $K_2(x_2) = 19x_2 - 0{,}4x_2^2 + 0{,}02x_2^3$	
(2)	MKL-Funktion	$k_1(x_1) = 15 - 0{,}4x_1 + 0{,}04x_1^2$ $k_2(x_2) = 19 - 0{,}4x_2 + 0{,}02x_2^2$	
(3)	$x_{1\,opt} = 5$ $x_{2\,opt} = 10$	Minima der Funktionen (2)	
(4)	$K_1'^Z = k_1(x_{1\,opt}) = 14$ $K_2'^Z = k_2(x_{2\,opt}) = 17$	Grenzkosten bei optimaler zeitlicher Anpassung	

(5)	$K_1'(x_1) = 15 - 0,8x_1 + 0,12x_1^2$ $K_2'(x_2) = 19 - 0,8x_2 + 0,06x_2^2$	1. Ableitung der Funktionen (1)
(6)	$\bar{x}_1 = 8,6$ errechnet aus $\hat{x}_1 = 13,87$ den Bedingungen	$k_2(x_{2\,opt}) = K_1'(\bar{x}_1)$ $K_1'(\hat{x}_1) = K_2'(x_{2\,max})$
(7)	Intervalle der Variablen x_i und t_i $5 \leq x_1 \leq 25$ $0 \leq t_1 \leq 10$	$5 \leq x_2 \leq 20$ $0 \leq t_2 \leq 10$

Die Lösung läßt sich im folgenden Tableau zusammenfassen:

Intervall	Maximale Ausbringung am Ende des Intervalls	Grenz-kosten	Art der Anpassung
1	$x_{1\,opt} \cdot t_{1\,max} = 5 \cdot 10 = 50$	14	zeitlich 1. Aggregat
2	$\bar{x}_1 \cdot t_{1\,max} = 8,6 \cdot 10 = 86$	14–17	intensitätsmäßig 1. Aggregat
3	$\bar{x}_1 \cdot t_{1\,max} + x_{2\,opt} \cdot t_{2\,max}$ $8,6 \cdot 10 + 10 \cdot 10 = 186$	17	zeitlich 2. Aggregat
4	$\hat{x}_1 \cdot t_{1\,max} + x_{2\,max} \cdot t_{2\,max}$ $13,87 \cdot 10 + 20 \cdot 10 = 338,7$	17–27	intensitätsmäßig 1. und 2. Aggregat
5	$x_{1\,max} \cdot t_{1\,max} + x_{2\,max} \cdot t_{2\,max}$ $25 \cdot 10 + 20 \cdot 10 = 450$	27–70	intensitätsmäßig 1. Aggregat

Fragen und Aufgaben zur Wiederholung (S. 215–234)

1. Mit welchen Fragen beschäftigt sich die Produktionsaufteilungsplanung?
2. Definieren Sie allgemein den Begriff der „Produktionsfunktion"!
3. Welche Eigenschaften sind charakteristisch für eine substitutionale Produktionsfunktion?
4. Welche Kritikpunkte lassen sich gegen die Anwendung der substitutionalen Produktionsfunktion vorbringen?
5. Stellen Sie eine substitutionale Produktionsfunktion mit zwei unabhängigen Variablen dreidimensional dar! Wie kann man die Kompliziertheit dreidimensionaler Analysen vermeiden?
6. Erläutern Sie anhand einer Isoquantendarstellung die Grenzrate der Substitution!
7. Leiten Sie aus einer Ertragsfunktion die Durchschnittsproduktivität sowie die Grenzproduktivität ab!
8. Diskutieren Sie den Verlauf einer s-förmigen Ertragsfunktion!
9. Worin unterscheiden sich die Leontief- und Gutenberg-Produktionsfunktion?

10. Woraus ergibt sich die höhere Realitätsnähe der Gutenberg-Produktionsfunktion im Vergleich zur ertragsgesetzlichen Produktionsfunktion?
11. Erläutern Sie die Mehrstufigkeit der Gutenberg-Funktion!
12. Welche unterschiedlichen Dimensionen verwenden technische und ökonomische Verbrauchsfunktionen?
13. Über welche Aktionsparameter der Gutenberg-Produktionsfunktion kann Einfluß auf die Ausbringung genommen werden?
14. Wodurch ist die kostenminimale Faktorkombination bei totaler Anpassung definiert?
15. Stellen Sie die direkte und indirekte Wirkung von Faktorpreisänderungen auf die Kosten bei substitutionalen Produktionsfunktionen dar!
16. Leiten Sie aus einer s-förmigen Ertragsfunktion die dazugehörige Gesamtkostenfunktion bei partieller Anpassung sowie die Funktionen der Grenzkosten, variablen und totalen Stückkosten pro ME ab, und erläutern Sie deren Verläufe!
17. Wie werden Zeit-Kosten-Leistungsfunktionen und Gesamtkostenfunktionen aus einer Mengen-Kosten-Leistungsfunktion abgeleitet?
18. Wie werden die Grenzkostenfunktionen in bezug auf die Ausbringung bei zeitlicher und intensitätsmäßiger Anpassung aus der Gesamtkostenfunktion abgeleitet?
19. Welche Prozeßtypen der Anpassung kennen Sie?
20. Beschreiben Sie allgemein den Gesamtkostenverlauf bei optimaler zeitlicher und intensitätsmäßiger Anpassung eines Aggregates!
21. Bei welcher Produktionsmenge wird bei optimaler zeitlicher/intensitätsmäßiger/quantitativer Anpassung ein zweites Aggregat erstmals zugeschaltet?
22. Stellen Sie allgemein den Anpassungsprozeß bei zeitlicher/intensitätsmäßiger/quantitativer Anpassung dar! Wie verlaufen die Grenzkosten bei Optimalverhalten?

III. Operative Produktionsprogrammplanung

1. Problemstrukturen der operativen Produktionsprogrammplanung
2. Programmplanung ohne Kapazitätsbeschränkung
3. Programmplanung bei Bestehen eines Kapazitätsengpasses

1. Problemstrukturen der operativen Produktionsprogrammplanung

Für eine Optimierung der Produktionsprogrammplanung (kurz: Programmplanung) ist die Verwendung eines **gewinnorientierten** Kriteriums erforderlich. Im Gegensatz zur bisher analysierten Produktionsaufteilungsplanung reichen Kostenüberlegungen allein also nicht mehr aus, sondern es sind zusätzlich auch die Auswirkungen einer Entscheidung auf die Erlöse zu berücksichtigen (vgl. S. 207ff.). Die Programmplanung verbindet damit zugleich augenfällig die Sphäre der innerbetrieblichen Leistungserstellung mit dem Absatzbereich der Unternehmung, und sie zeigt deutlicher als die anderen Teilpläne der Produktionspolitik die engen **Interdependenzen zwischen Produktion und Absatz**. Denn es muß natürlich nicht betont werden, daß mit Produktions- und Absatzprogrammplanung lediglich zwei verschiedene Sichtweisen des gleichen Grundtatbestandes angesprochen werden, die letztlich einen einheitlichen Problemkomplex darstellen (vgl. zur Absatzplanung S. 243 ff.).

Von den drei Ebenen der (Produktions-) Programmplanung (vgl. S. 207 ff.) soll hier lediglich die **operative Programmplanung** einhergehender behandelt werden. Ihre Aufgabe ist es, **das endgültige Produktionsprogramm nach Art und Menge festzulegen.** Dabei geht sie von

- gegebenen Preisen der Erzeugnisse,
- gegebenen Kostenfunktionen für die Produktion der Erzeugnisse,
- bekannten Kapazitätsbelastungen je Erzeugniseinheit sowie
- bekannter Fertigungskapazität aus (*Adam* 1990).

Die spezifische Problemstruktur der Programmplanung wird in erster Linie von der Art und Zahl der **Engpässe** im Fertigungsbereich sowie von der Art und Zahl alternativ möglicher **Produktionsprozesse** (einsetzbarer Aggregate und/oder realisierbarer Intensitätsstufen) beeinflußt. Aus diesen Einflußgrößen lassen sich bestimmte ausgewählte Konstellationen der Programmplanung ableiten. Dabei ist der Fall „ein Engpaß und alternative Produktionsprozesse" noch zusätzlich untergliedert worden, um die unterschiedlichen Lösungsansätze der Programmplanung differenziert herausarbeiten zu können (vgl. Abb. 122).

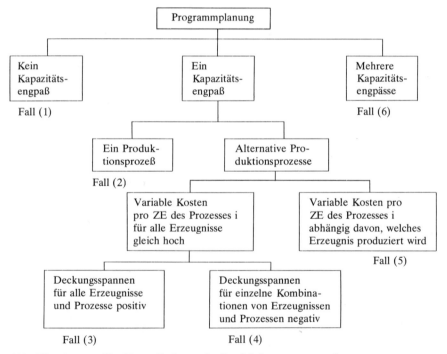

Abb. 122 Ausgewählte Konstellationen der Produktionsprogrammplanung

Bei den in Abb. 122 gekennzeichneten sechs Entscheidungssituationen der Programmplanung sind grundlegend zwei Hauptgruppen zu unterscheiden:

- In den Fällen (1) bis (4) ist eine **Sukzessivplanung** möglich, d.h. das optimale Programm kann schrittweise zusammengestellt werden. Voraussetzung hierfür ist dabei die Möglichkeit, konkrete, von der endgültigen Zusammensetzung des Programms unabhängige **Deckungsspannen** für die verschiedenen Erzeugnisse zu berechnen, denn dann läßt sich das optimale Programm nach bestimmten, noch zu definierenden Deckungsspannenkriterien sukzessiv zusammenstellen.

- Die Fälle (5) und (6) dagegen sind dadurch gekennzeichnet, daß die Deckungsspannen für die verschiedenen Erzeugnisse von der (noch unbekannten) Zusammensetzung des Programms abhängen. Dies führt zu der Notwendigkeit, einen **simultanen Planungsansatz** – etwa in Gestalt eines **linearen Planungsmodells** (vgl. S.174ff.) – zu wählen.

Im folgenden werden nur Lösungswege diskutiert, die keinen simultanen Ansatz erfordern. Grundlage hierfür ist *Adam* (1990). Der am simultanen Ansatz interessierte Leser wird besonders auf *Jacob* (1972) verwiesen.

2. Programmplanung ohne Kapazitätsbeschränkung

Die als Fall (1) bezeichnete Entscheidungssituation ist gekennzeichnet durch das Fehlen eines Kapazitätsengpasses, d.h. alle an sich gewinnbringenden Produkte können auch in den maximal absetzbaren Mengen produziert werden. Zusätzlich wird angenommen, daß für jedes Erzeugnis nur ein Fertigungsprozeß definiert ist, d.h. daß die variablen Stückkosten der Erzeugnisse nicht durch Einsatz alternativer Aggregate und/oder intensitätsmäßige Anpassung veränderbar sind und daß sie damit für jede Erzeugnisart als konstant angenommen werden können.

Grundsätzlich gilt für die Programmplanung – wie für ökonomische Entscheidungen schlechthin –, daß zur Lösung des Planungsproblems nur die Kosten und Erlöse in die Betrachtung einzubeziehen sind, die Einfluß auf das Planungsergebnis haben. Das sind hier zum einen die erzeugnisabhängigen Erlöse pro Stück und zum anderen die für jede Erzeugnisart als konstant angenommenen variablen Stückkosten. Nur letztere sind als **relevante** Kosten in die Formulierung des Planungsproblems einzubeziehen und nicht etwa auch die **fixen**, kalenderzeitabhängigen Kosten, die ja bei gegebener Kapazität in jedem Fall und unabhängig von der endgültigen Zusammensetzung des Programms anfallen.

Aus diesen Überlegungen leitet sich das Entscheidungskriterium im Falle der Programmplanung ohne Kapazitätsengpaß ab: Aufgenommen in das **optimale Programm** werden **alle Produkte mit positiver Deckungsspanne** – die als Differenz

Erzeugnis	Variable Kosten pro ME	Nettoerlös pro ME	Deckungsspanne pro ME
(1)	(2)	(3)	(4)
1	110,–	120,–	10,–
2	112,–	105,–	– 7,–
3	124,–	140,–	16,–
4	150,–	190,–	40,–
5	335,–	390,–	55,–
6	140,–	120,–	–20,–
7	145,–	155,–	10,–
8	305,–	270,–	–35,–

Abb. 123 Beispiel zur Programmplanung ohne Kapazitätsbeschränkung

zwischen dem vorgegebenen Erlös einer Erzeugniseinheit und den variablen Herstellungskosten definiert ist. Dies deshalb, weil ohne Engpaß jedes Produkt mit positiver Deckungsspanne zur Deckung der fixen Kosten beiträgt bzw. weil bei gegebenem Fixkostenblock eine positive Deckungsspanne den Betrag bezeichnet, um den der Gewinn bei Aufnahme dieser Erzeugnisart in das Programm je Erzeugniseinheit steigt (bzw. ein etwaiger Verlust sinkt).

Das Beispiel in Abb. 123 verdeutlicht die Vorgehensweise bei der Programmplanung ohne Kapazitätsbeschränkung (vgl. *Adam* 1990). Sind alle lohnenden Produktalternativen produzierbar (was der Fall ist, wenn die Kapazitätsbelastung aller Erzeugnisse mit positiven Deckungsspannen bei Produktion der maximal absetzbaren Mengen kleiner ist als die zur Verfügung stehende Kapazität), dann werden die Erzeugnisse 2, 6 und 8 mit negativen Deckungsspannen nicht in das Programm aufgenommen. Von den Erzeugnissen 1, 3, 4, 5 und 7 werden die maximal absetzbaren Mengen produziert.

3. Programmplanung bei Bestehen eines Kapazitätsengpasses

Die Existenz eines einzelnen Engpasses kann grundsätzlich zwei Gründe haben. Entweder es liegt eine **einstufige** Produktion vor und die Kapazität reicht nicht aus, um von allen Erzeugnissen mit positiver Deckungsspanne die maximal absetzbare Menge zu produzieren; oder es ist zwar die Situation einer **mehrstufigen** Produktion gegeben, aber aufgrund der Relation der Kapazitätsbeanspruchung je Erzeugniseinheit und der vorhandenen Kapazität in den einzelnen Produktionsstufen liegt der Engpaß nur in einer Stufe. Letzteres ist der Fall, wenn die relative Beanspruchung der Kapazität pro Erzeugniseinheit und Stufe (wie in Abb. 124 demonstriert) in einer Stufe stets größer ist als in allen anderen Produktionsstufen.

Erzeugnis	Produktionszeit je ME		Relative Kapazitätsbeanspruchung	
	Stufe 1	Stufe 2	Stufe 1	Stufe 2
1	5	6	2,5%	2 %
2	6	7,5	3 %	2,5%
3	10	12	5 %	4 %
Kapazität	200	300		

Abb. 124 Bestimmung potentieller Engpaßbereiche bei mehrstufiger Produktion

Für den Fall eines Kapazitätsengpasses sollen drei Konstellationen betrachtet werden (vgl. Abb. 122):

Fall (2): Es steht nur ein Produktionsprozeß (ein Aggregat mit einer Intensitätsstufe) je Erzeugnis zur Verfügung.

Fall (3): Es besteht die Möglichkeit, alternative Produktionsprozesse einzusetzen. Deren variable Kosten pro Zeiteinheit sind dabei jeweils unabhängig von den Produkten, die produziert werden, und die Deckungsspannen für alle Erzeugnisse und Aggregate sind positiv.

Fall (4): Wie Fall (3), nur daß für einzelne Kombinationen von Erzeugnissen und Prozessen die Deckungsspannen negativ sind.

Fall (2): Statt von der absoluten Deckungsspanne je Erzeugniseinheit muß in Überlegungen zur Optimierung des Produktionsprogramms nun von der **relativen Deckungsspanne** ausgegangen werden, die pro Zeiteinheit des Engpasses erzielt werden kann. Die relative Deckungsspanne ist dabei definiert als Quotient aus der absoluten Deckungsspanne je Erzeugniseinheit und des Zeitbedarfs je Erzeugniseinheit im Engpaß.

Das **Entscheidungskriterium** läßt sich wie folgt formulieren: Die Erzeugnisse werden nach ihrer relativen Deckungsspanne geordnet und zwar beginnend mit dem Produkt, das die höchste relative Deckungsspanne aufweist, wobei Erzeugnisse mit negativen Deckungspannen gleich ausgeschieden werden. Entsprechend der gebildeten Rangfolge werden nun so lange neue Erzeugnisse (jeweils mit ihren maximalen Absatzmengen) in das Produktionsprogramm aufgenommen, bis die gesamte Kapazität der Engpaßabteilung verplant ist oder keine Erzeugnisse mit positiven Deckungsspannen mehr vorhanden sind.

Das folgende Beispiel mag diese Vorgehensweise erläutern (vgl. Abb.125). In das optimale Programm gehen die Erzeugnisse 1, 2 und 3 ein. Die Kapazität der Engpaßabteilung – sie beträgt 2800 ZE – wird voll verplant. Es wird ein **Deckungsbeitrag** – definiert als Produkt aus Deckungsspanne der Erzeugnisse und Absatzmenge – in Höhe von 25600 GE erzielt (vgl. *Adam* 1990).

Erzeugnis	maximale Absatzmenge [ME]	Deckungsspanne [GE/ME]	Produktionszeit pro ME [ZE/ME]	relative Deckungsspanne [GE/ZE]	optimale Menge [ME]	Zeitbedarf [ZE]	Deckungsbeitrag [GE]
(1)	(2)	(3)	(4)	(5) = (3):(4)	(6)	(7)	(8) = (3)·(6)
1	400	30,–	3	10,–	400	1200	12000,–
2	240	45,–	5	9,–	240	1200	10800,–
3	100	35,–	5	7,–	80	400	2800,–
4	150	48,–	8	6,–	–	–	–
5	200	50,–	10	5,–	–	–	–
Σ	–	–	–	–	–	2800	25600

Abb. 125 Beispiel zur Programmplanung mit einem Engpaß und einem Produktionsprozeß je Erzeugnis

Fall (3): Auch für den Fall, daß der Betrieb alternative Produktionsprozesse für jedes Erzeugnis einsetzen kann (wobei allerdings vorausgesetzt werden muß, daß die variablen Kosten pro Zeiteinheit eines Produktionsprozesses für jedes alternativ produzierte Erzeugnis gleich hoch sind), ist mit dem Instrument der relativen Deckungsspanne zu arbeiten. Diese ist jedoch nunmehr anders zu definieren, weil die Höhe der Deckungsspanne abhängig vom eingesetzten Produktionsprozeß (Aggregat, Intensität) ist.

Wenn, was im Fall (3) unterstellt wird, jedes Erzeugnis – gleichgültig mit welchem Produktionsprozeß es hergestellt wird – immer positive Deckungsspannen erzielt, kann davon ausgegangen werden, daß die Engpaßkapazität in jedem Fall voll ausgenutzt wird. In der Engpaßabteilung fallen damit zwangsläufig unabhängig von der Lösung des Planungsproblems für jedes Aggregat i Kosten in Höhe von

$$K_{T_i} = K_i \cdot t_{i\,max} = \text{const.}$$

an, wobei K_i die Kosten pro Zeiteinheit des Prozesses i und $t_{i\,max}$ die maximale Dauer des Prozesses i beschreibt.

Nach dieser Überlegung können die Produktionskosten pro Mengeneinheit im Engpaß folgerichtig nicht als für die Entscheidung relevante Kosten angesehen werden. Vielmehr ist als Kriterium für die Rangordnung der Erzeugnisse deren **relative Brutto-Deckungsspanne** zu bestimmen. Sie ist definiert als Quotient aus der Brutto-Deckungsspanne (= Differenz des Preises und der variablen Produktionskosten pro Mengeneinheit mit Ausnahme der Engpaßstufe) und dem Zeitbedarf im Engpaß für eine Erzeugnisart (*Adam* 1990).

Das **Entscheidungskriterium** für die Zusammenstellung des optimalen Produktionsprogramms ist – nach Prüfung, ob auch für alle Erzeugnisse und Prozesse positive Deckungsspannen gelten – ansonsten das gleiche wie im Fall (2): Es wird nach der Höhe der relativen Brutto-Deckungsspannen entschieden, welche Erzeugnisse in das Programm aufgenommen werden.

Folgendes Beispiel mag zur Erläuterung des Gesagten dienen (entnommen aus *Adam* 1990): Ein Betrieb verfügt über drei Aggregate, die jeweils nur mit einer Intensitätsstufe betrieben werden können und zusammen eine Kapazität von 1800 ZE besitzen. Fünf Erzeugnisse werden produziert. Die Angaben zu den Kosten, Erlösen und Kapazitäten sind dem oberen Teil der Abb.126 zu entnehmen. Wie durch die Berechnungen im unteren Teil der gleichen Abbildung gezeigt wird, setzt sich das optimale Produktionsprogramm bei einer Gesamtkapazität von 1800 ZE aus den Erzeugnissen 3, 1 und 2 (mit jeweils maximalen Mengen) sowie Erzeugnis 5 (mit 20 Mengeneinheiten) zusammen.

Fall (4): Im Gegensatz zum Fall (3) ist hier wegen des Auftretens negativer Deckungsspannen nicht sichergestellt, daß der Betrieb die Kapazität aller Aggregate voll beansprucht. Denn die Ausnutzung der vollen Kapazität auch dann, wenn dadurch im Endeffekt Produkte mit negativen Deckungsspannen produziert werden müssen, kann allenfalls bei Produkten empfohlen werden, die einen gewissen **Sortimentsverbund** aufweisen. Ist dies aber nicht der Fall, so läßt eine Beschränkung auf Produkte mit positiven Deckungsspannen und damit u. U. ein Verzicht auf die volle Beschäftigung aller Aggregate die Kosten stärker sinken als die Erlöse, so daß der Gewinn insgesamt steigt.

Wenn jedoch die Möglichkeit besteht, daß die Kapazität aller Aggregate nicht voll in Anspruch genommen wird, dann können die Produktionskosten der Engpaßabteilung in der Planungsperiode nicht mehr als fix angesehen werden. Ihre Höhe hängt nunmehr von der Lösung des Planungsproblems ab, und sie sind daher als relevante Kosten in die Vorteilhaftigkeitsanalyse mit einzubeziehen.

Zur Lösung des Optimierungsproblems ist im einzelnen wie folgt vorzugehen (*Adam* 1990):

- Zunächst wird anhand der relativen Brutto-Deckungsspanne D eine Rangfolge der Erzeugnisse wie im Fall (3) entwickelt. Hieraus wird eine Funktion abgeleitet, die den Zusammenhang zwischen der relativen Brutto-Deckungsspanne und dem **Kapazitätsbedarf** angibt. In Abb.127 ist eine solche Funktion durch die von links oben nach rechts unten abfallende Treppenkurve gekennzeichnet (**Anm.:** Die Zahlen basieren auf dem Beispiel von Abb. 126).

- In gleicher Weise werden die Aggregate (Prozesse) entsprechend den variablen Kosten pro Zeiteinheit D geordnet und in eine von links nach rechts steigende Treppenkurve eingefügt (vgl. Abb.127). Diese Kurve stellt gleichsam eine Funktion der **Kapazitätsbereitstellung** in Abhängigkeit von den Kosten pro Zeiteinheit dar (**Anm.:** In Abb. 127 entsprechen die Angaben zu den Aggregaten 1 und 2 dem Beispiel aus Abb.126. Dagegen weist das Aggregat 3 nunmehr Kosten pro Zeiteinheit in Höhe von 28 GE auf, wodurch – wie leicht nachzurechnen ist – einzelne Kombinationen mit negativen Deckungsspannen auftreten).

- Das optimale Programm ist nun dadurch gekennzeichnet, daß es lediglich Produkte enthält.

		1	2	3	4	5
(1)	Erzeugnis					
(2)	Max. Absatzmenge [ME]	150	100	100	50	150
(3)	Preis pro ME [GE/ME]	710,–	260,–	280,–	180,–	230,–
(4)	Variable Kosten pro ME ohne Engpaß [GE/ME]	150,–	80,–	120,–	100,–	105,–
(5)	Zeitbedarf pro ME im Engpaß [ZE/ME]	8	3	2	4	5
(6)	Kapazitätsbedarf bei maximaler Absatzmenge [ZE]	1200	300	200	200	750
(7)	Variable Kosten pro ME im Engpaß [GE/ME]	Aggregat 1 (bei variablen Kosten von 8,– pro ZE)	64,–	24,–	16,–	32,–	40,–
		Aggregat 2 (bei variablen Kosten von 10,– pro ZE)	80,–	30,–	20,–	40,–	50,–
		Aggregat 3 (bei variablen Kosten von 12,– pro ZE)	96,–	36,–	24,–	48,–	60,–
(8)	Deckungsspanne [GE/ME]	Aggregat 1	496,–	156,–	144,–	48,–	85,–
		Aggregat 2	480,–	150,–	140,–	40,–	75,–
		Aggregat 3	464,–	144,–	136,–	32,–	65,–
(9)	Brutto- Deckungsspanne [GE/ME]	560,–	180,–	160,–	80,–	125,–
(10)	relative Brutto-Deckungsspanne [GE/ZE]	70,–	60,–	80,–	20,–	25,–
(11)	Rangfolge	2.	3.	1.	5.	4.

Abb. 126 Beispiel zur Programmplanung mit einem Engpaß, alternativen Produktionsprozessen und ausschließlich positiven Deckungsspannen

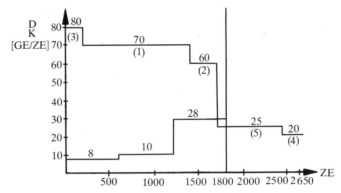

Abb. 127 Beispiel zur Programmplanung mit einem Engpaß, alternativen Produktionsprozessen und Auftreten negativer Deckungsspannen

deren relative Brutto-Deckungsspanne D größer ist als die Kosten der Aggregate pro Zeiteinheit K im Engpaß. Das bedeutet für die abgewandelte Problemstellung in Abb. 127, daß lediglich die Erzeugnisse 3, 1 und 2 in das Programm aufgenommen werden. Obwohl damit nur eine Kapazität von 1700 ZE verbraucht ist, wird das nachfolgende Erzeugnis 5 nicht mehr produziert, da dessen relative Brutto-Deckungsspanne um 3 GE/ZE niedriger ist als die zusätzlichen Kosten pro Zeiteinheit im Engpaß und eine Vollauslastung der Kapazität damit den Gewinn um insgesamt 300 GE sinken lassen würde.

Fragen und Aufgaben zur Wiederholung (S. 235–242)

1. *Diskutieren Sie, ob Kostenüberlegungen für eine Optimierung der Programmplanung ausreichen!*
2. *Welche innerbetrieblichen Gegebenheiten bestimmen die Anzahl möglicher Konstellationen der Programmplanung?*
3. *Warum ist bei einigen Konstellationen der Programmplanung ein simultaner Planungsansatz notwendig?*
4. *Definieren Sie (a) Deckungsspanne und (b) Deckungsbeitrag!*
5. *Nach welchem Entscheidungskriterium wird das optimale Produktionsprogramm bei freier Kapazität bestimmt? Begründen Sie ihre Antwort!*
6. *Wodurch unterscheidet sich die Problemstellung, wenn ein Kapazitätsengpaß besteht und nur ein Produktionsprozeß je Erzeugnis zur Verfügung steht? Welches Entscheidungskriterium ist nunmehr zu verwenden?*
7. *Erläutern Sie den Begriff „relative Brutto-Deckungsspanne"! Bei welcher Konstellation der Programmplanung ist dieses Entscheidungskriterium anzuwenden?*
8. *Wie planen Sie das optimale Produktionsprogramm für den Fall eines Kapazitätsengpasses, wenn für einzelne Kombinationen von Erzeugnissen und Prozessen die Deckungsspannen negativ sind?*

Literaturhinweise:

Adam, D. (1987)
Adam, D. (1990)
Becker, J. (1991a)
Becker, J. (1991b)
Brink, H.J. (1969)

Gutenberg, E. (1983)
Heinen, E. (Hrsg.) (1991b)
Hilke, W. (1988)
Jacob, H. (1962)
Jacob, H. (1972)

Kilger, W. (1972)
Lücke, W. (1973)
Mellerowicz, K. (1968)
Scheer, A. W. (1990)
Schweitzer, M. (1973a)

D. Absatzplanung

I. Gegenstand der Absatzplanung

1. Marketing als integrierendes Konzept der Absatzplanung
2. Marketing in der Wettbewerbswirtschaft
3. Gestaltungfelder und Instrumente des Marketing
4. Marketingforschung zur Unterstützung der Absatzplanung
5. Das Problem der Optimierung des Marketingmix

1. Marketing als integrierendes Konzept der Absatzplanung

Der Absatz der erstellten Leistungen beschließt genetisch den betrieblichen Leistungsprozeß, der somit durch die Leistungsabgaben an den Absatzmarkt gleichsam seine „Erfüllung" findet. Auf die Phase des Absatzes kann eine Unternehmung in einem marktwirtschaftlichen System nicht verzichten, weil sie „ex definitione" Fremdbedarfsdeckung über den Markt betreibt. Das damit auch übernommene Marktrisiko ergibt sich dadurch, daß letztlich der Markt darüber entscheidet, ob und inwieweit der Leistungsprozeß der Unternehmung durch Abnahme der Absatzleistung „honoriert" wird.

Die Absatzphase ist also notwendiges und zugleich bedeutsames Bindeglied zwischen der Produktion einerseits und dem Absatzmarkt andererseits. Konkrete absatzpolitische Maßnahmen können daher auch nicht unabhängig von marktlichen Überlegungen getroffen werden. Vielmehr haben sie an den beeinflußbaren oder auch nicht beeinflußbaren Marktgegebenheiten anzusetzen, denen sich die Unternehmung auf ihrer Absatzseite gegenübersieht.

Ein erstes Merkmal von Absatzentscheidungen ist also ihre unbedingte **Marktorientierung,** wobei die Intensitätsstufen im Einzelfall natürlich unterschiedlich sein können. Von Bedeutung ist hier vor allem, ob auf den relevanten Absatzmärkten der Unternehmung eine **Verkäufer-** oder **Käufermarktsituation** besteht.

Auf einem Verkäufermarkt ist es für die anbietende Unternehmung leichter möglich, ihre absatzbezogenen Ziele durchzusetzen als auf einem Käufermarkt, da ein knappes Angebot einer im Prinzip ungesättigten Nachfrage gegenübersteht und somit ein Nachfrageüberhang existiert. Auf einem Käufermarkt dominieren dagegen die Abnehmer, was mit Angebotsüberhängen und daraus häufig resultierendem Wettbewerbsdruck zusammenhängt. Während bei einer Verkäufermarktsituation der Leistungsprozeß in seinem Charakter durch die Leistungserstellung geprägt wird und die Leistungsverwertung ein zwar notwendiges, aber im Verhältnis unbedeutendes „Anhängsel" bildet, ist es bei einer Käufermarktsituation gerade umgekehrt. Der Absatz wird zum Engpaß und dominiert gegenüber den anderen Phasen des Leistungsprozesses, was bedeutet, daß die Gestaltungsmaßnahmen an den spezifischen Anforderungen des Marktes zu orientieren sind. Der Leistungsprozeß ist also in all seinen Phasen auf den Absatzmarkt ausgerichtet, der damit zum Bezugspunkt für die unternehmungspolitische Zielerreichung wird. Eine solche marktbezogene Ausrichtung der Unternehmungsprozesse wird im allgemeinen als **Marketing** bezeichnet. Sie ist bei den inzwischen typisch gewordenen Absatzbedingungen der Unternehmungen in der „Überflußgesellschaft" heutzutage vorherrschend.

Nach außen hin dokumentiert sich dieser marktorientierte Denkstil eines Unternehmens nicht nur im Reagieren auf veränderte Marktbedingungen, sondern in besonderem Maße auch durch vorausschauendes Agieren im Hinblick auf erwartete Veränderungen. Gezielte Maßnahmen zur Erschließung, Ausweitung und Sicherung des Marktes sind Kennzeichen einer solchen aktiven unternehmerischen Einflußnahme (*Nieschlag/Dichtl/Hörschgen* 1991).

Markterschließung bezeichnet dabei die zielgerichtete Suche nach Möglichkeiten zur Befriedigung von bislang nur latent vorhandenen menschlichen Bedürfnissen. Sie setzt eine systematisch betriebene Erforschung dieser Bedürfnisse durch das betreffende Unternehmen voraus und hat die Erschließung bzw. Schaffung gänzlich neuer Märkte zur Konsequenz (z. B. im Food-Sektor: Backmischungen, Fertiggerichte oder Komplett-Menüs).

Neben der Markterschließung steht als zweite Zielrichtung die **Marktausweitung** im Mittelpunkt des Marketing. Je nachdem, ob sie mittels alter oder neuer Produkte bzw. auf alten oder neuen Märkten erfolgt, existieren unterschiedliche Ansatzpunkte für eine Ausweitung des Marktvolumens. Durch Erhöhung der Verbrauchsintensität bzw. Forcierung des Ersatzbedarfs gelingt es, bereits im Markt befindliche Produkte verstärkt an einen unveränderten Kundenkreis abzusetzen. Differenziertere Zielgruppenansprache ermöglicht dagegen den Vertrieb alter Produkte an neue Abnehmergruppen (z. B. Ausland). Stammkunden verlangen dann nach neuen Produkten, wenn sich ihre Bedürfnisstruktur geändert hat oder der technische Fortschritt geänderte Produkteigenschaften ermöglicht (EDV). Die konsequenteste Form der Marktausweitung besteht sicherlich darin, neue Produkte auf neuen Märkten anzubieten. Aufgrund mangelnder Erfahrung birgt sie aber auch die größten Risiken.

Marktausweitung muß insofern immer durch das Bemühen um Sicherung der bislang erworbenen Marktstellung begleitet werden. Durch das Angebot von aufeinander abgestimmten Systemen (z. B. bei Möbeln, Personal-Computern, etc.) gelingt es, Kunden langfristig an ein Unternehmen zu binden. Durch extreme Niedrigpreispolitik oder unverhältnismäßig massive und damit teure Werbekampagnen können dagegen finanzschwache Unternehmen vom Markt verdrängt werden. Solch einer **Marktsicherung** über mehr oder weniger starken Druck auf Abnehmer und Konkurrenten, die u. U. moralische oder rechtliche Probleme aufwerfen könnte, vorzuziehen ist sicherlich die Zielsetzung, die eigene Marktposition über Zuverlässigkeit sowie über die Qualität und Preiswürdigkeit angebotener Leistungen zu erhalten. Zufriedene Kunden bieten letztlich den besten Schutz vor aggressiver Konkurrenz.

Voraussetzung für eine erfolgreiche Absatzplanung ist allerdings immer eine in sich geschlossene Konzeption, bei der sich Produkt- und Sortimentsgestaltung, Preis, Distribution und Werbung ergänzen, statt unkoordiniert nebeneinander zu stehen oder sich sogar gegenseitig zu behindern. Marketing ist somit als Konzept zu verstehen, welches sich auf sämtliche Entscheidungen, die im Rahmen der Absatzplanung anfallen, bezieht. Es hat die Aufgabe, die zu treffenden Einzelentscheidungen aufeinander abzustimmen und so zu harmonisieren, daß ein geschlossenes Ganzes entsteht, welches die gesetzten absatzpolitischen Ziele optimal verfolgt und das Eindringen der Wettbewerber in bestehende Geschäftsverbindungen erschwert.

Typisch für solch eine **Marketing-Konzeption** sind im einzelnen sieben Merkmale (nach *Meffert* 1989):

- die systematische Analyse der Verhaltensmuster aller für den Absatzerfolg der Unternehmung relevanten Träger (Käufer, Absatzmittler, Konkurrenten, Staat u. a.);

- die planmäßige Erforschung und systematische Erschließung der Märkte;
- die zieladäquate Beeinflussung des Marktes mittels des Einsatzes aller Instrumente des Marketingmix;
- die Anwendung des Prinzips der differenzierten Markterfassung und Marktbearbeitung durch gezielte Marktsegmentierung;
- die organisatorische Verankerung des Marketinggedankens in allen Unternehmensbereichen;
- die Einordnung der Marketingentscheidungen in den übergeordneten Prozeß der gesamtwirtschaftlichen Güterversorgung.

Die **Aufgaben des Marketing** umfassen also weit mehr als nur den Verkauf der Produktion zu möglichst guten Preisen und Konditionen, wie das der traditionelle Begriff „Absatz" nahelegen könnte.

2. Marketing in der Wettbewerbswirtschaft

Idealtypisch sollte sich eine Marketing-Konzeption ausschließlich an den Erfordernissen des Marktes ausrichten. Dem entgegen stehen jedoch sowohl innerbetriebliche Restriktionen, wie z. B. verfügbare Mittel, Standort oder Kapazitätsbeschränkungen, als auch zahlreiche Einflüsse von außen.

Insbesondere folgende Faktoren schränken die reine Marktorientierung eines Unternehmens ein (vgl. ausführlicher *Nieschlag/Dichtl/Hörschgen* 1991):

(a) Konkurrierende Zielsetzungen der Gesellschaft
(b) Machtstrukturen zwischen Herstellern und Handel
(c) Spannungsverhältnis zwischen Großbetrieben und Mittelstand
(d) Verbraucherschutz.

zu (a): Marketing-Aktivitäten werden mitgeprägt durch das von Staat und Gesellschaft zugewiesene **Wertesystem** und müssen sich in dem hierdurch vorgegebenen Rahmen bewegen.

Gesellschaftliche Zielsetzungen kommen beispielsweise in der nationalen **Gesundheitspolitik** zum Ausdruck. So ist der Verkauf gesundheitsschädlicher Produkte eingeschränkt (z. B. bei Pharmazeutika) bzw. verboten (z. B. Drogen). Außerdem bestehen Restriktionen im Hinblick auf den Absatz von Nahrungs- und Genußmitteln (Angabe des Haltbarkeitsdatums, Kennzeichnung von chemischen Zusätzen etc.). Bei der Herstellung von Investitions- und Gebrauchsgütern sind darüberhinaus Sicherheitsvorschriften zu beachten, wie z. B. bei Kinderspielzeug oder Haushaltsgeräten. Restriktionen im Bereich der Gesundheitspolitik sind jedoch nicht die einzigen Zielsetzungen, die die Marketing-Aktivitäten einer Unternehmung beschränken. So kann das Ziel der **Sicherheit einer Versorgung in Krisenfällen** Einfluß auf Standortentscheidungen nehmen. Darüber hinaus könnte es sinnvoll sein, den Verbrauch wichtiger Rohstoffe zu begrenzen, um eine Abhängigkeit und damit Erpreßbarkeit gegenüber dem Ausland zu vermeiden. Zur **Erhaltung der natürlichen Umwelt** legt man Belastungsgrenzen fest mit dem Ziel, umweltschädliche Produktionsverfahren durch Sanktionen unwirtschaftlich zu machen. Der hohe Stellenwert der **Kultur** äußert sich beispielsweise im Denkmalschutz, durch den z. T. die Errichtung wirtschaftlicherer Bauten verhindert wird, und in der Preisbindung des Buchhandels, der auf diese Weise vor zu hartem Wettbewerb geschützt werden soll.

Restriktionen existieren darüberhinaus auch für Marketing-Aktivitäten des internationalen Warenverkehrs. Einfuhrverbote, Höchstmengen, Zölle, Importsteuern sowie Ausgleichsabgaben zählen zu den wichtigsten **außenhandelspolitischen Begrenzungen**, die den Güterstrom zwischen In- und Ausland reglementieren und damit Einfluß auf die Marketing-Konzeption ausüben.

zu (b): Während der Handel früher lediglich als Erfüllungsgehilfe des Herstellers fungierte, haben sich die Machtverhältnisse inzwischen grundlegend geändert. Zwar existiert ein **Partnerschaftskonzept** zwischen Industrie und Handel, welches den Mißbrauch von Marktmacht verhindern und darüber hinaus eine konstruktive Zusammenarbeit in Form von gegenseitiger Information, Anhörung und Mitberatung fördern soll. Doch kann dies nicht über einen verschärften Konkurrenzkampf zwischen Herstellern und Händlern hinwegtäuschen.

Ansatzpunkte zur Gewährleistung eines leistungsgerechten Wettbewerbs bietet das 1973 novellierte **Gesetz gegen Wettbewerbsbeschränkungen (GWB).** Hier wird dem leistungsbezogenen Wettbewerb zum einen der Behinderungswettbewerb gegenübergestellt, der sich in einem gezielten auf die Behinderung von Mitwettbewerbern gerichteten Verhalten dokumentiert. Zum anderen geht es um den Nichtleistungswettbewerb, der die Grauzone zwischen lauterem und unlauterem Wettbewerb bezeichnet. Hiermit angesprochen sind durchaus weit verbreitete wettbewerbsverzerrende Praktiken, wie beispielsweise Regalmieten, Eintrittsgelder für Artikel, Listungsgebühren, Werbekostenzuschüsse usw. Da die kartellrechtliche Rechtsprechung bezüglich des Unterschiedes zwischen Leistungs- und Nichtleistungswettbewerb noch in den Anfängen steckt, hat das Bundesministerium für Wirtschaft 1974 ein Sündenregister, in dem die 25 wichtigsten wettbewerbsverzerrenden Praktiken aufgeführt worden sind, als Orientierungshilfe für Wirtschaftspraxis und Rechtsprechung herausgegeben. Darüber hinaus haben sich 1975 14 Spitzenverbände des Handels und der Industrie auf eine ‚Gemeinsame Erklärung' geeinigt, in der sie sich gegen wettbewerbsverzerrende Verhaltensweisen aussprechen. Außerdem hat der Markenverband e. V. 1976 beim Bundeskartellamt Wettbewerbsregeln eintragen lassen, die für das Verhalten ihrer Mitglieder maßgebend sein sollen. Trotz all dieser Bemühungen muß allerdings konstatiert werden, daß es bislang nicht gelungen ist, wettbewerbswidrige Verhaltensweisen auszumerzen.

zu (c): Die Entwicklung im Handel ist durch einen **Konzentrationsprozeß** gekennzeichnet und führt zu einer wachsenden Macht großer Unternehmen und Handelsgruppen. Besonderen Einfluß hierauf haben die mit zunehmender Betriebsgröße einhergehenden Verbesserungen der Beschaffungsbedingungen. Verbrauchermärkte, Selbstbedienungswarenhäuser, Supermarktketten und Discounter besitzen durch ihr hohes Einkaufsvolumen eine Nachfragemacht, die sie in die Lage versetzt, Ware zu Preisen zu verkaufen, die für den mittelständischen Handel nicht einmal im Einkauf erreichbar sind. Darüberhinaus können Großbetriebe aus der Möglichkeit, für bestimmte Funktionen Spezialisten einzusetzen (z. B. im Finanzbereich oder für Rechtsfragen), Vorteile ziehen. Staatliche Mittelstandsförderung muß insofern an den genannten Benachteiligungen ansetzen. Durch die im GWB verankerte **Fusionskontrolle** versucht man beispielsweise den Konzentrationstendenzen Einhalt zu gebieten. Außerdem stehen öffentliche Beratungsstellen zur Verfügung, die dem Mittelstand in Spezialfragen zur Seite stehen sollen.

Probleme bereitet die zunehmende Konzentration allerdings auch dadurch, daß Hersteller auf Drängen einzelner Abnehmer nur noch ganz bestimmte Handelsbetriebe beliefern oder ausgewählten Händlern besonders hohe Rabatte einräumen. Im GWB sind hierzu Regelungen enthalten, die sich im **Verbot abgestimmten Verhaltens,** im **Behinderungs- und Diskriminierungsverbot** niederschlagen.

zu (d): Die anhaltenden Konzentrationstendenzen im Handel sind mit einer stark schrumpfenden Zahl von Geschäften verbunden. Diesem Prozeß gegenüber steht ein massives Anwachsen der Verkaufsfläche pro Standort. Der damit einhergehenden Gefährdung der **Versorgung mit Gütern des kurz- und mittelfristigen Verbrauchs** gilt es deshalb durch geeignete Maßnahmen und Programme zu begegnen.

So versucht die Ordnungspolitik Anreize zu schaffen, um die Ansiedlung von Lebensmittelgeschäften in wirtschaftlichen Randlagen attraktiver zu machen oder beschränkt die Standortwahl großflächiger Betriebsformen auf bestimmte Gebiete. Der Handel selbst kann zur Sicherung der Versorgung beitragen, indem er die Einrichtung mobiler Einkaufsstätten fördert und die Organisation von Zustelldiensten oder die Gründung von Parkgemeinschaften übernimmt.

Ein Unternehmen besitzt vielfältige Möglichkeiten, um mit seinen Marketing-Aktivitäten gegen die **Belange der Verbraucher** zu verstoßen, ohne dabei mit dem Gesetz in Konflikt zu geraten. Anbieter von Gütern und Dienstleistungen lassen sich aus Wettbewerbsdruck immer wieder dazu verleiten, Freiheitsräume zur Verbraucherbeeinflussung zu nutzen, die den Interessen der Kunden entgegengerichtet sind. Ausnutzung der Unwissenheit der Käufer, absichtliche Vorenthaltung wichtiger Tatsachen, Mogelpackungen, Werbung mit Selbstverständlichkeiten sind Beispiele für solch ein verbraucherfeindliches Verhalten in der Marketing-Praxis.

Da sich gezeigt hat, daß ein natürlicher Interessenausgleich zwischen Anbietern und Nachfragern allein über den Preis nicht funktioniert, sind einige Initiativen entstanden, die versuchen die Belange der Konsumenten besser zu berücksichtigen. Durch rechtliche Absicherung von Verbraucherinteressen (Lebensmittelrecht, Arzneimittelrecht, Produzentenhaftung), Verbesserung des Informationsgrades der Käufer durch die Medien, Einrichtung von Warentestinstituten, Verbraucherschutzeinrichtungen und letztlich auch durch die Bereitschaft der Unternehmer, den Belangen ihrer Kunden bei ihren Marketing-Aktivitäten besser Rechnung zu tragen, wurde versucht, Abhilfe zu schaffen.

3. Gestaltungsfelder und Instrumente des Marketing

In Abhängigkeit von der Unternehmenszielsetzung und der zu vermarktenden Leistungsart läßt sich zwischen verschiedenen Formen des Marketing differenzieren (Abb. 128).

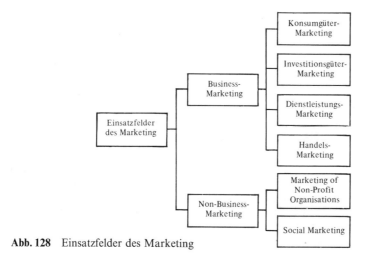

Abb. 128 Einsatzfelder des Marketing

Grundsätzliche Unterschiede bestehen vor allem zwischen dem Marketing vornehmlich gewinnorientierter Unternehmen und dem Marketing für nicht kommerzielle Einrichtungen und öffentliche Anliegen. Während beim **Business-Marketing** sämtliche Absatzentscheidungen auf einen möglichst hohen Gewinn und eine stetige und harmonische Unternehmensentwicklung abstellen, stehen beim **Non-Business-Marketing** vornehmlich gesellschaftsbezogene Aufgaben entweder in Form des ‚Marketing of Non-Profit Organisations‘ oder in Form des ‚Social Marketing‘ im Mittelpunkt (*Nieschlag/Dichtl/Hörschgen* 1991).

Bei ersterem handelt es sich um ein **Marketing für nicht kommerzielle Einrichtungen**, also überwiegend für öffentliche Unternehmen (z. B. Bundesbahn, Post, öff. Verkehrsbetriebe, Hilfsorganisationen, gemeinnützige Vereine). Da sich diese Unternehmen grundsätzlich nach denselben Prinzipien wie erwerbswirtschaftlich geführte Betriebe steuern lassen, liegt der Versuch nahe, die Marketing-Konzeption kommerzieller Unternehmen auch auf öffentliche Einrichtungen zu übertragen. Unterschiede bestehen insofern vornehmlich in den Zielsetzungen beider Unternehmensarten. Denn an erster Stelle des ‚Marketing of Non-Profit Organisations‘ stehen nicht Gewinnziele, sondern andere, höchst unterschiedliche und nicht primär gewinnorientierte Beweggründe wie z. B. Kostendeckung, Kapazitätsauslastung, Versorgung von Minderheiten oder Verbreitung kultureller Angebote.

‚**Social Marketing**‘ geht noch einen Schritt weiter. Es bezieht sich nicht mehr auf definierbare Institutionen, sondern stellt öffentliche Anliegen in den Mittelpunkt des Interesses. Zu den Zielen des ‚Social Marketing‘ zählen z. B. Verlängerung der Lebensdauer der Bevölkerung, Erhöhung der Lebensqualität in einem Land oder Umweltschutz. Kampagnen gegen übermäßigen Alkohol- und Tabakkonsum, Aufklärungsarbeit in bezug auf Randgruppen der Gesellschaft und Steuererleichterungen für schadstoffarme Autos in Verbindung mit Subventionen für bleifreies Benzin belegen sehr anschaulich, auf welche Weise sich ‚Social Marketing‘ konkretisieren läßt. Schwerpunktmäßig wird ‚Social Marketing‘ außerdem eingesetzt, um gesetzliche Maßnahmen zu flankieren. Beispiele hierfür sind Informationen über die Wirkungen des Drogenmißbrauchs oder Werbung für ordnungsgemäße Zahlung der Rundfunkgebühren.

Ähnlich wie beim Non-Business-Marketing lassen sich auch beim **Business-Marketing** verschiedene Varianten unterscheiden. Auch wenn sich die absatzpolitischen Zielsetzungen der erwerbswirtschaftlich orientierten Unternehmen in erster Linie auf die drei wichtigsten Gradmesser des Absatzerfolgs, nämlich Marktanteil, Umsatz- bzw. Absatzvolumen und Gewinn bzw. Rentabilität beziehen, so erfordern doch die Unterschiede in den Leistungsangeboten der einzelnen Unternehmen einen grundsätzlich anderen Instrumenteneinsatz und damit auch stark differierende Marketing-Konzeptionen. Zieht man die Eigenschaften der zu vermarktenden Produkte als Differenzierungsmerkmal heran, so lassen sich folgende Marketingarten unterscheiden: Konsum- und Investitionsgütermarketing sowie Handelsmarketing und Dienstleistungsmarketing. Die genannten Formen besitzen jeweils andere Schwerpunkte und unterscheiden sich insofern vor allem durch ihr Marketing-Mix.

Konsumgüter sind kurzlebige Produkte, die von Einzelpersonen und größeren Haushalten für den persönlichen Ge- oder Verbrauch gekauft werden. Die Kaufentscheidung erfolgt entweder spontan oder gewohnheitsmäßig, in jedem Fall aber ohne ausführliches Abwägen der Vor- und Nachteile des jeweiligen Geschäftes. Marketing-Konzeptionen für Konsumgüter müssen hierauf Rücksicht nehmen. Sie werden tendenziell der Produkt- und Kommunikationspolitik einen starken Stellenwert einräumen und insbesondere darauf abstellen, Intuition und Emotion der potentiellen Käufer zu beeinflussen. Die Distributionspolitik ist hierauf abzustimmen und hat den gewünschten Verbreitungsgrad sicherzustellen.

Investitionsgüter besitzen demgegenüber einen Interessentenkreis mit gänzlich anderem Profil. Es handelt sich hierbei um Käufer, die ihre Entscheidungen sorgfältig vorbereiten und erst nach Abwägung aller Vor- und Nachteile treffen. Denn mit dem Kauf eines Investitionsgutes ist ein hoher Einsatz an Geld und Zeit verbunden. Außerdem ist die Entscheidung i.d.R. kurzfristig irreversibel. Beim Marketing muß dementsprechend die Informations- und Beratungskomponente besondere Berücksichtigung finden, wohingegen Sonderaktionen und umfangreiche Werbemaßnahmen eine vergleichsweise geringe Rolle spielen.

Insbesondere bei Konsumgütern und in geringerem Maße auch bei Investitionsgütern erfolgt der Absatz der Produkte an den Endverbraucher über den **Handel**. Der Handel stellt somit das Bindeglied zwischen Hersteller und Kunde dar. Die daraus resultierende Ausrichtung des Handels auf zwei Interessengruppen spiegelt sich auch in den Inhalten des Handelsmarketing wieder. Der Begriff des Handelsmarketings impliziert zunächst das Marketing des Produzenten in bezug auf den Handel. Hier geht es für den Hersteller in erster Linie darum, die Präsenz seiner Produkte im Angebot sämtlicher zuständigen Händler in gewünschtem Umfang und entsprechender optischer Aufbereitung sicherzustellen. Hierbei gilt es zum einen, durch gezielte Werbemaßnahmen Nachfrage zu schaffen, die den Händler zwingt, die nachgefragten Artikel auch vorzuhalten. Zum anderen werden dem Handel massive Anreize geboten, um den eigenen Produkten zu einer besseren Verkaufsposition zu verhelfen. Neben Rabatten zählen hierzu z.B. Investitions- und Werbekostenzuschüsse, Regalmieten oder die Übernahme von Preisauszeichnung und Regalpflege durch den Lieferanten.

Der Begriff des Handelsmarketing bezeichnet darüber hinaus aber auch das Marketing des Handels gegenüber dem Endverbraucher. Die spezifische Funktion des Handels, nämlich die Weitergabe vieler verschiedener Leistungsarten an den Kunden hat zur Konsequenz, daß sich in seinem Sortiment sowohl Produkte ganz unterschiedlicher als auch stark konkurrierender Hersteller befinden. Dementsprechend muß seine Marketingkonzeption vielfältigste Interessen berücksichtigen. Von entscheidender Bedeutung für den Erfolg eines Produktes und damit auch des Händlers ist dabei eine abgestimmte Marketing-Konzeption von Hersteller und Handel. Ein vom Hersteller als exklusiv positioniertes Produkt, welches vom Handel ständig zu Sonderkonditionen offeriert wird, schädigt beispielsweise das Produktimage und macht auf Exklusivität ausgerichtete Werbemaßnahmen langfristig wirkungslos. Umgekehrt bleiben absatzfördernde Maßnahmen des Handels ohne Erfolg, wenn die dadurch absetzbare Menge vom Hersteller nicht zur Verfügung gestellt werden kann.

Ganz andere Schwerpunke muß demgegenüber das **Dienstleistungsmarketing** setzen. Im Unterschied zu Sachgütern stellen Dienstleistungen abstrakte und nicht präsentationsfähige Leistungen dar, die vom Kunden nur sehr schwer hinsichtlich Qualität und Preiswürdigkeit zu beurteilen sind. Er ist hierbei angewiesen auf Art und Umfang der Beratung ebenso wie auf Mund-zu-Mund-Propaganda. Diese fehlende Darstellbarkeit von Dienstleistungen führt dazu, daß ein großer Teil der klassischen Marketing-Instrumente keine oder nur eingeschränkte Wirkung besitzt. Insbesondere die Produktpolitik spielt nur eine vergleichsweise geringe Rolle, da sich Dienstleistungen kaum durch besondere Gestaltungsmerkmale von Konkurrenzprodukten abheben können und echte Innovationen in diesem Bereich sehr selten sind. Aber auch der Kommunikationspolitik sind Grenzen gesetzt. Eine werbliche Darstellung der Leistungsangebote ist nur verbal (durch Aufzählen der Vor- und Nachteile) oder indirekt über die Konsequenzen der Inanspruchnahme (kreditfinanziertes Auto; sorgloses, weil versichertes Leben) möglich. Dagegen wird der Öffentlichkeitsarbeit, die das Image der Gesamtunternehmung mitbestimmt, eine vergleichsweise wichtigere Rolle zukommen.

Eine besondere Stellung im Rahmen des Dienstleistungsmarketing nimmt das **Marketing für den Bankbereich** ein. Da Geld im Mittelpunkt der von Kreditinstituten angebotenen Leistungen steht, ist ein besonderes Vertrauensverhältnis zwischen Bank und Kunde Voraussetzung für eine erfolgreiche Geschäftsverbindung. Hinzu kommt, daß entscheidender Erfolgsfaktor im Bankgeschäft weniger die Ausgestaltung der einzelnen Leistungsart, sondern vielmehr die Qualität der beratenden Bankmitarbeiter ist. Da der Kunde seine Hausbankverbindung außerdem wegen fehlender Marktübersicht und der mit einer Veränderung verbundenen Mühen nur im Ausnahmefall wechselt, zeigen Werbe- und Verkaufsförderungsmaßnahmen zumindest kurzfristig nur begrenzte Wirkung. Besondere Bedeutung erhält dagegen eine auf Vertrauen ausgerichtete Pflege des Gesamtbankstandings sowie eine auf die Kundenbedürfnisse abgestimmte Produkt- und Distributionspolitik.

Die genannten Einsatzfelder des Marketing besitzen zwar unterschiedliche Schwerpunkte und erfordern dementsprechend eine individuelle Marketing-Konzeption. Die Marketingentscheidung bezieht sich jedoch grundsätzlich auf dieselben **Marketinginstrumente**. Hierunter versteht man die Gesamtheit möglicher Marketingaktivitäten, die darauf ausgerichtet sind, das (Kauf-)Verhalten der Marktteilnehmer im Sinne absatzpolitischer Zielsetzungen zu beeinflussen. Die Vielzahl möglicher absatzpolitischer Maßnahmen läßt sich in unterschiedlichster Weise systematisieren. *Meffert* (1989), dem hier gefolgt wird, gliedert die Instrumente in vier Hauptbereiche:

- **Produkt- und Sortimentspolitik**

Hier geht es sowohl um die Festlegung von Eigenschaften eines einzelnen Produktes als auch um Entscheidungen über das Produktionsprogramm, also um die Innovation, Variation und Elimination von Leistungsarten. Die Fragestellung lautet: **Welche Leistungen** bzw. Problemlösungen sollen **wie** am Markt angeboten werden?

- **Distributionspolitik**

Im Mittelpunkt stehen hier Entscheidungen über Absatzwege, die Gestaltung des Vertriebssystems, über Lieferbereitschaft und Standorte. Gefragt wird hier danach, **an wen** und auf **welchen Wegen** die Produkte verkauft (vermietet) bzw. an die Käufer (Mieter) herangetragen werden sollen.

- **Kontrahierungspolitik**

Schwerpunkt sind alle Maßnahmen der Preispolitik, wie Preisfestlegung, Preisdifferenzierung, Rabattgewährung oder auch die Gestaltung der Zahlungsbedingungen. Zu beantworten ist die Frage, **zu welchen Bedingungen** die Güter und Dienste am Markt angeboten werden sollen.

- **Kommunikationspolitik**

Die potentiellen Abnehmer sollen mit Hilfe von Werbung, Verkaufsförderung und Öffentlichkeitsarbeit informiert und zum Kauf animiert werden. Es ist darüber zu entscheiden, **welche** auf **Kommunikation** mit den Marktteilnehmern ausgerichteten Maßnahmen ergriffen werden sollen, um das Leistungsangebot abzusetzen. Abb. 129 (aus *Meffert* 1989, S. 115) veranschaulicht diese vier Marketingmix-Bereiche mit den jeweils wichtigsten Instrumenten (am Beispiel des Konsumgüterbereichs). Angedeutet wird gleichzeitig die unterschiedliche Bedeutung der einzelnen Instrumente im Rahmen einer strategischen bzw. taktischen (operativen) Marketingplanung.

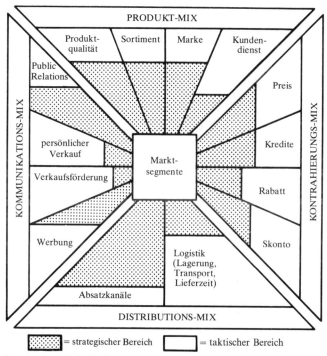

Abb. 129 System der Marketinginstrumente

Die skizzierten Marketinginstrumente, auf die im einzelnen noch einzugehen sein wird (vgl. S. 279 ff.), können neben ihrer Zugehörigkeit zu einem der vier Submixe zusätzlich wie folgt klassifiziert werden:

- Im Hinblick auf die **Zwangsläufigkeit des Einsatzes** lassen sich obligatorische und dispositive Instrumente unterscheiden. Obligatorische Instrumente sind beispielsweise Produkt- und Preisgestaltung; dispositive Instrumente, die nicht unbedingt eingesetzt werden müssen, werden entsprechend etwa durch die Verkaufsförderung oder die Rabattpolitik repräsentiert.
- Nach dem **Grad ihrer Beeinflussung** lassen sich Marketinginstrumente einteilen in solche, die kurzfristig variierbar sind (z. B. Verkaufsförderung oder i. d. R. der Preis) und in solche, bei denen Veränderungen nur langfristig möglich sind (z. B. Absatzwege).
- In bezug auf die **Fristigkeit ihrer Wirkung** ist zu unterscheiden zwischen Marketinginstrumenten, die (obwohl u. U. kurzfristig beeinflußbar) sich in ihrer Wirkung erst langfristig voll entfalten (z. B. Werbung und Public Relations) und solchen, die nur kurzfristig wirkende Elemente aufweisen (z. B. die Verkaufsförderung und in bestimmten Grenzen die Preispolitik).

- Nach ihrer **Bedeutung im Marketingmix** lassen sich Kern- und Zusatzinstrumente unterscheiden. Kerninstrumente dominieren im Marketingmix (so etwa die Preispolitik beim Discounter oder die Werbung bei Waschpulver), während Zusatzinstrumente eine diesbezüglich nur ergänzende Funktion haben.

4. Marketingforschung zur Unterstützung der Absatzplanung

Grundlage für die Erarbeitung, Implementierung und Prüfung von Marketing-Konzeptionen ist die **Marketing-Forschung**. Sie beinhaltet die Beschaffung und Aufbereitung solcher Informationen, die für die Identifikation und Lösung von Marketing-Problemen relevant sein können. (*Nieschlag/Dichtl/Hörschgen* 1991). Sie unterscheidet sich von dem in diesem Zusammenhang ebenfalls häufig verwendeten Begriff der **Marktforschung** nach *Meffert* (1989) dadurch, daß in ihr Untersuchungsobjekt nur die Absatzmärkte der Unternehmung eingehen, dafür aber zusätzlich auch die Wirkungen von Marketingaktivitäten und die Erforschung innerbetrieblicher Sachverhalte in die Analyse mit einbezogen werden (vgl. Abb. 130).

Marketingforschung (Absatzforschung)		
Marketingaktivitäten, z. B.:	Absatzmarkt, z.B.:	Beschaffungsmärkte:
Distributionsforschung Preisforschung Werbeforschung	Marktpotential Absatzpotentiale einer Unternehmung	Arbeitsmarkt
innerbetriebliche Sachverhalte, z.B.:	Marktvolumen	Kapitalmarkt
Vertriebskostenanalyse Kapazitätsprogramme Lagerprobleme		Rohstoffmarkt
	Marktforschung	

Abb. 130 Abgrenzung zwischen Marketingforschung und Marktforschung

Im Mittelpunkt der **Marketing-Forschung** steht also die Gewinnung und Analyse solcher Daten, die zur Fundierung von Entscheidungen über den optimalen Einsatz der Marketing-Instrumente erforderlich sind. Hierbei handelt es sich überwiegend um Informationen über

(1) volkswirtschaftliche Rahmenbedingungen
(2) die Absatzmöglichkeiten für bestimmte Produkte
(3) das Verhalten der Käufer, Konkurrenten und Absatzmittler
(4) die interne Unternehmenssituation.

Zu (1): Informationen über **volkswirtschaftliche Rahmenbedingungen** beziehen sich auf den **Trend** der wirtschaftlichen Entwicklung, den **Konjunkturverlauf** sowie auf spezifische **saisonale** Faktoren. Interessierende Größen sind hier die (zukünftige) Entwicklung des Sozialprodukts, der Sparquote, des Zinsniveaus, des Geldwerts, der Beschäftigung u.v.a. mehr. Solche hochaggregierten wirtschaftlichen

Globalgrößen sind dabei natürlich – soweit möglich – **branchenmäßig** und **sektoral aufzuspalten**, denn nur so ergibt sich ein differenziertes Bild von den Rahmenbedingungen, die Bedeutung für die Absatzplanung der einzelnen Unternehmung haben.

Zu (2): Informationen über die **Absatzmöglichkeiten** bestimmter Produkte sind das Ergebnis spezieller Absatzprognosen. Deren Gegenstand bilden vor allem die zukünftige Entwicklung von Markt- und Absatzpotential, Markt- und Absatzvolumen sowie des Marktanteils einer Unternehmung (vgl. Abb. 131, nach *Meffert* 1989, S. 216).

- Das **Marktpotential** umschreibt die Aufnahmefähigkeit eines Marktes (Gesamtheit möglicher Absatzmengen) für ein bestimmtes Produkt.

- Das **Absatzpotential** ist der maximal mögliche Anteil am Marktpotential, den die Unternehmung auf sich vereinigen zu können glaubt.

- Das **Marktvolumen** bestimmt sich aus der realisierten (prognostizierten) Absatzmenge bzw. dem Umsatz einer Branche oder einer Produktart.

- Das **Absatzvolumen** ist die Gesamtheit des getätigten (prognostizierten) Absatzes bzw. Umsatzes einer Unternehmung.

- Der **Marktanteil** einer Unternehmung errechnet sich aus dem Verhältnis des Absatzvolumens zum Marktvolumen.

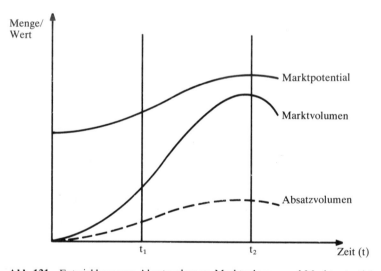

Abb. 131 Entwicklung von Absatzvolumen, Marktvolumen und Marktpotential

Aus Abb. 131 läßt sich erkennen, daß **auf stark wachsenden Märkten** (t_1) Marktpotential und Marktvolumen noch erheblich auseinanderklaffen. Infolge des nicht ausgeschöpften Marktpotentials ist es für die einzelne Unternehmung möglich, hohe Steigerungsraten des Absatzvolumens auch dann zu erzielen, wenn sich die Marktanteile nur unwesentlich verändern. Anders ist dies dagegen auf **gesättigten, stagnierenden Märkten**, wo Marktpotential und Marktvolumen eng zusammenliegen und wesentliche Zuwachsraten im Absatz oder Umsatz der einzelnen Unternehmung grundsätzlich nur noch durch Erhöhung der Marktanteile realisierbar sind.

Zu (3): Die Erforschung des **Käufer-, Konkurrenten- und Absatzmittlerverhaltens** ist der zentrale Ausgangspunkt aller Überlegungen im Rahmen der Absatzplanung. Denn optimale Entscheidungen über den Einsatz der Marketinginstrumente können nur getroffen werden, wenn die möglichen Verhaltensreaktionen der Marktparteien vorhergesagt werden können. *Gutenberg* (1984) unterscheidet hier drei Fälle:

- Reaktionen der Käufer auf Aktionen oder Reaktionen der Unternehmung,
- Reaktionen der Wettbewerber auf Aktionen oder Reaktionen der Unternehmung, oder auf Aktionen der Käufer,
- Reaktionen der Unternehmung auf Aktionen oder Reaktionen der Wettbewerber, oder auf Aktionen der Käufer.

Die Analyse des **Käuferverhaltens** spielt besonders auf Konsumgütermärkten eine entscheidende Rolle. Fragen, die hier gestellt (und beantwortet) werden müssen, sind etwa:

- Welche Formen des Konsumentenverhaltens (Rationalverhalten, Gewohnheitsverhalten, Impulsverhalten) sind für die Produkte der Unternehmung merkmalstypisch?
- Welche charakteristischen Eigenschaften weisen Käuferstruktur, Einkaufshäufigkeit und -intensität auf?
- Welche Motive und Einstellungen sind dominierend für die Kaufentscheidung?

Für die **Konkurrenzanalyse** sind entsprechend drei Fragenkomplexe von besonderer Bedeutung:

- Über welche sachlichen und personellen Ressourcen verfügt der Konkurrent?
- Welche Ziele, Marketingstrategien und taktischen Pläne verfolgt der Konkurrent?
- In welchem Ausmaß werden die Produkte der Unternehmung durch Konkurrenzprodukte substituiert?

Für die Analyse des **Verhaltens der Absatzmittler** (des Handels) stehen ebenfalls Fragen nach deren Ressourcen, Zielen und Strategien im Vordergrund. Hinzu treten aber noch handelsspezifische Fragestellungen, wie etwa:

- Welche Marketingfunktionen werden vom Handel übernommen?
- Welche Kooperationsbereitschaft zeigt der Handel bzw. welche Konflikte bestehen im Distributionskanal?

Zu (4): Informationen über die **interne Unternehmenssituation** schließlich betreffen die Liquiditätslage, die Höhe und Struktur der Vertriebs- und Produktionskosten, die Kapazitäten, Lagerbestände u. v. a. mehr. Solche Informationen sind z. B. erforderlich, um zu wissen, was in welcher Menge verkauft werden kann, welche Erlöse mindestens zu erzielen sind oder welche finanziellen Mittel für das Marketingbudget zur Verfügung gestellt werden können.

Zur **Beschaffung** erforderlicher Informationen kommen grundsätzlich primäre und sekundäre **Informationsquellen** in Betracht. **Primärforschung** bezeichnet die Erhebung originärer problembezogener Daten zum Zeitpunkt der Entscheidungsfindung. Methoden zur Gewinnung solcher unmittelbar für eine Problemlösung relevanten Daten stellen Befragungen, Beobachtungen und Markttests dar.

Befragungen können sich an Mitarbeiter, Kunden oder potentielle Abnehmer richten und Mitarbeiter des eigenen Hauses wie auch durch extern Beauftragte (z. B. Meinungsforschungsinstitute) durchgeführt werden. **Beobachtungen** beziehen sich darauf, wie aktuelle und potentielle Abnehmer auf eigene oder auf absatzpolitische Maßnahmen der Konkurrenz reagieren oder sie betreffen Verhaltensweisen der wichtigsten Wettbewerber. Wesentlich aufwendiger, aber auch aussagefähiger stellt sich dagegen der **Markttest** dar. Er bezeichnet das probeweise Angebot eines bestimmten Produktes auf einem räumlich abgegrenzten Markt.

Im Gegensatz zur Primärforschung handelt es sich bei der **Sekundärforschung** um die Aufbereitung bereits vorhandener Informationen. Diese werden nicht für die jeweilige Problemstellung erhoben, sondern sind entweder im Unternehmen bereits für andere Zwecke vorhanden oder wurden von Organisationen, Verbänden und Behörden gesammelt und veröffentlicht.

Die wichtigste interne Informationsquelle stellt dabei das innerbetriebliche Rechnungswesen dar. Darüber hinaus kommen Absatzstatistiken, Archive und Kundenkarteien als interne Informationsquelle in Frage. Externes sekundärstatistisches Material erhält man aus amtlichen Statistiken von Bund, Ländern und Gemeinden sowie aus Veröffentlichungen der Wirtschaftsverbände und wirtschaftswissenschaftlichen Institute. Branchenspezifischer fallen demgegenüber Artikel in Fachzeitschriften, Verbandsmitteilungen und Branchenberichte aus.

Die Marketing-Forschung beschränkt sich aber nicht nur auf die Beschaffung der relevanten Informationen. Denn die Interpretation der Untersuchungsergebnisse setzt eine **Analyse der vorhandenen Daten** voraus. Insofern gehört es ebenfalls zu ihren Aufgaben (*Nieschlag/Dichtl/Hörschgen* 1991),

- die gewonnene Fülle von Einzeldaten auf das Wesentliche zu reduzieren,
- Zusammenhänge zwischen den Daten aufzudecken,
- die Repräsentativität der Ergebnisse zu überprüfen,
- von den vorliegenden Daten auf zukünftige Entwicklungen zu schließen.

Als Methoden zur Aufbereitung und Auswertung vergangenheitsorientierter Daten kommen zahlreiche **statistische Verfahren** (z. B. Regressionsanalyse, Diskriminanzanalyse, Clusteranalyse etc.) in Frage. Primäres Anliegen der Marketing-Forschung ist es allerdings, zukunftsbezogene Entscheidungen mit Informationsmaterial zu unterstützen. Insofern reicht eine Analyse historischer Daten allein nicht aus. Vielmehr ist es erforderlich, von vergangenheitsorientierten Informationen auch auf zukünftige Ereignisse zu schließen. Als **Prognosemethoden** kommen hierfür Entwicklungsprognosen, Kausalprognosen oder Projektionen in Betracht.

Entwicklungsprognosen projezieren vorhandene Zeitreihen in die Zukunft und begnügen sich dabei mit der Zeit als alleinige Erklärungsgröße für die Einflüsse der Umwelt. **Kausalprognosen** unterstellen dagegen, daß die diagnostizierte Wirkung bestimmter Marketing-Instrumente auch für die Zukunft gilt. Demgegenüber bezeichnen **Projektionen** qualitative Schlußfolgerungen aus primärstatistischen Datenmaterial. Sie basieren auf Erfahrungen und subjektiven Einschätzungen der beteiligten Personen.

5. Das Problem der Optimierung des Marketingmix

Auf der Grundlage einer effizienten Marketingforschung können die verschiedenen Marketinginstrumente gezielt eingesetzt werden. Mit dem Zusatz „gezielt" ist dabei zweierlei gemeint:

- Die zur Verfügung stehenden Instrumente sind so **aufeinander abgestimmt** einzusetzen, daß vorgegebene Marketingziele bestmöglich realisiert werden (**Optimierungsproblem**).

- Die Instrumente sind gezielt auf bestimmte **Marktsegmente** hin einzusetzen. Marktsegmente sind dabei homogen definierte Käuferschichten, die nach sozioökonomischen, geographischen und psychologischen Kriterien gruppiert sein können **(Marktsegmentierungsproblem)**.

Die Ermittlung eines optimalen Marketingmix erweist sich im allgemeinen als außerordentlich schwierig, da folgende Probleme ein Optimum verhindern (vgl. *Nieschlag/Dichtl/Hörschgen* 1991):

(1) Die **Vielzahl von Kombinationsmöglichkeiten**: z. B. gibt es schon bei Vorliegen von fünf absatzpolitischen Maßnahmen mit jeweils drei Ausprägungen $3^5 = 243$ verschiedene Kombinationsmöglichkeiten.

(2) **Interdependenzen zwischen den einzelnen absatzpolitischen Instrumenten:** Die Beziehungen zwischen den Marketinginstrumenten können zum einen **substitutiver Art** sein, indem sich die Instrumente vollständig oder teilweise ersetzen, zum anderen können **komplementäre Beziehungen** auftreten, wenn sich die Wirkungen der Instrumente gegenseitig ergänzen. Die Schwierigkeit hierbei besteht in der Erfassung der Interdependenzen und in der Quantifizierung ihrer Wirkungen.

(3) **Ausstrahlungseffekte:** Die Durchführung einer absatzpolitischen Maßnahme beeinflußt nicht nur den beabsichtigten Bereich, sondern auch gleichzeitig andere Produktmärkte, Unternehmensbereiche oder Zielgruppen, genauso wie sich die Wirkungen auch auf nachgelagerte Perioden ausdehnen können. (Beispielsweise gewinnt man durch gezielte Anstrengungen auf dem Jugendmarkt die Stammkundschaft von morgen.)

(4) **Die Prognose der Wirkung absatzpolitischer Maßnahmen:** Die Umweltreaktionen unterliegen im Entscheidungszeitpunkt prinzipiell der Ungewißheit.

Modelle, die den Einsatz der Marketinginstrumente (bezogen auf einzelne Marktsegmente) insgesamt zu optimieren suchen, sind von *Gutenberg, Kotler, Dorfmann-Steiner, Krelle* u.a. entwickelt worden. Ohne auf diese Ansätze nun eingehen zu wollen, mag es hier genügen, die Grundgedanken einer **Optimierung des Marketingmix** vorzutragen.

Um die Gedankenführung übersichtlich zu halten, erfolgt die Analyse in drei Stufen:

(a) Es wird zunächst nach dem Absatzpreis gefragt, bei dem der Gewinn der Unternehmung in der Planungsperiode
- bei gegebener Preis-Absatzfunktion und
- gegebener Kostenfunktion

maximiert ist (= **optimale Preispolitik**).

(b) Die übrigen Marketinginstrumente werden unter dem gemeinsamen Begriff „präferenzpolitische Instrumente" zusammengefaßt. Die Ausgaben für den Einsatz dieser Instrumente werden im Marketing-Budget zusammengefaßt, und gefragt wird nach dem **optimalen (= gewinnmaximalen) Volumen des Marketing-Budgets**.

(c) Mit der Fixierung der optimalen Höhe der Gesamtausgaben für das Marketingmix (mit Ausnahme der Preise als Aktionsparameter) noch nicht gelöst ist die optimale Aufteilung des Marketing-Budgets auf die verschiedenen Instrumente des Marketingmix. Gefragt ist nach der **gewinnmaximalen Kombination** der **Marketinginstrumente** bei gegebenem Budgetvolumen.

Durch diese schrittweise Behandlung des Problems der Optimierung des Marketingmix werden natürlich eine Reihe wichtiger Interdependenzen zerschnitten. Letztlich müßten alle drei Fragestellungen **simultan** (und wenn möglich, im Rahmen einer **dynamischen Analyse**) gelöst werden.

Zu (a): Zur Ermittlung des gewinnmaximalen Preises wird von der **Preis-Absatzfunktion** ausgegangen (die für ein einheitliches Marktsegment und einen gegebenen Planungszeitraum definiert ist). **Sie stellt eine funktionale Beziehung zwischen dem Absatzpreis p und der erzielbaren Absatzmenge M in der Planungsperiode dar.** Im „Normalfall" wird von einer fallenden Preis-Absatzfunktion auszugehen sein, die zum Ausdruck bringt, daß die erzielbare Absatzmenge umso kleiner (größer) ist, je größer (kleiner) der Preis ist.

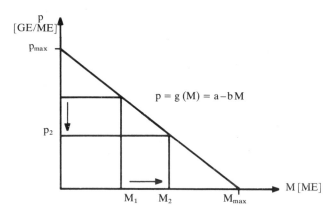

Abb. 132 „Normalfall" einer linear sinkenden Preis-Absatzfunktion

Abb. 132 gibt eine solche Preis-Absatzfunktion

(1) $$p = g(M) = a - bM$$

wieder. p_{max} repräsentiert dabei den sog. Prohibitivpreis und M_{max} die Sättigungsmenge.

Da der Umsatz U_T in der Planungsperiode das Produkt aus Absatzmenge und Preis ist, hat der Preis eine zweifache Wirkung auf diesen Umsatz, wie das in Formel (2) skizziert ist.

(2) $$U_T(M) = \boxed{p(M)} \cdot M$$

Das Umsatzmaximum läßt sich nun wie immer bestimmen, indem die erste Ableitung der Umsatzfunktion (2) gleich null gesetzt wird. Der dazugehörige umsatzmaximale Preis ergibt sich graphisch aus dem Schnittpunkt der Grenzumsatzfunktion mit der M-Achse (vgl. Abb. 133).

Der umsatzmaximale Preis ist aber in aller Regel nicht gleich dem gewinnmaximalen Preis. Um diesen zu bestimmen, muß die allgemeine Optimumbedingung

(3) $$\underbrace{\frac{d\,U_T(M)}{dM}}_{\text{Grenzumsatz }(U_T')} = \underbrace{\frac{d\,K_T(M)}{dM}}_{\text{Grenzkosten }(K_T')}$$

erfüllt sein. Denn es ist einsichtig, daß es sich nur solange lohnt, den Preis zu senken, bis der Mehrumsatz noch nicht von den zusätzlichen Kosten dieses Mehrumsatzes kompensiert wird. Analytisch ergibt sich der Zusammenhang (3) bekanntlich aus der gleich null gesetzten ersten Ableitung der Gewinnfunktion (4).

(4) $\quad\quad\quad\quad G_T = U_T(M) - K_T(M)$

Abb. 133 veranschaulicht die Unterschiede zwischen dem umsatzmaximalen Preis $p_{U_{max}}$ und dem gewinnmaximalen Preis $p_{G_{max}}$ für den Fall, daß die Grenzkosten K'_T (GE/ME) konstant sind.

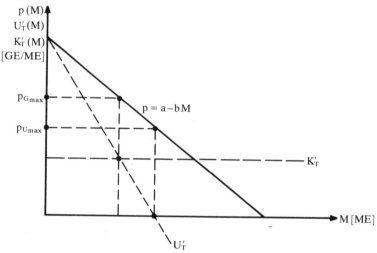

Abb. 133 Bestimmung des umsatz- und gewinnmaximalen Preises bei gegebener Preis-Absatz- und Kostenfunktion

Zu (b): Die bisherige Analyse ging von einer gegebenen Preis-Absatzfunktion aus. Das bedeutet – und darüber sollte man sich stets bewußt sein –, daß die übrigen Marketinginstrumente (und natürlich auch alle sonstigen Einflußgrößen) konstant gesetzt sind. Verändert man nun diese Parameter, d.h. betreibt eine Unternehmung aktiv **Präferenzpolitik**, so verändert sich in der Regel auch die Preis-Absatzfunktion. Und zwar ist der erfolgreiche Einsatz präferenzpolitischer Instrumente dadurch gekennzeichnet (vgl. Abb. 134),

· daß sich die Preis-Absatzfunktion nach rechts verschiebt (so daß die Unternehmung bei gleichem Preis mehr verkaufen kann bzw. den gleichen Absatz bei einem höheren Preis erzielt) und/oder

· daß die Preis-Absatzfunktion steiler verläuft (so daß die Nachfrage gegenüber Preiserhöhungen unelastischer wird).

Überlegungen zur optimalen Höhe des Marketing-Budgets, das die Ausgaben für den Einsatz der präferenzpolitischen Instrumente (Werbung, Kundendienst usw.) enthält, sollen nun in Anlehnung an *Kotler/Bliemel* (1991) dargestellt werden.

Analog zum Konzept der Preis-Absatzfunktion wird unterstellt, daß eine Beziehung zwischen der Höhe des Marketing-Budgets pro Planungsperiode und dem

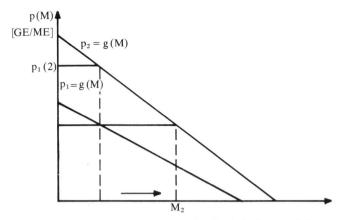

Abb. 134 Veränderung der Preis-Absatzfunktion durch Präferenzpolitik

erzielbaren Umsatz (bei gegebenem Absatzpreis) hergestellt werden kann. Eine solche Beziehung wird als **Umsatzreaktionsfunktion** bezeichnet. In der Abb. 135 wird angenommen, daß nach Überwindung eines unteren Schwellenwerts für das Budget ein ertragsgesetzlicher (s-förmiger) Verlauf der Umsatzreaktionsfunktion existiert.

Die Bruttogewinnfunktion erhält man durch Abzug aller Nicht-Marketingkosten (Produktionskosten, Verwaltungskosten) von der Umsatzfunktion. Um zur

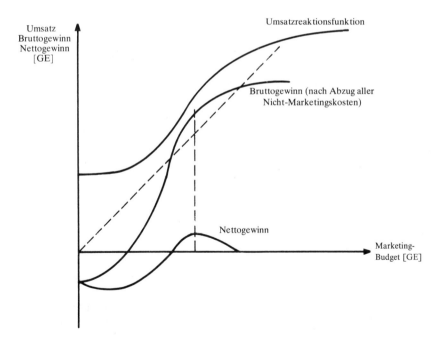

Abb. 135 Bestimmung des optimalen Marketingbudgets

Nettogewinnfunktion zu kommen, müssen zusätzlich die Marketingkosten abgesetzt werden. Letztere werden durch eine 45°-Linie wiedergegeben, wenn die Skalierung der Koordinatenachsen in identischen Dimensionen erfolgt. Dort, wo die Nettogewinnfunktion ihr Maximum erreicht, liegt die optimale Höhe des Marketing-Budgets.

Allgemein läßt sich die Bedingung für das optimale Marketing-Budgetvolumen wie folgt formulieren: **Der Nettogewinn aus dem Einsatz der Präferenzpolitik ist dann maximal, wenn die hierdurch bewirkte Grenzzunahme des Umsatzes (= Grenzbruttogewinn nach Abzug aller Nicht-Marketingkosten) gerade so hoch ist wie der Grenzzuwachs des Marketing-Budgets.**

Zu (c): Mit der Optimierung des Budgetvolumens ist das Problem der optimalen Kombination der Marketinginstrumente noch nicht gelöst. Hierzu bedarf es ergänzender Überlegungen, die jedoch in ihrem Wesenskern nicht neu sind. Denn geht man von der bereits angesprochenen (zumindest partiellen) Substituierbarkeit der verschiedenen Marketinginstrumente aus, d.h., wird angenommen, daß alternative Marketingmix-Kombinationen zum gleichen Ergebnis führen können, läßt sich diese dritte Problemstellung des optimalen Marketingmix grundsätzlich mit dem Instrumentarium lösen, das bereits bei der Produktionsaufteilungsplanung auf der Basis substitutionaler Produktionsfaktoren verwendet wurde (vgl. S. 223 ff.).

Ebenso wie dort lassen sich zwei Fragestellungen unterscheiden:

[1] Das Volumen des Marketing-Budgets ist vorgegeben und gefragt ist nach der Kombination der Marketinginstrumente, die den Gewinn insgesamt maximiert.

[2] Der Einsatz eines Marketinginstruments wird variiert, während alle anderen konstant gesetzt sind. Gefragt ist nach der Entwicklung des Umsatzes und Gewinns in Abhängigkeit des variablen Marketinginstruments.

Die zweite Fragestellung entspricht derjenigen, die im Zusammenhang mit der optimalen Preispolitik bei gegebener Preis-Absatzfunktion diskutiert wurde (vgl. S. 257 f.). Daher soll nur die erste Fragestellung näher betrachtet werden. Zur Vereinfachung wird von dem Fall ausgegangen, daß lediglich zwei präferenzpolitische Instrumente (z.B. Werbung und Verkaufsförderung) zur Disposition stehen. Desgleichen bleibt die Analyse auf die graphische Lösung des Problems beschränkt.

Es sei angenommen, daß eine Funktion existiert, die den Bruttogewinn (= Umsatz abzüglich aller Nicht-Marketingkosten) der Unternehmung in der Planungsperiode in Abhängigkeit von der Höhe des Werbeetats und des Verkaufsförderungsbudgets definiert. Sofern beide Instrumente zumindest in Grenzen austauschbar sind, läßt sich in einem solchen Fall jedem Gewinnniveau G_i eine Vielzahl von Marketingmix-Kombinationen zuordnen. Der geometrische Ort aller dieser Kombinationen wird bekanntlich als Isoquante (**Iso-Gewinnkurve**) bezeichnet, und solche Isoquanten existieren dann für jedes Gewinnniveau (vgl. Abb. 136).

Die gewinnmaximale Kombination der beiden präferenzpolitischen Instrumente ist gegeben, wenn mit dem gegebenen Marketingbudgetvolumen ein höchstmöglicher Bruttogewinn erzielt wird. Dazu wird eine **Budgetlinie** in das Koordinatensystem (Abb. 136) eingezeichnet, die die bei gegebenem Budgetvolumen mögliche Kombinationen von Werbung und Verkaufsförderung repräsentiert. Diejenige Kombination, die nun die am weitesten vom Koordinatenursprung entfernt liegende Iso-Gewinnkurve gerade berührt, kann als optimal bezeichnet werden.

Da für die gewinnmaximale Kombination der Marketinginstrumente gelten

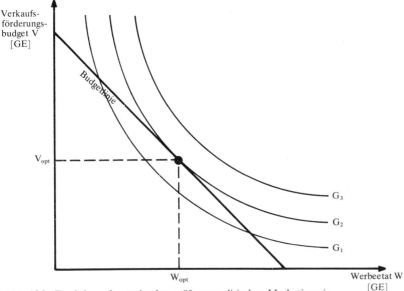

Abb. 136 Ermittlung des optimalen präferenzpolitischen Marketingmix

muß, daß durch eine Substitution der Instrumente keine weiteren Gewinnzuwächse erzielt werden können, müssen deren Grenzbruttogewinne im Optimum gleich hoch sein. Allgemein gilt also als Bedingung für das optimale Marketingmix:

Bei gegebenem Budgetvolumen sind die finanziellen Mittel so auf die Marketinginstrumente aufzuteilen, daß mit allen Instrumenten der gleiche Grenzbruttogewinn erzielt wird.

Ausgehend von der nunmehr erfolgten grundsätzlichen Analyse des Optimierungsproblems in der Absatzplanung, stehen im folgenden die einzelnen Marketinginstrumente mit ihren individuellen Charakteristika im Vordergrund. Dazu wird – wie bisher schon geschehen – das Marketingmix-Instrumentarium in die **Preispolitik** einerseits und in die **Präferenzpolitik** andererseits eingeteilt (letztere bestehend aus den Restelementen der Produkt- und Sortimentspolitik, ferner der Kontrahierungspolitik, der Distributionspolitik sowie der Kommunikationspolitik).

Fragen und Aufgaben zur Wiederholung (S. 243–261)

1. Welche Bedeutung hat das Bestehen einer Verkäufer- bzw. Käufermarktsituation für Absatzentscheidungen einer Unternehmung?
2. Welche Merkmale sind typisch für die Konzeption des Marketing?
3. Inwiefern kann ein Unternehmen aktiv auf veränderte Marktbedingungen Einfluß nehmen?
4. Skizzieren Sie das System der Marketinginstrumente. Nehmen Sie dabei eine Gliederung in 4 Hauptbereiche vor!
5. Auf welche Weise kann die Marketing-Konzeption eines Unternehmens dazu beitragen, ein Eindringen der Konkurrenz in bestehende Geschäftsverbindungen zu verhindern?

6. Durch welche Merkmale unterscheiden sich Business- und Non-Business-Marketing?
7. Erläutern Sie die verschiedenen Formen des Non-Business-Marketing anhand von mindestens vier Beispielen!
8. Wieso nimmt das Bankmarketing eine Sonderstellung im Rahmen des Dienstleistungsmarketing ein?
9. Kennzeichnen Sie die Besonderheiten des Investitionsgütermarketing!
10. Welche Marketinginstrumente finden besonders im Konsumgütermarketing Anwendung?
11. Unterscheidet sich das Marketing des Handels in bezug auf Hersteller und Endverbraucher?
12. Welche Faktoren können die Marktorientierung eines Unternehmens einschränken?
13. Inwieweit kann die Gesundheitspolitik eines Landes Einfluß auf die Marketing-Konzeption eines Betriebes nehmen?
14. Welche Ansatzpunkte bietet das GWB zur Erhaltung eines leistungsgerechten Wettbewerbs?
15. Erläutern Sie die Konsequenzen, die der Konzentrationsprozeß im Handel auf die Wettbewerbssituation ausübt!
16. Nennen Sie Marketing-Aktivitäten von Unternehmen, die den Belangen der Verbraucher zuwiderlaufen!
17. Bietet die Primär- oder die Sekundärforschung bessere Marketinginformationen?
18. Welche Methoden kommen zur Datenanalyse in Betracht?
19. Nennen Sie Faktoren, die Einfluß auf den Standort eines Unternehmens ausüben können und erläutern sie deren Bedeutung!
20. Welche Informationen müssen einem gezielten Einsatz der Marketinginstrumente zugrundeliegen?
21. Grenzen Sie die Begriffe Marktpotential, Marktvolumen und Marktanteil voneinander ab!
22. Welche Fragen hat eine Analyse des Käuferverhaltens zu beantworten?
23. Welche Informationen sollen im Rahmen der Konkurrenzanalyse gewonnen werden?
24. Worin unterscheiden sich Marketing- und Marktforschung?
25. Welche Probleme hat eine Planung des optimalen Marketingmix zu lösen?
26. Wie wird bei gegebener Preis-Absatz- und Kostenfunktion eine optimale Preispolitik festgelegt? Unterscheiden Sie dabei einen umsatz- und gewinnmaximalen Preis!
27. Wodurch ist der erfolgreiche Einsatz präferenzpolitischer Mittel gekennzeichnet?
28. Erläutern Sie den Begriff „Umsatzreaktionsfunktion", und diskutieren Sie deren s-förmigen Verlauf!
29. Welche Bedingung gilt für das Optimum des Marketing-Budgetvolumens?
30. Erläutern Sie die Begriffe „Budgetlinie" und „ISO-Gewinnkurve"! Wie läßt sich graphisch die gewinnmaximale Kombination zweier präferenzpolitischer Instrumente bestimmen?

Fünftes Kapitel: Betriebliche Leistungsprozesse   263

II. Erlösplanung bei gegebener Preis-Absatzfunktion

1. Das preispolitische Entscheidungsfeld
2. Klassische Preistheorie
3. Praxisorientierte Preisfestlegung

1. Das preispolitische Entscheidungsfeld

Erlösplanung ist bei gegebener Preis-Absatzfunktion gleichbedeutend mit Preispolitik. Der präferenzpolitische Mitteleinsatz, der auf eine Veränderung der Preis-Absatzfunktion gerichtet ist, bleibt dabei zunächst außer Betracht.

Wenn hier die Preispolitik aus dem System der Marketinginstrumente herausgehoben wird, dann zwar deshalb,

- weil der **Preismechanismus** in einer marktwirtschaftlichen Ordnung das fundamentale Koordinierungsinstrument ist und
- weil preispolitische Entscheidungen für die einzelne Unternehmung nie zweitrangig sein können, da der Preis sowohl die **Wert-** als auch die **Mengenkomponente des Umsatzes** berührt,

aber gleichzeitig wird sehr wohl gesehen, daß der Preis nur eine Aktivität in einem Spektrum von Instrumenten darstellt. Die Preispolitik ist insofern nicht individuell zu optimieren, sondern möglichst wirkungsvoll in das Marketingmix einzuordnen.

Anlässe für Preisentscheidungen sind nach *Kotler, Bliemel* (1991):

- die erstmalige Festlegung eines Preises, welche bei Neuprodukten, Eintritt in neue Märkte und bei Ausschreibungen für öffentliche oder private Aufträge notwendig ist;
- Preisanpassungen aufgrund von Nachfrage- und/oder Kostenänderungen, initiiert durch die Unternehmung oder die Konkurrenz;
- die Einleitung von Sonderaktionen zur Stützung der Nachfrage;
- die Ermittlung des optimalen Preisverhältnisses von Produkten innerhalb einer Produktlinie.

Preispolitische Überlegungen, die in solchen und ähnlichen Anlässen angestellt werden, haben sich in erster Linie am **Markt** zu orientieren, wenngleich man in der Regel ohne die Ergebnisse der **Kostenrechnung** und **Kalkulation** (vgl. S. 613 ff.) gewiß nicht ganz auskommen wird. Diese spezifische Marktorientierung der Preispolitik schlägt sich dabei etwa in Fragen folgender Art nieder (*Nieschlag/Dichtl/ Hörschgen* 1991):

- Wie schätzt der Abnehmer das Produkt ein?
- Welchen Ruf besitzt der Anbieter, wie hoch ist sein akquisitorisches Potential?
- Welchen Preis ist der Käufer (Mieter) zu zahlen bereit?
- Welche Spannen fordert der Handel, damit er das Produkt in sein Sortiment aufnimmt und sich für dessen Absatz einsetzt?
- Welcher autonome (reaktionsfreie) preispolitische Spielraum besteht für den Anbieter?
- Empfiehlt es sich, einen psychologischen Preis (z.B. DM 1,98 statt DM 2,-) zu wählen?
- Haben sich auf dem fraglichen Markt bestimmte Preisklassen herausgebildet, in die das Produkt zweckmäßigerweise einzuordnen ist?
- Empfiehlt es sich, eine neue Preislage zu schaffen, in die das Produkt unter Berücksichtigung von Qualität und Image besser hineinpassen würde?

Wie aus diesen Fragen abzuleiten ist, besteht das preispolitische Entscheidungsfeld der Unternehmung aus den **Handlungsmöglichkeiten**, die bei gegebener Situation zur Verfügung stehen. Die Entscheidungssituation bestimmt sich dabei aus den preispolitischen **Zielen**, dem **Datenkranz** sowie den **Erwartungen**, die bezüglich der Konsequenzen alternativer Preisfestsetzungen gehegt werden.

Für die Preispolitik ist das Entscheidungsfeld in der Regel durch die **Preis-Absatzfunktion** definiert. Sie zeigt – um es noch einmal zu wiederholen – an, welche Mengen eines betrachteten Produkts in der Planungsperiode bei jeweils verschieden hohen Preisforderungen absetzbar sind.

In der Regel sind Preis-Absatzfunktionen statisch formuliert, d.h. der Preis und die Absatzmenge beziehen sich auf die gleiche Planungsperiode.

(1) $\quad\quad\quad p = g(M)$

Immer dann, wenn die **Erwartungen** der Nachfrager über die zukünftige Preisentwicklung eine Rolle spielen, ist jedoch eine **dynamische** Preis-Absatzfunktion zu definieren (vgl. ausführlich *Hilke* 1978).

(2) $\quad\quad\quad p_{t+1} = g(M_t)$

Bei dynamischer Betrachtung können im Fall steigender Preise die nachgefragten Mengen sich erhöhen, wenn die Nachfrager mit weiteren Preiserhöhungen rechnen. Im umgekehrten Fall brauchen Preissenkungen nicht unbedingt auch zu einer Absatzerhöhung führen, wenn die Abnehmer für die Zukunft mit weiteren Preissenkungen rechnen.

Die dynamische Preis-Absatzfunktion umschreibt also einen Ausnahmefall vom üblichen Typ der linear sinkenden Preis-Absatzfunktion. Aber auch bei statischen Funktionen können sich Ausnahmefälle ergeben, und zwar bei **psychologischen** Funktionsverläufen (vgl. *Jacob* 1971) und dann, wenn die Vermutung eines Preis-Qualitäts-Zusammenhangs besteht (sog. **Snob-Effekt**).

Diese verschiedenen Preis-Absatzfunktionstypen lassen sich durch die für sie jeweils geltende **Preiselastizität der Nachfrage** (η) präzisieren. Sie ist ein Zentralbegriff der Preispolitik und mißt die **Reaktion der Nachfrage auf Änderungen des Preises** (*Gutenberg* 1984).

Die (direkte) Preiselastizität der Nachfrage ist definiert als das Verhältnis der relativen (prozentualen) Änderung der Nachfrage M nach einem Produkt i zu der sie auslösenden relativen (prozentualen) Änderung des Preises p dieses Produktes i. Bei infinitesimaler Betrachtung also:

(3) $\quad\quad\quad \eta_{p_i;M_i} = \dfrac{dM_i}{M_i} : \dfrac{dp_i}{p_i} = \dfrac{dM_i}{dp_i} \cdot \dfrac{p_i}{M_i}$

Für den Normalfall einer linear sinkenden Preis-Absatzfunktion (4) ist die Preiselastizität (5) stets negativ.

(4) $\quad\quad\quad p_i = a - bM_i$

(5) $\quad\quad\quad \eta_{p_i;M_i} = -\dfrac{p_i}{b \cdot M_i}$

Sie bezieht sich zudem immer auf einen bestimmten Punkt der Preis-Absatzfunktion (Punktelastizität) und kann grundsätzlich alle Werte zwischen null und minus unendlich annehmen ($-\infty \leq \eta \leq 0$). Abb. 137 veranschaulicht dies für den Normalfall (a) und für die beiden Grenzfälle (b) einer vollkommen unelastischen Nachfrage ($\eta = 0$) und einer vollkommen elastischen Nachfrage ($\eta = -\infty$). Als

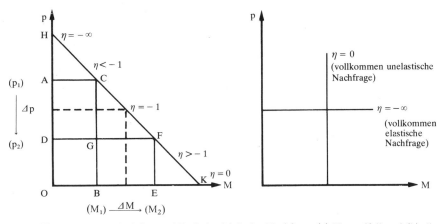

Abb. 137 Preis-Absatzfunktion und Preiselastizität der Nachfrage (a) Normalfall und (b) die beiden Grenzfälle

Bestimmungsfaktoren für die verschiedenen Ausprägungen der Nachfrageelastizität gelten dabei u.a.

- die Verfügbarkeit von Substitutionsgütern,
- die Dringlichkeit der Bedürfnisse,
- die Dauerhaftigkeit des Gutes,
- die Preislage eines Produktes.

Mithilfe der Preiselastizität der Nachfrage η läßt sich auch der bereits an anderer Stelle angesprochene Zusammenhang zwischen Preisänderung und bewirkter Umsatzveränderung (vgl. S. 257f.) beleuchten. Die Abb. 138 (nach *Meffert* 1989, S. 276) zeigt, daß die Umsatzänderung bei einer Preisveränderung davon abhängt,

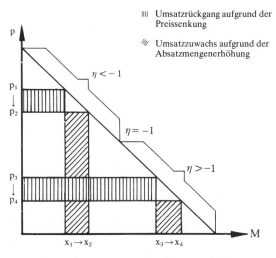

Abb. 138 Preiselastizität der Nachfrage und Umsatz

- ob $\eta > -1$ (Umsatzrückgang aufgrund der Preissenkung bzw. Umsatzsteigerung bei einer Preiserhöhung),
- ob $\eta < -1$ (Umsatzsteigerung aufgrund der Preissenkung bzw. Umsatzrückgang bei einer Preiserhöhung) oder
- ob $\eta = -1$ (Umsatz bleibt konstant, da sich die Mengenkomponente und die Preiskomponente der Preisveränderung in ihrer Wirkung auf den Umsatz gerade ausgleichen).

2. Klassische Preistheorie

Preis-Absatzfunktionen und Nachfrageelastizität werden in der klassischen Preistheorie verwendet, um die Bedingungen für optimale (= gewinnmaximale) Preise abzuleiten. „Optimal" bezieht sich dabei allerdings nur auf die durch das preistheoretische Modell beschriebenen Zusammenhänge, welche mit zum Teil stark vereinfachenden Prämissen (z.B. Einproduktunternehmen, statische Preis-Absatzfunktion, vollkommener Markt) arbeiten.

Zentrale Grundlage der klassischen Preistheorie ist die Klassifikation von Märkten. Sie erfolgt im wesentlichen nach folgenden Gesichtspunkten:

(a) **Vollkommenheitsgrad des Marktes.** Hiernach werden unvollkommene und vollkommene Märkte unterschieden. Ein Markt wird als vollkommen bezeichnet, wenn folgende **Merkmale** gegeben sind, bzw. als unvollkommen, wenn mindestens eines davon nicht vorliegt:

- Alle Marktteilnehmer handeln nach dem Maximumprinzip (Nutzenmaximierung, Gewinnmaximierung).
- Anpassungen an Datenänderungen erfolgen ohne zeitliche Verzögerung (unendlich große Reaktionsgeschwindigkeit).
- Weder auf der Angebots- noch auf der Nachfrageseite bestehen irgendwelche Präferenzen, die zu einer nicht vom Preis allein determinierten Entscheidung führen könnten (Homogenitätsbedingung).
- Schließlich herrscht vollkommene Markttransparenz, d.h. die Marktparteien sind stets vollkommen informiert.

(b) **Anzahl und Größe** (gemessen als Marktanteil) **der Marktteilnehmer.** Unterscheidet man für die Anbieter- und Nachfrageseite je drei Ausprägungen:

- viele Kleine,
- wenige Mittelgroße,
- ein Großer,

ergibt sich das bekannte morphologische **Marktformenschema** für vollkommene Märkte (vgl. Abb. 139). Für unvollkommene Märkte läßt sich dieses Schema entsprechend abwandeln. Die wichtigste Änderung ist die Verwendung des Begriffs **polypolistische** oder **monopolistische Konkurrenz** für den Fall „vieler kleiner Anbieter und Nachfrager auf einem unvollkommenen Markt".

(c) **Intensität der Konkurrenzbeziehungen.** Sie wird in der Preistheorie mit Hilfe der **Kreuzpreiselastizität** (= **Triffinscher Koeffizient**) ausgedrückt. Sie ist definiert als das Verhältnis zwischen der relativen Änderung der Nachfrage nach einem Gut zu der sie bewirkenden relativen Änderung des Preises eines anderen Gutes.

(6) $$T = \frac{dM_B}{M_B} : \frac{dp_A}{p_A}$$

Angebot Nachfrage	viele Kleine	wenige Mittelgroße	ein Großer
viele Kleine	atomistische Konkurrenz	Angebots-Oligopol	Angebots-Monopol
wenige Mittelgroße	Nachfrage-Oligopol	bilaterales Oligopol	beschränktes Angebots-Monopol
ein Großer	Nachfrage-Monopol	beschränktes Nachfrage-Monopol	bilaterales Monopol

Abb. 139 Morphologisches Marktformenschema für vollkommene Märkte

Folgende Fälle lassen sich für konkurrierende Produkte T > 0 unterscheiden:

[1] $T = 0$ (Preisänderungen von A haben keinen Einfluß auf den Absatz von B. Es liegt eine sog. **Substitutionslücke** vor).

[2] $T = \infty$ (Schon bei minimalen Preisänderungen von A verändern sich die Absatzmengen von B erheblich. Dieser Fall ist also gekennzeichnet durch äußerst enge und intensive Konkurrenzbeziehungen und wird als **homogene Konkurrenz** bezeichnet).

[3] $0 < T < \infty$ (Preisänderungen von A beeinflussen den Absatz von B nicht übermäßig stark, aber spürbar. Triffin spricht hier von **heterogener Konkurrenz**).

(d) **Verhalten der Marktteilnehmer.** Hier lassen sich drei grundsätzliche Ausprägungen unterscheiden, wobei sich gewisse Verbindungen zu den bisher genannten Merkmalen ergeben:

· Der Anbieter muß sich an den Marktpreis anpassen, d.h. er kann keine eigene aktive Preispolitik betreiben (= Mengenanpasser beim Polypol auf vollkommenem Markt).

· Der Anbieter hat die Möglichkeit, unabhängig von einer Konkurrenz allein mit Rücksicht auf die Reaktionen der Nachfrager seinen Preis zu fixieren (= Monopolsituation sowie auf unvollkommenen Märkten in Grenzen im Polypol und Oligopol).

· Der Anbieter rechnet mit Reaktionen der Konkurrenz auf seine Preispolitik (= konjunkturale Preispolitik, typisch für Oligopole auf unvollkommenen Märkten).

In den **preistheoretischen Modellen** wird üblicherweise die Klassifikation der Märkte zur Einteilung der verschiedenen Lösungsansätze verwendet. Entsprechend lassen sich etwa Monopol-, Oligopol- und Polypolmodelle der Preisbildung unterscheiden.

Die preistheoretischen Modelle des **Oligopolfalls** sind relativ am kompliziertesten. Dies rührt daher, daß die Preispolitik auf oligopolistisch strukturierten Märkten sich nur schwer in ein starres, einheitliches Schema einfügen läßt und weil oligopolistische Verhaltensweisen in der Regel nach einem dynamischen Modell der Preisbildung verlangen. Zudem sind solche Modelle auch nur von begrenztem Erklärungswert, da es für oligopolistische Märkte typisch ist, daß der Wettbewerb nicht vorrangig über den Preis, sondern über die Präferenzpolitik ausgetragen wird.

Aus diesen Gründen sollen im folgenden lediglich **drei** Modellvarianten der klassischen Preistheorie etwas näher betrachtet werden:

(a) Preispolitik bei monopolistischer Angebotsstruktur
(b) Preispolitik bei atomistischer Konkurrenz (Polypol auf vollkommenen Märkten)
(c) Preispolitik bei polypolistischer bzw. monopolistischer Konkurrenz (Polypol auf unvollkommenen Märkten).

Zu (a): Der **Monopolfall** ist gekennzeichnet durch eine linear sinkende Preis-Absatzfunktion, wie sie der Analyse auf S. 257 ff. zugrundegelegen hat. Damit gelten die dort abgeleiteten Ergebnisse auch hier. Die allgemeine Optimumbedingung für den Monopolisten lautet entsprechend

$$\text{Grenzumsatz} = \text{Grenzkosten},$$

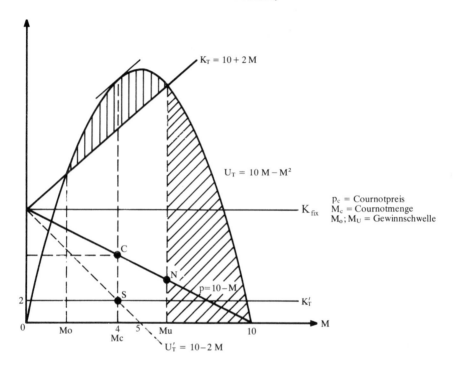

1	2	3	4			5	6	7
Preis p	nachge-fragte Menge M	Umsatz $U_T(M)$	Kosten			Gewinn	Grenz-umsatz $U_T'(M)$	Grenz-kosten $K_T'(M)$
			K_f	K_v	K_T			
10	0	0	10	0	10	−10	10	2
9	1	9	10	2	12	− 3	8	2
8	2	16	10	4	14	+ 2	6	2
7	3	21	10	6	16	+ 5	4	2
6	4	24	10	8	18	+ 6	2	2
5	5	25	10	10	20	+ 5	0	2
4	6	24	10	12	22	+ 2	− 2	2
3	7	21	10	14	24	− 3	− 4	2
2	8	16	10	16	26	−10	− 6	2
1	9	9	10	18	28	−19	− 8	2
0	10	0	10	20	30	−30	−10	2

Abb. 140 Zahlenbeispiel zur Bestimmung des Cournotoptimums

d.h. der monopolistische Anbieter verändert seinen Preis solange, bis der Mehrumsatz noch nicht von den zusätzlichen Kosten dieses Mehrumsatzes (bzw. der Minderumsatz noch nicht von den eingesparten Kosten dieses Minderumsatzes) kompensiert wird. Mit dem gewinnmaximalen Preis gleichzeitig festgelegt ist die gewinnmaximale Absatzmenge und damit insgesamt der gewinnmaximale Gesamterlös in der Planungsperiode. Nach *Cournot*, der diese Zusammenhänge zum ersten Mal analytisch abgeleitet hat, wird diese Konstellation auch als **Cournotoptimum** bezeichnet. Abb. 140 verdeutlicht seine Ermittlung an einem Zahlenbeispiel (*Meffert* 1989), das auch der folgenden algebraischen Ableitung des Gewinnmaximums zugrundeliegt:

(7) $\quad p = 10 - M \quad$ Preis-Absatzfunktion
(8) $\quad K_T = 10 + 2M \quad$ Kostenfunktion
(9) $\quad U_T = (10 - M)M \quad$ Umsatzfunktion

Die erste Ableitung der Kosten- und Umsatzfunktion nach M ermittelt die Grenzkosten bzw. den Grenzumsatz

(10) $\quad K_T' = \dfrac{dK_T}{dM} = 2$

(11) $\quad U_T' = \dfrac{dU_T}{dM} = 10 - 2M$

Im Optimum sind die Grenzkosten gleich dem Grenzumsatz (die Fixkosten haben keinen Einfluß auf die Lage dieses Optimums!)

(12) $\quad \begin{aligned} K_T' &= U_T' \\ 2 &= 10 - 2M \\ M_{opt} &= 4 \end{aligned}$

Der dazugehörige Cournotpreis ergibt sich durch Einsetzen von M_{opt} in die Preis-Absatzfunktion (7)

(13) $\quad p_{opt} = 10 - M_{opt} = 6$

Der gewinnmaximale Gesamterlös beziffert sich entsprechend auf

(14) $\quad U_{opt} = p_{opt} \cdot M_{opt} = 24$

Zu (b): Bei **atomistischer Konkurrenz** liegt eine Situation vor, die als Idealvorstellung des Preisbildungsprozesses in marktwirtschaftlichen Ordnungssystemen schlechthin gilt. Wie dieser Preismechanismus funktioniert, wurde in anderem Zusammenhang bereits erläutert (vgl. S. 18f.). Hier nun ist diese Grundvorstellung des sich einpendelnden Gleichgewichtspreises (der sich als Schnittpunkt zwischen Angebots- und Nachfragekurve ergibt) insofern zu präzisieren, als sie in dieser Weise nur bei atomistischer Konkurrenz auf vollkommenen Märkten in vollem Umfang Geltung besitzt.

Der einzelnen Unternehmung ist es bei atomistischer Konkurrenz praktisch unmöglich, eine autonome Preispolitik zu betreiben. Der Unternehmer muß sich vielmehr mit seiner Preisforderung an den geltenden Marktpreis (Gleichgewichtspreis) anpassen. Denn wenn er einen höheren Preis fordern würde, verlöre er gemäß den Prämissen des vollkommenen Marktes in kürzester Frist sämtliche Abnehmer. Umgekehrt lohnt es sich aber auch nicht, den Preis unterhalb des geltenden Gleichgewichtspreises zu senken. Denn dann würde die Unternehmung die Nachfrage des gesamten Marktes auf sich ziehen, die sie infolge ihrer nur geringen Größe (bei atomistischer Konkurrenz gibt es nur kleine Anbieter, die aber in großer Zahl) gar nicht befriedigen könnte.

Die Preis-Absatzfunktion verläuft bei atomistischer Konkurrenz also wegen des für den einzelnen Anbieter praktisch unbeeinflußbaren Preises parallel zur Abszissenachse in Höhe des Marktpreises $\bar{p}$. Sie ist unendlich elastisch (vgl. Abb. 141).

Die allgemeine Bedingung für das Gewinnmaximum lautet auch bei atomistischer Konkurrenz

$$\text{Grenzumsatz} = \text{Grenzkosten},$$

nur daß jetzt einige Besonderheiten zu beachten sind. Zunächst ist der Grenzumsatz bei atomistischer Konkurrenz identisch mit dem geltenden Marktpreis; denn der Umsatz verläuft proportional der Absatzmenge M. Die Bedingung für das Optimum ist also zu präzisieren in

$$\text{Grenzkosten} = \text{Preis}.$$

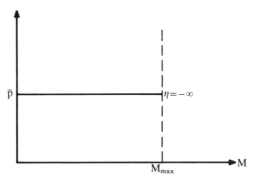

Abb. 141 Preis-Absatzfunktion bei atomistischer Konkurrenz

Das Gewinnmaximum hängt damit in erster Linie vom Verlauf der Kostenfunktion ab. Hier lassen sich vor allem zwei Verläufe unterscheiden:

- Verläuft die Kostenfunktion s-förmig (vgl. S. 226), dann existiert in der Regel ein Schnittpunkt der Grenzkostenfunktion mit der horizontal verlaufenden Preis-Absatzfunktion, der das Gewinnmaximum markiert.
- Grenzkostenfunktion und Preis-Absatzfunktion schneiden sich jedoch nicht, wenn ein linearer Kostenverlauf vorliegt. Die Grenzkosten sind hier konstant, und das Gewinnmaximum liegt für den Fall, daß $K'_T < \bar{p}$, an der Kapazitätsgrenze M_{max} (vgl. Abb. 142).

Bei linearem Gesamtkostenverlauf haben die totalen Stückkosten k_T (Selbstkosten) einen degressiven Verlauf. Hier wie in der Gesamtbetrachtung zeigt sich also, daß das Gewinnmaximum an der Kapazitätsgrenze liegt. Interessant ist im übrigen, daß bei atomistischer Konkurrenz und linearem Kostenverlauf (im Gegensatz etwa zum Monopolfall oder zum Fall atomistischer Konkurrenz bei nichtlinearem Kostenverlauf) keine Konflikte zwischen den Zielsetzungen Gewinnmaximierung, Umsatzmaximierung und Absatzmengenmaximierung bestehen. Bei allen drei Zielsetzungen liegt die optimale Situation immer an der Kapazitätsgrenze.

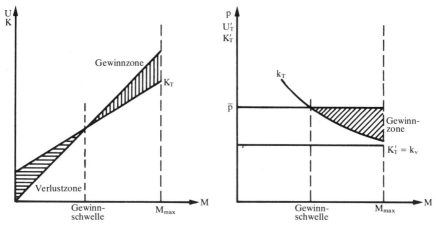

Abb. 142 Gewinnentwicklung bei atomistischer Konkurrenz und linearem Gesamtkostenverlauf

Zu (c): Der Fall **polypolistischer** bzw. **monopolistischer Konkurrenz** (auf unvollkommenen Märkten) ist in der Praxis vor allem im Einzelhandel häufig anzutreffen. Die Unternehmensgrößen sind relativ klein, und es bestehen bei den Konsumenten Präferenzen für die eine oder andere Unternehmung bzw. Marke oder Artikelgruppe, gepaart in der Regel mit einer unvollkommenen Markttransparenz.

In einem solchen Fall verfügt das einzelne Unternehmen in bestimmten Grenzen über eine individuelle Preis-Absatzfunktion, die bestimmte charakteristische Intervalle aufweist (vgl. Abb. 143):

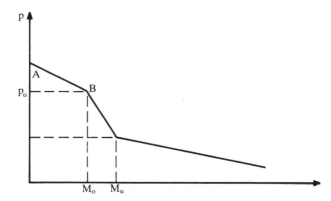

Abb. 143 „Geknickte" Preis-Absatzfunktion im Polypol auf unvollkommenem Markt

- Einen **monopolistischen Abschnitt** auf der polypolistischen Absatzkurve (Strecke $\overline{BC}$). Er wird durch die Möglichkeit begrenzt, die Preise zu erhöhen oder zu senken, ohne daß Käufer zur Konkurrenz abwandern oder angezogen werden. In diesem Bereich und auch **nur** in diesem Bereich kann sich die Unternehmung wie ein Monopolist verhalten. Entsprechend verläuft die Preis-Absatzfunktion in diesem Intervall.

- Ein **atomistischer Abschnitt** auf der polypolistischen Absatzkurve (Strecken $\overline{AB}$ und $\overline{CD}$). Dieser Bereich wird durch Über- oder Unterschreiten eines „Schwellenpreises" berührt, bei dem Zu- respektive Abwanderungen der Käufer ausgelöst werden. Der Unterschied zur atomistischen Konkurrenz auf vollkommenen Märkten besteht darin, daß diese Käuferbewegungen langsam und verzögert einsetzen. Die Preis-Absatzfunktion ist also nicht so elastisch wie dort (= d.h. deren Steigung ist flacher als im monopolistischen Abschnitt, verläuft aber nicht parallel wie bei atomistischer Konkurrenz auf dem vollkommenen Markt).

Der Abstand der Schwellenpreise p_o und p_u und der Verlauf der Kurve sind nach *Gutenberg* (1984) u.a. abhängig von

- der **Käuferbindung** an das Unternehmen,
- den **Substitutionsmöglichkeiten** durch konkurrierende Erzeugnisse sowie von
- der durchschnittlichen **Reaktionsgeschwindigkeit** der Käufer auf eine Preisänderung.

Die optimale Preisforderung wird wiederum abgeleitet aus der Bedingung

$$\text{Grenzkosten} = \text{Grenzumsatz},$$

wobei wegen des geknickten Kurvenverlaufs abschnittsweise vorzugehen ist. In der Regel wird der gewinnmaximale Preis allerdings innerhalb des monopolistischen Abschnitts der Preis-Absatzfunktion liegen. Nur in den seltensten Fällen ist es preispolitisch geboten, auf dem rechten, unteren atomistischen Kurvenabschnitt zu operieren.

3. Praxisorientierte Preisfestlegung

In der Praxis werden die Modelle der klassischen Preistheorie als wenig hilfreich angesehen, preispolitische Probleme zu lösen. Seine Ursache hat dies in erster Linie wohl in dem statischen Charakter der klassischen Modelle und in der Schwierigkeit, realitätsgetreue Preis-Absatzfunktionen für die verschiedenen Produkte eines Unternehmens abzuleiten. Preispolitische Entscheidungen in der Praxis verlangen nicht zuletzt deshalb auch stets ein relativ hohes Maß an Intuition und werden von den Unternehmern als kaum kontrollierbar und risikoreich eingestuft.

Fragt man nun danach, wie in der Praxis die Preise festgelegt werden, zeigen sich **drei** grundlegende Ansatzpunkte (*Meffert* 1989):

(a) das Prinzip der kostenorientierten Preisbestimmung,
(b) das Prinzip der nachfrage- und beschäftigungsorientierten Preisbestimmung sowie
(c) das Prinzip der konkurrenz- und branchenorientierten Preisbestimmung.

Zu (a): Unter marktwirtschaftlichen Bedingungen besteht zwischen Kosten und Preis zwar kein unmittelbarer Zusammenhang, dennoch spielen die Kosten in der Praxis verständlicherweise eine große Rolle.

Bei der **kostenorientierten Preisfestlegung** lassen sich zwei grundsätzliche Vorgehensweisen unterscheiden:

[1] Die Kalkulation des Angebotspreises aus **Selbstkosten (totalen Stückkosten) plus Gewinnzuschlag**. Die Höhe des Gewinnzuschlags wird dabei in Abhängigkeit von der Produktgruppe, der gewünschten Umsatzrendite, dem Warenumschlag, dem Absatzrisiko u.ä. festgesetzt.

Als **Vorteil** dieses Verfahrens ist insbesondere die relativ einfache Handhabung sowie die Transparenz der Preisbestimmung für den Kunden zu nennen. **Nachteilig** ist, daß mit solchen Zuschlägen in der Regel keine optimalen (= gewinnmaximalen) Preise gefunden werden können. **Gefährlich** wird ein solches

Vorgehen jedoch, wenn der Fixkostenanteil an den Gesamtkosten hoch ist und die Absatzmenge in der Planungsperiode keine Konstante ist, sondern von der eigenen Preisfestsetzung bestimmt wird.

In einem solchen Fall besteht die **Gefahr, daß sich eine Unternehmung gleichsam selbst aus dem Markt „hinauskalkuliert"**. Denn wegen der Fixkosten nehmen die Selbstkosten (totalen Stückkosten) mit rückläufiger Absatzmenge stets zu, so daß der Angebotspreis (bei konstantem oder nur unterproportional gesenktem Gewinnzuschlag) ebenfalls steigt. Dies verstärkt den Absatzrückgang noch, was wiederum die Stückkosten steigen läßt, so daß sich der Prozeß fortsetzt, solange bis der Absatz auf null gesunken ist.

Der schwedische Nationalökonom *Cassel* hat diesen Sachverhalt in einem praktischen Beispiel veranschaulicht (aus *Meffert*, 1989, S. 329).

Ein Reisebüro bestellte für mehrere aufeinanderfolgende Wochenenden Sonderzüge mit jeweils 400 Plätzen – alle 2. Klasse – bei der Bahn und verpflichtete sich, für jeden Zug 2500 DM zu zahlen. Für den ersten Sonntag setzte das Reisebüro den Fahrpreis auf 20 DM fest. Es kamen 125 Teilnehmer. Die Erlöse betrugen mit 2500 DM ebensoviel wie die Kosten (Verwaltungsgemeinkosten für entsprechende Büroarbeiten sollen vernachlässigt werden).

Da das Reisebüro aber an diesem Projekt etwas verdienen wollte, erhöhten seine Disponenten den Preis auf 30 DM. Am nächsten Sonntag nahmen 50 Personen an der Sonderfahrt teil. Das Ergebnis war also eine Einnahme von 1500 DM und damit ein Verlust von 1000 DM. Daraufhin stellten die Disponenten des Reisebüros fest, daß die Durchschnittskosten 50 DM pro Person (2500 : 50) betragen würden, ihr Unternehmen die Reisenden jedoch für nur 30 DM beförderte. Um endlich einen Gewinn zu erzielen, erhöhten sie abermals den Preis auf 60 DM mit dem Ergebnis, daß der Zug am folgenden Sonntag nur 6 Reisende beförderte. Der Verlust steigerte sich jetzt auf 2140 DM (2500 − 60 · 6).

Nach diesem Debakel traten die Disponenten erneut zusammen und verwarfen ihr Selbstkostenkonzept als unsinnig mit dem Argument, daß ihre Preisentscheidungen auf der Grundlage von Selbstkosten nur Verluste mit sich gebracht hätten. Sodann setzten sie den Preis auf 10 DM herab. Der Erfolg war überraschend. Die Zahl der Reisenden betrug bei der nächsten Sonderfahrt 400. Es entstand also ein Überschuß von genau 1500 DM. Das Erstaunlichste dieser Preisentscheidung waren aber die auf 6,25 DM pro Person (2500 : 400) gesunkenen Selbstkosten.

[2] Wenn die Fixkosten – wie das Beispiel zeigt – zum Störfaktor der kostenorientierten Preisbestimmung werden, bietet es sich an, den Preis aus lediglich den **variablen Stückkosten plus einem Bruttogewinnzuschlag** zu kalkulieren. Letzterer enthält neben dem (beabsichtigten) Gewinnanteil auch entsprechende Fixkostenanteile. Im Gegensatz zum relativ starren Kalkulationsprinzip „Selbstkosten plus Gewinnzuschlag" ist dieser Bruttogewinnzuschlag eine variable Größe, bei der nicht feststeht, wie hoch im Einzelfall der Gewinn- bzw. Fixkostendeckungsbeitrag ist. Denn es wird ja ausdrücklich auf eine Verrechnung der fixen Kosten auf die Produkte verzichtet (vgl. zu diesem Kostenrechnungskonzept S. 638 ff.). Die Nachteile der Vollkostendeckungsrechnung werden insofern auch vermieden, wenngleich für die Bestimmung des Bruttogewinnzuschlags nun zusätzliche Kriterien herangezogen werden müssen. Diese leiten sich jedoch nicht mehr allein aus Kostenüberlegungen, sondern in erster Linie aus der Nachfrage-, Beschäftigungs- und Konkurrenzsituation ab.

Bei aller Problematik des Prinzips der kostenorientierten Preisbestimmung sei eines zum Abschluß noch ausdrücklich erwähnt: Ohne Kostenüberlegungen läßt sich eine Größe nicht bestimmen, die im Sinne eines Grenzwerts für unternehmungspolitische Entscheidungen von größter Bedeutung ist: die **kostenorientierte Preisuntergrenze**.

Die **langfristige Preisuntergrenze** wird durch die totalen Stückkosten (Gewinnzuschlag = 0) bestimmt. In marktwirtschaftlichen Systemen hat eine Unternehmung auf Dauer nur dann eine Existenzberechtigung, wenn die erzielbaren Preise (wenn nicht für jedes einzelne Produkt, so doch zumindest für das Gesamtprogramm) vollkostendeckend sind. Das Prinzip vollkostenorientierter Preiskalkulation hat also in jedem Fall seine Bedeutung bei der Bestimmung dieses unteren Schwellenwerts für den (langfristig erzielbaren Durchschnitts-)Preis.

Die **kurzfristige Preisuntergrenze** wird durch die variablen Stückkosten bzw. Grenzkosten (Bruttogewinnzuschlag = 0) bestimmt. Dies ergibt sich aus der Überlegung, daß die Fixkosten kurzfristig ohnehin anfallen und daß Produkte bzw. Aufträge bei einer kurzfristigen Verschlechterung der Absatzmöglichkeiten zumindest solange noch zur Deckung der fixen Kosten beitragen können, wie der erzielbare Preis größer als die variablen Kosten ist. Erst wenn die kurzfristig erzielbaren Erlöse nur noch die hiermit in Zusammenhang stehenden Grenzkosten decken, ist die absolute kurzfristige Preisuntergrenze erreicht. Das Kalkulationsprinzip „variable Stückkosten plus Bruttogewinnzuschlag" hat seine Bedeutung also in jedem Fall für die Bestimmung dieser wichtigen Preisschwelle.

Zu (b): Das Prinzip **nachfrage- und beschäftigungsorientierter Preisbestimmung** entspricht mehr dem Wesen marktwirtschaftlicher Preispolitik als das Kostenprinzip. Es kann im Wege einer retrograden und einer progressiven Kalkulation verwirklicht werden.

[1] Bei **retrograder** Kalkulation wird gefragt, welcher Preis vom Markt akzeptiert wird. Von diesem Preis werden dann stufenweise die variablen Kosten dieses Produkts bzw. Auftrags abgezogen, bis man zur Deckungsspanne als Differenz des Preises und aller variablen Kosten (vgl. auch S. 237f.) kommt.

(15)   Bruttoerlös pro ME
         − Erlösschmälerungen pro ME

         = Nettoerlös pro ME
         − variable Produktionskosten pro ME
         − variable Vertriebskosten pro ME

         = Deckungsspanne

Ist die Deckungsspanne positiv, so liegt der erzielbare Marktpreis also über der kurzfristigen Preisuntergrenze. Die Differenz zwischen beiden deutet auf potentielle Preissenkungsspielräume zur (kurzfristigen) Belebung der Nachfrage.

[2] Bei **progressiver** Kalkulation wird umgekehrt vorgegangen, indem zuerst die variablen (Grenz-)Kosten eines Produkts oder Auftrags ermittelt werden. Auf diese wird ein nachfrageabhängiger (Bruttogewinn-)Zuschlag erhoben, der als Gewinn- und Fixkostendeckungsbeitrag zu verstehen ist. Werden von dem so bestimmten Bruttopreis die Erlösschmälerungen abgezogen, ergibt sich der Nettopreis.

(16)   variable Produktionskosten pro ME
        + variable Vertriebskosten pro ME

        = variable Kosten pro ME
        + Bruttogewinnzuschlag pro ME

        = Bruttopreis pro ME
        − Erlösschmälerungen pro ME

        = Nettopreis pro ME

Das Zentralproblem der nachfrage- und beschäftigungsorientierten Preisbestimmung besteht darin, den Bruttogewinnzuschlag (bei progressiver Kalkulation) bzw. die noch akzeptable Deckungsspanne (bei retrograder Kalkulation) zu bestimmen. Abgesehen von Einflußgrößen, die in speziellen preispolitischen Strategien zu suchen sind (vgl. hierzu S. 276 ff.), sind für beide Verfahren gleichermaßen

· der erstrebte Gewinn in der Planungsperiode,
· die Beschäftigungslage sowie
· die Höhe der fixen Kosten

von Bedeutung.

Ein außerordentlich geeignetes Instrument zur konkret rechnerischen Darstellung der Zusammenhänge zwischen den genannten Größen ist die **Gewinnschwellenanalyse (Break-Even Analyse)**.

Die Gewinnschwellenanalyse geht von in der Regel beschäftigungsabhängigen **linearen** Gesamtkosten- und Umsatzertragskurven aus und verbindet beide in folgender Grundgleichung:

(17)   Periodenerfolg = Periodenumsatz − Periodenkosten
        (G)   (U)   (K)

Unter der Voraussetzung eines Einproduktunternehmens (im Falle der Mehrproduktunternehmung sind die Überlegungen entsprechend zu differenzieren) kann die Gleichung (17) auch folgendermaßen geschrieben werden:

(18) $G = p \cdot M - k_v \cdot M - K_f$

Dabei ist p der Preis (Stückerlös), während M die Absatzmenge ist, die als Maßstab der Beschäftigung gilt. Schließlich sind k_v die proportionalen Kosten pro Stück (Grenzkosten) und K_f die Fixkosten. Durch Zusammenfassung geht (18) über in (19):

(19) $G = M(p - k_v) - K_f$

Da der Klammerausdruck der Deckungsspanne d entspricht, ist der Periodenerfolg der Formel entsprechend also eine Funktion der Beschäftigung, der Deckungsspanne und der Fixkosten; bzw. die notwendige Deckungsspanne respektive der Bruttogewinnzuschlag ist vom erstrebten Gewinn, der Beschäftigungslage und von den Fixkosten abhängig (20):

(20) $\underbrace{p - k_v}_{} = d = \dfrac{G + K_f}{M}$

        Deckungsspanne bzw.
        Bruttogewinnzuschlag

Für das folgende Beispiel
- Fixkosten pro Periode 21 000 GE
- Produktions- bzw. Absatzmenge pro Periode 10 000 ME
  (= Vollbeschäftigung)
- variable Kosten pro ME 9 GE
- zuletzt erzielter Preis pro ME 12 GE

sollen im folgenden einige **zentrale Fragestellungen** einer nachfrage- und beschäftigungsorientierten Preisfestlegung, die zugleich auch die Bedeutung der Gewinnschwellenanalyse für die Verdeutlichung der **Konsequenzen alternativer Preisentscheidungen** belegen, exemplarisch behandelt werden:

· Wie stark darf die Beschäftigung zurückgehen, bevor bei gleichbleibendem Stückertrag (gleichbleibendem Bruttogewinnzuschlag bzw. Deckungsspanne d) ein Verlust eintritt?

(21) $$M = \frac{G + K_f}{d} = \frac{21\,000\,\text{GE}}{3\,\text{GE/ME}} = 7000\,\text{ME}$$

Bei der Absatzmenge von 7000 ME ist die **kritische Beschäftigungsschwelle** erreicht, bei der die Umsatzerlöse gerade die Kosten decken.

· Wie stark darf, ohne daß Verluste eintreten, der Bruttogewinnzuschlag verringert werden, wenn durch Preissenkung ein drohender Beschäftigungsrückgang aufgefangen werden kann?

(22) $$d = \frac{G + K_f}{M} = \frac{21\,000\,\text{GE}}{10\,000\,\text{ME}} = 2{,}10\,\text{GE/ME}$$

Bei einem Absatzpreis von 11,10 GE (= 2,10 + 9,−) ist die **kritische Preisschwelle** erreicht, bei der bei Vollbeschäftigung die Umsatzerträge gerade die Kosten decken.

· Würde sich eine Preiserhöhung um 1 GE (also um ca. 8%) positiv auf den Gewinn auswirken, wenn der dadurch hervorgerufene Beschäftigungsrückgang 20% ausmacht (= preiselastische Nachfrage)?

(23) $$G = M \cdot d - K_f = 8000 \cdot 4 - 21\,000 = 11\,000\,\text{GE}$$

Der Gewinn würde sich von 9000 GE (= 10 000 · 3 − 21 000) auf 11 000 GE erhöhen. Erst bei einem Beschäftigungsrückgang auf 7500 ME würde sich der Gewinn durch die Preiserhöhung nicht erhöhen.

· Würde sich bei Unterbeschäftigung (80%) und einem Gewinn von 3000 GE eine Preissenkung auf DM 11,50 lohnen, wenn dadurch Vollbeschäftigung erreicht werden kann?

(24) $$G = M \cdot d - K_f = 10\,000 \cdot 2{,}50 - 21\,000 = 4000\,\text{GE}$$

Der Gewinn würde sich um 1000 GE von 3000 GE auf 4000 GE (+ 33,3%) erhöhen.

Zu (c): Das Prinzip **konkurrenz- und branchenorientierter Preisbestimmung** kennt weder eine feste Relation zwischen Preis und Nachfrage noch zwischen Preis und Kosten: Vielmehr orientiert sich das Unternehmen bei diesem Prinzip an einem **Leitpreis**, der entweder dem Preis des Marktführers oder dem Durchschnittspreis der Branche entspricht. Dieser Leitpreis kann zwar geringfügig über- oder unterschritten werden, aber charakteristisch für dieses Prinzip ist es, daß der einmal festgelegte Preis beibehalten wird, auch wenn die Kosten- und/oder Nachfragesituation sich verändert, solange nur der Leitpreis konstant bleibt. Nur wenn dieser sich ändert, wird (wiederum unabhängig von der Kosten- und Nachfrageentwicklung) eine Preisvariation vorgenommen.

Auf eine aktive Preispolitik wird zugunsten einer Risikominimierung bei diesem Prinzip weitgehend verzichtet. Ein Leitpreis sichert nämlich in aller Regel eine

Mindestverzinsung des eingesetzten Kapitals, und eine Orientierung hieran löst auch keinen Preiskampf aus. Speziell auf Märkten mit homogenen Gütern und/oder hoher Konkurrenzintensität weist eine solche, dem Wesen atomistischer Konkurrenz entsprechende adaptive Preispolitik daher zumindest langfristig gewisse Vorteile auf.

Mit den genannten drei alternativen Prinzipien der Preisbestimmung in der Praxis verknüpft sind konkrete **preispolitische Strategien**. Sie haben vornehmlich einen **dynamischen** Charakter und sind eng mit der Präferenzpolitik abgestimmt, gehen also über die Festlegung eines bestimmten, auf die augenblickliche Situation bezogenen Absatzpreises hinaus. Folgende Strategien sind in der Praxis am häufigsten anzutreffen (*Meffert* 1989):

(a) **Prämien- und Promotionspreispolitik**

- **Prämienpreise** sind relativ hohe Preise, die mit entsprechend hoher Produktqualität und betont auf Exklusivität gerichteter Präferenzpolitik verbunden sind (Beispiel: die Preispolitik bei Parfüms und Luxus-Automobilen).

- **Promotionspreise** sind relativ niedrige Preise, mit denen bewußt das Image eines Niedrigpreisgeschäfts erzeugt werden soll (flankiert ebenfalls durch eine entsprechende Präferenzpolitik).

(b) **Penetrations- und Abschöpfungspreispolitik**

- Bei der **Penetrationspreispolitik** sollen mit relativ niedrigen Preisen schnell Massenmärkte erschlossen und große Absatzmengen bei niedrigen Stückkosten (normale Fixkostendegression und dynamische Kostensenkung entlang der „experience curve") erzielt werden. Darüber hinaus wird eine Abschreckung potentieller Konkurrenten bezweckt.

- Bei der **Abschöpfungspreispolitik** (scimming-pricing) wird in der Einführungsphase eines Produktes ein relativ hoher Preis (bei niedrigen Stückzahlen) gefordert, der dann mit zunehmender Erschließung des Marktes und/oder aufkommendem Wettbewerbsdruck sukzessive gesenkt wird.

(c) **Preisdifferenzierungspolitik**

Die Preisdifferenzierungspolitik setzt an der Erfahrung an, daß der Gesamtmarkt nicht aus einer vollkommen homogenen Gruppe von Nachfragern besteht. Es wird deshalb eine gespaltene Preispolitik betrieben, d. h. bei einem im Grunde gleichen Produkt werden von verschiedenen Kunden aufgrund bestimmter Kriterien unterschiedlich hohe Preise gefordert. Voraussetzung hierzu ist eine sorgfältige Marktsegmentierung und die Möglichkeit einer isolierten Ansprache der einzelnen Marktsegmente.

- Preisdifferenzierung zwischen mehreren, räumlich getrennten Märkten ist dann sinnvoll, wenn ein Unternehmen sein Produkt auf verschiedenen Teilmärkten absetzt und diese jeweils unterschiedliche Preisabsatzfunktionen aufweisen (z. B. Inlands- und Auslandsmarkt). Die Marktsegmente bilden in diesem Fall Daten der Preispolitik, jeder Teilmarkt umfaßt Käufer aller oder mehrerer Preisschichten.

- Preisdifferenzierung kann auch auf räumlich zusammenhängenden Märkten betrieben werden, wenn es gelingt, diese in sich weiter zu segmentieren. Da es bei einheitlicher Preissetzung regelmäßig Kunden gibt, die auch einen höheren als den für das Unternehmen gewinnmaximalen Einheitspreis bezahlen würden (diese Kunden beziehen eine sogenannte „Konsumentenrente"), versucht man hier, Käufer, die solche höheren Preise für ein bestimmtes Gut zu zahlen bereit sind, zu getrennten Marktsegmenten zusammenzufassen und differenziert anzusprechen. Die Preis-Absatzfunktion des betrachteten Marktes wird so gleichsam in einzelne Abschnitte zerlegt und die Preispolitik abschnittsweise optimiert.

Für die Möglichkeiten einer Preisdifferenzierung gilt allgemein, daß sie im Regelfall nur Erfolg haben, wenn sie von zusätzlichen Maßnahmen begleitet werden, die geeignet sind, den Markt in der gewünschten Weise aufzuspalten bzw. den Austausch zwischen den Marktsegmenten zu unterbinden oder zumindest zu erschweren. In Frage kommen hier sowohl weitere präferenzpolitische Maßnahmen (z. B. Produktdifferenzierung) als auch andere Segmentierungskriterien wie die zeitliche Preisdifferenzierung (z. B. Tag- und Nachttarife), die personelle Preisdifferenzierung (z. B. Kinder- und Erwachsenenpreise) oder die verwendungsbezogene Preisdifferenzierung (z. B. Preise für Weiterverarbeiter und Endverbraucher).

(d) **Preispolitischer Ausgleich**
Diese Strategie ist durch eine sog. Mischkalkulation gekennzeichnet. Preisentscheidungen werden nicht im Hinblick nur auf das einzelne Produkt, sondern mit Blickrichtung auf das gesamte Sortiment getroffen. Verluste, die bei einzelnen Produkten hingenommen werden müssen oder bewußt einkalkuliert werden („Lockvogelangebote"), sind durch entsprechende „Gewinnbringer" auszugleichen. Zu diesem preispolitischen Produktausgleich kommt u. U. noch die Strategie des zeitlichen Ausgleichs hinzu (wenn beispielsweise durch eine entsprechende Preispolitik gegenwärtige Verluste in Zukunft durch entsprechende Übergewinne wieder ausgeglichen werden sollen).

Fragen und Aufgaben zur Wiederholung (S. 263–278)

1. *Warum ist Erlösplanung bei gegebener Preis-Absatzfunktion gleichbedeutend mit Preispolitik?*
2. *Woraus ergibt sich die herausragende Bedeutung der Preispolitik im Vergleich zu den übrigen Marketinginstrumenten?*
3. *Nennen Sie einige Anlässe für Preisentscheidungen!*
4. *Welche Fragestellungen lassen sich unter dem Begriff „Marktorientierung der Preispolitik" subsumieren? Gibt es weitere Informationen, die für preispolitische Überlegungen wichtig sind?*
5. *Unterscheiden Sie statische und dynamische Preis-Absatzfunktionen!*
6. *Wie ist die Preiselastizität der Nachfrage definiert, und welche Bestimmungsfaktoren ihrer verschiedenen Ausprägungen sind von Bedeutung?*
7. *Wie verändert sich der Umsatz aufgrund einer Preissenkung, wenn die Preiselastizität der Nachfrage größer (kleiner) -1 ist?*
8. *Welche stark vereinfachenden Prämissen liegen der klassischen Preistheorie zugrunde?*
9. *Welche Merkmale müssen gegeben sein, um von einem „unvollkommenen Markt" zu sprechen?*
10. *Welche Ausprägungen in Bezug auf Anzahl und Größe der Marktteilnehmer liegen dem morphologischen Marktformenschema zugrunde?*
11. *Wie wird die Intensität der Konkurrenzbeziehungen in der klassischen Preistheorie gemessen?*
12. *Welche Werte muß der Triffinsche Koeffizient annehmen, damit Preisänderungen des Anbieters A keinen Einfluß auf den Absatz des Anbieters B haben?*
13. *Bei welcher Marktform hat ein Anbieter mit Reaktionen der Konkurrenz zu rechnen? Begründen Sie, warum solche Konstellationen nach einem dynamischen Modell der Preisbildung verlangen!*
14. *Leiten Sie graphisch den gewinnmaximalen Preis bei monopolistischer Angebotsstruktur ab! Gehen Sie dabei von einer linear fallenden Preis-Absatzfunktion und einer linear steigenden Gesamtkostenfunktion aus!*

15. *Welchen Verlauf hat die Preis-Absatzfunktion eines Anbieters im Falle atomistischer Konkurrenz? Welchen Wert nimmt die Preiselastizität der Nachfrage an?*
16. *Erläutern Sie, inwiefern die gewinnmaximale Angebotsmenge bei atomistischer Konkurrenz vom Verlauf der Kostenfunktion abhängt!*
17. *Warum ist der Fall polypolistischer bzw. monopolistischer Konkurrenz gerade im Einzelhandel häufig anzutreffen? Welches Aussehen hat die individuelle Preis-Absatzfunktion in einem solchen Fall?*
18. *Welche Determinanten bestimmen den Verlauf einer „geknickten" Preis-Absatzfunktion im Polypol auf unvollkommenem Markt?*
19. *Weshalb tragen die Modelle der klassischen Preistheorie wenig dazu bei, preispolitische Probleme in der Praxis zu lösen?*
20. *Erläutern Sie Vor- und Nachteile der kostenorientierten Preisbestimmung! Verdeutlichen Sie sich anhand eines selbst gewählten Beispiels die Gefahr, daß sich eine Unternehmung selbst aus dem Markt hinauskalkuliert!*
21. *Nach welchem Kriterium werden u.a. Preisuntergrenzen differenziert? Welche Bedeutung haben sie im einzelnen?*
22. *Welche Möglichkeiten der nachfrage- und beschäftigungsorientierten Preisbestimmung gibt es? Erläutern Sie die Kalkulationsschemata!*
23. *Was ist der Grundgedanke der Gewinnschwellenanalyse? Fertigen Sie ein Gewinnschwellendiagramm an, und leiten Sie die Grundformel der Gewinnschwellen-Analyse ab! Wie läßt sich die Gewinnschwellen-Analyse für preispolitische Fragestellungen einsetzen?*
24. *Inwiefern wird bei einer konkurrenz- und branchenorientierten Preisfestlegung auf aktive Preispolitik verzichtet? Unter welchen Marktbedingungen empfiehlt sich zumindest langfristig die Anwendung dieses Prinzips?*
25. *Erläutern Sie einige konkrete preispolitische Strategien der Praxis!*

III. Planung des präferenzpolitischen Mitteleinsatzes

1. Produkt- und sortimentspolitische Entscheidungen
2. Konditionenpolitische Entscheidungen
3. Distributionspolitische Entscheidungen
4. Kommunikationspolitische Entscheidungen

Der präferenzpolitische Mitteleinsatz ist, allgemein formuliert, auf eine optimale Verschiebung der Preis-Absatzfunktion gerichtet (vgl. S. 258 ff.). Er setzt sich aus folgenden Komponenten zusammen:

· den **produkt- und sortimentspolitischen** Entscheidungen;

· dem **konditionenpolitischen** Instrumentarium (das zusammen mit dem preispolitischen Entscheidungsfeld zur Kontrahierungspolitik zählt);

· den **distributionspolitischen** Aktionsparametern;

· den **kommunikationspolitischen** Instrumenten.

Jeder dieser vier Bereiche der Präferenzpolitik soll im folgenden kurz angesprochen werden.

1. Produkt- und sortimentspolitische Entscheidungen

Da das Produkt letztlich Gegenstand der Kauf- oder Mietentscheidungen ist, ist die **Produkt- und Sortimentspolitik** ein unverzichtbarer Baustein erfolgreichen Marketings. Verstärkt wird deren Bedeutung noch dadurch (*Meffert* 1989),

- daß der **Qualitätswettbewerb** zunehmend an die Stelle des Preiswettbewerbs tritt,
- daß langfristiges Wachstum und überdurchschnittliche Gewinnmöglichkeiten im wesentlichen nur über **Produktinnovationen** zu erzielen sind,
- daß die wirtschaftliche **Lebensdauer** der Produkte infolge technischen Fortschritts, wachsender Kaufkraft u. ä. Faktoren zunehmend kürzer wird und
- daß nicht zuletzt die **Versagerquote** neuer Produkte und die damit verbundene finanzielle Belastung sehr hoch ist.

Während die Produktpolitik Entscheidungstatbestände zur Gestaltung eines einzelnen Produktes in den Mittelpunkt stellt, umfaßt die Programm- oder Sortimentspolitik alle Maßnahmen, die sich auf die Zusammensetzung des gesamten Leistungsprogramms beziehen, und zwar in bezug auf Art, Ausrichtung und Umfang der Absatzleistungen.

Zur **Produktpolitik** zählen im einzelnen folgende Entscheidungsbereiche:

(1) **Produktinnovation:** Entwicklung und Markteinführung neuer Produkte. Der Neuheitsgrad eines Produktes ist dabei stets relativ zu verstehen, wobei drei Dimensionen zweckmäßigerweise zu unterscheiden sind (*Meffert* 1989):

- Subjektdimension (neu für wen?)
- Intensitätsdimension (wie sehr neu?)
- Zeitdimension (wie lange gilt das Produkt als neu?)

(2) **Produktvariation:** Änderung der bereits im Markt eingeführten Produkte. Mit einer Produktvariation werden zwei elementare Zielsetzungen verfolgt (*Nieschlag/Dichtl/Hörschgen* 1991):

- Behauptung der eigenen Marktposition gegenüber Konkurrenzaktivitäten,
- Repositionierung von Erzeugnissen, bei denen eine Verschlechterung der Marktposition eingetreten ist.

Von der Produktvariation ist die **Produktdifferenzierung** zu unterscheiden. Zwar handelt es sich bei einer Produktdifferenzierung auch um eine Veränderung eines bestehenden Produktes, jedoch wird dieses modifizierte Produkt zusätzlich zu dem bereits angebotenen Produkt in das Leistungsprogramm aufgenommen. Den differenzierten Kundenwünschen entsprechend werden Produktvarianten erstellt, um auf diese Weise neue Käuferschichten zu gewinnen.

(3) **Produkteliminierung:** ersatzlose Aussonderung von Produkten aus dem bestehenden Produktprogramm. Wird lediglich ein altes Produkt durch ein neues ersetzt, liegt keine Produkteliminierung sondern eine Produktvariation vor.

Die **Produktgestaltung**, d. h. die Entwicklung eines neuen oder die Veränderung eines bestehenden Produktes, kann in drei Bereiche unterteilt werden (vgl. *Nieschlag/Dichtl/Hörschgen* 1991):

(1) Gestaltung der Produktqualität
(2) Packungsgestaltung
(3) Markenbildung

zu (1): Die Qualität eines Produktes wird durch die Kombination verschiedener **physikalischer oder funktionaler Eigenschaften** (z. B. Materialart, technische Konstruktionsmerkmale, Zweckeignung, Haltbarkeit) bestimmt. Eine Variation dieser Eigenschaften bei einem bestehenden Produkt ändert somit dessen Wert:

Eine **Qualitätsverbesserung** liegt immer dann vor, wenn das Produkt eine positiv beurteilte Eigenschaft zusätzlich erhält oder wenn eine vorhandene Eigenschaft vorteilhaft umgestaltet wird. Bei einer **Qualitätsverminderung** wird das Niveau der Produktbeschaffenheit herabgesetzt, um so über eine Kostensenkung zu einer Preissenkung zu gelangen.

zu (2): Die **Variation der äußeren Erscheinungsform** (z. B. Formgebung oder Design, Farbe, Verpackungsart und -größe) bietet ein breites Spektrum an Gestaltungsmöglichkeiten. Das Produkt erhält durch das Produktäußere zusammen mit dem Produktnamen ein eigenes Profil, was insbesondere bei Markenartikeln eine wichtige Rolle spielt. Deshalb sollte die Packung zweckmäßig sein, die Ware bei Transport und Lagerung vor Beschädigung und Verderb schützen sowie bequem zu öffnen und zu verschließen sein.

Daneben ist es wesentlich für den Absatzerfolg, wenn die Packungsgestalt folgenden Anforderungen genügt (vgl. *Nieschlag/Dichtl/Hörschgen* 1991):

· Betonung der Produktvorteile,

· Berücksichtigung von Käufergewohnheiten,

· Präzise Beschreibung der Verwendungs- und Verbrauchsmöglichkeiten,

· Abstimmung von Packung und Inhalt,

· Ausstrahlung von Modernität und Fortschrittlichkeit,

· Emotional ansprechende Wirkung.

zu (3): Zur Produktprofilierung gehört neben der Packungsgestaltung die Namensgebung bzw. **Markenbildung**. Durch die Markierung soll sich das eigene Produkt von Konkurrenzprodukten abheben, d. h. an sich homogene Produkte werden zu heterogenen Produkten. Bei der Markenbildung sind

· Herstellermarken (Erst- und Zweitmarke, Entwicklung von Markenfamilien)

und

· Handelsmarken (dazu zählen auch die sog. No Names)

zu unterscheiden.

Markenartikel sind in besonderer Weise geeignet, beim Käufer eine Markentreue aufzubauen, denn solche Produkte stehen für gleichbleibend gute Qualität. Diese Markentreue verschafft dem Anbieter eine preispolitische Bandbreite, wodurch er eine gewisse Unabhängigkeit von Marktschwankungen erreicht.

Die Produktpolitik wird durch die **Sortimentspolitik** ergänzt, für die folgende Gestaltungsfelder zu nennen sind:

(1) **Programmerweiterung:** Ergänzung von Produktlinien
(2) **Programmvariation:** Veränderung der Sortimentsbreite und -tiefe. Von der Programmvariation ist die **Diversifikation** abzugrenzen. Während bei einer Programmvariation eine Erweiterung der Produktionsprogramme und Handelssortimente vorgenommen wird, was eine Zunahme von Artikel und Sorten be-

deutet, handelt es sich bei der Diversifikation um eine Aufnahme zusätzlicher Produkte bzw. Eindringen in neue Märkte als Mittel zur Risikostreuung und Wachstumssicherung (vgl. auch S. 41 f.).

(3) **Programmbereinigung:** Eliminierung von Produktlinien

Bei der Gestaltung des Angebotsprogramms ist den **Verbundeffekten** besondere Aufmerksamkeit zu widmen. Verbundbeziehungen zwischen einzelnen Produkten lassen sich nutzen, indem (vgl. *Nieschlag/Dichtl/Hörschgen* 1991)

- Produkte im Angebotsprogramm belassen oder aufgenommen werden, die zwar nur einen geringen Deckungsbeitrag aufweisen, jedoch starke Verbundkäufe auslösen. (So verkaufen sich beispielsweise in der Kosmetikbranche einzelne Produkte besser, wenn sie als Bestandteil kompletter Serien angeboten werden.)
- das absatzpolitische Instrumentarium unter Beachtung von Verbundeffekten oder speziell für Verbundartikel eingesetzt wird (z. B. bei Werbe- oder Verkaufsförderungsaktionen).

Zu den programmpolitischen Gestaltungsbereichen zählen weiterhin Entscheidungen über zusätzliche **Nebenleistungen**, die z. T. unentgeltlich vom Unternehmer erbracht werden (vgl. *Nieschlag/Dichtl/Hörschgen* 1991):

- **Garantien:** Übernahme von Gewährleistungen hinsichtlich Haltbarkeit, Funktionsfähigkeit u. a. m.
- **Kundendienst:** Leistungen des Kundendienstes werden üblicherweise aufgeteilt in technischen Kundendienst (z. B. technische Beratung, Montage, Ersatzteilversorgung, Reparaturdienst) und kaufmännischen Kundendienst (z. B. Bereitstellung von Parkplätzen, Lieferung zur Probe, Umtauschrecht, Kundenschulung).

Produktpolitisches Handeln und Sortimentsgestaltung können allerdings nicht isoliert voneinander gesehen werden. Eine Produktinnovation bedeutet gleichzeitig eine Programmerweiterung, genauso wie eine Programmbereinigung immer durch Produkteliminierung gekennzeichnet ist.

Im Gegensatz dazu sind Produkt- und Programmvariation nicht zwangsläufig verbunden, denn eine Produktvariation braucht keinen Einfluß auf das Leistungsprogramm zu haben.

Alle Überlegungen der Produkt- und Sortimentspolitik münden in das Ziel einer **optimalen Programmgestaltung**. Angestrebt ist dabei die Schaffung und Erhaltung

- optimaler Produkte und Produktlinien (Warengruppen)
- innerhalb eines Sortiments mit optimaler Breite und Tiefe.

Eine **Produktlinie (Warengruppe)** ist eine Gruppe von Produkten (Artikeln), die aufgrund bestimmter Kriterien in enger Beziehung zueinander stehen. Als Kriterium finden dabei Verwendung:

- **Herkunftsorientierung** (d. h. die Sortimentszusammensetzung wird vom Material der Waren bzw. Produkte geprägt);
- **Bedarfsorientierung** (hier spielt die Art der Verwendungsrichtung das Auswahlkriterium);
- **Preisorientierung** (Gliederung nach Preislagen);
- Orientierung an der **Selbstverkäuflichkeit** bzw. **Erklärungsbedürftigkeit** des Produkts.

Die Sortiments**breite** gibt Auskunft darüber, wieviele Produktarten oder Produktlinien im Programm enthalten sind. Die Sortiments**tiefe** gibt demgegenüber an, wieviel verschiedene Ausführungen (Typen, Modelle, Sorten) innerhalb einer Produktlinie oder Warengruppe geführt werden.

	sehr gut (10)	gut (8)	durchschnittlich (6)	schlecht (4)	sehr schlecht (2)
I. Markttragfähigkeit					
A. Erforderliche Absatzwege	ausschließlich gegenwärtige	überwiegend gegenwärtige	zur Hälfte gegenwärtige	überwiegend neue	ausschließlich neue
B. Beziehung zur bestehenden Produktgruppe	Vervollständigung der zu schmalen Produktgruppe	Abrundung der Produktgruppe	einfügbar in die Produktgruppe	stofflich mit der Produktgruppe verträglich	unverträglich mit der Produktgruppe
C. Preis-Qualitätsverhältnis	Preis liegt unter dem ähnlicher Produkte	Preis liegt z. T. unter dem ähnlicher Produkte	Preis entspricht dem ähnlicher Produkte	Preis liegt z. T. über dem ähnlicher Produkte	Preis liegt meist über dem ähnlicher Produkte
D. Konkurrenzfähigkeit	Produkteigenschaften werblich verwertbar und Konkurrenzprodukten überlegen	mehrere werblich bedeutsame Produkteigenschaften sind Konkurrenzprodukten überlegen	werblich bedeutsame Produkteigenschaften entsprechen den Konkurrenzprodukten	einige überlegene Produkteigenschaften	keine überlegenen Produkteigenschaften
E. Einfluß auf Umsatz der alten Produkte	steigert Umsatz der alten Produkte	unterstützt Umsatz der alten Produkte	kein Einfluß	behindert Umsatz der alten Produkte	verringert Umsatz der alten Produkte
II. Lebensdauer					
A. Haltbarkeit	groß	überdurchschnittlich	durchschnittlich	relativ gering	schnelle Veralterung zu erwarten
B. Marktbreite	Inland und Export	breiter Inlandsmarkt	breiter Regionalmarkt	enger Regionalmarkt	enger Spezialmarkt
C. Saisoneinflüsse	keine	kaum	geringe	etliche	starke
D. Exklusivität	Patentschutz	z. T. Patentschutz	Nachahmung schwierig	Nachahmung teuer	Nachahmung leicht und billig

III. Produktions-möglichkeiten					
A. Benötigte Produktionsmittel	Produktion mit stilliegenden Anlagen	Produktion mit vorhandenen Anlagen	vorhandene Anlagen können z.T. verwendet werden	Teilweise neue Anlagen notwendig	völlig neue Anlagen erforderlich
B. Benötigtes Personal und techn. Wissen	vorhanden	im wesentlichen vorhanden	teilweise erst zu beschaffen	in erheblichem Umfang zu beschaffen	gänzlich neu zu beschaffen
C. Benötigte Rohstoffe	bei Exklusivlieferanten erhältlich	bei bisherigen Lieferanten erhältlich	von einem Neulieferanten zu beziehen	von mehreren Neulieferanten zu beziehen	von vielen Neulieferanten zu beziehen
IV. Wachstumspotential					
A. Marktstellung	Befriedigung neuer Bedürfnisse	erhebliche Produktverbesserung	gewisse Produktverbesserung	geringe Produktverbesserung	keine Produktverbesserung
B. Markteintritt	sehr hoher Investitionsbedarf	hoher Investitionsbedarf	durchschnittlicher Investitionsbedarf	geringer Investitionsbedarf	kein Investitionsbedarf
C. Erwartete Zahl an Endverbrauchern	starke Zunahme	geringe Zunahme	Konstanz	geringe Abnahme	erhebliche Abnahme

Abb. 144 Beispiel für ein Punktbewertungsmodell im Rahmen der Produktneuplanung

Hilfsmittel der Produkt- und Sortimentspolitik sind u. a.
(1) Produktbewertungsanalysen,
(2) Lebenszyklusanalysen und
(3) Programmstrukturanalysen.

Zu (1): Produktbewertungsanalysen werden insbesondere bei der Produktneuplanung, und hier wiederum bei der Grob- oder Vorauswahl von Produktideen, eingesetzt. Quantitative Wirtschaftlichkeitsrechnungen sind auf dieser Stufe in der Regel noch wenig sinnvoll, weil es an einer entsprechenden Datenbasis fehlt. Daher ist das entscheidende Charakteristikum solcher Analysen auch die Verwendung mehrheitlich qualitativer Kriterien. Soweit für die abschließende Gesamtbewertung von Produktideen dann eine differenzierte Gewichtung dieser Kriterien als erforderlich angesehen wird, geschieht dies mithilfe eines „Punktesystems".

Ein Beispiel für ein solches gewichtetes Punktbewertungsmodell („**scoring Modell**") zeigt Abb. 144 (nach *O'Meara* 1961, S. 84f).

Zu (2): Produkte weisen wie Lebewesen eine begrenzte Lebensdauer auf und durchlaufen während ihres (erfolgreichen Markt-) Lebens bestimmte Phasen. Diese zu identifizieren ist Aufgabe von Lebenszyklusanalysen, auf die in anderem Zusammenhang bereits eingegangen wurde (vgl. S. 118 f.). Allerdings ist diesbezüglich kritisch anzumerken, daß das Lebenszykluskonzept wegen fehlender Gesetzmäßigkeiten im Regelfall keine eindeutigen Empfehlungen für die Produkt- und Sortimentspolitik geben kann. Zumindest kommen zu solchen Analysen aber Anregungen zur gedanklichen Durchdringung von Problemen, die mit der zeitlichen Entwicklung von produktbezogenen Vermarktungsprozessen zusammenhängen.

Zu (3): Das Lebenszykluskonzept ist bei Mehrproduktunternehmen lediglich als Vorstufe einer ausgebauten **Programmstrukturanalyse** anzusehen. Deren komplexer Gegenstand ist (*Meffert* 1989):

- die Analyse der **Altersstruktur** aller Produkte im Programm. Denn Ziel der Produkt- und Sortimentspolitik muß es sein, eine vom Altersaufbau her ausgewogene Programmzusammensetzung zu schaffen und zu erhalten.

- die Analyse der **Umsatzstruktur**, die in etwa der ABC-Analyse gleicht (vgl. S. 198 f.), weil Umsatzanteil einerseits und Anteil an der Produktionskapazität oder Sortimentsanteil andererseits miteinander verglichen werden und sich typischerweise Aussagen etwa der Art ergeben, daß mit 20% des Sortiments 80% des Umsatzes erzielt werden.

- die Analyse der **Kundenstruktur**. Sie verdeutlicht, wie sich der Gesamtumsatz und die Verkaufsmenge nach Aufträgen bzw. Kunden zusammensetzen.

- die Analyse der **Deckungsbeitragsstruktur**. Sie ergänzt die bisherigen Fragestellungen um die Erfolgskomponente einzelner Erzeugnisse oder Produktgruppen und ist die Grundlage für eine optimale Zusammensetzung des kurzfristigen (operativen) Produktprogramms. Hierauf wurde bereits ausführlich im Rahmen der Produktionsplanung eingegangen (vgl. S. 235 ff.).

2. Konditionenpolitische Entscheidungen

Unter **Konditionenpolitik** werden nach *Meffert* (1989) alle kontrahierungspolitischen Instrumente zusammengefaßt, die, abgesehen vom Preis, Gegenstand vertraglicher Vereinbarungen über das Leistungsentgelt sein können. Im einzelnen sind das:

(1) die Rabattpolitik,
(2) die Absatzkredite sowie
(3) die Lieferungs- und Zahlungsbedingungen.

Zu (1): Rabatte sind Preisnachlässe, die für bestimmte Leistungen des Abnehmers gewährt werden. Insofern sind sie als ein indirektes Mittel anzusehen, um selektive Preisvariationen zu betreiben. Als Ziele der Rabattpolitik werden genannt (*Meffert* 1989):

· Umsatzerhöhung,
· Verstärkung der Kundenbindung,
· Weitergabe von Rationalisierungsvorteilen an den Kunden,
· Steuerung der zeitlichen Verteilung des Auftragseingangs,
· Erhaltung des Exklusivitätsimages für bestimmte Produkte bei gleichzeitiger Möglichkeit, dieselben preiswert anzubieten.

Im Rahmen der Rabattpolitik treten zwei grundlegende Problemkreise auf:

(a) Die Wahl des richtigen **Rabattsystems** (vgl. für eine Übersicht Abb. 145, entnommen aus *Meffert* 1989, S. 347).

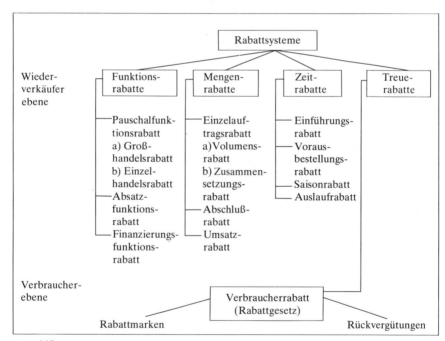

Abb. 145 Rabattsysteme auf der Wiederverkäufer- und Verbraucherebene

(b) Die Bestimmung der **optimalen Rabatthöhe**. Ziel ist es hier, die Differenz zwischen rabattbedingten Erlöseinbußen einerseits und dem Nutzen der Rabattgewährung (der sich in der Erreichung der oben genannten Ziele der Rabattpolitik niederschlägt) andererseits zu maximieren.

Zu (2): Zur **Absatzkreditpolitik** zählen alle Maßnahmen, die darauf gerichtet sind, potentielle Kunden mittels der Gewährung oder Vermittlung von Absatzkrediten zum Kauf zu veranlassen (*Ahlert* 1972). Ziel ist es dabei, den Absatz zu erhöhen, zu sichern und/oder ihn in seiner zeitlichen Struktur zu beeinflussen, indem neue Kunden gewonnen werden und man bisherige Kunden veranlaßt, ihre Kaufintensität zu erhöhen. Daß auch hier mögliche Ziele und Maßnahmen einem zweckgerechten Kosten-Nutzenkalkül zu unterwerfen sind, bedarf keiner weiteren Begründung.

Systematisieren lassen sich Absatzkredite

- nach der **Kreditform** (Geldkredite – z. B. in Form eines Ausstattungskredits – und Güterkredite – treten vorrangig als Lieferanten- oder Wechselkredit in Erscheinung –),
- nach der **Art der Abwicklung** (vertraglich geregelte Kredite und nicht vereinbarte Zahlungsverzögerungen),
- nach der **Laufzeit** (kurz- und langfristige Kredite),
- nach den **Kreditnehmern** (Konsumenten, Händler, Hersteller),
- nach der **Art der Finanzierung** (Selbstfinanzierung und Kreditfinanzierung bei eigener Kreditgewährung sowie Drittfinanzierung bei Kreditvermittlung).

Zu (3): **Lieferungs- und Zahlungsbedingungen** spezifizieren Inhalt und Abgeltung der angebotenen bzw. erbrachten Leistung. Im einzelnen regeln Lieferungsbedingungen (*Meffert* 1989):

- die Warenübergabe bzw. -zustellung,
- das Umtauschrecht,
- Konventionalstrafen bei verspäteter Lieferung,
- die Berechnung von Porti, Frachten und Versicherungskosten sowie
- Mindestmengen und Mindermengenzuschläge.

Desgleichen spezifizieren Zahlungsbedingungen:

- die Zahlungsweise (Vorauszahlungen, Barzahlung, Zahlung nach Erhalt der Ware, Teilzahlung und Teilzahlungsraten),
- die Zahlungsabwicklung (Zahlung gegen Rechnung, Zahlung gegen Akkreditiv),
- die Zahlungssicherungen,
- Gegengeschäfte (Kompensationsgeschäfte),
- die Inzahlungnahme gebrauchter Gegenstände sowie
- die Zahlungsfristen und Einräumung von Skonti für kurzfristige Zahlung. Hier entsteht wie bei der Rabattgewährung ein Optimierungsproblem.

3. Distributionspolitische Entscheidungen

Der Begriff **Distribution** umfaßt alle Entscheidungen und Handlungen, die im Zusammenhang mit dem Weg eines Produktes zum Endverwender bzw. -verbraucher anfallen. Distributionspolitische Aktionsparameter sind daher (vgl. *Meffert* 1989):

(1) die Absatzkanäle und
(2) die Logistik (physische Distribution).

Zu (1): Die Gestaltung des **Systems der Absatzkanäle** erfolgt unter der Zielsetzung, den gewünschten Einsatz der sonstigen Marketinginstrumente und den gewünschten Distributionsgrad unter Minimierung der Vertriebskosten zu gewährleisten. Das Entscheidungsproblem selbst läßt sich – stark vereinfacht – auf die Wahl zwischen **direktem** und **indirektem** Absatz reduzieren (vgl. Abb. 146):

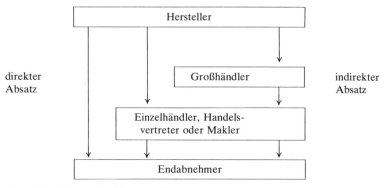

Abb. 146 System der Absatzkanäle

Ein direkter Absatz bietet sich tendenziell an

- bei Produkten mit starker Erklärungs- bzw. Überzeugungsbedürftigkeit;
- bei Produkten, deren hoher Preis eine Lagerung aus wirtschaftlichen Gründen ausschließt;
- bei transportempfindlichen Gütern;
- bei starker regionaler Konzentration von Abnehmern bzw. Bedarfspotentialen;
- bei Gütern, deren Anschaffung nur in großen zeitlichen Abständen erfolgt.

Durch Umkehrung lassen sich entsprechend Einflußgrößen für den indirekten Absatz formulieren.

Im engeren ökonomischen Sinn spielen bei konkreten Absatzwegentscheidungen die Vertriebskosten einerseits und die Handelsspanne andererseits eine wichtige Rolle:

- Die **Vertriebskosten** (Transportkosten, Kosten des Verkaufspersonals, des Vertragsabschlusses u. ä.) sind im allgemeinen um so höher, je direktere Verbindungen zwischen dem Produzenten und dem Endabnehmer bestehen.
- Dem steht als Vorteil direkter Absatzwege der Anteil der **Handelsspanne** gegenüber, die der Hersteller für sich einbehalten kann.

Hieraus folgt, daß aus Kostengründen ein direkter Vertrieb immer dann vorteilhaft ist, wenn (bei gleichen Endverkaufspreisen und Absatzmengen) die zusätzlichen Vertriebskosten kleiner sind als die Ersparnisse aus der Handelsspanne (*Meffert* 1989). Allerdings dürfen – wie bereits erwähnt – distributionspolitische Entscheidungen nicht nur anhand von Kostenüberlegungen gefällt werden, sondern es müssen stets auch deren Ausstrahlungen auf den kurz- und langfristigen Marketingerfolg Berücksichtigung finden.

Zu (2): Kostenüberlegungen haben dagegen traditionell eine zentrale Bedeutung bei der **physischen Distribution** der Absatzgüter. Zwar gibt es auch für **logistische** Entscheidungen Begrenzungsfaktoren, wie etwa

- produktspezifische Besonderheiten (Sperrigkeit, Wert, Empfindlichkeit);
- Charakteristika des Herstellers (Größe, Finanzkraft, Sortiment),

die die Zahl der Alternativen erheblich einengen, aber dort, wo Freiheitsgrade bestehen, steht die Zielsetzung **Kostenminimierung** im Vordergrund.

Logistikentscheidungen beinhalten in erster Linie Entscheidungen über Transportmittel und -wege, sowie Lagerhaltungs- und Standortentscheidungen.

- Die Auswahl der **Transportmittel** (Bahn, Flugzeug, LKW) wird determiniert von der Menge und Beschaffenheit der zu bewegenden Produkte (z. B. Kühlbedürftigkeit). Entscheidungskriterium für die als geeignet erachteten Alternativen ist dann die Summe aus Transport-, Lagerhaltungs-, Verpackungs- und Verwaltungskosten. Bei der Festlegung der **Transportwege** geht es darum, diejenige Fahrtroute festzulegen, die die Streckenlänge und damit auch die Wegekosten minimiert. Da die Prüfung sämtlicher Möglichkeiten bei einer größeren Anzahl von anzusteuernden Orten nicht mehr praktikabel ist, begnügt man sich in der Praxis mit Näherungslösungen, die auf heuristischem Wege ermittelt werden (*Nieschlag/Dichtl/Hörschgen* 1991).

- Eng verbunden mit **Lagerhaltungsentscheidungen** ist die Festlegung der gewünschten Lieferbereitschaft. Da die Schnelligkeit, mit der eine Ware geliefert bzw. eine Leistung erbracht wird, häufig ein erhebliches akquisitorisches Potential beinhaltet (z. B. bei der Beseitigung von Störungen im EDV-Sektor), dürfen hier nicht nur Kostenaspekte den Ausschlag geben. Andererseits führt eine Verkürzung der Lieferzeit häufig zu überproportional ansteigenden Kosten, da z. B. zusätzliche Zwischenläger, eine umfangreichere Lagerhaltung oder schnellere Transportmittel notwendig werden. Erst wenn ein bestimmtes Lieferbereitschaftsniveau fixiert ist, kann die Entscheidung über die im logistischen System umlaufende Gütermenge getroffen werden. Hier gilt es dann, Bestellmengen, Bestellzeitpunkte sowie Sicherheitsbestände festzulegen.

- Die **Standortwahl** eines Betriebes kann von vielfältigen Faktoren determiniert werden (*Nieschlag/Dichtl/Hörschgen* 1991). Ein wichtiger Bestimmungsfaktor sind **technische Erfordernisse**, wie z. B. die Verfügbarkeit von Energiequellen (Kohle, Wasserkraft) oder die Nähe zu Verkehrsknotenpunkten (Bahnhof, Hafen, Autobahn). Des weiteren spielen die in einem Gebiet vom Gesetzgeber gewährten **Subventionen** bzw. **Steuervorteile** (z. B. in Zonenrandgebieten) eine Rolle. Auch die **Infrastruktur** eines Standortes stellt ein Entscheidungskriterium dar. Zahl und Ausbildung verfügbarer Arbeitskräfte wie auch die Kaufkraft und Präferenzen der Bevölkerung sind zu berücksichtigen. Für Betriebe, die sich mit ihren Leistungen direkt an den Endverbraucher wenden, sind darüber hinaus **Lauflagen** von entscheidender Bedeutung (z. B. für Banken oder Reisebüros), es sei denn sie sind groß genug, um sich selbst neue Standortbedingungen zu schaffen (z. B. Einkaufszentren).

Neben der Entscheidung über alternative Standorte und über Anzahl und Niederlassungsbereich von Zwischenlägern sind im Einzelhandel zusätzlich Probleme bezüglich innerbetrieblicher Standorte zu lösen. Hier ist darüber zu befinden, wo die verschiedenen Warengruppen innerhalb des Verkaufsraumes positioniert werden und welche Fläche sie dabei einnehmen sollten.

Speziell bei Standortentscheidungen zeigt sich dabei, daß eine **optimale Kombination** von Umschlags- und Auslieferungsstützpunkten nur unter Berücksichtigung der im logistischen System zirkulierenden Güterströme gefunden werden kann. Die **simultane** Lösung von Transport-, Standort- und Lagerhaltungsproblemen ist deshalb theoretisch eine letztlich unabdingbare Forderung (*Meffert* 1989).

4. Kommunikationspolitische Entscheidungen

Marketing heißt stets auch gezielte **Marktkommunikation**. Deren zentrale Merkmale sind dabei (*Meffert* 1989): **Übermittlung von Informationen und Bedeutungsinhalten zum Zweck der Steuerung von Meinungen, Einstellungen und** – vor allem – **von Verhaltensweisen gemäß spezifischer Zielsetzungen.**

Instrumente der Kommunikationspolitik sind nach *Kotler/Bliemel* (1991):

(1) die („klassische") **Werbung** als absichtliche und zwangfreie Form der Beeinflussung von Marktteilnehmern in Richtung auf die (Werbe-)Ziele des Unternehmens. (Die gesamtwirtschaftliche Bedeutung der Werbung zeigt sich in den Werbeausgaben, die pro Jahr ca. 2% des Bruttosozialprodukts in der Bundesrepublik ausmachen.)

(2) die **Verkaufsförderung** (Sales Promotion). Sie unterstützt die Absatzwerbung durch ergänzende Maßnahmen. Sie bestehen in der Regel darin, daß bei indirektem Absatz Wiederverkäufer (Absatzmittler), bei direktem Absatz das eigene Verkaufspersonal sachlich/personell/finanziell in den Verkaufsbemühungen unterstützt und/oder daß die Konsumenten am Ort des Verkaufs direkt angesprochen werden.

(3) die **Öffentlichkeitsarbeit** (Public Relations) bezieht sich auf das Werben um öffentliches Vertrauen. Letztlich geht es darum, durch geeignete Maßnahmen ein positives Firmenimage zu schaffen und zu erhalten, das dann indirekt dazu dient, den Markterfolg der Unternehmung zu verbessern.

(4) der **persönliche Verkauf** (Außendienst). Hier soll neben der Absicht, durch Verkaufsgespräche entsprechende Verkaufsabschlüsse zu bewirken, die Kommunikation zwischen Unternehmung und Kunden sichergestellt, also ein direkter Informationsfluß vom und zum Kunden erreicht werden.

Zu (1): Im Zusammenhang mit der **Werbeplanung** entstehen eine Vielzahl von Problemkreisen, von denen vier etwas näher beleuchtet werden sollen:

- Festlegung der Werbeziele und Zielgruppen,
- Bestimmung der Höhe des Werbeetats,
- Verteilung des Werbeetats auf Werbeobjekte, Werbemittel und Werbeträger,
- Durchführung der Werbeerfolgskontrolle.

(a) Werbeziele sind aus den Marketingzielen abzuleiten und berühren deshalb zunächst ebensolche Größen wie diese, nämlich Kosten, Umsatz und Gewinn. Darüber hinaus können spezielle **kommunikative Werbeziele** unterschieden werden, die zu den ökonomischen Zielgrößen in einem Mittel-Zweck-Zusammenhang stehen. Danach soll Werbung bestimmte Reaktionen bei dem oder den Umworbenen auslösen. Das bekannteste Modell ist hier das aus vier Phasen der Werbewirkung bestehende **AIDA**-Schema:

- Aufmerksamkeit(**A**ttention)
- Interesse(**I**nterest)
- Wunsch(**D**esire)
- Aktion(**A**ction)

Um solche Wirkungen und letztlich die Kaufentscheidung auszulösen, sind die **Zielgruppen**, an die sich Werbung richtet, genau zu bestimmen. Denn die Werbebotschaft kann zwangsläufig nur dann zielgerechte Werbereaktionen auslösen, wenn die umworbenen überhaupt als potentielle Nachfrager in Frage kommen.

(b) Die **Höhe des Werbeetats** ist ein maßgeblicher Bestimmungsfaktor des Werbeerfolgs. Theoretisch exakte Lösungsansätze für die Bestimmung des **optimalen Etatvolumens** leiten sich aus den üblichen marginal-analytischen Optimumbedingungen ab. Dementsprechend ist zu fordern, den Werbeetat nach der Formel

$$\text{Grenzertrag der Werbung} = \text{Grenzkosten der Werbung}$$

zu beschränken. Wie nicht anders zu erwarten, liegt das Problem einer solchen Optimierung des Werbeetats in den unrealistischen Anforderungen an die Datenbeschaffung, so daß sich in der Praxis andere Methoden durchgesetzt haben. Dazu gehört (*Meffert* 1989):

- die Orientierung des Werbeetats als festen Prozentsatz vom wert- oder mengenmäßigen Umsatz oder vom Gewinn,
- die Ausrichtung an den verfügbaren finanziellen Mitteln,
- die Orientierung an den Werbeaufwendungen der Konkurrenz,
- die Ausrichtung an bestimmten Werbezielen.

(c) Die **Verteilung des Werbeetats** (Budgetallokation) ist ein mehrschichtiges, interdependentes Entscheidungsproblem. Neben der Steuerung des **zeitlichen Einsatzes** des Werbebudgets geht es **sachlich** darum (*Meffert* 1989),

- welche Produkte überhaupt beworben werden sollen (**Werbeobjekte**);
- welche **Werbemittel** (in denen sich die Werbebotschaft konkretisiert) ausgewählt werden sollen. Die wichtigsten Werbemittel sind dabei
  - Werbeplakate,
  - Werbeanzeigen,
  - Werbedrucke,
  - Werbebriefe,
  - Leuchtwerbemittel,
  - Werbefunk- und -fernsehsendungen,
  - Werbeveranstaltungen,
  - Ausstattung der Geschäftsräume,
  - Werbeverkaufshilfen (Warenproben u.ä.);
- welche **Werbeträger** mit der Werbebotschaft belegt werden sollen (**Mediaselektion**). Werbeträger sind beispielsweise
  - Zeitschriften,
  - Tageszeitungen,
  - Fernsehen,
  - Rundfunk,
  - Film,
  - Plakatsäule.

Ihre Auswahl richtet sich dabei nach Kriterien wie Kosten, Reichweite, Streuung, Darstellungsmöglichkeiten, Verfügbarkeit u.ä..

(d) Die **Werbeerfolgskontrolle** als Bestandteil der Werbeplanung bietet abschließend die Möglichkeit, die Vorteilhaftigkeit durchgeführter Werbemaßnahmen zu beurteilen. Eine besondere Problematik bei der Erfolgsmessung ergibt sich dadurch, daß

- die Werbewirkung von einer Vielzahl von Faktoren beeinflußt wird, die nur z.T. bekannt sind;
- der Erfolgsbeitrag der Werbung nicht isoliert von den übrigen Instrumenten des Marketingmix betrachtet werden kann;

- Verzögerungen der Werbewirkungen eine periodengerechte Zurechnung beeinträchtigen.

Trotz der Vielzahl von Untersuchungen, die sich mit der Entwicklung von Verfahren zur Messung des Werbeerfolges befassen, konnten bisher jeweils nur Teilprobleme gelöst werden. Die verschiedenen Meßmethoden erfassen unterschiedliche Dimensionen des Werbeerfolges. Zum einen setzen einzelne Verfahren – ökonometrischer Ansatz, Gebiets-Verkaufstest, Vergleich von Test- und Kontrolläden und Scanner-Panel – bei der Messung des ökonomischen Werbeerfolges an Maßgrößen wie Umsatz, Kosten, Marktanteil oder Gewinn an. Zum anderen werden außerökonomische Zielerreichungen mithilfe von Verfahren bewertet, die die Gedächtnis- oder Einstellungswirkungen bei den Verbrauchern untersuchen. Des weiteren besteht die Tendenz, mehrere Methoden zu kombinieren, um den Werbeerfolg anhand von mehreren Faktoren zu beurteilen (vgl. ausführlicher dazu *Nieschlag/ Dichtl/Hörschgen* 1991).

Zu (2): Die Bedeutung der **Verkaufsförderung** ist in den letzten Jahren erheblich gestiegen. Mittlerweile gibt es Unternehmungen, die bis zu 70% des Marketing-Etats (für Werbung **und** Verkaufsförderung) zugunsten der Verkaufsförderung einsetzen (*Meffert* 1989). Ursachen für diese Entwicklung sind u. a.

- Kapazitätsdruck,
- Interessen- und Machtkonflikte zwischen Hersteller und Handel,
- steigende Anzahl von Produktneueinführungen,
- zunehmende Verbreitung des Selbstbedienungskonzepts,
- abnehmende Wirkung der klassischen Werbung.

Die Verkaufsförderung ist im Gegensatz zur Werbung, der eher eine **längerfristige** Wirkung zukommt, überwiegend **kurzfristiger** Natur. Insofern ergänzen sich beide auch und sind keineswegs als Alternativen anzusehen.

Die Verkaufsförderungsanstrengungen können sich im einzelnen auf den Konsumenten, den Handel oder auf das eigene Verkaufspersonal richten (*Meffert* 1989). Beispiele für **konsumentenorientierte Verkaufsförderung** sind etwa

- kostenlose Proben,
- Sonderpreisaktionen,
- Gutscheine, die bestimmte Kaufvorteile garantieren,
- Ausgabe von Sammelmarken,
- Produktdemonstrationen.

Dagegen kommen für eine **handelsorientierte Verkaufsförderung** u. a. in Betracht

- Händlerschulung,
- Verkaufswettbewerbe,
- Werbung am Verkaufsort,
- Prämie für nicht routinemäßige Plazierung von Produkten (Merchandising) oder besondere Verkaufsanstrengungen,
- Preisnachlässe oder „Naturalrabatt".

Schließlich zählen als typische **verkaufspersonalorientierte** Maßnahmen

- Außendienst-Wettbewerbe,
- Gewährung von Prämien und Boni,
- Bereitstellung von Verkaufsunterlagen und Verkaufshandbüchern,
- Verkäufertreffen.

Zu (3): Die **Öffentlichkeitsarbeit** ist nur indirekt als Instrument der Absatzschaffung anzusehen, wenngleich damit nicht ihre Bedeutung für das Marketing verringert werden soll. Die Hauptaufgabe der Öffentlichkeitsarbeit ist in der Schaffung und Erhaltung eines positiven Firmenimages zu sehen. Dazu dienen eine Vielzahl von Instrumenten, die teilweise denen der klassischen Werbung und Verkaufsförderung entsprechen:

- Informationen und Themenanregungen für Presse, Funk und Fernsehen (Pressedienst);
- Redaktionsbesuche, Betriebsbesichtigungen, Pressekonferenzen;
- PR-Anzeigen und -Veranstaltungen;
- Spenden, Stiftungen, Preisverleihungen.

Das Firmenimage von Unternehmen oder Unternehmensgruppen, die ein breites Produktrepertoire anbieten, wird häufig einseitig und verzerrt von der Öffentlichkeit bewertet. Um diesem unerwünschten Erscheinungsbild entgegenzuwirken, sind Unternehmen bestrebt, ihr Firmenimage gezielt in Hinblick auf ein definiertes Soll-Image zu beeinflussen. Die Schaffung einer sog. **Corporate Identity** ermöglicht hierbei die Entwicklung einer einheitlichen und prägnanten Unternehmenspersönlichkeit (vgl. *Nieschlag/Dichtl/Hörschgen* 1991).

Zu (4): In vielen Unternehmungen nimmt der **persönliche Verkauf** mittels eines eigenen **Außendienstes** eine zentrale Stellung ein. Seine Aufgaben sind im einzelnen (*Hill* 1982):

- Gewinnung von Informationen über die Kunden (Auffinden potentieller Kunden, Ermittlung von Kundenwünschen);
- Erlangung von Kaufaufträgen (Kontaktaufnahme, Offertenabgabe, Auftragseinholung);
- Verkaufsunterstützung (Beratung, Instruktion, Warenrepräsentation);
- Einstellungs- und Imagebildung;
- Logistische Funktionen (Warenverteilung, Lagerhaltung u.a.).

Der persönliche Verkauf über Außendienstmitarbeiter zählt zu den teuersten Instrumenten der Kommunikationspolitik. Damit den anfallenden hohen Kosten ein entsprechender Nutzen gegenübersteht, ist der persönliche Verkauf besonders sorgfältig zu planen. Zu den dabei anfallenden Entscheidungsproblemen, die in hohem Maße interdependent und daher insgesamt zu optimieren sind, zählen (*Meffert* 1989):

- Die Festlegung der Form des persönlichen Verkaufs (Verkaufsbesuche beim Konsumenten, Messeverkauf, Vertreterbesuche bei Wiederverkäufern, Telefonverkauf usw.);
- die Festlegung der **Verkaufsorganisation** (gebiets-, kunden- oder produktbezogene Gliederungsmerkmale, ggfs. Kombinationen hiervon);
- die Entscheidung über die Höhe des **Verkaufsbudgets** und seine Verteilung auf die einzelnen Teilbereiche;
- die Bestimmung der Zahl der Außendienstmitarbeiter, deren Auswahl und Schulung;
- die Festsetzung von Besuchsnormen (Besuchsfrequenz und Besuchsdauer);
- die Festlegung von Reiserouten und Zuweisung von Verkehrsmitteln.

Fragen und Aufgaben zur Wiederholung (S. 279–293)

1. Welche Ziele werden mit der Rabatt- und Absatzkreditpolitik verfolgt?
2. Welches sind die grundlegenden Problemkreise der Rabattpolitik?
3. Nach welchen Kriterien lassen sich Absatzkredite systematisieren?
4. Geben Sie einen Überblick darüber, was durch Lieferungs- und Zahlungsbedingungen im einzelnen geregelt wird!
5. Worin ist die besondere Bedeutung einer Produkt- und Sortimentspolitik zu sehen?
6. Welche Entscheidungstatbestände sind der Programm- und Produktvariation zuzuordnen?
7. Erläutern Sie das Ziel einer optimalen Programmgestaltung im Hinblick auf Produktlinien, Sortimentsbreite und -tiefe!
8. Wie läuft eine Produktbewertungsanalyse ab? In welchem Stadium der Produktplanung wird sie eingesetzt?
9. Welche Aussagen lassen sich anhand einer Lebenszyklusanalyse machen?
10. Was ist Gegenstand einer umfangreichen Programmstrukturanalyse?
11. Erläutern Sie den Begriff „Distribution"! Welche Aktionsparameter stehen der Unternehmung im Zusammenhang damit zur Verfügung?
12. Unter welchen Bedingungen würden Sie sich für den „direkten Absatz" von Gütern entscheiden?
13. Welche Entscheidungsprobleme treten im Zusammenhang mit Fragen der physischen Distribution auf?
14. Welche Instrumente stehen der Kommunikationspolitik zur Verfügung?
15. Welche Reaktionen sollen durch Einsatz der Werbung bei den Umworbenen hervorgerufen werden?
16. Wie lautet die übliche marginalanalytische Optimumbedingung im Hinblick auf den Werbeetat? Ist diese Formel zur Bestimmung des optimalen Etatvolumens praktikabel?
17. Welcher Methoden zur Festlegung des Werbeetats bedient sich die Praxis?
18. Unterscheiden und erläutern Sie die Begriffe „Werbemittel" und „Werbeträger"!
19. Welche Probleme ergeben sich bei der Bewertung des Werbeerfolges?
20. All wen können sich Verkaufsförderungsanstrengungen richten? Nennen Sie Beispiele!
21. Warum bemühen sich Unternehmen darum, eine „Corporate Identity" zu schaffen?
22. Welches sind die Aufgaben des persönlichen Verkaufs mittels eines eigenen Außendienstes, und welche Entscheidungsprobleme sind dabei zu optimieren?

Literaturhinweise:

Ahlert, D. (1972)
Behrens, K.Ch. (Hrsg.) (I, 1974/II, 1976)
Behrens, K.Ch. (Hrsg.) (1975)
Belz, C. (1986)
Berekoven, L. (1976)
Bidlingmaier, J. (1982)
Dorfmann, R., Steiner, P.O. (1954)
Gutenberg, E. (1984)
Hilke, W. (1978)
Hill, W. (1982)
Hill, W., Rieser, I. (1990)
Jacob, H. (1971)
Kotler, P. Bliemel, F. (1991)
Krelle, W. (1976)
Kroeber-Riel, W. (1972)
Meffert, H. (1989)
Nieschlag, R., Dichtl, E. Hörschgen H. (1991)
O'Meara, J.T. (1961)
Rühli, E., Wehrli, H.P. (1986)
Schäfer, E. (1979)

Sechstes Kapitel:
Betriebliche Finanzprozesse

A. Komponenten und Grundmaximen betrieblicher Finanzprozesse

1. Finanzielle Bestands- und Stromgrößen
2. Determinanten des Kapital-, Finanz- und Geldbedarfs
3. Begriff und Wesen von Investitionen
4. Finanzierung und finanzielles Gleichgewicht
5. Teilpläne der Finanzpolitik

1. Finanzielle Bestands- und Stromgrößen

In einer Geldwirtschaft schlagen sich die realen Güterprozesse einer Unternehmung gleichsam spiegelbildlich auch in einem Finanzprozeß nieder.

Einerseits werden infolge finanzieller Verknüpfungen mit den Beschaffungs- und Arbeitsmärkten Ausgaben zur Bezahlung eingesetzter Produktionsfaktoren notwendig, andererseits fließen der Unternehmung durch den (in der Regel mit zusätzlichen Ausgaben verbunden) Absatz ihrer Produkte wiederum Zahlungsmittel zu.

Darüber hinaus sind aber auch Zahlungsströme zu unterscheiden, die kein unmittelbares güterwirtschaftliches Äquivalent aufweisen und damit den Gegenstandsbereich des betrieblichen Finanzprozesses über den des Leistungsprozesses hinausheben. Solche „reinen" Finanzbewegungen ergeben sich aus selbständigen Kredit- und Kapitalbeziehungen zwischen Unternehmung und ihren Finanzmärkten, auf denen Geld, Kapital und Kredit angeboten und nachgefragt werden. Schließlich sind im Regelfall noch Steuer- und Subventionszahlungen in die Betrachtung einzubeziehen.

Abb. 147 (nach *Deppe* 1973, S. 77) verdeutlicht die hier angesprochenen finanziellen Ströme am Beispiel eines Industriebetriebs. Obwohl stark vereinfacht, zeigt die Übersicht bereits, wie komplex und verflochten betriebliche Finanzprozesse ihrem Wesen nach sind.

Die betrieblichen Finanzströme lassen sich systematisch nach einem Kriterium gliedern, das sich an einem Zentralbegriff der Finanzwirtschaft orientiert, dem **Kapital**. Hierunter wird allgemein **der wertmäßige Ausdruck für die Gesamtheit der Sach- und Finanzmittel, die der Unternehmung (zu einem bestimmten Zeitpunkt) zur Verfügung stehen**, verstanden.

An diesem Kapitalbegriff orientiert lassen sich vier Kategorien von Zahlungsströmen (Finanzbewegungen) unterscheiden (*Heinen* 1966):
· kapitalbindende Ausgaben
· kapitalfreisetzende Einnahmen
· kapitalzuführende Einnahmen
· kapitalentziehende Ausgaben.

Abb. 148 geht von dieser Systematisierung aus, wobei gegenüber dem Vorschlag von *Heinen* mehrere Veränderungen vorgenommen sind.

So werden u.a. die Zinsausgaben hier als kapitalentziehende Ausgaben (analog zu den Dividendenausgaben) kategorisiert und die Erhöhung der Kassenhaltung wird aus systematischen Gründen als eine Sonderform kapitalbindender Ausgaben, deren Verringerung entsprechend als Kapitalfreisetzung behandelt. Weiterhin werden real zu deckende Verluste (im

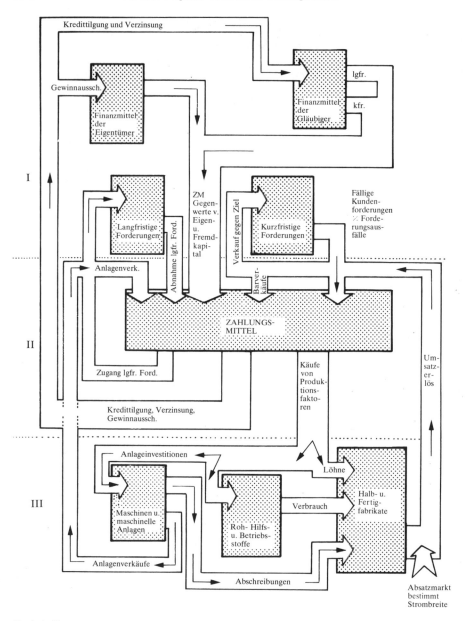

Symbolerläuterungen:
 I = Bereich für Beteiligungs- und Kreditrechte
 II = Zahlungsmittelbereich
 III = Bereich der monetären Äquivalente von Güter- und Leistungsbewegungen

Abb. 147 Vereinfachter Kreislauf der finanziellen Ströme in einem Industriebetrieb

Ausgaben
Einnahmen

Kapitalbindende Ausgaben	Kapitalfreisetzende Einnahmen	Kapitalzuführende Einnahmen	Kapitalentziehende Ausgaben
1. Ausgaben zur Bezahlung eingesetzter Leistungsfaktoren (einschließlich Kostensteuern) – Menschliche Arbeit – Betriebsmittel – Werkstoffe – Fremddienste und Fremdrechte 2. Ausgaben infolge von Kapitalgewährung an andere Wirtschaftseinheiten (einschließlich Erwerb von Finanzvermögen) – Beteiligungen – Darlehen 3. Reservierung von Kasse	1. Einnahmen aus der marktlichen Verwertung betrieblicher Leistungen (zu Selbstkostenpreisen) – Sachgüter – Dienste 2. Einnahmen aus der Veräußerung sonstigen Sach- und Finanzvermögens (zu Buchwerten) sowie aus Kapitalrückzahlungen (zum Nennwert) 3. Auflösung von Kassenreserven	1. Finanzielle Überschüsse aus – der marktlichen Verwertung betrieblicher Leistungen – der Veräußerung sonstigen Sach- und Finanzvermögens (einschließlich Kapitalrückzahlung) 2. Zins- und Dividendeneinnahmen aus Kapitalgewährungen und Finanzvermögen 3. Einnahmen aus der Gewährung (offener) Subventionen 4. Einnahmen aus der Aufnahme von Beteiligungs- und Darlehenskapital	1. Real zu deckende Verluste (finanzielle Fehlbeträge) aus – der marktlichen Verwertung betrieblicher Leistungen – der Veräußerung sonstigen Sach- und Finanzvermögens (einschließlich Kapitalrückzahlung) 2. Zins- und Dividendenausgaben als Entschädigungsleistungen für aufgenommenes Beteiligungs- und Darlehenskapital 3. Steuer- und Subventionsausgaben 4. Ausgaben infolge von Kapitalrückzahlungen

Abb. 148 Systematisierung betrieblicher Zahlungsströme

Sinne von „Nicht-Einnahmen") zu den kapitalentziehenden Ausgaben gezählt, entsprechend finanzielle Überschüsse zu den kapitalzuführenden Einnahmen.

Den **finanziellen Stromgrößen** Einnahmen (Einzahlungen) und Ausgaben (Auszahlungen) gegenüber stehen die **finanziellen Bestandsgrößen**.

Das **Kapital** (der Kapital**fonds**) wurde bereits als zentraler finanzieller Bestandsbegriff definiert. Üblicherweise wird es seiner Herkunft entsprechend in **Eigen**kapital (Beteiligungskapital) und **Fremd**kapital (Gläubigerkapital) gegliedert; eine Unterscheidung, die aus der rechtlich unterschiedlich geregelten Stellung der Eigen- und Fremdkapitalgeber resultiert. Abb. 149 nennt eine Auswahl hierbei wichtiger Unterscheidungsmerkmale (nach *Perridon/Steiner* 1991).

Kriterien	Eigenkapital	Fremdkapital
1. Haftung	(Mit-)Eigentümerstellung: = mindestens in Höhe der Einlage	Gläubigerstellung = keine Haftung
2. Ertragsanteil	Teilhabe an Gewinn und Verlust	i.d.R. fester Zinsanspruch, kein GuV-Anteil
3. Vermögensanspruch	Quotenanspruch, wenn Liquidationserlös > Schulden (Auseinandersetzungs-Guthaben)	Rückanspruch in Höhe der Gläubigerforderung
4. Unternehmensleitung	i.d.R. berechtigt	grundsätzlich ausgeschlossen, aber teilweise faktische Möglichkeit
5. Zeitliche Verfügbarkeit des Kapitals	i.d.R. zeitlich unbegrenzt	i.d.R. terminiert
6. steuerliche Belastung	Gewinn voll belastet von ESt, KSt; GewSt variiert nach Rechtsform	Zinsen als Aufwand steuerlich absetzbar (Einschränkung bei GewSt)
7. Finanzielle Kapazität	begrenzt durch finanzielle Kapazität und Bereitschaft der Kapitalgeber	vom Vorliegen sog. Sicherheiten abhängig

Abb. 149 Unterschiede zwischen Eigen- und Fremdkapital

Das bestandsbezogene Äquivalent des betrieblichen Kapitals ist das **Vermögen**. Es zeigt an, **in welchen konkreten Formen das Kapital in der Unternehmung Verwendung gefunden hat**. So können Anlage- und Umlaufvermögen, betriebsnotwendiges und neutrales Vermögen, Sach- und Finanzvermögen oder auch freies und gebundenes Vermögen unterschieden werden (vgl. auch S. 493 ff.).

Der Umstand, daß Vermögen und Kapital nur verschiedene Sichtweisen des gleichen Tatbestands darstellen, kommt dabei auch im Sprachgebrauch zum Ausdruck, indem gleichermaßen von gebundenem Kapital, betriebsnotwendigem Kapital usw. gesprochen wird.

2. Determinanten des Kapital-, Finanz- und Geldbedarfs

Für die betrieblichen Finanzprozesse spielen die drei Grundbegriffe Kapital-, Finanz- und Geldbedarf eine zentrale Rolle. In ihnen spiegeln sich – was Höhe,

Struktur und zeitliche Entwicklung dieser Größen anbelangt – gleichermaßen die finanziellen Konsequenzen finanzpolitischer Entscheidungen wie die finanziell relevanten Einflüsse von den Märkten der Unternehmung wider (*Heinen* 1966).

Der **Kapitalbedarf** ist Inbegriff des für den Vollzug betrieblicher Prozesse benötigten Kapitals und ergibt sich für jeden beliebigen Zeitpunkt aus der jeweiligen **Differenz aller kapitalbindenden Ausgaben und kapitalfreisetzenden Einnahmen, die bis dahin angefallen sind.**

Der **Finanzbedarf** leitet sich aus den **Veränderungen des Kapitalbedarfs im Zeitablauf** ab. **Zusätzlich** wird er aber von den **zu einzelnen Zeitpunkten anfallenden kapitalentziehenden Ausgaben** bestimmt. Zu decken ist ein auftretender Finanzbedarf demnach im Sinne der Notwendigkeit eines finanziellen Ausgleichs von Einnahmen und Ausgaben durch entsprechende kapitalzuführende Einnahmen.

Der **Geldbedarf** eines Zeitpunkts wird schließlich durch die gerade **zu diesem Zeitpunkt anfallenden Ausgaben** bestimmt, die zur Aufrechterhaltung der Zahlungsfähigkeit durch entsprechende Einnahmen zum gleichen Zeitpunkt abgedeckt sein müssen.

Abb. 150 verdeutlicht die Bestimmung dieser drei Größen einschließlich der Zusammenhänge zwischen ihnen (nach *Kappler/Rehkugler* 1991).

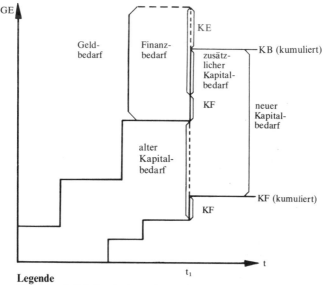

Legende
KB = kapitalbindende Ausgaben
KF = kapitalfreisetzende Einnahmen
KE = kapitalentziehende Ausgaben (einschließlich real zu deckender Verluste)

Abb. 150 Kapital-, Finanz- und Geldbedarf

Von den drei finanziellen Bedarfskategorien ist der Kapitalbedarf die primäre Ausgangsgröße, denn sowohl der Finanzbedarf wie auch der Geldbedarf leiten sich aus dem Kapitalbedarf ab. Das zeigt sich deutlich im Gründungsstadium einer Unternehmung, da dann alle drei Bedarfskategorien zusammenfallen. Erst später fallen Kapital-, Finanz- und Geldbedarf dann auseinander.

Gutenberg (1980) nennt als die **Hauptdeterminanten des Kapitalbedarfs**:

- die Prozeßanordnung
- die Prozeßgeschwindigkeit
- das Beschäftigungsniveau
- das Produktionsprogramm
- die Betriebsgröße
- das Preisniveau.

Um die Wirkungsweise dieser Faktoren auf den Kapitalbedarf exemplarisch zu demonstrieren, sei auf die ersten beiden Determinanten näher eingegangen.

Für den Kapitalbedarf spielen die **Prozeßanordnung** und die **Prozeßgeschwindigkeit** eine besondere Rolle. Denn beide Faktoren haben direkten Einfluß auf die **finanzielle Zeitordnung der Kapitalbindungs- und -freisetzungsprozesse** (d. h. der Güterprozesse und daran gekoppelter Zahlungsströme). Wie hiervon der Kapitalbedarf bestimmt wird, zeigt sich in folgender Überlegung: Wenn alle Ausgaben und Einnahmen, die durch die verschiedenen Güterprozesse induziert werden, zeitlich zusammenfallen würden, bestünde gar kein Kapitalbedarf, und es gäbe auch keine Rechtfertigung für ein besonderes finanzielles Interesse an betrieblichen Vorgängen.

Um den Einfluß speziell der **Prozeßanordnung** auf den Kapitalbedarf zu analysieren, sind einzelne **Grundprozesse** zu unterscheiden, die – etwa in Gestalt einzelner Aufträge – die verschiedenen Phasen des Leistungsprozesses durchlaufen und dabei eine spezifische Ausgaben- und Einnahmenstruktur aufweisen. Abb. 151 zeigt hierfür ein einfaches Beispiel, wobei die einzelnen Grundprozesse **zeitlich gestaffelt ablaufen**.

Prozeß-Nr.	t_1	t_2	t_3	t_4	t_5	t_6	t_7	t_8	t_9	...
1	–40	–20	–25	+85						
2		–40	–20	–25	+85					
3			–40	–20	–25	+85				
4				–40	–20	–25	+85			
5					–40	–20	–25	+85		
6						–40	–20	–25	+85	
7							–40	–20	–25	
8								–40	–20	
9									–40	
.										
Kumulierte kapitalbindende Ausgaben	–40	–100	–185	–270	–355	–440	–525	–610	–695	
Kumulierte kapitalfreisetzende Einnahmen				+85	+170	+255	+340	+425	+510	
Kapitalbedarf	40	100	185	185	185	185	185	185	185	

Abb. 151 Der Einfluß der Prozeßanordnung auf den Kapitalbedarf

Aus Abb. 151 lassen sich folgende Thesen ableiten:

- Bei zeitlicher Staffelung mehrerer Grundprozesse ist der maximale Kapitalbedarf niedriger als im Falle des gleichzeitigen Beginns der Prozesse.

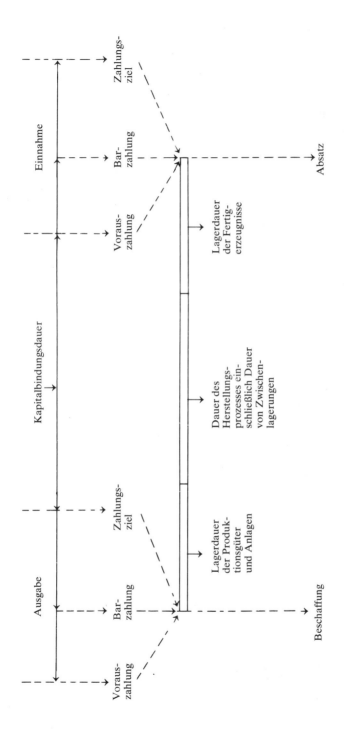

Abb. 152 Komponenten der Kapitalbindungsdauer

· Im letzteren Fall ist die Entwicklung des Kapitalbedarfs stärkeren Schwankungen unterworfen als bei entsprechender zeitlicher Staffelung.

Die **Prozeßgeschwindigkeit** berührt ebenfalls die Zeitordnung der Grundprozesse. Allerdings ist bei dieser Determinante nicht die zeitliche Struktur der Ausgaben- und Einnahmenreihen, sondern die **Kapitalbindungsdauer** angesprochen. Sie entspricht der Zeitspanne, die zwischen dem Beginn einer Kapitalbindung und ihrem Ende liegt, das durch den Abschluß eines entsprechenden Kapitalfreisetzungsprozesses markiert wird.

Wie sich eine Verlängerung respektive Verkürzung der (maximalen oder durchschnittlichen) Kapitalbindungsdauer auf den Kapitalbedarf auswirkt, kann ebenfalls aus Abb. 151 (nach *Seelbach* 1976) ersehen werden: Wie zu erwarten, beeinflußt eine Verkürzung (Verlängerung) der Kapitalbindungsdauer bzw. Erhöhung der Prozeßgeschwindigkeit den Kapitalbedarf positiv (negativ). Abb. 152 zeigt die Komponenten der Kapitalbindungsdauer und damit zugleich Ansatzpunkte für eine (in der Regel wünschenswerte) Verringerung des Kapitalbedarfs.

3. Begriff und Wesen von Investitionen

Im Rahmen betrieblicher Leistungsprozesse wird von **Investitionen** immer dann gesprochen, wenn es sich um Maßnahmen handelt, die die **(Produktions- und Absatz-)Kapazität der Unternehmung quantitativ und/oder qualitativ verändern resp. sichern.** Zum Gegenstand von Investitionsentscheidungen zählen dementsprechend:

· die Beschaffung und Bereitstellung von Potentialfaktoren, vor allem von Betriebsmitteln (vgl. S. 191 ff.),

· die Planung der Betriebsgröße und des strategischen/taktischen Produktionsprogramms (vgl. S. 207 ff.) sowie

· der Aufbau eines leistungsfähigen Distributionssystems (vgl. S. 287 ff.).

Gemeinsam ist solchen (Real-)Investitionen dabei,

· daß sie das Kostengefüge der Unternehmung auf längere Frist fixieren,

· daß nachträgliche Revisionen einer einmal getroffenen Kapazitätsentscheidung in der Regel kostspielig sind und

· daß Investitionen die entscheidende Basis für die zukünftige Ertragskraft der Unternehmung darstellen.

Es fragt sich, warum Investitionen trotz ihrer Bedeutung im Leistungsprozeß der Unternehmung nicht im Zusammenhang mit Fragen der Bereitstellungs-, Produktions- und Absatzplanung behandelt wurden, sondern erst hier im Rahmen des Finanzprozesses in den Vordergrund gestellt werden. Dies hat vor allem zwei Gründe:

(a) Neben den oben angesprochenen **Real**investitionen spielen in der Praxis auch **Finanzinvestitionen** eine zum Teil nicht unerhebliche Rolle. Finanzinvestitionen weisen keine güterwirtschaftliche Komponente auf und sind nur mit finanzwirtschaftlichen Kategorien zu fassen.

(b) Investitionen gelten als eine der **Hauptursachen** für die Entstehung **eigenständiger finanzwirtschaftlicher Problemstellungen.** So sind es in erster Linie die Investitionen, die die Notwendigkeit von Finanzierungen herbeiführen bzw. die ein Liquiditätsproblem überhaupt erst entstehen lassen.

Finanzwirtschaftlich gesehen liegen Investitionstatbestände immer dann vor, wenn **unternehmungspolitische Entscheidungen einen Kapitalbedarf verursachen.** Anders ausgedrückt werden unter einer **Investition** ganz allgemein **Ausgaben (oder monetäre Äquivalente) verstanden, die eine Kapitalbindung bewirken.** Mit gleichem Inhalt könnte man auch sagen, daß es sich vom finanziellen Standpunkt aus gesehen bei Investitionen um **Kapitalverwendungsvorgänge** handelt, **durch die freies Kapital in gebundenes Kapital umgewandelt wird.**

Der somit umrissene Investitionsbegriff ist äußerst weit gefaßt. Viele Autoren und auch die Praxis gehen häufig von engeren Begriffsfassungen aus. Abb. 153 soll diesbezüglich einige typische Auffassungen verdeutlichen, wobei als Abgrenzungskriterium das jeweilige Objekt und die typische Dauer der Kapitalbindung herangezogen wird (zu den Begriffen aktivierungspflichtig bzw. -fähig vgl. S. 532ff.).

Zur Abb. 153 sowie generell zur Unterscheidung weiterer Investitionsbegriffe und -arten scheinen noch einige ergänzende Bemerkungen angebracht:

(1) Wenn hier von kapitalbindenden Ausgaben gesprochen wird, dann sind die **effektiven Zahlungsvorgänge** (Ausgaben im Sinne von Bar- oder Buchgeldabflüssen) gemeint. Das bedeutet beispielsweise, daß der Kauf etwa von Vorräten auf Ziel gedanklich in einen Investitionsvorgang (Ausgaben für die Beschaffung von Vorräten) und einen Finanzierungsvorgang (Inanspruchnahme eines Lieferantenkredits) zu zerlegen ist.

(2) Mit den fünf genannten Begriffsfassungen sind natürlich nicht alle denkbaren abgedeckt. Insbesondere könnte noch die Auffassung erwähnt werden, die als Investitionen nur solche Ausgaben ansieht, die eine **langfristige** Kapitalbindung bewirken (Investitionen im engen bilanzorientierten Sinn zuzüglich langfristiger „Off-Balance-sheet" Investitionen). Dabei sind die Grenzen zwischen kurz- und langfristig selbstverständlich fließend, wenn auch häufig das Geschäftsjahr als Bezugspunkt gewählt wird: Investitionen wären demnach vor allem solche, deren Kapitalbindung sich über einen Zeitraum von mehr als einem Geschäftsjahr erstreckt.

(3) Auch sind Fälle denkbar, wo nicht nur die kapitalbindenden Ausgaben für den Investitionsbegriff konstitutiv sind, sondern sogar auch Teile der kapitalentziehenden Ausgaben mit Investitionen in Verbindung gebracht werden (vgl. Abb. 148). Zu denken ist hierbei in erster Linie an **Gewinnausschüttungen** (Dividenden), die vor allem bei Publikumsaktiengesellschaften nicht allein als Entschädigung für das von den Aktionären zur Verfügung gestellte Beteiligungskapital verstanden werden, sondern die häufig betont auch zur Steuerung zukünftiger Finanzierungen eingesetzt werden, was ihre Einstufung als zumindest **investitionsähnliche Ausgaben** dann durchaus rechtfertigt.

(4) **Investitionsobjekte des Umlaufvermögens** sind im ursprünglichen Sinne neben kurzfristigen Guthaben und Kassenreserven nur die Produktionsgüter, die gegen Entgelt beschafft werden, nicht dagegen die Halb- und Fertigerzeugnisse sowie die Debitoren. Bestandsbildungen in diesen Bereichen bedeuten nämlich lediglich eine Verlängerung der Kapitalbindungsdauer bereits früher getätigter Investitionen. Da dies jedoch finanzwirtschaftlich gesehen grundsätzlich gleichgeartete Implikationen hat wie für originäre Investitionen, ist es dennoch gegebenenfalls sachlich durchaus gerechtfertigt, Bestandsbildungen dieser Art ebenfalls zu den Investitionen (im weiteren bilanzorientierten Sinn) zu zählen.

(5) Die bereits angesprochene Unterscheidung in **Real-(Sach-)investitionen und Finanzinvestitionen** ist aus Abb. 153 nicht unmittelbar ersichtlich. Zur Klarstellung mag genügen, daß die Trennung in Sach- und Finanzlagen mit diesen beiden Begriffen korrespondiert, während beim Umlaufvermögen die entsprechende Trennungslinie zwischen den Vorräten (als Objekt von Realinvestitionen) und den Forderungen sowie Kassenreserven (als Objekt von Finanzinvestitionen) verläuft. „Off-Balance-sheet" Investitionen sind stets (immaterielle) Realinvestitionen.

(6) Über die genannten Kriterien hinaus ist es häufig üblich, Investitionen noch zu unterteilen

	Aktivierungspflichtige (-fähige) kapitalbindende Ausgaben			Nichtaktivierungsfähige (-pflichtige) kapitalbindende Ausgaben	
Investitionsobjekte	Sachanlagevermögen (Grundstücke, Bauten, Maschinen, Rechte usw.)	Finanzanlagevermögen (Beteiligungen, langfristige Ausleihungen, Wertpapiere des Anlagevermögens)	Umlaufvermögen (Vorräte, Forderungen, Kassenreserven)	Ausgaben für Forschung und Entwicklung, für geringwertige, aber dauerhafte Wirtschaftsgüter u. dgl.	laufende Produktions-, Vertriebs- und Verwaltungsausgaben
Typische Dauer der Kapitalbindung	langfristig	langfristig	kurzfristig	langfristig	kurzfristig
Umfang alternativer Investitionsbegriffe	Investitionen im engsten Sinn				
	Investitionen im engen bilanzorientierten Sinn				
	Investitionen im weiten bilanzorientierten Sinn				
	Investitionen im erweiterten bilanzorientierten Sinn (einschließlich langfristiger „Off-Balance-sheet" Investitionen)				
	Investitionen im weitesten Sinn				

Abb. 153 Alternative Begriffsfassungen für Investitionen aus betriebswirtschaftlicher Sicht

- nach der **ökonomisch-sozialen Zweckbestimmung** in **erwerbswirtschaftliche** Investitionen und **Sozial**investitionen,
- nach dem **auslösenden Moment** in **Neu**investitionen und **Folge**investitionen (mit und ohne Zwangscharakter) sowie
- nach dem **Investitionsmotiv** in **Ersatz**investitionen, **Rationalisierungs**investitionen, **Umstellungs**investitionen und **Erweiterungs**investitionen.

4. Finanzierung und finanzielles Gleichgewicht

Investitionen sind zu finanzieren! Diese Forderung ergibt sich allein aus dem Umstand, daß es sich bei Investitionen um eine bestimmte Kategorie von Kapital**verwendungs**vorgängen handelt. Denn um Kapital in bestimmte investive Richtungen lenken zu können, muß es erst einmal vorhanden und verfügbar sein. Finanzierungen übernehmen nun diese Aufgabe, so daß man also wie folgt definieren könnte:

Finanzierungen umfassen alle Maßnahmen, die der Bereitstellung von Kapital (Geld und geldwerten Güternutzungen) dienen.

Dieser Finanzierungsbegriff stellt bewußt nicht ab auf konkrete Finanzierungszwecke, obgleich es natürlich in erster Linie Investitionen sind, für die Finanzierungen erfolgen. Daneben können Finanzierungen aber auch finanzierungseigenen Zwecken dienen sowie zur Bestreitung auch nicht-investiver Ausgaben (z. B. Steuerzahlungen) eingesetzt werden.

Während die Bereitstellung von Kapital für Investitionszwecke (Investitionsfinanzierung) stets eine sogenannte **Neu**finanzierung ist, liegt bei finanzierungseigenen Zwecken regelmäßig eine **Um**finanzierung vor. Umfinanzierungen können dabei grundsätzlich in drei Ausprägungen auftreten:

- **Prolongation** (= Verlängerung) der Kreditdauer respektive Kapitalüberlassungsfrist.
- **Substitution** (= Austausch) von Kapital als Ausgleichsmaßnahme für den Fall des Kapitalentzugs. Beispielsweise können Substitutionsmaßnahmen erforderlich werden, wenn Prolongationen nicht (mehr) gewährt werden, Kreditverträge ablaufen oder gekündigt werden oder wenn Gesellschafter ausscheiden.
- **Transformation** einer Kapitalart in eine andere, ohne daß Finanzströme in Bewegung gesetzt werden (z. B. Umwandlung von kurzfristigem in langfristiges Kapital, Umwandlung von Fremdkapital in Eigenkapital).

Ohne an dieser Stelle bereits auf die einzelnen Finanzierungsinstrumente selbst eingehen zu wollen (vgl. S. 397ff.), soll die **These** gelten, daß hinter allen **Finanzierungs**maßnahmen grundsätzlich das Motiv steht, das **finanzielle Gleichgewicht** der Unternehmung zu gewährleisten. Dabei kommen entscheidende Impulse natürlich vor allem von den **Investitionen**, die sowohl die Notwendigkeit wie auch die Möglichkeiten und Konditionen von Finanzierungen beeinflussen und deren Erfolgsbeiträge eine wesentliche Finanzierungsquelle und damit Determinante des finanziellen Gleichgewichts sind.

Analog zum güterwirtschaftlichen Gleichgewicht im Leistungsprozeß (vgl. S. 183) läßt sich auch für Finanzprozesse eine Gleichgewichtssituation definieren:

Eine Unternehmung befindet sich demnach in einem finanziellen Gleichgewicht, wenn sowohl die Erfüllung der finanziellen Ansprüche der Unternehmungsträger an die Unternehmung als auch die Existenz der Unternehmung selbst kurz- und längerfristig gesichert erscheinen.

Das finanzielle Gleichgewicht weist insofern **drei** Komponenten auf, die jeweils partielle Gleichgewichtszustände repräsentieren:

(1) Die **kurzfristige Liquiditätsdimension** des finanziellen Gleichgewichts ergibt sich unmittelbar aus dem Postulat der jederzeitigen Aufrechterhaltung der Liquidität. **Liquidität** ist hier definiert als die **Fähigkeit der Unternehmung, die zu einem bestimmten Zeitpunkt zwingend fälligen Zahlungsverpflichtungen uneingeschränkt erfüllen zu können** (*Witte/Klein* 1983). Die Liquidität ist ein Postulat, dessen Verletzung den Bestand jeder Unternehmung regelmäßig in Frage stellt: Es drohen Konkurs oder sonstige gerichtlich verfolgte Zwangsmaßnahmen.

(2) Die **langfristige Liquiditätsdimension** des finanziellen Gleichgewichts orientiert sich nicht an den kurzfristigen Zahlungsverpflichtungen und der verfügbaren Zahlungskraft, sondern an den strukturellen Zusammenhängen von Kapitalausstattung und Kapitalverwendung. Der Grundgedanke ist der, daß die Zahlungsfähigkeit zumindest längerfristig gefährdet ist, wenn die finanzielle Struktur der Unternehmung (gemessen etwa am Verschuldungsgrad oder an der Art der Investitionsfinanzierung) bestimmten „Qualitätsnormen" nicht entspricht. Zwar sind solche **Strukturmaximen** theoretisch äußerst fragwürdig (vgl. S. 608 ff.), aber ihre Einhaltung hat den für die Liquidität der Unternehmung unschätzbaren Vorteil, als „erste Adresse" mit zweifelsfreier Bonität zu gelten und Kapital jederzeit zur Verfügung gestellt zu bekommen, wenn es benötigt wird.

(3) Die **Rentabilitätsdimension** des finanziellen Gleichgewichts betont die Notwendigkeit der Erhaltung eines Gleichgewichts zwischen den Ansprüchen, die die Kapitalgeber an die Unternehmung stellen, und den Möglichkeiten der Unternehmung, diese unter Berücksichtigung ihrer eigenen Existenzbedingungen zu gewährleisten. Finanzielles Gleichgewicht setzt so verstanden voraus, daß der erwirtschaftete Ertrag aus dem eingesetzten Kapital (nach Abzug aller sonstigen Verpflichtungen) eine „angemessene" **Gewinnausschüttung** ermöglicht, ohne daß dabei **Thesaurierungs**notwendigkeiten verletzt werden oder sogar die „Substanz" angegriffen wird.

Von diesen drei Komponenten des finanziellen Gleichgewichts können Finanzierungen nur hinsichtlich der ersten beiden einen positiven Beitrag leisten. Soweit Finanzierungsmaßnahmen nämlich mit Kosten verbunden sind, beeinträchtigen sie zwangsläufig die Möglichkeit, angemessene Kapitalüberschüsse für die genannten Zwecke zu erwirtschaften. Positive Impulse hierfür kommen hingegen von gewinnträchtigen Investitionen, die aber hinsichtlich der von ihnen bewirkten Kapitalbindung wiederum negative Auswirkungen auf die Liquidität der Unternehmung haben.

Abb. 154 verdeutlicht in sehr vereinfachter Form die sich hieraus ergebende Verknüpfung von Investition und Finanzierung, wobei davon ausgegangen wird, daß für die Gewährleistung eines optimalen liquiditäts- und rentabilitätsbezogenen finanziellen Gleichgewichts alle drei Strukturmerkmale von Investitions- und Finanzierungsprozessen zielsetzungsgerecht aufeinander abgestimmt werden müssen:

· Volumen der Kapitalbindung/Kapitalbereitstellung,
· finanzielle Zeitordnung der Investitions-/Finanzierungsprozesse,
· finanzielle Überschüsse/Kosten der Investitions-/Finanzierungsprozesse.

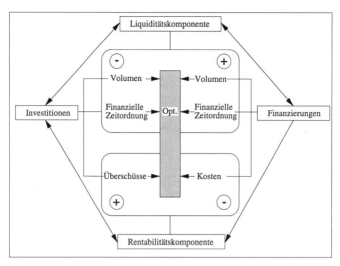

Abb. 154 Zusammenhänge zwischen Investition, Finanzierung, Liquidität und Rentabilität

Nur erwähnt sei, daß das in Abb. 154 angedeutete Optimierungsproblem insofern noch unvollständig formuliert ist, als zumindest in der Praxis neben den ökonomischen Kriterien der Liquidität und Rentabilität auch **metaökonomische Gesichtspunkte** eine wichtige Rolle spielen. So steht insbesondere bei Finanzierungsentscheidungen häufig die Frage im Vordergrund, inwieweit hierdurch die **Unabhängigkeit**, d.h. der freie Dispositionsspielraum der Unternehmungsleitung eingeengt werden könnte. Einen diesbezüglichen Einfluß nehmen können sowohl Eigen- als auch Fremdkapitalgeber, wobei die Stufen der Einflußnahme von der

- **Information und Kontrolle** über
- **beratende Mitsprache** und das
- **Setzen von Richtlinien** bis zur
- **Mitwirkung an der Geschäftsführung** reichen.

5. Teilpläne der Finanzpolitik

Angesichts der aufgezeigten Verknüpfung von Investition und Finanzierung mag es nicht verwundern, wenn auch die verschiedenen Teilpläne betrieblicher Finanzprozesse in hohem Maße interdependent sind und theoretisch daraus die Forderung nach einem **totalen**, alles umfassenden **Finanzplan** abgeleitet wird.

Eine mögliche Systematik finanzieller Teilpläne, die auch mit den bisherigen Ausführungen im Einklang steht, zeigt Abb. 155.

Die Trennung zwischen struktureller **Kapitalbedarfs-** und **Kapitalfonds**planung (= Planung der strukturellen Finanzgebarung) einerseits und **situativer Liquiditätssteuerung** andererseits entspringt vornehmlich praktischen Erwägungen. Dabei ist als entscheidend der spezielle Charakter des **strengen Liquiditätspostulats** anzusehen: Während sich in der Kapitalbedarfs- und Kapitalfondsplanung als Ausdruck der unternehmerischen Finanzgebarung die Bemühungen widerspiegeln, die finanziellen Prozesse nach den Kriterien von Liquidität und Rentabilität strukturell (d.h. auf längere Sicht) aufeinander abzustimmen, geht es bei der situativen Liquiditätssteuerung um die vom Liquiditätspostulat geforderte (selbstverständlich auch Rentabilitätskriterien unterworfene) **lückenlose** und **tagesgenaue** Abstimmung der

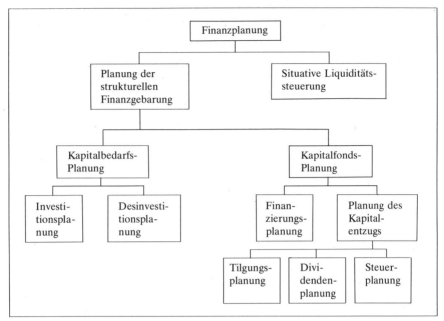

Abb. 155   Teilpläne betrieblicher Finanzpolitik

Zahlungsvorgänge. Getrennt nur durch einen unterschiedlichen zeitlichen Horizont vom strukturellen Bereich der finanziellen Sphäre, ist die Liquiditätssteuerung also – das sei betont – stets auf das Engste mit der (längerfristigen) Kapitalbedarfs- und Kapitalfondsplanung verknüpft.

Aus der Vielzahl möglicher Fragestellungen, die sich im Zusammenhang mit den einzelnen Teilplänen betrieblicher Finanzpolitik ergeben, wird in den folgenden Abschnitten eine Auswahl zentraler betriebswirtschaftlicher Problemkreise näher analysiert:

(1) Die **Kapitalbedarfsplanung** wird unter dem speziellen Aspekt untersucht, welche **Kalküle** in welcher Weise eingesetzt werden können, um **optimale Investitionsentscheidungen** zu fällen (vgl. S. 323 ff.).

(2) Im Rahmen der **Kapitalfondsplanung** werden zwei Problemkreise näher behandelt:

(a) Welche alternativen **Finanzierungsinstrumente** stehen der Unternehmung grundsätzlich zur Verfügung, und was sind deren jeweilige **Vor-** und **Nachteile?** (vgl. S. 397 ff.)

(b) Welche (ausgewählten) Modellansätze zur **Optimierung der Kapitalstruktur** sind in der Finanzierungstheorie entwickelt worden?

(3) Gemäß der Bedeutung des strengen Liquiditätspostulats wird in einem gesonderten Punkt nach den speziellen **Instrumenten** gefragt, die der **Liquiditätspolitik** grundsätzlich zur Verfügung stehen (vgl. S. 469 ff.).

Hinsichtlich der Desinvestitionsplanung und der Planung des Kapitalentzugs, die in dieser Aufstellung nicht angesprochen werden, gilt folgendes (vgl. Abb. 155):

· Aspekte der **Desinvestitionsplanung** werden bei der Analyse alternativer Finanzierungsinstrumente behandelt. Gerechtfertigt ist diese Zuordnung insofern, als es sich bei der Desinvestitionsplanung inhaltlich um die Steuerung von Kapitalfreisetzungsprozessen handelt, die eine nicht unwesentliche **Finanzierungsquelle** für die Unternehmung darstellen.

- Auf eine detaillierte Analyse der (strukturellen) Tilgungsplanung wird verzichtet. Formal handelt es sich hierbei aber um eine Problemstellung, wie sie analog auch der Planung optimaler Investitionsentscheidungen zugrundeliegt.

- Da Gewinnausschüttung (Dividenden) und Gewinneinbehaltung (= Gewinnthesaurierung bzw. Selbstfinanzierung) sich bei gegebenem Gewinn wechselseitig bedingen, werden einzelne Aspekte der **Dividendenplanung** im Rahmen der Ausführungen zur Finanzierung angesprochen.

- Obwohl Steuerzahlungen bzw. die Vermeidung oder der Aufschub von Steuerzahlungen angesichts hoher Steuersätze finanzpolitisch von ganz erheblicher Bedeutung sind, erfolgt keine gesonderte Analyse der **Steuerplanung**. Dazu wird auf die umfangreiche Spezialliteratur verwiesen. Soweit steuerliche Gesichtspunkte für die Behandlung von Detailfragen unumgänglich sind (so teilweise bei der Investitionsplanung, im Rahmen der Selbstfinanzierung sowie später bei der Bilanzpolitik) wird auf steuerliche Vorschriften allerdings einzugehen sein. Damit diese dann aus einem systematischen Zusammenhang heraus diskutiert werden können, vermittelt Abb.156 eine instruktive Übersicht über die Arten und Merkmale der wichtigsten Steuern im deutschen Steuersystem.

Steuerarten		Merkmale	Rechtsquellen	Steuerobjekt (Steuergegenstand)	Bemessungsgrundlage
Direkte Steuern	Personensteuern	Einkommensteuer ESt	EStG i.d.F. vom 07.09.1990 zuletzt geändert am 25.2.1992 ESt-DV i.d.F. v. 24.07.1986 ESt-R. i.d.F. v. 10.11.1990	Das Einkommen **natürlicher** Personen	Das zu versteuernde Einkommen innerhalb eines Kalenderjahres (gegliedert nach 7 Einkunftsarten)
		Körperschaftsteuer KSt	KStG vom 11.03.1991 zuletzt geändert am 25.02.1992 KSt-DV vom 31.07.1984 KSt-R. i.d.F. vom 14.03.1991	Der Gewinn als das Einkommen der **juristischen** Personen	Das zu versteuernde Einkommen (der Gewinn) innerhalb eines Kalenderjahres
		Vermögensteuer VSt	VStG i.d.F. vom 14.11.1990 BewG i.d.F. vom 01.02.1992 VSt-R. vom 09.03.1989	Das Vermögen **natürlicher** und **juristischer** Personen	Das Vermögen: 1) land-/forstwirtschaftl. Vermögen 2) Grundvermögen 3) Betriebsvermögen 4) Sonst. Vermögen
		Erbschaftsteuer ErbSt	ErbStG v. 19.02.1991 ErbSt-DV i.d.F.v. 19.1.1962 ErbStRG vom 17:04.1974	1) Der Erwerb von Todes wegen 2) Schenkungen unter Lebenden 3) Zweckzuwendungen 4) Vermögen von Fam.-Stift./-Vereinen alle 30 Jahre	Der Wert der Bereicherung des Erwerbers
	Sach- (Objekt-, Real-) steuern	Gewerbesteuer GewSt	GewStG i.d.F. v. 21.03.1991 zuletzt geändert 25.02.1992 GewSt-DV i.d.F. v. 21.03.1991 zuletzt geändert am 25.02.1992 GewSt-R. i.d.F. v. 21.08.1990	Der stehende Gewerbebetrieb (mit einer Betriebsstätte im Inland)	Der Gewerbeertrag Das Gewerbekapital (= Eigenmittel + 60% (ab EZ 1984: 50%) der langfr. Schulden nach Abzug von 50000 DM Freibetrag)
		Grundsteuer GrSt	GrStG v. 7.8.1973 zuletzt geändert durch Einigungsvertrag vom 31.08.1990 GrSt-R. v. 9.12.1978	Grundbesitz: 1) land-/forstwirtschaftl. Vermögen 2) Grundvermögen 3) Betriebsvermögen in Form von Betriebsgrundstücken	Der Einheitswert des Grundbesitzes zum 1.1.1964
Indirekte Steuern	Verkehrsteuern	Umsatzsteuer USt	UStG i.d.F. vom 08.02.1991 zuletzt geändert durch StÄG vom 25.02.1992 UStDV i.d.F. vom 08.02.1991	Steuerbare Umsätze: 1) Lieferungen/Leistungen eines Unternehmens gegen Entgelt 2) Eigenverbrauch eines Unternehmens 3) Einfuhr	1) Kauf/Verkauf: das vereinbarte Entgelt 2) Tausch: der gemeine Wert 3) Eigenverbrauch: Teilwert/gem. Wert/ Kosten/Aufw.
		Grunderwerbsteuer GrESt	GrEStG vom 17.12.1982	Der Umsatz von Grundstücken (Grundstückswechsel)	Der Wert einer wertmäßig meßbaren Gegenleistung (wenn keine Gegenleistung vorhanden: Einheitswert des Grundstücks)
		Kraftfahrzeugsteuer	KraftStG i.d.F. v. 01.02.1979 zuletzt geändert 25.02.1992 KraftSt-DV v. 03.07.1979	Das Halten eines KFZ oder KFZ-Anhängers zum Verkehr auf öffentlichen Straßen	PKW: Der Hubraum LKW, Busse, Anhänger: Das Gesamtgewicht
	Verbrauchsteuern	Mineralölsteuer	MinöStG i.d.F. v. 20.12.1988 zuletzt geändert am 24.06.1991	Die Verwendung von Mineralöl als Treibstoff, Schmierstoff oder Heizöl	Das Volumen oder das Gewicht des Öls

Abb. 156 Arten und Merkmale der wichtigsten Steuern im deutschen Steuersystem

Sechstes Kapitel: Betriebliche Finanzprozesse

		Konstruktion / Berechnung / Tarif			Aufkommen 1991 Absolut (in Mrd. DM)	in % des Gesamtaufkommens v. 653,8 Mrd. DM
Einkommensteuer ESt	**Einkommensermittlung:** Bruttoeinkommen − Werbungskosten (Betriebsausgaben) = Gesamteinkünfte − Sonderausgaben − Freibeträge = zu versteuernder Einkommensbetrag	**Tarif (Grenzsteuersatz):** 0−5616: Nullzone 5617−8153 (unt. Prop.-Zone): 19% 8154−120041 (Progressions-Zone): 19−53% ab 120042 (obere Prop.-Zone): 53%		Durch **Quellenbesteuerung** − als besondere Erhebungsform der ESt − werden einbehalten: − **Lohnsteuer** (auf Einkünfte aus nicht-selbständiger Tätigkeit) − **Kapitalertragsteuer** von 25% (auf inländische Kapitalerträge)	267,1	40,85%
Körperschaftsteuer KSt	**Einkommensermittlung** Steuerbilanzgewinn nach EStG **aber:** Abzugsfähigkeit von − Geschäftsführergehältern − Zinsen für Gesellschafterdarlehen	**Tarif:** 50% bei einbehaltenen 36% bei ausgeschütteten Gewinnen Anrechnung der für ausgeschüttete Gewinne gezahlten KSt auf die ESt des Anteilseigners		**Organschaft:** Bei Existenz eines Gewinnabführungsvertrags zahlt nur die Obergesellschaft KSt; dadurch Mögl. des Verlustausgleichs	31,7	4,85%
Vermögensteuer VSt	**Steuerpflichtiges Vermögen:** Rohvermögen (bürgerl. rechtl. Vermögen) + wirtschaftl. genutzte Wirtschaftsgüter − Schulden (FK)	**Bewertung** der Vermögensarten zu Einheitswerten (Teilwert, gemeiner Wert, Ertragswert) bzw. zu Verkehrswerten	**Tarif:** natürl. Pers.: 0,5% jur. Pers.: 0,6%	**Schachtelprivileg:** Anteile einer Kap.-Gesellschaft an Kap.-Gesellschaften über 25% sind nicht VSt-pflichtig	6,7	1,02%
Erbschaftsteuer ErbSt	**Bewertung:** erfolgt nach BewG zu Einheitswerten (Grundvermögen, Betriebsgrundstücke) bzw. zu Verkehrswerten (sonst. Vermögenswerte)	**Tarif:** Einteilung in 4 Steuerklassen (nach Verwandtschaftsgrad) Steuersätze: 3−70% (gestaffelt nach Höhe des Erwerbs) Freibeträge: 3000−500000 (nach Steuerklassen)			2,6	0,40%
Gewerbesteuer GewSt	**Gewerbeertrag** = ESt (KSt)-pflichtiger Gewinn aus Gewerbebetrieb + Hinzurechnungen − Kürzungen − 36000 Freibetrag	**Gewerbekapital** = Einheitswert des gewerblichen Betriebes + Hinzurechnungen − Kürzungen − 120000 Freibetrag	**Berechnung:** Gewerbeertrag × Steuermeßzahl (5%) = Steuermeßbetrag I Gewerbekapital × Steuermeßzahl (2‰) = Steuermeßbetrag II (I + II) × Hebesatz = Steuerbetrag Hebesatz: 100−650% je nach Gemeinde. Da GewSt abzugsfähig, echte Belastung mit GewSt vom Ertrag bei Hebesatz 300%: 13,04%		30,6	4,68%
Grundsteuer GrSt	**Bewertung** des Grundbesitzes nach BewG zum Einheitswert	**Berechnung:** Einheitswert × Steuermeßzahl = Steuermeßbetrag Steuermeßbetrag × Hebesatz = Steuerbetrag Meßzahl: im allg. 3,5‰ Hebesatz: gekoppelt mit dem Hebesatz der GewSt			9,8	1,50%
Umsatzsteuer USt	**Typ:** Allphasennetto−USt. Es wird an jeder Prod.-Stufe nur die Wertschöpfung besteuert (Abzug der Vorleistungen/Vorsteuerabzug). Die Steuerbelastung wird von Stufe zu Stufe übergewälzt. Endgültige Steuerbelastung = Σ der St.-beträge auf die Wertschöpfung aller Veredlungsstufen **Tarif:** 14% (ermäßigter Tarif: 7%)				179,6	27,47%
Grunderwerbsteuer GrESt	**Tarif:** 2% Umsätze in Grundstücken sind von der USt befreit				4,5	0,69%
Kraftfahrzeugsteuer	**Tarif:** Krafträder: 3,60 DM je angefangene 25 ccm. PKW: 18,80 DM bzw. 21,60 DM je angefangene 100 ccm., bei Erstzulassung ab 01.01.1986; Steuerermäßigung bzw. Steuerbefreiung für schadstoffarme PKW alle anderen 22 DM − 166 DM je angefangene 200 kg Gesamtgewicht, Fahrzeuge: gestaffelt nach Gesamtgewicht und Achsenzahl, jedoch nicht mehr als 11.000 DM jährlich.				11,0	1,68%
Mineralölsteuer	**Tarif:** Leichtöle (bis 0,013 g Bleigehalt/l) 82,− DM/100 l und mittelschwere Öle 82,− DM/100 l Leichtöle (über 0,013 g Bleigehalt/l) 92,− DM/100 l (ab 01.01.91) Schweröle 65,30 DM/100 l unverbleiter Ottokraftstoff 82,− DM/100 l verbleiter Ottokraftstoff: 92,− DM/100 l Erdgas, Flüssiggas und andere gasförmigen Kohlenwasserstoffe 158,70 DM/100 kg Bitum 1,50 DM/100 kg				47,3	7,23%

Quelle: Inst. d. dt. Wirtschaft, Köln 1992 (sonstige Steuern: 62,9 Mrd. DM, 9.62% des Gesamtaufkommens)

Fragen und Aufgaben zur Wiederholung (S. 297–313)

1. Beschreiben Sie den „Kreislauf" der finanziellen Ströme bei einem Industriebetrieb!
2. Was versteht man unter Kapital in der Betriebswirtschaftslehre? Welches sind die wichtigsten Unterscheidungsmerkmale zwischen Eigen- und Fremdkapital?
3. Welche vier Kategorien von Zahlungsströmen (Finanzbewegungen) lassen sich vom Kapitalbegriff ausgehend unterscheiden? Nennen Sie Beispiele für die einzelnen Kategorien!
4. Definieren Sie (a) den Kapitalbedarf, (b) den Finanzbedarf und (c) den Geldbedarf!
5. Welches sind (nach Gutenberg) die Hauptdeterminanten des Kapitalbedarfs, und in welcher Weise wirken sie sich im einzelnen auf Höhe und zeitliche Entwicklung des Kapitalbedarfs aus?
6. Was versteht man betriebswirtschaftlich unter einer Investition? Welche alternativen Begriffsfassungen lassen sich unterscheiden?
7. Nach welchen Kriterien können Investitionen unterteilt werden?
8. Wie läßt sich „Finanzierung" definieren? Wozu dienen Finanzierungen?
9. Wann befindet sich eine Unternehmung in einem finanziellen Gleichgewicht? Unterscheiden Sie hierbei drei Dimensionen!
10. Skizzieren Sie die Zusammenhänge zwischen Investition, Finanzierung, Liquidität und Rentabilität!
11. Welche Teilpläne lassen sich im Rahmen der betrieblichen Finanzpolitik unterscheiden?
12. Nennen Sie die wichtigsten Steuern (im deutschen Steuersystem), und charakterisieren Sie sie anhand ausgewählter Merkmale!

Literaturhinweise:

Deppe, H.-D. (1973)
Gutenberg, E. (1980)
Heinen, E. (1966)
Kappler, E., Rehkugler, H. (1991)
Perridon, L., Steiner, M. (1991)
Schierenbeck, H. (1980a)
Schmalenbach, E. (1961)
Schneider, D. (1990b)
Strobel, A. (1953)
Süchting, J. (1989)
Witte, E., Klein, H. (1983)
Wöhe, G. (1991)

B. Investitionskalküle

I. Investitionsrechnungen als Entscheidungshilfe

1. Bedeutung von Investitionsrechnungen für Investitionsentscheidungen
2. Arten und Merkmale von Investitionsrechnungen
3. Einsatz von Investitionsrechnungen für alternative Fragestellungen

1. Bedeutung von Investitionsrechnungen für Investitionsentscheidungen

Über Investitionen wird im Wege von Entscheidungen im Hinblick auf bestimmte Zielsetzungen befunden, wobei zur Unterstützung solcher Entscheidungen **Investitionsrechnungen** eingesetzt werden können. Es handelt sich hier um **ermittelnde oder optimierende Rechenverfahren**, mit deren Hilfe quantitative, an Liquiditäts- und Erfolgskriterien orientierte Maßstäbe für die wirtschaftliche Vorteilhaftigkeit alternativer Investitionsvorhaben ermittelt oder noch weitergehend sogar optimale Investitionsprogramme bestimmt werden.

Investitionsrechnungen sind insofern eine wesentliche Grundlage von Investitionsentscheidungen, wenn ihre Bedeutung auch nicht überschätzt werden darf, da ihrer **quantitativen** Ausrichtung wegen der weite Bereich der nicht quantifizierbaren Entscheidungsfaktoren unberücksichtigt bleibt. Abb. 157 zeigt beispielhaft, von welcher Art diese unwägbaren, wertmäßig nicht quantifizierbaren (**imponderablen**) Faktoren sind, die im Investitionskalkül praktisch als nicht existent behandelt werden (müssen).

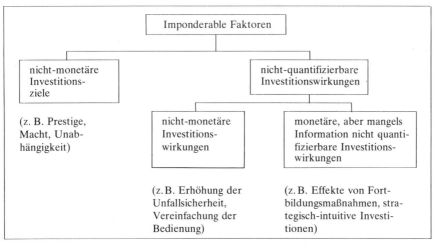

Abb. 157 Arten imponderabler Faktoren

Trotz vielfacher, nicht in der Investitionsrechnung erfaßter unwägbarer Momente bleibt die Rechnung aber im allgemeinen ein notwendiges und letztlich unentbehrliches Glied in der Kette anzustellender Überlegungen bei Investitionsentscheidungen. Denn selbst wenn nicht-monetäre Investitionsziele oder -wirkungen in einer Entscheidung dominieren sollten, verdeutlicht eine Investitionsrechnung zumindest die damit verbundenen Konsequenzen auf der Ausgaben- respektive Kostenseite, also den ökonomischen „Preis" einer solchen nicht-monetär determinierten Investitionsentscheidung.

Die Bedeutung der Investitionsrechnung für die Entscheidung wäre in einem solchen Fall aber natürlich geringer als bei primär monetär orientierten (erwerbswirtschaftlichen) Investitionen, so daß folgende **These** aufgestellt werden kann: Die Bedeutung differenzierter Investitionsrechnungen für die Investitionsentscheidung wird um so größer,

· je kleiner der Einfluß nicht-monetärer Investitionsziele ist,
· je geringer das Gewicht nicht-monetärer Investitionswirkungen ist und
· je verläßlicher die monetären Investitionswirkungen geschätzt werden können (je geringer die Unsicherheit ist).

2. Arten und Merkmale von Investitionsrechnungen

In Theorie und Praxis sind eine Reihe unterschiedlicher Modelle für die Investitionsrechnung entwickelt worden. Dabei war der Begriff „Investitionsrechnung" lange Zeit beschränkt auf Verfahren, die die Wirtschaftlichkeit von Real- und Finanzinvestitionen ermitteln und die hier als **Wirtschaftlichkeitsrechnung** bezeichnet werden. Die Auffassung, daß die Verfahren der **Unternehmensbewertung** ihrem Kern nach ebenfalls Investitionsrechnungen sind, hat sich erst in jüngerer Zeit mit dem Vordringen investitionstheoretischer Erkenntnisse in diesen Bereich durchgesetzt.

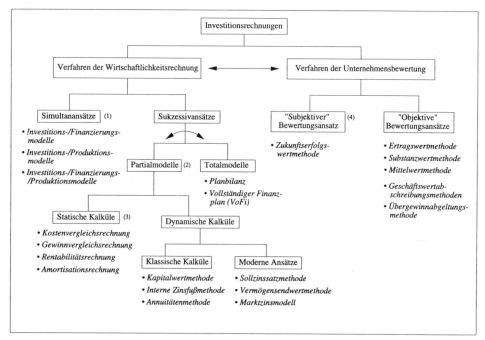

Abb. 158 Kategorien von Investitionsrechnungen

Abb. 158 gibt eine Übersicht über die hier zur Investitionsrechnung gezählten Modell- und Verfahrenskategorien (Die Ziffern in Klammern beziehen sich auf die dazugehörigen Erläuterungen im Text).

Unterschiede zwischen Wirtschaftlichkeitsrechnung und Unternehmensbewertung bestehen vor allem in der zugrundeliegenden Fragestellung: Während die Unternehmensbewertung nach dem Wert einer Unternehmung, einer Beteiligung oder eines Betriebsteils fragt, um hieraus etwa eine Preisforderung abzuleiten, geht es in der Wirtschaftlichkeitsrechnung in der Regel um die Frage nach der Vorteilhaftigkeit von Investitionen bei gegebenen Anschaffungskosten. Weitere Unterschiede sind lediglich historisch begründbar und nur gradueller Natur; so etwa die teilweisen Unterschiede in der Verfahrenstechnik oder der Umstand, daß bei der Unternehmensbewertung – wie schon der Name sagt – üblicherweise ein ganzes Unternehmen oder zumindest einzelne Betriebsteile hiervon das Untersuchungsobjekt bilden, während es bei der Wirtschaftlichkeitsrechnung traditionell eher einzelne Produktionseinheiten, Aggregate u. ä. sind, die auf ihre Wirtschaftlichkeit hin analysiert werden.

Die in Abb. 158 unterschiedenen Kategorien von Verfahren der Wirtschaftlichkeitsrechnung und Unternehmensbewertung sind einleitend kurz zu charakterisieren:

(1) Simultanmodelle und Sukzessivansätze der Wirtschaftlichkeitsrechnung

Simultanmodelle sind die theoretisch anspruchsvollsten Modelle der Wirtschaftlichkeitsrechnung:

- Es handelt sich um Optimalmodelle (in der Regel bestehend aus einem System linearer Gleichungen);
- Sie gestatten eine Optimierung des Investitionsprogramms im Hinblick auf originäre finanzwirtschaftliche Zielsetzungen;
- Die Optimierung der Teilpläne (bzw. aller Entscheidungsvariablen) erfolgt simultan.

Simultanmodelle liegen in verschiedenen Ansätzen vor. Genannt werden können:
- die Investitions-/Finanzierungsmodelle von *Albach* (1962), *Hax* (1964) und *Weingartner* (1963),
- die Investitions-/Produktionsmodelle von *Förstner/Henn* (1957), *Jacob* (I, 1982; II, 1983) und *Swoboda* (1965) sowie
- die Investitions-/Finanzierungs-/Produktionsmodelle von *Blumentrath* (1969) und *Schweim* (1969).

Bei unterschiedlicher Fragestellung im Detail ist diesen Modellen ihr **theoretischer Vorzug** gemeinsam, daß sie den interdependenten sach-zeitlichen Wirkungszusammenhang von Investitions- und Finanzierungsentscheidungen (unter teilweiser Einbeziehung sogar des Leistungsprozesses mit seinen Problemstrukturen) konzeptionell berücksichtigen. Allerdings sind auch ihre **Grundprobleme** nicht zu übersehen. Sie lassen sich in vier Punkten zusammenfassen:

(a) Eine wichtige Anwendungsbeschränkung von Simultanmodellen ergibt sich aus der **Linearitätsbedingung**. Bei der Formalisierung von Investitionsproblemen wird konkret deren Anpassung an die Lösungsalgorithmen der (im allgemeinen verwendeten) linearen Planungsrechnung gefordert.

(b) Infolge des Fehlens der **Ganzzahligkeitsbedingung** in den üblichen Simultanmodellen können wesentliche Problemstellungen der Investitionstheorie (Problem des optimalen Ersatzzeitpunktes, Auswahlprobleme bei sich technisch gegenseitig ausschließenden Alternativen u. ä.) nicht gelöst werden.

(c) Auch in Simultanmodellen ist der **Planungshorizont** in irgendeiner Weise zu begrenzen. Damit entsteht aber das Abbruchproblem, das sich darin äußert, daß die optimale Lösung auch von der Länge des explizit berücksichtigten Planungshorizonts abhängt.

(d) Schließlich scheitert die praktische Anwendbarkeit häufig an der Schwierigkeit, die für eine umfassende Optimierung notwendigen **Informationen** in entsprechender Qualität zu gewinnen. Das ist eine ganz entscheidende Restriktion, denn auch Simultanmodelle können nur eine **tautologische Transformation** der in sie eingegebenen Informationen vornehmen.

In der Praxis dominieren heute (noch) die **Sukzessivansätze**. Sie gelten als **praxisrelevante** Entscheidungshilfen für Investitionsprobleme. Ihre Vorzüge liegen aus der Sicht der Praxis je nach konkreter Ausgestaltung vornehmlich
- in der im Verhältnis zu den Simultanmodellen einfachen Struktur ihres Algorithmus,
- in dem geringeren Informationsbedarf für die Ermittlung von (allerdings regelmäßig nur approximativen) Entscheidungswerten sowie
- in der Tatsache, daß sie eine Vorgehensweise bedingen, die dem in der Praxis üblichen System der hierarchischen Unternehmensplanung (d.h. der schrittweisen Abstimmung partieller Teilpläne) weitestgehend entspricht.

(2) Totalmodelle und Partialmodelle der Wirtschaftlichkeitsrechnung (vgl. Abb. 158)

Totalmodelle mit schrittweisem Planungsansatz finden sich u.a. in den Modellen der Bilanzplanung und dem Konzept des vollständigen Finanzplanes.

Im Rahmen der Erstellung von **Planbilanzen** werden die prognostizierten Wirkungen von Investitionsentscheidungen simulierend durchgerechnet, wobei vor allem auf die Konsequenzen für Kapitalstruktur, Rentabilität, Cash Flow u.a. im Zeitablauf abgestellt wird. Wegen des bei vielen durchzurechnenden Alternativen hohen Rechenaufwandes werden solche Vorgehensweisen in der Praxis nur bei großen strategischen Investitionen vorgenommen (vgl. zur Bilanz als Ermittlungsmodell S. 499 ff.).

Eine Alternative, die speziell die zahlungsstromorientierten Konsequenzen von Investitionsentscheidungen vollständig und explizit zu durchleuchten anstrebt, ist die **Methode des vollständigen Finanzplanes**, kurz **VOFI** genannt (vgl. *Grob* 1989). Hierbei werden alle die einem Investitionsprojekt zurechenbaren Zahlungen einschließlich der monetären Auswirkungen von Dispositionen, die – hervorgerufen durch die Investition – zur Sicherung des finanziellen Gleichgewichts notwendig werden, in **tabellarischer Form** erfaßt. Durch systematische Computerunterstützung (und insbesondere den Einsatz von Standardsoftware für den PC-Bereich) kann dem methodenspezifischen Nachteil vollständiger Finanzpläne, der – wie im Fall der Planbilanzen – im hohen Rechenaufwand liegt, begegnet werden (vgl. zu einem Beispiel für die Methode der vollständigen Finanzplanung den Abschnitt zur Einbeziehung von Gewinnsteuern in die Wirtschaftlichkeitsrechnung, S. 361 ff.).

Partialmodelle sind im Gegensatz zu den hier angesprochenen Totalmodellen durch folgende Merkmale gekennzeichnet:
- Die Vorteilsbestimmung erfolgt anhand von partiellen Entscheidungs-Kriterien, die vom verwendeten Algorithmus, nicht jedoch durch die originären finanzwirtschaftlichen Zielsetzungen geprägt sind.
- Bezeichnend ist das Arbeiten mit Pauschalannahmen und Prämissen, deren Gültigkeit unterstellt wird, um zu entsprechenden Vorteilsüberlegungen zu kommen. Allerdings unterscheiden sich die einzelnen Kalküle zum Teil erheblich hinsichtlich der Realitätsnähe solcher Prämissen, so daß hier eine Abstufung unumgänglich wird.

Für die Praxis spielen Partialmodelle die vergleichsweise größte Rolle, wenn es darum geht, Investitionsentscheidungen rechnerisch zu fundieren. Aus diesem Grunde stehen sie auch im folgenden in ihren Ausprägungen als statische und dynamische Kalküle im Vordergrund (vgl. ausführlich S. 323 ff.).

(3) Statische und dynamische Kalküle (vgl. Abb.158)

Die **statischen Modelle** partialer Wirtschaftlichkeitsrechnung sind einfache Vergleichsverfahren. Sie werden als statisch bezeichnet, weil sie **zeitliche Unterschiede im Auftreten von Einnahmen und Ausgaben nicht oder nur unvollkommen berücksichtigen.**

Im einfachsten Fall betrachten statische Verfahren explizit nur die Periode (das Jahr), die unmittelbar auf die Vornahme der Investition folgt und unterstellen dann, daß dieser Ausschnitt repräsentativ ist für die gesamte Investitionsdauer.

Diese notwendige Annahme spiegelt sich auch in den Rechengrößen wider. In statischen Investitionsrechnungen wird nämlich nicht von den – häufig ungleichmäßig anfallenden – effektiven Investitionsausgaben und -einnahmen, sondern von den durchschnittlichen Investitionskosten und -erträgen pro Periode ausgegangen. Das wird besonders in zwei Aspekten deutlich: In der Behandlung der Anschaffungsausgaben von abnutzbaren Betriebsmitteln (Anlagen), die in statischen Investitionsrechnungen lediglich in Höhe der periodischen Abschreibungen Eingang finden, und in der Berücksichtigung durchschnittlich anfallender Zinskosten, deren Bezugsbasis das im Durchschnitt durch die Investition gebundene Kapital ist.

Grundsätzlich werden **vier** statische Verfahren unterschieden, die teilweise aufeinander aufbauen und mit unterschiedlichen Vorteilskriterien arbeiten:

· Kostenvergleichsrechnung
· Gewinnvergleichsrechnung
· Rentabilitätsrechnung
· Amortisationsrechnung.

Gegenüber den statischen Verfahren zeichnen sich die **dynamischen Verfahren** der Wirtschaftlichkeitsrechnung dadurch aus, daß sie **dem zeitlichen Ablauf der Investitions- und darauffolgenden Desinvestitionsvorgänge konzeptionell Rechnung tragen.** Diese besondere Berücksichtigung des Zeitfaktors findet bei dynamischen Verfahren vor allem in der Verwendung der **Zinseszinsrechnung** seinen Ausdruck: Zeitliche Unterschiede im Anfall der Erfolgsgrößen von Investitionsvorhaben werden nicht wie bei statischen Investitionsrechnungen vernachlässigt oder in einer Durchschnittsbetrachtung nivelliert, sondern gehen explizit und entsprechend bewertet in das Ergebnis der Investitionsrechnung ein.

Bei Anwendung dynamischer Verfahren liegen dem Vorteilsvergleich demzufolge auch keine Durchschnittsgrößen, sondern die effektiven Investitionsausgaben und -einnahmen in ihrem unterschiedlichen zeitlichen Anfall zugrunde. Dies wird in der Behandlung der ursprünglichen Anschaffungsausgaben für ein Investitionsobjekt deutlich. Im Gegensatz zu statischen Investitionsrechnungen gehen sie in voller Höhe als Ausgaben zu Beginn der Investitionsperiode in die Vorteilsberechnung ein. Die Investitionsfolgeausgaben und die Einnahmen aus den Desinvestitionen werden dann, nachdem sie zur Vereinfachung des Rechenaufwands im allgemeinen zu **Zahlungsreihen** umgeformt, d. h. zu jährlichen Zahlungsüberschüssen bzw. -fehlbeträgen zusammengefaßt worden sind, diesem ursprünglichen Kapitaleinsatz gegenübergestellt.

Die dynamischen Kalküle existieren zunächst als die drei klassischen Modellansätze

- Kapitalwertmethode,
- Annuitätenmethode,
- Interne Zinsfußmethode.

Das Merkmal „klassisch" knüpft dabei an der für diese Verfahren typischen Annahme des **vollkommenen Kapitalmarktes** an. Das heißt, es wird grundsätzlich angenommen, daß Investitionsrückflüsse im Zweifel zu einem einheitlichen Zins angelegt, Finanzierungsdefizite zu eben diesem Zins beseitigt werden können und daß u. a. auch keine Unsicherheit über die Entwicklung dieses Marktzinses besteht.

Der Einsicht folgend, daß in der Realität die Geld- und Kapitalmärkte mehr oder minder unvollkommen sind, wurden verschiedene Verfeinerungen der klassischen dynamischen Kalküle entwickelt. Dazu zählen

- die Vermögensendwertmethode,
- die Sollzinssatzmethode,
- sowie (als neueste Entwicklung) das Marktzinsmodell der Wirtschaftlichkeitsrechnung.

(4) Objektive und subjektive Unternehmensbewertung (vgl. Abb. 158)

Die Verfahren der Unternehmensbewertung lassen sich ähnlich wie die Verfahren der Wirtschaftlichkeitsrechnung in „traditionelle" und „moderne" Ansätze unterscheiden.

Hinter den **traditionellen Verfahren** der Unternehmensbewertung steht die Auffassung von der Existenz eines „**objektiven Unternehmenswerts**", den es unabhängig von spezifischen Interessenlagen (etwa eines Käufers oder Verkäufers) zu ermitteln gilt. Es liegt also praktisch die Perspektive eines neutralen Gutachters zugrunde, dessen Aufgabe es ist, einen angemessenen Preis für das betreffende Unternehmen bzw. für eine Beteiligung an ihm zu bestimmen.

Charakteristisch für die traditionellen Verfahren ist dementsprechend,

- daß sie die vorhandene Vermögenssubstanz zur Wertermittlung in der Regel mit einbeziehen und
- daß sie die Erträge der Unternehmung (wenn überhaupt) nur insoweit berücksichtigen, als sie bei normaler Unternehmerleistung in Zukunft erzielbar sind.

Die **neuere Entwicklung** auf dem Gebiet der Unternehmensbewertung ist durch die Betonung des **subjektiven** Charakters des Unternehmenswertes gekennzeichnet. Es wird also ganz bewußt auf die Interessenlage und die Entscheidungssituation der Beteiligten abgestellt: Aufgabe der Unternehmensbewertung ist demnach die Ermittlung von **Entscheidungswerten**, die es den jeweiligen Beteiligten (etwa einem potentiellen Käufer) ermöglichen, richtige Entscheidungen zu fällen.

In diesem Sinne wird die Unternehmensbewertung also konsequent als Investitionsrechnung konzipiert. Dem entspricht u. a., daß der **Wert einer Unternehmung ausschließlich aus den finanziellen Erträgen abgeleitet wird, die aus dem Unternehmensbesitz resultieren.**

Eine kurzgefaßte Darstellung der verschiedenen Verfahren der Unternehmensbewertung erfolgt im Anschluß an die Analyse statischer und dynamischer Wirtschaftlichkeitskalküle (vgl. S. 387 ff.).

3. Einsatz von Investitionsrechnungen für alternative Fragestellungen

Investitionsrechnungen können als ermittelnde oder optimierende Rechenverfahren sowohl bei der **Vorbereitung** als auch bei der **Kontrolle** von Investitionsentscheidungen eingesetzt werden. Während im letzteren Fall eine rechnerische Überprüfung bereits durchgeführter Investitionsvorhaben erfolgt, handelt es sich im ersteren Fall um Planungsrechnungen, mit deren Hilfe die Entscheidungen so weit wie möglich einer wirtschaftlichen Optimierung zugeführt werden.

Unzweifelhaft dominiert in der Investitionstheorie der Planungsaspekt, also der Einsatz der Rechnung zur Fundierung von **Investitionsentscheidungen unter Unsicherheit**. Welche Fragestellungen dabei im einzelnen analysiert werden können, zeigt Abb. 159 in einer Übersicht.

In der Literatur werden üblicherweise im Zusammenhang mit Fragen des Einsatzes der Wirtschaftlichkeitsrechnung

- Wahlentscheidungen,
- Nutzungsdauerentscheidungen und
- Programmentscheidungen

unterschieden. Dabei berühren Wahlentscheidungen die unter Punkt 1 und 2 genannten Funktionen, während Programmentscheidungen mit der Funktion unter Punkt 3 korrespondieren; Nutzungsdauerentscheidungen schließlich schlagen sich in der Funktion 4 nieder.

Haupteinsatzgebiete der (hier nicht weiter behandelten) Simultanmodelle der

Abb. 159 Alternative Funktionen der Wirtschaftlichkeitsrechnung und Unternehmensbewertung

Wirtschaftlichkeitsrechnung sind die Programmentscheidungen, während für die übrigen Funktionen die Sukzessivansätze dominieren. Deren Einsatz auch für Programmentscheidungen ist zwar prinzipiell möglich (und wird auch an einem Beispiel demonstriert), sie sind aber wegen der Fülle notwendig geltender Prämissen den Simultanmodellen vom theoretischen Standpunkt aus gesehen grundsätzlich unterlegen.

Die **enge Verknüpfung von Investition und Finanzierung** zeigt sich im übrigen auch bei der Verwendung der Wirtschaftlichkeitsrechnungen in ihren verschiedenen Funktionen. Nicht nur, daß explizit oder implizit stets bestimmte Finanzierungsprämissen in die Wirtschaftlichkeitsrechnung eingehen, die Rechnungen lassen sich auch zur Fundierung von **Finanzierungsentscheidungen** selbst einsetzen (vgl. ausführlich S. 323 ff.). Analog zu den in Abb. 159 genannten Funktionen der Wirtschaftlichkeitsrechnung für Investitionsentscheidungen können die einzelnen Verfahren verwendet werden für

· die Ermittlung der Effektivkosten einer Finanzierung,
· die Durchführung von Einanzierungskostenvergleichen,
· die Rangfolgebestimmung konkurrierender Finanzierungsalternativen und die Zusammenstellung eines optimalen Finanzierungsprogramms (unter Abstimmung mit der Investitionsplanung) sowie für
· die Bestimmung von Tilgungsprogrammen und Umfinanzierungszeitpunkten.

Formal muß das nicht verwundern, wenn man berücksichtigt, daß der Grundtyp einer Investition und der einer Finanzierung sich von der zugrundeliegenden Zahlungsreihe her lediglich durch das Vorzeichen unterscheidet:

(1) Beispiel einer **Investitionszahlungsreihe**:
$$-1000; +800; +500$$
(2) Beispiel einer **Finanzierungszahlungsreihe**:
$$+1000; -100; -1100$$

Die **Gemeinsamkeiten zwischen Wirtschaftlichkeitsrechnung und Unternehmensbewertung** sind besonders eng, wenn von der Konzeption eines **subjektiven Unternehmungswerts** ausgegangen wird. Das zeigt sich besonders deutlich, wenn man die in Abb. 159 unter Punkt 1 genannte Funktion der Unternehmensbewertung betrachtet. Hier besteht methodisch kaum ein Unterschied zu den Wirtschaftlichkeitskalkülen.

Das Gegenstück zu einer solchen, ausgeprägt subjektiven Konzeption der Unternehmensbewertung bildet die Steuerbemessungsfunktion der Unternehmensbewertung, die aus Steuergerechtigkeitsgründen zwangsläufig von einer objektiven Konzeption des Unternehmenswerts ausgeht. Damit verbunden ist eine weitgehende Loslösung von dem Instrumentarium der Wirtschaftlichkeitsrechnung. Eine Mittelstellung nehmen die unter Punkt 2 und 3 genannten Funktionen ein, für die sowohl subjektive als auch objektive Wertansätze Verwendung finden. So ist z. B. bei Ableitung eines „fairen Einigungspreises" ein mithilfe von allgemein anerkannten Konventionen objektivierter Unternehmenswert zwar eine wesentliche Stütze, aber ein echter Interessenausgleich zwischen den Parteien bedeutet auch, daß deren Interessenlagen und damit deren subjektive Entscheidungswerte bekannt sein müssen.

Fragen und Aufgaben zur Wiederholung (S.315-322)

1. Welche Entscheidungsfaktoren werden von Investitionsrechnungen nicht berücksichtigt? Welche Folgerungen ergeben sich hieraus für die Bedeutung von Investitionsrechnungen für Investitionsentscheidungen?
2. Geben Sie eine Übersicht über die Hauptkategorien von Investitionsrechnungen! Worin bestehen die wesentlichen Unterschiede zwischen Wirtschaftlichkeitsrechnung und Unternehmensbewertung?
3. Worin besteht der theoretische Vorzug simultaner Investitionsmodelle, und was sind deren generelle Grundprobleme?
4. Charakterisieren Sie die Hauptmerkmale von Partial- und von Totalmodellen der Investitionsrechnung!
5. Skizzieren Sie die Hauptmerkmale und Arten statischer und dynamischer Verfahren der klassischen Wirtschaftlichkeitsrechnung!
6. Worin bestehen die hauptsächlichen Unterschiede zwischen Wirtschaftlichkeitsrechnung und Unternehmensbewertung? Diskutieren Sie diese Frage auch im Hinblick auf die verschiedenen Ansätze der „traditionellen" und der „modernen" Unternehmensbewertung!
7. Für welche Fragestellungen können (a) Wirtschaftlichkeitsrechnungen und (b) Verfahren der Unternehmensbewertung eingesetzt werden? Welche Beziehungen bestehen zu den verschiedenen Modellvarianten respektive Ansätzen der Investitionsrechnung?
8. Warum lassen sich Wirtschaftlichkeitsrechnungen auch grundsätzlich zur Fundierung von Finanzierungsentscheidungen einsetzen, und für welche diesbezüglichen Fragestellungen bietet sich ihr Einsatz besonders an?

Literaturhinweise:

Albach, H. (Hrsg.) (1975)
Blohm, H., Lüder K. (1991)
Frischmuth, G. (1969)
Goetzke, W., Sieben G. (Hrsg.) (1977)
Grob, H. L. (1989)
Kern, W. (1974)
Kruschwitz, L. (1990)

Moxter, A. (1990)
Pack, L. (1966a)
Scheer, A.W. (1969)
Schmidt, R.-B., (1984)
Schwarz, H. (1967)
Schweim, J. (1969)
Swoboda, P. (1986)

II. Verfahren der Wirtschaftlichkeitsrechnung

1. Fundierung von Investitionsentscheidungen mit Hilfe statischer Kalküle
2. Fundierung von Investitionsentscheidungen mit Hilfe dynamischer Kalküle
3. Wirtschaftlichkeitsrechnung unter Berücksichtigung von Gewinnsteuern
4. Ansätze zur Bewältigung der Unsicherheit bei Wirtschaftlichkeitsrechnungen

1. Fundierung von Investitionsentscheidungen mit Hilfe statischer Kalküle

Im folgenden werden die vier statischen Verfahren der Wirtschaftlichkeitsrechnung

(1) Kostenvergleichsrechnung

(2) Gewinnvergleichsrechnung
(3) Rentabilitätsrechnung
(4) Amortisationsrechnung

im einzelnen analysiert, wobei im Vordergrund Wahl- und Nutzungsdauerentscheidungen stehen.

Zu (1): Das Verfahren der **Kostenvergleichsrechnung** empfiehlt, von zwei oder mehreren sich ausschließenden Alternativen jene mit den geringsten Kosten auszuwählen. Bei der Frage nach der Durchführung oder Nichtdurchführung eines einzelnen Investitionsprojekts kommt die Kostenvergleichsrechnung vor allem für die Lösung des Ersatzproblems in Betracht. Gefragt wird hier, ob eine vorhandene Anlage sofort oder erst später (z. B. nach einem weiteren Nutzungsjahr) durch eine neue Anlage ersetzt werden soll.

Zunächst soll (a) die Wahl zwischen sich technisch ausschließenden Investitionsalternativen im Vordergrund stehen. Danach wird gezeigt, wie (b) das Ersatzproblem mit Hilfe der Kostenvergleichsrechnung gelöst werden kann.

Zu (a): Unterschieden werden kann ein **Perioden**kostenvergleich und ein **Stück**kostenvergleich. Bei einem Periodenkostenvergleich alternativer Investitionsprojekte muß unterstellt werden, daß diese die gleiche **quantitative** und **qualitative** Leistung abgeben. Sofern quantitative Unterschiede bestehen, ist ein Stückkostenvergleich durchzuführen. Bestehen auch qualitative Unterschiede, wird ein Gewinn- oder Rentabilitätsvergleich erforderlich.

In den Kostenvergleich einzubeziehen sind alle relevanten

· **Betriebskosten** (vor allem Material- und Personalkosten) und alle
· **Kapitalkosten** (Abschreibungen und Zinskosten).

Sofern es sich um Investitionen mit mehrperiodischer Nutzungsdauer handelt, werden zweckmäßigerweise die **Durchschnittskosten** pro Periode (bzw. die daraus abgeleiteten Stückkosten) zugrundegelegt. Für die Ermittlung speziell der **durchschnittlichen Kapitalkosten** gelten folgende Regeln:

(1) Durchschnittliche Abschreibung pro Periode $= \dfrac{AW - RW_n}{n}$

(2) Durchschnittliche Zinsen pro Periode $= i \times \dfrac{AW + RW_{n-1}}{2}$

mit AW   = Anschaffungskosten
      n   = Anzahl der Nutzungsperioden
      RW_n = Restwert am Ende der Nutzungsdauer
      RW_{n-1} = Restwert am Beginn des letzten Nutzungsjahres (= RW_n zuzüglich der letzten Jahresabschreibung)
      i   = Kalkulatorischer Zinssatz, mit dem das gebundene (Eigen- und Fremd-)Kapital zu verzinsen ist.

Formel (2) basiert auf der Annahme, daß die Tilgung bzw. Amortisation des Kapitaleinsatzes nicht kontinuierlich erfolgt, sondern wie bei den dynamischen Rechnungen zu Jahresraten zusammengefaßt und in einem Betrag (der der jährlichen Abschreibung entspricht) am Ende eines jeden Jahres vom jeweiligen Restwert abgesetzt wird. Bei Annahme kontinuierlicher Amortisation des Kapitaleinsatzes und eines Restwerts am Ende der Nutzungsdauer von Null würde sich Formel (2) demgegenüber entsprechend vereinfacht schreiben lassen als:

(2a) Durchschnittliche Zinsen pro Periode $= i \cdot \dfrac{AW}{2}$

Obwohl die Annahme kontinuierlicher Amortisation des Kapitaleinsatzes im Widerspruch zu der ansonsten auf Jahresdurchschnittswerte hin orientierten statischen Wirtschaftlichkeitsrechnung steht, wird Formel (2a) in der Praxis häufig vereinfacht zur Ermittlung der Zinskosten verwendet.

Abb. 160 enthält ein Zahlenbeispiel zur Kostenvergleichsrechnung: Ein Unternehmen plant den Kauf einer zusätzlichen Anlage. Zwei Fabrikate A und B stehen zur Auswahl.

Da sich die beiden Anlagen in ihrer voraussichtlichen Produktion pro Jahr unterscheiden, ist ein Periodenkostenvergleich nur bedingt aussagefähig. Wie auch das Beispiel zeigt, verschiebt sich das Ergebnis bei Durchführung eines hier richtigerweise anzusetzenden Stückkostenvergleichs.

Bei einem Investitionsvergleich von Anlagen, die eine sehr unterschiedliche Kosten**struktur** (gemessen am Anteil der fixen und variablen Kosten an den Gesamtkosten pro Periode) haben, reicht ein summarischer Perioden- oder Stückkostenvergleich für eine richtige Entscheidung häufig nicht aus: In solchen Fällen ist zusätzlich zu prüfen, für welches Auslastungsintervall die berechnete relative Vorteilhaftigkeit einer Anlage Geltung besitzt bzw. ob die Vorteilhaftigkeit irgendwann umschlägt. Anzunehmen ist dies immer dann, wenn die eine Anlage hinsichtlich der

Investitionsobjekte Rechengrößen	Anlage A	Anlage B
A. Daten		
1. Anschaffungskosten	20.000 GE	26.000 GE
2. Fixe Betriebskosten pro Jahr (ohne Abschreibungen und Zinsen)	750 GE	2.600 GE
3. Variable Betriebskosten pro Mengeneinheit (ME)	3,20 GE	2,10 GE
4. Voraussichtliche Produktion pro Jahr	4.000 ME	5.000 ME
5. Geplante Nutzungsdauer	4 Jahre	4 Jahre
6. Restverkaufserlös am Ende der geplanten Nutzungsdauer	–	2.000 GE
7. Zinssatz	10%	10%
B. Periodenkostenvergleich		
1. Fixe Betriebskosten (A 2)	750 GE	2.600 GE
2. Variable Betriebskosten (A 3 × A 4)	12.800 GE	10.500 GE
3. Abschreibungen $\left(\dfrac{A1-A6}{A5}\right)$	5.000 GE	6.000 GE
4. Zinsen $\left(0,1 \times \dfrac{A1+A6+B3}{2}\right)$	1.250 GE	1.700 GE
5. Durchschnittliche Gesamtkosten p. a.	19.800 GE	20.800 GE
C. Stückkostenvergleich $\left(\dfrac{B5}{A4}\right)$	4,95 GE/ME	4,16 GE/ME

Abb. 160   Zahlenbeispiel für einen Kostenvergleich

variablen Kosten, die andere Anlage dagegen hinsichtlich der fixen Kosten günstiger ist.

Für einen solchen Fall läßt sich die **kritische Auslastung** berechnen, die definiert ist als Punkt, in dem sich die Kostenkurven der verglichenen Alternativen gerade schneiden. Die Formel zur Berechnung der kritischen Auslastung (M_{kr}) lautet dabei:

$$(3) \qquad M_{kr} = \frac{K_{fix}^A - K_{fix}^B}{k_v^B - k_v^A}$$

Liegt die voraussichtliche Auslastung im Durchschnitt stets über der kritischen Auslastung, ändert sich das Ergebnis des summarischen Kostenvergleichs nicht. Ist dagegen anzunehmen, daß die tatsächliche Auslastung häufig unter die kritische Auslastung sinkt, so kann sich das Ergebnis des summarischen Kostenvergleichs entsprechend ändern.

Abb. 161 verdeutlicht die Problemstruktur für das vorangegangene Zahlenbeispiel. Für die dort angenommene Auslastung der Anlagen von 4000 bzw. 5000 Mengeneinheiten pro Jahr zeigt sich die kostenmäßige Überlegenheit von Anlage B auch graphisch. Als kritische Auslastung gilt eine Produktionsziffer von 3000 Mengeneinheiten pro Jahr. Erst wenn diese unterschritten wird, wird Anlage A kostenmäßige Vorteile gegenüber Anlage B aufweisen.

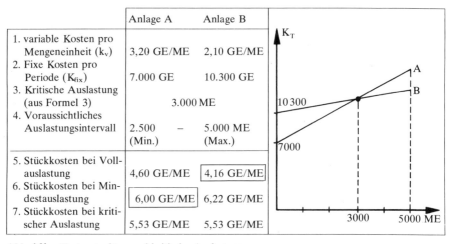

	Anlage A	Anlage B
1. variable Kosten pro Mengeneinheit (k_v)	3,20 GE/ME	2,10 GE/ME
2. Fixe Kosten pro Periode (K_{fix})	7.000 GE	10.300 GE
3. Kritische Auslastung (aus Formel 3)	3.000 ME	
4. Voraussichtliches Auslastungsintervall	2.500 (Min.)	5.000 ME (Max.)
5. Stückkosten bei Vollauslastung	4,60 GE/ME	4,16 GE/ME
6. Stückkosten bei Mindestauslastung	6,00 GE/ME	6,22 GE/ME
7. Stückkosten bei kritischer Auslastung	5,53 GE/ME	5,53 GE/ME

Abb. 161 Kostenstruktur und kritische Auslastung

Zu (b): Bei der Lösung des **Ersatzproblems** ist zu prüfen, ob nicht zu einem früheren oder späteren Zeitpunkt als dem geplanten Nutzungsdauerende eine im Betrieb befindliche Anlage ersetzt werden soll. Das Ersatzproblem erfordert konkret stets eine Entscheidung zwischen zwei Möglichkeiten

· Ersatz heute oder
· Ersatz nach einem weiteren Nutzungsjahr (respektive noch später).

Dabei gilt folgende Grundregel: **Ein sofortiger Ersatz lohnt sich, sobald der zeitliche Durchschnittsgewinn der Ersatzanlage größer ist als der zeitliche Grenzgewinn der alten Anlage** (*Schneider, D.* 1990 b); solange dies nicht der Fall ist, wird die Ersatzinvestition aufgeschoben.

Zur Lösung des Ersatzproblems mit Hilfe der **Kostenvergleichsrechnung** werden den periodenbezogenen **Durchschnittskosten** der (neuen) Ersatzanlage die zeitlichen **Grenzkosten** der alten Anlage (die bei einem sofortigen Ersatz vermieden werden könnten) einander gegenübergestellt. Die Fragestellung lautet: Ist es kostengünstiger, während der Vergleichsperiode – sie beträgt in der Regel ein Jahr – mit der vorhandenen Einheit weiterzuarbeiten, oder ist es wirtschaftlicher, eine Ersatzinvestition durchzuführen?

Abb. 162 enthält ein Zahlenbeispiel und demonstriert die Vorgehensweise bei der Vergleichsrechnung. Dabei sind zwei methodische Varianten dargestellt:

- die nach investitionstheoretischen Kriterien allein zulässige Methode der Kostenvergleichsrechnung (Variante I) sowie
- die herkömmliche (in der Praxis noch häufig verwendete) „Buchhaltermethode", auch als „Ingenieurformel" bekannt (Variante II).

A. Daten / Investitionsobjekte	Alt	Neu		
1. Anschaffungskosten	50.000	80.000		
2. ⌀ Kapitaleinsatz	27.500	44.000		
3. Geplante Nutzungsdauer	10 Jahre	10 Jahre		
4. Voraussichtliche Leistungsabgabe	10.000 ME	10.000 ME		
5. Restlebensdauer der alten Anlage	3	–		
6. Restbuchwert der alten Anlage	15.000	–		
7. Vergleichsperiode (Jahre)	1	–		
8. Liquidationserlös am Beginn der Vergleichsperiode	7.000	–		
9. Liquidationserlös am Ende der Vergleichsperiode	4.000	–		

B. Kostenvergleich	Variante I		Variante II	
	Alt	Neu	Alt	Neu
1. Abschreibung der alten Anlage bei Nichtersatz	3.000	–	5.000	–
2. Zinsen auf das gebundene Kapital der alten Anlage bei Nichtersatz (10%)	700	–	2.750	–
3. Abschreibung der neuen Anlage	–	8.000	–	8.000
4. Zinsen auf das gebundene Kapital der neuen Anlage (10%)	–	4.400	–	4.400
5. Anteilige Abschreibung des Restbuchwerts	–	–	–	800
6. Anteilige Zinsen hierauf (10%)	–	–	–	440
7. Fixe Betriebskosten	3.900	1.700	3.900	1.700
8. Fixe Kosten insgesamt	7.600	14.100	11.650	15.340
9. Variable Kosten pro ME	1,25	0,55	1,25	0,55
10. Gesamtkosten pro ME (bei angenommener Vollauslastung)	2,01	1,96	2,42	2,08

Abb. 162 Zwei Varianten zur Lösung des Ersatzproblems mit Hilfe der Kostenvergleichsrechnung

Neben dem Vergleich der jeweiligen **Betriebskosten** (Zeilen B7 und B9) kommt der Berücksichtigung von **Zinsen** und **Abschreibungen** (Zeilen B1 bis B6) eine besondere Problematik zu. Hier liegt auch der Unterschied zwischen den beiden Varianten I und II.

Variante I: Für die **neue** Anlage errechnen sich die Abschreibungen wie üblich aus ihren Anschaffungskosten und der geplanten Nutzungsdauer. Desgleichen werden die Zinsen wie gewohnt auf den durchschnittlichen Kapitaleinsatz bezogen, der sich im vorliegenden Fall errechnet aus den halben Anschaffungskosten zuzüglich einer halben Jahresabschreibung (vgl. S. 324 ff.).

Die **alte** Anlage, deren Ersatz zur Disposition steht, ist ebenfalls mit Abschreibungs- und Zinskosten zu belasten. Allerdings kann für ihre Berechnung nicht der ursprüngliche respektive durchschnittliche gebundene Kapitaleinsatz (Anschaffungswert der alten Anlage) maßgebend sein. Grundlage ist vielmehr der **Liquidationserlös** der alten Anlage, der im Fall ihres Ersatzes am Beginn der Vergleichsperiode erzielt werden kann. Die alte Anlage ist demzufolge mit Abschreibungskosten zu belasten, die der Verminderung des Liquidationserlöses durch das Aufschieben der Ersatzinvestition um ein Jahr entsprechen (Zeile B1 = Zeile A8–A9). Für die Berechnung der Zinsen, mit denen die alte Anlage zu belasten ist, gilt analog, daß Zinskosten nur auf den Liquidationswert anzusetzen sind, der bei Aufschub der Ersatzinvestition um die Vergleichsperiode weiter gebunden bleibt (Zeile B2 = 10% von Zeile A8).

Variante II: Der Auffassung, daß Abschreibungen und Zinskosten der alten Anlage auf der Grundlage des erzielbaren Liquidationserlöses zu berechnen sind, steht die herkömmliche „Buchhalter"-Auffassung gegenüber, daß die Abschreibungen und Zinsen auch bei der alten Anlage auf der Basis des ursprünglichen bzw. durchschnittlich gebundenen Kapitaleinsatzes zu berechnen seien (im Beispiel also 5000 GE Abschreibungen und 2750 GE Zinsen) und daß eine etwaige Differenz zwischen dem fortgeschriebenen Anschaffungswert bzw. Restbuchwert der alten Anlage (im Beispiel 15000,–) und dem erzielbaren Liquidationserlös (im Beispiel 7000,–) zu Lasten der neuen Anlage abzuschreiben und zu verzinsen ist. Letzteres besagt also, daß der Restbuchwertverlust aus dem Abgang der alten Anlage auf die geplante Laufzeit der neuen Anlage verteilt wird (Zeile B5) und daß der sich hieraus ergebende Betrag der neuen Anlage ebenso angelastet wird, wie die Zinsen auf den somit weiterhin „gebundenen" Restbuchwertverlust (Zeile B6 = (A6–A8 + B5) : 2).

Diese Vorgehensweise wird damit begründet, daß der Verlust aus einem gegenüber den Buchwerten niedrigeren Liquidationserlös erst durch den Ersatz der vorhandenen Anlage entsteht und deshalb durch den Kostenvorteil der neuen Anlage abgedeckt werden muß. Nicht zu übersehen ist hierbei jedoch, daß eine solche Argumentation sich möglicherweise als eine Art **Bremse** für Ersatzinvestitionen auswirkt.

Zu betonen ist die theoretische Schwäche dieses Ansatzes; denn Buchverluste, die aus dem Abgang der alten Anlage resultieren, betreffen ausschließlich die Vergangenheit und die dort versäumte „richtige" Bemessung der Abschreibung bzw. die in der Vergangenheit versäumte rechtzeitige Veräußerung der Anlage. Für die Frage, ob eine Ersatzinvestition gegenwärtig vorteilhaft ist, können diese Versäumnisse der Vergangenheit prinzipiell nicht von Belang sein.

Unter den Bedingungen des gewählten Zahlenbeispiels (Abb. 162) zeigt sich, daß beide Methoden (zufällig) zu dem gleichen Ergebnis kommen, daß nämlich die

Durchführung der Ersatzinvestition vorteilhaft ist. Allerdings sind die angezeigten Kosteneinsparungen bei der Methode II (ungerechtfertigterweise) erheblich höher als bei Methode I.

Zu (2): Eine Ergänzung zur Kostenvergleichsrechnung ist die **Gewinnvergleichsrechnung**. Ihr Entscheidungskriterium ist der durchschnittliche Investitionsgewinn pro Periode, definiert als Saldo der durchschnittlichen Kosten und Erlöse pro Periode. Anzuwenden ist die Gewinnvergleichsrechnung, wenn die **qualitativen Leistungsabgaben der verglichenen Investitionsprojekte unterschiedlich sind** und auch entsprechend bewertet werden können. Die Zurechnung von Erlösen (= bewerteten Leistungen) zu einzelnen Investitionsobjekten bereitet in der Praxis allerdings oft Schwierigkeiten, so daß die Kosten alleiniges Auswahlkriterium bleiben.

Die Gewinnvergleichsrechnung ist geeignet

- zur Beurteilung der Vorteilhaftigkeit einer einzelnen Investition (Vorteilskriterium: jährlicher Nettogewinn > 0 oder jährlicher Bruttogewinn > Zinskosten) und
- für den Vorteilsvergleich mehrerer Investitionsalternativen (Vorteilskriterium: maximaler Gewinn).

Grundlage der Gewinnvergleichsrechnung ist die Kostenvergleichsrechnung, zu der sie lediglich die Erlösseite ergänzt. Bei gleichem Erlös pro Leistungseinheit

	I	II	III
A. Daten			
1. Anschaffungskosten	100 000,–	50 000,–	150 000,–
2. Durchschnittlicher Kapitaleinsatz	55 000,–	27 500,–	87 500,–
3. Geplante Nutzungsdauer	10 Jahre	10 Jahre	6 Jahre
4. Voraussichtliche Leistungsabgabe pro Periode	20 000 ME	10 000 ME	20 000 ME
5. Fixe Betriebskosten pro Periode	700,–	250,–	850,–
6. Variable Betriebskosten pro ME	0,40 GE	0,55 GE	0,24 GE
7. Erlöse pro ME	1,86 GE	2,15 GE	2,72 GE
8. Zinssatz	10%	10%	10%
B. Kostenvergleich			
1. Fixe Betriebskosten pro Periode	700,–	250,–	850,–
2. Variable Betriebskosten pro Periode	8 000,–	5 500,–	4 800,–
3. Abschreibungen	10 000,–	5 000,–	25 000,–
4. Zinsen	5 500,–	2 750,–	8 750,–
5. Durchschnittliche Gesamtkosten	24 200,–	13 500,–	39 400,–
6. Stückkosten	1,21 GE	1,35 GE	1,97 GE
C. Gewinnvergleich			
1. Erlöse pro Periode	37 200,–	21 500,–	54 400,–
2. Gesamtgewinn pro Periode	13 000,–	8 000,–	15 000,–
3. Gesamtgewinn des Investitionsobjekts	130 000,–	80 000,–	90 000,–

Abb. 163   Kosten- und Gewinnvergleichsrechnung

kommt sie damit zwangsläufig auch zu gleichen Ergebnissen wie ein Kostenvergleich. Abb. 163 veranschaulicht einen Gewinnvergleich, bei dem die verglichenen Alternativen wegen unterschiedlicher qualitativer Leistungsabgaben auch unterschiedliche Erlöse pro Leistungseinheit erwirtschaften.

Grundvoraussetzung für die richtige Interpretation der Ergebnisse eines Gewinnvergleichs ist, daß weder die unterschiedliche **Laufzeit** noch der unterschiedlich hohe durchschnittliche **Kapitaleinsatz** bei den alternativen Investitionsobjekten für den Vorteilsvergleich von Bedeutung sind. Ob dies der Fall ist, hängt dabei im Einzelfall von entsprechenden Annahmen über die Differenzinvestition ab, also von Annahmen über die alternative Verwendung finanzieller Mittel aus Kapitaleinsatz- oder Laufzeitdifferenzen, die bei den verglichenen Investitionsvorhaben auftreten.

Wird beispielsweise angenommen, daß Differenzinvestitionen, die bei Alternative III wegen der im Vergleich zu den anderen beiden Alternativen kürzeren Lebensdauer und damit schnellerer Desinvestition zwischen dem 6. und 10. Jahr durchgeführt werden können, einen anderen Periodengewinn als Alternative III – im Beispiel 15000 GE – erwirtschaften, so führt kein Perioden-, sondern nur ein **Gesamtgewinnvergleich** zu einem aussagefähigen Ergebnis. Wie im Beispiel gezeigt, wo die Differenzinvestition keinerlei zusätzlichen Gewinn erwirtschaften möge, kann sich das Ergebnis bei einem Gesamtgewinnvergleich gegenüber dem eines Periodengewinnvergleichs verschieben (Zeile C 3).

Analoge Überlegungen bezüglich der Berücksichtigung von Differenzinvestitionen gelten in Fällen, wo der Kapitaleinsatz bei den verglichenen Alternativen unterschiedlich hoch ist. Allerdings lassen sich hier Differenzinvestitionen praktisch immer dann vernachlässigen, wenn unterstellt werden kann, daß die vorhandenen respektive beschaffbaren Finanzmittel die Investitionsmöglichkeiten nicht einschränken. Dann gilt nämlich, daß alle Investitionen, die über die Zinsen und die Amortisation des eingesetzten Kapitals hinaus einen Überschuß erwirtschaften, auch als vorteilhaft eingestuft werden können und daß bei technisch sich gegenseitig ausschließenden Investitionsobjekten dasjenige mit dem höchsten absoluten Überschuß auch relativ am vorteilhaftesten ist.

Sind jedoch – was die Regel sein dürfte – die Finanzmittel beschränkt, so führen Kosten- und Gewinnvergleichsrechnungen ohne Berücksichtigung von Differenzinvestitionen häufig zu einer fehlerhaften Lösung des Auswahlproblems. Es ist dann zweckmäßig, diese Rechnungen durch eine **Rentabilitätsrechnung** zu ergänzen.

Analog zum Kostenvergleich kann es auch bei der Gewinnvergleichsrechnung zweckmäßig sein, zusätzliche Analysen über die **Gewinnstruktur** durchzuführen. Für diesen Zweck sehr geeignet ist das Instrument der **Gewinnschwellenanalyse**, auf das bereits im Zusammenhang mit preispolitischen Fragestellungen im Marketing eingegangen wurde (vgl. S. 274 ff.).

Abb. 164 ergänzt den Gewinnvergleich um die für die Gewinnschwellenanalyse drei relevanten Größen

(4) $$\text{Gewinnschwelle} = \frac{\text{Fixe Kosten}}{\text{Deckungsspanne}}$$

(5) $$\text{Deckungsspannen-(DBU-)quote} = \frac{\text{Deckungsspanne}}{\text{Erlös pro ME}}$$

(6) $$\text{Sicherheitskoeffizient } S = \frac{\text{Gewinn pro Periode}}{\text{Deckungsbeitrag pro Periode}}$$

Die **Gewinnschwelle** ist definiert als der Auslastungsgrad, bei dem eine Anlage in die Gewinnzone kommt. Die **DBU-Quote** gibt den Erfolgszuwachs pro Einheit

A. Daten	I	II	III
1. Fixe Kosten	16.200,–	8.000,–	34.600,–
2. Variable Kosten pro ME	0,40 GE	0,55 GE	0,24 GE
3. Erlöse pro ME	1,86 GE	2,15 GE	2,72 GE
4. Deckungsspanne	1,46 GE	1,60 GE	2,48 GE
5. Deckungsbeitrag pro Periode	29.200,–	16.000,–	49.600,–
6. Gewinn pro Periode	13.000,–	8.000,–	15.000,–
B. Gewinnschwellenanalyse			
1. Gewinnschwelle (in Klammern in % der voraussichtlichen Leistungsabgabe)	11.096 ME (55,5%)	5.000 ME (50%)	13.952 ME (69,8%))
2. DBU-Quote	0,78	0,74	0,91
3. Sicherheitskoeffizient	44,5%	50%	30,2%

Abb. 164 Gewinnschwellen-Investitionsanalyse (entwickelt aus den Zahlen von Abb. 163).

zusätzlichen Umsatzes an, und der **Sicherheitskoeffizient** zeigt an, um wieviel Prozent der Erlös pro Periode sinken kann, bevor Verluste eintreten. **Grundsätzlich gilt:** Ein Investitionsprojekt ist um so günstiger zu beurteilen,

· je niedriger seine Gewinnschwelle ist,
· je höher seine DBU-Quote ist und
· je höher der Sicherheitskoeffizient ist.

Zu (3): Eine **Rentabilitätsrechnung** wird erforderlich, wenn der Investitionsgewinn mit unterschiedlichem Kapitaleinsatz erzielt wird und Kapital – was die Regel sein dürfte – nicht unbeschränkt zur Verfügung steht.

Entscheidungskriterium der Rentabilitätsrechnung ist die Periodenrentabilität, die in ihrer Grundversion wie folgt definiert wird:

$$(7) \quad \text{Rentabilität} = \frac{\varnothing\text{-Gewinn bzw. }\varnothing\text{-Kostenersparnis pro Periode}}{\varnothing\text{-Kapitaleinsatz}}$$

Wie ersichtlich, basiert die Rentabilitätsrechnung entweder auf einer Kostenvergleichs- oder einer Gewinnvergleichsrechnung, wobei sie allerdings im Detail häufig sehr unterschiedlich von diesen gehandhabt wird. So wird in der Praxis teilweise nicht mit dem durchschnittlichen, sondern mit dem ursprünglichen Kapitaleinsatz gerechnet (was zu einer fehlerhaften Auswahlentscheidung führen kann). Auch werden die unterschiedlichsten Gewinndefinitionen verwendet. Eine durchaus zweckmäßige Verfeinerung der Formel (7) ist in diesem Zusammenhang die Verwendung von differenzierten Rentabilitätsbegriffen, insbesondere die explizite Unterscheidung einer

· Gesamtkapitalrentabilität und
· Eigenkapitalrentabilität

mit entsprechenden Konsequenzen für die Definition von Gewinn- und Kapitaleinsatz (vgl. S. 61 ff.).

Die Rentabilitätsrechnung ist prinzipiell sowohl geeignet zur Vorteilsbestimmung einer einzelnen Investition (**Vorteilskriterium**: Nettorentabilität > 0 oder Bruttorentabilität > Zinskostensatz) als auch für den Vorteilsvergleich mehrerer Objekte (**Vorteilskriterium**: maximale Rentabilität).

In Fortführung des Zahlenbeispiels von Abb. 163 zeigt Abb. 165, daß von den drei verglichenen Objekten das Vorhaben II die höchste Rentabilität aufweist und

A. Übertrag aus den vorherigen Rechnungen	I	II	III
1. Durchschnittlicher Kapitaleinsatz	55.000,–	27.500,–	87.500,–
2. Periodenkosten	24.200,–	13.500,–	39.400,–
3. Stückkosten	1,21 GE	1,35 GE	1,97 GE
4. Erlöse pro Periode	37.200,–	21.500,–	54.400,–
5. Periodengewinn	13.000,–	8.000,–	15.000,–
6. Gesamtgewinn des Investitionsobjekts	130.000,–	80.000,–	90.000,–
B. Rentabilitätsrechnung			
1. Investitionsrentabilität ($\frac{A5}{A1}$)	23,6%	29,1%	17,1%
2. Umsatzrentabilität ($\frac{A5}{A4}$)	34,8%	37,3%	27,6%
3. Kapitalumschlag ($\frac{A4}{A1}$)	0.68	0,78	0,62

Abb. 165 Rentabilitätsrechnung (von Abb. 163 fortgeführtes Zahlenbeispiel)

damit am vorteilhaftesten ist. Deutlich wird hier demonstriert, wie die Ergebnisse der Rentabilitätsrechnung den Gewinnvergleich modifizieren können.

Eine zusätzliche Verfeinerung dieser Rechnung erfolgt noch dadurch, daß die Rentabilitätsziffer gemäß dem an anderer Stelle dargestellten **ROI-Schema** (vgl. S. 66f.) in die beiden Komponenten

· Umsatzrentabilität und
· Kapitalumschlag

zerlegt wird (8). Hierdurch können etwaige strukturelle Unterschiede in dem Zustandekommen der Rentabilität bei den verglichenen Investitionsobjekten verdeutlicht werden.

(8) Investitionsrentabilität = Umsatzrentabilität × Kapitalumschlag

$$\frac{\varnothing \text{ Periodengewinn}}{\varnothing \text{ Kapitaleinsatz}} = \frac{\varnothing \text{ Periodengewinn}}{\varnothing \text{ Erlöse}} \times \frac{\varnothing \text{ Erlöse}}{\varnothing \text{ Kapitaleinsatz}}$$

Ein mithilfe der Rentabilitätsrechnung vorgenommener Investitionsvergleich berücksichtigt zwar die vorhandenen Kapitaleinsatzdifferenzen, ist jedoch – analog zu den Ausführungen bei der Kosten- und Gewinnvergleichsrechnung – nur dann wirklich optimal, wenn entweder die Laufzeit der verglichenen Investitionsvorhaben gleich ist (was in bezug auf Vorhaben III nicht der Fall ist) oder wenn solche Differenzen keine Rolle spielen (weil etwa die untersuchten Investitionen beliebig oft wiederholt werden können). Sind beide Bedingungen nicht gegeben, so ist das endgültige Ergebnis in Abhängigkeit von entsprechenden Annahmen über die Differenzinvestitionen nochmals zu modifizieren.

Zu (4): Gefragt wird bei der **Amortisationsrechnung** nach der Zeitdauer, die bis zur Wiedergewinnung der Anschaffungsausgabe aus den Einnahmeüberschüssen des Projekts verstreicht (= Amortisationsdauer).

Für die Definition der Einnahmeüberschüsse eines Projekts gilt grundsätzlich Formel (9), wobei sich die beiden angesprochenen Größen aus den Ergebnissen und Daten der Gewinn- bzw. Kostenvergleichsrechnung herleiten lassen.

(9)   Einnahmeüberschuß (= Cash Flow) pro Periode

= Periodengewinn bzw. Kostenersparnis pro Periode
+ Periodenabschreibung

Hiervon ausgehend sind zur Ermittlung der Amortisationsdauer grundsätzlich zwei Vorgehensweisen möglich:

• Für jede Periode wird der Einnahmeüberschuß ermittelt und so lange kumuliert, bis die Summe der Einnahmeüberschüsse gleich der Anschaffungsausgabe ist. Eine solche Vorgehensweise empfiehlt sich, wenn entgegen der Prämissen statischer Verfahren der Gewinnverlauf unregelmäßig ist und/oder nicht-lineare Abschreibungen verrechnet werden.

• Bei einer Durchschnittsrechnung, die dem spezifischen Charakter statischer Verfahren mehr entspricht, wird die Amortisationsdauer wie folgt ermittelt (10):

$$(10) \quad \text{Amortisationsdauer (Pay Off) in Jahren} = \frac{\text{ursprünglicher Kapitaleinsatz (= Anschaffungsausgabe)}}{\text{Gewinn bzw. Kostenersparnis pro Jahr} + \text{jährliche Abschreibungen}}$$

Das **Entscheidungskriterium** der Amortisationsrechnung bei der Vorteilsbestimmung einer einzelnen Investition lautet

(11)   Ist-Amortisationszeit $\leq$ Soll-Amortisationszeit

wobei die Soll-Amortisationszeit entweder in absoluten Zahlen (z.B. 4 Jahre) oder relativ in Prozent der geplanten Nutzungsdauer (z.B. 50%) formuliert werden kann. Beim Vorteilsvergleich sich ausschließender Alternativen wird entsprechend dasjenige Projekt realisiert, das die geringste Amortisationszeit aufweist.

Die **Aussagefähigkeit** der Amortisationsrechnung für die Lösung von Auswahlproblemen ist jedoch begrenzt. Entsprechende Ergebnisse wie bei der Rentabilitätsrechnung ergeben sich nur, wenn Investitionsvorhaben verglichen werden, die die gleiche Lebensdauer aufweisen. Dies ergibt sich vor allem aus der Überlegung, daß die jährlichen Abschreibungen, die die Amortisationsdauer wesentlich mitbestimmen, von der Lebensdauer des Investitionsobjekts abhängen.

In diesem Sinne sind im fortgeführten Beispiel (Abb. 166) nur die Investitionsvorhaben I und II vergleichbar. Die kürzere Amortisationsdauer des Objekts II im Vergleich zum Objekt I entspricht daher auch folgerichtig seiner höheren Rentabilität. Demgegenüber steht das Investitionsvorhaben III, das trotz seiner relativ kürzesten Amortisationsdauer die geringste Rentabilität erwirtschaftet. Dieses Ergebnis läßt sich allenfalls dann mit dem der Rentabilitätsrechnung in Einklang bringen, wenn die Amortisationsdauer (Pay-Off-Periode) des Investitionsobjekts zu seiner Lebensdauer in Beziehung gesetzt wird (Zeile B zu A2).

Die Amortisationsrechnung kann also die Rentabilitätsrechnung prinzipiell nicht ersetzen, sondern nur ergänzen, indem sie einen zusätzlichen Beurteilungsmaßstab liefert. Die Amortisationsdauer eines Investitionsvorhabens ist in diesem Sinne beispielsweise eine zusätzliche Grundlage für die Abschätzung des **Investitionsrisikos**, das in der Unsicherheit über die Rückgewinnung des Kapitaleinsatzes seinen Ausdruck findet: Je kürzer die Amortisationsdauer ist, um so geringer wird im allgemeinen das Investitionsrisiko eingeschätzt.

Genereller Aussagewert statischer Verfahren: Unabhängig von der unterschiedlichen Aussagefähigkeit der einzelnen Verfahren bestehen die grundsätzlichen Män-

A. Übertrag aus den vorherigen Rechnungen	I	II	III
1. Anschaffungskosten	100.000,–	50.000,–	150.000,–
2. Geplante Nutzungsdauer	10 Jahre	10 Jahre	6 Jahre
3. Abschreibungen pro Periode	10.000,–	5.000,–	25.000,–
4. Periodenkosten	24.200,–	13.500,–	39.400,–
5. Stückkosten	1,21 GE	1,35 GE	1,97 GE
6. Periodengewinn	13.000,–	8.000,–	15.000,–
7. Gesamtgewinn des Investitionsobjekts	130.000,–	80.000,–	90.000,–
8. Investitionsrentabilität	23,6%	29,1%	17,1%
B. Berechnung der Amortisationsdauer $\left(\dfrac{A\,1}{A\,6 + A\,3}\right)$	4,35 Jahre	3,85 Jahre	3,75 Jahre

Abb. 166 Amortisationsrechnung (von Abb. 163, 165 fortgeführtes Zahlenbeispiel)

gel der statischen Wirtschaftlichkeitsrechnung darin, daß zeitliche Unterschiede im Auftreten von Einnahmen und Ausgaben nicht oder nur unvollkommen berücksichtigt werden. Dieser Einwand ist insofern gravierend, als der Gegenwartswert zukünftiger Einnahmenüberschüsse bzw. -fehlbeträge aus Investitionen nicht nur von ihrer nominellen Höhe, sondern auch von ihrem zeitlichen Anfall abhängt. Geht man hiervon aus, so können sich beispielsweise zwei Investitionsalternativen in ihrer Vorteilhaftigkeit auch dann voneinander unterscheiden, wenn ihr jährlicher Gewinnbeitrag oder ihre (statische) Rentabilität gleich groß ist.

Durch die Vernachlässigung des Zeitfaktors können statische Verfahren demnach im allgemeinen nur approximative Lösungsergebnisse liefern. Ihre Aussagefähigkeit ist dabei um so geringer, je stärker sich die Investitionsvorhaben im Vorteilsvergleich – was die Entwicklung ihrer Kapitalbindung und Überschüsse im Zeitablauf betrifft – unterscheiden und je weniger man von gleichbleibenden Verhältnissen ausgehen kann.

2. Fundierung von Investitionsentscheidungen mit Hilfe dynamischer Kalküle.

Den statistischen Kalkülen stehen die dynamischen Verfahren gegenüber. Ihr wesentlicher Vorzug besteht in der Überwindung der charakteristischen Mängel statistischer Investitionsrechnungen, nämlich der einperiodischen Betrachtungsweise und der fehlenden Berücksichtigung der effektiven Zahlungströme im Zeitablauf.

Für die dynamischen Verfahren ist damit Grundvoraussetzung, daß konkrete **Zahlungsreihen** für jede Investition aufgestellt werden können. Hierbei entstehen regelmäßig folgende Probleme:

- Das **Definitionsproblem** konkretisiert sich in der Frage, welche Größen überhaupt als Zahlungen verstanden werden sollen. Möglich ist eine Beschränkung auf rein finanzielle Größen, denkbar ist aber auch die Einbeziehung von monetären Äquivalenten (z.B. Nutzengrößen, wie das in der sogenannten **Kosten-Nutzen-Analyse** geschieht). Bei der Orientierung ausschließlich an finanziellen Größen sind keine kalkulatorischen Posten (wie kalkulatorische Zinsen) zu berücksichtigen. Ansonsten erfolgt aber die Ermittlung von Zahlungsreihen üblicherweise nach dem gleichen Schema wie bei der statischen Amortisationsrechnung, d.h. **Einnahmenüberschüsse einer Periode ergeben sich aus dem (pagatorischen) Periodengewinn plus den Abschreibungen.** Diese Definition liegt auch den weiteren Ausführungen zugrunde.

- Das **Zurechnungsproblem** resultiert aus der Forderung nach verursachungsgemäßer Erfassung derjenigen Zahlungen, die ohne die entsprechende Investition nicht anfallen würden (Frage: Wie ändern sich die Einnahmen und Ausgaben bei Durchführung der Investition?). Das Zurechnungsproblem wird im folgenden jeweils als gelöst angesehen.

- Das **Unsicherheitsproblem** ergibt sich aus dem Umstand, daß die aufzustellenden Zahlungsreihen zukünftige Entwicklungen und Ereignisse vorwegnehmen, die grundsätzlich nicht mit Sicherheit vorhergesagt werden können. Um Zahlungsreihen aufzustellen sind also Prognosen notwendig, deren prinzipielle Unsicherheit zwangsläufig auch zu mehrwertigen Zahlungsreihen führt. Auf die speziell hiermit verbundenen Probleme wird in einem gesonderten Punkt eingegangen (vgl. S. 370 ff.).

Als klassische Grundformen dynamischer Verfahren gelten generell die

- Kapitalwertmethode
- Annuitätenmethode
- Interne Zinsfußmethode.

Sie werden zunächst unter **(1)** dargestellt und analysiert. Es folgt dann **(2)** eine kurz gefaßte Darstellung der impliziten Prämissen und Grenzen der klassischen Kalküle. Den Abschluß bildet **(3)** die Darstellung neuerer Ansätze zur dynamischen Investitionsrechnung.

(1) Charakterisierung der drei klassischen dynamischen Wirtschaftlichkeitskalküle

Zentralbegriff dynamischer Investitionskalküle ist der **Kapitalwert** einer Investition. Er ergibt sich durch Abzinsung (Diskontierung) der ihr zuzurechnenden jährlichen Einnahmeüberschüsse (-unterdeckungen) auf einen einheitlichen Bezugspunkt und durch Subtraktion des ursprünglichen Kapitaleinsatzes von der Summe der diskontierten Einnahmeüberschüsse oder – was dasselbe ist – von dem Barwert der Rückflüsse. Der Barwert der Rückflüsse aus einer Investition errechnet sich dabei aus der Multiplikation der jährlichen Rückflüsse mit dem jeweiligen Abzinsungs- bzw. Diskontierungsfaktor, der sich wiederum aus dem verwendeten Kalkulationszinsfuß ableitet.

Die allgemeine Formel zur Berechnung des Kapitalwerts einer Investition lautet also:

(1) $$C_0 = \sum_{t=0}^{n} (E_t - A_t) \cdot \frac{1}{(1+i)^t} \quad \text{oder}$$

(2) $$C_0 = -I_0 + \sum_{t=1}^{n} (E_t - A_t) \cdot \frac{1}{(1+i)^t}$$

mit
C_0 = Kapitalwert
$E_t - A_t$ = Einnahmenüberschuß ($E_t > A_t$) oder -unterdeckung ($E_t < A_t$) in der Periode t
$\frac{1}{(1+i)^t}$ = Abzinsungsfaktor der Periode t (mit i = p/100 als Kalkulationszinsfuß)
I_0 = Investitionsausgabe (ursprünglicher Kapitaleinsatz)
t = Periodenindex ($\overline{t_0 \, t_n}$ = Investitionsperiode)

Die Berechnung des Kapitalwerts einer Investition verdeutlicht Abb. 167. Für die Ermittlung der Abzinsungsfaktoren verwendet man dabei üblicherweise sog. **Abzinsungstabellen**, in denen diese bereits für alle relevanten Zinsfüße und Perioden errechnet sind (vgl. Abb. 168, S. 337).

Jahre (Ende)	Rückflüsse (Einnahmenüberschüsse bzw. -fehlbeträge) aufgrund der Investition	Abzinsungsfaktoren bei einem Kalkulationszinsfuß von 8%	Barwerte der jährlichen Rückflüsse
1	+ 700 GE	$\frac{1}{1,08} = 0,926$	+ 648,20 GE
2	+ 500 GE	$\frac{1}{1,08^2} = 0,857$	+ 428,50 GE
3	+ 300 GE	$\frac{1}{1,08^3} = 0,794$	+ 238,20 GE
	Barwert der Rückflüsse (Summe)		+ 1 314,90 GE
	Kapitaleinsatz		− 1 000 GE
	Kapitalwert der Investition		+ 314,90 GE

Abb. 167 Zahlenbeispiel zur Ermittlung des Kapitalwerts einer Investition

Wie aus der Formel (1) und (2) sowie dem Zahlenbeispiel (Abb. 167) ersichtlich, haben Einfluß auf die Höhe des Kapitalwertes sowohl

- der **Betrag** und die **zeitliche** Verteilung der Einnahmeüberschüsse (-unterdeckungen) als auch
- der **Kalkulationszinsfuß.**

Die Höhe des Kalkulationszinsfußes bestimmt sich nach der für die klassischen Kalküle charakteristischen Annahme, daß Kapital zum Kalkulationszinsfuß beschafft bzw. angelegt werden kann. Im Grundsatz gilt demnach, daß die **Höhe** des Kalkulationszinsfußes bestimmt wird durch die **Finanzierungskosten**, die bei Durchführung der Investition entstehen, bzw. durch die **Rendite,** die bei alternativer Anlage der finanziellen Mittel erzielt werden könnte. Der Kalkulationszinsfuß ist also in jedem Fall Ausdruck der geforderten Mindestverzinsung des durch die Investition gebundenen Kapitals.

Aus diesen Überlegungen leitet sich auch das Kriterium der Kapitalwertmethode für die Vorteilhaftigkeit einer einzelnen Investition ab: **Sie kann immer dann als vorteilhaft (unvorteilhaft) eingestuft werden, wenn ihr Kapitalwert positiv (negativ) ist.** Ein positiver Kapitalwert bringt nämlich zum Ausdruck, daß die Investition über die geforderte Mindestverzinsung und die Amortisation des eingesetzten Kapitals hinaus einen Überschuß erwirtschaftet. Bei einem negativen Kapitalwert reichen die Rückflüsse dagegen zur Wiedergewinnung des eingesetzten Kapitals und zur Erwirtschaftung der geforderten Mindestverzinsung nicht aus.

Zwischen Kalkulationszinsfuß und Kapitalwert bestehen enge Beziehungen. Dies wird deutlich, wenn man den Kapitalwert einer Investition bei alternativen Zinssätzen, die die jeweils geforderte Mindestverzinsung zum Ausdruck bringen, berechnet. Je höher der Kalkulationszinsfuß angesetzt wird, um so geringer ist der Kapitalwert des betrachteten Investitionsvorhabens, was Abb. 169 an einem Zahlenbeispiel verdeutlicht.

Abzinsungstabelle

Abzinsungsfaktoren $\frac{1}{(1+i)^t}$

i \ t	0,01	0,02	0,03	0,04	0,05	0,06	0,07	0,08	0,09	0,10	0,15	0,20	0,25	0,30
1	0,990	0,980	0,971	0,962	0,952	0,943	0,935	0,926	0,917	0,909	0,870	0,833	0,800	0,769
2	0,980	0,961	0,943	0,925	0,907	0,890	0,873	0,857	0,842	0,826	0,756	0,694	0,640	0,592
3	0,971	0,942	0,915	0,889	0,864	0,840	0,816	0,794	0,772	0,751	0,658	0,579	0,512	0,455
4	0,961	0,924	0,888	0,855	0,823	0,792	0,763	0,735	0,708	0,683	0,572	0,482	0,410	0,350
5	0,951	0,906	0,863	0,822	0,784	0,747	0,713	0,681	0,650	0,621	0,497	0,402	0,328	0,269
6	0,942	0,888	0,837	0,790	0,746	0,705	0,666	0,630	0,596	0,564	0,432	0,335	0,262	0,207
7	0,933	0,871	0,813	0,760	0,711	0,665	0,623	0,583	0,547	0,513	0,376	0,279	0,210	0,159
8	0,923	0,853	0,789	0,731	0,677	0,627	0,582	0,540	0,502	0,467	0,327	0,233	0,168	0,123
9	0,914	0,837	0,766	0,703	0,645	0,592	0,544	0,500	0,460	0,424	0,284	0,194	0,134	0,094
10	0,905	0,820	0,744	0,676	0,614	0,558	0,508	0,463	0,422	0,386	0,247	0,162	0,107	0,073
20	0,820	0,673	0,554	0,456	0,377	0,312	0,258	0,215	0,178	0,149	0,061	0,026	0,012	0,005
30	0,742	0,552	0,412	0,308	0,231	0,174	0,131	0,099	0,075	0,057	0,015	0,004	0,001	0,000
40	0,672	0,453	0,307	0,208	0,142	0,097	0,067	0,046	0,032	0,022	0,004	0,001	0,000	0,000
50	0,608	0,372	0,228	0,141	0,087	0,054	0,034	0,021	0,013	0,009	0,001	0,000	0,000	0,000
100	0,370	0,138	0,052	0,020	0,008	0,003	0,001	0,000	0,000	0,000	0,000	0,000	0,000	0,000

Rentenbarwerttabelle

Rentenbarwertfaktoren $\frac{(1+i)^t - 1}{i \cdot (1+i)^t}$

i \ t	0,01	0,02	0,03	0,04	0,05	0,06	0,07	0,08	0,09	0,10	0,15	0,20	0,25	0,30
1	0,990	0,980	0,971	0,962	0,952	0,943	0,935	0,926	0,917	0,909	0,870	0,833	0,800	0,769
2	1,970	1,942	1,913	1,886	1,859	1,833	1,808	1,783	1,759	1,736	1,626	1,528	1,440	1,361
3	2,941	2,884	2,829	2,775	2,723	2,673	2,624	2,577	2,531	2,487	2,283	2,106	1,952	1,816
4	3,902	3,808	3,717	3,630	3,546	3,465	3,387	3,312	3,240	3,170	2,855	2,589	2,362	2,166
5	4,853	4,713	4,580	4,452	4,329	4,212	4,100	3,993	3,890	3,791	3,352	2,991	2,689	2,436
6	5,795	5,601	5,417	5,242	5,076	4,917	4,767	4,623	4,486	4,355	3,784	3,326	2,951	2,643
7	6,728	6,472	6,230	6,002	5,786	5,582	5,389	5,206	5,033	4,868	4,160	3,605	3,161	2,802
8	7,652	7,325	7,020	6,733	6,463	6,210	5,971	5,747	5,535	5,335	4,487	3,837	3,329	2,925
9	8,566	8,162	7,786	7,435	7,108	6,802	6,515	6,247	5,995	5,759	4,772	4,031	3,463	3,019
10	9,471	8,983	8,530	8,111	7,722	7,360	7,024	6,710	6,418	6,145	5,019	4,192	3,571	3,092
20	18,046	16,351	14,877	13,590	12,462	11,470	10,594	9,818	9,129	8,514	6,259	4,870	3,954	3,316
30	25,808	22,396	19,600	17,292	15,372	13,765	12,409	11,258	10,274	9,427	6,566	4,979	3,995	3,332
40	32,835	27,355	23,115	19,793	17,159	15,046	13,332	11,925	10,757	9,779	6,642	4,997	3,999	3,333
50	39,196	31,424	25,730	21,482	18,256	15,762	13,801	12,233	10,962	9,915	6,661	4,999	4,000	3,333
100	63,029	43,098	31,599	24,505	19,848	16,618	14,269	12,494	11,109	9,999	6,667	5,000	4,000	3,333
∞	100,000	50,000	33,333	25,000	20,000	16,667	14,286	12,500	11,111	10,000	6,667	5,000	4,000	3,333

Abb. 168 Tabellen der Abzinsungs- und Rentenbarwertfaktoren

Investitionsvorhaben XY			
Kapitaleinsatz	Rückflüsse (undiskontiert)		
1000 GE	1. Jahr 700 GE	2. Jahr 500 GE	3. Jahr 300 GE
Kalkulationszinsfuß	Kapitalwert (GE)		
0 %	+ 500,–		
8 %	+ 315,–		
10 %	+ 274,–		
20 %	+ 104,–		
27,6%	0,–		
30 %	– 29,–		
40 %	– 136,–		

Abb. 169 Abhängigkeiten des Kapitalwerts einer Investition vom Kalkulationszinsfuß

Eine vereinfachte Möglichkeit, den Kapitalwert einer Investition zu berechnen, ergibt sich, wenn mit **gleichmäßigen Rückflüssen** über die Zeit gerechnet werden kann. In diesem Fall können Rentenbarwertfaktoren (Barwertsummenfaktoren) eingesetzt werden. Die Formel (2) geht dabei über in Formel (3).

$$(3) \qquad C_0 = \underbrace{- I_0}_{\substack{\text{Investi-}\\\text{tionsaus-}\\\text{gabe}}} + \underbrace{R_t}_{\substack{\text{konstante}\\\text{jährliche}\\\text{Rückflusse}\\\text{(für alle t}\\\text{von 1 bis n)}}} \cdot \underbrace{\frac{(1+i)^n - 1}{i \cdot (1+i)^n}}_{\substack{\text{Rentenbarwert-}\\\text{faktor}\\(RBF_n^i)}}$$

Die Rentenbarwertfaktoren brauchen in der Regel nicht eigens berechnet zu werden. Dafür gibt es sog. **Rentenbarwerttabellen**, aus denen unmittelbar der jeweils relevante Wert abgelesen werden kann (vgl. Abb. 168).

Die **Annuitätenmethode** als zweites klassisches Verfahren ist lediglich eine Variante der Kapitalwertmethode. Während bei dieser der Kapitalwert einer Investition als ein Betrag ermittelt wird, der – im positiven Fall – den Gegenwartswert aller Zahlungen bezeichnet, die über die geforderte Mindestverzinsung und Amortisation des eingesetzten Kapitals hinaus erwirtschaftet werden, **rechnet die Annuitätenmethode diesen Kapitalwert um in uniforme (gleich große) jährliche Zahlungen.** Der ermittelte Kapitalwert einer Investition wird also praktisch periodisiert, d.h. unter Verrechnung von Zinseszinsen gleichmäßig auf die gesamte Investitionsperiode verteilt.

Die Berechnung der Annuität erfolgt mithilfe sog. **Wiedergewinnungsfaktoren**, die sich als reziproker Wert der Rentenbarwertfaktoren ergeben. Entsprechend kann auf die Rentenbarwerttabelle zurückgegriffen werden, wobei die Formel für die Annuität einer Investition wie folgt lautet:

$$(4) \qquad A = \frac{C_0}{RBF_n^i} \qquad \text{mit} \quad \begin{aligned} A &= \text{Annuität} \\ C_0 &= \text{Kapitalwert} \\ RBF_n^i &= \text{Rentenbarwertfaktor} \end{aligned}$$

Eine einzelne Investition ist nach der Annuitätenmethode vorteilhaft, wenn ihre Annuität **positiv** ist. Ansonsten gelten die gleichen Ausführungen wie bei der Kapitalwertmethode. Die Umformung des Kapitalwerts in eine Annuität zeigt Abb. 170 auf der Grundlage des verwendeten Grundbeispiels.

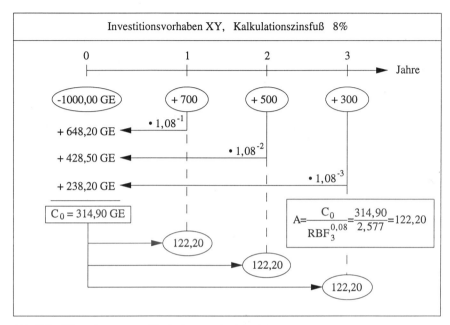

Abb. 170 Umrechnung von Kapitalwerten in Annuitäten

Auch die **Interne-Zinsfußmethode** ist in einer bestimmten Weise mit der Kapitalwertmethode verbunden. Sie unterscheidet sich von letzterer formal dadurch, daß sie im Rahmen der Investitionsanalyse den Zinsfuß errechnet, der sich bei einem Kapitalwert von null ergibt. Dieser Zinsfuß wird dann als interne Verzinsung der Investition bezeichnet, ist also eine **Rentabilitätskennziffer**.

Im Rahmen der Kapitalwertberechnungen in Abb. 168 ergab sich ein Kapitalwert von null bei einem Zinssatz in Höhe von 27,6%, was also dem internen Zinsfuß dieser Investition entspricht. Wie dieses Ergebnis **inhaltlich** zustandekommt, zeigt die Übersicht in Abb. 171.

Sie verdeutlicht, daß sich die Aussage des internen Zinsfußes bei einer einzelnen Investition stets auf die jeweilige Kapitalbindung in den einzelnen Teilperioden bezieht. Im Zahlenbeispiel ist die Kapitalbindung bis zuletzt positiv, so daß der **interne Zinsfuß** praktisch die Rentabilität des jeweils noch nicht amortisierten Kapitaleinsatzes vor Abzug von Zinsen bezeichnet. Da nun der interne Zinsfuß als zeitliche Durchschnittsrentabilität über alle Perioden definitionsgemäß gleich groß ist, muß außerdem gelten:

(5a) $$i_{IZM} = \frac{\sum \text{Investitionsüberschüsse}}{\sum \text{Kapitalbindung}}$$

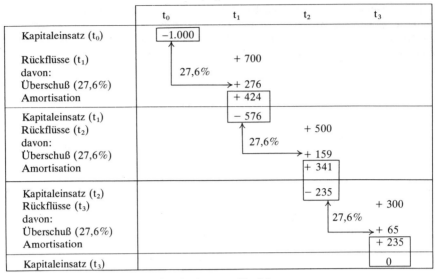

Abb. 171 Inhaltliche Interpretation des internen Zinsfußes

oder in den Zahlen des verwendeten Grundbeispiels

(5b) $$i_{IZM} = \frac{700 + 500 + 300 - 1000}{1000 + 576 + 235} = \frac{500}{1811} = \boxed{27{,}6\%}$$

Die Fragestellung der Internen-Zinsfußmethode ist gewissermaßen eine Umkehrung der Kapitalwertmethode. Gefragt wird nicht nach dem Kapitalwert einer Investition bei einem vorgegebenen Kalkulationszinsfuß, sondern nach dem internen Zinsfuß der Investition, der sich beim vorgegebenen Kapitalwert von null ergibt. Zur Berechnung des internen Zinssatzes kann man sich also des gleichen mathematischen Ansatzes bedienen wie bei der Ermittlung des Kapitalwerts. Gleichung (2) geht durch Nullsetzen entsprechend in Gleichung (6) über:

(6) $$I_0 = \sum_{t=1}^{n} (E_t - A_t) \cdot \frac{1}{(1+i)^t}$$

Da zur Ermittlung des internen Zinsfußes Gleichung (6) nach i aufzulösen ist, ergeben sich allerdings bei mehr als zweiperiodischen Investitionsproblemen (also der Mehrzahl praktischer Konstellationen) erhebliche mathematische Lösungsschwierigkeiten. Neben anspruchsvollen Iterationsverfahren (vgl. *Altrogge* 1991) kann folgendes „handwerkliches" Näherungsverfahren eingesetzt werden:

[1] Man wählt einen Kalkulationszinsfuß, bei dem der hieraus errechnete Kapitalwert wahrscheinlich recht nahe an null herankommt, aber möglichst noch positiv bleibt.
[2] Man wählt einen zweiten Kalkulationszinsfuß, bei dem sich nun wahrscheinlich ein möglichst kleiner negativer Wert für den Kapitalwert ergibt.
[3] Man interpoliert nun zwischen den beiden berechneten Werten und ermittelt den Zinssatz, bei dem der Kapitalwert gerade null ist.

Auch der interne Zinsfuß läßt sich wie der Kapitalwert im übrigen vereinfacht mithilfe von Rentenbarwertfaktoren bzw. der Rentenbarwerttabelle bestimmen, wenn mit **gleichmäßigen Rückflüssen** über die Zeit gerechnet werden kann. Gleichung (3) geht durch Nullsetzen entsprechend über in Gleichung (7), in der das i die gesuchte Unbekannte ist.

(7) $$RBF_n^i = \frac{I_0}{R_t}$$

Für die Anwendbarkeit der Internen-Zinsfußmethode gilt als grundlegende Voraussetzung, daß die Methode ein eindeutiges Ergebnis mit einer reellen Zahl für den internen Zinssatz liefert. Dies ist aber nicht von vornherein anzunehmen und im Grunde nur gegeben, wenn die analysierte Investition genau **einen positiven internen Zinsfuß aufweist**. Dies ist der Fall, wenn eine der drei folgenden **Bedingungen** (die teilweise ineinander enthalten sind) erfüllt ist (*Küpper/Knoop* o.J.):

[1] In der Zahlungsreihe der Investition tritt nur ein Vorzeichenwechsel auf („Normalfall" einer Investition).

[2] Man berechnet für die Zeiträume t = 1, 2, ..., n die Summe der bisher angefallenen Investitionszahlungen. Nachdem diese Summe zum ersten Mal positiv geworden ist, dürfen nur noch Einzahlungsüberschüsse auftreten.

[3] Die Zahlungsreihe muß sich in drei aufeinanderfolgende Teile aufspalten lassen: Eine Teilfolge von Auszahlungsüberschüssen, eine Teilfolge von Einzahlungsüberschüssen und eine weitere Folge von Auszahlungsüberschüssen. Ferner muß gelten, daß die Summe der Ausgaben kleiner ist als die Summe der Einnahmen.

Der interne Zinsfuß ist für sich genommen noch kein ausreichendes Kriterium für die Vorteilhaftigkeit des betrachteten Investitionsvorhabens. Eine entsprechende Aussage ergibt sich erst dann, wenn die ermittelte Rendite mit dem Zinssatz verglichen wird, der die geforderte Mindestverzinsung des durch die Investition gebundenen Kapitals repräsentiert: **Liegt die interne Verzinsung über (unter) diesem Kalkulationszinsfuß, so kann das Investitionsvorhaben als vorteilhaft (unvorteilhaft) eingestuft werden.**

Berechnet man die Differenz von internem Zinsfuß und Kalkulationszinsfuß als **Investitionsmarge** (*Rolfes* 1992), gilt analog, daß eine vorteilhafte Investition eine positive Investitionsmarge aufweisen muß. Für das Grundbeispiel gilt, daß die Investitionsmarge 19,6% (= 27,6% – 8%) beträgt, also deutlich über null liegt.

Im übrigen läßt sich mit der Investitionsmarge auch noch einmal der Zusammenhang zwischen Interner Zinsfuß-, Kapital- und Annuitätenmethode aufzeigen. Die Abbildungen 172 und 173 verdeutlichen dies anhand des Grundbeispiels. Deutlich wird insbesondere, daß die periodischen Investitionsüberschüsse nichts anderes darstellen, als eine Form der **kapitalbindungsproportionalen Verrentung** des Kapitalwertes. Dagegen stellen Annuitäten auf eine zeitproportionale Verrentung des Kapitalwertes ab (vgl. ausführlich S. 334 ff.).

(2) Das Problem der Differenzinvestitionen in den klassischen Kalkülen

Bei den Grundformen der dynamischen Investitionsrechnung entsteht grundsätzlich die Notwendigkeit einer (expliziten oder impliziten) Berücksichtigung von **Differenzinvestitionen** (Ergänzungs- und/oder Nachfolgeinvestitionen). Deren Aufgabe ist darin zu sehen, die alternativen Investitionsprojekte in ihren relevanten Strukturmerkmalen vergleichbar zu machen, indem

· durch Berücksichtigung von **Nachfolge- oder Anschlußinvestitionen** dafür gesorgt wird, daß die Dauer der möglicherweise unterschiedlichen Investitionsperioden für die vergliche-

Zahlungsreihe	t_0 -1000	t_1 +700	t_2 +500	t_3 +300	Σ 500	Saldo der Zahlungsreihe (=Brutto-Cash-Flow)
Periodische Kapitalbindung (gemäß Interner Zinsfußmethode) x Investitionsmarge	1000 x 19,6%	576 x 19,6%	235 x 19,6%		1811 x 19,6%	Summe des gebundenen Kapitals
= Periodische Investitionsüberschüsse (nach Zinsen) x Periodenspezifische Abzinsfaktoren (Zins 8%)	196 x 0,926	112,9 x 0,857	46,1 x 0,794		= 355 x 0,887	Summe der Investitionsüberschüsse nach Zinsen (=Netto-Cash-Flow)
= Investitionsüberschußbarwerte	181,5	96,8	36,6		314,9	Kapitalwert (=Netto-Cash Flow-Barwert)

Abb. 172 Zusammenhang von periodischen Investitionsüberschüssen und Kapitalwert

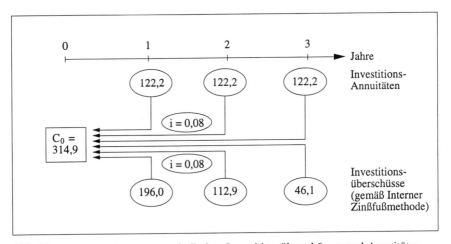

Abb. 173 Zusammenhang von periodischen Investitionsüberschüssen und Annuitäten

nen Projekte gleich groß ist (bzw. daß sich der Investitionsvergleich auf die gesamte Planungsperiode erstreckt) und indem

- durch **Ergänzungsinvestitionen** etwaige Kapitaleinsatz- und/oder Rückflußdifferenzen kompensiert werden (wodurch erreicht wird, daß die Kapitalbindung bei allen Alternativen die gleiche Höhe und zeitliche Struktur aufweist).

Für das Verständnis der klassischen Investitionskalküle ist dabei wichtig, daß immer dann, wenn keine **expliziten** Differenzinvestitionen berücksichtigt werden, ein Vorteilsvergleich unter **impliziten** Annahmen hierüber abläuft. Und zwar wird bei der **Kapitalwertmethode** unterstellt, daß Differenzinvestitionen einen internen Zinsfuß (eine Rendite) in Höhe des Kalkulationszinsfußes aufweisen, daß deren Kapitalwert also immer gerade null ist. Für die **Annuitätenmethode** gilt diese Annahme nur für den Fall, daß Kapitaleinsatz- oder Rückflußdifferenzen zu berücksichtigen sind. Ansonsten wird implizit die beliebige Wiederholbarkeit der Ausgangsinvestition unterstellt. Bei der **Internen-Zinsfußmethode** schließlich verzinsen sich alle Differenzinvestitionen implizit stets zum internen Zinsfuß der Hauptinvestition.

Im folgenden soll das Phänomen „implizite Differenzinvestitionen" (a) an der Nutzungsdauer und Wiederholbarkeitsproblematik von Anlagen, (b) an den bei Auswahlentscheidungen zu berücksichtigenden Kapitalbindungsdifferenzen und (c) an der spezifischen Problematik von Programmentscheidungen, d. h. der Zusammenstellung von Investitionsprogrammen, diskutiert werden.

Zu (a): Haben die verglichenen Investitionen eine unterschiedliche **Nutzungsdauer**, so wirken sich die unterschiedlichen Annahmen über mögliche Anschlußinvestitionen speziell bei Kapitalwert- und Annuitätenmethode entsprechend auf den Vorteilsvergleich aus.

Abb. 174 demonstriert dies an einem einfachen Beispiel. Erst wenn die der Annuitätenmethode implizit zugrundeliegende Annahme beliebiger Wiederholbarkeit der Ausgangsinvestition auch bei der Kapitalwertmethode – und zwar hier notwendigerweise explizit – berücksichtigt wird, kommen beide Methoden zum gleichen Ergebnis.

Verallgemeinert wird das Problem der expliziten bzw. impliziten Berücksichtigung von Anschlußinvestitionen im Fall der Nutzungsdauerproblematik. Diese ist darin begründet, daß die **wirtschaftlich sinnvolle Nutzungsdauer** von der tech-

Investitionsobjekte	I	II
A. Daten 1. Anschaffungsausgabe 2. Nutzungsdauer 3. Konstante jährliche Rückflüsse 4. Kalkulationszinsfuß	10.000,– 10 Jahre 1.800,– 8%	10.000,– 5 Jahre 2.880,– 8%
B. Kapitalwertmethode	$C_0 = 1800 \cdot 6{,}710 - 10.000$ $= \boxed{2.078}$	$C_0 = 2880 \cdot 3{,}993 - 10.000$ $= 1.500$
C. Annuitätenmethode	$A = \dfrac{2.078}{6{,}710} = 310$	$A = \dfrac{1.500}{3{,}993} = \boxed{376}$
D. Kapitalwertmethode (unter der Annahme einmaliger Wiederholbarkeit von Investition II)	$C_0 = 2.078$	$C_0 = 1500 + 1500 \cdot 0{,}6806$ $= \boxed{2.521}$

Abb. 174 Vorteilsvergleich bei unterschiedlicher Nutzungsdauer mit Hilfe der Kapitalwert- und Annuitätenmethode

nisch möglichen i.d.R. abweicht und Einflußgrößen hierauf neben dem Kalkulationszinfuß die möglichen Anschlußinvestitionen sind.

Das Nutzungsdauerproblem läßt sich vereinfacht auf folgende Fälle reduzieren (vgl. *Schneider, D.* 1990 b):

(1) einmalige Investition und Anlage des freigesetzten Kapitals zum Kalkulationszinsfuß
(2) wiederholte identische Investitionen (Investitionsketten)
       (2a) einmalige identische Wiederholung
       (2b) mehrmalige identische Wiederholung
       (2c) unendliche identische Wiederholung
(3) wiederholte nicht-identische Investitionen (Investitionsketten).

„Identisch" bedeutet hierbei nicht etwa physische Identität, sondern wirtschaftliche Identität. Das heißt anders ausgedrückt, die Investitionskette muß ausschließlich aus Investitionen mit gleich hohen Anschaffungsausgaben und gleich hohem Kapitalwert (für die Nutzungsdauer bei einmaliger Investition) bestehen.

Im folgenden werden die Fälle (1) und (2) auf der Grundlage der Kapitalwert- und Annuitätenmethode analysiert. Der schwierigere Fall (3) wird nicht weiter betrachtet.

Bei **einmaliger Investition** (Fall 1) ist die Bestimmung der optimalen Nutzungsdauer dann ein Problem, wenn die Rückflüsse oder die Liquiditationserlöse (Veräußerungserlöse der außer Betrieb gesetzten Anlage) zeitliche Schwankungen aufweisen.

Da für den Fall einmaliger Investition die auszuschließende Anlage der freigesetzten Mittel zum Kalkulationszinsfuß merkmalsbestimmend ist, die Kapitalwertmethode also generell genau diese Prämisse impliziert, ist folgendermaßen vorzugehen:

Um die optimale Nutzungsdauer zu bestimmen, muß sukzessive für jedes Jahr der technischen Nutzungsdauer der Kapitalwert der Investition für den Fall berechnet werden, daß der Investitionsprozeß zu diesem Zeitpunkt abgebrochen wird. **Die optimale Nutzungsdauer ist dort, wo der Kapitalwert sein zeitliches Maximum erreicht!**

Abb. 175 (aus *Küpper/Knoop* o.J.) verdeutlicht die Vorgehensweise an einem Beispiel: Die technische Nutzungsdauer beträgt 9 Jahre, der Kalkulationszinsfuß 10%. Aus den Daten ergibt sich eine optimale Nutzungsdauer von 8 Jahren.

Die Konstellation wiederholter identischer Investitionen (Fall 2) hat kaum praktische Bedeutung, ist jedoch recht eindrucksvoll in seinen Konsequenzen für die optimale Nutzungsdauer der Anlagen in einer Investitionskette.

Bei **einmaliger** identischer Wiederholung (Fall 2a) gilt mit analoger Begründung wie im Fall (1) das Kapitalwertkriterium, nunmehr allerdings mit leicht abgewandelter **Entscheidungsregel**: Zunächst ist die optimale Nutzungsdauer der **Folge**investition nach den Grundsätzen einer einmaligen Investition zu bestimmen. Die optimale Nutzungsdauer der **Grund**investition läßt sich daraufhin analog zum sukzessiven Vorgehen bei einer einmaligen Investition bestimmen, indem für alternative Nutzungsdauern der dazugehörige Kapitalwert unter Einschluß des jeweils abgezinsten Kapitalwerts der Folgeinvestition berechnet wird: **Das Maximum des Gesamtkapitalwerts gibt dann die optimale Nutzungsdauer der Grundinvestition an.**

Abb. 176 führt das Beispiel aus Abb. 175 unter der Annahme einmaliger iden-

Sechstes Kapitel: Betriebliche Finanzprozesse

Jahre	0	1	2	3	4	5	6	7	8	9
1. Anschaffungsausgabe (I_0)	1000									
2. Rückflüsse (E_t-A_t)		275	269	250	231	212	181	150	101	12
3. Liquidationserlös (L)		812	650	512	400	288	195	102	15	0
4. Kapitalwert (C_0)		−12	9	45	91	129	162	182	☐183☐	181

Abb. 175 Optimale Nutzungsdauer bei einmaliger Investition

Jahre	1	2	3	4	5	6	7	8	9
1. Kapitalwert der Grundinvestition (C_{01})	−12	9	45	91	129	162	182	183	181
2. Kapitalwertmaximum der Folgeinvestition (C_{01max})	183	183	183	183	183	183	183	183	183
3. Abgezinstes Kapitalwertmaximum der Folgeinvestition ($C_{01max} \cdot \frac{1}{(1+i)^T}$)	166	151	137	125	114	103	94	85	78
4. Gesamtkapitalwert beider Investitionen (Zeile 1 u. 3)	154	160	182	216	243	265	☐276☐	268	259

Abb. 176 Optimale Nutzungsdauer der Grundinvestition bei einmaliger identischer Wiederholung

Jahre	1	2	3	4	5	6	7	8	9
1. Kapitalwert (C_0)	−12	9	45	91	129	162	182	☐183☐	181
2. Rentenbarwertfaktor (i = 0,1)	0,91	1,74	2,49	3,17	3,79	4,36	4,87	5,34	5,76
3. Annuität (A)	−13,2	5,2	18,1	28,7	34,0	37,2	☐37,4☐	34,3	31,4

Abb. 177 Optimale Nutzungsdauer bei unendlicher (identischer) Investitionskette

tischer Wiederholung der Investition fort. Die optimale Nutzungsdauer der Folgeinvestition liegt entsprechend bei 8 Jahren, die der Grundinvestition dagegen bei nur 7 Jahren.

Dieser bei einmaliger identischer Wiederholung festgestellte Effekt, daß sich die optimale Nutzungsdauer der Grundinvestition gegenüber der Folgeinvestition verkürzt, läßt sich für den Fall **mehrmaliger identischer Wiederholung** (Fall 2b) verallgemeinern: **In einer endlichen Investitionskette ist die optimale Nutzungsdauer jeder Anlage länger als die ihrer Vorgängerin und kürzer als die ihrer Nachfolgerin.** Oder anders ausgedrückt: Die optimale Nutzungsdauer einer Anlage ist (ceteris paribus) um so kürzer, je mehr identische Investitionen ihr folgen (*Preinreich* 1953 spricht hier von einem „**General Law of Replacement**").

Bei **unendlicher identischer Wiederholung** (Fall 2c) läßt sich die Berechnung der optimalen Nutzungsdauer insofern vereinfachen, als **jede** Investition unendlich viele Folgeinvestitionen aufweist und damit auch jedes Glied in dieser Investitionskette die gleiche optimale Nutzungsdauer aufweisen muß.

Deren Berechnung erfolgt nun zweckmäßigerweise mit Hilfe der **Annuitätenmethode**, die in ihren Prämissen ja diese unendliche Wiederholbarkeit der Grundinvestition implizit enthält: **Danach ist die optimale Nutzungsdauer jeder einzelnen Anlage dort, wo die Annuität ihr zeitliches Maximum erreicht.**

Abb. 177 führt das Zahlenbeispiel von Abb. 175, 176 unter den veränderten Prämissen fort. Wie ersichtlich, liegt die optimale Nutzungsdauer hier ebenfalls (allerdings nur zufällig) wie im Fall 2a bei 7 Jahren.

In allen drei Konstellationen einer wiederholten identischen Investition gilt also, daß ihre optimale Nutzungsdauer kleiner ist als ihre kapitalwertmaximale Nutzungsdauer (mit Ausnahme der letzten Folgeinvestition, die wie eine einmalige Investition zu behandeln ist). Das hat folgenden Grund: **Bei der Berechnung der kapitalwertmaximalen Nutzungsdauer wird der Umstand nicht berücksichtigt, daß durch die Verlängerung der Nutzungsdauer die Tätigung einer vorteilhaften Anschlußinvestition (mit einem Kapitalwert größer null) hinausgezögert wird.**

Zu (b): Die in einem Investitionsvergleich regelmäßig auftretenden **Kapitalbindungsdifferenzen** erschweren die Nutzung der klassischen Verfahren zum Teil erheblich. Problematisch ist insbesondere bei einem direkten Vergleich von Kapitalwertmethode und Interner Zinsfußmethode, daß beide nicht immer zu gleichen Rangfolgeergebnissen kommen.

Abb. 178 (aus *Biergans* 1979) verdeutlicht, daß bei einem Kalkulationszinsfuß in Höhe von 10% Projekt B mit einen Kapitalwert von 324 GE vorteilhafter als A erscheint. Dagegen hätte man nach der Internen-Zinsfußmethode unzweifelhaft der Alternative A den Vorzug gegeben. Wie ersichtlich, liegt die Ursache für die Unterschiede **formal** daran, daß die beiden Kapitalwertkurven sich im relevanten Bereich schneiden. **Materiell** sind es die wirksam werdenden Pauschalannahmen bei Kapitalwert- bzw. Interner-Zinsfußmethode, die diese Differenzen bewirken.

Im Beispiel ist die Berücksichtigung von Ergänzungsinvestitionen insofern erforderlich, als die Annahmen über die zwischenzeitliche Anlage und damit Verzinsung der zeitlich unterschiedlich verteilten Rückflüsse den Vorteilsvergleich beeinflussen. So wirkt sich bei geringer Verzinslichkeit der Ergänzungsinvestitionen die im Vergleich zu Projekt A höhere Summe der (undiskontierten) Rückflüsse bei Projekt B stärker auf ihren Kapitalwert aus als die demgegenüber ungünstigere zeitliche

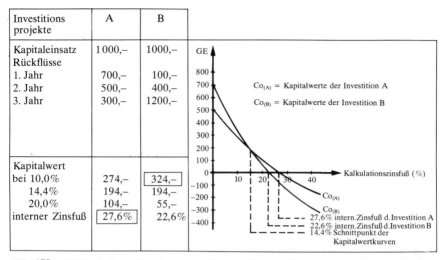

Abb. 178 Zahlenbeispiel für einen Investitionsvergleich im Falle sich schneidender Kapitalwertkurven

Verteilung der Rückflüsse. Bei geringer Verzinslichkeit der Ergänzungsinvestitionen, präziser bis zu einer Verzinsung von 14,4% (**kritischer Zinssatz**), ist demnach Projekt B dem Projekt A überlegen. Erst oberhalb des kritischen Zinssatzes ist das Projekt A vorteilhafter als das konkurrierende Projekt, weil sich dann die im Vergleich zu Projekt B günstigere zeitliche Verteilung der Rückflüsse stärker auswirkt als die insgesamt geringere Summe der Rückflüsse.

Solange bei der Kapitalwertmethode also mit einem Kalkulationszinsfuß gearbeitet wird, der niedriger ist als der kritische Zinssatz, kommt man wegen der damit gleichzeitig verbundenen Annahme über die Verzinsung der Differenzinvestitionen zu einem anderen Ergebnis als die Interne-Zinsfußmethode. Deren implizite Annahme über die Verzinsung der Differenzinvestition zum internen Zinsfuß steht erst bei einem Kalkulationszinsfuß oberhalb des kritischen Zinssatzes nicht mehr im Konflikt mit der Kapitalwertmethode.

Das **Phänomen sich schneidender Kapitalwertkurven**, das also zu möglichen Fehlbeurteilungen bei einem Investitionsvergleich Anlaß gibt, tritt sehr häufig auf; insbesondere dann, wenn sich die verglichenen Investitionsprojekte in mehr als einem der folgenden vier Strukturmerkmale, durch die sich eine Investition in dynamischen Kalkülen formal vollständig charakterisieren läßt, unterscheiden:
· Kapitaleinsatz (Investitionsbetrag)
· Laufzeit (Nutzungs- bzw. Lebensdauer)
· Summe der (undiskontierten) Rückflüsse
· Zeitliche Verteilung der Rückflüsse.

Praktisch sind überhaupt nur sechs Konstellationen denkbar, wo das Phänomen sich schneidender Kapitalwertkurven **nicht** existiert, also auch keine Fehlbeurteilung bei einem Investitionsvergleich möglich ist (vgl. Abb. 179, aus *Schulte* 1986).

In allen anderen Fällen kann es zu einer unterschiedlichen Rangfolge bei Anwendung der Kapitalwert- und Interne-Zinsfußmethode kommen, wobei – wie oben erläutert – es im Einzelfall auf die Höhe des angesetzten Kalkulationszinsfußes ankommt.

Fall	Anschaf-fungsaus-zahlung	Nutzungs-dauer	Summe der Rück-flüsse	zeitliche Struktur der Rück-flüsse
1	gleich	gleich	ungleich	gleich
2	gleich	ungleich	gleich	ungleich
3	gleich	ungleich	gleich	gleich
4	gleich	gleich	gleich	ungleich
5	ungleich	gleich	gleich	gleich
6	gleich	gleich	gleich	gleich

Abb. 179 Gleiche Rangfolge bei Anwendung von Kapitalwert- und Interne-Zinsfußmethode

Für die Frage, ob das eine oder andere Verfahren zu einer richtigen Rangordnung führt, gelten generell folgende Regeln:

[1] Kann angenommen werden, daß die Differenzinvestitionen (Ergänzungs- und/oder Folgeinvestitionen) sich zum **Kalkulationszinsfuß** verzinsen, ist der Kapitalwert der Differenzinvestitionen also null, so wird die Anwendung der Kapitalwertmethode zu aussagefähigen Ergebnissen führen.

[2] Entspricht die Verzinsung der Differenzinvestitionen dagegen jeweils dem **internen Zinssatz** der untersuchten Investitionsvorhaben, so führt die Interne-Zinsfußmethode zum richtigen Ergebnis.

[3] Stimmt die Verzinsung der Differenzinvestitionen dagegen weder mit dem Kalkulationszinsfuß noch mit dem internen Zinssatz der untersuchten Investitionsvorhaben überein, so ist zu prüfen, ob sie ober- oder unterhalb des **kritischen Zinssatzes** liegt. Dementsprechend führt entweder das eine oder das andere Verfahren zu einer zielentsprechenden Rangordnung.

Zu (c): Eine besondere Rolle spielen Differenzinvestitionen bei **Programmentscheidungen**, wenn es also darum geht, mehrere Investitionsalternativen zu einem Programm zusammenzustellen.

Die Annahme, daß Differenzinvestitionen sich zum Kalkulationszinsfuß verzinsen, daß also ihr Kapitalwert gleich null ist, wird realistischerweise vor allem dann zutreffen, **wenn die finanziellen Möglichkeiten die lohnenden Investitionsmöglichkeiten übersteigen.** In solchen Fällen setzt sich das optimale Investitionsprogramm aber aus allen Investitionsvorhaben zusammen, die überhaupt einen positiven Kapitalwert erwirtschaften. Ein Auswahlproblem im eigentlichen Sinn entsteht somit nur bei Projekten, die sich **technisch gegenseitig ausschließen**. Hier wird entsprechend der Annahme [1], daß Differenzinvestitionen sich zum Kalkulationszinsfuß verzinsen, jeweils das Vorhaben mit dem absolut höheren **Kapitalwert** in das Investitionsprogramm aufgenommen.

Anders ist es dagegen in den Fällen, in denen – was das „Normale" sein wird – **das finanzielle Potential nicht ausreicht**, um alle an sich lohnenden Investitionsmöglichkeiten auszuschöpfen. Hier konkurrieren also nicht nur die Vorhaben, die sich technisch gegenseitig ausschließen, sondern prinzipiell alle Investitionsprojekte um die Aufnahme in das Investitionsprogramm. Im Gegensatz zur Situation, in der die finanziellen Möglichkeiten die lohnenden Investitionsmöglichkeiten übersteigen, ist nunmehr der **interne Zinsfuß** als Renditemaßstab für das „knappe" Kapital

(1)	(2)	(3)	(4)	(5)	(6)	(7)
Finanzierungs-mittel	Max. Betrag	Sollzins	Investitions-vorhaben	Kapital-einsatz	Interne Verzinsung i	Optimales Investitionsbudget
1	8000,–	9%	A	4000,–	13%	A 4000
2	6000,–	12,5%	B	2000,–	12%	B 2000
			C	7000,–	11,5%	C 2000
			D	6000,–	10%	
	14000,–			19000,–		8000

Abb. 180 Beispiel für die Zusammenstellung eines optimalen Investitionsbudgets

das im allgemeinen zweckmäßigere Kriterium für die Beurteilung und rangmäßige Einstufung der Investitionsvorhaben. Allerdings sind für eine zielentsprechende Rangordnung die Differenzinvestitionen zu berücksichtigen bzw. Annahmen über ihre Verzinsung aufzustellen. Da die Verzinslichkeit der Differenzinvestitionen aber weder unbedingt dem Kalkulationszinsfuß noch dem Zinssatz der jeweils untersuchten Investitionsobjekte entspricht (Annahmen [1] und [2]), ist gemäß Annahme [3] im Einzelfall zu prüfen, ob die Rangordnung der Investitionsvorhaben mit Hilfe der Internen-Zinsfußmethode auch tatsächlich zu einem optimalen Investitionsprogramm führt.

Im folgenden soll an einem vereinfachten **Beispiel** die Bestimmung eines optimalen Investitionsprogramms mithilfe eines Rangordnungsverfahrens gezeigt werden. Wesentliches Kennzeichen dieses Ansatzes ist die explizite Erfassung verschiedener Investitions- und Finanzierungsalternativen mit ihrer internen Verzinsung resp. ihrem Sollzinssatz.

Die Vorgehensweise ist in Anlehnung an *J. Dean* (1969) durch folgende Schritte gekennzeichnet (vgl. Abb. 180, 181):

(1) Ausgangspunkt ist ein betragsmäßig nach oben beschränktes finanzielles Kreditvolumen (Spalte 2). Die Finanzierungsobjekte werden nach Maßgabe ihres Sollzinssatzes in aufsteigender Reihe geordnet – was in Abb. 180 bereits geschehen ist – und zur Herleitung der graphischen Lösung in ein entsprechendes Koordinatensystem eingetragen (Kapitalangebotskurve in Abb. 181).

(2) Anschließend werden die internen Zinssätze i der Investitionsvorhaben errechnet und die Objekte nach Maßgabe fallender Verzinsung geordnet. (Spalte 6 der Abb. 180). In Analogie zu dieser Hierarchie wird – als graphische Lösung – die Kapitalnachfrage als Treppenfunktion mit absteigender interner Verzinsung konstruiert.

(3) Die Zusammensetzung des optimalen Investitions- und Finanzierungsprogramms wird ermittelt durch die schrittweise Aufnahme aller Investitionsprojekte, deren interne Verzinsung oberhalb der durch den Schnittpunkt von Kapitalangebots- und Nachfragefunktion

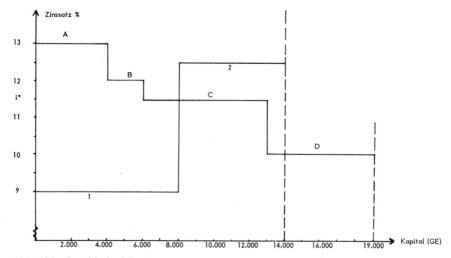

Abb. 181 Graphische Lösung

gekennzeichneten marginalen internen Verzinsung i* liegt. Analog werden die Finanzierungsangebote mit einem Sollzins unter i* ausgenutzt.

Zur Ableitung des optimalen Investitions- und Finanzierungsprogramms gilt demnach die folgende Entscheidungsregel: „Investitionen und Finanzierungen werden so lange in das Budget aufgenommen, wie der marginale interne Zinsfuß des Investitionsprogramms noch größer ist als die marginalen Zinskosten des Finanzierungsprogramms." (*Adam/Brauckschulze* 1984). Weder eine Substitution einzelner Projekte noch die Programmreduzierung bzw. -expansion versprechen eine Verbesserung der Lösung. Im Beispiel der Abb. 180 und 181 werden die Projekte A und B vollständig, das Projekt C jedoch nur mit 2000,– GE in das optimale Programm aufgenommen. Die Finanzierungsalternative 1 wird in vollem Umfang beansprucht, der Kredit 2 dagegen nicht ausgenutzt. Wichtig ist: Die hier in Anlehnung an Dean dargestellte Vorgehensweise führt in der Regel nur dann zu der Ableitung des optimalen Investitions- und Finanzierungsprogramms, wenn die Einhaltung der nachstehenden – die Anwendung des Ansatzes auf praktische Probleme der Kapitalbudgetierung allerdings stark einschränkenden – Prämissen sichergestellt ist:

- Als optimal gilt das Investitions- und Finanzierungsprogramm, das die Einzahlungsüberschüsse bzw. das Endvermögen maximiert.
- Es gilt die Annahme sicherer Erwartungen.
- Die Durchführung einer Investitions- oder Finanzierungsalternative ist vollkommen unabhängig von der Realisierung eines anderen Investitions- oder Finanzierungsobjektes (keine Projektinterdependenzen).
- Der Ansatz nach Dean berücksichtigt einen lediglich einperiodigen Planungszeitraum (Zwei-Zeitpunkt-Modell).
- Die zu bewertenden Projekte sind beliebig teilbar.
- Als Finanzierungsalternativen stehen keine Eigenmittel, sondern ausschließlich Fremdkapital zur Verfügung.

In der betriebswirtschaftlichen Literatur finden sich zahlreiche Vorschläge zur Übertragung der oben dargestellten, sehr eingängigen und anschaulichen Vorgehensweise auf die Lösung komplexerer, über die engen Prämissen des *Dean*-Modells hinausgehender Problemstellungen (vgl. *Adam/Brauckschulze* 1984) sowie die dort angegebene Literatur). Die gleichzeitige Berücksichtigung von Projektinterdependenzen, der Mehrperiodizität sowie der Unteilbarkeit von Investitions- und Finanzierungsalternativen überfordert allerdings im Regelfall das einfache *Dean*-Modell und macht insofern die Anwendung von Verfahren der linearen Programmierung (vgl. S. 174 ff.) erforderlich.

(3) Das Marktzinsmodell der Investitionsrechnung

Die Kritik an den klassischen Verfahren der dynamischen Investitionsrechnung knüpft vorwiegend an der **„Wiederanlageprämisse"** an. Speziell bei Investitionsvergleichen müssen meist entsprechende Prämissen über Anschlußinvestitionen (bei unterschiedlichen Nutzungsdauern) und/oder Ergänzungsinvestitionen (in Höhe der Kapitalbindungsdifferenzen) gesetzt bzw. hingenommen werden. Hinzu kommt, daß die Finanzierungsseite durch den einheitlichen Kalkulationszinsfuß, zu dem annahmegemäß jederzeit Kapital aufgenommen (aber auch wieder angelegt) werden kann, gleichsam als Problem wegdefiniert wird. Mit anderen Worten arbeiten die klassischen Kalküle mit einer einschneidenden Prämisse: der Annahme eines **vollkommenen Kapitalmarktes**.

Aus der sich hieran entzündeten Kritik sind in neuerer Zeit Modelle entwickelt worden, die als **Vermögens-Endwertmodelle** konzipiert sind, um die „Wiederanlageprämisse" durch explizite Differenzinvestitionen zumindest teilweise zu entschärfen, und die mit **zwei unterschiedlichen Zinssätzen** arbeiten: einem **Sollzinssatz** mit dem das bereitgestellte Fremdkapital zu verzinsen ist, sowie einem **Habenzinssatz**, zu dem Eigenmittel bzw. Einnahmenüberschüsse bis zum Ende des Planungszeitraums angelegt werden können (vgl. ausführlich *Blohm/Lüder* 1991, *Kruschwitz* 1990).

Diese Investitionsmodelle berücksichtigen zwar einige Kritikpunkte an der klassischen Investitionsrechnung, lassen aber auch neue Probleme entstehen. Insbesondere muß bei all diesen Modellvarianten kritisch gesehen werden, daß

- sie durch die explizite Berücksichtigung der Wiederanlage von Investitionsrückflüssen und der notwendigen Annahme über die Höhe des Anfangsvermögens Erfolgseffekte auf die Grundinvestition zurechnen, die von dieser originär gar nicht verursacht werden; (vgl. ausführlich *Rolfes* 1992).

- sie bei frei wählbarem Wiederanlagezinsfuß die realen Gegebenheiten zwar grundsätzlich besser berücksichtigen können, diese zukünftigen Zinssätze aber in praktischen Investitionsbeispielen nur mit großen Unsicherheiten prognostiziert werden können;

- sie zwar realistischerweise mit zwei unterschiedlichen Zinssätzen arbeiten, damit aber konzeptionell noch nicht die Vielfalt der Marktzinssätze auf den realen Geld- und Kapitalmärkten zu berücksichtigen vermögen.

Ein Rechnungskonzept, das diese Kritikpunkte aufgegriffen und schlüssig erarbeitet hat, ist das in neuester Zeit von *Rolfes* (1992) vorgestellte **Marktzinsmodell der Investitionsrechnung**. Es basiert auf den Erkenntnissen der modernen Bankkalkulation und der dort entwickelten „**Marktzinsmethode**" (*Schierenbeck* 1985, 1987, 1991), die auf dem Grundgedanken der pretialen Lenkung von *Schmalenbach* aufbaut. Diese Übertragung auf die Investitionsrechnung liegt aus mindestens zwei Gründen nahe:

- Die Zahlungsreihen von Investitionen sind formal mit denen von Kreditgeschäften im Bankgewerbe identisch und auch materiell können Kreditgeschäfte als Investitionen interpretiert werden.

- Die Entwicklung im Bereich der bankbetrieblichen Marktzinsmethode hat den entsprechenden Erkenntnisstand der investitionsrechnerischen Partialmodelle weit hinter sich gelassen, insbesondere liefert die Marktzinsmethode erheblich realitätsgerechtere, entscheidungsorientiertere Bewertungsinformationen durch Rückgriff auf die realen Geld- und Kapitalmärkte.

Die entscheidende Erweiterung des Marktzinsmodells gegenüber den klassischen Investitionskalkülen besteht darin (vgl. zu den theoretischen Grundlagen und Voraussetzungen im einzelnen *Schierenbeck* 1991, *Rolfes* 1992),

(a) daß der Bewertung von Investitionen statt eines einheitlichen pauschalen Kalkulationszinsfußes das an den Geld- und Kapitalmärkten real zu beobachtende, aktuelle **Marktzinsgefüge** zugrundegelegt wird und

(b) daß konsequent eine **Einzelbewertung** von Investitionsprojekten angestrebt wird; Erfolgseinflüsse, die aus Differenzinvestitionen und/oder aus übergeordneten Kapitalstruktur- bzw. Finanzierungsmaßnahmen entstehen, der Grundinvestitionen prinzipiell nicht zugerechnet werden.

Die Verknüpfung zwischen dem Postulat der Einzelbewertung und dem der Verwendung von Marktzinssätzen erfolgt dabei durch Verwendung von **Kalkulationszinsfüßen, die aus den im Entscheidungszeitpunkt gültigen, laufzeitabhängigen Marktzinssätzen unter der Prämisse fristenkongruenter Investitionsfinanzierung** abgeleitet sind. Dadurch wird sowohl eine restriktionsfreie Grenzbetrachtung möglich wie auch vermieden wird, daß die Investitionsbewertung durch frühere (Fehl-) Entscheidungen über zwischenzeitliche Wiederanlagen respektive Nachfinanzierungen oder durch (fehlerhafte) Marktzinsprognosen für die Zukunft beeinflußt werden. Zu betonen ist noch die Verwendung **laufzeitabhängiger Marktzinssätze**, da die Investitionsbewertung bei laufzeitkongruenter Finanzierung zwangsläufig von der Tatsache beeinflußt wird, daß – von speziellen Zinskonstellationen abgesehen – für unterschiedliche Laufzeiten bzw. Zinsbindungsfristen auch unterschiedliche Zinssätze gelten (*Faßbender* 1973, *Rolfes* 1992).

Im Normalfall sind mit längerfristigen Kapitalanlagen höhere Renditen zu erzielen als mit kurzfristigen Anlagen. Analog sind kurzfristige (Festzins-)Finanzierungen am Geld- und Kapitalmarkt normalerweise mit niedrigeren Zinskosten verbunden als längerfristige. Man spricht infolgedessen dann auch von einer **normalen Zinsstruktur**. Umgekehrt wird von einer **inversen Zinsstruktur** gesprochen, wenn die Zinssätze im kurzfristigen Bereich höher sind als für längere Fristen (vgl. Abb. 182).

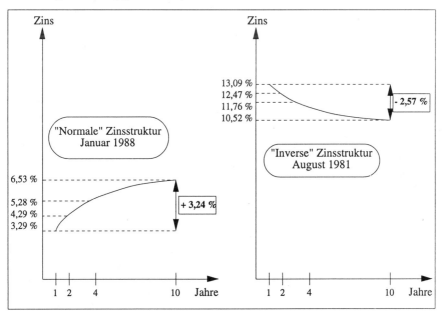

Abb. 182 „Normale" und „inverse" Zinsstruktur am Geld- und Kapitalmarkt

Im folgenden soll die prinzipielle Vorgehensweise des Marktzinsmodelles der Investitionsrechnung aufgezeigt werden. Die Analyse vollzieht sich dabei in vier Schritten:

(a) Berechnung des Kapitalwerts im Marktzinsmodell durch retrograde Abzinsung der Investitionszahlungen
(b) Ermittlung der kapitalstrukturkongruenten Investitionsmarge mit Hilfe des Marktzinsmodells
(c) Verdeutlichung der Fristentransformation als eigenständige Erfolgsquelle neben der Investitionsmarge im Marktzinsmodell

(d) Darstellung der verschiedenen Möglichkeiten einer Periodisierung des Investitionskapitalwertes auf der Grundlage des Marktzinsmodells

Zu (a): Der **Kapitalwert** einer Investition ist im Marktzinsmodell dadurch gekennzeichnet, daß er als Überschuß-Barwert der Investitionszahlungen von der bei Investitionsbeginn gültigen Marktzinsstruktur bestimmt wird. Wegen der bei nicht-flachen Zinsstrukturkurven unterschiedlich hohen Zinssätze, die den Zahlungen auf dem Zeitstrahl zugemessen werden müssen, ist eine schrittweise, retrograde Abzinsung der Investitionszahlungen vorzunehmen. Abb. 183 verdeutlicht dies anhand einer dreijährigen Investition mit gegebener Zahlungsreihe ($-1000, +350, +325, +550$) und einer normalen Zinsstruktur (Zinssatz für 1-Jahresgeld 2,5 %, für 2-Jahresgeld 4,0 %, für 3-Jahresgeld 5,5 %).

Der sich ergebende Kapitalwert von 108,63 GE ist nun insofern ein **realer Überschuß-Barwert** als er – natürlich unter der Voraussetzung, daß die Investitionszahlungsreihe realisiert wird – finanziell in t_0 vereinnahmt werden kann, wenn und insoweit die entsprechenden Finanzierungsmaßnahmen, wie in Abb. 183 dargestellt, am Markt vorgenommen werden.

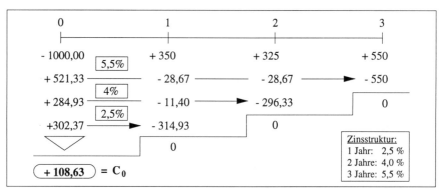

Abb. 183 Berechnung des Kapitalwertes durch retrograde Abzinsung der Investitionszahlungen

Die retrograde, stufenweise Abzinsung kann erleichtert werden, wenn das Konzept der **Zerobond-Abzinsfaktoren** umgesetzt wird. Diese Abzinsfaktoren lassen sich losgelöst von irgendeiner speziellen Zahlungsreihe aus der jeweils vorliegenden Marktzinsstruktur herleiten und ermöglichen eine direkte Abzinsung spezieller Zahlungsreihen (vgl. ausführlich *Marusev* 1988, *Rolfes* 1992, *Schierenbeck* 1991).

Die Vorgehensweise bei der Ableitung von Zerobond-Abzinsfaktoren entspricht im Prinzip der retrograden Kapitalwertberechnung, nur daß die Investitionszahlung des Zeitpunktes, für den der Abzinsfaktor berechnet wird, allgemein gleich 1 oder 100 % gesetzt wird und die anderen – vom Zeitpunkt 0 aus gesehen – dazwischen liegenden Investitionszahlungen in die stufenweise Abzinsung nicht selbst mit einbezogen werden. Für die im Grundbeispiel verwendete Zinsstruktur lassen sich die folgenden Abzinsfaktoren bestimmen (vgl. Abb. 184, ausführlich dazu *Rolfes* 1992).

Die so berechneten Abzinsfaktoren werden als **arbitragefreie** Zerobond-Abzinsfaktoren bezeichnet, weil der hierdurch gekennzeichnete, konstruierte **Zerobond** (vgl. zum Begriff

Sechstes Kapitel: Betriebliche Finanzprozesse 355

	Marktsätze	Jahr	0	1	2	3
1-Jahres-Zerobond-Abzinsfaktor	2,5 %	1	+ 0,97561	- 1		
			+ 0,97561	- 1		
2-Jahres-Zerobond-Abzinsfaktor	4,0 %	2	+ 0,96154	- 0,3846	- 1	
	2,5 %	1	- 0,03752	+ 0,03846	-	
			+ 0,92402	0	- 1	
3-Jahres-Zerobond-Abzinsfaktor	5,5 %	3	+ 0,94787	- 0,05213	- 0,05213	- 1
	4,0 %	2	- 0,05013	+ 0,00200	+ 0,05213	-
	2,5 %	1	- 0,04891	+ 0,05013	-	-
			+ 0,84883	0	0	- 1
Marktsätze: Laufzeitinsen bei jährlicher Zinszahlung						

Abb. 184 Die Ermittlung von Zerobond-Abzinsfaktoren

S. 409) exakt dem „Gegenwert" einer entsprechenden Kombination einzelner Finanzgeschäfte mit dem gleichen Netto-Zahlungsstrom entspricht. Anders ausgedrückt, würde kein Gewinn erzielt werden können, wenn für einen dreijährigen Zerobond ein Kurs von 84,883 % bezahlt werden müßte und der Ankauf dieser Zerobonds mit einer Drei-Jahresgeld-Finanzierung und zwei kompensatorischen Anlagegeschäften und zweijähriger Laufzeit zu Marktzinssätzen dargestellt würde.

Wie Abb. 185 zeigt, läßt sich mit den errechneten Abzinsfaktoren der Kapitalwert der betrachteten Investition durch einfache Multiplikation und Summierung der Barwerte bestimmen.

Zu (b): Ebenso wie die Berechnung und Interpretation des Kapitalwertes im Marktzinsmodell eine spezifische Neuausrichtung erhält, ist auch die Bestimmung der **Investitionsmarge** im Rahmen der Internen Zinsfußmethode konzeptionell anders ausgelegt. Zunächst ist bedeutsam, daß die Kapitalbasis der Investitionsmarge

Zahlungszeitpunkt	Originäre Investitionszahlungen	Zerobond-Abzinsfaktor	Barwerte der Investitionszahlungen
t = 0	- 1000	1,00000	- 1000,00
t = 1	+ 350	0,97561	+ 341,46
t = 2	+ 325	0,92402	+ 300,31
t = 3	+ 550	0,84883	+ 466,86
Σ	+ 225	-	+ 108,63

Abb. 185 Retrograde Kapitalwertermittlung mit Hilfe von Zerobond-Abzinsfaktoren

fristenspezifisch definiert wird, da in aller Regel das eingesetzte Investitionskapital nicht in gleichbleibender Höhe über die gesamte Laufzeit der Investition gebunden ist. Der ursprünglich eingesetzte Kapitalbetrag stellt infolgedessen ein Konglomerat von Teilbeträgen mit unterschiedlicher Laufzeit dar.

Abb. 186 verdeutlicht dies am Beispiel der schon verwendeten Investition mit der Zahlungsreihe (-1000, $+350$, $+325$, $+550$): Der interne Zinsfuß beträgt exakt 10%. Eine entsprechende Staffelrechnung veranschaulicht den Amortisationsverlauf des ursprünglichen Kapitaleinsatzes. Weil die Einzahlung im Zeitpunkt 1 den bei 10% (Brutto-)Rendite anfallenden Investitionsertrag um 250 übersteigt, reduziert sich das gebundene Kapital im zweiten Jahr um diesen Betrag auf 750. Analog sinkt es im dritten Jahr auf 500, um dann am Ende der Investitions-Laufzeit den Wert Null anzunehmen.

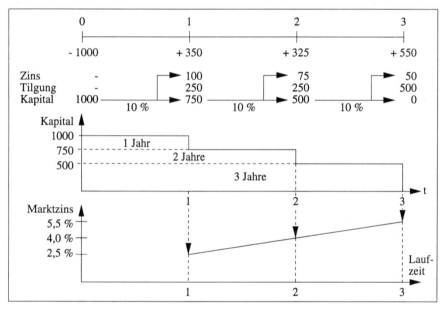

Abb. 186 Zur Philosophie der Bestimmung eines kapitalstrukturkongruenten Kalkulationszinsfußes im Marktzinsmodell

Der gesamte im Zeitpunkt 0 eingesetzte Kapitalbetrag in Höhe von 1000 setzt sich also im Beispiel aus drei Teilbeträgen mit unterschiedlicher Laufzeit zusammen. Entsprechend stellt der Kalkulationszinsfuß im Marktzinsmodell einen kapitalgewogenen Durchschnittszins der für die Investition relevanten Marktzinsen der Zinsstrukturkurve dar.

Die Vorgehensweise zur Bestimmung eines solchen kapitalstrukturkongruenten Kalkulationszinsfußes und damit auch der Investitionsmarge wird in Abb. 187 dargestellt. Auf einen ebenfalls möglichen Ansatz auf der Grundlage eines linearen Gleichungssystems sei nur verwiesen (ausführlich *Rolfes* 1992).

Der Kapitalwert im Marktzinsmodell ist eine reale, absolute Übersichtsgröße, die prinzipiell im Zeitpunkt 0 realisiert werden kann. Um nun die Investitionsmarge

Sechstes Kapitel: Betriebliche Finanzprozesse 357

Ermittlung des Barwertes der Investitionszahlungsreihe				Ermittlung des Barwertes des durchschnittlich gebundenen Kapitals			
Zeitpunkt	Zahlungsreihe	(Zerobond-) Abzinsfaktor	Barwerte	Zeitraum	durchschnittlich gebundenes Kapital	(Zerobond-) Abzinsfaktor	Barwerte
t_0	−1000	1,00000	−1000,00				
t_1	+350	0,97561	341,46	$t_0\text{-}t_1$	1000	0,97561	975,61
t_2	+325	0,92402	300,31	$t_1\text{-}t_2$	750	0,92402	693,02
t_3	+550	0,84883	466,86	$t_2\text{-}t_3$	500	0,84883	424,42
Σ	+225		108,63	Σ	2250		2093,05

$$\text{Investitionsmarge} = \frac{\text{Kapitalwert der Investition}}{\text{Barwert des durchschnittlich gebundenen Kapitals}} = \frac{108,63}{2093,05} = \underline{5,19\,\%}$$

Kalkulationszinsfuß = Interner Zinsfuß − Investitionsmarge = 10 % − 5,19 % = <u>4,81 %</u>

Abb. 187 Ermittlung der kapitalstrukturkongruenten Investitionsmarge und des Kalkulationszinsfußes

zu bestimmen, ist dieser Wert einfach auf den Barwert des durchschnittlich gebundenen Kapitals zu beziehen, berechnet mit den gleichen Zerobond-Abzinsfaktoren wie der Kapitalwert selbst. Als Ergebnis zeigt sich ein Wert von 5,19 %. Da die Investitionsmarge der Saldo aus internem Zinsfuß und Kalkulationszinsfuß ist, kann bei gegebenem internen Zinsfuß unmittelbar auch der zu dieser Investitionsmenge gehörige Kalkulationszinsfuß (hier: 4,81 %) bestimmt werden.

Zu (c): Die Investitionsmarge im Marktzinsmodell geht richtigerweise von der Annahme fristenkongruenter Finanzierungsverhältnisse aus. Denn nur so kann der Erfolgsbeitrag der Investition bei gegebener Marktzinsstruktur unverfälscht ermittelt werden. Wie sich die realen Finanzierungskosten aus der Differenz von internem Zinsfuß und Investitionsmarge ergeben und wie die kapitalstrukturkongruente Finanzierungszahlungsreihe letztlich aussieht, verdeutlicht Abb. 188.

Die periodischen Netto-Überschüsse der Investition können sich naturgemäß verändern, wenn inkongruente Finanzierungen vorgenommen werden. Bei der angenommenen normalen Zinsstruktur wäre eine Finanzierung der Investition mit beispielsweise Jahresgeld, das revolvierend zum Zinssatz von 2,5 % eingesetzt würde, deutlich günstiger als die einer kapitalstrukturkongruenten Finanzierung. Allerdings werden diese Vorteile mit zusätzlichen Risiken „eingekauft", die darin bestehen können, daß der Marktzins für 1-Jahresgeld im Verlauf der dreijährigen Laufzeit der Investition steigt und damit die Erfolgsbeiträge der Investition reduziert.

Ein Beispiel möge zunächst den möglichen positiven Erfolgseffekt einer so durchgeführten **inkongruenten Finanzierung** verdeutlichen (vgl. Abb. 189): unter der Annahme, daß die bisher zugrundegelegte Investition mit ihrer Zahlungsreihe (−1000, +350, +325, +550) nicht kongruent, sondern mit einer revolvierenden einjährigen Finanzierung in Höhe von 1000 zum (einjährigen) Marktzins von 2,5 % finanziert würde, ergäbe sich ein zusätzlicher Erfolgsbeitrag, der durch Abzinsung der Differenzbeträge zur kongruenten Finanzierung mit einem Kapitalwert von

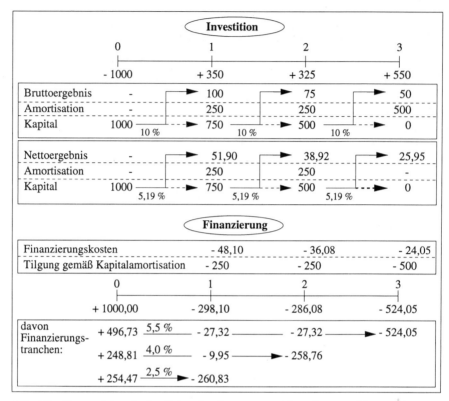

Abb. 188 Konstruktion der kapitalstrukturkongruenten Finanzierungszahlungsreihe

49,76 GE zu Buche schlagen würde. Dieser zusätzliche Erfolgsbeitrag ist dabei in zweifacher Weise zu kommentieren (vgl. ausführlich *Schierenbeck* 1991):

- Es handelt sich hierbei um einen spezifischen Fristentransformationserfolg, der nur unter der Voraussetzung der Konstanz des Zinsniveaus gilt. Sobald der Einjahreszins steigen würde, müßte sich dieser Erfolgsbeitrag reduzieren oder sogar negativ werden. Somit ist es praktisch ein variabler, nur mit der gleichzeitigen Übernahme von Zinsänderungsrisiken erzielbarer Erfolgseffekt.
- Es handelt sich um einen Erfolgsbeitrag, der nicht von der Investition selbst „produziert" wird und ihr damit auch nicht „gutgeschrieben" oder „belastet" werden darf. Er ist ausschließlich finanzierungsabhängig und muß daher auch eigenständig mit Blickrichtung auf das Gesamtunternehmen verantwortet werden. Einflußgrößen auf diese (Finanzierungs-)Entscheidung sind neben den Zinserwartungen insbesondere auch die Kapitalstruktur der Unternehmung sowie Finanzierungsregeln, die losgelöst vom einzelnen Investitionserfolg für die gesamte Unternehmung eingehalten werden müssen (vgl. hierzu S. 608 ff.).

Zu (d): Der durch retrograde Abzinsung mit Marktzinssätzen entstehende Kapitalwert einer Investition kann grundsätzlich auf verschiedene Weise **periodisiert** werden, wenn es das Ziel ist, eine Periodenerfolgsgröße und nicht eine Zeitpunktgröße (wie den Kapitalwert) als Vorteilsmaßstab zu generieren. Als Bedingung für diese Periodisierung muß allerdings gelten, daß die Periodenergebnisse dem Kapitalwert **wertmäßig äquivalent** sind.

Sechstes Kapitel: Betriebliche Finanzprozesse 359

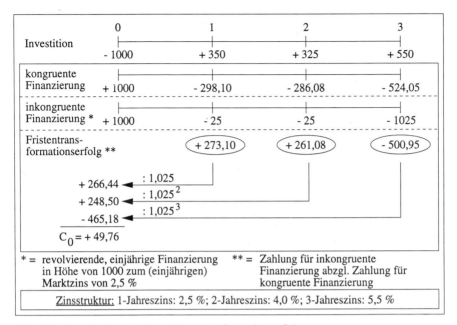

Abb. 189 Der Kapitalwert des Fristentransformationserfolges

Grundsätzlich lassen sich eine kapitalbindungsproportionale, eine zeitproportionale und eine rückflußproportionale Verteilung des Kapitalwerts über die Investitionslaufzeit unterscheiden (vgl. Abb. 190).

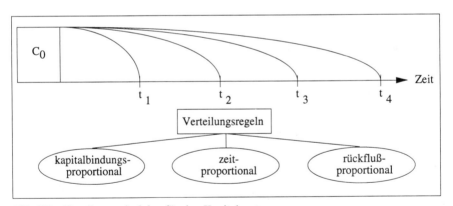

Abb. 190 Verteilungsprinzipien für den Kapitalwert

Die **kapitalbindungsproportionale Periodisierung** des Kapitalwertes entspricht dem Ansatz nach dem Verteilungsschlüssel, den die Interne Zinsfußmethode bzw. die daraus abgeleitete Investitionsmarge implizit enthält. Abb. 191 zeigt diesen Zusammenhang auf, wobei die periodischen Überschußgrößen exakt denen entsprechen, die sich aus der Anwendung der kapitalstrukturkongruenten Investitionsmarge ergeben haben (vgl. Abb. 188).

	Barwerte der Kapitalbindung	Barwertsumme der Kapitalbindung	**Verteilungsschlüssel** Anteil der jährlichen Kapitalbindung an der gesamten Kapitalbindung	Kapitalwert (Überschuß-Barwert)	Periodischer Anteil am Kapitalwert
(0)	(1)	(2)	(3) = (1) / (2)	(4)	(5) = (3) • (4)
1. Jahr	975,60	2.093,00	46,6 %	108,60	50,61
2. Jahr	693,00	2.093,00	33,1 %	108,60	35,95
3. Jahr	424,40	2.093,00	20,3 %	108,60	22,04
∑		2.093,00	---	100,0 %	---	108,60

```
        0           1           2           3
        |           |           |           |
50,61   • 1,025 →  51,88
35,95   • 1,025       • 1,0558 → 38,90
22,04   • 1,025       • 1,0558    • 1,0886 → 25,96
```

Abb. 191 Der Verteilungsschlüssel der Internen Zinsfußmethode für den Überschuß-Barwert

Die **zeitproportionale Periodisierung** des Kapitalwertes entspricht dagegen der Vorgehensweise der Annuitätenmethode, nur daß nun im Gegensatz zu den klassischen Verfahren mit der realen Marktzinsstruktur, d. h. mit dem Kehrwert der Zerobond-Abzinsfaktoren aufgezinst werden muß (vgl. Abb. 192).

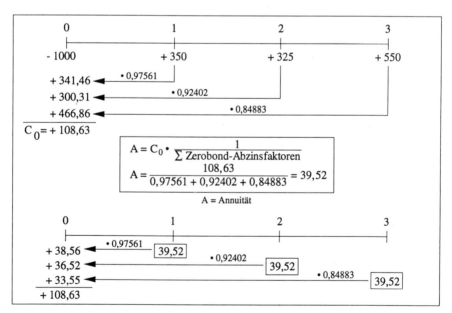

Abb. 192 Annuitätenmethode als Instrument zeitproportionaler Periodisierung des Kapitalwertes

Als drittes Verteilungskriterium könnte die originäre Zahlungsreihe der Investition selbst verwendet werden. Man kann von **rückflußproportionaler Periodisierung** sprechen, wenn der Kapitalwert so verteilt wird, daß die periodischen Erfolgsgrößen einen festen Prozentsatz der jeweiligen Periodenzahlungen ausmachen. Diese dem Realisationsprinzip der Buchhaltung (vgl. S. 531) nahestehende Verteilungsformel führt im Beispiel zu folgenden Ergebnissen (Abb. 193, vgl. auch *Rolfes* 1992).

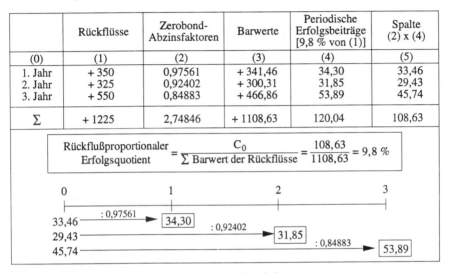

Abb. 193 Rückflußproportionale Verteilung des Kapitalwertes

3. Wirtschaftlichkeitsrechnung unter Berücksichtigung von Gewinnsteuern

Steuern spielen für Investitionsentscheidungen nicht selten eine erhebliche Rolle. Denn steuerliche Be- oder Entlastungen können bewirken,

- daß aus einer vordem vorteilhaften Investition eine unvorteilhafte wird (bzw. umgekehrt aus einer unvorteilhaften eine vorteilhafte),
- daß sich die Rangordnung von Investitionsprojekten gegenüber dem Nicht-Steuerfall verschiebt oder
- daß sich die wirtschaftliche Nutzungsdauer (der optimale Ersatzzeitpunkt) von Investitionsanlagen verändert.

In solchen Fällen ist die Berücksichtigung steuerlicher Faktoren bei Wirtschaftlichkeitsrechnungen unumgänglich, will man sich nicht von vornherein mit einer unvollständigen Investitionsanalyse begnügen.

Was die Einbeziehung von Steuern in Wirtschaftlichkeitsrechnungen betrifft, so ist zweckmäßigerweise zwischen Kostensteuern und Gewinn- (oder Ertrags-) steuern zu unterscheiden (vgl. auch S. 311 ff.). **Kostensteuern** (wie Grundsteuer, Gewerbekapitalsteuer, Vermögensteuer, Kraftfahrzeugsteuer usw.) lassen sich problemlos in den klassischen Kalkülen der Wirtschaftlichkeitsrechnung berücksichtigen. Sie werden einfach als zusätzliche Ausgaben in die betreffenden Zahlungsreihen integriert. Schwieriger ist dagegen die Einbeziehung von **Gewinn-**

steuern (Körperschaftsteuer, Gewerbeertragsteuer, Einkommensteuer). Hier entstehen eine Reihe zusätzlicher Probleme gegenüber dem Nicht-Steuerfall, auf die im folgenden näher eingegangen wird. Dabei gelten folgende vereinfachende Annahmen:

- Für die verschiedenen Gewinnsteuern möge jeweils die gleiche Bemessungsgrundlage gelten, so daß der gesamte gewinnsteuerliche Effekt in einem einheitlichen v. H.-Satz ausgedrückt werden kann.
- Der Steuersatz sei unabhängig von der Höhe des zu versteuernden Gewinns oder Einkommens; zugrunde gelegt wird also bei Kapitalgesellschaften ein festes Ausschüttungsverhältnis bzw. bei Nicht-Kapitalgesellschaften ein Operieren in der oberen Proportionalzone des progressiven Einkommensteuertarifs.
- Als zu versteuernde Ertragsgröße möge der um die Abschreibungen und die zu zahlenden Fremdkapitalzinsen verkürzte Einnahmenüberschuß gelten (wobei im Fall der Finanzierung von Investitionen mit Eigenmitteln analog auch Zinserträge aus Finanzanlagen in die zu versteuernde Ertragsgröße eingehen). Es gilt also:

(1) $\quad$ Periodenüberschuß (R_t)
$\quad\quad\;$ − Periodenabschreibung (A_t)
$\quad\quad\;$ ∓ Periodenzinsaufwand/-ertrag (Z_t)
$\quad\quad\;$ = zu versteuernder Gewinn (G_t)

- Ein zu versteuernder Gewinn möge in der gleichen Periode zu entsprechenden Steuerzahlungen führen. Bei einem steuerlichen Verlust gelte die Annahme eines sofortigen Verlustausgleiches bzw. einer entsprechenden Steuerrückzahlung in der gleichen Periode.

Auf die Frage, wie nun im einzelnen Gewinnsteuern bei Wirtschaftlichkeitsrechnungen Berücksichtigung finden können, lassen sich verschiedene Antworten geben. Grundsätzlich bestehen zunächst die zwei Möglichkeiten, Gewinnsteuern

– durch Anpassung der Zahlungsreihe oder

– durch Anpassung des Kalkulationszinsfußes

an den Steuerfall in die Rechnung zu integrieren. Da beide Möglichkeiten teilweise auch kombiniert verwendet werden und darüber hinaus noch verschiedene Ansätze zur Anpassung der Zahlungsreihe und/oder des Kalkulationszinsfußes an den Steuerfall existieren, ist es zweckmäßig, für die Darstellung der verschiedenen Methoden die Form einer Matrix zu wählen (vgl. Abb. 194).

Der Fall 1.1 kennzeichnet den bislang im Vordergrund gestandenen **Nicht-Steuerfall**. Die **Bruttomethode** (Fall **3.1**) kennzeichnet die früher übliche Methode zur Einbeziehung von Gewinnsteuern. Sie wird heute allgemein abgelehnt, weil

– sie implizit unterstellt, daß die Investoren steuerbefreite Alternativanlagemöglichkeiten zum unkorrigierten Kalkulationszinsfuß i haben und weil

– generell Steuerwirkungen nur pauschal im Kalkulationszinsfuß erfaßt werden (steuerliche Abschreibungseffekte sind in der Grundversion beispielsweise gar nicht enthalten und in erweiterten Versionen nur in sehr komplizierter Form einzubeziehen).

Im sog. **Basismodell** (Fall **1.2**) wird mit einem steuerlich nicht korrigierten Kalkulationszinsfuß gearbeitet. In der Zahlungsreihe finden nur Abschreibungen als steuermindernder Faktor Berücksichtigung. Damit werden die steuerlichen Effekte nicht vollständig erfaßt. Zum einen bleibt bei Fremdfinanzierung die gewinnsteuerliche Abzugsfähigkeit der Zinsen unberücksichtigt und zum anderen wird

Kalkulations-zinsfuß \ Zahlungsreihe		unkorrigiert R_t	korrigiert $R_t^s = R_t - (R_t - A_t)s$	korrigiert $R_t^s = R_t - (R_t - A_t - Z_t)s$	korrigiert $R_t^s = R_t - (R_t - A_t \pm Z_t)s \pm K_t$
unkorrigiert	i	1.1 Nicht-Steuerfall	1.2 Basismodell	1.3 Zinsmodell	1.4 —
korrigiert	$i_s = i(1-s)$	2.1 —	2.2 Standardmodell	2.3 —	2.4 Nettomethode
korrigiert	$i_s = \dfrac{i}{1-s}$	3.1 Bruttomethode	3.2 —	3.3 —	3.4 —

- i = unkorrigierter Kalkulationszinsfuß (vor Steuern)
- i_s = Kalkulationszinsfuß nach Steuern
- s = Steuersatz
- R_t = unkorrigierter Nettorückfluß im Zeitpunkt t (vor Steuern)
- R_t^s = Nettorückfluß im Zeitpunkt t nach Steuern
- A_t = Periodenabschreibung im Zeitpunkt t
- Z_t = Periodenzinsaufwand/-ertrag im Zeitpunkt t
- K_t = Kapitaldienst (Zinsen und Tilgungen) im Zeitpunkt t

Abb. 194 Die verschiedenen Möglichkeiten zur Berücksichtigung von Gewinnsteuern in Wirtschaftlichkeitsrechnungen

implizit unterstellt, daß im Fall der Eigenfinanzierung Zinserträge aus alternativen Finanzanlagen steuerfrei vereinnahmt werden können.

Lediglich das **Standardmodell** (Fall 2.2), das **Zinsmodell** (Fall 1.3) sowie die **Nettomethode** (Fall 2.4) erfassen die Steuerwirkungen vom Ansatz her vollständig. Nur sie kommen daher prinzipiell für eine vollständige Steuerwirkungsanalyse von Investitionsalternativen in Betracht.

Was zunächst die Unterschiede zwischen den beiden zuerst genannten Modellen betrifft, so bestehen diese darin, daß beim Standardmodell der zinsbedingte Steuereffekt im Kalkulationszinsfuß, der abschreibungsbedingte Steuereffekt dagegen im Zahlungsstrom Berücksichtigung finden, während beim Zinsmodell alle Steuereffekte ausschließlich in der Zahlungsreihe erfaßt werden. Kritisch anzumerken ist hinsichtlich dieser methodischen Unterschiede,

(1) daß beim **Standardmodell** der Kalkulationszinsfuß nach Steuern vom Steuersatz abhängt (die bei Investitionsvergleichen notwendige Konstanz des Kalkulationszinsfußes also nicht gewährleistet werden kann), was beim Zinsmodell durch Verwendung eines unkorrigierten Kalkulationszinsfußes nicht der Fall ist;

(2) daß beim **Zinsmodell** demgegenüber der Kapitalwert finanzierungsabhängig ist (weil nämlich aus der steuerlichen Abzugsfähigkeit der Fremdkapitalzinsen prinzipiell ein positiver steuerlicher Effekt resultiert, der bewirkt, daß der Kapitalwert eigenfinanzierter Objekte stets niedriger ist als der Kapitalwert fremdfinanzierter Objekte).

In der **Nettomethode** werden alle Zahlungen einschließlich der Steuern und auch des Kapitaldienstes (Zinsen und Tilgungen bzw. bei Eigenfinanzierung Rückflußerträge) vollständig und explizit im Zahlungsstrom erfaßt. Das muß natürlich für den Fall, daß nur mit einem einheitlichen Zinsfuß gearbeitet wird, zu gleichen Ergebnissen wie im Standardmodell führen bzw. – anders ausgedrückt – die Nettomethode läßt sich in einer solchen Konstellation in das Standardmodell überführen. Entsprechend gelten die dort gemachten Kritikpunkte auch für die Nettomethode. Bedeutung erlangt diese Methode damit, vor allem in Fällen,

– in denen der kontrahierte (Fest-)Zins einer Anlage- oder Finanzierungsentscheidung nicht gleich dem Kalkulationszinsfuß ist (weil etwa die Anlage zwischenzeitlich frei werdender Mittel oder eine Nachfinanzierung nur zu einem höheren oder geringeren Zins möglich ist) oder

– in denen die im Zins- und Standardmodell enthaltene Prämisse der jederzeitigen Tilgung des Kreditvolumens aus den Überschüssen der Investition aufgehoben wird bzw. allgemein in Fällen,

– in denen Soll- und Habenzins auseinanderfallen.

Im folgenden sollen das Standard- und das Zinsmodell zur Analyse der Steuerwirkungen im Investitionskalkül Verwendung finden (vgl. **Steiner** 1980). Um die Gemeinsamkeit und Unterschiede zwischen diesen beiden Methoden deutlich herausarbeiten zu können, werden beide als **Barwert-** und als **Endwertmodelle** definiert (vgl. dazu auch S. 319f., 334ff.).

Zentralbegriff der Barwertmodelle (wie sie im Nicht-Steuerfall bislang im Vordergrund standen) ist der **Kapitalwert C_0**. Er ist gleichzusetzen mit dem zusätzlichen Vermögen des Investors, das ihm zum Zeitpunkt t_0 durch die Investition zufließt. Das **Gesamtvermögen V_0** des Investors (unter der Annahme, daß keine

Sechstes Kapitel: Betriebliche Finanzprozesse

Barwert- und Endwertvarianten \ Steuerliche Modellvarianten	Zinsmodell	Standardmodell
Kapitalwert C_0	$C_0^Z = -I_0 + \sum_{t=1}^{n} \dfrac{R_t^s}{q_s^t}$	$C_0^{St} = -I_0 + \sum_{t=1}^{n} \dfrac{R_t^s}{q_s^t}$
a) bei Fremdfinanzierung	$C_0^{Z,FF} = -1000 + \dfrac{900-(900-500-100)\cdot 0{,}6}{1{,}1} + \dfrac{400-(400-500-38)\cdot 0{,}6}{1{,}1^2}$ $= \boxed{+53{,}5}$	$C_0^{St} = -1000 + \dfrac{900-(900-500)\cdot 0{,}6}{1{,}04} + \dfrac{400-(400-500)\cdot 0{,}6}{1{,}04^2}$ $= \boxed{+59{,}9}$
b) bei Eigenfinanzierung	$C_0^{Z,EF} = -1000 + \dfrac{900-(900-500)\cdot 0{,}6}{1{,}1} + \dfrac{400-(400-500+66)\cdot 0{,}6}{1{,}1^2}$ $= \boxed{-52{,}6}$	
Vermögensendwert V_n		$V_n^{FF} = C_0^{St} \cdot q_s^n$
a) bei Fremdfinanzierung	$V_n^{FF} = C_0^{Z,FF} \cdot q^n$ $= +53{,}5 \cdot 1{,}21$ $= \boxed{+64{,}8}$	$= +59{,}9 \cdot 1{,}082$ $= \boxed{+64{,}8}$
b) bei Eigenfinanzierung	$V_n^{EF} = (C_0^{Z,EF} + EK_0) \cdot q^n$ $= (-52{,}6 + 1000) \cdot 1{,}21$ $= \boxed{+1146{,}4}$	$V_n^{EF} = (C_0^{St} + EK_0) \cdot q_s^n$ $= (+59{,}9 + 1000) \cdot 1{,}082$ $= \boxed{+1146{,}4}$

Beispielrechnung: Investitionssumme $I_0 = 1000$ GE; Periodenüberschuß R_1 (vor Steuern) = 900 GE, $R_2 = 400$ GE; n = 2 Jahre; lineare Abschreibung ($A_t = 500$ GE); Tilgung bei Fremdfinanzierung erfolgt nach Maßgabe der verfügbaren Überschüsse; unkorrigierter Kalkulationszinsfuß i = 0,1; Steuersatz s = 0,6; $i_s = i(1-s) = 0{,}04$; $q = 1+i$.

Abb. 195 Standard- und Zinsmodell in der Barwert- und Endwertvariante

weiteren Investitionen durchgeführt werden) ist demnach zum Zeitpunkt t_0 im Fall der Finanzierung mit **Eigenkapital** (EK_0)

(2) $\quad V_0 = EK_0 + C_0$

bzw. bei Fremdfinanzierung ($EK_0 = 0$)

(3) $\quad V_0 = C_0$

Durch Aufzinsung kann entsprechend das gesamte **Endvermögen** V_n zum Zeitpunkt t_n bestimmt werden

(4) $\quad V_n = V_0 \cdot q^n \quad$ mit $\quad q = 1 + i$

Es entspricht bei Fremdfinanzierung dem zum Zeitpunkt t_n aufgezinsten Kapitalwert C_n bzw. bei Eigenfinanzierung dem Kapitalwert C_n zuzüglich dem zum Zeitpunkt t_n aufgezinsten Eigenkapital EK_n.

Bezogen auf das Standard- und Zinsmodell lassen sich Kapitalwerte und Endvermögenswerte **nach Steuern,** wie in Abb. 195 dargestellt, berechnen. Dabei ist wegen der Finanzierungsabhängigkeit des Kapitalwertes im Zinsmodell sowie generell von Vermögensendwerten alternativ Eigen- und Fremdfinanzierung unterstellt worden. Für die Berechnung der Periodenüberschüsse nach Steuern R_t^s ist Bezug zu nehmen auf die Definitionen in Abb. 194.

Wie ersichtlich, lassen sich Standard- und Zinsmodell in der Endwertvariante ineinander überführen. Sie führen zu identischen und richtigen Ergebnissen, was auch mit Hilfe eines vollständigen Finanzplans bewiesen werden kann (vgl. Abb. 196).

	Vollständiger Finanzplan			
	Fremdfinanzierung		Eigenfinanzierung	
t	1	2	1	2
Rückflüsse R_t	+900	+400	+900	+400
Steuern S_t	−180	+ 82,8	−240	+ 20,4
Zinsen Z_t	−100	− 38	−	+ 66
Tilgung T_t	−620	−380	−	+660
Überschuß	0	+64,8	+660	+1146,4
Restschuld resp. Wiederanlage	−380	0	−660	0

Abb. 196 Ermittlung des Endvermögens mit Hilfe eines vollständigen Finanzplans

Für die Kapitalwertberechnungen ist diese Übereinstimmung nicht so offensichtlich. Im Gegenteil, es zeigen sich zum Teil erhebliche Unterschiede, je nachdem, ob man das Zins- oder das Standardmodell verwendet, was natürlich Zweifel an der Aussagefähigkeit von Kapitalwerten für die Vorteilsbestimmung von Investitionsvorhaben bei Berücksichtigung von Gewinnsteuern weckt. Der Grund für diese Abweichungen ist dabei in der unterschiedlichen Berücksichtigung des durch Steuern entstehenden Vermögensverlustes sowie der unterschiedlichen steuerlichen Effekte bei Eigen- und Fremdfinanzierung in den beiden Modellen zu suchen. Die folgenden Bestimmungsgleichungen zeigen auf, welche Faktoren konkret diese Unterschiede in den Kapitalwerten begründen:

(5) $\quad C_0^{St} \cdot \dfrac{q_s^n}{q^n} = C_0^{Z,FF}$

(6) $\quad C_0^{Z,FF} + EK_0 \left(\dfrac{q_s^n}{q^n} - 1 \right) = C_0^{Z,EF}$

(7) $\quad C_0^{St} = C_0^{Z,EF} \cdot \dfrac{q^n}{q_s^n} + EK_0 \left(1 - \dfrac{q^n}{q_s^n} \right)$

In der Literatur ist von D. Schneider (1969) das sogenannte „**Steuerparadoxon**" beschrieben worden. Es beinhaltet im Kern die Aussage, daß bei Berücksichtigung von Gewinnsteuern aus einer vordem unvorteilhaften Investition u. U. eine vorteilhafte wird. Gezeigt wird dieser Effekt an folgendem Beispiel:

Ein Unternehmer erwägt eine Sachinvestition mit dem Zahlungsstrom

t_0	t_1	t_2	t_3
-3000	0	$+2000$	$+1760$ GE.

Zur Finanzierung steht Eigenkapital bereit. Der Kalkulationszinsfuß i sei 10%. Ohne Berücksichtigung von Gewinnsteuern (Steuersatz s = 0) ist die Sachinvestition unvorteilhaft. Ihr Kapitalwert beträgt $-24{,}79$ GE. Bei Einbeziehung von Gewinnsteuern (s = 0,5) sowie bei Annahme linearer Abschreibungen und eines sofortigen Verlustausgleichs lautet der Zahlungsstrom hingegen

t_0	t_1	t_2	t_3
-3000	$+500$	$+1500$	$+1380$ GE.

Der Kalkulationszinsfuß nach Steuern beträgt bei dem Steuersatz von 50% nunmehr $i_s = (1-s)\,i = 0{,}05$. Damit errechnet sich nun ein Kapitalwert nach Steuern von $+28{,}83$ GE. Aus einer vor Steuern unvorteilhaften ist eine vorteilhafte Investition geworden.

Das Schneider'sche „**Steuerparadoxon**" basiert auf einer Berechnung mithilfe des **Standardmodells**; d.h. der zinsbedingte Steuereffekt wird durch die Korrektur des Kalkulationszinsfußes, der abschreibungsbedingte Steuereffekt durch Modifikation des Zahlungsstroms berücksichtigt. Die kritische Analyse des „Steuerparadoxons" hat entsprechend auf zwei Ebenen zu erfolgen:

(1) Liefert der Kapitalwert nach dem Standardmodell einen aussagefähigen Beurteilungsmaßstab?
(2) Inwieweit beeinflußt die Art der Finanzierung das Zustandekommen des genannten Effekts?

Zu (1): Verglichen wird im Schneider'schen Beispiel der Kapitalwert vor und nach Steuern, wobei jeweils mit einem anderen Kalkulationszinsfuß operiert wird. Das bedeutet aber, daß die Vergleichsbasis nicht übereinstimmt, denn die Sachanlage wird im ersten Fall mit einer alternativen Finanzanlage, die sich mit 10% rentiert, im zweiten Fall dagegen mit einer solchen, die sich lediglich mit 5% rentiert, verglichen. Somit sagt das Ergebnis nichts über den Vermögenszuwachs bei Durchführung der Sachinvestition im Fall von 0% und 50% Steuern aus.

Zu (2): Die richtige Fragestellung wäre demnach die nach dem Vermögenszuwachs, der sich bei Durchführung der Sachinvestition in Abhängigkeit von der Art der Finanzierung und der Höhe der Steuersätze ergibt.

(a) Bei **Fremdfinanzierung** ergibt sich der Vermögensendwert durch Aufzinsung des Kapitalwertes

(8) $\quad V_n^{FF} = C_0^{St} \cdot q_s^n$

$= -24{,}79 \cdot 1{,}1^3 = -32{,}99 \, \text{GE}$ (bei 0% Steuern)

bzw.

$= +28{,}83 \cdot 1{,}05^3 = +33{,}39 \, \text{GE}$ (bei 50% Steuern).

In diesem speziellen Fall zeigt sich also ein positiver Vermögenseffekt, wenn Gewinnsteuern berücksichtigt werden. Auch sind die Ergebnisse der Kapitalwertberechnung in diesem Fall konform mit der Vermögensendwertberechnung. Die Ursache für diesen Effekt zeigt ein vollständiger Finanzplan (Abb. 197):

Die methodische Grundlage für die Erklärung des „Steuerparadoxons" liefert – wie gezeigt – ein vollständiger Finanzplan. Ebenso könnte man natürlich auch für den Nichtsteuerfall die Prämissen der klassischen Investitionskalküle mit Hilfe der vollständigen Finanzplanung anschaulich interpretieren. Diese ihre Eignung geht soweit, daß sie in neuerer Zeit auch als eigenständige Methode der Investitionsrechnung empfohlen werden (vgl. Grob 1989). Vollständige Finanzpläne (VOFI-Pläne) bieten nämlich die Möglichkeit, die Finanzierungs- und Steuerzahlungen beliebig zu konkretisieren, so daß die klassischen Methoden der Investitionsrechnung als Spezialfälle herausgestellt werden können.

Die in den ersten Perioden entstehenden steuerlichen Verluste führen zu einer Steuerrückerstattung, die zu einer zusätzlichen Tilgung von Fremdkapital verwendet werden kann. Dadurch sind im Steuerfall insgesamt weniger Zinsen auf das Fremdkapital zu zahlen. Ein positiver Nettoeffekt der Besteuerung entsteht infolgedessen daraus, daß diese Zinsersparnisse höher sind als die Steuern, die im Steuerfall im Vergleich zum Nicht-Steuerfall zu zahlen sind.

Bei Fremdfinanzierung ist also ein steuerlicher Verlust in mindestens einer der Perioden eine notwendige Voraussetzung für das „Steuerparadoxon". Zusätzlich muß aber gelten, daß der steuerbedingte Zinsersparniseffekt größer ist als der Steuerbelastungseffekt. Ist dies der Fall, steigt die Vorteilhaftigkeit einer Investition mit steigenden Steuersätzen.

(b) Bei **Eigenfinanzierung** ergibt sich der Vermögensendwert aus folgender Beziehung:

(9) $\quad V_n^{EF} = (EK_0 + C_0^{St}) \cdot q_s^n$

$= (3000 - 24{,}79) \cdot 1{,}1^3 = +3960 \, \text{GE}$ (bei 0% Steuern)

bzw.

$= (3000 + 28{,}83) \cdot 1{,}05^3 = +3507{,}4 \, \text{GE}$ (bei 50% Steuern)

Bei Eigenfinanzierung vermindern Gewinnsteuern also den Endvermögenszuwachs, wobei zwei Effekte getrennt betrachtet werden müssen:

· Der Vermögenszuwachs resultierend aus dem Steuerspareffekt der Sachanlage gegenüber der Finanzanlage.
· Der Vermögenszuwachs resultierend aus der alternativ möglichen Anlage des Eigenkapitals am Kapitalmarkt (nach Steuern).

Bei Eigenfinanzierung gilt in aller Regel, daß der Steuerspareffekt einer Sachinvestition insgesamt kleiner ist als der Zinseffekt, der sich aus der sinkenden Verzinsung der alternativen Finanzanlage nach Steuern (im Vergleich zum Nicht-Steuerfall) ergibt. Nur bei Investitionen mit außerordentlich hohen steuerlichen

FINANZPLAN

Periode	Nicht-Steuerfall (Steuersatz s = 0)			Steuerfall (Steuersatz s = 0,5)			Unterschiede Steuerfall/Nicht-Steuerfall	
	1	2	3	1	2	3	1–3	
Rückflüsse Zinsen	0 −300	+2000 − 330	+1760 − 163	0 −300	+2000 − 265	+1760 − 128,3	0 +99,7	Zinsersparnis ggü. Nicht-Steuerfall
Steuern	0	0	0	+650	− 367,5	− 315,9	−33,4	Steuermehraufwand ggü. Nichtsteuerfall
Tilgung	0	−1370	−1630	−350	−1367,5	−1282,5	0	
Nachfinanzierung/ Tilgung Saldo	+300 0	− 300 0	0 − 33	0 0	0 0	0 + 33,3	0 +66,3	Nettovorteil ggü. Nichtsteuerfall

Abb. 197 Steuerparadoxon bei Fremdfinanzierung im vollständigen Finanzplan

Verlusten kann der Steuerspareffekt in Einzelfällen so groß sein, daß er den steuerbedingten Zinseffekt überkompensiert und so das Endvermögen im Steuerfall gegenüber dem Nicht-Steuerfall steigen läßt. Das Endvermögen wird in einem solchen Fall aber dann in jedem Fall kleiner sein als es ohne die Durchführung der Sachinvestition gewesen wäre, so daß solche Investitionen von vornherein als unvorteilhaft zu gelten haben. Ein echtes Steuerparadoxon kann also bei Eigenfinanzierung nicht entstehen.

4. Ansätze zur Bewältigung der Unsicherheit bei Wirtschaftlichkeitsrechnungen

Die Inputgrößen der Wirtschaftlichkeitsrechnung lassen sich in der Regel nicht alle mit Sicherheit vorhersagen. Für sie sowie für das Ergebnis der Wirtschaftlichkeitsrechnung liegen in diesen Fällen sogenannte **mehrwertige Erwartungen** (im Sinne einer Skala möglicher Werte, u. U. gewichtet mit bestimmten Eintrittswahrscheinlichkeiten) vor.

Damit zwangsläufig verbunden ist die Gefahr von Fehlentscheidungen, und hieraus resultieren auch die spezifischen **Investitionsrisiken**, wenn man bedenkt, daß Investitionsentscheidungen die Unternehmen in der Regel längerfristig binden und nicht jederzeit und ohne Kosten korrigiert oder rückgängig gemacht werden können.

Aufgabe der Wirtschaftlichkeitsrechnung muß es deshalb sein, den **Unsicherheitsspielraum auszuloten** und damit entweder eine verbesserte Grundlage für die Beurteilung von Investitionsalternativen bei Unsicherheit zu liefern oder sogar weitergehend unter Einbeziehung der Risikopräferenzen der verantwortlichen Entscheidungsträger die optimalen Investitionsalternativen zu bestimmen.

Im folgenden sollen die wichtigsten Verfahren und theoretischen Ansätze zur Bewältigung des Unsicherheitsproblems bei Investitionsentscheidungen kurz diskutiert werden:

(1) Traditionelle Ansätze
   (a) Korrekturverfahren
   (b) Sensitivitätsanalyse
(2) Entscheidungstheoretische Ansätze
   (a) Entscheidungsregeln bei Ungewißheit
   (b) Risikoanalyse
   (c) Entscheidungsbaumanalyse
(3) Kapitalmarkttheoretische Ansätze
   (a) Portfolio-Theorie
   (b) Capital Asset Pricing Model

Zu (1): Zu den traditionellen Verfahren zählen insbesondere (a) das Korrekturverfahren und (b) die Sensitivitätsanalyse.

(a) Beim **Korrekturverfahren** handelt es sich um einen einfachen, in der Praxis verbreiteten Ansatz zur Berücksichtigung der Unsicherheit (des Risikos) von Investitionsvorhaben. Die Korrekturen erfolgen dabei mithilfe von **Risikozuschlägen (-abschlägen)** vor allem auf den Kalkulationszinsfuß, aber auch auf die Nutzungsdauer oder auf die Rückflüsse (respektive auf die erwartete Kostenersparnis).

Grundlage für die Bestimmung des **Kalkulationszinsfußes** bei risikoreichen Alternativen ist in der Regel der Zinssatz für eine sichere Alternative (z. B. Rendite von Staatsschuldverschreibungen), zu dem dann nach bestimmten Kriterien Risikozuschläge kommen. Beispielsweise ist folgende Kategorisierung denkbar (*Blohm/ Lüder* 1991):

- vorhandener Markt und bekannte Produkte (Kalkulationszinsfuß 10%),
- vorhandener Markt und neue Produkte (Kalkulationszinsfuß 15%),
- neuer Markt und bekanntes Produkt (Kalkulationszinsfuß 25%),
- neuer Markt und neues Produkt (Kalkulationszinsfuß 30%).

Entsprechend kann die **Soll-Amortisationsdauer** in Abhängigkeit vom Investitionsrisiko gestaltet werden (je höher das Risiko, um so kürzer ist die Soll-Amortisationsdauer anzusetzen). Bei den **Rückflüssen** lassen sich die Risiken dadurch berücksichtigen, daß sie durch Abschläge auf das Niveau von gleichwertigen sicheren Zahlungen korrigiert werden (Bestimmung von Sicherheitsäquivalenten).

Solche Korrekturverfahren können nur als **grobe Faustregel** anerkannt werden. Was fehlt, ist ein objektiver, analytisch ermittelbarer und differenzierter Maßstab für die Ansätze der Risikozu- und -abschläge (vgl. hierzu S. 372ff.).

(b) Beim **Verfahren kritischer Werte** (der **Sensitivitätsanalyse**) wird gezeigt, welche Variablen für die Ergebnisse der Wirtschaftlichkeitsrechnung besonders bedeutsam sind und daher auch besonders sorgfältig prognostiziert bzw. überwacht werden sollten. Gleichzeitig lassen sich mit einer Sensitivitätsanalyse auch bestimmte kritische Werte für diese Variablen ermitteln, deren Über- oder Unterschreiten das Ergebnis der Wirtschaftlichkeitsrechnung verändert.

Die Sensitivitätsanalyse ist also durch zwei Merkmale gekennzeichnet:

- Es erfolgen systematische Parametervariationen mit dem Ziel, die verschiedenen Größen des Modells (z. B. Preise, Auslastung, Kalkulationszinsfuß usw.) auf ihre Sensibilität gegenüber Veränderungen zu testen.
- Diese Sensibilität wird dabei gemessen an der Stärke der sich durch parametrische Variationen ergebenden Abweichungen von bestimmten Sollwerten bzw. an der durch sie herbeigeführten Veränderung der Investitionsbeurteilung.

Abb. 198 zeigt ein einfaches Beispiel für eine solche Sensitivitätsanalyse.

A. Daten des Investitionsobjekts	
1. Anschaffungsausgabe (I_0)	= 600.000 GE
2. Konstante jährliche Rückflüsse	
(a) höchstens ($R_{t\,max}$)	= 150.000 GE
(b) mindestens ($R_{t\,min}$)	= 100.000 GE
3. Technische Nutzungsdauer (n)	= 10 Jahre
4. Kalkulationszinsfuß (i)	= 0,1 (= 10%)
B. Kapitalwert (n = 10 Jahre)	
1. bei $R_{t\,max}$	$C_{o\,max}$ = 150.000 · 6,145 − 600.000 = 321.750 GE
2. bei $R_{t\,min}$	$C_{o\,min}$ = 100.000 · 6,145 − 600.000 = ·14.500 GE
C. Mindestnutzungsdauer	
1. bei $R_{t\,max}$ (C_0 = 0)	$n_{max} = \dfrac{600.000}{150.000} = RBF_n^{0,1} \longrightarrow$ 5,4 Jahre
2. bei $R_{t\,min}$ (C_0 = 0)	$n_{min} = \dfrac{600.000}{100.000} = RBF_n^{0,1} \longrightarrow$ 9,6 Jahre

Abb. 198 Zahlenbeispiel zur Ermittlung der kritischen (Mindest-) Nutzungsdauer

Bei der betrachteten Investition lassen sich hinsichtlich der erwarteten Rückflüsse pro Jahr eine untere und eine obere Extremkonstellation unterscheiden. In diesem Bereich werden sich die jährlichen Rückflüsse mit an Sicherheit grenzender Wahrscheinlichkeit bewegen. Fraglich ist allerdings, ob die Investition diese Rückflüsse angesichts der Möglichkeit von Marktveränderungen über die volle Lebensdauer der Anlage erbringen wird. Mithilfe der Sensitivitätsanalyse läßt sich nun die Mindestnutzungsdauer bestimmen, die erreicht werden muß, damit die Investition als vorteilhaft gelten kann.

Eine Lösung des Unsicherheitsproblems kann die Methode der kritischen Werte nicht bieten. Sie vermittelt aber wertvolle Einblicke in die Struktur eines Investitionsvorhabens in Abhängigkeit relevanter Datenkonstellationen.

Zu (2): Für **entscheidungstheoretische Ansätze** ist die Verwendung von (i. d. R. subjektiven) Wahrscheinlichkeiten und Risikopräferenzfunktion zusätzlich zu den üblichen erfolgsbezogenen Vorteilskriterien typisch. Drei Möglichkeiten seien kurz skizziert; (a) Die Verwendung von Entscheidungsregeln bei Ungewißheit, (b) die Risikoanalyse und (c) die Entscheidungsbaumanalyse.

(a): Entscheidungsregeln bei Ungewißheit sind bereits in anderem Zusammenhang erläutert worden (vgl. S.171 ff.). Unterschieden wurde dort zwischen Ungewißheitskriterien, die **ohne** differenzierte Wahrscheinlichkeitsverteilungen operieren (wie z. B. das Minimax-Kriterium) und solche, die **mit** differenzierten Wahrscheinlichkeitsverteilungen arbeiten. Hierzu zählen das Kriterium des maximalen Erwartungswerts (Bayes-Regel) sowie das Kriterium der höchsten Wahrscheinlichkeit, das im Fall der Normalverteilung allerdings mit dem Erwartungswertkriterium übereinstimmt.

Zur Messung der **Risiken** verwendet man in entscheidungstheoretischen Ansätzen häufig zusätzlich sogenannte Streuungsmaße, wie etwa die Streuung der Einzelerwartungen um den Erwartungswert. Als Risikomaß wird dabei häufig die Standardabweichung empfohlen. Bezeichnet man den Erwartungswert mit μ, so gilt für die Standardabweichung σ

$$\sigma = \sqrt{\sum_{i=1}^{n}(x_i - \mu)^2 \cdot w(x_i)}$$

mit x_i = Einzelerwartungen (für möglich gehaltene Ergebnisse oder Ereignisse)

$w(x_i)$ = Eintrittswahrscheinlichkeit der Einzelerwartungen

und $\sum_{i=1}^{n} w(x_i) = 1$

Die Verwendung eines kombinierten Erwartungswert-/Streuungsmaßes erscheint als ein relativ aussagefähiges Kriterium zur Vorteilsbeurteilung von Investitionen bei Unsicherheit. Dabei gilt: **Eine Alternative ist vorteilhafter als eine andere Alternative, wenn sie**

· bei mindestens **gleich hohem** Erwartungswert eine **niedrigere** Standardabweichung hat bzw.

· bei höchstens **ebenso hoher** Standardabweichung einen **höheren** Erwartungswert aufweist.

Allerdings gilt die Standardabweichung uneingeschränkt nur dann als Risikomaß, wenn die Wahrscheinlichkeitsverteilung **symmetrisch** ist oder eine schiefe Verteilung das Ergebnis nur unerheblich tangiert. Auch können Zweifelsfälle auftreten, wenn eine **eindeutige Rangordnung** der Alternativen nach den genannten Regeln nicht möglich ist (z.B. wenn eine Alternative einen höheren Erwartungswert **und** eine höhere Standardabweichung aufweist). In solchen Fällen muß eine **Austauschregel** definiert werden, die darüber Auskunft gibt, welche Anzahl zusätzlicher „Erfolgseinheiten" für notwendig erachtet wird, um eine zusätzliche Risikoeinheit zu kompensieren.

Das folgende Beispiel mag die Zusammenhänge verdeutlichen (Abb. 199), entnommen aus *Hielscher, U.* (1988, S. 23 f.).

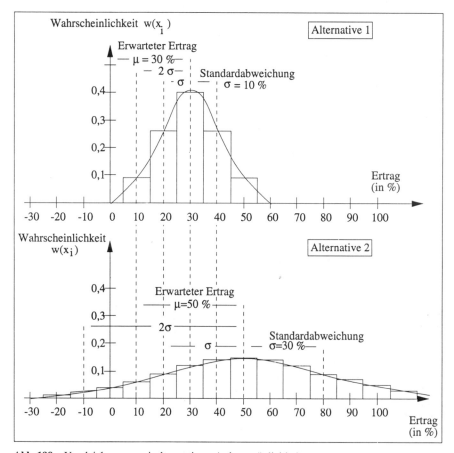

Abb. 199 Vergleich von zwei alternativen Anlagemöglichkeiten

Die dargestellten Investitionsalternativen (A_i) unterscheiden sich hinsichtlich des erwarteten Ertrags ($A_1 = 30\%$, $A_2 = 50\%$) und der Standardabweichung ($\sigma_1 = 10\%$, $\sigma_2 = 30\%$). Dem höheren Erwartungswert entspricht also ein höheres Risiko und vice versa. Was das Risikomaß angeht, so kann dieses zunächst für die Formulierung von Sicherheitsvorgaben verwendet werden. Denn der um die Standardabweichung reduzierte Erwartungswert repräsentiert im Sinne der statistischen Wahrscheinlichkeit ein Ergebnis, daß im Fall der diskreten Normalverteilung (wie hier unterstellt) mit rund **84%-iger Wahrscheinlichkeit** mindestens erreicht wird. Für beide Alternativen zeigt sich dabei das gleiche Ergebnis, nämlich 20% Ertrag. Erst bei höherem Sicherheitsbedürfnis differenzieren sich die Risiko-Ergebnisse. So muß man beispielsweise die **doppelte** Standardabweichung vom Erwartungswert abziehen, um das Ergebnis zu bestimmen, das mit einer **98%-igen Wahrscheinlichkeit** mindestens eintreten wird. In diesem Fall weist A_1 noch mit +10% ein positives Ergebnis auf, während bei A_2 ein entsprechend positives Ergebnis nicht mehr gewährleistet ist.

In der Formulierung von Sicherheitsvorgaben konkretisieren sich also ansatzweise die oben angesprochenen Austauschregeln zwischen Ertrag und Risiko, die allgemein über sogenannte **Risikopräferenzfunktionen** abgebildet werden. Der Normalfall eines risikoscheuen Investors (der Investitionsalternativen um so schlechter bewertet, je höher ihr Risiko ist) kann dabei durch folgende Indifferenzkurven verdeutlicht werden (vgl. Abb. 200): Die Alternativen A und B sind hinsichtlich ihres Erfolgs-/Risikoprofils gleichwertig, da sie auf der gleichen Indifferenzkurve liegen. Alternative C ist demgegenüber höherwertig, weil sie auf einer weiter nach rechts angesiedelten Kurve liegt.

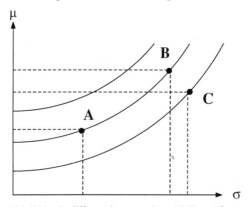

Abb. 200 Indifferenzkurven einer Risikopräferenzfunktion bei Risikoaversion

(b): Eine weitere Verfeinerung bei der Bewältigung des Unsicherheitsproblems bieten **Risikoanalysen**. Sie vollziehen den Übergang von der unverbindlichen „what-if"-Simulation der Sensitivitätsanalyse zur „Prognose"-Simulation, bei der zusätzlich eine Abschätzung der Wahrscheinlichkeiten, mit denen bestimmte Konstellationen in der Zukunft zu erwarten sind, erfolgt.

Kern der Risikoanalyse ist dabei die Ermittlung kumulativer Wahrscheinlichkeitsverteilungen für die Schätzwerte der betrachteten Größen, aus denen dann ein spezifisches **Risiko-Chancenprofil** für deren Realisierung in der Zukunft abgeleitet wird. Ein häufig verwendetes Verfahren zur Gewinnung solcher Risiko-Chancenprofile ist die **Monte-Carlo-Methode** auf der Basis von Zufallszahlengeneratoren.

Im einzelnen läßt sich folgendes Ablaufschema einer Risikoanalyse skizzieren (*Hertz* 1964):

(a) Bestimmung von Wahrscheinlichkeitsverteilungen der relevanten Einflußgrößen,

(b) Zufallsauswahl von Kombinationen dieser Werte unter Berücksichtigung der Wahrscheinlichkeit,

(c) Ermittlung des Zielwerts für jede Kombination,
(d) Darstellung der Ergebnisverteilung.

Abb. 201 (aus *Perridon/Steiner* 1991, S. 121) zeigt beispielhaft das mögliche Ergebnis einer solchen Risikoanalyse: **Aus der Ergebnisverteilung läßt sich ablesen, wie groß die Wahrscheinlichkeit ist, daß bestimmte Zielwerte (z. B. Kapitalwerte) realisiert werden.**

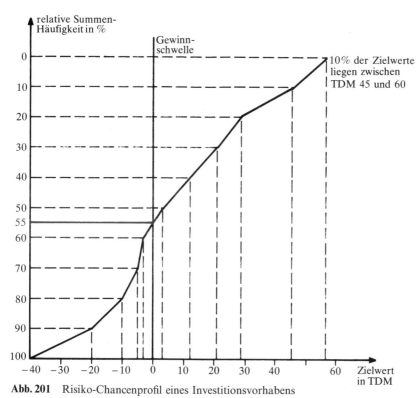

Abb. 201 Risiko-Chancenprofil eines Investitionsvorhabens

Zum praktischen Aussagewert der Risikoanalyse ist einschränkend zu bemerken, daß der Realitätsgehalt der zufallsgenerierten Daten nicht immer ausreichend sein muß. Auch läßt sich mithilfe der Risikoanalyse die optimale Entscheidung selbst nicht ableiten. Ihr Nutzen liegt allein in dem (allerdings wichtigen) Beitrag, das Risiko-Chancenprofil der Investitionsalternativen sichtbar zu machen.

(c): Die **Entscheidungsbaumanalyse(-technik)** erlangt Bedeutung, wenn mehrstufige Investitionsentscheidungen von großem Gewicht getroffen werden müssen. Mehrstufige Entscheidungen sind dabei dadurch charakterisiert, daß Entscheidungen zeitlich gestaffelt nacheinander gefällt werden müssen, wobei die Folgeentscheidungen die Vorteilhaftigkeit der ursprünglichen Entscheidung beeinflussen (vgl. auch S. 124).

Mit Hilfe eines Entscheidungsbaums lassen sich nun solche **Investitionsketten** graphisch darstellen und auch optimieren. Dabei besteht die Aufgabe darin, den optimalen Weg durch den Entscheidungsbaum zu finden, d. h. den Weg zu identifizie-

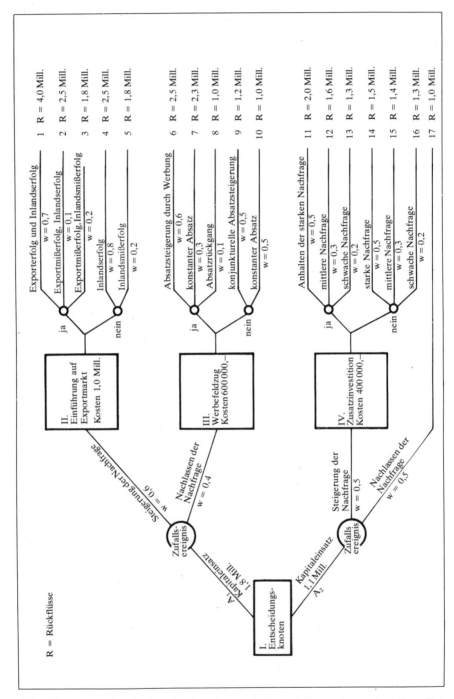

Abb. 202 Anwendung der Entscheidungsbaumtechnik zur Lösung eines mehrstufigen Entscheidungsproblems

Fortsetzung von Abb. 202

A. Entscheidung in Knoten II
1. Einführung: 4 Mill. × 0,7 + 2,5 Mill. × 0,1 + 1,8 Mill. × 0,2 = 3,41 Mill.
   abzüglich Kosten der Einführung = 1,00 Mill.

   2,41 Mill.
2. Keine Einführung: 2,5 Mill. × 0,8 + 1,8 Mill. × 0,2 = 2,36 Mill.

B. Entscheidung in Knoten III
1. Werbung: 2,5 Mill. × 0,6 + 2,3 Mill. × 0,3 + 1,0 Mill. × 0,1 = 2,29 Mill.
   abzüglich Kosten der Werbekampagne = 0,60 Mill.

   1,69 Mill.
2. Keine Werbung: 1,2 Mill. × 0,5 + 1,0 Mill. × 0,5 = 1,1 Mill.

C. Entscheidung in Knoten IV
1. Zusatzinvestition: 2 Mill. × 0,5 + 1,6 Mill. × 0,3 + 1,3 Mill. × 0,2 = 1,74 Mill.
   abzüglich der Kosten für die Zusatzinvestition = 0,40 Mill.

   1,34 Mill.
2. Keine Zusatzinvestition: 1,5 Mill. × 0,50 + 1,4 Mill. × 0,3 + 1,3 Mill. × 0,2 = 1,43 Mill.

D. Entscheidung in Knoten I
1. Alternative A_1: 2,41 Mill. × 0,6 + 1,69 Mill. × 0,4 = 2,122 Mill.
   abzüglich Kapitaleinsatz für A_1 = 1,800 Mill.

   0,322 Mill.
2. Alternative A_2: 1,43 Mill. × 0,5 + 1,00 Mill. × 0,5 = 1,215 Mill.
   abzüglich Kapitaleinsatz für A_2 = 1,100 Mill.

   0,115 Mill.

ren, bei dessen Verfolgung der Erwartungswert der Zielgröße (z. B. des Kapitalwerts) maximiert wird.

Das obige Beispiel (Abb. 202) ist aus *Perridon/Steiner* (1991, S. 122 ff.) entnommen. Es zeigt die Struktur eines Entscheidungsbaums anhand eines mehrstufigen Investitionsproblems mit zwei ursprünglichen Entscheidungsalternativen

A_1: Einsatz einer vollautomatischen Fertigung
A_2: Vergabe von Lohnaufträgen

und drei entscheidungsbedürftigen Folgeproblemen:

· Soll eine Einführung des Produkts auf ausländischen Märkten erfolgen?
· Kann der Absatz durch entsprechende Werbeanstrengungen erhöht werden?
· Ist die Durchführung einer Zusatzinvestition vorteilhaft?

Angegeben sind die für alle denkbaren Konstellationen erwarteten Barwerte der Rückflüsse sowie die Wahrscheinlichkeiten hierfür in Abhängigkeit von den ergriffenen Aktionen. Die optimale Entscheidung (hier A_1) wird auf der Grundlage des **rollback-Verfahrens**, d. h. durch rekursives Rechnen vom Prozeßende her ermittelt, wobei die jeweils unterlegenen Alternativen ausgeschieden werden.

In der Realität scheitert die Entscheidungsbaumanalyse häufig vor allem an der Schwierigkeit, die der Optimierung zugrundeliegenden Daten (insbesondere die möglichen Konstellationen mit ihren Wahrscheinlichkeiten) zu quantifizieren. Zusätzlich muß bedacht werden, daß die Wahrscheinlichkeiten selbst unsichere Größen sind und daß das Modell auf eine Veränderung der Wahrscheinlichkeit allgemein sehr sensibel reagiert. Insofern liegt der praktische Wert des Verfahrens wohl primär in dem Zwang, mehrstufige Entscheidungsprobleme sorgfältig zu durchdenken sowie die Entscheidungsalternativen und die Eintrittswahrscheinlichkeiten für die möglichen Entscheidungskonsequenzen so weitgehend wie möglich zu quantifizieren.

Zu (3): Die moderne **Kapitalmarkttheorie** ist generell eine Theorie zur Erklärung des Anlegerverhaltens bei unsicheren Erwartungen. Wenngleich dabei auch speziell die Wertpapieranlage im Vordergrund steht, schließt das Aussagensystem konzeptionell doch jegliche Form von Investitionsvorhaben mit ein. Bedeutsam ist ferner, daß die kapitalmarkttheoretischen Modelle im Kern Gleichgewichtsmodelle bei Unsicherheit sind und damit vom Anspruch auch Aussagen über den bei konkreten Investitionsprogrammen „richtigen" Kalkulationszinsfuß abzuleiten bestrebt sind. Insofern und weil sie sich nicht zuletzt auch mit der Preisbildung speziell für Finanzierungstitel (Optionen, Aktien, Gläubigerkapital) auf den Kapitalmärkten befaßt, ist die Kapitalmarkttheorie auf das engste mit der modernen Finanzierungstheorie verknüpft (vgl. S. 397 ff.).

Die kapitalmarkttheoretischen Ansätze beruhen auf der Portfoliotheorie, die sie konsequent in ein Modell des Kapitalmarktgleichgewichts weiterentwickelt haben. Entsprechend sind zunächst (a) einige Grundzüge der Portfoliotheorie darzustellen, bevor auf das zentrale Modell der Kapitalmarkttheorie, (b) das Capital Asset Pricing Model eingegangen wird.

(a) Das grundlegende Modell der **Portfoliotheorie** geht auf *Markowitz* (1952, 1959) zurück. Es bildet folgende Problemstellung ab:

Ein Investor möchte einen gegebenen Kapitalbetrag für eine Periode in Wertpapieren anlegen. Die Renditen der Wertpapiere sind unsicher; bekannt ist aber deren (normalverteilter) Erwartungswert μ und die Standardabweichung der Renditen σ als Risikomaß. Der Investor ist risikoscheu und strebt folgerichtig für sein Portefeuille einen möglichst hohen Renditeerwartungswert bei gegebenem Risiko bzw. ein möglichst geringes Risiko bei gegebener Renditeerwartung an. Insoweit beruht die Portfoliotheorie auf dem bereits angesprochenen kombinierten Erwartungswert-/Risikokriterium, dem sogenannten (μ, σ)-Prinzip (S. 372 ff.).

Die Grundüberlegungen des Modells sollen an einem einfachen Fall mit zwei Wertpapieren verdeutlicht werden (vgl. zum folgenden auch *Franke/Hax* 1990, S. 252 ff.). Folgende Daten sind gegeben:

Wertpapier i	1	2
μ_i	0,07	0,12
σ_i	0,09	0,08

Isoliert gesehen domiert im Beispiel eindeutig Wertpapier 2. Es weist die relativ höhere Rendite und gleichzeitig ein geringeres Risiko auf als Wertpapier 1. Die Portfoliotheorie betrachtet aber keine einzelnen Wertpapiere, sondern stets gemischte Portfeuilles, so daß die Anlage der Mittel ausschließlich in Wertpapier 2 lediglich ein Grenzfall ist und nicht mehr die einzige effiziente Lösung darstellen muß.

Wichtig für den Lösungsansatz der Portfoliotheorie ist nun die Erkenntnis, daß die erwartete Rendite μ_p eines gemischten Portefeuilles sich aus den Einzelrenditen der Wertpapiere als gewogener Durchschnitt ergibt, daß aber demgegenüber die Standardabweichung σ_p eines gemischten Portefeuilles nicht nur von den Standardabweichungen der einzelnen Wertpapierrenditen abhängt, sondern zusätzlich auch

davon bestimmt wird, wie die Renditen miteinander korrelieren. Je nach Ausprägung der **Korrelationskoeffizienten** ergeben sich damit unterschiedliche σ_p für ein gemischtes Portefeuille. Abb. 203 zeigt Beispielsrechnungen für den genannten Zwei-Wertpapierfall, indem alternativ von
- strikt positiver und negativer Korrelation (Korrelationskoeffizient $= +1$ und -1)
- gemildert positiver und negativer Korrelation (Korrelationskoeffizient $= +0,5$ und $-0,5$) und
- fehlender Korrelation (Korrelationskoeffizient $= 0$)

ausgegangen wird.

Wertpapieranteile q_i		Rendite	Standardabweichung σ_p bei einem Korrelationskoeffizienten von				
q_1	q_2	μ_p	$+1,0$	$+0,5$	± 0	$-0,5$	$-1,0$
0,0	1,0	0,120	0,080	0,0800	0,0800	0,0800	0,080
0,1	0,9	0,115	0,081	0,0769	0,0726	0,0679	0,063
0,2	0,8	0,110	0,082	0,0746	0,0665	0,0572	0,046
0,3	0,7	0,105	0,083	0,0733	0,0622	0,0485	0,029
0,4	0,6	0,100	0,084	0,0730	0,0600	0,0433	0,012
0,5	0,5	0,095	0,085	0,0736	0,0602	0,0427	0,005
0,6	0,4	0,090	0,086	0,0753	0,0628	0,0470	0,022
0,7	0,3	0,085	0,087	0,0778	0,0674	0,0551	0,039
0,8	0,2	0,080	0,088	0,0812	0,0738	0,0655	0,056
0,9	0,1	0,075	0,089	0,0853	0,0814	0,0773	0,073
1,0	0,0	0,070	0,090	0,0900	0,0900	0,0900	0,090

Abb. 203 μ_p, τ_p-Kombinationen bei alternativen Korrelationskoeffizienten im Zwei-Wertpapierfall

Aus Abb. 203 wird der Effekt der Risikostreuung ersichtlich: Mit Ausnahme des Falls strikt positiver Korrelation können die Risiken eines gemischten Wertpapierportefeuilles unter den Wert des gewogenen Durchschnittsrisikos der Einzelpapiere gesenkt werden. Im Fall negativer Korrelation kann das Risiko sogar den Wert null annehmen. Im Beispiel ist dies exakt bei einem Mischungsverhältnis der Wertpapiere 1 und 2 in Höhe von 0,5294 zu 0,4706 der Fall. Hierbei ergibt sich eine Portefeuille-Rendite von 0,0965.

Für das Markowitz-Modell ist nun die Unterscheidung von zulässigen (möglichen), effizienten und optimalen Wertpapierportefeuilles charakteristisch (vgl. Abb. 204):

(1) **Zulässige** Wertpapiermischungen sind solche, die aufgrund der am Markt verfügbaren, anlagefähigen Wertpapiere und bei Einhaltung bestimmter finanzieller Nebenbedingungen realisierbar sind. Sie werden bei gegebenen Korrelationskoeffizienten von der dazugehörigen μ, σ-Linie begrenzt. Im Zwei-Wertpapierfall liegen sie auf dieser Linie (im Beispiel gekennzeichnet durch die Verbindungslinie $\overline{AD}$).

(2) Wertpapiermischungen werden als **effizient** bezeichnet, wenn es keine anderen Kombinationen gibt, die entweder

 • bei gleichem μ ein niedrigeres σ oder
 • bei gleichem σ ein höheres μ oder
 • ein höheres μ und ein niedriges σ

aufweisen. Im Beispiel wird der Bereich effizienter Wertpapierportefeuilles durch den Verbindungszug $\overline{BD}$ markiert.

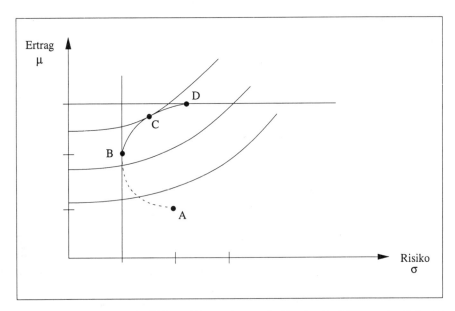

Abb. 204 Zulässige und effiziente Wertpapierportefeuilles im Zwei-Wertpapier-Fall und Bestimmung des optimalen Portefeuilles

(3) Das **optimale** Wertpapierportefeuille läßt sich durch Anlegen spezifischer Risikopräferenzfunktionen bestimmen (vgl. Abb. 204). Bei risikoscheuem Verhalten sind die Indifferenzkurven konvex, so daß sich aufgrund der Konkavität der Effizienzlinie stets eine eindeutige Lösung ergibt (im Beispiel Punkt C).

Die Ableitung einer optimalen Lösung im Markowitz-Modell hängt u. a. von der Kenntnis und der zeitlichen Stabilität aller Korrelationskoeffizienten zwischen den zulässigen Wertpapieranlagen ab. Bei n Wertpapieren ergeben sich aber allgemein $0,5 \cdot (n^2 - n)$ solcher Korrelationskoeffizienten, so daß für eine praktische Anwendung des Markowitz-Modells fast unerfüllbare Informationsanforderungen gestellt werden. Weitere Grenzen des Modells liegen im statischen Ansatz und der Anwendung des μ, σ-Prinzips, das nur unter einschränkenden Voraussetzungen rationales Verhalten beschreibt (vgl. *Schneider*, D. 1990 b).

(b) Die entscheidende Weiterentwicklung der Portfoliotheorie als Grundlage der modernen **Kapitalmarkttheorie** ist durch *Sharpe* erfolgt. Zunächst entwickelte er ein sog. **Index-Modell** (*Sharpe* 1962/63), das die Ermittlung der Korrelationskoeffizienten durch die Einführung des sog. β-Faktors überflüssig machte. Dieser Faktor drückt die Renditen- bzw. Kursentwicklung einer Wertpapieranlage im Verhältnis zur Entwicklung des gesamten Marktportefeuilles, die sich im Index niederschlägt, aus. Die Indexentwicklung wird dabei stets 1 gesetzt, so daß sich ein marktabweichendes Kursverhalten durch einen β-Wert von größer oder kleiner 1 ausdrücken läßt. Eine zweite entscheidende Modifikation bestand bei Sharpe darin, die normative Portfolio-Theorie als Erklärungsmodell für das tatsächliche Anlegerverhalten zu deuten. Daraus entstand das klassische Modell der Kapitalmarkttheorie, das **Capital Asset Pricing Model (CAPM)**. Neben *Sharpe* (1964) geht dieses Modell auf *Lintner* (1965) und *Mossin* (1966) zurück.

Die Ableitung der sogenannten **Kapitalmarktlinie** (Capital-market-line) gilt als Vorstufe für das eigentliche Capital Asset Pricing Model. Es handelt sich hierbei um eine Theorie des Kapitalmarktgleichgewichts unter Ungewißheit, die u. a. mit folgenden Prämissen arbeitet:

- Risikoscheues Verhalten der Investoren, die ihr Vermögen im Rahmen einer einperiodigen Planung maximieren wollen.
- Die Investoren haben homogene Erwartungen bezüglich der (normalverteilten) Renditen r aller auf dem Markt gehandelten Wertpapiere i.
- Es existiert ein risikoloser Zinssatz r_F, zu dem in beliebiger Höhe Kapital angelegt und aufgenommen werden kann (d. h. Gültigkeit des Separationstheorems für die Unabhängigkeit von Investitions- und Finanzierungsentscheidungen).
- Es gelten alle sonstigen Merkmale eines vollkommenen Kapitalmarktes (u. a. Informationseffizienz, keine Transaktionskosten und Steuern).

Ausgangspunkt ist die aus der Portfoliotheorie bekannte Effizienzkurve risikobehafteter Wertpapierportefeuilles (vgl. Abb. 204). Sie wird durch die Punkte A'B' begrenzt. Auf dieser Effizienzkurve liegt, wenn sich der Kapitalmarkt im Gleichgewicht befindet, definitionsgemäß auch das sogenannte **Marktportefeuille M**. Es enthält die Gesamtheit aller risikobehafteten Wertpapiere und zwar exakt in den Anteilen, wie sie am Markt selbst in Relation zum Gesamtwert aller umlaufenden Wertpapiere vorhanden sind. Der Erwartungswert der Rendite des Marktportefeuilles ist μ_{r_M} und das Risiko beträgt σ_M.

Verbindet man nun diesen Punkt M mit dem Zinssatz r_F für risikofreie Kapitalanlagen und verlängert ihn noch nach rechts, so erhält man die **Kapitalmarktlinie** (vgl. Abb. 205). Sie beschreibt alle risikoeffizienten Mischungen zwischen der Anlage von Mitteln in das risikobehaftete Marktportefeuille und der risikofreien Kapitalanlage. Daß andere Kombinationen in diesem Sinne nicht risikoeffizient sind, zeigt ein Vergleich der Alternativen A' mit A und B' mit B:

- Bei Existenz einer risikolosen Kapitalanlagemöglichkeit kann die Gesamtrendite der Investoren ohne höheres Risiko dadurch gesteigert werden, daß nicht A', sondern A realisiert wird. Das heißt, daß nur ein Teil der anlagefähigen Mittel (a < 1) in das Marktportefeuille investiert wird, während der Rest (1 − a) zum Satz r_F risikolos angelegt wird.

- Entsprechend gilt bei Finanzierungsmöglichkeiten zum Satz r_F, daß durch eine zusätzliche Aufnahme von Kapital ein Investitionsvolumen realisiert werden kann, das größer als die vorhandenen Anlagemittel ist (a > 1) und die Rendite steigen läßt, ohne daß sich das Risiko verändert (B statt B').

Bei Gültigkeit der Modellprämissen müßten also reale Investoren, sofern sie nicht die risikofreie Anlage generell präferieren, ihr Wertpapierportefeuille stets so zusammenstellen, daß es strukturell gesehen exakt dem Marktportefeuille entspricht. Unterscheiden würden sich die individuellen Wertpapierportefeuilles also lediglich in ihrer absoluten Höhe und in ihrer Aufteilung der Mittel auf das risikobehaftete Marktportefeuille und die risikolose Kapitalanlagemöglichkeit. Diese Aufteilung wäre dabei lediglich eine Funktion des Grades der Risikoscheu des jeweiligen Investors. Damit wird deutlich, daß die Theorie des Kapitalmarktgleichgewichts kaum das reale Kapitalanlageverhalten zu erklären in der Lage ist, sondern lediglich die Gleichgewichtsbedingungen für rationales Investitionsverhalten bei Ungewißheit aufzeigt.

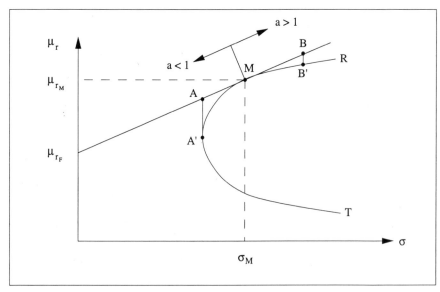

Abb. 205 Kapitalmarktlinie im CAPM

Letzteres gilt entsprechend auch für das Modell der **Wertpapierlinie**, das auf dem Konzept der Kapitalmarktlinie aufbaut und das sich als zweite Stufe der Theorie des Kapitalmarktgleichgewichts deuten läßt. In diesem zweiten Modell konkretisiert sich erst das eigentliche Capital Asset Pricing Model. Es beantwortet die Frage, welcher Zusammenhang zwischen der Renditeerwartung eines einzelnen Wertpapiers i innerhalb des Marktportefeuilles M und seinem marktbezogenen Risiko unter den Bedingungen des Kapitalmarktgleichgewichts besteht. Anders ausgedrückt, es geht darum, das Preisverhältnis zwischen Renditeerwartung und Risiko im Kapitalmarktgleichgewicht (gekennzeichnet als Steigung der Kapitalmarktlinie) auf die Marktbewertung eines einzelnen Wertpapiers i im Marktportefeuille M zu übertragen.

Ohne auf die mathematische Herleitung dieser Zusammenhänge hier einzugehen (vgl. dazu beispielsweise *Schneider, D.* 1990b) sei im folgenden lediglich das Ergebnis, die Gleichung der Wertpapierlinie, wiedergegeben:

$$\mu(r_i) = r_F + [\mu(r_m) - r_F] \cdot \frac{\sigma_{iM}}{\sigma_M^2}$$

Es lautet in Worten: Die Renditeerwartung eines einzelnen Wertpapiers i im Marktportefeuille M setzt sich im Kapitalmarktgleichgewicht zusammen aus dem Zinssatz für risikolose Kapitalanlagen r_F zuzüglich einer **Risikoprämie**, die sich aus dem Marktpreis für die Risikoübernahme bei Halten des Marktportefeuilles (hergeleitet aus der Differenz zwischen Renditeerwartung des Marktportefeuilles und dem risikolosen Zinssatz) multipliziert mit der Risikohöhe des einzelnen Wertpapiers ergibt. Die Risikohöhe selbst wird bestimmt durch den Korrelationskoeffizienten zwischen den Renditeerwartungen des Wertpapiers i und denen des Marktportefeuilles M, multipliziert mit dem Verhältnis aus der Standardabweichung des Wertpapiers i und der Standardabweichung des Marktportefeuilles.

Ein ähnlicher Zusammenhang ist von *Sharpe* mit seinem Index-Modell in die Portfoliotheorie als β-Faktor eingeführt worden (vgl. S. 381), so daß es im CAPM nahelag, diese Bezeichnung für das Risikomaß zu übernehmen.

$$\beta_i = \frac{\sigma_{iM}}{\sigma_M^2}$$

β_i nennt das sogenannte **systematische Risiko** des Wertpapiers i, also der Teil des Gesamtrisikos, der auch durch eine effiziente Risikostreuung nicht vermieden werden kann. Nur hierfür und nicht für das sog. **unsystematische Risiko**, das zusätzlich bei einem nicht risikoeffizienten Portefeuille entsteht, werden vom Kapitalmarkt unter den Bedingungen des Marktgleichgewichts Risikoprämien bewilligt.

Abb. 206 verdeutlicht den Verlauf der **Wertpapierlinie** im CAPM. Die risikolose Kapitalanlage hat ein Beta von Null, während das Marktportefeuille ein Beta von 1 hat. Entsprechend ergeben sich alle anderen Kombinationen von $\mu(r_i)$ und β_i. Der Verlauf der Wertpapierlinie entspricht somit formal dem der Kapitalmarktlinie. Das wird besonders deutlich, wenn in der Gleichung für die Wertpapierlinie der Korrelationskoeffizient eines Wertpapiers i zum Marktportefeuille M den Wert 1

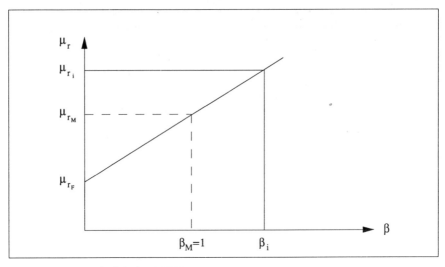

Abb. 206 Wertpapierlinie im CAPM

aufweist. Dann entsprechen sich nämlich der β-Faktor des einzelnen Wertpapiers i und das (systematische) Risiko des Marktportefeuilles M. Unterschiede bestehen allerdings in der materiellen Interpretation beider Linien: Für die Kapitalmarktlinie gilt, daß stets das gesamte Marktportefeuille (wenn auch in unterschiedlichen Mischungen mit risikolosen Anlagen bzw. unterschiedlichem Fremkapitalanteil) betrachtet wird; demgegenüber liegen der Wertpapierlinie einzelne Wertpapiere mit ihren spezifischen β-Faktoren und Renditeerwartungswerten im Gleichgewichtsfall zugrunde!

Aus dem Capital Asset Pricing Model ergibt sich eine zentrale Schlußfolgerung für die Investitionstheorie: Bei risikobehafteten Investitionen (risikobehaftete Wertpapieranlagen wären hier nur eine mögliche Teilmenge von Investitionsalternativen) ist ein **Kalkulationszinsfuß** zu verwenden, der sich aus dem risikolosen **Marktzinssatz** für entsprechende Kapitalanlagen und einer **Risikoprämie** zusammensetzt. Entgegen dem an anderer Stelle beschriebenen einfachen Korrekturverfahren (vgl. S. 370f.), ist ein solcher risikoangepaßter Kalkulationszinsfuß theoretisch exakt definiert und bestimmt sich entsprechend der Gleichung der Wertpapierlinie als Funktion des Marktpreises für die Risikoübernahme bei Halten des Marktportefeuilles und der spezifischen marktbezogenen Risikohöhe des betrachteten Investitionsvorhabens. Nur dann, wenn der Ertrag einer Investition größer als der im theoretischen Gleichgewichtsmodell sich ergebende risikoangepaßte Kalkulationszinsfuß ist, wird eine Investition durchgeführt, andernfalls wird sie verworfen.

Auf die im Gleichgewichtsmodell des CAPM implizierten logischen Probleme und vor allem auch empirischen Schwierigkeiten, die marktbezogene Risikoprämie in konkreten Anwendungsfällen zu quantifizieren kann hier nur hingewiesen werden. D. *Schneider* (1990b) hat in diesem Zusammenhang zahlreiche Einwände gegen das CAPM als Entscheidungshilfe für Investitionsentscheidungen bei Ungewißheit ausführlich analysiert. Die Ergebnisse fallen im wesentlichen entgegen dem Selbstverständnis der derzeit „herrschenden" Kapitalmarkttheorie aus.

Fragen und Aufgaben zur Wiederholung (S. 323–385)

1. *Beschreiben Sie das Wesen der Kostenvergleichsrechnung! Welche Varianten lassen sich unterscheiden?*
2. *Was sind und wie berechnen sich die durchschnittlichen Kapitalkosten in statischen Wirtschaftlichkeitsrechnungen?*
3. *Welche Rolle spielt die Kostenstruktur bei einem Investitionsvergleich? Was versteht man unter der kritischen Auslastung? Erläutern Sie die Problematik der kritischen Auslastung anhand einer Graphik!*
4. *Wie lautet die Grundregel für die (ex post) Bestimmung des Ersatzzeitpunktes einer Anlage?*
5. *Beschreiben Sie zwei methodische Varianten zur Lösung des Ersatzproblems mit Hilfe der Kostenvergleichsrechnung, und diskutieren Sie ihre jeweiligen Vorzüge und Schwächen!*
6. *Was sind die Wesensmerkmale einer Gewinnvergleichsrechnung? Welche Annahmen über „Differenzinvestitionen" impliziert ihr Einsatz beim Vorteilsvergleich?*
7. *Beschreiben Sie die Möglichkeiten, den Gewinnvergleich durch eine Gewinnschwellenanalyse zu verfeinern!*
8. *Wie lautet das Entscheidungskriterium der Rentabilitätsrechnung in seiner Grundversion und in seinen verschiedenen Varianten?*
9. *Entwickeln Sie das ROI-Schema! Wie läßt es sich für eine Verfeinerung der Rentabilitätsrechnung nutzen?*
10. *Wie kann man die Amortisationsdauer eines Investitionsprojekts ermitteln? Welche Aussagefähigkeit hat die (statische) Amortisationsrechnung für die Lösung von Auswahlproblemen?*
11. *Skizzieren Sie in kurzen Worten den generellen Aussagewert statischer Verfahren der Wirtschaftlichkeitsrechnung!*
12. *Nennen Sie die drei Grundprobleme, die bei der Aufstellung konkreter Investitions-Zahlungsreihen auftreten!*
13. *Nennen Sie die Grundformen der dynamischen Wirtschaftlichkeitsrechnung!*
14. *Definieren Sie den Kapitalwert einer Investition! Wie lautet die Formel (a) bei ungleichmäßigen und (b) bei gleichmäßigen Rückflüssen?*
15. *Welche Rolle spielt der Kalkulationszinsfuß bei der Kapitalwertmethode, und in welcher Höhe ist er anzusetzen?*
16. *Was versteht man unter der Annuitätenmethode, und welcher Zusammenhang besteht zur Kapitalwertmethode?*
17. *Was sind die Wesensmerkmale der Internen-Zinsfußmethode? Wie ist der interne Zinsfuß einer Investition zu interpretieren?*
18. *Worin bestehen die Anwendungsprobleme der Internen-Zinsfußmethode?*
19. *Welche Bedingungen müssen erfüllt sein, damit eine Investition genau einen positiven internen Zinsfuß aufweist?*
20. *Wann ist eine Investition nach (a) der Kapitalwertmethode, (b) der Annuitätenmethode und (c) der Internen-Zinsfußmethode als vorteilhaft (unvorteilhaft) zu klassifizieren?*

21. Verdeutlichen Sie die zwischen den Verfahren der dynamischen Wirtschaftlichkeitsrechnung bestehenden Beziehungen anhand der Investitionsmarge!
22. Welche Aufgaben haben Differenzinvestitionen in den klassischen Kalkülen?
23. Welche impliziten Annahmen machen Kapitalwert-, Annuitäten- und Interne-Zinsfußmethode hinsichtlich Differenzinvestitionen?
24. Zeigen Sie anhand eines Beispiels, welche Ergebnisunterschiede sich durch die Prämissen bzgl. der Anschlußinvestition bei Annuitäten- und Kapitalwertmethode ergeben!
25. Warum entsteht das Problem der optimalen Nutzungsdauer von Anlagen? Auf welche Fälle läßt es sich vereinfacht reduzieren?
26. Wo liegt die optimale Nutzungsdauer (a) bei einmaliger Investition, (b) bei einmalig identisch wiederholter Investition und (c) bei unendlich wiederholter identischer Investition?
27. Wie lautet das von Preinreich formulierte „General Law of Replacement"?
28. Warum ist die annuitätenmaximale Nutzungsdauer einer Investition in der Regel kleiner (höchstens gleich) ihrer kapitalwertmaximalen Nutzungsdauer?
29. Was versteht man unter dem Phänomen sich schneidender Kapitalwertkurven? Welche Probleme ergeben sich für den Vorteilsvergleich und wie sind sie zu lösen?
30. Bei welchen Daten-Konstellationen kommen Kapitalwert- und Interne-Zinsfußmethode zu gleichen Rangfolgeergebnissen?
31. Beschreiben Sie die Vorgehensweise zur (sukzessiven) Bestimmung eines optimalen Investitionsprogramms bzw. -budgets bei Finanzierungsrestriktionen in Anlehnung an J. Dean!
32. Mit welcher grundlegenden Prämisse arbeiten die drei klassischen Verfahren der dynamischen Wirtschaftlichkeitsrechnung? Welche Modelle, die diese Prämisse zu überwinden trachten, sind in neuerer Zeit entwickelt worden? Kritisieren Sie diese Prämissen!
33. Inwiefern können auch die neueren Varianten (Vermögensendwertmodelle) diese Kritikpunkte nicht vollständig beseitigen?
34. Beschreiben Sie das Grundkonzept des Marktzinsmodells! Wodurch ergeben sich insbesondere Unterschiede zu den klassischen Verfahren der dynamischen Investitionsrechnung?
35. In welchem theoretischen Fall entspricht der Kapitalwert im Marktzinsmodell dem der klassischen Kapitalwertmethode?
36. Konstruieren Sie aus einer beliebigen Marktzinsstruktur einen Zerobond mit dreijähriger Laufzeit! Warum enthält ein Zerobond keine implizite Wiederanlageprämisse?
37. Was versteht man unter der kapitalstrukturkongruenten Investitionsmarge im Marktzinsmodell?
38. Erörtern Sie Chancen und Risiken inkongruenter Finanzierungen!
39. Wie kann der Kapitalwert periodisiert werden? Beschreiben Sie die drei grundsätzlichen Möglichkeiten!
40. Welche methodischen Ansatzpunkte zur Berücksichtigung von Gewinnsteuern in Wirtschaftlichkeitsrechnungen lassen sich unterscheiden? Worin bestehen deren spezifische Schwächen bzw. Vorteile?
41. Wie lassen sich aus den Kapitalwerten Vermögensendwerte bestimmen? Unterscheiden Sie hierbei den Fall der Eigen- und Fremdfinanzierung!

42. *Zeigen Sie für den Steuerfall, daß das Standard- und Zinsmodell in der Endvariante jeweils zu gleichen und richtigen Ergebnissen führen!*
43. *Worin liegen die Probleme bei der richtigen Interpretation von Kapitalwerten im Steuerfall? Welche Zusammenhänge bestehen diesbezüglich zwischen dem Standard- und dem Zinsmodell?*
44. *Was versteht D. Schneider unter dem „Steuerparadoxon"? Nehmen Sie kritisch dazu Stellung, indem Sie die Voraussetzungen und Bedingungen für das Zustandekommen eines solchen Effekts analysieren!*
45. *Welches sind die wichtigsten Verfahren und theoretischen Ansätze zur Bewältigung des Unsicherheitsproblems bei Investitionsentscheidungen?*
46. *Wie geht man beim traditionellen Korrekturverfahren zur Berücksichtigung der Unsicherheit (des Risikos) vor?*
47. *Skizzieren Sie Inhalt und Aussagegehalt des Verfahrens kritischer Werte (der Sensivitätsanalyse)!*
48. *Welche Entscheidungsregeln bei Ungewißheit können für Investitionsentscheidungen Verwendung finden? Welche Rolle spielen dabei Erwartungswert, Standardabweichung und Risikopräferenzfunktionen?*
49. *Beschreiben Sie den Inhalt und den Ablauf einer Risikoanalyse! Worin besteht ihr Aussagewert?*
50. *Was versteht man unter der Entscheidungsbaumanalyse(-technik)? Wann erlangt sie Bedeutung, und wie lassen sich mit ihrer Hilfe Investitionsentscheidungen optimieren?*
51. *Was sind die Grundgedanken der modernen Portfoliotheorie? Welche Bedingungen müssen (a) zulässige, (b) risikoeffiziente und (c) optimale Wertpapierportefeuilles im Markowitz-Modell erfüllen?*
52. *Beschreiben Sie die Grundgedanken für die Herleitung der „Kapitalmarktlinie" in der Theorie des Kapitalmarktgleichgewichts! Welche Rolle spielt hierbei der risikolose Marktzins?*
53. *Worin bestehen die wesentlichen Prämissen und Kernaussagen des „Capital Asset Pricing Model" (CAPM)? Welche Bedeutung kommt diesem Modell als Entscheidungshilfe für Investitionsentscheidungen zu?*

Literaturhinweise:

Adam, D., Brauckschulze, L. U. (1984)
Altrogge, G. (1991)
Biergans, E. (1979)
Blohm, H., Lüder, K. (1991)
Dean, J. (1969)
Franke, G., Hax, H. (1990)
Grob, H. L. (1989)
Hax, H. (1985)
Hertz, D. B. (1964)
Kern, W. (1990)
Kruschwitz, L. (1976)
Küpper, W., Knoop, P. (o. J.)

Leffson, U. (1973)
Perrridon, L., Steiner, M. (1991)
Rolfes, B. (1992)
Sabel, H. (1965)
Schmidt, R.-B. (1984)
Schmidt, R.-H. (1991)
Schneider, D. (1990b)
Schulte, K. W. (1986)
Steiner, J. (1980)
Terborgh, G. (1962)
Veit, Th., Straub, W. (1983)

III. Verfahren der Unternehmensbewertung

1. Überblick über die Anlässe und Verfahren der Unternehmensbewertung
2. Der (subjektive) Zukunftserfolgswert der Unternehmung
3. Die traditionellen Verfahren der Unternehmensbewertung

1. Überblick über die Anlässe und Verfahren der Unternehmensbewertung

Die Verfahren der Unternehmensbewertung sind als eine besondere Kategorie von **Investitionskalkülen** charakterisiert worden (vgl. S. 316). Gegenüber den Verfahren der Wirtschaftlichkeitsrechnung unterscheiden sie sich einmal hinsichtlich ihres fest umrissenen Untersuchungsgegenstands (was ja auch schon in ihrem Namen zum Ausdruck kommt) und zum anderen in der typischerweise „umgedrehten" Fragestellung: Nicht die Frage nach der Vorteilhaftigkeit des Investitionsobjekts „ganze Unternehmung" bei gegebenem Kaufpreis steht im Vordergrund, sondern das Interesse richtet sich auf die Bestimmung des Unternehmenswerts als Grundlage für die Ableitung von Preisvorstellungen.

Anlässe für Unternehmensbewertungen können dabei sehr vielfältiger Natur sein (*Engeleiter* 1970):

- Kauf bzw. Verkauf von Unternehmen, Beteiligungen oder organisatorisch selbständigen Gliedbetrieben,
- Fusion von Unternehmen (einschließlich der Ermittlung von Entschädigungen für ausscheidende Minderheitsgesellschafter),
- Entflechtung von Unternehmen (Realteilung),
- Sanierung, Liquidation, Vergleich und Konkurs eines Unternehmens,
- Enteignung von Unternehmensbesitz,
- Ermittlung des Auseinandersetzungsguthabens bei Austritt und Eintritt von Gesellschaftern,
- steuerliche Vorschriften.

Im folgenden sollen nun die verschiedenen Verfahren der Unternehmensbewertung mit ihren jeweiligen Charakteristika erläutert werden. Dabei ist vorab noch einmal zu betonen, daß diese Verfahren in unterschiedlicher Weise geeignet sind, für die genannten Bewertungsanlässe brauchbare Ergebnisse zu liefern. Da dieser Tatbestand bereits im Zusammenhang mit der Unterscheidung von **objektiver** und **subjektiver Unternehmensbewertung** und deren Zuordnung zu den vier Funktionen der Unternehmensbewertung

- Beratungsfunktion
- Vermittlungsfunktion
- Argumentationsfunktion
- Steuerbemessungsfunktion

herausgearbeitet wurde (vgl. S. 320), kann sich die folgende Darstellung weitgehend auf die reine „Mechanik" der unterschiedlichen Bewertungsansätze beschränken.

Abb. 207 zeigt eine Übersicht über die einzelnen Verfahren der Unternehmensbewertung.

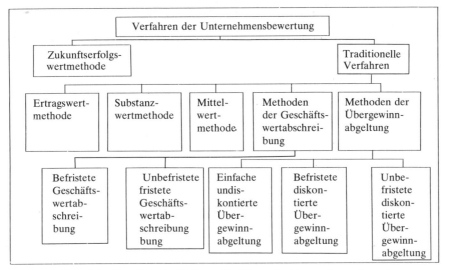

Abb. 207 Übersicht über die verschiedenen Verfahren der Unternehmensbewertung

2. Der (subjektive) Zukunftserfolgswert der Unternehmung

Die Theorie der subjektiven Unternehmensbewertung ist eng mit dem Gedankengut der **modernen Investitionstheorie** verbunden. Das heißt, der Wert einer Unternehmung wird abgeleitet aus den zukünftigen finanziellen Erträgen (Entnahmeerwartungen), die aus dem Unternehmensbesitz resultieren, wobei ein Kapitalisierungszinssatz (Kalkulationszinsfuß) verwendet wird, um diese Entnahmeerwartungen zu bewerten.

Um diese Grundkonzeption auch äußerlich zu dokumentieren und sie von den traditionellen Verfahren auch begrifflich abzusetzen, spricht *Busse von Colbe* (1957) vom **Zukunftserfolgswert** als dem kapitalisierten Wert aller in der Zukunft dem Investor zufließenden Erträge aus dem Unternehmensbesitz.

Die Zukunftserfolgswertmethode basiert auf der Kapitalwertmethode, nur daß die Fragestellung nunmehr anders lautet. Gleichung (1) zeigt noch einmal die übliche Kapitalwertformel, wie sie auf S. 335 definiert wurde.

(1) $$C_0 = -I_0 + \sum_{t=1}^{n} (E_t - A_t) \cdot \frac{1}{(1+i)^t}$$

Für die Unternehmensbewertung interessiert nun weder der Kapitalwert C_0 noch der Investitionsbetrag I_0, sondern lediglich der Gegenwartswert (Barwert) der Nettoerträge ($E_t - A_t$), die dem Investor durch den Unternehmensbesitz zufließen. Gleichung (1) geht demnach in Gleichung (2) über, die die allgemeine Formel für den **Zukunftserfolgswert** einer Unternehmung (UW_z) darstellt.

(2) $$UW_z = \sum_{t=1}^{n} (E_t - A_t) \cdot \frac{1}{(1+i)^t}$$

Die beiden entscheidenden Determinanten des Zukunftserfolgswerts sind also (1) die erwarteten finanziellen Nettoerträge aus dem Unternehmensbesitz (Zukunftserfolge) und (2) der Kapitalisierungs- respektive Kalkulationszinsfuß.

(1) Den Zukunftserfolgswert zu bestimmen, heißt zunächst die aus dem Unternehmensbesitz resultierenden, an die Unternehmenseigner fließenden Zahlungen zu erfassen. Sofern Zahlungen in umgekehrter Richtung erfolgen (z. B. Kapitalaufstockungen), sind sie dabei in der jeweiligen Periode von den Einnahmen abzusetzen. Was letztlich interessiert sind also die **Nettozahlungen**, mit denen man aus dem Unternehmen rechnen kann.

Die Zukunftserfolgswertmethode orientiert sich also ausdrücklich nicht an den Gewinnen der Unternehmung, sondern an den Entnahme- bzw. Ausschüttungserwartungen, wobei natürlich Beziehungen zwischen beiden vorhanden sind. Gewinne, die nicht ausgeschüttet werden, schlagen sich also nicht unmittelbar im Zukunftserfolgswert nieder. Allerdings haben nicht ausgeschüttete Gewinne stets eine indirekte Wirkung auf den Unternehmenswert; und zwar dadurch, daß sie einerseits die künftigen Ausschüttungsmöglichkeiten verbessern und daß sie andererseits den „inneren Wert" (Kurswert) der Unternehmung erhöhen, so daß bei einem etwaigen Verkauf der Unternehmung ein höherer Veräußerungserlös erzielt werden kann.

Für die Frage, ob ein etwaiger Veräußerungserlös bei der Ermittlung des Zukunftserfolgswerts zu berücksichtigen ist, gelten folgende Grundsätze (*Moxter* 1990):

(a) Bei „spekulativen" Käufen ist der Wiederverkaufspreis (und -termin) stets zu berücksichtigen, da hiervon maßgeblich der Spekulationserfolg abhängt.

(b) Vom Wiederverkaufspreis ist dagegen zu abstrahieren,

  · wenn ein Wiederverkauf zumindest gegenwärtig nicht eingeplant wird und/oder

  · wenn es keine Anhaltspunkte dafür gibt, daß geänderte Entnahmeerwartungen oder geänderte Preise für die gegebenen Entnahmeerwartungen im Zeitablauf auftreten werden.

Die konkreten Entnahmeerwartungen selbst, die den Zukunftserfolgswert determinieren, sind abhängig von einer Vielzahl von Einflußgrößen. Die wichtigsten seien hier nur aufgezählt:

· Zukünftige Ertragskraft der Unternehmung für sich genommen,
· Gewinnausschüttungspolitik der Unternehmung (unter Berücksichtigung von Änderungen durch den zukünftigen Einfluß des Erwerbers),
· Wachstumspotential der Gewinne und Dividenden (ohne Synergie-Effekte),
· Realisierbare Synergie-Effekte bei Integration von zu bewertender Unternehmung in das Käuferunternehmen (positive und negative Verbundeffekte),
· Sicherheit der Entnahmeerwartungen.

(2) Der Zukunftserfolgswert der Unternehmung wird bestimmt, indem man die Entnahmeerwartungen mit Hilfe eines **Zinssatzes** bewertet (= **kapitalisiert**).

Für die Höhe des Kapitalisierungszinssatzes gelten zwei sich ergänzende Grundsätze, wobei im Prinzip die gleichen Überlegungen gelten, die der Bestimmung des Kalkulationszinsfußes bei der dynamischen Wirtschaftlichkeitsrechnung zugrundeliegen (vgl. S. 335 ff.).

(a) Grundsatz der Orientierung an den Preisen für Investitionsobjekte mit äquivalenten Entnahmeerwartungen: Ein Unternehmen ist soviel wert, wie ein „Vergleichsobjekt" mit gleichwertigen Entnahmeerwartungen kostet (*Moxter* 1990).

(b) Grundsatz der Orientierung an den Renditen derjenigen risikoäquivalenten Investitionsobjekte, die bei einem Kauf der Unternehmung aus dem (optimalen) Investitionsprogramm verdrängt würden (bzw. bei einem Verkauf höchstens realisierbar würden).

Der Kapitalisierungszinsfuß drückt also die geforderte Mindestverzinsung aus, die der Käufer (Verkäufer) der Unternehmung erzielen muß, ohne seine künftige Erfolgssituation zu verschlechtern.

3. Die traditionellen Verfahren der Unternehmensbewertung

Für die traditionellen Verfahren ist charakteristisch,

- daß sie (mit Ausnahme des Ertragswertverfahrens) dem **Substanzwert** eine ganz erhebliche Bedeutung beimessen und

- daß sie einen **objektiven** (von Parteiinteressen losgelösten) Unternehmenswert abzuleiten bestrebt sind.

Systematisiert wurden die verschiedenen Verfahren erstmals von *Jacob* (1960), indem er auf deren Gemeinsamkeiten und Unterschiede hinwies. Dazu entwickelte er eine sogenannte „Normalformel", auf die alle Bewertungsverfahren zurückgeführt werden können:

(1) $\quad UW = SW + b(EW - SW)$

mit $\quad UW$ = Unternehmenswert $\quad EW$ = Ertragswert
$\quad\quad\;\; SW$ = Substanzwert $\quad\quad\; b$ = verfahrensspezifischer Faktor

Wie aus der Normalform ersichtlich, berechnet sich der Unternehmenswert bei allen Verfahren aus einer Kombination von Substanzwert und Ertragswert, wobei b je nach dem gewählten Verfahren eine unterschiedliche Ausprägung annimmt (vgl. Abb. 208).

Bewertungsverfahren	verfahrensspezifischer Faktor b	
(1) Ertragswertmethode	$b = 1$	
(2) Substanzwertmethode	$b = 0$	
(3) Mittelwertmethode	$b = 0,5$	
(4) Methoden der Geschäftswertabschreibung		
(a) befristete Geschäftswertabschreibung	$b = \dfrac{1}{1 + a \cdot RBF_n^i}$	mit n = Abschreibungsfaktor RBF_n^i = Rentenbarwertfaktor
(b) unbefristete Geschäftswertabschreibung	$b = \dfrac{i}{i + a}$	a = Abschreibungsfaktor für den Geschäftswert $(a = \tfrac{1}{n})$
(5) Methoden der Übergewinnabgeltung		n = Goodwill-Rentendauer
(a) einfache undiskontierte Übergewinnabgeltung	$b = i \cdot n$	i = Kapitalisierungssatz für den „Normalgewinn"
(b) befristete diskontierte Übergewinnabgeltung	$b = i \cdot RBF_n^i$	$i_ü$ = Kapitalisierungszinssatz für den „Übergewinn"
(c) unbefristete diskontierte Übergewinnabgeltung	$b = \dfrac{i}{i_ü}$	

Abb. 208 Ausprägungen des Faktors b bei den verschiedenen traditionellen Verfahren der Unternehmensbewertung

Abb. 208 macht als eine Art Nebeneffekt deutlich, unter welchen Bedingungen einzelne Verfahren zu den gleichen Bewertungsergebnissen kommen. Einige Beispiele mögen das belegen:

- Gleiche Ergebnisse bei Mittelwertmethode (b = 0,5) und Methode der unbefristeten Geschäftswertabschreibung $\left(b = \dfrac{i}{i+a}\right)$, wenn

(2) $\quad 0{,}5 = \dfrac{i}{i+a}\ $ bzw. $i = a$

- Gleiche Ergebnisse bei Mittelwertmethode und Methode der einfachen undiskontierten Übergewinnabgeltung (b = i · n), wenn

(3) $\quad 0{,}5 = i \cdot n$

- Gleiche Ergebnisse bei Mittelwertmethode und Methode der befristeten diskontierten Übergewinnabgeltung (b = i · RBF_n^i), wenn

(4) $\quad 0{,}5 = i \cdot RBF_n^i$

Im folgenden werden die einzelnen Verfahren der traditionellen Unternehmensbewertung kurz dargestellt und erläutert.

(1) Die **Ertragswertmethode** ist die traditionelle Version der Zukunftserfolgswertmethode. Kennzeichnend ist für sie

- die Verwendung von **Gewinngrößen** als Ertragswertdeterminanten,
- die Orientierung der Gewinnschätzungen am **nachhaltig** erzielbaren **Kapitalerfolg**, der bei **normaler Unternehmerleistung** zu erwarten ist und
- die Verwendung des **landesüblichen Zinssatzes**, zu dem dann noch **Zuschläge** für das spezifische Kapitalrisiko, für Nichtmobilisierung der Anteile u. ä. erhoben werden, als Kalkulationszinsfuß. Teilweise wird statt oder ergänzend zum landesüblichen Zinssatz auch der „Branchenzins" (im Sinne der durchschnittlichen Gesamtkapitalrentabilität aller Unternehmen einer Branche) oder die Aktienrendite für branchengleiche Unternehmen als Basiszinssatz empfohlen.

Für die Ermittlung des Ertragswerts (EW) einer Unternehmung gelten formal ansonsten die gleichen Überlegungen wie bei der Zukunftserfolgswertmethode:

(5) $\quad UW = \dfrac{G}{i} \quad$ bei unbegrenzter Lebensdauer und konstanten jährlichen (Kapital-)Gewinnen

(6) $\quad UW = G \cdot RBF_n^i + \dfrac{L}{(1+i)^n} \quad$ bei begrenzter Lebensdauer und konstanten jährlichen (Kapital-)Gewinnen

(7) $\quad UW = \sum_{t=1}^{n} G_t \cdot \dfrac{1}{(1+i)^t} + \dfrac{L}{(1+i)^n} \quad$ bei begrenzter Lebensdauer und jährlich schwankenden (Kapital-)Gewinnen

mit $\ G\ $ = Kapitalgewinn
$\quad\ RBF_n^i$ = Rentenbarwertfaktor
$\quad\ L\ $ = Liquidationserlös des Unternehmens

(2) Der **Substanzwertmethode** kommt traditionell eine erhebliche Bedeutung zu. Mit ihrer Hilfe werden die Kosten ermittelt, die bei Reproduktion des vorhandenen Unternehmens anfallen würden. Der Substanzwert wird deshalb auch als **Reproduktionswert** bezeichnet.

Grundsätzlich lassen sich zwei Kategorien des Reproduktionswerts unterscheiden (*Moxter* 1990):

(a) Unter dem **Voll**reproduktionswert eines Unternehmens versteht man den Betrag, der aufgewendet werden müßte, um dieses Unternehmen vollständig „nachzubauen" (im Sinne eines Unternehmens mit gleichwertigem Ertragspotential).

(b) Der **Teil**reproduktionswert umschließt nur den Wert der selbständig verkehrsfähigen Gegenstände, also in erster Linie das bilanzfähige Anlage- und Umlaufvermögen. Im Gegensatz zum Vollreproduktionswert nicht erfaßt wird das, was man sehr summarisch den „Geschäftswert" oder „Goodwill" nennt (also die selbstgeschaffenen immateriellen Werte).

Die Substanzwertmethode versteht sich überwiegend als Hilfsmittel zur Ermittlung des Teilreproduktionswerts einer Unternehmung als dem Gesamtwert des bilanzfähigen Anlage- und Umlaufvermögens (vgl. hierzu S. 532ff). Dabei gelten für die Ermittlung des Substanzwerts (SW) folgende allgemeine Grundsätze:

- Der Substanzwert wird bestimmt durch **Einzelbewertung** der bilanzfähigen Wirtschaftsgüter.
- Er ist **zeitpunktbezogen** und orientiert sich am **Zeitwert** (Reproduktionskostenwert) der Wirtschaftsgüter.
- In der Regel erfolgt eine **Trennung** in betriebsnotwendiges und nicht betriebsnotwendiges Vermögen (Kapital).

In der Theorie wurde früh erkannt, daß der Unternehmenswert sich nicht dadurch bestimmen läßt, daß man die Werte der einzelnen Teile ermittelt und diese addiert (*Schmalenbach* 1966). Da auch der „Goodwill" wertbestimmend ist, kann zudem allenfalls der Vollreproduktionswert als Unternehmenswert maßgebend sein. Dieser läßt sich jedoch auf dem Wege der Einzelbewertung („additiv") nicht bestimmen. Der Teilreproduktionswert (Substanzwert) wird aus diesen Gründen traditionell vor allem als objektiv nachmeßbare Kontrollgröße und als Basis für die Ermittlung des „Normalwerts" einer Unternehmung (ohne Goodwill) verwendet. In dieser Funktion ist er auch in den übrigen Verfahren der Unternehmensbewertung enthalten.

(3) Die **Mittelwertmethode** ist wahrscheinlich das in der deutschen Bewertungspraxis gebräuchlichste Bewertungsverfahren und wird deshalb auch häufig als **Praktikerverfahren** bezeichnet.

Die Mittelwertmethode berechnet den Unternehmenswert als arithmetisches Mittel aus Ertrags- und Substanzwert; wird allerdings nur angewendet, wenn der Ertragswert größer ist als der Substanzwert. Bei ertragsschwachen Unternehmen wird dagegen auch bei der Mittelwertmethode in der Regel der Ertragswert als maßgeblicher Unternehmenswert angesehen.

Der Grundgedanke der Mittelwertmethode läßt sich wie folgt skizzieren (*Moxter* 1990):

Der **Voll**reproduktionswert gilt als maßgeblicher Unternehmenswert, der aber wegen der Schwierigkeiten, den „Geschäftswert" („Goodwill") ziffernmäßig zu bestimmen, nicht exakt ermittelt werden kann. Dafür lassen sich Ertragswert und Substanzwert hinreichend genau berechnen, wobei angenommen wird, daß der Substanzwert unter dem Vollreproduktionswert und der Ertragswert (ohne Berücksichtigung der Konkurrenzgefahr) über diesem liegt. Da nun für eine Unternehmung eine Konkurrenzgefahr dann besteht, wenn der Ertragswert (ohne Berücksichtigung dieser Gefahr) über dem Vollreproduktionswert liegt, ist der Ertragswert in einem solchen Fall als Unternehmenswert leicht zu hoch angesetzt, andererseits der Substanzwert regelmäßig zu niedrig, so daß die Mittelwertmethode einen bequemen, wenn auch rein schematischen Ausweg liefert, um den (unbekannten) Vollreproduktionswert zu bestimmen.

(4) Die **Methoden der befristeten und unbefristeten Geschäftswertabschreibung** arbeiten im Prinzip mit dem gleichen Grundgedanken wie die Mittelwertmethode, nur daß das Konkurrenzrisiko nicht so schematisch berücksichtigt wird (*Moxter* 1990).

Ausgegangen wird bei den Methoden der Geschäftswertabschreibung von den Gewinnen G, die ohne Berücksichtigung der Konkurrenzgefahr zu erwarten sind. Um dieses Konkurrenzrisiko auszudrücken, werden die Gewinne um „Abschreibungen auf den Geschäftswert" gekürzt. Als Geschäftswert gilt dabei die Differenz zwischen dem gesuchten (noch unbekannten) Unternehmenswert und dem Substanzwert. Der gesuchte Unternehmenswert selbst ergibt sich aus der Kapitalisierung der um die Abschreibungen auf den Geschäftswert gekürzten Gewinne.

Gleichung (8) drückt diesen Sachverhalt für den Fall der **unbefristeten Geschäftswertabschreibung** und konstanter jährlicher Gewinne aus (wobei a den Abschreibungsfaktor darstellt, der sich aus der Abschreibungsdauer n ergibt):

$$(8) \quad UW = \frac{G - a(UW - SW)}{i} = \frac{EW + \frac{a}{i} SW}{1 + \frac{a}{i}} \quad \text{mit} \quad a = \frac{1}{n}$$

Bei **befristeter Geschäftswertabschreibung** wird üblicherweise zunächst der „volle" Ertragswert gemäß Formel (5) bestimmt. Von diesem setzt man den Barwert der Geschäftswertabschreibung ab:

$$(9) \quad UW = \frac{G}{i} - RBF_n^i \cdot a(UW - SW) = \frac{EW + a \cdot RBF_n^i \cdot SW}{1 + a \cdot RBF_n^i}$$

Trotz des formalen Aufwands weisen beide Methoden der Geschäftswertabschreibung **logische Mängel** auf. Bei der unbefristeten Geschäftswertabschreibung wird der Ertragswert auch dann noch um die Abschreibung auf den Geschäftswert gekürzt, wenn letzterer bereits vollständig abgeschrieben ist. Bei der befristeten Geschäftswertabschreibung wird nach Ablauf der Abschreibungsdauer mit den ungekürzten Gewinnen weitergerechnet, also keine Konkurrenzgefahr mehr angenommen!

(5) Den **Methoden der Übergewinnabgeltung** ist gemeinsam, daß nach ihnen der Unternehmenswert als Summe von Substanzwert und Geschäftswert bestimmt wird. Letzterer wird als Wert der „Übergewinne" bezeichnet.

Als „**Übergewinn**" wird der Teil der jährlichen Gewinne eines Unternehmens angesehen, der über den bei einer „normalen" Verzinsung des im Substanzwert verkörperten Kapitaleinsatzes hinaus erwirtschaftet wird. Übergewinne gelten als "flüchtig", nur der "**Normalgewinn**" wird nachhaltig und dauerhaft in seinem Anfall gesehen. Daraus ergibt sich die Konsequenz, die Übergewinne nur für eine bestimmte Zeitspanne, die **Übergewinndauer** im Unternehmenswert zu berücksichtigen.

Zur Ermittlung des "Übergewinns" wird ausgegangen vom Substanzwert der Unternehmung und dem landesüblichen ("Normal-")Zinssatz i. Hieraus errechnet sich der "Normalgewinn" G_N:

(10) $\qquad G_N = i \cdot SW$

Der "Übergewinn" $G_Ü$ ergibt sich nun aus der Differenz zwischen dem erwarteten Gewinn G und dem "Normalgewinn" G_N:

(11) $\qquad G_Ü = G - i \cdot SW$

Bei der **Methode der einfachen undiskontierten Übergewinnabgeltung** wird dieser "Übergewinn" mit der angenommenen Zahl der Jahre seines Anfallens multipliziert und dem Substanzwert hinzugerechnet:

(12) $\qquad UW = SW + n(G - i \cdot SW)$

$\qquad$ mit n = Übergewinndauer

Bei den **Methoden der diskontierten Übergewinnabgeltung** wird "genauer" gerechnet, denn streng genommen sind die Übergewinne auf die Gegenwart abzuzinsen. Entsprechend ergeben sich die Varianten der **befristeten** Übergewinnabgeltung (13) und **unbefristeten** Übergewinnabgeltung (14).

(13) $\qquad UW = SW + RBF_n^i (G - i \cdot SW)$

(14) $\qquad UW = SW + \dfrac{G - i \cdot SW}{i_ü}$

$\qquad$ mit $\quad i$ = Normalzinssatz

$\qquad\qquad i_ü$ = Zinssatz für den Übergewinn

Die verschiedenen Versionen der Übergewinnmethode finden vor allem in den angelsächsischen Ländern verbreitete Anwendung, wo sie die Bedeutung haben, die in Deutschland der Mittelwertmethode zuzusprechen ist. In Deutschland hat nur das sogenannte **Stuttgarter Verfahren** als spezielle Variante der einfachen undiskontierten Übergewinnabgeltung bei der **vermögensteuerlichen Bewertung** nicht notierter Unternehmensanteile einige Bedeutung.

Im Unterschied zur Normalversion der einfachen undiskontierten Übergewinnabgeltung wird der "Normalgewinn" beim Stuttgarter Verfahren vom Unternehmenswert und nicht vom Substanzwert berechnet:

(15) $\qquad UW = SW + n(G - i \cdot UW)$

Weitere Besonderheiten sind, daß der Substanzwert nur mit 85% des Reinvermögenswerts (auszugehen ist hier vom Einheitswert des Betriebsvermögens) angesetzt wird und daß vom Gewinn pauschal ein Abschlag in Höhe von 30% vorgenommen wird.

Die Übergewinndauer wird mit 5 Jahren angenommen; die Normalverzinsung beträgt 10%:

(16) $\qquad UW = 0{,}85\,SW + 5(0{,}7\,G - 0{,}1\,UW)$

$\qquad\qquad = \dfrac{0{,}85\,SW + 3{,}5\,G}{1{,}5}$

Formel (16) entspricht insofern nicht dem Wortlaut der vermögensteuerlichen Richtlinien, als dort Substanzwert und Gewinn nicht als absolute Beträge, sondern als Prozentsätze des Stamm- bzw. Grundkapitals (Nominalkapitals) angesetzt werden. Im Ergebnis bestehen aber keine Unterschiede.

Fragen und Aufgaben zur Wiederholung (S. 388–396)

1. Nennen Sie wichtige Anlässe für Unternehmensbewertungen!
2. Geben Sie eine Übersicht über die verschiedenen Verfahren der Unternehmensbewertung!
3. Worin besteht die Grundkonzeption der Zukunftserfolgswertmethode? Welche beiden Hauptdeterminanten bestimmen den Zukunftserfolgswert einer Unternehmung?
4. Welche Grundsätze gelten hinsichtlich der Berücksichtigung eines etwaigen Veräußerungserlöses bei der Ermittlung des Zukunftserfolgswerts?
5. Welche Einflußgrößen bestimmen die Höhe der Entnahmen, mit denen bei einem Unternehmenskauf gerechnet werden kann?
6. Welche Überlegungen gelten für die Festsetzung des Kapitalisierungszinssatzes bei der Zukunftserfolgswertmethode?
7. Wodurch unterscheiden sich die traditionellen Verfahren der Unternehmensbewertung von der Zukunftserfolgswertmethode?
8. Wie lautet die von Jacob entwickelte „Normalformel", auf die alle traditionellen Bewertungsverfahren zurückgeführt werden können? Welche Ausprägung hat der verfahrensspezifische Faktor b bei den einzelnen Verfahren?
9. Skizzieren Sie das Wesen der Ertragswertmethode! Wie lauten die Formeln zur Ermittlung des Ertragswerts einer Unternehmung?
10. Was versteht man unter dem Voll- und Teilreproduktionswert einer Unternehmung? Welche Zusammenhänge bestehen zur Substanzwertmethode?
11. Nennen Sie die drei allgemeinen Grundsätze für die Ermittlung des Substanzwerts einer Unternehmung!
12. Skizzieren Sie Inhalt und Grundgedanken der Mittelwertmethode!
13. Wie errechnet sich der Unternehmenswert mithilfe der Methode der befristeten und der unbefristeten Geschäftswertabschreibung? Worin liegen die Mängel beider Methoden?
14. Beschreiben Sie, was die Methoden der Übergewinnabgeltung unter dem Übergewinn verstehen und in welcher Weise er in den verschiedenen Varianten der Übergewinnmethode Berücksichtigung findet! Welche Rolle spielt der Substanzwert bei den Methoden der Übergewinnabgeltung?
15. Wie lautet die Formel für den Unternehmenswert nach dem „Stuttgarter Verfahren"?

Literaturhinweise:

Brunner, E. M. (1977)
Busse von Colbe, W. (1957)
Engeleiter, A.-J. (1970)
Goetzke, W., Sieben, G. (Hrsg.) (1977)
Jacob, H. (1960)
Jaensch, G. (1966)
Matschke, M. J. (1975)

Moxter, A. (1990)
Münstermann, H. (1970)
Schmalenbach, E. (1966)
Schneider, D. (1969)
Sieben, G. (1963)
Viel, J., Bredt, O., Renard, M. (1975)

C. Finanzierung und Finanzierungsrechnungen

I. Finanzierungsformen

1. Systematik der Finanzierungsformen
2. Die Beteiligungsfinanzierung emissionsfähiger und nicht-emissionsfähiger Unternehmen
3. Grundtypen und Mischformen der Kreditfinanzierung
4. Leasing und Factoring als Kreditsubstitute
5. Subventionsfinanzierung
6. Überschußfinanzierung und Finanzierung aus Vermögensumschichtung

1. Systematik der Finanzierungsformen

Abgesehen von den simultanen Investitions-/Finanzierungsmodellen zeichnen sich Investitionskalküle üblicherweise dadurch aus, daß sie die Finanzierungsseite des Problems durch vereinfachende Pauschalannahmen berücksichtigen. Diese schlagen sich dabei in erster Linie im Kalkulationszinsfuß nieder, der für den Zinssatz steht, zu dem Kapital bereitgestellt bzw. jederzeit auch angelegt werden kann.

Für die Berücksichtigung der Finanzierung im Investitionskalkül reicht es demnach meistens aus, diesen Zinssatz festzustellen und gegebenenfalls (wenn Soll- und Habenzins auseinanderfallen) zu entscheiden, ob die Investition mit Eigenkapital oder mit Fremdkapital finanziert werden soll. Im ersten Fall wird dann zur Bemessung des Kalkulationszinsfußes von der Rendite einer Alternativanlage, im zweiten Fall von den effektiven Kosten des Fremdkapitals ausgegangen. Bei einer gemischten Finanzierung aus Eigen- und Fremdkapital sind beide Zinssätze nach den Kapitalanteilen entsprechend zu gewichten.

Diese vereinfachende Sicht der Dinge wird nunmehr aufgegeben. Die Finanzierung als ein entscheidender Grundtatbestand betrieblicher Finanzprozesse tritt damit in den Vordergrund. Dabei ist zunächst die bisherige grobe Untergliederung der Finanzierungsformen in **Eigenkapital-** und **Fremdkapitalfinanzierung** zu verfeinern.

Um diesbezüglich eine möglichst vollständige und differenzierte Erfassung möglicher Finanzierungsarten zu gewährleisten, wird im folgenden eine Unterteilung nach **internen** und **externen Finanzierungsquellen** vorgenommen. Sie deckt sich zwar nicht mit der ebenfalls möglichen Gliederung in Eigen- und Fremdfinanzierung, aber sie erlaubt, auch solche Finanzierungsmöglichkeiten eindeutig zuzuordnen, die weder als Eigen- noch als Fremdfinanzierung gekennzeichnet werden können (vor allem Finanzierungen aus Vermögensumschichtung).

Abb. 209 gibt einen entsprechenden Vorschlag zur Systematisierung der Finanzierungsformen wieder.

Obwohl diese Systematik die wichtigsten Grundformen der Finanzierung enthält, werden bestimmte Sonderfälle und Mischformen auch hier nicht ganz deutlich (vgl. Abb. 209):

(1) Mischformen zwischen Beteiligungs- und langfristiger Kreditfinanzierung liegen bei der Begebung von **Wandelschuldverschreibungen** und in gewissem Maße auch von **Optionsanleihen** vor.

(2) Bei der Innenfinanzierung **überlappen** sich in Teilbereichen häufig die Überschußfinanzierung (auch als „Cash Flow"-Finanzierung bezeichnet) und die Finanzierung aus Vermögensumschichtung. So berührt die Veräußerung von Vermögensteilen im Regelfall auch

Außenfinanzierung				Innenfinanzierung		
Beteiligungs-finanzierung	Kreditfinanzierung		Subventions-finanzierung	Überschußfinanzierung		Finanzierung aus Vermögens-umschichtung
	Kurzfristige Kredit-finanzierung	Langfristige Kredit-finanzierung		Selbst-finanzierung	Finanzierung aus Ab-schreibungen und Rück-stellungen	
Zuführung haftenden Kapitals durch Aufnahme neuer Ge-sellschaf-ter, Ak-tienemission u. dgl.	z. B. Liefe-rantenkredit, Wechselkre-dit, Konto-korrent-kredit, Lombard-kredit, Avalkredit, Rembours-kredit, Kunden-anzahlungen	z. B. lang-fristiger Bankkredit, Schuld-scheindar-lehen, Obliga-tionskredit (Anleihe)	z. B. Inve-stitions-zulagen, Spenden, Zins-zuschüsse	Temporäre oder dauern-de Zurück-behaltung erwirtschaf-teter Ge-winne; offen oder ver-deckt	Temporäre oder dauern-de Zurück-behaltung erwirtschaf-teter Ab-schreibungs-und Rück-stellungs-gegenwerte	z. B. Veräuße-rung von Tei-len des Anla-gevermögens, Kapitalfrei-setzung durch Lagerabbau, Factoring, „Sale-and-lease-back"

Abb. 209 Systematik der Finanzierungsformen

die Überschußfinanzierung (und zwar immer dann, wenn der Veräußerungserlös nicht mit dem Buchwert übereinstimmt).

(3) Das **Factoring**, also die Abtretung von Forderungen aus Lieferungen und Leistungen an ein spezielles Finanzierungsinstitut, das diese Forderungen bevorschußt (und im Regelfall darüber hinaus noch weitere Dienstleistungsfunktionen übernimmt), ist in Abb. 209 als eine Form der Finanzierung aus Vermögensumschichtung genannt. Diese Klassifizierung ist allerdings im strengen Sinne nur zutreffend, wenn das betreffende Finanzierungsinstitut auch das Forderungsausfallrisiko (Delkredererisiko) mit übernimmt, es sich also um einen „echten" Verkauf der Forderungen handelt. Wird das Delkredererisiko (wie in Deutschland nicht unüblich) dagegen vom „Factor" nicht übernommen, so liegt nur eine spezielle Art der Bevorschussung von Umsatzforderungen vor, und man müßte in so einem Fall das Factoring wohl zutreffender als eine spezielle Form der kurzfristigen Kreditfinanzierung ansehen.

(4) Das **Leasing**, die Anmietung (statt Kauf) von Anlagegütern wird ebenfalls als Form der Finanzierung genannt. Dabei hat man jedoch in erster Linie das längerfristige „Financialleasing" im Auge, das mit einer festen Grundmietzeit operiert, nicht so sehr dagegen das „Operating-leasing", das im Rahmen jederzeit kurzfristig kündbarer Mietverträge abgewickelt wird und sich vom herkömmlichen Mietgeschäft kaum unterscheidet. In Abb. 209 ist das Leasing nur in seiner Ausprägung als „Sale-and-lease-back"-Verfahren genannt, wo es entsprechend seiner Wirkung für die Vermögensstruktur zur Finanzierung aus Vermögensumschichtung gezählt wird. Das „reine" Leasing (ohne vorherigen Verkauf des nunmehr lediglich gemieteten Objekts) ist demgegenüber jedoch eher wohl der Kreditfinanzierung zuzurechnen, was vor allem begründet ist, wenn man speziell auf den Verpflichtungscharakter des Leasingvertrags abhebt.

Im folgenden erfolgt nun eine etwas eingehendere Darstellung der einzelnen Finanzierungsinstrumente mit ihren jeweils charakteristischen Wesenszügen, so daß sich folgende Schwerpunkte ergeben:

· die Beteiligungsfinanzierung emissionsfähiger und nicht-emissionsfähiger Unternehmen,
· die Kreditfinanzierung (Grundtypen und Mischformen),
· Factoring und Leasing als Kreditsubstitute,
· die Subventionsfinanzierung,
· die Überschußfinanzierung und die Finanzierung aus Vermögensumschichtung.

2. Die Beteiligungsfinanzierung emissionsfähiger und nicht-emissionsfähiger Unternehmen

Die Beteiligungsfinanzierung umfaßt alle Formen der **Bereitstellung zusätzlichen Eigenkapitals** durch

· Erhöhung der Kapitaleinlagen von bereits vorhandenen Anteilseignern und/oder
· Aufnahme neuer Anteilseigner gegen Bar- oder Sacheinlage.

Dabei hat die **Rechtsform** der Unternehmung (und damit zusammenhängend indirekt auch ihre **Größe**) einen entscheidenden Einfluß auf die Modalitäten und vor allem die Möglichkeiten und Probleme der Aufbringung zusätzlichen Eigenkapitals von außen. Diesbezüglich bietet sich grob gesprochen eine Zweiteilung an:

· Beteiligungsfinanzierung von emissionsfähigen Unternehmen mit Zugang zur Börse (AG und KGaA);
· Beteiligungsfinanzierung von nicht-emissionsfähigen Unternehmen ohne Zugang zur Börse (alle übrigen Rechtsformen einschließlich kleiner Aktiengesellschaften).

Nicht-emissionsfähige Unternehmen sind dadurch gekennzeichnet, daß ihnen kein so hoch organisierter Kapitalmarkt zur Beschaffung von Eigenkapital zur Verfügung steht, wie das für die emissionsfähigen Unternehmungen der Fall ist. Sie sind angewiesen auf jene kaum institutionalisierten und mit erheblichen Funktionsdefiziten ausgestatteten Märkte, auf denen individuelle Abmachungen und Umstände bestimmend sind.

- Bei **Einzelfirmen** steht primär nur das Vermögen des Unternehmers zur Verfügung. Denkbar ist allenfalls die Aufnahme eines stillen Gesellschafters.

- Bei der **offenen Handelsgesellschaft (OHG)** werden die Möglichkeiten der Beteiligungsfinanzierung praktisch auch durch das Vermögen der (im allgemeinen nur wenigen) Gesellschafter begrenzt. Denn einer unbeschränkten Aufnahme von Gesellschaftern steht die Notwendigkeit des persönlichen Engagements und die unbeschränkte solidarische Haftung entgegen, die ein entsprechendes Vertrauensverhältnis bedingt.

- Bei der **Kommanditgesellschaft (KG)** gilt bezüglich der Komplementäre das gleiche wie bei der OHG. Durch die Möglichkeit der Aufnahme von Kommanditisten besitzt die KG jedoch ungleich bessere Möglichkeiten zur Ausweitung der Eigenkapitalbasis. Allerdings sind auch hier Grenzen gesteckt durch das erhöhte Anlagerisiko für den Kommanditisten, das sich insbesondere in der mangelnden Sicherheit gegen Übervorteilung durch die „Insider" und in der geringen Fungibilität von Kommanditbeteiligungen äußert.

- Bei der **Gesellschaft mit beschränkter Haftung (GmbH)** gelten im wesentlichen die gleichen Hindernisse, wie sie einer unbeschränkten Aufnahme von Kommanditisten entgegenstehen, wenngleich die rechtlichen Vorschriften (im GmbHG) einen besseren Anlegerschutz gewährleisten. Es bleibt aber die mangelnde Fungibilität von GmbH-Anteilen, für die kein organisierter Markt existiert. Die Übertragung von GmbH-Anteilen bedarf zudem der notariellen Beurkundung.

Für den reinen Kapitalanleger bestehen zusammenfassend also die Nachteile einer Beteiligung an einem nicht-emissionsfähigen Unternehmen in der mangelnden **Fungibilität** und in der Schwierigkeit, das individuelle **Anlagerisiko** zu beurteilen. Es fehlt ein organisierter Markt, der diese Beurteilung erleichtert und auf dem Anteile nach genormten und völlig versachlichten Regeln auch leicht wieder verkauft werden können.

Aber auch aus der Sicht der bisherigen Eigentümer einer nicht emissionsfähigen Unternehmung ist eine Beteiligungsfinanzierung nicht unproblematisch. So ist diese leicht verbunden mit einer zusätzlichen, meist unerwünschten **Mitsprache** und der Schwierigkeit einer Aufteilung der **stillen Reserven**.

Der Zugang zur Börse ist das entscheidende Kriterium für die Vorzugsstellung **emissionsfähiger Unternehmen** bei der Beteiligungsfinanzierung. Das gilt sowohl für die AG wie auch für die KGaA, die aus der Sicht der Vollhafter den Vorteil personenbezogener Rechtsformen mit dem Vorteil der Aktiengesellschaft verbindet.

Es sind vor allem vier **Gründe**, auf die die **Vorzugsstellung** der **Aktiengesellschaft** bei der Aufbringung großer Eigenkapitalbeträge zurückzuführen ist (*Perridon/Steiner* 1991):

- Aufteilung des Haftungskapitals in kleine und kleinste Teilbeträge (Aktien), so daß eine Beteiligung bereits mit geringem Kapital möglich ist.

- Hohe Fungibilität der Anteile, da sie Effekten darstellen und damit vertretbare Wertpapiere sind, die an der Börse gehandelt werden.

- Die Organisationsform gestattet eine große Anzahl von Eigentümern, bei denen grundsätzlich nur kapitalmäßige Interessen vorausgesetzt werden.

- Detaillierte rechtliche Ausgestaltung des Gesellschaftsvertrages durch das Aktiengesetz, das die Rechte sowie die Pflichten (insbesondere die Haftung) regelt und eine gewisse Sicherheit für die Kapitalanlage bedeutet.

Bei der Beteiligungsfinanzierung emissionsfähiger Unternehmen ist zu unterscheiden **(1)** welche Art von Aktien ausgegeben werden und **(2)** in welcher Form die dazu notwendige Kapitalerhöhung durchgeführt wird.

Zu (1): Für die Ausgabe von Anteilen an einer Aktiengesellschaft stehen verschiedene **Aktienarten** zur Verfügung (vgl. Abb. 210):

Kriterien	Art und Grad der Übertragbarkeit (a)	Umfang der verbrieften Rechte (b)	Art der Aufteilung des Kapitals (c)
Aktiengattung	Inhaberaktien Namensaktien Vinkulierte Namensaktien	Stammaktien Vorzugsaktien Genuß- bzw. Partizipationsscheine	Nennwertaktien Quotenaktien

Abb. 210 Aktienarten

(a) Art und Grad der Übertragbarkeit.

Die Eigentumsübertragung einer **Inhaberaktie** vollzieht sich völlig unkompliziert allein durch Einigung und Übergabe (§ 929 BGB). Zulässig ist die Ausgabe von Inhaberaktien allerdings nur, wenn die Aktien voll eingezahlt sind.

Die Übertragung von **Namensaktien** erfolgt durch **Indossament** und Übergabe, ist also nicht formlos möglich. Die Bezeichnung Namensaktie rührt daher, daß die Eintragung des jeweiligen Inhabers (mit Namen, Wohnort und Beruf) in das Aktienbuch der Gesellschaft erfolgt. Dadurch sind Eigentumsübertragungen zwangsläufig mit einem höheren Verwaltungsaufwand verbunden.

Die Übertragung **vinkulierter Namensaktien** schließlich ist zusätzlich an die Zustimmung der Gesellschaft gebunden. Die Vinkulierung soll dabei verhindern, daß unerwünschte Beteiligungsverschiebungen stattfinden.

Für voll eingezahlte Aktien ist in Deutschland die Inhaberaktie die übliche Aktienform.

(b) Umfang der verbrieften Rechte.

Für **Stammaktien** gilt das Prinzip der Gleichberechtigung, und zwar hinsichtlich
· des Rechts auf Teilhabe am Liquidationserlös,
· des Stimmrechts,
· des Dividendenrechts und
· des Bezugsrechts.

Vorzugsaktien sind im Hinblick auf eines oder mehrere dieser Rechte mit Vorrechten ausgestattet. Dafür müssen sie verschiedentlich aber andere Nachteile in Kauf nehmen. Folgende Arten von Vorzugsaktien sind zu unterscheiden:

· Vorzugsaktien mit Überdividende (mit höherer Dividende als die Stammaktien),
· Kumulative Vorzugsaktien (mit Dividendennachzahlungsanspruch),
· Stimmrechtslose Vorzugsaktien (nach § 139 AktG nur bei gleichzeitigem Bestehen eines Dividendennachzahlungsanspruchs zulässig),

- Limitierte Vorzugsaktien (mit fixierter Höchstdividende),
- Prioritätische Vorzugsaktien (Vorabdividende mit fixiertem Mindestbetrag),
- Stimmrechtsvorzugsaktien bzw. Mehrstimmrechtsaktien (ihre Ausgabe ist nach §12 Abs. 2 AktG grundsätzlich unzulässig).

Genußscheine sind aktienähnliche Papiere, die u.a.

- bei der Einlage schwer bewertbarer Rechte, Sachen oder Leistungen,
- bei Zuzahlungen im Sanierungsfall,
- zur Umgehung einer Unterpari-Emission von Aktien (s.u.)

ausgegeben werden. Einen Spezialfall des Genußscheins stellen dabei **Partizipationsscheine** dar. Sie weisen eine weitestgehende vermögensrechtliche Gleichstellung mit Stammaktien auf, ohne allerdings wie diese mit einem Stimmrecht ausgestattet zu sein. Man könnte sie also als „stimmrechtslose Vorzugsaktien ohne Vorrechte" bezeichnen.

(c) Art der Aufteilung des Kapitals.

Nennwertaktien lauten auf einen bestimmten, in Geldeinheiten ausgedrückten Nennbetrag, der nach dem AktG mindestens DM 50,- betragen muß. Nennwertaktien sind in Deutschland die einzig zulässige Aktienform.

Quotenaktien drücken die Beteiligung in einer bestimmten Quote am Reinvermögen (= Eigenkapital) der Unternehmung aus. Auf die Fixierung eines Nennbetrags wird verzichtet, was materiell allerdings keinerlei Konsequenzen hat.

Zu (2): Die Ausgabe der genannten Aktiengattungen erfolgt über verschiedene **Formen der Kapitalerhöhung** (vgl. Abb. 211):

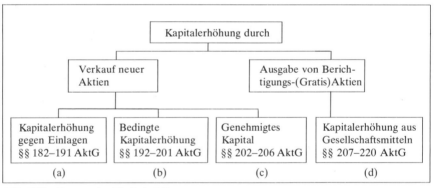

Abb. 211 Formen der Kapitalerhöhung

(a) Die **Kapitalerhöhung gegen Einlagen** („ordentliche") Kapitalerhöhung erfolgt durch Ausgabe von neuen („jungen") Aktien gegen Barzahlung oder Sacheinlage. Der Bezugskurs muß mindestens dem Nennwert der neu ausgegebenen Aktien entsprechen (Unterpari-Emissionen sind also nicht zulässig). Liegt der Bezugskurs über dem Nennwert (= Überpari-Emission), so ist die Differenz (das Agio) in die Kapitalrücklage einzustellen. Das gezeichnete Kapital (Nominalkapital) erhöht sich also grundsätzlich nur um den Nennwertbetrag der Kapitalerhöhung.

Die bisherigen Aktionäre besitzen ein **gesetzliches Bezugsrecht** auf die neu emittierten Aktien, sofern dieses nicht mit $^3/_4$-Mehrheit des bei der Hauptversammlung vertretenen Kapitals ausgeschlossen wird (wie überhaupt für jeden Kapitalerhöhungsbeschluß eine $^3/_4$-Mehrheit notwendig ist).

Das Bezugsrecht findet seine Begründung einmal in der Änderung der Stimmrechtsverhältnisse und zum anderen in der Änderung des inneren Werts der alten Aktien bei der Ausgabe von neuen Aktien:

· Die **Änderung des Stimmrechts** tritt immer dann ein, wenn die neuen Aktien mit Stimmrecht ausgestattet sind und wenn sie nicht entsprechend der bestehenden Anteilsrelationen auf die bisherigen Aktionäre verteilt werden (was durch das Bezugsrecht formal sichergestellt wird).

· Die **Verminderung des inneren Werts** der Altaktien bei der Ausgabe neuer Aktien tritt dann ein, wenn die neuen Aktien unter dem Bilanz- oder Börsenkurs der Altaktien ausgegeben werden.

· Der **Bilanzkurs** errechnet sich dabei aus folgender Formel

(1) $$\text{Bilanzkurs} = \frac{\text{Eigenkapital}}{\text{Grundkapital}}$$

während der Börsenkurs sich analytisch als **Zukunftserfolgswert** der Unternehmung darstellt (vgl. S. 389f.).

Speziell ein Unterschreiten des Börsenkurses ist bei der Fixierung des Bezugskurses neuer Aktien die Regel, da nur so ein entsprechender Anreiz besteht, die jungen Aktien zu zeichnen. Die Altaktionäre würden also regelmäßig einen Vermögensverlust erleiden, wenn sie kein Bezugsrecht auf die neuen Aktien erhalten. Verwenden können sie das Bezugsrecht dabei entweder zum Erwerb der neuen Aktien oder aber zur Teilliquidierung ihres Aktienbesitzes, indem sie das Bezugsrecht verkaufen.

Der **(rechnerische) Wert des Bezugsrechts** wird durch folgende Faktoren bestimmt:

· das Bezugsverhältnis alter zu junger Aktien (a : j),
· den Bezugskurs der jungen Aktien (K_j),
· den Börsenkurs der alten Aktien (K_a),
· die Dividendenberechtigung der jungen Aktien.

Klammert man letzteres aus, so ergibt sich folgende Bezugsrechtsformel (2):

(2) $$\text{Rechnerischer Wert des Bezugsrechts} = \frac{K_a - K_j}{a + j} \cdot j \quad \text{bzw.} \quad \frac{K_a - K_j}{\frac{a}{j} + 1}$$

Da die Bezugsrechte bis zum Abschluß der Kapitalerhöhung an der Börse gehandelt und auch selbständig neben der Aktie notiert werden, kann der **tatsächliche Wert** des Bezugsrechts mitunter erheblich vom rechnerischen abweichen.

(b) Die **bedingte Kapitalerhöhung** ist nach dem Aktiengesetz drei Fällen vorbehalten:

· Gewährung von Umtauschrechten in bzw. Bezugsrechten auf Aktien bei der Ausgabe von Wandelschuldverschreibungen;
· Gewährung von Umtausch- bzw. Bezugsrechten zur Vorbereitung von Unternehmenszusammenschlüssen;

• Gewährung von Bezugsrechten an Arbeitnehmer der Gesellschaft (Ausgabe von Belegschaftsaktien).

Sofern in den genannten Fällen die jungen Aktien an neue Aktionäre ausgegeben werden, muß das generelle Bezugsrecht der Altaktionäre zwangsläufig ausgeschlossen werden. Gerechtfertigt wird ein solcher (von den Altaktionären mit $^3/_4$-Mehrheit zu billigender) Bezugsrechtsausschluß dabei häufig mit dem Hinweis, daß die Altaktionäre ja indirekt ebenfalls von einer solchen Kapitalerhöhung profitieren. So ist daran zu denken, daß Wandelschuldverschreibungen kostengünstiger sind als normales Gläubigerkapital (vgl. S. 407 ff.), daß Fusionen etwa den Aktienwert häufig positiv beeinflussen oder daß sich durch Ausgabe von Belegschaftsaktien das Sozialklima verbessert und die Fluktuationskosten gesenkt werden können.

Ein gewisser Schutz für die Altaktionäre besteht in der Vorschrift, daß der Nennbetrag der mittels einer bedingten Kapitalerhöhung neu geschaffenen Aktien 50% des bisherigen gezeichneten Kapitals nicht übersteigen darf. Dem Schutz der Altaktionäre ebenso wie dem Wesen der bedingten Kapitalerhöhung entspricht es auch, daß im Rahmen der beschlossenen Höhe Aktien nur insoweit ausgegeben werden dürfen, wie Umtausch- oder Bezugsrechte geltend gemacht werden.

(c) Das Wesen des **genehmigten Kapitals** ist darin zu sehen, daß der Vorstand von der Hauptversammlung der Aktionäre ermächtigt wird, das gezeichnete Kapital bis zu einem bestimmten Nennbetrag durch Ausgabe neuer Aktien gegen Einlagen zu erhöhen. Diese Ermächtigung ist kraft Gesetzes auf fünf Jahre beschränkt, und das genehmigte Kapital darf ebenfalls 50% des bisherigen gezeichneten Kapitals nicht übersteigen.

Der Vorstand kann (mit Zustimmung des Aufsichtsrates) über die Konditionen der Aktienausgabe entscheiden, wobei er das gesetzliche Bezugsrecht der Altaktionäre allerdings nur dann ausschließen darf, wenn dies die von der Hauptversammlung erteilte Ermächtigung ausdrücklich vorsieht.

Der Zweck des genehmigten Kapitals ist darin zu sehen, daß dem Vorstand die Möglichkeit eingeräumt wird,

• eine günstige Gelegenheit für die Ausgabe neuer Aktien auszunutzen („Timing"-Aspekt) und/oder

• Investitionsprojekte, deren Realisierung einer strategischen Geheimhaltung bedarf (man denke an Unternehmenskäufe), mit eigenen Aktien zu finanzieren.

(d) Bei der **Kapitalerhöhung aus Gesellschaftsmitteln** liegt der Fall einer Umfinanzierung vor (vgl. S. 307): Offene Rücklagen werden in gezeichnetes Kapital umgewandelt. Buchmäßig liegt ein Passivtausch vor, der das Eigenkapital (bestehend aus gezeichnetem Kapital und Rücklagen) in seiner Struktur, nicht dagegen in seiner Summe verändert. Die „Gratis"-Aktien stehen den Altaktionären zu.

Situation *vor* Ausgabe von Gratisaktien	Situation *nach* Ausgabe von Gratisaktien im Verhältnis 1:1
Gezeichnetes Kapital 300.000,– (= 6.000 Aktien à. 50,–) Rücklagen 420.000,–	Gezeichnetes Kapital 600.000,– (= 12.000 Aktien à. 50,–) Rücklagen 120.000,–
Eigenkapital 720.000,– Bilanzkurs = 240%	Eigenkapital 720.000,– Bilanzkurs = 120%

Abb. 212 Wesen der Kapitalerhöhung aus Gesellschaftsmitteln

Ein einfaches Beispiel zeigt die Mechanik der Kapitalerhöhung aus Gesellschaftsmitteln (vgl. Abb. 212).

Als Motive für die Ausgabe von Gratisaktien können genannt werden:
- Erhöhung des garantierten Haftungskapitals (gezeichneten Kapitals),
- Verringerung des durchschnittlichen Kurswerts der Aktien und damit Erhöhung der Marktgängigkeit (Fungibilität),
- Durchführung einer „stillen" Dividendenerhöhung bzw. Senkung optisch ungünstig hoher Dividendensätze (die sich auf das gezeichnete Kapital, nicht auf das Eigenkapital beziehen!).

3. Grundtypen und Mischformen der Kreditfinanzierung

Bei der Kreditfinanzierung wird im Gegensatz zur Beteiligungsfinanzierung Fremdkapital von außen aufgenommen. Durch die Kreditfinanzierung entstehen also **Gläubigerrechte**. Dies bedeutet im Gegensatz zur Beteiligungsfinanzierung, daß
- in der Regel keine Mitspracherechte der Kreditgeber bei der Geschäftsführung bestehen,
- die Kreditüberlassungsdauer befristet ist,
- ein Rechtsanspruch auf Rückzahlung des Kredits in nomineller Höhe besteht (also keine Beteiligung am Vermögenszuwachs und den stillen Reserven der Unternehmung),
- in der Regel ein fester Zins vereinbart ist und die für Kredite zu leistenden Zinsen und Tilgungszahlungen eine feste Liquiditätsbelastung darstellen.

Verständlicherweise werden Kredite in aller Regel ohne eine ausreichende **Kreditabsicherung** nicht gewährt. Dabei wird unterschieden zwischen Kreditsicherheiten und Kreditversicherung (*Vormbaum* 1986).

Die **Kreditversicherung** ist eine Sonderstarte im Versicherungsgeschäft. Sie schützt den Versicherungsnehmer vor Vermögensschäden, die dadurch entstehen, daß Zahlungsverpflichtungen seitens des Schuldners nicht eingelöst werden. Zu unterscheiden sind
- die **Delkredereversicherung** als Warenkreditversicherung und Teilzahlungskreditversicherung sowie
- die **Exportkreditversicherung** in Form von Exportbürgschaften oder Exportgarantien (Hermes-Kreditversicherungsgesellschaft).

Kreditsicherheiten			
Person des Kreditnehmers	Verpflichtungserklärungen	Bewegliche Sachen, Forderungen und Rechte	Grund und Boden
– Persönliche Vertrauenswürdigkeit des Kreditnehmers – Vermögens- und Einkommensverhältnisse	– Bürgschaft – Wechselhaftung – Garantie (im Gegensatz zur Bürgschaft nicht akzessorisch) – Sicherungsklauseln	– Verpfändung von Wertgegenständen – Sicherungsübereignung – Abtretung von Forderungen und Rechten – Eigentumsvorbehalt	– Hypothek – Grundschuld (im Gegensatz zur Hypothek nicht akzessorisch) – Rentenschuld (Sonderform d. Grundschuld)

Abb. 213 Übersicht über die wichtigsten Kreditsicherheiten

Bei den **Kreditsicherheiten** können grundsätzlich vier Gruppen gebildet werden, die sich hinsichtlich der jeweiligen Sicherungsform bzw. des zugrundeliegenden Sicherungsgegenstandes unterscheiden. Abb. 213 gibt eine Übersicht über die hiernach geordneten Kreditsicherheiten mit ihren wichtigsten Ausprägungen.

In der Realität gibt es eine Fülle verschiedener **Kreditformen**, die sich aus den vielfältigen Bedürfnissen der kreditsuchenden Wirtschaft zusammen mit den Möglichkeiten der freien Vertragsgestaltung im Laufe der Zeit herausgebildet haben. Eine befriedigende Systematik zu entwickeln, fällt daher schwer. Das zeigt auch Abb. 214, die eine Übersicht über die wichtigsten qualitativen und quantitativen Merkmale eines Kredits wiedergibt (vgl. auch *Deppe* 1973).

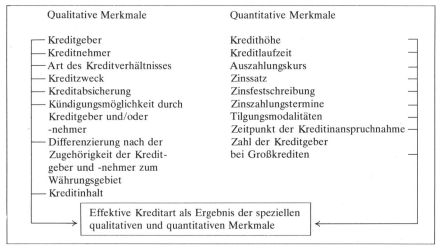

Abb. 214 Die wichtigsten qualitativen und quantitativen Kreditmerkmale

Der folgenden Darstellung liegt vornehmlich die Gliederung von Krediten nach ihrer Laufzeit (Fristigkeit) zugrunde. Des weiteren wird natürlich abgestellt auf eine Unternehmung als Kreditnehmer:

(1) Langfristige Kreditfinanzierung der Unternehmung

  (a) Schuldverschreibungen (einschließlich Wandel- und Gewinnschuldverschreibungen als Mischformen zwischen Kredit- und Beteiligungsfinanzierung)

  (b) Schuldscheindarlehen

  (c) Langfristige Bankkredite

(2) Kurz- und mittelfristige Kreditfinanzierung der Unternehmung (Handels- oder Warenkredite, Geldkredite und Kreditleihe).

Zu (1): Zur langfristigen Kreditfinanzierung zählen üblicherweise Kredite, die eine Gesamtlaufzeit von mehr als vier Jahren haben. Dies entspricht der aktienrechtlichen Definition langfristiger Verbindlichkeiten, die in der Bilanz gesondert zu erfassen sind (§ 151 Abs. 1 AktG).

(a) Eine **Industrieschuldverschreibung** (auch Anleihe oder Obligation genannt) ist ein langfristiges Darlehen in verbriefter Form, das eine Großunternehmung (der Industrie oder des Handels) über die Börse aufnimmt. Zu diesem Zweck erfolgt eine

Stückelung der Gesamtsumme in Teilschuldverschreibungen. Deren Fungibilität als Effekten ermöglicht es der Unternehmung, große Kapitalsummen bei einer Vielzahl von privaten und institutionellen Kapitalgebern auch in kleinsten Teilbeträgen zu placieren (*Süchting* 1989).

Die Begebung einer Industrieschuldverschreibung ist an eine staatliche Genehmigung geknüpft, wobei für ihre Erteilung die Bonität des Emittenten und die jeweilige Situation am Kapitalmarkt maßgebend sind.

Die folgende Übersicht zeigt die vier wichtigsten Ausstattungsmerkmale einer Anleihe (Abb. 215, nach *Süchting* 1989).

1. **Zins**	Nominalzins (bestimmt den Zinstyp der Anleihe und ändert sich i.d.R. während der Laufzeit nicht). Emissions- und Rückzahlungskurs (durch sie erfolgt die „Feineinstellung" der Verzinsung. Der sich hieraus ergebende Effektivzins ist in Abhängigkeit von der jeweiligen Kapitalmarktsituation während der Laufzeit der Anleihe i.d.R. Schwankungen unterworfen, die sich im Anleihekurs äußern).
2. **Laufzeit**	Laufzeit in der Regel zwischen 10 und 25 Jahren; inflationsbedingte Tendenz zu kürzeren Fristen (was dann aber wegen der hohen einmaligen Nebenkosten einer Anleihe deren Attraktivität stark mindert).
3. **Tilgungsmodalitäten** (einschließlich Kündigung)	Tilgung erfolgt entweder – am Ende der Laufzeit in einem Betrag (endfällige Anleihe) oder – nach einer gewissen Zahl von Freijahren in Raten oder Annuitäten (steigender Tilgungsanteil bei fallendem Zinsanteil). Tilgung durch – Auslosung und/oder – Rückkauf (an der Börse) Vorzeitige Kündigungsmöglichkeiten für den Gläubiger nur in Ausnahmefällen vorgesehen; dagegen regelmäßig für den Anleiheschuldner gegeben, der nach Ablauf einer bestimmten Frist die Anleihe vorzeitig tilgen kann.
4. **Sicherungsformen**	Vereinbarung von Grundpfandrechten (Grundschulden, Hypothek) ist die Regel. An deren Stelle können öffentliche Bürgschaften treten. Zusätzlich erfolgt häufig die Vereinbarung von Sicherungsklauseln: – Finanzierungsklauseln (das Unternehmen verpflichtet sich, bestimmte Finanzierungsregeln – vgl. S. 566ff – einzuhalten) – Negativklausel (das Unternehmen verpflichtet sich, keinem anderen Gläubiger bessere Kreditsicherheiten einzuräumen).

Abb. 215 Die wichtigsten Ausstattungsmerkmale einer Industrieobligation

Der **Grundtyp** der Industrieschuldverschreibung (klassische Form) wird durch eine Reine von **Mischformen** sowie durch **neuere Anleiheformen** ergänzt. Zunächst wird auf die Mischform eingegangen.

Das gemeinsame Kennzeichen der Mischform besteht darin, daß sie Elemente aus der Beteiligungsfinanzierung enthalten. Im einzelnen genannt werden können **Gewinnschuldverschreibungen** und **Wandelschuldverschreibungen**, letztere entweder in Form der **Wandelanleihe** oder der **Optionsanleihe**.

Die **Gewinnschuldverschreibung** gewährt neben den normalen Gläubigeransprüchen aus der Schuldverschreibung zusätzlich einen Anspruch auf einen Teil des Gewinns. In der Regel wird eine Festverzinsung geboten, wobei eine Erhöhungsklausel vorsieht, daß den Inhabern der Gewinnschuldverschreibung eine Zusatzverzinsung zusteht, wenn die Aktionäre mehr als einen vorher definierten Dividendensatz erhalten.

Eine **Wandelschuldverschreibung** verbrieft den Inhabern neben den Rechten aus der Schuldverschreibung ein **Umtauschrecht** in Aktien (**Wandelanleihe**) oder ein **Bezugsrecht** auf Aktien (Optionsanleihe).

Wandelanleihen weisen folgende Hauptkonstruktionsbestandteile auf (*Süchting* 1989):

- Zinssatz,
- Laufzeit,
- frühester Umtauschtermin,
- Umtauschfrist,
- Umtauschpreis (zu ermitteln aus dem Umtauschverhältnis zuzüglich etwaiger Zuzahlungen).

Je nachdem, ob die Umtauschbedingungen oder ob die üblichen Obligationsmerkmale bei der Ausstattung der Wandelanleihe dominieren, unterscheidet man den Aktientyp bzw. den Obligationentyp von Wandelanleihen. Beim Aktientyp will man die Kapitalgeber möglichst vollständig und möglichst bald veranlassen, ihre Wandelanleihe in Aktien umzutauschen, wodurch die Tilgungsnotwendigkeit für die Gesellschaft entfällt und sich zugleich deren Eigenkapital erhöht.

Statt des Rechts auf Wandlung steht den Inhabern einer **Optionsanleihe** ein Bezugsrecht auf Aktien (Optionsrecht) zu. Es besteht darin,

- innerhalb eines bestimmten Bezugszeitraums,
- in einem festgelegten Bezugsverhältnis und
- zu einem festgelegten Bezugskurs

Aktien der Gesellschaft zu erwerben. Im Gegensatz zur Wandelanleihe wird die Optionsanleihe unabhängig davon, ob vom Optionsrecht Gebrauch gemacht wird oder nicht, am Ende der vereinbarten Laufzeit getilgt. Auch ist es im Gegensatz zur Wandelanleihe in der Regel möglich, das Optionsrecht von der Anleihe zu trennen, wodurch es an der Börse auch isoliert gehandelt werden kann.

Wegen ihrer Nähe zur Aktienfinanzierung gelten für die Ausgabe von Gewinn- und Wandelschuldverschreibungen die Vorschriften des Aktiengesetzes bezüglich der Beschlußfassung über deren Ausgabe sowie des Bezugsrechts der Altaktionäre (§221 AktG). Wie schon in anderem Zusammenhang erwähnt (vgl. S. 403f.), ist speziell für die Ausgabe von Wandelschuldverschreibungen auch ein Kapitalerhöhungsbeschluß der Hauptversammlung gemäß §§192ff. AktG (bedingte Kapitalerhöhung) erforderlich.

Da sowohl Gewinn- als auch Wandelschuldverschreibungen eine gegenüber normalen Schuldverschreibungen höhere Attraktivität für die Gläubiger aufweisen, werden sie vornehmlich eingesetzt, wenn für gewöhnliche Schuldverschreibungen erschwerte Unterbringungsmöglichkeiten bestehen. Nicht selten erfolgt deren Ausgabe aber auch schlicht deshalb, um Gläubigerkapital zu Vorzugskonditionen zu erhalten. Denn Gewinn- und Wandelschuldverschreibungen haben in der Regel einen Zinsvorteil gegenüber gewöhnlichen Schuldverschreibungen. Speziell Wandelschuldverschreibungen sind dabei zudem wohl vor allem auch in ihrer Eigenschaft als „potentielles zukünftiges Beteiligungskapital" zu beurteilen; insbesondere dann, wenn der Weg einer „normalen" Kapitalerhöhung infolge ungünstiger Emissionsbedingungen nicht beschritten werden kann oder soll.

Zu den **neueren Anleiheformen** zählen

• Nullkupon-Anleihen (Zero-Bonds),

• Anleihen mit variablen Zinssätzen (Floating Rate Notes),

• Doppelwährungsanleihen,

• Anleihen in Verbindung mit Zins- und Währungsswaps.

Bei **Nullkupon-Anleihen** oder **Zero-Bonds** erfolgen während der Laufzeit keine Zinszahlungen. Stattdessen werden die Papiere mit einem Disagio ausgegeben und bei Fälligkeit zum Nennwert getilgt. Der Ertrag für den Anleger resultiert daher aus der Differenz zwischen dem Emissions- und Rückzahlungs- bzw. dem Kauf- und Verkaufskurs. Sie sind damit den unverzinslichen Schatzanweisungen des Bundes und den abgezinsten Sparbriefen vergleichbar und stellen letztlich keine grundlegende Innovation dar. Gegenüber diesen Anlageformen sind Zero-Bonds jedoch an der Börse handelbar und damit wesentlich fungibler sowie mit einer erheblich längeren Laufzeit (teilweise 30 Jahre und mehr) ausgestattet.

Angeboten werden Zero-Bonds in zwei verschiedenen Formen. Bei **Zuwachsanleihen** erfolgt die Abgabe zu 100% und die Rückzahlung einschließlich Zinsen mit einem entsprechend hohen Aufschlag. **Echte Nullkupon-Anleihen** werden dagegen zum (abgezinsten) Barwert ausgegeben und zu 100% zurückgezahlt.

Zero-Bonds befreien die Anleger von der Notwendigkeit, die laufenden Zinseinnahmen erneut anzulegen. Vielmehr werden die Zinsen thesauriert und implizit zur ursprünglichen Rendite erneut angelegt. Dies führt bei einem fallenden Zinsniveau zu einem zusätzlichen Ertrag, da die Zinsen dann normalerweise nur niedriger verzinslich angelegt werden könnten. Andererseits entsteht jedoch bei steigenden Zinsen ein Opportunitätsverlust.

Bei **Floating Rate Notes** handelt es sich um Schuldverschreibungen, die mit einem variablen Zins ausgestattet sind. Im Gegensatz zu den herkömmlichen festverzinslichen Anleihen erfolgt daher regelmäßig in einem Abstand von drei oder sechs Monaten eine Zinsanpassung. Dieser Zinssatz orientiert sich häufig an den Sätzen des Interbanken-Geldmarktes und entspricht für DM-Emissionen traditionell dem **LIBOR** (London Interbank Offered Rate), zu dem die Schuldner erster Adressen am Londoner Euromarkt Kredit beschaffen können. Neuerdings wird jedoch mit dem **FIBOR** (Frankfurter Interbank Offered Rate) auch am deutschen Geldmarkt ein eigenständiger Satz ermittelt und als Referenzins verwendet. Neben diesem regelmäßig angepaßten Referenzins enthält der Gesamtzins einer Floating Rate Note jedoch auch einen **Aufschlag**, der insbesondere die Bonität des Schuldners repräsentiert. Für Kreditnehmer von unzweifelhafter Bonität beträgt dieser lediglich 1/8%.

Die spezifischen **Vorteile** der Floating Rate Notes liegen für den Emittenten in der langfristigen und bei einem sinkenden Zinsniveau preisgünstigen Mittelbeschaffung. Der Anleger erhält dagegen ein fungibles, kurzfristig anpassungsfähiges Kapitalmarktpapier, das ihm bei steigenden Zinsen einen höheren Zinsertrag bietet. Zudem enthalten die zinsvariablen Anleihen einen Schutz vor Kapitalverlusten bei einer Veräußerung vor Fälligkeit, denn an den Stichtagen werden die Papiere aufgrund der Zinsanpassung zum Nennwert gehandelt.

Allerdings können mit den Floating Rate Notes auch **Zinsrisiken** verbunden sein. Um diese zu begrenzen, sind die folgenden Varianten entwickelt worden:

- **Drop-Lock Floating Rate Notes**
  Sobald ein bestimmter Zins unterschritten wird, erhält der Anleger einen fest fixierten Mindestzins.

- **Convertible Floating Rate Notes**
  Der Anleger besitzt ein Wahlrecht, den variablen in einen festen Zins zu tauschen.

- **Mini-Max Floating Rate Notes**
  Die Anleihen sind mit einem Mindest- und einem Höchstzins ausgestattet.

- **Ewige Floating Rate Notes**
  Die Anleihen werden mit einer unbegrenzten Laufzeit ausgegeben. Der Anleger kann jedoch die Umwandlung in eine begrenzte Laufzeit verlangen, muß dafür aber einen geringeren Zins in Kauf nehmen.

Das charakteristische Merkmal der **Doppelwährungsanleihen** liegt in den unterschiedlichen Währungen bei Emission und Rückzahlung einer Anleihe. Während dabei z. B. der Kauf und die Zinszahlungen in D-Mark vorgenommen werden, erfolgt die Tilgung in Fremdwährung, also beispielsweise in US-$. Für einen ausländischen Emittenten liegt der Vorteil einer derartigen Doppelwährungsanleihe in der kostengünstigeren Mittelbeschaffung und der Verwendung der zufließenden D-Mark für anderweitige Zins- und Tilgungsleistungen, während die Rückzahlung in eigener Währung aufgebracht werden kann.

Entsprechend anderen Anleiheformen werden bereits bei der Emission der Zinssatz, der Ausgabekurs und der Tilgungsbetrag in Fremdwährung festgelegt. Die **Rendite** einer Doppelwährungsanleihe wird von den Zinsunterschieden und der Kursentwicklung beider Währungen beeinflußt, da eine eindeutige Zuordnung zu einem Währungsgebiet nicht möglich ist. Mit Annäherung an den Fälligkeitstermin lehnt sich der Kurs jedoch stärker an das Renditeniveau der Tilgungswährung an. Der vereinbarte **Rückzahlungsbetrag** muß nicht dem Kursniveau zum Emissionszeitpunkt entsprechen. Vielmehr lassen sich dabei langfristig erwartete Veränderungen des Devisenkurses erfassen, so daß der Anleger nicht das gesamte Währungsrisiko tragen muß, wenn mit einer Abwertung der Fremdwährung zu rechnen ist. Dadurch sind mit einer Doppelwährungsanleihe natürlich auch **spekulative Elemente** verbunden, die bei einer Aufwertung der Tilgungswährung zu einem zusätzlichen Ertrag führen.

Anleihen können auch in Verbindung mit **Zins- und Währungsswaps** emittiert werden. Damit wird das Ziel verfolgt, Vorteile im Standing zweier oder mehrerer Emittenten durch den Austausch von Zins- und/oder Währungsverpflichtungen zu nutzen. Die Anleiheformen können dabei frei gewählt werden, wobei eine Veröffentlichung der angestrebten Verwendung nicht erforderlich ist.

Im Rahmen von **Zinsswaps** verpflichten sich die Emittenten bei einer gleichhohen Mittelaufnahme zur Übernahme der Zinsverpflichtung des Swappartners. Insbesondere werden dadurch Zinsaufwendungen aus einer festverzinslichen Anleihe gegen Zinsverpflichtungen aus einem variabel verzinslichen Geldmarktkredit getauscht. Durch diese Transaktion erzielen beide Parteien einen **Zinsvorteil**, der jedoch nicht mit der effektiven Übertragung der Kapitalbeträge verbunden ist. Voraussetzung für eine vorteilhafte Gestaltung der Zinsswaps ist die Existenz von Zinsvorteilen bei der einen Kreditart, die durch Zinsnachteile bei der anderen Kreditart nicht ausgeglichen werden. Die **Risiken** für die Vertragsparteien bestehen darin, daß ein Partner seinen Verpflichtungen nicht nachkommt und daher die höhere Zinslast getragen werden muß.

Eine Erweiterung der Swap-Transaktionen ergibt sich durch die Verbindung eines Zins- mit einem **Währungsswap**. Dabei verpflichten sich die Parteien, neben den jährlich auszugleichenden Zinsverpflichtungen auch die Kapitalbeträge zu Beginn des Finanzierungszeitraums zu dem dann gültigen Wechselkurs zu übernehmen und gleichzeitig per Termin, d.h. am Ende der Laufzeit, zum gleichen Kurs zurückzutauschen (*Storck* 1983). Dadurch erhalten die Parteien zum einen Mittel mit der gewünschten Zinsvereinbarung und erzielen dadurch Zinsvorteile, zum anderen schalten beide Partner das Währungsrisiko aus. **Risiken** bestehen bei Zins- und Währungsswaps nur insofern, als in dem Fall, daß die Gegenpartei ihren Verpflichtungen nicht nachkommt, sich zu Ungunsten des anderen Partners entwickelnde Zins- und Währungsverhältnisse von diesem getragen werden müssen. Ein Kapitalverlustrisiko besteht demgegenüber nicht, da Zahlungen zurückgehalten werden können, wenn bei der Gegenpartei Störungen auftreten.

(b) Beim **Schuldscheindarlehen** handelt es sich um eine Kreditform, die ohne Zwischenschaltung der Börse aufgrund eines individuellen, nicht-typisierten Darlehensvertrags (§§ 607ff. BGB) zustandekommt. Im Normalfall des langfristig gewährten Schuldscheindarlehens treten als Kapitalgeber in erster Linie Kapitalsammelstellen und hier insbesondere die Sparte der Lebensversicherer auf, die mit der Gewährung von Schuldscheindarlehen ihre überschüssigen Prämieneinnahmen einer langfristigen (deckungsstockfähigen) Vermögensanlage zuführen.

Schuldscheindarlehen existieren aber nicht nur in dieser „normalen" Form, sondern eine gewisse Bedeutung haben auch sog. **Revolving-Systeme**, bei denen eine Fristentransformation stattfindet (*Süchting* 1989).

- **Direktes Revolving-System:** Dem Kreditnehmer werden kurzfristig verfügbare Termingelder gegen Schuldschein zugeleitet. Diese de jure kurzfristig fälligen Gelder werden (in der Regel unter Inanspruchnahme eines Finanzmaklers) durch ständigen Austausch der Kreditgeber in ein faktisch langfristig gewährtes Darlehen transformiert. Das Transformations- und das Zinsänderungsrisiko trägt dabei die kreditnehmende Unternehmung.
- **Indirektes Revolving-System:** Hier tritt zwischen Kreditnehmer und Kreditgeber eine Bank, die mithilfe von kurzfristigen Termingeldern, die ihr über einen Finanzmakler vermittelt werden, ein langfristiges Darlehen refinanziert. Der Finanzmakler übernimmt der Bank gegenüber die Verpflichtung, die Anschlußfinanzierung für die Laufzeit des Schuldscheindarlehens sicherzustellen. Erleichtert wird ihm diese Übernahme des Transformationsrisikos dadurch, daß das Zinsänderungsrisiko von der kreditnehmenden Unternehmung getragen wird.
- **System 7 m** (des Finanzmaklers *Münemann*): Dieses System unterscheidet sich vom vorhergenannten dadurch, daß der Finanzmakler nicht nur das Transformations- sondern auch das Zinsänderungsrisiko trägt. Der kreditnehmenden Unternehmung wird also ein langfristiges Darlehen mit einer festen Laufzeit zu einem gleichbleibenden Zinssatz gewährt, während mit den kurzfristigen revolvierenden Geldgebern variable, den jeweiligen Verhältnissen an den Geldmärkten angepaßte Zinssätze vereinbart sind.

Da die Konzeption des 7m-Systems sich wegen des hohen Risikos für den Finanzmakler nicht durchgesetzt hat, die Unternehmen andererseits aber bei ihrer langfristigen Finanzierung vorzugsweise mit festen Zinsen und Laufzeiten zu rechnen wünschen, ist der eingangs erwähnte Normaltyp des langfristigen Schuldscheindarlehens in den letzten Jahren zunehmend in den Vordergrund getreten. Seine spezifischen Merkmale sind in Abb. 216 (aus: *Perridon/Steiner* 1991) zusammengefaßt und zur Abgrenzung den entsprechenden Merkmalen der Schuldverschreibung als Kreditform gegenübergestellt.

Merkmal	Industrieanleihe/ Obligation	Schuldscheindarlehen/ Schuldschein
Ausgabemöglichkeit	Emissionsfähige Unternehmungen (in der Regel nur große Aktiengesellschaften, die zum amtlichen Handel zugelassen sind).	Bedeutende Unternehmungen, unabhängig von ihrer Rechtsform, soweit sie den Sicherheitsanforderungen (z. B. Einhaltung bestimmter Bilanzrelationen) genügen.
Genehmigung	Genehmigung nach §§ 795, 808a BGB durch Bundeswirtschaftsminister erforderlich.	Keine Genehmigung erforderlich, jedoch für erfolgreiche Placierung in der Regel Erlangung der Deckungsstockfähigkeit beim BAV notwendig.
Schuldurkunde	Wertpapier (Übertragung von Inhaberschuldverschreibungen durch Einigung und Übergabe)	Kein Wertpapier, sondern nur beweiserleichterndes Dokument; zur Geltendmachung der Forderung ist Schuldschein nicht erforderlich (Übertragung durch Forderungsabtretung)
Fungibilität der Kapitalanlage (für Kreditgeber)	Hohe Fungibilität, da Börsenhandel	Geringe Fungibilität, zum Börsenhandel nicht zugelassen, begrenzte Möglichkeit der Forderungsabtretung
Kreditgeber	Anonymer Kapitalmarkt (institutionelle und private Zeichner, auch in Kleinstbeträgen)	Kapitalsammelstellen, speziell Lebensversicherungen (Übernahme von Großbeträgen)
Kapitalaufnahme	Für die Börsenzulassung sind je nach Börse unterschiedlich bestimmte Mindestbeträge (ca. DM 500.000,–) vorgeschrieben. Darüber hinaus wird die Aufnahme wegen der fixen Nebenkosten erst ab großen Beträgen (ca. 5 Mill. DM) lohnend, sukzessive Kapitalaufnahme erschwert.	Flexible Anpassung an den Kapitalbedarf möglich durch sukzessive Kapitalaufnahme (Mindestbetrag DM 100.000,–). Bei sehr großen Beträgen können sich Beschränkungen durch die Marktenge ergeben.

Abb. 216 Vergleich der Merkmale von Industrieanleihe und Schuldscheindarlehen

Fortsetzung von Abb. 216

Tilgung	Tilgungsplan festgelegt, darüber hinaus jedoch freihändiger Rückkauf über die Börse möglich; im allgemeinen nach Ablauf der tilgungsfreien Zeit Kündigungsmöglichkeit des Schuldners vorgesehen.	Tilgung nach Darlehensvertrag, freihändiger Rückkauf nicht möglich; im Vertrag kann ein Kündigungsrecht des Schuldners vorgesehen sein, einseitiges Kündigungsrecht des Schuldners stellt jedoch Ausnahme dar.
Laufzeit	Zwischen 10 und 20 Jahren (Tendenz zu „Kurzläufern", da diese von der Kapitalanlegern bevorzugt werden).	Bis maximal 15 Jahre (individuelle Vereinbarung)
Sicherstellung	Grundschulden ohne Zwangsvollstreckungsklausel und bei Unternehmungen mit sehr gutem Emissions-Standing auch durch die Negativklausel.	Briefgrundschulden mit Zwangsvollstreckungsklausel.
Publizität	Publizitätspflicht für Schuldner	Keine Publizitätspflicht
Zinsen	Abhängig von Kapitalmarktlage	Ca. $1/4$ bis $1/2\%$ über dem jeweiligen Anleihezinssatz
Nebenkosten	Einmalige Nebenkosten ca. 4 bis 5%, laufende Nebenkosten ca. 1–2% des Nominalbetrages der Anleihe.	Einmalige Nebenkosten ca. 1 bis 2%, keine laufenden Nebenkosten.

(c) Der **langfristige Bankkredit** spielt für Unternehmen, denen der Markt für Schuldverschreibungen und Schuldscheindarlehen offensteht, in der Regel nur eine subsidiäre Rolle; nicht dagegen für die große Zahl von Klein- und Mittelunternehmungen, denen dieser Markt verschlossen ist. Für sie stellt der langfristige Bankkredit praktisch die einzige, wenngleich ebenfalls nur beschränkt nutzbare Form langfristiger Kreditfinanzierung dar.

Langfristige Bankkredite werden in der Regel nur gegen dingliche Sicherheiten gewährt. Diese können aber gerade von kleineren und mittleren Unternehmen nicht immer beigebracht werden; zumal deren Eigenkapitalbasis wegen vielfältiger Hemmnisse bei der Beteiligungsfinanzierung ohnehin leicht zu schmal ist (vgl. S. 399 f.). Da zudem die Geschäftsbanken von ihrer Refinanzierungsbasis her auch nur begrenzt in der Lage sind, langfristige Kredite mit festen Laufzeiten und Zinssätzen bereitzustellen, entsteht für diesen Kreis der Unternehmen vielfach eine **langfristige Kreditlücke**. Sie muß zum Schaden der finanziellen Stabilität dieser Unternehmungen nicht selten durch Kredite mit kurzen Laufzeiten, kurzfristigen Kündigungsklauseln und mit variablen Zinsen überbrückt werden.

Zu (2): Zur **kurz- und mittelfristigen Kreditfinanzierung** zählen solche Kreditformen, bei denen die vereinbarte (Grund-) Laufzeit des Kredits weniger als vier Jahre beträgt. Die Grenzen zwischen kurz- und mittelfristigen Krediten sind dabei fließend, wobei jedoch alle Laufzeiten über einem Jahr stets als mittelfristig, alle Kreditlaufzeiten unter drei Monaten dagegen in aller Regel als kurzfristig bezeichnet zu werden pflegen.

Kurz- und mittelfristige Kredite lassen sich wie in Abb. 217 dargestellt systematisieren (die Buchstaben in Klammern beziehen sich auf die jeweiligen Erläuterungen im Text).

Handels-(Waren-)kredite		Geldkredite (Darlehen)			Kreditleihe		
Kunden-anzahlung	Lieferan-ten-kredit	Konto-korrent-kredit	Lombard-kredit	Diskont-kredit	Akzept-kredit	Umkehr-wechsel	Aval-kredit
(a)	(b)	(c)	(d)	(e)	(f)	(g)	(h)

Abb. 217 Kurz- und mittelfristige Kreditformen

(a) Bei der **Kundenanzahlung** leistet der Abnehmer Zahlungen, bevor die Lieferung der Ware erfolgt. Üblich ist dies häufig bei Auftragsfertigung, speziell im Großanlagenbau, wo die Anzahlung neben ihrer Finanzierungsfunktion auch die Sicherheit erhöht, daß der Kunde die in Auftrag gegebenen Leistungen nach Fertigstellung abnimmt. Inwieweit eine Kundenanzahlung durchgesetzt werden kann und ob hierauf Zinsen verrechnet werden, hängt neben Branchenusancen vor allem von der Marktstellung des Anbieters ab.

(b) Der **Lieferantenkredit** kommt dadurch zustande, daß auf der Beschaffungsseite Zahlungsziele in Anspruch genommen oder eingeräumt werden, daß also empfangene Lieferungen und Leistungen nicht sofort beim Empfang, sondern erst später bezahlt werden. Der Lieferantenkredit kann **erzwungen** oder **vereinbart** sein, er kann unverbrieft als **Buchkredit** oder verbrieft als **Wechselkredit** gegeben werden.

Beim Wechselkredit akzeptiert der Lieferant statt des Rechnungsbetrages einen Wechsel, in dem sich der Bezogene (bei einem gezogenen Wechsel) bzw. der Aussteller (bei einem Solawechsel) verpflichtet, die Wechselsumme bei Fälligkeit zu bezahlen. Rechtlich ist der Wechsel eine abstrakte Zahlungsverpflichtung, die losgelöst von der zugrundeliegenden wirtschaftlichen Transaktion zu erfüllen ist. Wird bei Fälligkeit nicht gezahlt, so geht der Wechsel zu Protest und kann eingeklagt werden. Geprüft wird dabei nur die Erfüllung formeller Wechselerfordernisse, nicht dagegen die materielle Berechtigung der dem Wechsel zugrundeliegenden Forderung.

Das Zinselement beim Wechselkredit kann ebenso wie beim Buchkredit im **Skonto** gesehen werden. Die Kosten des Lieferantenkredits i errechnen sich dabei unter der Voraussetzung der vollen Zielinanspruchnahme nach folgender Formel:

$$(1) \qquad i = \frac{\text{Skontosatz} \times 360}{\text{Zahlungsfrist} - \text{Skontofrist}}$$

Obwohl der Lieferantenkredit bei den in der Praxis üblichen Zahlungsmodalitäten (z.B. 2% Skonto bei einer Skontofrist von 10 Tagen und einer Zahlungsfrist von 30 Tagen) vergleichsweise teuer ist, spielt er für die Finanzierung der Unternehmen häufig eine erhebliche Rolle. Gründe hierfür sind:

Sechstes Kapitel: Betriebliche Finanzprozesse

- Der Lieferantenkredit wird in der Regel ohne formelle Kreditwürdigkeitsprüfung bewilligt und erfordert keine formelle Kreditabsicherung (i. d. R. lediglich Eigentumsvorbehalt an der gelieferten Ware).

- Bei starker Marktstellung kann der Lieferantenkredit erzwungen werden, insbesondere läßt sich durch einseitige Verlängerung der Zahlungs- und/oder Skontofristen eine wesentliche Verbilligung des Lieferantenkredits durchsetzen.

(c) Der **Kontokorrentkredit** (Kredit in laufender Rechnung) zeichnet sich dadurch aus, daß dem Kreditnehmer das Recht eingeräumt wird, sein Kontokorrent-(Giro-)Konto bis zur Höhe des eingeräumten Kredits ohne weitere Formalitäten zu überziehen, also bis zum Kreditlimit Gelder in beliebigen Teilbeträgen zu entnehmen. Zinsen fallen – abgesehen von Kreditbereitstellungsprovisionen – nur in Höhe der tatsächlich in Anspruch genommenen Kreditbeträge, die großen Schwankungen unterliegen können, an (vgl. Abb. 218).

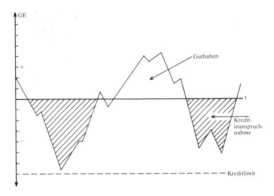

Abb. 218 Entwicklung eines Kontokorrentkredits im Zeitablauf

Die Kosten eines Kontokorrentkredits setzen sich grundsätzlich aus folgenden Teilpreisen zusammen (*Hielscher/Laubscher* 1989):

[1] dem Sollzins,
[2] der Kreditprovision oder Bereitstellungsprovision,
[3] der Überziehungsprovision,
[4] den Kontoführungsgebühren respektive der Umsatzprovision und
[5] den Wertstellungsusancen der Banken.

Teilweise wird die Kreditprovision dem Sollzins zugeschlagen. Die Kosten für beide Positionen zusammen (sog. **Nettozinssatz**) bewegen sich dabei im allgemeinen zwischen 3 und 6% über dem jeweiligen Diskontsatz. Berechnet werden die Nettozinskosten üblicherweise nach der Formel (2) bzw. ihren zwei Elementen, der Zinszahl (3) und dem Zinsteiler (4).

(2) $\quad$ Nettozinskosten $= \dfrac{K \cdot p \cdot t}{100 \cdot 360} \quad$ mit $\quad K =$ Kreditsumme
$\qquad t =$ Anzahl der Kredittage
$\qquad p/100 =$ Nettozinssatz p.a.

(3) $\quad$ Zinszahl $\quad = \dfrac{K \cdot t}{100}$

(4) $\quad$ Zinsteiler $= \dfrac{360}{p} \quad$ mit $\quad \dfrac{\text{Zinszahl}}{\text{Zinsteiler}} = \text{Nettozinskosten}$

(d) Der **Lombardkredit** ist ein Beleihungskredit. Er besteht in der Gewährung eines kurzfristigen Darlehens gegen Verpfändung beweglicher, marktgängiger Vermögensobjekte des Schuldners (*Süchting* 1989). Nach der Art der verpfändeten Vermögensobjekte unterscheidet man dabei im einzelnen
- den **Effekten**lombard,
- den **Wechsel**lombard sowie
- den **Waren**lombard.

Konstitutiv für den Lombardkredit ist das Rechtsinstitut der Verpfändung, d. h. die beliehenen Vermögensgegenstände müssen in den Besitz der kreditgebenden Bank übergehen. Teilweise – insbesondere beim Warenlombard – genügt allerdings auch die Übergabe von Lager- oder Ladescheinen, durch die die Bank zumindest mittelbar den Besitz an den beliehenen Gegenständen erlangt.

Die Zinsen für Lombardkredite orientieren sich in der Regel am **Lombardsatz** der Deutschen Bundesbank. Zusätzlich berechnen Geschäftsbanken ihren Kunden wie beim Kontokorrentkredit eine Kreditprovision.

Die **Beleihungsgrenze** für lombardfähige Vermögensgegenstände ist abhängig von der Verwertbarkeit und dem Risiko von Wertschwankungen während der Kreditlaufzeit. Erstklassige Handelswechsel können in der Regel nur wenig unter ihrem Nominalwert beliehen werden. Für Effekten, insbesondere Aktien, liegt die Beleihungsgrenze dagegen in aller Regel bei höchstens 60% des Marktwerts.

(e) Der **Diskontkredit** entsteht durch Verkauf noch nicht fälliger, in Wechselform verbriefter Forderungen (aus Lieferungen und Leistungen) unter Abzug der Zinsen an die Bank. Er erlangt vor allem dort Bedeutung, wo Lieferanten ihren Kunden einen in Wechselform verbrieften Kredit gewähren (müssen), selbst aber nicht in der Lage oder bereit sind, auf die Einlösung des Wechsels durch den Schuldner zu warten. Der vorfristige Verkauf solcher (Besitz-)Wechsel ist für sie also eine Möglichkeit, ihre Forderungen bereits vor Fälligkeit zu „Geld" zu machen.

Eine Besonderheit des Diskontkredits besteht darin, daß normalerweise der Kredit nicht vom Kreditnehmer zurückgezahlt wird, sondern vom Wechselschuldner (Bezogener oder Aussteller), bei dem die Bank den Wechselbetrag bei Fälligkeit einzieht. Wirtschaftlich gesehen liegt also kein Kredit, sondern lediglich ein **Forderungsverkauf** mit Gläubigerwechsel vor. Der Einreicher des Wechsels bleibt gegenüber der Bank jedoch Eventualschuldner, auf den sie zurückgreifen kann, wenn der Schuldner nicht zahlt.

Die Kosten für den Diskontkredit setzen sich aus dem Sollzins, der Wechselsteuer und etwaigen Nebengebühren zusammen.

Der Sollzins, mit dem die Wechselsumme auf den Gegenwartswert abgezinst (diskontiert) wird, orientiert sich am **Diskontsatz** der Bundesbank zuzüglich eines Zuschlags, den die Geschäftsbanken je nach Marktlage und Bonität des Kreditnehmers erheben. Der Sollzins liegt aber in der Regel unter dem Nettozinssatz eines vergleichbaren Kontokorrentkredits.

Zu beachten ist, daß die für den Diskontkredit angegebenen Nominalzinssätze nicht v. H., sondern i. H.-Sätze sind. Um die effektiven Kosten des Diskontkredits zu ermitteln, ist der Nominalzins also auf den Diskonterlös zu beziehen.

Die **Wechselsteuer** beträgt unabhängig von der Restlaufzeit des Wechsels DM 0,15 je angefangene DM 100,– Wechselsumme, wirkt sich also um so stärker kostenerhöhend aus, je kürzer die Restlaufzeit des Wechsels ist.

(f) Der **Akzeptkredit** ist eine besondere Form des Wechselkredits, bei dem eine Bank einen vom Kunden auf sie gezogenen Wechsel akzeptiert und sich damit wechselrechtlich verpflichtet, dem Wechselinhaber den Kreditbetrag bei Fälligkeit zu zahlen (*Süchting* 1989). Obwohl die Bank den akzeptierten Wechsel üblicherweise auch selbst diskontiert, ist der Akzeptkredit seiner Konstruktion nach etwas anderes als ein normaler Diskontkredit. Durch das Akzept der Bank erhält der Wechsel nämlich zunächst einmal eine höhere Qualität und wird in hohem Grade marktfähig, was es dem Kunden erleichtert, diesen Wechsel weiterzugeben oder ihn bei einer zweiten Bank diskontieren zu lassen. Es handelt sich also beim Akzeptkredit in erster Linie um eine **Kreditleihe**, nicht um einen Geldkredit der Bank.

Im Außenhandel spielt der Akzeptkredit als sog. **Rembourskredit** eine wichtige Rolle. Denn hier ist die Kreditwürdigkeit eines ausländischen Importeurs häufig unbekannt oder nur schwer einzuschätzen. Durch das Akzept einer international bekannten Bank wird dieser Mangel aber beseitigt. Indem diese ihre Kreditwürdigkeit mittels Akzept auf den Wechsel des ausländischen Importeurs überträgt, kann der Exporteur den akzeptierten Wechsel nun ohne Bedenken gegen Herausgabe der Ware oder Transportdokumente an **Zahlungs Statt** annehmen. Der Rembourskredit tritt häufig in Verbindung mit einem **Akkreditiv** auf, der Anweisung eines Kunden an sein Kreditinstitut, ihm selbst oder einem Dritten bei einer ausländischen Bank einen Geldbetrag zur Verfügung zu stellen und ihn entweder ohne besondere weitere Bedingungen (Barakkreditiv) oder gegen Vorlage akkreditivgerechter Dokumente (Dokumentenakkreditiv) auszuzahlen.

Die Kosten des Akzeptkredits setzen sich aus der Akzeptprovision und der Wechselsteuer zusammen. Wird der Wechsel diskontiert, kommen noch die Zinskosten des Diskontkredits hinzu.

(g) Die Finanzierung mittels **Umkehrwechsel** (auch **Scheck-Wechsel-Tauschverfahren** genannt) ist ihrem Kern nach ebenfalls eine Kreditleihe, allerdings in der Regel gekoppelt mit einem Diskontkredit. Diese Form der Finanzierung eines Handelsgeschäfts, die in der Praxis große Bedeutung hat, vollzieht sich dabei in der Weise, daß der Käufer einer Ware den Kaufpreis unter Ausnutzung von Skonto bar oder mit Scheck bezahlt und gleichzeitig einen von ihm akzeptierten Wechsel durch den Lieferanten als Aussteller zeichnen läßt. Diesen Wechsel reicht der Käufer nun im Normalfall seiner Bank zum Diskont ein, um sich so die Liquidität für die Bar- bzw. Scheckzahlung zu beschaffen. Bei einer anderen, selteneren Variante hält der Käufer den Wechsel im Bestand und füllt damit seine Liquiditätsreserve auf.

Der Vorteil des Umkehrwechsels liegt insbesondere in der Möglichkeit des Käufers, den Skontoabzug zu nutzen und zur Finanzierung des Kaufpreises einen zinsgünstigen Wechseldiskontkredit in Anspruch nehmen zu können. Allerdings wird der Lieferant ein solches Verfahren in der Regel nur akzeptieren, wenn der Käufer eine entsprechende Bonität aufweist, denn der Lieferant als Aussteller des Wechsels wird wechselrechtlich mit verpflichtet und nimmt somit das Risiko auf sich, im Falle der Zahlungsunfähigkeit des Käufers in Anspruch genommen zu werden.

(h) Auch beim **Avalkredit** handelt es sich um eine Form der Kreditleihe, nur daß sich hierbei die Bank nicht wechselrechtlich verpflichtet, sondern eine Bürgschaft dafür gibt, daß der Kreditnehmer einer von ihm eingegangenen Verpflichtung einem Dritten gegenüber nachkommt. Für die Bank entsteht aus dem Risiko, daß sie aus einer solchen Bürgschaft in Anspruch genommen wird, eine **Eventualverbindlichkeit**.

An Kosten für den Avalkredit fällt eine Avalprovision an. Zinsen werden nicht erhoben, da dem Kreditnehmer kein Geld zur Verfügung gestellt wird.

4. Leasing und Factoring als Kreditsubstitute

Leasing und Factoring sind Instrumente, die sich erst in neuerer Zeit in Deutschland durchgesetzt haben. Ihre Sonderstellung verdanken sie dabei dem Umstand, daß sie nicht ohne weiteres in die übliche Finanzierungssystematik eingeordnet werden können (vgl. S. 398) und daß sie nicht allein unter Finanzierungsgesichtspunkten betrachtet werden können. Die Finanzierungsfunktion des Leasing oder des Factoring muß nicht einmal unbedingt im Vordergrund stehen.

(1) Unter **Factoring** versteht man den Ankauf von Forderungen aus Lieferungen und Leistungen vor Fälligkeit durch einen Factor (= spezielles Finanzierungs- oder Kreditinstitut) unter Übernahme bestimmter Service-Funktionen und häufig auch des Delkredererisikos (Ausfallrisikos). Der Veräußerer der Forderung (Klient, Anschlußkunde) überträgt diese damit (ungleich dem Zessionskredit) aus seiner Bilanz in die des Factors (*Perridon/Steiner* 1991).

Ob Factoring zur Kreditfinanzierung gezählt wird – wie hier geschehen – oder zur noch zu behandelnden „Finanzierung aus Vermögensumschichtung" (vgl. S. 433 ff.), hängt letztlich von der Übernahme des Delkredererisikos durch den Factor ab. Erfolgt eine volle Übernahme des Ausfallrisikos, so liegt eine echte Kapitalfreisetzung vor; geschieht dies jedoch nicht, so handelt es sich eben nur um eine besondere Form der Kreditgewährung, indem die Forderungen des Klienten bevorschußt (beliehen) werden.

Unabhängig von solchen Fragen der systematischen Einordnung des Factoring in das System der Finanzierungsformen ist das Wesen des Factoring stets gekennzeichnet durch eine spezifische (je nach Situation unterschiedlich zusammengestellte) Kombination aus

- **Finanzierungsfunktion,**
- **Dienstleistungsfunktion** und
- **Versicherungs-(Delkredere-)funktion.**

Im Rahmen der **Finanzierungsfunktion** kauft bzw. bei Ausschluß des Ausfallrisikos bevorschußt der Factor die Lieferungen und Leistungen des Klienten, der dadurch gewährte Lieferantenkredite refinanzieren kann. Die Auszahlung des Gegenwertes erfolgt i. d. R. wenige Tage nach Einreichung der Rechnungsdurchschriften unter Abzug eines Kürzungsbetrages von etwa 10 %. Dieser Restbetrag wird auf einem Sperrkonto gutgeschrieben und soll zum Ausgleich von Beanstandungen, Rechnungskürzungen und Zahlungsausfällen dienen. Verfügt der Klient über eine ausreichende Liquidität und strebt er insbesondere die Übertragung der Dienstleistungs- und der Delkrederefunktion an, so kann die Auszahlung der Forderungsgegenwerte jedoch auch erst zum Zahlungszeitpunkt, bei Verfall der einzelnen Buchforderungen oder zum durchschnittlichen Fälligkeitstermin erfolgen.

Übernimmt der Factor die **Dienstleistungsfunktion**, so sind damit insbesondere die folgenden Aufgaben verbunden:

- Führung der Debitorenbuchhaltung
- Bonitätskontrolle
- Mahnwesen
- Beratung und sonstige Sonderleistungen.

Inwieweit der Factor am Inkassowesen beteiligt ist, hängt von der Beziehung zwischen dem Klienten und seinem Kunden ab. Dabei können das offene und das verdeckte Factoring unterschieden werden. Beim offenen oder modifizierten Factoring wird die Übertragung der Forderungen auf den Factor dem Kunden angezeigt, so daß diese mit befreiender Wirkung nur noch an den Factor Zahlung leisten können. Dagegen werden die Kunden beim verdeckten oder nicht modifizierten Factoring von der Abtretung der Forderungen nicht unterrichtet. Sie können weiterhin an den Lieferanten zahlen, der die entsprechenden Beträge allerdings auf einem Sonderkonto ansammelt.

Im Rahmen der **Delkredere-** oder **Versicherungsfunktion** übernimmt der Factor das wirtschaftliche Risiko der Zahlungsunfähigkeit des Kunden. Der Factor hat in diesem Fall die Forderung des Klienten nicht nur bevorschußt, sondern sie vielmehr endgültig erworben. Das Delkredererisiko gilt dabei als eingetreten, wenn der Kunde nach Ablauf einer gewissen Zeitspanne nach Ende des Zahlungsziels nicht bezahlt. Der Factor muß dann seine Versicherungsleistung erbringen, ohne daß ein spezieller Nachweis wie Konkurs oder Zwangsvollstreckung geführt werden müßte. Auch ist der Abzug einer Selbstbeteiligungsquote des Klienten nicht möglich.

Ein Wirtschaftlichkeitsvergleich des Factoring muß dessen Kosten und die möglichen Kostenersparnisse (einschließlich sonstiger geldwerter Vorteile) berücksichtigen.

Die **Kosten** des Factoring setzen sich im wesentlichen aus drei Elementen zusammen:

(a) den **Kreditzinsen** für die Finanzierung der Forderungen vor Fälligkeit. Sie liegen in der Regel geringfügig über den banküblichen Zinsen, weil die Factoring-Gesellschaften sich bei den Banken refinanzieren müssen;

(b) der **Factoringgebühr**, die die Kosten für die Übernahme von factoringspezifischen Dienstleistungen abdeckt. Sie schwankt je nach der Art und Umfang dieser Dienstleistungen sowie in Abhängigkeit vom Forderungsvolumen, der durchschnittlichen Rechnungshöhe u.ä. etwa zwischen 0,5 und 3% vom Umsatz;

(c) der **Delkregeregebühr** als Entgelt für das übernommene Forderungsausfallrisiko. Sie ist naturgemäß vor allem abhängig von der Bonität der Abnehmer, den Zahlungsbedingungen und den Zahlungsusancen. Von der Größenordnung her beträgt die Delkrederegebühr in der Regel etwa zwischen 0,1% bis 1% vom Umsatz.

Den Kosten des Factoring sind die erzielbaren **Kostenersparnisse** und sonstigen **geldwerten Vorteile** gegenüberzustellen. Hierzu zählen:
- Rentabilitätserhöhung infolge schnelleren Umschlags der Forderungen und Ablösung teurer Kredite,
- geringere Aufwendungen für Schreibarbeiten, Telefon und Porti im Mahn- und Inkassowesen,
- Senkung der Kosten in der Debitorenbuchhaltung,
- Verringerung der Verluste aus Insolvenzen von Geschäftspartnern,
- Stärkung der Einkaufsposition durch erhöhte Liquidität (Ausnutzung von Skontovorteilen und/oder Preisvorteilen durch Sofortzahlung),
- Freisetzung knapper Managementkapazitäten.

Insbesondere bei den Betriebskosten ist im Rahmen einer Wirtschaftlichkeitsrechnung darauf zu achten, daß nur Kostenarten erfaßt werden, die zu einer tatsächlichen Einsparung führen. Zeitabhängige Kosten, zu denen primär die Personal- und Raumkosten zählen, sind dabei häufig nicht oder erst nach einer gewissen Zeitspanne mit einer effektiven Kostensenkung verbunden. Darauf aufbauend erscheint das Factoring insbesondere für kleine und mittlere Unternehmen sinnvoll zu sein, da diese Betriebe vielfach keine eigene Datenverarbeitungsanlage besitzen und die Factoringgesellschaften die Debitorenbuchhaltung sowie das Mahn- und Inkassowesen kostengünstiger ausführen können (vgl. *Perridon/Steiner* 1991).

Als Nachteil des Factoring wird häufig genannt, daß Geschäftspartner aus der Abtretung der Forderungen falsche Rückschlüsse auf das „Kreditstanding" und die Liquidität des Unternehmens ziehen könnten. Speziell um dieser „Abtretungsscheu" entgegenzuwirken, existiert die Möglichkeit des **stillen Factoring**. Im Gegensatz zum **offenen Factoring** bleibt es hier dem Schuldner verborgen, daß die Unternehmung ihre Forderungen an einen Factor abgetreten hat.

Weitere Probleme des Factoring können insbesondere darin begründet sein,
- daß Firmen in ihren Geschäftsbedingungen die Abtretung der an sie gerichteten Kaufpreisforderungen gemäß §399 BGB verbieten oder
- daß ein verlängerter Eigentumsvorbehalt der Lieferanten an den Waren, die weiterverkauft werden, besteht; mit der Folge, daß die zukünftigen Forderungen gegen die Abnehmer des Factor-Klienten nicht wirksam abgetreten werden können.

(2) Unter **Leasing** versteht man die Vermietung von Anlagegegenständen durch Finanzierungsinstitute und andere Unternehmen, die dieses Vermietungsgeschäft gewerbsmäßig betreiben (*Perridon/Steiner* 1991). Nach der Dauer des Leasing-Vertrages läßt sich dabei

- das **Operating-Leasing** (durch das der Mieter ein kurzfristiges, in der Regel jederzeit kündbares Nutzungsrecht an dem Mietobjekt erwirbt) und
- das **Financial-Leasing** (bei dem der Mieter in einem längerfristigen, innerhalb der Grundmietzeit prinzipiell unkündbaren Vertrag das Nutzungspotential des Anlagengegenstandes erwirbt)

unterscheiden. Während das Operating-Leasing sich praktisch und rechtlich von üblichen Mietverträgen kaum unterscheidet, ist das Financial-Leasing eine aus den USA kommende Besonderheit der Finanzierung von Anlagegegenständen. Es wird als Kreditsubstitut bezeichnet, weil der Leasing-Geber wie ein Kreditgeber die Eingliederung eines Anlageguts in den Produktionsapparat ermöglicht, ohne daß der gesamte Investitionsbetrag aus eigenen Mitteln bezahlt werden muß. Des weiteren führt der Leasing-Vertrag auch zu laufenden Belastungen, die dem Kapitaldienst beim Kredit entsprechen.

Die Vertragsvielfalt beim Financial-Leasing ist erheblich. Die Leasing-Unternehmen rühmen sich, für jeden Bedarf eine maßgeschneiderte Lösung anbieten zu können (vgl. *Hagenmüller/Stoppok* 1988). Dennoch lassen sich einige typisierende Aussagen zu den häufigsten in der Praxis vorkommenden Financial-Leasing-Verträgen machen (vgl. Abb. 219).

Besondere **Bilanzierungsprobleme** treten beim Financial-Leasing dadurch auf, daß die wirtschaftliche Verfügungsmacht über die Leasing-Gegenstände während der Grundmietzeit beim Leasing-Nehmer liegt, während das rechtliche Eigentum beim Leasing-Geber verbleibt. Für die Steuerbilanz gibt es seit o. g. Urteil des Bundesfinanzhofes eindeutige Richtlinien. Demgegenüber gehen die Meinungen über die „richtige" Behandlung von Leasing-Verträgen in der Handelsbilanz bis heute auseinander (*Leffson* 1976).

Vertragstypen des Financial-Leasing[1]					
Vollamortisationsvertrag[2]			Teilamortisationsvertrag[3]		
(1)	(2)	(3)	(4)	(5)	(6)
ohne Kauf- bzw. Mietverlängerungsoption	mit Kaufoption[4]	mit Kauf- und/oder Mietverlängerungsoption	ohne Kauf- bzw. Mietverlängerungsoption	mit Andienungsrecht des Leasing-Gebers[5]	mit Kündigungsrecht des Leasing-Nehmers[6]

Anmerkungen:

(1) Die Grundmietzeit von Financial-Leasing-Verträgen beträgt in Einklang mit einem Urteil des Bundesfinanzhofes vom 26.1.1970 in aller Regel mindestens 40% und höchstens 90% der betriebsgewöhnlichen Nutzungsdauer. Denn nur dann wird das Leasing-Objekt steuerlich dem Leasing-Geber zugerechnet, was als wesentliche Vorbedingung für die Vorteilhaftigkeit von Financial-Leasing-Verträgen gilt. Das gilt nicht für sog. Spezial-Leasing-Verträge, bei denen nur der Leasing-Nehmer das Leasing-Objekt faktisch verwenden kann, weil es speziell auf seine Bedürfnisse zugeschnitten ist. Hier erfolgt stets eine Zurechnung beim Leasing-Nehmer.

(2) Bei einem Vollamortisationsvertrag werden die Leasing-Raten so kalkuliert, daß sich die Investition für den Leasing-Geber nach Ablauf der Grundmietzeit einschließlich Kapitalkosten amortisiert hat.

(3) Bei Teilamortisationsverträgen erfolgt entsprechend nur eine teilweise Amortisation, so daß für den Leasing-Geber die Notwendigkeit besteht, das Leasing-Objekt in irgendeiner Form weiterzuverwerten, um eine vollständige Amortisation zu erreichen.

(4) Als Kaufpreis wird i.d.R. der gemeine Wert, höchstens jedoch der Restbuchwert bei linearer Abschreibung angesetzt. Bei einem niedrigeren Preis wird der Leasing-Vertrag von der Finanzverwaltung häufig in einen Mietkaufvertrag mit erheblichen steuerlichen Nachteilen umgedeutet.

(5) Der Leasing-Geber erhält hier das Recht, nach Ablauf der Grundmietzeit das Leasing-Objekt zu einem vorher vereinbarten Preis an den Leasing-Nehmer zu verkaufen, kann es jedoch auch anderweitig verwerten. In einem solchen Fall kann die Verpflichtung bestehen, den Leasing-Nehmer an einem etwaigen Mehrerlös zu beteiligen.

(6) Der Leasing-Nehmer erhält hier das Recht, (frühestens) nach Ablauf der Grundmietzeit zu kündigen, wobei er dann eine bestimmte Anschlußzahlung zu leisten hat, die jedoch i.d.R. um einen etwaigen Verwertungserlös aus dem Leasing-Objekt gekürzt wird.

Abb. 219 Vertragstypen des Financial-Leasing

Ein **Wirtschaftlichkeitsvergleich** zwischen Leasing und Kreditkauf schneidet in der Regel zugunsten des Kreditkaufs ab, wenn nur die unmittelbaren Kapitalkosten (Abschreibungen und Kreditzinsen auf der einen, Leasingraten auf der anderen Seite) verglichen werden. Das kann auch nicht überraschen, da sich Leasing-Gesellschaften ihrerseits mit Krediten refinanzieren müssen und sie natürlich eigene Kosten- und Gewinnvorstellungen haben, die in ihre Mietpreisforderung einfließen. Allein wenn die Leasing-Gesellschaft ihre Kosten und Gewinnvorstellungen durch einen entsprechenden Preisvorteil bei der Beschaffung oder späteren Weiterverwertung des Leasing-Gutes und/oder durch einen entsprechenden Zinsvorteil bei der

Refinanzierung kompensieren kann, ist Leasing a priori nicht teurer als ein Kreditkauf.

Daß das Financial-Leasing sich in vielen Bereichen der Wirtschaft durchgesetzt hat, muß also im wesentlichen andere Gründe haben. Als Argumente für das Leasing werden dabei genannt:

(a) Die Abwicklung von Leasing-Geschäften erfolgt unkomplizierter als ein Kreditkauf. Insbesondere werden geringere Anforderungen an die Kreditwürdigkeit des Leasingnehmers gestellt, als es bei Banken, die einen Kreditkauf finanzieren sollen, üblich ist.
(b) Leasing-Verträge werden (sofern der Leasing-Nehmer die Gegenstände nicht bilanzieren muß) steuerlich gegenüber der Kreditkaufalternative bevorzugt. Zum einen führt das Leasing im Gegensatz zum Kreditkauf zu keinen gewerbekapital- und -ertragsteuerlichen Hinzurechnungen und zum anderen sind die Leasingraten steuerlich voll abzugsfähig, während beim Kreditkauf dieser Effekt nur dann gegeben ist, wenn die Tilgungszahlungen vom Betrag her den steuerlichen Abschreibungen entsprechen.
(c) Es brauchen keine Kapazitäten für Wartungs- und Reparaturarbeiten vorgehalten werden, da die Leasing-Gesellschaften diese Leistungen gegen Pauschalgebühr häufig mit übernehmen (Maintenance-Leasing).
(d) Die Leitsätze für die Kalkulation der Selbstkosten bei öffentlichen Aufträgen gestatten den Ansatz der Leasingraten in voller Höhe, während die Verrechnung von Abschreibungen oft begrenzt ist.
(e) Die Investitionsflexibilität erhöht sich durch Leasing, weil die Leasing-Gesellschaft dem Investor das Risiko der technischen und wirtschaftlichen Veralterung der Anlagegegenstände abnimmt.
(f) Mithilfe des Leasing kann die Unternehmung ihr Kreditpotential schonen und ein besseres Bilanzbild zeigen.

Von den genannten Argumenten können nur die ersten drei (a), (b) und (c) überzeugen. Argument (d) ist kaum mehr als ein Scheinvorteil und (e) ist wegen der festen Grundmietzeit allenfalls mit der (im Vergleich zu einem privaten Investor) höheren Anlagenverwertungskapazität einer Leasing-Gesellschaft zu begründen, denn zweifellos ist das Veralterungsrisiko kalkulatorisch stets in den Leasingraten enthalten. Argument (f) zieht lediglich, wenn der Leasing-Vertrag nicht bilanziert zu werden braucht, die Kreditgeber sich an Bilanzrelationen bei der Kreditwürdigkeitsprüfung orientieren und es gelingt, die Existenz von Leasing-Verträgen, die an sich wie Kreditverträge zu behandeln sind, zu verheimlichen.

Als maßgeblicher Grund für den Erfolg des Leasing-Konzepts bleibt insofern wohl allein

- die steuerliche Bevorzugung und
- die erhöhte „Bequemlichkeit" des Leasing gegenüber dem Kreditkauf sowie
- die Möglichkeit, Investitionen zu realisieren, die ohne Leasing mangels banküblicher Sicherheiten nicht finanziert werden könnten.

Die Vorgehensweise zur Erfassung der quantitativen Unterschiede zwischen den Alternativen Leasing und Kauf eines Objekts sollen nun an einem Beispiel erläutert werden, daß jedoch keine allgemeingültigen Aussagen zur Vorteilhaftigkeit zuläßt und wie jedes andere Vergleichsmodell von den zugrundegelegten Prämissen abhängt. Als Grundbedingungen können dabei genannt werden:

- monatliche Zahlungen werden ohne Berücksichtigung von Zinseffekten in Jahresgrößen umgerechnet,

- Kauf und Leasing beziehen sich auf einen übereinstimmenden Vergleichszeitraum,
- steuerliche Konsequenzen werden im jeweiligen Jahr zahlungswirksam,
- zeitliche Differenzen der anfallenden Erträge und Aufwendungen werden durch Abzinsung auf den Investitionszeitpunkt mit Hilfe der Kapitalwertmethode ausgeglichen,
- es gilt ein einheitlicher Kalkulationszins vor Ertragsteuern.

In der Vergleichsrechnung werden steuerliche Effekte auf die Höhe der abzuführenden Körperschaftsteuer (56%) und der Gewerbesteuer berücksichtigt. Der Gewerbesteuerhebesatz liegt bei 380% und die Steuermeßzahl für die Gewerbeertragsteuer bei 5%, so daß sich folgender effektiver Gewerbeertragsteuersatz (zur Ableitung vgl. S. 312f.) ergibt:

$$\text{Gewerbeertragsteuersatz} = \frac{\text{Hebesatz} \times \text{Steuermeßzahl}}{1 + \text{Hebesatz} \times \text{Steuermeßzahl}} = \frac{3{,}8 \times 0{,}05}{1 + 3{,}8 \times 0{,}05}$$

$$= 0{,}1597$$

Gewerbeertragsteuersatz = 15,97%.

Im **Leasing-Modell** wird ein Vollamortisationsvertrag mit Kauf- und Mietverlängerungsoption nach Ablauf der Grundmietzeit unterstellt, der eine Zurechnung des Leasing-Objektes zum Leasing-Geber erlaubt. Die Anschaffungskosten des Leasing-Objektes betragen 100 000 DM, und die Laufzeit des Leasing-Vertrages wird bei einer betriebsgewöhnlichen Nutzungsdauer von 60 Monaten auf den steuerlich maximalen Wert von 54 Monaten (90%) festgelegt. Nach Ablauf der Grundmietzeit macht der Leasing-Nehmer von seinem Optionsrecht keinen Gebrauch und gibt den Gegenstand an die Leasing-Gesellschaft zurück. Der Barwert des Leasing-Modells ergibt sich damit bei einer monatlichen Leasing-Rate in Höhe von 2,32% der Anschaffungskosten und einem Kalkulationszins von 9% wie Abbildung 220 zeigt (vgl. *Degener* 1986, *Spittler* 1985).

Der um die Leasing-Zahlungen verminderte Bruttoertrag unterliegt der Gewerbeertragsteuer. Gewerbekapitalsteuer fällt bei Leasing nicht an. Die Gewerbeer-

Jahre	Brutto-ertrag	Leasing-Zahlung. (2,32%) (p.m.)	Z 1	Gewerbe-ertrag-steuer (15,97%)	Z 2	Körper-schaft-steuer (56%)	Z 3 Netto-ertrag	Barwert-faktor	Barwert d.Netto-ertrages
(1)	(2)	(3)	(4)	(5)	(6)	(7)	(8)	(9)	
1	100 000	55 680	44 320	7 078	37 242	20 856	16 386	0,9174	15 033
2	100 000	55 680	44 320	7 078	37 242	20 856	16 386	0,8417	13 792
3	100 000	55 680	44 320	7 078	37 242	20 856	16 386	0,7722	12 653
4	100 000	55 680	44 320	7 078	37 242	20 856	16 386	0,7084	11 608
5	50 000	27 840	22 160	3 539	18 621	10 428	8 193	0,6779	5 554
	450 000	250 560		31 851		93 852	73 737		58 640

Z 1: Bemessungsgrundlage für Gewerbeertragsteuer (3) = (1)./.(2)
Z 2: Bemessungsgrundlage für Körperschaftsteuer (5) = (1)./.(2)./.(4)
Z 3: Nettobetrag (7) = (1)./.(2)./.(4)./.(6)
Quelle: *Spittler, J.*, Leasing für die Praxis, 1985, S. 31

Abb. 220 Leasing-Modell (Z = Zwischensumme)

tragsteuer ist eine abzugsfähige Betriebsausgabe und folglich vor Berechnung der Körperschaftsteuer vom Bruttoertrag zu subtrahieren. Um den Barwert zu erhalten, sind die sich dann ergebenden Nettoerträge mit dem jeweiligen Barwertfaktor zu multiplizieren. Im 5. Jahr nutzt der Leasing-Nehmer den Gegenstand nur für 6 Monate, so daß der Bruttoertrag und die Leasing-Zahlungen nur zur Hälfte anzusetzen sind. Insgesamt ergibt sich dadurch ein Barwert der Alternative „Leasing" in Höhe von 58 640,- DM.

Im **Kauf-Modell** werden die Anschaffungskosten durch eine lineare Abschreibung (jährlich 40000,- DM) auf die betriebsgewöhnliche Nutzungsdauer verteilt. Die Finanzierung erfolgt bei einem Fremdkapitalzins von 8,5% zu 70% mit Fremdkapital (Tilgung in gleichen Halbjahresraten) und zu 30% mit Eigenkapital. Als Eigenkapital-Rendite werden 9% gefordert, die ebenso wie die Fremdkapitalzinsen halbjährlich berechnet werden.

Der Gewerbekapitalsteuer unterliegt das Fremdkapital als sog. Dauerschulden zu 50%. Bei einer Steuermeßzahl von 0,2% und einem Hebesatz von 380% beträgt der Gewerbekapitalsteuersatz 0,76% ($\cong 0,2\% \times 380\%$). Damit ergeben sich die Gewerbekapitalsteuerbelastung und der Aufwand für Fremd- bzw. Eigenkapitalzinsen in den einzelnen Jahren in folgender Höhe (vgl. Abb. 221).

Jahr	Schulden	Gewerbe-kapital-steuer (0,76%)*	Fremdkapitalzinsen halb-jährlich	Fremdkapitalzinsen insge-samt	Eingesetztes Eigenkapital	Zinsen auf Eigenkapital halb-jährlich	Zinsen auf Eigenkapital insge-samt
1/2	140000		5950		60000	2700	
1	126000	532	5355	11305	54000	2430	5130
1 1/2	112000		4760		48000	2160	
2	98000	426	4165	8925	42000	1890	4050
2 1/2	84000		3570		36000	1620	
3	70000	319	2975	6545	30000	1350	2970
3 1/2	56000		2380		24000	1080	
4	42000	213	1785	4165	18000	810	1890
4 1/2	28000		1190		12000	540	
5	–	106	–	1190	–	–	540

* In dieser Spalte ist berücksichtigt, daß Dauerschulden ab dem Erhebungszeitraum 1984 nur mit 50% anzusetzen sind.

Quelle: *Spittler, J.*, Leasing für die Praxis, 1985, S. 33

Abb. 221 Berechnung von Gewerbekapitalsteuer, Fremd- und Eigenkapitalzinsen

Bei der Modellrechnung werden ansonsten die gleichen Daten wie innerhalb der Leasing-Variante zugrunde gelegt. Zu beachten ist jedoch, daß der Gewerbeertragsteuer 50% der Dauerschuldzinsen unterliegen und nicht von der Bemessungsgrundlage abgezogen werden können. Daneben sind die Eigenkapitalzinsen selbstverständlich keine abzugsfähigen Betriebsausgaben und müssen aus dem versteuerten Gewinn gezahlt werden. Um die Bedingungen in beiden Modellen zu vereinheitlichen, wird der Gegenstand nach 54 Monaten verkauft, wobei ein Erlös in Höhe des Restbuchwertes von 20000,- DM erzielt werden kann. Steuerliche Konsequenzen entstehen aus dem Verkauf somit nicht. Das schrittweise Vorgehen zur Barwertberechnung verdeutlicht die nachstehende Abb. 222 (vgl. *Degener* 1986,

Jahre	Brutto-ertrag	AfA	Gewerbe-kapital-steuer (0,7%)	Fremd-kapital-zinsen (8,5%)	Dauer-schuld-zinsen	Z 1	Gewerbe-ertrag-steuer (15,97%)	Z 2
	(1)	(2)	(3)	(4)	(5)	(6)	(7)	(8)
1	100000	40000	532	11305	5652	53815	8594	39569
2	100000	40000	426	8925	4462	55111	8801	41848
3	100000	40000	319	6545	3272	56408	9008	44128
4	100000	40000	213	4165	2082	57704	9215	46407
5	50000	20000	106	1190	595	29299	4679	24025
	450000	180000	1596	32130	16063		40297	

Jahre	Körper-schaftsteuer (56%)	Zinsen auf Eigenkapital (9%)	Z 3 (Nettoertrag)	Barwert-faktor	Barwert des Nettoertrags
	(9)	(10)	(11)	(12)	(13)
1	22159	5130	12280	0,9174	11266
2	23435	4050	14363	0,8417	12089
3	24712	2970	16446	0,7722	12700
4	25988	1890	18529	0,7084	13126
5	13454	540	10031	0,6779	6800
	109748	14580			55981

Z 1: Bemessungsgrundlage für die Gewerbeertragsteuer: (6) = (1)./.(2)./.(3)./.(4) + (5)
Z 2: Bemessungsgrundlage für die Körperschaftsteuer: (8) = (1)./.(2)./.(3)./.(4)./.(7)
Z 3: Nettoertrag: (11) = (1)./.(2)./.(3)./.(4)./.(7)./.(9)./.(10)
Quelle: *Spittler, J.*, Leasing für die Praxis, 1985, S. 35, 36
Abb. 222 Kauf-Modell

Spittler 1985). Es ergibt sich ein Barwert in Höhe von 55981,- DM, der die Leasing-Variante um 2659,- DM unterschreitet. In diesem Beispiel ist Leasing also dem Kauf des Investititonsobjektes vorzuziehen.

Deutlich wird durch die Modellrechnung jedoch auch, daß die jeweiligen Konditionen die Vorteilhaftigkeit entscheidend beeinflussen und keine allgemeingültigen Aussagen für Leasing oder Kauf möglich sind. Als wichtigste Einflußgrößen können dabei genannt werden:

· die Vertragsgestaltung des Leasing, die über die steuerliche Zurechnung entscheidet
· die Kosten des Leasing
· die Höhe der Steuersätze
· die Kreditkonditionen
· das gewählte Abschreibungsverfahren
· die Höhe des Kalkulationszinssatzes.

Unabhängig von diesen Determinanten weist die Leasingalternative jedoch einen deutlichen liquiditätsmäßigen Vorteil auf. Während beim Kauf die gesamte Investitionssumme gebunden und erst sukzessive über die verdienten Abschreibungen freigesetzt wird, entsteht beim Leasing keine Kapitalbindung. Vielmehr bewirkt die Leasingvariante bereits im 1. Jahr einen Liquiditätsüberschuß, der dem jährlichen Nettoertrag entspricht und nicht zum Abbau des in der Investition gebundenen Eigen- und Fremdkapitals, sondern für andere Projekte verwendet werden kann.

5. Subventionsfinanzierung

Eine besondere Form der Finanzierung stellt die Beschaffung von finanziellen Mitteln im Zusammenhang mit der Gewährung bzw. Beanspruchung von Subventionen dar. Der Subventionsbegriff, und damit auch derjenige der Subventionsfinanzierung, läßt sich unterschiedlich weit fassen. Häufig werden unter Subventionen alle **geldlichen** Leistungen von staatlichen Stellen verstanden, die mit keinen unmittelbaren oder direkten Gegenleistungen an den Staat verbunden sind. Charakteristisch für diesen Subventionsbegriff ist:

- als Subventionsgeber treten öffentlich-rechtliche Körperschaften auf,
- es handelt sich um unmittelbare finanzielle Leistungen in Form zusätzlicher Ausgaben oder mittelbare Leistungen aufgrund geringerer Einnahmen,
- als Subventionsempfänger treten ausschließlich gewerbliche Unternehmen auf, private Haushalte erhalten dagegen keine Subventionen,
- mit der Gewährung einer Subvention ist die Lenkung des Verhaltens der Subventionsempfänger beabsichtigt.

Nicht in den obigen Subventionsbegriff einbezogen werden somit alle nicht unmittelbar geldlichen Leistungen an den Begünstigsten, wie die Bereitstellung der notwendigen Infrastruktur und die Übernahme von Risiken sowie durch staatliche Institutionen erzwungene Leistungen von Privatpersonen oder Unternehmen, wie etwa Einfuhrzölle oder Beimischungszwänge.

Erscheinungsformen von Subventionen sind in erster Linie **Zinsverzichte bzw. Zinszuschüsse** und direkte **Kapitalzuschüsse**. Daneben kann eine Subvention jedoch auch in der Gewährung einer Steuerminderung oder eines Steueraufschubs bestehen. Während Zinszuschüsse bzw. Zinsverzichte und direkte Kapitalzuschüsse eine Form der Außenfinanzierung darstellen, sind die genannten Steuervergünstigungen eher der Innenfinanzierung zuzurechnen. Die folgenden Ausführungen beschränken sich auf die erstgenannten Formen der Subventionsfinanzierung.

Staatliche Finanzierungshilfen mittels **Zinsverzichte** bzw. **Zinszuschüsse** vermindern die Zinsbelastung eines Unternehmens, indem sie den Effektivzins unter die marktüblichen Konditionen drücken. Sie setzen daher eine Kreditfinanzierung voraus und stellen nur durch ihren besonderen Förderungscharakter eine eigenständige Finanzierungsart neben den an anderer Stelle beschriebenen originären Bankkrediten dar. Die Kredite werden dabei jedoch auch über Kreditinstitute vermittelt und teilweise unter Mithaftung der Banken gewährt. Die im Rahmen von Kreditprogrammen bereitgestellten Mittel werden vor allem zu folgenden Zwecken vergeben:

- Existenzgründungen,
- Investitionen in wirtschaftsschwache Gebiete sowie
- Umweltschutzmaßnahmen.

Die Mittel zur Durchführung öffentlicher Kreditprogramme stammen aus verschiedenen Quellen. Neben speziellen Krediten des Bundes und der Länder sind dabei insbesondere die Mittel aus dem ERP-Sondervermögen sowie die Eigenmittelprogramme der Kreditanstalt für Wiederaufbau und der Lastenausgleichsbank hervorzuheben.

Die **ERP-Mittel** gehen auf die Nachkriegshilfe der USA (Marschallplan) zurück und wurden nach Abschluß des Wiederaufbaus zur Förderung der deutschen Wirtschaft in einem Sondervermögen zusammengefaßt. Die Kredite werden dabei von den Hausbanken der Kreditnehmer vermittelt und von der Kreditanstalt für Wiederaufbau und der Lastenausgleichsbank zur Förderung bestimmter Investitionsvorhaben bereitgestellt. Über die verschiedenen Finanzierungsprogramme sowie die dabei geltenden Konditionen gibt die folgende Abb. 195 einen zusammenfassenden Überblick.

Die Inspruchnahme der Kredite aus den jeweiligen Finanzierungsprogrammen ist an die Einhaltung bestimmter Voraussetzungen geknüpft, die in den Einzelrichtlinien festgelegt sind. Daneben hat das Bundeswirtschaftsministerium allgemeine Bedingungen für die Vergabe von ERP-Mitteln aufgestellt, wie etwa die Bedingung der Förderungswürdigkeit, das Verbot der Doppelförderung und die Zweckbindung.

Wie bei den ERP-Programmen soll auch bei den **Eigenmittelprogrammen** der öffentlich-rechtlichen Kreditinstitute mit Sonderaufgaben primär eine Förderung kleinerer und mittlerer Unternehmen bewirkt werden. Insbesondere das sog. **MI/MII-Programm** der Kreditanstalt für Wiederaufbau will dabei Nachteile ausgleichen, die kleinere und mittlere Unternehmen bei der Finanzierung von Investitionen haben. Im allgemeinen besitzen diese Unternehmen keinen direkten Zugang zum Kapitalmarkt und können auf die Finanzierungsbedingungen im Kreditverkehr mit den Banken nur einen geringen Einfluß nehmen. Zudem investieren sie häufig in unregelmäßigen Zeitabständen, so daß ein entsprechend hoher Finanzbedarf auftritt. Die Mittel für das Programm MI/MII werden von der Kreditanstalt auf dem Kapitalmarkt beschafft und so weit verbilligt, daß die effektiven Belastungen im unteren Bereich der gültigen Kapitalmarktsätze liegen.

Direkte Kapitalzuschüsse führen grundsätzlich zu einer unmittelbaren Geldzahlung an das Unternehmen. Dabei setzen sie, wie auch die Zinsverzichte bzw. Zinszuschüsse, das Bestehen einer Steuerschuld nicht voraus, so daß auch Betriebe, die sich in der Verlustzone befinden, eine Zuwendung beantragen können. Entscheidend ist alleine die Realisation der Tatbestände, die für die Inanspruchnahme der jeweiligen Förderung gegeben sein müssen.

Im Rahmen der direkten Kapitalzuschüsse müssen die **Investitionszulagen** und die **Investitionszuschüsse** unterschieden werden. In beiden Fällen ergibt sich der Förderungsbetrag aus der Anwendung der festgelegten Förderungssätze auf die gesamten Anschaffungs- oder Herstellungskosten. Vielfach sind dabei jedoch Höchstgrenzen festgelegt, die auch bei vergleichsweise aufwendigen Investitionen nicht überschritten werden können. Im Gegensatz zu den steuerpflichtigen Investitionszuschüssen handelt es sich bei den **Investitionszulagen** um steuerfreie Einnahmen. Beantragt werden die Investitionszulagen nach Ablauf des Wirtschaftsjahres, in dem die begünstigte Investition durchgeführt wurde. Sie fließen somit erst mit einer zeitlichen Verzögerung zu und werden dabei von dem jeweils zuständigen Finanzamt ausgezahlt.

Programm	Antragsberechtigte Unternehmen max. Jahresumsatz/ max. Beschäftigtenzahl	Zinssatz/ Auszahlungskurs in vH (Zinssatz: Zonenrand)	Laufzeit (max.) (in Klammern: Freijahre)	Finanzierungsanteil max. in vH	Kredithöchstbetrag TDM	Fördervolumen Anzahl Kredite	Fördervolumen Betrag in Mio DM
ERP							
Existenzgründung	50 Mio/200	6,0 (5,0)/100	10 bzw. 15 (2)	50	300	15.958	807
Regionalförderung	50 Mio/200	6,0 (5,0)/100	10 bzw. 15 (2)	33 1/2	300	10.674	1.082
Standortverlagerung	50 Mio/200	6,0 (5,0)/100	10 bzw. 15 (2)	50	300	1.460	273
Ausbildungsplätze		6,0 (5,0)/100	10 bzw. 15 (2)	30 TDM je Ausbildungsplatz		131	11
Abwasserreinigung		5,5 /100	10 bzw. 15 (2)	50	–	99	52
Luftreinhaltung		5,5 /100	10 bzw. 15 (2)		–	169	133
Abfallbeseitigung		5,5 /100	10 bzw. 15 (2)		–	–	100
Berlin-Programme							
– Investition		4,0 /100	10 (2)			745	615
– Existenzgründung		4,0 /100	10 bzw. 15 (2)	50	300	212	23
– Auftragsfinanzierung		6,0 /100	10 (2)		–	21	12
Exportfinanzierung (ERP/KfW)		7,26 bzw. 8,07 /100		50–100	85.000		2.945

Abb. 223 ERP-Kreditprogramme zugunsten der gewerblichen Wirtschaft
(Quelle: Handelsblatt vom 14.11.1985, S. B6.)

Abweichend von der steuerlichen Behandlung der Investitionszulagen liegen bei **Investitionszuschüssen** steuerpflichtige Einnahmen vor. Dabei müssen die Unternehmen jedoch mit der Zuweisung eines Investitionszuschusses ihre Betriebseinnahmen und damit ihre Steuerlast nicht sofort erhöhen. Vielmehr können sie den Förderungsbetrag auch erfolgsneutral vereinnahmen und stattdessen den Betrag ihrer Anschaffungs- oder Herstellungskosten entsprechend vermindern. Dadurch sinken dann die jährlichen Abschreibungen, so daß eine allmähliche **Nachversteuerung** eintritt.

6. Überschußfinanzierung und Finanzierung aus Vermögensumschichtung

Der Beteiligungs- und Kreditfinanzierung als Außenfinanzierung steht die **Innenfinanzierung** mit ihren Instrumenten „Überschußfinanzierung" und „Finanzierung aus Vermögensumschichtung" gegenüber. Den Formen der Innenfinanzierung ist gemeinsam, daß der Finanzierungseffekt durch **Desinvestitionsprozesse** bewirkt wird. Im Wege von Desinvestitionen fließen der Unternehmung also entsprechende finanzielle Mittel zu bzw. wird Kapital freigesetzt, das dann für die verschiedensten finanzierungsbedürftigen Zwecke eingesetzt werden kann.

Die **Überschußfinanzierung** wird auch als **Cash Flow-Finanzierung** bezeichnet, weil ihre Komponenten, die **Selbstfinanzierung** und die **Finanzierung aus Abschreibungen und Rückstellungen**, enge Parallelen zur Definition des Cash Flow aufweisen (vgl. S. 596 ff.). Entsprechend umfaßt die Überschußfinanzierung auch lediglich solche Desinvestitionen, die über den normalen Umsatzprozeß erfolgen, während sich die **Finanzierung aus Vermögensumschichtung** ausschließlich auf Kapitalfreisetzungsprozesse außerhalb des normalen Umsatzprozesses erstreckt.

(1) Die **Selbstfinanzierung** ist mit dem Gewinn (als Teil des Cash Flow) verknüpft. Entsprechend versteht man unter Selbstfinanzierung die **Finanzierung aus Gewinnen, die im Unternehmen zurückbehalten werden.** Diese Zurückbehaltung kann dabei auf unterschiedliche Weise erfolgen:

(a) Einbehaltung ausgewiesener Gewinne (**offene** Selbstfinanzierung)

- bei personenbezogenen Unternehmen durch Gutschrift auf dem Kapitalkonto und Verzicht auf die Entnahmen,
- bei Kapitalgesellschaften durch Einstellung in die offenen Rücklagen (vgl. S. 569 ff.) oder Übertragung auf die Rechnung des folgenden Jahres als Gewinnvortrag.

(b) Minderung des auszuweisenden Gewinns durch Bildung **stiller** Rücklagen (vgl. S. 569 ff.).

(c) Zeitliche Verzögerung der Gewinnausschüttung (**temporäre** Selbstfinanzierung) durch zweckentsprechende Wahl des Bilanzstichtags und Bilanzvorlagetermins (vgl. S. 569 ff.).

Abgesehen von den Möglichkeiten einer temporären Selbstfinanzierung (Fall c) ist grundlegende Voraussetzung für die (offene und stille) Selbstfinanzierung, daß die erwirtschafteten Gewinne (vor Bildung stiller Rücklagen) **größer** sind als die zwingenden Kapitalentnahmen (Gewinnausschüttungen) in der gleichen Periode. Die **Ertragskraft** der Unternehmung und die **Gewinnausschüttungsanforderungen** sind damit die beiden Hauptdeterminanten der Selbstfinanzierung.

Als **Vorteil** der Selbstfinanzierung (gegenüber der Beteiligungs- und Kreditfinanzierung) werden genannt:

- Stärkung der Unabhängigkeit der Gesellschaft vom Kapitalmarkt sowie (bei firmenbezogenen Unternehmen) der Unternehmensführung von den Kapitalgebern.
- Keine laufende Liquiditätsbelastung und keine Beanspruchung von Kreditsicherungsmitteln.
- Stärkung der Eigenkapitalbasis und damit Verringerung der Krisenanfälligkeit und Erhöhung der Kreditwürdigkeit.

Speziell die stille Selbstfinanzierung hat noch den Vorteil, daß die stillen Rücklagen (bei steuerlicher Anerkennung) steuerfrei gebildet werden können, während die offene Selbstfinanzierung mit hohen Steuersätzen belastet ist. Wie groß die Unterschiede zwischen offener und stiller Selbstfinanzierung diesbezüglich sind, wird deutlich, wenn man bedenkt, daß offen zurückbehaltene Gewinne von Kapitalgesellschaften mit 50% Körperschaftsteuer zuzüglich Gewerbe- und Vermögensteuer belastet werden (vgl. S. 312f.).

Abb. 223 zeigt die Zusammenhänge zwischen offener Selbstfinanzierung und Steuerbelastung bei alternativen Dividendensätzen (Steuersätze für ausgeschüttete Gewinne 36%, für einbehaltene Gewinne 50%, Anrechenverfahren).

Körperschaft-steuerlicher Gewinn	Bardividende (+ Steuerguthaben)	Rücklagenbildung	Steuerbelastung der Unternehmung
100	0	50,0	50,0
100	10 (+ 5,62)	42,2	47,8
100	20 (+ 11,24)	34,4	45,6
100	30 (+ 16,86)	26,6	43,4
100	40 (+ 22,48)	18,8	41,2
100	50 (+ 28,10)	11,0	39,0
100	60 (+ 33,72)	3,1	36,9
100	64 (+ 36,00)	0,0	36,0

Abb. 223 Selbstfinanzierung und Steuerbelastung bei alternativen Dividendensätzen (Anrechenverfahren)

Als **Nachteil** der Selbstfinanzierung wird häufig ein volkswirtschaftliches Argument ins Feld geführt: Die durch Selbstfinanzierung aufgebrachten Mittel werden dem Kapitalmarkt entzogen und so nicht der Lenkungsfunktion des Marktes unterworfen. Dadurch können volkswirtschaftliche Verluste auftreten, weil möglicherweise Kapital nicht dort verwendet wird, wo es den größten Nutzen bringt.

Dieses Argument kann auch aus betriebswirtschaftlicher Sicht verwendet werden: Da die Selbstfinanzierungsmittel keine laufenden Belastungen verursachen, werden sie von den Unternehmungen häufig als „kostenlos" angesehen. Dadurch werden sie möglicherweise dort eingesetzt, wo etwa Kreditfinanzierung günstiger wäre. Auch können sich negative Rückwirkungen insofern ergeben, als Investitionsprojekte bei Selbstfinanzierung nicht mit der gleichen Gründlichkeit geprüft bzw. an sie nicht so hohe Anforderungen im Hinblick auf Ertrag und/oder Sicherheit gestellt werden, wie das bei kreditfinanzierten Investitionen der Fall ist.

(2) Die **Finanzierung aus Abschreibungen** geht von der Grundprämisse aus, daß Abschreibungen (vgl. S. 624ff.) als Aufwendungen bzw. Kosten in die Preise kalkuliert und über die Umsatzerlöse „verdient" werden, ohne daß die verrechneten Beträge (anders als etwa Lohnkosten) in der Periode ihrer Erwirtschaftung mit Ausgaben verbunden wären.

Die der Unternehmung so zufließenden Mittel können für Investitionszwecke oder zur Bestreitung sonstiger Ausgaben eingesetzt werden. Sie müssen also nicht unbedingt angespart werden für die später notwendige Ersatzbeschaffung, sondern können zwischenzeitlich oder überhaupt anderen Verwendungszwecken zugeführt werden.

Der Finanzierungseffekt von Abschreibungen kann als (a) Kapitalfreisetzungseffekt und als (b) Kapazitätserweiterungseffekt interpretiert werden.

(a) Der **Kapitalfreisetzungseffekt** wird in Abb. 224 an einem Beispiel demonstriert: In vier aufeinanderfolgenden Jahren wird je eine Maschine zum Preis von 2000 GE angeschafft. Danach wird die geschaffene Kapazität durch Reinvestitionen lediglich aufrecht erhalten. Unterstellt wird hinsichtlich der Höhe und Entwicklung des sich hierbei abzeichnenden Kapitalfreisetzungseffekts,

· daß keine Preissteigerungen und damit keine Verteuerungen bei den Reinvestitionen auftreten und

· daß die (linearen) Abschreibungsbeträge in voller Höhe durch die Absatzerlöse verdient werden und jeweils in liquider Form vorliegen.

Das vom Ende der Kapazitätsaufbauphase an dauerhaft freigesetzte Kapital in Höhe von 3000 GE, was immerhin 37,5% des insgesamt gebundenen Kapitals entspricht, kann nun für beliebige Zwecke, wie etwa für die Tilgung aufgenommener Kredite beim Kauf der Maschinen oder auch für zusätzliche Investitionen verwendet werden. Letzteres führt zum Kapazitätserweiterungseffekt.

	Phase des Kapazitätsaufbaus				Reinvestitionsphase			
Jahre (Ende)	1	2	3	4	5	6	7	8
	Abschreibungsbeträge (Anschaff.wert 2000 GE, Nutzungsdauer 4 Jahre)							
Maschine 1	500	500	500	500	500	500	500	
Maschine 2		500	500	500	500	500	500	
Maschine 3			500	500	500	500	500	usw.
Maschine 4				500	500	500	500	
Alle Maschinen kumuliert	500	1000	1500	2000	2000	2000	2000	usw.
Reinvestitionen	–	–	–	2000	2000	2000	2000	usw.
Kapitalfreisetzung	500	1500	3000	3000	3000	3000	3000	usw.

Abb. 224 Kapitalfreisetzungseffekt von Abschreibungen

(b) Der **Kapazitätserweiterungseffekt** (auch Lohmann-Ruchti-Effekt genannt) ergibt sich, wenn die freigesetzten Mittel sogleich wieder investiert werden. Hierfür sei ebenfalls ein Beispiel dargestellt.

Eine Unternehmung besitzt 1000 Anlagen, die folgende Daten aufweisen:

· Kapazität pro Anlage und Periode   1 ME,
· Preis bzw. Wert pro Anlage   1 GE,
· Nutzungsdauer der Anlagen   5 Perioden,
· Lineare Abschreibung.

Abb. 225 (aus: *Wöhe* 1990b) zeigt, wie bei sofortiger Investition der jeweils freigesetzten Mittel die Periodenkapazität sich im Maximum auf 2073 ME pro Periode erhöht und sich dann auf 1670 ME pro Periode einpendelt. Es wird also eine Kapazitätserweiterung erzielt, die um 67% über dem ursprünglichen Wert liegt, ohne daß zusätzliche Mittel von außen oder aus dem Gewinn dafür hätten eingesetzt werden müssen.

Jahr	Perioden-kapazität (ME)	Abschreibung (GE) = Investition am Ende des Jahres (GE)														
		1	2	3	4	5	6	7	8	9	10	11	12	13	14	15
1	1000	200	200	200	200	200										
2	1200		40	40	40	40	40									
3	1440			48	48	48	48	48								
4	1728				57	58	57	58	58							
5	2073					69	69	69	69	69						
6	1488						83	83	83	83	83					
7	1585							59	59	60	59	60				
8	1662								63	63	64	63	64			
9	1706									66	66	67	66	67		
10	1702										68	68	68	68	69	
11	1627											68	68	68	68	68
		200	240	288	345	415	297	317	332	341	340	324	266	203	137	68

Abb. 225 Kapazitätserweiterungseffekt von Abschreibungen

Der in Abb. 225 demonstrierte Kapazitätserweiterungseffekt läßt sich unter den Prämissen

- gegebene Ausgangskapazität (kein sukzessiver Kapazitätsaufbau)
- Re- bzw. Erweiterungsinvestitionen jährlich am Ende jeden Jahres
- lineare Abschreibung, die voll verdient sind
- hinreichend große Teilbarkeit der Anlagen (Abschreibungssumme stets gleich Investitionssumme)
- konstante Wiederbeschaffungspreise
- Abschreibungsdauer entspricht der Nutzungsdauer
- keine Zinseffekte bei der unterjährigen Ansammlung der Abschreibungsbeträge

verallgemeinert mit Hilfe einer Formel berechnen (*Kosiol* 1955a):

$$\text{Kapazitätsmultiplikator} = \frac{2}{1 + \frac{1}{n}}$$

mit n = einheitliche Nutzungsdauer der Anlagen

Die Formel zeigt, daß der Kapazitätserweiterungseffekt unter den genannten Prämissen **allein abhängig ist von der Nutzungsdauer der Anlagen**, wobei eine Verdopplung der Periodenkapazität das äußerste (rein theoretische) Extrem der Kapazitätsexpansion für hohe Nutzungsdauern darstellt.

Im übrigen kann sich noch eine Verstärkung des Kapazitätserweiterungseffekts über die Formel hinaus ergeben, wenn deren Prämissen aufgehoben werden, wenn also

Sechstes Kapitel: Betriebliche Finanzprozesse

- degressive Abschreibungsmethoden (vgl. S. 625) angewandt werden,
- Reinvestitionen ständig und nicht nur am Ende eines jeden Jahres stattfinden und
- die Nutzungsdauer der Anlagen im Durchschnitt länger ist als die Abschreibungsdauer.

(3) Analog zu den Abschreibungen besteht der **Finanzierungseffekt von Rückstellungen** darin, daß die in die Kalkulation der Absatzpreise eingegangenen, verdienten Rückstellungsraten bis zur Inanspruchnahme der Rückstellung im Unternehmen disponibel sind (vgl. zum Begriff der Rückstellungen S. 519). Der Finanzierungseffekt ist dabei naturgemäß um so stärker, je größer der zeitliche Abstand zwischen der Bildung der Rückstellungen und ihrer Inanspruchnahme ist. Insofern sind es vor allem die **langfristigen Pensionsrückstellungen**, die den Kern der Finanzierung aus Rückstellungen ausmachen.

Verpflichtet sich eine Unternehmung vertraglich, einem Arbeiter eine Altersversorgung zu gewähren, so muß sie für diese Pensionsanwartschaften Rückstellungen bereits vom Jahr der Zusage an in die Bilanz einstellen. Diese Beträge sind wirtschaftlich als Lohn- und Gehaltsaufwendungen zu betrachten, die aber erst mit dem Ausscheiden des Arbeitnehmers bzw. dem Eintritt des Versorgungsfalls zu Ausgaben werden.

Die Berechnung der jährlichen Zuführungen zu den Pensionsrückstellungen muß nach versicherungsmathematischen Grundsätzen erfolgen. Berücksichtigt werden müssen also Sterbens- und Invaliditätswahrscheinlichkeiten sowie Zinsen und Zinseszinsen: Der Betrag der Pensionsrückstellung hat mit anderen Worten stets dem Barwert der auf diesen Zeitpunkt abgezinsten erwarteten Versorgungsleistungen zu entsprechen. Als Kalkulationszinsfuß sind dabei 6% anzusetzen.

Der Finanzierungseffekt von Pensionsrückstellungen ist abhängig davon,

(a) ob auch ohne Zuführung zu den Pensionsrückstellungen bereits ein Verlust vorhanden ist oder ob die Rückstellungsraten „verdient" wurden,

(b) ob im Gewinnfall der Gewinn thesauriert oder ausgeschüttet wird und

(c) wie lange es dauert, bis die zurückgestellten Beträge ausgezahlt werden müssen und welche Erträge bis dahin mit diesen Mitteln zwischenzeitlich erzielt werden können.

Zu (a): Werden die gebildeten Pensionsrückstellungen nicht verdient, entsteht kein Finanzierungseffekt; es sei denn durch die Möglichkeit eines steuerlichen Vor- oder Rücktrags der Verluste.

Zu (b): Der Finanzierungseffekt von Pensionsrückstellungen bei vollständiger Gewinnthesaurierung beruht lediglich auf der Steuerersparnis. Werden die Gewinne stets vollständig ausgeschüttet, dann ergibt sich für die Unternehmung ein Finanzierungseffekt in voller Höhe der (zusätzlich) gebildeten Rückstellungsbeträge, da die Unternehmung sowohl die Ausschüttung als auch die Steuerzahlung vermeidet.

Zu (c): Der Finanzierungseffekt von Pensionsrückstellungen ist generell um so größer,
- je größer der zeitliche Abstand zwischen ihrer Bildung und den Pensionszahlungen ist und
- je größer die Differenz zwischen der Rendite, die aus der zwischenzeitlichen Anlage der zurückgestellten Mittel erzielt wird, und den für die Pensionsrückstellungen verrechneten Zinsen in Höhe von 6,0% ist.

(4) Bei der **Finanzierung aus Vermögensumschichtung** handelt es sich um Kapitalfreisetzungsmaßnahmen außerhalb des normalen Umsatzprozesses. Grundsätzlich lassen sich hier zwei Gruppen von Maßnahmen unterscheiden:

(a) **Kapitalfreisetzung im Anlagevermögen** durch Veräußerung nicht (mehr) betriebsnotwendiger Anlagegüter.

Finanziell gesehen kommen hierfür vor allem solche Vermögensgegenstände in Betracht,

- die einen im Verhältnis zu ihrer Ertragskraft hohen (und sicheren) Liquidationswert respektive Substanzwert haben,
- die ohne wesentliche Rückwirkungen auf das (bereits genutzte) Kreditpotential veräußert werden können,
- die bei ihrer Veräußerung möglichst keinen oder nur geringen Buchverlust entstehen lassen,
- deren Veräußerung die Leistungsfähigkeit und Marktposition der Unternehmung nicht wesentlich beeinträchtigt (entweder weil sie zum neutralen Betriebsvermögen gehören oder weil sie im sogenannten „Sale-and-lease-back-"Verfahren der Unternehmung nutzungsmäßig erhalten bleiben,
- deren Veräußerung zugleich produktpolitischen Zwecken dient (etwa dem Zweck einer Straffung des Produktionsprogramms).

(b) **Kapitalfreisetzung im Umlaufvermögen** durch

- Abbau der Vorräte (Drosselung der Produktion, Sonderverkäufe u. ä.),
- Abbau der Forderungen (Verschärfung der Debitorenkontrolle, Einsatz des Factoring, Gewährung erhöhter Zahlungsanreize u. ä.),
- Verringerung der freien Liquiditätsreserven (Umwidmung von Kasse, Erhöhung der Kassenumschlagsgeschwindigkeit u. ä.).

Mit der Finanzierung aus Vermögensumschichtung einher gehen häufig **Rationalisierungsmaßnahmen**, die das Ziel haben, die Kosten zu senken. Hiervon wie auch von der Veräußerung von Wirtschaftsgütern zu Preisen, die ober- oder unterhalb von deren **Buchwerten** liegen, gehen Impulse auf die Selbstfinanzierung aus.

Fragen und Aufgaben zur Wiederholung (S. 397–434)

1. *Geben Sie eine systematische Übersicht über die verschiedenen Formen der Außen- und Innenfinanzierung! Ist sie in jeder Weise vollständig und überschneidungsfrei?*
2. *Was versteht man unter Beteiligungsfinanzierung?*
3. *Diskutieren Sie kurz, inwieweit die Rechtsform der Unternehmung Einfluß auf die Möglichkeiten, Modalitäten und Probleme der Beteiligungsfinanzierung nimmt!*
4. *Was sind maßgebliche Gründe für die Vorzugsstellung der Aktiengesellschaft bei der Beteiligungsfinanzierung?*
5. *Beschreiben Sie möglichst systematisch die verschiedenen Aktienarten, die im Rahmen der Beteiligungsfinanzierung von einer Aktiengesellschaft ausgegeben werden können!*
6. *Welche Arten von Vorzugsaktien sind zu unterscheiden?*
7. *Welche Formen der Kapitalerhöhung sind in den §§ 182–220 AktG geregelt?*
8. *Worin findet das gesetzliche Bezugsrecht der Altaktionäre seine Begründung? Wie bestimmt sich der rechnerische Wert dieses Bezugsrechts?*
9. *Welchen drei Fällen ist nach dem Aktiengesetz die bedingte Kapitalerhöhung vorbehalten?*
10. *Skizzieren Sie das Wesen und den Zweck des „genehmigten Kapitals"!*
11. *Was sind und wodurch entstehen Gratisaktien? Nennen Sie Motive für die Ausgabe von Gratisaktien!*

12. *Was sind die Hauptmerkmale der Kreditfinanzierung (im Vergleich zur Beteiligungsfinanzierung)?*
13. *Was versteht man unter Kreditversicherung, und welche Arten sind vor allem zu unterscheiden?*
14. *Geben Sie eine systematische Übersicht über die wichtigsten Kreditsicherheiten!*
15. *Nennen Sie die wichtigsten quantitativen und qualitativen Merkmale eines Kredits!*
16. *Was ist eine Industrieschuldverschreibung, und welches sind ihre wichtigsten Ausstattungsmerkmale?*
17. *Beschreiben Sie das Wesen und die Hauptkonstruktionsbestandteile einer Gewinnschuldverschreibung, einer Wandelanleihe und einer Optionsanleihe! Was sind die Motive für ihre Ausgabe?*
18. *Erläutern Sie die wesentlichen Merkmale der neueren Anleiheformen unter Einbezug ihrer Vorteile und risikomäßigen Auswirkungen!*
19. *Was versteht man unter einem (langfristigen) Schuldscheindarlehen? Worin unterscheidet es sich von einer Industrieobligation?*
20. *Beschreiben Sie die verschiedenen „Revolving-Systeme" beim Schuldscheindarlehen!*
21. *Erläutern Sie mögliche Subventionsbegriffe, deren Merkmale sowie die einzelnen Subventionsformen!*
22. *Nennen Sie wesentliche Merkmale des ERP-Programms sowie des MI/MII-Programms der Kreditanstalt für Wiederaufbau!*
23. *Skizzieren Sie die Finanzierungswirkung und steuerliche Behandlung von Investitionszuschüssen und Investitionszulagen!*
24. *Welche Rolle spielt der langfristige Bankkredit für die Großunternehmen einerseits und für die Klein- und Mittelunternehmen andererseits?*
25. *Welche Kreditformen zählen zur kurz- und mittelfristigen Kreditfinanzierung? Geben Sie eine systematische Übersicht!*
26. *Beschreiben Sie die Wesensmerkmale und Formen des Lieferantenkredits! Was sind seine spezifischen Vor- und Nachteile?*
27. *Was ist ein Kontokorrentkredit, und aus welchen Bestandteilen setzen sich die Kosten eines Kontokorrentkredits zusammen?*
28. *Skizzieren Sie die Hauptmerkmale des Lombardkredits!*
29. *Wodurch entsteht der Diskontkredit, und welche Kosten fallen bei seiner Inanspruchnahme an?*
30. *Was ist (a) ein Akzeptkredit, (b) ein Rembourskredit und (c) ein Avalkredit?*
31. *Was versteht man unter dem Scheck-Wechsel-Tauschverfahren? Welche Vorteile weist es für den Käufer einer Ware auf?*
32. *Beschreiben Sie das Wesen des Factoring! Welche Faktoren muß ein Wirtschaftlichkeitsvergleich des Factoring berücksichtigen?*
33. *Was versteht man allgemein unter Leasing, und in welchen speziellen Formen tritt es in Erscheinung?*
34. *Welche besonderen Bilanzierungsprobleme treten beim Financial-Leasing auf?*
35. *Diskutieren Sie spezifische Vor- und Nachteile des Financial-Leasing im Vergleich zum Kreditkauf!*
36. *Welcher Zusammenhang besteht zwischen den Formen der Innenfinanzierung und Desinvestitionsprozessen?*

37. *Was versteht man unter Selbstfinanzierung, und in welchen Formen tritt sie auf?*
38. *Nennen Sie die Vor- und Nachteile der (offenen und stillen) Selbstfinanzierung!*
39. *Beschreiben Sie (a) den Kapitalfreisetzungseffekt und (b) den Kapazitätserweiterungseffekt von Abschreibungen!*
40. *Wodurch entsteht der Finanzierungseffekt von Rückstellungen, und welches sind seine Hauptdeterminanten?*
41. *Um welche Maßnahmen handelt es sich bei der Finanzierung aus Vermögensumschichtung?*

Literaturhinweise:

Bellinger, B. (1964)
Büschgen, H.E. (Hrsg.) (1976)
Büschgen, H.E. (1975)
Christians, F.W. (Hrsg.) (1980)
Däumler, K.-D. (1991)
Deppe, H.D. (1973)
Deutsch, P. (1967)
Fischer, O. (1977)
Gerhard, W. (1985)
Gutenberg, E. (1980)
Hagenmüller, K.F., Stoppok, G. (1988)
Hahn, O. (Hrsg.) (1971)
Hahn, O. (1983)
Hielscher, U., Laubscher, H.-D. (1989)
Janberg, H. (Hrsg.) (1970)

Kosiol, E. (1955a)
Leffson, U. (1976)
Mülhaupt, L., Wielens, H. (1978)
Olfert, K. (1988)
Perridon, L., Steiner, M. (1991)
Rittershausen, H. (1964)
Sandig, C., Köhler, R. (1979)
Schierenbeck, H. (1987)
Schmalenbach, E. (1966)
Storck, E. (1983)
Süchting, J. (1989)
Thiess, E. (1958)
Vormbaum, H. (1986)
Wöhe, G. (1990b)
Wöhe, G., Bilstein, J. (1991)

II. Finanzierungsmodelle

1. Arten und Gegenstand von Finanzierungsmodellen
2. Effektivzinskalküle
3. Kapitalstrukturmodelle

1. Arten und Gegenstand von Finanzierungsmodellen

Finanzierungsmodelle dienen zur Ableitung **optimaler Finanzierungsentscheidungen.** Diese ihre Funktion entspricht der von Investitionsmodellen, die zur Optimierung von Investitionsentscheidungen herangezogen werden, wie ja überhaupt Investitions- und Finanzierungsaspekte eng miteinander verknüpft sind.

So wurde bereits bei der Analyse von Investitionsmodellen herausgearbeitet, daß wegen der bestehenden Interdependenzen eine echte Optimierung von Investitionsentscheidungen nur in einem integrierten Investitions-/Finanzierungsmodell möglich ist (vgl. S. 316f.). Das gleiche gilt nun mit umgekehrtem Vorzeichen natürlich auch für Finanzierungsmodelle, die nicht losgelöst von den Investitionen als Objekt der Finanzierung operieren können.

Die Art und Weise, wie dies geschieht, ist bei den einzelnen Finanzierungsmodellen jedoch sehr unterschiedlich.

Die theoretisch anspruchsvollste Lösung zur Optimierung von Finanzierungsentscheidungen versuchen die **simultanen Finanzierungsmodelle** (vgl. z.B. *Waldmann* 1972). Ihr genereller Vorzug besteht dabei darin, daß sie das Finanzierungsproblem möglichst vollständig formulieren, also weitgehend auf die Verwendung undifferenzierter Pauschalannahmen verzichten, und daß sie einen optimierenden Algorithmus aufweisen, der alle Entscheidungsvariablen optimiert. Allerdings stehen diese Modelle zwangsläufig vor den gleichen Grundproblemen wie die simultanen Investitionsmodelle (vgl. S. 317).

Daneben gibt es eine Vielzahl von Finanzierungsmodellen, die einzelne, spezielle Fragestellungen zum Gegenstand haben und die das Optimierungsproblem ohne optimierenden Algorithmus und unter Verwendung weitgehender Pauschalannahmen zu lösen versuchen. Genannt seien

(1) die anhand impliziter Normen generell formulierten **Finanzierungs-** oder **Kapitalstrukturregeln**,

(2) die als **Kapitalstrukturmodelle** in der Literatur diskutierten analytischen Ansätze,

(3) die als Meßinstrument für die relative Vorteilhaftigkeit von Finanzierungsalternativen verwendeten **Effektivzins**kalküle.

Finanzierungs- bzw. Kapitalstrukturregeln steuern die quantitative Zusammensetzung des Kapitalfonds einer Unternehmung indem sie

- das Verhältnis der einzelnen Kapitalien zueinander (vertikale Kapitalstruktur),
- das Ausmaß der Fristenkongruenz von struktureller Mittelverwendung und Mittelherkunft (horizontale Kapitalstruktur) sowie
- die Zusammenhänge zwischen Ertragskraft und Verschuldungspotential (dynamische Schuldendeckungsregeln)

mit Hilfe von Ober- oder Untergrenzen, Bandbreiten u.ä. als Normwert fixieren. Da hierauf systematisch in anderem Zusammenhang näher eingegangen wird (vgl. S. 597ff.), sollen im folgenden nur

- Kapitalstrukturmodelle (als finanzierungstheoretische Beiträge zur Reduzierung komplexer Finanzierungsentscheidungen auf ihren ökonomischen Kern) sowie
- Effektivzinskalküle (als praxisorientierte Instrumente zur Durchführung von Finanzierungskostenvergleichen) dargestellt und analysiert werden.

2. Effektivzinskalküle

Effektivzinskalküle verdichten die verschiedenen Konditionenbestandteile von Finanzierungen zu einem einheitlichen **Effektivzinssatz**, wobei dieser dann als Maßstab für die Auswahl der relativ günstigsten Finanzierungsalternativen verwendet wird. Solche Effektivzinskalküle lassen sich methodisch den Verfahren der Wirtschaftlichkeitsrechnung zurechnen (vgl. S. 323ff.). Sie weisen jedoch eine Reihe von Besonderheiten auf, so daß es sich lohnt, hierauf ergänzend zu den bereits behandelten Sachfragen der Wirtschaftlichkeitsrechnung näher einzugehen. Effektivzinsrechnungen können grundsätzlich für alle Finanzierungsformen durchgeführt werden. Im Vordergrund stehen aber i.d.R. **Kredit**finanzierungen, die eindeutige Schuldner- und Gläubigerleistungen aufweisen und damit dem Grundtyp einer Finanzierung von der zugrundeliegenden Zahlungsreihe her im besonderen Maße entsprechen (vgl. S. 321f.):

Beispiel: +1.000; −100; −1.100.

Der Kapitalaufnahme im Zeitpunkt t_0 folgen Zins- und Tilgungsleistungen in den Folgeperioden.

Bei den anderen Finanzierungsformen, insbesondere bei der Selbstfinanzierung, aber auch bei der Beteiligungsfinanzierung, der Finanzierung aus Abschreibungen u. a. ergeben sich z. T. erhebliche konzeptionelle Probleme, die zumindest in der Praxis die Anwendung einfacher Effektivzinsberechnungen verbieten.

Die Vorteilhaftigkeit von Kreditfinanzierungen wird bestimmt durch die mit der Mittelaufnahme verbundenen und in Folge durch sie entstehenden Kosten. Diese lassen sich in folgende Bestandteile unterteilen:

- Einmalige, durch die **Kapitalbeschaffung** verursachte Kosten, z. B. durch Kosten für die Bestellung von Sicherheiten oder in Form des Disagios bei der Kreditaufnahme.

- Laufende, durch die **Kapitalnutzung** entstehende Kosten, insbesondere die Zinszahlungen, aber auch laufende Treuhändergebühren, Gebühren für Zinsscheineinlösungen u. ä.

Daneben spielen für die Vorteilhaftigkeit von Kreditfinanzierungen noch folgende Faktoren eine zum Teil erhebliche Rolle:

- **Zinsfestschreibung:** Sind die Zinssätze festgeschrieben (und wenn ja, für wie lange) oder sind sie variabel und können jederzeit angepaßt werden?

- **Zinstermine:** Werden die zu zahlenden Zinsen monatlich, quartalsweise, halbjährlich, jährlich oder im Extremfall erst am Laufzeitende der Finanzierung fällig?

Tilgungstermine: Erfolgen die Tilgungszahlungen monatlich, quartalsweise, halbjährlich, jährlich oder in einem Betrag bei Fälligkeit des Kredits?

Tilgungsmodalitäten: Werden Ratentilgungen (= Tilgung in gleichen Beträgen), Annuitätentilgungen (= Tilgung und Zinszahlung in einem über die Laufzeit konstanten Gesamtbetrag) oder sonstige Tilgungsmodalitäten mit und ohne Tilgungsfreijahren vereinbart?

Für die folgende Darstellung der Methoden zur Berechnung von Effektivzinssätzen soll der Bereich der kurzfristigen Kreditfinanzierung ausgeklammert werden, da die verschiedenen z. T. sehr einfachen Berechnungsansätze zu einem großen Teil bereits im Zusammenhang mit ihrer beschreibenden Darstellung (vgl. S. 405 ff.) genannt worden sind. Im Vordergrund stehen somit Effektivzinsberechnungen von mittel- und langfristigen Kreditfinanzierungen (etwa Schuldscheindarlehn, Obligationskrediten und/oder Bankkrediten) mit festgeschriebenen Zinsen über die gesamte Laufzeit, wobei die Analyse in drei Stufen erfolgt:

Stufe 1: Zunächst wird vereinfacht unterstellt, daß die Zins- und Tilgungsleistungen jährlich nachschüssig erfolgen. Für diesen Fall werden die drei grundlegenden Effektivzinskalküle vorgestellt:

    (1) Die traditionelle (statische) Methode,
    (2) die klassische (dynamische) Interne Zinsfußmethode und
    (3) die dynamische Reale-Zinsfußmethode.

Stufe 2: Sodann wird der Sonderfall endfälliger Zins- und Tilgungsleistungen, wie er durch sog. Zerobonds (Null-Kuponanleihen) repräsentiert ist, angesprochen. Methodische Grundlage ist die klassische Interne Zinsfußmethode.

Stufe 3: Schließlich wird die Unterstellung jährlicher Zins- und Tilgungsleistungen aufgehoben und unterjährige Zahlungen (wie in der Praxis die Regel) zugelassen. Auch hier wird auf die klassische Interne Zinsfußmethode zurückgegriffen, allerdings in ihren speziellen unterjährigen Varianten, wie sie in der Methode nach der sog. Preisangabeverordnung (PAngV) einerseits und der AIBD-Methode andererseits zum Ausdruck kommen.

Stufe 1: Mit Hilfe des Grundfalls der Effektivzinsrechnung, nämlich der **Annahme jährlicher Zins- und** (gegebenenfalls) **Tilgungsleistungen** sollen im folgenden zunächst die drei zentralen Effektivzinskalküle, die **(1)** traditionelle (statische) Methode, die **(2)** klassische (dynamische) Interne Zinsfußmethode und die **(3)** dynamische Reale Zinsfußmethode charakterisiert werden.

Zu (1): Die **traditionelle statische Rechenmethode** zur Ermittlung von Effektivzinssätzen ist als Variante der statischen Rentabilitätsrechnung (vgl. S. 331 f.) anzusehen. Im Grundsatz ist die Vorgehensweise entsprechend wie folgt zu umschreiben: In einem ersten Schritt werden die Gesamtkosten der Finanzierung über die Gesamtlaufzeit ermittelt, d. h. laufende Zins- und Nebenkosten sowie ein etwaiges Disagio zu einem Betrag zusammengefaßt. In einem zweiten Schritt werden diese Kosten durch die Gesamtlaufzeit dividiert, um die durchschnittlichen Kosten pro Jahr der Gesamtlaufzeit zu erhalten. Schließlich wird dieser Betrag dann zum durchschnittlichen, während der Gesamtlaufzeit verfügbaren Kapitalnutzungsvolumen ins Verhältnis gesetzt. Es gilt also:

(1) Statischer Effektivzins $(i_{SR}) = \dfrac{\varnothing \text{ Kosten pro Jahr}}{\varnothing \text{ Kapitalnutzungsvolumen}}$

Das Hauptproblem bei der Berechnung des statischen Effektivzinses liegt zweifellos bei der richtigen Bestimmung des durchschnittlichen Kapitalnutzungsvolumens. Hier sind zu berücksichtigen:

– die Tilgungsleistungen sowie

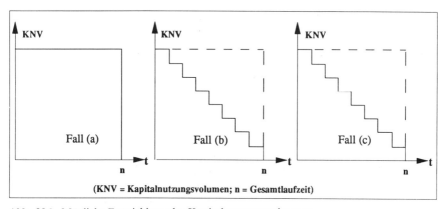

Abb. 226 Mögliche Entwicklung des Kapitalnutzungsvolumens

– ein etwaiges Disagio

Es lassen sich diesbezüglich drei Grundfälle unterscheiden (vgl. Abb. 226):

(a) endfällige Tilgung, aber jährliche Zinszahlungen mit und ohne Disagio,

(b) jährliche Raten-Tilgungen nach Zinszahlungen mit und ohne Disagio,

(c) Annuitäten-Tilgungen und Zinszahlungen mit und ohne Disagio.

Im Fall **(a)** ist das durchschnittliche Kapitalnutzungsvolumen gleich dem Finanzierungsbetrag, d.h. entweder dem Nennwert bzw. Rückzahlungsbetrag oder bei Vereinbarung eines Disagios dem Auszahlungsbetrag.

Im Fall **(b)** stimmt diese einfache Gleichung nicht mehr. Hier ergibt sich (bei fortlaufender Ratentilgung) das durchschnittliche Kapitalnutzungsvolumen (KNV_D) aus

(2a) $\quad KNV_D = \dfrac{F_N + \dfrac{F_N}{n}}{2} \quad$ mit $\quad F_N$ = Nomineller Finanzierungsbetrag
$\quad\quad\quad\quad\quad\quad\quad\quad\quad\quad\quad\quad\quad\quad\quad\; n$ = Gesamtlaufzeit

oder bei Vereinbarung eines Disagios

(2b) $\quad KNV_D = \dfrac{F_0 + \dfrac{F_0}{n}}{2} \quad$ mit $\quad F_0$ = Effektiv verfügbarer Finanzierungsbetrag

In der Praxis wird allerdings in der Regel hier nicht mit dem durchschnittlichen Kapitalnutzungsvolumen gerechnet, sondern mit der **durchschnittlichen Kreditlaufzeit (n_D)**

(3) $\quad n_D = \dfrac{n + n_F + 1}{2} \quad$ mit $\quad n_F$ = Tilgungsfreijahre

Durchschnittliches Kapitalnutzungsvolumen und durchschnittliche Kreditlaufzeit lassen sich ineinander überführen wie Abb. 227 für den vereinfachten Fall zeigt, daß keine Tilgungsfreijahre bestehen.

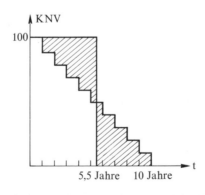

Abb. 227 Durchschnittliches Kapitalnutzungsvolumen und durchschnittliche Kreditlaufzeit

Beispiel:

n = 10 Jahre, $n_F = 0$

$F_N = 100$ GE

(2b) $\quad KNV_D = \dfrac{100 + \frac{100}{10}}{2} = 55$

(3) $\quad n_D = \dfrac{10 + 0 + 1}{2} = 5{,}5$ Jahre

Es gilt also folgender Zusammenhang:

(4a) $\quad F_N \cdot n_D = KNV_D \cdot n$

bzw. in den Zahlen des Beispiels

(4b) $\quad 100 \cdot 5{,}5 = 55 \cdot 10$

Interessant ist dabei, daß diese Gleichung entsprechend modifiziert auch für den Fall einer Disagiofinanzierung gilt, also unter Verwendung von (2b):

(5a) $\quad F_0 \cdot n_D = \dfrac{F_0 + \frac{F_0}{n}}{2} \cdot n$

Wird angenommen, daß $F_0 = 90$ (Disagio also 10%), ergibt sich in Abänderung des obigen Beispiels

(5b) $\quad 90 \cdot 5{,}5 = 49{,}5 \cdot 10$

Der Fall **(c)**, also Annuitätentilgung enthält bereits Elemente, die vom Wesen des statischen Kalküls als einfacher Durchschnittsrechnung nicht mehr voll abgedeckt werden. Das wird bereits dadurch deutlich, daß die Tilgungsbeträge nicht mehr konstant sind wie im Fall der Ratentilgung, sondern bei konstantem Kapitaldienst (zusammengesetzt aus Zins- und Tilgungsleistungen) fortlaufend in Höhe der tilgungsbedingten Zinsersparnisse und ihrer Verwendung zur zusätzlichen Tilgung progressiv ansteigen. Es zeigt sich ferner, daß der Kapitaldienst mithilfe einer Bestimmungsgleichung ermittelt werden muß, die an der dynamischen Wirtschaftlichkeitsrechnung, hier der Annuitätenmethode anknüpft:

(6) $\quad K_t = \dfrac{F_N}{RBF_n^{i_N}} \quad$ mit: K_t = Kapitaldienst der Periode t
$\phantom{(6) \quad K_t = \dfrac{F_N}{RBF_n^{i_N}} \quad \text{mit: }}$ F_N = Nennwert bzw. Rückzahlungsbetrag der Finanzierung
$\phantom{(6) \quad K_t = \dfrac{F_N}{RBF_n^{i_N}} \quad \text{mit: }}$ RBF = Rentenbarwertfaktor
$\phantom{(6) \quad K_t = \dfrac{F_N}{RBF_n^{i_N}} \quad \text{mit: }}$ i_N = Nominalzins

Ein Beispiel soll den Verlauf des Kapitalnutzungsvolumens bei Annuitätentilgung verdeutlichen (Abb. 228):

Das durchschnittliche Kapitalnutzungsvolumen im Fall der Annuitätentilgung kann wegen der progressiven Tilgungselemente naturgemäß nicht mehr so einfach wie bei Ratentilgung bestimmt werden. Im Grunde müssen die ausstehenden Kapitalbeträge in den einzelnen Jahren (Spalte 1 in Abb. 228) addiert und durch die Laufzeit geteilt werden. Für das Beispiel in Abb. 228 ergibt sich entsprechend ein durchschnittliches Kapitalnutzungsvolumen von DM 61.160,–.

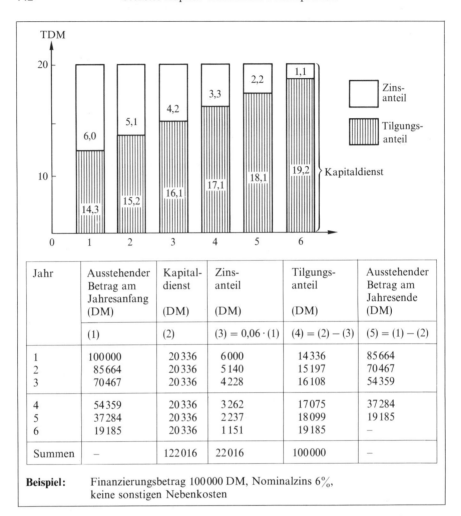

Abb. 228 Die Entwicklung des Kapitalnutzungsvolumens bei Annuitätentilgung

Ebenso läßt sich auch die durchschnittliche Kreditlaufzeit nicht mehr wie im Falle der Ratentilgung mit

(3) $\quad n_D = \dfrac{n + n_F + 1}{2}$

bestimmen, sondern es muß ein allgemeinerer Ansatz verwendet werden, der Formel (3) als Spezialfall mit einschließt (vgl. *Allerkamp* 1983):

(7a) $\quad n_D = \dfrac{\sum\limits_{t=1}^{n} K_t - F_N}{i_N \cdot F_N}$

Angewandt auf das Zahlenbeispiel aus Abb. 228 ergibt sich beispielsweise

(7b) $\quad n_D = \dfrac{6 \cdot 20.336 - 100.000}{0{,}06 \cdot 100.000} = 3{,}67$ Jahre

und es läßt sich dann derselbe Zusammenhang zwischen durchschnittlicher Kreditlaufzeit und Kapitalnutzungsvolumen herstellen wie im Fall der Ratentilgung:

(4a) $\quad F_N \cdot n_D = KNV_D \cdot n$

(8) $\quad\quad = 100.000 \cdot 3{,}67 = 61.160{,}{-} \cdot 6$

Die Praxis arbeitet, wie bereits erwähnt, im statischen Kalkül durchweg mit dem Konzept der durchschnittlichen Kreditlaufzeit, berechnet also nicht explizit das durchschnittliche Kapitalnutzungsvolumen. Dies berücksichtigend gilt die folgende Formel zur Berechnung des statischen Effektivzinssatzes: Da n_D bei endfälliger Tilgung in n übergeht, kann für die beiden Tilgungsvarianten eine einheitliche Grundformel angewandt werden. Im übrigen sei vermerkt, daß die laufenden Nebenkosten k_L in der Grundformel als Prozentsatz des nominellen Finanzierungsbetrages F_N definiert werden. Sind sie dagegen als Prozentsatz des jeweils noch nicht getilgten Kreditbetrages definiert, ist es sinnvoll, diese Kosten unmittelbar in den Nominalzins i_N mit einzubeziehen.

(9) $\quad i_{SR} = \dfrac{i_N + \dfrac{d + k_e + k_L \cdot n}{n_D}}{1 - d - k_e}$

Symbole:

i_N = Nominalzinssatz (bezogen auf F_N)
F_N = Nennwert bzw. Rückzahlungsbetrag der Finanzierung
d = Disagio (bezogen auf F_N)
k_e = einmalige Kapitalbeschaffungskosten (bezogen auf F_N)
k_L = lfd. Nebenkosten der Fianzierung p. a. (bezogen auf F_N)
n_D = durchschnittliche Kreditlaufzeit
n = Gesamtlaufzeit der Finanzierung

Von Interesse für die Beurteilung der Aussagefähigkeit der statischen Rechenmethode ist, ob und wie sich der Effektivzins in Abhängigkeit von Tilgungsmodalitäten und Disagiovereinbarungen verändert. Abb. 229 zeigt die Resultate einer Beispielrechnung, wobei zur Vereinfachung angenommen ist, daß weder einmalige noch laufende Nebenkosten zu berücksichtigen sind.

Es zeigt sich, daß die Tilgungsmodalitäten **ohne** Berücksichtigung eines Disagios keinen Einfluß auf den statischen Effektivzins haben. Dieses Ergebnis hat seine Ursache darin, daß das statische Verfahren die individuelle zeitliche Struktur des Zahlungsstroms vernachlässigt und auch keine konkreten Annahmen über die Nachfinanzierungskosten der einzelnen Tilgungsbeträge setzt. Dagegen ändern sich die Effektivzinssätze bei Berücksichtigung eines Disagios und alternativen Tilgungsmodalitäten. Diese mit der Veränderung von n_D korrespondierende Variation des Effektivzinses findet ihre Begründung darin, daß das Disagio bei kürzeren durchschnittlichen Kreditlaufzeiten entsprechend früher mit den Tilgungen „gezahlt" werden muß.

Zu betonen ist allerdings, daß die Verteilung des Disagios dem Wesen der statischen Verfahren entsprechend gleichmäßig auf die durchschnittliche Kreditlauf-

Tilgungsformen	n_F	Durchschnittliche Kreditlaufzeit n_D	Statischer Effektivzins i_{SR} (in %)	
			Disagio(d) = 0	Disagio(d) = 0,05
Endfällig	9	10	8	8,947
Ratentilgung mit n_F Freijahren	8	9,5	8	8,975
	7	9	8	9,006
	6	8,5	8	9,040
	5	8	8	9,079
	4	7,5	8	9,123
	3	7	8	9,173
	2	6,5	8	9,231
	1	6	8	9,298
	0	5,5	8	9,378

Beispiel: $i_N = 0{,}08$, $n = 10$ Jahre, $k_L = 0$, $k_e = 0$

Abb. 229 Die Entwicklung des statischen Effektivzinses bei variierender Tilgungsmodalität mit und ohne Disagio

zeit erfolgt, was gegenüber der „tatsächlich" erfolgenden annuitätischen Disagiotilgung zu Abweichungen des statisch ermittelten Effektivzinses vom „tatsächlichen" Effektivzins führen muß. Daß diese Verzerrungen mit steigenden Disagiosätzen zunehmen und bei langen Laufzeiten sowie mit konstanten Tilgungsbeträgen extreme Werte annehmen werden, liegt auf der Hand und läßt Zweifel hinsichtlich der Richtigkeit des Verfahrens bei Disagiovereinbarungen aufkommen. Ein Vergleich mit den dynamischen Verfahren wird das noch deutlicher belegen.

Zu (2): Im Gegensatz zur statischen Rechenmethode, die eine Durchschnittsbetrachtung vornimmt, bezieht die dynamische **Interne Zinsfußmethode** bei Anwendung auf Finanzierungen sämtliche Zahlungen, die mit einer konkreten Finanzierungsmaßnahme verbunden sind, nach Höhe und zeitlicher Verteilung differenziert in den Effektivzinskalkül ein. Formal ist das Vorgehen zur Berechnung von Effektivzinsen dabei identisch mit dem bei der Wirtschaftlichkeitsrechnung von Investitionen (vgl. S. 339 ff.).

Zur Ermittlung des dynamischen Effektivzinses mithilfe der Internen-Zinsfußmethode ist zunächst die Zahlungsreihe der Finanzierung aufzustellen. In einem zweiten Schritt ist dann der Zinsfuß zu bestimmen, bei dem der Kapitalwert dieser Zahlungsreihe null ist. Die Definitionsgleichung für jährliche Kapitaldienstleistungen lautet demzufolge

$$(10) \quad 0 = F_0 - \sum_{t=1}^{n} \frac{K_t}{(1 + i_{IZM})^t}$$

mit F_0 = Effektiv verfügbarer Finanzierungsbetrag (= Nominalbetrag abzüglich Disagio und einmaliger Kapitalbeschaffungskosten)
n = Gesamtlaufzeit der Finanzierung
K_t = Kapitaldienst (= Zinsen und Tilgungen einschließlich laufender Nebenkosten) in der Periode t
i_{IZM} = Dynamischer Effektivzins (berechnet mithilfe der Internen-Zinsfußmethode)
t = Periodenindex

Im Regelfall ist zur Berechnung von i_{IZM} ein Probierverfahren mittels verschiedener Versuchszinssätze anzuwenden, das bereits bei der Wirtschaftlichkeitsberechnung von Investitionen (vgl. S. 340) beschrieben wurde und auf das hier nicht mehr näher eingegangen zu werden braucht.

Eine Näherungslösung, die den Grundsatz des statischen Verfahrens, nämlich den Effektivzins durch Berechnung des Quotienten aus Kapitalkosten p.a. und Kapitalnutzungsvolumen zu bestimmen (vgl. 9), mit der Zinseszinsrechnung als dynamischer Komponente verbindet, wird durch folgende Formel erreicht

(11) $$i_{IZM} = \frac{i_N + \dfrac{k_L \cdot n}{n_D} + (d + k_e) \cdot DVF_{n_D}^{i_{IZM}}}{1 - d - k_e}$$

und

(12) $DVF_{n_D}^{i_{IZM}}$ = Disagioverteilungsfaktor = $\dfrac{AF_{n_D}^{i_{IZM}}}{RBF_{n_D}^{i_{IZM}}}$

mit AF = Abzinsungsfaktor
RBF = Rentenbarwertfaktor

Die Gleichung (11) berücksichtigt demnach, daß das Disagio (und die einmaligen Nebenkosten) nicht einfach gleichmäßig auf die mittlere Laufzeit verteilt werden darf, sondern daß dies unter Verwendung von Zinseszinsüberlegungen zu geschehen hat. Das Problem bei dieser Art von Berechnung besteht darin, den voraussichtlichen Internen Zinsfuß vorab zu schätzen, um so für den Disagioberteilungsktor einen möglichst exakten Wert zu erhalten.

Entsprechend der Vorgehensweise beim statischen Effektivzins soll nun vor dem Hintergrund der beiden dargestellten Ansätze die Aussagefähigkeit der Internen-Zinsfußmethode für Finanzierungskalküle bei alternativen Tilgungsmodalitäten und Disagiovereinbarungen untersucht werden. Gleichzeitig ist zu prüfen, welche Fehlerquote bei Verwendung der Formel (11) im Vergleich zur „exakten" Lösung (10) entsteht. Abb. 230 zeigt die entsprechenden Ergebnisse, wobei das gleiche Beispiel wie beim statischen Kalkül zugrundegelegt ist (vgl. S. 443 ff.).

Zunächst einmal zeigt sich, daß die Näherungsmethode nur relativ unbedeutende Abweichungen von der „exakten" Lösung aufweist (zugrundegelegt wurde für die Bestimmung des Disagioverteilungsfaktors dabei ein Zins von 9%). Sie kann also in vielen Fällen, in denen der Rechenaufwand erheblich ist, durchaus empfohlen werden.

Ferner wird wiederum deutlich, daß – wie schon beim statischen Ansatz – die Tilgungsmodalitäten **ohne** Berücksichtigung eines Disagios keinen Einfluß auf den Effektivzins haben. Der Grund hierfür ist darin zu sehen, daß mit der Verwendung der Internen-Zinsfußmethode implizit stets die Prämisse einer (Nach-)-Finanzierung der Tilgungsbeträge bzw. einer Anlage aufgeschobener Tilgungsbeträge zu eben diesem Internen Zinsfuß verknüpft ist (vgl. S. 341 ff.). Bei Berücksichtigung eines Disagios errechnet dagegen auch die Interne-Zinsfußmethode

Tilgungsformen	n_F	Dynamischer Effektivzins i_{IZM} (in %)		
		Disagio(d) = 0	Disagio(d) = 0,05	
			Exakte Methode	Näherungsmethode
Endfällig	9	8	8,771	8,767
Ratentilgung mit n_F Freijahren	8	8	8,797	8,795
	7	8	8,827	8,825
	6	8	8,861	8,859
	5	8	8,905	8,898
	4	8	8,952	8,942
	3	8	9,008	8,993
	2	8	9,079	9,052
	1	8	9,161	9,120
	0	8	9,265	9,203

Beispiel: $i_N = 0{,}08$, $n = 10$ Jahre, $k_L = 0$, $k_e = 0$

Abb. 230 Entwicklung des dynamischen Effektivzinses bei variierenden Tilgungs- und Disagiovereinbarungen

unterschiedliche Effektivzinssätze, was ebenfalls wiederum mit der Veränderung der durchschnittlichen Kreditlaufzeit zusammenhängt.

Dieser Effekt wird durch die Interne-Zinsfußmethode allerdings nicht korrekt abgebildet, sondern systematisch zu groß dargestellt. Aufgrund der impliziten Annahme der Methode enthält die mit einer Verkürzung der Freijahre verbundene Steigerung des Internen Zinsfußes stets zwei Komponenten:

· die durch die Verkürzung der durchschnittlichen Kreditlaufzeit verursachte höhere Belastung pro Periode durch das Disagio

· eine höhere Belastung durch die mit der Erhöhung des Internen Zinsfußes verbundene fiktive Verteuerung der Nachfinanzierung bzw. Wiederanlage von Mitteln zu eben diesem erhöhten Effektivzins.

Nur die erste Komponente stellt die tatsächlichen Erfolgswirkungen einer Tilgungsvariation dar, während die zweite Komponente zu einer systematischen Verzerrung in der Abbildung des Effekts durch den Internen Zinsfuß führt. Daher beeinträchtigt die Interne-Zinsfußmethode durch ihre spezielle Nachfinanzierungs- bzw. Wiederanlageprämisse auch allgemein die Vergleichbarkeit von Finanzierungsangeboten mit alternativen Tilgungsmodalitäten. Demgegenüber ist das zweite Problem der Internen-Zinsfußmethode, nämlich die mögliche Mehrdeutigkeit des Internen Zinsfußes (vgl. S. 340 f.), bei den Zahlungsreihen, wie sie typischerweise für Finanzierungen gelten, nur von untergeordneter Bedeutung und kann wohl vernachlässigt werden.

Zu (3): Die genannten impliziten Wiederanlage- bzw. Nachfinanzierungsprämissen bei der Internen-Zinsfußmethode schränken offensichtlich deren praktische Verwendbarkeit erheblich ein. Speziell hier setzt nun die **Reale-Zinsfußmethode** an. Sie unterscheidet sich von der Internen-Zinsfußmethode inhaltlich vor allem dadurch, daß sie unterstellt, alle zwischenzeitlichen Zahlungsdifferenzen, die bei einem Finanzierungskostenvergleich zu berücksichtigen sind, könnten zu einem bekannten Zinssatz h angelegt bzw. nachfinanziert werden. Dieser Zinssatz h muß dabei (im Gegensatz zur Prämisse der Internen-Zinsfußmethode) nicht unbedingt identisch sein mit dem zu berechnenden Effektivkostensatz der Finanzierung. Um den nun bestimmen zu können, erfolgt bei der Realen-Zinsfußmethode eine Aufzinsung des Kapitaldienstes (K_t) mit dem Zinssatz h; gesucht ist dann der reale Zinsfuß i_{RZM}, der den mit ihm aufgezinsten Finanzierungsbetrag F_0 auf den Endwert der Zins- und Tilgungsleistungen bringt. Für die Reale-Zinsfußmethode gilt entsprechend folgende Formel (13):

$$(13) \quad i_{RZM} = \sqrt[n]{\frac{\sum_{t=1}^{n} K_t(1+h)^{n-t}}{F_0}} - 1$$

mit F_0 = (Netto-)Finanzierungsbetrag
K_t = Kapitaldienst in der Periode t
(geht mit positivem Vorzeichen in die Formel ein)
n = Finanzierungslaufzeit
i_{RZM} = Realer Zinsfuß (Effektivkostensatz)
h = Wiederanlage- resp. Nachfinanzierungssatz

Der reale Zinsfuß repräsentiert den Effektivzins der Finanzierung unter der Voraussetzung, daß die Zins- und Tilgungsleistungen zu dem bekannten Zins h (nach-)finanziert werden können. Die Methode selbst stellt eine konsequente Verallgemeinerung der Internen-Zinsfußmethode dar. Sie geht in diese über, wenn i_{RZM} = h gesetzt wird, d.h., wenn mit einem einheitlichen Zins gerechnet wird. Der Vorteil der Realen-Zinsfußmethode besteht also einmal darin, daß die implizite Verzinsungsprämisse der Internen-Zinsfußmethode durch eine explizite, den tatsächlichen Gegebenheiten entsprechende Verzinsungsprämisse für die Nachfinanzierung des Kapitaldienstes ersetzt wird. Zum anderen ist im Gegensatz zur Internen-Zinsfußmethode eine Auflösung der Bestimmungsgleichung (13) und damit eine direkte Berechnung des realen Zinsfußes möglich.

Wie schon bei den anderen Methoden soll nun anhand eines Zahlenbeispiels die Aussagefähigkeit der Realen-Zinsfußmethode bei alternativen Tilgungsmodalitäten und Disagiovereinbarungen untersucht werden. Abb. 231 zeigt die entsprechenden Ergebnisse bei alternativen Konstellationen für den Wiederanlage- bzw. Nachfinanzierungszins h. Zum Vergleich sind dem realen Zins i_{RZM} auch die Werte für i_{SR} und i_{IZM} noch einmal gegenübergestellt.

Ein kritischer Vergleich der errechneten Ergebnisse zeigt:

(1) Im Gegensatz zu den anderen Methoden ergeben sich bei der Realen-Zinsfußmethode bei verschiedenen Tilgungsmodalitäten auch dann unterschiedliche Effektivzinssätze, wenn kein Disagio vorliegt (sofern eine vom Internen Zinsfuß abweichende Refinanzierungsprämisse unterstellt wird). Dabei sinkt der Effektivzins erwartungsgemäß mit steigender Tilgungsgeschwindigkeit (sinkender durchschnittlicher Kreditlaufzeit), wenn

		Dynamischer Effektivzins i_{RZM} (in %)			i_{IZM} (in %)	i_{SR} (in %)
		Disagio (d) = 0			Disagio (d) = 0,05	
Tilgungsformen	n_F	h = 0,06	h = 0,10	h = 0,08771		
Endfällig	9	7,466	8,567	8,771	–	–
	8	7,413	8,615	8,790	8,771	8,947
	7	7,359	8,665	8,810	8,797	8,975
Ratentilgung mit n_F Freijahren	6	7,301	8,719	8,832	8,827	9,006
	5	7,241	8,776	8,854	8,861	9,040
	4	7,179	8,837	8,878	8,905	9,079
	3	7,113	8,902	8,903	8,952	9,123
	2	7,045	8,970	8,930	9,008	9,173
	1	6,973	9,043	8,958	9,079	9,231
	0	6,898	9,121	8,988	9,161	9,298
					9,265	9,378

Beispiel: $i_N = 0{,}08$, $n = 10$ Jahre, $k_L = 0$, $k_e = 0$

Abb. 231 Entwicklung von i_{RZM}, i_{IZM} und i_{SR} bei alternativen Disagio-, Tilgungs- und Nachfinanzierungskonstellationen

die Kosten der Tilgungsfinanzierung unter dem kontrahierten Nominalzins liegen. Entsprechend gegenläufig ist die Entwicklung des Effektivzinses, wenn die Kosten der Tilgungsfinanzierung höher sind als der Nominalzins. In einem solchen Fall sind Finanzierungsalternativen mit möglichst langsamer Tilgung kostenmäßig bevorzugt.

(2) Bei Einbeziehung eines Disagios ermöglicht die Reale-Zinsfußmethode eine Trennung des Kosteneffekts, der bei Variation der Tilgungsmodalitäten durch die Veränderung der durchschnittlichen Kreditlaufzeit entsteht, von dem Effekt, der sich aus dem Refinanzierungszins für den Effektivzins ergibt. Von der Steigerung des Internen Zinsfußes von 8,771% auf 9,265% bei Übergang von der endfälligen Tilgung auf die Tilgung in gleichen Raten ohne Freijahre sind nur 8,998–8,771 = 0,217% durch den erstgenannten Kosteneffekt verursacht, was einem Anteil von 44% entspricht. 56% dieser Steigerung (9,265 − 8,988 = 0,277%) sind eine Folge der gleichzeitigen Variation der Refinanzierungsprämisse und stellen damit den systematischen Fehler der Internen-Zinsfußmethode dar.

(3) Der Vergleich der statischen Effektivzinssätze zeigt deutlich den – die Interne-Zinsfußmethode noch überzeichnenden – Charakter der traditionellen statischen Rechenmethode. Hier ist allerdings mit von Einfluß die unterschiedliche Art und Weise der angenommenen Tilgung des Disagios: Während bei der statischen Methode das Disagio gleichmäßig getilgt wird, liegt bei der Internen-Zinsfußmethode das Zeitzentrum der Disagiotilgung weiter am Ende der Kreditlaufzeit.

Graphisch läßt sich der von der Realen-Zinsfußmethode konstatierte Zusammenhang zwischen i_{RZM} und h in Form von **„Rentabilitätsfunktionen"** (*Mair* 1972) darstellen. Diese zeichnen sich durch einen nahezu linearen Verlauf aus (vgl. Abb. 232):

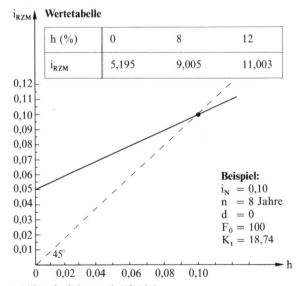

Abb. 232 Rentabilitätsfunktion und 45° Linie

Im Schnittpunkt der Rentabilitätsfunktion mit der 45° Linie entsprechen sich Realer Zins und Refinanzierungszins. Damit ist gleichzeitig der Interne Zinsfuß bestimmt. Der Ordinatenabschnitt bezeichnet den Realen Zins, der sich aus

(14) $\quad i_{RZM} = \sqrt[n]{\dfrac{\sum_{t=1}^{n} K_t}{F_0}} - 1$

ergibt. Die Lage der Rentabilitätsfunktion wird in erster Linie durch die Kosten der Finanzierung bestimmt. Mit steigendem Nominalzins und/oder Disagio verschiebt sich die Rentabilitätsfunktion nach oben. Sie wird in der Regel gleichzeitig aber auch (geringfügig) ihre Steigung verändern, weil sich die zeitliche Struktur (das Zeitzentrum) des Zahlungsstroms durch eine Zins- bzw. Disagioveränderung gleichzeitig verschieben wird. Von herausragender Bedeutung für solche zeitlichen Strukturverschiebungen sind aber naturgemäß die zugrundeliegenden Tilgungsmodalitäten. Hier gilt der Grundsatz, daß die Rentabilitätsfunktion um so steiler (flacher) verläuft, je schneller (langsamer) getilgt wird. Im Extremfall eines reinen Diskontpapiers mit endfälliger Zins- und Tilgungsleistung verläuft die Rentabilitätsfunktion infolgedessen parallel zur Abszisse.

Hinsichtlich der Realen-Zinsfußmethode (die den Spezialfall Interne-Zinsfußmethode mit einschließt) können noch gewisse Erweiterungen die praktische Anwendbarkeit dieses Verfahrens erhöhen. In erster Linie sind die Verwendung mehrerer, differierender Refinanzierungszinssätze für die verschiedenen Perioden zu nennen (die zum Beispiel die voraussichtliche, zukünftige Entwicklung des Marktzinses widerspiegeln mögen). Gleichung (13) geht damit über in Gleichung (15):

(15) $\quad i_{RZM} = \sqrt[n]{\dfrac{\sum_{t=1}^{n} K_t(1+h_t)^{n-t}}{F_0}} - 1$

Stufe 2: Der Sonderfall endfälliger Zins- und Tilgungsleistungen wird bei Kreditfinanzierungen durch sog. Zerobonds (Nullkupon-Anleihen, S. 389) repräsentiert. Sie stellen im Effektivzinskalkül eine erheblich vereinfachte Problemstruktur dar, weil sie nur zwei Zahlungszeitpunkte aufweisen, nämlich zu Beginn und am Ende der Laufzeit. Damit entfällt bei Anwendung der Internen Zinsfuß-Methode die Notwendigkeit, ein Probierverfahren anzuwenden. Hinzu kommt, daß der Reale Zins unabhängig vom Wiederanlage- bzw. Nachfinanzierungszins stets gleich dem Internen Zinsfuß ist (vgl. S. 449), so daß die Interne Zinsfußmethode hier ein „ideales" Anwendungsgebiet erfährt (vgl. auch S. 343 ff.).

Da der Effektivzins eines Zerobonds lediglich

· von der Höhe des Auszahlungsbetrages F_0,
· der Höhe des Rückzahlungsbetrages F_N sowie
· dem Zeitraum dazwischen

bestimmt wird, gilt bei Annahme von n ganzen Laufzeitjahren folgende Bestimmungsgleichung:

(16) $\quad i_{IZM} = \sqrt[n]{\dfrac{F_N}{F_0}} - 1$

Für den Fall, daß der Effektivzins (z. B. in Form des derzeitigen Marktzinses für vergleichbare Zerobonds) gegeben ist und der Rückzahlungsbetrag festliegt, läßt sich auch der Emissionskurs F_0 (oder allgemein der ertragsgerechte Marktwert F_t, mit t = 0 bis n) bestimmen, indem die Gleichung (16) nach F_0 aufgelöst wird (16a):

(16a) $\quad F_0 = \dfrac{F_N}{(1 + i_{IZM})^n} \quad$ bzw. $\quad F_t = \dfrac{F_N}{(1 + r_M)^{n-t}}$

mit $\quad r_M$ = Marktrendite
$\quad\quad\,\, n - t$ = Restlaufzeit

Zur Verdeutlichung der Zusammenhänge bei variierenden Marktrenditen möge folgendes Beispiel dienen:

Gegeben ist ein Zerobond mit 30jähriger Laufzeit (n = 30) und einem festgesetzten Rückzahlungskurs F_N = 100. Untersucht werden soll die Entwicklung des ertragsgerechten Marktwertes F_t mit t = 0 ... 30 Jahre bei drei unterschiedlichen Szenarien. In der Ausgangslage t_0 beträgt die Emissionsrendite (= Marktrendite r_M) 9%. Alternativ wird ab dem Zeitpunkt t_1 untersucht, wie hoch der ertragsgerechte Marktwert sein würde, wenn ein geändertes Zinsniveau unterstellt wird. Hierbei wird von einer alternativ auf 6% gesunkenen bzw. auf 12% gestiegenen Marktrendite ausgegangen. Die Ergebnisse zeigt Abb. 233:

Zeit-punkt t	Restlauf-zeit n − t	F_t bei Marktrendite r_M =		
		9%	6%	12%
0	30	7,54	–	–
1	29	8,22	18,46	3,74
5	25	11,60	23,10	5,88
10	20	17,84	31,18	10,37
15	15	27,45	41,73	18,27
20	10	42,24	55,84	32,20
25	5	64,99	74,73	56,74
29	1	91,74	94,34	89,29

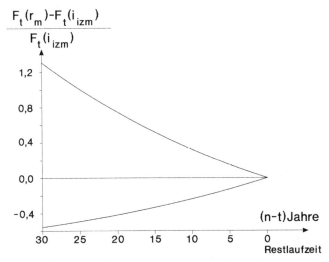

Abb. 233 Relative Änderung des ertragsgerechten Marktwertes F_t bei variierender Marktrendite r_M

Die Zusammenhänge verdeutlichen, daß der ertragsgerechte Marktwert bzw. Kurs eines Zerobonds bei gegebenem Rückzahlungskurs allein von der (Rest-)Laufzeit und der Marktrendite bestimmt wird. Dabei gilt, daß Änderungen der Marktrendite sich relativ umso stärker auf den ertragsgerechten Kurs eines Zerobonds auswirken, je größer die (Rest-)Laufzeit ist (vgl. Abb. 233).

Fragt man nicht nach dem Emissionskurs oder dem ertragsgerechten Marktwert sondern nach dem Rückzahlungsbetrag F_N und ist der Auszahlungsbetrag F_0 und der Effektivzins i_{IZM} gegeben, so ändert sich die Gleichung (16) in (16b):

(16b) $\quad F_N = F_0(1 + i_{IZM})^n \quad$ mit $\quad i_{IZM} = r_M$

Schließlich ist gegebenenfalls noch die Laufzeit n als Unbekannte zu ermitteln, wenn Auszahlungs- und Rückzahlungsbetrag sowie die effektive Marktrendite bzw. der Effektivzins bekannt sind (16c):

(16c) $\quad n = \dfrac{\ln F_N - \ln F_0}{\ln(1 + i_{IZM})}$

bzw.

$$t = \frac{\ln\left[\dfrac{F_t}{F_N}(1 + r_M)^n\right]}{\ln(1 + r_M)}$$

Unter der Annahme, daß im Zeitpunkt t_{10} die Marktrendite von 9% auf 12% steigt, ergibt sich ein ertragsgerechter Marktwert von $F_{10} = 10{,}37$ (vgl. Abb. 233). Bei gleichgebliebenem Zinsniveau hätte sich dieser nach 10 Jahren aber bereits auf 17,84 belaufen. Die gestiegene Marktrendite bewirkt demnach einen Rückgang des ertragsgerechten Marktwertes und zwar auf ein Niveau, das bei der alten Marktrendite von 9% bereits nach 3,7 Jahren erreicht wurde (16d).

(16d) $\quad t = \dfrac{\ln\left(\dfrac{10{,}37}{100} \cdot 1{,}09^{30}\right)}{\ln 1{,}09} = 3{,}7 \text{ Jahre}$

Wird nun alternativ angenommen, daß sich die Änderung der Marktrendite aus 12% erst im Zeitpunkt t_{20} einstellt, so würde dann der ertragsgerechte Marktwert $F_{20} = 32{,}20$, bei gleichbleibender Marktrendite dagegen $F_{20} = 42{,}24$ betragen (vgl. Abb. 233).

Dieser neue Marktwert von 32,20 wäre bei der ursprünglichen Emissionsrendite von 9% bereits nach 16,9 Jahren erreicht worden, so daß der relative Rückstand in diesem Fall nur noch 3,1 Jahre ausmacht, während er im ersten Fall (Änderung der Marktrendite bereits nach 10 Jahren) mit 6,3 Jahren fast doppelt so hoch war (16e).

(16e) $\quad t = \dfrac{\ln\left(\dfrac{32{,}20}{100} \cdot 1{,}09^{30}\right)}{\ln 1{,}09} = 16{,}9 \text{ Jahre}$

Generell gilt also, daß Steigerungen der Marktrendite umso größere Rückschläge für den Wert eines Zerobonds nach sich ziehen, je länger dieser noch läuft. Analog gilt dies für sinkende Marktrenditen: Die Zugewinne an Wert sind zu Beginn der Laufzeit eines Zerobonds am stärksten und flachen später ab.

Sechstes Kapitel: Betriebliche Finanzprozesse

Stufe 3: Bisher ist stets von dem Sonderfall jährlich nachschüssiger Zins und/oder Tilgungsleistungen (Stufe 1) bzw. zumindest ganzjähriger Laufzeiten (Stufe 2) ausgegangen worden. Diese Annahme wird nun aufgehoben und es wird wie in der Praxis üblich auch der Fall unterjähriger Zahlungen sowie „gebrochene", nicht ganzjährige Laufzeiten zugelassen. Verwendet wird wiederum das Verfahren der Internen Zinsfußmethode, allerdings nun in seinen speziellen Praxisvarianten. Behandelt werden soll im einzelnen

(1) der Effektivzins nach der Preisangabenverordnung (**PAngV**) von 1985; er ersetzt den früher gebräuchlichen Effektivzins nach *Braess/Fangmeyer*

(2) der „internationale" Effektivzins der Association of International Bond Dealers (**AIBD**), der wie der Name sagt, international im Wertpapiersektor gebräuchlich ist.

Zugrundegelegt wird der Darstellung das Beispiel eines über $1\,^1/_4$ Jahre laufenden Kredites, dessen Konditionen wie folgt festgesetzt sind:
- Kreditbetrag $F_N = 2000,-$ DM
- Disagio 10% (F_0 also 1800,- DM)
- Nominalzins 5%
- Endfällige Tilgung
- Zinszahlungen zum Ende und zur Mitte des Kalenderjahres

Die Zahlungsreihe dieses Kredites hat dann folgendes Aussehen:

1.10.88	31.12.88	1.7.89	31.12.89	$\rightarrow$ t
+1.800	−25	−50	−2.050	

(1) Der Effektivzins nach Preisangabeverordnung (PAngV)

Diese Berechnungsmethode, die seit dem 1. September 1985 für Kreditinstitute vorgeschrieben ist, schreibt vor, welche Kostenbestandteile eines Kredites in einem „effektiven Jahreszins" (bei Festzinskrediten) bzw. „anfänglichen effektiven Jahreszins" (bei variabel verzinslichen Krediten) zu berücksichtigen sind, und in welcher Weise dies geschehen soll. Das Ziel der neuen Preisangabenverordnung besteht darin, ein einheitliches Vorgehen der Effektivzinsberechnung und -angabe bei den Kreditinstituten herbeizuführen.

Wie bereits angedeutet, wird die „gebrochene" Laufzeit an das Ende der Gesamtlaufzeit gelegt und es wird unterjährig mit einfachen Zinsen gerechnet. Entsprechend hat die Grundgleichung zur Bestimmung des Effektivzinses folgendes Aussehen:

$$\text{PAngV} = 14{,}358\,\%$$
$$1800 = 25 \times \left(1 + i_{\text{eff}} \times \frac{270}{360}\right)(1 + i_{\text{eff}})^{-1}$$
$$+ 50 \times \left(1 + i_{\text{eff}} \times \frac{90}{360}\right)(1 + i_{\text{eff}})^{-1}$$
$$+ 2050 \times \left(1 + i_{\text{eff}} \times \frac{90}{360}\right)^{-1}(1 + i_{\text{eff}})^{-1}$$

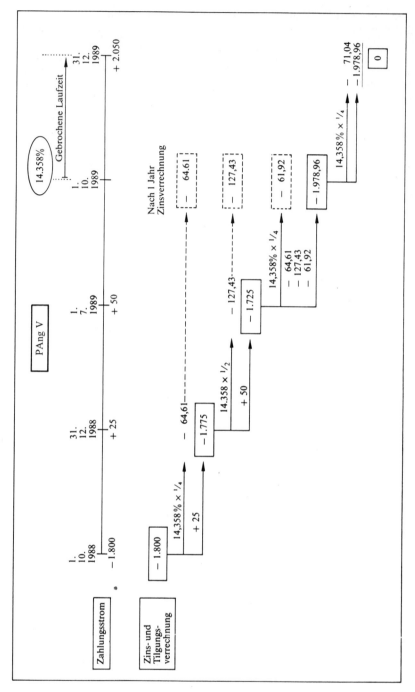

Abb. 234 Berechnung des Effektivzinses nach der Preisangabenverordnung (PAngV)

Wie die rechte Seite der obigen Gleichung verdeutlicht, kann die erste Rückzahlung in Höhe von 25,- DM nicht direkt über ein Vierteljahr abgezinst werden, weil sie in diesem Fall nicht mit einer Zinsverrechnung zusammenfällt. Vielmehr müssen die 25,- DM bis zur ersten Zinsverrechnung am 1.10.1988 (linear) aufgezinst werden, weil sie bis dahin voll vom Zinskapital abgesetzt werden können und aus diesem Grunde einen (positiven) „Einspareffekt" bewirken. Das gleiche gilt für die zweite Rückzahlung in Höhe von 50,- DM, die allerdings nur für 90 Tage, also vom 1.7.-1.10.1989 (linear) aufgezinst wird. Beide Rückzahlungen werden dann vom 1.10.1989 ausgehend um ein Jahr auf den 1.10.1988 abgezinst.

Die Schlußzahlung in Höhe von 2050,- DM, die wiederum mit dem (letzten) Zinsverrechnungstermin zusammenfällt, kann unmittelbar abgezinst werden. Die Abzinsung erfolgt dabei in der Weise, daß die Schlußzahlung zunächst um ein Vierteljahr auf den 1.10.1989 abgezinst wird und von dort um ein Jahr auf den 1.10.1988.

Besonders deutlich wird diese Zinsverrechnungsprämisse wiederum bei der stufenweisen Zins- und Tilgungsrechnung (vgl. Abb. 234). Im ersten Vierteljahr fallen Zinsen in Höhe von 64,61 DM an. Diese werden jedoch nicht mit der Zahlung in Höhe von 25,- DM am 31.12.1988 verrechnet, sondern bis zum Zinsverrechnungstermin am 1.10.1989 „stehen gelassen". Die Rückzahlung in Höhe von 25,- DM vermindert dagegen voll das Zinskapital. Bezogen auf die neue Kapitalbasis in Höhe von 1775,- DM fallen bis zum 1.7.1989 – hier verringert sich die Kapitalbasis ebenfalls um die volle Rückzahlung in Höhe von 50,- DM auf 1725,- DM – Zinsen in Höhe von 127,43 DM an, die wiederum bis zum Zinsverrechnungstermin am 1.10.1989 „stehen gelassen" werden. Bezogen auf die neue Kapitalbasis in Höhe von 1725,- DM ergeben sich dann bis zur Zinsverrechnung noch Zinskosten in Höhe von 61,92 DM.

Bis zur Zinsverrechnung am 1.10.1989, also ein Jahr nach der Kreditauszahlung, haben die angefallenen Zinsen noch keinen Einfluß auf das Zinskapital ausgeübt. Erst zu diesem Zeitpunkt werden sie dem nach Abzug der zwischenzeitlichen Zahlungen noch bestehenden Restkapital hinzugerechnet und bis zum Ende der Kreditlaufzeit, also für das restliche Vierteljahr, mit verzinst. Die neue Kapitalbasis beläuft sich auf 1978,96 DM, worauf am 31.12.1989 Zinsen in Höhe von 71,04 DM berechnet werden. Diese werden, zusammen mit dem Restkapital, durch die Schlußzahlung in Höhe von 2050,- DM gedeckt.

(2) *Der „internationale" Effektivzins der Assoziation of International Bond Dealers (AIBD)*

Anders als beim Effektivzinsverfahren nach PAngV wird bei dem sogenannten „internationalen" Effektivzinsverfahren (AIBD) nicht nur im jährigen Bereich bzw. im Abstand der Zinsverrechnung, sondern auch im unterjährigen Bereich, unabhängig von willkürlich festgelegten Zinsverrechnungszeitpunkten, mit exponentiellen Zinsen, also quasi täglich mit Zinseszinsen, kalkuliert. Die für einen Tag angefallenen Zinsen werden somit, ganz gleich ob eine Zahlung erfolgt oder nicht, täglich kapitalisiert und am nächsten Tag wieder mitverzinst.

Die Ausgangsgleichung zur Bestimmung des „internationalen" Effektivzinses verdeutlicht diese Eigenschaft:

$$\text{AIBD} = 14{,}5069\,\%$$

$$1800 = 25 \times (1 + i_{\text{eff}})^{-\frac{90}{360}} + 50 \times (1 + i_{\text{eff}})^{-\frac{270}{360}}$$
$$+ 2050 \times (1 + i_{\text{eff}})^{-\frac{450}{360}}$$

Jede Rückzahlung wird direkt exponentiell auf dem Auszahlungszeitpunkt des Kredites abgezinst. Insofern weist diese Ausgangsgleichung gegenüber den anderen Effektivzins-Verfahren formal die einfachste Struktur auf.

Faktisch bedeutet die exponentielle Abzinsung jedoch, daß jede Rückzahlung stufenweise vom Zahlungstag auf den Tag davor und von dort aus wiederum stufenweise über die einzelnen Tage zurück bis zum Auszahlungszeitpunkt abgezinst wird. Die Abzinsung erfolgt also nicht wie bei dem anderen Verfahren von einem Zinsverrechnungszeitpunkt auf den nächsten davorliegenden, sondern von einem Tag auf den anderen. Die Abzinsungsschritte sind somit erheblich kürzer.

Der sich aus dieser Bestimmungsgleichung ergebende Effektivzins in Höhe von 14,5069% unterstellt mit der Annahme der exponentiellen Verzinsung praktisch, daß die Zinsschuld täglich dem Kapital zugeschlagen wird. Auf die Termine der Zinsverrechnung nehmen also weder irgendwelche willkürliche Annahmen noch die Zahlungstermine Einfluß (vgl. Abb. 235).

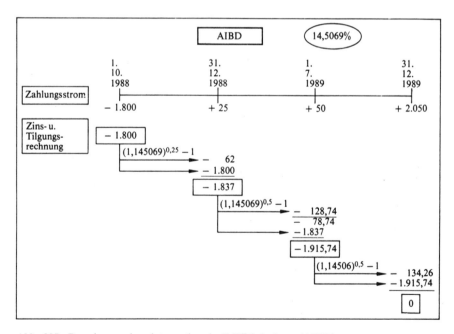

Abb. 235 Berechnung des „internationalen" Effektivzinses (AIBD)

3. Kapitalstrukturmodelle

Kapitalstrukturmodelle existieren in den verschiedensten Varianten. Generell erhalten sie ihren Wert dadurch, daß sie finanzierungstheoretische Zusammenhänge erhellen und die Komplexität von Finanzierungsentscheidungen auf ihren ökonomischen Kern reduzieren. Für die Praxis haben sie dagegen eine nur geringe Bedeutung, was vornehmlich zwei Gründe haben dürfte. Einerseits arbeiten die Kapitalstrukturmodelle mit Prämissen, die in der Realität so nicht gegeben sind und andererseits sind ihre Empfehlungen teilweise nicht operational, d. h. sie sind nicht in konkrete Handlungsregeln umzusetzen.

Im folgenden sollen einige ausgesuchte Modellansätze kurz dargestellt und analysiert werden. Abb. 236 gibt eine erste Übersicht über die dabei im Vordergrund stehenden Fragestellungen. Damit sind zwar zentrale Problemkreise der Finanzierungspolitik angesprochen, aber es ist natürlich nur eine Auswahl. So sind keineswegs alle Finanzierungsalternativen berücksichtigt, und ausgeklammert bleiben auch spezielle Probleme, wie das optimale „Timing" von Finanzierungsmaßnahmen oder die Fixierung des optimalen Bezugskurses bei Kapitalerhöhungen.

	Kapitalstrukturmodelle		
	Modelle der optimalen Selbstfinanzierung		Modelle der optimalen Verschuldung
Fragestellungen	Soll das Investitionsvolumen (wenn überhaupt) durch Einbehaltung von Gewinnen oder durch Kredite finanziert werden?	Ist es vorteilhaft, Gewinne einzubehalten oder aber ein „Schütt-aus-hol-zurück" Verfahren zu praktizieren?	Unter welchen Bedingungen ist es vorteilhaft (unvorteilhaft), den Fremdkapitalanteil am Gesamtkapitalvolumen zu erhöhen bzw. zu verringern?

Abb. 236 Fragestellungen alternativer Kapitalstrukturmodelle

(a) Modelle zur optimalen Selbstfinanzierung. Die Aussagen zur optimalen Selbstfinanzierung sind zweckmäßigerweise hinsichtlich mehrerer Einflußgrößen zu differenzieren (vgl. zum folgenden *Schneider, D.* 1990b).

- **Unternehmensform:** Wichtig ist die Unterscheidung zwischen personenbezogenen Unternehmen und firmenbezogenen Unternehmen. Im ersten Fall sind die unternehmenspolitischen Entscheidungsträger (= Unternehmer) identisch mit den Eigenkapitalgebern (= Investoren), im zweiten Fall ist diese Identität nicht gegeben. Es existiert eine klare Trennung zwischen Kapital (= Aktionären) und Unternehmensleitung (= Management), wie das für Publikumsaktiengesellschaften typisch ist.
- **Finanzielle Zielvorstellungen:** Unterschieden wird bei personenbezogenen Unternehmungen zwischen drei Zielen, dem Einkommens-, Vermögens- und Wohlstandsstreben (-maximierung), wobei Wohlstandsstreben als eine Kombination von Einkommens- und Vermögensstreben zu interpretieren ist. Bei firmenbezogenen Unternehmen kann das Management zwar ebenfalls im Interesse der Anteilseigner handeln, indem es deren Einkommen oder Vermögen zu maximieren versucht. Möglich ist hier aber auch, daß das Management seine Entscheidungen unter der Zielsetzung „firmeneigener Vermögensmaximierung" trifft.
- **Kapitalmarktformen:** Hier lassen sich vereinfacht folgende Konstellationen unterscheiden. Im Falle des vollkommenen Kapitalmarkts kann zu ein und demselben Zinssatz in beliebigen Beträgen Geld angelegt und Kredit aufgenommen werden. Bei unvollkommenem

Kapitalmarkt existieren dagegen eine Vielzahl von Zinssätzen, insbesondere bestehen Unterschiede zwischen dem Zinssatz, zu dem Geld angelegt werden kann und zu dem Kredit aufgenommen werden kann (Ungleichheit von Soll- und Habenzins). Auch ist es möglich, daß Kreditbeschränkungen bestehen. In einem solchen Fall kann das Investitionsprogramm nicht vollständig durch Kredite finanziert werden. Entweder ist dann auf Eigenkapital zurückzugreifen oder das Investitionsvolumen ist entsprechend zu kürzen.

- **Steuern:** Von einer positiven (negativen) Ausschüttungsprämie wird gesprochen, wenn Gewinnausschüttungen respektive die Wiederanlage von Gewinnen steuerlich begünstigt (oder auch bestraft) wird. Der Nicht-Steuerfall ist dadurch gekennzeichnet, daß eine solche Ausschüttungsprämie nicht existiert.
- **Ungewißheit:** Von Bedeutung für die Ableitung von Aussagen zur optimalen Selbstfinanzierung ist schließlich, ob die Parameter des Entscheidungsproblems in ihren relevanten Ausprägungen als bekannt unterstellt werden können oder ob sie – was der realistische Normalfall sein dürfte – mit Unsicherheit behaftet sind.

In **personenbezogenen** Unternehmungen, d. h. dort, wo Unternehmer und Eigenkapitalgeber identisch sind, gibt es bei zugrundeliegendem **Vermögens-** oder **Einkommensstreben** kein Optimum an Selbstfinanzierung.

Bei Vermögensmaximierung sind die Entnahmen vorgegeben und richten sich nach den Konsumpräferenzen des Unternehmens. Die Selbstfinanzierung ergibt sich insofern lediglich als Residualgröße für den Fall, daß der erzielte Gewinn größer ist als die Entnahmen. Umgekehrt sind bei der Zielsetzung Einkommensmaximierung die Entnahmen selbst die Zielgröße, so daß der ausschüttungsfähige Betrag, der in einer Unternehmung auf Dauer dem „ökonomischen Gewinn" entspricht, auch zu entnehmen ist. Selbstfinanzierung wird nur dann betrieben, wenn der ausschüttungsfähige Betrag kleiner ist als der erzielte Gewinn.

Nur bei **Wohlstandsstreben** kann es ein Optimum an Selbstfinanzierung geben, da zwischen einem Mehr an gegenwärtigem Konsum und einem Mehr an Vermögenswachstum unterschieden werden muß. Allerdings setzt die Lösung dieses Optimalproblems die Kenntnis der hierfür verwendeten Austauschregeln in Form von Indifferenzkurven voraus, was ohne Rückgriff auf die Konsumtheorie nicht möglich ist.

In **firmenbezogenen** Unternehmen gilt in Bezug auf die Zielsetzung **Einkommensstreben** das oben Gesagte, ein Optimum an Selbstfinanzierung existiert nicht. Das gleiche gilt im Regelfall für die Zielsetzung **firmeneigener Vermögensmaximierung**, denn hier wird gerade die branchenübliche (oder Mindest-) Dividende gezahlt und ansonsten werden offene und/oder stille Rücklagen gebildet.

Erst bei der Zielsetzung „**Vermögensmaximierung für die Anteilseigner (bzw. den Durchschnittsaktionär)**" entstehen im Zusammenhang mit Fragen der optimalen Selbstfinanzierung relevante theoretische Probleme, auf die kurz einzugehen sein wird. Dabei stehen die zwei bereits in Abb. 236 genannten Fragestellungen im Vordergrund:

(1) Soll das Investitionsvolumen (wenn überhaupt) durch Einbehaltung von Gewinnen oder durch Kredite finanziert werden?

(2) Ist es vorteilhafter, Gewinne einzubehalten oder aber das „Schütt-aus-hol-zurück"-Verfahren zu praktizieren?

Zu (1): Handelt der Vorstand einer Publikumsaktiengesellschaft nach der Zielsetzung „**Vermögensmaximierung für den Durchschnittsaktionär**", so hat er diese Frage danach zu beantworten, ob das Vermögen der Aktionäre stärker wächst, wenn Gewinne nicht ausgeschüttet werden und Selbstfinanzierung betrieben wird oder ob dies der Fall ist, wenn Gewinne ausgeschüttet werden und die Aktionäre diese Dividenden selbst (in gleichartigen Investitionsobjekten) anlegen. Den Aktionären wird anders ausgedrückt also ein Verzicht auf Dividende zugemutet, wenn die Gewinne sich bei (Re-) Investition in die Unternehmung höher verzinsen als bei Ausschüttung und anderweitiger Anlage.

Wie sich bei dieser Fragestellung das Optimum an Selbstfinanzierung ableiten läßt, soll für den relativ einfachen, aber schon instruktiven Fall,

· daß ein unvollkommener Kapitalmarkt ohne wirksame Kreditbeschränkung existiert,
· daß steuerliche Faktoren keinen Einfluß auf das Ergebnis haben und
· daß sichere Erwartungen bestehen

exemplarisch behandelt werden.

Es existieren für den genannten Fall grundsätzlich drei Lösungen, die sich als Resultante

· der jeweiligen Grenzrenditen des Investitionsprogramms in Abhängigkeit vom Investitionsvolumen,
· dem Soll- und Habenzins sowie
· dem Gewinnvolumen

ergeben. Abb. 237 (nach *Schneider, D.* 1990b) verdeutlicht dies, wobei sich die drei Konstellationen wie folgt unterscheiden:

[a] $r'_a > i > h$
[b] $i > r'_b > h$
[c] $i > h > r'_c$

mit r' = Grenzrendite der Investitionen
          i = Sollzins
          h = Habenzins

und $i > h$

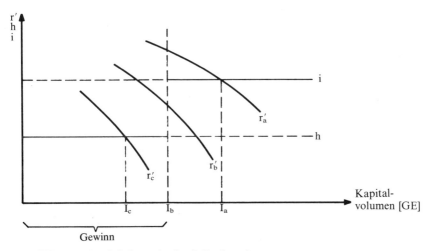

Abb. 237 Grundmodell der optimalen Selbstfinanzierung

Zu [a]: In dieser Konstellation kann der gesamte Gewinn zu einem Satz investiert werden, der über dem Habenzins liegt, zu dem die Aktionäre ihr Kapital höchstens anlegen könnten. Es wird also nichts ausgeschüttet, wobei das Investitionsvolumen nach der Regel $r'_a = i$ begrenzt wird. Der Teil der Investitionen, der mit seiner Rendite über dem Sollzins liegt, aber nicht mehr aus dem Gewinn finanziert werden kann, wird also kreditfinanziert.

Zu [b]: Hier wird mit der gleichen Begründung wie im Fall (a) nichts ausgeschüttet und der gesamte Gewinn investiert. Da Investitionen, die darüber hinaus gehen aber nur eine Rendite erzielen, die kleiner ist als der Sollzins (mit dem Kredite verzinst werden müssen), wird kein Kredit aufgenommen. Das Investitionsvolumen wird durch den Gewinn begrenzt.

Zu [c]: Hier wird nun ein Teil des Gewinns ausgeschüttet, da die Grenzrendite der Investitionen unter den Habenzins fällt. Nur der Teil des Gewinns wird investiert, für den die Bedingung $r'_c > h$ noch gilt. Da eine Kreditfinanzierung der Investitionen wegen $r'_c < i$ ebenfalls nicht in Frage kommt, wird das Investitionsvolumen nach der Regel $r'_c = h$ begrenzt.

Obwohl die Überlegungen zur optimalen Selbstfinanzierung noch sehr vereinfacht sind und ergänzt werden müßten um Kreditbeschränkungen, unsichere Erwartungen und steuerliche Faktoren, lassen sich doch schon gewisse Generalisierungen vornehmen: Handelt der Vorstand nach der Zielsetzung „Vermögensmaximierung für den Durchschnittsaktionär", spricht bei ertragsstarken Unternehmen vieles für eine weitgehende Gewinneinbehaltung, bei weniger gut verdienenden Unternehmungen werden dagegen eher die Bedingungen für Voll- oder Teilausschüttung gegeben sein.

Damit die Aktionäre aber im ersten Fall auf Gewinnausschüttung verzichten, muß vorausgesetzt werden können, daß sie Vermögenswachstum und nicht Konsumeinkommen wünschen. Des weiteren ist ein gewisses Maß an Vertrauen erforderlich; Vertrauen nämlich darauf, daß die Unternehmensleitung in ihrem Interesse handelt und daß sie die Fähigkeit zu optimalen Finanzierungsentscheidungen besitzt. Bestehen hier Zweifel, werden die Aktionäre tendenziell in jedem Fall eher eine Ausschüttung der Gewinne präferieren.

Zu (2): Das Problem der Selbstfinanzierung ist nicht nur im Zusammenhang mit der Kredit-, sondern auch mit der Beteiligungsfinanzierung zu sehen. Abgesehen davon, daß ein gewisses Maß an Gewinnausschüttungen häufig als notwendig angesehen werden muß, um Kapitalerhöhungen überhaupt zu ermöglichen, kann danach gefragt werden, ob es u.U. vorteilhafter ist, Gewinne einzubehalten (also Selbstfinanzierung zu betreiben) oder aber Gewinne zunächst auszuschütten und im Anschluß daran eine Kapitalerhöhung durchzuführen, die dazu dient, die ausgeschütteten Beträge teilweise oder vollständig wieder zurückzuholen.

Dieses letztere Verfahren wird als **„Schütt-aus-hol-zurück-"** Verfahren bezeichnet und soll im folgenden unter der Annahme, daß der Vorstand (einer Publikumsgesellschaft) im **Aktionärsinteresse** und nach der Zielsetzung **Vermögensmaximierung** handelt, untersucht werden.

Rein ökonomisch scheint diese Kopplung von Ausschüttung und anschließender Kapitalerhöhung auf den ersten Blick als wenig sinnvoll, denn eine solche Transaktion verursacht Kosten, die bei einer einfachen Einbehaltung nicht anfallen. Allerdings sind damit noch nicht die **steuerlichen Wirkungen** beider Verfahren berücksichtigt worden. Tatsächlich kann es nämlich bei Existenz einer positiven **Ausschüttungsprämie**, d.h. unter dem Einfluß des gespaltenen Körperschaftsteuersatzes von 50% für einbehaltene und von lediglich 36% für ausgeschüttete Gewinne, durchaus vorteilhafter sein, eine „Schütt-aus-hol-zurück-"Politik zu betreiben. Für die Selbstfinanzierung bedeutet dies, daß in den Fällen, wo eine vollständige oder teilweise Einbehaltung von Gewinnen angezeigt ist, geprüft werden muß, ob dieser Selbstfinanzierungseffekt nicht u. U. vorteilhafter über eine gekoppelte Dividenden-Kapitalerhöhung bewirkt werden kann.

Folgendes Beispiel (Abb. 238) zeigt den Effekt eines solchen „Schütt-aus-hol-zurück"-Verfahrens, wenn angenommen werden kann,

- daß der (Grenz-) Einkommensteuersatz des Durchschnittsaktionärs 30% beträgt und
- daß der gesamte Nettoertrag des Aktionärs nach Steuern der Gesellschaft wieder zur Verfügung gestellt wird.

Vollständige Gewinnausschüttung		Vollständige Gewinneinbehaltung	
Körperschaftsteuerlicher Gewinn	100,–	Körperschaftsteuerlicher Gewinn	100,–
– Körperschaftssteuer (36%)	36,–	– Körperschaftsteuer (50%)	50,–
Bruttobarausschüttung	64,–	Selbstfinanzierungsbetrag	50,–
– Kapitalertragsteuer (25%)	16,–		
Nettobarausschüttung	48,–		
+ Anrechnung bereits abgezogener Steuern	52,–		
Steuerpflichtiger Bruttoertrag	100,–		
– Einkommensteuer (30%)	30,–		
Nettoertrag nach Steuern	70,–		
= Nettobetrag der Kapitalerhöhung	70,–		

Abb. 238 „Schütt-aus-hol-zurück-"Verfahren versus Selbstfinanzierung

Wie Abb. 238 zeigt, ergibt sich gegenüber der einfachen Selbstfinanzierung ein erheblicher Vorteil für das „Schütt-aus-hol-zurück"-Verfahren. Dieser Vorteil schrumpft allerdings,

- wenn die Emissionsspesen bei einer Kapitalerhöhung und ein höherer Einkommensteuersatz als 30% berücksichtigt werden und/oder
- wenn nicht alle Aktionäre ihren Nettodividendenertrag vollständig wieder einzahlen.

(b) Modelle der optimalen Verschuldung. Die im folgenden behandelten Modelle der optimalen Verschuldung gehen in erster Linie von der Zielsetzung „firmeneigener Vermögensmaximierung" aus. Der Einfluß von Steuern bleibt ausgeklammert. Auch bestehen keine Kreditbeschränkungen, d.h. die Unternehmen können sich unbeschränkt verschulden, wenn sie bereit und in der Lage sind, die steigenden Belastungen hieraus zu tragen.

Die gegenüber den Modellen zur optimalen Selbstfinanzierung entscheidende Variante ist die Berücksichtigung der **Ungewißheit** und damit verbunden des Risikos, das in einer hohen Verschuldung begründet ist. Dieses spezielle **Verschuldungsrisiko** entsteht aus der Hebelwirkung der Verschuldung auf die Eigenkapitalrentabilität (Leverage-Effekt) und ist – wie an anderer Stelle bereits ausgeführt (vgl. S. 61 ff.) – im allgemeinen um so größer

- je höher der Verschuldungsgrad ist und
- je größer das allgemeine Geschäftsrisiko der Unternehmung (business risk) ist, wobei dieses abhängig ist von den (erwarteten) Schwankungen und der durchschnittlichen Höhe der Gesamtkapitalrentabilität.

Kennzeichnend für die (angelsächsischen) Modelle der optimalen Verschuldung ist die Orientierung am **Marktwert-** bzw. **Kapitalkostenkonzept.** Das Ziel „firmeneigener Vermögensmaximierung" gilt als realisiert, wenn der Marktwert der Unternehmung maximiert ist bzw. ihre Kapitalkosten minimiert sind. Dabei wird in den Grundmodellen unterstellt,

- daß die **Kapitalkosten** an den Renditeforderungen der (Eigen- und Fremd-) Kapitalgeber gemessen werden können, die ihrerseits sowohl von Opportunitätsgesichtspunkten bestimmt werden, als auch von den spezifischen Risiken abhängen, die mit der Kapitalhergabe verbunden sind,
- daß die Aktionäre ihre Renditeforderungen und -erwartungen nicht an den Ausschüttungen, sondern an den **Gewinnen** orientieren und
- daß der **Marktwert** der Unternehmung sich aus der Kapitalisierung der durchschnittlich erwarteten Bruttogewinne (vor Abzug der Fremdkapitalzinsen) mit dem durchschnittlichen Kapitalkostensatz ergibt.

Dementsprechend gelten folgende (durch Verwendung der Formel für die „ewige Rente" vereinfachte) Zusammenhänge:

(1) $\quad$ Fremdkapitalkosten $k_{FK} = \dfrac{\text{Nominalverzinsung}}{\text{Marktwert des Fremdkapitals}}$

(2) $\quad$ Eigenkapitalkosten $k_{EK} = \dfrac{\text{Durchschnittl. erwartete Nettogewinne}}{\text{Marktwert des Eigenkapitals}}$

(3) $\quad$ Durchschnittl. Kapitalkosten $k = k_{FK} \cdot a + k_{EK} \cdot b$

mit $\quad a = $ Anteil des Fremdkapitals am Gesamtkapital zu Marktwerten
$\quad b = $ Anteil des Eigenkapitals am Gesamtkapital zu Marktwerten

oder $\quad k = \dfrac{\text{Durchschnittl. erwartete Bruttogewinne (vor Abzug v. Zinsen)}}{\text{Marktwert des Gesamtkapitals (der Unternehmung)}}$

(4) $\quad$ Marktwert der Unternehmung

$$W = \dfrac{\text{Durchschnittl. erwartete Bruttogewinne (vor Abzug v. Zinsen)}}{\text{Durchschnittliche Kapitalkosten}}$$

Aus Formel (4) in Verbindung mit Gleichung (1) bis (3) ergibt sich, daß der Marktwert der Unternehmung bei steigender Verschuldung allein durch eine Veränderung der durchschnittlichen Kapitalkosten beeinflußt werden kann. Zu der Frage, ob dies nun realistischerweise angenommen werden kann, bestehen in der Literatur zwei gegensätzliche Auffassungen:

(1) Eine „**traditionelle**" Auffassung (Hauptvertreter *Solomon* 1963), die von der Existenz eines verschuldungsabhängigen Kapitalkostenverlaufs ausgeht und den optimalen Verschuldungsgrad definiert als Punkt (oder Bereich), wo die Kurve der durchschnittlichen Kapitalkosten ihr Minimum (bzw. der Marktwert der Unternehmung sein Maximum) erreicht.

(2) Die These von *Modigliani/Miller* (1958), die darauf hinausläuft, daß die durchschnittlichen Kapitalkosten einer Unternehmung (und damit ihr Marktwert) unabhängig vom Verschuldungsgrad sind. Nach dieser Auffassung gibt es also bei Zugrundelegung der durchschnittlichen Kapitalkosten als Optimalitätskriterium keinen optimalen Verschuldungsgrad bzw. ist jeder beliebige Verschuldungsgrad optimal.

Zu (1): Die „**traditionelle**" Auffassung geht davon aus, daß mit beginnender Verschuldung die durch den (Rentabilitäts-) Leverage-Effekt erzielte Eigenkapitalrentabilitätssteigerung zunächst noch nicht durch eine entsprechende Zunahme der Eigenkapitalkosten (Renditeforderungen) kompensiert wird. Denn bei geringem Fremdkapitalanteil werden die Verschuldungsrisiken aus der Sicht der Anteilseigner noch als zu gering angesehen, um einen solchen Risikozuschlag zu rechtfertigen. Das gilt erst recht für die Fremdkapitalgeber, die in dieser für sie günstigen Konstellation ebenfalls noch keinen Anlaß sehen, ihre Zinsforderung um einen besonderen Risikozuschlag zu ergänzen.

Aus diesem Grunde sinken die durchschnittlichen Kapitalkosten bzw. nimmt der Marktwert der Unternehmung zu, wenn die Verschuldung bei noch geringem absolutem Niveau ansteigt.

Mit zunehmender Verschuldung jedoch werden sich die Anteilseigner (wegen ihrer im Verhältnis zu den Fremdkapitalgebern erhöhten Risikoposition) bald veranlaßt sehen, ihre Renditeforderungen als Äquivalent für das aus ihrer Sicht steigende Risiko zu erhöhen. Trotzdem können die durchschnittlichen Kapitalkosten aber noch sinken, wenn und solange die erhöhten Eigenkapitalkosten nur „unterproportional" zunehmen, sie also die durch den Leverage-Effekt bewirkte Steigerung der Eigenkapitalrentabilität noch nicht kompensieren und darüber hinaus der durch die Fremdkapitalerhöhung hervorgerufene absolute Rückgang des Eigenkapitals zu Marktwerten kleiner ausfällt als der entsprechende Zugang an Fremdkapital.

Mit weiter steigender Verschuldung wird beides nun zunehmend unwahrscheinlicher. Irgendwann kommt der Punkt, wo die Renditeforderungen der Eigenkapitalgeber – gegebenfalls noch verstärkt durch steigende Fremdkapitalkosten – so stark zugenommen haben, daß sie in ihrer Wirkung auf den Marktwert der Unternehmung den (positiven) Rentabilitätseffekt der Verschuldung gerade kompensieren.

Die durchschnittlichen Kapitalkosten haben ihr **Minimum** erreicht. Eine noch höhere Verschuldung ist wegen der nunmehr überproportional steigenden Risiken nur noch unter Inkaufnahme steigender durchschnittlicher Kapitalkosten bzw. eines sinkenden Marktwerts der Unternehmung möglich.

Das folgende Zahlenbeispiel soll zusammen mit der graphischen Darstellung die geschilderten Zusammenhänge verdeutlichen (vgl. Abb. 239).

Die Eigenkapitalkosten nehmen von 10% (bei einem Fremdkapitalanteil von null) auf 15% (bei einem Fremdkapitalanteil von 70%) zu. Die Fremdkapitalkosten bleiben dagegen bis zu

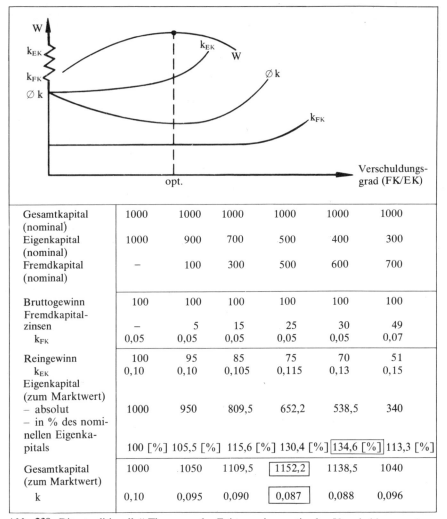

Gesamtkapital (nominal)	1000	1000	1000	1000	1000	1000
Eigenkapital (nominal)	1000	900	700	500	400	300
Fremdkapital (nominal)	–	100	300	500	600	700
Bruttogewinn	100	100	100	100	100	100
Fremdkapitalzinsen	–	5	15	25	30	49
k_{FK}	0,05	0,05	0,05	0,05	0,05	0,07
Reingewinn	100	95	85	75	70	51
k_{EK}	0,10	0,10	0,105	0,115	0,13	0,15
Eigenkapital (zum Marktwert) – absolut	1000	950	809,5	652,2	538,5	340
– in % des nominellen Eigenkapitals	100 [%]	105,5 [%]	115,6 [%]	130,4 [%]	134,6 [%]	113,3 [%]
Gesamtkapital (zum Marktwert)	1000	1050	1109,5	1152,2	1138,5	1040
k	0,10	0,095	0,090	0,087	0,088	0,096

Abb. 239 Die „traditionelle" These von der Existenz eines optimalen Verschuldungsgrades

einem Fremdkapitalanteil von 60% am Gesamtkapital mit 5% konstant. Bei 70%igem Fremdkapitalanteil wird erstmalig ein Risikozuschlag von 2% erhoben. Das Gesamtkapital beträgt 1000 GE, die Gesamtkapitalrentabilität 10%.

Bei den verschiedenen Verschuldungsgraden lassen sich grundsätzlich drei Phasen unterscheiden:

Phase I (im Beispiel bis zu einer Verschuldung von 1) ist gekennzeichnet durch einen steigenden Marktwert des Unternehmens bzw. durch sinkende durchschnittliche Kapitalkosten und durch einen steigenden Abstand zwischen dem Eigenkapital zu Marktwerten und dem nominellen Eigenkapital (steigende Eigenkapitalkurse).

Phase II (im Beispiel der Verschuldungsgrad 1,5) ist gekennzeichnet durch einen wieder sinkenden Marktwert des Unternehmens (durch steigende durchschnittliche Eigenkapitalkosten), wohingegen der Eigenkapitalkurs (Eigenkapital zu Marktwerten in % des bilanziellen Nominalkapitals) noch zunimmt.

In der Phase III schließlich (Verschuldungsgrad 7 : 3) sinkt sowohl der Marktwert des Unternehmens wie auch der Kurswert des Eigenkapitals.

Es gilt also, daß der optimale Verschuldungsgrad bei Gültigkeit der Zielsetzung „firmeneigene Vermögensmaximierung" grundsätzlich am Ende der ersten Phase liegt; also dort, wo die durchschnittlichen Kapitalkosten ihr Minimum erreichen. Wird dagegen wie bei den Modellen zur optimalen Selbstfinanzierung „Vermögensmaximierung für den Durchschnittsaktionär" als Zielsetzung unterstellt, ist als Entscheidungskriterium nicht der maximale Marktwert der Unternehmung, sondern der maximale Kurswert des Eigenkapitals zugrunde zu legen. Dieser Punkt ist am Ende der Phase II erreicht, wobei es natürlich möglich ist, daß beide Maxima zusammenfallen, die Phase I und die Phase II damit also gleichzeitig enden und in die Phase III übergehen.

Zu (2): *Modigliani/Miller* haben der geschilderten Auffassung von der Existenz eines kapitalkostenabhängigen optimalen Verschuldungsgrades widersprochen. Ihre These ist ebenso verblüffend wie der traditionellen Auffassung radikal entgegengesetzt.

Sie behaupten, daß bei Gültigkeit der von ihnen formulierten Grundprämissen die **durchschnittlichen Kapitalkosten einer Unternehmung unabhängig von ihrem Verschuldungsgrad** sind, folglich die Frage nach dem optimalen Verschuldungsgrad ein Scheinproblem darstellt, dem keine ökonomische Bedeutung zukommt.

Modigliani/Miller gehen für den Beweis ihrer These u. a. von folgenden Prämissen aus:

- Die Kapitalgeber erwarten (einheitlich) bestimmte durchschnittliche Bruttogewinne bei den einzelnen Unternehmungen. Es bestehen folglich trotz Ungewißheit keine Erwartungsdifferenzen.
- Die Unternehmungen lassen sich in homogene Risikoklassen einteilen. Innerhalb der einzelnen Risikoklassen besteht ein einheitliches Geschäftsrisiko bezüglich etwaiger Gewinnschwankungen im Zeitablauf.
- Die Anteile der Unternehmungen werden an der Börse unter den Bedingungen vollkommener Märkte gehandelt. Das bedeutet u. a., daß für zwei Unternehmen der gleichen Risikoklasse, die beide unverschuldet sind, die durchschnittlichen Kapitalkosten (Renditeforderungen) gleich hoch sein müssen.
- Die Fremdkapitalkosten sind unabhängig vom Verschuldungsgrad und die Anteilseigner sind willens sowie in der Lage, Fremdkapital zu gleichen Sätzen aufzunehmen wie die Unternehmungen.

Die Gültigkeit ihrer These beweisen die Autoren mit der Überlegung, daß für zwei homogene Güter auf einem vollkommenen Kapitalmarkt auch stets gleiche Preise existieren müssen und auftretende Ungleichgewichte zu **Arbitrageprozessen** führen, die das Gleichgewicht wieder herstellen.

Abb. 240 zeigt den Gedankengang an einem Zahlenbeispiel: Betrachtet werden zwei Unternehmen mit gleichem Gesamtkapital, gleicher Gesamtkapitalrentabilität, gleichen Fremdkapitalkosten und anfangs auch gleichen Eigenkapitalkosten. Unterschiede bestehen lediglich in der Tatsache, daß Unternehmen I unverschuldet ist, während Unternehmen II einen Fremdkapitalanteil von 30% aufweist.

Für die Aktionäre der Unternehmung II wäre es bei einem Eigenkapitalkostensatz von 10% vorteilhaft, wenn sie ihre Aktien verkaufen würden, den Verschuldungsgrad der Unterneh-

	Unternehmung I	Unternehmung II (vor Arbitrageprozeß)	Unternehmung II (nach Arbitrageprozeß)
Gesamtkapital (nominal)	100 000	100 000	100 000
Eigenkapital (nominal)	100 000	70 000	70 000
Fremdkapital (nominal)	–	30 000	30 000
Bruttogewinn	10 000	10 000	10 000
Fremdkapitalzins (5%)	–	1 500	1 500
Reingewinn	10 000	8 500	8 500
k_{EK}	0,10	0,10 ⟶	0,121
Eigenkapital (z. Marktwert)	100 000	85 000 ⟶	70 000
Gesamtkapital (z. Marktwert)	100 000	115 000	100 000
$\varnothing k$	0,10	0,087 ⟶	0,10

Beweis:		Vor Arbitrageprozeß	Im Arbitragegleichgewicht
(1) 1% Anteil von U II verkaufen		850,–	700,–
(2) Kredit zu 5% aufnehmen		150,–	300,–
(3) 1% Anteil von U I kaufen		1000,–	1000,–
(4) Transaktionserfolg			
(a) erwarteter Gewinn bei U I		100,–	100,–
(b) Abzüglich Kreditzinsen		7,50	15,–
		92,50	85,–
(c) Vergleich zu U II		85,–	85,–
(d) Arbitrageerfolg		7,50	0,–

Abb. 240 Die *Modigliani/Miller*-These von der Nicht-Existenz eines optimalen Verschuldungsgrades

mung II durch ihren persönlichen substituieren und sich in die relativ billigere, unverschuldete Unternehmung I einkaufen würden.

Der Beweis hierfür wird in der Abb. 240 geführt. Dort wird auch die Wirkungsweise der Arbitrage gezeigt: Arbitrageprozesse sorgen dafür, daß der Kurs der Unternehmung II sinkt bzw. deren Eigenkapitalkosten steigen, und zwar solange, bis die Marktwerte der Unternehmen I und II bzw. deren durchschnittliche Kapitalkosten gleich sind, eine Arbitrage sich also nicht mehr lohnt.

Der entscheidende Unterschied zur traditionellen Auffassung besteht bei *Modigliani/Miller* also in der Betonung des Arbitrageprozesses, der dafür sorgt, daß die Eigenkapitalkosten der Unternehmung bei alternativen Verschuldungsgraden stets so hoch sind, daß rentabilitätsbezogene Leverage-Effekte der Verschuldung sich nicht auf den Marktwert der Unternehmung auswirken können. Die Eigenkapitalkosten steigen anders ausgedrückt im *Modigliani/Miller*-Modell stärker, wenn die Verschuldung zunimmt und reagieren empfindlicher auf Verschuldungsvariationen als im traditionellen Modell.

Die **Kritik** am *Modigliani/Miller*-Modell hat vornehmlich an der Behauptung der Autoren anzusetzen, die Aussagen ihres Modells stünden prinzipiell im Einklang mit der Wirklichkeit. Dieser Anspruch scheint jedoch überzogen:

(1) Die Unterstellung eines vom Verschuldungsgrad unabhängigen, **konstanten Fremdkapitalzinssatzes** leugnet die Existenz bonitätsabhängiger Bestandteile im Kreditzins.

Modigliani/Miller haben diesen Kritikpunkt zwar in einer zweiten Version berücksichtigt und auch steigende Fremdkapitalkostensätze zugelassen. Um ihre These zu retten, waren sie aber gezwungen, die äußerst unrealistische Annahme rückläufiger Eigenkapitalkosten bei hoher Verschuldung zu machen.

(2) Fraglich ist auch, ob die Unterstellung eines im wesentlichen **vollkommenen Kapitalmarktes** der Wirklichkeit entspricht. Denn dies würde u.a. voraussetzen,
- daß alle Kapitalgeber nach dem Maximum- bzw. Minimumprinzip streben,
- daß die Anleger keine persönlichen Präferenzen hinsichtlich ihrer Kapitalanlagen haben,
- daß bei ihnen keine Erwartungsdifferenzen bezüglich der Risiken und Chancen alternativer Anlagemöglichkeiten bestehen,
- daß kein Informationsgefälle zwischen Anlegern und Unternehmung besteht,
- daß die Anleger in der Lage sind, alle Unternehmen in die ihnen entsprechenden Risikoklassen einzuordnen,
- daß keine zeitlichen Verzögerungen in den Arbitrageprozessen auftreten und keine Transaktionskosten entstehen,
- daß ein einheitlicher Marktzinssatz für Fremdkapitalanbieter und -nachfrager existiert und kein Unterschied zwischen persönlicher und institutioneller Verschuldung besteht.

Bereits aus diesen kurzen Bemerkungen mag deutlich werden, daß **der empirische Gehalt der *Modigliani/Miller*-These wohl im wesentlichen zu Recht bestritten wird.** Die traditionelle Auffassung erscheint demgegenüber also insgesamt **realitätsnäher,** wenngleich nicht zu übersehen ist, daß ihr **theoretischer Unterbau** gegenüber der Miller/Modigliani-These deutlich abfällt. So bietet sie keine Anhaltspunkte für eine operationale Bestimmung von **Kapitalkostenfunktionen** in Abhängigkeit vom Verschuldungsgrad, und sie weist auch keinerlei **dynamische** Elemente auf.

Um dieses „Theorie-Defizit" der traditionellen These zu beseitigen und zugleich die im *Modigliani/Miller*-Modell bestehende Kluft zwischen theoretischem Anspruch und empirischer Wirklichkeit zu verringern, wären die Verschuldungsmodelle demnach in Richtung auf eine Art Synthese aus beiden Modellansätzen fortzuentwickeln.

Fragen und Aufgaben zur Wiederholung (S. 436–467)

1. Welcher Zusammenhang besteht zwischen Effektivzinskalkülen und den Verfahren der Wirtschaftlichkeitsrechnung?
2. Was versteht man unter einem Effektivzins und welche Faktoren können ihn beeinflussen?
3. Skizzieren Sie die traditionelle statische Rechenmethode zur Ermittlung von Effektivzinssätzen.
4. Welcher Zusammenhang besteht zwischen durchschnittlichem Kapitalnutzungsvolumen und durchschnittlicher Kreditlaufzeit? Gehen Sie dabei im einzelnen auf die möglichen Entwicklungsverläufe des Kapitalnutzungsvolumens ein!
5. Wie lautet die Formel für die durchschnittliche Kreditlaufzeit (a) bei Ratentilgung und (b) bei Annuitätentilgung?
6. Wie ist die Vorgehensweise der Internen-Zinsfußmethode zur Ermittlung von Effektivzinssätzen bei jährlichen Zins- und Tilgungsleistungen? Welche Vereinfachung ergibt sich hinsichtlich der Berechnungen bei sog. Zerobonds?
7. Charakterisieren Sie für den Fall unterjähriger Zins- und Tilgungsleistungen die Effektivzinsrechnung (a) nach Preisangabeverordnung und (b) nach AIBD!
8. Beschreiben Sie die Elemente und Vorgehensweise der Realen-Zinsfußmethode! Zeigen Sie, daß diese Methode eine konsequente Verallgemeinerung der Internen-Zinsfußmethode ist und stellen Sie diesen Sachverhalt graphisch dar!
9. Welche spezifischen Nachteile weist die Interne-Zinsfußmethode gegenüber der Realen-Zinsfußmethode auf?
10. Was versteht man unter einer „Rentabilitätsfunktion" und in welcher Weise wird ihre Lage von den Konditionen einer Finanzierung beeinflußt?
11. Welchen Einfluß haben alternative Tilgungs- und Disagiovereinbarungen auf
    a) den statischen Effektivzins,
    b) den Internen Zinsfuß und
    c) den Realen Zinsfuß?
12. Welche Fragestellungen stehen im Vordergrund der sogenannten Kapitalstrukturmodelle?
13. Warum spielen Kapitalstrukturmodelle in der Praxis zur Fundierung von Finanzierungsentscheidungen eine nur geringe Rolle? Woran orientiert sich die Praxis bei Finanzierungsentscheidungen?
14. Hinsichtlich welcher Einflußgrößen sind die Aussagen zur optimalen Selbstfinanzierung zweckmäßigerweise zu differenzieren?
15. Bei welchen Zielsetzungen und Unternehmensformen entstehen im Zusammenhang mit Fragen der optimalen Selbstfinanzierung relevante theoretische Probleme?
16. Skizzieren Sie das Grundmodell der optimalen Selbstfinanzierung!
17. Was versteht man unter dem „Schütt-aus-hol-zurück"-Verfahren? Unter welchen Bedingungen ist ein solches Verfahren vorteilhafter als die einfache Selbstfinanzierung?
18. Wodurch entsteht das spezifische Verschuldungsrisiko, und von welchen Faktoren ist seine Höhe abhängig?

> 19. Wie lautet die Formel für (a) die Kapitalkosten und für (b) den Marktwert der Unternehmung in den Modellen der optimalen Verschuldung?
> 20. Wo liegt der optimale Verschuldungsgrad, und wie wird die Existenz eines optimalen Verschuldungsgrades von den Vertretern der „traditionellen" These begründet?
> 21. Wie lautet die These von Miller/Modigliani zum optimalen Verschuldungsgrad? Welches sind die wichtigsten Prämissen, von denen die Autoren für den Beweis ihrer These ausgehen?
> 22. Worin besteht im Miller/Modigliani-Modell der entscheidende Unterschied zur traditionellen Auffassung?
> 23. Welche Punkte sind am Miller/Modigliani-Modell zu kritisieren? Worin liegt der Wert dieses Modells?

Literaturhinweise:

Allerkamp, F. (1983)
Büschgen, H. E. (1991)
Däumler, K.-D. (1991)
Drukarczyk, J. (1980)
Engels, W. (1976)
Gutenberg, E. (1980)
Hax, H. (1985)
Hax, H., Laux, H. (Hrsg.) (1975)
Kirsch, W. (1968)
Kosiol, E. (1991)
Mair, W. (1972)
Modigliani, F., Miller, M. H. (1958)

Moxter, A. (1970)
Nicolas, M. (1967)
Schierenbeck, H. (1984b)
Schierenbeck, H., Rolfes, B. (1986)
Schneider, D. (1990b)
Solomon, E. (1963)
Standop, D. (1975)
Swoboda, P. (1973)
Waldmann, J. (1972)
Weston, J. F., Brigham, E. F. (1975)
Wöhe, G., Bilstein, J. (1991)

III. Liquiditätssteuerung

1. Kriterien und Modelle der Liquiditätssteuerung
2. Kassenhaltungsmodelle
3. Inhalt und Struktur des Finanzplans
4. Finanzieller Mobilitätsstatus

1. Kriterien und Modelle der Liquiditätssteuerung

Liquidität wurde definiert als die Fähigkeit der Unternehmung, die zu einem bestimmten Zeitpunkt zwingend fälligen Zahlungsverpflichtungen uneingeschränkt erfüllen zu können (vgl. S. 60). Sie ist zugleich ein oberstes Postulat, dessen Verletzung den Fortbestand jeder Unternehmung in Frage stellt. Aus diesem Grunde und weil das strenge Liquiditätspostulat nach einer lückenlosen, kurzfristigen und tagesgenauen Abstimmung der Zahlungsströme verlangt, ist es auch zweckmäßig, die **Liquiditätssteuerung** als gesonderten Problemkreis herauszugreifen.

Kriterien der Liquiditätssteuerung sind neben der **Liquidität** auch die **Rentabilität**. Zum einen sind liquiditätspolitische Maßnahmen, die der Beseitigung eines Liquiditätsengpasses dienen, generell auch mit Kosten verbunden, zum anderen können Liquiditätsüberschüsse auch eingesetzt werden, um Erträge zu erwirtschaften (*Witte/Klein* 1983).

Bei **gefährdeter Liquidität** dominiert grundsätzlich das Liquiditätskriterium vor dem Rentabilitätskriterium. Die zu treffenden Entscheidungen stehen im Schatten der Existenzgefährdung des Unternehmens. Der Grad der Gefährdung wird dabei von zwei Komponenten bestimmt:

- der **Höhe** des finanziellen Fehlbetrags und der voraussichtlichen **Dauer** des Liquiditätsengpasses sowie
- den **liquiditätspolitischen Möglichkeiten,** bereits eingeleitete Maßnahmen der Liquiditätsbelastung rückgängig zu machen bzw. Maßnahmen der Liquiditätsentlastung einzuleiten.

Bei **ungefährdeter Liquidität,** insbesondere, wenn Liquiditätsüberschüsse vorhanden sind, tritt die Bedeutung des Liquiditätsarguments gegenüber der Aufgabe, die Überschüsse zinsbringend anzulegen, zurück. Dabei kommen verschiedene Formen der Geldanlage in Betracht, die sich vor allem hinsichtlich

- ihrer Liquiditätsnähe
- ihrer Verzinsung und
- ihres Risikos

unterscheiden. Neben einer (langfristigen) Verwendung der Mittel für betriebliche Investitionen sind z. B. vorübergehende Geldanlagen in Form von festverzinslichen Wertpapieren, Terminausleihungen, Dividendenpapieren oder Terminkontrakten zu nennen.

Bei solchen Finanzdispositionen zeigt sich im übrigen der klassische **Konflikt** zwischen Liquidität und Rentabilität in aller Deutlichkeit: Ein Mehr an Verzinsung ist bei einer Anlageform in aller Regel mit einem Weniger an Liquiditätsnähe zu bezahlen und ein Zuwachs an (spekulativen) Gewinnchancen wird eingekauft mit dem steigenden Risiko von Kapitalverlusten.

Die im folgenden näher betrachteten **Modelle der Liquiditätssteuerung** unterscheiden sich u. a. in der unterschiedlichen Betonung von Liquiditäts- und Rentabilitätsaspekt. Die sogenannten **Kassenhaltungsmodelle** versuchen mithilfe einer Optimierungsbetrachtung einen Kompromiß zwischen Liquidität und Rentabilität zu steuern, wohingegen dem **Finanzplan** und dem **finanziellen Mobilitätsstatus** in erster Linie die Aufgabe einer Sicherung der Liquidität (insbesondere die möglichst frühzeitige Identifizierung potentieller Liquiditätsengpässe) zukommt.

2. Kassenhaltungsmodelle

Den in der Literatur diskutierten Kassenhaltungsmodellen gemeinsam ist ein **kombinierter Liquiditäts-Rentabilitätskalkül:** Während einerseits das Liquiditätsmotiv die Tendenz zu einer möglichst hohen Kassenhaltung bewirkt, ist sie aus Rentabilitätsgründen (weil die Kassenhaltung keine oder eine nur gering verzinsliche Geldanlage darstellt) demgegenüber möglichst klein zu halten. Diese gegenläufigen Tendenzen zu einem optimalen Ausgleich zu führen, ist Funktion der Kassenhaltungsmodelle.

Hier kurz angesprochen werden sollen (1) das deterministische **Baumol-Modell** und (2) das stochastische **Miller/Orr-Modell.**

Zu (1): *Baumol* (1952) verwendet zur Bestimmung des optimalen Kassenbestandes Grundgedanken des Modells der optimalen Losgröße bzw. Bestellmenge (vgl. S. 201 ff.). Den Lagerkosten dort entsprechen im Kassenhaltungsmodell die entgangenen Zinsgewinne für zinslos gehaltene Beträge, den Bestell- bzw. Umrüstkosten analog die Kosten der Kreditbeschaffung oder der kurzfristigen Geldanlage (Transferkosten).

Unterstellt wird im Baumol-Modell, daß Kassenzuflüsse jeweils zu Beginn einer Periode erfolgen, während die Abflüsse permanent und gleichmäßig während der ganzen Periode stattfinden.

Jeweils zu Beginn einer Planungsperiode erfolgt eine Einzahlung auf ein laufendes Konto in Höhe von T. Davon wird ein Betrag R einer kurzfristigen rentablen Anlage zugeführt, während ein Restbetrag L_1 zur Begleichung der laufenden Zahlungsverpflichtungen vom Konto abgehoben wird. Ist der Betrag L_1 verbraucht, so wird ein weiterer Betrag in Höhe von L_2 aus der Geldanlage R genommen und in die Kasse überführt. Dies wiederholt sich solange, bis der Betrag R vollständig verbraucht ist und eine neue Einzahlung in Höhe von T erfolgt. Abb. 241 verdeutlicht das Gesagte.

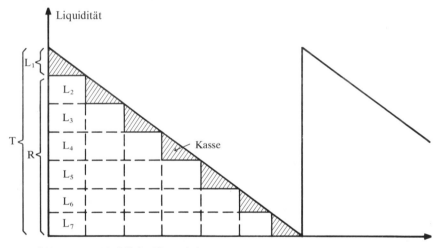

Abb. 241 Baumol-Modell der Kassenhaltung

Die Gesamtkosten der Kassenhaltung K_T betragen (wenn mit b die fixen Transferkosten und mit i der Zinssatz für die kurzfristige Geldanlage bezeichnet werden):

(1) $$K_T = b \cdot \frac{T}{L} + i \cdot \frac{L}{2}$$

Da die Gesamtkosten zu minimieren sind, ist die erste Ableitung der Gleichung (1) nach L zu bilden und diese null zu setzen. Aufgelöst nach L ergibt sich (2), was dem optimalen Transferbetrag in die Kasse entspricht:

(2) $$L_{opt} = \sqrt{\frac{2 \cdot b \cdot T}{i}}$$

Aus (2) folgt als Entscheidungsregel, die Transferbeträge
- zu erhöhen, wenn b und/oder T steigt bzw. i sinkt,
- zu senken, wenn b und/oder T sinkt bzw. i steigt.

Die **Kritik** am Baumol-Modell hat an der stark vereinfachten Problemstellung und an den Prämissen (insbesondere der Annahme vollkommener Information und der Unterstellung stetiger, deterministischer Kassenabflüsse) anzusetzen.

Zu (2): Das Miller/Orr-Modell (1966) berücksichtigt, daß die Einzahlungen sich nicht auf einen Zeitpunkt konzentrieren, sondern unregelmäßig während der ganzen Periode auftreten. Gleiches gilt für die Auszahlungen. Dem Modell wird somit ein innerhalb der Periode schwankender Kassenbestand zugrundegelegt.

Es wird angenommen, daß sich der Kassenbestand innerhalb einer Periode in Richtung und Größe zufallsabhängig bewegt, daß jedoch über eine zunehmende Anzahl von Perioden eine Normalverteilung unterstellt werden kann. Im Modell wird der Planungszeitraum in gleich große Zeiteinheiten t unterteilt. In jeder dieser Teilperioden wird nun mit einer Wahrscheinlichkeit von p ein Geldzufluß und mit einer Wahrscheinlichkeit von q ein Geldabfluß in Höhe von m Geldeinheiten erwartet. Dabei gilt zur Vereinfachung p = q = 0,5.

Wie beim Baumol-Modell werden Transferkosten b unabhängig von der Höhe und Richtung des Transfers angenommen. Dabei wird unterstellt, daß der Transfer selbst keine Zeit erfordert. Die rentabel angelegten Beträge erbringen einen Zins von i.

Im Miller/Orr-Modell kann sich der Kassenbestand innerhalb der Kontrollgrenzen null (= Untergrenze) und h (= Obergrenze) frei bewegen. Erreicht der Kassen-

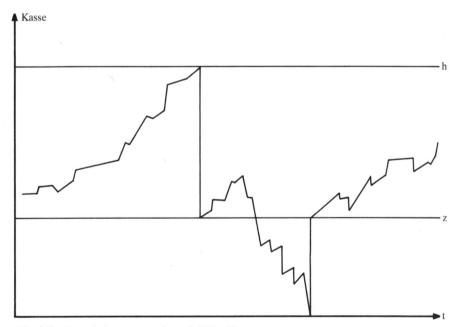

Abb. 242 Kassenhaltungsstrategie nach *Miller/Orr*

bestand die obere Kontrollgrenze h, so wird er auf das niedrigere Niveau z abgesenkt. Der Betrag h–z wird einer kurzfristigen Geldanlage zugeführt. Sinkt der Kassenbestand auf null ab, so wird ein Betrag in Höhe von z aus der Geldanlage genommen und der Kasse zugeführt (vgl. Abb. 242).

Das Ziel des Modells ist es nun, unter Maximierung der Rentabilität die optimale Höhe von h und z zu bestimmen. *Miller/Orr* kommen dabei zu folgenden Ergebnissen:

(3) $$z_{opt} = \sqrt[3]{\frac{3 \cdot b \cdot m^2 \cdot t}{4i}}$$

(4) $$h_{opt} = 3 \cdot z_{opt}$$

Beurteilung der Kassenhaltungsmodelle: Die Modelle besitzen den Vorzug, daß sie das Problem der optimalen Kassenhaltung transparenter machen. Darüber hinaus können sie, wie etwa die praktische Bewährung des Miller/Orr-Modells zeigt, auch Entscheidungshilfen darstellen. Im Vordergrund steht allerdings das Problem der optimalen Überführung von überschüssigen Kassenbeständen in rentable kurzfristige Anlagen, wogegen das komplexe Problem der Liquiditätssicherung weitgehend verkümmert.

3. Inhalt und Struktur des Finanzplans

Kurzfristige Finanzplanung wird allgemein mit Liquiditätsplanung gleichgesetzt. Ihre Aufgabe besteht insofern darin,

- eine drohende Illiquidität oder Unterliquidität bzw. sich abzeichnende Liquiditätsüberschüsse rechtzeitig erkennbar zu machen und
- die Zahlungsströme allgemein nach den Kriterien von Rentabilität und Liquidität zu steuern.

Wegen des strengen Liquiditätspostulats müssen Finanzplanungen insbesondere drei Anforderungen erfüllen (*Witte/Klein* 1983):

- Finanzplanungen haben sich auf zukünftige Einnahmen und Ausgaben zu richten (**Zukunftsbezug**),
- Finanzplanungen haben die Einnahmen und Ausgaben lückenlos und überschneidungsfrei auszuweisen (**inhaltliche Präzision**),
- Finanzplanungen haben Einnahmen und Ausgaben zeitlich präzise, also tagesgenau auszuweisen (**zeitliche Präzision**).

Diese Anforderungen sind insbesondere bei längerfristiger Finanzplanung allerdings kaum zu erfüllen. Denn allgemein ist davon auszugehen, daß sich die zukünftige Finanzlage umso unschärfer erfassen läßt, je weiter der Blick in die finanzielle Zukunft dringen soll. Daher sind bei längerfristigen Finanzplanungen zwangsläufig die Anforderungen an die inhaltliche und zeitliche Präzision zu reduzieren. Damit verbunden ist charakteristischerweise eine Verlagerung der Problemstellung von der situativen Liquiditätssteuerung zur Planung der strukturellen Finanzgebarung, also eine stärkere Orientierung an den strukturellen Zusammenhängen von Kapitalausstattung und Kapitalverwendung.

Betrachtet werden soll hier in erster Linie die **kurzfristige Finanzplanung.** Ihre Elemente sind der **zahlungsorientierte Finanzplan** (Einnahmen- und Ausgabenplan) sowie gegebenfalls das **Finanzbudget**.

Ein **Finanzbudget** gibt die geplanten Einnahmen und Ausgaben den einzelnen Mitarbeitern und Abteilungen als verbindliche Orientierung vor. Dementsprechend weist es drei Eigenschaften auf (*Witte/Klein* 1983):

- Es reglementiert die geplanten Einnahmen und Ausgaben dem **Betrage** nach. Für jede Position des Finanzplans wird festgelegt, welcher Betrag insgesamt ausgegeben werden darf bzw. als Einnahme erzielt werden soll.
- Es regelt die **qualitative Struktur** geplanter Zahlungsbewegungen. Mehrausgaben bei der einen Position dürfen nicht durch Minderausgaben bei einer anderen Position ausgeglichen werden.
- Es unterliegt einer strengen **zeitlichen Bindung**. Eine zeitliche Verschiebung von Einnahmen und Ausgaben (auch zwischen den einzelnen Planungsteilperioden) gilt als Abweichung von der Finanzvorgabe.

Der **(zahlungsorientierte) Finanzplan** weist in seiner Grundstruktur die in Abb. 243 wiedergegebene Form auf. Bezugspunkte sind einerseits die Bestände an Zahlungskraft und andererseits die geplanten Zahlungsbewegungen.

Positionen \ Zeitintervalle (Tage, Wochen, Monate usw.)	I	II	III	IV	V
Zahlungskraft-Anfangsbestand	5	→10	→5	→	→
+ Plan-Einnahmen	20	25	usw.		
./. Plan-Ausgaben	15	30			
Zahlungskraft-Endbestand	10	5			

Abb. 243 Grundstruktur eines Finanzplans

Die **Zahlungskraft** zu einem bestimmten Zeitpunkt ist definiert als Summe aus Kasse, Wechsel und Schecks, Bank- und Postscheckguthaben sowie aus zugesagten, aber noch nicht in Anspruch genommenen Kreditlinien.

Die **geplanten Zahlungsbewegungen** können nach den verschiedensten Gesichtspunkten gegliedert werden. Einen praxisorientierten Vorschlag machen *Witte/Klein* (1983):

(1) Zahlungskraft (Anfangsbestand)
(2) Einnahmen
    21 Einnahmen im Leistungsbereich
        211 Umsatzeinnahmen
        212 Einnahmen aus der Liquidation von Sachvermögen
        213 Sonstige Einnahmen
    22 Einnahmen im Neutralen Bereich
    23 Einnahmen im Finanzbereich
        231 Einnahmen aus Kapitalaufnahme
        232 Einnahmen aus der Desinvestition von Finanzvermögen
        233 Einnahmen aus Finanzierungserträgen
(3) Ausgaben
    31 Ausgaben im Leistungsbereich
        311 Ausgaben für Material
        312 Ausgaben für Personal
        313 Ausgaben für Leistungen Dritter
        314 Ausgaben für Steuern
        315 Sonstige Ausgaben

32 Ausgaben für Investitionen im Leistungsbereich
33 Ausgaben im Neutralen Bereich
34 Ausgaben im Finanzbereich
   341 Ausgaben für Kapitaltilgung
   342 Ausgaben für Investitionen im Finanzbereich
   343 Ausgaben für Finanzierungsaufwendungen
(4) Zahlungskraft (Endbestand)

Für die **Liquiditätssicherung** von zentraler Bedeutung ist es, Liquiditätsengpässe (finanzielle Fehlbeträge) möglichst frühzeitig zu erkennen und rechtzeitig Maßnahmen zur Herbeiführung eines Deckungsgleichgewichts zu ergreifen. Eines der zentralen Instrumente hierfür ist der Finanzplan, der finanzielle Engpässe dadurch signalisiert, daß die Zahlungskraft in bestimmten Perioden einen negativen (oder zu geringen positiven) Wert annimmt.

Solche im Finanzplan offen zutage tretenden Fehlbeträge können dabei vorübergehender oder struktureller Natur sein. Bei einem **vorübergehenden finanziellen Fehlbetrag** ergeben sich Defizite lediglich für bestimmte Planungsintervalle. Im Durchschnitt ist der Finanzplan hier jedoch ausgeglichen (vgl. Abb. 244).

	Jan	Feb.	Mrz.	Apr.	Mai	Jun.	Jul.
Zahlungskraft-Anfangsbestand	100	100	−100	−100	0	+100	+200
Einnahmen	200	200	200	200	200	200	200
Ausgaben	200	400	200	100	100	100	100
Zahlungskraft-Endbestand	100	−100	−100	0	+100	+200	+300

Abb. 244 Offener finanzieller Fehlbetrag in einzelnen Teilperioden

Dagegen ist ein **struktureller finanzieller Fehlbetrag** gegeben, wenn der Finanzplan auf Dauer nicht ausgeglichen ist. Es besteht ein strukturelles Ungleichgewicht zwischen den Einnahmen und den Ausgaben (vgl. Abb. 245).

	Jan.	Feb.	Mrz.	Apr.	Mai	Jun.	Kumuliert
Zahlungskraft-Anfangsbestand	100	+100	−100	−200	−250	−350	
Einnahmen	200	300	200	150	100	200	1150
Ausgaben	200	500	300	200	200	300	1700
Zahlungskraft-Endbestand	100	−100	−200	−250	−350	−450	−450

Abb. 245 Strukturelle Ungleichgewichte im Finanzplan

Finanzielle Fehlbeträge müssen nicht immer auch offen zutage treten. So kann der Finanzplan einen Überschuß signalisieren, obwohl in dem betreffenden Prognoseintervall die Liquidität gefährdet ist. Der Grund hierfür kann darin liegen,

- daß Einnahmen zu optimistisch, Ausgaben zu vorsichtig eingeplant worden sind und/oder
- daß das zeitliche Raster der Planungsintervalle zu grob ist, um die Struktur der Zahlungsbewegungen präzise abzubilden.

Abb. 246 zeigt die mögliche Entstehung eines **verborgenen finanziellen Fehlbetrags** infolge einer zu geringen zeitlichen Präzision der Planung. Ausgegangen worden ist dabei von den Mai-Daten des Zahlenbeispiels aus Abb. 215. Nach einem Zahlungskraftanfangsbestand von null ergab sich hier ein Endbestand von 100 GE, weil in dem betreffenden Monat den Einnahmen in Höhe von 200 GE nur Ausgaben von 100 GE gegenüberstanden. Eine Detailanalyse des Monats zeigt allerdings, daß der Schwerpunkt der Einnahmen erst gegen Ende des Monats erwartet werden kann, während die Ausgaben schon zu Beginn des Monats anfallen.

	1. Dekade	2. Dekade	3. Dekade
Zahlungskraft-Anfangsbestand	0	−40	−20
Einnahmen	20	40	140
Ausgaben	60	20	20
Zahlungskraft-Endbestand	−40	−20	+100

Abb. 246 Aufdeckung eines verborgenen finanziellen Fehlbetrags durch zeitliche Detaillierung der Planungsintervalle

Die Ausgleichsmaßnahmen bei Liquiditätsdefiziten hängen wesentlich von der Art des finanziellen Fehlbetrags ab:

(1) **Verborgene finanzielle Fehlbeträge** sind das Einsatzgebiet der **Liquiditätsreserve**. Sie muß für den Fall zurückgehalten werden, daß ein Fehlbetrag unerwartet auftritt. Die Komponenten der Liquiditätsreserve sind dabei im einzelnen:

· **Zahlungskraftreserven,**
· **kurzfristig realisierbare Vermögensreserven** (Terminausleihungen, Wertpapiere),
· **Finanzierungsreserven** (nicht ausgenutztes Verschuldungspotential, Kapitalerhöhungsreserven).

Jede Position der Liquiditätsreserve ist durch einen Liquidierungs**betrag,** eine Liquidierungs**dauer,** durch Liquidierungs**kosten** (einschließlich entgangener Gewinne) sowie durch ein etwaiges Liquidierungs**risiko** (das sich auf Liquidierungsbetrag, -dauer und/oder -kosten beziehen kann) gekennzeichnet. Diese Gesichtspunkte sind als Kriterien heranzuziehen, wenn es um die Dimensionierung und artmäßige Strukturierung der Liquiditätsreserve geht (vgl. auch S.479f.).

(2) **Offene,** jedoch **zeitlich befristete Fehlbeträge** stellen die typische Aufgabe des Planausgleichs dar. Die prognostizierten Einnahmen und Ausgaben sind dem Betrag nach (im Durchschnitt) ausgeglichen und divergieren lediglich in ihrer zeitlichen Struktur. In dieser Situation können Maßnahmen an zwei Punkten ansetzen:

· Verzögern geplanter Ausgaben und Beschleunigung geplanter Einnahmen (soweit möglich und unter Rentabilitätsaspekten sinnvoll),
· Kurzfristige Kreditfinanzierung und gegebenenfalls Finanzierung aus Vermögensumschichtung.

(3) **Strukturelle finanzielle Fehlbeträge** können durch zeitliche Verschiebung von Zahlungen nicht (dauerhaft) beseitigt werden. Hierzu sind vielmehr langfristige Finanzierungen erforderlich. Diese dürfen sich in der Regel nicht auf das „Einkaufen von Kapital", also auf die Außenfinanzierung beschränken, sondern müssen vor allem auch auf eine Erhöhung der Innenfinanzierungskraft ausgerichtet sein. Das bedeutet also im wesentlichen die Durchführung von Rationalisierungsmaßnahmen und die Verstärkung der Marketinganstrengungen. Daneben können aber

auch dauerhaft wirkende Kapitalfreisetzungen im Anlage- und Umlaufvermögen (= Finanzierung aus Vermögensumschichtung) zu einer strukturellen Verbesserung der Liquiditätslage beitragen.

4. Finanzieller Mobilitätsstatus

Ein Finanzplan weist, obwohl er für die Liquiditätssteuerung ein unentbehrliches Hilfsmittel ist, zwei grundlegende Schwächen auf:

(1) Von den Komponenten der Liquiditätsreserve enthält der Finanzplan lediglich die Zahlungskraft als kumulierten Saldo der Einnahmen und Ausgaben, der (unter Berücksichtigung der Anfangsbestände an Zahlungskraft) über die Perioden fortgeschrieben wird. Nicht sichtbar werden jedoch die (nicht in Zahlungskraft überführten) übrigen Komponenten der Liquiditätsreserve. Das gleiche gilt für etwaige Quellen der Liquidität außerhalb der Liquiditätsreserve. Der Finanzplan ist also von seinem Liquiditätskonzept her nicht vollständig formuliert.

(2) Ein Finanzplan orientiert sich an den prognostizierten Einnahmen und Ausgaben. Er ist daher von seiner Anlage her weniger geeignet für die Berücksichtigung nicht oder falsch prognostizierter Liquiditätsbelastungen. Diese sind es aber gerade, die die Existenz der Unternehmung gefährden können, da sie oftmals unerwartet und mit nur geringer „Vorwarnzeit" eintreffen.

Als eine Ergänzung des Finanzplans ist deshalb von *Donaldson* (1969) ein Instrument vorgeschlagen worden, das man als **finanziellen Mobilitätsstatus** bezeichnen könnte. Finanzielle Mobilität wird dabei ganz allgemein als Fähigkeit verstanden, sich an umweltbedingte Veränderungen jederzeit so anzupassen, daß liquiditätsbezogene Ungleichgewichte vermieden (bzw. eingetretene Störungen wieder beseitigt) werden können und zugleich stets genügend Mittel zur Verfügung stehen, um sich bietende Ertrags- und Wachstumschancen (im Rahmen des Gewünschten) jederzeit nutzen zu können.

Ein Status der finanziellen Mobilität ist demnach auch grundsätzlich nicht gleichzusetzen mit einem Finanzplan. Er beantwortet vielmehr die Frage: **Aus welchen Quellen können zusätzliche Mittel beschafft werden, wenn unter den gegebenen finanziellen Verhältnissen sich die in der Finanzplanung enthaltenen Prognosen als falsch erweisen sollten?** In dieser Fragestellung ähnelt der Mobilitätsstatus in gewisser Weise dem traditionellen Liquiditätsstatus. Nur daß dieser sich auf den Ausweis der freien Zahlungskraftreserven beschränkt und in seiner normalen Ausgestaltung auch strikt gegenwartsorientiert bleibt, während der finanzielle Mobilitätsstatus sehr viel umfassender angelegt ist und prinzipiell auch mit Planungswerten arbeitet.

Abb. 247 stellt einen solchen Mobilitätsstatus in seiner Grundstruktur dar. Er erfaßt die zu bestimmten Stichtagen als verfügbar angesehene finanzielle Mobilität, und zwar gegliedert nach den verschiedenen Mobilitätsressourcen.

Was zunächst die Stichtage betrifft, so spielen dabei zwei eine besondere Rolle:

(a) Die aktuelle Mobilität **zu Beginn einer Budgetperiode** (bzw. eines Geschäftsjahres). Je nach weiterer Aufgliederung der Budgetperiode kann der Mobilitätsstatus dabei monatlich, quartalsmäßig oder auch nur jährlich einmal fortgeschrieben werden. Grundlage bleibt jedoch das (im allgemeinen jährlich einmal erstellte) Budget, und die aktuelle Mobilität schöpft insofern auch stets nur aus den Ressourcen, die von diesem Budget zu Beginn der Budgetperiode und dann jeweils zu den einzelnen Fortschreibungsstichtagen noch nicht „vereinnahmt" sind. Daß es sich bei dieser Betrachtung um die Sicherung gegen etwaige Liquiditätsengpässe **innerhalb** der Budgetperiode handelt, bedarf keiner weiteren Begründung.

	Finanzielle Mobilität	
	zu Beginn der Budgetperiode	am Ende der Budgetperiode
I. Freie Liquiditätsreserven		
1. Zahlungskraftreserven		
– Kasse und Bankguthaben	0,–	0,–
– Nicht ausgenutzte Kreditlinien	350 000,–	0,–
Summe (1)	350 000,–	0,–
2. Kurzfristige Vermögensreserven		
– Terminausleihungen	100 000,–	0,–
– Wertpapiere	50 000,–	50 000,–
Summe (2)	150 000,–	50 000,–
3. Finanzierungsreserven		
– Nicht ausgenutztes Verschuldungspotential		
– kurzfristig	150 000,–	150 000,–
– langfristig	300 000,–	300 000,–
– Kapitalerhöhungsreserven	300 000,–	500 000,–
Summe (3)	750 000,–	950 000,–
Summe: Freie Liquiditätsreserven	1 250 000,–	1 000 000,–
II. Abbau des „working capital"		
1. Abbau Vorräte	84 000,–	84 000,–
2. Abbau Debitoren	30 000,–	30 000,–
3. Zunahme Kreditoren	20 000,–	20 000,–
Summe: Einsparung von „working capital"	134 000,–	134 000,–
III. Gemeinkostenreduzierung		
1. Marketing	50 000,–	50 000,–
2. Administration	76 000,–	76 000,–
3. Forschung und Entwicklung	30 000,–	30 000,–
Summe: Gemeinkostenreduzierung	156 000,–	156 000,–
IV. Kürzung von Anlageinvestitionen und Dividenden		
1. Anlageinvestitionen	100 000,–	150 000,–
2. Dividenden	50 000,–	50 000,—
Summe: Kürzung von Anlageinvestitionen und Dividenden	150 000,–	200 000,–
V. Liquidation von Anlagevermögen		
1. Sachanlagen	85 000,–	85 000,–
2. Finanzanlagen	100 000,–	100 000,–
Summe: Liquidation von Anlagevermögen	185 000,–	185 000,–
Gesamte finanzielle Mobilität zur Abdeckung potentieller Liquiditätsengpässe	1 875 000,–	1 675 000,–

Abb. 247 Beispiel eines Mobilitätsstatus

(b) Die voraussichtliche Mobilität **am Ende der Budgetperiode,** die sich unter Berücksichtigung der geplanten Einnahmen und Ausgaben sowie unter der Annahme, daß der Plan eingehalten werden kann, ergibt. Die zu diesem Stichtag ermittelte Mobilität dient zur Abdeckung möglicher Liquiditätsengpässe **jenseits** des Budgethorizonts und zeigt insofern frühzeitig eventuelle liquiditätspolitische Anpassungsnotwendigkeiten in diesem Bereich an.

Was sind nun im einzelnen die **Quellen finanzieller Mobilität** und wie werden sie im Mobilitätsstatus erfaßt?

Eine zentrale Rolle spielen natürlich die **freien Liquiditätsreserven,** die sich – wie bereits geschildert – aus Zahlungskraft-, kurzfristigen Vermögens- und Finanzierungsreserven zusammensetzen. Daneben enthält der finanzielle Mobilitätsstatus vornehmlich Einsparungen und Kapitalfreisetzungen, die für den etwaigen Fall eines alle anderen Argumente nachrangig werden lassenden Liquiditätsengpasses für möglich gehalten werden, aber unter „normalen" Bedingungen, etwa aus Kosten- und Ertragsgründen oder wegen negativer Rückwirkungen auf das Ansehen und „Standing" der Unternehmung, nicht ohne weiteres vollzogen würden. Im einzelnen ist hier zu nennen (vgl. Abb. 247):

- **Abbau des „working capital"** durch eine restriktivere **Vorratspolitik** (Drosselung der Produktionsrate unter die Absatzrate, Verzicht auf optimale Bestellmengen, Abbau der Sicherheitsbestände, Beschleunigung des Materialdurchflusses), durch eine stärkere **Kontrolle der Debitoren** (Intensivierung des Mahnwesens, Veränderung der Zahlungsbedingungen, Verzicht auf Belieferung von Kunden mit schlechter Zahlungsmoral) sowie durch **Verlängerung der Kreditorendauer** (Hinnahme von Skontoverlusten und volle Ausnutzung der Zahlungsziele, gezielter Einsatz von Wechselkrediten zur Verzögerung der Zahlungsausgänge).

- **Gemeinkostenreduzierungen** dort, wo dies möglich ist und auch keine unmittelbaren, kurzfristigen Rückwirkungen auf die laufenden Erträge zu befürchten sind. Als „traditionelle" Bereiche kommen hierfür vornehmlich Marketing, die allgemeine Verwaltung sowie Forschung und Entwicklung (einschließlich Aus- und Fortbildung) in Betracht.

- **Kürzung von Anlageinvestitionen und Dividenden,** wobei vor allem der Streckung des Investitionsprogramms Bedeutung zukommt.

- **Liquidation von Anlagevermögen.** Hier geht es um die Nutzung bestehender Möglichkeiten, Desinvestitionen gegenüber dem Plan zeitlich vorzuziehen, sowie um die Disposition nicht (oder noch nicht) betriebsnotwendiger Vermögensgegenstände (wie beispielsweise Grundbesitz).

Der Erfassung der verschiedenen Mobilitätsressourcen in einem Mobilitätsstatus folgt die **Beurteilung der vorhandenen finanziellen Mobilität hinsichtlich ihrer Adäquanz.** Dazu bedarf es im einzelnen

- einer Würdigung der **Höhe** der gesamten finanziellen Mobilität (laut Mobilitätsstatus) sowie ihrer **Aufteilung** auf die verschiedenen Ressourcen und

- einer Würdigung der **Sicherheit,** mit der die einzelnen Ressourcen finanzieller Mobilität bei Bedarf im prognostizierten Umfang liquiditätswirksam zur Verfügung stehen und der hierzu erforderlichen **Vorlaufzeit.**

Die Frage, ob ein bestimmter Saldo des Mobilitätsstatus als **ausreichend hoch** anzusehen ist, kann so ohne weiteres nicht beantwortet werden. Allgemein wird man zwar sagen können, daß der richtige Betrag zugleich der Mindestbetrag sein muß, der zur Abdeckung des maximalen Defizits, das entstehen kann, ausreicht. Aber dies ist keine operationale Entscheidungsregel von der Art, wie sie benötigt wird. Es ist also erforderlich, im Rahmen einer situationsgebundenen Analyse ganz konkret die maximal möglichen Abweichungen von den budgetierten Zahlen und deren Auswirkungen auf die Liquidität zu schätzen. Weil dies jedoch regelmäßig nur unvollkommen geschehen kann, und weil Sicherheit vor ungeplanten Entwicklungen kein Hauptzweck der finanziellen Unternehmensführung sein kann, ist es zusätzlich erforderlich, die Höhe des bewußt tolerierten Risikos, irgendwann zahlungsunfähig zu werden, zu bestimmen.

Neben der Höhe finanzieller Mobilitätsreserven spielt im besonderen Maße deren **Zusammensetzung** eine wichtige Rolle. Damit eng verbunden ist die Frage nach der Sicherheit, mit der diese Resourcen bei Bedarf auch zur Verfügung stehen, und nach der hierbei erforderlichen Vorlaufzeit. Es ist unzweifelhaft, daß dem Zweck der Liquiditätssicherung die Zahlungskraftreserven am meisten entsprechen. Ihre notwendige Vorlaufzeit ist gleich null, und es bestehen keine Unsicherheiten bezüglich ihrer rechtzeitigen und vollen Verfügbarkeit bei einem etwaigen Bedarf. Das Gegenteil davon sind Mobilitätsreserven im Anlagevermögen. Im allgemeinen nimmt der Liquidationsprozeß eine nicht unerhebliche Zeit in Anspruch und (besonders bei Notverkäufen) ist der erzielbare Liquidationserlös äußerst unsicher. Für die anderen Quellen der Mobilität, die hinsichtlich der genannten Kriterien etwa im Mittelfeld liegen, sind vor allem die zu ihrer Aktivierung häufig erforderlichen Verhandlungen nicht selten ein wesentlicher Zeit- und Unsicherheitsfaktor. So etwa, wenn es darum geht, das nicht ausgenutzte Verschuldungspotential in Zahlungskraft umzuwandeln, oder wenn die finanzielle Führung innerbetrieblich nicht die entsprechenden Kompetenzen für Maßnahmen zur Reduzierung des „working capital" oder abbaufähiger Gemeinkosten besitzt und daher mit den Führungskräften der hiervon betroffenen Bereiche zu verhandeln hat. Was speziell die Umwandlung von Finanzierungsreserven in Zahlungskraft betrifft, so kann allerdings eine gezielte Pflege des Finanzierungsspielraums und eine vertrauensvolle Zusammenarbeit mit den Hausbanken dazu beitragen, diesen Zeit- und Unsicherheitsfaktor entscheidend zu verringern.

Es zeigen sich aber dessenungeachtet dennoch deutliche Abstufungen in der Eignung einzelner Ressourcen, schnell und sicher bei Bedarf zur Verfügung zu stehen. Insofern kann es also prinzipiell nicht nur die Situation eines „zu wenig" an finanzieller Mobilität insgesamt, sondern auch die Situation einer unausgewogenen Zusammensetzung der verschiedenen Mobilitätsressourcen geben. Dabei ist zu berücksichtigen, daß die Adäquanzbeurteilung finanzieller Mobilitätsreserven sich nicht nur auf den Zeitraum der jeweils laufenden Budgetperiode beschränken darf, sondern zumindest in groben Umrissen auch den Zeitraum danach erfassen muß.

Neben der Adäquanzbeurteilung finanzieller Mobilitätsreserven ist die **Festlegung der Prioritäten,** nach denen die verschiedenen Ressourcen gebildet, eingesetzt und wieder aufgefüllt werden sollen, von Bedeutung. Im einzelnen entsteht die Frage nach solchen Prioritäten vor allem immer dann,

- wenn die Höhe der vorhandenen finanziellen Mobilität als nicht ausreichend angesehen wird,
- wenn die Zusammensetzung der verschiedenen Mobilitätsressourcen unausgewogen ist, insbesondere also die Zahlungskraftreserven unangemessen klein sind,
- wenn der Einsatz der finanziellen Mobilitätsreserven zur Abwendung einer Liquiditätsbedrohung erforderlich wird.

In allen drei Fällen bedarf es einer Entscheidungsregel, welche Ressourcen an erster Stelle aufgestockt, umgeschichtet oder eingesetzt werden, welche danach an die Reihe kommen und so weiter. *Donaldson* (1969) nennt diesbezüglich vier (empirisch nachgewiesene) Prinzipien liquiditätspolitischer Anpassung:

(a) **Prinzip des geringsten Widerstands.** Liquiditätspolitische Anpassungen erfolgen zunächst in bezug auf die Mobilitätsreserven, die direkt der Kontrolle seitens der finanziellen Führung unterliegen. Weitere Anpassungen vollziehen sich tendenziell in der Reihenfolge bestehender (externer oder interner) Widerstände gegen Kapitalzuführungen, Ausgabenkürzungen u.dgl. mehr.

(b) **Prinzip der maximalen Vorhersehbarkeit und Sicherheit.** Dieses Prinzip ist Ausdruck der besonderen Gefahr kurzfristiger Liquiditätsengpässe und beinhaltet, daß Anpassungsmaßnahmen dort vollzogen werden, wo das Risiko von Fehlschlägen möglichst gering ist.

(c) **Prinzip der Schlüssel-Liquidität (key resource strategy).** Es besteht eine gewisse Vorliebe, zur Absorption unvorhergesehener finanzieller Ungleichgewichte in den budgetierten Einnahmen und Ausgaben sich auf bestimmte Arten finanzieller Mobilitätsreserven schwergewichtig zu verlassen. In Frage kommt vor allem der betonte Rückgriff auf auffallend hohe Liquiditätsreserven („big cash balance approach") oder die Pflege entsprechender Bankverbindungen.

(d) **„Eichhörnchen-"Prinzip.** Bei aller Vorliebe für das Prinzip der Schlüssel-Liquidität werden einzelne Reserven nie vollständig und restlos verbraucht, bevor andere Quellen in Anspruch genommen werden. Vielmehr werden (nach außen häufig willkürlich anmutende) obere Grenzen der Inanspruchnahme einzelner Liquiditätsquellen fixiert.

Fragen und Aufgaben zur Wiederholung (S. 469–481)

1. Nennen Sie die Hauptkriterien der Liquiditätssteuerung, und verwenden Sie sie zur Beschreibung der Entscheidungssituation (a) bei gefährdeter und (b) bei ungefährdeter Liquidität!
2. Welche allgemeine Problemstellung liegt den in der Literatur diskutierten Kassenhaltungsmodellen zugrunde?
3. Entwickleln Sie das Baumol-Modell der optimalen Kassenhaltung in seinen Grundzügen! Wie lautet die Formel für den optimalen Transferbetrag in die Kasse?
4. Hinsichtlich welcher Prämissen ist das Miller/Orr-Modell dem Baumol-Modell überlegen?
5. Beschreiben Sie die Kassenhaltungsstrategie nach Miller/Orr!
6. Was sind die Aufgaben der Finanzplanung, und welche Anforderungen müssen Finanzplanungen erfüllen?
7. Worin bestehen die Wesensmerkmale eines Finanzbudgets?
8. Erläutern Sie die Grundstruktur eines (zahlungsorientierten) Finanzplans!
9. Was versteht man im Finanzplan unter Zahlungskraft?
10. Welche verschiedenen Formen eines finanziellen Fehlbetrags lassen sich unterscheiden? Was sind mögliche Gründe für die Entstehung solcher Fehlbeträge?
11. Worin bestehen mögliche Ausgleichsmaßnahmen bei auftretenden Liquiditätsdefiziten in Abhängigkeit von der Art des finanziellen Fehlbetrags?
12. Welche grundlegenden Schwächen weist ein Finanzplan im Zusammenhang mit seiner Aufgabe, Liquidität zu sichern, auf?
13. Inwiefern ergänzt ein finanzieller Mobilitätsstatus den Finanzplan? Was versteht man in diesem Zusammenhang unter finanzieller Mobilität?
14. Welches sind die Quellen finanzieller Mobilität, und wie werden sie im Mobilitätsstatus erfaßt?
15. Welche Überlegungen sind anzustellen, wenn es (a) um die Beurteilung der vorhandenen finanziellen Mobilität und (b) um die Festlegung der Dispositionsprioritäten geht?
16. Nennen Sie einige (empirisch nachweisbare) Prinzipien liquiditätspolitischer Anpassung!

Literaturhinweise:

Baumol, W.J. (1952)
Chmielewicz, K. (1972)
Donaldson, G. (1969)
Drukarczyk, J. (1980)
Fischer, O. (1975)
v. Kortzfleisch, G. (1957)
Lücke, W. (1965)

Miller, M. H., Orr, D. (1966)
Orth, L. (1961)
Sellien, H. (1964)
Witte, E. (1963)
Witte, E., Klein, H. (1983)

Dritter Teil
Das Rechnungswesen der Unternehmung

Siebentes Kapitel:

Grundbegriffe und Systematik des Rechnungswesens

1. Gliederung des Rechnungswesens
2. Buchhalterische Systeme und Grundzusammenhänge
3. Kontenrahmen und Kontenplan
4. Abgrenzung rechnungstheoretischer Strom- und Bestandsgrößen

1. Gliederung des Rechnungswesens

Das betriebliche Geschehen wurde bislang als ein dynamischer, sich vielfältig verzweigender Prozeß der Zielsetzung und Zielerreichung charakterisiert und in seinen zentralen Bestandteilen

- dem Zielsystem,
- dem Managementsystem,
- dem Leistungsprozeß sowie
- dem Finanzprozeß

nach betriebswirtschaftlich relevanten Kriterien analysiert. Dabei blieb noch im wesentlichen unbeachtet, daß es aus rechtlichen oder unternehmenspolitischen Gründen erforderlich bzw. zweckmäßig sein mag, diese Vorgänge systematisch zu erfassen, sie also zu dokumentieren und diese Informationen je nach Bedarfszweck auszuwerten.

Diese komplexe Aufgabe wird vom **betrieblichen Rechnungswesen** wahrgenommen. Es kann als Inbegriff eines **Informationssystems** (vgl. S.128ff.) betrachtet werden, **dessen Gegenstand die Erfassung, Speicherung und Verarbeitung von Betriebswirtschaftlich relevanten quantitativen Informationen über angefallene oder geplante Geschäftsvorgänge und -ergebnisse** ist.

Solche quantitativen Daten können dabei mengen- oder wertmäßiger Natur sein, wobei die wertmäßigen Daten dem Charakter des Wirtschaftens in einer Geldwirtschaft entsprechend dominieren. Damit stehen im Vordergrund des Rechnungswesens Größen wie

- Ertrag und Aufwand, Kosten und Leistung, Gewinn und Verlust;
- Einnahmen, Ausgaben und Liquidität;
- Vermögen, Schulden und Kapital.

Die Aufgaben des betrieblichen Rechnungswesens im einzelnen lassen sich folgendermaßen zusammenfassen:

(1) **Dokumentation** des betrieblichen Geschehens („Geschichtsschreibung"),

(2) Extern orientierte **Rechenschaftslegung** gegenüber Gesellschaftern, Gläubigern, Öffentlichkeit und Staat,

(3) Rechnerische **Fundierung unternehmenspolitischer Entscheidungen**.

Je nachdem, welche Aufgaben dominieren, stehen unterschiedliche Bereiche und Rechnungsinhalte im Vordergrund, wobei allerdings die Auffassung darüber, welche Teilgebiete im einzelnen zum Rechnungswesen zählen und wie sie zu systematisieren sind, keineswegs einheitlich sind. Da die lange Zeit übliche Gliederung des Rechnungswesens in

- Buchhaltung und Bilanz
- Kalkulation
- Statistik
- Planungsrechnung

aus logischen Gründen kaum überzeugen kann, wird hier folgende Gliederung der Teilbereiche des Rechnungswesens vorgeschlagen (vgl. Abb. 248):

Betriebliches Rechnungswesen		
Pagatorische Rechnungen		Kalkulatorische Rechnungen
Finanz-, Bilanz- und Erfolgsrechnung	Wirtschaftlichkeitsrechnung	Betriebsabrechnung und Kalkulation

Abb. 248 Hauptbereiche des betrieblichen Rechnungswesens

Weitere (ergänzende) Unterscheidungsmerkmale von Teilbereichen des Rechnungswesens lassen sich z.B. durch folgende Fragestellungen gewinnen:

- Liegt eine Zeit-(Perioden-)rechnung oder eine Stückrechnung vor?
- Wird mit Vergangenheitswerten oder mit Zukunftsgrößen (= Planungsrechnung) gearbeitet?
- Erfolgt eine Einzelaufzeichnung von Geschäftsvorgängen bzw. -ergebnissen oder werden statistische Vergleichsrechnungen vorgenommen?
- Handelt es sich um (periodische) Grundrechnungen oder haben die Rechnungen mehr den Charakter von Sonderrechnungen bzw. von vor- oder nachgelagerten Nebenrechnungen?
- Erfolgt die Datenerfassung und/oder -auswertung tabellarisch oder streng kontenmäßig (über die Buchhaltung)?

Aus der Kombination der mit diesen Fragen angesprochenen Merkmale und unter Berücksichtigung der drei in Abb. 248 genannten Hauptbereiche des Rechnungswesens ergibt sich eine fast unübersehbare Vielfalt von Rechnungstypen. Von diesen kann im folgenden zwangsläufig nur eine repräsentative Auwahl näher behandelt werden. Dabei kommt zu Hilfe, daß Finanzierungs- und Wirtschaftlichkeitsrechnungen bereits in anderem Zusammenhang (vgl. S.323ff. und S.397ff.) behandelt wurden. Die verbleibenden beiden Rechnungszweige

- Pagatorische Bilanz- und Erfolgsrechnung sowie
- Betriebsabrechnung und Kalkulation

haben dabei den gemeinsamen Nenner, daß sie in der Praxis einen engen Bezug zur **Buchhaltung** aufweisen (was für die Finanz- und Wirtschaftlichkeitsrechnung nicht gilt) und damit auch **traditionell** den eigentlichen Kern des betrieblichen Rechnungswesens bilden.

2. Buchhalterische Systeme und Grundzusammenhänge

Die **kaufmännische** Buchhaltung (den Gegensatz dazu stellt die **kameralistische** Buchhaltung der öffentlichen Hand dar) existiert in **zwei** grundsätzlichen Ausprägungen:

(1) Die **einfache Buchhaltung** (Buchführung) kennt nur Bestandskonten, also Vermögens-, Schulden- und (Eigen-)Kapitalkonten, auf denen die anfallenden Geschäftsvorgänge nach chronologischen und sachlichen Gesichtspunkten verbucht werden. Der Reingewinn eines Geschäftsjahres wird durch einen einfachen Vermögensvergleich ermittelt:

Neues Reinvermögen (Eigenkapital)
− altes Reinvermögen (Eigenkapital)
+ (Kapital-)Entnahmen während des Geschäftsjahres
− zusätzliche (Kapital-)Einlagen während des Geschäftsjahres

= Reingewinn

Die einfache Buchführung ist die Mindestbuchhaltung des Einzelhandels und des Handwerks.

(2) Die **doppelte Buchhaltung** (Doppik) kennt nicht nur Bestandskonten, sondern auch eigenständige Erfolgskonten (und in der erweiterten Version auch Finanzkonten). Das Grundprinzip dieses Buchhaltungssystems, das in der Praxis insbesondere von Mittel- und Großbetrieben verwendet wird, besteht darin, daß jeder Geschäftsvorgang stets auf mindestens zwei verschiedenen Konten, also doppelt verbucht wird.

Im einfachsten Fall werden nur zwei Konten berührt (vgl. Abb. 249, Fall 1). Der grundlegende Buchungssatz lautet dabei

(Per) Soll an Haben

d.h., die Verbuchung erfolgt bei dem einen Konto auf der **Soll**seite (= linke Seite), bei dem anderen Konto dagegen auf der **Haben**seite (= rechte Seite). Dieses Grundprinzip gilt aber auch, wenn mehr als zwei Konten angesprochen werden (vgl. Abb. 249, Fall 2 und 3). Es findet seinen allgemeinen Ausdruck in der für das System der Doppik so charakteristischen Forderung, daß ohne Rücksicht auf die Zahl der berührten Konten die Summe der Sollbuchungen immer gleich der Summe der Habenbuchungen sein muß.

Soll	Konto I	Haben	Soll	Konto II	Haben	Soll	Konto III	Haben
(1) 100,−	(3) 60,−		(3) 20,−	(1) 100,−		(3) 40,−	(2) 50,−	
(2) 80,−				(2) 30,−				

Abb. 249 Der Buchungssatz in der Doppik

Die Verbuchung der Geschäftsvorfälle erfolgt auf Konten (= **zweiseitig geführte Rechnungen, auf denen die Wertbewegungen registriert werden**). Dabei lassen sich im System der Doppik prinzipiell **drei** Gruppen von Grundkonten, die jeweils wieder in zwei Teilkonten zerfallen, unterscheiden (*Chmielewicz* 1982a):

(a) **Finanzkonten** (Einnahme- und Ausgabekonten), auf denen liquiditätswirksame (Zahlungs-)Vorgänge verbucht werden;

(b) **Bilanzkonten** (Vermögens- und Kapital-/Schuldenkonten), auf denen Bestände und deren Änderungen verbucht werden;

(c) **Erfolgskonten** (Aufwands-/Kosten- und Ertrags-/Leistungskonten), auf denen erfolgswirksame Vorgänge verbucht werden.

488   Siebentes Kapitel: Grundbegriffe und Systematik

Konten der Buchhaltung							
Finanzkonten				Bilanzkonten				Erfolgskonten			
Einnahme-konten		Ausgabe-konten		Vermögens-konten		Kapital-/Schul-denkonten		Aufwands-/Kosten-konten		Ertrags-/Leistungs-konten	
Soll	Haben	Soll	Haben	Soll	Haben	Soll	Haben	Soll	Haben	Soll	Haben
Zugänge	Abgänge	Abgänge	Zugänge	Anfangs-bestand	Abgänge	Abgänge	Anfangs-bestand	Zugänge	Abgänge	Abgänge	Zugänge
	Saldo=Endbe-stand	Saldo=Endbe-stand		Zugänge	Saldo=Endbe-stand	Saldo=Endbe-stand	Zugänge		Saldo=Endbe-stand	Saldo=Endbe-stand	
Soll = Haben		Soll = Haben		Soll = Haben		Soll = Haben		Soll = Haben		Soll = Haben	

Abb. 250 Verbuchung von Anfangs- und Endbeständen, Zugängen und Abgängen bei Finanz-, Bilanz- und Erfolgskonten

Siebentes Kapitel: Grundbegriffe und Systematik 489

Alle Konten entsprechen ihrem Aufbau der grundlegenden Gleichung

Anfangsbestand + Zugang − Abgang = Endbestand

Die genannten Grundkonten unterscheiden sich jedoch danach, auf welcher Kontoseite Anfangsbestand, Zugang bzw. Abgang und Endbestand verbucht werden und ob die Konten Anfangsbestände enthalten. Abb. 250 verdeutlicht diese Unterschiede.

Ohne zunächst die **inhaltlichen** Unterschiede zwischen Ausgaben, Aufwand und Kosten (respektive Einnahmen, Ertrag und Leistung) zu diskutieren und ohne bereits jetzt auf die unterschiedlichen Vermögens-, Kapital- und Schuldenkategorien einzugehen, soll im folgenden der **buchhalterische Zusammenhang zwischen den genannten Grundkonten** dargestellt werden. Dazu wird auf der Abb. 250 aufgebaut, zusätzlich aber von der Überlegung ausgegangen, daß Geschäftsvorfälle, die einen Buchungsvorgang auslösen, prinzipiell entweder erfolgswirksam oder erfolgunwirksam sein können und in einer weiteren Differenzierung noch nach ihrer Liquiditätswirksamkeit klassifiziert werden können (vgl. Abb. 251).

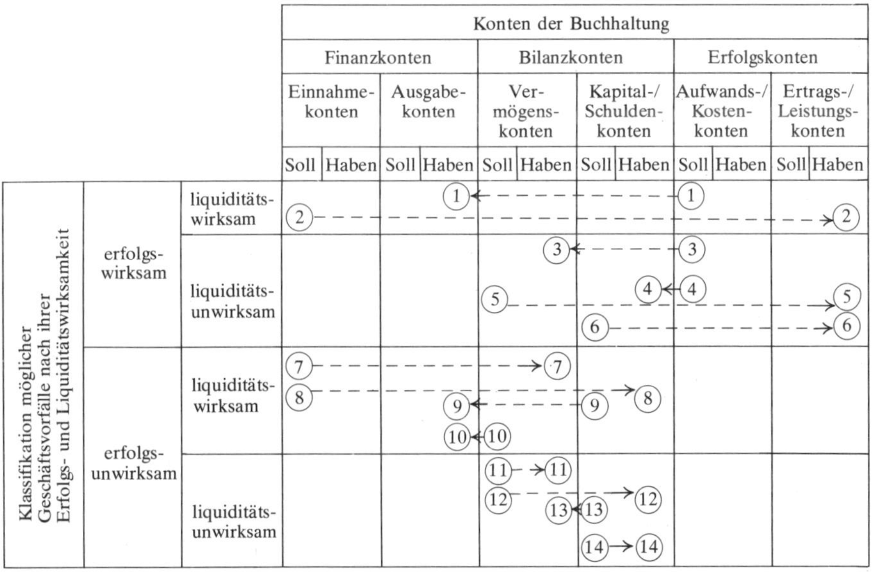

Abb. 251 Der buchhalterische Zusammenhang zwischen den Konten der Buchhaltung

Es ergeben sich, wie Abb. 251 zeigt, prinzipiell vierzehn verschiedene Arten von Buchungssätzen (für jeden der Buchungssätze ist als Beispiel ein passender Geschäftsvorfall konstruiert worden):

(1) Zahlen von Löhnen
(2) Einnahmen aus Zinserträgen
(3) Abschreibungen auf Anlagen
(4) Bildung von Pensionsrückstellungen
(5) Verkauf von Absatzleistungen auf Ziel
(6) Auflösung einer nicht beanspruchten Prozeßrückstellung
(7) Einnahmen aus Zielverkäufen

(8) Darlehensaufnahme
(9) Zahlung von Lieferantenrechnungen
(10) Materialkauf gegen Barzahlung
(11) Forderungsumschichtung
(12) Aufnahme eines Gesellschafters gegen Sacheinlage
(13) Schuldentilgung durch Forderungsaufrechnung
(14) Ausgabe von jungen Aktien gegen Wandelobligationen.

Die sich aus den doppelten Buchungsvorgängen ergebende Verzahnung von Bilanz-, Finanz- und Erfolgskonten wirkt sich fort, wenn am Ende einer Periode die Konten jeweils zusammengefaßt und ihre Salden in die entsprechenden Abschlußrechnungen (**Bilanz-, Finanz-** und **Erfolgs**rechnung) übertragen werden (*Chmielewicz* 1982a): **Erfolgs- und Liquiditätssalden treten jeweils zweifach auf** und zwar ergibt sich der Erfolgssaldo (Liquiditätssaldo) sowohl als Saldo der Bilanz als auch der Erfolgsrechnung (Finanzrechnung). Diese Zusammenhänge zeigt Abb. 252.

Abb. 252 Dreiteiliges Rechnungssystem

In der **Praxis** ist das hier in Grundzügen geschilderte dreiteilige Rechnungssystem (bislang) nicht gebräuchlich. Man beschränkt sich hier auf zwei Kontengruppen (Bilanz- und Erfolgskonten) und erhält damit als Abschlußrechnungen auch keine systematisch mit der Bilanz- und Erfolgsrechnung verzahnte Finanzrechnung. Liquiditätswirksame Geschäftsvorgänge werden also undifferenziert auf ein Kassenkonto gebucht und nicht wie im dreiteiligen System zunächst ohne unmittelbare gegenseitige Aufrechnung von Einnahmen und Ausgaben und gegliedert nach Zahlungsarten auf eigenständigen Finanzkonten.

Diese Ausklammerung der Finanzrechnung aus dem Buchhaltungssystem heißt natürlich nicht, daß in der Praxis keine Finanzrechnung betrieben würde. Auf deren Bedeutung gerade im Rahmen der Finanzplanung wurde schließlich in anderem Zusammenhang bereits ausführlich hingewiesen (vgl. S. 473 ff.). Aber sie ist traditionell nicht Bestandteil der Buchhaltung, sondern operiert losgelöst von ihr. Inwieweit das zunehmende Interesse an einer stärkeren Integration aller Teilbereiche des Rechnungswesens, insbesondere an einer systematischen Verknüpfung prospektiver Rechnungen (wie der Finanzplanung) mit traditionell retrospektiven Rechnungen (wie der Bilanz- und der Erfolgsrechnung) hier ein Umdenken in Gang setzen wird, bleibt abzuwarten.

3. Kontenrahmen und Kontenplan

Ein **Kontenrahmen** ist ganz allgemein ein systematischer Organisations- und Gliederungsplan von Konten, der nach den Bedürfnissen bestimmter Wirtschaftszweige entwickelt ist und als Rahmenplan eine gewisse Vereinheitlichung der Buchführung bezweckt.

Als formales Ordnungsprinzip verwenden Kontenrahmen im allgemeinen das **Dezimalsystem**: Sie enthalten zehn Kontenklassen, die wiederum in je zehn Kontengruppen gegliedert sind. Die Kontengruppen bestehen dann abermals aus je zehn Kontenarten. Als **Vorteile** des Kontenrahmens werden genannt:

- systematischer Kontenaufbau und gute Übersicht über die Buchhaltung;
- Rationalisierungseffekte durch Verwendung von Ziffern zur Bezeichnung der Konten;
- erleichterte Auswertung und bessere Vergleichbarkeit der Buchhaltungsdaten durch das einheitliche System der Verbuchung von Geschäftsvorfällen.

Ein **Kontenplan** stellt demgegenüber die unternehmensspezifische Ausgestaltung eines Kontenrahmens dar; er entsteht in Anlehnung an den Kontenrahmen des betreffenden Wirtschaftszweiges durch Anpassung an die betriebsindividuellen Bedürfnisse. Ein Kontenplan ist damit die systematisch gegliederte Aufstellung sämtlicher Konten, die in dem Buchhaltungssystem einer bestimmten Unternehmung geführt werden.

Für den Bereich der Industrie haben insbesondere zwei **Kontenrahmensysteme** mit unterschiedlicher materieller Gliederung Bedeutung erlangt:

(1) der (ältere) **Gemeinschafts-Kontenrahmen** der Industrie (GKR);
(2) der (neuere) **Industrie-Kontenrahmen** (IKR).

Gemeinsam ist beiden Kontenrahmensystemen,

- daß sie (wie bereits erläutert) **keine eigenständigen Finanzkonten** (i.S. von Einnahmen und Ausgabenkonten) unterscheiden, also nur Bilanz- und Erfolgskonten kennen und
- daß sie zwei Bereiche der Buchhaltung unterscheiden, die **Finanz-** und die **Betriebsbuchhaltung**. Während letztere den Zwecken der kalkulatorischen Erfolgsrechnung dient und mit Kosten- und Leistungskonten operiert, führt die Finanzbuchhaltung (auch als Geschäftsbuchhaltung bezeichnet) zur Bilanz und zur Gewinn- und Verlustrechnung (als Abschluß der Aufwands- und Ertragskonten).

Unterschiede zwischen beiden Kontenrahmensystemen bestehen dagegen hinsichtlich

- des verwendeten **Gliederungsprinzips** und damit verbunden
- der organisatorischen **Verknüpfung von Finanz- und Betriebsbuchhaltung**.

Der in den 30er Jahren von *Eugen Schmalenbach* entwickelte **Gemeinschafts-Kontenrahmen** (GKR) ist nach dem **Prozeßgliederungsprinzip** aufgebaut. Das heißt mit anderen Worten, daß die Anordnung der Konten entsprechend dem innerbetrieblichen Güterkreislauf erfolgt. Es wird dabei unterschieden zwischen „reinen" Konten der Finanzbuchhaltung einerseits sowie Betriebsbuchhaltung andererseits und „gemischten" Konten, die sowohl der Finanz- als auch der Betriebsbuchhaltung zuzurechnen sind. Letzteres deutet bereits darauf hin, daß der Aufbau des GKR einer engen organisatorischen Verbindung zwischen Finanz- und Betriebsbuchhaltung Vorschub leistet.

Die einzelnen Kontenklassen im GKR sind wie folgt aufgeteilt (vgl. auch Abb. 253):

Kontenklasse 0: Konten für das Anlagevermögen und das langfristige Kapital
Kontenklasse 1: Konten für das Finanzumlaufvermögen und für kurzfristige Verbindlichkeiten
Kontenklasse 2: Konten für neutrale Aufwendungen respektive Erträge und für kalkulatorische Kosten (sie dienen der Abgrenzung zwischen Finanz- und Betriebsbuchhaltung)

492　　　　Siebentes Kapitel: Grundbegriffe und Systematik

Klasse 0	Klasse 1	Klasse 2	Klasse 3	Klasse 4	Kl. 5/6	Klasse 7	Klasse 8	Klasse 9
Anlagevermögen und langfristiges Kapital	Finanz-Umlaufvermögen und kurzfristige Verbindlichkeiten	Neutrale Aufwendungen und Erträge	Stoffe Bestände	Kostenarten	Kostenstellen	Kostenträger		Abschluß
						Bestände	Erträge	
00 Grundstücke und Gebäude 01/02 Maschinen und maschinelle Anlagen 03 Fahrzeuge, Werkzeuge, Betriebs- und Geschäftsausstattung 04 Sachanlagensammelkonto 05 Sonst. Anlagevermögen (Patente, Beteiligungen, langfristige Forderungen) 06 Langfristiges Fremdkapital 07 Eigenkapital 08 Wertberichtigungen, Rückstellungen und dergl. 09 Rechnungsabgrenzung	10 Kasse 11 Geldanstalten (Banken, Postscheck) 12 Schecks und Besitzwechsel 13 Wertpapiere 14 Forderungen aus Warenlieferungen und Leistungen 15 Sonstige Forderungen 154 Vorsteuer 16 Verbindlichkeiten aus Warenlieferungen und Leistungen 17 Sonstige Verbindlichkeiten 174 Mehrwertsteuer 18 Schuldwechsel Bankschulden 19 Durchgangs-, Übergangs- u. Privatkonten	20 Betriebsfremde Aufwendungen und Erträge 21 Aufwendungen u. Erträge für Grundstücke und Gebäude 22 frei 23 Bilanzmäßige Abschreibungen 24 Zinsaufwendungen und -erträge (einschl. Diskont u. Skonto) 25 Betriebliche außerordentliche Aufwendungen u. Erträge 26 Betriebl. periodenfremde Aufwendungen u. Erträge 27/28 Gegenposten der Kosten- u. Leistungsrechnung 29 Das Gesamtergebnis betreffende Aufwendungen u. Erträge	30 Rohstoffe 33 Hilfsstoffe 34 Betriebsstoffe 38 Bezogene Bestand- u. Fertigteile auswärtige Bearbeitung 39 Handelswaren und auswärts bezogene Fertigerzeugnisse (Fertigwaren)	40 Fertigungsmaterial 41 Gemeinkostenmaterial 42 Brennstoffe u. Energie 43 Löhne u. Gehälter 44 Sozialkosten 45 Instandhaltung 46 Steuern, Gebühren, Versicherungsprämien 47 Verschiedene Kosten (u.a. Mieten, Büro-, Werbe- u. Reisekosten) 48 Abschreibungen 49 Sondereinzelkosten	Frei für Kostenstellen-Kontierungen der Betriebsabrechnung	78 Bestände an unfertigen Erzeugnissen (Halberzeugnisse) 79 Bestände an fertigen Erzeugnissen (Fertigerzeugnisse)	83 Verkaufskonten 85 Erlöse für Handelswaren 86 Erlöse aus Nebengeschäften 87 Eigenleistungen 88 Erlösberichtigungen 89 Bestandsveränderungen an Halb- u. Fertigerzeugnissen	98 Ergebniskonten 980 Betriebsergebnis 987 Neutrales Ergebnis 989 Gewinn- und Verlustkonto 99 Bilanzkonten 998 EBK 999 SBK

Abb. 253 Kontenrahmen für Industriebetriebe (GKR = Gemeinschaftskontenrahmen)

Kontenklasse 3:   Konten der Stoff- und Warenbestände
Kontenklasse 4:   Konten der Kostenarten
Kontenklasse 5/6:   Konten der Kostenstellen
Kontenklasse 7:   Konten für Bestände an halbfertigen und fertigen Erzeugnissen
Kontenklasse 8:   Ertragskonten
Kontenklasse 9:   Abschlußkonten der Finanz- und Betriebsbuchhaltung.

Der **Industrie-Kontenrahmen** (IKR) ist Anfang der 70er Jahre vom BDI (Bundesverband der Deutschen Industrie) entwickelt worden. Er muß als Versuch angesehen werden, einen einheitlichen europäischen Kontenrahmen zu schaffen. Im Gegensatz zum GKR trennt der IKR streng zwischen der Finanz- und der Betriebsbuchhaltung und arbeitet auch mit zwei unterschiedlichen, dem Charakter der beiden Buchhaltungstypen jeweils angepaßten Gliederungsprinzipien.

Die Konten der Finanzbuchhaltung (Kontenklasse 0–8) sind nach dem **Abschlußgliederungsprinzip** aufgebaut. Das heißt, die Struktur der Konten entspricht dem Aufbau der Bilanz und der Gewinn- und Verlustrechnung. Dagegen sind die

Konten der Betriebsbuchhaltung (Klasse 9) nach dem **Prozeßgliederungsprinzip** eingeteilt, wobei aber dem Wesen der intern ausgerichteten Betriebsbuchhaltung entsprechend keine verbindliche Unterteilung vorgenommen wird, sondern nur Vorschläge für eine mögliche Ausgestaltung gemacht werden.

Die Kontenklassen im IKR sind im einzelnen wie folgt aufgeteilt (vgl. Abb. 254):

Kontenklasse 0: Konten für Sachanlagen und immaterielle Anlagen
Kontenklasse 1: Konten für Finanzanlagen und Geldkonten
Kontenklasse 2: Konten für Vorräte, Forderungen und aktive Rechnungsabgrenzung
Kontenklasse 3: Konten für Eigenkapital, Wertberichtigungen und Rückstellungen
Kontenklasse 4: Konten für Verbindlichkeiten und passive Rechnungsabgrenzung
Kontenklasse 5: Ertragskonten
Kontenklasse 6: Konten für Material-, Personal- und Abschreibungsaufwendungen
Kontenklasse 7: Konten für Zinsen, Steuern und sonstige Aufwendungen
Kontenklasse 8: Konten für Eröffnung und Abschluß
Kontenklasse 9: Konten der Kosten- und Leistungsrechnung.

Bereits an der unterschiedlichen Gliederung von IKR und GKR ist erkennbar, daß bei beiden Systemen unterschiedliche Vorstellungen von der Bedeutung der Betriebsbuchhaltung und ihrer organisatorischen Eingliederung in das Gesamtsystem der Buchhaltung bestehen:

- Der **IKR** trägt der Tatsache Rechnung, daß die meisten Unternehmen die Kosten- und Leistungsrechnung nicht auf buchhalterischer Grundlage (eben im Rahmen der Betriebsbuchhaltung) durchführen, sondern allenfalls in Form angehängter Neben- und Sonderrechnungen. Der Hauptzweck des Kontenrahmens wird damit in der rationellen Abwicklung der (von rechtlichen Vorschriften geprägten) Finanzbuchhaltung gesehen. Soweit eine eigenständige Betriebsbuchhaltung existiert, wird empfohlen, sie organisatorisch verselbständigt abzuwickeln (**Finanz- und Betriebsbuchhaltung als Zweikreissystem**).

- Der **GKR** betont dagegen den innerbetrieblichen Wertekreislauf und stellt ab auf den inhaltlichen Konnex zwischen Finanz- und Betriebsbuchhaltung. Obwohl der GKR von daher die Tendenz zu einer engen organisatorischen Verknüpfung zwischen beiden Buchhaltungsbereichen fördert, sind aber grundsätzlich nicht nur **Einkreissysteme** (Finanz- und Betriebsbuchhaltung in einem einheitlichen Buchungskreislauf) sondern auch **Zweikreissysteme** (zwei verselbständigte, i.d.R. aber durch Übergangs- oder Verrechnungskonten gekoppelte Buchungskreisläufe) möglich.

4. Abgrenzung rechnungstheoretischer Strom- und Bestandsgrößen

In der bisherigen Darstellung wurden Begriffe wie Kosten und Aufwand oder Erlöse und Einnahmen, ohne daß sie exakt definiert worden wären, verwendet. Das soll nunmehr geschehen, wobei als eine Art Nebeneffekt die wesensbedingten Unterschiede und die Verknüpfungen zwischen Finanz- und Betriebsbuchhaltung sowie zwischen Bilanz-, Finanz- und Erfolgsrechnung noch einmal deutlich hervortreten werden.

Unterscheiden lassen sich im Rechnungswesen **wertmäßige Strom- und Bestandsgrößen**.

Bestandsgrößen sind **Vermögen, Schulden und Kapital**.

Der Vermögensbegriff kann betriebswirtschaftlich unterschiedlich weit gespannt werden. In seiner weitesten Fassung stellt **Vermögen** einen **aktiven Bestand an Wirtschaftsgütern** (zu einem bestimmten Zeitpunkt) dar.

	Finanzbuchhaltung							Betriebsbuchhaltung
Konten des Bilanzbereichs (Beständerechnung)				Konten des Ergebnisbereichs (Erfolgsrechnung)			Konten für Eröffnung und Abschluß	Konten der Kosten- und Leistungsrechnung
Aktivkonten			Passivkonten	Erträge	Aufwendungen		Abschlußrechnung	
Klasse 0 Immaterielle Vermögensgegenstände und Sachanlagen	Klasse 1 Finanzanlagen	Klasse 2 Umlaufvermögen und aktive Rechnungsabgrenzung	Klasse 3 Eigenkapital und Rückstellungen	Klasse 4 Verbindlichkeiten und passive Rechnungsabgrenzung	Klasse 5 Erträge	Klasse 6 Betriebliche Aufwendungen	Klasse 7 Weitere Aufwendungen	Klasse 8 Ergebnisrechnungen	Klasse 9 Kosten- und Leistungsrechnung (KLR)
00 Ausstehende Einlagen	11 Anteile an verbundenen Unternehmen	20 Roh-, Hilfs- und Betriebsstoffe	30 Kapitalkonto/ Gezeichnetes Kapital	41 Anleihen	50 Umsatzerlöse	60 Aufwendungen für Roh-, Hilfs- und Betriebsstoffe und für bezogene Waren	70 Betriebliche Steuern	80 Eröffnung/Abschluß	90 Unternehmensbezogene Abgrenzungen
01 Aufwendungen für die Ingangsetzung und Erweiterung des Geschäftsbetriebes	12 Ausleihungen an verbundene Unternehmen	21 Unfertige Erzeugnisse, unfertige Leistungen	31 Kapitalrücklage	42 Verbindlichkeiten gegenüber Kreditinstituten	52 Erhöhung oder Verminderung des Bestandes an unfertigen und fertigen Erzeugnissen		74 Abschreibungen auf Finanzanlagen und auf Wertpapiere des Umlaufvermögens und Verluste aus entsprechenden Abgängen	81 Herstellungskosten	91 Kostenrechnerische Korrekturen
02 Konzessionen, gewerbliche Schutzrechte und ähnliche Rechte und Werte sowie Lizenzen an solchen Rechten und Werten	13 Beteiligungen	22 Fertige Erzeugnisse und Waren	32 Gewinnrücklagen	43 Erhaltene Anzahlungen auf Bestellungen	53 Andere aktivierte Eigenleistungen	61 Aufwendungen für bezogene Leistungen		82 Vertriebskosten	92 Kostenarten und Leistungsarten
	14 Ausleihungen an Unternehmen, mit denen ein Beteiligungsverhältnis besteht	23 Geleistete Anzahlungen auf Vorräte	33 Ergebnisverwendung	44 Verbindlichkeiten aus Lieferungen und Leistungen	54 Sonstige betriebliche Erträge	62 Löhne	75 Zinsen und ähnliche Aufwendungen	83 Allgemeine Verwaltungskosten	93 Kostenstellen
03 Geschäfts- oder Firmenwert	15 Wertpapiere des Anlagevermögens	24 Forderungen aus Lieferungen und Leistungen	34 Jahresüberschuß/ Jahresfehlbetrag	45 Wechselverbindlichkeiten	55 Erträge aus Beteiligungen	63 Gehälter		84 Sonstige betriebliche Aufwendungen	94 Kostenträger
04 Geleistete Anzahlungen auf immaterielle Vermögensgegenstände	16 Sonstige Ausleihungen (Sonstige Finanzanlagen)	25 Forderungen gegen verbundene Unternehmen	35 Sonderposten mit Rücklageanteil	46 Verbindlichkeiten gegenüber verbundenen Unternehmen	56 Erträge aus anderen Wertpapieren und Ausleihungen des Finanzanlagevermögens	64 Soziale Abgaben und Aufwendungen für Altersversorgung und für Unterstützung	76 Außerordentliche Aufwendungen	85 Korrekturkonten zu den Erträgen der Kontenklasse 5	95 Fertige Erzeugnisse
05 Grundstücke, grundstücksgleiche Rechte und Bauten einschließlich der Bauten auf fremden Grundstücken		26 Sonstige Vermögensgegenstände	37 Rückstellungen für Pensionen und ähnliche Verpflichtungen	47 Verbindlichkeiten gegenüber Unternehmen, mit denen ein Beteiligungsverhältnis besteht	57 Sonstige Zinsen und ähnliche Erträge	65 Abschreibungen	77 Steuern vom Einkommen und Ertrag	86 Korrekturkonten zu den Aufwendungen der Kontenklasse 6	96 Interne Lieferungen und Leistungen sowie deren Kosten
07 Technische Anlagen und Maschinen		27 Wertpapiere	38 Steuerrückstellungen	48 Sonstige Verbindlichkeiten	58 Außerordentliche Erträge	66 Sonstige Personalaufwendungen	78 Sonstige Steuern	87 Korrekturkonten zu den Aufwendungen der Kontenklasse 7	97 Umsatzkosten
08 Andere Anlagen, Betriebs- und Geschäftsausstattung		28 Flüssige Mittel	39 Sonstige Rückstellungen	49 Passive Rechnungsabgrenzung	59 Erträge aus Verlustübernahme	67 Aufwendungen für die Inanspruchnahme von Rechten und Diensten	79 Aufwendungen aus Gewinnabführungsvertrag	88 Kurzfristige Erfolgsrechnung (KER)	98 Umsatzleistungen
09 Geleistete Anzahlungen und Anlagen im Bau		29 Aktive Rechnungsabgrenzung				68 Aufwendungen für Kommunikation, (Dokumentation, Informatik, Reisen, Werbung)		89 Innerjährige Rechnungsabgrenzung	99 Ergebnisausweise
						69 Aufwendungen für Beiträge und Sonstiges sowie Wertkorrekturen und periodenfremde Aufwendungen			

Abb. 254 Gliederung des Industrie-Kontenrahmens (IKR)

Eingang ins Rechnungswesen als Bestandsgrößen findet allerdings regelmäßig nur der Teil des Vermögens, der bilanzierungsfähig ist und auch bilanziert wird (= **Bilanzvermögen**). Eine diesbezügliche Abgrenzung zeigt Abb. 255 (nach *v. Wysocki* 1965).

Gesamtvermögen				
Potentielles Vermögen		Vermögen im wirtschaftlichen Eigentum der Unternehmung		Pachtvermögen
Nicht genutztes Kreditpotential	Nicht genutztes Haftungsvermögen	Fremdeigentumsvermögen	Vermögen im rechtlichen Eigentum der Unternehmung	
		Bilanziertes Unternehmensvermögen		
		Anlagevermögen	Umlaufvermögen	
		Reinvermögen (Eigenkapital)	Schulden (Fremdkapital)	
		Neutrales Vermögen	Betriebsnotwendiges Vermögen	

Abb. 255 Verschiedene Vermögenskategorien

Während das (bilanzierte) Unternehmensvermögen auf der Aktivseite der Bilanz erfaßt wird, steht das Kapital als dessen bilanzielles Äquivalent auf der Passivseite. Das (Bilanz-)**Kapital** wird dabei als **der abstrakte Wert der Ansprüche, die die Kapitalgeber an dem Bilanzvermögen haben**, definiert. In einer Bilanz zeigt die Kapitalseite also an, woher die Mittel für die Vermögensgüter gekommen sind (d. h. wie sie finanziert wurden). Saldiert man vom Gesamtkapital die Schulden (= Fremdkapital), so erhält man das Eigenkapital bzw. das Reinvermögen (vgl. Abb. 255).

Neben die Bestandsgrößen treten im Rechnungswesen **Stromgrößen**, die entsprechend **Wertbewegungen** ausdrücken:

(1) **Ausgaben und Einnahmen** (sie werden in der Finanzrechnung erfaßt);
(2) **Aufwendungen und Erträge** (sie finden in der Gewinn- und Verlustrechnung bzw. pagatorischen Erfolgsrechnung Berücksichtigung);
(3) **Kosten und Leistungen** (sie sind kennzeichnend für die kalkulatorische Erfolgsrechnung bzw. Betriebsbuchhaltung).

Zu (1): Mit (Perioden-)**Ausgaben** bezeichnet man alle (Buch- oder Bar-)Geldabflüsse in einer Wirtschaftsperiode. Entsprechend sind **Einnahmen** gleichzusetzen mit Geldzuflüssen, entweder in die Kasse (Bargeldzuflüsse) oder auf einem Bankkonto (Buchgeldzugang).

Zu (2): Als **Aufwendungen** wird derjenige Werteverzehr (= wirtschaftlicher Verbrauch oder Gebrauch von Wirtschaftsgütern) bezeichnet, der mit Ausgaben zusammenhängt (= Aufwandsausgaben). **Erträge** sind entsprechende Wertzugänge einer Periode, die zu Einnahmen führen (= Ertragseinnahmen).

Zu (3): Der Begriff der **Kosten** ist wie der Aufwandsbegriff gekennzeichnet durch einen Werteverzehr. Hinzu treten aber noch zwei weitere Merkmale. Zum einen

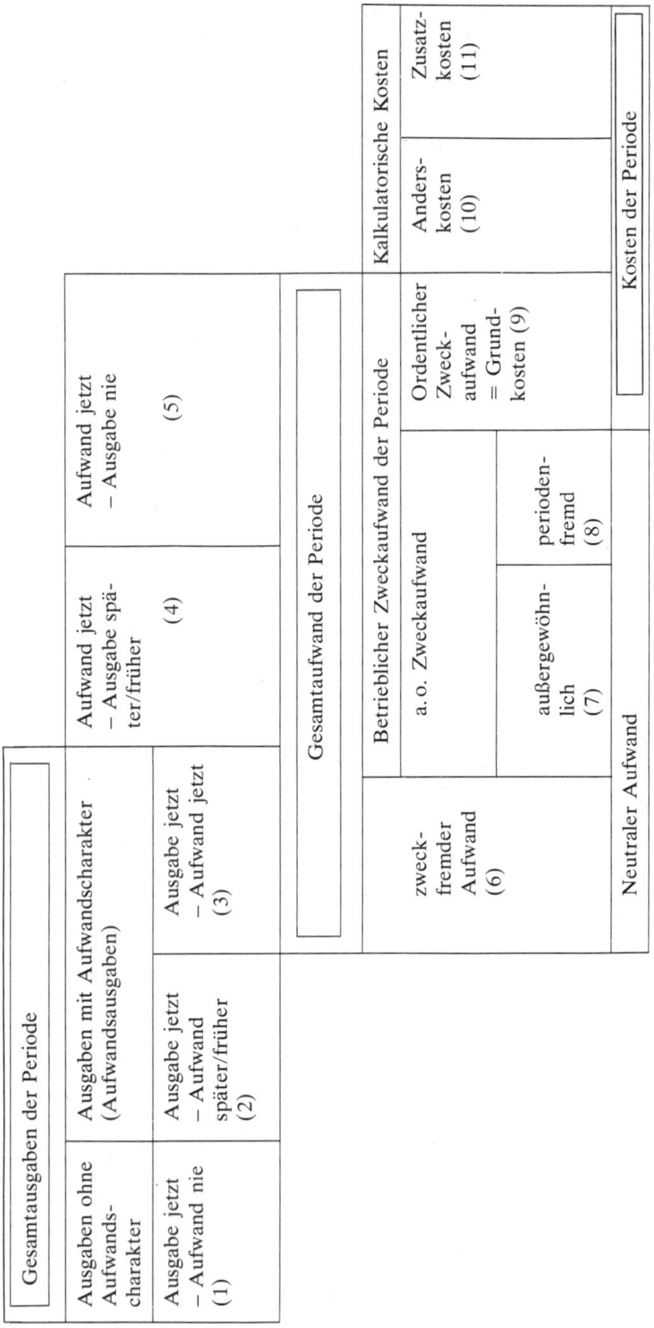

Gesamtausgaben der Periode			Gesamtaufwand der Periode					
Ausgaben ohne Aufwandscharakter	Ausgaben mit Aufwandscharakter (Aufwandsausgaben)		Aufwand jetzt – Ausgabe später/früher (4)	Aufwand jetzt – Ausgabe nie (5)				
Ausgabe jetzt – Aufwand nie (1)	Ausgabe jetzt – Aufwand später/früher (2)	Ausgabe jetzt – Aufwand jetzt (3)			Betrieblicher Zweckaufwand der Periode		Kalkulatorische Kosten	
					zweck- fremder Aufwand (6)	a. o. Zweckaufwand	Ordentlicher Zweck- aufwand = Grund- kosten (9)	Anders- kosten (10)	Zusatz- kosten (11)
						außergewöhn- lich (7)	perioden- fremd (8)		
					Neutraler Aufwand		Kosten der Periode	

Abb. 256 Abgrenzung Ausgabe, Aufwand, Kosten

beinhalten Kosten stets nur einen betriebs-(zweck-)bedingten Werteverzehr und zum anderen wird anders als beim Aufwand auch dann von Kosten gesprochen, wenn der betriebsbedingte Werteverzehr mit keinen Ausgaben verbunden ist. Analog sind **Leistungen** definiert als bewertetes Ergebnis der betrieblichen Tätigkeit, ohne daß hieraus Einnahmen entstehen müßten.

Abb. 256 (nach *Vormbaum* 1977 a) verdeutlicht die Unterschiede zwischen Ausgaben, Aufwand und Kosten. Auf eine entsprechende Darstellung der Unterschiede zwischen Einnahmen, Ertrag und Leistung wird verzichtet, da es sich jeweils um genau spiegelbildliche Vorgänge handelt.

Beispiele zur Abgrenzung von Ausgabe, Aufwand und Kosten (die Zahlen beziehen sich auf Abb. 256):

(1) Rückzahlung eines Kredits;
(2) Investitionsausgabe; Zahlung von Pensionen aus einer in früheren Perioden gebildeten Rückstellung;
(3) Kauf von Material, das noch in der gleichen Periode bezahlt und verbraucht wird;
(4) Abschreibung einer in früheren Perioden erworbenen (und bezahlten) Maschine; Verbrauch von Rohstoffen, die erst in der nachfolgenden Periode bezahlt werden;
(5) Bildung von Rückstellungen für einen Prozeß, der später gewonnen wird und somit nicht zu Ausgaben führt (im eigentlichen Sinne kein Aufwand, da frühere Aufwandsverrechnung in einem solchen Fall wieder rückgängig gemacht wird);
(6) Aufwand für Nebentätigkeitsbereiche (Bewirtschaftung von Mietshäusern bei einem Industriebetrieb oder regelmäßige Spendentätigkeit);
(7) Explosion einer nicht genügend hoch versicherten Anlage;
(8) Nachzahlung von Steuern;
(9) Bewerteter Materialverbrauch für die Erstellung der Unternehmensprodukte;
(10) Verrechnung kalkulatorischer Abschreibungen (sofern sie von den Aufwandsabschreibungen verschieden sind) sowie kalkulatorischer Wagnisse;
(11) Verrechnung von kalkulatorischen Zinsen aufs Eigenkapital, kalkulatorischen Mieten, kalkulatorischem Unternehmerlohn.

Fragen und Aufgaben zur Wiederholung (S. 485–497)

1. Nennen Sie die Hauptaufgaben des betrieblichen Rechnungswesens!
2. Welches sind die Hauptbereiche des betrieblichen Rechnungswesens?
3. In welchen Ausprägungen existiert die kaufmännische Buchhaltung? Stellen Sie deren Grundprinzipien dar!
4. Welche Gruppen von Grundkonten lassen sich im System der Doppik unterscheiden?
5. Nach welchen Kriterien lassen sich Geschäftsvorfälle, die einen Buchungsvorgang auslösen, allgemein systematisieren?
6. Wo treten im dreiteiligen Rechnungssystem der Erfolgs- und Liquiditätssaldo auf?
7. Was versteht man unter einem Kontenrahmen, und welche Vorteile sind mit seiner Verwendung verbunden?
8. Beschreiben Sie den Grundaufbau (a) des Gemeinschaftskontenrahmens und (b) des Industriekontenrahmens! Welches grundlegende Ordnungsprinzip steht jeweils hinter den beiden Systemen?
9. Unterscheiden und erläutern Sie die Begriffe Strom- und Bestandsgrößen im Rechnungswesen!
10. Welche Vermögenskategorien lassen sich unterscheiden?
11. Grenzen Sie die Begriffe Ausgaben, Aufwand und Kosten voneinander ab! Versuchen Sie für die einzelnen Kategorien Beispiele zu finden!

Literaturhinweise:

Bundesverband der Deutschen Industrie (Hrsg.) (1986)
Chmielewicz, K. (1982a)
Engelhardt, W., Raffée, H. (1991)
Kosiol, E. (1977)
Kosiol, E. (Hrsg.) (1981)
Lindelaub, H. (1966)
Menrad, S. (1978)
Schäfer, E. (1979)
Schönfeld, H.-M. (1969)
Vormbaum, H. (1977a)
Weber, H. K. (1988)
v. Wysocki, K. (1965)

Achtes Kapitel:

Bilanzen

Nach der notwendigen Klärung begrifflicher und systematischer Grundfragen des betrieblichen Rechnungswesens steht nunmehr die detailliertere Analyse der einzelnen Rechnungszweige im Vordergrund. Da von den Hauptbereichen des betrieblichen Rechnungswesens (vgl. S. 485 f.)

- Finanzrechnung
- Wirtschaftlichkeitsrechnung
- Pagatorische Bilanz- und Erfolgsrechnung
- Betriebsabrechnung und Kalkulation

die beiden erstgenannten Komplexe bereits im sechsten Kapitel (**Finanzprozesse**) behandelt wurden (vgl. S. 297 ff.), beschränken sich die weiteren Ausführungen dabei auf die beiden zuletzt genannten Teilgebiete. Im achten Kapitel (**Bilanzen**) werden entsprechend die wesentlichen Charakteristika pagatorischer Bilanz- und Erfolgsrechnungen analysiert, während sich im neunten Kapitel (**Kalkulatorische Erfolgsrechnungen**) die Ausführungen mit zentralen Fragen der Betriebsabrechnung und Kalkulation beschäftigen.

A. Bilanzarten und Bilanzauffassungen

1. Übersicht über wichtige Bilanzarten
2. Bilanztheoretische Auffassungen im Überblick

1. Übersicht über wichtige Bilanzarten

Der Grundaufbau einer Bilanz läßt sich in Kontoform darstellen (vgl. Abb. 257). Dabei findet auf der **Passivseite** das Kapital (als Summe aller von den Kapitalgebern zur Verfügung gestellten finanziellen Mittel) und auf der **Aktivseite** das Vermögen (als Ausdruck der konkreten Verwendung des bereitgestellten Kapitals) seinen Niederschlag. Aktiv- und Passivseite sind damit durch die sog. **Bilanzgleichung** (Vermögen = Kapital) verbunden, die unabhängig von der Struktur des Vermögens (Anlage- und Umlaufvermögen) sowie des Kapitals (Eigen- und Fremdkapital) stets gilt.

Aktiva	Bilanz	Passiva
Anlagevermögen		Eigenkapital
Umlaufvermögen		Fremdkapital
Vermögen	=	Kapital

Abb. 257 Grundaufbau einer Bilanz

Systematisierungsmerkmale	Bilanzarten						
Initiative zur Bilanzaufstellung (einschl. Adressatenkreis)	Gesetzlich vorgeschriebene (externe) Bilanzen			Vertraglich vereinbarte Bilanzen (z. B. für Kreditinstitute)		Freiwillig erstellte (interne) Bilanzen	
Rechtsnormen der Bilanzierung	Handelsbilanzen			Steuerbilanzen			
Regelmäßigkeit (Häufigkeit der Bilanzaufstellung)	(Regelmäßige) Periodenbilanzen			(Einmalige) Sonderbilanzen			
(Sonder-)Bilanzierungsanlässe	Gründungsbilanzen	Umwandlungsbilanzen	Sanierungsbilanzen	Fusionsbilanzen	Auseinandersetzungsbilanzen	Liquidations-(Konkurs-)bilanzen	Vergleichsbilanzen
Schwerpunkt der Bilanzinformation	Erfolgsbilanzen			Vermögens-(status-)bilanzen		Liquiditäts-(status-)bilanzen	
Bilanzierungszeitraum	Monatsbilanzen	Quartalsbilanzen		Jahres-(abschluß-)bilanzen		Totalbilanz	
		Zwischenbilanzen					
Zeitliche Dimension der Bilanzwerte	(Konstatierende) Ist-Bilanzen				(Prospektive) Planbilanzen		
	Beständebilanzen		Veränderungsbilanzen		Bewegungsbilanzen		
					Zeitraumbilanzen		
Zahl der bilanzierenden Unternehmen	Einzelbilanzen		Gemeinschaftsbilanzen		Konsolidierte (Konzern-)Bilanzen		
Dimension der Bilanzaussage	(Traditionelle) kaufmännische Bilanzen			Sozialbilanzen			

Abb. 258 Bilanzarten

Verfeinerungen dieses Grundschemas der Bilanz machen es erforderlich, verschiedene **Bilanzarten** zu unterscheiden. Als Kriterien hierfür kommen in Frage:
- Initiative zur Bilanzaufstellung
- Rechtsnormen der Bilanzierung
- Regelmäßigkeit (Häufigkeit) der Bilanzaufstellung
- Schwerpunkt der Bilanzinformation
- Adressatenkreis
- zeitliche Dimension der Bilanzwerte
- (Sonder-)Bilanzierungsanlässe
- Bilanzierungszeitraum
- Zahl der bilanzierenden Unternehmen
- Aussagedimension.

Abb. 258 gibt einen Überblick über die mit Hilfe solcher Systematisierungsmerkmale zu charakterisierenden Bilanzarten. Zu betonen wäre, daß die in der Realität vorfindbaren Bilanzen aus einer Kombination der aufgeführten Merkmale bestehen können. Das Schaubild selbst ist aber nur horizontal zu lesen.

Soweit hinsichtlich des Inhalts und der Aufgaben der verschiedenen Bilanzarten aus Abb. 258 ergänzende Erläuterungen zweckmäßig erscheinen, ist dies in der folgenden Übersicht geschehen (vgl. Abb. 259).

2. Bilanztheoretische Auffassungen im Überblick

Wenn man in der Betriebswirtschaftslehre von **Bilanztheorie** spricht, so denkt man in erster Linie an die verschiedenen Bilanzauffassungen, die sich im wesentlichen darin unterscheiden, welchen Zweck sie der Bilanz zuweisen und welche Folgerungen sie hieraus für die Bewertung und Gliederung der Bilanzposten ziehen. Damit berühren sie auch einzelne Kategorien der im vorherigen Punkt angesprochenen Bilanzarten.

Abb. 260 vermittelt eine Übersicht über die verschiedenen, im Laufe der Zeit entwickelten Bilanzauffassungen und nennt deren Hauptvertreter (nach *Heinen* 1986).

Eine etwas nähere Charakterisierung erfahren im folgenden lediglich die **klassischen bilanztheoretischen Auffassungen**. Für die Darstellung der neueren Ansätze sei auf *Heinen* (1986) verwiesen.

Nach der **statischen Bilanzauffassung** ist die Aufgabe der Bilanz darin zu sehen, den Vermögensbestand der Unternehmung zu ermitteln und zweckmäßig gegliedert auszuweisen. Unterschiede hinsichtlich der **älteren** und der **neueren** statischen Bilanzinterpretation ergeben sich im Hinblick auf die verwendeten Wertansätze.

Nach der **älteren** statischen Auffassung dominiert als Bilanzzweck die öffentlich-rechtliche Rechenschaftslegung sowie der Gläubigerschutz. Hieraus resultiert die Tendenz, das Vermögen zu jeweiligen Marktpreisen zu bewerten (Zeitwertprinzip).

Demgegenüber ist nach der **neueren** statischen Bilanzauffassung die Bilanz mehr eine nominale Kapitalrechnung, die eine Übersicht über die Kapitaleinlagen auf der Passivseite und über die Kapitalverwendung auf der Aktivseite liefert. Mit dieser Zwecksetzung der Bilanz als **nominaler Kapitalnachweisrechnung** verbunden ist eine stärkere Orientierung am **Anschaffungswertprinzip**. Ergänzend dazu wird eine nach bilanzanalytischen Gesichtspunkten zweckentsprechende (horizontale und vertikale) Gliederung der Bilanzpositionen betont.

Bilanzart	Anlaß	Inhalt	Aufgaben
Handelsbilanz	Jahresabschluß nach § 242 HGB	Gegenüberstellung von Vermögen und Kapital am Bilanzstichtag nach **handelsrechtlichen** Bilanzierungs- und Bewertungsvorschriften	**Rechenschaftslegung** (gegenüber Gläubigern, Gesellschaftern, Arbeitnehmern, Öffentlichkeit) **Dokumentation** der Vermögens- und Ertragslage sowie rechnerische **Fundierung von unternehmungspolitischen Entscheidungen**
Steuerbilanz	Steuerlicher Jahresabschluß nach § 5 EStG	Wie Handelsbilanz, nur ergänzende Orientierung an speziellen **steuerrechtlichen** Bilanzierungs- und Bewertungsvorschriften (Prinzip der Maßgeblichkeit der Handelsbilanz)	Ermittlung des **zu versteuernden** Periodengewinns durch (Rein-)vermögensvergleich, korrigiert um Einlagen und Entnahmen nach §§ 4–7 EStG
Konzernbilanz	Jahresabschluß eines Konzerns gemäß §§ 290ff. HGB	Gegenüberstellung von Vermögen und Kapital aller zum **Konsolidierungskreis** gehörenden Unternehmen unter Ausschaltung von Doppelzählungen	Information über die Vermögens- und Ertragslage des **Konzerns**
Zeitraumbilanz	Ergänzung des Jahresabschlusses	Ermittlung von Bestandsveränderungen während zweier aufeinanderfolgender Stichtage: Ausweis nur der Salden (= **Veränderungsbilanz**) oder getrennter Ausweis der Bestandsveränderungen nach Zu- und Abgängen (= **Bewegungsbilanz**)	Darstellung **finanzwirtschaftlicher** Vorgänge (Mittelverwendung, Mittelherkunft, Liquidität)
Sozialbilanz	Ergänzung des Jahresabschlusses	Keine Bilanz i. e. S., sondern lediglich systematische und regelmäßige Ermittlung der **sozialen Leistungen** (= gesellschaftlicher Nutzen der Unternehmensaktivitäten) und der **sozialen Kosten** (= gesellschaftliche Schäden, z. B. Umweltbelastungen, die durch die Unternehmensaktivitäten entstehen)	Rechenschaftslegung über die gesellschaftlichen Auswirkungen des Wirtschaftsprozesses der Unternehmung; **Sozialinformationen** für das Management und für die Belegschaft

Abb. 259 Anlaß, Inhalt und Aufgaben alternativer Bilanzarten

Nach der **dynamischen Bilanzauffassung** wird der Hauptzweck der Bilanz in der Ermittlung eines vergleichbaren Periodenerfolgs als Maßstab der Wirtschaftlichkeit gesehen. Gewinn und Verlust werden dabei als Saldo von Erträgen und Aufwendungen definiert, die aus Einnahmen und Ausgaben abgeleitet werden (vgl. auch S. 493 ff.). Durch diese Orientierung der Erfolgsermittlung letztlich an den Zahlungsströmen ergibt sich zugleich notwendigerweise die Dominanz des **Anschaffungswertprinzips** in der Bilanz.

Schmalenbach (als der bedeutendste Vertreter der dynamischen Bilanzauffassung) geht davon aus, daß der richtige Erfolg einer Unternehmung nur in einer Totalbilanz, die die gesamte Dauer der Existenz dieses Unternehmens umfaßt, ermittelt werden kann; und zwar streng pagatorisch nach der Formel:

Gesamte Ertragseinnahmen
− Gesamte Aufwandsausgaben

= Totalerfolg

Da Bilanzen aber schon vor Ablauf der Totalperiode erstellt werden müssen, wird eine periodengerechte Verteilung dieser Einnahmen und Ausgaben notwendig, was eben zu einer Aufwands- und Ertragsbetrachtung überleitet. Das Zentralproblem der (periodischen) Erfolgsermittlung wird damit in der **Periodisierung** der erfolgswirksamen Zahlungsströme gesehen.

Die Bilanz wird in der dynamischen Interpretation als Mittler zwischen der Finanzrechnung und der Erfolgsrechnung interpretiert; eine Konzeption, die auch dem dreiteiligen Rechnungssystem von *Chmielewicz* (1982a) zugrundeliegt (vgl. S. 486f.). In dieser ihrer Funktion als „Kräftespeicher" der Unternehmung hat die Bilanz folgende Aufgaben:

(1) Erfassung der zwischen Finanz- und Erfolgsrechnung schwebenden Geschäfte

  · Ausgabe noch nicht Aufwand
  · Aufwand noch nicht Ausgabe
  · Ertrag noch nicht Einnahme
  · Einnahme noch nicht Ertrag

(2) Evidenzerhaltung aller nicht erfolgswirksamen Geschäftsvorfälle

  · Ausgabe noch nicht Einnahme
  · Einnahme noch nicht Ausgabe

(3) Aufnahme erfolgsrechnerischer Korrekturen

  · Ertrag noch nicht Aufwand
  · Aufwand noch nicht Ertrag

Die **organische Bilanzauffassung** als dritte Grundkonzeption im Rahmen der klassischen Bilanztheorien zeichnet sich durch Betonung des Zusammenhangs von einzel- und gesamtwirtschaftlicher Betrachtung des wirtschaftlichen Geschehens aus. Dabei wird die Bilanz primär als eine in Geldeinheiten ausgedrückte Güterrechnung aufgefaßt, anhand derer die Substanzerhaltung des Unternehmens festgestellt werden soll. Unterschiede zwischen den Vertretern einer organischen Bilanzauffassung bestehen allerdings hinsichtlich dessen, was unter Substanzerhaltung verstanden wird.

Fritz Schmidt (als Begründer der organischen Bilanztheorie und ihr profiliertester Vertreter) sieht eine gütermäßige Kapitalerhaltung dann als gewährleistet an, wenn sich das betriebliche Leistungspotential proportional zum gesamtwirtschaft-

Ausprägungen	Bilanzauffassungen							
	Klassische Konzeptionen				Neuere Ansätze			
	Statische Bilanzauffassung		Dynamische Bilanz-auffassung	Organische Bilanz-auffassung	Kapitaler-haltungs-orientierte Bilanz-konzeptionen	Zukunfts-orientierte Bilanz-konzeptionen	Anti-Bilanz-konzeptionen	An einer Verbesserung der Handelsbilanz orientierte Konzeptionen
	ältere	neuere						
Hauptvertreter	vorwiegend Juristen (z.B. Simon)	Nicklisch, Le Coutre, Rieger	Schmalenbach, Walb, Sommerfeld, Kosiol	F. Schmidt, Hasenack	K. Hax, Feuerbaum	Käfer, Honko, Seicht, Albach	Moxter, Busse von Colbe, D. Schneider	Stützel, Engels, Koch, Leffson, Schweitzer

Abb. 260 Bilanzauffassungen und ihre Hauptvertreter

lichen Leistungspotential entwickelt (= relative Kapitalerhaltung). Die Bilanz erhält dabei eine zweifache (**dualistische**) Funktion. Sie wird als Instrument der Erfolgsermittlung **und** zugleich als güterorientierte Vermögensrechnung betrachtet.

Hinsichtlich der **Erfolgsermittlung** steht bei *Schmidt* der Gedanke im Vordergrund, zwischen dem **Umsatzerfolg** (als Differenz von Umsatzertrag und Wiederbeschaffungskosten am **Umsatztag**) und **Scheinerfolg** (als Differenz von Anschaffungskosten und Wiederbeschaffungskosten) scharf zu trennen. Zu diesem Zweck schlägt er vor, in der Bilanz ein Konto „Wertänderungen am ruhenden Vermögen" zu führen, das den Scheingewinn oder -verlust aufnimmt. Damit wird nicht nur eine erfolgsrechnerische Neutralisierung der Scheinerfolge erreicht (so daß nur der „echte" Umsatzerfolg ausgewiesen wird), sondern in der Bilanz auch eine **Vermögensrechnung zu Wiederbeschaffungswerten** möglich.

Fragen und Aufgaben zur Wiederholung (S. 499–505)

1. Stellen Sie den vereinfachten Grundaufbau einer Bilanz dar!
2. Nach welchen Kriterien lassen sich Bilanzen unterscheiden? Verwenden Sie diese Merkmale zur Ableitung verschiedener Bilanzarten!
3. Welches sind Inhalte und Aufgaben von Handels- und Steuerbilanz?
4. Was versteht man unter einer Sozialbilanz? Welche Funktionen soll sie erfüllen?
5. Nennen Sie wichtige Bilanzauffassungen und ihre Hauptvertreter!
6. Worin sehen die Vertreter der älteren und neuen statischen Bilanzinterpretation die Zwecke der Bilanzaufstellung? Welche Konsequenzen hat das für die verwendeten Wertansätze?
7. Was ist der Hauptzweck der Bilanz nach der dynamischen Bilanzauffassung?
8. Definieren Sie den Begriff „Totalerfolg"! Worin liegt das Zentralproblem der periodischen Erfolgsermittlung aus der Sicht der dynamischen Bilanzinterpretation?
9. Welche Funktion hat die Bilanz nach der dynamischen Bilanzinterpretation?
10. Welches sind die Grundgedanken der organischen Bilanzauffassung?

Literaturhinweise:

Chmielewicz, K. (1982a)
Heinen, E. (1986)
Kosiol, E. (1955b)
Moxter, A. (1984)
Münstermann, H. (1957)
Olfert, K., Körner, W., Langenbeck, J. (1986)

Schmalenbach, E. (1988)
Schmidt, F. (1969)
Schneider, D. (1970)
Schweitzer, M. (1972)
Wöhe, G. (1987)

B. Der handelsrechtliche Jahresabschluß

I. Rechtliche Grundlagen und Aufbau des Jahresabschlusses

1. Vorbemerkungen
2. Grundvorschriften und Zwecke der Bilanzierung nach Handelsrecht
3. Aufbau der Handelsbilanz nach §§ 265ff. HGB
4. Aufbau der GuV gemäß §§ 275ff. HGB
5. Aufgaben und Inhalt des Anhangs und Lageberichts

1. Vorbemerkungen

Die Ausführungen im letzten Abschnitt lassen erkennen, daß es eine große Anzahl unterschiedlicher Bilanzarten gibt und verdeutlichen, wodurch ihre Unterschiede bedingt sind. Im folgenden soll der Untersuchungsgegenstand auf den wesentlichen Bereich der handelsrechtlichen Bilanzierung beschränkt werden.

Diese wurde 1985 gemäß dem Auftrag der 4. und 7. EG-Richtlinie reformiert. Dabei bezieht sich die 4. EG-Richtlinie auf den Einzelabschluß und die 7. EG-Richtlinie auf den Konzernabschluß (Konzern-Richtlinie). Die Umsetzung dieser beiden Richtlinien sowie einer weiteren hier nicht näher interessierenden Richtlinie (8. Richtlinie) ins deutsche Recht erfolgte mittels eines Artikelgesetzes (Bilanzrichtlinie-Gesetz), mit dem das Handelsgesetzbuch sowie weitere Gesetze (Spezialgesetze) teilweise erheblich modifiziert wurden.

Auch in der Schweiz ist das Aktienrecht 1992 novelliert worden. Anders aber als das deutsche Bilanzrecht, das – wie auch z.B. das französische, italienische und das englische – bereits in den sechziger Jahren grundlegend neu gestaltet worden war, galt in der Schweiz bis heute das Aktiengesetz von 1936 und die nunmehr vollzogenen Veränderungen entsprechen im großen und ganzen denen die in den genannten Ländern schon vor den EG-Richtliniengesetzen umgesetzt waren. Deshalb und weil eine erneute, nunmehr EG-konforme Revision des schweizerischen Bilanzrechts nicht auszuschließen ist, sollen die folgenden Ausführungen sich ausschließlich auf das deutsche Bilanzrecht beziehen.

2. Grundvorschriften und Zwecke der Bilanzierung nach Handelsrecht

Die weitgehend unterschiedlichen Bilanzierungs- und Bewertungsvorschriften für Unternehmen verschiedener Größe und Rechtsform erfordern grundsätzlich ein differenziertes Vorgehen bei der Darstellung des handelsrechtlichen Jahresabschlusses.

Gemeinsame Grundlage aller bilanzierungspflichtigen Unternehmen sind die §§ 238ff. HGB.

Bilanzierungspflicht nach Handelsrecht besteht für Einzelkaufleute, sofern sie Vollkaufleute sind, sowie für Formkaufleute (OHG, KG, GmbH, AG usw.). Die eben genannten §§ verpflichten dabei den Kaufmann,

- Bücher nach den Grundsätzen ordnungsmäßiger Buchführung zu führen,
- bei Geschäftseröffnung und am Ende eines jeden Geschäftsjahres ein Inventar anzufertigen und

- bei Geschäftseröffnung sowie am Ende eines jeden Geschäftsjahres einen Jahresabschluß (bestehend aus der Gewinn- und Verlustrechnung) nach den Grundsätzen ordnungsmäßiger Bilanzierung zu erstellen.

Im Unterschied zum früheren Handelsgesetz sagt das neue Gesetz klar, daß der Jahresabschluß auch aus einer Gewinn- und Verlustrechnung besteht. Diesen für alle Unternehmen gültigen grundlegenden gesetzlichen Normen stehen je nach Rechtsform und Größe des Unternehmens unterschiedliche Bestimmungen hinsichtlich

- der **Elemente** des Jahresabschlusses,
- der **Gültigkeit** von Bilanz- und GuV-Schemata überhaupt,
- der **Detailliertheit** von Bilanz- und GuV-Schemata,
- der **Angaben** eines ggfs. zu erstellenden Anhangs,
- der **Bewertungsvorschriften**

sowie weitere Vorschriften, etwa die Pflicht zur Erstellung eines Lageberichtes, gegenüber.

Im Hinblick auf die Anwendung dieser Vorschriften unterscheidet das HGB grundsätzlich **zwei Kategorien** von Unternehmen, und zwar die

- Kapitalgesellschaften und
- sonstigen Kaufleute.

Diese Unterscheidung drückt sich aus durch eine Aufteilung der Vorschriften des Handelsgesetzes zur Buchführung und zum Jahresabschluß (Drittes Buch). Während der erste Abschnitt (§§ 238–263 HGB) für alle Kaufleute Gültigkeit haben soll, nimmt der zweite Abschnitt (§§ 264–335 HGB) die speziellen Regelungen für Kapitalgesellschaften auf. Für letztere hat der erste Abschnitt die Stellung eines allgemeinen Teils. Hinsichtlich der anderen Unternehmen finden sich hier alle relevanten Vorschriften, es sei denn, daß beispielsweise das Publizitätsgesetz oder andere Gesetze weitere Vorschriften enthalten oder auf Vorschriften des zweiten Abschnitts verweisen. Erwähnt sei, daß ein dritter Abschnitt einige ergänzende Vorschriften für eingetragene Genossenschaften enthält.

Die folgende Abbildung gibt die Einteilung der Unternehmen, wie sie sich aus den ersten beiden Abschnitten des Handelsgesetzbuches ergibt, optisch wieder.

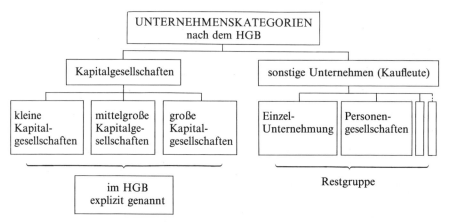

Abb. 261 Unternehmenskategorien nach den neuen Bilanzierungsvorschriften

Die Darstellung verdeutlicht, daß bei den Kapitalgesellschaften eine weitere Unterteilung in **kleine, mittelgroße und große Gesellschaften** erfolgt. Berücksichtigt man die unter das ebenfalls geänderte PublG fallenden Unternehmen, ergibt sich die folgende Unternehmenseinteilung, die den weiteren Ausführungen zugrundegelegt werden soll:

(1) Rechnungslegungspflichtige Unternehmen, die nicht Kapitalgesellschaften sind
(2) Unternehmen, die (im allgemeinen) nicht Kapitalgesellschaften sind, aber dem PublG unterliegen
(3) Kleine Kapitalgesellschaften
(4) mittlere Kapitalgesellschaften
(5) große Kapitalgesellschaften

Von einer Berücksichtigung der sonstigen Unternehmen, die aufgrund ihrer besonderen Rechtsform (z. B. Genossenschaften) oder ihrer Branche (Kreditinstitute, Versicherungen) weitergehenden Anforderungen an ihre Rechnungslegung unterliegen, wie sie für die „sonstigen Kaufleute" bestehen, wird abgesehen.

Zu (1): Zu den **rechnungslegungspflichtigen** Unternehmen, die jedoch nicht Kapitalgesellschaften sind, zählen insbesondere die Einzelunternehmen und die verschiedenen Arten der Personengesellschaften. Soweit diese Unternehmen aufgrund ihrer Größe nicht zu (2) zählen, sind für diese Unternehmen ausschließlich die genannten Vorschriften des 1. Abschnitts relevant. Dieser Unternehmenskreis unterliegt somit weniger strengen Anforderungen an die Rechnungslegung als die folgenden Kategorien. So wird für diese Unternehmen beispielsweise kein Bilanzformblatt vorgeschrieben. Desweiteren unterliegen sie weniger strengen Bewertungsvorschriften. Ggfs. können jedoch durch Spezialgesetze höhere Anforderungen an die Rechnungslegung gestellt werden.

Zu (2): Publizitätspflichtige Unternehmen sind grundsätzlich Unternehmen, die weitgehend unabhängig von ihrer Rechtsform einer erweiterten externen Rechnungslegung unterworfen sind. Im Bereich der privatrechtlichen Unternehmensformen ist das PublG vor allem für Personengesellschaften entsprechender Größe relevant.

Unter das **PublG** fallen diejenigen Unternehmen, die mindestens an drei Jahresabschluß-Stichtagen hintereinander zwei der drei folgenden Merkmale erfüllen (vgl. auch S. 37):

· Bilanzsumme > 125 Mio. DM,
· Umsatz > 250 Mio. DM,
· Beschäftigte > 5000 Arbeitnehmer (im Jahresdurchschnitt).

Die externe Rechnungslegung dieser Unternehmen richtet sich nach neuem Recht stark nach den Vorschriften für Kapitalgesellschaften aus, insbesondere denjenigen für große Kapitalgesellschaften. Nach bisherigem Recht waren bzw. sind weitgehend die den Jahresabschluß betreffenden aktienrechtlichen Vorschriften relevant.

Zu (3): Kleine Kapitalgesellschaften sind solche Unternehmen, bei denen am Abschlußstichtag und am vorhergehenden Abschlußstichtag mindestens **zwei** der drei folgenden Merkmale zutreffen:

· Bilanzsumme $\leq$ 3,9 Mio. DM
· Umsatzerlöse $\leq$ 8 Mio. DM
· Durchschnittliche Anzahl der Arbeitnehmer $\leq$ 50

Grundsätzlich haben kleine, mittelgroße und große Kapitalgesellschaften die gleichen Vorschriften zum Jahresabschluß anzuwenden. Das HGB sieht jedoch für kleine Kapitalgesellschaften besondere (größenabhängige) Erleichterungen vor. So brauchen kleine Kapitalgesellschaften beispielsweise nur eine verkürzte Bilanz und GuV aufzustellen und können bei der Offenlegung (Einreichung zum Handelsregister, Veröffentlichung) des Jahresabschlusses die GuV weglassen. Desweiteren brauchen sie im Anhang bestimmte Angaben nicht zu machen.

Zu (4): Mittelgroße Kapitalgesellschaften sind solche Unternehmen, die am Abschlußstichtag und am vorhergehenden Abschlußstichtag mindestens **zwei** der drei nachstehenden Merkmale erfüllen:

· 3,9 Mio. DM < Bilanzsumme $\leq$ 15,5 Mio. DM
· 8 Mio. DM < Umsatzerlöse $\leq$ 32 Mio. DM
· 50 < durchschnittliche Anzahl der Arbeitnehmer $\leq$ 250

Eine Kapitalgesellschaft, die am Abschlußstichtag oder am vorhergehenden Abschlußstichtag die Grenzen überschreitet, bei denen sie zu den kleinen Kapitalgesellschaften gehört, ist jedoch trotzdem als kleine Kapitalgesellschaft einzustufen, wenn das Unternehmen am vorhergehenden Abschlußstichtag eine kleine Kapitalgesellschaft war. Dies bedeutet jedoch auch, daß eine Kapitalgesellschaft, die am Vorjahresabschlußstichtag eine mittelgroße Kapitalgesellschaft war, auch dann eine mittelgroße Kapitalgesellschaft bleibt, wenn sie am betrachteten Jahresabschlußstichtag die obigen Größenmerkmale nicht mehr erfüllt. Auch im Falle einer Zuordnung als mittelgroße Kapitalgesellschaft werden der bilanzierenden Unternehmung bestimmte Erleichterungen zugebilligt.

Zu (5): Unternehmen, die die genannte Obergrenze für die Zurechnung als mittelgroße Kapitalgesellschaft überschreiten, sind als **große Kapitalgesellschaften** einzustufen. Bei den großen Kapitalgesellschaften treffen also mindestens **zwei** der drei folgenden Kriterien zu:

· Bilanzsumme > 15,5 Mio. DM
· Umsatzerlöse > 32 Mio. DM
· Durchschnittliche Anzahl der Arbeitnehmer > 250

Große Kapitalgesellschaften haben naturgemäß die **strengsten** Anforderungen an die Rechnungslegung zu erfüllen. Dies zeigt sich im Verhältnis zu den anderen Kapitalgesellschaften vor allem an detaillierteren Gliederungsschemata für Bilanz und GuV, an den umfangreichen Angabepflichten im Anhang sowie an weitergehenden Offenlegungspflichten. Unter Offenlegung versteht man die Einreichung des Jahresabschlusses zum Handelsregister, seine Veröffentlichung im Bundesanzeiger sowie bei Genossenschaften die Einreichung zum Genossenschaftsregister.

Die Zuordnung eines Unternehmens zu einer der fünf beschriebenen Gruppen, incl. der publizitätspflichtigen Unternehmen, bestimmt wie bereits angedeutet, nicht unerheblich die formale und materielle Ausgestaltung des Jahresabschlusses sowie den Umfang der Offenlegungspflichten. Hinsichtlich seiner Komponenten besteht nach dem HGB der Jahresabschluß grundsätzlich aus der **Bilanz** und **Gewinn- und Verlustrechnung**. Wie die folgende Abbildung jedoch verdeutlicht, ist ggfs. auch ein Anhang zu erstellen. In diesem Fall wird von einem „**erweiterten**" Jahresabschluß gesprochen.

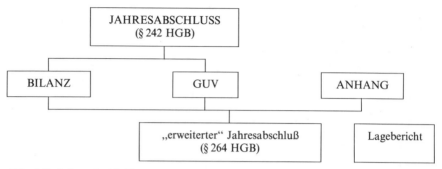

Abb. 262 Jahresabschlußkomponenten

Neben einem erweiterten Jahresabschluß haben nach § 264 HGB Kapitalgesellschaften auch einen **Lagebericht** zu erstellen. Dieser Lagebericht ist zwar nicht Bestandteil des erweiterten Jahresabschlusses; gleichwohl ist er ggfs. Pflichtbestandteil der handelsrechtlichen Rechnungslegung und unterliegt auch der Prüfungspflicht. Die folgende Abbildung verdeutlicht, welche Unternehmen neben der Bilanz und GuV einen Anhang und Lagebericht zu erstellen haben:

	"erweiterter" Jahresabschluß			
	Jahresabschluß		Anhang	Lagebericht
	Bilanz	GuV		

Sonstige Kaufleute
a) Personengesellschaften und Einzelkaufleute, die
  – nicht unter das PublG fallen
  – unter das PublG fallen
b) Unter das PublG fallende Unternehmen, Vereine etc. außer a)
c) Kapitalgesellschaft & Co. (insbes. GmbH & Co.)
d) Genossenschaften
e) andere Rechtsformen
	x
	x
	
	x
	x
	x
	x
		x
		x
		
		x
		x
		x
		x
			entfällt
			entfällt
			
			x
			entfällt
			x
			entfällt
				entfällt
				entfällt
				
				x
				entfällt
				x
				entfällt

Kapitalgesellschaften (unabhängig von Größe und Rechtsform)	x	x	x	x

Abb. 263 Umfang der Rechnungslegung nach neuem Recht

Die Abbildung verdeutlicht, daß neben den Kapitalgesellschaften auch andere Rechtsformen dazu verpflichtet sein können, einen erweiterten Jahresabschluß mit Lagebericht zu erstellen. Diese Verpflichtung ergibt sich für eingetragene Genossenschaften aus dem HGB. Ergänzt sei, daß auch bestimmte Unternehmensbranchen einen Anhang und Lagebericht erstellen müssen.

Achtes Kapitel: Bilanzen

An dieser Stelle sei erwähnt, daß grundsätzlich zwischen Erstellung und Offenlegung des Jahresabschlusses unterschieden werden muß. So sind die „sonstigen" Kaufleute zwar zur Erstellung eines Jahresabschlusses verpflichtet, nicht jedoch zu seiner Offenlegung, es sei denn, andere Gesetze sehen diese vor. Für eingetragene Genossenschaften ergibt sich eine Offenlegungspflicht jedoch aus dem HGB selbst. Hiervon abgesehen schreibt das neue Handelsrecht die Offenlegung lediglich für Kapitalgesellschaften verbindlich vor. Desweiteren bestehen Unterschiede hinsichtlich des Umfangs der Offenlegungspflicht. So müssen kleine Kapitalgesellschaften zwar einen erweiterten Jahresabschluß und Lagebericht aufstellen, sie brauchen die GuV sowie den Lagebericht jedoch nicht offenzulegen. Auch braucht der offengelegte Anhang keine Angaben, die die GuV betreffen, enthalten. Letztlich bestimmt die Größe der Kapitalgesellschaft, ob der Jahresabschluß nur zum Handelsregister einzureichen ist, oder ob er auch im Bundesanzeiger zu veröffentlichen ist.

Unabhängig von der Komplexität des Jahresabschlusses bestimmt **§ 243 Abs. 1 HGB**, daß der Jahresabschluß den Grundsätzen ordnungsmäßiger Buchführung zu entsprechen hat. Für Kapitalgesellschaften wird in § 264 Abs. 2 HGB desweiteren die Norm aufgestellt, daß der Jahresabschluß „unter Beachtung der Grundsätze ordnungsmäßiger Buchführung ein den tatsächlichen Verhältnissen entsprechendes Bild der **Vermögens-, Finanz- und Ertragslage**" zu vermitteln hat. Diese Qualitätsanforderungen ergeben sich aus den Aufgaben, die der Gesetzgeber den Bilanzen zuweist. Hier sind vor allem zu nennen (vgl. *Wöhe* 1987):

· Schutz der Gläubiger vor falschen Informationen,
· Schutz der Gesellschafter bei Unternehmen, die nicht von den Gesellschaftern selbst geleitet werden,
· Schutz der am Gewinn beteiligten Arbeitnehmer vor einer Minderung ihrer Gewinnansprüche durch Unterbewertungen etc.,
· Schutz der Öffentlichkeit, vor allem bei größeren Unternehmen,
· Schutz des Betriebs vor wirtschaftlichen Zusammenbrüchen im Interesse der Belegschaft oder etwa der gesamten Volkswirtschaft.

Aus diesen Aufgaben läßt sich auch der Adressatenkreis ermitteln, der je nach Unternehmensgröße und Rechtsform mehr oder weniger weit gestreut sein kann, und z. B. die Anteilseigner, Gläubiger, Arbeitnehmer, Kunden oder die interessierte Öffentlichkeit erfassen kann.

Bevor nun auf die einzelnen Elemente des Jahresabschlusses näher eingegangen wird, sind in Abb. 264 die wesentlichsten **Rechtsgrundlagen** der handelsrechtlichen Bilanzierung (ohne konsolidierte Bilanzen) widergegeben. Nicht in die Darstellung aufgenommen sind die einzelnen Vorschriften zur Prüfung, Offenlegung, Konzernabschluß u. a. Ebenso finden die Vorschriften für eingetragene Genossenschaften keine Berücksichtigung.

Vorschriften für alle Kaufleute (§§ 238–263 HGB)		Vorschriften für Kapitalgesellschaften (§§ 263–335 HGB)	
§§ 238–239	Allgemeine Buchführungspflicht nach GoB und weitere Anforderungen an die Buchführung	§ 264	Pflicht zur Aufstellung eines erweiterten Jahresabschlusses und Anforderungen an die Rechnungslegung
§§ 240–241	Vorschriften zum Inventar und zur Inventur	§ 265	Allgemeine Grundsätze der Bilanz- und GuV-Gliederung
§§ 242–245	Allgemeine Vorschriften zum Jahresabschluß (Aufstellungspflicht, Aufstellungsgrundsätze, Währung etc.)	§§ 266–267	Bilanzgliederungsschema, Ausweisvorschriften und -wahlrechte, Gliederungserleichterungen für kleine und mittelgroße Kapitalgesellschaften sowie Definition der Größenklassen
§§ 246–247	Vollständigkeitsgebot, Saldierungsverbote in Bilanz und GuV, allgemeine Angaben zum Inhalt der Bilanz und einzelner Positionen	§§ 268–274	Vorschriften zu einzelnen Bilanzpositionen und weitere Angaben (Entwicklung des Anlagevermögens und Eigenkapitals, Beteiligungen, latente Steuern etc.)
§ 248	Bilanzierungsverbote		
§§ 249–251	Rückstellungen, Rechnungsabgrenzungsposten, Haftungsverhältnisse		
§ 252	Allgemeine Bewertungsgrundsätze	§§ 275–276	GuV-Gliederungsschema sowie Erleichterungen für kleine und mittelgroße Kapitalgesellschaften
§§ 253–256	Bewertungsvorschriften, Wertkategorien und Bewertungsvereinfachungsverfahren	§§ 277–278	Vorschriften zu einzelnen GuV-Positionen und zur Steuerberechnung
§§ 257–261	Vorschriften zur Aufbewahrung und Vorlage von Unterlagen (Handelsbücher, Jahresabschlüsse etc.)	§§ 279–283	Bewertungsvorschriften für Kapitalgesellschaften
§ 262	Anwendung der Rechnungslegungsvorschriften auf Sollkaufleute	§§ 284–288	Berichtspflichten des Anhangs sowie Erleichterungen für kleine und mittelgroße Kapitalgesellschaften
§ 263	Vorbehalt landesrechtlicher Vorschriften für die Rechnungslegung von Gemeindeunternehmen etc. ohne eigene Rechtspersönlichkeit	§ 289	Vorschriften zum Lagebericht
		§§ 290–335	Vorschriften zum Konzernabschluß, zur Offenlegung usw.

Abb. 264 Zusammenfassung der Rechnungslegungsvorschriften nach dem HGB

3. Aufbau der Handelsbilanz nach §§ 265 ff. HGB

Bilanzgliederungen sollen der **Bilanzklarheit und -übersichtlichkeit** dienen und Bilanzvergleiche ermöglichen bzw. erleichtern. Auf der Aktivseite dominiert für die Gliederung des Vermögens im allgemeinen das Liquiditätsprinzip, auf der Passivseite stehen dagegen die Rechtsverhältnisse als Gliederungskriterium (Eigen- und Fremdkapital) sowie damit kombiniert das Fristigkeitsprinzip im Vordergrund.

Für Unternehmen, die keine Kapitalgesellschaften sind, gibt das Handelsgesetz kein bestimmtes, verbindliches Gliederungsschema vor, so daß diese Unternehmen hinsichtlich Reihenfolge und Bezeichnung der Positionen, der Gliederungstiefe sowie hinsichtlich der Frage, ob die Bilanz in Konto- oder Staffelform aufgestellt werden soll, weitgehende Freiheiten genießen und sich nur an die Vorschriften zu halten haben, die im „allgemeinen Teil" angegeben sind.

Das HGB sieht ein verbindliches Bilanzierungsschema nur für Kapitalgesellschaften vor. Danach ist ausschließlich die **Kontoform** zugelassen. Ausgehend von einem in **§ 266 Abs. 2 HGB** angegebenen, sehr detaillierten Schema werden den kleinen und mittleren Kapitalgesellschaften bei der Erstellung bzw. Offenlegung bestimmte Erleichterungen gewährt. Dabei bleibt jedoch die Grundstruktur erhalten. In der in § 266 Abs. 2 HGB vorgesehenen Gliederungstiefe ist das Bilanzierungsschema somit nur für große Kapitalgesellschaften verbindlich. Allerdings müssen auch mittelgroße Kapitalgesellschaften ihre Bilanz nach diesem Schema erstellen; zur Offenlegung werden ihnen Erleichterungen eingeräumt.

Die Grundstruktur der Handelsbilanz nach dem HGB hat folgendes Aussehen:

Aktivseite	Passivseite

A. Anlagevermögen
   I. Immaterielle Vermögensgegenstände
  II. Sachanlagen
 III. Finanzanlagen
 	
B. Umlaufvermögen
   I. Vorräte
  II. Forderungen und sonstige Vermögensgegenstände
 III. Wertpapiere
 IV. Flüssige Mittel
C. Rechnungsabgrenzungsposten
	A. Eigenkapital
	   I. Gezeichnetes Kapital
	  II. Kapitalrücklage
	 III. Gewinnrücklagen
	 IV. Gewinnvortrag/Verlustvortrag
	  V. Jahresüberschuß/Jahresfehlbetrag
	
	B. Rückstellungen
	C. Verbindlichkeiten
	D. Rechnungsabgrenzungsposten

Abb. 265 Grundsätzlicher Aufbau der Bilanz nach § 266 HGB

Die in der Abbildung wiedergegebene Grundstruktur ist mit dem Schema fast völlig identisch, welches von den kleinen Kapitalgesellschaften als Mindestgliederung angewendet werden muß. Statt der Bezeichnung „Flüssige Mittel" wird im Gliederungsschema die inhaltlich identische Formulierung „Schecks, Kassenbestand, Bundesbank- und Postgiroguthaben, Guthaben bei Kreditinstituten" verwendet.

Mittlere und große Kapitalgesellschaften müssen die Bilanz nach dem in § 266 HGB genannten Gliederungsschema aufstellen. Um der zunehmenden Internationalisierung gerecht zu werden, sind in Abb. 266 neben den deutschen Positionsbezeichnungen des jeweiligen Gliederungsschemas auch die entsprechenden amerikanischen, englischen bzw. französischen Begriffe aufgeführt.

Zu den einzelnen **Bilanzpositionen** erscheinen einige ergänzende Bemerkungen angebracht.

DEUTSCH Bilanz	AMERIKANISCH Balance Sheet	ENGLISCH Balance Sheet	FRANZÖSISCH Bilan
Aktivseite	Assets	Assets	Actif
A. Anlagevermögen	A. Fixed assets	A. Fixed assets	A. Actif immobilisé
I. Immaterielle Vermögensgegenstände	I. Intangible assets	I. Intangible assets	I. Immobilisations incorporelles
1. Konzessionen, gewerbliche Schutzrechte und ähnliche Rechte und Werte sowie Lizenzen an solchen Rechten und Werten	1. Concessions, industrial and similar rights and assets an licences in such rights and assets	1. Concessions, patents, licences, trade marks and similar rights and assets	1. Concessions, droits de propriété industrielle et droits et valeurs similares ainsi que licences permettant l'exploitation de ces droits et valeurs
2. Geschäfts- oder Firmenwert	2. Excess of purchase price over fair value of net assets of businesses acquired	2. Goodwill	2. Fonds commercial ou Goodwill
3. Geleistete Anzahlungen	3. Prepayments on intangible assets	3. Payment on account	3. Acomptes versés
II. Sachanlagen	II. Tangible assets	II. Tangible assets	II. Immobilisations corporelles
1. Grundstücke, grundstücksgleiche Rechte und Bauten einschließlich der Bauten auf fremden Grundstücken	1. Land, land rights and buildings including buildings on third party land	1. Land, leasehold rights and buildings including buildings on third party land	1. Terrains, droits assimilés et constructions y compris constructions sur sol d'autrui
2. Technische Anlagen und Maschinen	2. Technical equipment and machines	2. Plant and machinery	2. Installations techniques, matériel et outillage industriels
3. Andere Anlagen, Betriebs- und Geschäftsausstattung	3. Other equipment, factory and office equipment	3. Fixtures, fittings, tools and equipment	3. Autres immobilisations corporelles
4. Geleistete Anzahlungen und Anlagen im Bau	4. Prepayments on tangible assets and construction in progress	4. Payment on account and assets in course of construction	et immobilisations en cours
			4. Acomptes versés
III. Finanzanlagen	III. Financial assets	III. Investments	III. Immobilisations financières
1. Anteile an verbundenen Unternehmen	1. Shares in affiliated companies	1. Shares in group undertakings	1. Parts dans des entreprises liées
2. Ausleihungen an verbundene Unternehmen	2. Loans to affiliated companies	2. Loans in group undertakings	2. Prêts à des entreprises liées
3. Beteiligungen	3. Participations	3. Participating interests	3. Participations
4. Ausleihungen an Unternehmungen, mit denen ein Beteiligungsverhältnis besteht	4. Loans to companies in which participations are held	4. Loans to undertakings in which the company has a participating interest	4. Prêts à des entreprises apparentées
5. Wertpapiere des Anlagevermögens	5. Long term investments	5. Other investments other than loans	5. Titres de placement immobilisés
6. Sonstige Ausleihungen	6. Other Loans	6. Other loans	6. Autres prêts
B. Umlaufvermögen	B. Current assets	B. Current assets	B. Actif circulant
I. Vorräte	I. Inventories	I. Stocks	I. Stocks
1. Roh-, Hilfs- und Betriebsstoffe	1. Raw materials and supplies	1. Raw materials and supplies	1. Matières premières et autres approvisionnements
2. Unfertige Erzeugnisse, unfertige Leistungen	2. Work in process	2. Work in progress	2. Produits intermédiaires et travaux en cours
3. Fertige Erzeugnisse und Waren	3. Finished goods and merchandise	3. Finished goods and goods for resale	3. Produits finis et marchandises
4. Geleistete Anzahlungen	4. Prepayments on inventories	4. Payments on account	4. Acomptes versés

Fortsetzung von Abb. 266

Deutsch	English	Français
II. Forderungen und sonstige Vermögensgegenstände 1. Forderungen aus Lieferungen und Leistungen 2. Forderungen gegen verbundene Unternehmen 3. Forderungen gegen Unternehmen, mit denen ein Beteiligungsverhältnis besteht 4. Sonstige Vermögensgegenstände	II. Receivables and other assets 1. Trade receivables 2. Receivables from affiliated companies 3. Receivables from companies in which participations are held 4. Other assets	II. Debtors and other assets 1. Trade debtors 2. Amounts owed by group undertakings 3. Amounts owed by undertakings in which the company has a participating interest 4. Other assets	II. Créances et autres éléments de l'actif 1. Créances résultant de ventes de biens ou de prestations de services 2. Créances sur des entreprises liées 3. Créances sur des entreprises apparentées 4. Autres éléments de l'actif
III. Wertpapiere 1. Anteile an verbundenen Unternehmen 2. Eigene Anteile 3. Sonstige Wertpapiere	III. Securities 1. Shares in affiliated companies 2. Treasury stock 3. Other short term investments	III. Investments 1. Shares in group undertakings 2. Own shares 3. Other investments	III. Valeurs mobilières de placement 1. Parts dans des entreprises liées 2. Actions propres 3. Autres valeurs mobilières de placement
IV. Schecks, Kassenbestand, Bundesbank und Postgiroguthaben, Guthaben bei Kreditinstituten	IV. Cash	IV. Cheques, Cash at bank and in hand, postal giro balances and central bank balances	IV. Chèques, caisse, banque d'émission et chèques postaux, banques
C. Rechnungsabgrenzungsposten	C. Prepaid expenses	C. Prepayments and accrued income	C. Comptes de régularisation
Passivseite	**Equity and liabilities**	**Liabilities**	**Passif**

A. Eigenkapital
I. Gezeichnetes Kapital
II. Kapitalrücklage
III. Gewinnrücklagen
  1. Gesetzliche Rücklage
  2. Rücklage für eigene Anteile
  3. Satzungsmäßige Rücklagen
  4. Andere Gewinnrücklagen
IV. Gewinnvortrag/Verlustvortrag
V. Jahresüberschuß/Jahresfehlbetrag
	A. Equity
	I. Subscribed capital
	II. Capital reserve
	III. Revenue reserve
	  1. Legal reserve
	  2. Reserve for own shares
	  3. Statutory reserves
	  4. Other revenue reserves
	IV. Retained profits/accumulated losses brought forward
	V. Net income/net loss for the year
		A. Shareholders' equity
		I. Share capital
		II. Share premium account
		III. Appropriated surplus
		  1. Statutory reserves
		  2. Reserve for own shares
		  3. Reserves provided for by the articles of association
		  4. Other reserves
		IV. Retained earnings brought forward
		V. Net income for the year
			A. Capitaux propres
			I. Capital souscrit
			II. Réserves ayant un caractère de capital
			III. Réserves prélevées sur les bénéfices
			  1. Réserve légale
			  2. Réserves pour actions propres
			  3. Réserves statutaires
			  4. Autres réserves prélevées sur les bénéfices
			IV. Report à nouveau
			V. Bénéfice figurant au bilan/Perte figurant au bilan

B. Rückstellungen 1. Rückstellungen für Pensionen und ähnliche Verpflichtungen 2. Steuerrückstellungen 3. Sonstige Rückstellungen	B. Accruals 1. Accruals for pensions and similar obligations 2. Tax accruals 3. Other accruals	B. Provisions 1. Provisions for pensions and similar obligations 2. Provisions for taxation including deferred taxation 3. Other provisions	B. Provisions pour risques et charges 1. Provisions pour pensions et obligations similaires 2. Provisions pour impôts 3. Autres provisions

Fortsetzung von Abb. 266

C. Verbindlichkeiten	C. Liabilities	C. Creditors	C. Dettes
1. Anleihen, davon konvertibel 2. Verbindlichkeiten gegenüber Kreditinstituten 3. Erhaltene Anzahlungen auf Bestellungen 4. Verbindlichkeiten aus Lieferungen und Leistungen 5. Verbindlichkeiten aus der Annahme gezogener Wechsel und der Ausstellung eigener Wechsel 6. Verbindlichkeiten gegenüber verbundenen Unternehmen 7. Verbindlichkeiten gegenüber Unternehmen, mit denen ein Beteiligungsverhältnis besteht 8. Sonstige Verbindlichkeiten davon aus Steuern davon im Rahmen der sozialen Sicherheit	1. Loans, of which DM ... convertible 2. Liabilities to banks 3. Payments received on account of orders 4. Trade payables 5. Liabilities on bills accepted and drawn 6. Payable to affiliated companies 7. Payable to companies in which participations are held 8. Other liabilities of which DM ... taxes of which DM ... relating to social security and similar obligations	1. Loans payable, of which DM ... is convertible 2. Bank loans and overdraft 3. Payments received on account 4. Trade creditors 5. Bills of exchange payable 6. Amounts owed to group undertakings 7. Amounts owed to undertakings in which the company has a participating interest 8. Other creditors including taxation and social security	1. Emprunts obligataires, dont DM ... convertible 2. Dettes auprès d'établissements financiers 3. Accomptes reçus sur commandes 4. Dettes sur achats de biens ou de prestations de services 5. Effets à payer 6. Dettes envers des entreprises liées 7. Dettes envers des entreprises apparentées 8. Dettes diverses dont DM ... impôts dont DM ... charges sociales
D. Rechnungsabgrenzungsposten	D. Deferred income	D. Deferred income	D. Comptes de régularisations

Abb. 266 Gliederung der Bilanz deutscher Kapitalgesellschaften nach § 266 HGB (entnommen aus Handelsblatt v. 11. 3. 1992)

Achtes Kapitel: Bilanzen

(1) Die Einteilung des Vermögens in **Anlage- und Umlaufvermögen** (Aktiva A und B) ergibt sich aus der jeweils unterschiedlichen Verwendungsart und -dauer. Zum Anlagevermögen zählen gemäß § 247 Abs. 2 HGB nur die Gegenstände, die bestimmt sind, dauernd dem Geschäftsbetrieb des Unternehmens zu dienen. Analog hierzu fallen unter das Umlaufvermögen diejenigen Gegenstände, die nicht dauernd dem Geschäftsbetrieb des Unternehmens dienen sollen. Für die Zuordnung zum Anlage- bzw. Umlaufvermögen ist somit nicht die tatsächliche Verweilzeit maßgeblich, sondern die Zweckbestimmung jedes einzelnen Wirtschaftsgutes im Betrieb. So gehört beispielsweise ein schwer verkäufliches Fertigfabrikat nicht zum Anlagevermögen, obwohl es möglicherweise bereits eine längere Zeit auf Lager liegt oder noch eine längere Zeit auf Lager liegen wird.

Auch die Art des Wirtschaftsgutes bestimmt nicht zwingend die Zuordnung zum Anlage- oder Umlaufvermögen. So können beispielsweise maschinelle Anlagen längerfristig im Unternehmen genutzt werden oder auch zur Veräußerung, etwa bei Maschinenbau-Unternehmungen, bestimmt sein.

(2) Das handelsrechtliche Schema unterteilt das **Anlagevermögen** grundsätzlich in

- Immaterielle Vermögensgegenstände,
- Sachanlagen,
- Finanzanlagen.

Die weitere Untergliederung dieser Positionen ist je nach Größenklasse der Unternehmen unterschiedlich detailliert. Bei kleinen Kapitalgesellschaften kann sogar auf eine weitere Aufspaltung verzichtet werden.

Im Rahmen der Erörterung der Gliederungsvorschriften ist die Vorschrift des **§ 268 Abs. 2 HGB**, die für alle Kapitalgesellschaften gilt, von Interesse. Im Gegensatz zu den übrigen Bilanzposten ist beim Anlagevermögen sowie für bilanzierte Aufwendungen zur Ingangsetzung und Erweiterung des Geschäftsbetriebes eine detaillierte Darstellung der Entwicklung der einzelnen Positionen vorgeschrieben. Diese häufig als **Anlagespiegel** bezeichnete Darstellung enthält im einzelnen folgende Angaben:

– Anschaffungs- und Herstellungskosten
– Zugänge des Geschäftsjahres
– Abgänge des Geschäftsjahres
– Umbuchungen des Geschäftsjahres
– Abschreibungen (kumuliert)
– Zuschreibungen (kumuliert)
– Restbuchwert im Geschäftsjahr
– Restbuchwert im Vorjahr
– Abschreibungen im Geschäftsjahr
– Zuschreibungen im Geschäftsjahr

Der Anlagespiegel ermöglicht Rückschlüsse über das Alter der Anlagen sowie über die Investitionstätigkeit des Unternehmens. Nach neuem Recht können die Angaben des Anlagespiegels wahlweise in der Bilanz oder im Anhang erfolgen. Aufzustellen ist der Anlagespiegel für alle Kategorien des Anlagevermögens sowie für die Aufwendungen zur Ingangsetzung und Erweiterung des Geschäftsbetriebes. Dabei ist die Unterteilung in die einzelnen Positionen und Unterpositionen umso detaillierter, je weiter in der Bilanz die Positionen aufzuspalten sind.

(3) Das **Umlaufvermögen** setzt sich aus den **Vorräten, den Forderungen** und **sonstigen Wirtschaftsgütern, den Wertpapieren** sowie **den flüssigen Mitteln** zusammen. Die Vorräte sind bei großen Kapitalgesellschaften desweiteren in

- Roh-, Hilfs- und Betriebsstoffe (B.I.1),
- unfertige Erzeugnisse (B.I.2)
- fertige Erzeugnisse und Waren (B.I.3) und
- geleistete Anzahlungen (B.I.4)

einzuteilen.

Die **Position Forderungen und sonstige Vermögensgegenstände** wird unterteilt in Forderungen aus Lieferungen und Leistungen, Forderungen gegen verbundene Unternehmen, Forderungen gegen Unternehmen, mit denen ein Beteiligungsverhältnis besteht und sonstige Vermögensgegenstände. Die Unterposition „sonstige Vermögensgegenstände" (B.II.4) enthält als Sammelposition all jene Forderungsrechte, die nicht unter die anderen Positionen unterzubringen sind. U.a. zählen hierzu die antizipativen Aktiva. Hierbei handelt es sich um Erträge, die in der Bilanzierungsperiode bereits angefallen sind, bei denen jedoch ein Zahlungseingang erst später erfolgt, ohne daß etwa zum Bilanzierungszeitpunkt bereits eine Forderung entstanden wäre.

(4) Als **Rechnungsabgrenzungsposten** sind gemäß § 250 HGB auf der Aktivseite Ausgaben vor dem Abschlußstichtag auszuweisen, soweit sie Aufwand für eine bestimmte Zeit nach diesem Tag darstellen. Es handelt sich hier um die sogenannten (aktivischen) transitorischen Rechnungsabgrenzungsposten. Als Sonderfall darf unter der aktiven Rechnungsabgrenzung das Darlehensdisagio erfaßt werden. Auf der Passivseite sind als Rechnungsabgrenzungsposten Einnahmen vor dem Abschlußstichtag auszuweisen, soweit sie Ertrag für eine bestimmte Zeit nach diesem Tag darstellen. Rechnungsabgrenzungsposten dienen der Abstimmung zwischen Bilanz und Gewinn- und Verlustrechnung zur Ermittlung eines periodengerechten Jahreserfolgs in beiden Rechnungen.

(5) Das Handelsrecht sieht für Kapitalgesellschaften grundsätzlich eine Unterteilung der Position **Eigenkapital** in fünf Unterpositionen vor. Hinsichtlich der Gewinnrücklagen erfolgt bei großen Kapitalgesellschaften eine weitere Aufspaltung. Unter der Eigenkapitalposition werden ausgewiesen:

- Gezeichnetes Kapital (A.I.)
- Kapitalrücklage (A.II.)
- Gewinnrücklagen (A.III.)
  - gesetzliche Rücklage (A.III.1.)
  - Rücklage für eigene Anteile (A.III.2.)
  - satzungsmäßige Rücklagen (A.III.3.)
  - andere Gewinnrücklagen (A.III.4.)
- Gewinnvortrag (A.IV.)
- Jahresüberschuß (A.V.)

Das **gezeichnete Kapital** (A.I.) gibt den Betrag an, auf den die Haftung der Gesellschafter für die Verbindlichkeiten des Unternehmens den Gläubigern gegenüber beschränkt ist, soweit die Gesellschafter zu dessen Aufbringung verpflichtet sind. Das gezeichnete Kapital wird bei der AG als Grundkapital oder etwa bei der GmbH als Stammkapital bezeichnet. Wenn das gezeichnete Kapital noch nicht voll eingezahlt ist, ist auf der Aktivseite der entsprechende Betrag gesondert auszuweisen, wobei auch die eingeforderten Einlagen zu vermerken sind. Die nicht eingeforderten Beträge können jedoch auch vom gezeichneten Kapital direkt abgezogen werden, so daß auf der Aktivseite nur noch die eingeforderten Beträge zu vermerken sind.

Zu den **Kapitalrücklagen** (A.II.) zählen alle Einlagen, die nicht gezeichnetes Kapital darstellen. Hierzu gehören beispielsweise Beträge, die bei der Ausgabe von Anteilen über den Nennbetrag hinaus erzielt werden (Agio).

Gewinnrücklagen sind Beträge, die im Geschäftsjahr oder in einem früheren Geschäftsjahr aus dem Ergebnis gebildet wurden. Dabei kann es sich sowohl um gesetzlich oder satzungsmäßig vorgeschriebene Rücklagen als auch um freiwillige Rücklagenzuführungen handeln. In dem Bilanzformblatt für große Kapitalgesellschaften wird eine weitere Aufspaltung der Gewinnrücklagen vorgeschrieben, und zwar in die gesetzliche Rücklage, die Rücklage für eigene Anteile, die satzungsmäßigen Rücklagen sowie in andere Gewinnrücklagen.

Die **Rücklage für eigene Anteile** ist zu bilden, wenn ein Unternehmen, etwa eine Aktiengesellschaft, eigene Anteile erwirbt. Diese Rücklage wird zu Lasten des Jahresüberschusses oder aus vorhandenen frei verwendbaren Gewinnrücklagen gebildet und bewirkt eine Ausschüttungssperre solange die Anteile von der Unternehmung gehalten werden.

Der **Gewinnvortrag** (A.IV.) ist der Teil des Bilanzgewinns des Vorjahres oder der Vorjahre, über dessen endgültige Verwendung erst später entschieden werden soll. Schließt ein Geschäftsjahr demgegenüber mit einem Bilanzverlust ab, so wird dieser Verlust ins kommende Jahr übertragen.

Der **Jahresüberschuß** bzw. **Jahresfehlbetrag** ist der Betrag, der sich aus der Gewinn- und Verlustrechnung als Differenz zwischen Erträgen und Aufwendungen ergibt. Der Jahresüberschuß ist dabei eine Gewinngröße nach Steuern.

Die hier beschriebene Einteilung des Eigenkapitals in fünf Unterpositionen mit ggfs. weiterer Aufspaltung kann jedoch gemäß § 268 Abs. 1 HGB vereinfacht werden. Danach darf die Bilanz auch nach vollständiger oder teilweiser Verwendung des Jahresergebnisses aufgestellt werden. Wird die Bilanz nach teilweiser Verwendung des Jahresergebnisses aufgestellt, so tritt an Stelle der Positionen A.IV. und A.V. die Position Bilanzgewinn/Bilanzverlust.

Im Zusammenhang mit der Frage des Eigenkapitalausweises verdient die (nicht in das Gliederungsschema aufgenommene) Position „**Sonderposten mit Rücklagenanteil**" Beachtung. Dieser Posten ist gemäß § 273 HGB vor den Rückstellungen auszuweisen und muß aufgrund steuerlicher Vorschriften auch in der Handelsbilanz gebildet werden, damit die bei Bildung dieser Position in der Steuerbilanz einhergehende Gewinnminderung steuerlich anerkannt werden kann. Hierbei handelt es sich beispielsweise um die sog. „6-b Rücklagen". Da diese Rücklagen teilweise Eigenkapitalcharakter und teilweise Fremdkapitalcharakter haben, werden sie in der Bilanz direkt nach dem Eigenkapital angeordnet.

(6) Die Position **Rückstellungen** ist eine Sammelposition, die verschiedene Rückstellungsarten erfaßt. Folgt man den Prinzipien der dynamischen Bilanzauffassung, deren Wesen, wie bereits gezeigt wurde, darin besteht, den richtigen Periodenerfolg auszuweisen, sind in Form von Rückstellungen folgende Sachverhalte zu berücksichtigen:

· ungewisse Verbindlichkeiten,
· drohende Verluste aus schwebenden Geschäften,
· (weitere) Aufwandsrückstellungen.

Von diesen Rückstellungsarten wären im Falle einer statischen Bilanzauffassung lediglich die Rückstellungen für ungewisse Verbindlichkeiten zu bilanzieren gewesen. Das Handelsgesetz folgt jedoch hinsichtlich der Bildung von Rückstellungen der dynamischen Bilanztheorie, wenngleich sie die Bildungsmöglichkeiten der Aufwandsrückstellungen einschränken und bestimmte Wahlrechte bei der Bildung einräumen.

(7) Zum **Fremdkapital** zählen die Verbindlichkeiten der Unternehmung zum Bilanzstichtag (Passivum C) sowie die bereits erläuterten Rückstellungen, soweit es sich um ungewisse

Verbindlichkeiten handelt. Die „echten" Verbindlichkeiten sind bei großen Kapitalgesellschaften in 8 Unterpositionen aufzuspalten, und zwar in

- Anleihen, unter Aussonderung der konvertiblen Papiere (C.1.),
- Verbindlichkeiten gegenüber Kreditinstituten (C.2.),
- erhaltene Anzahlungen auf Bestellungen (C.3.),
- Verbindlichkeiten aus Lieferungen und Leistungen (C.4.),
- Verbindlichkeiten aus der Annahme gezogener Wechsel und der Ausstellung eigener Wechsel (C.5.),
- Verbindlichkeiten gegenüber verbundenen Unternehmen (C.6.),
- Verbindlichkeiten gegenüber Unternehmen, mit denen ein Beteiligungsverhältnis besteht (C.7.),
- sonstige Verbindlichkeiten, unter Aussonderung der Steuern sowie der Verbindlichkeiten im Rahmen der sozialen Sicherheit (C.8.).

Neben dem Volumen dieser Verbindlichkeitsarten ist bei jedem gesondert ausgewiesenen Posten der Betrag der Verbindlichkeiten zu vermerken, der eine **Restlaufzeit** von bis zu einem Jahr aufweist. Des weiteren sind im Anhang der Gesamtbetrag der Verbindlichkeiten mit einer Restlaufzeit von mehr als fünf Jahren sowie der Gesamtbetrag der Verbindlichkeiten, der durch Pfandrechte oder ähnliche Rechte gesichert ist, unter Angabe der Art bzw. Form der Sicherheiten anzugeben.

(8) Sofern in der Jahresbilanz auf der Passivseite nicht ausgewiesen, sind von allen rechnungslegungspflichtigen Unternehmen im Anschluß an die Bilanz oder im Anhang, sofern ein solcher aufgestellt wird, folgende Posten jeweils gesondert unter Angabe von Sicherheiten zu vermerken (§ 251 HGB):

- Verbindlichkeiten aus der Begebung und Übertragung von Wechseln,
- Verbindlichkeiten aus Bürgschaften, Wechsel- und Scheckbürgschaften,
- Verbindlichkeiten aus Gewährleistungsverträgen,
- Haftungsverhältnisse aus der Bestellung von Sicherheiten für fremde Verbindlichkeiten.

Diese **Eventualverbindlichkeiten** müssen unabhängig vom Bestehen irgendwelcher gleichwertiger Rückgriffsforderungen ausgewiesen werden.

(9) Ein Beispiel für zwei nicht im Bilanzierungsschema explizit vorgesehene, dennoch ggfs. aktivierungsfähige bzw. passivierungspflichtige Positionen, ergibt sich im Zusammenhang mit den sogenannten „**Latenten Steuern**". Diese resultieren aus der Differenz zwischen der Steuerschuld aufgrund des steuerlichen Gewinns und einer fiktiven Steuerschuld, die auf Basis des Handelsbilanzgewinns ermittelt wird. Der Ausweis latenter Steuern soll eine Kongruenz zwischen dem in der Handelsbilanz gezeigten Ergebnis und dem dazu ausgewiesenen Steueraufwand herstellen. Ursache für das Entstehen von latenten Steuern sind, wie sich oben ersehen läßt, unterschiedliche Bilanzierungs- und Bewertungsvorschriften in der Handelsbilanz und der Steuerbilanz.

Die **bilanzielle Behandlung** latenter Steuern wird in § 274 HGB geregelt. Dort wird zwischen

- aktivischen latenten Steuern und
- passivischen latenten Steuern

unterschieden.

Danach entstehen **aktivische** latente Steuern dann, wenn der Steueraufwand des Geschäftsjahres oder der Vorjahre im Verhältnis zum ausgewiesenen handelsrechtlichen Überschuß zu hoch ist, weil der nach steuerrechtlichen Vorschriften ermittelte zu versteuernde Gewinn höher ist, als das handelsrechtliche Ergebnis. Wenn sich der zu hohe Steueraufwand später voraussichtlich ausgleicht, **darf** in Höhe der voraussichtlichen Steuerentlastung späterer Geschäftsjahre ein aktivischer Abgrenzungsposten als **Bilanzierungshilfe** gebildet werden. Der Posten ist sukzessive mit dem Eintreten der Steuerentlastung aufzulösen. Desweiteren ist er aufzulösen, wenn, insbesondere aufgrund einer ungünstigen Ertragsentwicklung, mit der Steuerentlastung nicht mehr gerechnet werden kann.

Der Begriff „Steuerentlastung" darf jedoch nicht mit einer „Steuererstattung" vom Finanzamt verwechselt werden, sondern er bedeutet hier lediglich, daß zukünftig der Steueraufwand im Verhältnis zum Handelsbilanzüberschuß entsprechend niedrig sein wird.

Passivische latente Steuern entstehen dann, wenn der Steueraufwand des Geschäftsjahres oder früherer Geschäftsjahre im Verhältnis zum handelsrechtlichen Überschuß zu niedrig ist, weil der nach steuerrechtlichen Vorschriften zu versteuernde Gewinn niedriger ist, als das handelsrechtliche Ergebnis. Wenn sich dieser zu niedrige Steueraufwand in späteren Geschäftsjahren mit einem entsprechend höheren Steueraufwand voraussichtlich ausgleicht, so **muß** in Höhe der wahrscheinlichen Steuerbelastung nachfolgender Geschäftsjahre eine **Rückstellung** gebildet werden, die entweder in der Bilanz oder im Anhang gesondert auszuweisen ist. Mit dem Eintreten der Steuerbelastung ist diese Rückstellung sukzessive aufzulösen. Ebenfalls ist eine Auflösung dann erforderlich, wenn mit der Steuerbelastung nicht mehr gerechnet werden kann.

Der Begriff „Steuerbelastung" darf nicht mit einer „Steuernachzahlung" an das Finanzamt verwechselt werden.

Die vorstehenden Erläuterungen zu den einzelnen Bilanzpositionen bedürfen im Hinblick auf grundsätzliche Aspekte der Gliederung der Bilanz wie auch der GuV der Ergänzung. Die folgende Aufstellung führt eine Auswahl der wesentlichen im § 265 HGB festgelegten **allgemeinen Grundsätze** auf:

· Die Gliederung von aufeinanderfolgenden Bilanzen und Gewinn- und Verlustrechnungen ist beizubehalten, es sei denn, daß wegen besonderer Umstände Abweichungen erforderlich sind.
· Es sind auch die Werte des Vorjahres anzugeben.
· Eine weitere Untergliederung der Posten sowie die Hinzufügung neuer Posten ist unter Beachtung der vorgeschriebenen Gliederung zulässig.
· Unter bestimmten Bedingungen ist auch eine Zusammenfassung der mit arabischen Ziffern bezeichneten Positionen möglich.
· Die Bilanz- und GuV-Gliederung sind zu ändern, wenn dies aufgrund der unternehmensmäßigen Besonderheiten zur Aufstellung eines klaren und übersichtlichen Jahresabschlusses notwendig ist.
· Ein Bilanz- oder GuV-Posten kann weggelassen werden, wenn dieser im Bilanzierungsjahr und im Vorjahr keinen Wert aufweist.

Daneben sind selbstverständlich auch die Vorschriften zu beachten, die bereits im „allgemeinen Teil" zu finden sind. Hierzu gehört beispielsweise auch das Saldierungsverbot von Forderungen mit Verbindlichkeiten.

Da das handelsrechtliche Gliederungsschema vornehmlich auf Industrie- und Handelsbetriebe zugeschnitten ist, sieht das HGB auch eine Ermächtigungsvorschrift für den Bundesminister der Justiz vor, bestimmten Wirtschaftszweigen spezielle Formblätter vorzuschreiben oder andere Vorschriften zur Gliederung des Jahresabschlusses zu erlassen, sofern der Geschäftszweig eine abweichende Gliederung erforderlich macht.

4. Aufbau der GuV gemäß §§ 275ff. HGB

Die handelsrechtliche Gewinn- und Verlustrechnung ermittelt wie die Bilanz durch systematischen Buchungsabschluß den Jahreserfolg, wobei beide Rechnungen durch das doppische Prinzip der Buchhaltung miteinander verknüpft sind. Während die Erfolgsermittlung in der Bilanz aber durch Gegenüberstellung von

DEUTSCH Gewinn- und Verlustrechnung:	AMERIKANISCH Profit and Loss Account:	ENGLISCH Profit and Loss Account:	FRANZÖSISCH Compte de résultat:

Bei Anwendung des Gesamtkostenverfahrens sind auszuweisen:
 	
1. Umsatzerlöse
2. Erhöhung oder Verminderung des Bestands an fertigen und unfertigen Erzeugnissen
3. andere aktivierte Eigenleistungen
4. sonstige betriebliche Erträge
5. Materialaufwand
  a) Aufwendungen für Roh-, Hilfs- und Betriebsstoffe und für bezogene Waren
  b) Aufwendungen für bezogene Leistungen
6. Personalaufwand
  a) Löhne und Gehälter
  b) soziale Abgaben und Aufwendungen für Altersversorgung und für Unterstützung
    davon für Altersversorgung
7. Abschreibungen:
  a) auf immaterielle Vermögensgegenstände des Anlagevermögens und Sachanlagen sowie auf aktivierte Aufwendungen für die Ingangsetzung und Erweiterung des Geschäftsbetriebs
  b) auf Vermögensgegenstände des Umlaufvermögens soweit diese die in der Kapitalgesellschaft üblichen Abschreibungen überschreiten
8. sonstige betriebliche Aufwendungen
9. Erträge aus Beteiligungen
  davon aus verbundenen Unternehmen
10. Erträge aus anderen Wertpapieren und Ausleihungen des Finanzanlagevermögens,
  davon aus verbundenen Unternehmen
11. sonstige Zinsen und ähnliche Erträge,
  davon aus verbundenen Unternehmen
12. Abschreibungen aus Finanzanlagen und auf Wertpapiere des Umlaufvermögens
13. Zinsen und ähnliche Aufwendungen,
  davon an verbundene Unternehmen
	For the type of expenditure format there must be disclosed:
	
	1. Sales
	2. Increase or decrease in finished goods inventories and work in process
	3. Own work capitalized
	4. Other operating income
	5. Cost of materials:
	  a) Cost of raw materials, consumables and supplies and of purchased merchandise
	  b) Cost of purchased service
	6. Personnel expenses:
	  a) Wages and salaries
	  b) Social security and pension expenses there of DM ... pension expenses
	7. Depreciation and amortization
	  a) on intangible fixed assets and tangible assets as well as on capitalized start-up and business expansion expenses
	  b) exceptional write downs on current assets
	8. Other operating expenses
	9. Income from participations, of which DM ... from affiliated companies
	10. Income from other investments and long term loans, of which DM ... relating to affiliated companies
	11. Other interest and similar income, of which DM ... from affiliated companies:
	12. Write downs on financial assets and short term investments
	13. Interest and similar expenses, of which DM ... to affiliated companies
	14. Result of ordinary activities
	15. Extraordinary income
	16. Extraordinary expenses
	17. Extraordinary result
	18. Taxes on income
	19. Other taxes
	20. Net income/net loss for the year
		For the type of expenditure format there must be disclosed:
		
		1. Turnover
		2. Change in stock of finished goods and work in progress
		3. Own work capitalized
		4. Other operating income
		5. Cost of materials
		  a) Cost of raw materials, consumables and of purchased merchandise
		  b) Cost of purchased services
		6. Staff costs:
		  a) Wages and salaries
		  b) Social security, pensions and other benefit costs, of which DM ... is for pension costs
		7. Depreciation
		  a) written off tangible and intangible fixed assets
		  b) written off current assets
		8. Other operating charges
		9. Participating interests, of which DM ... is for shares in group undertakings
		10. Income from fixed asset investments and long-term loans, of which DM ... relates to shares in group undertakings
		11. Other interest receivable and similar income, of which DM ... relates to shares in group undertakings
		12. Amounts written off investments
		13. Interest payable and similar charges
		14. Profit or loss on ordinary activities
		15. Extraordinary income
		16. Extraordinary charges
		17. Extraordinary profit or loss
		18. Tax on profit
		19. Other taxes
		20. Profit or loss for the financial year
			A faire figurer en cas d'application du modèle présentant les charges par nature de dépenses:
			
			1. Chiffre d'affaires (hors TVA)
			2. Augmentation des stocks ou diminution des stocks
			3. Production immobilisée
			4. Autres produits d'exploitation
			5. Coût des achats consommés
			  a) Coût des matières premières et autres approvisionnements ainsi que des achats de marchandises
			  b) Coût des achats de prestations de services
			6. Charges de personnel
			  a) Salaires et appointements
			  b) Charges de sécurité, de prévoyance-vieillesse et d'assistance
			    dont DM ... prévoyance-vieillesse
			7. Dotations aux amortissements et aus provisions pour dépréciation
			  a) Dotations aux amortissements des immobilisations corporelles et incorporelles ainsi que des frais d'établissement et de développement de l'entreprise portés à l'activ
			  b) Dotations aux provisions pour dépréciation des éléments de l'activ circulant, dépassant le cadre habituel des dépréciations pratiquées dans l'entreprise
			8. Autres charges d'exploitation
			9. Produits de participations
			  dont DM ... d'entreprises liées
			10. Produits des autres titres de placement et prêts immobilisés dont DM ... d'entreprises liées
			11. Autres intérêts et produits assimilés
			  dont DM ... d'entreprises liées
			12. Dotations aux provisions pour dépréciation des éléments financiers
			13. Intérêts et charges assimilés
			  dont DM ... d'entreprises liées

14. Ergebnis der gewöhnlichen Geschäftstätigkeit
15. außerordentliche Erträge
16. außerordentliche Aufwendungen
17. außerordentliches Ergebnis
18. Steuern vom Einkommen und vom Ertrag
19. sonstige Steuern
20. Jahresüberschuß/Jahresfehlbetrag	14. Profit or loss on ordinary activities
15. Extraordinary income
16. Extraordinary expenses
17. Extraordinary result
18. Taxes on income
19. Other taxes	14. Résultat provenant des activités ordinaires
15. Produits extraordinaires
16. Charges extraordinaires
17. Résultat extraordinaire
18. Impôts et taxes sur le revenu et les bénéfices
19. Autres impôts et taxes
20. Bénéfice/Perte
Bei Anwendung des Umsatzkostenverfahrens sind auszuweisen:
1. Umsatzerlöse
2. Herstellungskosten der zur Erzielung der Umsatzerlöse erbrachten Leistungen
3. Bruttoergebnis vom Umsatz
4. Vertriebskosten
5. allgemeine Verwaltungskosten
6. sonstige betriebliche Erträge
7. sonstige betriebliche Aufwendungen
8. Erträge aus Beteiligungen davon aus verbundenen Unternehmen
9. Erträge aus anderen Wertpapieren und Ausleihungen des Finanzanlagevermögens davon aus verbundenen Unternehmen
10. sonstige Zinsen und ähnliche Erträge davon aus verbundenen Unternehmen
11. Abschreibungen auf Finanzanlagen und auf Wertpapiere des Umlaufvermögens
12. Zinsen und ähnliche Aufwendungen, davon an verbundene Unternehmen
13. Ergebnis der gewöhnlichen Geschäftstätigkeit
14. außerordentliche Erträge
15. außerordentliche Aufwendungen
16. außerordentliches Ergebnis
17. Steuern vom Einkommen und vom Ertrag
18. sonstige Steuern
19. Jahresüberschuß/Jahresfehlbetrag	**For the operational format there shall be disclosed:**
1. Sales
2. Cost of sales
3. Gross profit on sales
4. Selling expenses
5. General administration expenses
6. Other operating income
7. Other operating expenses
8. Income from participations, of which DM ... affiliated companies:
9. Income from other investments and long term loans, of which DM ... relating to affiliated companies:
10. Other interest and similar income, of which DM ... from affiliated companies:
11. Write downs on financial assets and short term investments
12. Interest and similar expenses, of which DM ... to affiliated companies:
13. Result of ordinary activities
14. Extraordinary income
15. Extraordinary expenses
16. Extraordinary result
17. Taxes on income
18. Other taxes
19. Net income/net loss for the year	**For the operational format there shall be disclosed:**
1. Turnover
2. Cost of sales
3. Gross profit or loss
4. Distribution costs
5. General administrative expenses
6. Other operating income
7. Other operating expenses/charges
8. Income from participating interests, of which DM ... is for shares in group undertakings
9. Income from fixed assets investments and long-term loans, of which DM ... relates to shares in group undertakings
10. Other interest receivable and similar income of which DM ... relates to shares in group undertakings
11. Amounts written off investments
12. Interest payable and similar charges of which DM ... relates to shares in group undertaking
13. Profit or loss on ordinary activities
14. Extraordinary income
15. Extraordinary charges
16. Extraordinary profit or loss
17. Tax on profit
18. Other taxes
19. Profit or loss for the financial year	**Sont à faire figurer en cas d'application du modèle du coût production:**
1. Chiffre d'affaires (hors TVA)
2. Frais des ventes
3. Marge brute
4. Frais de commercialisation
5. Frais d'administration
6. Autres produits d'exploitation
7. Autres charges d'exploitation
8. Produits de participations dont DM ... d'entreprises liées
9. Produits des autres titres de placement et prêts immobilisés dont DM ... d'entreprises liées
10. Autres intérêts et produits assimilés dont DM ... d'entreprises liées
11. Dotations aux provisions pour dépréciation des éléments financiers
12. Intérêts et charges assimilées dont DM ... d'entreprises liées
13. Résultat provenant des activités ordinaires
14. Produits extraordinaires
15. Charges extraordinaires
16. Résultat extraordinaire
17. Impôts et taxes sur le revenu et les bénéfices
18. Autres impôts et taxes
19. Bénéfice/Perte

Abb. 267 Gliederung der Gewinn- und Verlustrechnung deutscher Kapitalgesellschaften nach § 275 HGB (entnommen aus Handelsblatt v. 11. 3. 1992)

Bestandsgrößen geschieht, ergibt sich in der Gewinn- und Verlustrechnung der Erfolg aus der Saldierung aller Aufwendungen und Erträge der Abrechnungsperiode. Die Gewinn- und Verlustrechnung ergänzt die Bilanz insofern, als sie über den Ausweis des Erfolgssaldos hinaus auch dessen Zusammensetzung erkennen läßt, und somit einen detaillierten Einblick in den eigentlichen Prozeß der Aufwandsentstehung und Ertragsbildung ermöglicht.

Wie schon beim Bilanzierungsschema sieht das HGB ein verbindliches Schema für die Gliederung der Gewinn- und Verlustrechnung lediglich für die Kapitalgesellschaften vor. Für diese Unternehmen ist die **Staffelform** Pflicht. Danach sind Aufwendungen und Erträge nicht kontenmäßig gegenüberzustellen, sondern staffelförmig untereinanderzustellen, um die Übersichtlichkeit und die Beurteilungsmöglichkeit des Jahresabschlusses – gerade bei den durch das **Bruttoprinzip** (unsaldierte Gegenüberstellung von Aufwendungen und Erträgen) stark aufgegliederten Erfolgsrechnungen – zu verbessern. Nach dem Handelsbilanzrecht kann die Gewinn- und Verlustrechnung sowohl nach dem **Gesamtkostenverfahren** als auch nach dem **Umsatzkostenverfahren** aufgestellt werden (vgl. zum Vorgehen S. 524 ff., 634 ff.).

§ 275 HGB führt im einzelnen das in Abb. 267 aufgeführte Schema als verbindliche (Mindest-)Gliederung der GuV-Rechnung an (Abweichungen hiervon sind nur unter bestimmten Bedingungen zulässig). Zum Vergleich sind wiederum auch die amerikanischen, englischen und französischen Positionsbezeichnungen angegeben.

Grundsätzlich haben alle Kapitalgesellschaften ihre Gewinn- und Verlustrechnung nach diesem Schema zu erstellen. Kleinen und mittelgroßen Kapitalgesellschaften wird jedoch die Möglichkeit gegeben, bei der Veröffentlichung ihres Jahresabschlusses die mit den Nummern 1 bis 5 erfaßten Positionen unter der Bezeichnung **Rohertrag** zusammengefaßt auszuweisen. Analog gilt diese Vereinfachungsregelung auch für eine nach dem **Umsatzkostenverfahren** aufgestellte Gewinn- und Verlustrechnung.

Weitere Erklärungen zum Gliederungsschema der handelsrechtlichen GuV-Rechnung finden Sie in den folgenden Ausführungen.

(1) Ausgangspunkt der staffelförmigen Gewinn- und Verlustrechnung sind die **Umsatzerträge** aus dem eigentlichen Leistungsprozeß, die handelsrechtlich als Umsatzerlöse bezeichnet werden. Diese Umsatzerträge können jedoch im Sinne einer periodengerechten Erfolgsermittlung nicht einfach den Periodenaufwendungen gegenübergestellt werden. Vielmehr sind sie beim hier zugrundegelegten Gesamtkostenverfahren um die **Bestandsveränderungen an fertigen und unfertigen Erzeugnissen** und um die anderen aktivierten Eigenleistungen zu korrigieren. (Beim ebenfalls zulässigen Umsatzkostenverfahren werden von den Umsatzerlösen von vornherein lediglich die Herstellungskosten abgezogen, die auf die zur Erzielung der Umsatzerlöse erbrachten Leistungen entfallen).

Sind nämlich in der Abrechnungsperiode mehr Absatzleistungen erstellt als abgesetzt worden, so ergeben sich in Höhe der weniger abgesetzten Produkte Lagerbestandserhöhungen. Die Herstellungskosten beziehen sich aber sowohl auf die abgesetzten als auch auf die nicht abgesetzten Produkte. Der Umsatzertrag ist also beim Gesamtkostenverfahren um die erstellten, aber nicht abgesetzten Produkte, die zunächst nur eine „Produktionsleistung" in Höhe der Herstellungskosten darstellen, zu erhöhen, um so zu einer periodengerechten Gruppierung sachlich zusammenhängender Aufwendungen und Erträge zu kommen. In umgekehrter Weise ist bei Bestandsverringerungen zu verfahren, indem die abgesetzten, aber schon in Vorperioden erstellten Absatzleistungen aufwandsbewertet vom Umsatzertrag abgezogen werden.

Die **anderen aktivierten Eigenleistungen**, wie z. B. selbsterstellte Anlagen, verursachen Periodenaufwendungen, die sachlich nicht mit den in dieser Periode erstellten Produkten zusammenhängen, sondern im Sinne einer periodengerechten Erfolgsermittlung erst in späteren Perioden verrechnet werden dürfen. Durch Erhöhung der Umsatzerträge um die aufwandsbewerteten anderen Eigenleistungen wird erfolgsrechnerisch ein Ausgleichsposten geschaffen, der es ermöglicht, die bereits angefallenen Aufwendungen periodengerecht zu verteilen. Zu den anderen aktivierten Eigenleistungen gehören jedoch nicht nur selbsterstellte Anlagen u. ä., sondern beispielsweise auch die Bestandsveränderungen an selbsterzeugten Roh-, Hilfs- und Betriebsstoffen, soweit diese nicht als unfertige oder fertige Erzeugnisse zu bilanzieren sind. Wie sich aus den obigen Ausführungen ergibt, tritt auch die Position andere aktivierte Eigenleistungen lediglich bei Anwendung des Gesamtkostenverfahrens auf.

(2) Die „**sonstigen betrieblichen Erträge**" und „**sonstigen betrieblichen Aufwendungen**" stellen eine Sammelposition dar, die alle Erträge oder Aufwendungen aus der gewöhnlichen Geschäftätigkeit des Unternehmens erfaßt, soweit diese nicht unter anderen Positionen auszuweisen sind. Zu dieser Aufwands- bzw. Ertragskategorie gehören beispielsweise Erträge oder Aufwendungen aus dem Abgang von Wirtschaftsgütern des Anlagevermögens, Erträge aus der Zuschreibung zu Forderungen aufgrund einer Herabsetzung der Pauschalwertberichtigung oder etwa Verluste aus dem Abgang von Wirtschaftsgütern des Umlaufvermögens.

(3) Die als „Zwischensumme" gekennzeichnete Größe könnte man als **Betriebsergebnis** bezeichnen, da diese Position ausschließlich betriebliche Aufwendungen und Erträge enthält. Allerdings kann die genannte Position auch aperiodische betriebliche Aufwendungen und Erträge enthalten.

(4) Die zweite Zwischensumme (im gesetzlichen Gliederungsschema die erste Zwischensumme) wird als „**Ergebnis der gewöhnlichen Geschäftstätigkeit**" bezeichnet. Diese ergibt sich aus dem Betriebsergebnis unter Berücksichtigung verschiedener Ertrags- und Aufwandsgrößen, die mit der betrieblichen Tätigkeit nur im losen Zusammenhang stehen. Desweiteren gehören hierzu die gezahlten Zinsen für Fremdkapital. Das Ergebnis der gewöhnlichen Geschäftstätigkeit setzt sich vereinfachend ausgedrückt aus dem ordentlichen Betriebsergebnis, den sonstigen betrieblichen Erträgen und Aufwendungen sowie dem Finanzergebnis zusammen. Dabei enthält das Finanzergebnis auch die Abschreibungen auf Finanzanlagen und Wertpapiere des Umlaufvermögens.

(5) Das **außerordentliche Ergebnis** setzt sich aus den außerordentlichen Erträgen und Aufwendungen zusammen. Hierzu gehören ausschließlich die Ertrags- und Aufwandskomponenten, die außerhalb der gewöhnlichen Geschäftstätigkeit des Unternehmens anfallen (§ 277 Abs. 4 HGB).

(6) Der Saldo aller Erträge und Aufwendungen ergibt den **Jahresüberschuß** bzw. **Jahresfehlbetrag** (Position 20 beim Gesamtkostenverfahren), der gleichzeitig die letzte Pflichtposition des handelsrechtlichen Jahresabschlusses darstellt. Entgegen den früheren Richtlinienentwürfen sind im neuen Handelsgesetzbuch keine Vorschriften zur Form der Darstellung, insbes. Gliederung der Verwendung des Jahresergebnisses vorgesehen. Soweit sich jedoch die Verwendung des Ergebnisses nicht aus dem Jahresabschluß ergibt, sind der Vorschlag und der Beschluß über die Verwendung des Jahresergebnisses bei der Offenlegung zu berücksichtigen. Auswirkungen hat das Fehlen entsprechender Gliederungsvorschriften jedoch nur für die GmbH, denn für Aktiengesellschaften sieht das Aktiengesetz detailliert gegliederte Angaben zur **Ergebnisverwendung** vor. Sofern eine teilweise Ergebnisverwendung nach § 58 AktG erfolgt, ist die GuV nach dem Posten „Jahresüberschuß/Jahresfehlbetrag" um die folgenden Positionen zu ergänzen.

1. Gewinnvortrag/Verlustvortrag aus dem Vorjahr
2. Entnahmen aus der Kapitalrücklage
3. Entnahmen aus Gewinnrücklagen (aufgespalten nach Rücklagenarten)

4. Einstellungen in die Gewinnrücklagen (aufgespalten nach Rücklagenarten)
5. Bilanzgewinn/Bilanzverlust

Den Vorschriften zu den einzelnen Positionen der Gewinn- und Verlustrechnung stehen einige allgemeine Vorschriften gegenüber, die im wesentlichen sowohl für Bilanz als auch für die Gewinn- und Verlustrechnung Gültigkeit haben (vgl. S. 521 ff.). In Ergänzung zu den entsprechenden Ausführungen im Rahmen des Aufbaus der Bilanz ist in Bezug auf die Gewinn- und Verlustrechnung besonders zu vermerken, daß Aufwendungen nicht mit Erträgen verrechnet werden dürfen (**Brutto-Prinzip**).

5. Aufgaben und Inhalt des Anhangs und Lageberichts

Für Kapitalgesellschaften fordert das HGB die Aufstellung eines Anhangs. Für diese Unternehmen ist er der dritte Bestandteil des „erweiterten" Jahresabschlusses. Der Lagebericht ist zwar nicht Element des Jahresabschlusses, wie der Anhang ist er jedoch ggfs. Pflichtbestandteil der handelsrechtlichen Rechnungslegung, so daß seine Darstellung im Rahmen des Jahresabschlusses angebracht erscheint.

Der **Anhang** hat die Aufgabe, den Jahresabschluß bzw. seine einzelnen Positionen zu erläutern sowie zusätzliche Angaben zur Bilanz und Gewinn- und Verlustrechnung zu geben. Desweiteren übernimmt er bestimmte Angaben, die wahlweise in der Bilanz und GuV erfolgen können, wie dies zum Beispiel beim Anlagespiegel der Fall ist. Der Umfang bzw. Detaillierungsgrad der im Anhang zu gebenden Informationen ist von der Größe der Kapitalgesellschaft abhängig. Die folgende Abbildung gibt eine Übersicht über den Inhalt des Anhangs der im HGB unterschiedenen Unternehmensgrößenkategorien.

Die Abbildung 268 verdeutlicht die Anforderungen, die an die verschiedenen Größenklassen zum Inhalt des Anhangs gestellt werden. Unvollständig ist diese Aufstellung jedoch insofern, als sich aus Spezialgesetzen ggfs. weitere Informationsanforderungen ergeben können. Auf Sonderfälle, wie etwa die Möglichkeit oder Pflicht zur Unterlassung von Angaben wird hier nicht näher eingegangen.

Selbständiger Bestandteil der handelsrechtlichen Rechnungslegung ist der **Lagebericht**. Dieser ist zwar nicht Element des Jahresabschlusses, dennoch zählt er, wie bereits erwähnt, gegebenenfalls zu den Pflichtbestandteilen der handelsrechtlichen Rechnungslegung. Dem § 289 HGB läßt sich entnehmen, daß der Lagebericht sich aus den folgenden **Berichtsteilen** zusammensetzt (vgl. *Castan* 1990):

- den Bericht über den Geschäftsverlauf und die Lage des Unternehmens
- den Nachtragsbericht
- den Prognosebericht
- den Forschungsbericht

Ebenso wie der Jahresabschluß selbst dient der Lagebericht den Adressaten dazu, ihnen Informationsgrundlagen für Beschlüsse und Entscheidungen zu geben. Wenngleich das Handelsgesetz keine detaillierten Vorschriften zur Form, Gliederung bzw. zu den berichtspflichtigen Tatbeständen und Ereignissen vorsieht, lassen sich einige allgemeine Grundsätze für den Inhalt des Lageberichts, die im übrigen in gleicher Weise auch für den Anhang gelten, aufstellen. Hierzu gehört beispielsweise der Grundsatz, daß der Inhalt des Lageberichts vollständig und richtig sein muß. Desweiteren ist zu fordern, daß er klar und übersichtlich aufgestellt wird und sich der Inhalt auf das Wesentliche beschränkt.

ALLE KAPITAL-GESELLSCHAFTEN	MITTLERE KAPITAL-GESELLSCHAFTEN	GROSSE KAPITAL-GESELLSCHAFTEN
– Angaben zu den einzelnen Posten der Bilanz und der Gewinn- und Verlustrechnung – alternativ in Bilanz, GuV oder im Anhang zu machende Angaben – Erläuterungen zu den angewandten Bilanzierungs- und Bewertungsmethoden – Grundlagen der Währungsumrechnung – Änderungen der Bilanzierungs- und Bewertungsmethoden – zusätzliche Angaben, wenn der Jahresabschluß nicht aussagekräftig ist – Abweichungen bei der Bewertung mit Verbrauchsfolgeverfahren vom Börsen- oder Marktpreis – Einbeziehung von Zinsen für Fremdkapital in die Herstellungskosten – Angaben über Restlaufzeiten und Sicherheiten für Verbindlichkeiten – Beeinflussung des Ergebnisses der gewöhnlichen Geschäftstätigkeit und des außerordentlichen Ergebnisses durch Ertragsteuern – Vorschüsse und Kredite an Unternehmensorgane – Namen und Bezeichnungen von Geschäftsführungs- und Aufsichtsratsmitgliedern – Beteiligungen über 20% mit Zusatzangaben – Gründe für planmäßige Abschreibung nach § 255 Abs. 4 S. 3 – Angaben über Mutterunternehmen		
	– Angaben über in der Bilanz nicht gesondert ausgewiesene Rückstellungen – Restlaufzeiten und Sicherheiten für die einzelnen Verbindlichkeiten – sonstige finanzielle Verpflichtungen – Ausmaß der Ergebnisbeeinflussung und künftiger Steuerbelastungen durch Nutzung steuerlicher Vorschriften – Angaben zur Arbeitnehmerzahl – Material- und Personalaufwand (gegliedert) bei Anwendung des Umsatzkostenverfahrens – Tätigkeitsvergütungen für Unternehmensorgane – Bezüge früherer Mitglieder des Unternehmens	
		– Aufgliederung der Umsatzerlöse nach Tätigkeitsbereichen und geographisch bestimmten Märkten

Abb. 268 Pflichtangaben im Anhang nach § 284ff. HGB (in Anlehnung an *Nelißen/Nücke* 1982)

Fragen und Aufgaben zur Wiederholung (S. 506–527)

1. *Welche Buchführungs- und Bilanzierungsvorschriften enthalten die §§ 238ff HGB?*
2. *Aus welchen Elementen besteht nach neuem Recht der handelsrechtliche Jahresabschluß bei den unterschiedlichen Unternehmenskategorien?*
3. *Nennen Sie die wesentlichen Merkmale der handelsrechtlichen Bilanz!*
4. *Skizzieren Sie das Grundschema der Handelsbilanz nach § 266 HGB!*
5. *Nach welchem Merkmal erfolgt die Einteilung des Vermögens in Anlage- und Umlaufvermögen?*

> 6. *Aus welchen Komponenten setzt sich das Eigenkapital zusammen?*
> 7. *Wozu dienen Rechnungsabgrenzungsposten in der Bilanz? Für welche Vorgänge werden sie gebildet?*
> 8. *Wodurch unterscheidet sich die Gewinnermittlung in der Gewinn- und Verlustrechnung von der bilanziellen Gewinnfeststellung?*
> 9. *Nennen Sie die grundlegenden Positionen der GuV!*
> 10. *Wie und warum werden (a) Bestandsveränderungen an Halb- und Fertigerzeugnissen und (b) aktivierte Eigenleistungen in der nach dem Gesamtkostenverfahren aufgestellten GuV berücksichtigt?*
> 11. *Was enthalten die einzelnen Teile des Anhangs?*
> 12. *Welchen Aufbau und Inhalt hat der Lagebericht?*

Literaturhinweise:

Adler, H., Düring, W., Schmaltz, K. (1987)
Castan, E. (1990)
Coenenberg, A.G. (1986)
Coenenberg, A.G. (1991a)

Federmann, R. (1990)
Heinen, E. (1986)
Nelißen, H., Nücke, H. (1982)
Olfert, K., Körner, W., Langenbeck, J. (1986)
Wöhe, G. (1990b)

II. Bilanzierung und Bewertung im Jahresabschluß

1. Grundsätze ordnungsmäßiger Buchführung und Bilanzierung (GoB)
2. Bilanzierung von Wirtschaftsgütern
3. Bewertung von Wirtschaftsgütern

1. Grundsätze ordnungsmäßiger Buchführung und Bilanzierung (GoB)

Nach den §§ 243 Abs. 1, 264 Abs. 2 HGB hat der Jahresabschluß den Grundsätzen ordnungsmäßiger Buchführung (GoB) zu entsprechen. Auch das Steuerrecht verweist auf die Grundsätze ordnungsmäßiger Buchführung und Bilanzierung. Offenbar stellen die GoB einen zentralen Begriff handelsrechtlicher und indirekt auch steuerlicher Rechnungslegung dar.

Die GoB sind allgemein anerkannte Regeln, nach denen Bücher zu führen und Bilanzen aufzustellen sind. Sie umfassen damit sowohl Grundsätze ordnungsmäßiger Buchführung im engeren Sinne wie auch jene Grundsätze, die im Schrifttum weitgehend als Grundsätze ordnungsmäßiger Bilanzierung bezeichnet werden.

Die **Quellen** der GoB sind sehr vielgestaltig. Zu einem großen Teil entstammen sie den „Ansichten ordentlicher Kaufleute" oder sind das Produkt allgemeiner kaufmännischer Übung. Auch die Rechtsprechung und die Wissenschaft leisten Wesentliches bei der Gewinnung und Weiterentwicklung der GoB. Entscheidend für das Wesen der GoB ist dabei, daß sie dazu dienen, Rechtsnormen zu ergänzen bzw. Lücken im kodifizierten Recht zu schließen. Die §§ 243 und 246 des HGB geben verschiedene GoB inhaltlich wieder. Desweiteren sind in den einzelnen Bewertungsvorschriften GoB eingearbeitet. Dennoch sollen auch die bereits kodifizierten Grundsätze weiterhin als GoB bezeichnet werden, obwohl sie durch die Kodifizierung zweifelsohne ein wesentliches Charakteristikum, nämlich ihre fehlende gesetzliche Fixierung eingebüßt haben.

Achtes Kapitel: Bilanzen

Eine voll zufriedenstellende **Systematisierung** der GoB erscheint angesichts der vielfältigen Überschneidungen zwischen den einzelnen Grundsätzen kaum möglich. Üblich ist die schon erwähnte Zweiteilung der GoB in Grundsätze ordnungsmäßiger Buchführung und Bilanzierung. Letztere werden dabei nicht selten in die Grundsätze

- Bilanzklarheit,
- Bilanzwahrheit,
- Bilanzkontinuität und
- Bilanzidentität

gegliedert. Im folgenden sollen Systematik und Ausführungen von *Leffson* (1987) verwendet werden. Er unterscheidet zwischen **Grundsätzen der Dokumentation und der Rechenschaft.**

(1) Die **Grundsätze der Dokumentation** sichern, daß Geschäftsvorfälle lückenlos dokumentiert, die Aufzeichnungen zuverlässig festgehalten und in geeigneter Weise dargestellt werden. Diesbezüglich allgemein anerkannte Grundsätze sind etwa die folgenden:

- Der Buchführung muß ein System zugrundeliegen (i. d. R. die Doppik im Rahmen eines systematisch gegliederten Kontenplans);
- Die Geschäftsvorfälle sind einzeln, lückenlos und unverzüglich unter eindeutiger Bezeichnung des Sachverhalts zu erfassen;
- Alle Aufzeichnungen sind zu belegen (Belegprinzip) und unter Wahrung von gesetzlichen Fristen geordnet aufzubewahren;
- Die Buchführung muß gegen nachträgliche Veränderungen von Eintragungen gesichert sein;
- Ein entsprechendes Kontrollsystem muß Unredlichkeit und Fehler bei der Erfassung und Verbuchung der Geschäftsvorfälle zu verhindern in der Lage sein;
- Die Buchführung ist regelmäßig zum Ende des Geschäftsjahres abzuschließen, der Abschluß systematisch aus der Buchführung zu entwickeln;
- Die Posten des Jahresabschlusses sind einzeln und insgesamt durch die Inventur nachzuweisen.

Es wird deutlich, daß sich die Grundsätze der Dokumentation insbesondere mit der Buchführung selbst befassen.

(2) Die **Grundsätze der Rechenschaft** sollen sichern, daß der Kaufmann sich nicht reicher oder grundlos ärmer rechnet als er tatsächlich ist. Rechenschaft gibt er mit der Bilanz und GuV (und ggfs. mit dem Anhang) ab, durch die er sehen kann, wie erfolgreich der Kombinationsprozeß war. Die Grundsätze der Rechenschaft beziehen sich also auf die Bilanzierung. Hier unterscheidet Leffson folgende Grundsätze:

- **Rahmengrundsätze**, dazu gehören der
  - Grundsatz der Wahrheit
  - Grundsatz der Klarheit
  - Grundsatz der Vollständigkeit.
- **Abrechnungsgrundsätze**, dazu gehören (der)
  - Grundsatz der Abgrenzung der Sache nach
  - Grundsatz der Abgrenzung der Zeit nach
  - das Realisationsprinzip
  - das Imparitätsprinzip.
- **Ergänzende Grundsätze**, dazu gehören der
  - Grundsatz der Stetigkeit
  - Grundsatz der Vorsicht.

Die einzelnen Grundsätze sollen nun kurz erläutert werden.

(a) Der **Grundsatz der Wahrheit** umfaßt den Grundsatz der **Richtigkeit** und den Grundsatz der **Willkürfreiheit**. Der Grundsatz der Richtigkeit besagt, daß die Bilanz aus dem richtigen Zahlenmaterial unter Beachtung der anderen GoB abzuleiten ist. Zudem muß die Übereinstimmung der Bilanzaussagen mit den zugrundeliegenden Sachverhalten auch von sachverständigen Dritten nachprüfbar sein. Der Grundsatz der Wahrheit bedeutet jedoch nicht, daß eine Bilanz keine Fehler oder Ungenauigkeiten enthalten darf, denn dieses ist in Anbetracht der Unsicherheit und der Erfassungsprobleme nicht möglich. Eine absolut wahre Bilanz kann es nicht geben.

Der **Grundsatz der Willkürfreiheit** verlangt, daß sich die Bilanzinformationen in Übereinstimmung mit der inneren Überzeugung des Kaufmanns befinden und Manipulationen unterbleiben.

(b) Der **Grundsatz der Bilanzklarheit** verlangt, daß die Bilanz- und GuV-Posten der Art nach eindeutig und sachlich zutreffend bezeichnet und so geordnet sind, daß der Abschluß verständlich und übersichtlich ist. Der Grundsatz bezieht auch das Verbot der Saldierung von Positionen mit ein, wenn darunter die Bilanzaussage leidet.

(c) Der **Grundsatz der Vollständigkeit** beinhaltet mehrere Aussagen. Dieser Grundsatz verlangt zunächst die Erfassung aller buchführungspflichtigen Vorfälle, aller Aktiv- und Passivpositionen sowie die Erfassung der bestehenden Risiken. Außerdem fordert der Grundsatz der Vollständigkeit die Identität aller Schluß- und Anfangsbilanzen (Schlußbilanz des Vorjahres = Anfangsbilanz des neuen Jahres), da nur so alle eingetretenen Vermögensveränderungen vollständig erfaßt werden (**Prinzip der Bilanzidentität**).

Desweiteren schließt der Grundsatz der Vollständigkeit auch noch die Pflicht ein, Vorgänge vor dem Bilanzstichtag zu berücksichtigen, die erst nach dem Bilanzstichtag und vor dem Bilanzerstellungstag bekannt werden.

(d) Die **Grundsätze der Abgrenzung der Sache und der Zeit nach** regeln die Zuordnung des Erfolgs zu einzelnen Perioden. Dies ist ein schwieriges Problem, weil Ein- und Auszahlungen, Einnahmen und Ausgaben nicht direkt den Erfolg der Periode widerspiegeln.

Der Grundsatz der **Abgrenzung der Sache nach** bestimmt die Zuordnung des Faktorverbrauchs zu der Periode in der die Unternehmensleistung und der entsprechende Ertrag realisiert wird. Ein wesentliches Prinzip zur sachlichen Zuordnung von Aufwendungen und Erträgen ist das Durchschnittskostenprinzip, welches bestimmt, daß alle Aufwendungen, die dazu dienen, bestimmte realisierte oder noch nicht realisierte Erträge zu erzielen, unter Einschluß der um Leerkosten verminderten Gemeinkosten auf die Leistungen zu verteilen sind. Die anteiligen Gemeinkosten werden auf Basis der Normalbeschäftigung ermittelt. Der Grundsatz der Abgrenzung der Sache nach gewährleistet desweiteren die Erfolgsneutralität von Produktions- und Beschaffungsvorgängen.

Der **Grundsatz der Zeit nach** regelt die Periodisierung von zeitraumbezogenen Erträgen und Aufwendungen (z. B. Mieten, Versicherungsbeiträge). Diese werden den Perioden zeitanteilig zugewiesen. Außerdem bestimmt er die Zuordnung von außerordentlichen Erträgen und Aufwendungen. Hierzu gehören Erträge und Aufwendungen ohne Gegenleistung sowie periodenfremde Erfolgskomponenten. Solche Erfolgskomponenten werden dem Grundsatz der zeitlichen Abgrenzung nach in der Periode erfaßt, in der sie anfallen bzw. die Vermögensveränderung bekannt wird.

(e) Das **Realisationsprinzip** regelt die Bewertung von Unternehmensleistungen vor und nach Erreichen des Absatzmarktes, wo sie einen (i. d. R. positiven) „Wertsprung" erleben. Es legt fest:

- die Bewertung noch nicht abgesetzter Güter und Dienste zu Anschaffungs- oder Herstellungskosten (**Anschaffungswertprinzip**) sowie
- den Zeitpunkt des positiven „Wertsprungs" und damit den Übergang zur Bewertung zum (höheren) Marktpreis: Der Gewinn gilt hiernach erst mit dem Zeitpunkt der Forderungsentstehung (Vertragserfüllung und Rechnungserteilung) als realisiert.

(f) Das **Imparitätsprinzip** ist ein das Realisationsprinzip modifizierendes Prinzip. Es besagt, daß negative Erfolgsbeiträge (Verluste) aus bereits eingeleiteten Geschäften, die auf das Unternehmen erst **nach** dem Abschlußstichtag zukommen, aber schon abzusehen und abzuschätzen sind, bereits in diesem Abschluß Berücksichtigung zu finden haben. Für Verluste gilt das oben formulierte Realisationsprinzip insoweit also nicht (**Prinzip der Verlustantizipation**).

Spezielle Ausprägung findet das Imparitätsprinzip in den zwei Varianten des **Niederstwertprinzips**:

- Das **strenge Niederstwertprinzip** gilt für das Umlaufvermögen. Es fordert den Ansatz des Börsen- oder Marktpreises (ersatzweise des Wertes, der den Gütern am Bilanzstichtag „beizulegen ist"), falls dieser geringer ist als die Anschaffungs- oder Herstellungskosten. Das Niederstwertprinzip für das Umlaufvermögen findet sich in § 253 Abs. 3 HGB.
- Das **gemilderte Niederstwertprinzip** hat Gültigkeit für Gegenstände des Anlagevermögens. Hiernach **können** niedrigere Stichtagswerte als die fortgeführten Anschaffungs- oder Herstellungskosten (Buchwerte) angesetzt werden, wenn eine **vorübergehende** Wertminderung eingetreten ist. Bei einer voraussichtlich **dauernden** Wertminderung gilt auch beim Anlagevermögen dagegen das strenge Niederstwertprinzip. Das Niederstwertprinzip für das Anlagevermögen ist in § 253 Abs. 2 HGB fixiert. Für Kapitalgesellschaften wird es jedoch modifiziert. Gemäß § 279 Abs. 1 HGB darf eine Abschreibung auf das Anlagevermögen nicht mehr bei einer voraussichtlich nur vorübergehenden Wertminderung erfolgen (Ausnahme: Finanzanlagen).

(g) Der **Grundsatz der Stetigkeit** läßt sich ableiten aus der Forderung nach Vergleichbarkeit der Jahresabschlüsse über die verschiedenen Perioden hinweg. Vergleichbarkeit bedingt dabei im einzelnen,

- daß die Abschlußgrundsätze und -methoden von Geschäftsjahr zu Geschäftsjahr, soweit möglich und sinnvoll, in formaler wie in materieller Hinsicht unverändert anzuwenden sind (**Grundsatz der Bilanzkontinuität**),
- daß dort, wo die formelle und materielle Bilanzkontinuität aus sachlichen Gründen durchbrochen wird, die vorgenommenen Anpassungen erläutert werden (**Grundsatz, Unstetigkeiten zu erläutern**),
- daß außerordentliche Vorgänge, die ihrer Natur nach weder stetig anfallen noch der Höhe nach vergleichbar sind, als solche kenntlich gemacht werden (**Grundsatz der Aussonderung des Außerordentlichen**)
- und schließlich, daß die der Reihe nach aufeinanderfolgenden Jahresabschlüsse mit dem gleichen (Geld-)Maßstab gemessen werden (**Grundsatz der Verwendung eines zeitraumgleichen Maßstabes**). Da dies in Zeiten von Geldwertschwankungen im Rahmen einer Nominalwertrechnung grundsätzlich nicht möglich ist, wäre zu fordern, daß zusätzliche Erläuterungen (über Scheingewinne etc.) im Geschäftsbericht

abgegeben werden oder ergänzende geldwertneutrale Jahresabschlüsse vorgelegt werden.

(h) Der **Grundsatz der Vorsicht** erhält seine Bedeutung dadurch, daß bei der Erstellung des Jahresabschlusses trotz seiner prinzipiellen Vergangenheitsorientierung stets auch Zukunftsprognosen (bezüglich der Nutzungsdauer von Anlagen, des Eintritts eines Forderungsausfalls u. ä.) abgegeben werden müssen. Ein vorsichtiger Wertansatz soll dabei verhindern, daß der Kaufmann sich „noch reicher rechnet" als er in Wirklichkeit ist. Da die Grenzen zwischen willkürlicher Unterbewertung und vorsichter Bewertung fließend sind, ist das Vorsichtsprinzip restriktiv zu formulieren. Es fordert (nach *Leffson* 1987)

- bei einwandfrei feststehenden Tatsachen, die relativ sichere Vorhersagen erlauben, den Ansatz der **erwarteten** Zahlung;
- bei häufigen Ereignissen und damit statistisch fundierten Erwartungen den Ansatz zum **mathematischen Erwartungswert** der zukünftigen Zahlung, wobei diese je nach Größe des statischen Kollektivs gegebenenfalls um eine „Vorsichtskomponente" zu ergänzen ist;
- bei rein subjektiven Erwartungen der Ansatz zum am stärksten erfolgsmindernden Wert, der noch als realistischer Schätzwert angesehen werden kann (**untere Bandbreite** der Erwartungen).

Den einzelnen GoB vorgeschaltet sind nach *Leffson* vier Postulate, die die allgemeinen Voraussetzungen zur Ableitung von GoB darstellen, ohne selbst GoB zu sein. Im einzelnen handelt es sich um die Postulate:

- Materiality (wonach nur das Wesentliche offenzulegen ist),
- Vergleichbarkeit der Jahresabschlüsse (woraus der GoB der Stetigkeit folgt),
- Going-Concern-Concept (wonach die Bewertung unter der Annahme der unbegrenzten Unternehmensfortführung zu erfolgen hat),
- Periodisierung (wonach Erträge und Aufwendungen den einzelnen Rechnungsperioden zuzurechnen sind).

Aus diesen vier Postulaten leiten sich die bereits dargestellten Grundsätze ordnungsmäßiger Buchführung ab.

2. Bilanzierung von Wirtschaftsgütern

Für die Frage, ob ein Gegenstand dem Grunde nach in die Bilanz aufzunehmen (d. h. zu aktivieren oder zu passivieren) ist, sind die rechtlichen Vorschriften sowie die GoB heranzuziehen. Dabei sind verschiedene Kriterien stufenweise abzuprüfen. Abb. 269 verdeutlicht die einzelnen Prüfschritte.

Zu (1): Aus den §§ 242 Abs. 1, 246 Abs. 1 des HGB läßt sich ableiten, daß nur Wirtschaftsgüter in die Bilanz aufgenommen werden können. Dazu gehören die Vermögensgegenstände (aktive Wirtschaftsgüter) sowie die Schulden (passive Wirtschaftsgüter). Zur Klarstellung sei erwähnt, daß das Handelsrecht ausschließlich die Begriffe Vermögensgegenstände und Schulden verwendet, um Mißverständnisse zum steuerlich mit etwas anderem Inhalt verwendeten Wirtschaftsgutbegriff zu vermeiden. Im folgenden wird jedoch nicht zwischen Wirtschaftsgütern und Vermögensgegenständen bzw. Schulden unterschieden. **Aktivierungsfähig** sind (neben etwaigen zur Gewinnermittlung notwendigen Korrekturposten) im einzelnen

- Vermögensgegenstände (Sachen und Rechte), die selbständig veräußerbar, also verkehrfähig sind, und
- Vorausleistungen, die für einen bestimmten Zeitraum nach dem Stichtag geleistet werden (RAP).

Demgegenüber sind grundsätzlich **passivierungsfähig**
- alle „echten" Verbindlichkeiten
- Rückstellungen (ungewisse Verbindlichkeiten sowie Aufwandsrückstellungen),
- Einnahmen, die erst nach dem Stichtag als Ertrag zu verbuchen sind (RAP),

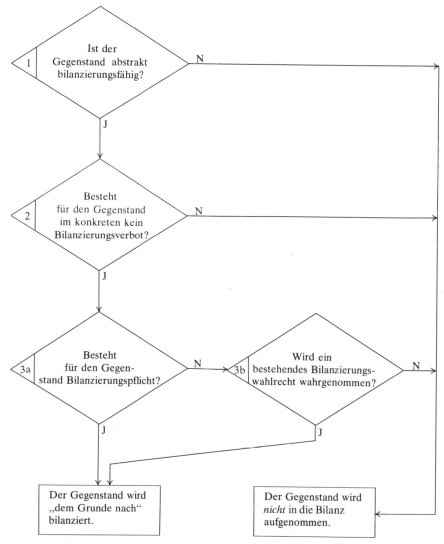

Abb. 269 Flußdiagramm für die Frage der Bilanzierung von Gegenständen „dem Grunde nach"

- Wertberichtigungen und
- das Eigenkapital als Differenz zwischen Bruttovermögen und Schulden.

Von den genannten prinzipiell aktivierungs- und passivierungsfähigen Positionen besitzen die Rechnungsabgrenzungsposten, die Aufwandsrückstellungen sowie die Wertberichtigungen lediglich den Charakter von Korrekturposten.

Zu (2): Nach dem HGB gelten **Bilanzierungsverbote** unter anderem für

- Vermögensgegenstände, die den Bilanzierenden weder rechtlich noch nach wirtschaftlicher Betrachtung (im Sinne tatsächlicher Verfügungsmöglichkeit) zuzurechnen sind;
- für Rückstellungen, soweit sie für andere Zwecke gebildet werden, als gesetzlich ausdrücklich vorgesehen (§ 249 Abs. 3 HGB);
- für Aufwendungen zur Gründung des Unternehmens und für die Beschaffung des Eigenkapitals (§ 248 Abs. 1 HGB);
- für immaterielle Vermögensgegenstände des Anlagevermögens, die nicht entgeltlich erworben wurden (§ 248 Abs. 2 HGB);
- für Wertberichtigungen, soweit sie nicht zur Wahrung steuerlicher Interessen erforderlich sind (§§ 253, 254, 266 Abs. 2, 273 Abs. 2 und 3, 281 HGB).

Nach dem Handelsrecht sind passivische Wertberichtigungen zur Erfassung von Wertminderungen grundsätzlich nicht zulässig. Hierbei handelt es sich jedoch letztlich um eine formale Ausweisfrage.

Zu (3): Der § 246 HGB fordert, daß in die Bilanz alle bilanzierungsfähigen Wirtschaftsgüter des Unternehmens, das Eigenkapital sowie die Rechnungsabgrenzungsposten aufzunehmen sind. Besteht für eine Position somit kein Bilanzierungsverbot, so ergibt sich grundsätzlich eine Bilanzierungspflicht für die betreffenden Positionen. Von dieser Bestimmung ist nur dann abzuweichen, wenn das Unternehmen ausdrücklich im Gesetz verankerte **Bilanzierungswahlrechte** wahrnimmt. Das Handelsrecht sieht die folgenden Wahlrechte vor:

- Aufwendungen für die **Ingangsetzung** und **Erweiterung** des Geschäftsbetriebs (z. B. Kosten des Aufbaus einer Vertriebsorganisation) §§ 269 und 282 HGB;
- das **Disagio** bei der Kreditaufnahme (als Differenz zwischen Auszahlungs- und Rückzahlungsbetrag) § 250 Abs. 3 HGB;
- das **gewillkürte Betriebsvermögen** (als Teil des Gesamtvermögens), das bei Einzelfirmen und Personengesellschaften weder eindeutig zum betriebsnotwendigen Vermögen noch eindeutig zum Privatvermögen zählt;
- Bilanzierungswahlrechte bei bestimmten **Aufwandsrückstellungen** (§ 249 Abs. 1 und 2 HGB);
- **Sonderposten mit Rücklagenanteil** (Wahlrechte bestehen hier nur hinsichtlich der Nutzung solcher Steuervorteile) §§ 247 Abs. 3, 254 und 273 HGB;
- der **erworbene Geschäfts- oder Firmenwert** (als Differenz zwischen Kaufpreis einer Unternehmung und den Wertansätzen, ihrer im einzelnen bilanzierten oder bilanzierungsfähigen Vermögensteile abzüglich der Schulden) § 255 Abs. 4 HGB.

Bei den zuerst genannten Aufwendungen für die Ingangsetzung und Erweiterung des Geschäftsbetriebes handelt es sich um eine sogenannte **Bilanzierungshilfe**. Eine Bilanzierungshilfe ermöglicht die Aktivierung von Aufwendungen, die normalerweise nicht aktivierungsfähig wären und führt dadurch zu einem geringeren Anfangsverlustausweis bzw. zu einem entsprechend höheren (oder zumindest positiven) Gewinnausweis. Aufwendungen für die Ingangsetzung und Erweiterung des Geschäftsbetriebes sind jedoch nur dann eine Bilanzierungshilfe, wenn sie nicht schon aufgrund der Entstehung oder Anschaffung echter Vermögensgegenstände (z. B. Anschaffung einer Maschine zur Erweiterung des Geschäftsbetriebes) zu einer Bilanzierungspflicht führen.

Mit Einführung des Handelsrechts i. d. F. v. 1987 wurde das bis dahin gültige Bilanzierungswahlrecht für **Pensionsrückstellungen** aufgehoben sowie eine Bilanzierungspflicht für erworbene **immaterielle Wirtschaftsgüter** eingeführt. Für Pensionsrückstellungen galt bisher entgegen jeglicher betriebswirtschaftlicher Begründung ein Bilanzierungswahlrecht. Nach einer Übergangsphase für Pensionszusagen, die vor dem 1. Januar 1987 erteilt werden, sind zukünftig alle Pensionszusagen, die nach diesem Zeitpunkt erteilt wurden, in die Bilanz aufzunehmen. Für Altzusagen bleibt das Wahlrecht somit bestehen. Die Fixierung einer Bilanzierungspflicht für erworbene immaterielle Vermögensgegenstände (Rechte, Patente) übernimmt faktisch die bis dahin geltende steuerrechtliche Regelung.

3. Bewertung von Wirtschaftsgütern

Ist entschieden, daß ein Gegenstand bilanziert wird, so ist als nächstes zu prüfen, mit welchem Wertansatz er in die Bilanz aufgenommen werden kann resp. muß. Die Umsetzung der vierten EG-Richtlinie führte zu einer Aufnahme von relativ detaillierten Bewertungsvorschriften in das Handelsgesetzbuch. Die Teilung des HGB in einen allg. Teil und einen speziellen Teil für Kapitalgesellschaften bewirkt auch eine Trennung der für die einzelnen Unternehmensgruppen relevanten Bewertungsvorschriften. Im allgemeinen Teil werden die für alle Kaufleute gültigen Vorschriften aufgenommen, in dem speziellen Teil werden diese für die Kapitalgesellschaften modifiziert und ergänzt.

Wegen der Komplexität der Bewertungsfrage empfiehlt sich keine sukzessive Darstellung der Bewertungsvorschriften, sondern eine systematische Aufspaltung der mit der Bewertung zusammenhängenden Fragen in vier Segmente:

(1) Analyse der prinzipiell zur Anwendung kommenden **Wertkategorien**;
(2) Diskussion der Muß- und Kann-Vorschriften bei der **Ermittlung der Anschaffungs- und Herstellungskosten**;
(3) Darstellung der Vorschriften zur **Wertherabsetzung** und **-heraufsetzung** mit und ohne dispositiven Spielraum;
(4) systematische Zusammenfassung der **Wertansatzpflichten** und **-wahlrechte**.

Zu (1): Die grundlegenden bilanziellen Wertkategorien auf der **Aktivseite** sind (neben dem Nennwert für nominale Wirtschaftsgüter) die **Anschaffungs- und Herstellungskosten**.

(a) § 255 Abs. 1 HGB definiert die **Anschaffungskosten** als „die Aufwendungen, die geleistet werden, um den Vermögensgegenstand zu erwerben und ihn in einen betriebsbereiten Zustand zu versetzen, soweit sie dem Vermögensgegenstand einzeln zugeordnet werden können."

Danach gehören neben dem Anschaffungspreis nach Abzug der Anschaffungspreisminderungen auch die Aufwendungen die im Zusammenhang mit dem Erwerb bzw. der Versetzung des Wirtschaftsguts in einen betriebsbereiten Zustand stehen, wenn man diese Aufwendungen dem Vermögensgegenstand einzeln zuordnen kann. Für die Ermittlung der Anschaffungskosten gilt somit folgendes Schema:

Anschaffungspreis
+ Anschaffungsnebenkosten
(Kosten des Erwerbs und der Versetzung in die Betriebsbereitschaft)
− Anschaffungskostenminderungen
(Rabatte, Skonti u. ä.)
= Anschaffungskosten (nach § 255 Abs. 1 HGB und GoB)

Prinzipiell ergeben sich hinsichtlich der Zuordnung von bestimmten Nebenkosten und Anschaffungskostenminderungen keine Unterschiede zum geltenden Recht.

(b) § 255 Abs. 2 HGB definiert die **Herstellungskosten** als „die Aufwendungen, die durch den Verbrauch von Gütern und die Inanspruchnahme von Diensten für die Herstellung eines Wirtschaftsgutes, seiner Erweiterung oder für eine über seinen ursprünglichen Zustand hinausgehende wesentliche Verbesserung entstehen." Zusätzlich zur Definition der Anschaffungskosten bestimmt der HGB-Entwurf jedoch genau, welche Komponenten wahlweise oder als Pflichtbestandteil zu den Herstellungskosten gehören. Das Aktienrecht verzichtet völlig auf eine Definition, nennt jedoch bestimmte Bestandteile die wahlweise in die Herstellungskosten eingerechnet werden können.

Grundsätzlich lassen sich die Herstellungskosten nach dem folgenden Schema ermitteln:

Materialeinzel- und -gemeinkosten
+ Fertigungseinzel- und -gemeinkosten
+ Sondereinzelkosten der Fertigung
+ Verwaltungsgemeinkosten

= Herstellungskosten (§ 255 Abs. 2 HGB)

Hinsichtlich der Pflicht- und Wahlbestandteile bei der Ermittlung der Herstellungskosten sehen § 255 Abs. 2 und 3 HGB genaue Angaben, auf die noch näher eingegangen wird, vor.

Die Anschaffungs- und Herstellungskosten bilden die absolute **Obergrenze** für die Wertansätze aller Vermögensgegenstände. Sie dürfen in keinem Fall überschritten werden. Bei Wirtschaftsgütern des abnutzbaren Anlagevermögens sind die Anschaffungs- und Herstellungskosten um die planmäßigen Abschreibungen zu vermindern. Es gilt somit für abnutzbare Anlagegüter:

Anschaffungs- und Herstellungskosten
./. planmäßige Abschreibungen

= Bilanzansatz (Obergrenze) bzw.
„Fortgeführte Anschaffungs- und Herstellungskosten"

(c) Die Legaldefinition des **Teilwerts** in § 6 Abs. 1 Nr. 1 EStG lautet:
„Teilwert ist der Betrag, den ein Erwerber des ganzen Betriebs im Rahmen des Gesamtkaufpreises für das einzelne Wirtschaftsgut ansetzen würde; dabei ist davon auszugehen, daß der Erwerber den Betrieb fortführt."

Da die praktische Ermittlung des Teilwerts mit Hilfe dieser Definition fast unüberwindliche Schwierigkeiten bereitet, sind in der Praxis sogenannte **Teilwertvermutungen** entwickelt worden, die solange gelten, wie sie vom Steuerpflichtigen nicht widerlegt werden. Zum Beispiel entspricht der Teilwert eines Wirtschaftsgutes hiernach im Zeitpunkt der Anschaffung oder Herstellung regelmäßig den Anschaffungs- oder Herstellungskosten. Weitere Orientierungspunkte sind der Börsen- oder Marktpreis.

Als ggfs. über den (fortgeführten) Anschaffungs- bzw. Herstellungskosten liegender Wert hat der Teilwert in der Steuerbilanz bei Einlagen und Entnahmen Bedeutung. Ansonsten hat er in der Steuerbilanz als niedrigerer Wert Bedeutung.

In der Handelsbilanz fordert das **Imparitätsprinzip** unter Umständen Wertkorrekturen nach unten. Desweiteren läßt das Handelsrecht aus anderen Erwägun-

Achtes Kapitel: Bilanzen 537

gen weitere Wertkorrekturen, die unterhalb der nach dem Imparitätsprinzip zu fordernden Wertansätzen liegen, zu. Im einzelnen sind **fünf weitere Wertkategorien** (unterhalb der Anschaffungs- oder Herstellungskosten) zu nennen:

(a) **Der niedrigere am Abschlußstichtag beizulegende Wert**
(§ 253 Abs. 2 und 3 HGB)

Dieser Wert gilt vornehmlich für Gegenstände des Anlagevermögens. Aber auch Gegenstände des Umlaufvermögens haben sich hieran zu orientieren, wenn kein Börsen- oder Marktpreis existiert. Zur Bestimmung dieses Wertes sind bei Gegenständen des Anlagevermögens der **Wiederbeschaffungswert** (i.d.R. Zeitwert, u.U. Neuwert abzüglich Abschreibungen) als Obergrenze, der **Einzelveräußerungspreis** (vorsichtig geschätzter Verkaufspreis abzüglich noch entstehender Aufwendungen) als Untergrenze und der Ertragswert als ergänzender Hilfswert heranzuziehen. Beim Umlaufvermögen gelten zusätzlich die Überlegungen zur Maßgeblichkeit von Absatz- und/oder Beschaffungsmarkt gemäß (b).

(b) **Der aus dem Börsen- und Marktpreis abgeleitete niedrigere Wert**
(§ 253 Abs. 3 HGB)

Hier handelt es sich um eine spezielle handelsrechtliche Wertkategorie für das Umlaufvermögen, wenngleich diese Wertkategorie auch für das Anlagevermögen, insbesondere für Finanzanlagen von Bedeutung sein kann. Als Börsenpreis gilt der an einer Börse amtlich oder im Freiverkehr bei tatsächlichen Umsätzen ermittelte Preis. Marktpreis ist der Betrag, der an einem Handelsplatz für Waren einer bestimmten Gattung durchschnittlicher Art und Güte zu einem bestimmten Zeitpunkt gezahlt (gefordert) wurde.

Unter Umständen von Bedeutung ist die Frage, ob für die Wertfestsetzung der Absatz- oder der Beschaffungsmarkt maßgebend ist. Nach GoB ist der Beschaffungsmarkt maßgeblich, wenn es sich um Roh-, Hilfs- und Betriebsstoffe oder um Erzeugnisse handelt, die auch von anderen Firmen bezogen werden könnten. Der Absatzmarkt ist maßgeblich für die Normalbestände an Halb- und Fertigerzeugnissen, für Überbestände an Roh-, Hilfs- und Betriebsstoffen sowie für Wertpapiere. Bei Handelswaren und Überbeständen an unfertigen und fertigen Erzeugnissen besteht schließlich eine sogenannte doppelte Maßgeblichkeit von Absatz- und Beschaffungsmarkt, wobei der jeweils niedrigere Wert anzusetzen ist.

Der „abzuleitende Wert" ergibt sich aus dem Börsen- oder Marktpreis zuzüglich der Anschaffungsnebenkosten (bei Beschaffungsmarktorientierung) bzw. abzüglich noch entstehender Aufwendungen (bei Absatzmarktorientierung).

(c) **Der zur Vermeidung künftiger Wertschwankungen nach unten notwendige Wert**
(§ 253 Abs. 3 HGB)

Bei Wirtschaftsgütern des Umlaufvermögens kann ein noch niedrigerer Wert, als er sich nach dem Imparitätsprinzip ergeben würde, angesetzt werden, um zu verhindern, daß in der nächsten Zeit durch auftretende Wertschwankungen, die „nach vernünftiger kaufmännischer Beurteilung" zu erwarten sind, eine (nochmalige) Wertkorrektur nach unten notwendig wird.
Diese Wertkategorie ist insbesondere für Kapitalgesellschaften bzw. für die Gesellschaften relevant, die nach den Vorschriften für Kapitalgesellschaften bilanzieren, da andere Kaufleute ohnehin niedrigere Wertansätze wählen können (vgl. (e)).

(d) **Der steuerlich für zulässig gehaltene niedrigere Wert**
(§ 254 HGB)

Diese spezielle Wertkategorie soll sicherstellen, daß in der Steuerbilanz zulässige Wertansätze, die niedriger sind als in der Handelsbilanz, auch voll ausgenutzt werden können. Aufgrund des Maßgeblichkeitsprinzips ist nämlich die Ausnutzung steuerlicher Wahlrechte an die Bedingung geknüpft, daß die Handelsbilanz in ihren Wertansätzen nicht von der Steuerbilanz abweicht (vgl. S. 542 ff.).

(e) Der nach vernünftiger kaufmännischer Beurteilung mögliche niedrigere Wert (§ 253 Abs. 4 HGB)

Soweit Unternehmen nicht als Aktiengesellschaften, Kommanditgesellschaften auf Aktien oder Gesellschaften mit beschränkter Haftung betrieben werden, gestattet § 253 Abs. 4 HGB der bilanzierenden Unternehmung (zum Beispiel einer Personengesellschaft) niedrigere Wertansätze als gesetzlich vorgeschrieben zu wählen. Diese Abweichungen müssen jedoch „nach vernünftiger kaufmännischer Beurteilung" notwendig sein. Diese gesetzliche Einschränkung wird jedoch nur sehr selten von praktischer Bedeutung sein. Denn die gesetzliche Einschränkung wird nur Auswüchse verhindern können, wie z. B. die Abschreibung der Bankguthaben auf einen Erinnerungsposten.

Ergänzende Wertkategorien für **passivische Bilanzpositionen** sind
- der Nennbetrag für das Eigenkapital (§ 283 HGB)
- der Rückzahlungsbetrag für Verbindlichkeiten, mit Ausnahme von Rentenverpflichtungen (§ 253 Abs. 1, Satz 2 HGB)
- der Barwert von Rentenverpflichtungen, für die keine Gegenleistung mehr zu erwarten ist (§ 253 Abs. 1, Satz 2 HGB)
- der nach vernünftiger kaufmännischer Beurteilung notwendige Betrag für Rückstellungen (§ 253 Abs. 1, Satz 2 HGB).

Zu (2): Bei der Ermittlung der **Anschaffungs- und Herstellungskosten** als den zentralen Wertkategorien des Bilanzrechts sind über die skizzierten Berechnungsschemata hinaus einige spezielle **Muß- und Kann-Vorschriften** zu berücksichtigen. Diese beziehen sich vor allem

(a) auf die Einbeziehung der verschiedenen Kostenkategorien in die Herstellungskosten und
(b) auf die Methode der Wertermittlung (Einzelwertfeststellung, Sammelbewertung, Festbewertung).

Zu (a): Das Handelsrecht stellt bzgl. der Herstellungskosten allein auf das Kriterium der **Zurechenbarkeit**, also auf die Unterteilung in **Einzel- und Gemeinkosten** ab. Diese Unterteilung ist die Grundlage für die Zuordnung von Kosten zu den aktivierungspflichtigen bzw. zu den aktivierungsfähigen, aber nicht aktivierungspflichtigen Bestandteilen der Herstellungskosten. Aktivierungspflichtig sind die Einzelkosten, d.h. die Kosten, die direkt einem Bezugsobjekt zugerechnet werden können. Demgegenüber zählen zu den Wahlbestandteilen der Herstellungskosten die Material- und Fertigungsgemeinkosten sowie weitere in der folgenden Abbildung aufgezählte Bestandteile.

Nach § 255 Abs. 2 und 3 HGB ergibt sich somit das folgende detaillierte Ermittlungsschema für die Herstellungskosten:

Materialeinzelkosten
+ Fertigungseinzelkosten
+ Sondereinzelkosten der Fertigung

= Wertuntergrenze der Herstellungskosten nach dem HGB
+ Materialgemeinkosten in angemessener Höhe
+ Fertigungsgemeinkosten in angemessener Höhe
+ Wertverzehr des Anlagevermögens in angemessener Höhe
+ Kosten der allgemeinen Verwaltung
+ Aufwendungen für soziale Einrichtungen des Betriebs, für freiwillige soziale Leistungen sowie für die betriebliche Altersversorgung
+ Fremdkapitalzinsen (nur in Ausnahmefällen)

= Wertobergrenze der Herstellungskosten nach dem HGB

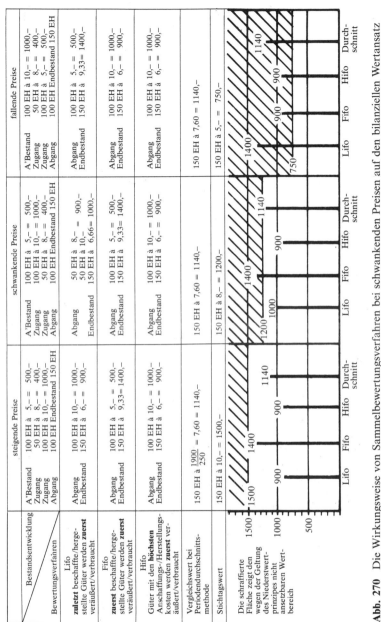

Abb. 270 Die Wirkungsweise von Sammelbewertungsverfahren bei schwankenden Preisen auf den bilanziellen Wertansatz

zung und -heraufsetzung weist das neue Handelsrecht nicht unerhebliche Unterschiede auf.

Während die Ausführungen zur Zulässigkeit von Bewertungsvereinfachungsverfahren unabhängig davon, ob es sich um „sonstige Kaufleute" oder um Kapitalgesellschaften handelt, für beide Unternehmensgruppen gleichermaßen Gültigkeit haben, schlägt sich bei den Vorschriften über Wertherabsetzungen und Wertheraufsetzungen diese Unterscheidung deutlich nieder. Dabei kann grundsätzlich festgestellt werden, daß Kapitalgesellschaften den strengeren, d. h. stärker bindenden Vorschriften unterliegen. Grundsätzlich für alle Kaufleute gilt jedoch in Zukunft die Vorschrift, daß Wertminderungen mit Ausnahme steuerlicher Sonderabschreibungen nur noch aktivisch abgesetzt werden dürfen.

Abbildung 271 (vgl. auch *Federmann* 1990) gibt eine Übersicht über die verschiedenen obligatorischen und wahlweisen Wertherabsetzungen und Wertheraufsetzungen im Handelsgesetz.

Die folgenden Bemerkungen ergänzen und präzisieren die Angaben der Abbildung 271, wo dies für ein detailliertes Verständnis zweckmäßig erscheint:

1. Planmäßige Abschreibungen a) auf abnutzbares Anlagevermögen einschließlich immaterieller Werte (Patente, Firmenwert) b) auf Aufwendungen der Ingangsetzung und Erweiterung des Geschäftsbetriebes und eines Disagios	• Pflicht (§ 253 Abs. 2 HGB, § 255 Abs. 4 HGB) • Pflicht (§ 282 HGB)
2. Außerplanmäßige Abschreibungen auf abnutzbares und nicht abnutzbares Anlagevermögen a) auf den niedrigeren Stichtagswert • bei voraussichtlich dauernder Wertminderung • bei voraussichtlich vorübergehender Wertminderung - Kapitalgesellschaften - "sonstige" Kaufleute b) auf den niedrigeren, steuerlich für zulässig gehaltenen Wert	 • Pflicht (§ 253 Abs. 2 HGB) • Verbot (§ 279 Abs. 1 HGB) außer bei Finanzanlagen (Wahlrecht) • Wahlrecht (§ 253 Abs. 2 HGB) • Wahlrecht (§ 254 HGB)
3. Abschreibungen bei Gegenständen des Umlaufvermögens a) auf den niedrigeren Börsen- oder Marktpreis bzw. beizulegenden Wert b) auf den niedrigeren, zur Vermeidung künftiger Wertschwankungen notwendigen Wert (insb. für Kapitalgesellschaften relevant) c) auf den niedrigeren steuerlich für zulässig gehaltenen Wert	 • Pflicht (§ 253 Abs. 3 HGB) • Wahlrecht (§ 253 Abs. 4 HGB) • Wahlrecht (§ 254 HGB)
4. Zuschreibungen beim Anlage- und Umlaufvermögen nach Wegfall der Gründe für außerplanmäßige Abschreibungen a) Kapitalgesellschaften b) "sonstige" Kaufleute	 • grundsätzlich Pflicht (§ 280 Abs. 1 HGB, weitgehende Neutralisierung durch § 280 Abs. 2 HGB) • Wahlrecht (§ 253 Abs. 4 HGB)

Abb. 271 Übersicht über die obligatorischen und wahlweisen Wertherab- und heraufsetzungen im Handelsrecht

Für Gegenstände des abnutzbaren Anlagevermögens sind handelsrechtlich die Anschaffungs- oder Herstellungskosten anzusetzen, die um **planmäßige Abschreibungen** vermindert werden müssen. Hierbei bestehen grundsätzlich keine Unterschiede zwischen Kapitalgesellschaften und sonstigen Kaufleuten.

Grundlage für solche obligatorischen Wertherabsetzungen ist ein **Abschreibungsplan**, dessen Aufstellung eine ganze Reihe von Überlegungen bedingt:

- Grundsätzlicher Ausgangswert für die Bemessung der Abschreibungen sind zwar die Anschaffungs- oder Herstellungskosten, aber geklärt werden muß, ob ein etwaiger Anlagenrestwert bei der Bestimmung der Bemessungsgrundlage zu berücksichtigen ist. Im Gegensatz zum Steuerrecht, wo generell davon ausgegangen wird, daß Anlagen auf null abgeschrieben werden, ist dies handelsrechtlich nur zulässig, wenn der voraussichtliche (Netto-)Veräußerungserlös vernachlässigbar gering ist oder wenn keine fundierten Schätzungen über seine Höhe am Ende der geplanten Nutzungsdauer möglich sind. Den GoB (insbesondere den Grundsätzen der Richtigkeit und Stetigkeit) würde es nämlich widersprechen, einen gewichtigen, mit hinreichender Sicherheit anzunehmenden Veräußerungswert bei der Bemessung der planmäßigen Abschreibungen unberücksichtigt zu lassen.

- Zwar sind in Einzelfällen gesetzliche Nutzungsdauerobergrenzen angegeben (z. B. für den aktivierten Firmenwert höchstens fünf Jahre), und im Steuerrecht gibt es Tabellen mit normierten Nutzungsdauern, aber hiervon abgesehen muß im allgemeinen der voraussichtliche Nutzungszeitraum unter Berücksichtigung möglicher Entwertungsfaktoren nach kaufmännischem Ermessen geschätzt werden. Dabei entsteht das Problem, wie zu verfahren ist, wenn sich nachträglich herausstellt, daß die Nutzungsdauer im ursprünglichen Abschreibungsplan zu hoch oder zu niedrig geschätzt wurde. In Einklang mit den GoB muß in solchen Fällen der Anschaffungs- oder Herstellungswert auf die gesamte bisherige und erwartete Nutzungszeit gleichmäßig neu aufgeteilt werden (*Leffson* 1987). Der sich daraus für die bereits abgeschlossenen Perioden ergebende Unterschiedsbetrag ist dann durch eine entsprechende Erhöhung respektive Verringerung des Restbuchwerts (Zuschreibungen bzw. außerplanmäßige Abschreibungen) zu erfassen.

- Als Beginn der Nutzungsdauer gilt der Zeitpunkt der Anschaffung oder der Herstellung. Grundsätzlich müssen Anlagegüter, die im Laufe des Geschäftsjahres angeschafft oder hergestellt werden, zeitanteilig abgeschrieben werden. Zur Vereinfachung besteht jedoch bei beweglichen abnutzbaren Anlagegütern die (handelsrechtlich wie steuerrechtlich anerkannte) Möglichkeit, die in der ersten (zweiten) Jahreshälfte angeschafften oder hergestellten Gegenstände mit dem vollen (halben) Jahresbetrag abzuschreiben.

- Handelsrechtlich bestehen innerhalb der durch die GoB gezogenen Grenzen keine Beschränkungen bei der Wahl der Abschreibungsmethode. Sowohl die lineare, die arithmetisch degressive, die geometrisch degressive, die progressive als auch die leistungs(nutzungs-)orientierte Abschreibungsmethode stehen grundsätzlich zur Wahl (vgl. zu den Methoden im einzelnen S. 624 ff.). Auch sind Kombinationen dieser Verfahren und Übergänge zu anderen Methoden (bei entsprechender Kennzeichnung und wenn sachlich begründet) jederzeit möglich. Anders ist es dagegen im Steuerrecht, wo zahlreiche Beschränkungen bestehen (insbesondere im Hinblick auf die Wahl und den Übergang zu degressiven Abschreibungsverfahren).

Außerplanmäßige Abschreibungen auf abnutzbare und nicht abnutzbare Anlagegüter sind unabhängig von der Rechtsform zwingend, wenn eine eingetretene Wertminderung voraussichtlich dauernder Natur ist. Nach dem Handelsrecht ist jedoch für Kapitalgesellschaften bei diesen Wirtschaftsgütern eine Abschreibung im Falle einer voraussichtlich nur vorübergehenden Wertminderung nicht möglich. Eine **Sonderstellung** im Bereich des Anlagevermögens nehmen die **Finanzanlagen** ein. Auch Kapitalgesellschaften dürfen bei einer voraussichtlich nur vorübergehenden Wertminderung Abschreibungen auf ihre Finanzanlagen tätigen.

Auch beim aktivierten derivativen Firmenwert und bei **aktivierten Ingangsetzungs- sowie Erweiterungskosten** gilt eine Sonderregelung. Hier kann jederzeit eine **Vollabschreibung** erfolgen.

Nach § 250 Abs. 3 HGB ist ferner ein ausgewiesenes **Disagio** durch planmäßige jährliche Abschreibungen, die auf die gesamte Laufzeit verteilt werden können, zu tilgen. Nach herrschender Meinung ist jederzeit jedoch auch eine Vollabschreibung möglich. Von besonderer praktischer Bedeutung ist schließlich noch die steuerliche Regelung, wonach **geringwertige Wirtschaftsgüter** des beweglichen abnutzbaren Anlagevermögens (Anschaffungs- und Herstellungskosten unter DM 800,−) im Jahre der Anschaffung oder Herstellung sofort voll abgeschrieben werden können (§ 6 Abs. 2 EStG).

Im **Umlaufvermögen** sind Abschreibungen unabhängig von Rechtsform auch dann anzusetzen, wenn die Wertminderung voraussichtlich nur vorübergehender Natur ist, in diesem Fall liegt kein Abschreibungswahlrecht, sondern eine Pflicht zur Abschreibung vor.

Der zur **Vermeidung künftiger Wertschwankungen notwendige niedrigere Wert** ist insb. für Kapitalgesellschaften von Bedeutung, da andere Unternehmen, wie im Rahmen der Wertkategorien schon dargestellt, ohnehin sowohl im Bereich des Anlagevermögens als auch im Bereich des Umlaufvermögens einen beliebig niedrigen Wertansatz wählen können. (Dieser bei anderen Unternehmen aufgrund vernünftiger kaufmännischer Beurteilung mögliche Wert wurde aus Übersichtlichkeitsgründen nicht in die Abbildung einbezogen). Der zur Vermeidung künftiger Wertschwankungen notwendige niedrigere Wert ist nur für das Umlaufvermögen anzuwenden.

Wichtige ergänzende Regelungen weist das HGB im Bereich der Regelungen zu den **Zuschreibungsmöglichkeiten und -pflichten** auf. Grundsätzlich sind Zuschreibungen sowohl beim Anlage- als auch beim Umlaufvermögen zwar zulässig, aber nicht verpflichtend. Für Unternehmen in der Rechtsform der Aktiengesellschaft, der Kommanditgesellschaft auf Aktien oder der Gesellschaft mit beschränkter Haftung schreibt § 280 Abs. 1 HGB jedoch vor, daß bei Wirtschaftsgütern, bei denen eine außerplanmäßige Abschreibung getätigt wurde, in den Fällen eine Zuschreibung zu erfolgen hat, wenn sich später herausstellt, daß die Gründe für diese außerplanmäßige Abschreibung nicht mehr bestehen. Dieses **Zuschreibungsgebot** wird jedoch in vielen Fällen **faktisch aufgehoben**.

Nach § 280 Abs. 2 HGB gilt das Aufwertungsgebot dann nicht, wenn **steuerliche** Vorschriften das Unterlassen einer Aufwertung in der Steuerbilanz davon abhängig machen, daß auch in der Handelsbilanz keine Aufwertung erfolgt. § 280 Abs. 2 HGB greift somit in dem Fall, wenn eine in der Steuerbilanz an sich steuerlich zulässige Nichtaufwertung beabsichtigt ist und diese Nichtaufwertung zur Voraussetzung hat, daß der entsprechende Wertansatz auch in der Handelsbilanz zum Zuge kommt (*Harms* 1982):

Tatsächlich greift das Wertaufholungsgebot normalerweise nur noch beim abnutzbaren Anlagevermögen. Da der Bilanzansatz eines abnutzbaren Vermögensgegenstandes in der Steuerbilanz den Vorjahresansatz nicht übersteigen darf (strenger Wertzusammenhang), unterbleibt bei diesen Wirtschaftsgütern bei der steuerlichen Gewinnermittlung eine Zuschreibung. Somit hat die Wertaufholung in der Handelsbilanz keine negativen steuerlichen Folgen, da in der Steuerbilanz keine Zuschreibung erfolgen darf. Für die anderen Wirtschaftsgüter könnte das handelsrechtliche Aufwertungsgebot ggfs. dann greifen, wenn eine in der Vergangenheit getätigte außerplanmäßige Abschreibung steuerlich nicht in der Höhe anerkannt wurde wie in der Handelsbilanz.

Die folgende Abbildung verdeutlicht die wesentlichen Vorschriften und ihre Wirkungsweise:

Rechtsgrundlagen Bilanzpositionen	Handelsrecht	Einkommensteuerrecht
1. Anlagevermögen Nutzung zeitlich nicht begrenzt 2. Umlaufvermögen	Aufwertungsgebot (§ 280 Abs. 1) aber umgekehrte Maßgeblichkeit (§ 280 Abs. 2)	Aufwertungswahlrecht (§ 6 Abs. 1 Nr. 2)
3. Anlagevermögen Nutzung zeitlich begrenzt	Aufwertungsgebot (§ 280 Abs. 1)	Aufwertungsverbot (§ 6 Abs. 1 Nr. 1)

Abb. 272 Rechtsgrundlagen zu den Wertheraufsetzungen im Handels- und Steuerrecht (in Anlehnung an *Reinhard* 1983)

Unabhängig von der Frage einer Wertheraufsetzungspflicht oder eines Wahlrechts und den Bildungsmöglichkeiten von Wertaufholungsrücklagen stellt sich jedoch die Frage nach den **Obergrenzen** für mögliche Wertheraufsetzungen. Im einzelnen sind folgende Obergrenzen zu nennen:

- bei nicht abnutzbaren Anlagegegenständen die Anschaffungs- oder Herstellungskosten,
- bei abnutzbaren Anlagegütern, die um planmäßige Abschreibungen verminderten Anschaffungs- oder Herstellungskosten und
- beim Umlaufvermögen der Stichtagswert, soweit dieser niedriger als die Anschaffungs- oder Herstellungskosten ist.

Die absolute Obergrenze für alle Vermögensgegenstände bilden somit die Anschaffungs- oder Herstellungskosten. Soweit (faktisch) ein Zuschreibungswahlrecht besteht, kann der Bilanzierende den Zuschreibungszeitpunkt sowie den Umfang einer Zuschreibung innerhalb der vorgegebenen Grenzen selbst bestimmen.

Zu (4): Einen abschließenden Überblick über den gesamten Komplex bilanzieller Wertansatzpflichten und -wahlrechte nach dem HGB gibt die Abb. 273 (vgl. auch *Federmann* 1987). Enthalten sind auch die im Text nicht weiter vertieften Wertansatzvorschriften zu relevanten Passivpositionen der Bilanz. Die nach „vernünftiger kaufmännischer Beurteilung" für sonstige Kaufleute gegebenen Unterbewertungsmöglichkeiten werden jedoch nicht berücksichtigt.

I. Anlagevermögen A. Sachanlagevermögen	Anschaffungs- oder Herstellungskosten (§ 255 HGB) ggfs. fortgeführt bei abnutzbaren Anlagegegenständen obligatorisch: niedrigerer beizulegender Wert bei voraussichtlich dauernder Wertminderung (§ 253 Abs. 2 HGB) wahlweise: niedrigerer beizulegender Wert bei voraussichtlich nur zeitweiliger Wertminderung (nach § 279 Abs. 1 HGB für Kapitalgesellschaften Abwertungsverbot) wahlweise: niedrigerer steuerlich zulässiger Wert (§ 254 HGB)

		wahlweise: Beibehaltung niedrigerer Wertansätze bei Wegfall der Gründe oder Zuschreibung bis höchstens zu den Anschaffungs- oder Herstellungskosten bzw. fortgeführten Anschaffungs- oder Herstellungskosten (entsprechend auch HGB; jedoch Zuschreibungsgebot für Kapitalgesellschaften; Relativierung durch § 280 Abs. 2 HGB) obligatorisch: planmäßige Abschreibungen bei Gegenständen des abnutzbaren Anlagevermögens (§ 253 Abs. 2 HGB)
	B. Finanzanlagevermögen	Anschaffungskosten, sonst wie I.A., jedoch auch für Kapitalgesellschaften bei einer voraussichtlich nur vorübergehenden Wertminderung Abschreibung auf den niedrigeren Stichtagswert möglich (§ 279 Abs. 1 S. 1 HGB)
	C. Entgeltlich erworbene immaterielle Wirtschaftsgüter	Anschaffungskosten sonst wie I.A.; Besonderheit beim derivativen Geschäfts- und Firmenwert, wahlweise: Verzicht auf Aktivierung nach § 255 Abs. 4 HGB; Mindestabschreibung von 20% jährlich in den Folgejahren (§ 255 Abs. 4 HGB), Vollabschreibung zu beliebigen Zeitpunkten möglich
	D. Kosten der Ingangsetzung und Erweiterung des Geschäftsbetriebes (Bilanzierungshilfe)	obligatorisch: Mindestabschreibung von 20% jährlich (§ 282 HGB) wahlweise: Verzicht auf Aktivierung oder Vollabschreibung sofort oder später
II.	Umlaufvermögen	Anschaffungs- oder Herstellungskosten (§ 255 HGB) obligatorisch: niedriger Börsen- oder Marktpreis (§ 253 Abs. 3 HGB) obligatorisch: niedriger beizulegender Wert, sofern kein Börsen- oder Marktpreis zu ermitteln ist (§ 253 Abs. 3, S. 2 HGB) wahlweise: niedrigerer Wertansatz zur Vermeidung künftiger Wertschwankungen (v. a. für Kapitalgesellschaften relevant), (§ 253 Abs. 4 HGB) wahlweise: niedrigerer steuerlich für zulässig gehaltener Wert (§ 254 HGB) wahlweise: Beibehaltung niedrigerer Werte bei Wegfall der Gründe (§ 253 Abs. 5 HGB) oder Zuschreibung; bei Kapitalgesellschaften jedoch obligatorisch: Zuschreibung bei Wegfall der Gründe (§ 280 Abs. 1 HGB), jedoch Relativierung durch § 280 Abs. 2 HGB
III.	Disagio	(positive) Differenz zwischen Rückzahlungs- und Ausgabebetrag einer Verbindlichkeit (Anleihe) obligatorisch: Mindestabschreibung nach Laufzeit (§ 250 Abs. 3 HGB) wahlweise: Vollabschreibung (herrschende Meinung)
IV.	Gezeichnetes Kapital (u. a. Grundkapital)	Nennbetrag (§ 283 HGB)

V.	Rücklagen	Nennbetrag
VI.	Rückstellungen	
	A. Pensionsrückstellungen	Barwert bei Rentenverpflichtungen, für die eine Gegenleistung nicht mehr zu erwarten ist (§ 253 Abs. 1, S. 2 HGB); Betrag, der nach vernünftiger kaufmännischer Beurteilung notwendig ist, bei anderen Rentenverpflichtungen (§ 253 Abs. 1 S. 2 HGB); Bilanzierungspflicht
	B. Sonstige Rückstellungen (inkl. Steuerrückstellungen)	Betrag, der nach vernünftiger kaufmännischer Beurteilung notwendig ist (§ 253 Abs. 1 S. 2 HGB), ggfs. Bilanzierungswahlrecht
VII.	Verbindlichkeiten	
	A. Rentenverpflichtungen	Barwert (der zukünftigen Auszahlungen) (§ 253 Abs. 1 S. 2 HGB)
	B. Sonstige Verbindlichkeiten	Rückzahlungsbetrag (§ 253 Abs. 1 S. 2 HGB)
VIII.	Posten der Rechnungsabgrenzung	anteiliger Nennbetrag

Abb. 273 Tabellarische Zusammenfassung obligatorischer und wahlweiser Wertansätze im HGB

Fragen und Aufgaben zur Wiederholung (S. 528–547)

1. Skizzieren Sie allgemein das Wesen der GoB!
2. Nennen Sie einige Grundsätze der Dokumentation!
3. Wie lassen sich die Grundsätze der Rechenschaft untergliedern?
4. Welche Anforderungen beinhalten die drei Rahmengrundsätze Wahrheit, Klarheit und Vollständigkeit?
5. Wie lauten die Abgrenzungsgrundsätze der Sache und der Zeit nach?
6. Erläutern Sie die Aussage des Realisations- und Imparitätsprinzips sowie deren Zusammenhang!
7. Welche Anwendungsbereiche findet das Niederstwertprinzip?
8. Welche Forderungen hinsichtlich Vergleichbarkeit der Jahresabschlüsse ergeben sich aus dem Grundsatz der Stetigkeit?
9. Wodurch erlangt der Grundsatz der Vorsicht Bedeutung, und welche Bewertungsvorschriften enthält er?
10. Welche Kriterien sind bei der Frage nach der Bilanzierung eines Gegenstandes „dem Grunde nach" zu überprüfen?
11. Welche Gegenstände sind aktivierungs-, welche passivierungsfähig?
12. Welche Gegenstände dürfen nach Handelsrecht nicht bilanziert werden?
13. Nennen Sie die wichtigsten Bilanzierungswahlrechte!
14. Welches sind die zwei grundlegenden bilanziellen Wertkategorien, und wie sind sie definiert?
15. Wie lautet die Legaldefinition des Teilwerts, und welche Anwendungsprobleme ergeben sich hierbei?

16. Welche Wertkategorien unterhalb der Anschaffungs- oder Herstellungskosten werden im Handelsrecht unterschieden? Beschreiben Sie deren Inhalt und Anwendungsbereiche!
17. Nennen Sie ergänzende Wertkategorien für passivische Bilanzpositionen!
18. Welche Kostenbestandteile müssen, welche Bestandteile dürfen in die Herstellungskosten eingerechnet werden?
19. Unter welchen Bedingungen sind Abweichungen vom Prinzip der Einzelwertfeststellung möglich, und wie lauten die entsprechenden Verfahren?
20. Skizzieren Sie die Varianten der Sammelbewertung!
21. Beschreiben Sie kurz die verschiedenen obligatorischen und wahlweisen Wertherab- und -heraufsetzungen im Handelsbilanzrecht!
22. Welche Entscheidungen müssen bei der Aufstellung eines Abschreibungsplans getroffen werden?
23. Geben Sie eine zusammenfassende Übersicht über die obligatorischen und wahlweisen Wertansätze im Handelsbilanzrecht!

Literaturhinweise:

Adler, H., Düring, W., Schmaltz, K., (1983a, 1983b, 1987)
Brönner, H., Barcis, P. (1991)
Castan, E. (1990)
Coenenberg, A. G. (1986)
Coenenberg, A. G. (1991a)
Federmann, R. (1990)
Heinen, E. (1986)

Institut der Wirtschaftsprüfer in Deutschland e. V. (Hrsg.) (1985)
Leffson, U. (1987)
Moxter, A. (1982)
Olfert, K., Körner, W., Langenbeck, J. (1986)
Reinhard, H. (1983)
Wöhe, G. (1987)

III. Besonderheiten des konsolidierten Jahresabschlusses

1. Die Grundlagen der Konzernrechnungslegung
2. Die Konsolidierung der Einzelbilanzen zur Konzernbilanz
3. Die Erstellung der Konzern-Gewinn- und Verlustrechnung
4. Der Pyramideneffekt im Konzern

1. Die Grundlagen der Konzernrechnungslegung

Mit der Umsetzung der 4. EG-Richtlinie ist gleichzeitig auch die 7. EG-Richtlinie (Konzernrichtlinie) in das deutsche Recht transferiert worden. Die gesetzlichen Bestimmungen zur Konzernrechnungslegung sind jetzt im zweiten Unterabschnitt des dritten Buches des HGB (§§ 290–315) zu finden.

Die Grundlagen der Konzernrechnungslegung sollen nunmehr anhand

a) der formalen Elemente
b) der Grundsätze
c) der Aufstellungspflichten
d) des Konsolidierungskreises
e) der Bilanzierungs- und Bewertungsvorschriften

erläutert werden.

Zu a: Bisher wurden die handelsrechtlichen Vorschriften nur für den Fall analysiert, daß die bilanzierende Gesellschaft als eine wirtschaftlich selbständige Einheit operiert und insbesondere nicht etwa Teil eines **Konzerns** ist. Ist dies nun aber der Fall, müssen ergänzende Überlegungen Platz greifen. Denn da Konzernunternehmen begriffsnotwendig unter der einheitlichen Leitung einer Konzernverwaltung stehen (vgl. S. 49 ff.), kann der Aussagegehalt der Jahresabschlüsse einzelner zum Konzern gehörender Gesellschaften erheblich eingeschränkt sein. Man denke nur an den sicherlich nicht selten auftretenden Fall, daß abhängige Gesellschaften Weisungen befolgen müssen, die zwar zum Vorteil des Gesamtkonzerns sind, ihnen selbst aber Nachteile bringen.

Entsprechend dem Wesensmerkmal eines Konzerns als einer übergeordneten wirtschaftlichen Einheit kann also nur ein konzernumfassender Jahresabschluß die beschränkte Aussagefähigkeit von Einzelabschlüssen der Konzernunternehmen beseitigen. Dieser Konzernabschluß setzt sich aus der **Konzernbilanz**, der **Konzern-Gewinn- und Verlustrechnung** und dem **Konzernanhang** zusammen. Entscheidend für den Konzernabschluß ist, daß er sich nicht durch Addition der Einzelabschlüsse ergibt, sondern unter weitgehender Ausschaltung konzerninterner Verflechtungen erstellt wird. **Der Konzernabschluß ist also ein konsolidierter Jahresabschluß,** der die (Einzel-)Abschlüsse der rechtlich selbständigen Konzernunternehmen nicht ersetzt, sondern um deren spezifische Konzernkomponente ergänzt.

Zur Konzernrechnungslegung gehört neben der Erstellung eines Konzernabschlusses auch die Erstellung eines **Konzernlageberichts**. In diesem Lagebericht sind zusätzliche Informationen über den Geschäftsverlauf und die allgemeine Lage des Konzerns anzugeben.

Zu b): Die **Einheitstheorie** stellt die theoretische Basis der Konzernrechnungslegung dar. Hierauf aufbauend müssen die Vermögens-, Ertrags- und Finanzlage der zu einem Konzern gehörenden Unternehmen so dargestellt werden, als ob diese Unternehmen insgesamt ein einziges Unternehmen wären. Aus der Einheitstheorie können ferner
– der Grundsatz der Fiktion der rechtlichen Einheit
– der Grundsatz des einheitlichen Konzernabschlußstichtages
– der Grundsatz der einheitlichen Bilanzierung und Bewertung
abgeleitet werden.

Als oberster Grundsatz der Konzernrechnungslegung gilt jedoch die ebenfalls kodifizierte Generalnorm. Sie verlangt, daß ein den tatsächlichen Verhältnissen entsprechendes Bild der Vermögens-, Ertrags- und Finanzlage des Konzerns vermittelt wird.

Als weitere Grundsätze der Konzernrechnungslegung sind
– der Grundsatz der Vollständigkeit
– der Grundsatz der Stetigkeit der Konsolidierungsmethoden
– der Grundsatz der Wirtschaftlichkeit
zu nennen (vgl. dazu *Coenenberg*, 1991a, S. 403 ff.).

Zu c): Die Pflicht zur Aufstellung eines Konzernabschlusses ergibt sich entweder aus den Vorschriften des HGB oder des PublG.

Im HGB werden Kapitalgesellschaften entweder
(1) nach dem **Konzept der einheitlichen Leitung** oder
(2) nach dem **Control-Konzept**
zur Konzernrechnungslegung verpflichtet.

Zu (1): Wenn ein Tochterunternehmen unter der **einheitlichen Leitung des Mutterunternehmens** steht, so ist das Mutterunternehmen zur Konzernrechnungslegung verpflichtet. Einheitliche Leitung bedeutet, daß die Geschäftspolitik und die Geschäftsführung zusammengehöriger Unternehmen im Hinblick auf die Interessen des gemeinsamen Konzerns abgestimmt werden. Diese Leitungsfunktion darf nur von der Konzernspitze, nicht aber von untergeordneten Unternehmen übernommen werden.

Zu (2): Während das Konzept der einheitlichen Leitung Auslegungsfreiheit bietet, gibt das **Control-Konzept** starre Abgrenzungskriterien vor. Eine Mutterunternehmung wird zur Konzernrechnungslegung verpflichtet, sofern

- ihr die Mehrheit der Stimmrechte an einem Tochterunternehmen zusteht oder
- sie das Recht besitzt, Mitglieder der Verwaltungs-, Leitungs- oder Aufsichtsorgane zu bestellen oder abzuberufen oder
- sie beherrschenden Einfluß auf ein Unternehmen ausüben kann.

Gemäß PublG besteht eine Aufstellungspflicht für Gesellschaften aller Rechtsformen, sofern eine einheitliche Leitung vorliegt und mindestens zwei der drei nachfolgend genannten Merkmale erfüllt sind:

- Konzernbilanzsumme $>$ 125 Mio. DM
- Konzernumsätze $>$ 250 Mio. DM
- Arbeitnehmerzahl im Konzern $>$ 5000.
  (im Durchschnitt des letzten Jahres)

Die konsequente Anwendung der oben genannten Kriterien würde in einem mehrstufigen Konzern dazu führen, daß untergeordnete Tochterunternehmen auf ihrer jeweiligen Konzernstufe einen **(Teil-)Konzernabschluß** erstellen müßten. Die daraus entstehende Vielfalt von **(Teil-)Konzernabschlüssen** wäre unwirtschaftlich und im Hinblick auf den Informationsgehalt ineffizient. Auf die Erstellung eines Konzernabschlusses kann deshalb verzichtet werden, sofern bestimmte rechtliche Voraussetzungen bei der Aufstellung des Konzernabschlusses von der Mutterunternehmung erfüllt werden (vgl. *Coenenberg* 1991a). Daneben sind Konzerne, die bestimmte Größenmerkmale nicht überschreiten, von der Aufstellungsplficht befreit (vgl. Abb. 274).

Nach der in Abb. 274 genannten Bruttomethode werden die Vergleichsgrößen durch Addition der Werte aller in den Konzernabschluß einzubeziehenden Unternehmen ermittelt. Demgegenüber basiert die Nettomethode auf den Werten der konsolidierten Jahresabschlüsse.

Zu d): Ob im Einzelfall eine Konzernunternehmung in den Konzern- bzw. Teilkonzernabschluß einbezogen werden **muß** (= **Konsolidierungspflicht**), einbezogen

	Bruttomethode	Nettomethode
Bilanzsumme (Mio. DM)	$\leq$ 46,8	$\leq$ 39,0
Umsatzerlöse (Mio. DM)	$\leq$ 96,0	$\leq$ 80,0
Arbeitnehmer	$\leq$ 500	$\leq$ 500

Abb. 274 Größenabhängige Befreiungsvoraussetzungen

werden darf (= **Konsolidierungswahlrecht**) oder ob die Einbeziehung sogar **untersagt ist** (= **Konsolidierungsverbot**), ist eine ergänzende Fragestellung, die von den bisherigen Ausführungen nur teilweise abgedeckt wird. Zusätzlich ist nämlich noch u.a. zu prüfen, ob der Aussagewert des konsolidierten Jahresabschlusses durch die Einbeziehung beeinträchtigt wird oder nicht. Die Abb. 275, S. 552, stellt die wichtigsten Voraussetzungen für das Bestehen einer Einbeziehungspflicht, eines -wahlrechtes oder eines -verbots zusammenfassend dar.

Zu e): Nach dem **Grundsatz des Bewertungsrahmens des Mutterunternehmens** gelten die für die Mutterunternehmen vorgeschriebenen Bilanzierungs- und Bewertungswahlrechte auch für die Konzernrechnungslegung. Die Einzelabschlüsse der Konzernunternehmen müssen korrigiert werden, sofern sie nach anderen Bewertungsvorschriften erstellt worden sind. Die Neubewertung der Einzelabschlüsse erfolgt in Form einer Ergänzungsrechnung, der sogenannten **Handelsbilanz II**. Die Handelsbilanz II wird anschließend dem konsolidierten Abschluß zugrunde gelegt.

Auf eine einheitliche Bewertung kann nur dann verzichtet werden, wenn

- die Neubewertung hinsichtlich der Generalnorm nur von untergeordneter Bedeutung ist oder
- die Wertansätze im Einzelabschluß auf dem Prinzip der umgekehrten Maßgeblichkeit oder
- auf den für Versicherungen und Kreditinstitute geltenden Vorschriften beruhen.

2. Die Konsolidierung der Einzelbilanzen zur Konzernbilanz

Die Konzernbilanz wird aus den Einzelbilanzen entwickelt. Dies erfolgt unter Bindung an

- einheitliche Rechnungsperioden
- einheitliche Kontenpläne und Buchführung
- einheitliche Bewertung
- einheitliche Recheneinheit

in drei Schritten:

a) **Kapitalkonsolidierung** (Aufrechnung der Beteiligungen der Obergesellschaft gegen den entsprechenden Anteil des Kapitals der Untergesellschaften)

b) **Schuldenkonsolidierung** (Aufrechnung von Forderungen und Verbindlichkeiten zwischen Konzernunternehmen)

c) **Erfolgskonsolidierung** (Eliminierung von Gewinnen aus konzerninternen Lieferungs- und Leistungsbeziehungen).

Zu a): Eine reine Addition der Kapitalpositionen aller in den Konzernabschluß einbezogenen Unternehmen kann nicht das Gesamtkapital des Konzerns ergeben, weil die Obergesellschaft einen Teil ihres Kapitals den Untergesellschaften gegen Gewährung von Anteilsrechten überlassen hat. Um eine Doppelzählung des Kapitals zu vermeiden, sind die Beteiligungen der Obergesellschaft(en) also gegen die entsprechenden Eigenkapitalanteile der Untergesellschaften aufzurechnen (= **Kapitalkonsolidierung**). Wenn der Buchwert der Beteiligungen höher (= **aktiver Ausgleichsposten**) oder niedriger (= **passiver Ausgleichsposten**) ist, als der anteilige Buchwert des Eigenkapitals in der Untergesellschaft, so entsteht eine **Kapitalaufrechnungsdifferenz** (vgl. Abb. 276).

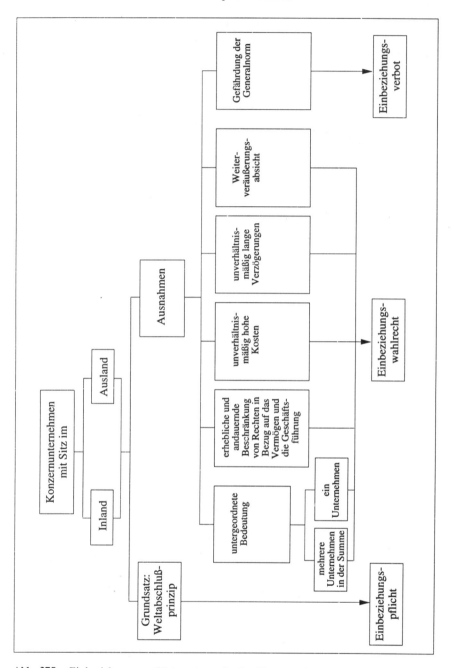

Abb. 275 Einbeziehung von Unternehmen in den Konzernabschluß

Achtes Kapitel: Bilanzen 553

A	Bilanz A		P
Beteiligung B	150	(Eigen-)	
Beteiligung C	80	Kapital	1000
Versch. Aktiva	770		
	1000		1000

A	Bilanz B		P
Versch. Aktiva	100	(Eigen-) Kapital	100
	100		100

A	Bilanz C		P
Versch. Aktiva	100	(Eigen-) Kapital	100
	100		100

A	Konzernbilanz		P
Versch. Aktiva	970	(Eigen-) Kapital	1000
Kapitalaufrechnungsdifferenz	50	Kapitalaufrechnungsdifferenz	20
	1020		1020

Abb. 276 Entstehung einer aktiven und passiven Kapitalaufrechnungsdifferenz in der Konzernbilanz

Die Behandlung derartiger Kapitalaufrechnungsdifferenzen ist von der Methode der Kapitalkonsolidierung abhängig. Die in Abb. 277, S. 554 (vgl. Coenenberg 1991 a) genannten Konsolidierungsmethoden:

(1) **Erwerbsmethode**
(2) **Pooling of Interests-Methode**
(3) **Quotenkonsolidierung**
(4) **Equity-Methode**

können nach dem Grad der Einflußnahme auf das in dem Konzernabschluß einzubeziehende Unternehmen und nach der Art der Einbeziehung in dem Konzernabschluß unterschieden werden. Die gewählte Methode ist im Anhang anzugeben.

Zu (1): Die **Erwerbsmethode** oder auch „echte" **angelsächsische Methode** besteht in zwei Varianten, und zwar der

- **Buchwertmethode**
- **Neubewertungsmethode** (auch: **Zeitwertmethode**).

Es besteht ein Wahlrecht hinsichtlich der Anwendung dieser Varianten. Der Wertansatz der Vermögensgegenstände und Schulden erfolgt nach der Buchwertmethode zum Buchwert und nach der Neubewertungsmethode zum Zeitwert. Beiden Varianten ist gemeinsam, daß sie zwischen **Erst-** und **Folgekonsolidierung** unterscheiden.

Die **Buchwertmethode** analysiert bei der Erstkonsolidierung einen eventuell entstehenden Unterschiedsbetrag zwischen den historischen Anschaffungskosten der Beteiligung und dem anteiligen ausgewiesenen Eigenkapital der Tochterunternehmung auf seine Entstehungsur-

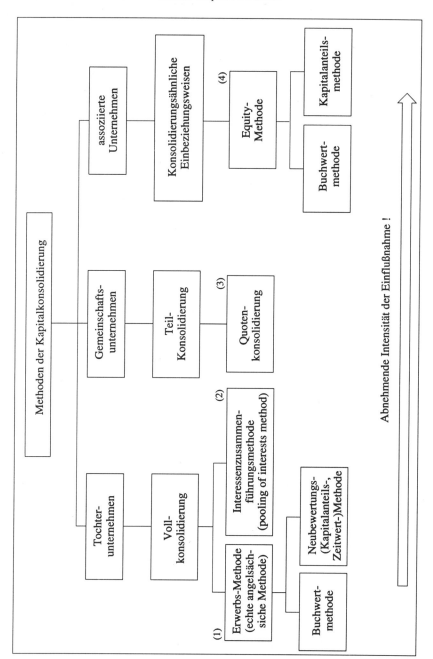

Abb. 277 Überblick über Methoden der Kapitalkonsolidierung

sachen und versucht, diesen den einzelnen Aktiva und Passiva zuzurechnen. Ergibt sich ein aktivischer Unterschiedsbetrag, so kann dieser teilweise oder ganz daraus resultieren, daß bestimmte Aktiva unterbewertet bzw. Passiva überbewertet sind. In einem solchen Fall erfolgt eine Zuschreibung bei den Aktiva bzw. eine Reduzierung der überhöhten Passiva. Kann ein Teilbetrag des aktivischen Unterschiedsbetrages nicht verteilt werden, so ist dieser Betrag als Geschäfts- oder Firmenwert auszuweisen. Er darf auch offen mit den Rücklagen verrechnet werden. Die Korrekturen dürfen in der Summe jedoch nicht höher sein, als die ermittelte Kapitalaufrechnungsdifferenz. Die Behandlung eines passivischen Unterschiedsbetrages ist in der Bilanz als „Unterschiedsbetrag aus der Kapitalkonsolidierung" auszuweisen. Entstehen im Zuge einer Erstkonsolidierung sowohl aktive als auch passive Aufrechnungsdifferenzen, so dürfen diese miteinander verrechnet werden. Die verrechneten Beträge sind jedoch im Anhang anzugeben.

Die Erstkonsolidierung nach der **Neubewertungsmethode** erfordert eine Neubewertung aller Aktiva und Passiva der zu konsolidierenden Tochterunternehmen und die Aufstellung einer Ergänzungsbilanz zu Zeitwerten. Ist die Differenz zwischen neubewerteten Aktiven und Passiven kleiner als die Anschaffungskosten der Beteiligung, so ist die Differenz auf der Aktivseite als „Geschäfts- oder Firmenwert" auszuweisen. Der umgekehrte Fall kann nicht eintreten. Aufgrund des Anschaffungswertprinzips darf nämlich die Differenz zwischen den Aktiven und Passiven die neubewerteten Anschaffungskosten der Beteiligung nicht übersteigen.

Bei der anschließenden Folgekonsolidierung sind nach beiden Methoden die Wertänderungen der zuvor verteilten Unterschiedbeträge erfolgsneutral mit den Gewinnrücklagen zu verrechnen.

Zu (2): Die **Pooling of Interests-(Interessenzusammenführungs-)Methode** geht davon aus, daß beim Unternehmenszusammenschluß die Anteile an den sich zusammenschließenden Unternehmen getauscht werden. Diese Methode setzt voraus, daß die Anteilseigner der sich zusammenschließenden Unternehmen die Vereinigung ihrer Vermögensinteressen und Ressourcen beabsichtigen. Dementsprechend werden die erworbenen bzw. getauschten Anteile nicht neu bewertet, sondern lediglich die Vermögensmassen zweier Unternehmen zusammengefaßt. Aufrechnungsdifferenzen werden **erfolgsneutral** mit den Rücklagen in der Konzernbilanz verrechnet (vgl. *Küting/Weber* 1991).

Voraussetzungen für die Anwendbarkeit dieser Methoden sind:
- 90% Mindestanteil des Mutterunternehmens am Nennbetrag bzw. rechnerischen Wert der Anteile (ohne eigene Anteile) des Tochterunternehmens
- Anteilserwerb durch Anteilstausch
- eine zusätzlich vereinbarte Barzahlung darf 10% des Nennbetrages des rechnerischen Wertes der ausgegebenen Anteile (ohne eigene Anteile) nicht übersteigen.

Zu (3): Gemeinschaftsunternehmen können mit Hilfe der **Quotenkonsolidierung** in den Konzernabschluß einbezogen werden. Die Anwendbarkeit dieser Methode ist davon abhängig, daß

- das Gemeinschaftsunternehmen ein selbständiges Unternehmen ist,
- mindestens ein Anteilseigner des Gemeinschaftsunternehmens zum Konsolidierungskreis zählt,
- das Gemeinschaftsunternehmen gemeinsam mit anderen, nicht zum Konsolidierungskreis gehörenden Unternehmen geführt wird.

Bei der Quotenkonsolidierung werden alle Aktiva und Passiva des Gemeinschaftsunternehmens (mit Ausnahme des aufgerechneten Eigenkapitals) mit dem Prozentsatz der Beteiligungsquote übernommen. Das bedeutet, der Anteil der übrigen Anteilseigner bleibt außer Ansatz. Die Quotenkonsolidierung ist Ausdruck der sog. Interessentheorie, die den Konzernabschluß als eine Erweiterung des Einzelabschlusses der Obergesellschaft betrachtet und nur die den Anteilseignern der Obergesellschaft zuzuordnenden Vermögens- und Schuldenpositionen sowie den anteiligen Gewinn erfassen will. Die Interessentheorie betrachtet die Minderheitsaktionäre faktisch als Gläubiger des Konzerns und betont somit die handels- und steuerrechtliche Selbstständigkeit der einzelnen Konzernunternehmen (vgl. *Heinen*, 1986).

Zu (4): Assoziierte Unternehmen werden nach der **Equity-Methode** im konsolidierten Abschluß erfaßt. Unter „assoziierten Unternehmen" versteht man solche Unternehmen, auf die ein anderes in den Konzernabschluß einbezogenes Unternehmen einen maßgeblichen Einfluß ausüben kann. Die Möglichkeit eines maßgeblichen Einflusses wird dann vermutet, wenn das den Einfluß ausübende Unternehmen mittelbar oder unmittelbar mindestens 20% der Stimmrechte inne hat.

Die Konsolidierung wird entweder nach der Buchwert- oder Kapitalanteilsmethode vorgenommen. Die Ermittlung des Wertansatzes entspricht bei der Erstkonsolidierung den zur Erwerbsmethode genannten Verfahren. Allerdings fließt nach der Equity-Methode nur der Wertansatz der Beteiligung an dem assoziierten Unternehmen in den Konzernabschluß ein. Die übrigen Bilanzpositionen bleiben unberücksichtigt. Buchwert- und Kapitalanteilsmethode führen im Konzernabschluß zu gleichen Bilanzsummen und Jahreserfolgen. Sie unterscheiden sich jedoch hinsichtlich des Bilanzausweises der Bestandteile des Beteiligungswertes (vgl. Abb. 278).

Ausweis nach der	Bestand der Anschaffungskosten der Beteiligung	anteiliges Eigenkapital	anteilige stille Reserven	Geschäftswert
Buchwertmethode	Beteiligungen an assoziierten Unternehmen	X	X	X
	- davon Unterschiedsbetrag	--	X	X
Kapitalanteilsmethode	Beteiligungen an assoziierten Unternehmen	X	X	--
	Geschäfts- und Firmenwert	--	--	X

Abb. 278 Bilanzausweis des Beteiligungswertes assoziierter Unternehmen

In den Folgekonsolidierungen wird der Wertansatz entsprechend der Entwicklung des anteiligen Eigenkapitals des assoziierten Unternehmens fortgeschrieben. Gewinne und Verluste wirken sich somit **erfolgswirksam** auf die spätere Bewertung der Beteiligung aus.

Zu b): Die **Schuldenkonsolidierung** dient ebenso wie die Kapitalkonsolidierung dem Zweck, die Vermögenslage des Konzerns richtig darzustellen. Sie erfolgt formal auch wie die Kapitalkonsolidierung, nur daß nunmehr

– Forderungen und Verbindlichkeiten zwischen den einzelnen Konzernunternehmen sowie
– Verbindlichkeiten einzelner Konzernunternehmen gegenüber Konzernfremden, sofern ihnen Forderungen anderer Konzernunternehmen gegen den gleichen Konzernfremden gegenüberstehen,

gegenseitig aufgerechnet werden. Sofern die aufgerechneten Forderungen und Verbindlichkeiten sich summenmäßig entsprechen, erfolgt die Schuldenkonsolidierung **erfolgsneutral**. Stimmen aufzurechnende Forderungen und Verbindlichkeiten aber summenmäßig nicht überein (z. B. konzerninterne Wechselforderungen bzw. -verbindlichkeiten), dann sollte nach herrschender Meinung eine Verrechnung über die Positionen „Bilanzgewinn" oder „sonstige Ausgleichsposten" erfolgen.

Zu c): Der **Erfolgskonsolidierung** kommt bei der Erstellung einer Konzernbilanz eine entscheidende Bedeutung zu. Neben der Herausrechnung der Gewinnanteile, die den konzernexternen Gesellschaftern zustehen, steht dabei die Eliminierung von **Zwischenerfolgen** (**Zwischengewinne** oder **-verluste**) im Vordergrund.

Für die Eliminierung von Zwischenerfolgen spricht, daß Zwischenerfolge vom Standpunkt des Konzerns als wirtschaftlicher Einheit grundsätzlich auch nicht realisierte Erfolgskomponenten enthalten können. Ein Verzicht auf die Eliminierung von Zwischenerfolgen würde also u.U. gegen das Realisationsprinzip verstoßen. Das Beispiel in Abb. 279 verdeutlicht diesen Sachverhalt: in beiden Fällen ist für den Konzern noch kein (realisierter) Gewinn entstanden, obwohl im Fall 2 das Konzernunternehmen A einen Buchgewinn in Höhe von 200 GE ausweist.

Fall 1: Konzernunternehmen A liefert an Konzernunternehmen B zu Selbstkosten von 1.000 GE; B verarbeitet weiter und nimmt die Produkte zunächst auf Lager.		*Fall 2:* wie Fall 1, nur daß A nunmehr zu einem Verrechnungspreis von 1.200 GE an B liefert.	
Selbstkosten bei A	1.000 GE	Selbstkosten bei A	1.000 GE
Erlös aus Lieferungen an B	1.000 GE	Erlös aus Lieferungen an B	1.200 GE
Gewinn bei A	0 GE	Gewinn bei A	200 GE
Weiterverarbeitungskosten bei B	300 GE	Weiterverarbeitungskosten bei B	300 GE
Herstellungskosten (Aktivierung zu Herstellungskosten)	1.300 GE	Herstellungskosten (Aktivierung zu Herstellungskosten)	1.500 GE
Gewinn des Konzerns	0 GE	Gewinn des Konzerns	0 GE

Abb. 279 Entstehung eines unrealisierten Zwischengewinns

Der Zwischenerfolg ergibt sich somit als Differenz zwischen dem Wertansatz eines konzernintern gelieferten Gegenstandes in der Einzelbilanz des Konzernunternehmens und dem Wertansatz dieses Gegenstandes in der Konzernbilanz. Liegt der Wertansatz in der Einzelbilanz **über** (**unter**) dem Wertansatz in der Konzernbilanz, so liegt ein **eliminierungspflichtiger Zwischengewinn** (**Zwischenverlust**) vor.

Die Vermögensbewertung erfolgt in der Konzernbilanz nach den allgemeinen Bewertungsvorschriften zur Bestimmung der Anschaffungskosten. Bei der eindeutig definierten Bewertung der **Konzernanschaffungskosten** lassen sich Zwischenerfolge stets genau bestimmen. Demgegenüber besteht bezüglich der **Konzernherstellungskosten** analog zum Einzelabschluß ein **Wertansatzwahlrecht**. Die Herstellungskosten (vgl. Abb. 280) können zwischen dem **Konzernmindest-** und dem **Konzernhöchstwert** festgelegt werden. Mit Hilfe dieses Wahlrechts läßt sich demzufolge der eliminierungspflichtige Zwischenerfolg beeinflussen (vgl. *Küting/Weber* 1991).

3. Die Erstellung der Konzern-Gewinn- und Verlustrechnung

Die Konzern-Gewinn- und Verlustrechnung ist wie die Gewinn- und Verlust-Rechnung des Einzelabschlusses aufgebaut. Sie kann entweder nach dem Gesamt- oder Umsatzkostenverfahren erstellt werden. Neben den auch im Einzelabschluß üblichen Positionen ist ein gesonderter Ausweis

– des auf konzernexterne Anteilseigner entfallenden Teils des Jahresüberschusses bzw. -fehlbetrages sowie
– des auf assoziierte Unternehmen entfallenden Teils des Ergebnisses erforderlich.

Die Konzern-Gewinn- und Verlustrechnung entsteht durch Saldierung der Gewinn- und Verlustrechnungen aus den Einzelabschlüssen der Konzernunternehmen. Gemäß der Einheitstheorie sind jedoch nur die Transaktionen mit Nicht-Konzernunternehmen auszuweisen. Konzerninterne Transaktionen sind demzufolge zu eliminieren.

Als Konsolidierungsmaßnahmen bei der Aufstellung der Konzern-Gewinn- und Verlustrechnung lassen sich die Konsolidierung

a) der **Innenumsatzerlöse**
b) der **anderen Erträge und Aufwendungen**
c) der **konzerninternen Ergebnisvereinnahmungen** unterscheiden.

Zu a): **Innenumsatzerlöse** sind diejenigen Umsatzerlöse, die aus Lieferungen und Leistungen zwischen Konzernunternehmen resultieren. Diese Innenumsatzerlöse werden entweder

– mit den auf die Innenumsatzerlöse entfallenden Aufrechnungen verrechnet oder
– als Bestandserhöhungen fertiger bzw. unfertiger Erzeugnisse oder
– als andere aktivierte Eigenleistungen ausgewiesen.

Die Verfahrensalternativen sind in Abb. 281, S. 560, dargestellt.

Zu b): Die **Konsolidierung anderer Erträge und Aufwendungen** betrifft alle Positionen aus den Gewinn- und Verlustrechnungen der Konzernunternehmen, die nicht als Innenumsatzerlöse erfaßt werden und die aus Geschäften mit anderen Konzernunternehmen entstanden sind. Die Konsolidierung dieser Positionen erfolgt analog zur Konsolidierung der Innenumsatzerlöse.

Zu c): Die Einheitstheorie verlangt außerdem die **Eliminierung konzerninterner Ergebnisvereinnahmungen**. Die Erfolge aus Ergebnisabführungsverträgen schlagen sich im Einzelabschluß des ergebnisabführenden Konzernunternehmens als Aufwand (bzw. Ertrag) und im Abschluß des ergebnisübernehmenden Konzernunternehmens als Ertrag (bzw. Aufwand) nieder. Die Konzernertragslage wird falsch dargestellt, wenn die Aufwands- und Ertragspositionen aus den Einzelabschlüssen unkompensiert in die Konzern-Gewinn- und Verlustrechnung übernommen werden.

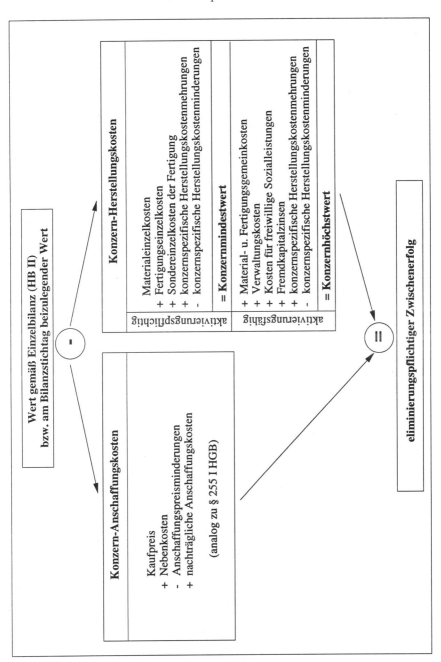

Abb. 280 Komponenten des Zwischenerfolges

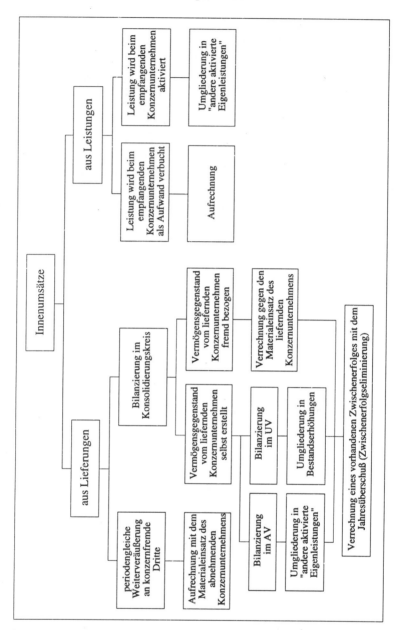

Abb. 281 Konsolidierung der Innenumsatzerlöse

Erträge aus Beteiligungen können aber auch ohne Ergebnisübernahmeverträge erzielt werden, indem das Tochterunternehmen seinen Gewinn an das Mutterunternehmen ausschüttet. Dieser Gewinn muß mit dem Beteiligungsertrag des Mutterunternehmens verrechnet werden. Ansonsten würde der gleiche Ertrag zweimal in der Konzern-Gewinn- und Verlustrechnung erscheinen.

4. Der Pyramideneffekt im Konzern

Konsolidierte Jahresabschlüsse berücksichtigen die Erkenntnis, daß Konzerne übergeordnete wirtschaftliche Einheiten sind und insofern einer entsprechend zusammengefaßten Betrachtung bei der Bilanzierung und Rechnungslegung bedürfen. Dies zeigt sich auch deutlich an einem betriebswirtschaftlichen Effekt, der nur im Konzern (bzw. einem verschachtelten Unternehmensverbund) entsteht, am sog. **Pyramideneffekt** (*Schierenbeck* 1980). Sichtbar gemacht werden kann dieser Effekt durch den Vergleich zwischen konsolidierter Bilanz und Einzelbilanz der Obergesellschaft, wobei im folgenden zwei Einzelaspekte des Pyramideneffekts herausgegriffen werden, und zwar der

(1) Umsatzmultiplikator und der
(2) Rentabilitäts-/Risikohebel.

Zu (1): Eine Komponente des Pyramideneffekts ist der **Umsatzmultiplikator**. Durch Anwendung des Verschachtelungsprinzips läßt sich bei gegebenem Eigenkapitaleinsatz ein erheblich höheres Umsatzvolumen beeinflussen und kontrollieren als in einem Unternehmen ohne (Konzern-)Beteiligungen. Bedingung hierfür ist, daß die Obergesellschaft direkt oder indirekt über entsprechende Mehrheitsbeteiligungen verfügt, die ihr den entsprechenden Einfluß auf das Geschäftsvolumen der Beteiligungsunternehmen sichern.

Wesen und Ausmaß des Umsatzmultiplikators zeigen sich an dem folgenden Beispiel (*Schierenbeck* 1980):

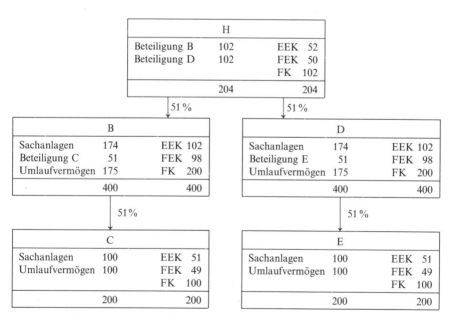

EEK – Eigenkapital der Mehrheitsgesellschafter
FEK – Eigenkapital der Minderheitsgesellschafter
FK – Fremdkapital

Abb. 282 Beteiligungsstammbaum mit Bilanzdaten der Konzernunternehmen

Die Abbildung 282 zeigt den Beteiligungsstammbaum eines Konzerns, bei der als Obergesellschaft eine Holding (Aktivvermögen besteht nur aus den Beteiligungen an B und D) fungiert, die ihrerseits auch Minderheitsgesellschafter aufweist. Die Beteiligungsbuchwerte entsprechen zur Vereinfachung exakt den Eigenkapitalbuchwerten der Untergesellschaften. Sämtliche Konzernunternehmen weisen in ihrer Einzelbilanz einen Verschuldungsgrad von 1 auf.

Bei einem angenommenen Kapitalumschlag von 1 in den einzelnen Unternehmen gelingt es den Mehrheitsgesellschaftern der Obergesellschaft, ein Umsatzvolumen von 1098 GE (= 349 + 349 + 200 + 200) zu kontrollieren. Dieses **Mißverhältnis** zwischen Kapitaleinsatz der Mehrheitsgesellschafter der Obergesellschaft und dem kontrollierten Umsatzvolumen läßt sich deutlich anhand der (voll-)konsolidierten Bilanz ersehen (vgl. Abb. 283):

Aktiva		Passiva	
Sachanlagen	548	Eigenkapital der Mehrheitsgesellschafter	52
Umlaufvermögen	550	Eigenkapital der Minderheitsgesellschafter	344
		Fremdkapital	702
	1.098		1.098

Abb. 283 Vollkonsolidierte Bilanz

Obwohl das den fremden Anteilseignern zuzurechnende Eigenkapital mit 344 GE das den Mehrheitsgesellschaftern zuzurechnende Eigenkapital bei weitem übersteigt, kontrollieren letztere das gesamte Vermögen des Konzerns und damit auch dessen Umsatzvolumen. Ohne entsprechende Verschachtelung hätten die Mehrheitsgesellschafter dagegen mit einem Einsatz von 52 GE bei einem Verschuldungsgrad von 1 lediglich ein maximales Umsatzvolumen von 204 GE kontrollieren können. Berücksichtigt man zu Vergleichszwecken richtigerweise, daß im betrachteten Konzern der Verschuldungsgrad in der vollkonsolidierten Bilanz höher ist als in den Einzelbilanzen, und zwar immerhin 1,77 (702 : 396) beträgt, so erhöht sich bei Anwendung dieses höheren Verschuldungsgrades das ohne Verschachtelung maximal zu kontrollierende Umsatzvolumen von 204 GE entsprechend auf 283 GE.

Allgemein bestimmt sich der zu kontrollierende Gesamt-Umsatz (U) im Konzern bzw. bei Mehrheitsbeteiligungen nach der folgenden Formel (*Schierenbeck* 1980)

$$U = (EK_1 + FK_1) \times KU_1 + \sum_{i=2}^{n} (FEK_i + FK_i) \times KU_i$$

mit KU = Kapitalumschlag
  i = Unternehmensindex
  EK = Eigenkapital
  FK = Fremdkapital

Die obige Formel verdeutlicht auch die **Determinanten** des Umsatzmultiplikators im Konzern. Diese sind c. p.

· das Halten möglichst knapper Mehrheitsbeteiligungen,

- die Zahl der Stufen,
- die Zahl der Unternehmen auf einer Stufe,
- die Größe der Beteiligungsgesellschaften sowie
- der Verschuldungsgrad der einzelnen Konzernunternehmen.

Zu (2): Die zweite Komponente des Pyramideneffekts ist der **Rentabilitäts-/ Risikohebel** (*Schierenbeck* 1980). Durch Anwendung des Verschachtelungsprinzips läßt sich bei gegebenem Verschuldungsgrad im Konzern ein zusätzlicher **positiver** Rentabilitäts-Leverage-Effekt erzielen, der in einem von seiner Größe her vergleichbaren einzelnen Unternehmen nur bei einem erheblich höheren Verschuldungsgrad möglich wäre. Im Unternehmensverbund tritt allerdings als Kehrseite auch dafür ein erheblich höheres **Kapitalstrukturrisiko** auf (**negativer** Rentabilitäts-Leverage-Effekt), als es der sichtbaren Konzernverschuldung bei Mehrheitsbeteiligungen ansonsten adäquat wäre.

Zur Illustration dieses Sachverhaltes kann wieder das eingangs dargestellte Beispiel herangezogen werden. Zusätzlich werden die folgenden Annahmen verwendet:

- (Brutto-) Return on Investment (ROI_{Brutto}) 12% für alle Konzernunternehmen,
- Fremdkapitalzins (FKZ) einheitlich 6%,
- Vollausschüttung der Gewinne,
- Vernachlässigung von Steuern.

Auf Basis dieser Zahlenwerte ergeben sich die in Abb. 284, S. 564, genannten Eigenkapitalrentabilitäten und sonstigen Erfolgskennzahlen in den einzelnen Konzernunternehmen sowie der Holding-Gesellschaft.

Wie Abbildung 284 zeigt, beträgt die Eigenkapitalrentabilität der Holding-Gesellschaft 33% (33,7 : 102). Dieser Wert liegt erheblich über der Eigenkapitalrentabilität, die ein Unternehmen ohne Beteiligungsbesitz bei gleichem Verschuldungsgrad wie der Konzern auf der Grundlage der vollkonsolidierten Bilanz (hier 1,77) erzielen könnte. Nach der Leverage-Formel (vgl. S. 65f.) ergäbe sich im Falle des einzelnen Unternehmens nämlich nur eine Eigenkapitalrentabilität von 22,6% [= 12% + (12% − 6%) × 1,77]. Mit Hilfe der Leverage-Formel läßt sich ebenfalls leicht ermitteln, daß zur Erzielung einer Eigenkapitalrentabilität von 33% in einem einzelnen Unternehmen ohne Beteiligungsbesitz ein erheblich höherer Verschuldungsgrad (hier von 3,5) erforderlich wäre.

In der nach handelsrechtlichen Vorschriften im Normalfall zu erstellenden vollkonsolidierten Gewinn- und Verlustrechnung wird aber dieser Rentabilitätseffekt bei der Obergesellschaft nur zum Teil sichtbar (vgl. Abb. 285). Wie die Rechnung zeigt, entspricht auf der Basis des Konzerneigenkapitals von 396 GE die bei den Datenannahmen erzielbare Eigenkapitalrentabilität exakt dem Wert, der sich bei Anwendung der normalen Leverage-Formel und Berücksichtigung des Konzern-Verschuldungsgrades von 1,77 ergibt. Die vollkonsolidierte GuV-Rechnung in Verbindung mit der vollkonsolidierten Bilanz kann also den Rentabilitätseffekt in der Obergesellschaft nicht adäquat abbilden: Der tatsächlich wirksame Verschuldungshebel in der Obergesellschaft ist i.d.R. wesentlich höher als er in der sichtbaren Konzernverschuldung bei vollkonsolidierter Bilanz zum Ausdruck kommt. Das gilt sowohl für den hier beschriebenen positiven Leverage-Fall wie auch für den negati-

Holding-Gesellschaft	
Dividende von B + D	39,9
./. Zinsen[7]	6,1
= Nettogewinn	33,7
(a) EKR[8] =	33 %
(b) Dividende an Mehr-heitsgesellschafter =	17,2

Unternehmen B	
Bruttogewinn[4]	41,9
+ Dividende von C	9,2
./. Zinsen[5]	12
= Nettogewinn	39,1
(a) EKR[6] =	19,5 %
(b) Dividende an H =	19,9

Unternehmen D	
Bruttogewinn[4]	41,9
+ Dividende von E	9,2
./. Zinsen[5]	12
= Nettogewinn	39,1
(a) EKR[6] =	19,5 %
(b) Dividende an H =	19,9

Unternehmen C	
Bruttogewinn[1]	24
./. Zinsen[2]	6
= Nettogewinn	18
(a) EKR[3] =	18 %
(b) Dividende an B =	9,2

Unternehmen E	
Bruttogewinn[1]	24
./. Zinsen[2]	6
= Nettogewinn	18
(a) EKR[3] =	18 %
(b) Dividende an D =	9,2

[1] 12 % von 200 GE (= umsatzbezogener Kapitaleinsatz); [2] FK = 100 GE; [3] EK = 100 GE; [4] umsatzbezogenes Kapital = 349 GE; [5] FK = 200 GE; [6] EK = 200 GE; [7] FK = 102 GE; [8] EK = 102 GE.

Abb. 284 Die relevanten Erfolgskennzahlen der einzelnen Konzernunternehmen

ven Leverage-Effekt, so daß auch die verschuldungsbedingte Risikoposition der Obergesellschaft nur unzureichend sichtbar wird.

In Abb. 285 werden die Ergebnisse der Vollkonsolidierung zusammenfassend dargestellt.

Der beschriebene Rentabilitäts-/Risikohebel für die Obergesellschaft eines Konzerns läßt sich in einer Formel erfassen (*Schierenbeck* 1980). Diese lautet für den Fall einer einheitlichen umsatzbezogenen Kapitalrentabilität bei allen Konzernunternehmen:

$$EKR_1 = ROI_{Brutto} + (ROI_{Brutto} - FKZ) \times \frac{FK_1}{EK_1}$$

$$+ (ROI_{Brutto} - FKZ) \times \frac{\sum_{i=2}^{n} B_i \times FK_i}{EK_1}$$

mit B_i = durchgerechnete Beteiligungsquote der Obergesellschaft an der Tochtergesellschaft

VOLLKONSOLIDIERUNG

	Aktiva		Passiva	
Konsolidierte Bilanz	Sachanlagen Umlaufvermögen	548 550	Eigenkapital der Mehrheitsgesellschafter Eigenkapital der Minderheitsgesellschafter Fremdkapital	52 344 702
		1.098		1.098
Konsolidierte Erfolgsrechnung	Brutto-(Kapital-)gewinn $(= 2 \times 24 + 2 \times 41{,}9 + 0)$ ./.Zinsaufwand $(= 2 \times 6 + 2 \times 12 + 6{,}1)$			131,8 42,1
	= Reingewinn			89,7
	Konzerneigenkapital = 52 + 344 = 396 Verschuldungsgrad = 702 : 396 = 1,77			
	Eigenkapitalrentabilität = $\dfrac{89{,}7}{396}$ = 22,6 %			

Abb. 285 Bilanz und Erfolgsrechnung bei Vollkonsolidierung

In Verbindung mit weiteren Überlegungen lassen sich aus dieser Formel entsprechend auch wesentliche **Determinanten** des Rentabilitäts-/Risikohebels ableiten. Dies sind

- die Zahl der Stufen,
- die Zahl der Unternehmen auf einer Stufe,
- die Zahl der hintereinandergeschalteten Holding-Gesellschaften,
- die Größe der Beteiligungsgesellschaften,
- die Höhe des Verschuldungsgrades,
- die Höhe der Beteiligungsquoten sowie
- die Ausschüttungsquoten.

Nur erwähnt sei, daß die aufgeführten Determinanten zum großen Teil nicht isoliert variiert werden können und zum Teil in einem komplementären bzw. konfliktären Verhältnis stehen. Erhöht beispielsweise eine übergeordnete Gesellschaft ihre Beteiligungsquote an einer untergeordneten Gesellschaft durch die Zuführung von zusätzlichem Eigenkapital, so ist hiermit gleichzeitig eine Vergrößerung des Beteiligungsunternehmens, eine Änderung des Verschuldungsgrades (sofern nicht auch zusätzliches Fremdkapital aufgenommen wird) sowie eine Änderung der durchgerechneten Beteiligungsquoten (B_i) verbunden. Aus diesem Grunde verbieten sich im Regelfall ceteris paribus-Analysen, und es ist stets der Gesamtkontext einer Beteiligungsstruktur zu betrachten, wenn es um die Abschätzung des Pyramideneffektes geht.

Fragen und Aufgaben zur Wiederholung (S. 548–566)

1. Welche speziellen Merkmale kennzeichnen einen Konzern, und welche Konsequenzen folgen hieraus für den Einzelabschluß eines Konzernunternehmens?
2. Welche Aufgabe kommt dem Konzernabschluß zu, und wie entsteht er – generell – aus den Einzelabschlüssen der Konzernunternehmen?
3. Nennen Sie die wesentlichen Grundsätze der Konzernrechnungslegung!
4. Erläutern Sie, unter welchen Bedingungen Konsolidierungspflicht besteht!
5. Skizzieren und vergleichen Sie kurz die Bedingungen, unter denen die Einbeziehung eines Konzernunternehmens in den Konsolidierungskreis zwingend, freiwillig oder verboten ist!
6. Welche Bilanzierungs- und Bewertungsmethoden sind bei der Konzernrechnungslegung zu beachten?
7. Beschreiben Sie kurz die drei Schritte zur Konsolidierung der Einzelbilanzen zur Konzernbilanz!
8. Wann entsteht eine (aktive und passive) Kapitalaufrechnungsdifferenz, und wie lassen sich die zwei Ausprägungen interpretieren?
9. Beschreiben Sie die beiden Varianten der „echten" angelsächsischen Methode der Kapitalkonsolidierung!
10. Untersuchen Sie die Anwendungsvoraussetzungen und Vorgehensweise der Quotenkonsolidierung!
11. Kennzeichnen Sie das Vorgehen der Equity-Methode!
12. Welche Probleme können sich bei der Schuldenkonsolidierung ergeben?
13. Wodurch entstehen konzerninterne Zwischengewinne, und warum sind sie bei der Konsolidierung zu eliminieren?
14. Skizzieren Sie die bei der Aufstellung der Konzern-Gewinn- und Verlustrechnung zu beachtenden Maßnahmen!
15. Erläutern Sie die Entstehung und Wirkungsweise des Pyramideneffekts!
16. Welche Determinanten bestimmen die Höhe des Umsatzmultiplikators sowie den Rentabilitäts-/Risikohebel?

Literaturhinweise:

Adler, H., Düring, W., Schmaltz, K. (1983b)
Busse von Colbe, W., Ordelheide, D. (1991)
Coenenberg, A. G. (1991a)

Dreger, K. M. (1969)
Heinen, E. (1986)
Küting, K., Weber, C.-P. (1991)
Wöhe, G. (1987)
v. Wysocki, K., Wohlgemuth, M. (1986)

C. Bilanzanalyse und Bilanzpolitik

I. Die Bilanz als Instrument unternehmenspolitischer Analyse und Gestaltung

1. Zum Begriff Bilanzanalyse und Bilanzpolitik
2. Wechselseitige Abhängigkeiten zwischen Bilanzanalyse und Bilanzpolitik

1. Zum Begriff Bilanzanalyse und Bilanzpolitik

Der handelsrechtliche Jahresabschluß dient in erster Linie der Rechenschaftslegung und Dokumentation nach innen und außen. Als potentielle **externe Informationsinteressenten** kommen dabei vor allem in Betracht:

- Anteilseigner (sofern sie nicht Mitglieder der Unternehmensleitung sind; typisch für Publikums-Gesellschaften)
- Gläubiger (insbesondere Kreditinstitute),
- Konkurrenten, Lieferanten und Kunden,
- Arbeitnehmer und Gewerkschaften,
- staatliche Behörden,
- Wissenschaft und Lehre.

Zahl und Zusammensetzung dieser Informationsinteressenten hängen dabei insbesondere von der Rechtsform der Unternehmung bzw. den Haftungsverhältnissen, von der Größe und Bedeutung sowie auch von der Branche (Kreditinstitute, Versicherungsgesellschaften) der Unternehmung ab.

Als **interne Adressaten** von Jahresabschlußrechnungen sind etwa der Vorstand einer Aktiengesellschaft, die Geschäftsführer einer GmbH, die Gesellschafter einer Personengesellschaft oder der Inhaber einer Einzelunternehmung zu nennen. Ihrem Charakter als konstatierende Istrechnung entsprechend werden Jahresabschlußinformationen dabei primär als ein Instrument zur Kontrolle unternehmenspolitischer Entwicklungen und Entscheidungen genutzt.

In beiden Fällen, bei der extern orientierten Rechenschafts- wie bei der intern orientierten Kontrollfunktion, ist der Sachverhalt jedoch noch erheblich komplizierter, als er bisher geschildert wurde. Denn weder lassen sich aus dem Jahresabschluß ohne weiteres alle potentiell interessierenden Informationen in der gewünschten Qualität ableiten, noch kann davon ausgegangen werden, daß die Unternehmensleitung die Bilanz nur als ein „unbestechliches" Kontrollinstrument sieht und selbst keinen aktiven Einfluß auf die Form und den Inhalt des Jahresabschlusses ausübt.

Damit sind zwei Problemkreise angesprochen, die für die Funktion und den Wert von Jahresabschlußrechnungen eine ganz erhebliche Bedeutung haben und die unter der Bezeichnung **Bilanzanalyse** und **Bilanzpolitik** im folgenden näher zu diskutieren sind.

Der Vollständigkeit halber sei erwähnt, daß sowohl die Verfahren der Bilanzanalyse als auch die Instrumente der Bilanzpolitik sich prinzipiell auf die verschiedensten Kategorien von Bilanzarten (vgl. S. 499 ff.) beziehen können. Die folgenden Ausführungen beschränken sich dagegen im wesentlichen auf Aspekte der Analyse und Gestaltung des aktienrechtlichen Jahresabschlusses.

Mit **Bilanzanalyse** werden **Verfahren der Informationsgewinnung** bezeichnet, **mit** deren Hilfe aus den Angaben des Jahresabschlusses Informationen über die monetärwirtschaftliche Lage und Entwicklung der Unternehmen gewonnen werden. Damit deckt die Bilanzanalyse den quantitativen Bereich der umfasenderen **Unternehmensanalyse** ab, die auch qualitative Sachverhalte einbezieht und zusammen mit den quantitativen Analyseergebnissen ein **Gesamturteil** über die Lage und Entwicklung der Unternehmung anstrebt.

Man unterscheidet zweckmäßigerweise eine **interne** und eine **externe** Bilanzanalyse. Die interne Analyse ist im allgemeinen zuverlässiger als die externe Analyse, weil hier dem Bilanzanalytiker regelmäßig zusätzliche interne Daten (etwa der Finanzplanung respektive -rechnung) zur Verfügung stehen, die dem externen Informationsinteressenten verschlossen bleiben.

Als **Aufgabengebiete** der Bilanzanalyse lassen sich im einzelnen nennen (*Vogler/Mattes* 1976):

· **Informationsverdichtung.** Hier wird versucht, Tatsachen und Zusammenhänge, die aus dem Jahresabschluß nicht unmittelbar ersichtlich sind, aufzuzeigen und transparent zu machen.

· **Wahrheitsfindung.** Hier geht es darum, aus den als unrichtig eingeschätzten Bilanz- und Erfolgsrechnungszahlen die der Wirklichkeit mehr entsprechenden Daten abzuleiten.

· **Urteilsbildung.** Bilanzanalysen sollen hier der Kontrolle und der Beurteilung getroffener Entscheidungen (in der Vergangenheit) und damit involvierter Entscheidungsträger dienen.

· **Entscheidungsfindung.** Die aus der Bilanzanalyse gewonnenen Einsichten sollen hier als Grundlage (Input) für die betrieblichen Entscheidungsprozesse dienen.

Während Bilanzanalyse „erkenntnisorientiert" ist, muß Bilanzpolitik als unmittelbar „gestaltungsorientiert" angesehen werden: **Bilanzpolitik ist demnach die bewußte (formale und materielle) Gestaltung des Jahresabschlusses mit der Absicht, vorhandene Gestaltungsspielräume im Sinne bestimmter finanzpolitischer oder publizitätspolitischer Zielsetzungen zu nutzen.**

Bilanzpolitik hat Berührungspunkte vor allem mit den **Finanzprozessen** der Unternehmung. Denn Wirkungen der Bilanzpolitik sind direkt oder indirekt immer auch in der finanziellen Sphäre der Unternehmung spürbar. Bilanzpolitische Maßnahmen haben darüber hinaus aber natürlich auch eine eigenständige **kommunikationspolitische** Komponente. Diese kommunikationspolitische Komponente ist insbesondere für diejenigen Unternehmen von Bedeutung, die zur Veröffentlichung ihrer Jahresabschlüsse verpflichtet sind und bei denen die Öffentlichkeit auf bestimmte (gute oder schlechte) Jahresabschlußinformationen entsprechend stark reagiert. Dieses ist im allgemeinen bei Aktiengesellschaften sowie bei Kreditinstituten der Fall. Bilanzpolitik ist in diesen Fällen gleichzeitig auch Publizitätspolitik.

Sowohl die finanzpolitische wie auch die publizitätspolitische Komponente der Bilanzpolitik berühren das Ganze der Unternehmung und sind im allgemeinen auch von erheblicher Tragweite. Damit ist verbunden, daß Bilanzpolitik eine echte Führungsaufgabe darstellt, die von der Unternehmensleitung wahrzunehmen ist.

2. Wechselseitige Abhängigkeiten zwischen Bilanzanalyse und Bilanzpolitik

Obwohl Bilanzpolitik und Bilanzanalyse von ihrer Sichtweite her eine jeweils gänzlich andere Dimension ansprechen, bestehen doch eine Reihe von Berührungspunkten. Sie bewirken, daß beide Formen instrumentaler Bilanzhandhabung nicht unabhängig voneinander zu sehen sind.

Die Bilanzpolitik ist zunächst einmal unmittelbar mit der Bilanzanalyse über ihre publizitätspolitische Komponente verknüpft. Denn eine **publizitätspolitisch motivierte Bilanzpolitik** kann

- die (externe) Bilanzanalyse je nach gewünschter Tendenz erschweren oder erleichtern und damit verbunden auch
- gewünschte finanzielle Effekte verstärken bzw. unerwünschte finanzielle Entwicklungen abschwächen.

Zu denken ist beispielsweise daran, daß durch Bilanzpolitik die Vermögens- und Ertragslage der Unternehmung u.U. so dargestellt werden kann, daß Aktionäre oder Banken zu einer falschen Urteilsbildung bezüglich des bestehenden Kredit- oder Kapitalanlagerisikos kommen. Umgekehrt mag eine Publizitätspolitik „der gläsernen Taschen" das Standing der Unternehmung auf den Kapitalmärkten und ihre Kapitalaufnahmemöglichkeiten verbessern.

Die Bilanzpolitik muß also im Sinne ihrer Optimierung stets auch die Auswirkungen in den Kalkül einbeziehen, die sich aus der Verwendung der Bilanz durch (unternehmensexterne) Informationsinteressenten ergeben, die die Bilanz als ein Instrument zur Erkenntnisgewinnung einsetzen.

Natürlich kann angesichts dieser Konstellation auch die Bilanzanalyse nicht unabhängig von der betrieblichen Bilanzpolitik operieren. Insbesondere die Methoden und Verfahren der Bilanzanalyse werden hiervon berührt. Denn wenn es das Ziel der Bilanzanalyse ist, zutreffende Informationen über die monetär-wirtschaftliche Lage und Entwicklung der Unternehmung zu gewinnen, muß es zugleich ihr Anliegen sein, durch einen entsprechenden Einsatz von analytischen Verfahren die Störgröße „Bilanzpolitik" zu neutralisieren oder zumindest sichtbar zu machen. Die Bilanzanalyse baut insofern auf den erkannten Möglichkeiten einer bilanzpolitisch motivierten „Manipulation" der Jahresabschlußrechnungen auf.

Fragen und Aufgaben zur Wiederholung (S. 567–569)

1. Nennen Sie die Aufgaben und möglichen Adressaten des aktienrechtlichen Jahresabschlusses!
2. Definieren Sie die Begriffe Bilanzanalyse und Bilanzpolitik!
3. Welche einzelnen Aufgaben hat die Bilanzanalyse?
4. Diskutieren Sie die Interdependenzen zwischen Bilanzanalyse und Bilanzpolitik!

II. Bilanzpolitik

1. Ziele der Bilanzpolitik
2. Instrumente der Bilanzpolitik
3. Die optimale Kombination bilanzpolitischer Instrumente

1. Ziele der Bilanzpolitik

Die verschiedenen bilanzpolitischen Ziele, ihre Gewichtung sowie die Bedeutung der bilanzpolitischen Instrumente sind von vielen Faktoren, wie beispielsweise der Rechtsform der Unternehmung, dem Adressatenkreis oder etwa der Unternehmenssituation abhängig. Die folgenden Ausführungen abstrahieren jedoch weitgehend von diesen spezifischen Faktoren und beschränken sich auf die grundsätzlich möglichen Ziele bzw. Instrumente.

Die Ziele der Bilanzpolitik lassen sich zweckmäßigerweise danach gliedern, ob sie primär finanzpolitisch oder aber publizitätspolitisch motiviert sind, obwohl letztere Kategorie in der Regel zumindest indirekt auch eine finanzpolitische Komponente aufweist. Abb. 286 gibt einen ersten Überblick (die Ziffern beziehen sich auf die im Text vorgenommenen Erläuterungen).

Bei der Formulierung **finanzpolitischer Ziele** ist davon auszugehen, daß die Bilanzpolitik prinzipiell als ein Instrument angesehen werden kann, um

· die Bindung erwirtschafteter Mittel an die Unternehmung sicherzustellen,

· die erfolgsabhängigen Zahlungen der Unternehmung an Dritte (z. B. Steuern, Dividenden) zu steuern sowie

· die Vermögens- und Kapitalstruktur der Unternehmung zu beeinflussen.

Entsprechend erscheint es sinnvoll, von den in Abb. 286 genannten vier möglichen Zielsetzungen auszugehen.

(1) Das Problem der **Kapitalerhaltung** steht in einem engen Zusammenhang zum Erfolgsbegriff. Gewinn ist danach stets gleichbedeutend mit Kapitalmehrung, Verlust entsprechend gleichbedeutend mit Kapitalminderung. Insofern besagt die Forderung nach Kapitalerhaltung, daß im Durchlauf der Aufwands- und Ertragsgüter mindestens der Tatbestand der Nicht-Kapitalminderung (des Nicht-Verlustes) gewährleistet sein soll, um auf diese Weise die ständige und ununterbrochene Aufrechterhaltung des produktiven Wirtschaftsgeschehens zu ermöglichen.

Nach *Kosiol* (1977) lassen sich zwei Kapitalerhaltungskonzeptionen unterscheiden:

· Gemäß der **nominalen** Kapitalerhaltungskonzeption liegt ein Gewinn vor, wenn die auf der Basis des Anschaffungswert-(und Nominalwert-)prinzips ermittelten Periodenaufwendungen kleiner sind als die entsprechenden Erträge.

· Der Grundsatz der **realen** Kapitalerhaltung bedeutet rechnerisch, daß ein Gewinn erst dann erzielt wird, wenn ein gütermäßig aufgefaßtes Kapital real erhalten bleibt. In der Regel wird dieser Fall angenommen, wenn die Erträge mindestens den zu Tagesbeschaffungswerten (respektive Indexwerten) angesetzten Aufwand abdecken.

Nominale und reale Kapitalerhaltung unterscheiden sich regelmäßig bei auftretenden Güterpreis- und Geldwertveränderungen. Bei Preissteigerungen und Geldwertverschlechterung kann in der Nominalrechnung z. B. ein Gewinn ausgewiesen werden (= nominale Kapitalerhaltung), während sich in einer Rechnung, die den Aufwand zu Tagesbeschaffungswerten ansetzt, u. U. zeigt, daß real ein Verlust eingetreten ist. Der in der Nominalrechnung ermittelte Gewinn wäre in diesem Fall also ein **Scheingewinn,** dessen Höhe bestimmt wird durch die Differenz zwischen Nominal- und Realgewinn.

In Abb. 287 werden an einem einfachen Beispiel die unterschiedlichen Konsequenzen von nominaler und realer Kapitalerhaltung bei konstantem Preisniveau und bei einer Inflation von 10% demonstriert (entnommen aus *Kandlbinder* 1973).

Da der handelsrechtliche Jahresabschluß wie im Beispiel (Abb. 287) auf dem Grundgedanken des Nominal- und Anschaffungswertprinzips aufbaut, ist eine besondere Bilanzpolitik zur Sicherung der nominalen Kapitalerhaltung nicht erforderlich. Das wird allein durch die Rechnungslegungsvorschriften (z. T. durch das

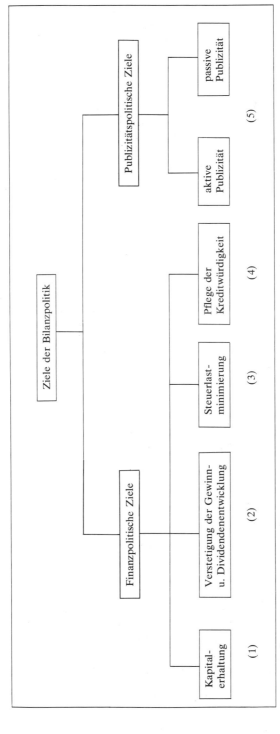

Abb. 286 Übersicht über die Hauptziele der Bilanzpolitik

```
                    Eröffnungsbilanz eines Weinhändlers
              Weinvorrat    100   |   Grundkapital    100
```

Geschäftsvorfälle:
1. Verkauf des Weins nach einem Jahr zu 120 bar
2. Zahlung von Gewinnsteuern 50%

Frage: Wie hoch ist der ausschüttungsfähige Gewinn bei nominaler und realer Kapitalerhaltung?

Fall 1:   bei konstantem Preisniveau (**nominale = reale Kapitalerhaltung**)

```
   GuV-Rechnung                              Bilanz

   Erlöse                 120      Barvermögen          GK 100
 ./. Aufwand              100          110               →10

 = Gewinn v. St.           20
 ./. Steuern               10

 = ausschüttungsfähiger
   Gewinn                  10 — — — — — — — — — — — —
```

Fall 2:   bei Inflation von 10% und **nominaler** Kapitalerhaltung

```
   GuV-Rechnung                              Bilanz

   Erlöse                 132      Barvermögen          GK  100
 ./. Aufwand              100          116               →16

 = Gewinn v. St.           32
 ./. Steuern               16

 = ausschüttungs-
   fähiger Gewinn          16 — — — — — — — — — — —
```

Fall 3:   bei Inflation von 10 % und **realer** Kapitalerhaltung

```
   GuV-Rechnung                              Bilanz

   Erlöse                 132      Barvermögen     GK        100
 ./. Aufwand                          116          Rücklage   10
   AW                     100 ——┐                   ———— → 6
   TW                     110 ———┘

 = Nominalgewinn v. St.    32 ←
 = Realgewinn v. St.       22
 ./. Steuern               16

 = ausschüttungsfähiger
   Nominalgewinn           16 —

 = ausschüttungsfähiger
   Realgewinn               6 — — — — — — — — —
```

Abb. 287 Nominale und reale Kapitalerhaltung (bei Orientierung der Bilanz am Nominalwertprinzip)

Vorsichtsprinzip sogar übersteigert) gewährleistet. Anders ist es dagegen bei realen Erhaltungskonzeptionen. **Hier kommt der Bilanzpolitik die Aufgabe zu, den Scheingewinn vor einer Ausschüttung zu bewahren (Ausschüttungssperrfunktion).** Dies kann auf zweifache Weise geschehen:

- bei der Gewinnermittlung durch Bildung **stiller** (Kapitalerhaltungs-) Rücklagen sowie
- bei der Gewinnverwendung durch Bildung **offener,** in der Regel versteuerter (Kapitalerhaltungs-) Rücklagen (vgl. Abb. 287).

(2) Neben der Kapitalerhaltung kann es Zielsetzung der Bilanzpolitik sein, einen entsprechenden Beitrag zur **Verstetigung der Gewinn- und Dividendenentwicklung** im Zeitablauf zu leisten.

Die Politik der Dividendenstabilität tritt bei Kapitalgesellschaften, und hier vor allem bei Aktiengesellschaften auf. Eine **Politik der Dividendenstabilität** besagt, daß zyklische Gewinnschwankungen kaum oder gar nicht die Ausschüttungsentscheidung berühren, daß letztere sich vielmehr an der längerfristigen Gewinnentwicklung orientiert. Um eine solche Dividendenpolitik vor allem in Zeiten unbefriedigender Ertragslage „durchhalten" zu können, bedarf es aber einer entsprechenden Rücklagenpolitik, bei der die Rücklagen eine spezifische Ausgleichsfunktion haben: Gewinnteile, die man bei prosperierender Wirtschaftslage für die Finanzierung der „Normaldividende" nicht benötigt, werden ausdrücklich reserviert, um den vollen Dividendensatz auch in Perioden, in denen die laufenden Gewinne hierfür nicht ausreichen, ungekürzt zahlen zu können.

Solche **Dividendenausgleichsrücklagen** können bilanzpolitisch (wie Kapitalerhaltungsrücklagen) bei der Gewinnermittlung oder im Rahmen der Gewinnverwendung gebildet und wieder aufgelöst werden (wobei jedoch im Gegensatz zu Kapitalerhaltungsrücklagen zusätzlich noch eine entsprechende liquiditätsmäßige Vorsorge getroffen werden muß). Gegen eine offene Rücklagenpolitik spricht allerdings, daß sie im allgemeinen aus versteuerten Gewinnen erfolgen muß und daß hiermit bilanzpolitisch auch kein Beitrag zur Gewinnverstetigung geleistet werden kann.

Eine Verstetigung der Gewinnentwicklung im Zeitablauf kann dagegen durch eine gezielte Legung **stiller Rücklagen** in Jahren mit überdurchschnittlichem Geschäftsgang erreicht werden, die dann umgekehrt in einer Abschwungphase wieder aufgelöst werden, um das Ausmaß des tatsächlichen Gewinnrückgangs nicht sichtbar werden zu lassen. Solche **Gewinnregulierungen** durch Verrechnung „überhöhten" Aufwands (Aufwandsantizipation) respektive Vornahme von Zuschreibungen oder Verzicht auf Wertherabsetzungen stellen ein wesentliches Element der Bilanzpolitik dar.

Der Nutzen einer auf Verstetigung der Gewinn- und Dividendenentwicklung gerichteten Bilanzpolitik ist in einer Reihe von Aspekten zu sehen. Neben ihrer zentralen Funktion der **Krisensicherung** hat eine entsprechende antizyklische Rücklagenpolitik (kombiniert mit einer Politik der Dividendenstabilität) auch unmittelbar **positive Ausstrahlungen auf die Kapitalmärkte.** So ist die Annahme nicht unberechtigt, daß bei und mit Hilfe einer solchen Politik

- der Marktwert der Unternehmung und die möglichen Emissionskurse für neues Aktienkapital im zyklischen Durchschnitt höher sind sowie
- die Möglichkeiten, Kapitalerhöhungen zu angemessenen Konditionen auch in ungünstigen Kapitalmarktsituationen durchzuführen, vergleichsweise größer sind

als bei einer Politik, die diese Möglichkeiten der Gewinn- und Dividendenverstetigung nicht nutzt (vgl. auch S. 575).

(3) Das Ziel der **Steuerlastminimierung** ist ein (öffentlich-rechtlich) anerkanntes Ziel erwerbswirtschaftlicher Unternehmungen, das auch betriebswirtschaftlich mit steigender Steuerquote zunehmend an Gewicht gewinnt. Denn bei hoher Steuerquote sind es nicht zuletzt die nicht gezahlten Steuern, die den finanziellen Spielraum einer Unternehmung bestimmen.

Zwei Zielausprägungen lassen sich unter das Oberziel „Steuerlastminimierung" subsummieren (*Börner/Krawitz* 1986):

(a) **Steuerverschiebung (-aufschub).** Hier geht es darum, die Steuerbelastung durch zeitliche Verlagerung von steuerpflichtigen Gewinnen in die Zukunft zu mindern. Als Vorteile sind zu nennen

- momentane Liquiditätsverbesserung,
- zinsloser Steuerkredit.

(b) **Steuerersparnis.** Die Möglichkeit hierfür hängt von der Ausgestaltung der Steuertarife ab:

- Bei **proportionalem** Tarif ist eine endgültige Steuerersparnis nur indirekt über den zinslosen Steuerkredit möglich (und zwar in Höhe der ersparten Zinsen).
- Bei **progressivem** Tarif kann dagegen (insbesondere bei stark schwankenden Jahresgewinnen) auch direkt eine endgültige Steuerersparnis eintreten. Dies ist eine Folge der Tatsache, daß bei progressivem (EkSt-) Tarif die absolute Gesamtsteuerbelastung während der Totalperiode am geringsten ist, wenn es dem Betrieb gelingt, den Gesamtgewinn gleichmäßig auf die Wirtschaftsjahre zu verteilen („Gesetz der Normallinie").

Das bilanzpolitisch wichtige Ziel der Steuerlastminimierung ist im übrigen einer der Hauptgründe dafür, daß Bilanzpolitik in der Praxis häufig gleichzusetzen ist mit Steuerbilanzpolitik und die Handelsbilanz dabei im Zweifel der Steuerbilanz folgt.

Zwar bildet die Handelsbilanz nach ständiger Rechtsprechung die Grundlage für die steuerliche Gewinnermittlung (**Maßgeblichkeitsgrundsatz**), so daß hiernach umgekehrt Bilanzpolitik stets Handelsbilanzpolitik sein müßte. Aber die Maßgeblichkeit der Handelsbilanz für die Steuerbilanz ist in entscheidenden Punkten eingeschränkt bzw. kehrt sich sogar um (**Umkehrung des Maßgeblichkeitsprinzips**). Drei Konstellationen sind dabei zu unterscheiden (*Wöhe* 1990a):

- Läßt das Steuerrecht mehrere Bewertungsmöglichkeiten zu, die auch handelsrechtlich erlaubt sind, so sind die handelsrechtlichen Wertansätze maßgeblich.
- Ist ein bestimmter Wertansatz für die Handelsbilanz zwingend, so muß die Steuerbilanz auch dann folgen, wenn die steuerlichen Vorschriften einen anderen Wertansatz zulassen würden.
- Ein Abweichen von den Wertansätzen der Handelsbilanz ist in der Steuerbilanz nur dann möglich, wenn zwingende Vorschriften des Steuerrechts es erfordern.

Hieraus ergibt sich, daß der Maßgeblichkeitsgrundsatz in seiner reinen Form nur gilt, wenn die Handelsbilanz einen Wertansatz zwingend vorschreibt. In sein Gegenteil verkehrt wird der Grundsatz der Maßgeblichkeit dagegen praktisch, wenn handels- und zugleich steuerrechtliche Wahlrechte bestehen. Denn dann ist die Nutzung steuerlich vorteilhafter Wahlrechte nur möglich, wenn die Handelsbilanz diese Wertansätze übernimmt. Sanktioniert wird diese Verfälschung der Handelsbilanz durch das 1987 novellierte Handelsgesetzbuch, das einen niedrigeren Wert zuläßt.

Achtes Kapitel: Bilanzen 575

(4) Die **Pflege der Kreditwürdigkeit** als Ziel der Bilanzpolitik ist teilweise in den bereits genannten Zielen enthalten, teilweise berührt dieser Aspekt auch bereits die publizitätspolitische Komponente der Bilanzpolitik. Wegen ihrer Bedeutung verdient sie jedoch, als eigenständige finanzpolitische Zielkategorie angesehen zu werden.

Es lassen sich grundsätzlich vier (teilweise konfliktäre) Ansatzpunkte für eine an der Pflege der Kreditwürdigkeit orientierte Bilanzpolitik unterscheiden:

(a) Bilanzpolitik mit dem Ziel, eine bessere **Ertragslage** respektive **Eigenkapitalposition** „vorzuspiegeln", als sie tatsächlich gegeben ist. Hauptinstrument ist hier die stille Rücklagenpolitik.

(b) Bilanzpolitik mit dem Ziel, eine gewisse **Verstetigung der Gewinn- und Dividendenentwicklung** im Zeitablauf zu realisieren. Dieser Aspekt ist bereits in anderem Zusammenhang als ein eigenständiges Oberziel der Bilanzpolitik angesprochen worden.

(c) Bilanzpolitik mit dem Ziel, **fristenkongruente Finanzierung** zu demonstrieren. Hier geht es darum, bestimmte Positionengruppen der Aktiva und Passiva unter einem Fristenkriterium so aufeinander abzustimmen, daß eine quantitative Entsprechung suggeriert wird. Die sich hierin ausdrückenden (horizontalen) Kapitalstrukturnormen haben für die Kreditwürdigkeit eine relativ große praktische Bedeutung (vgl. auch S. 605 ff.).

(d) Bilanzpolitik mit dem Ziel, eine ausreichende **Liquidität** zu demonstrieren. Hier wird danach getrachtet, die flüssigen Mittel gegenüber den kurzfristigen Verbindlichkeiten hervorzuheben. Diese als „Window-dressing" bekannte Verhaltensweise versucht, finanzielle Zuflüsse und Abflüsse zum Jahresende so zu steuern, daß bestimmte Liquiditätsnormen erfüllt sind.

(5) Neben die primär finanziell motivierten Ziele der Bilanzpolitik treten **publizitätspolitische Ziele**. Sie lassen sich vereinfacht auf **zwei** Grundformen reduzieren:

(a) Eine auf Offenlegung und weitestgehende Information bedachte Bilanzpolitik (aktive Publizität: „man zeigt, was man hat").

(b) Eine auf Verheimlichung und restriktive Auslegung von Rechtsvorschriften und GoB bedachte Bilanzpolitik (passive Publizität: „man veröffentlicht, was im Rahmen der Legalität beim besten Willen nicht mehr verborgen werden kann").

Publizitätspolitik ist in aller Regel zugleich Finanzpolitik, denn durch die Art und den Umfang der Rechenschaftslegung über das abgelaufene Geschäftsjahr werden zumindest indirekt auch finanzpolitische Parameter betroffen. Die Publizitätspolitik kann also durchaus ein Instrument der Finanzpolitik sein. Daneben ist aber nicht auszuschließen, daß insbesondere eine **aktive Publizität** auch als eigenständige Wertkategorie angesehen wird. Man denke hier nur an ein mögliches Bekenntnis der maßgeblichen Unternehmungsträger zu einer „wahrhaftigen Rechenschaft", das aus einer auf ethischen und moralischen Werthaltungen basierenden **Unternehmungsphilosophie** entspringt (vgl. S. 59 und 61).

2. Instrumente der Bilanzpolitik

Bilanzpolitische Ziele sind durch entsprechende Maßnahmen der formalen und materiellen Gestaltung des Jahresabschlusses zu realisieren. Die dazu in Betracht kommenden Instrumente sind in erster Linie solche, die **Einfluß auf die Bildung und Auflösung stiller (teilweise auch offener) Rücklagen nehmen**. Daneben spielen aber auch noch andere Instrumente, insbesondere zur Realisierung spezifisch publizitätspolitischer Ziele, eine wichtige Rolle.

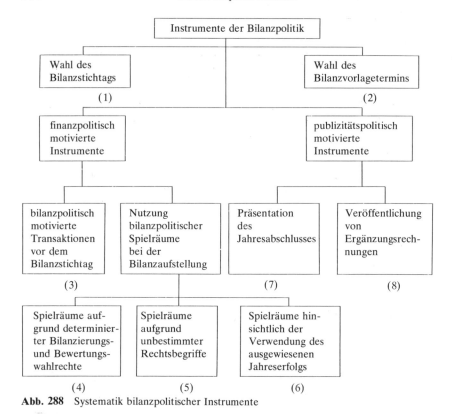

Abb. 288 Systematik bilanzpolitischer Instrumente

Die Übersicht (Abb. 288) stellt eine Systematik bilanzpolitischer Instrumente, gegliedert soweit möglich nach (primär) finanzpolitischen und publizitätspolitischen Maßnahmen dar (die Ziffern beziehen sich auf die weiter unten vorgenommenen Erläuterungen zu den einzelnen Instrumenten!).

(1) Jede Bilanzierung setzt notwendigerweise die Fixierung eines bestimmten Bilanzstichtags voraus. Da handelsrechtlich den Unternehmen nicht vorgeschrieben wird, wann ein Geschäftsjahr zu beginnen und zu enden hat (§ 240 Abs. 2 HGB bestimmt lediglich, daß ein Geschäftsjahr die Dauer von zwölf Monaten nicht überschreiten darf), besteht damit auch eine **Wahlfreiheit, den Bilanzstichtag nach betriebsindividuellen Gesichtspunkten zu bestimmen.** Allerdings ist ein einmal festgelegter Stichtag in der Regel beizubehalten, so daß dieses Instrument nicht wiederholt allein bilanzpolitischer Vorteile wegen eingesetzt werden kann.

Bilanzpolitische Vorteile lassen sich durch eine zweckmäßige Wahl des Bilanzstichtags besonders bei **Saisonbetrieben** realisieren. Denn bei solchen Unternehmen ist es wegen der typischen jahreszeitlichen Entwicklung von Umsätzen, Beständen u.dgl. nicht belanglos, wann bilanziert wird. Bei einer Bilanzpolitik, die mit dem Ziel betrieben wird, stets ausreichende Liquidität zu demonstrieren, empfiehlt es sich beispielsweise, den Bilanzstichtag unmittelbar an das Ende der Saison zu legen, wenn die Läger geräumt sind. Andersherum kann es auch von Vorteil sein, den Bilanzstichtag vor Saisonbeginn zu legen, um wegen der dann hohen Lagervorräte eine ausreichende Basis für gewinnmindernde Abwertungsmaßnahmen (die Legung stiller Rücklagen) bereits zu halten.

Bei saisonunabhängigen Unternehmen sind diese bilanzpolitischen Möglichkeiten kaum gegeben. Ausnahmen sind allenfalls bei Unternehmen denkbar, die Teil eines übergeordneten Unternehmensverbundes sind. Hier kann (wenn keine Bilanzkonsolidierung erfolgt) durch die Wahl abweichender Bilanzstichtage erreicht werden, daß beispielsweise bestimmte Vorgänge durch Hin- und Herschieben zwischen den Einzelbilanzen in keiner dieser Bilanzen erscheinen.

(2) Für die **Wahl des Bilanzvorlagetermins** gewähren die gesetzlichen Vorschriften einen verhältnismäßig ausgedehnten Spielraum. So müssen Kaufleute im allgemeinen nach § 243 HGB ihren Jahresabschluß lediglich „innerhalb der einem ordnungsgemäßen Geschäftsgang entsprechenden Zeit" aufstellen. Kapitalgesellschaften müssen ihren Jahresabschluß und Lagebericht nach § 264 Abs. 1 HGB innerhalb der ersten 3 Monate nach Abschluß des Geschäftsjahres aufstellen. Kleinen Kapitalgesellschaften wird, sofern dies einem ordnungsmäßigen Geschäftsgang entspricht, eine maximale Frist von 6 Monaten gewährt. In Spezialgesetzen (z. B. Versicherungsaufsichtsgesetz) können andere Fristen vorgesehen sein.

Gründe für eine möglichst späte Vorlage der Bilanz können sich aus dem Interesse ergeben, nachträglich eingetretene Ereignisse bzw. bekanntgewordene Tatsachen bilanzpolitisch zu verwerten. Sollen beispielsweise umfangreiche Abwertungen von Vermögensgütern zur Schmälerung des auszuweisenden Jahresgewinns vorgenommen werden, so können negative Ereignisse im neuen Geschäftsjahr als Begründung und Rechtfertigung hierfür eine wichtige Rolle spielen. Umgekehrt mag eine schnelle Bilanzvorlage zweckmäßig sein, um positiven Ereignissen im neuen Geschäftsjahr oder auch einer erwarteten Verschlechterung der Geschäftslage argumentativ zuvorzukommen.

Die Wahl des Bilanzvorlagetermins ist zwar im Rahmen der gesetzlichen Vorschriften grundsätzlich ein variables Instrument der Bilanzpolitik, aber ohne Nachwirkungen beliebig oft eingesetzt werden kann es wohl nur bei den kleineren, nicht veröffentlichungspflichtigen Unternehmen. Denn bei den größeren publizitätspflichtigen Unternehmen hat sich häufig ein seit Jahren gleichgebliebener Zeitpunkt der Veröffentlichung eingespielt, dessen kurzfristige Veränderung aus bilanzpolitischen Gründen in der Regel mehr Nachteile als Vorteile bringt.

(3) Für eine Reihe bilanzpolitischer Maßnahmen ist charakteristisch, daß sie nicht erst im Zuge der Bilanzaufstellung, sondern im laufenden Geschäftsjahr vorgenommen werden. Solche **bilanzpolitisch motivierten Transaktionen vor dem Bilanzstichtag** können dabei in zwei Kategorien aufgeteilt werden:

(a) Die bilanzpolitisch motivierte **zeitliche Verschiebung von Maßnahmen vor bzw. nach den Bilanzstichtag.** Je nach dem verfolgten bilanzpolitischen Zweck kommt hier in Frage:

- **Vorverlagerung/Nachverlagerung des Erwerbs/der Veräußerung von Aktiva**
  (Beispiel: Ein Anlagegegenstand wird bereits vor dem Stichtag angeschafft, um schon Abschreibungen geltend zu machen; man zögert aus bilanzpolitischen Gründen den Verkauf eines Anlagegutes hinaus, weil damit ein Verlust/Gewinn ausgewiesen würde).

- **Vorverlagerung/Nachverlagerung der Aufnahme, Rückzahlung und/oder Umschichtung von Passivkapital**
  (Beispiel: Die Aufnahme eines Kredits wird aufgeschoben, um die Bilanzsumme klein zu halten oder den Verschuldungsgrad nicht zu verschlechtern; eine Kreditaufnahme wird vorgezogen, um Gewinnausschüttungswünschen entgegenzuwirken; eine Kapitalerhöhung wird verzögert, um den Gewinn nicht zu verwässern).

- **Vorverlagerung/Nachverlagerung von Maßnahmen mit unmittelbarem Aufwands-/Ertragscharakter**
  (Beispiel: Vorziehen oder Verzögern von größeren Reparaturmaßnahmen; nicht akti-

vierungspflichtiges Büromaterial wird noch vor dem Stichtag gekauft, obwohl es erst später gebraucht wird; ein Großauftrag wird beschleunigt abgewickelt, um ihn noch ertragswirksam ins alte Geschäftsjahr zu ziehen).

(b) **Die Durchführung oder Unterlassung von Maßnahmen,** die ohne bilanzpolitische Gründe nicht erfolgen würden. Hier sind je nach bilanzpolitischer Zwecksetzung zwei Kategorien von Maßnahmen denkbar:

- **Maßnahmen vor dem Bilanzstichtag, die nach dem Stichtag rückgängig gemacht werden**
(Beispiel: Ein Kredit wird zur Vermeidung von Gewerbesteuer, zur Verringerung der Bilanzsumme oder zur Verringerung des Verschuldungsgrades vor dem Bilanzstichtag zurückgezahlt, aber nach dem Stichtag wieder aufgenommen; Umschichtung von Termingeldern in Sichteinlagen und Retransfer nach dem Jahresultimo).

- **Maßnahmen vor dem Bilanzstichtag, die nach dem Stichtag nicht rückgängig gemacht werden**
(Beispiel: Ein Vermögensgegenstand mit hohen stillen Reserven wird zur Erhöhung des Erfolgsausweises veräußert; eine selbsterstellte Maschine wird mangels Käufer dem eigenen Anlagevermögen zugeordnet, um den Verlust aus der Nichtabnahme zeitlich verteilen zu können; Übergang zum Leasing von Anlagegütern, um die Kapitalstruktur zu entlasten, Vereinbarung von Zwischenabrechnungen bei längerfristigen Lieferungen; selbsterstellte Patente werden in eine Personengesellschaft eingebracht, an der die bilanzierende Unternehmung eine Beteiligung hält, um so das Aktivierungsverbot selbsterstellter immaterieller Wirtschaftsgüter zu umgehen).

(4) Für die Bilanzpolitik spielt die gezielte **Nutzung gesetzlich determinierter Bilanzierungs- und Bewertungswahlrechte** eine überaus zentrale Rolle. Mit ihrer Hilfe kann eine wirksame **stille Rücklagenpolitik** betrieben werden, d.h. es können im Rahmen der Wahlrechte je nach bilanzpolitischer Zielsetzung stille Rücklagen (Reserven) gelegt bzw. auch wieder aufgelöst werden (**bevor** sie sich durch Ertragsrealisation automatisch auflösen).

Auf die vielfältigen Bilanzierungs- und Bewertungswahlrechte wurde im Zusammenhang mit der Darstellung des handelsrechtlichen Jahresabschlusses ausführlich eingegangen (vgl. S. 533 ff.), so daß eine nochmalige Darstellung sich hier erübrigt. Die spezifische **Wirkungsweise** der Ausnutzung dieser Wahlrechte auf den Erfolgsausweis soll aber noch kurz und zusammenfassend erläutert werden.

Soll der auszuweisende **Jahresgewinn erhöht** (bzw. der Verlust gemindert) werden, empfiehlt es sich,

- alle aktivierungsfähigen Wirtschaftsgüter auch zu aktivieren (die Aktivierungswahlrechte also nicht in Anspruch zu nehmen),
- alle nicht passivierungspflichtigen Gegenstände aus der Bilanz herauszuhalten, also nicht zu passivieren (relevant vor allem für Rückstellungen),
- bestehende Abwertungswahlrechte (außerplanmäßige Abschreibungen und Wertminderungen) nicht, bestehende Aufwertungswahlrechte (Zuschreibungen) dagegen voll auszunutzen sowie
- bestehende Methodenwahlrechte bezüglich der Festlegung planmäßiger Abschreibungen und der Ermittlung von Anschaffungs- oder Herstellungskosten im Sinne eines möglichst hohen Vermögensausweises zu nutzen.

Entsprechend umgekehrt ist zu verfahren, wenn der auszuweisende **Jahresgewinn verringert** (bzw. der Verlust erhöht) werden soll. Dann

- haben Aktivierungen, wo Wahlrechte bestehen, zu unterbleiben,
- sind Passivierungen möglichst umfassend durchzuführen,
- müssen Abwertungswahlrechte bis zur zulässigen Wertuntergrenze genutzt sowie buchmäßige Aufwertungen entsprechend vermieden werden und

- sind Wertermittlungs- und Abschreibungsmethoden vorzuziehen, die zu einem möglichst niedrigen Vermögensausweis führen.

(5) Im Bilanzrecht finden sich zahlreiche **Ermessensspielräume,** deren Duldung rechtspolitisch deshalb zwingend ist, weil die Begriffe „Aufwand" und „Ertrag", aus deren Saldierung sich der handelsrechtliche Gewinn oder Verlust ergibt, für Bilanzierungszwecke letztlich nicht operational definiert sind: Der Bilanzierende befindet sich stets in einem Zustand unvollkommener Information darüber,

- ob,
- wann und
- in welchem Umfang

bestimmte Zahlungsmittelbewegungen Aufwendungen und Erträge darstellen (vgl. zur Abgrenzung S. 493 ff.).

Die **Nutzung hieraus resultierender Ermessensspielräume** stellt bilanzpolitisch eine wichtige Kategorie von möglichen Maßnahmen zur Beeinflussung des Jahresabschlusses dar. In ihrer Wirkung entsprechen sie den determinierten Bilanzierungs- und Bewertungswahlrechten (4).

Einige **Beispiele** für bilanzpolitisch nutzbare Ermessensspielräume seien im folgenden genannt, wobei die GoB den Rahmen für die Bilanzpolitik abstecken:

- Bei der Bestimmung der **Anschaffungskosten** sind die tatsächlichen Ausgaben zu berücksichtigen, die notwendig waren, um das betreffende Vermögensgut bestimmungsgemäß einsatzbereit zu machen. Dabei entstehen in speziellen Fällen Ermessensspielräume, so beispielsweise bei der Frage, wann Abbruchkosten bei einem gekauften Grundstück als Anschaffungskosten anzusehen sind oder wann nachträgliche Aufwendungen (Reparaturen, Umbauten), die im Zusammenhang mit früher beschafften Gegenständen gemacht werden, als Anschaffungskosten zu aktivieren sind.
- Bei der Ermittlung der **Herstellungskosten** bestehen Ermessensspielräume vor allem hinsichtlich der Höhe und Zusammensetzung der verrechneten Gemeinkostenzuschlagssätze und bei der Frage, ob von Ist-, Normal- oder Plankosten ausgegangen werden soll (vgl. auch S. 538 f.).
- Bei Orientierung an einem niedrigeren Wertansatz als den Anschaffungs- oder Herstellungskosten gemäß dem **Niederstwertprinzip** bestehen Ermessensspielräume etwa bei der Frage, welcher niedrigere Wert (Wiederbeschaffungswert, Einzelveräußerungswert, Ertragswert) anzusetzen ist. Noch größer ist der Ermessensspielraum z. B. bei der Ausfüllung des § 253 Abs. 3 HGB. Hier wird lediglich eine „**vernünftige kaufmännische Beurteilung**" gefordert, wenn bei Gegenständen des Umlaufvermögens zur Vermeidung **künftiger** Wertschwankungen ein noch niedrigerer Wert, als er sich nach dem Niederstwertprinzip ergeben würde, angesetzt wird (S. 538). Nichtkapitalgesellschaften haben sogar die Möglichkeit, alle Vermögensgegenstände mit einem beliebig niedrigen Wert anzusetzen, wenn dieser Wertansatz nach „vernünftiger kaufmännischer Beurteilung" notwendig ist (§ 253 Abs. 1 HGB).
- Bei der Bemessung von Rückstellungen sind Ermessensspielräume wegen ihres Charakters als ungewisse Verbindlichkeiten naturgemäß besonders groß. Besonders deutlich wird dies bei den Rückstellungen für drohende Verluste (§§ 249 Abs. 1, 253 HGB), die nach „sorgfältiger kaufmännischer Beurteilung" gebildet werden dürfen.
- Nicht selten bestehen auch Ermessensspielräume bezüglich der **Zuordnung von Positionen zum Anlage- oder Umlaufvermögen** (z. B. bei Wertpapieren), was insofern von Bedeutung ist, als hiervon das Bild der Liquiditätslage ebenso wie die Anwendung des strengen oder gemilderten Niederstwertprinzips bestimmt wird.

(6) Bilanzpolitik umfaßt nicht nur Maßnahmen, die sich auf den Erfolgsausweis auswirken, sondern auch solche, die die **Verwendung des ausgewiesenen Jahreser-**

folgs steuern. Dies deshalb, weil hiervon das Eigenkapital, der Verschuldungsgrad und sonstige finanzielle Kennziffern tangiert werden.

Alternativen der Verwendung eines ausgewiesenen **Gewinns** sind beispielsweise bei einer Aktiengesellschaft

(a) Ausschüttung (Dividendenzahlung)
(b) Thesaurierung, und zwar entweder
  · Zuweisung in die gesetzliche Rücklage
  · Zuweisung in die freiwillig zu bildende Rücklage (andere Rücklagen) oder
  · Zuweisung in die satzungsmäßige Rücklage.

Infolge des gemäß dem neuen Handelsrecht geänderten Bilanzierungsschemas sowie der Umbenennung und inhaltlichen Änderung der einzelnen Eigenkapitalpositionen im Verhältnis zum bisherigen Aktienrecht erfolgt bei der Thesaurierung der Ausweis unter die „Gewinnrücklagen", während nach altem Aktienrecht die thesaurierten Beträge unter die „offenen Rücklagen" ausgewiesen werden. Diese offenen Rücklagen setz(t)en sich aus der Summe der Gewinnrücklagen und der Kapitalrücklagen sowie ggfs. der Wertaufholungsrücklage zusammen. In den Unterpositionen der Gewinnrücklagen werden die einzelnen auf freiwilliger, gesetzlicher und statutarischer Basis gebildeten Rücklagen ausgewiesen (vgl. S. 518f.).

Es muß nicht betont werden, daß zwischen der **offenen** und der **stillen Rücklagenpolitik** enge **Interdependenzen** bestehen:

Je größer der vorhandene Spielraum bei der Bildung stiller Reserven genutzt wird, um so geringere Möglichkeiten bestehen (ceteris paribus), offene Rücklagen zu bilden. Umgekehrt ist die Notwendigkeit, offene Rücklagen aufzulösen (ceteris paribus) um so geringer, je stärker im Vorfeld der Gewinnermittlung vormals gelegte stille Reserven aufgelöst werden.

Unterschiede zwischen offener und stiller Rücklagenpolitik bestehen einmal darin, daß letztere relativ unbemerkt für Außenstehende vollzogen werden kann und zum anderen darin, daß (bei steuerlicher Anerkennung) stille Reserven steuerfrei gebildet werden können. Eine Ausnahme bei den offenen Rücklagen bilden lediglich die steuerfreien „Sonderposten mit Rücklageanteil".

Detaillierte Vorschriften zur Bildung, Auflösung und Ausweis von offenen Rücklagen (Gewinn- und Kapitalrücklagen) sehen zum einen das neue Handelsrecht sowie das Aktiengesetz vor. Dabei wird deutlich, daß die Spielräume, insb. bei Aktiengesellschaften für eine vom Vorstand und Aufsichtsrat betriebene offene Rücklagenpolitik relativ eng begrenzt sind (vgl. Abb. 289):

Achtes Kapitel: Bilanzen

Rücklagenart	Aufgaben	Bildung	Auflösung
Gesetzliche Rücklage	Ausschüttungssperre eines Teils des Gewinns zur Verlustabdeckung, wenn freie Rücklagen dafür nicht ausreichen	(1) Zuführung von 5% des um einen Verlustvortrag geminderten Jahresüberschusses, bis gesetzliche Rücklage und Kapitalrücklage zusammen 10% des Grundkapitals oder den in der Satzung bestimmten höheren Teil erreicht haben (2) Einstellung der aus der Auflösung der freien Rücklagen im Falle einer vereinfachten Kapitalherabsetzung gewonnenen Beträge (nur bedingt möglich)	(1) Solange gesetzliche Rücklage und Kapitalrücklagen zusammen nicht den zehnten oder den in der Satzung bestimmten höheren Teil des Grundkapitals übersteigen; zum Ausgleich eines Jahresfehlbetrages nur nach Verwendung eines Gewinnvortrags und nach Auflösung aller freien Rücklagen; zum Ausgleich eines Verlustvortrages, soweit es nicht durch einen Jahresüberschuß gedeckt ist und nicht durch Auflösung anderer Gewinnrücklagen ausgeglichen werden kann (2) Nach Überschreitung der gesetzlichen oder satzungsmäßigen Mindesthöhe des Grundkapitals Verwendungsmöglichkeiten zum Ausgleich eines Jahresfehlbetrages, Verlustvortrages (beides nur bedingt möglich) und zur Kapitalerhöhung aus Gesellschaftsmitteln
Kapitalrücklage (Bildung gesetzlich vorgeschrieben)	Ausschüttungssperre	(1) Zuweisung aus dem Agio, das bei der Ausgabe von Aktien und Wandelschuldverschreibungen erzielt wird (2) Zuzahlungen von Aktionären (3) Einstellung der aus der vereinfachten Kapitalherabsetzung gewonnenen Beträge (nur bedingt möglich)	siehe oben
Rücklage für eigene Aktien	Ausschüttungssperre, da durch den Kauf der Aktien das Eigenkapital abnimmt	Zuführung in Höhe der aktivierten Position „Eigene Aktien"	(1) wenn die eigenen Aktien ausgegeben, wieder veräußert oder eingezogen werden (2) bei Abschreibungen auf die Position „Eigene Aktien"
Andere Rücklagen (freie Rücklagen)	Unternehmenssicherung, Selbstfinanzierung, Substanzerhaltung, teilweise keine Zweckbindung	(1) Thesaurierung nicht entnommener, um Steuern gekürzter Gewinne; nach § 58 Abs. 2 AktG durch Vorstand und Aufsichtsrat in Höhe von 50% des um einen Verlustvortrag und die Zuführung zur gesetzlichen Rücklage gekürzten Jahresüberschusses zuläs-	(1) zum Verlustausgleich (2) zur Gewinnausschüttung (z. B. Dividendenstabilisierung) (3) zur Kapitalerhöhung aus Gesellschaftsmitteln (4) bei Bildung nach (2) und (3) soweit der ihr entsprechende Passivposten bei der

Rücklagenart	Aufgaben	Bildung	Auflösung
		sig; Hauptversammlung kann durch Beschluß Teile des Bilanzgewinns zusätzlich zuführen	steuerlichen Gewinnermittlung aufzulösen ist
		(2) ggfs. „besondere Rücklage" im Zusammenhang mit Nutzung steuerlicher Möglichkeiten	
		(3) Eigenkapitalanteil von Wertaufholungen bei Vermögensgegenständen des Anlage- und Umlaufvermögens	
Satzungsmäßige Rücklagen	wie gesetzlich oder andere Rücklagen, ggfs. Zweckbindung	gesonderte Rücklage in Ergänzung zur gesetzlichen und anderen Rücklagen	nach Satzungsbestimmungen

Abb. 289 Aufgaben, Bildung und Auflösung offener Rücklagen

(7) Die **Art der Präsentation des Jahresabschlusses** wird in erster Linie von publizitätspolitisch motivierten Zielen der Bilanzpolitik gesteuert. Dabei stehen grundsätzlich zwei Kategorien von Parametern zur Verfügung:
- die Gliederung einzelner Jahresabschlußpositionen und
- die inhaltliche Aufmachung des Geschäftsberichts.

Eine auf **passive Publizität** bedachte Bilanzpolitik ist dadurch gekennzeichnet, daß sie lediglich die **Mindestanforderungen,** die von Gesetz und GoB an die Art der Präsentation des Jahresabschlusses gestellt werden, erfüllt. Dazu zählt, daß die Gliederungsvorschriften restriktiv ausgelegt und angewendet werden und daß der Anhang nur die vorgeschriebenen Mindesterläuterungen enthält (vgl. S. 526 ff.).

Bei **aktiver Publizität** hingegen wird der Informationsgehalt des Jahresabschlusses freiwillig über die Mindestvorschriften hinaus erhöht. Der Anhang enthält hier eine Fülle zusätzlicher Angaben, die das Verständnis der einzelnen Jahresabschlußpositionen verbessern helfen bzw. die über alle solche Tatbestände Auskunft geben, die in der Bilanz und der Gewinn- und Verlustrechnung nicht ersichtlich sind, für die Beurteilung der Vermögens- und Ertragslage des Unternehmens aber Bedeutung haben. Die **Gliederung der Jahresabschlußpositionen** ist darüber hinaus so ausgelegt, daß die einzelnen Komponenten des Erfolgssaldos und der finanziellen Lage des Unternehmens weitgehend ersichtlich sind. Dazu gehört
- der Ausweis von Zu- und Abgängen sowie Zu- und Abschreibungen (wie beim Anlagevermögen vorgeschrieben) überall dort, wo es für den Bilanzleser zweckdienlich ist;
- der Ausweis von Wertberichtigungen (anstelle von direkten Abschreibungen);
- die Aufspaltung von Aufwands- und Ertragsarten nach betriebspolitischen Gesichtspunkten;
- die stärkere Betonung des Fristenmerkmals bei den Aktiva und Passiva;
- die Trennung von finanzwirksamen Transaktionen und Umwertungen (zur Ermittlung des finanziell fundierten Erfolgs).

(8) Während sich die Bilanzpolitik bei passiver Publizität auf die Veröffentlichung der Kernelemente des Jahresabschlusses (Bilanz, Gewinn- und Verlustrechnung und soweit vorgeschrieben Geschäftsbericht) beschränkt, geht eine auf aktive

Publizität bedachte Bilanzpolitik hierüber hinaus, indem **Ergänzungsrechnungen zum Jahresabschluß veröffentlicht werden.** Zu solchen Ergänzungsrechnungen, die an sich die gleiche Funktion haben wie eine verbesserte Gliederung von Jahresabschlußpositionen oder eine Erhöhung des Informationsangebots im Geschäftsbericht, zählen

· Kapitalflußrechnungen,
· Wertschöpfungsrechnungen und
· Sozialbilanzen.

(a) **Kapitalflußrechnungen** stellen Zeitraumrechnungen dar, bei denen im Gegensatz zur zeitpunktbezogenen Bilanz nicht Bestände an Vermögen und Kapital, sondern Bestandsveränderungen bzw. die zugrundeliegenden Bewegungen (Umsätze) ausgewiesen werden. Im Gegensatz zur Gewinn- und Verlustrechnung, bei der es sich ebenfalls um eine Zeitraumrechnung handelt, sind Kapitalflußrechnungen nicht auf erfolgswirksame Vorgänge fixiert, sondern weisen Finanzmittelbewegungen aus.

Die Aufgabe einer Kapitalflußrechnung besteht darin, die im üblichen zweiteiligen Rechnungssystem fehlende **Finanzrechnung** (vgl. S. 485 ff.) zu ersetzen, was auch ihre Bezeichnung als **dritte Jahresrechnung** rechtfertigt: **Sie ergänzt die herkömmlichen Jahresabschlußrechnungen um die spezifische finanzwirtschaftliche Dimension abgelaufener Geschäftsvorgänge.**

Die Veröffentlichung von Kapitalflußrechnungen verbessert die Möglichkeiten der (externen) Bilanzanalyse dort, wo finanzielle Erkenntnisziele im Vordergrund stehen:

· Kapitalflußrechnungen erleichtern das Nachvollziehen der Finanzierungsströme (insbesondere die Ermittlung des Innenfinanzierungsvolumens) und der Investitionsprozesse;
· Kapitalflußrechnungen schaffen eine verbesserte Grundlage zur Beurteilung der Liquiditäts- sowie der finanziell fundierten Ertragsentwicklung.

Von einer Kapitalflußrechnung wird häufig schon gesprochen, wenn materiell lediglich eine Veränderungs- oder Bewegungsbilanz vorliegt (vgl. S. 499 ff.).

Bei einer **Veränderungsbilanz** werden die Nettobestandsveränderungen, die sich für jede Bilanzposition gegenüber der Vorjahresbilanz ergeben, erfaßt und nach dem Kriterium **Mittelherkunft** und **Mittelverwendung** angeordnet. Dagegen erfaßt eine **Bewegungsbilanz** (bei sonst gleichem Aufbau wie eine Veränderungsbilanz) die Umsätze auf den einzelnen Bilanzkonten unsaldiert. Während sie dadurch eine echte Ergänzung zum veröffentlichten Jahresabschluß darstellt, liefert eine Veränderungsbilanz keine zusätzlichen Informationen, da sie die veröffentlichten Daten nur nach einem anderen Kriterium gruppiert.

Abb. 290 zeigt die Unterschiede zwischen einer Veränderungs- und einer Bewegungsbilanz.

Das Zentralproblem beider Rechnungen besteht darin, daß sie keine systematische Abgrenzung zwischen finanzwirksamen und lediglich erfolgswirksamen Bewegungen liefern (so werden Abschreibungen etwa als Mittelherkunft interpretiert, obgleich mit Abschreibungen keine unmittelbar finanzwirksamen Bewegungen verbunden sind). Um diesen Einwand zu berücksichtigen und die finanzwirksamen Bewegungen systematisch aus dem gesamten Zahlenmaterial der Finanzbuchhaltung bzw. der Abschlußrechnungen abzuleiten, enthalten **Kapitalflußrechnungen**

Veränderungsbilanz		Bewegungsbilanz	
Mittelverwendung	Mittelherkunft	Mittelverwendung	Mittelherkunft
Aktivzunahmen (+A) Passivabnahmen (-P)	Passivzunahmen (+ P) Aktivabnahmen (-A)	Sollumsätze auf Aktivkonten (+ A) Sollumsätze auf Passivkonten (-P)	Habenumsätze auf Passivkonten (+ P) Habenumsätze auf Aktivkonten (-A)

Abb. 290 Unterschiede zwischen Veränderungs- und Bewegungsbilanz

i.e.S. auch die Umsätze auf Erfolgskonten bzw. finanziell wirksame Aufwendungen und Erträge.

Abb. 291 zeigt eine solche Kapitalflußrechnung auf der Grundlage eines einfachen Zahlenbeispiels. Einem Vorschlag von *Busse von Colbe* (1966) entsprechend handelt es sich dabei um eine **fondsgebundene Kapitalflußrechnung (Fondsrechnung)**, bei der die Finanzmittelbewegungen in vier funktionale Bereiche (= Fonds)

- Umsatzbereich
- Anlagenbereich
- Kapitalbereich
- Geldbereich

zusammengefaßt werden. Durch Fondsbildung erhöht sich der Aussagewert einer Kapitalflußrechnung insofern, als

- Veränderungen in den einzelnen Fonds hinsichtlich Höhe und Struktur sowie
- die Quellen der Fondsmittelzuflüsse und die Verwendung der Fondsmittelabflüsse aufgezeigt werden können.

Das Zahlenbeispiel (Abb. 291) zeigt auch deutlich, wie reine verrechnungstechnische Posten (wie Abschreibungen und Rückstellungsdotierungen), die zwar die Erfolgsermittlung beeinflussen, denen aber keine Finanzmittelbewegungen zugrundeliegen, konsequent aus der Kapitalflußrechnung herausgehalten werden. Damit zwangsläufig verbunden ist allerdings die Notwendigkeit einer **vollen Offenbarung bilanzpolitischer Maßnahmen,** die zum Zwecke der Gewinnregulierung eingesetzt worden sind. Nicht zuletzt deshalb werden Kapitalflußrechnungen, die eine saubere Isolierung verrechnungstechnischer Posten vornehmen, in der Praxis höchst selten veröffentlicht.

(b) Wertschöpfungsrechnungen sind in ihrem Kern Verteilungsrechnungen. Im Gegensatz zu den beiden üblichen Jahresabschlußrechnungen, die das Verteilungsproblem lediglich verkürzt vor dem Hintergrund Eigenkapitalgeber- respektive Unternehmerposition sehen (indem sie die Frage nach der Höhe des Gewinns und seiner Ausschüttung bzw. Einbehaltung beantworten), sind Wertschöpfungsrechnungen umfassender ausgelegt. Sie ermitteln zum einen den **Beitrag der Unternehmung zum Sozialprodukt** (als Summe der in einer Periode geschaffenen wirtschaftlichen Werte), und zum anderen zeigen sie auf, **bei wem und in welcher Höhe die geschaffenen Werte zu Einkommen geworden sind.**

Der Begriff der einzelwirtschaftlichen Wertschöpfung wird nicht einheitlich definiert. Im Grundsatz gilt aber, daß er von zwei Seiten her bestimmt werden kann.

Achtes Kapitel: Bilanzen

Kapitalflußrechnung (in TDM)

	Aufwendungen	Erträge	+A/-P	-A/+P	Mittelherkunft	Mittelverwendung	Saldo
A. Umsatzbereich							
1. Umsatzerlöse		3160			+ 3160		
2. Bestandserhöhungen an Halb- und Fertigerzeugnissen		250	250				
3. Material	1050		100			– 1150	
4. Personal	1643		50			– 1443	
5. Zinsen	200					– 200	
6. Steuern	154			250		– 154	
7. Saldo							+ 213
B. Anlagenbereich							
1. Veräußerung von Anlagen		10		40	+ 50		
2. Abschreibungen	253			253			
3. Erhöhung des Anlagenbestands			380			– 380	
4. Saldo							– 330
C. Kapitalbereich							
1. Einnahmen aus Kapitalerhöhung				80	+ 80		
2. Dividende			63			– 63	
3. Aufnahme langfristiger Darlehenskredite				173	+ 173		
4. Saldo							+ 190
D. Geldbereich							
1. Abnahme kurzfristiger Forderungen				7	+ 7		
2. Abnahme kurzfristiger Verbindlichkeiten			30			– 30	
3. Zunahme der liquiden Mittel			50			– 50	
4. Saldo							– 73
Jahresüberschuß			–	120			
					+ 3470	– 3470	0

Abb. 291 Beispiel einer fondsgebundenen Kapitalflußrechnung

[1] Von der **Entstehungsseite** der Wertschöpfung her ergibt sich grundsätzlich folgendes Schema:

    Gesamtleistung der Periode (lt. GuV-Rechnung)
  − **Vorleistungen** (vor allem Materialeinsatz und Abschreibungen als Ausdruck der Wertschöpfung anderer Betriebe bzw. früherer Perioden)

= **Wertschöpfung**

[2] Von der **Verwendungsseite** her erfolgt die Berechnung dagegen im Grundsatz wie folgt:

    Leistungen an Mitarbeiter (Lohn und Gehalt, Sozialaufwand, Pensionen)
  + Leistungen an Aktionäre (Dividenden)
  + Leistungen an Darlehensgeber (Zinsen)
  + Leistungen an die öffentliche Hand (Steuern)
  + im Unternehmen verbleibende (einbehaltene) Gewinne

= **Wertschöpfung**

Kombiniert man die Entstehungsseite mit der Verwendungsseite in einem einheitlichen Rechnungsschema, so entsteht hieraus eine **Wertschöpfungsrechnung.** Eine solche findet in der Praxis als eine Ergänzung zur Bilanz und Gewinn- und Verlustrechnung zunehmend Verbreitung. Zwei Gründe mögen hierfür besonders maßgeblich sein:

· Eine Wertschöpfungsrechnung schärft den Blick für die notwendige Erkenntnis, daß nicht mehr Einkommen verteilt werden kann, als zuvor erwirtschaftet wurde.

· Eine Wertschöpfungsrechung zeigt angesichts des im allgemeinen nur geringen Prozentsatzes der (variablen) Gewinnanteile an der Wertschöpfung die schmale Basis für (relative) Einkommensumschichtungen zugunsten der Arbeitnehmer oder des Staates.

(c) Wertschöpfungsrechnungen stellen den ersten Schritt zu einer **Sozialbilanz** dar, die aber noch konsequenter die gesellschaftliche Einbettung der Unternehmung zu erfassen trachtet (vgl. S. 499 ff.).

Sozialbilanzen dienen von ihrer Konzeption her der regelmäßigen und systematischen Berichterstattung über den „gesellschaftlichen Nutzen" der Unternehmensaktivitäten und über die dabei verursachten „sozialen Kosten". Während **gesellschaftlicher Nutzen** zum Beispiel

· in der Schaffung, Erhaltung und Steigerung von Einkommenschancen für die Beschäftigten,
· in der Sicherung der Energieversorgung,
· in der Erfüllung von Gemeinschaftsaufgaben,
· in der Ausbildung von Schulabsolventen

gesehen werden kann, sind mit **sozialen Kosten** solche Schäden gemeint, die aus den Unternehmensaktivitäten resultieren und das Gemeinwesen als Ganzes bzw. Teile hiervon belasten. Beispiele hierfür können sein:

· Lärmbelästigung für die Anwohner,
· Beeinträchtigung der Grund- und Flußwasserqualität,
· Gesundheitliche Gefährdungen der Beschäftigten,
· Belastungen des öffentlichen Straßennetzes durch den Werksverkehr.

Das alles überschattende Zentralproblem von Sozialbilanzen ist natürlich das der Bewertung der positiven und negativen Aspekte der Unternehmenstätigkeit. Denn da es sich in Sozialbilanzen gerade um solche Tatbestände handelt, die nicht marktmäßig bewertet werden, **sind solche Bewertungen zwangsläufig mit erheblicher Subjektivität behaftet** (vgl. S. 4f.). In der Praxis behilft man sich daher auch in der Weise, daß man lediglich die pagatorisch determinierten Leistungen an die Belegschaft, Öffentlichkeit usw. erfaßt und den (vermeintlichen) Nutzen dieser Aufwendungen für die Betroffenen bzw. für die Gesellschaft verbal hinzufügt. Da man darüber hinaus etwaige negative Komponenten der Unternehmensaktivitäten in den Sozialbilanzen der Praxis üblicherweise stillschweigend übergeht, handelt es sich dann allerdings um kaum mehr als um **positiv gefärbte Sozialberichte**.

3. Die optimale Kombination bilanzpolitischer Instrumente

Der Einsatz der dargestellten alternativen bilanzpolitischen Instrumente ist im Hinblick auf die Ziele der Bilanzpolitik zu **optimieren**. Dies ist jedoch eine **höchst komplexe** Aufgabenstellung, denn

- zum einen wird bei der Bilanzpolitik noch deutlicher als bei anderen Entscheidungen, daß eine Optimierung letztlich nur im Rahmen einer Mehrperiodenbetrachtung möglich ist, und zwar paradoxerweise deshalb, weil Bilanzpolitik ja erst durch die Aufteilung der Totalperiode in einzelne Geschäftsjahre möglich wird;
- zum anderen wird in der Regel eine Mehrheit bilanzpolitischer Ziele verfolgt, die sich wegen bestehender Interdependenzen nicht immer gleichzeitig realisieren lassen, und es steht eine Vielzahl alternativer Instrumente zur Verfügung, die unterschiedliche Zielrealisierungsqualitäten aufweisen.

Erschwerend kommt hinzu, daß bilanzpolitische Entscheidungen unter **Unsicherheit** gefällt werden müssen. Solche Unsicherheiten können sich dabei u. a. beziehen

- auf die möglichen kurz- und langfristigen **Reaktionen** der Bilanzadressaten etwa bei dem Versuch, die Kreditwürdigkeit durch Bilanzpolitik zu verbessern oder die (freiwillige) Publizität einzuschränken,
- auf die **zukünftige Gewinnentwicklung**, deren präzise Kenntnis für eine optimale bilanzpolitische Gewinnregulierung eigentlich unumgänglich ist,
- auf das optimale „Timing" bilanzpolitischer Maßnahmen, die zeitlich nicht gebunden sind, zugleich aber nicht beliebig wiederholt werden können.

Um diese Schwierigkeiten einer Optimierung der Bilanzpolitik zu demonstrieren, sei das Problem der **Zielinterdependenz bilanzpolitischer Maßnahmen** exemplarisch herausgegriffen.

Die finanzpolitisch motivierte Nutzung bilanzpolitischer Spielräume bei der Bilanzaufstellung (vgl. S. 569 ff.) wirkt sich entweder auf den Erfolgsausweis und/oder den Vermögens- bzw. Schuldenausweis aus. Infolge des Systems der Doppik bestehen zwischen der Höhe des Erfolgs, des Vermögens und der Schulden jedoch Interdependenzen, die bewirken, daß nicht alle bilanzpolitischen Ziele gleichzeitig realisiert werden können (vgl. hierzu *Wöhe* 1987). Soll z. B. der Bilanzgewinn niedriger ausgewiesen werden als der in der Periode erzielte, hat das in der Regel auch negative Konsequenzen für den (Rein-)Vermögensausweis. Denn erreicht werden kann ein niedriger Ausweis des Bilanzgewinns bekanntlich:

(a) durch **zu niedrige Bewertung des vorhandenen Vermögens bei konstantem Schuldenausweis**. Sie kann erfolgen durch:
  (aa) Nichtaktivierung von Vermögenswerten (z. B. immaterielle Wirtschaftsgüter wie Patente, Lizenzen, derivativer Firmenwert);

(bb) Unterbewertung durch zu niedrige Aktivierung (z. B. Ansatz der Herstellungskosten von Halb- und Fertigfabrikaten zu Grenzkosten, Unterbewertung von gleichartigen Vorräten durch Anwendung fiktiver Verbrauchsfolgeunterstellungen, z. B. Lifo-Methode bei permanent steigenden Wiederbeschaffungskosten);
(cc) Unterbewertung durch zu hohe planmäßige oder außerplanmäßige Abschreibungen (stark degressive Abschreibung, steuerliche Sonderabschreibungen);
(dd) Unterbewertung durch Unterlassung von Zuschreibungen (z. B. Beibehaltung früher gewählter niedrigerer Werte im Falle von Wertsteigerungen, z. B. bei Kurssteigerungen von Wertpapieren, deren Buchwerte erheblich unter den Anschaffungskosten liegen);

(b) durch **zu hohe Bewertung der vorhandenen Schulden bei konstantem Vermögensausweis**. Sie kann erfolgen durch:

(aa) Überbewertung durch zu hohe Passivierung (z. B. Rückstellungen);
(bb) Überbewertung durch Nichtherabsetzen von im Wert gesunkenen Verbindlichkeiten (z. B. Auslandsschulden);

(c) durch **Überführung von Periodengewinnen auf Rücklagekonten**. Der Ausweis des Vermögens und der Schulden wird nicht berührt;

(d) durch **Antizipation von Aufwand, der zukünftige Perioden betrifft** (z. B. Nichtaktivierung eines bei der Aufnahme von Verbindlichkeiten entstehen Disagios oder Damnums unter den Posten der Rechnungsabgrenzung).

Im Fall (a) wird das Ziel der Minderung des Gewinnausweises durch einen niedrigeren Vermögensausweis erkauft; im Fall (b) wird zwar das Bilanzvermögen nicht reduziert, doch stehen ihm dafür überhöhte Schulden gegenüber, was per Saldo den gleichen Effekt wie (a) hat; im Fall (c) schließlich wird die Erhöhung des Eigenkapitals (des Reinvermögens) mit einer höheren Steuerbelastung bezahlt, die wiederum den Erfolgsausweis schmälert. Lediglich im Fall (d) wird der Vermögensausweis trotz einer Minderung des Gewinnausweises nicht berührt, es sei denn aktive Posten der Rechnungsabgrenzung werden in das Bilanzvermögen als Vorleistungen eingerechnet.

Fragen und Aufgaben zur Wiederholung (S. 567–588)

1. *Geben Sie eine Übersicht über die Hauptziele der Bilanzpolitik!*
2. *Wann liegt ein Gewinn nach der nominalen, wann nach der realen Kapitalerhaltungskonzeption vor?*
3. *Wie entsteht ein Scheingewinn, und wie läßt sich seine Ausschüttung vermeiden? Welches Problem entsteht in diesem Zusammenhang aus der Steuergesetzgebung?*
4. *Erläutern Sie Wesen und Technik einer Politik der Dividendenstabilität!*
5. *In welchen speziellen Ausprägungen kann das Ziel „Steuerlastminimierung" auftreten?*
6. *Skizzieren Sie die Verknüpfung von Handels- und Steuerbilanz durch das Maßgeblichkeitsprinzip!*
7. *Welche konkreten Ansatzpunkte kann das bilanzpolitische Ziel „Pflege der Kreditwürdigkeit" haben?*
8. *Charakterisieren Sie die publizitätspolitischen Ziele der Bilanzpolitik!*
9. *Geben Sie eine Übersicht über die Instrumente der Bilanzpolitik!*
10. *Welche besonderen bilanzpolitischen Möglichkeiten haben Saisonbetriebe?*

11. Welche bilanzpolitischen Überlegungen können für die Wahl des Bilanzvorlagetermins maßgebend sein?
12. Charakterisieren Sie die bilanzpolitisch motivierten Transaktionen vor dem Bilanzstichtag, und nennen sie wichtige Kategorien von Maßnahmen!
13. Welche Rolle spielen die gesetzlich determinierten Bilanzierungs- und Bewertungswahlrechte für die Bilanzpolitik, und in welcher Weise sind sie einzusetzen, wenn (a) der auszuweisende Jahresgewinn erhöht oder (b) verringert werden soll?
14. Nennen Sie Beispiele für handelsrechtliche Ermessensspielräume, die sich bilanzpolitisch nutzen lassen!
15. Welche Alternativen der Verwendung eines ausgewiesenen Gewinns sind gegeben, und welche Beziehungen bestehen zur stillen Rücklagenpolitik?
16. Geben Sie eine Übersicht über Aufgaben, Bildung und Auflösung offener Rücklagen!
17. Welche Auswirkungen hat die Bilanzpolitik auf die Präsentation des Jahresabschlusses?
18. Durch welche Rechnungen läßt sich der herkömmliche Jahresabschluß ergänzen?
19. Inwiefern verbessern Kapitalflußrechnungen die Möglichkeiten der (externen) Bilanzanalyse?
20. Charakterisieren Sie Gemeinsamkeiten und Unterschiede der Veränderungs- und Bewegungsbilanz!
21. Welche weitergehenden Informationen enthält eine Kapitalflußrechnung i.e.S. gegenüber obengenannten Rechnungen?
22. Skizzieren Sie das Schema einer fondsgebundenen Kapitalflußrechnung (nach Busse von Colbe)!
23. Warum zwingt die Kapitalflußrechnung zur Offenlegung bilanzpolitischer Gewinnregulierungsmaßnahmen?
24. Welche Funktionen haben Wertschöpfungsrechnungen?
25. Stellen Sie die zwei Ansätze zur Ermittlung der einzelwirtschaftlichen Wertschöpfung dar!
26. Welche Größen werden in einer Sozialbilanz gegenübergestellt? Nennen Sie einige Beispiele!
27. Worin besteht die grundsätzliche Problematik von Sozialbilanzen?
28. Welche Probleme entstehen beim Streben nach einem optimalen Einsatz bilanzpolitischer Instrumente?
29. Inwiefern wirken sich die Möglichkeiten zur Minderung des Gewinnausweises auch auf den Vermögensausweis aus?

Literaturhinweise:

Börner, D., Krawitz N. (1986)
Busse von Colbe, W. (1966)
Coenenberg, A.G. (1991a)
Dieckmann, K. (1970)
Federmann, R. (1990)
Harder, U. (1962)
Hauschildt, J. (1976)
Kandlbinder, H.K. (1973)

Käfer, K. (1984)
Kosiol, E. (1977)
Kottke, K. (1978)
Lücke, W. (1969)
Pieroth, E. (Hrsg.) (1978)
Vogler, G., Mattes, H. (1976)
Wöhe, G. (1987)
Wöhe, G. (1990a)

III. Bilanzanalyse

1. Erkenntnisziele, Grenzen und Stufen der Bilanzanalyse
2. Aufbereitung des bilanzanalytischen Zahlenmaterials
3. Bildung und Berechnung von Bilanzkennzahlen
4. Durchführung von Kennzahlenvergleichen

1. Erkenntnisziele, Grenzen und Stufen der Bilanzanalyse

Der durch Bilanzpolitik materiell und formal beeinflußte Jahresabschluß ist Ausgangspunkt für die Bilanzanalyse, wobei vor allem bei externer Analyse häufig Schwierigkeiten auftreten, die Grenzen zwischen „Bilanzwahrheit" und „Bilanzlüge" zu erkennen und damit zutreffende **Erkenntnisse** über

- die Ertragslage und -entwicklung der Unternehmung,
- die Art und Struktur der Mittelherkunft und Mittelverwendung,
- das Ausmaß realisierter Kapitalerhaltung sowie über
- die finanzielle Lage und Entwicklung

aus den vorliegenden Jahresabschlußinformationen zu gewinnen. Es sind aber nicht nur Einflüsse der Bilanzpolitik, die das Ergebnis von Bilanzanalysen verfälschen können. Vielmehr lassen sich viele Determinanten, die für das Auseinanderklaffen von Informationsbedarf und Informationsangebot bei Bilanzanalysen verantwortlich sind, aus dem spezifischen Charakter von Jahresabschlußrechnungen selbst ableiten.

Zu den wichtigsten **Grenzen** der Bilanzanalyse zählen (vgl. auch *Leffson* 1984):

(1) **Mangelnde Zukunftsbezogenheit der Daten.** Die Bilanzdaten beziehen sich auf einen abgeschlossenen, vergangenen Zeitraum, der in der Regel ein Geschäftsjahr umfaßt. Etwaige bilanzgestützte Aussagen über die zukünftige Ertrags- und Finanzentwicklung der Unternehmung (als einem wichtigen Erkenntnisziel der Bilanzanalyse) beruhen zwangsläufig auf der Annahme, daß eine in der Vergangenheit sichtbare Tendenz in die Zukunft extrapoliert werden kann. Erschwerend kommt hinzu, daß die Daten meist erst eine geraume Zeit nach dem Bilanzstichtag verfügbar sind.

(2) **Mangelnde Vollständigkeit und Bestimmtheit der Daten.** Ein vollständiges und detailliertes Bild der wirtschaftlichen Lage der Unternehmung kann der Jahresabschluß nur in sehr begrenzter Weise liefern. Dies hat seinen maßgeblichen Grund darin, daß Jahresabschlüsse nur einen Teil der Komponenten abbilden, die die wirtschaftliche Lage einer Unternehmung bestimmen. So liefert die Bilanzanalyse zum Beispiel keine Hinweise zur Beurteilung des Managementsystems (Planungs-, Organisations-, Kontroll-, Informations- und Führungssystems). Abgebildet werden lediglich die (vermeintlichen oder tatsächlichen) finanziell-monetären Auswirkungen eingeleiteter oder bereits vollständig vollzogener Geschäftstransaktionen. Und selbst dieser Komplex kann in der Bilanzanalyse (zumindest wenn der Jahresabschluß sich an die gesetzlichen Mindestvorschriften hält) wegen der unzureichenden Detaillierung der Abschlußinformationen meist nur relativ undifferenziert beurteilt werden.

(3) **Mangelnde „Objektivität" der Daten.** Jahresabschlußinformationen sind grundsätzlich nur in dem Sinne als wahr zu bezeichnen, als sie (bestenfalls) willkürfrei und intersubjektiv überprüfbar aus dem Zahlenmaterial der Buchhaltung entwickelt worden sind. Eine im strengen Sinne objektive Unterrichtung des Bilanzempfängers über die Vermögens- und Ertragslage der Unternehmung scheitert an einer Reihe von Gründen:

- Die Ermittlung von Periodenerfolgen beruht auf einer Fiktion über den „richtigen" Wert der bilanzierten Güter bzw. der als Aufwand verrechneten Wertminderungen.
- Die Nutzung bilanzpolitischer Spielräume zur Realisierung finanzpolitischer Ziele der

Unternehmung läuft in der Regel dem Streben nach wahrhaftiger Unterrichtung der Bilanzaddressaten zuwider.
• Die Orientierung der Jahresabschlußrechnung am Nominalwertprinzip führt bei Geldwertschwankungen zu einer Verfälschung des Gewinn- und Vermögensausweises.

Im Rahmen dieser Grenzen hat die (externe) Bilanzanalyse zu operieren. Sie stützt sich dabei im wesentlichen auf Kennzahlen, die nach entsprechender Aufbereitung des Datenmaterials gewonnen und einander gegenübergestellt werden. Die Bilanzanalyse läuft also (grob gesprochen) dreistufig ab:

[1] Aufbereitung der zugrundegelegten Jahresabschlüsse
[2] Ermittlung von (Bilanz-)Kennzahlen
[3] Durchführung von Kennzahlenvergleichen.

Dieses dreistufige Schema wird im folgenden verwendet, um die Methodik von Bilanzanalysen im einzelnen zu charakterisieren.

2. Aufbereitung des bilanzanalytischen Zahlenmaterials

Zur Aufbereitung des Jahresabschlusses gehört die Zusammenfassung und Saldierung von Posten zu aussagefähigen und in der Kennzahlenanalyse sinnvoll verwendbaren Größen. Was dabei als zweckmäßig anzusehen ist, kann nicht allgemeingültig festgelegt werden, denn das hängt in erster Linie von der Art der verwendeten Kennzahlen und der durchzuführenden Kennzahlenvergleiche ab.

Im folgenden werden daher lediglich einige Beispiele für die Aufbereitung von Bilanzpositionen und Positionen der Erfolgsrechnung einer großen Kapitalgesellschaft genannt. Dabei wird von den Bilanz- und GuV-Gliederungsvorschriften des neuen Rechts sowie dessen Terminologie und Positionskennzeichnung ausgegangen.

Die Aufbereitung von Bilanzpositionen dient vor allem ihrer Reduzierung auf zentrale Grundbegriffe der Bilanz (wie Umlaufvermögen, Eigenkapital u. ä.). Daneben erfolgt gegebenenfalls (sofern für den bilanzanalytischen Zweck erforderlich) eine Aufdeckung stiller Rücklagen und, insbesondere bei inflationärer Entwicklung, eine Umwertung der bilanzierten Vermögenspositionen von (fortgeführten) Anschaffungswerten zu (höheren) Zeitwerten.

In Anlehnung an *Coenenberg* (1992) ergeben sich folgende Berechnungsschemata für ausgewählte Bilanzgrößen (die Bezeichnungen in Klammern verweisen auf die Positionen nach § 266 HGB, vgl. S. 512ff.). Erwähnt sei, daß ein Teil der Größen direkt aus der Bilanz zu entnehmen ist.

(1) Umlaufvermögen (UV)
 = Vorräte (B.I.)
 + Forderungen und sonstige Vermögensgegenstände (B.II.)
 + Wertpapiere (des Umlaufvermögens) (B.III.)
 + aktive Posten der Rechnungsabgrenzung (C)
 − aktiviertes Disagio (soweit dem Jahresabschluß zu entnehmen)

(2) Warenforderungen
 = Forderungen aus Lieferungen und Leistungen (B.II.1)
 + Forderungen gegen verbundene Unternehmen (B.II.2)
 + Forderungen gegen Unternehmen, mit denen ein Beteiligungsverhältnis besteht (B.II.3)

(3) monetäres Umlaufvermögen
= Umlaufvermögen (wie unter (1) definiert)
− Vorräte (B.I.)

(4) liquide Mittel
= Schecks, Kassenbestand, Bundesbank- und Postgiroguthaben, Guthaben bei Kreditinstituten (B.IV.)

(5) Eigenkapital
= gezeichnetes Kapital (Passiva A.I.)
+ Kapitalrücklage (Passiva A.II.)
+ Gewinnrücklagen (Passiva A.III.)
+ Gewinnvortrag (Passiva A.IV.)
+ $^1/_2$ Sonderposten mit Rücklagenanteil (§ 247 Abs. 3, § 273 HGB)
− ausstehende Einlagen auf das gezeichnete Kapital (gesonderter Ausweis auf der Aktivseite vor Anlagevermögen, wenn nicht auf der Passivseite offen von A.I. abgesetzt)
− Jahresfehlbetrag
+ Anteil des Jahresüberschusses, der den Rücklagen zugewiesen wurde
− aktiviertes Disagio (wenn bei dem Rechnungsabgrenzungsposten C. ausgewiesen)
− eigene Anteile B.III.3.)

Der Anteil des Jahresüberschusses, der den Rücklagen zugeführt wurde, ergibt sich bei Aktiengesellschaften aus der GuV. Wird die Bilanz nach teilweiser oder vollständiger Verwendung des Jahresergebnisses aufgestellt, so ergeben sich entsprechende Modifikationen des Schemas bzw. der einzelnen Werte.

(6) Fremdkapital
= Bilanzsumme
− gezeichnetes Kapital (Passiva A.I.)
− Kapitalrücklage (Passiva A.II.)
− Gewinnrücklagen (Passiva A.III.)
− Gewinnvortrag (Passiva A.IV.)
− $^1/_2$ Sonderposten mit Rücklagenanteil (§ 247 Abs. 3, § 273 HGB)
− Anteil des Jahresüberschusses, der den Rücklagen zugewiesen wurde (soweit die Bilanz vor Ergebnisverwendung aufgestellt wurde)
+ Jahresfehlbetrag (soweit die Bilanz vor Ergebnisverwendung aufgestellt wurde)

(7) Langfristiges Fremdkapital
= Verbindlichkeiten mit einer Restlaufzeit von mindestens fünf Jahren (aus Anhang!)
+ Rückstellungen für Pensionen und ähnliche Verpflichtungen (Passiva B.1. bzw. ggfs. aus Anhang)
+ $^1/_2$ Sonderposten mit Rücklagenanteil

Statt die Verbindlichkeiten mit einer Restlaufzeit von 5 Jahren aus dem Anhang zu entnehmen, könnte man direkt aus der Bilanz den Betrag der Verbindlichkeiten mit einer Restlaufzeit von mehr als 1. Jahr ermitteln und diesen Wert als Komponente des langfristigen Fremdkapitals verwenden.

(8) Effektivverschuldung
= Fremdkapital (wie unter (6) definiert)
+ Teile des Bürgschaftsobligos
− $^1/_2$ Pensionsrückstellungen (Passiva B.1.)
− Kundenanzahlungen (Passiva C.3.)
− Forderungen aus Lieferungen und Leistungen (B.II.1.)
− Forderungen gegen verbundene Unternehmen (B.II.2.)

- Forderungen gegen Unternehmen, mit denen ein Beteiligungsverhältnis besteht (B.II.3.)
- liquide Mittel (wie unter (4) definiert)

Die **Aufbereitung von Positionen der Gewinn- und Verlustrechnung** erfolgt in der gleichen Weise wie die der Bilanzpositionen. Im Kern handelt es sich hier um Fragen (a) der **Erfolgsspaltung** und (b) der **Erfolgsbereinigung**.

Zu (a): Im Rahmen der Erfolgsspaltung wird der Jahresgewinn üblicherweise in drei Komponenten zerlegt. (Die Ziffern in Klammern hinter den Erfolgsgrößen beziehen sich auf die Gliederung der GuV-Rechnung nach dem Gesamtkostenverfahren gemäß § 275 Abs. 2 HGB, vgl. S. 521 ff.):

(9) Ordentliches Betriebsergebnis (wie unter (12) definiert)
  + Finanzergebnis (wie unter (13) definiert)
  + außerordentliches Ergebnis (wie unter (14) definiert)

  = **Gesamtergebnis vor Steuern**
  − Steuern vom Einkommen und vom Ertrag (18.)
  − sonstige Steuern (19.)

  = **Jahresüberschuß/-fehlbetrag (20.)**

(10) Gesamtleistung
  = Umsatzerlöse (1.)
  + Erhöhung oder Verminderung des Bestands an fertigen und unfertigen Erzeugnissen (2.)
  + andere aktivierte Eigenleistungen (3.)

(11) Rohertrag
  = Gesamtleistung (wie unter (10) definiert)
  − Materialaufwand (5.)

(12) ordentliches Betriebsergebnis
  = Rohertrag (wie unter (11) definiert)
  − Personalaufwand (6.)
  − Abschreibungen auf immaterielle Vermögensgegenstände des Anlagevermögens und Sachanlagen sowie auf aktivierte Aufwendungen für die Ingangsetzung und Erweiterung des Geschäftsbetriebs (7. a)
  − sonstige Steuern (19.)

Die im GuV-Gliederungsschema enthaltenen Positionen „sonstige betriebliche Erträge" (4.) und „sonstige betriebliche Aufwendungen" (8.) erfassen Ertrags- und Aufwandsarten, die im allg. als „außerordentlich" klassifiziert und **hier** deshalb nicht zum ordentlichen Betriebsergebnis gezählt werden (vgl. S. 521 ff.).

(13) Finanzergebnis
  = Erträge aus Beteiligungen (9.)
  + Erträge aus Wertpapieren, Ausleihungen und sonstigen Finanzanlagen (10.)
  + sonstige Zinsen und ähnliche Erträge (11.)
  − Abschreibungen auf Finanzanlagen und auf Wertpapiere des Umlaufvermögens (12.)
  − Zinsen und ähnliche Aufwendungen (13.)

(14) außerordentliches Ergebnis
  = sonstige betriebliche Erträge (4.)
  + außerordentliche Erträge (15.)
  − Abschreibungen auf Vermögensgegenstände des Umlaufvermögens, soweit diese die in dem Unternehmen üblichen Abschreibungen überschreiten (7. b)
  − außerordentliche Aufwendungen (16.)

Die dargestellten Berechnungsschemata können ggfs. durch rechtsformspezifische Gesetzesregelungen und zusätzliche Angaben in der Bilanz oder im Anhang modifiziert bzw. verfeinert werden.

Zu (b): Mit Hilfe der handelsrechtlichen Ergebniskategorien läßt sich ein erster Einblick in die Ertragslage der Unternehmung gewinnen. Handelsrechtliche Ergebniskategorien sind zunächst der Jahresüberschuß/-fehlbetrag und der Bilanzgewinn/-verlust. Weitere Kategorien sind der Kapitalgewinn (vgl. zur Definition S. 63) sowie die drei durch Erfolgsspaltung sichtbar werdenden Komponenten des Jahresüberschusses (ordentliches Betriebsergebnis, Finanzergebnis, außerordentliches Ergebnis), wie sie auf S. 593 definiert wurden. Allerdings sind diese Größen aufgrund des spezifischen Charakters der handelsrechtlichen Rechnungslegung noch häufig **der Höhe nach verfälscht** und entsprechend zu bereinigen.

Abgesehen von der Herausrechnung eines etwaigen inflationären **Scheingewinns** aus dem Jahresabschluß durch eine parallel hierzu erstellte Tagesbeschaffungswertrechnung kann eine **Erfolgsbereinigung** prinzipiell an folgenden Punkten ansetzen:

(1) Isolierung von bilanzpolitisch motivierten Erfolgsbeeinflussungen anhand zusätzlicher Angaben des Anhangs oder aufgrund spezieller „Manipulationshypothesen" (*Leffson* 1984),

(2) Schätzung des Steuerbilanzgewinns als eine „genauere" Erfolgsgröße,

(3) Verwendung von Cash Flow-Größen als Hilfsmaßstab der Ertragskraft.

(1) Erfolgsbeeinflussende Maßnahmen der Bilanzpolitik sind von einem bestimmten Umfang an im Geschäftsbericht unter Angabe des Ausmaßes der Beeinflussung anzugeben. Für Unternehmen, die einen Anhang aufzustellen haben, fordern die neuen HGB-Vorschriften im Anhang entsprechende Angaben. Insofern eröffnet sich hier für den Bilanzanalytiker die Möglichkeit, **wesentliche Unstetigkeiten** in der Bilanzierungs- und Bewertungspraxis festzustellen und damit das Ausmaß der „Bilanzschönung" oder umgekehrt der stillen Rücklagenbildung abzuschätzen.

Allerdings wird man davon ausgehen dürfen, daß nur in den seltensten Fällen die Maßnahmen und Auswirkungen der Bilanzpolitik im Anhang vollständig quantifiziert werden. In aller Regel wird der Analytiker je nach Höhe des ausgewiesenen Periodenerfolgs **„Manipulationshypothesen"** zu prüfen haben. Einige derartige Thesen, die auf den Jahresabschluß von Aktiengesellschaften Bezug nehmen, seien kurz erwähnt (*Leffson* 1984):

· Werden den offenen Rücklagen aus dem Gewinn Beträge zugeführt, so sind möglicherweise auch stille Rücklagen gebildet worden. Indikatoren hierfür sind hohe Zuweisungen zu Rückstellungen, außerplanmäßige Abschreibungen (insbesondere auf Beteiligungen).

· Werden hingegen die offenen Rücklagen nicht erhöht oder sogar vermindert und/oder sind Rückstellungen sowie Wertberichtigungen in nennenswertem Umfang aufgelöst worden, so ist dies ein Indiz dafür, daß der ausgewiesene Jahreserfolg „geschönt" ist. Das gleiche gilt, wenn die Zuführungen zu den Pensionsrückstellungen unter der versicherungsmathematisch notwendigen Höhe liegen oder wenn Abschreibungsmöglichkeiten nicht voll genutzt werden.

· Ist zu erwarten, daß die Gesellschaft in absehbarer Zeit langfristiges Kapital aufnehmen wird – als Indikator hierfür bietet sich entweder die Höhe der kurzfristigen Verbindlichkeiten oder ein normalerweise eingehaltener Kapitalaufnahmerhythmus an – so ist zu vermuten, daß der Jahresgewinn eher an der oberen Grenze des mittels Bilanzpolitik Möglichen liegt. Denn ein günstiger Gewinnausweis ist regelmäßig die Voraussetzung für vorteilhafte Finanzierungsmodalitäten.

Achtes Kapitel: Bilanzen

(2) Da in der Steuerbilanz die Ermessensspielräume geringer sind als in der Handelsbilanz, wird als Hilfsgröße für die Bereinigung des handelsrechtlichen Periodenerfolgs auch der **geschätzte Steuerbilanzgewinn** empfohlen. Der Steuerbilanzgewinn wird dabei, legt man das HGB-Schema zugrunde, aus der Position 18. der GuV-Rechnung (Steuern vom Einkommen und vom Ertrag) indirekt ermittelt. Voraussetzung für die Anwendbarkeit der folgenden Formel ist, daß es sich um eine Kapitalgesellschaft handelt.

Zur näherungsweisen Ermittlung des Steuerbilanzgewinns wird folgende Formel empfohlen (modifiziert nach *Leffson* 1984):

$$\underbrace{SG}_{\text{Steuerbilanzgewinn}} = \underbrace{1{,}77 \, \text{EE-St}}_{\text{Steuern vom Einkommen und Ertrag}} + \underbrace{0{,}39 \, D}_{\text{Bardividende}}$$

Dieser Formel zugrunde liegt ein Körperschaftsteuersatz von 36% auf den ausgeschütteten und 50% auf den einbehaltenen Gewinn; ferner eine von sich selbst abzugsfähige Gewerbeertragsteuer mit einem Hebesatz von 300% und einer Meßzahl von 5% (vgl. S. 309ff.).

Die obige Formel leitet sich aus der Überlegung ab, daß an gewinnabhängigen Steuern (EE-St) die Körperschaftsteuer (KSt) und die Gewerbeertragsteuer (GewESt) anfallen:

(1) $\text{EE-St} = \text{KSt} + \text{GewESt}$

Die GewESt beträgt unter den gesetzten Annahmen 13,04% des Steuerbilanzgewinns SG:

(2) $\text{GewESt} = 0{,}1304 \cdot \text{SG}$

Die Grundgleichung der KSt lautet:

(3) $\text{KSt} = 0{,}5 \cdot \text{th.G}_{\text{v.St}} + 0{,}36 \, D_{\text{v.St}}$

d.h. sie beträgt 50% des zu thesaurierenden Gewinnes vor Steuern $\text{th.G}_{\text{v.St}}$ und 36% der Bardividende vor Steuern $D_{\text{v.St}}$. Diese beiden Größen sind zu ersetzen durch bekannte oder zu suchende Werte:

(3a) $\text{SG} - 0{,}1304 \cdot \text{SG} = \text{th.G}_{\text{v.St}} + D_{\text{v.St}}$
(3b) $D = D_{\text{v.St}} \cdot (1 - 0{,}36)$

Damit ergibt sich die neue Gleichung für die KSt:

(4) $\text{KSt} = 0{,}4348 \cdot \text{SG} - 0{,}21875 \cdot D$

Das Ergebnis aus (2) und (4) ist nun in Gleichung (1) einzusetzen, so daß sich für die Steuern vom Einkommen und Ertrag EE-St neu ergibt:

(5) $\text{EE-St} = 0{,}4348 \cdot \text{SG} - 0{,}21875 \cdot D + 0{,}1304 \cdot \text{SG}$

Aufgelöst nach dem Steuerbilanzgewinn SG ergibt sich die gesuchte und oben angeführte Beziehung zwischen dem gesuchten Steuerbilanzgewinn SG und den bekannten Größen Bardividende D und Steuern vom Einkommern und Ertrag EE-St.

Zu den Problemen, die die Eignung obiger Formel zur Ermittlung des „echten" Periodenerfolgs einschränken, zählen:

- Ausschüttung von Gewinnvorträgen und Rücklagen ist nicht berücksichtigt;
- Bildung und Auflösung von stillen Rücklagen im Rahmen steuerlicher Bewertungsfreiheiten und Sonderabschreibungen bleibt verborgen;

- körperschaftsteuerlicher Gewinn und die Bemessungsgrundlage für die Gewerbertragsteuer werden gleichgesetzt (keine Hinzurechnungen und Abzüge);
- Steuernachzahlungen und -vorauszahlungen verfälschen das Ergebnis.

(3) Der Begriff **Cash Flow** entstammt finanzwirtschaftlichen Denkkategorien und ist hier im wesentlichen verknüpft mit dem Begriff der eigenerwirtschafteten Mittel bzw. des Innenfinanzierungsvolumens (vgl. S. 602ff.). In der Bilanzanalyse wird der Cash Flow aber nicht nur zur Kennzeichnung von Finanzierungssachverhalten (vgl. S. 598ff.), sondern auch als ein **Indikator der Ertragskraft** verwendet, weist also einen Zweckdualismus auf.

Im Rahmen der Bilanzanalyse finden eine Reihe von Cash Flow-Kennziffern Verwendung. In Anlehnung an Leffson (1984) lauten die **drei** Grundversionen wie folgt:

	Bilanzgewinn
+	Zuführung zu Rücklagen
−	Entnahme aus Rücklagen
+	Abschreibungen

=	Cash Flow I
±	Veränderung der langfristigen Rückstellungen
±	Veränderung von Wertberichtigungen und Sonderposten

=	Cash Flow II
+	a. o. Aufwendungen
−	a. o. Erträge (ohne Auflösung langfristiger Rückstellungen)

=	Cash Flow III

Ohne auf diese unterschiedlichen Cash Flow-Definitionen, die sich noch (fast) beliebig ergänzen ließen, selbst weiter einzugehen, soll hier lediglich die grundsätzliche Frage im Vordergrund stehen, inwieweit der Cash Flow als ein (gegenüber dem ausgewiesenen Jahresgewinn verbesserter) Erfolgsindikator geeignet sein könnte.

Der Grundgedanke des erfolgsbezogenen Cash Flow-Konzepts ist der, daß in der Cash Flow-Kennziffer solche Positionen (wie Abschreibungen und Rückstellungen) enthalten sind, die erfahrungsgemäß im besonderen Maße bilanzpolitisch zur Verschleierung der tatsächlichen Gewinnentwicklung verwendet werden. Da diese Positionen nun zusammen mit dem „manipulierten" Periodenerfolg im Cash Flow erfaßt werden, neutralisiert sich die Wirkung bilanzpolitischer Maßnahmen. Argumentiert wird also, daß der Cash Flow eine Größe ist, die durch Bilanzierungs- und Bewertungsmanipulationen nicht beeinflußt werden kann. Abb. 292 verdeutlicht diesen Grundgedanken an einem einfachen Zahlenbeispiel.

So einleuchtend der Grundgedanke des Cash Flow-Konzepts ist, so **problematisch** ist seine Verwendung als Erfolgsindikator. Zwei Kritikpunkte schälen sich besonders heraus:

[1] Ohne Zweifel ist der Cash Flow seiner Natur nach nicht als Gewinn zu interpretieren, da in ihm eindeutige Aufwandspositionen wie Abschreibungen und Pensionsaufwendungen enthalten sind. Um den Cash Flow als Erfolgsgröße interpretieren zu können, bedürfte es einer **Aufspaltung** der verrechneten Aufwandspositionen in einen „echten" Aufwand und einen lediglich als Aufwand titulierten Betrag, der in Wirklichkeit Gewinn darstellt. Genau das ist aber bei externer

	Periode 1	Periode 2	Periode 3	Summe Periode 1–3
Erträge ./. Aufwendungen (ohne Abschreibungen + Rückstellungen)	1000 600	1020 670	1080 780	3100 2050

= Zwischensumme
./. Abschreibungen und Erhöhung der Rückstellungen
  a) „richtiger" Betrag
  b) „manipulierter" Betrag
	400
	
	200
	300
		350
		
		200
		200
			300
			
			200
			100
				1050
				
				600
				600

= Gewinn
  a) „richtiger" Gewinn
  b) „manipulierter" Gewinn
	200
	100
		150
		150
			100
			200
				450
				450

Cash Flow	400	350	300	1050

Abb. 292 Der Cash Flow als Erfolgsindikator

Bilanzanalyse im allgemeinen nicht möglich bzw. soll durch Verwendung des Cash Flow ja gerade umgangen werden.

[2] Argumentiert werden könnte allerdings, daß der Cash Flow zwar als isolierte Kennziffer für den besagten Zweck unbrauchbar sein mag, dafür aber als Indikator für **relative Veränderungen oder Unterschiede** in der Ertragskraft durchaus geeignet ist (wie das in Abb. 292 auch zum Ausdruck kommt). Diese Argumentation übersieht allerdings zweierlei:

- Ein Erfolgsvergleich mithilfe von Cash Flow-Kennziffern setzt voraus, daß **alle Einflüsse, die zwar den Cash Flow, nicht jedoch die Ertragskraft beeinflussen, konstant gesetzt werden** (man denke nur an die Verringerung des Cash Flow durch ein verstärktes Leasing von Anlagegütern).

- Für den Erfolgsvergleich mithilfe von Cash Flow-Größen ist zum anderen zwingend erforderlich, daß der Cash Flow **alle verrechnungstechnischen Posten (mit Abgrenzungsspielraum), aber auch nur diese** enthält. Das setzt voraus, daß in die Definition des Cash Flow erheblich mehr Erfolgskomponenten aufgenommen werden, als es in den Grundversionen geschieht und daß eine saubere Trennung in finanzwirksame und finanzunwirksame Vorgänge (Umwertungen) erfolgt, was jedoch bei externer Analyse nur in Grenzen möglich ist.

3. Bildung und Berechnung von Bilanzkennzahlen

Nachdem der Jahresabschluß für Zwecke der Bilanzanalyse zweckgerecht aufbereitet worden ist, werden in einer zweiten Stufe ausgewählte Kennzahlen gebildet und mit Hilfe des vorliegenden Zahlenmaterials berechnet.

Bilanzkennzahlen lassen sich nach den verschiedensten Kriterien gliedern. Nach ihrem **formalen Aufbau** können Kennzahlen zunächst einmal eingeteilt werden in
- **absolute Zahlen** (z.B. Effektivverschuldung, Cash Flow),
- **statistische Maßgrößen** (z.B. Standardabweichungen) und
- **Verhältniszahlen** (bei der zwei absolute Größen zueinander ins Verhältnis gesetzt werden).

Speziell Verhältniszahlen können weiterhin danach unterteilt werden, welche Größen aufeinander bezogen werden. Entsprechend unterscheidet man
- **Gliederungszahlen** (sie drücken die Relation zwischen einer Teilgröße und der dazugehörigen Gesamtgröße aus: z.B. Anlagevermögen zu Gesamtvermögen),
- **Beziehungszahlen** (hier werden zwei Größen in Relation gesetzt, ohne daß eine davon eine übergeordnete Gesamtgröße darstellt: z.B. Eigenkapital zu Anlagevermögen),
- **Indexzahlen** (sie dokumentieren die zeitliche Entwicklung einer Größe, wobei der Ausgangswert gleich 1 oder 100% gesetzt wird).

Im folgenden sollen die diskutierten Kennzahlen nach ihrem primären **Aussagegehalt** in zwei Bereiche eingeteilt werden (vgl. Abb. 293):
(1) Kennzahlen zur Ertragslage
(2) Kennzahlen zur Liquidität, Finanzierung und Investition.

Zu (1): Kennzahlen zur Ertragslage der Unternehmung existieren in vielerlei Ausprägungen. Ihr Anliegen besteht zum einen darin, die **Erfolgsquellen** sichtbar zu machen und zum anderen darin, die **wechselseitige Bedingtheit und Relativität der Erfolgsgrößen** herauszuarbeiten. Abb. 293 gibt eine erste Übersicht über die im folgenden näher erläuterten Kennzahlen (die Buchstaben in Klammern beziehen sich auf diese Erläuterungen).

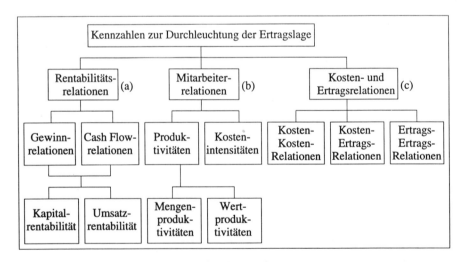

Abb. 293 Kennzahlen zur Ertragslage einer Unternehmung

(a) Rentabilitätskennzahlen beziehen eine Ergebnisgröße ins Verhältnis zu einer dieses Ergebnis maßgebend bestimmenden Einflußgröße. Als Ergebnisgrößen kommen dabei sowohl die verschiedenen handelsrechtlichen Ergebniskategorien, als auch der Steuerbilanzgewinn und gegebenenfalls der Cash Flow in Betracht. Als bestimmende Einflußgrößen werden einerseits der zur Ergebnisentstehung not-

Achtes Kapitel: Bilanzen 599

wendige **Kapitaleinsatz**, andererseits der **Umsatz** als Voraussetzung für eine Ergebnisentstehung verwendet. Aus der Kombination alternativ möglicher Ergebniskategorien mit den beiden möglichen Bezugsgrößen läßt sich also eine Vielzahl unterschiedlicher Rentabilitätskennzahlen konstruieren.

Im Zusammenhang mit der Analyse der Unternehmungsziele wurden bereits die wichtigsten Rentabilitätskennzahlen definiert und in ihrem relevanten Zusammenwirken analysiert (vgl. S. 65 ff.). Dieselben stehen auch im Rahmen der Bilanzanalyse im Vordergrund des Interesses:

- Eigenkapitalrentabilität (EKR) $= \dfrac{\text{Jahresüberschuß}/\text{-fehlbetrag}}{\text{(durchschnittl.) Eigenkapital}}$

- Gesamtkapitalrentabilität (GKR) $= \dfrac{\text{Kapitalgewinn}/\text{-verlust}}{\text{(durchschnittl.) Gesamtkapital}}$

- Brutto-(Netto-)Return on Investment
  (ROI) $= \dfrac{\text{Betriebsergebnis vor (nach) Abzug der Zinsen}}{\text{(durchschnittl.) umsatzbezogenes Kapital}}$

- Brutto-(Netto-)-Umsatzrentabilität
  (UR) $= \dfrac{\text{Betriebsergebnis vor (nach) Abzug der Zinsen}}{\text{Umsatzerlöse}}$

Relevante Zusammenhänge, mit Hilfe derer die Ursachen für bestimmte Ergebnisverschiebungen analysiert werden können, bestehen dabei, wie im einzelnen dargestellt,

· zwischen Eigen- und Gesamtkapitalrentabilität über die Leverage-Formel (vgl. S. 65 ff.)

$$\boxed{EKR = GKR + (GKR - FKZ)\dfrac{FK}{EK}}$$

· zwischen Umsatzrentabilität und Gesamtkapitalrentabilität über das ROI-Schema (vgl. S. 65 ff.)

$$\boxed{ROI_{Brutto}(= GKR) = UR_{Brutto} \times KU}$$

· sowie zwischen Eigenkapitalrentabilität, Netto-Return on Investment und der Netto-Umsatzrentabilität (vgl. S. 65 ff.).

$$\boxed{EKR = \dfrac{ROI_{Netto}}{EKQ} = \dfrac{UR_{Netto} \times KU}{EKQ}} \quad (EKQ = \text{Eigenkapitalquote})$$

Zu beachten ist, daß bei der Berechnung von Rentabilitäten u. U. eine **Aufspaltung** der rentabilitätsbezogenen Erfolgskomponenten vorzunehmen ist. Von Bedeutung ist dies insbesondere dann, wenn das neutrale Ergebnis ein wesentlicher Faktor des Gesamtergebnisses ist, so daß für die Berechnung der Umsatzrentabilität sinnvollerweise nicht mehr vom Kapitalgewinn oder vom Jahresüberschuß sondern vom ordentlichen (umsatzbezogenen) Betriebsergebnis (vor oder nach Zinsen) ausgegangen werden muß. Für eine sinnvolle Kapitalrentabilitätsanalyse ist ferner von Bedeutung, daß den (Jahres-)Ergebnisgrößen stets das **jahresdurchschnittliche** gebundene Eigen- oder Gesamtkapital gegenüberzustellen ist. Hierfür gelten i.d.R. folgende vereinfachende Regeln

(1) Durchschnittliches Eigenkapital
= [Eigenkapital (gem. Schlußbilanz Vorjahr) + Eigenkapital (gem. Schlußbilanz lfd. Jahr) + Bilanzgewinn (Vorjahr) + Bilanzgewinn (lfd. Jahr)] : 2

(2) Durchschnittliches Gesamtkapital
= Durchschnittliches Eigenkapital + [Fremdkapital (gem. Schlußbilanz Vorjahr) + Fremdkapital (gem. Schlußbilanz lfd. Jahr)] : 2

Alle Rentabilitätskennzahlen lassen sich im übrigen mit Hilfe des Steuerbilanzgewinns und des Cash Flow definieren. Allerdings müssen die Unterschiede zwischen Jahresüberschuß, Betriebsergebnis und Kapitalgewinn in entsprechender Modifikation ebenfalls zum Ausdruck kommen.

Eine in diesem Zusammenhang ausdrücklich erwähnenswerte Kennzahl ist die **Finanzkraft**. Sie bestimmt sich üblicherweise aus der Relation von (betriebsergebnisbezogenem) Cash Flow und Umsatz, ist also eine Art **Cash Flow-Umsatzrentabilität** (Finanzkraft I).

Finanzkraft I (Cash Flow-Umsatzrentabilität)

$$= \frac{\text{Cash-Flow}}{\text{Umsatzerlöse}}$$

Der Begriff „Finanzkraft" begründet sich aus der Interpretation des Cash Flow als Ausdruck der eigenerwirtschafteten Mittel bzw. des Innenfinanzierungsvolumens. Der damit bereits angedeutete Übergang von der rein erfolgswirtschaftlichen zur finanzwirtschaftlichen Betrachtungsweise bedingt allerdings eine Definition des Cash Flow, die speziell auf die **Finanzierungsindikation** dieser Kennzahl abstellt. Nach *Leffson* (1984) wäre der Cash Flow nunmehr wie folgt zu ermitteln:

Ausgangsgröße ist der Periodenerfolg; hinzuzusetzen sind die Abschreibungen auf das Anlagevermögen, Zuschreibungen sind abzusetzen. Bei den Sonderposten mit Rücklageanteil sind die Zuführungen zuzusetzen; bei deren Auflösung ist der Eigenkapitalanteil abzusetzen. Veränderungen der langfristigen Rückstellungen wie des eisernen Bestandes kurzfristiger Rückstellungen sind zu berücksichtigen; außerordentliche mit Zahlungsvorgängen verbundene Aufwendungen und Erträge dürfen dagegen grundsätzlich nicht eliminiert werden.

Dem finanzwirtschaftlichen Charakter der Kennzahl „Finanzkraft" entspricht es allerdings mehr, wenn der Cash Flow nicht mit Kategorien der Gewinn- und Verlustrechnung, sondern systematisch als eine Komponente der Kapitalflußrechnung definiert wird.

Bei der auf S. 583f. charakterisierten fondsgebundenen Kapitalflußrechnung ist nämlich der Saldo des Umsatzbereichs als Umsatz- oder Betriebsüberschuß und damit gleichfalls als eine Art Cash Flow zu interpretieren, der Aufschluß gibt über den Umfang der Mittel, die für Investitionen im Anlagenbereich, Dividendenzahlungen oder Darlehenstilgungen im Kapitalbereich, Aufstockung der Zahlungsmittelreserven usw. alternativ verwendet werden können bzw. in einer Istrechnung auch verwendet worden sind. Die Kennzahl Finanzkraft kann demnach vergleichsweise instruktiver auch wie folgt definiert werden (wobei sie zur Abgrenzung von der Cash Flow-Umsatzrentabilität speziell als **Umsatzüberschußrate** bzw. Finanzkraft II bezeichnet werden soll):

Finanzkraft II (Umsatzüberschußrate)

$$= \frac{\text{Umsatzüberschuß (= Saldo des Umsatzbereichs)}}{\text{Umsatzerlöse}}$$

Die möglichen Unterschiede zwischen Finanzkraft I und II können anhand des Kapitalflußrechnungsbeispiels (Abb. 291, S. 585) demonstriert werden.

Der Cash Flow wird in einer üblichen Version (vgl. auch S. 596) anhand der folgenden Formel errechnet (in Klammern die jeweiligen Zahlen aus der Abb. 291):

Jahresüberschuß	(120)
+ Abschreibungen	(253)
+ Bildung von Pensionsrückstellungen	(250)
= Cash Flow	(623)

Bei der Ermittlung der Cash Flow-Kennzahl geht man also wie ersichtlich von solchen Größen aus, die in der Kapitalflußrechnung u. a. gerade unberücksichtigt bleiben. Die Unterschiede zwischen dem Cash Flow (= 623) und dem Saldo des Umsatzbereichs (= 213) ergeben sich dabei durch die verschiedenartige Behandlung bestimmter Rechnungsposten, wie die folgende, aus dem Zahlenbeispiel der Abbildung abgeleitete Aufstellung zeigt:

Umsatzüberschuß	(213)
+ Bestandserhöhungen an Halb- und Fertigerzeugnissen	(250)
+ Erhöhung der Materialbestände	(100)
+ Zahlung von vordem zurückgestellten Pensionen	(50)
+ Erträge aus Anlageverkäufen	(10)
= Cash Flow	(623)

(b) Als **Mitarbeiterrelationen** lassen sich Produktivitätskennzahlen und Kostenintensitäten identifizieren.

[1] Produktivitäten können sein:

• Mengenproduktivitäten $\bullet\ \dfrac{\text{Output}}{\text{Mitarbeiter}}$

• Wertproduktivitäten $\bullet\ \dfrac{\text{Ertrag}}{\text{Mitarbeiter}}$

[2] Beispiele für Kostenintensitäten sind:

$\bullet\ \dfrac{\text{Personalkosten}}{\text{Mitarbeiter}}$

$\bullet\ \dfrac{\text{Sachkosten}}{\text{Mitarbeiter}}$

$\bullet\ \dfrac{\text{Betriebskosten}}{\text{Mitarbeiter}}$

(c) Kosten- und Ertragsrelationen haben die Aufgabe, den Anteil einzelner Erfolgskomponenten an der Ergebnisentstehung zu durchleuchten. Im einzelnen können für eine solche **Ergebnisstruktur-** oder **-quellenanalyse** z. B. folgende Kennzahlen gebildet werden:

[1] Kosten-Kosten-Relationen

$\bullet\ \dfrac{\text{Personalaufwand}}{\text{Gesamtaufwand}}$

$\dfrac{\text{Abschreibungen auf Sachanlagen}}{\text{Gesamtaufwand}}$

[2] Kosten-Ertrags-Relationen

- $\dfrac{\text{Materialaufwand}}{\text{Gesamtaufwand}}$

- $\dfrac{\text{Personalaufwand}}{\text{Gesamtleistung}}$

- $\dfrac{\text{Abschreibungen auf Sachanlagen}}{\text{Gesamtleistung}}$

- $\dfrac{\text{Materialaufwand}}{\text{Gesamtleistung}}$

- $\dfrac{\text{Rohertrag}}{\text{Personalaufwand}}$

[3] Ertrags-Ertrags-Relationen (einschl. Ergebnis-Ergebnis-Relationen)

- $\dfrac{\text{ordentliches Betriebsergebnis}}{\text{Gesamtergebnis (vor Steuern)}}$

- $\dfrac{\text{Finanzergebnis}}{\text{Gesamtergebnis (vor Steuern)}}$

- $\dfrac{\text{a.o. Ergebnis}}{\text{Gesamtergebnis (vor Steuern)}}$

- $\dfrac{\text{Rohertrag}}{\text{Gesamtleistung}}$

- $\dfrac{\text{Spartenumsatz}}{\text{Umsatz}}$

- $\dfrac{\text{Auslandsumsatz}}{\text{Umsatz}}$

- $\dfrac{\text{Umsatz}}{\text{Gesamtleistung}}$

Zu (2): Neben die Kennzahlen zur Ertragslage treten spezifische **Kennzahlen zur Liquidität, Finanzierung und Investition**. Daß beide Gruppen von Kennzahlen nicht unabhängig voneinander sind und auch Überschneidungen auftreten können, mögen die Ausführungen zur Kennzahl Finanzkraft beispielhaft gezeigt haben. Abb. 294 gibt nun eine erste Übersicht über die Kennzahlen dieser zweiten Gruppe (die Buchstaben in Klammern beziehen sich wiederum auf die anstehende Erläuterung dieser Kennzahlen im folgenden Text).

(a) Die beiden Kapitalflußkennzahlen **Investitionsrate** und **Innenfinanzierungsgrad** lassen sich am präzisesten mit Hilfe von Kapitalflußrechnungen definieren und ermitteln. Fehlt eine solche, dann sind die Angaben der Bilanz und Gewinn- und Verlustrechnungen ersatzweise heranzuziehen.

Die **Investitionsrate** ist definiert als Verhältnis von (Anlage-)Investitionen zu Umsatz:

$$\text{Investitionsrate} = \dfrac{\text{(Anlage-)Investitionen}}{\text{Umsatz}}$$

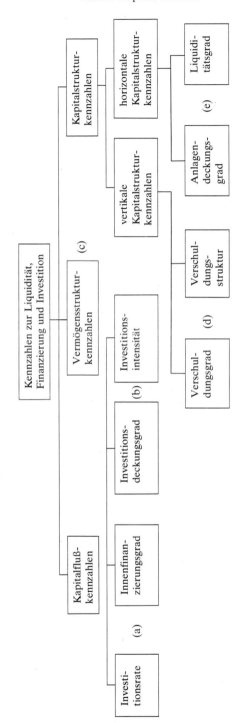

Abb. 294 Kennzahlen zur Liquidität, Finanzierung und Investition

Das (Anlage-) Investitionsvolumen entspricht dabei dem Saldo des Anlagenbereichs laut Kapitalflußrechnung bzw. läßt sich ersatzweise berechnen aus der Nettoveränderung des Anlagevermögens zuzüglich Abschreibungen und Wertberichtigungen auf Anlagen laut Bilanz und Gewinn- und Verlustrechnung.

Der **Innenfinanzierungsgrad** (der Investitionen) ist definiert als Verhältnis von Cash Flow (bzw. Umsatzüberschuß gemäß Kapitalflußrechnung) zu den Investitionen der Berichtsperiode:

$$\text{Innenfinanzierungsgrad} = \frac{\text{Cash Flow (Umsatzüberschuß)}}{\text{(Anlage-) Investitionen}}$$

Zusammenhänge zwischen Investitionsrate und Innenfinanzierungsgrad lassen sich über die Kennzahl Finanzkraft herstellen, wobei zur Vereinfachung nur die Finanzkraft I dargestellt wird (vgl. S. 598 ff.):

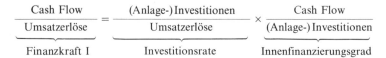

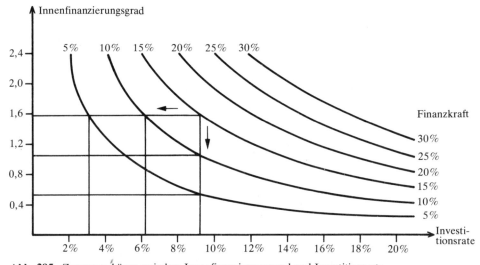

Abb. 295 Zusammenhänge zwischen Innenfinanzierungsgrad und Investitionsrate

Aus dieser Gleichung ergeben sich eine Reihe interessanter Implikationen (vgl. Abb. 295). So wird z. B. deutlich, daß eine steigende Investitionsrate nur auf Kosten des Innenfinanzierungsgrades zu realisieren ist, wenn die Finanzkraft nicht ebenfalls entsprechend zunimmt. Auch zeigt sich, daß die Investitionsrate um so größer sein kann, je höher die Finanzkraft ist und je geringere Anforderungen an den Innenfinanzierungsgrad gestellt werden.

(b) Die Kennzahlen **Investitionsdeckungsgrad** und **Investitionsintensität** lassen sich als Kennzeichen für betriebliche **Wachstumsprozesse** verwenden.

$$\text{Investitionsdeckungsgrad} = \frac{\text{Abschreibungen und Wertberichtigungen auf Anlagen}}{\text{Anlageinvestitionen}}$$

Achtes Kapitel: Bilanzen

$$\text{Investitionsintensität} = \frac{\text{Anlageinvestitionen}}{\text{Netto-Anlagevermögen (zum Jahresanfang)}}$$

Wie ersichtlich ist der Investitionsdeckungsgrad eine Komponente des Innenfinanzierungsgrades. Er zeigt an, ob eine Wachstumspolitik (Investitionsdeckungsgrad erheblich unter 1), eine Schrumpfungs- oder Konsolidierungspolitik (Investitionsdeckungsgrad erheblich über 1) betrieben wird oder ob das Anlagenwachstum stagniert (Investitionsdeckungsgrad oszilliert um 1). In gleicher Weise lassen sich Veränderungen der Investitionsintensität deuten.

(c) Bei den **Vermögensstrukturkennzahlen** lassen sich vor allem vier Ausprägungen unterscheiden (das Gesamtvermögen entspricht der Summe aus Eigen- und Fremdkapital):

$$\text{Anlagenintensität} = \frac{\text{Netto-Anlagevermögen}}{\text{Gesamtvermögen}}$$

$$\text{Vorratsintensität} = \frac{\text{Vorräte}}{\text{Gesamtvermögen}}$$

$$\text{Forderungsintensität} = \frac{\text{Warenforderungen}}{\text{Gesamtvermögen}}$$

$$\text{Kassenmittelintensität} = \frac{\text{liquide Mittel}}{\text{Gesamtvermögen}}$$

Höhe und Veränderungen der einzelnen Vermögensintensitäten werden von zahlreichen Einflußfaktoren geprägt. Beispielsweise ist die Höhe der Anlagenintensität abhängig von

- der Branche
- der Geschäftspolitik (Leasing!)
- der Produktionstiefe
- der Automatisierung der Fertigungsprozesse
- saisonalen und konjunkturellen Faktoren.

Allgemein gilt, daß die Flexibilität eines Unternehmens um so geringer und der Fixkostenkoeffizient (= Anteil der fixen Kosten an den Gesamtkosten) um so höher ist, je größer die Anlagenintensität ist.

(d) Vertikale Kapitalstrukturkennzahlen offenbaren, wie sich das Unternehmen außenfinanziert bzw. auch welche Verschuldungspolitik betrieben wird. Unterschieden werden können Kennzahlen zum **Verschuldungsgrad** und zur **Verschuldungsstruktur**.

$$\text{Statischer Verschuldungsgrad} = \frac{\text{Fremdkapital}}{\text{Eigenkapital}}$$

$$\text{Dynamischer Verschuldungsgrad} = \frac{\text{Effektivverschuldung}}{\text{Cash Flow (Umsatzüberschuß)}}$$

$$\text{Kurzfristige Verschuldungsintensität} = \frac{\text{kurzfristiges Fremdkapital}}{\text{Fremdkapital}}$$

Während der **statische Verschuldungsgrad** allein aus der bilanziellen Kapitalstruktur Indikatoren für die Höhe der Verschuldung und des damit verbundenen

Verschuldungsrisikos ableitet, orientiert sich der **dynamische Verschuldungsgrad** an der Fragestellung, wie lange es bei Annahme eines gleichbleibenden Cash Flow-Volumens dauern würde, bis die gesamten Schulden getilgt sind. Der Cash Flow (bzw. der Umsatzüberschuß gemäß Kapitalflußrechnung) wird dabei also als Maßstab für die **Schuldentilgungskraft** der Unternehmung interpretiert. Je höher diese ist, um so höher darf die Verschuldung des Unternehmens sein.

Die kurzfristige Verschuldungsintensität kann ergänzend als Kennzahl zur Beurteilung des **Kapitalentzugsrisikos** herangezogen werden. Je höher der Anteil des kurzfristigen Kapitals am gesamten Fremdkapital, desto höher wird demnach die finanzielle Anspannung und das Risiko eines finanziellen Ungleichgewichts eingeschätzt.

(e) Horizontale Kapitalstrukturkennzahlen ergänzen die vertikalen Kennzahlen, indem sie die Beziehungen zwischen Investition und Finanzierung sowie zur Liquidität aufzeigen. Ihrem Charakter nach handelt es sich um **Deckungskennzahlen**, da sie die Frage nach der Deckung bestimmter Vermögenspositionen durch entsprechende Kapitalpositionen beantworten. Sie entspringen damit dem (theoretisch fragwürdigen) **Grundsatz der Fristenkongruenz.**

Die Kennzahlen zum **Anlagendeckungsgrad** ermitteln spezifische Relationen zwischen **langfristigen** Vermögens- und Kapitalpositionen:

$$\text{Anlagendeckungsgrad I} = \frac{\text{Eigenkapital}}{\text{(Netto-)Anlagevermögen}}$$

$$\text{Anlagendeckungsgrad II} = \frac{\text{Eigenkapital} + \text{langfr. Fremdkapital}}{\text{(Netto-)Anlagevermögen}}$$

Bei diesen Kennzahlen wird darauf abgestellt, daß die Kapitalüberlassungsdauer nicht unabhängig von der Kapitalbindungsdauer beurteilt werden kann und daß insbesondere spezifische Kapitalstrukturrisiken entstehen, wenn Kapital in größerem Umfang länger gebunden ist, als es seitens der Kapitalgeber zur Verfügung gestellt worden ist.

Dabei wird allerdings davon ausgegangen, daß die Einteilung der Vermögensgegenstände in Anlage- und Umlaufvermögen identisch ist mit langfristiger bzw. kurzfristiger Kapitalbindung und daß die Positionen auf der Passivseite der Bilanz den Vermögenspositionen fristenkongruent zugeordnet werden können. Diese Annahme ist aber problematisch (ganz abgesehen davon, daß der Nutzen einer solchen Zuordnung überhaupt bestritten werden kann). Denn allein aus der Bilanz sind in aller Regel weder die **Liquidationsprozesse der Aktiva** noch die **effektiven Fristigkeiten der Passiva** präzise ersichtlich. Was speziell letzteres betrifft, denke man an die Möglichkeit einer Kündigung langfristigen Kapitals oder an Prolongationszusagen bei kurzfristigen Verbindlichkeiten.

Die hiermit angedeuteten theoretischen Einwände gegen Anlagendeckungskennzahlen gelten auch für die **kurzfristigen** Deckungskennzahlen in Gestalt der **Liquidität ersten, zweiten und dritten Grades** sowie des **working capital**. Hinzu kommt hier noch das Spezifikum kurzfristiger Deckungskennzahlen, daß sie in der Regel zu dem Zeitpunkt, zu dem sie nach Vorlage der Bilanz aufgestellt werden können, längst überholt sind.

Achtes Kapitel: Bilanzen

$$\text{Liquidität 1. Grades} = \frac{\text{liquide Mittel}}{\text{kurzfristiges Fremdkapital}}$$

$$\text{Liquidität 2. Grades} = \frac{\text{monetäres Umlaufvermögen}}{\text{kurzfristiges Fremdkapital}}$$

$$\text{Liquidität 3. Grades} = \frac{\text{Umlaufvermögen}}{\text{kurzfristiges Fremdkapital}}$$

$$\text{working capital} = \text{Umlaufvermögen} - \text{kurzfristiges Fremdkapital}$$

Wie ersichtlich entspricht die Kennzahl „working capital" weitgehend derjenigen der „Liquidität 3. Grades". Das working capital bleibt jedoch durch eine gleichmäßige Erhöhung sowohl des Umlaufvermögens als auch des kurzfristigen Fremdkapitals in seiner Höhe unverändert, während die Liquidität 3. Grades hierbei eine Veränderung erfahren würde. Das working capital ist also weniger anfällig gegen bilanzpolitisches „Window Dressing".

Allgemein gilt für alle Liquiditätsgrade, daß die Liquidität der Unternehmung um so günstiger eingeschätzt wird, je höher der Wert der jeweiligen Kennzahl ist. Dabei verleiten die Kennzahlenwerte jedoch aus mindestens zwei Gründen zu einer **gravierenden Fehlbeurteilung der Liquiditätslage**:

- zum einen werden Forderungen, Vorräte u.ä. gegen die kurzfristigen Verbindlichkeiten ohne Rücksicht auf die einzelnen Liquidations- bzw. Fälligkeitszeitpunkte aufgerechnet, und
- zum anderen werden bestimmte Arten von Zahlungsverpflichtungen, etwa aus Bestellungen, fälligen Löhnen u.ä. gar nicht berücksichtigt.

4. Durchführung von Kennzahlenvergleichen

Der Bildung und Berechnung ausgewählter Kennzahlen schließt sich als letzte Stufe der Bilanzanalyse die Durchführung von Kennzahlenvergleichen an. Die **Beurteilung von Kennzahlenwerten setzt nämlich grundsätzlich Vergleichsmaßstäbe voraus**. Nur dadurch, daß eine Kennzahl mit einer anderen verglichen wird, läßt sich eine ökonomisch informative Aussage ableiten.

Die zum Vergleich herangezogene Kennzahl kann sein (*Leffson* 1984):

(1) die entsprechende Kennzahl für eine frühere Periode (man spricht dann von einem **Perioden- oder Zeitvergleich**);

(2) die entsprechende Kennzahl einer anderen Unternehmung oder der Branche für die gleiche Periode und im Zeitablauf (dies kennzeichnet die Vorgehensweise bei einem **Betriebsvergleich**);

(3) ein normativer Kennzahlenwert, dessen Über- oder Unterschreiten als erwünscht oder unerwünscht angesehen wird (es handelt sich dann um einen sog. **Soll-Istvergleich**).

Nur erwähnt sei, daß hinter jedem Urteil im Rahmen eines Perioden- oder Betriebsvergleichs in der Regel zumindest implizit auch bestimmte Normvorstellungen stehen (etwa dergestalt, daß eine Erhöhung der Liquidität oder die Annäherung der Unternehmensrentabilität an den Branchendurchschnitt „gut" sei). Der Unterschied zu einem Soll-Istvergleich besteht also lediglich darin, daß der Kennzahlenvergleich dort ausdrücklich zwischen verschiedenen Perioden bzw. Unternehmungen stattfindet, sich also nicht auf die Analyse etwaiger Abweichungen zwischen einem explizit vorgegebenen Soll- und einem ermittelten Istwert beschränkt.

(1) Mit Hilfe des **Periodenvergleichs** wird versucht, die Entwicklung einer Unternehmung im abgelaufenen Geschäftsjahr sowie über einen längeren Zeitraum zu erkennen. Um hier keine Fehldiagnosen abzuleiten, ist eine wichtige Voraussetzung, daß die verglichenen Kennzahlenwerte auch wirklich vergleichbar sind. Dazu gehört die notwendige Annahme,

- daß die Bilanzposten zu betrachteten Stichtagen in gleicher Weise und unter vergleichbaren Bedingungen ermittelt wurden und der Anhang Informationen über alle wesentlichen Unstetigkeiten enthält; ferner
- daß die angegebenen Werte zu den Bilanzstichtagen im großen und ganzen der Entwicklungstendenz während der einzelnen Geschäftsjahre entsprechen.

Nur wenn diese Voraussetzungen (einigermaßen) gegeben sind, was häufig allerdings nicht zutrifft, lassen sich aus den ermittelten Veränderungen repräsentativer Kennzahlen im Zeitablauf Schlüsse ziehen. Insbesondere bei Verwendung von Kennzahlensystemen (bei denen einzelne Kennzahlen mathematisch miteinander verknüpft sind) können Periodenvergleiche nicht nur Anstöße geben, nach Ursachen für festgestellte Änderungstendenzen zu suchen, sondern gelten auch als ein wichtiges Instrument zur Ursachenforschung bzw. zur „Lokalisierung des Ursachenherdes". Nur erwähnt sei in diesem Zusammenhang das ROI-Schema als Urtyp solcher Kennzahlensysteme (vgl. S. 65ff.).

(2) Der **Betriebsvergleich** setzt eine Einteilung in Branchen voraus. Probleme entstehen dabei häufig dadurch, daß einzelne Branchen nicht genügend homogen sind bzw. Unternehmen gleichzeitig mehreren Branchen angehören. Denn Grundvoraussetzung für einen aussagefähigen Betriebsvergleich ist wiederum die Vergleichbarkeit der Kennzahlenwerte.

In Frage kommt beim Betriebsvergleich vor allem

- der Vergleich der Entwicklung einer Unternehmung mit ihren jeweiligen Konkurrenten sowie
- der Vergleich der Entwicklung einer Unternehmung mit der Entwicklung der entsprechenden Branche.

Bei letzterem entsteht allerdings häufig das Problem der Zusammenfassung zu Gesamtwerten oder zu Durchschnittswerten, bei der die oftmals ganz erheblichen betrieblichen Unterschiede ausgeschaltet bzw. nivelliert werden. Zu erkennen ist also nur

- wieweit bei der untersuchten Unternehmung im betrachteten Geschäftsjahr die ermittelten Kennzahlenwerte vom Durchschnitt abweichen und
- wie sich die Entwicklung der betrachteten Unternehmung zur Entwicklung der Branche im Zeitablauf verhält.

Wie *Leffson* (1984) hervorhebt, leidet der Betriebsvergleich generell unter einem **Zirkelschluß**: Aufschlußreich ist ein Betriebsvergleich vor allem dann, wenn sich eine Unternehmung deutlich anders entwickelt als alle vergleichbaren Unternehmungen; was allerdings dann sofort die Frage nach der Vergleichbarkeit aufwirft.

(3) Ein **Soll-Istvergleich** setzt voraus, daß bestimmte normative Kennzahlenwerte überhaupt existieren. Ist dies der Fall (und davon kann man in der Regel ausgehen), ist weiterhin zu fragen, ob es sich um theoretisch fundierbare Normen handelt oder ob sie ihre Bedeutung allein daraus erlangen, daß die Praxis bestimmte Kennzahlenwerte als wünschenswert ansieht.

Kennzahlennormwerte existieren vor allem im Bereich der **(a) Rentabilitätskennzahlen** und der **(b) Kapitalstruktur**kennzahlen. Letztere haben sich in sog. **Finanzierungsregeln** niedergeschlagen.

(a) Rentabilitätsnormen sind zunächst einmal sehr vielgestaltig. Ob eine Rentabilität als befriedigend anzusehen ist oder nicht, kann nämlich nur in Abhängigkeit von einer Reihe von Faktoren beantwortet werden. Allerdings lassen sich einige verbindliche Aussagen darüber machen, wie hoch die Rentabilität eines Unternehmens mindestens sein sollte:

- Die Gesamtkapitalrentabilität sollte (zumindest im Durchschnitt) deutlich über dem Niveau des durchschnittlichen Kapitalmarktzinses liegen.

- Die Umsatzrentabilität sollte im Durchschnitt so hoch sein, daß unter Berücksichtigung des branchenüblichen Kapitalumschlags diese Gesamtkapitalrentabilität gesichert ist.

- Die Eigenkapitalrentabilität sollte so hoch sein, daß die Anteilseigner eine angemessene Dividende erhalten (angemessen im Verhältnis zum Kapitalmarktzins und den besonderen Anlagerisiken respektive -chancen) und daß gleichzeitig ausreichende Kapitalerhaltungsrücklagen gebildet werden können.

(b) Kapitalstrukturnormen sind in Theorie und Praxis als **Finanzierungsregeln** bekannt. Im Gegensatz zu den allgemeinen Rentabilitätsnormen sind sie in der Regel quantitativ präzise formuliert. Eine Auswahl solcher Finanzierungsregeln sei kurz dargestellt:

[1] **Vertikale Finanzierungsregeln.** Sie stellen auf den statischen, neuerdings auch teilweise auf den dynamischen Verschuldungsgrad ab.

Bezüglich des **statischen Verschuldungsgrades** können zwei Regelvarianten unterschieden werden. Die eine fordert, daß das Verhältnis von Fremd- zu Eigenkapital höchstens 1 : 1 ist, also

$$\frac{FK}{EK} \leq 1$$

während die andere Variante weniger restriktiv ein Verhältnis von maximal 2 : 1 zuläßt, also

$$\frac{FK}{EK} \leq 2$$

Beide Regeln sind in ihrem Ausschließlichkeitsanspruch theoretisch nicht fundierbar. Wie auch nicht anders zu erwarten, bietet die Einhaltung dieser Regeln allein keine Gewähr für die finanzielle Stabilität der Unternehmung.

Ein etwas besseres theoretisches Fundament weisen vertikale Finanzierungsregeln auf, wenn sie auf dem **dynamischen Verschuldungsgrad** aufbauen und branchenspezifische Einflußgrößen berücksichtigen. Ein Beispiel für eine in der Praxis erprobte dynamische Verschuldungsregel bietet die Vereinbarung zwischen den Unternehmen der deutschen Großchemie und dem Bundesaufsichtsamt für das Versicherungswesen, nach der diese Unternehmen sich verpflichten, ihre **Effektivverschuldung auf das 3,5-fache des durchschnittlichen Cash Flow der jeweils vergangenen drei Geschäftsjahre zu begrenzen** (dynamischer Verschuldungsgrad $\leq 3,5$).

[2] Horizontale Finanzierungsregeln stellen ab auf bestimmte horizontale Kapitalstrukturnormen. Die wichtigsten hiervon sind:

- die **goldene Bilanzregel**. In ihrer unmodifizierten Grundversion fordert sie eine vollständige Finanzierung des Anlagevermögens mit Eigenkapital, also

    Anlagendeckungsgrad I ≥ 1

    In der modifizierten (üblichen) Version wird auch eine Finanzierung des Anlagevermögens mit langfristigem Fremdkapital zugestanden, also

    Anlagendeckungsgrad II ≥ 1

- die **1:1 Acid-Test-Regel**. Hiernach wird verlangt, daß das kurzfristige Fremdkapital nicht den Wert des monetären Umlaufvermögens übersteigt, also

    Liquidität 2. Grades ≥ 1

- die **2:1 Current Ratio-Regel**. Sie fordert, daß das Umlaufvermögen mindestens doppelt so hoch ist wie alle kurzfristigen Verbindlichkeiten zusammengenommen, also

    Liquidität 3. Grades ≥ 2

Weder horizontale noch vertikale Kapitalstrukturnomen sind mit ihrem quantitativen Unbedingtheitsanspruch theoretisch zu begründen. Hinzu kommt, daß speziell horizontale Deckungszahlen schon vom theoretischen Ansatz her verfehlt sind (vgl. S. 606 f.). Das alles läßt nur den Schluß zu, daß **Finanzierungsregeln theoretisch nicht zu rechtfertigen sind**.

Diese können allenfalls eine **pragmatische Rechtfertigung** darin finden, daß die Geschäftspartner der Unternehmung, die Kreditinstitute usw. auf ihre Einhaltung (ungeachtet ihrer theoretischen Mängel) achten und hierin einen **Qualitätsindikator** sehen. Daß solche Auffassungen in der Praxis existieren, zeigen beispielsweise die Vermögensanlagerichtlinien des Bundesaufsichtsamtes für das Versicherungswesen, in denen die Einhaltung bestimmter Finanzierungsregeln explizit gefordert wird. **Finanzierungsregeln erlangen in der Praxis also allein dadurch Bedeutung, daß an ihren Wert geglaubt wird.**

Fragen und Aufgaben zur Wiederholung (S. 590–610)

1. Welches sind die Erkenntnisziele der Bilanzanalyse?
2. Wo und warum stößt die Bilanzanalyse auf Grenzen?
3. In welchen (drei) Stufen läuft die Bilanzanalyse ab?
4. Welchen Zweck verfolgt die Aufbereitung des bilanzanalytischen Zahlenmaterials?
5. Skizzieren Sie das (bilanzanalytische) Berechnungsschema für (a) Umlaufvermögen, (b) Warenforderungen, (c) monetäres Umlaufvermögen, (d) liquide Mittel, (e) Eigenkapital, (f) Fremdkapital, (g) langfristiges Fremdkapital, (h) Effektivverschuldung!
6. Aus welchen Positionen setzt sich der (a) Jahresüberschuß, (b) das ordentliche Betriebsergebnis, (c) das Finanzergebnis, (d) das außerordentliche Ergebnis zusammen?
7. An welchen Punkten kann eine Erfolgsbereinigung der handelsrechtlichen Ergebniskategorien ansetzen?
8. Nennen Sie einige „Manipulationshypothesen" in Bezug auf den Jahresabschluß!
9. Welchem Zweck dient eine Schätzung des Steuerbilanzgewinns, und welche Probleme entstehen bei dieser Schätzung?
10. Definieren Sie die drei Grundversionen des Cash Flow!

11. Welcher Grundgedanke wird mit dem Cash Flow-Konzept verfolgt?
12. Diskutieren Sie die Verwendungsmöglichkeit des Cash Flow als Erfolgsindikator!
13. Wie lassen sich Bilanzkennzahlen nach ihrem Aussagegehalt gliedern?
14. Geben Sie eine Übersicht über die Kennzahlen zur Ertragslage!
15. Charakterisieren Sie das Wesen von Rentabilitätskennzahlen, und grenzen Sie die verschiedenen Kennzahlen gegeneinander ab!
16. Wie sind die Kennziffern Finanzkraft I und Finanzkraft II definiert, und worin unterscheiden sich diese Definitionen?
17. Formulieren Sie einige Mitarbeiterrelationen bzw. Kosten- und Ertragsrelationen!
18. Geben Sie eine Übersicht über die Kennzahlen zur Liquidität, Finanzierung und Investition!
19. Formulieren Sie den definitorischen Zusammenhang zwischen den Kennzahlen Finanzkraft I, Investitionsrate und Innenfinanzierungsgrad, und erläutern Sie die sich hieraus ergebenden Implikationen!
20. Wofür sind die Kennzahlen Investitionsdeckungsgrad und Investitionsintensität Indikatoren, und wie lassen sich demnach die Größenordnungen dieser Zahlen deuten?
21. Definieren Sie die wichtigsten Vermögensstrukturkennzahlen! Welche Faktoren haben Einfluß auf deren Höhe?
22. Wie sind die drei vertikalen Kapitalstrukturkennzahlen definiert, und was sagen diese Kennzahlen aus?
23. Welche Überlegungen liegen den horizontalen Kapitalstrukturkennzahlen zugrunde, und welche Einwände können hiergegen vorgebracht werden?
24. Welche Probleme sind mit Liquiditätskennzahlen verbunden?
25. Welche Formen von Kennzahlenvergleichen lassen sich unterscheiden?
26. Skizzieren Sie das Wesen und den Aussagewert des Periodenvergleichs!
27. Was ist die Grundvoraussetzung und Grundproblematik eines Betriebsvergleichs?
28. Inwieweit sind normative Aussagen zur Rentabilität einer Unternehmung möglich?
29. Erläutern Sie kurz die wichtigsten vertikalen und horizontalen Finanzierungsregeln! Nehmen Sie zu diesen Regeln kritisch Stellung!

Literaturhinweise:

Buchner, R. (1985)
Coenenberg, A. G. (1991 a)
Härle, D. (1961)
Hauschildt, J. (1971)
Hofmann, R. (1977)
Juesten, W., Villiez, C. v. (1989)
Leffson, U. (1984)

Lipfert, H. (1964)
Mayer, L. (1970)
Mülhaupt, L. (1966)
Schnettler, A. (1960)
Staehle, W. H. (1969)
Volgler, G., Mattes, H. (1976)
Welcker, J., Thomas, E. (1981)

Neuntes Kapitel:

Kalkulatorische Erfolgsrechnungen

A. Aufgaben und Systeme der kalkulatorischen Erfolgsrechnung

1. Gegenstand der kalkulatorischen Erfolgsrechnung
2. Kostenrechnungssysteme und Kostenrechnungsgrundsätze

1. Gegenstand der kalkulatorischen Erfolgsrechnung

Der handels- und steuerrechtliche Jahresabschluß der Unternehmung stellt die offizielle und extern orientierte Gesamtabrechnung eines Geschäftsjahres dar. Davon zu unterscheiden ist nun die **kalkulatorische Erfolgsrechnung**, deren gänzlich anderer Charakter durch folgende Merkmale verdeutlicht werden kann:

- Die kalkulatorische Erfolgsrechnung ist eine **Kosten- und Leistungsrechnung**. Sie umfaßt insofern keine neutralen Aufwendungen und Erträge, berücksichtigt dafür aber kalkulatorische Kosten und Leistungen.

- Damit ist bereits angedeutet, daß die kalkulatorische Erfolgsrechnung eine **intern ausgerichtete Betriebsabrechnung** ist, die durch keinerlei sachfremde äußere Vorschriften in ihrer Ausgestaltung eingeschränkt wird. Sie kann damit stärker als das externe Rechnungswesen instrumental für Zwecke der Unternehmungsführung eingesetzt werden.

- Verstärkt wird dies noch dadurch, daß die kalkulatorische Erfolgsrechnung typischerweise eine **kurzfristige Erfolgsrechnung** ist, die – beispielsweise in Form von Quartals-, Monats- oder Wochenrechnungen – kürzere Abrechnungszeiträume als das Geschäftsjahr aufweist und durch entsprechende organisatorische Vorkehrungen auch einen kürzerfristigen Zugriff zu den Abrechnungsdaten erlaubt, als dies bei der offiziellen Jahresgesamtabrechnung üblich ist.

Mit Hilfe der kalkulatorischen Erfolgsrechnung werden die (kalkulatorischen) Erfolgskomponenten der Unternehmungsprozesse im einzelnen und kurzfristig rechnerisch durchleuchtet. Drei **Hauptaufgaben** sind es vor allem, die eine kurzfristige Erfolgsrechnung zu erfüllen hat:

(a) **Ermittlung des kurzfristigen Betriebserfolgs:** Die kalkulatorische Erfolgsrechnung soll für kurze Abrechnungszeiträume den Betriebserfolg als Saldo der bewerteten Periodenleistungen und der Periodenkosten ermitteln. Kernstück ist dabei die **Kostenrechnung**, die bei entsprechender Ausgestaltung den Prozeß der Kostenentstehung schrittweise verfolgt und eine rechnerische Aufgliederung des Kostengefüges

- nach Kostenarten (welche Kosten fallen an?)
- nach Kostenstellen (wo fallen welche Kosten an?) und
- nach Kostenträgern (wofür, d.h. für welche Leistungen fallen Kosten an?)

ermöglicht.

(b) **Kontrolle der Wirtschaftlichkeit und Budgetierung:** Aufgrund ihrer internen Ausrichtung fällt der kalkulatorischen Erfolgsrechnung die Aufgabe zu, den Ablauf der Unternehmungsprozesse zu überwachen, indem auf der Basis des entsprechend aufgegliederten Kostenarten-, Kostenstellen- und Kostenträgergefüges einerseits und der einzelnen Leistungsergebnisse andererseits Zusammenhänge in der „Betriebs**gebarung**" aufgedeckt werden, die das Wirtschaftlichkeitsprinzip bzw. vorgegebene Kostendeckungs-, Gewinn- oder Rentabilitätsziele verletzen. Damit zwangsläufig verbunden ist der Einsatz der kalkulatorischen Erfolgsrechnung für die **Budgetierung** von Kosten und Erlösen.

(c) **Rechnerische Fundierung unternehmenspolitischer Entscheidungen:** Der kalkulatorischen Erfolgsrechnung kommt hier die Aufgabe zu, das Zahlenmaterial für Entscheidungsrechnungen (Planungsrechnungen) zu liefern. Zu nennen wäre hier in erster Linie

- die Kalkulation von Preisen und Preisuntergrenzen,
- die Planung des präferenzpolitischen Mitteleinsatzes im Marketing,
- die (Produktions- und Absatz-)Programmplanung,
- die Produktionsdurchführungsplanung,
- die Materialbereitstellungsplanung (einschließlich Wahl zwischen Eigenfertigung und Fremdbezug),
- die Investitions- und Finanzierungsprogrammplanung.

Zu diesen Hauptaufgaben treten noch diverse **Nebenaufgaben**, von denen namentlich **zwei** eine gewisse Bedeutung haben:

- Bereitstellung von Unterlagen für die Bestandsbewertung von Zwischen- und Endprodukten im Jahresabschluß;
- Ermittlung von kostenorientierten Angebotspreisen bei öffentlichen Aufträgen gemäß **VPöA** (Verordnung zur Preisermittlung bei öffentlichen Aufträgen vom 21. 11. 53) und gemäß **LSP** (Leitsätze zur Ermittlung von Selbstkostenpreisen bei Leistungen für öffentliche Auftraggeber mit Gültigkeit vom 1. 1. 54).

2. Kostenrechnungssysteme und Kostenrechnungsgrundsätze

Die Erfüllung der genannten Haupt- und Nebenaufgaben einer kalkulatorischen Erfolgsrechnung wird nicht zuletzt von der inhaltlichen Ausgestaltung ihres „Herzstücks", der Kostenrechnung, bestimmt. **Die Kostenrechnung ist damit stets zweckabhängig zu gestalten.** Dem wird in der Theorie (und Praxis) der Kostenrechnung dadurch Rechnung getragen, daß unterschiedliche **Kostenrechnungssysteme** entwickelt und praktiziert werden (vgl. Abb. 296).

Istkosten-rechnung	Normalkosten-rechnung	Plankosten-rechnung
auf Voll-kostenbasis		auf Teil-kostenbasis

Abb. 296 Kostenrechnungssysteme

(1) Je nachdem, ob in einer Kostenrechnung mit zukünftigen Kosten, durchschnittlichen bzw. „normalen" Kosten oder mit tatsächlich angefallenen Kosten gerechnet wird, spricht man von einer Plankosten-, Normalkosten- oder Istkostenrechnung.

Eine reine **Istkostenrechnung** im Sinne der Verrechnung ausschließlich solcher Kosten, die „tatsächlich" angefallen sind, kann es nicht geben. Vielmehr trägt jede Istkostenrechnung auch fiktive Elemente in sich, und zwar vor allem in den Bereichen, wo es zur Verrechnung kalkulatorischer (Ist-)Kosten kommt. Aber auch im Bereich der pagatorisch bestimmten Kosten vermengen sich allein schon durch den Tatbestand der Periodisierung Fiktion und Wirklichkeit.

Abgesehen davon, daß eine zumindest in ihrem Kernansatz „echte" Istkostenrechnung immer dann notwendig ist, wenn als Rechnungsziel die nachträgliche Ermittlung und Verrechnung effektiv angefallener Kosten angestrebt wird, gilt als zentraler Nachteil einer Istkostenrechnung der damit verbundene hohe Aufwand und ihre Schwerfälligkeit, da das Zahlenmaterial der Kostenrechnung bei jeder Änderung einer Kosteneinflußgröße aktualisiert und auf den jeweils neuesten Stand gebracht werden muß.

Die **Normalkostenrechnung** ist zwar im Prinzip ebenfalls vergangenheitsorientiert, da sich Normalkosten aus dem Durchschnitt der Istkosten vergangener Perioden – häufig allerdings bereits mit Blick auf die Zukunft – ergeben, aber durch die Verrechnung normaler Kosten werden „nicht normale" Kostenschwankungen, die auf Zufälligkeiten und Unregelmäßigkeiten zurückzuführen sind, ausgeschaltet. Dadurch wird die Vergleichbarkeit von Kostenrechnungsergebnissen entscheidend verbessert. Hinzu kommt, daß eine Normalkostenrechnung weniger aufwendig und flexibler ist, dies allerdings auf Kosten der Genauigkeit.

Wenngleich in der Normalkostenrechnung bereits entsprechende Elemente enthalten sind, ist erst die **Plankostenrechnung** eindeutig zukunftsorientiert. Sie löst sich insofern weitgehend von dem kostenmäßigen Ist- oder Normalzustand, als bei ihr Kostenwerte in die Rechnung eingehen, die eindeutig prognostischer Natur sind bzw. die angestrebte Wirtschaftlichkeit der betrieblichen Prozesse zum Ausdruck bringen. Im ersten Fall wird von **Prognosekostenrechnung**, im zweiten Fall von **Standardkostenrechnung** gesprochen.

Besonders bei der Plankostenrechnung, aber auch bereits bei der Normalkostenrechnung wird deutlich, daß sie nicht als Alternativen zu einer Istkostenrechnung verstanden werden dürfen, sondern eine sinnvolle und je nach Rechnungszweck auch notwendige Ergänzung hierzu darstellen. Beispielsweise besteht erst bei einem parallelen Einsatz von Ist- und Plankostenrechnung die Möglichkeit, Differenzen zwischen Ist- und Sollgrößen festzustellen und damit die Kostenrechnung als Kontrollinstrument einzusetzen.

Bei der Verwendung der Kostenrechnung für dispositive Zwecke ist es im übrigen unumgänglich, zukunftsbezogene Kosteninformationen, wie sie der Plankostenrechnung zugrundeliegen, zu verwenden. Denn Normalkostenrechnungen und noch stärker Istkostenrechnungen sind prinzipiell nicht in der Lage, eine hinreichend zuverlässige Grundlage für Entscheidungsrechnungen und eine wirksame Wirtschaftlichkeitskontrolle zu bieten. Was beispielsweise letzteres betrifft, so könnten mit einer Istkostenrechnung allenfalls Periodenvergleiche oder zwischenbetriebliche Vergleiche vorgenommen werden, deren Ergebnisse zwar Aussagen über eine „relative" Wirtschaftlichkeit (gegenüber der Vorperiode bzw. gegenüber anderen Betrieben) zulassen, keinesfalls jedoch hinreichend zuverlässige Informationen über eine „absolute" Wirtschaftlichkeit liefern. Denn in einer Istkostenrechnung ist stets die Gefahr gegeben, daß „**Schlendrian mit Schlendrian**" (*Schmalenbach*) verglichen wird. Diese Gefahr ist in einer Normalkostenrechnung, die parallel mit einer Istkostenrechnung durchgeführt wird, zwar vermindert, da Über- und Unterdeckungen gegenüber den Normalkosten sichtbar werden, aber keineswegs beseitigt. Da Normalkosten sich nämlich aus den durchschnittlichen Istkosten ableiten, können sie ebenfalls kein Maßstab für die Wirtschaftlichkeit der Unternehmungsprozesse sein. Hierzu sind allein Plankosten geeignet, die auf der Grundlage technisch-ökonomischer Verbrauchs-, Zeit-, Beschäftigungs- und Marktstudien geplant und in Einklang mit den zugrundeliegenden Erfolgszielen als differenzierte Kostenvorgaben festgelegt werden.

(2) Kostenrechnungssysteme, die also auf der Basis von Ist-, Normal- und/oder Plankosten aufgebaut sein können, lassen sich in einer weiteren Betrachtungsdimension entweder als Vollkostenrechnung oder als Teilkostenrechnung ausgestalten (vgl. Abb. 296). Der entscheidende Unterschied zwischen beiden besteht im **Sachumfang** der verrechneten Kosten. In der Vollkostenrechnung werden sämtliche Kosten auf die jeweiligen Bezugseinheiten (das sind letztlich die Produkte des Unternehmens) verrechnet. Dagegen verzichten Teilkostenrechnungen auf die Verrechnung eines Teils der anfallenden Kosten.

Welche Kosten in **Teilkostenrechnungen** verrechnet werden und welche nicht, hängt von dem verfolgten kostenrechnerischen Zweck ab. Als zentraler **Grundsatz** gilt dabei, daß nur die für den jeweils anstehenden Kostenrechnungszweck **relevanten Kosten** zu verrechnen sind.

Dieser Grundsatz wurde bereits im Rahmen der Produktionsplanung erläutert, wo die Kosten nach ihrer Dispositionsbezogenheit

· in dispositionsabhängige (variable) Kosten und
· in dispositionsunabhängige (fixe) Kosten

unterteilt worden sind (vgl. S. 211 ff.). Wie dort gezeigt wurde, durften zur Aufstellung optimaler Produktionspläne lediglich die jeweils von der Lösung des Entscheidungsproblems abhängigen, variablen Kosten einbezogen werden. Nur diese konnten als relevante Kosten bezeichnet werden.

Der für die Lösung von Problemen der Produktionsplanung abgeleitete **Grundsatz der relevanten Kosten gilt generell für alle Arten wirtschaftlicher Entscheidungsprobleme.** Überall dort, wo die Aufgabe der Kostenrechnung in der rechnerischen Fundierung von unternehmenspolitischen Entscheidungen gesehen wird, sind also Teilkostenrechnungen einzusetzen. Sofern diese wirklich nur die jeweils relevanten Kosten in den Kalkül einbeziehen, können mit ihrer Hilfe Entscheidungsprobleme optimal gelöst werden.

Ähnliche Zusammenhänge gelten für den Einsatz der Kostenrechnung für die Wirtschaftlichkeitskontrolle (und Budgetierung). Auch hier können die betroffenen Bereiche nur für solche Kosten- respektive Budgetabweichungen verantwortlich gemacht werden, auf die sie durch eigenes Handeln Einfluß gehabt haben, und das sind wiederum nur die jeweils relevanten (weil variablen) Kosten.

Teilkostenrechnungen sind also zusammenfassend immer dann einzusetzen, wenn die beiden einleitend (auf S. 613 f.) genannten Aufgabenstellungen der kalkulatorischen Erfolgsrechnung

· Wirtschaftlichkeitskontrolle und Budgetierung sowie
· rechnerische Fundierung unternehmenspolitischer Entscheidungen

angesprochen sind, wenn also die **Lenkungsfunktion der Kosten** im Vordergrund steht. Ihre volle Aussagefähigkeit erhalten Teilkostenrechnungen dabei allerdings nur, wenn sie dem Wesen von Budgetierungs- und Entscheidungsrechnungen entsprechend als differenzierte **Plankostenrechnung** (bei einem Einsatz als Kontrollinstrument kombiniert mit einer Istkostenrechnung) ausgestaltet sind.

In **Vollkostenrechnungen** werden grundsätzlich sämtliche Periodenkosten verrechnet und auf die Produkte des Unternehmens übergewälzt. Die Kriterien, nach denen diese Verteilung der Kosten vorgenommen wird, können sich dabei (stark vereinfacht)

· nach der Tragfähigkeit richten, wie stark also Produkte aufgrund der Marktsituation mit Kosten belastet werden können (**Kostentragfähigkeitsprinzip**) oder
· am **Prinzip der Kostenverursachung** orientieren, was besagt, daß Produkte nur mit den Kosten belastet werden dürfen, die sie (kausal) verursacht haben.

Das (theoretisch allein akzeptable) Kostenverursachungsprinzip fordert allerdings streng genommen eine Kostenverteilung nach dem beschriebenen Grundsatz

Neuntes Kapitel: Kalkulatorische Erfolgsrechnungen 617

der relevanten Kosten. Hieraus ergibt sich die Frage, worin bei Orientierung der Vollkostenrechnung an diesem Prinzip die entscheidenden Unterschiede zur Teilkostenrechnung liegen. Diese lassen sich grob gesprochen auf folgenden Nenner reduzieren: **Bei Vollkostenrechnungen dominiert das Anliegen, alle Periodenkosten lückenlos auf die Produkte zu verteilen, und wo dieses „oberste Ziel" im Konflikt mit dem strengen Kostenverursachungsprinzip gerät, hat sich letzteres im Zweifel unterzuordnen.** Das heißt im Klartext, die Vollkostenrechnung erfüllt ihre Aufgabe im Grenzfall auch unter Verletzung des Kostenverursachungsprinzips.

Dieses Charakteristikum der Vollkostenrechnung zeigt sich auch indirekt daran, daß sie traditionell eine Unterscheidung in relevante (variable) und nicht relevante (fixe) Kosten gar nicht explizit vornimmt. In der Vollkostenrechnung dominiert dagegen ein anderes Gliederungskriterium, und dieses führt zu der Unterscheidung von Einzel- und Gemeinkosten:

· **Einzelkosten** sind solche Kosten, die auch bei strenger Auslegung des Kostenverursachungsprinzips **direkt** auf die Produkte des Unternehmens verrechnet werden können (z. B. Materialkosten).

· **Gemeinkosten** sind dagegen jene Kosten, die wegen ihrer unterschiedlichen und ungleichmäßigen Beanspruchung durch die verschiedenen Produkte oder Aufträge diesen **nicht direkt** zugerechnet werden können (z. B. allgemeine Verwaltungskosten). Verteilt werden müssen Gemeinkosten in der Vollkostenrechnung aber trotzdem, und dies erfolgt unter Verwendung von möglichst kostenverursachungsgerechten Schlüsselgrößen (Problem der Gemeinkostenschlüsselung).

Wie ersichtlich, liegt die Unterscheidung zwischen Einzel- und Gemeinkosten auf einer anderen Ebene als die Unterscheidung zwischen variablen und fixen Kosten. Betrachtet man für letztere die Beschäftigung als Haupteinflußgröße (für andere Einflußgrößen s. S. 211 ff.), so läßt sich feststellen, daß Einzelkosten stets auch variabel sind, aber daß Gemeinkosten je nach Ausprägung im Einzelfall sowohl variabel als auch fix sein können. Letzteres zeigt sich z. B. deutlich, wenn man die Gemeinkosten noch danach unterscheidet, ob es sich um **echte** Gemeinkosten (sie sind aus theoretischen Gründen selbst bei exaktester Analyse dem einzelnen Produkt nicht zuzurechnen) oder **unechte** Gemeinkosten (hier wird lediglich aus Wirtschaftlichkeitsgründen auf eine direkte Zurechnung verzichtet) handelt. Unechte Gemeinkosten sind nämlich in aller Regel auch als variabel (in bezug auf die Beschäftigung) anzusehen. Lediglich die echten Gemeinkosten sind – mit gewissen Ausnahmen – überwiegend fixe Kosten (vgl. Abb. 297, *Schweitzer/Küpper* 1991).

Nach den bisherigen Ausführungen zur Vollkostenrechnung ist es nur folgerichtig, wenn bei ihr nicht die Lenkungsfunktion, sondern die **Verrechnungsfunktion** im

Zurechenbarkeit auf Produkteinheit	Einzelkosten	Gemeinkosten	
		Unechte Gemeinkosten	Echte Gemeinkosten
Veränderlichkeit bei Beschäftigungsänderungen	Variable Kosten		Fixe Kosten
Beispiele	Kosten für Werkstoffe (außer bei Kuppelprozessen) Verpackungskosten Provisionen	Kosten für Hilfsstoffe Kosten für Energie und Betriebsstoffe bei Leontief-Produktionsfunktionen	Kosten des Kuppelprozesses Kosten für Energie und Betriebsstoffe bei mehrdimensionalen Kostenfunktionen	Kosten der Produktart und Produktgruppe Kosten der Fertigungsvorbereitung und Betriebsleitung Abschreibungen (Lohnkosten)

Abb. 297 Abgrenzung zentraler Kostenkategorien

Vordergrund steht. Denn der Vollkostenrechnung kommt es primär darauf an, den Prozeß der Kostenentstehung und -überwälzung rechnerisch zu verfolgen. Dafür wird auch in Kauf genommen, daß unter Verletzung des Verursachungsprinzips die fixen (Gemein-)Kosten anteilsmäßig auf die verschiedenen Produkteinheiten des Unternehmens verteilt werden. **Da es hierfür aber keine allgemeingültigen, theoretisch zu rechtfertigenden Regeln gibt**, wird dadurch zugleich hingenommen, daß ein erhebliches Element der **Willkür** in die Kostenrechnung hineingetragen wird.

Fragt man nun nach dem **Sinn einer Vollkostenrechnung**, so ist zu konstatieren, daß zum einen die zwei genannten Nebenaufgaben der Kostenrechnung (vgl. S. 614)

· Bestandsbewertung in der Bilanz

· Ermittlung von Selbstkostenpreisen für öffentliche Aufträge

in der Regel eine Vollkostenrechnung bedingen. Zum anderen wird die Vollkostenrechnung traditionell eingesetzt zur **Ermittlung des kurzfristigen Betriebserfolgs** (wenn dieser nach Produkten, Produktgruppen, Sparten u.ä. gegliedert bestimmt werden soll). Es liegt dabei auf der Hand, daß die Vollkostenrechnung hier mit den Zwecken der **Istkostenrechnung** zusammentrifft.

Die traditionelle Betriebsabrechnung zur Ermittlung des kurzfristigen Betriebserfolgs ist damit in der Regel durch eine auf Istkosten basierende Vollkostenrechnung charakterisiert.

Die folgende Übersicht zeigt die verschiedenen Kostenrechnungssysteme in ihrer schwerpunktmäßigen Zuordnung zu den drei Hauptaufgaben der kalkulatorischen Erfolgsrechnung (vgl. Abb. 298).

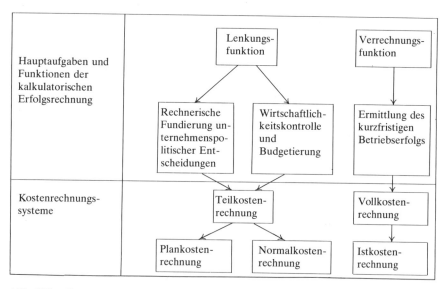

Abb. 298 Kostenrechnungssysteme im Spiegel alternativer Aufgaben und Funktionen der kalkulatorischen Erfolgsrechnung

Fragen und Aufgaben zur Wiederholung (S. 613–618)

1. Durch welche spezifischen Merkmale läßt sich das Wesen der kalkulatorischen Erfolgsrechnung kennzeichnen?
2. Erläutern Sie kurz die drei Hauptaufgaben der kurzfristigen Erfolgsrechnung!
3. Worin unterscheiden sich die Ist-, Normal- und Plankostenrechnung?
4. Was besagt der Grundsatz der relevanten Kosten, und welche Aufgabenstellungen fallen hierdurch Teilkostenrechnungen zu?
5. Kennzeichnen Sie kurz das Wesen und Hauptanliegen der Vollkostenrechnung!
6. Grenzen Sie die Kostenkategorien Einzel-/Gemeinkosten und fixe/variable Kosten gegeneinander ab!
7. Skizzieren Sie die Zuordnung der verschiedenen Kostenrechnungssysteme zu den Hauptaufgaben der kalkulatorischen Erfolgsrechnung!

Literaturhinweise:

Adam, D. (1970)
Ahlert, D., Franz, K.-P. (1988)
Chmielewicz, K. (1982a)
Haberstock. L. (1987)
Hummel, S., Männel, W. (1989)
Kilger, W. (1989)
Koch, H. (1966)
Kosiol, E. (Hrsg.) (1981)
Kosiol, E. (1979)
Meffert, H. (1968)
Schweitzer, M., Küpper, H.-U. (1991)
Zimmermann, G. (1992b)

B. Betriebsabrechnung und Kalkulation

I. Traditionelle Betriebsabrechnung auf Vollkostenbasis

1. Grundstruktur der periodischen Betriebsabrechnung
2. Kostenartenrechnung
3. Kostenstellenrechnung
4. Kostenträger-(ergebnis-)rechnung

1. Grundstruktur der periodischen Betriebsabrechnung

Die kalkulatorische Erfolgsrechnung ist ihrem Kern nach zunächst eine **periodische Betriebsabrechnung.** Aus ihr können dann in einem weiteren Schritt **stückbezogene Rechnungen als Kalkulation** abgeleitet werden.

Die Grundstruktur der periodischen Betriebsabrechnung auf Ist- und Vollkostenbasis, die zunächst im Vordergrund der Betrachtung steht, ist gekennzeichnet durch die Unterscheidung einer Reihe von **Abrechnungsstufen,** die als Kostenarten-, Kostenstellen- und Kostenträgerrechnungen einerseits und als Erlösrechnung (bzw. genauer Leistungsrechnung) andererseits zwar aufeinander aufbauen, aber doch deutlich gegeneinander abzugrenzen sind.

Zur Ermittlung des kurzfristigen Betriebserfolgs (als Hauptaufgabe einer auf Vollkosten basierenden Betriebsabrechnung) genügt neben einer entsprechenden Leistungsartenrechnung eine Kostenartenrechnung, die durch Abgrenzung des neutralen Aufwands von den Periodenaufwendungen und durch Berücksichtigung kalkulatorischer Kosten der vollständigen Erfassung der Periodenkosten dient. Im einzelnen (vgl. auch S. 593f.):

  Erlöse der Periode
± Bestandsveränderungen an Halb- und Fertigerzeugnissen
+ aktivierte Eigenleistungen
= Gesamtleistung der Periode
− Gesamtkosten der Periode
= Periodischer Betriebserfolg

Nun entspricht eine solche globale Erfolgsermittlung aber nicht dem spezifischen Charakter der Betriebsabrechnung, so daß sich zwischen die beiden Rechnungen im allgemeinen noch eine mehr oder weniger differenzierte Kostenstellen- und Kostenträgerrechnung schiebt, deren Aufgabe darin besteht, das komplexe Kostengefüge nach Kostenstellen (nach Abteilungen, Arbeitsplätzen, Kapazitätseinheiten) und nach Kostenträgern (nach Produkten) aufzugliedern. Dies erfolgt im Wege der Verteilung von Kostenarten auf Kostenstellen und Kostenträger.

Der formale Ablauf einer auf dem System der Vollkostenrechnung basierenden Betriebsabrechnung läßt sich demnach wie folgt skizzieren (vgl. Abb. 299).

Ausgehend von der Kostenartenrechnung erfolgt zunächst eine Aufspaltung der Gesamtkosten in Einzel- und Gemeinkosten. Letztere werden zunächst auf die Kostenstellen verteilt, von wo aus erst die Möglichkeit besteht, die Kostenträger im geschätzten Verhältnis zu ihrer Kostenstellenbeanspruchung anteilig mit Gemeinkosten zu belasten.

Die Verteilung der Gemeinkosten auf die Kostenstellen erfolgt dabei entsprechend dem Kostenverursachungsprinzip entweder direkt oder mithilfe von mengen- oder wertmäßigen Schlüsselgrößen. Eine Gemeinkostenschlüsselung bereits in der Kostenstellenrechnung ist

Neuntes Kapitel: Kalkulatorische Erfolgsrechnungen   621

immer dann notwendig, wenn die Gemeinkosten von allen oder zumindest von mehreren Kostenstellen verursacht werden und eine direkte Stellenzurechnung entweder nicht möglich oder aus Wirtschaftlichkeitserwägungen nicht sinnvoll ist.

Nach der Verteilung der Gemeinkosten auf die Kostenstellen und bevor die Kostenträger im Zuge der Weiterverrechnung anteilig belastet werden, erfolgt eine Kostenstellenumlage, indem die Kosten der Hilfskostenstellen, die ihrem Charakter nach nicht unmittelbar über die Kostenträger abgerechnet werden können, auf die Hauptkostenstellen verursachungsgerecht umgelegt werden.

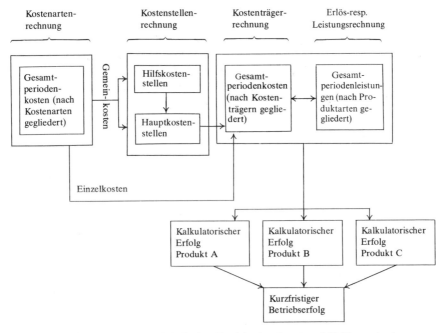

Abb. 299 Grundstruktur der periodischen Betriebsabrechnung auf Vollkostenbasis

Erst danach setzt die Kostenträgerrechnung ein, indem die Einzelkosten direkt aus der Kostenartenrechnung übernommen werden und die in der Kostenstellenrechnung aufbereiteten Gemeinkosten unter Verwendung möglichst verursachungsgerechter Verteilungsschlüssel auf die Kostenträger zugeschlagen werden.

Abb. 291 gibt einen Überblick über die hier skizzierte periodische Betriebsabrechnung auf Vollkostenbasis. Notwendig ist eine solche Vollkostenrechnung immer dann, wenn es darauf ankommt, den kurzfristigen Betriebserfolg nach einzelnen Produkten oder Produktgruppen gegliedert zu ermitteln.

2. Kostenartenrechnung

Die Kostenartenrechnung ist der Ausgangspunkt der periodischen Betriebsabrechnung. **Sie dient der systematischen Erfassung sämtlicher Kosten des Leistungs- und Finanzprozesses,** die – geht man von einer Istkostenrechnung aus – **in der Abrechnungsperiode angefallen sind.** Zum Inhalt der Kostenartenrechnung zählt demnach zwangsläufig auch die Abgrenzung gegenüber der Aufwandsrechnung in der Finanzbuchhaltung (vgl. S. 493 ff.).

Die Periodenkosten eines Betriebes lassen sich nach den verschiedensten Kriterien gliedern. Möglich ist beispielsweise die Unterscheidung

- nach der **Herkunft der Kostengüter** in **primäre Kosten** (sie fallen beim Verzehr von Gütern und Leistungen an, die von außen bezogen werden) und **sekundäre Kosten** (sie entstehen beim Verbrauch innerbetrieblicher Leistungen);

Kostenarten der Kontenklasse 4		
40–42 **Stoffkosten u. dgl.**		
40–41 Stoffverbrauch (ohne Brennstoffe und Energie)	**45**	**Instandhaltung, verschiedene Leistungen u. dgl.**
400 Stoffverbrauch-Sammelkonto	450–454	Instandhaltung
401–402 Einsatzstoffe	455	Allgemeine Dienstleistungen
403–404 Fertigungsstoffe	456	Entwicklungs-, Versuchs- und Konstruktionskosten
405 Klein- und Normteile	457–459	Mehr- bzw. Minderkosten
406 Bestandteile (Einbauteile), Zwischenerzeugnisse und dergleichen	**46**	**Steuern, Gebühren, Beiträge, Versicherungsprämien u. dgl.**
	460–463	Steuern
	464–467	Abgaben, Gebühren u. dgl.
407 Handelswaren	468	Beiträge und Spenden
408 Auswärtige Bearbeitung	469	Versicherungsprämien
409 Stoffe für innerbetriebliche Leistungen	**47**	**Mieten, Verkehrs-, Büro-, Werbekosten u. dgl.**
410–411 Hilfsstoffe	470–471	Raum-, Maschinenmieten und dergleichen
412–415 Betriebsstoffe	472–475	Verkehrskosten
416 Verpackungsstoffe (z.B. Kisten- und Lattenholz, Nägel, Bandeisen usw.)	476	Bürokosten
	477–478	Werbe- und Vertreterkosten
	479	Finanzspesen und sonstige Kosten
417–419 Werkzeuge und dergleichen	**48**	**Kalkulatorische Kosten**
42 Brennstoffe, Energie u. dgl.	480	Betriebsbedingte Abschreibungen
420–424 Feste, flüssige und gasförmige Brenn- und Treibstoffe	481	Betriebsbedingte Zinsen
	482	Betriebsbedingte Wagnisprämien
	483	Kalkulatorischer Unternehmerlohn
425–429 Energie und dergleichen	484	Sonstige kalkulatorische Kosten
43–44 **Personalkosten u. dgl.**	**49**	**Innerbetriebliche Kosten- und Leistungsverrechnung, Sondereinzelkosten und Sammelverrechnungen**
43 Löhne und Gehälter		
430 Löhne-Sammelkonto (einschließlich Lohnabschlagszahlungen)	490–494	Sondereinzelkosten
	495–497	Innerbetriebliche Kosten- und Leistungsverrechnung
431 Fertigungslöhne	498	Sammelkonto, zeitliche Abgrenzung
432 Löhne für innerbetriebliche Leistungen	499	Sammelkonto Kostenarten
433–435 Hilfslöhne		
436 Betrieblich bedingte, bezahlte Wartezeiten		
437 Lohnarbeitszuschläge und besondere Zulagen		
438 Bezahlte Freizeit		
439 Gehälter		
44 Sozialkosten und andere Personalkosten		
440 Gesetzliche und tarifliche Sozialkosten		
441–447 Freiwillige Sozialkosten		
448 Andere Personalkosten		

Abb. 300 Systematik der Kostenarten innerhalb des Gemeinschafts-Kontenrahmens für die Industrie (GKR)

Neuntes Kapitel: Kalkulatorische Erfolgsrechnungen

- nach der **Art der verbrauchten Kostengüter** in Material-, Personal-, Betriebsmittelkosten u.ä.;
- nach der **Zurechenbarkeit** auf bestimmte Bezugseinheiten in Einzel- und Gemeinkosten;
- nach ihrer **Dispositionsabhängigkeit** in variable und fixe Kosten;
- nach dem **Betriebsbereich**, in dem sie anfallen, in Beschaffungs-, Produktions-, Absatz-, Finanzierungskosten usw.

Während die Gliederung nach der Dispositionsabhängigkeit der Kosten wie erläutert in der traditionellen Vollkostenrechnung keine Rolle spielt, gelten für die anderen Gliederungskriterien folgende Grundsätze:

Erfassung nur primärer Kosten in der Kostenartenrechnung, und zwar gegliedert nach der Art der verbrauchten Kostengüter. Eine ergänzende Unterscheidung von Einzel- und Gemeinkosten bereits in der Kostenartenrechnung ist als Vorbereitung für die Kostenstellenrechnung hilfreich. Eine Gliederung der Kosten nach dem Betriebsbereich, in dem sie anfallen, hat zu unterbleiben, da hierdurch bereits Elemente der Kostenstellenrechnung angesprochen werden.

Abb. 300 gibt eine Übersicht über die Gliederung der Kostenarten innerhalb der Kontenklasse 4 des Gemeinschafts-Kontenrahmens der Industrie (vgl. auch S. 492). Sie erfüllt im wesentlichen die Anforderungen der

- Eindeutigkeit
- Überschneidungsfreiheit und
- Vollständigkeit

des Kostenartenplans. Von den dort aufgeführten Kostenarten sollen die wichtigsten, nämlich die

(a) Material-(Werkstoff-)kosten
(b) Personalkosten
(c) Betriebsmittelkosten (insbes. Abschreibungen) sowie die
(d) Zinskosten

kurz in ihrer jeweiligen Erfassungs- und Verrechnungsmethodik angesprochen werden.

Zu (a): Die Erfassung der **Material- (und Stoff-)kosten** erfolgt grundsätzlich in zwei Schritten:

- die Erfassung der Verbrauchsmengen sowie
- die Bewertung des Verbrauchs.

Für die **Verbrauchsmengenerfassung** kommen hauptsächlich drei Methoden in Betracht:

[1] Inventurmethode (Befundrechnung)

   Anfangsbestand (lt. Inventur)
   + Zugang während der Periode
   − Endbestand (lt. Inventur)
   ─────────────────────────
   = Materialverbrauch der Periode

[2] Fortschreibungs- (Skontrations-)methode

   Materialverbrauch = Summe der Entnahmen (lt. Materialentnahmeschein)

[3] Retrograde Methode (Rückrechnung)

   Materialverbrauch = produzierte Stückzahlen × Sollverbrauchsmenge pro Stück (lt. Stückliste)

Für die **Bewertung** des Materialverbrauchs stehen ebenfalls verschiedene Ansätze zur Verfügung:
- Bewertung zu durchschnittlichen Einstandspreisen (Istpreis-Verfahren),
- Bewertung zu Wiederbeschaffungspreisen (Istpreisen am Tage der Lagerentnahme), was der kostenrechnerisch allein richtige Ansatz ist, und die
- Bewertung zu festen Verrechnungspreisen.

Zu (b): Die **Personalkosten** umfassen Löhne, Gehälter, Kosten für Sozialleistungen und sonstige personalbedingte Kosten. Bei den Löhnen wird kostenrechnerisch im allgemeinen zwischen **Hilfslöhnen** (sie werden aufgewandt für Arbeiten, die nur mittelbar mit den Aufträgen bzw. Kostenträgern zusammenhängen) und **Fertigungslöhnen** (sie stehen in unmittelbarem Zusammenhang mit einzelnen Aufträgen respektive Produkten) unterschieden. Hilfslöhne und Gehälter sind entsprechend als Gemeinkosten, Fertigungslöhne als Einzelkosten einzustufen.

Besondere **Abgrenzungsprobleme** ergeben sich bei den Personalkosten aufgrund der Tatsache, daß sich bestimmte Teile dieser Kosten (etwa Urlaubslöhne, Krankheitskosten, Gratifikationen) ungleichmäßig auf das Jahr verteilen, diese aber im Sinne einer aussagefähigen Kostenartenrechnung in gleichmäßigen Raten auf die einzelnen Monate eines Jahres verrechnet werden müssen.

Zu (c): Zu den **Betriebsmittelkosten** zählen in erster Linie die **Abschreibungen**. Sie umfassen den Werteverzehr am Anlagevermögen, der durch
- Verschleiß,
- technischen Fortschritt,
- Markteinflüsse und dergl.

entsteht. Während sich in **pagatorischen** Rechnungen Abschreibungen durch Verteilung der Anschaffungsausgaben auf die einzelnen Teilperioden der (wirtschaftlichen) Nutzungsdauer ergeben, wobei die Art und Weise der Verteilung nach handels- und steuerbilanzpolitischen Überlegungen erfolgt (vgl. S. 577 f.), besteht in **kalkulatorischen** Rechnungen das Wesen der (kalkulatorischen) Abschreibungen darin, für jede Periode den **verursachungsgerechten Werteverzehr** auszudrücken.

Für die Bemessung der kalkulatorischen Abschreibungen sind drei Determinanten maßgeblich:

[1] Die **Abschreibungssumme** ist in pagatorischen Rechnungen durch die Anschaffungskosten nach oben begrenzt. Substanzerhaltung ist aber in inflationären Zeiten nur möglich, wenn die (verdienten) Abschreibungsbeträge ausreichen, um die Wiederbeschaffung einer gleichwertigen Ersatzanlage zu finanzieren (vgl. auch S. 569 ff.). Daher ist unter solchen Umständen als Abschreibungssumme grundsätzlich der jeweilige **Wiederbeschaffungspreis** zugrunde zu legen.

[2] Der anzusetzende **Abschreibungszeitraum** wird durch die voraussichtliche wirtschaftliche (im Grenzfall technische) Nutzungsdauer bestimmt.

[3] Für die Erfassung des zeitlichen Verlaufs der Wertminderungen können verschiedene **Abschreibungsmethoden** eingesetzt werden. Man unterscheidet **nutzungs- (leistungs-)orientierte** und **zeitorientierte** Abschreibungsmethoden sowie **Kombinationen** hiervon. Varianten zeitorientierter Abschreibungsmethoden sind die lineare, die degressive und die progressive Abschreibung (vgl. auch Abb. 301).

- Bei der **linearen** Abschreibung wird ein gleichmäßiger Verlauf der Wertminderungen unterstellt. Die Abschreibung erfolgt in gleichbleibenden Jahresbeträgen über die Nut-

Neuntes Kapitel: Kalkulatorische Erfolgsrechnungen   625

Jahr	Lineare Abschreibung		Arithmetisch-degressive Abschreibung		Geometrisch-degressive Abschreibung		
	Restwert am Jahresende	Abschreibungsbetrag	Restwert am Jahresende	Abschreibungsbetrag	Restwert am Jahresende	Abschreibungsbetrag	quote vom Restwert
	105 000	–	105 000	–	105 000	–	
1	85 000	20 000	75 000	30 000	57 750	47 250	45 %
2	65 000	20 000	50 000	25 000	31 763	25 987	45 %
3	45 000	20 000	30 000	20 000	17 470	14 293	45 %
4	25 000	20 000	15 000	15 000	9 608	7 861	45 %
5	5 000	20 000	5 000	10 000	5 284	4 323	45 %

Abb. 301 Alternative Abschreibungsmethoden (Beispiel: Wiederbeschaffungskosten 105 000 GE, wirtschaftliche Nutzungsdauer 5 Jahre, Restwert am Ende der 5 Jahre 5 000 GE)

zungsdauer. In der Praxis wird diese Abschreibungsmethode für Zwecke der Kostenrechnung überwiegend befürwortet.

- Bei der **degressiven** Abschreibung wird eine zu Beginn hohe Wertminderung unterstellt, die dann im weiteren Verlauf von Jahr zu Jahr geringer wird. Wegen der im Zeitablauf typischerweise steigenden Reparaturkostenanfälligkeit und der gerade zu Beginn hohen Werteverluste bei einer neuen Anlage ist eine gleichmäßige Belastung durch Betriebsmittelkosten (die sich aus Abschreibungen und Instandhaltungskosten zusammensetzen) **und** gleichzeitig eine einigermaßen verursachungsgerechte Erfassung des Werteverzehrs in der Regel nur bei einer degressiven Abschreibungsmethode möglich.

Unterschieden werden kann eine **arithmetisch**-degressive und eine **geometrisch**-degressive Abschreibung.

Bei der **arithmetisch-degressiven** Methode nehmen die Abschreibungsbeträge jeweils um den gleichen absoluten Betrag ab. Eine Sonderform ist die **digitale Abschreibung**, bei der der Restwert null gesetzt wird und sich der Degressionsbetrag D aus folgender Formel ergibt:

(1) $$D = \frac{A}{\Sigma t}$$

mit $t = 1, 2, \ldots, n$
und $n = $ Nutzungsdauer
sowie $A = $ Abschreibungssumme

Bei der **geometrisch-degressiven** Methode stellen die Abschreibungsbeträge eine abnehmende geometrische Reihe dar, die in der wichtigsten Form der Buchwertmethode durch einen gleichbleibenden Abschreibungsprozentsatz vom jeweiligen Restwert zustandekommt. Dieser Abschreibungsprozentsatz p errechnet sich dabei nach folgender Formel:

(2) $$p = (1 - \sqrt[n]{\frac{R_n}{A}}) \cdot 100$$

mit $R_n = $ Restwert am Ende der Nutzungsdauer

Bei der **progressiven** Abschreibung steigen die Abschreibungsquoten von Jahr zu Jahr entweder arithmetisch oder geometrisch an. Es wird also eine zu Beginn niedrige Wertminderung unterstellt, die dann aber überproportional anwächst. Sie ist damit gleichsam das Gegenstück zur degressiven Methode.

Zu (d): Zinskosten werden in der Kostenrechnung sowohl für Fremd- als auch für Eigenkapital verrechnet. Ihre Höhe bestimmt sich durch

- den **Zinssatz** (der sich in der Regel am langfristigen Durchschnitt des Kapitalmarktzinses orientiert) sowie durch
- das **zinspflichtige Kapital** (hier wird in der Kostenrechnung das durchschnittlich gebundene betriebsnotwendige Kapital respektive Vermögen zugrundegelegt).

Das betriebsnotwendige Kapital wird nach folgendem Schema ermittelt:

Anlagevermögen (zu kalkulatorischen Wertansätzen)
+ Umlaufvermögen (kalkulatorische Jahresmittelwerte)
− neutrales Anlage- und Umlaufvermögen (betriebsfremde Anlagen oder Warenvorräte, spekulative Bestände u.ä.)

= betriebsnotwendiges Vermögen
− Abzugskapital (zinsfreie Verbindlichkeiten)

= betriebsnotwendiges Kapital

3. Kostenstellenrechnung

Im Anschluß an die Kostenartenrechnung setzt die Kostenstellenrechnung ein. Kostenstellen sind Orte der Kostenentstehung. **Die Kostenstellenrechnung beantwortet demzufolge die Frage, wo welche Kosten in welcher Höhe entstanden sind.**

Inhalt der Kostenstellenrechnung ist die Verteilung der **Gemeinkosten** (aus der Kostenartenrechnung) auf die Kostenstellen. Demgegenüber durchlaufen die Einzelkosten in der traditionellen Betriebsabrechnung nicht die Kostenstellenrechnung, sondern gehen unmittelbar in die Kostenträgerrechnung ein. Die Gemeinkosten werden nur dehalb über diesen Zwischenschritt der Kostenstellenrechnung geführt, um mithilfe der hierbei vorgenommenen Bestimmung von Kostensätzen für die Inanspruchnahme der einzelnen Kostenstellen eine spätere Weiterverrechnung der Gemeinkosten auf die einzelnen Kostenträger zu erreichen.

Kostenstellen können nach den unterschiedlichsten Kriterien gegliedert sein. Am häufigsten ist die Gliederung nach **Funktions-** bzw. organisatorischen **Verantwortungsbereichen**. Abb. 302 (vgl. *Hummel/Männel* 1989) zeigt ein solches Beispiel. Der Kostenstellenplan ist – wie in der Praxis üblich – dabei im einzelnen gegliedert in:

- **Allgemeine Kostenstellen** (sie erbringen Leistungen für sämtliche Teile des Unternehmens);
- **Fertigungsstellen**, die wiederum unterteilt sind in
  - **Hauptkostenstellen** (diese sind unmittelbar in den Prozeß eingespannt, der die Herstellung der Hauptprodukte des Unternehmens zum Gegenstand hat),
  - **Nebenkostenstellen** (sie bearbeiten dagegen Produkte, die nicht zum eigentlichen Produktionsprogramm gehören),
  - **Hilfskostenstellen** (die nur mittelbar der Herstellung absatzfähiger Endprodukte dienen);
- **Materialstellen** (ihnen obliegen sämtliche materialwirtschaftlichen Aufgaben);
- **Verwaltungsstellen** (sie umfassen alle Abteilungen mit allgemeinen Verwaltungs-, Service- und Leistungsfunktionen);
- **Vertriebsstellen** (deren Aufgabe die marktliche Verwertung der erzeugten Produkte ist).

Für die Bildung und Einteilung von Kostenstellen gelten neben der Forderung nach Eindeutigkeit des Gliederungssystems zwei zentrale **Grundsätze**, die sich teilweise widersprechen und insofern ein **Optimumproblem** erkennen lassen:

1 Allgemeine Bereiche
11 Immobilien
  111 Heizung
  112 Reinigung
  113 Bewachung
  114 Grundstücke, Gebäude
 	
12 Sozialdienste
  121 Kantine
  122 Sanitätsstelle
  123 Werksbibliothek
 	
13 Energie
  131 Wasserversorgung
  132 Stromerzeugung
  133 Gaserzeugung
  134 Dampferzeugung
 	
14 Instandhaltung
  141 Schlosserei
  142 Tischlerei
  143 Elektrowerkstatt
  144 Bauabteilung
 	
2 Materialbereich
21 Einkauf
  211 Einkaufsabteilung
  212 Prüflabor
 	
22 Lager
  221 Werkstoffläger
  222 Warenannahme
  223 Lagerbuchhaltung
	3 Fertigungsbereich
	31 Fertigungshilfsstellen
	  312 Werkzeugmacherei
	  313 Arbeitsvorbereitung
	
	32 Fertigungshauptstellen
	  321 Dreherei
	  322 Fräserei
	  323 galvanische Abteilung
	  324 Montage
	
	33 Fertigungsnebenstellen
	  331 Abfallverwertung
	  332 Kuppelprodukte-
	      verarbeitung
	
	4 Vertriebsbereich
	41 Verkauf
	  411 Verkauf Inland
	  412 Verkauf Ausland
	42 Werbung
	43 Versandläger
	44 Kundendienst
	45 Expedition
	
	5 Verwaltungsbereich
	51 Geschäftsleitung
	52 Interne Revision
	53 Rechtsabteilung
	54 Rechnungswesen
	55 Personalabteilung
	56 Registratur
	57 Rechenzentrum

Abb. 302 Beispiel eines Kostenstellenplans

- Die Kostenstelleneinteilung ist so fein vorzunehmen, daß sich möglichst genaue Maßgrößen der Kostenverursachung finden lassen. Das ist im Hinblick auf die spätere Weiterverrechnung der Kosten dann der Fall, wenn eindeutige (proportionale) Beziehungen zwischen anfallenden Kosten und den Kostenstellenleistungen feststellbar sind.
- Das Kostenstellensystem ist nur soweit zu differenzieren, wie dies wirtschaftlich gerechtfertigt werden kann und die Übersichtlichkeit nicht gefährdet ist.

Als ein wichtiges Instrument der Kostenstellenrechnung ist der **Betriebsabrechnungsbogen** (BAB) anzusehen. Er existiert in verschiedenen Ausprägungen:

- Der „große" Betriebsabrechnungsbogen umfaßt die gesamte Kostenrechnung und die Erlösrechnung, also alle Stufen der Betriebsabrechnung.
- Der „kleine" Betriebsabrechnungsbogen, auch als Kostenstellenbogen bezeichnet, enthält lediglich als einen Ausschnitt hieraus die Kostenstellenrechnungen.

Im folgenden soll lediglich der Aufbau des kleinen BAB näher gekennzeichnet werden. Seine Aufgaben sind insbesondere:

(a) Verteilung der Gemeinkosten aus der Kostenartenrechnung auf die Kostenstellen;

(b) Abrechnung der Kostenstellen untereinander (Kostenstellenumlage);
(c) Ermittlung von Gemeinkostenzuschlagssätzen als Grundlage für die Kostenträgerrechnung.

Diese Aufgaben bestimmen gleichzeitig auch die generelle Vorgehensweise bei einer Kostenstellenrechnung mithilfe des Betriebsabrechnungsbogens. Als Grundlage dient der in Abb. 303 dargestellte und mit einem Zahlenbeispiel versehene BAB.

(a) Aus der Kostenartenrechnung werden die Gemeinkosten in die linke obere Spalte des BAB übernommen. Die Beträge der einzelnen Gemeinkostenarten sind auf die entsprechenden Kostenstellen verursachungsgerecht zu verteilen. Eine solche **Kostenverteilung** erfolgt direkt oder mithilfe von Schlüsselgrößen. Nach der Verteilung der Gemeinkosten ist dann jede Kostenstelle mit den Gemeinkosten belastet, die sie in der Periode „verursacht" hat und die in der Zeile 8 (Abb. 303) für jede Kostenstelle errechnet worden sind.

Kostenarten \ Kostenstellen	Summe	Allgemeine Hilfskostenstellen		Fertigungsstellen					Materialstelle	Verwaltung	Vertrieb
				Fertigungshilfsstellen		Fertigungshauptstellen					
		Grundstücke und Gebäude	Kraftanlage	Reparaturen	Arbeitsvorbereitung	I Zuschnitt	II Tischlerei	III Montage			
1. Hilfslöhne	5 800	200	300	200	100	1700	1500	550	300	150	800
2. Gehälter	9 000	120	250	300	350	600	1380	100	700	2000	3200
3. Sozialkosten	2 500	80	100	150	50	450	500	100	170	400	500
4. Fremddienste	1 100	–	150	250	–	70	120	–	–	200	310
5. Betriebsstoffe	2 000	–	300	300	50	100	300	–	180	500	490
6. Abschreibungen	4 200	400	200	–	20	680	500	100	–	1700	600
7. Zinsen	2 400	200	100	20	30	400	700	150	50	650	100
8. Summe Gemeinkosten A	27 000	1000	1400	1000	600	4000	5000	1000	1400	5600	6000
9. Umlage Grundstücke und Gebäude			→100	20	15	255	200	150	80	130	50
10. Umlage Kraftanlage			→450	30	220	275	210	110	175	30
11. Umlage Reparaturen					→470	500	500				
12. Umlage Arbeitsvorbereitung					→175	250	220				
13. Summe Gemeinkosten B	27 000					5120	6225	2080	1590	5905	6080
14. Einzelkosten Löhne (Zuschlagsbasis für Fertigungshauptstellen)						9000	8500	4000			
15. Einzelkosten Material (Zuschlagsbasis für Materialstelle)									38500		
16. Herstellkosten (Zuschlagsbasis für Verwaltung und Vertrieb)										75015	75015
17. Zuschlagssätze (Ist)						56,9 %	73,24 %	52 %	4,1 %	7,9 %	8,1 %
18. Normalzuschlagssätze											
19. Verrechnete Gemeinkosten (Normalkosten)											
20. Über-/Unterdeckung (19. ./. 13.)											
21. Über-/Unterdeckung (20. in Prozent von 19.)											

Abb. 303 Beispiel eines Betriebsabrechnungsbogens (Kostenstellenbogens)

(b) Mit der Gemeinkostenverteilung ist die Kostenstellenrechnung noch nicht beendet. Als nächstes erfolgt die **Kostenstellenumlage**, die eine Abrechnung der Kostenstellen untereinander darstellt. Eine solche Umlage von Kostenstellen ist vor allem dann erforderlich, wenn Hilfskostenstellen vorhanden sind, die nicht unmittelbar auf die Kostenträger weiterverrechnet werden können, weil ihre Funktion in der Unterstützung anderer Kostenstellen besteht.

Hilfskostenstellen müssen nach dem Verursachungsprinzip ihre Kosten also zunächst auf die Kostenstellen umlegen, die die entsprechenden Leistungen von ihnen empfangen haben.

Für die Kostenumlage ist es zweckmäßig, eine bestimmte Reihenfolge der Kostenstellen im BAB festzulegen. Dies sollte möglichst entsprechend dem **Prozeßgliederungsprinzip** geschehen, indem jede Kostenstelle nach ihrem Beitrag zum Prozeßfortschritt eingeordnet wird. Den Beginn machen die allgemeinen Kostenstellen, und den Abschluß bilden die Verwaltungs- und Vertriebsstellen. Dazwischen liegen die Material- und Fertigungshauptstellen mit ihren jeweils zugeordneten Hilfskostenstellen.

Die Kostenstellenumlage, so wie sie im einfachsten Fall abgewickelt werden kann (insbesondere wenn keine gegenseitig abrechnenden Kostenstellen berücksichtigt werden müssen), beginnt bei den allgemeinen Kostenstellen, die ihrer Natur nach auf alle nachfolgenden Kostenstellen (unter Verwendung des sogenannten Treppenumlage- bzw. Stufenleiterverfahrens) umgelegt werden. Danach folgen die Fertigungshilfsstellen, die für den Fall, daß zwischen ihnen keine Leistungsverflechtungen bestehen, unmittelbar (im Wege des Blockumlage- resp. Anbauverfahrens) auf die Fertigungsstellen umgelegt werden. Die Materialstellen und auch die Verwaltungs- und Vertriebsstellen werden im allgemeinen nicht weiter umgelegt, da sie ihre Kosten direkt auf die Kostenträger verrechnen.

(c) Nach der Kostenstellenumlage werden die Gemeinkostenträger abgerechnet. Dies erfolgt, indem die Belastung der einzelnen Kostenstellen durch die Kostenträger berücksichtigt wird. Im BAB werden dazu vor der Weiterverrechnung der Gemeinkosten auf die Kostenträger die **Gemeinkostenzuschlagssätze** ermittelt. Dabei wird von der Überlegung ausgegangen, daß die einzelnen Kostenstellen für ihren Gemeinkostenanfall bestimmte typische Maßstäbe aufweisen, die sich als Zuschlagsbasis eignen.

Bei den Fertigungsstellen werden im allgemeinen die Lohneinzelkosten als Bezugsgröße gewählt, d.h. es wird eine proportionale Abhängigkeit der Fertigungsgemeinkosten von den Einzelkosten unterstellt. Das gleiche gilt für die Materialstellen, wo eine Beziehung zwischen Materialgemein- und -einzelkosten angenommen wird. Zuschlagsbasis für die Verwaltungs- und Vertriebsstellen sind im allgemeinen die Herstellkosten, die sich aus den Materialeinzel- und -gemeinkosten sowie den Fertigungseinzel- und -gemeinkosten zusammensetzen. Im Beispiel sind die einzelnen Zuschlagsbasen (Zeilen 14 bis 16 in Abb. 303) eingetragen und die Zuschlagssätze errechnet worden. Ein Zuschlagssatz von 4,1% besagt in diesem Fall beispielsweise, daß ein Kostenträger, auf den für 100 GE Materialeinzelkosten entfallen, gleichzeitig auch mit 4,10 GE Materialgemeinkosten belastet werden muß.

Neben der Istkostenverrechnung wird im BAB häufig eine Normalkostenrechnung vorgenommen. Sie dient der Kontrolle im Hinblick auf „unnormale" Kostenabweichungen.

In der **traditionellen Kostenstellenrechnung** treten zwei **Grundprobleme** auf, deren Lösung die Qualität der Betriebsabrechnung entscheidend beeinflußt:
(1) die Wahl verursachungsgerechter Gemeinkostenschlüssel;
(2) die Verrechnung innerbetrieblicher Leistungen.

Zu (1): Die Verteilung der primären Gemeinkosten auf die Kostenstellen kann indirekt oder direkt erfolgen. Bei der **direkten Verteilung** können die Gemeinkosten den Kostenstellen direkt zugerechnet werden. Man spricht in diesem Fall auch von **Kostenstelleneinzelkosten**. Dagegen läßt sich bei den sog. **Kostenstellengemeinkosten** nicht unmittelbar ersehen, welche Kostenstellen in welcher Höhe belastet werden müssen. Sie sind daher mithilfe entsprechend ausgewählter (Gemeinkosten-) **Schlüssel** auf die Kostenstellen zu verteilen.

Als Bezugsgrößen der Kostenverteilung können sowohl Mengen- als auch Wertmaßstäbe verwendet werden (*Kosiol* 1972a):

(1) Mengenschlüssel
  (a) Zählgrößen (Zahl der eingesetzten, hergestellten oder abgesetzten Stücke, Zahl der Buchungen usw.)
  (b) Zeitgrößen (Kalenderzeit, Fertigungszeit, Maschinenstunden, Rüstzeit, Meisterstunden usw.)
  (c) Raumgrößen (Länge, Fläche, Rauminhalt usw.)
  (d) Gewichtsgrößen (Einsatzgewichte, Transportgewichte, Produktmengen in Gewichtseinheiten usw.)
  (e) Technische Maßgrößen (kWh, PS, tkm, Kalorien usw.)

(2) Wertschlüssel
  (a) Kostengrößen (Fertigungslohnkosten, Fertigungsmaterialkosten, Fertigungskosten, Herstellkosten usw.)
  (b) Einstandsgrößen (Wareneingangswert, Lagerzugangswert usw.)
  (c) Absatzgrößen (Warenumsatz, Kreditumsatz usw.)
  (d) Bestandsgrößen (Bestandswert an Stoffen, Zwischenprodukten oder Endprodukten, Anlagenbestandswert usw.)
  (e) Verrechnungsgrößen (Verrechnungspreise usw.)

Diese lassen sich in drei verschiedenen Formen anwenden (*Schweitzer/Küpper* 1991):

(a) Kostenanteil = Schlüsselzahl × Schlüsseleinheitskosten

Beispiel:

Gesamtstromkosten/Periode	200 000 GE
Gesamtverbrauch/Periode	2 500 000 kWh
Schlüsseleinheitskosten: $\frac{200\,000\text{ GE}}{2\,500\,000\text{ kWh}} =$	0,08 GE/kWh
Schlüsselzahl (= Verbrauchsmenge) der Kostenstelle A	37 500 kWh
Kostenanteil der Kostenstelle A: $37\,500 \cdot 0{,}08 =$	3 000 GE

(b) Kostenanteil = $\dfrac{\text{Schlüsselzahl} \times \text{Zuschlagsprozentsatz}}{100}$

Beispiel:

Urlaubslöhne in der Periode	150 000 GE
Gesamte Lohnsumme der Periode	2 000 000 GE
Zuschlagsprozentsatz: $\dfrac{150\,000 \cdot 100}{2\,000\,000} =$	7,5 %
Schlüsselzahl = Lohnsumme der Kostenstelle A	50 000 GE
Kostenanteil der Kostenstelle A: $\dfrac{50\,000 \cdot 7{,}5}{100} =$	3 750 GE

(c) $\text{Kostenanteil} = \dfrac{\text{Kostensumme} \times \text{Anteilsprozentsatz}}{100}$

Beispiel:

Heizungskosten/Periode	25 000 GE
Gesamter umbauter Raum	350 000 cbm
Raum von Kostenstelle A	70 000 cbm
Anteilsprozentsatz von Kostenstelle A: $\dfrac{70\,000 \cdot 100}{350\,000} =$	20 %
Kostenanteil der Kostenstelle A: $\dfrac{25\,000 \cdot 20}{100} =$	5 000 GE

Die erste Form eines Kostenschlüssels (a) eignet sich wie ersichtlich besonders für Mengenschlüssel, während die Form (b) vor allem bei Wertschlüsseln zweckmäßig ist. Die dritte Form der Gemeinkostenschlüsselung (c) wird bevorzugt, wenn die benutzten Größen für einige Zeit festliegen (z.B. Raummaße), so daß von den Periodengemeinkosten unmittelbar auf den jeweiligen Kostenstellenanteil umgerechnet werden kann.

Die Verwendung von Gemeinkostenschlüsseln gilt lediglich als eine **Hilfsmaßnahme**, wenn eine direkte Kostenverteilung nicht möglich ist oder als unwirtschaftlich abgelehnt wird. Denn Kostenschlüssel bergen stets die Gefahr nicht verursachungsgerechter Gemeinkostenverteilung in sich. Um diese Gefahr in Grenzen zu halten, sind zwei sich ergänzende **Prinzipien** für die Wahl von Kostenschlüsseln formuliert worden:

- Das **Proportionalitätsprinzip** besagt, daß diejenige Schlüsselgröße zu wählen ist, zu welcher die Gemeinkosten (möglichst weit angenähert) proportional verlaufen. Anders ausgedrückt wird gefordert, daß zwischen Schlüsselgrößen einerseits und den die Kosten verursachenden Einflußgrößen andererseits eine Proportionalität besteht.

- Da sich das Proportionalitätsprinzip bei Existenz von Fixkosten nicht erfüllen läßt, gilt ein ergänzendes Prinzip (*Koch* 1966): **das Prinzip der minimalen Gemeinkostenstreuung.** Es besagt, daß solche Schlüssel zu wählen sind, bei denen für alternative Kostendeterminantenkonstellationen die Schwankungen der (Gesamt-) Gemeinkosten am geringsten sind. Denn nur dann ist sichergestellt, daß auch die anteiligen Gemeinkosten pro Kostenträger mit höchstmöglicher Genauigkeit bestimmt werden.

Zu (2): Innerbetriebliche Leistungen sind dadurch charakterisiert, daß sie im Gegensatz zu den eigentlichen Absatzleistungen nicht direkt marktlich verwendet werden, sondern im Betrieb selbst Verwendung finden. Im Rahmen der Kostenstellenrechnung geht es im wesentlichen darum, die Kosten innerbetrieblicher Leistungen zu erfassen und sie denjenigen Kostenstellen (im Einzelfall auch Kostenträgern) zuzurechnen, die diese Leistungen in Anspruch nehmen.

Die innerbetriebliche Leistungsverrechnung wird häufig auch als **Sekundärkosten**rechnung bezeichnet, weil sie erst im Anschluß an die Erfassung und Verteilung der **primären** Kosten, also der Kostengüter, die der Betrieb von außen bezogen hat, einsetzt und weil sie lediglich der Weiterverrechnung dieser primären Kosten dient. Erforderlich ist eine solche Sekundärkostenrechnung dabei immer dann, wenn zwischen verschiedenen Kostenstellen einer Unternehmung Leistungsbeziehungen bestehen, wenn also von einzelnen Kostenstellen Güter und Dienste in Anspruch genommen werden, die von anderen Kostenstellen erstellt worden sind. Der „Preis" für die Inanspruchnahme solcher innerbetrieblicher Leistungen wird entsprechend bestimmt durch die **Sekundär**kosten als deren monetärem Äquivalent.

Für die Verrechnung innerbetrieblicher Leistungen lassen sich prinzipiell zwei Verfahrenskategorien unterscheiden: sukzessive und simultane Verrechnungsverfahren.

Sukzessive Verfahren erfassen grundsätzlich nur **einseitige** Leistungsbeziehungen zwischen Kostenstellen. In diesem Fall, der auch dem BAB-Beispiel (S. 628) zugrunde lag, lassen sich alle Kostenstellen eines Betriebes in eine solche Reihenfolge (Anordnung) bringen, daß stets nur nachgeordnete von vorgeordneten Kostenstellen Leistungen empfangen, aber niemals umgekehrt (*Kloock/Sieben/Schildbach* 1991). Abb. 304 verdeutlicht diesen Fall.

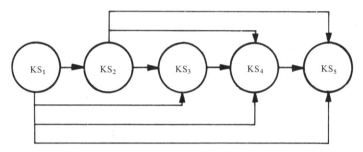

Abb. 304 Einseitige Leistungsbeziehungen zwischen Kostenstellen

Bestehen dagegen **wechselseitige** Leistungsbeziehungen zwischen einzelnen Kostenstellen, versorgen diese sich also, wie Abb. 305 verdeutlicht, gegenseitig mit innerbetrieblichen Leistungen, so kommen grundsätzlich nur **simultane Verrechnungsverfahren** zu einer exakten Lösung. Denn jede der wechselseitig abrechnenden Kostenstellen muß theoretisch jeweils auf ihre Belastung durch die anderen Kostenstellen „warten", bevor ihre gesamten Kosten bekannt sind und weiterverrechnet werden können. Sukzessive Verfahren können hier allenfalls Näherungslösungen liefern, indem sie beispielsweise einfach auf die Abrechnung in einer Richtung verzichten. Abgesehen davon, daß ein solches Vorgehen nur bei relativ geringen Kostenbeträgen gerechtfertigt ist, vernachlässigen sukzessive Verfahren also die „**Interdependenz** des innerbetrieblichen Leistungsaustausches" (*Kilger* 1989), was eine theoretisch bedeutsame Einschränkung für die Anwendbarkeit dieser Verfahren bedeutet.

Im folgenden sei deshalb ein simultaner Ansatz zur Lösung des Problems innerbetrieblicher Leistungsverrechnung bei Bestehen gegenseitiger Leistungsbeziehungen zwischen einzelnen Kostenstellen dargestellt. Ein solcher exakter Ansatz be-

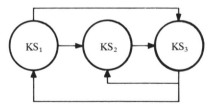

Abb. 305 Wechselseitige Leistungsbeziehungen zwischen Kostenstellen

steht dabei aus einem **System linearer Gleichungen**, in dem die gegenseitig ausgetauschten Leistungsmengen bekannt sind, die jeweiligen Preise hierfür und damit die Kostensätze der innerbetrieblichen Leistungen als Unbekannte auftreten. Die Zahl der Gleichungen entspricht der Menge der Kostenstellen, die in die Leistungsverrechnung einbezogen werden.

Ein einfaches Beispiel zweier wechselseitig abrechnender (Hilfs-)Kostenstellen möge den Grundgedanken des simultanen Ansatzes verdeutlichen (vgl. Abb. 306). Die angegebenen Beträge (GE) sind die primären Kosten der beiden Kostenstellen vor der gegenseitigen Abrechnung. Die ausgetauschten Leistungsmengen (als Koeffizient der Gesamtleistung) sind bekannt. Gesucht sind die an die Hauptkostenstellen jeweils weiter zu verrechnenden Kosten (X_i).

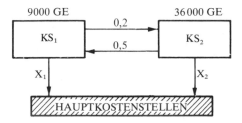

Abb. 306 Beispiel zweier Hilfskostenstellen mit einer wechselseitigen Leistungsbeziehung

In einem ersten Rechenschritt werden die gesamten **aufgenommenen** Kosten einschließlich der primären Kosten der beiden (Hilfs-)Kostenstellen (K_i) ermittelt. Die Gleichungen hierfür lauten:

(1) $K_1 = 9000 + 0,5\, K_2$
(2) $K_2 = 36000 + 0,2\, K_1$

Aufgelöst ergibt sich für $K_1 = 30000$ GE und für $K_2 = 42000$ GE.

Diese Werte bilden aber noch nicht die gesuchte Endlösung. Erst wenn von diesen Zahlen noch die von den beiden Kostenstellen jeweils abgegebenen Kosten saldiert werden, kommt man zu den (End-)Kosten, die an die Hauptkostenstellen weiterverrechnet werden. Für X_1 ergibt sich 24000 GE ($= 0,8 \cdot 30000$), für X_2 dagegen 21000 GE ($= 0,5 \cdot 42000$). In kontenmäßiger Darstellung ergibt sich folgendes Bild:

		KS$_1$			
K_1	Primäre Kosten	9.000		Abgabe an KS$_2$	6.000
	Belastg. von KS$_2$	21.000		X_1	24000
		30000			30000
		KS$_2$			
K_2	Primäre Kosten	36000		Abgabe an KS$_1$	21000
	Belastg. von KS$_1$	6000		X_2	21000
		42000			42000

Bei komplexeren Leistungsverflechtungen als in dem behandelten Beispiel kann die exakte Ermittlung der innerbetrieblichen Verrechnungspreise über die **Determinanten- oder die Matrizenrechnung** erfolgen (*Pichler* 1961). Beide Ansätze sind vor allem durch die Entwicklung elektronischer Rechenanlagen praktikabel geworden, wobei der Matrizenansatz den speziellen Vorteil hat, daß bei gegebener Struktur der Leistungsverflechtung eine einmal errechnete Verflechtungsmatrix bzw. präziser deren Inverse immer wieder verwendet werden kann, wenn bei Änderung der primären Stellenkosten die Gesamtkosten jeder Kostenstelle erneut zu bestimmen sind.

4. Kostenträger-(ergebnis-)rechnung

Als letzte Stufe der Kostenrechnung verrechnet die Kostenträgerrechnung die in der Kostenstellenrechnung auf Fertigungshaupt-, Material-, Verwaltungs- und Vertriebsstellen weitergewälzten Kosten auf die verschiedenen Kostenträger (Erzeugnisse) des Betriebs. **Die Kostenträgerrechnung beantwortet demzufolge die Frage, wofür welche Kosten in welcher Höhe in der Abrechnungsperiode entstanden sind.**

Da es sich bei der Betriebsabrechnung um eine Periodenrechnung handelt, ist diese letzte Stufe der Kostenrechnung genauer als **Kostenträgerzeitrechnung** zu bezeichnen, um sie deutlich von der Kostenträgerstückrechnung, der Kalkulation (vgl. S. 647ff) abzugrenzen. Letztere baut zwar auf der Kostenträgerzeitrechnung auf, ist aber ansonsten gänzlich anderer Natur.

Die Kostenträgerzeitrechnung wird, wenn die Ermittlung des **kurzfristigen Betriebserfolgs** (gegliedert nach Produkten) im Vordergrund steht, regelmäßig um die Leistungsrechnung ergänzt, so daß man dann auch von einer **Kostenträgerergebnisrechnung** sprechen könnte.

Die Kostenträger-(ergebnis-)rechnung läuft in **drei** Teilschritten ab:

(1) Verteilung der (Kostenträger-)Einzelkosten aus der Kostenartenrechnung direkt auf die Kostenträger.

(2) Verteilung der (Kostenträger-) Gemeinkosten mithilfe von möglichst verursachungsgerechten Schlüsselgrößen aus der Kostenstellenrechnung indirekt auf die Kostenträger.

Hierfür wird in der Regel ausgegangen von den Ergebnissen des Betriebsabrechnungsbogens und den dort ermittelten **Gemeinkostenzuschlagssätzen.** Andere, besonders in anlageintensiven Betrieben üblich gewordene Schlüsselgrößen der Kostenverteilung bilden die Laufzeiten der Maschinen. Die nach Kostenstellen differenziert erfaßten Gemeinkosten werden pro in Anspruch genommene Maschinenstunde auf die Kostenträger verteilt (**Maschinenstundensatz-Verfahren**).

(3) Einbeziehung der nach Kostenträgern gegliederten Periodenleistungen und Ermittlung des kurzfristigen Betriebserfolgs.

Für die Ermittlung des kurzfristigen Periodenerfolgs muß eine gemeinsame Bezugsbasis für die zuzurechnenden Periodenkosten und -leistungen gewählt werden, was im wesentlichen zu zwei verschiedenen Verfahrensweisen führt:

(a) Gemäß dem **Umsatzkostenverfahren** wird der Betriebserfolg ermittelt, indem von den Umsatzerlösen der verkauften Produkte einerseits die gesamten Vertriebskosten, andererseits aber nur die Herstellkosten (und anteiligen Verwaltungskosten) der **verkauften** Produkte abgezogen werden.

(b) Nach dem **Gesamtkostenverfahren** wird der Betriebserfolg ermittelt, indem von den Umsatzerlösen der Periode die gesamten Kosten der Abrechnungsperiode abgezogen und zur Korrektur Bestandsveränderungen an Halb- und Fertigerzeugnissen sowie Eigenleistungen berücksichtigt werden (vgl. S. 620).

Beide Verfahren führen bei einer Betriebsabrechnung auf Vollkostenbasis grundsätzlich zu gleichen Ergebnissen. Sofern sie auf einer ausgebauten Kostenstellen- und Kostenträgerrechnung aufbauen (was speziell für das Gesamtkostenverfahren allerdings nicht typisch ist), haben sie auch im wesentlichen den gleichen Aussagewert.

Abb. 307 zeigt an einem einfachen Beispiel den Grundgedanken des **Umsatzkostenverfahrens** (mit vorgeschalteter Kostenarten- und Kostenstellenrechnung). Dabei wird vom System des Industrie-Kontenrahmens (IKR) ausgegangen, bei dem die Klasse 9 für die Betriebsbuchhaltung reserviert ist. Letztere ist im Beispiel mit der Finanzbuchhaltung durch Verwendung eines Übergangskontos verzahnt, bildet ansonsten aber abrechnungstechnisch eine in sich geschlossene Einheit (**Zweikreis-System**, vgl. S. 493).

Durch Verwendung eines Übergangskontos (90) werden die Anfangsbestände der Erzeugnisse von der Finanzbuchhaltung auf die Kostenträgerkonten (970, 971) übertragen. In gleicher Weise werden die Periodenerträge sowie die Periodenaufwendungen übernommen. Nach Abgrenzung der neutralen Erträge (92) werden die spezifischen Umsatzerlöse auf die Verkaufskonten (980, 981) übertragen. Auch von den Aufwendungen werden zunächst die neutralen Aufwendungen abgegrenzt (92), bevor sie nach Kostenarten differenziert von den Kostenartenkonten (940, 941, 942) übernommen werden. Vor der Weiterverrechnung der Kostenarten auf die Kostenstellen und -träger sind schließlich noch kalkulatorische Kosten (93) zu berücksichtigen. Während die Einzelkosten aus der Kostenartenrechnung direkt auf die Konten der Kostenträger gebucht werden, durchlaufen die Gemeinkosten zunächst noch die Kostenstellenrechnung, indem sie auf die einzelnen Kostenstellen verteilt werden (960–963). Im Beispiel wird kein Unterschied zwischen entstandenen (Istkosten) und verrechneten Stellenkosten (Normalkosten) gemacht, so daß die Kontengruppe 95 frei bleibt. Die Kostenstellenrechnung vereinfacht sich weiterhin dadurch, daß keine Hilfskostenstellen vorhanden sind. Die Fertigungs-, Material- und Verwaltungsstellen geben somit als Endkostenstellen ohne innerbetriebliche Leistungsverrechnung ihr Kosten an die Kostenträgerkonten ab, während die Vertriebsstellen buchhalterisch direkt die Verkaufskonten belasten. Da es sich im Beispiel um einen einstufigen Herstellungsprozeß handelt, gibt es keine halbfertigen Erzeugnisse, so daß die Abgänge von den Kostenträgerkonten direkt auf die Verkaufskonten gebucht werden können. Die Endbestände auf den Kostenträgerkonten werden für den Kontenausgleich auf das Übergangskonto (90) gebucht. Durch Saldierung der Verkaufskonten ergibt sich der (nach Produktarten oder -gruppen gegliederte) Umsatzerfolg und in der Summe der kurzfristige Betriebserfolg (99). Um letztlich zu einem geschlossenen Buchungskreislauf zu kommen, wird der kurzfristige Betriebserfolg (99) zusammen mit dem Saldo des kostenrechnerischen Ausgleichskontos (93) und dem neutralen Erfolg (92) auf das Übergangskonto gebucht, das somit ebenfalls ausgeglichen ist.

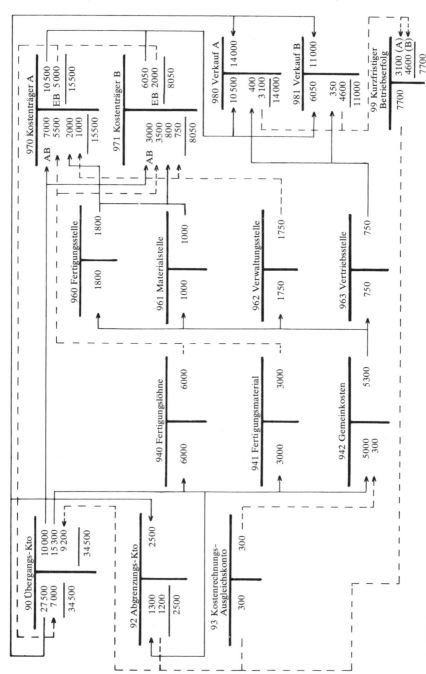

Abb. 307 Beispiel für einen Betriebsbuchhaltungskreislauf (Umsatzkostenverfahren auf Vollkostenbasis)

Neuntes Kapitel: Kalkulatorische Erfolgsrechnungen

Fragen und Aufgaben zur Wiederholung (S. 613–636)

1. Skizzieren und erläutern Sie die Grundstruktur der periodischen Betriebsabrechnung auf Vollkostenbasis!
2. Was ist die Aufgabe der Kostenartenrechnung?
3. Nach welchen Kriterien lassen sich die Periodenkosten eines Betriebs gliedern? Inwieweit sollten obige Gliederungskriterien in der Kostenartenrechnung angewendet werden?
4. Beschreiben Sie alternative Methoden zur Erfassung von Materialverbrauchsmengen sowie die Wertansätze zur Bewertung des Verbrauchs!
5. Worin unterscheiden sich die Abschreibungen in pagatorischen und kalkulatorischen Rechnungen?
6. Nennen Sie die drei Determinanten für die Bemessung kalkulatorischer Abschreibungen!
7. Erklären Sie kurz die verschiedenen Abschreibungsmethoden!
8. Wie wird das betriebsnotwendige Kapital ermittelt, und wofür wird dieser Wert benötigt?
9. Kennzeichnen Sie die Funktion der Kostenstellenrechnung!
10. In welche Bereiche ist üblicherweise ein Kostenstellenplan untergliedert?
11. Nennen Sie die Aufgaben des BAB!
12. Welche Kosten werden im „kleinen" BAB auf die Kostenstellen verteilt, und wie erfolgt diese Verteilung?
13. Wann ist eine Kostenstellenumlage erforderlich, und welche Kosten werden hierbei umgelegt?
14. Welchem Zweck dienen Gemeinkostenzuschlagsätze?
15. Nennen Sie einige Bezugsgrößen für Gemeinkostenschlüssel, und skizzieren Sie die drei möglichen Formen von Kostenschlüsseln!
16. Welche Postulate enthalten das Proportionalitätsprinzip und das Prinzip der minimalen Gemeinkostenstreuung?
17. Was sind und welche kostenrechnerischen Probleme entstehen durch innerbetriebliche Leistungen?
18. Worin unterscheiden sich einseitige von wechselseitigen Leistungsbeziehungen, und welche Konsequenzen haben letztere für die innerbetriebliche Leistungsverrechnung?
19. Formulieren Sie allgemein das Gleichungssystem zur innerbetrieblichen Leistungsverrechnung zweier sich gegenseitig beliefernder Kostenstellen!
20. Welche Funktion hat die Kostenträgerzeitrechnung?
21. In welchen Teilschritten läuft die Kostenträger-(ergebnis-)rechnung ab?
22. Worin unterscheiden sich das Umsatz- und das Gesamtkostenverfahren?
23. Stellen Sie das System der Betriebsbuchhaltung am Beispiel des Industrie-Kontenrahmens (IKR) dar! Gehen sie dabei vom Umsatzkostenverfahren aus, und verwenden Sie ein buchungsmäßig möglichst geschlossenes Kontensystem!

Literaturhinweise:
Ahlert, D., Franz, K. P. (1988)
Haberstock, L. (1987)
Hummel, S., Männel, W. (1989)
Kilger, W. (1989)
Kloock, K., Sieben, G., Schildbach, Th. (1991)
Koch, H. (1966)
Kosiol, E. (1972a)
Pichler, O. (1961)
Schönfeld, H.-M. (1979)
Schweitzer, M., Küpper, U. (1991)
Zimmermann, G. (1992b)

II. Moderne Betriebsabrechnung auf Teilkostenbasis

1. Arten von Teilkostenrechnungen
2. Das System des Direct Costing
3. Das System der stufenweisen Fixkostendeckungsrechnung
4. Das System der relativen Einzelkostenrechnung

1. Arten von Teilkostenrechnungen

Der dominierende Zweck der Kostenrechnung wird heute allgemein in der Bereitstellung aussagefähiger Informationen für

- die Fundierung unternehmungspolitischer Entscheidungen sowie für
- die Wirtschaftlichkeitskontrolle und Budgetierung

gesehen. Diese Aufgaben vermag aber eine traditionelle Vollkostenrechnung – worauf einleitend ausführlich eingegangen wurde (vgl. S. 614 ff.) – nicht befriedigend zu erfüllen. Hierfür sind vielmehr **Teilkostenrechnungen** erforderlich, die wegen ihrer speziellen Eignung für dispositive Zwecke auch als „moderne" Systeme der Kostenrechnung bezeichnet werden.

Die grundsätzlichen Stufen der Betriebsabrechnung sind in Voll- und Teilkostenrechnungen im wesentlichen identisch. Die entscheidenden Unterschiede zwischen beiden Systemen ergeben sich im Umfang der verrechneten Kosten. Während Vollkostenrechnungen alle Kosten vollständig auf die jeweiligen Bezugseinheiten zu verrechnen trachten, gilt für Teilkostenrechnungen der zentrale Grundsatz, daß nur die für den jeweils anstehenden kostenrechnerischen Zweck relevanten Kosten zu verrechnen sind (vgl. S. 616). Welche Kosten in Teilkostenrechnungen dabei aber als relevante Kosten anzusehen sind, wird in den verschiedenen Teilkostenrechnungssystemen jedoch keineswegs einheitlich beantwortet. Entsprechend haben sich unterschiedliche Systeme der Teilkostenrechnung bzw. darauf aufbauender Betriebsabrechnungen auf Teilkostenbasis entwickelt.

Die **drei** wichtigsten Arten von Teilkostenrechnungen sollen im folgenden kurz dargestellt und beurteilt werden:

(1) Das System des (einfachen) Direct Costing
(2) Das System der stufenweisen Fixkostendeckung (Fixkostendeckungsrechnung)
(3) Das System der relativen Einzelkostenrechnung (nach *Riebel* 1990).

2. Das System des Direct Costing

Aus den USA kommend fand das Direct Costing in Deutschland erst in den fünfziger Jahren Anerkennung und praktische Verbreitung. Statt von Direct Costing wird in der deutschen Übersetzung auch von **Grenzkostenrechnung** oder **Proportionalkostenrechnung** gesprochen.

„Direct" soll bei der Kennzeichnung dieses Systems besagen, daß auf die Kostenträger nur solche Kosten weiterverrechnet werden, die direkt mit der Beschäftigung variieren. „Direct Costs" sind also variable Kosten und nicht, wie man irrtümlich meinen könnte, Einzelkosten.

Das Direct Costing will speziell jene Mängel der Vollkostenrechnung vermeiden, die sich aus der fehlenden Aufspaltung der Kosten in fixe und variable Bestandteile und der damit verbundenen Zurechnung fixer Kosten auf die Kostenträger ergeben. Indem diese künstliche „**Proportionalisierung fixer Kosten**" vermieden wird, sollen bessere Kosteninformationen zur Fundierung für unternehmungspolitische Entscheidungen und zur Wirtschaftlichkeitskontrolle bereitgestellt werden. Insbesondere will das Direct Costing die Beziehungen zwischen Beschäftigung, Umsatz, Kosten und Gewinn transparenter darstellen, als dies bei Vollkostenrechnungen möglich ist.

Ein erstes Merkmal des Direct Costing ist demnach die Auflösung der Gesamtkosten nicht nur nach Einzel- und Gemeinkosten, sondern zusätzlich nach (beschäftigungs-) fixen und variablen Kostenbestandteilen. Dabei wird in der Regel von der Annahme eines **linearen** Gesamtkostenverlaufs ausgegangen, d.h. **die variablen Kosten werden im System des Direct Costing als proportionale Kosten interpretiert.**

Daß diese Annahme zumindest in ihrem Kern nicht unrealistisch ist, läßt sich produktionstheoretisch durchaus begründen (vgl. S. 223 ff.). So kann etwa bei zeitlicher Anpassung und limitationaler Produktionsfunktion ein linearer Kostenverlauf unterstellt werden. Bei intensitätsmäßiger Anpassung ist dies zwar am einzelnen Aggregat nicht der Fall, doch können hier kompensatorische Wirkungen auftreten, wenn eine Vielzahl von Aggregaten betrachtet wird, deren Leistungsquerschnitte nicht voll harmonisiert sind. Denn dann ist es nicht unwahrscheinlich, daß im Betriebsmittelbestand bei jedem Beschäftigungsgrad gleichzeitig progressive und degressive Elemente wirksam werden, die sich in ihrem Gesamteffekt ausgleichen, so daß die Gesamtkostenentwicklung sich relativ linear zur Produktionsmenge verhält.

Diese Tendenz zur Linearität wird aus praktischer Sicht noch dadurch verstärkt, daß die Analyse der Kostenentwicklung bei Beschäftigungsänderungen sich in den meisten Fällen auf bestimmte relevante Beschäftigungsintervalle beschränkt, die nicht die gesamte Spanne der Ausbringung von null bis zur Kapazitätsgrenze, sondern nur Teile hiervon umfassen. Innerhalb eines relativ kleinen Beschäftigungsintervalls spricht nämlich vieles dafür, daß die Gesamtkosten linear verlaufen, zumal gewisse Abweichungen von der Linearität hierbei im allgemeinen kaum ins Gewicht fallen und vernachlässigt werden können.

Fallen im Einzelfall progressive oder degressive Kostenverläufe hingegen so stark ins Gewicht, daß sie nicht vernachlässigt werden können, so ist es im System des Direct Costing erforderlich, diese mithilfe buchtechnischer oder mathematischer Verfahren in ihre fixen und proportionalen Bestandteile zu zerlegen. Allerdings ist dabei zu beachten, daß dann für alternative Beschäftigungsgradspannen, die im übrigen möglichst einen annähernd gleichmäßigen Progressions- oder Degressionsverlauf der Kostenkurve abdecken sollten, sich auch unterschiedliche Werte für die proportionalen und fixen Kosten ergeben. Dies ist bei starken Beschäftigungsschwankungen entsprechend zu berücksichtigen.

Die Aufspaltung der Gesamtkosten in fixe und variable Kosten erfolgt im System des Direct Costing in der Kostenartenrechnung. Die fixen Kosten „durchlaufen" die sich anschließende Kostenstellen- und Kostenträgerrechnung dann nicht. Nur die variablen (proportionalen) Kosten werden auf die Kostenträger verteilt, wobei die variablen Einzelkosten direkt und variablen Gemeinkosten über Kostenschlüssel zugerechnet werden. Der Verzicht, die Fixkosten auf die Kostenträger zu verteilen, resultiert dabei aus der Überlegung, daß Fixkosten sich bei Variation der Produktmenge definitionsgemäß nicht verändern und insofern auch keine unmittelbare Kausalität zwischen fixen Kosten und einzelnen Kostenträgern bestehen kann. Dem Kostenverursachungsprinzip im strengen Sinne entsprechend sind fixe Kosten als Betriebsbereitschaftskosten nur der Gesamtheit der in einer Periode erstellten und/oder abgesetzten Produkte, allenfalls bestimmten Produktarten bzw. Produktgruppen, nicht jedoch einzelnen Kostenträgern zuzurechnen.

Dadurch, daß in der Grenzkostenrechnung eine Fixkostenverteilung auf die

Kostenträger vermieden wird, entfällt allerdings die Möglichkeit, den kurzfristigen Betriebserfolg – wie bei der Vollkostenrechnung – nach einzelnen Produkten oder Produktgruppen gegliedert zu ermitteln. Dafür können jedoch nach Produkten differenzierte Deckungsbeiträge ermittelt werden, die sich aus der Gegenüberstellung von kostenträgerbezogenen variablen Kosten und den ihnen zugeordneten Umsatzerlösen ergeben.

Diese Ermittlung von Deckungsbeiträgen ist charakteristisch für Teilkostenrechnungen, die daher auch häufig als **Deckungsbeitragsrechnungen** bezeichnet werden.

Der kurzfristige Betriebserfolg ergibt sich im System des Direct Costing nach der Ermittlung aller Periodendeckungsbeiträge im Gegensatz zur „traditionellen" Vollkostenrechnung schließlich dadurch, daß von der Summe der Deckungsbeiträge die gesamten fixen Kosten abgezogen werden. Abb. 308 verdeutlicht dies formal im Zusammenhang mit den übrigen skizzierten Abrechnungsschritten.

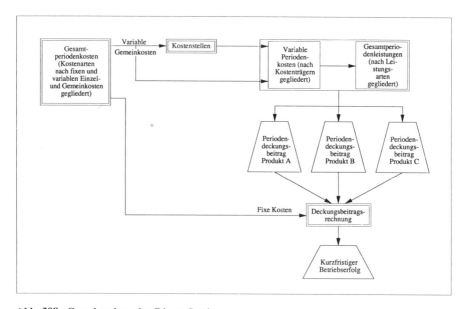

Abb. 308 Grundstruktur des Direct Costing

Auf den ersten Blick könnte es scheinen, als ob der Betriebserfolg, ermittelt nach dem System des Direct Costing, stets genauso hoch sein wird wie auf der Basis der herkömmlichen Vollkostenrechnung. Das ist aber nur der Fall, wenn die Produktionsmenge mit der Absatzmenge der Periode übereinstimmt. Ergeben sich hingegen hier Unterschiede, **führen beide Rechnungen nicht mehr zum gleichen Ergebnis**.

Dies hat seinen Grund darin, daß beim Direct Costing für die **Bewertung der Bestände** an Halb- und Fertigerzeugnissen nur die **variablen (Herstell-)kosten** angesetzt, nicht verkaufte Erzeugnisse also nur mit diesem Wertansatz aktiviert werden, was dazu führt, daß die variablen Kosten erst erfolgsbeeinflussend verbucht werden, wenn die Erzeugnisse abgesetzt werden. Demgegenüber werden die fixen Kosten stets jenen Perioden zugerechnet, in denen sie effektiv anfallen.

Zu erwähnen wäre noch als eine Besonderheit der typischerweise **retrograde** Weg der Erfolgsermittlung beim Direct Costing (aber auch der anderen Teilkostenrechnungen). Hierfür mag ein einfaches Beispiel genügen (vgl. Abb. 309).

Erzeugnis	A	B	C	D	E	F	G	Σ
Nettoerlös	3 000	3 500	4 750	3 650	5 000	2 000	3 250	25 150
./. variable Erzeugniskosten (variable Herstellkosten)	2 300	2 825	2 575	1 550	3 200	700	1 500	14 650
Deckungsbeitrag absolut (= Bruttoerfolg)	700	675	2 175	2 100	1 800	1 300	1 750	10 500
Deckungsbeitrag relativ (in % des Nettoerlöses)	(23,3)	(19,3)	(45,8)	(57,5)	(36,0)	(65,0)	(53,8)	(41,8)
./. Fixkosten der Periode								9 700
Periodenergebnis (= Nettoerfolg)								800

Abb. 309 Retrograde Erfolgsermittlung im System des Direct Costing

Im Rahmen der Produktionsplanung wurde gezeigt, wie mit Hilfe von Deckungsspannen (stückbezogen) bzw. Deckungsbeiträgen (periodenbezogen) optimale Programmentscheidungen abgeleitet werden können (vgl. S. 235 ff.). Eine Ergänzung hierzu liefert nun noch Abb. 309 insofern, als hier der Deckungsbeitrag in % des Nettoerlöses (oder kurz: DBU) bestimmt wurde. Die DBU-Kennziffer kann als eine spezielle **marketingorientierte** Entscheidungshilfe immer dann zur Bestimmung einer Rangordnung im Sortiment herangezogen werden, wenn die Produkte (zumindest lose) Substitutionsbeziehungen aufweisen **und** der Gesamtumsatz pro Periode wertmäßigen Beschränkungen unterliegt. Ist dies gegeben, so wird eine Erfolgserhöhung eintreten, wenn es gelingt, den Umsatzanteil der Erzeugnisse zu steigern, die eine relativ höhere DBU-Verhältniszahl aufweisen (vgl. auch S. 330 f.).

Wenngleich das Direct Costing einige wesentliche Vorteile gegenüber der herkömmlichen Vollkostenrechnung aufweist, sind doch auch wichtige Mängel nicht zu übersehen (*Hummel/Männel* 1991):

- Die Beschäftigung wird als einzige Kosteneinflußgröße betrachtet und zur Basis für die Aufspaltung in fixe und variable Kosten verwendet.
- Häufig werden im Direct Costing Kosten als variabel eingestuft, obwohl sie zumindest auf kurze Sicht als beschäftigungsunabhängig anzusehen sind (z. B. Fertigungslöhne).
- Die Gleichsetzung variabler Kosten mit proportionalen Kosten ist nicht in jedem Fall haltbar.
- Die variablen Gemeinkosten werden auch beim Direct Costing über Kostenschlüssel verrechnet, so daß hier die gleichen Einwände wie bei der Vollkostenrechnung gelten.
- Der Fixkostenblock wird nicht weiter differenziert (z. B. nach seiner Abbaufähigkeit oder nach der Zurechenbarkeit auf spezielle Bezugsobjekte).

3. Das System der stufenweisen Fixkostendeckungsrechnung

Speziell dieser zuletzt genannte Einwand hat zu einer Verfeinerung des Direct Costing geführt, die in Deutschland von *Mellerowicz* (1977 b) und *Agthe* (1959) entwickelt wurde. Sie ist als stufenweise Fixkostendeckungsrechnung konzipiert, unterscheidet sich vom Direct Costing also insbesondere dadurch, daß der Fixkostenblock in mehrere Fixkostenschichten aufgespalten und in einer Deckungsrechnung differenziert erfaßt wird.

Die Fixkostendeckungsrechnung, die vom Grundaufbau her dem Direct Costing ansonsten weitgehend entspricht, geht dabei von der (berechtigten) Annahme aus, daß es unterschiedliche Kategorien von Fixkosten gibt, die auch in unterschiedlicher Beziehung zu den Produkten des Betriebs stehen (z.B. Abschreibungskosten einer Maschine versus Lohnkosten für den Pförtner). Diese dürfen nach dem Konzept der Fixkostendeckungsrechnung daher auch nicht „in einen gemeinsamen Topf" geworfen werden.

Die als erforderlich angesehene Differenzierung verschiedener Fixkostenkategorien erfolgt nun hinsichtlich des Bezugsobjekts, für das sich die Fixkosten direkt als Einzelkosten erfassen lassen. Entsprechend wird unterschieden in

- Fixkosten einzelner Erzeugnisarten,
- Fixkosten einzelner Erzeugnisgruppen,
- Fixkosten einzelner Kostenstellen,
- Fixkosten einzelner Betriebsbereiche und
- Fixkosten der Gesamtunternehmung,

die in ihrem Verhältnis zueinander eine Art (Fixkosten-)**Hierarchie** darstellen.

Ein Beispiel zum Verfahren der stufenweisen Fixkostendeckung enthält Abb. 310, die auf den Zahlen der Abb. 309 aufbaut.

Das Zahlenbeispiel verdeutlicht, wie – anders als im Direct Costing – die einzelnen Fixkostenkategorien stufenweise in die Kostenträger**zeit**rechnung einbezogen

Bereich	I					II		Σ
Erzeugnisgruppe	1		2			3		
Erzeugnis	A	B	C	D	E	F	G	
Nettoerlös ./. var. Erzeugniskosten	3 000 2 300	3 500 2 825	4 750 2 575	3 650 1 550	5 000 3 200	2 000 700	3 250 1 500	25 150 14 650
Deckungsbeitrag I ./. Erzeugnisfixkosten	700 –	675 175	2 175 375	2 100 100	1 800 –	1 300 750	1 750 200	10 500 1 600
Deckungsbeitrag II ./. Erzeugnisgruppen- fixkosten	700 | 500 1 200 750		1 800 | 2 000 5 600 4 000		1 800	550 | 1 550 2 100 2 000		8 900 6 750
Deckungsbeitrag III ./. Bereichsfixkosten	450 1000		1 600			100 50		2 150 1 050
Deckungsbeitrag IV ./. Unternehmensfix- kosten	1050					50		1 100 300
Periodenergebnis (= Nettoerfolg)								800

Abb. 310 Betriebsabrechnung nach dem Verfahren der stufenweisen Fixkostendeckung

werden (eine Berücksichtigung fixer Kosten in der **Kostenträgerstückrechnung** entfällt dagegen auch in der Fixkostendeckungsrechnung!). Dieser stufenweisen Fixkostenzurechnung entspricht die stufenweise Abdeckung der Fixkosten durch Erlöse respektive (in den unteren Schichten der Rechnung) durch Deckungsbeiträge, bis sich am Ende schließlich der Betriebserfolg ergibt.

Eine kritische Würdigung der Fixkostendeckungsrechnung muß an den Mängeln des Direct Costing ansetzen, die mit einer Ausnahme (nämlich des Einwandes der undifferenzierten Erfassung des Fixkostenblocks) auch für die stufenweise Fixkostendeckungsrechnung gelten.

4. Das System der relativen Einzelkostenrechnung

Im Direct Costing wie in der stufenweisen Fixkostendeckungsrechnung wird zwar darauf verzichtet, Fixkosten einzelnen Kostenträgereinheiten zuzurechnen. Aber dadurch, daß variable Stückkosten ermittelt werden, bleibt es erforderlich, die variablen Gemeinkosten mithilfe von Kostenschlüsseln auf die einzelnen Kostenträger zu verteilen.

Diese noch von der Vollkostenrechnung übernommene Vorgehensweise wird nun im System der relativen Einzelkostenrechnung in konsequenter Beachtung des Verursachungsprinzips und des Prinzips der relevanten Kosten abgelehnt. *Riebel* (1990), der diese Form der Deckungsbeitragsrechnung mit relativen Einzelkosten maßgeblich entwickelt hat, **verzichtet nicht nur völlig auf die Proportionsalisierung der fixen Kosten, sondern auch auf jegliche schlüsselmäßige Verteilung der Gemeinkosten.**

Folgende sechs Prinzipien können als grundlegend für das Riebel'sche System der relativen Einzelkostenrechnung angesehen werden:

(1) Nur solche Kosten und Leistungen sind einander gegenüberzustellen, die durch dieselbe identische Entscheidung verursacht worden sind (Identitätsprinzip).

(2) Sämtliche Kosten sollen (sofern Wirtschaftlichkeitsgründe nicht dagegen sprechen) als Einzelkosten (ohne Schlüsselung) erfaßt und ausgewiesen werden. Die Unterscheidung von Einzel- und Gemeinkosten kann dabei nicht absolut vorgenommen werden, sondern sie ist **relativ**, nämlich abhängig von der jeweils betrachteten Bezugsgröße. Als Bezugsgröße sind die Entscheidungen des Betriebes zu verwenden, die aufgrund ihres hierarchischen Zusammenhangs ein gleichfalls hierarchisches System von Bezugsgrößen entstehen lassen. Sämtliche Kosten sind stets einer dieser Bezugsgrößen als Einzelkosten zuzurechnen, wobei die unterste Stelle in der jeweiligen Bezugsgrößenhierarchie, an der man die einzelnen Kosten gerade noch als Einzelkosten erfassen kann, maßgebend sein soll.

(3) Sämtliche Kosten sind nach zweckabhängigen Merkmalen zu gliedern und in einer **Grundrechnung** (im Sinne einer kombinierten Kostenarten-, Kostenstellen-, Kostenträgerrechnung) zu erfassen. Als wichtigste **Gliederungsmerkmale** verwendet *Riebel*

- den Ausgabencharakter (ausgabennahe, ausgabenferne, nicht ausgabenwirksame Kosten),
- die Zurechenbarkeit auf Perioden (Monats-, Quartals- und Jahreseinzelkosten),
- die Abhängigkeit der Kosten von wichtigen Einflußgrößen (Produktionsprogramm, Menge, Losgrößen etc.),
- die Unterscheidung der Kosten in Leistungs- und Bereitschaftskosten.

	Zurechnungsobjekte				I	II	III	IV	V	VI	VII	
						Kostenstellen				Kostenträger		
					Hilfsstelle	Fertigungsstellen		Verpackstelle	Vertriebsstelle	Erzeugnisarten		Σ
	Kostenkategorien			Kostenarten	H	F₁	F₂	VW	V	P₁	P₂	
1	Ausgabennahe Kosten	Perioden – Einzelkosten	Leistungskosten [= kurzfristig variable Kosten]	Absatzbedingte Kosten	Umsatz-(Wert-)abhängige Kosten	Verkaufsprovision					20	10	30
2						Umsatzlizenz					5	15	20
3						Umsatzsteuer					8	5	13
4						Zölle					–	5	5
5					von sonstigen Absatzfaktoren abhängige Kosten	Ausgangsfrachten				80			80
6						Verpackungskosten			50				50
7						Auftragsabwicklungskosten				20			20
8				Erzeugungsabhängige Kosten	von der Zahl der Lose abhängige Kosten	Materialverluste		10	15				25
9						Umrüstkosten		5	5				10
10					von der Größe der Lose abhängige Kosten	Rohstoffe	30				60	70	160
11						Energie					10	20	30
12						Lizenzen					5	7	12
13				Monats-Einzelkosten		Fertigungslöhne		10	80				90
14						Büromaterial		7	7				14
15			Bereitschaftskosten [= kurzfristig nicht variable Kosten]	Quartals-Einzelkosten		Miete				80			80
16						Gehälter				40	40		80
17				Jahres-Einzelkosten		Miete					100		100
18						Vermögensteuer							–
19		Perioden – Gemeinkosten		Jahres-Gemeinkosten		Werbekosten					20		20
20	Ausgabenferne Kosten					Abschreibungen	10	20	30				60
21						Rückstellungen							–
Σ							40	52	137	140	290	108	132	899

Abb. 311 Der Aufbau der Grundrechnung im System der relativen Einzelkostenrechnung.

(4) Gefordert wird der völlige Verzicht auf die Schlüsselung und Überwälzung (echter) Gemeinkosten und die Proportionalisierung von Fixkosten, da hierdurch die Kostenstruktur der Unternehmung verschleiert und die Eignung der Kostenrechnung als Entscheidungsrechnung gemindert wird.

(5) In speziellen Auswertungsrechnungen sind aus der Grundrechnung je nach Entscheidungsproblem oder Kontrollaufgabe geeignete Kosteninformationen gemäß dem Prinzip der relevanten Kosten abzuleiten. Es handelt sich dabei stets um **Deckungsbeiträge**, die definiert sind als Differenz zwischen den einer Entscheidung zurechenbaren (relevanten) Erlösen und Kosten.

(6) Für nicht den Produkten bzw. Aufträgen zurechenbare Kosten und für den kalkulatorischen Betriebserfolg sind **Deckungsbudgets** zu bestimmen, die den einzelnen Unternehmensbereichen nach Maßgabe unternehmenspolitischer Gesichtspunkte vorgegeben werden.

Erzeugnisgruppe	1		2		3		Σ
Erzeugnis	A	B	C	D	E	F	G
Bruttoerlös	3150	3725	5000	3750	5500	2150	3450	26725
./. absatzabhängige variable Erzeugniseinzelkosten	150	225	250	100	500	150	200	1575
= Nettoerlös	3000	3500	4750	3650	5000	2000	3250	25150
./. erzeugnisabhängige variable Erzeugniseinzelkosten	1100	1875	2250	600	2000	250	800	8875
= DB I (über die variablen Erzeugniseinzelkosten)	1900	1625	2500	3050	3000	1750	2450	16275
./. fixe Erzeugniseinzelkosten	–	175	375	100	–	750	200	1600
= DB II	1900	1450	2125	2950	3000	1000	2250	14675
	3350		8075		3250		
./. variable Erzeugnisgruppeneinzelkosten	1750		1875		750		4375
= Gruppen-DB I	1600		6200		2500		10300
./. fixe Erzeugnisgruppeneinzelkosten	750		4000		2000		6750
= Gruppen-DB II	850		2200		500		3550
			3550				
./. variable Unternehmenseinzelkosten			1400				1400
= Unternehmens-DB			2150				2150
./. fixe Unternehmenseinzelkosten			1350				1350
= Nettoerfolg			800				800

Abb. 312 Retrograde Erfolgsermittlung im System der relativen Einzelkostenrechnung

Im Grundsatz (3) ist die **Grundrechnung** angesprochen, die ein fundamentaler Bestandteil des Riebel'schen Systems der relativen Einzelkostenrechnung ist. Sie soll für die Abrechnungsperiode **möglichst zweckneutral** die Kosten- und Erlösdaten sammeln, die dann die Grundlage für die Erstellung spezifischer Deckungsbeitragsrechnungen bilden. Abb. 311 verdeutlicht den Aufbau einer solchen Grundrechnung (ohne Erlöse) mit der für sie typischen Differenzierung der Kostenarten nach den verschiedenen Kostenkategorien.

Auch im Riebel'schen System dominiert die für Teilkostenrechnungen charakteristische retrograde Ermittlung des Betriebserfolgs, wobei rein formal Ähnlichkeiten mit der Fixkostendeckungsrechnung bestehen. Abb. 312 verdeutlicht dies in einer nochmaligen Modifizierung des Zahlenbeispiels aus Abb. 311.

Zusammenfassend läßt sich die relative Einzelkostenrechnung und Deckungsbeitragsrechnung in der Version von Riebel als wohl konsequentestes System der modernen Kosten- und Leistungsrechnung kennzeichnen. Es erfüllt von der Konzeption her weitestgehend die theoretischen Anforderungen, die bei einer Verwendung der Kostenrechnung für dispositive Zwecke durch das Prinzip der relevanten Kosten zum Ausdruck gebracht werden (vgl. S. 616).

Fragen und Aufgaben zur Wiederholung (S. 638–646)

1. *Worin unterscheiden sich Teilkostenrechnungssysteme von Vollkostenrechnungen?*
2. *Welche Ziele verfolgt das System des Direct Costing, und von welchen Annahmen geht es aus?*
3. *Welche Rolle spielt im Direct Costing die Kostenarten-, Kostenstellen- und Kostenträgerrechnung, und wie durchlaufen die einzelnen Kosten diese Rechnungen? Auf welcher Stufe erfolgt die Deckungsbeitragsrechnung, und was versteht man unter einem Deckungsbeitrag?*
4. *Inwiefern und wodurch können sich Unterschiede im Betriebsergebnis nach der Vollkostenrechnung und dem Direct Costing ergeben?*
5. *Skizzieren Sie den typischerweise retrograden Weg der Erfolgsermittlung im Direct Costing!*
6. *Welche Mängel weist das Direct Costing auf?*
7. *Wodurch unterscheidet sich die stufenweise Fixkostendeckungsrechnung vom Direct Costing?*
8. *Nennen Sie die verschiedenen Stufen der Fixkostenhierarchie in der stufenweisen Fixkostendeckungsrechnung!*
9. *Worin besteht das wesentlichste Merkmal der relativen Einzelkostenrechnung?*
10. *Skizzieren Sie die sechs grundlegenden Prinzipien des Riebel'schen Systems der relativen Einzelkostenrechnung!*
11. *Erläutern Sie, warum die Unterscheidung von Einzel- und Gemeinkosten nur relativ, d.h. nur abhängig von der jeweils betrachteten Bezugsgröße vorgenommen werden kann! Inwiefern kann aus dieser Erkenntnis das Konzept einer Einzelkostenrechnung abgeleitet werden?*
12. *Welche Funktionen hat die Grundrechnung im Riebel'schen System, und nach welchen Merkmalen ist sie gegliedert?*
13. *Beschreiben Sie das Konzept der Erfolgsermittlung im System der relativen Einzelkosten!*

Literaturhinweise:

Agthe, K. (1958)
Agthe, K. (1959)
Böhm, H.-H., Wille, F. (1977)
Börner, D. (1961)
Gaydoul, P., Horváth, P., Schäfer, H.-T. (1977)
Hummel, S., Männel, W. (1989)
Hummel, S., Männel, W. (1991)

Kilger, W. (1990b)
Layer, M. (1967)
Mellerowicz, K. (1977a)
Riebel, P. (1990)
Schönfeld, H.-M. (1975)
Schweitzer, M., Küpper, U. (1991)

III. Verfahren der Kalkulation

1. Wesen und Aufgaben der Kalkulation
2. Divisionskalkulationen
3. Zuschlagskalkulationen
4. Kuppelkalkulationen

1. Wesen und Aufgaben der Kalkulation

Die Kalkulation als **Kostenträgerstückrechnung** wird aus der Kostenträgerzeitrechnung abgeleitet. Inhaltlich erfolgt dabei lediglich eine **Umdimensionierung** von Periodengrößen in Stückgrößen. Entsprechend sind Kalkulationen nichts anderes als eine besondere, auf die einzelne Leistungseinheit des Betriebes bezogene Form der Auswertung des Zahlenmaterials kalkulatorischer Erfolgsrechnungen.

Wegen dieser Einbettung der Kostenträgerstückrechnung in die periodische Betriebsabrechnung ist es auch nicht verwunderlich, wenn es genauso viele Kalkulationsformen wie Kostenrechnungssysteme gibt. Unterschieden werden können nämlich

· Voll- und Teilkostenkalkulationen sowie (in Kombination hiermit)
· Nachkalkulationen (auf Ist- oder Normalkostenbasis) und Vorkalkulationen (auf Plankostenbasis).

Teilkostenkalkulationen erfassen nach dem Prinzip der relevanten Kosten nur die Kosten pro Leistungseinheit (eines Auftrages), die dem einzelnen Produkt (dem einzelnen Auftrag) direkt zurechenbar sind bzw. vom einzelnen Produkt (Auftrag) abhängig sind. **Vollkostenkalkulationen** dagegen verrechnen auch die fixen Kosten bzw. die Gemeinkosten auf die einzelnen Kostenträger, sind also dadurch gekennzeichnet, daß sie eine Proportionalisierung der Fixkosten bzw. eine Schlüsselung der Gemeinkosten vornehmen. Die hierbei unvermeidbaren Probleme und Gefahren einer nicht verursachungsgerechten, letztlich willkürlichen Kostenverteilung wurden an anderer Stelle bereits ausführlich dargelegt (vgl. S. 272 ff.). Nur als ein Beispiel erwähnt sei hier die für Vollkostenkalkulationen typische Gefahr, daß sich die Unternehmung in Zeiten der Unterbeschäftigung durch die steigenden Fixkostenanteile pro Stück gleichsam „aus dem Markt kalkuliert".

Die **Nachkalkulation** auf der Basis von **Istkosten** zeigt an, wieviel die erstellten und/oder abgesetzten Sach- oder Dienstleistungen „effektiv" gekostet haben. Die Nachkalkulation mithilfe des Zahlenmaterials einer **Normalkosten**rechnung ist demgegenüber weniger exakt, dafür verringert sich aber wegen der Kalkulation mit Durchschnittssätzen, die sich über einen längeren Zeitraum nicht verändern, die Abrechnungsarbeit. Eine **Vorkalkulation** ist naturgemäß weder mit Hilfe der Istkosten- noch der Normalkostenrechnung möglich. Hierzu ist vielmehr eine spezielle **Plankosten**rechnung erforderlich. Teilweise wird in der Literatur allerdings in diesem Zusammenhang noch zwischen einer Vorkalkulation und einer **Plankalkulation** unterschieden (z. B. *Kilger* 1990 b). Während erstere sich danach stets auf spezielle Einzelaufträge bezieht, hat die Plankalkulation Gültigkeit für alle Aufträge innerhalb der Planungsperiode (i. d. R. ein Jahr).

Fragt man nun nach den **Aufgaben** bzw. Zwecken der Kalkulation, so sind diese abhängig von den genannten Kalkulationsformen. Im Prinzip bestehen hier die gleichen Zuordnungsrelationen, wie sie für die kalkulatorische Erfolgsrechnung (als dem der Kalkulation übergeordneten Rechnungszweig) abgeleitet wurden (vgl. S. 618):

(1) Vollkostenkalkulationen (vornehmlich auf Ist- und/oder Normalkostenbasis) finden ihre Aufgaben

- in der **konstatierenden Stückerfolgsrechnung** (Ermittlung der Selbstkosten bzw. des Stückgewinns für abgeschlossene Aufträge),
- in der **Bestandsbewertung** von Halb- und Fertigerzeugnissen für Zwecke des Jahresabschlusses sowie
- in der Ermittlung **kostenorientierter Angebotspreise** bei öffentlichen Aufträgen.

(2) Teilkostenkalkulationen (wenn möglich auf Plankostenbasis) sind dagegen erforderlich

- für alle Formen von Entscheidungsrechnungen, in denen die Kosten pro Mengeneinheit bzw. Deckungsspannen eine Rolle spielen, also z.B. für die Ermittlung kurzfristiger Preisuntergrenzen, für die Programmplanung u.v.a.m. (vgl. S. 614) sowie
- für Zwecke der Wirtschaftlichkeitskontrolle und Budgetierung (wenn diese anhand von Stückgrößen und nicht anhand von Periodengrößen erfolgt; vgl. S. 657ff.).

Die in einer Voll- respektive Teilkostenkalkulation gewünschten Ergebnisse können im Wege einer **progressiven** oder **retrograden** Kalkulation gewonnen werden. Allerdings entspricht die retrograde Kalkulation mehr dem (markt- und beschäftigungsorientierten) Wesen der Teilkostenkalkulation, während für Vollkostenkalkulationen die progressive Kalkulation typisch ist. Abb. 313 deutet die unterschiedliche Vorgehensweise an (vgl. auch S. 274f. zur Definition progressiver und retrograder Kalkulation sowie für das Beispiel einer hier nicht dargestellten progressiven Teilkostenkalkulation).

In der Abb. 313 wird noch nicht konkret Bezug genommen auf einzelne **Kalkula-**

Progressive Kalkulation	Retrograde Kalkulation
Materialkosten pro ME + Fertigungskosten pro ME	Bruttoerlös pro ME − Erlösschmälerungen pro ME
= Herstellkosten pro ME + Verwaltungskosten pro ME	= Nettoerlös pro ME − variable (Einzel-)kosten pro ME
= Herstellungskosten* pro ME + Vertriebskosten pro ME	= Deckungsspanne
= Selbstkosten pro ME	

Abb. 313 Progressive Vollkosten- und retrograde Teilkostenkalkulation
(* bilanzielle Wertkategorie bei Vollkostenrechnung)

tionsverfahren. Sie sollen aber nunmehr im Vordergrund der weiteren Betrachtung stehen. Dabei ist darauf hinzuweisen, daß sämtliche Kalkulationsverfahren sowohl für Voll- wie für Teilkostenkalkulationen (auf Plan-, Normal- und Istkostenbasis) und sowohl mit einem progressiven als auch retrograden Kalkulationsschema durchgeführt werden können. Wenn im folgenden der **Typ der progressiven Vollkostenkalkulation (auf Istkostenbasis)** hervorgehoben wird, so vor allem deshalb, weil Vollkostenkalkulationen wegen der bei ihnen notwendigen Fixkostenproportionalisierung bzw. Gemeinkostenschlüsselung von der Problemstellung über Teilkostenkalkulationen hinausgehen, letztere also insoweit verfahrensmäßig in ersteren enthalten sind.

Desweiteren werden die zu kennzeichnenden Kalkulationsverfahren in erster Linie auf **industrielle Fertigungsprozesse** ausgerichtet. Spezielle Überlegungen ergeben sich im Handel, bei Banken und bei sonstigen Dienstleistungsunternehmen.

Abb. 314 gibt eine Übersicht über die Hauptgruppen von Kalkulationsverfahren wieder. Obgleich Kuppelkalkulationen systematisch zur Gruppe der Divisionskalkulationen zählen (so daß sich streng genommen nur zwei Gruppen von Kalkulationsverfahren, die Divisions- und die Zuschlagskalkulation unterscheiden lassen), ist die Kuppelkalkulation ihres besonderen Anwendungsbereiches wegen gesondert aufgeführt.

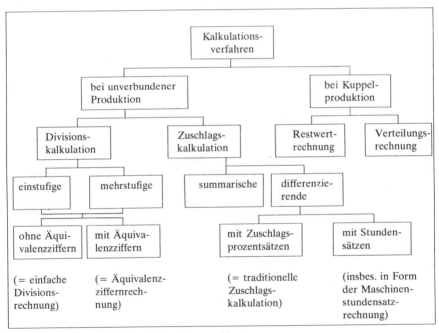

Abb. 314 Übersicht über die Kalkulationsverfahren

2. Divisionskalkulationen

Bei der Divisionskalkulation werden zur Ermittlung der **Selbstkosten** (totalen Stückkosten) k_T prinzipiell die Gesamtkosten K_T der Periode direkt auf die in dieser

Periode erstellten Kostenträger M verteilt, also:

(1) $$k_T = \frac{K_T}{M}$$

Möglich ist dies jedoch nur, wenn homogene Leistungen erstellt werden, die also völlig gleichartig sind (undifferenzierte Massenleistungen) oder zumindest durch Äquivalenzziffern kostenmäßig gleichwertig gemacht werden können (Sortenleistungen). **Divisionskalkulationen sind demnach im allgemeinen nur vor dem Hintergrund undifferenzierter Massenprogramme oder allenfalls geringfügig differenzierter Sortenprogramme anwendbar.**

Die einzelnen Verfahren der Divisionskalkulation können vor allem nach **zwei** Merkmalen differenziert werden:

(a) Erfolgt die Kostenverteilung auf die Kostenträger mit oder ohne Verwendung von Kostengewichtungsfaktoren, und

(b) erfolgt die Kostenverteilung in einer oder in mehreren Abrechnungsstufen?

Während das Merkmal (b) zur Unterscheidung einer einstufigen und mehrstufigen Divisionskalkulation führt, wird mit dem Merkmal (a) die einfache Divisionskalkulation von der Äquivalenzziffernkalkulation abgehoben. Durch Kombination der Merkmale ergeben sich also vier verschiedene Kalkulationsverfahren.

Die **einstufige Divisionskalkulation ohne Verwendung von Äquivalenzziffern** ist die einfachste Grundform. Die Selbstkosten pro Stück ergeben sich hier unmittelbar nach der Formel (1). Voraussetzung für die Anwendbarkeit dieser einfachen Divisionsrechnung ist insbesondere, daß

· keine Bestandsveränderungen an Halb- und Fertigerzeugnissen und/oder
· keine Mengenverluste (bzw. Mengengewinne) auf den einzelnen Produktionsstufen

auftreten. Sind diese Voraussetzungen nicht gegeben, so ist eine mehrstufige Divisionskalkulation durchzuführen. Eine einstufige Division der Gesamtkosten durch die gesamte (Absatz-)Leistungsmenge führt nämlich dann zu keinen aussagefähigen Ergebnissen. Letzteres ist damit zu erklären, daß die Gesamtperiodenkosten auch den Kostenanteil der Zwischenstufen mit enthalten und sich somit keine kostenverursachungsgerechte Beziehung zwischen der Absatzmenge und den gesamten Periodenkosten herstellen läßt.

Das spezifische Vorgehen bei einer **mehrstufigen Divisionskalkulation (ohne Verwendung von Äquivalenzziffern)** ist dadurch gekennzeichnet, daß die Kosten der einzelnen Stufen, wobei letztere sich an der Struktur des Leistungsprozesses respektive an den Lägern im Leistungsprozeß orientieren, **sukzessive** kalkuliert werden. Zunächst sind die Gesamtkosten der ersten Abrechnungsstufe zu ermitteln, um sie danach entsprechend der Leistungsmenge, die an die zweite Stufe tatsächlich abgegeben wird, weiterzuwälzen. Die Gesamtkosten der zweiten Stufe setzen sich demnach zusammen aus ihren spezifischen Stufenkosten und aus den Kosten der von der ersten Stufe übernommenen Leistungen. Dieser Sachverhalt gilt auch für alle weiteren Stufen, wobei sich die totalen Stückkosten jeder Stufe mittels Division der jeweiligen Stufengesamtkosten durch die jeweils hergestellte (Zwischen-)Leistungsmenge ergeben. Abb. 315 demonstriert dieses sukzessive Vorgehen an einem konkreten Beispiel (aus *Hummel/Männel* 1989).

Die ein- und mehrstufige Divisionskalkulation **ohne** Verwendung von Äquivalenzziffern setzt völlig homogene Massenleistungen voraus. Ist diese als Bedingung

(1)	(2)	(3)	(4)	(5)	(6)	(7)	(8)	(9)
Produktionsstufen n	Einsatzmenge der Stufe n	Verarbeitungskosten der Stufe n	Kosten der jeweiligen Vorstufe n−1 = (9) · (8)	Gesamtkosten Stufe n = (3) + (4)	Ausbringungsmengen der Stufe n	Lageraufbau (−), Lagerabbau (+)	In die Weiterverarbeitung gehende Menge = (6) ± (7)	Stückkosten bis Stufe n = (5) : (6)
1	10 500 kg	30 000 GE	–	30 000 GE	10 000 kg →	− 1 000 kg	→ 9 000 kg	3 GE/kg
2	9 000 kg	24 000 GE	27 000 GE	51 000 GE	8 500 kg		8 500 kg	6 GE/kg
3	8 500 kg	61 000 GE	51 000 GE	112 000 GE	8 000 kg →	+ 800 kg	→ 8 800 kg	14 GE/kg
4	8 800 kg	52 800 GE	123 200 GE	176 000 GE	8 800 kg →	+ 500 kg	→ 9 300 kg	20 GE/kg
5	9 300 kg	39 000 GE	186 000 GE	225 000 GE	9 000 kg	–	–	25 GE/kg

Abb. 315 Beispiel einer mehrstufigen Divisionskalkulation (ohne Verwendung von Äquivalenzziffern)

(a) bezeichnete Voraussetzung nicht erfüllt, handelt es sich aber zumindest noch um Sortenleistungen, die sich nur geringfügig voneinander unterscheiden, wie z.B. Bier-, Zigaretten-, Tuch- oder Blechsorten, so wird die Äquivalenzziffernkalkulation anwendbar. Es handelt sich dabei ebenfalls um eine Divisionskalkulation, allerdings werden die nicht mehr völlig homogenen Leistungssorten vorher durch Kostengewichte bzw. Äquivalenzziffern gleichwertig gemacht, um sie zusammenfassen und den Gesamtperiodenkosten gegenüberstellen zu können.

Bei der **einstufigen Äquivalenzziffernkalkulation** ergeben sich die Selbstkosten pro Stück, indem die Gesamtkosten durch die Menge der mittels Äquivalenzziffern auf eine „Einheitssorte" umgerechneten Sortenleistungen dividiert werden. Die so ermittelten Stückkosten der „Einheitssorte" werden danach – wiederum mithilfe der Äquivalenzziffern – in die Stückkosten der verschiedenen Sortenleistungen zurückverrechnet. Bezeichnet man mit Z_i die Äquivalenzziffern der Sorte i und mit x_i die Leistungsmenge der erstellten und abgesetzten Sorte i, so ergibt sich folgende einfache Kalkulationsformel (vgl. Abb. 316 für ein Zahlenbeispiel aus *Hummel/Männel* 1990).

(2)
$$k_{T_i} = \frac{K_T}{x_1 \cdot Z_1 + x_2 \cdot Z_2 + \ldots x_i \cdot Z_i + \ldots x_n \cdot Z_n} \cdot Z_i$$

Auch die einstufige Äquivalenzziffernkalkulation setzt wie die einstufige Divisionskalkulation ohne Verwendung von Äquivalenzziffern die Gültigkeit der Bedingung (b) voraus, daß nämlich keine Bestandsveränderungen an Halb- und Fertigerzeugnissen und/oder keine Mengenverluste bzw. -gewinne im Verlauf des Leistungsprozesses auftreten. Treten solche dagegen auf, ist eine **mehrstufige Äquivalenzziffernkalkulation** anzuwenden, die in entsprechender Modifikation des Schemas von Abb. 315 aufgebaut ist.

Spalten → ↓Sorten	1 Äquivalenzziffern	2 Produktionsmengen (Stück)	3 Rechnungseinheiten (RE) (Sp. 1 · Sp. 2)	4 Stückkosten (GE/Stück) (Sp. 1 · 200)	5 Gesamtkosten (Sp.2 · Sp. 4)
A	0,5	800	400	0,5 · 200 = 100	80.000
B	1,5	600	900	1,5 · 200 = 300	180.000
C	1,0	500	500	1,0 · 200 = 200	100.000
Σ			1 800		360.000

$$\frac{\text{Gesamtkosten der Periode}}{\text{Gesamtzahl der Rechnungseinheiten}} = \frac{360\,000 \text{ GE}}{1\,800 \text{ RE}} = \boxed{200 \text{ GE/RE}}$$

Abb. 316 Beispiel einer einstufigen Äquivalenzziffernkalkulation

Das Zentralproblem der ein- oder mehrstufigen Äquivalenzziffernkalkulation ist die Bildung geeigneter **Äquivalenzziffern**, die als Verhältniszahlen die unterschiedliche Kostenbelastung von Sortenleistungen zum Ausdruck bringen. Geeignet sind Äquivalenzziffern also dann, wenn sie kostenverursachungsgerecht angeben, in welchem **Verhältnis** die Stückkosten einer Sortenleistung zu den Stückkosten der – willkürlich – gewählten Einheitssorte mit der Äquivalenzziffer 1 stehen. Grundlage für die Bildung von Äquivalenzziffern sind dabei beispielsweise Informationen über den unterschiedlichen Materialverbrauch oder die unterschiedlichen Fertigungszeiten der einzelnen Sorten.

3. Zuschlagskalkulationen

Bei der Zuschlagskalkulation werden die Selbstkosten der Leistungseinheit bzw. eines Auftrags dadurch ermittelt, daß man die spezifischen Einzelkosten den Kostenträgern direkt zurechnet und die Gemeinkosten mit Hilfe geeigneter Zuschlags- oder Verrechnungssätze indirekt verteilt. **Die Zuschlagskalkulation geht also im Gegensatz zur Divisionskalkulation von der Trennung in Einzel- und Gemeinkosten aus**, was immer dann sinnvoll und notwendig ist, wenn es sich um eine Unternehmung mit breit gestreutem, differenziertem Leistungsprogramm handelt, das sich also aus heterogenen Serien- und Einzelleistungen (-produkten) zusammensetzt.

Im Hinblick auf die Feinheit der Gemeinkostenzuschläge können verschiedene Teilverfahren der Zuschlagskalkulation unterschieden werden (vgl. Abb. 314):

(a) Bei der **summarischen Zuschlagskalkulation** verzichtet man auf eine Kostenstellenbildung und verrechnet die Gemeinkosten als einen geschlossenen Block auf die Kostenträger. Der maßgebende Zuschlagsprozentsatz errechnet sich dabei in der einfachsten Version aus der Relation (1).

(1) $$\text{Zuschlagsprozentsatz} = \frac{\text{gesamte Gemeinkosten}}{\text{gesamte Einzelkosten}} \times 100$$

Die summarische Zuschlagskalkulation erscheint als ein sehr pauschales Verfahren allenfalls dann anwendbar, wenn der Anteil der Gemeinkosten an den Gesamtkosten verhältnismäßig gering ist.

(b) Exakter ist die Kalkulation – gemessen an den Maßstäben der Vollkostenrechnung – bei einer nach Kostenstellen **differenzierenden Zuschlagskalkulation**. Ausgangspunkt ist dabei in der Regel der BAB (vgl. S. 628), dessen (Haupt-) Kostenstellengliederung übernommen wird.

In der Praxis ist das in Abb. 317 dargestellte Schema am meisten verbreitet. Es arbeitet mit vier Kostenbereichen, dem Material-, Fertigungs-, Verwaltungs- und Vertriebsbereich.

Die in den einzelnen Kostenstellen anfallenden Gemeinkosten werden traditionell mit **Zuschlagsprozentsätzen** auf die jeweiligen Einzelkosten (bei Material- und Fertigungsstellen) bzw. Herstellkosten (bei Verwaltungs- und Vertriebsstellen) verrechnet. Die Zuschlagsprozentsätze werden dabei dem BAB entnommen, wo sie sich aus der Relation der **Perioden**gemeinkosten zu den **Perioden**einzelkosten bzw. -herstellkosten ergeben.

Von der traditionellen Version abweichende Verfeinerungen der Zuschlagskalkulation beziehen sich vor allem auf die Bildung der Fertigungs-Gemeinkostenzuschläge. Denkbar ist eine gleichzeitige Verwendung mehrerer Bezugsgrößen, indem beispielsweise neben fertigungslohnabhängigen Gemeinkosten auch stück-, gewichts- und zeitabhängige Fertigungsgemeinkosten unterschieden werden. Eine mit zunehmender Anlagenintensität der Betriebe und damit ständig steigenden Lohnzuschlagssätzen im Fertigungsbereich verbreitete Version der Zuschlagskalkulation ist das Rechnen mit Maschinenstunden (Maschinenstundensatzrechnung). Die Fertigungsgemeinkosten werden hier nicht auf die direkten Fertigungs-

Material-Einzelkosten + Material-Gemeinkosten	Material- kosten		
+ Fertigungslohn-Einzelkosten I + Fertigungs-Gemeinkosten I	Fertigungs- kosten	Herstell- kosten	Gesamt- kosten (Selbst- kosten) pro ME
+ Fertigungslohn-Einzelkosten II + Fertigungs-Gemeinkosten II			
+ Fertigungslohn-Einzelkosten III + Fertigungs-Gemeinkosten III			
+ Verwaltungs-Gemeinkosten			
+ Vertriebs-Gemeinkosten			
+ (etwaige) Sonder-Einzelkosten des Vertriebs			

Abb. 317 Schema einer nach Kostenstellen differenzierenden Zuschlagskalkulation

löhne, sondern auf die Maschinenstunden bezogen. Das Ergebnis ist ein bestimmter Maschinenstundensatz. Bei der Kalkulation werden dann die Maschinenstunden gezählt, die ein Auftrag verbraucht, und aus der Multiplikation der Stundenzahl mit dem Gemeinkostensatz pro Maschinenstunde errechnet sich die Belastung eines Auftrags mit Fertigungsgemeinkosten.

4. Kuppelkalkulationen

Die bisher dargestellten Kalkulationsverfahren gelten für Produkte, die produktionstechnisch ohne zwangsläufige Koppelung mit anderen Produkten hergestellt werden können. Daneben gibt es Produktionsprozesse, bei denen diese Koppelung gegeben ist. Man spricht hier von **Kuppelproduktion**. Beispiele findet man in der chemischen Industrie, bei der Herstellung von Erdölprodukten, in Sägewerken, Kokereien u.a..

Grundsätzlich gilt, daß bei Kuppelproduktion wegen der besonders engen Kostenverbundenheit zwischen den Kuppelprodukten **eine willkürfreie Kalkulation der Herstellkosten einzelner Kuppelprodukte letztlich nicht realisierbar ist**. Die in der Praxis vorherrschenden Verfahren sind damit ein besonders hervorstechendes Beispiel für „Kalkulationswillkür".

Zwei Verfahren sind speziell für die Kalkulation von Kuppelprodukten entwickelt worden (*Kilger* 1990b):

(a) Die **Restwertmethode** wird angewandt, wenn man die verschiedenen Kuppelprodukte in ein **Haupt**produkt sowie in **Neben**produkte zerlegen kann. In einem solchen Fall werden die Nettoerlöse der Nebenprodukte von den gesamten Herstellkosten der Kuppelproduktion abgezogen. Die verbleibenden Restkosten gelten als durch das Hauptprodukt verursachte Herstellkosten und werden in der Regel durch Division mit der Menge des Hauptprodukts auf Stückgrößen umgerechnet. Mithilfe von Verwaltungs- und Vertriebsgemeinkostenzuschlagssätzen gelangt man dann schließlich zu den „Selbstkosten" pro Mengeneinheit des Hauptprodukts.

(b) Die **Verteilungsmethode** findet ihre Anwendung, wenn eine Unterscheidung in

Neuntes Kapitel: Kalkulatorische Erfolgsrechnungen 655

Haupt- und Nebenprodukte nicht möglich ist. Man ermittelt dann eine Reihe von Schlüsselgrößen (Äquivalenzziffern), die das Verhältnis der Kostenverteilung auf die Kuppelprodukte widerspiegeln.

Formal ist das Vorgehen das gleiche wie bei der Äquivalenzziffernkalkulation, doch besteht materiell ein wesentlicher Unterschied. Er besteht darin, daß nicht die unterschiedliche Kostenverursachung als Maßgröße für die Bildung dieser Schlüsselgrößen in Frage kommt, sondern abgesehen von technischen Ersatzkriterien die **Kostentragfähigkeit** die entscheidende Rolle spielt: Die einzelnen Kuppelprodukte werden kostenmäßig im Verhältnis der mit ihren Marktpreisen (oder Erlösüberschüssen) gewichteten Mengen belastet (vgl. Abb. 318, entnommen aus *Hummel/Männel* 1990).

(1)	(2)	(3)	(4)	(5)	(6)
Endprodukte	Produktionsmengen	Marktpreise der Endprodukte	Rechnungseinheiten (2) · (3)	Gesamtkosten (4) · 2,50	Kosten je Leistungseinheit (5) : (2)
A	50 kg	100 GE/kg	5 000	12 500 GE	250 GE/kg
B	100 kg	140 GE/kg	14 000	35 000 GE	350 GE/kg
Σ			19 000	47 500 GE	

$$\text{anteilige Kosten je Rechnungseinheit (RE)} = \frac{\text{Gesamtkosten (Σ Spalte 5)}}{\text{Gesamtzahl der Rechnungseinheiten (Σ Spalte 4)}} = \frac{47\,500\text{ GE}}{19\,000\text{ RE}} = 2{,}50\text{ GE/RE}$$

Abb. 318 Beispiel für eine Kuppelkalkulation nach der Verteilungsmethode

Vollkostenkalkulationen können das Problem der kostenverursachungsgerechten Verteilung der Kosten auf Kuppelprodukte theoretisch nicht zufriedenstellend lösen. Teilkostenkalkulationen tragen dem Kostenverbund bei Kuppelproduktion dagegen dadurch Rechnung, daß sie Kuppelprodukte nur gemeinsam als **Kuppelproduktbündel** abrechnen.

Im Hinblick auf die Einhaltung des Kostenverursachungsprinzips sind Vollkostenkalkulationen aber auch bei unverbundener Produktion generell problematisch. Dies sei am Ende noch einmal ausdrücklich betont. Nur konsequente Teilkostenkalkulationen – etwa auf der Basis der Riebel'schen relativen Einzelkostenrechnung (vgl. S. 643 ff.) – können daher theoretischen Ansprüchen voll genügen. Während sie stets eine dem Wesen des strengen Kostenverursachungsprinzips entsprechende **Grenzbetrachtung** durchführen, orientieren sich Vollkostenkalkulationen wegen der notwendigen Gemeinkostenschlüsselung und Fixkostenproportionalisierung zwangsläufig am **Durchschnittsprinzip**, indem die einzelnen Kostenträger mit den auf sie bei einer bestimmten Beschäftigungskonstellation durchschnittlich entfallenden Fixkosten respektive Gemeinkosten belastet werden. **Auch das Kostenverursachungsprinzip kann bestenfalls somit im Durchschnitt gewahrt bleiben.**

Fragen und Aufgaben zur Wiederholung (S. 647–655)

1. Charakterisieren Sie kurz die verschiedenen Kalkulationsformen!
2. Welche speziellen Aufgaben haben Vollkosten- und welche Teilkostenkalkulationen?
3. Skizzieren Sie die Schemata der progressiven und retrograden Kalkulation!
4. Geben Sie eine Übersicht über die verschiedenen Kalkulationsverfahren!
5. Nach welchem Prinzip sind Divisionskalkulationen aufgebaut, und inwieweit sind sie demnach anwendbar?
6. Wodurch unterscheidet sich die mehrstufige von der einstufigen Divisionskalkulation?
7. Welche Voraussetzungen müssen im einzelnen für Divisionskalkulationen ohne Äquivalenzziffern erfüllt sein, und unter welchen Bedingungen ist die Äquivalenzziffernkalkulation anwendbar? Erläutern Sie das Prinzip der Äquivalenzziffernkalkulation sowie das Zentralproblem dieses Verfahrens!
8. Beschreiben Sie den Grundgedanken und die Anwendungsvoraussetzungen der Zuschlagskalkulation!
9. Skizzieren Sie das Schema einer nach Kostenstellen differenzierenden Zuschlagskalkulation!
10. Worin besteht die grundsätzliche Problematik von Kuppelkalkulationen?
11. Kennzeichnen Sie kurz die Restwert- und die Verteilungsmethode! Wie werden in Teilkostenkalkulationen Kuppelprodukte kalkuliert?

Literaturhinweise:

Hummel, S., Männel, W. (1989)
Kilger, W. (1990b)
Kosiol, E. (1972a)
Lehmann, M. R. (1964)

Münstermann, H. (1969)
Vormbaum, H. (1977a)
Weber, H. K. (1991)

C. Plankostenrechnung

1. Aufgaben und Arten der Plankostenrechnung
2. Voll- und Grenzplankostenrechnung
3. Prozeßkosten- und Standard-Einzelkostenrechnung

1. Aufgaben und Arten der Plankostenrechnung

Während bislang (d.h. im Abschnitt „Betriebsabrechnung und Kalkulation") die Unterscheidung von Voll- und Teilkostenrechnung im Vordergrund stand, wird nunmehr mit der Plankostenrechnung die andere Dimension von Kostenrechnungssystemen in den Vordergrund geschoben.

Entstanden ist die Plankostenrechnung aus den erkannten Mängeln der Ist- bzw. Normalkostenrechnung. Diese lassen sich dabei in zwei Thesen zusammenfassen:

(1) Eine wirksame **Kosten- respektive Wirtschaftlichkeitskontrolle** kann allein auf Basis einer Ist- oder Normalkostenrechnung nicht erfolgen, denn diese Rechnungen bergen stets die Gefahr in sich, „Schlendrian mit Schlendrian" zu vergleichen.

(2) Zur **Fundierung unternehmenspolitischer Entscheidungen** eignen sich Ist- oder Normalkostenrechnungen insofern nur bedingt, als Entscheidungen stets zukunftsbezogen sind und die (ausschließliche) Orientierung an vergangenheitsorientierten Rechnungen leicht zu Fehldispositionen führen kann.

Mit diesen beiden Thesen sind auch zugleich die beiden Hauptaufgaben einer ausgebauten Plankostenrechnung umrissen:

· Wirtschaftlichkeitskontrolle und Budgetierung

· Rechnerische Fundierung unternehmenspolitischer Entscheidungen.

Beide Aufgaben sind – wie mehrfach erwähnt – zugleich das Hauptanwendungsgebiet für Teilkostenrechnungen. Damit läßt sich bereits an dieser Stelle die These aufstellen, daß für die genannten Zwecke letztlich nur eine Plankostenrechnung auf Teilkostenbasis oder – um den üblichen Begriff zu verwenden – eine **Grenzplankostenrechnung** in Frage kommen kann.

Je nach dem Charakter der Plankosten in einer Plankostenrechnung lassen sich **Prognose-** und **Standardkosten** unterscheiden (*Kosiol* 1975). Die Unterschiede liegen in den Mengen- und Preisansätzen bei der Planung:

(1) $\quad$ Standardkosten = Normmenge × Festpreis
$\quad\quad$ (GE) $\quad\quad$ (ME) $\quad\quad$ (GE/ME)

(2) $\quad$ Prognosekosten = Prognosemenge × Prognosepreis
$\quad\quad$ (GE) $\quad\quad$ (ME) $\quad\quad$ (GE/ME)

Prognosekosten sind sowohl im Hinblick auf die Mengen- als auch die Preiskomponente künftig **erwartete** Kosten. Istkostenabweichungen gegenüber dem Prognoseansatz signalisieren also vornehmlich Voraussagefehler. Dagegen sind **Standardkosten** Ausdruck des Strebens nach einer bestimmten **Kostenwirtschaftlichkeit**. Standardkosten dienen – anders ausgedrückt – als Wirtschaftlichkeitsmaßstab, an dem die angefallenen Istkosten gemessen werden. Insofern ist eine Plankostenrechnung, soweit sie als Instrument zur **Wirtschaftlichkeitskontrolle** genutzt wird, stets eine **Standardkostenrechnung**. Dagegen sollte eine Plankostenrechnung, die zur Fundierung **unternehmenspolitischer Entscheidungen** eingesetzt wird, eher den Charakter einer **Prognosekostenrechnung** haben, da nur so Fehlentscheidungen vermieden werden können.

Ebenso wie eine Ist- oder Normalkostenrechnung kann auch eine Plankostenrechnung als Periodenrechnung und als Stückrechnung gestaltet sein. Besondere Merkmale zeigen sich jedoch in dem typischen Ineinandergreifen von Kostenplanung und Kostenkontrolle.

- Die **Kostenplanung** erfolgt für die Planungsperiode (i.d.R. ein Jahr). Dazu wird für alle Kostenstellen die Planbeschäftigung (gemessen etwa in produzierten Stückzahlen, gefahrenen Maschinenstunden u.ä.) festgelegt und für die im Rahmen der Planbeschäftigung benötigten Produktionsfaktoren die Planpreise und Planmengen bestimmt. Im Wege einer Kostenstellen-/Kostenträgerrechnung werden dann die budgetierten Stellenkosten sowie die Kalkulationssätze ermittelt.

- Die **Kostenkontrolle** erfolgt in jeder Abrechnungsperiode (i.d.R. ein Monat). Dazu werden die tatsächlich entstandenen Istkosten den Plankosten gegenübergestellt, um eventuelle Soll-/Istabweichungen festzustellen. Diese Kostenabweichungen sind in einem zweiten Schritt dann im Hinblick auf ihre Ursachen zu analysieren und dementsprechend in einzelne Teilabweichungen aufzuspalten. Dadurch werden sowohl eventuelle Verlustquellen einschließlich der hierfür Verantwortlichen sichtbar, als auch Impulse für anschließende Prozesse der Kostenplanung gegeben.

Bedeutsam ist sowohl im Rahmen der Kostenplanung wie bei der Kostenkontrolle die Art und der Umfang der einbezogenen Kosten. Hieraus leiten sich nämlich die verschiedenen Varianten der Plankostenrechnung ab. Obgleich eine Abgrenzung schwierig und wegen der notwendigen Pauschalität letztlich auch unpräzise ist, versucht Abb. 319 eine Unterscheidung zwischen hauptsächlichen Varianten der Plankostenrechnung, nämlich der Voll- und Grenzplankostenrechnung sowie der Standard-Einzelkostenrechnung und der Prozeßkostenrechnung vorzunehmen.

(1) In der **Grenzplankostenrechnung** werden nur die variablen, leistungsmengenabhängigen Kosten geplant und kontrolliert, wobei im Zweifel die variablen (Kostenträger-)Gemeinkosten miteinbezogen werden.

(2) Werden die fixen, mengenunabhängigen Kosten in der Rechnung miteinbezogen, kann von einer **Vollplankostenrechnung** gesprochen werden. Obwohl nicht üblich, könnte eine alleinige Planung und Kontrolle der Fixkosten wegen deren Zeitabhängigkeit auch als **Zeitplankostenrechnung** bezeichnet werden.

(3) Wird die andere Achse der Kosteneinteilung betrachtet, und lediglich auf die Planung und Kontrolle der (Kostenträger-)Einzelkosten abgestellt, so liegt eine **Standard-Einzelkostenrechnung** vor.

(4) In letzter Zeit wird verstärkt das Konzept der **(Standard-)Prozeßkostenrechnung** diskutiert, das betont die Gemeinkostenbereiche von Fertigungsunternehmungen durchzuleuchten anstrebt. Dabei ergeben sich enge Berührungspunkte zur Standard-Einzelkostenrechnung, wenn sich die Perspektive von Fertigungsunternehmungen auf Dienstleistungsunternehmungen verschiebt.

2. Voll- und Grenzplankostenrechnung

In der Literatur zur Plankostenrechnung wird regelmäßig zwischen starrer und flexibler Plankostenrechnung unterschieden. Hauptmethode der **starren Plankostenrechnung** ist, daß man die Plankosten lediglich für **eine einzige Beschäftigungskonstellation**, die Planbeschäftigung, vorgibt, wohingegen **flexible Systeme der**

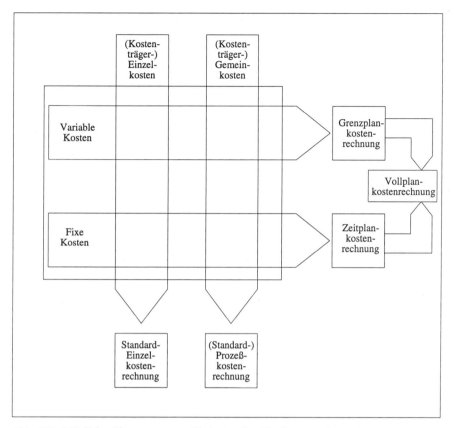

Abb. 319 Mögliche Abgrenzung von Varianten der Plankostenrechnung

Plankostenrechnung explizit bestimmte Kosteneinflußgrößen berücksichtigen, um die Ursachen für Kostenabweichungen differenzierter analysieren zu können. In den Grundversionen der flexiblen Plankostenrechnung wird allerdings lediglich für alternative Beschäftigungsgrade geplant.

Dargestellt werden demzufolge die starre und die Grundversion der flexiblen Vollplankostenrechnung; ferner die Grenzplankostenrechnung, bei der der Beschäftigungsgrad wegen der ausschließlichen Berücksichtigung von proportionalen Kosten keine Rolle spielt.

(a) Die **starre Vollplankostenrechnung** arbeitet mit einem einzigen Beschäftigungsgrad und für diese werden die Plankosten bestimmt. Sie bilden die Ausgangsgröße zur Bestimmung des Plan-Kalkulationssatzes (vgl. Abb. 320).

Der **Plan-Kalkulationssatz** errechnet sich, indem die Plankosten durch die jeweilige Planbeschäftigung dividiert werden. Es handelt sich dabei um einen Vollkosten-Verrechnungssatz, da in der starren Plankostenrechnung sowohl variable als auch fixe Kosten (bzw. Einzel- und Gemeinkosten) auf die Kostenträger verrechnet werden.

Um den bei Verwendung der Plankostenrechnung zur Wirtschaftlichkeitskon-

Kostenstelle xy		Planperiode Juni 19..
Planbeschäftigung 2700 ME		
Kostenarten (nach Einzel- und Gemeinkosten differenziert)	KA_1	11 070,–
	KA_2	2 350,–
	KA_3	1 890,–
	. . .	
	KA_n	425,–
Plankosten (bei Sollbeschäftigung)		29 700,–
Plan-Kalkulationssatz		$\dfrac{29\,700,-}{2700} = 11,-$

Abb. 320 Kostenplanung im System der starren Plankostenrechnung

trolle störenden Einfluß von **Preisschwankungen** auszuschalten, werden die Kostengüter üblicherweise mit festen Verrechnungspreisen bewertet.

Kostenabweichungen sind hier also stets Mengenabweichungen. Preisabweichungen, die bei Kostengütern gegenüber dem Plansatz auftreten, werden entsprechend auf der Basis der Istkostenmengen berechnet und als neutraler Aufwand bzw. Ertrag außerhalb der Kostenrechnung verbucht.

Die periodische Kostenkontrolle selbst vollzieht sich damit wie in Abb. 321 angedeutet.

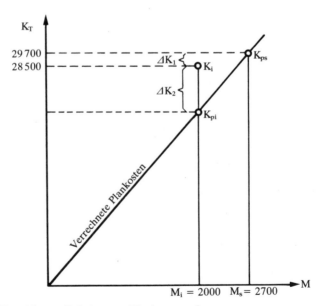

Abb. 321 Kostenkontrolle bei starrer Plankostenrechnung

Neuntes Kapitel: Kalkulatorische Erfolgsrechnungen 661

Ausgehend von der in Abb. 320 zugrundegelegten Planbeschäftigung von 2700 ME und Plankosten in Höhe von 29 700 GE (Plan-Kalkulationssatz entsprechend 11,–) mögen sich die Istkosten in der Abrechnungsperiode auf 28 500 GE belaufen; die Ist-Beschäftigung habe nur den Wert 2000 ME erreicht.

Bei der nun durchzuführenden Analyse der Abweichungen zwischen Ist- und Plankosten zeigen sich die Mängel der starren Plankostenrechnung:

- Die Differenz (ΔK_1) der Istkosten (K_i) und der Plankosten bei Sollbeschäftigung (K_{ps}) hat wenig Aussagekraft, weil sich beide Kostenwerte auf unterschiedliche Beschäftigungsgrade beziehen und damit nicht unmittelbar vergleichbar sind.

- Die Differenz (ΔK_2) zwischen den Istkosten (K_i) und den verrechneten Plankosten bei Istbeschäftigung (K_{pi}), wobei sich letztere aus der Multiplikation der Ist-Beschäftigung mit dem Plan-Kalkulationssatz ergeben, ist ebenfalls wenig aussagefähig. Denn in der Regel enthalten die verrechneten Plankosten „künstlich" proportionalisierte Fixkosten, was bei Unterbeschäftigung ($M_i < M_s$) wegen des in Wirklichkeit steigenden Fixkostenanteils zu einer fehlerhaften Einschätzung der Kostenabweichungen führt.

- Diese Vermengung von beschäftigungsbedingten Veränderungen des Fixkostenanteils und sonstigen Kostenveränderungen, die auf einen unwirtschaftlichen Kostengüterverbrauch schließen lassen könnten, zeigten sich deutlich bei einer Umrechnung der Periodenwerte in Stückwerte. Der Ist-Kalkulationssatz beläuft sich im Beispiel auf 14,25 GE (28500/2000), während der Plan-Kalkulationssatz lediglich 11 GE beträgt. Die Kostendifferenz in Höhe von 3,25 GE pro ME ergibt sich sowohl aus dem gestiegenen Fixkostenanteil pro Stück als auch aus sonstigen Kostengüterverbrauchsabweichungen.

Als Nachteil der starren Plankostenrechnung ist also ihr Versagen anzusehen, die verschiedenen Ursachen für Kostenabweichungen aufzudecken. Dem steht als Vorteil die einfache und schnelle Handhabung bei der laufenden Abrechnung gegenüber.

(b) Aus der Kritik der starren Plankostenrechnung ist die **flexible Plankostenrechnung** entstanden. Sie berücksichtigt im Gegensatz zu jener explizit bestimmte Kosteneinflußgrößen, um die Ursachen für Kostenabweichungen differenzierter analysieren zu können.

Die **flexible** Plankostenrechnung kennt in ihrer üblichen Grundversion allerdings lediglich die Unterscheidung in beschäftigungsabhängige (= variable) und beschäftigungsunabhängige (= fixe) Kosten. Exaktere Versionen (sie werden im Gegensatz zur **einfach-flexiblen** als **voll-flexible** Plankostenrechnung bezeichnet) berücksichtigen auch noch andere Kostendeterminanten, wie etwa die Auftragsgröße und -zusammensetzung (vgl. S. 212).

In der (einfach-)flexiblen Plankostenrechnung wird grundsätzlich von einem **linearen** Gesamtkostenverlauf ausgegangen. Die Periodenkosten werden also in beschäftigungsunabhängige Fixkosten und beschäftigungsabhängige Proportionalkosten aufgespalten. Das gilt sowohl für die **flexible Vollplankostenrechnung** wie für die **Grenzplankostenrechnung**, wenngleich beide sich gemäß der unterschiedlichen Konzeption von Teil- und Vollkostenrechnungen in der Verrechnung der Fixkosten unterscheiden: Die Grenzplankostenrechnung verzichtet konsequent auf eine Verrechnung fixer Kosten auf die Kostenträger; der Plan-Kalkulationssatz enthält also nur die variablen Plankosten pro Einheit. Hingegen arbeitet die Vollplankostenrechnung mit einem Vollkostenverrechnungssatz (wie die starre Plankostenrechnung).

Zunächst soll die **flexible Vollplankostenrechnung** näher betrachtet werden. Dazu wird das Zahlenbeispiel der starren Plankostenrechnung entsprechend modifiziert fortgeführt (vgl. S. 660).

Die Kostenplanung, die nunmehr zwischen fixen und variablen Kosten unterscheidet, möge zu folgendem Ergebnis führen (vgl. Abb. 322);

Kostenstelle XY	Planperiode Juni 19..	Planbeschäftigung 2700 ME	
Kostenarten (KA)	Plangesamtkosten	Proportionalkosten	Fixkosten
KA_1	11 070,–	11 070,–	–
KA_2	2 350,–	1 050,–	1 300,–
KA_3	1 890,–	–	1 890,–
.	.	.	.
.	.	.	.
KA_n	425,–	425,–	–
Planperiodenkosten bei Sollbeschäftigung	29 700,–	16 200,–	13 500,—
Plan-Kalkulationssatz	$= \dfrac{29\,700,-}{2700} = 11,-$		

Abb. 322 Kostenplanung bei flexibler Kostenrechnung

Kostenabweichungen gegenüber dem Plan können in der (einfach-)flexiblen Kostenrechnung nun in **Beschäftigungs-** und **Verbrauchsabweichungen** zerlegt werden. **Beschäftigungsabweichungen** treten in der Plankostenrechnung bei der Verwendung einer Optimalbeschäftigung als Planbeschäftigung praktisch nur als Signal für das Unterschreiten der Planbeschäftigung auf. Bei Unterbeschäftigung gibt eine Beschäftigungsabweichung dabei an, welche Fixkostenanteile als **Leerkosten** anfallen. Werden vorhandene Leistungskapazitäten, die fixe Kosten verursachen, nur zum Teil genutzt, so entstehen für den ungenutzten Teil der Kapazität Leerkosten und – analog dazu – für den genutzten Anteil sogenannte Nutzkosten. Abb. 323 stellt diesen Sachverhalt dar, wobei das Zahlenbeispiel der Abb. 322 entnommen ist.

Bei der Planbeschäftigung (M_s) sind die Leerkosten naturgemäß gleich null, während die Fixkosten umgekehrt bei einer Istbeschäftigung von null vollständig Leerkosten darstellen. Die Diagonale OS gibt demnach für jede Istbeschäftigung (M_i) zwischen null und der Planbeschäftigung die Höhe der Nutzkosten an. Da die Fixkosten aber bei jeder Istbeschäftigung um die jeweiligen Leerkosten höher sind, können letztere als Indiz für den nicht genutzten Kostenanteil vorhandener Kapazitäten angesehen werden. Beschäftigungsabweichungen (BA) drücken sich also in der jeweiligen Höhe der Leerkosten aus.

Leerkosten sind als Resultat von Beschäftigungsabweichungen ein Signal für unausgelastete Kapazitäten. Ihre konsequente Sichtbarmachung führt damit zugleich zu der Möglichkeit, solche Leerkosten durch gezielte Maßnahmen zu beseitigen und somit zu einer erhöhten Kostenwirtschaftlichkeit beizutragen. Die Verantwortlichkeit für Beschäftigungsabweichungen kann in den verschiedensten Bereichen liegen. So werden die für Betriebsmittel- und Personalbeschaffung zuständigen Bereiche prinzipiell für die Schaffung zu hoher Kapazitä-

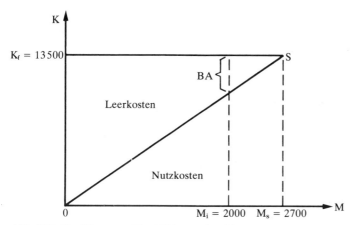

Abb. 323 Ermittlung von Beschäftigungsabweichungen

ten, die für den Absatz oder die interne Beschäftigungssteuerung (Produktionsplanung) zuständigen Bereiche dagegen für die zu geringe Auslastung der vorhandenen Kapazitäten verantwortlich gemacht werden können. Wie das Beispiel schon zeigt, werden aber wegen der vielfältigen Interdependenzen eindeutige Verantwortungsbeziehungen nicht immer abzuleiten sein. Allerdings zeigen die Beispiele auch, daß Kostenstellen nur dann für Beschäftigungsabweichungen verantwortlich gemacht werden können, wenn sie auf die Kapazitätsschaffung bzw. -auslastung Einfluß nehmen können.

Die **Verbrauchsabweichung** ergibt sich als Restgröße der Kostenabweichung nach der Abspaltung der Beschäftigungskomponente. Sie ist ein Indiz dafür, ob die im Plan vorgegebene Kostenwirtschaftlichkeit im Hinblick auf den Mengenverbrauch an Kostengütern erreicht wurde. Positive Verbrauchsabweichungen weisen Kostenerhöhungen aus, die beispielsweise – unter Berücksichtigung der Istbeschäftigung – auf einen gegenüber dem Planansatz erhöhten Werkstoffverbrauch hindeuten. Auf Verbrauchsabweichungen rückführbare Kostenerhöhungen sind damit ein Signal für Unwirtschaftlichkeiten in den jeweiligen Kostenstellen. Auch für Verbrauchsabweichungen gilt, daß das Aufzeigen der dahinter erkennbaren Verlustquellen zu Möglichkeiten führt, diese durch entsprechende Maßnahmen abzustellen. Die Verantwortlichkeit für festgestellte Verbrauchsabweichungen wird dabei prinzipiell – im Gegensatz zu den Beschäftigungsabweichungen – bei den jeweiligen Kostenstellen liegen.

Die flexible Plankostenrechnung kennt nun zwei Kostenverläufe:

- Die **verrechneten Plankosten**, die denen der starren Plankostenrechnung entsprechen und sich aus der Multiplikation des Plan-Kalkulationssatzes mit der jeweiligen (Ist-)Beschäftigung ergeben. Die verrechneten Plankosten enthalten neben den variablen Kosten dabei die jeweiligen Nutzkosten als proportionalisierte Anteile der Fixkosten;
- Die **Sollkosten**, die sich für die jeweilige Istbeschäftigung aus den gesamten Fixkosten und den jeweiligen variablen Kosten zusammensetzen. Die Sollkosten der Istbeschäftigung konnten in der starren Plankostenrechnung wegen nicht vorgenommener Abspaltung der fixen Kosten nicht ermittelt werden.

Abb. 324 verdeutlicht den Verlauf der beiden Kostenfunktionen. Die Differenz zwischen den verrechneten Plankosten und den Sollkosten läßt die Beschäftigungs-

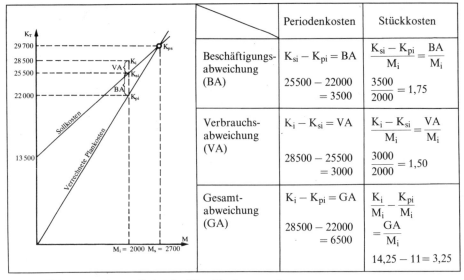

Abb. 324 Kostenkontrolle bei flexibler Plankostenrechnung
(Symbole: K_{si} = Sollkosten bei Istbeschäftigung; K_{pi} = verrechnete Plankosten bei Istbeschäftigung; K_{ps} = verrechnete Plankosten (= Sollkosten) bei Planbeschäftigung; K_i = Istkosten; M_i = Istbeschäftigung; M_s = Sollbeschäftigung)

abweichungen (BA) erkennen, während die Differenz zwischen Istkosten und Sollkosten die Verbrauchsabweichungen (VA) ausdrückt.

Die **Grenzplankostenrechnung** unterscheidet sich von der flexiblen Vollplankostenrechnung dadurch, daß sie in konsequenter Anwendung des Prinzips der relevanten Kosten keine Fixkosten proportionalisiert und in den Plan-Kalkulationssatz nur die variablen Kosten aufnimmt (der Plan-Kalkulationssatz beläuft sich bei ihr in Fortführung des obigen Zahlenbeispiels demnach lediglich auf 16 200 : 2700 = 6 GE). Da Plan-Kalkulationssatz und variable Sollkosten insofern identisch sind, stimmen verrechnete Plankosten und Sollkosten bei jeder (Ist-)Beschäftigung notwendigerweise ebenfalls überein.

Der „**Preis**" für diese konsequente Orientierung am Verursachungsprinzip ist jedoch, daß in der Grenzplankostenrechnung keine Beschäftigungsabweichungen ausgewiesen werden können. Kostenabweichungen sind in der einfach-flexiblen Grenzplankostenrechnung stets Verbrauchsabweichungen (vgl. Abb. 325). Kann dies als Nachteil gegenüber der flexiblen Vollplankostenrechnung interpretiert werden, so gewinnt die Grenzplankostenrechnung an theoretischem Gehalt und praktischem Nutzen, wenn die Verbrauchsabweichungen stärker nach den verschiedenen Kosteneinflußgrößen aufgespalten werden können, wie das im System der vollflexiblen Grenzplankostenrechnung möglich ist (*Kilger* 1990b).

3. Prozeßkosten- und Standard-Einzelkostenrechnung

Verändert man die kostenrechnerische Perspektive und betrachtet nicht mehr primär variable und fixe Kosten, sondern hebt die Unterscheidung von Einzel-

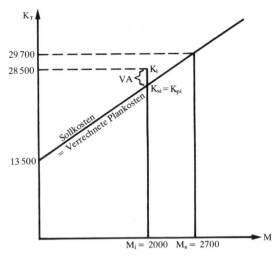

Abb. 325 Kostenkontrolle im Rahmen des Systems der Grenzplankostenrechnung (Grundversion)

und Gemeinkosten hervor, lassen sich gemäß Abb. 326 die (Standard-)Prozeßkostenrechnung sowie die Standard-Einzelkostenrechnung als Varianten der Plankostenrechnung verdeutlichen.

Die Prozeßkostenrechnung (Activity-Based-Costing) wird als eine (neue) Methode zur besseren Planung und Kontrolle insbesondere der sogenannten Gemeinkostenbereiche (z. B. Forschung und Entwicklung, Beschaffung, Verwaltung u. a.) verstanden und gilt wegen des steigenden Anteils der indirekten Kosten an den Gesamtkosten als sinnvolle Ergänzung zu der oben dargestellten Voll- oder Grenzkostenrechnung der direkten Fertigungsbereiche. Merkmals bestimmend ist dabei

· eine stärkere Aufgliederung der Gemeinkostenbetrachtungsweise als sie in der traditionellen Kostenstellenrechnung der Fertigungsbetriebe üblich war und damit zusammenhängend

· ein Wechsel von der kostenstellenbezogenen Betrachtungsweise zu einer stärker aktivitäts- oder arbeitsprozeßbezogenen Sichtweise auch der indirekten Leistungsbereiche.

Beides zusammen soll den Gemeinkostenblock im Unternehmen transparenter machen und insbesondere auch die Haupteinflußfaktoren der (Gemein-)Kostenentstehung – sie werden als **Kostentreiber (Cost Driver)** bezeichnet – sichtbar werden lassen (vgl. Ausführungen *Horvath* u. a.).

Die Prozeßkostenrechnung ist als Vollkostenrechnung konzipiert. Im Gegensatz dazu wird bei der **Standard-Einzelkostenrechnung** betont auf eine Zurechnung nicht leistungsbezogener Gemeinkosten verzichtet. Ansonsten sind Unterschiede lediglich darin zu sehen, daß letztere für Dienstleistungsunternehmen, speziell hier für Kreditinstitute konzipiert wurde, wo Fixkosten dominieren und variable Kosten kaum eine Rolle spielen (vgl. ausführlich *Flechsig* 1982, *Schierenbeck* 1985, 1991).

Im folgenden soll daher unter Hervorhebung der Gemeinsamkeiten beider Rechnungsverfahren die prinzipielle Vorgehensweise einer **prozeßorientierten Standard-Einzelkostenrechnung** dargestellt werden. Widersprüche zum eingangs postulierten Einsatzgebiet der Prozeßkostenrechnung, nämlich den Gemeinkostenbereichen,

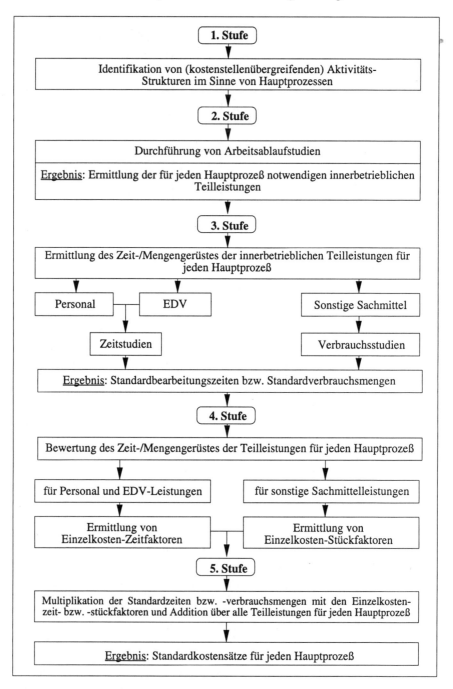

Abb. 326 Vorgehensweise bei der Ermittlung von Standardkostensätzen

entstehen insoweit nicht, als die dortigen Kostenträger-Gemeinkosten speziell aus der Sicht der zu kalkulierenden Arbeitsprozesse natürlich als direkte Kosten interpretiert werden können.

Das stufenweise Vorgehen für die Kalkulation von sogenannten **Hauptprozessen**, die als (kostenstellenübergreifende) Aktivitätsbündel kostenrechnerisch jeweils als komplexe Leistungseinheit bewertet werden, zeigt Abb. 326. Für das Verständnis wichtig ist dabei, daß die Kalkulation der Standard-Kostensätze stets unter der Voraussetzung von vorgegebenen Zeit- und Mengenstandards erfolgt. Abweichungen hiervon werden erst in der späteren Kostenkontrolle als sogenannte **Restkosten** erfaßt und analysiert.

Ein konkretes Zahlenbeispiel möge die Vorgehensweise verdeutlichen. Analytisch geplant werden dabei nur die mengenbezogenen Personalleistungen; sollen die Standardkostensätze auch die Sachkosten enthalten, ist entsprechend vorzugehen. Bei geringem Gewicht dieser Kosten ist es im Regelfall jedoch üblich, sie einfach proportional zu den Personalkosten in den Teilprozessen zu verrechnen. Ähnlich wird in der Prozeßkostenrechnung im übrigen mit den sogenannten leistungsmengenneutralen Kosten verfahren, die in der Regel im Zusammenhang mit der Wahrnehmung von Führungsaufgaben entstehen. Um die hiermit verbundene Gemeinkostenschlüsselproblematik zu vermeiden (vgl. S. 629 ff.), sei hierauf jedoch im Einklang mit den Grundprinzipien der Standard-Einzelkostenrechnung verzichtet.

Für die Kalkulation der Standard-Personalkosten des Hauptprozesses „Materialbeschaffung" gilt einleitend die Annahme, daß in den einzelnen Kostenstellen feste Monatsgehälter gezahlt werden. Damit gelten als **Kostentreiber** die Arbeitszeiten, die pro Teilaktivität in den verschiedenen Stufen des Hauptprozesses anfallen. Demzufolge sind sowohl die **Einzelkostenzeitfaktoren** wie auch die **Standardzeiten** die maßgeblichen Komponenten des zu kalkulierenden Kostensatzes (vgl. Abb. 327).

Nur erwähnt sei abschließend,

- daß der errechnete Standard-Kostensatz durch arbeitsablauforganisatorische Maßnahmen ebenso beeinflußt werden kann wie durch die Änderung der Zeitvorgaben und/oder der Einzelkostenzeitfaktoren; ferner

- daß in den Fällen, wo die produktive Gesamtkapazität der Kostenstellen durch entsprechende Arbeitsvorgänge nicht ausgelastet wird respektive die Zeitvorgaben durch „Schlendrian" nicht eingehalten werden, die tatsächlich entstehenden Kosten zwangsläufig höher sind als die Summe der mit Standardkosten verrechneten Kostenstellenaktivitäten. Sofern nicht die Preiskomponente den fixen Kosten entsprechende Differenzen verursacht, sind solche Abweichungen wiederum – wie schon im System der flexiblen Vollplankostenrechnung – als Beschäftigungsabweichungen bzw. als Leerkosten zu interpretieren.

Speziell diese letzten Aussagen verdeutlichen noch einmal, daß sich in der flexiblen Plankostenrechnung auf der einen Seite und der (Standard-)Prozeßkostenbzw. Standard-Einzelkostenrechnung auf der anderen Seite nur verschiedene Sichtweisen des gleichen Anliegens, nämlich der systematischen Kostenplanung und Kostenkontrolle, ausdrücken.

Kostentreiber "Zeit pro Vorgang"				
	Einkauf	Warenannahme	Qualitätsabteilung	Lager
(1) Einzelkosten Löhne pro Jahr [GE]	425.000	90.000	215.000	105.000
(2) Mitarbeiterzahl	8,5	2,5	5	3
(3) Gesamtkapazität pro Jahr * [min.] [86.278,5 • (2)]	733.367,25	215.696,25	431.392,50	258.835,50
(4) Einzelkostenzeitfaktor [GE/min.] [(1) : (3)]	0,58	0,42	0,50	0,41

* **Kapazität pro Mitarbeiter:**
(1) 365 Tage
(2) - 115 Tage (Samstag, Sonntag, Feiertag)
(3) = 250 Tage
(4) 250 Tage • 7,7 Std. / Tag • 60 min. / Std. = 115.500 min.
(5) - 17 % Ausfallzeit
(6) - 10 % Verteilzeit
(7) = 86.278,50 min. / (Jahr • Mitarbeiter)

Hauptprozeß "Materialbereitstellung"				
	Tätigkeit resp. (Teil-) Prozesse	Standardzeitvorgabe pro Vorgang [min.] (1)	Einzelkostenzeitfaktor [GE/min.] (2)	Standardkosten pro Vorgang [GE] (Teil-) Prozeß (3) = (1) • (2)
Arbeitsablaufstudie	Material einkaufen	360	0,58	208,80
	Materiallieferung entgegennehmen	30	0,42	12,60
	Eingangsprüfung für Material durchführen	240	0,50	120,00
	Material einlagern und inventarisieren	40	0,41	16,40
Summe der Standard-Einzelkosten				357,80

Abb. 327 Kalkulation der Standard-Einzelkosten „Personal" für den (Haupt-)Prozeß „Material beschaffen"

Fragen und Aufgaben zur Wiederholung (S. 657–668)

1. Welches sind die Hauptmängel der Ist- bzw. Normalkostenrechnung, und welche Aufgaben entstehen hieraus für die Plankostenrechnung?
2. Definieren Sie die Begriffe Standard- und Prognosekosten, und erläutern Sie ihre Eignung für die Aufgaben der Plankostenrechnung!
3. Charakterisieren Sie die Unterschiede und Gemeinsamkeiten der verschiedenen Varianten von Plan-(Standard)Kostenrechnungen!
4. Worin unterscheiden sich starre und flexible Plankostenrechnung? Nennen Sie alternative Kosteneinflußgrößen!
5. Wie wird in der starren Plankostenrechnung der Plan-Kalkulationssatz berechnet? Erläutern Sie die sich bei der Abweichungsanalyse zeigenden Mängel der starren Plankostenrechnung!
6. Was sind und wie entstehen Beschäftigungs- und Verbrauchsabweichungen?
7. Skizzieren und erklären Sie die verschiedenen Kostenverläufe und Kostenabweichungen in der flexiblen Vollplankostenrechnung!
8. Was unterscheidet die Grenzplankostenrechnung von der flexiblen Vollplankostenrechnung, und welche Vor- bzw. Nachteile sind damit verbunden?
9. Was ist das Hauptanliegen der Prozeßkostenrechnung? Wo liegt ihr Haupteinsatzgebiet?
10. Welche konzeptionellen Unterschiede und Gemeinsamkeiten bestehen zwischen Prozeßkostenrechnung und Standard-Einzelkostenrechnung?
11. Skizzieren Sie das stufenweise Vorgehen für die Kalkulation von Hauptprozessen bzw. innerbetrieblichen Leistungsbündeln in der prozeßorientierten Standard-Einzelkostenrechnung!
12. Was sind Einzelkostenfaktoren und von welchen „Kostentreibern" wird bei ihrer Verwendung implizit ausgegangen?

Literaturhinweise:

Haberstock, L. (1986)
Käfer, K. (1964)
Kilger, W. (1990a)

Kosiol, E. (Hrsg.) (1975)
Mellerowicz, K. (1973)
Plaut, H.-G., Müller, H., Medicke, W. (1973)

Abkürzungsverzeichnis

a. a. O.	= am angegebenen Ort
Abb.	= Abbildung
ABG	= Allgemeines Berggesetz
Abs.	= Absatz
AER	= The American Economic Review
AfA	= Absetzung für Abnutzung
AG	= Aktiengesellschaft
AIBD	= Association of International Bond Dealers
AIDA-Schema	= Attention, Interest, Desire, Action, -Schema
AktG	= Aktiengesetz
AO	= Abgabeordnung
Archiv f. Soz. Wiss.	= Archiv für Sozialwissenschaften und Sozialpolitik
Art.	= Artikel
ASQ	= Administrative Science Quarterly
AStG	= Außensteuergesetz
Aufl.	= Auflage
AZO	= Arbeitszeitordnung
BAB	= Betriebsabrechnungsbogen
BAnz.	= Bundesanzeiger
BB	= Betriebs-Berater
Bd.	= Band
BdF	= Bundesministerium der Finanzen
BDI	= Bundesverband der Deutschen Industrie
Beil.	= Beilage
BerlFG	= Berlin-Förderungsgesetz
BetrVG	= Betriebsverfassungsgesetz
BewG	= Bewertungsgesetz
BFH	= Bundesfinanzhof
BFuP	= Betriebswirtschaftliche Forschung und Praxis
BGB	= Bürgerliches Gesetzbuch
BGBl.	= Bundesgesetzblatt
BHO	= Bundeshaushaltsordnung
BMWF	= Bundesministerium für Wirtschaft und Finanzen
BPO-Steuer	= Betriebsprüfungsordnung-Steuer
BRD	= Bundesrepublik Deutschland
BRT	= Bruttoregistertonnen
BStBl.	= Bundessteuerblatt
BT-Drucksache	= Bundestagsdrucksache
BUrlG	= Bundesurlaubsgesetz
BVG	= Bundesverfassungsgericht
BWL	= Betriebswirtschaftslehre
COMECON	= Council for Mutual Economic Assistance/Aid (Rat für gegenseitige Wirtschaftshilfe; Wirtschaftsorganisation der Ostblockstaaten)
c. p.	= ceteris paribus
CPM	= Critical Path Method
DB	= Der Betrieb

DB	= Deutsche Bundesbahn
DBA	= Doppelbesteuerungsabkommen
DBP	= Deutsche Bundespost
DBU	= Deckungsbeitrag in % des Umsatzes
DBW	= Die Betriebswirtschaft
DGB	= Deutscher Gewerkschaftsbund
DIHT	= Deutscher Industrie- und Handelstag
Diss.	= Dissertation
DMBG	= DM-Bilanzgesetz
DMEB	= DM-Eröffnungsbilanz
DStR	= Deutsches Steuerrecht
DStZ(A)	= Deutsche Steuerzeitung, Ausgabe A
EBVO	= Eigenbetriebsverordnung
EDV	= Elektronische Datenverarbeitung
EFTA	= European Free Trade Association (Europäische Freihandelsgemeinschaft)
EG	= Europäische Gemeinschaft
eG	= eingetragene Genossenschaft
EG AktG	= Einführungsgesetz zum Aktiengesetz
EntwLStG	= Entwicklungsländer-Steuergesetz
Erg.Heft	= Ergänzungsheft
Erl.	= Erläuterung
Erl.	= Erlaß
ERP	= European Recovery Program
ESt	= Einkommensteuer
EStDV	= Einkommensteuer-Durchführungsverordnung
EStG	= Einkommensteuergesetz
EStR	= Einkommensteuerrichtlinien
e. V.	= eingetragener Verein
EWG	= Europäische Wirtschaftsgemeinschaft
EWGV	= EWG-Vertrag
EZ	= Ermittlungszeitraum
f. oder ff.	= folgende
FIFO	= first in – first out
GbR	= Gesellschaft bürgerlichen Rechts
GE	= Geldeinheit
GE	= Gewerbeertrag
gem.	= gemäß
GenG	= Genossenschaftsgesetz
GESt	= Gewerbeertragsteuer (Teil der GewSt)
GewO	= Gewerbeordnung
GewSt	= Gewerbesteuer
GewStG	= Gewerbesteuergesetz
GG	= Grundgesetz
GKSt	= Gewerbekapitalsteuer (Teil der GewSt)
GmbH	= Gesellschaft mit beschränkter Haftung
GmbHG	= GmbH-Gesetz
GrESt	= Grunderwerbsteuer
GuV	= Gewinn- und Verlustrechnung
GWB	= Gesetz gegen Wettbewerbsbeschränkungen (Kartellgesetz)

Abkürzungsverzeichnis 673

H.	= Heft
HandwO	= Handwerksordnung
HBR	= Harvard Business Review
HdB	= Handwörterbuch der Betriebswirtschaft
HdO	= Handwörterbuch der Organisation
HdR	= Handwörterbuch des Rechnungswesens
HdS	= Handwörterbuch der Sozialwissenschaften
HdW	= Handbuch der Wirtschaftswissenschaften
HGB	= Handelsgesetzbuch
HIFO	= highest in – first out
Hrsg.	= Herausgeber
hrsg.	= herausgegeben
HWA	= Handwörterbuch der Absatzwirtschaft
HWP	= Handwörterbuch des Personalwesens
HWProd	= Handwörterbuch der Produktion
HWStR	= Handwörterbuch des Steuerrechts
i. d. F.	= in der Fassung
i. d. R.	= in der Regel
IdW	= Institut der Wirtschaftsprüfer
IHG	= Investitionshilfegesetz
IHK	= Industrie- und Handelskammer
incl.	= inclusive
i. V. m.	= in Verbindung mit
KapVSt	= Kapitalverkehrsteuer
KartStV	= Kartellsteuerverordnung
KG	= Kommanditgesellschaft
KGaA	= Kommanditgesellschaft auf Aktien
km	= Kilometer
KO	= Konkursordnung
KRP	= Kostenrechnungspraxis
KSt	= Körperschaftsteuer
KStDV	= Körperschaftsteuerdurchführungsverordnung
KStG	= Körperschaftsteuergesetz
KStR	= Körperschaftsteuer-Richtlinien
KVStG	= Kapitalverkehrsteuergesetz
KWG	= Kreditwesengesetz
LAG	= Lastenausgleichsgesetz
lfd.	= laufend
LHO	= Landeshaushaltsordnung
LIFO	= last in – first out
LOFO	= lowest in – first out
LSP	= Leitsätze zur Ermittlung von Selbstkostenpreisen bei Leistungen für öffentliche Auftraggeber
LStR	= Lohnsteuer-Richtlinien
MAPI	= Machinery Allied Products Institute
ME	= Mengeneinheit
MitbG	= Mitbestimmungsgesetz
MM	= Manager Magazin
MPM	= Metra Potential Method

ÖB	= Der Österreichische Betriebswirt
OFH	= Oberster Finanzgerichtshof
OHG	= Offene Handelsgesellschaft
Pang V	= Preisangabenverordnung
PERT	= Programm Evaluation and Review Technique
PKW	= Personenkraftwagen
PublG	= Publizitätsgesetz
QJE	= Quarterly Journal of Economics
RAO	= Reichsabgabenordnung
RBF	= Rentenbarwertfaktor
RegE	= Regierungsentwurf
resp.	= respektive
RFH	= Reichsfinanzhof
RG	= Reichsgericht
ROI	= Return on Investment
RStBl.	= Reichssteuerblatt
S.	= Seite
SGF	= Strategisches Geschäftsfeld
Sp.	= Spalte
StbJb	= Steuerberater-Jahrbuch
Tz	= Textziffer
u.	= und
U.	= Unternehmung
u. a.	= unter anderem
u. E.	= unseres Erachtens
UmwG	= Umwandlungsgesetz
UmwStG	= Umwandlungssteuergesetz
USt	= Umsatzsteuer
UStG	= Umsatzsteuergesetz
u. U.	= unter Umständen
VAG	= Versicherungsaufsichtsgesetz
vgl.	= vergleiche
VO	= Verordnung
VPöA	= Verordnung zur Preisermittlung bei öffentlichen Aufträgen
VStG	= Vermögensteuergesetz
VStR	= Vermögensteuerrichtlinien
VVaG	= Versicherungsverein auf Gegenseitigkeit
WISU	= Das Wirtschaftsstudium
WPg	= Die Wirtschaftsprüfung
WP-Handbuch	= Wirtschaftsprüferhandbuch
WPO	= Wirtschaftsprüferordnung
ZDH	= Zentralverband des Deutschen Handwerks
ZfB	= Zeitschrift für Betriebswirtschaft
ZfbF	= Zeitschrift für betriebswirtschaftliche Forschung
ZfgSt	= Zeitschrift für die gesamte Staatswissenschaft
ZfhF	= Zeitschrift für handelswissenschaftliche Forschung
ZfHH	= Zeitschrift für Handelswissenschaft und Handelspraxis
ZfO	= Zeitschrift für Organisation
Ziff.	= Ziffer

Literaturverzeichnis

Ackoff, R. L.: Unternehmensplanung, Ziele und Strategien rationeller Unternehmensführung, München, Wien 1972.
Adam, D.: Entscheidungsorientierte Kostenbewertung, Wiesbaden 1970.
Adam, D.: Kurzlehrbuch Planung. Mit Aufgaben und Lösungen, 2. grundl. überarb. Aufl., Wiesbaden 1983.
Adam, D.: Arbeitsbuch zur Produktionspolitik mit Lösungen, 4. durchges. Aufl., Wiesbaden 1987.
Adam, D.: Produktionspolitik, 6. durchges. Aufl., Wiesbaden 1990.
Adam, D.: Produktions- und Kostentheorie, 3. Aufl., Tübingen, Düsseldorf 1992.
Adam, D., Brauckschulze, U.: Probleme der Kapitalbudgetierung mit Hilfe der Schnittpunktlösung nach Dean, Münster 1984.
Adelberger, O., Günther, H.: Fall- und Projektstudien zur Investitionsrechnung, München 1982.
Adler, H., Düring, W., Schmaltz, K.: Rechnungslegung und Prüfung der Aktiengesellschaft, Handkommentar, Bd. 1: Rechnungslegung, 5. Aufl., Stuttgart 1987, Bd. 2: Prüfung, Feststellung, Rechtsbeihilfe, 4. Aufl., Stuttgart 1983a, Bd. 3: Rechnungslegung im Konzern, 4. Aufl., Stuttgart 1983b.
Agthe, K.: Die Abweichungen in der Plankostenrechnung. Ihre Ermittlung, Analyse und Verrechnung, Freiburg i. Br. 1958.
Agthe, K.: Stufenweise Fixkostendeckung im System des Direct Costing, in: ZfB, 29. Jg. (1959), S. 404 ff.
Agthe, K.: Strategie und Wachstum der Unternehmung. Praxis der langfristigen Planung, Baden-Baden, Bad Homburg 1972.
Agthe, K., Schnaufer, E. (Hrsg.): Unternehmensplanung, Baden-Baden 1963.
Ahlert, D.: Absatzförderung durch Absatzkredite an Abnehmer. Theorie und Praxis der Absatzkreditpolitik, Wiesbaden 1972.
Ahlert, D.: Vertragliche Vertriebssysteme zwischen Industrie und Handel, Wiesbaden 1981.
Ahlert, D.: Grundzüge des Marketing, 4. neubearb. u. erw. Aufl., Düsseldorf 1992.
Ahlert, D., Franz, K.-P.: Industrielle Kostenrechnung, 4. Aufl., Düsseldorf 1988.
Ahlert, D., Franz, K.-P., Kaefer, W.: Grundlagen und Grundbegriffe der Betriebswirtschaftslehre, 6. überarb. Aufl., Düsseldorf 1990.
Albach, H.: Investition und Liquidität, Wiesbaden 1962.
Albach, H.: Informationsgewinnung durch strukturierte Gruppenbefragungen – Die Delphi-Methode, in: ZfB, 40. Jg. (1970), Ergänzungsheft, S. 11 ff.
Albach, H. (Hrsg.): Investitionstheorie, Köln 1975.
Albach, H.: Strategische Unternehmensplanung bei erhöhter Unsicherheit, in: ZfB, 48. Jg. (1978), S. 702 ff.
Albach, H.: Beiträge zur Unternehmensplanung, USW-Schriften für Führungskräfte, Universitätsseminar der Wirtschaft, Bd. 2, 3. Aufl., Wiesbaden 1979.
Alewell, K., Bleicher, K., Hahn, D. (Hrsg.): Bd. 1: Entscheidungsfälle aus der Unternehmungspraxis, Wiesbaden 1979, Bd. 2: Standort und Distribution. Entscheidungsfälle, Wiesbaden 1980, Bd. 3: Lösungen, Wiesbaden 1981.
Allerkamp, F.: Tilgungsplanung. Analyse und Gestaltung unternehmerischer Definanzierungsentscheidungen, Frankfurt 1983.
Altrogge, G.: Investition, 2. aktualis. Aufl., München 1991.
Anderson, O. u. a.: Grundlagen der Statistik. Amtliche Statistik und beschreibende Methoden, 2. verb. Aufl., Berlin 1988.
Ansoff, I.: Management-Strategie, München 1966.
Argyris, C.: Understanding Organizational Behaviour, London 1960.
Arndt, H.: Markt und Macht, 2. grundl. veränd. Aufl. v. Mikroökonomische Theorie, Bd. 1, Tübingen 1973.
Arndt, H.: Kapitalismus, Sozialismus, Konzentration und Konkurrenz, 2. grundl. veränd. Aufl. v. Mikroökonomische Theorie, Bd. 2, Tübingen 1976.
Atkinson, J. W., Feather, N. T. (Hrsg.): A Theory of Achievement Motivation, New York 1966.

Backhaus, K.: Investitionsgüter-Marketing, 2. völlig neubearb. Aufl., München 1990.
Backhaus, K., Plinke, W.: Rechtseinflüsse auf betriebswirtschaftliche Entscheidungen, Stuttgart 1986.
Baetge, J.: Betriebswirtschaftliche Systemtheorie. Regelungstheoretische Planungsüberwachungsmodelle für Produktion, Lagerung und Absatz, Opladen 1974.
Baetge, J.: Möglichkeiten der Objektivierung des Jahreserfolgs, 2. Aufl., Düsseldorf 1980.
Baetge, J.: Bilanzen, 2. rev. Aufl., Düsseldorf 1992.
Baetge, J., Wagner, H. (Hrsg.): Personalbedarfsplanung in Wirtschaft und Verwaltung, Stuttgart 1983.
Baetge, J., u.a. (Hrsg.): Kybernetische Methoden und Lösungen in der Unternehmenspraxis. Vorschläge für betriebliche Regulierungsmechanismen, Berlin, Bielefeld, München 1983.
Baetge, J., u.a. (Hrsg.): Vahlens Kompendium der Betriebswirtschaftslehre, Bd. 1, 2. überarb. u. erw. Aufl., Münster 1989, Bd. 2, 2. überarb. u. erw. Aufl., Münster 1990.
Bamberg, G., Coenenberg, A.G.: Betriebswirtschaftliche Entscheidungslehre, 6. überarb. Aufl., München 1991.
Bauknecht, K., Nef, W. (Hrsg.): Digitale Simulation, Berlin 1971.
Baumol, W.J.: The transactions demand for cash: An inventory theoretic approach, in: QJE, Vol. 66 (1952), S. 545 ff.
Bea, F.X., Bohnet, A., u.a. (Hrsg.): Investition, München 1981.
Bea, F.X., Dichtl, E., Schweitzer, M.: Allgemeine Betriebswirtschaftslehre, Bd. 1: Grundfragen, Grundwissen der Ökonomik, 5. neubearb. Aufl., Stuttgart 1991a, Bd. 2: Führung, 5. neubearb. Aufl., Stuttgart 1990, Bd. 3: Leistungsprozeß. Grundwissen der Ökonomik: Betriebswirtschaftslehre, 5. überarb. Aufl., Stuttgart 1991b.
Becker, J.: CIM-Integrationsmodell, Berlin, Heidelberg, New York 1991a.
Becker, J.: CIM und Logistik, Arbeitsbericht Nr. 7 des Instituts für Wirtschaftsinformatik der Universität Münster, hrsg. v. Becker J., Grob H.L., Kurbel K., Müller-Funk U., Münster 1991b.
Behrens, G., Kaas, K.P., Weinberg, P. (Hrsg.): Marketingentscheidungen, Köln 1973.
Behrens, K.C.: Allgemeine Standortbestimmungslehre, 2. Aufl., Opladen 1971.
Behrens, K.C. (Hrsg.): Handbuch der Werbung mit programmierten Fragen und praktischen Beispielen von Werbefeldzügen, 2. Aufl., Wiesbaden 1975.
Behrens, K.C. (Hrsg.): Handbuch der Marktforschung, 1. Hlbd., Wiesbaden 1974, 2. Hlbd., Wiesbaden 1976a.
Behrens, K.C.: Absatzwerbung, 2. Aufl., Wiesbaden 1976b.
Bellinger, B.: Langfristige Finanzierung, Wiesbaden 1964.
Bellinger, B.: Geschichte der Betriebswirtschaftslehre, Stuttgart 1967.
Belz, C. (Hrsg.): Realisierung des Marketing, 2 Bde., Savosa, St. Gallen 1986.
Beranek, W.: Analysis for Financial Decisions, Homewood (III) 1963.
Berekoven, L.: Die Absatzorganisation, Herne, Berlin 1976.
Bernholz, P.: Außenpolitik und internationale Wirtschaftsbeziehungen, Frankfurt a.M. 1966.
Bernholz, P.: Geldwertstabilität und Währungsordnung, Tübingen 1989.
Bernholz, P., Breyer, F.: Grundlagen der Politischen Ökonomie, Tübingen 1984.
Berthel, J.: Betriebswirtschaftliche Informationssysteme, Stuttgart 1975.
Berthel, J.: Zielorientierte Unternehmungssteuerung. Die Formulierung operationaler Zielsysteme, Stuttgart 1978.
Berthel, J.: Personal-Management. Grundzüge für Konzeptionen betrieblicher Personalarbeit, 3. korr. Aufl., Stuttgart 1991.
Bidlingmaier, J.: Zielkonflikte und Zielkompromisse im unternehmerischen Entscheidungsprozeß, Wiesbaden 1968.
Bidlingmaier, J.: Unternehmerziele und Unternehmerstrategien, 2. Aufl., Wiesbaden 1973.
Bidlingmaier, J.: Marketing (2 Bde.), 9. Aufl., Reinbeck bei Hamburg 1982.
Biergans, E.: Investitionsrechnung. Moderne Verfahren und ihre Anwendung in der Praxis, Nürnberg 1979.
Bischoff, W.: Cash Flow und Working Capital, Wiesbaden 1972.
Bitz, M.: Entscheidungstheorie, München 1981.
Bitz, M.: Übungen in Betriebswirtschaftslehre, 3. überarb. u. erw. Aufl., München 1984.

Bitz, M., Schneeloch, P., Wittstock, W.: Der Jahresabschluß, München 1991.
Blake, R. R., Mouton, J. S.: Verhaltenspsychologie im Betrieb. Der Schlüssel zur Spitzenleistung, Neuaufl., Düsseldorf 1986.
Blattner, N.: Corporate finance and income distribution in a growing economy, in: Zeitschrift für Wirtschafts- und Sozialwissenschaften, Heft 3, Basel 1976.
Bleicher, K.: Perspektiven für Organisation und Führung von Unternehmungen, Baden-Baden 1971.
Bleicher, K.: Formen und Modelle der Organisation, Bd. 1: Idealmodelle als Alternativen, Wiesbaden 1982.
Bleicher, K.: Organisation. Strategien – Strukturen – Kulturen, 2. überarb. Aufl., Wiesbaden 1991.
Bleicher, K., Hermann, R.: Joint-Venture-Management, Zürich 1991.
Bleymüller, J., Gehlert, G., Gülicher, H.: Statistik für Wirtschaftswissenschaftler, 7. überarb. Aufl., München 1991.
Blohm, H., Lüder, K.: Investition. Schwachstellen im Investitionsbereich des Industriebetriebes und Wege zu ihrer Beseitigung, 7. überarb. u. erw. Aufl., München 1991.
Blum, E.: Betriebsorganisation – Methoden und Techniken, 3. erw. Aufl., Wiesbaden 1982.
Blumentrath, U.: Investitions- und Finanzplanung mit dem Ziel der Endwertmaximierung, Wiesbaden 1969.
Blümle, E.-B.: Diversification, integration et concentration: melanges en l'honneur de Borschberg, E., édité par Blümle, E.-B., Leonard, F., Roux, G. F., Fribourg 1986.
Böhm, H.-H., Wille, F.: Deckungsbeitragsrechnung, Grenzpreisrechnung und Optimierung, 6. Aufl., München 1977.
Börner, D.: Direct Costing als System der Kostenrechnung, Diss., München 1961.
Börner, D., Krawitz, N.: Steuerbilanzpolitik, 2. Aufl., Herne, Berlin 1986.
Böttcher, C., Zartmann, H., Kandler, G.: Wechsel der Unternehmensform. Umwandlung, Verschmelzung, Einbringung, 4. Aufl., Stuttgart 1982.
Boettcher, E.: Kooperation und Demokratie in der Wirtschaft, Tübingen 1974.
Borchert, M.: Außenwirtschaftslehre. Theorie und Politik, 4. überarb. u. erw. Aufl., Opladen 1991.
Borner, S.: Einführung in die Volkswirtschaftslehre, 5. neubearb. Aufl., Grüsch 1989.
Borner, S., u.a.: Internationale Wettbewerbsvorteile: Ein strategisches Konzept für die Schweiz, Frankfurt, New York 1991.
Brandt, K.: Preistheorie, Ludwigshafen 1960.
Brauchlin, E.: Brevier der betriebswirtschaftlichen Entscheidungslehre, Bern, Stuttgart 1977.
Brauchlin, E.: Problemlösungs- und Entscheidungsmethodik, Bern, Stuttgart 1978.
Brauer, K. M., u.a.: Allgemeine Betriebswirtschaftslehre. Anleitungen zum Grundstudium mit Aufgaben, Übungsfällen und Lösungshinweisen, 2. Aufl., Würzburg, Wien 1971.
Brauer, K. M.: Betriebswirtschaftslehre des Verkehrs, Bd. 1: Tätigkeitsbedingungen der Verkehrsbetriebe, Berlin 1991, Bd. 2: Leistungsbereitschaft der Verkehrsbetriebe, Berlin 1980, Bd. 3: Leistungserstellung der Verkehrsbetriebe, Berlin 1983, Bd. 4: Informationswesen der Verkehrsbetriebe, Berlin 1986.
Brenken, D.: Strategische Unternehmensführung und Ökologie, Bergisch-Gladbach 1988.
Brink, H. J.: Zur Planung des optimalen Fertigungsprogramms, Berlin 1969.
Brönner, H., Barcis, H. P.: Die Bilanz nach Handels- und Steuerrecht, 9. Aufl., Stuttgart 1991.
Brunner, E. M.: Simulationsmodell zur Unternehmensbewertung, Bern, Stuttgart 1977.
Buchner, R.: Grundzüge der Finanzanalyse, München 1981.
Buchner, R.: Finanzwirtschaftliche Statistik und Kennzahlenrechnung, München 1985.
Buchwald, F., Tiefenbacher, E., Dernbach, J.: Die zweckmäßige Gesellschaftsform nach Handels- und Steuerrecht, 5. neubearb. Aufl., Heidelberg 1981.
Büchi, R.: Entscheidungstabellen, Gießen 1976.
Bühlmann, H., Loeffel, H., Nievergelt, E.: Einführung in die Theorie und Praxis der Entscheidung bei Unsicherheit, 2. Aufl., Berlin 1969.
Bürgin, A.: Zur Soziogenese der politischen Ökonomie: wirtschaftsgeschichtliche und dogmenhistorische Betrachtungen, Basel 1991.
Büschgen, H. E.: Wertpapieranalyse, Stuttgart 1966.

Büschgen, H.E.: Leasing, in: *Haberland, G.* (Hrsg.), Handbuch des Controlling und Finanzmanagement, München 1975.
Büschgen, H.E. (Hrsg.): Handwörterbuch der Finanzwirtschaft, Stuttgart 1976.
Büschgen, H.E.: Grundlagen betrieblicher Finanzwirtschaft. Unternehmensfinanzierung, 3. neubearb. Aufl., Frankfurt a. M. 1991.
Bundesverband der Deutschen Industrie e.V. (Hrsg.): Industrie-Kontenrahmen (IKR), Neufassung 1986 in Anpassung an das BiRiLiG, Bergisch-Gladbach 1986.
Bundesverband Deutscher Leasing-Gesellschaften e.V. (Hrsg.): Leasing – Eine Kurzdarstellung (Losblattsammlung), Köln 1982.
Bundesverband Deutscher Unternehmensberater BdU e.V. (Hrsg.): Controlling, Leitfaden für Controllingpraxis und Unternehmensberatung, 2. Aufl., Berlin 1990.
Busse von Colbe, W.: Der Zukunftserfolg. Die Ermittlung des künftigen Unternehmenserfolgs und seine Bedeutung für die Bewertung von Industrieunternehmen, Wiesbaden 1957.
Busse von Colbe, W.: Aufbau und Informationsgehalt von Kapitalflußrechnungen, in: ZfB, 36. Jg. (1966), Ergänzungsheft Nr. 1, S. 82 ff.
Busse von Colbe, W.: Bereitstellungsplanung, in: Jacob, H. (Hrsg.), Industriebetriebslehre, Handbuch für Studium und Prüfung, 4. überarb. und erw. Aufl., Wiesbaden 1990.
Busse von Colbe, W.: Bilanzen. Jahres- und Konzernabschlüsse in Fragen und Antworten, Nachdr. der 5. völlig überarb. Aufl., Wiesbaden 1989.
Busse von Colbe, W., Ordelheide, D.: Konzernabschlüsse. Rechnungslegung für Konzerne nach betriebswirtschaftlichen und aktienrechtlichen Grundsätzen und gesetzlichen Vorschriften, 6. aktual. und erg. Aufl., Wiesbaden 1991.
Busse von Colbe, W., Laßmann, G.: Betriebswirtschaftstheorie, Bd. 1: Grundlagen, Produktions- und Kostentheorie, 5. durchges. Aufl., Berlin, Heidelberg, New York 1991, Bd. 2: Absatz- und Investitionstheorie, 2. rev. und erw. Aufl., Berlin, Heidelberg, New York 1985.
Bussmann, K.F.: Kartelle und Konzerne, Stuttgart 1963.
Cassel, G.: Theoretische Sozialökonomie, reprographischer Nachdr. der 5. Aufl., (Leipzig 1932), Darmstadt 1968.
Castan, E.: Typologie der Betriebe, Stuttgart 1963.
Castan, E.: Rechnungslegung der Unternehmung, 3. neubearb. Aufl., München 1990.
Chmielewicz, K.: Grundlagen der industriellen Produktgestaltung, Berlin 1968.
Chmielewicz, K.: Integrierte Finanz- und Erfolgsplanung, Stuttgart 1972.
Chmielewicz, K.: Betriebliche Finanzwirtschaft, Bd. 1 u. 2, Berlin 1976.
Chmielewicz, K.: Forschungskonzeptionen der Wirtschaftswissenschaft, 2. überarb. u. erw. Aufl., Stuttgart 1979.
Chmielewicz, K.: Betriebliches Rechnungswesen, Bd. 1: Finanzrechnung und Bilanz, 3. Aufl., Reinbek bei Hamburg, 1982a, Bd. 2: Erfolgsrechnung, 2. Aufl., 1982b.
Chmielewicz, K. (Hrsg.): Entwicklungslinien der Kosten- und Erlösrechnung, Stuttgart 1983.
Chmielewicz, K. u.a.: Die Mitbestimmung im Aufsichtsrat und Vorstand, in: DBW, 57. Jg. (1977), S. 105 ff.
Christians, F.W. (Hrsg.): Finanzierungshandbuch, Wiesbaden 1980.
Clark, C.H.: Brainstorming, 3. Aufl., München 1970.
Cochran, W.G.: Stichprobenverfahren, Berlin 1972.
Coenenberg, A.G.: Die Einzelbilanz nach neuem Recht, Düsseldorf 1986 (Veröff. der Industriekreditbank AG).
Coenenberg, A.G.: Jahresabschluß und Jahresabschlußanalyse, betriebswirtschaftliche, handels- und steuerrechtliche Grundlagen, 13. Aufl., München 1991a.
Coenenberg, A.G.: Jahresabschluß und Jahresabschlußanalyse, betriebswirtschaftliche, handels- und steuerrechtliche Grundlagen, Aufgaben und Lösungen, 5. Aufl., München 1991b.
Coenenberg, A.G., v. Wysocki, K.E. (Hrsg.): Handwörterbuch der Revision, 2. Aufl., Stuttgart 1991.
Cournot, A.: Recherches sur les principes mathématiques de la théorie des richesses. Nouvelle éd. avec des complements de Leon Walras, Joseph Bertrand et Vilfredo Pareto, publié avec une introduction et des notes par Georges Lutfalla, Paris 1938.
Le Coutre, W.: Grundzüge der Bilanzkunde. Eine totale Bilanzlehre, Teil 1, 4. Aufl., Wolfenbüttel 1949.

Cyert, R.M., March, J.G.: A Behavioural Theory of the Firm, Englewood Cliffs 1963.
Däumler, K.-D.: Grundlagen der Investitions- und Wirtschaftlichkeitsrechnung, mit Beispielen, Fragen und Aufgaben, Antworten und Lösungen, Test-Klausur, finanzmathematische Tabellen, 6. Aufl., Herne, Berlin 1989.
Däumler, K.-D.: Betriebliche Finanzwirtschaft mit Fragen und Aufgaben, Antworten und Lösungen, Tests und Tabellen, 5. Aufl., Herne, Berlin 1991.
Däumler, K.-D., Grabe, J.: Kostenrechnung 1: Grundlagen mit Fragen und Aufgaben, Antworten und Lösungen, 5. Aufl., Herne, Berlin 1991.
Dean, J.: Capital budgeting, 8th printing, New York 1969.
Dellmann, K.: Arbeitsbuch: Der Jahresabschluß. Grundlagen des handelsrechtlichen Jahresabschlusses in Strukturübersichten, Beispielen und Aufgaben, unter Mitarbeit von Kalinski, R., Krauss, S.O., Berlin 1985.
Dellmann, K.: Kapitalfluß- und Finanzierungsrechnung, hrsg. v. Wysocki, K., Schulze-Osterloh, J., Köln 1990.
Deppe, H.-D.: Betriebswirtschaftliche Grundlagen der Geldwirtschaft, Band 1: Einführung und Zahlungsverkehr, Stuttgart 1973.
Deutsch, P.: Grundfragen der Finanzierung, 2. neubearb. u. erw. Aufl., Wiesbaden 1967.
Dieckmann, K.: Steuerbilanzpolitik, Wiesbaden 1970.
Diederich, H.: Allgemeine Betriebswirtschaftslehre, 6. neubearb. u. erw. Aufl., Stuttgart 1989.
Dinkelbach, W.: Sensitivitätsanalysen und parametrische Programmierung, Berlin 1969.
Dinkelbach, W.: Entscheidungsmodelle, Berlin, New York 1982.
Donaldson, G.: Strategy for Financial Mobility, Boston 1969.
Dorfmann, R., Steiner, P.O.: Optimal Advertising und Optimal Quality, in: AER, 44 Bd. (1954), S. 826 ff.
Dreger, K.M.: Der Konzernabschluß. Grundsätze ordnungsmäßiger Konsolidierung, Wiesbaden 1969.
Drucker, P.F.: Praxis des Management, 7. Aufl., Düsseldorf 1970.
Drukarczyk, J.: Finanzierungstheorie, München 1980.
Drukarczyk, J.: Finanzierung. Eine Einführung, Grundwissen der Ökonomie: Betriebswirtschaftslehre, 5. überarb. Aufl., Stuttgart, New York 1991.
Dunst, K.H.: Portfolio Management. Konzeption für die strategische Unternehmensplanung, 2. verb. Aufl., Berlin, New York 1982.
Dyllick, T.: Management der Umweltbeziehungen – Öffentliche Auseinandersetzungen als Herausforderung, Wiesbaden 1989.
Dyllick, T.: Ökologisch bewußtes Management, Bern 1991.
v. Eckardstein, D., Schnellinger, F.: Betriebliche Personalpolitik, 4. Aufl., München 1978.
Egner, H.: Bilanzen, 2. Aufl., München 1974.
Eilenberger, G.: Finanzierungsentscheidungen multinationaler Unternehmungen, 2. vollst. überarb. u. erw. Aufl., Würzburg, Wien 1987.
Eisele, W.: Technik des betrieblichen Rechnungswesens, 4. überarb. u. erw. Aufl., München 1990.
Elben, W.: Entscheidungstabellentechnik, Berlin 1973.
Engel, F.: Entscheidungsorientierte Finanzierung, Stuttgart 1981.
Engeleiter, H.J.: Unternehmensbewertung, Stuttgart 1970.
Engelhardt, W., Raffée, H.: Grundzüge der doppelten Buchführung, 3. neubearb. Aufl., Wiesbaden 1991.
Engels, W.: Betriebswirtschaftliche Bewertungslehre im Lichte der Entscheidungstheorie, Köln, Opladen 1962.
Engels, W.: Optimaler Verschuldungsgrad, in: Büschgen, H.E. (Hrsg.), Handwörterbuch der Finanzwirtschaft, Stuttgart 1976, Sp. 1773 ff.
Faßbender, H.: Zur Theorie und Empirie der Fristigkeitsstruktur der Zinssätze, Untersuchungen über das Spar-, Giro- und Kreditwesen, Abteilung A. Wirtschaftswissenschaften, hrsg. v. Voigt, F., Berlin 1973.
Federmann, R.: Bilanzierung nach Handels- und Steuerrecht, ein Grundriß der Gemeinsamkeiten, Unterschiede und Abhängigkeiten der Einzelabschlüsse mit systematischen Übersichten und unter besonderer Berücksichtigung der Rechnungslegung von Kapitalgesellschaften, 8. aktualis. Aufl., München 1990.

Fischer, G.: Allgemeine Betriebswirtschaftslehre, 9. erw. Aufl., unter Mitarbeit von Gaugler, E., Heidelberg 1964.
Fischer, O.: Langfristige Finanzplanung deutscher Unternehmen, Hamburg 1975.
Fischer, O.: Finanzwirtschaft der Unternehmung, Bd. 1: Daten und Alternativen der Finanzwirtschaft, Tübingen, Düsseldorf 1977, Bd. 2: Finanzielle Planung und Entscheidungsprozeß, Neuaufl., Tübingen, Düsseldorf 1992.
Flechsig, R.: Kundenkalkulation in Kreditinstituten, Frankfurt a. M. 1982.
Förstner, K., Henn, R.: Dynamische Produktionstheorie und Lineare Programmierung, Meisenheim am Glan 1957.
Franke, G., Hax, H.: Finanzwirtschaft des Unternehmens und Kapitalmarkt, 2. verb. Aufl., Berlin, Heidelberg 1990.
Frese, E.: Kontrolle und Unternehmungsführung, Wiesbaden 1968.
Frese, E.: Organisationslehre, Gießen 1978.
Frese, E.: Grundlagen der Organisation. Die Organisationsstruktur der Unternehmung, 5. durchges. Aufl., Wiesbaden 1991.
Freter, H. W.: Mediaselektion. Analyse eines werblichen Entscheidungstatbestandes unter besonderer Berücksichtigung von Problemen der Informationsgewinnung und -verarbeitung in Selektionsmodellen, Wiesbaden 1974.
Freudenmann, H.: Planung neuer Produkte, Stuttgart 1965.
Frey, R. L.: Umweltschutz als wirtschaftspolitische Aufgabe, Vortrag gehalten anläßlich der Jahrestagung der Schweizerischen Gesellschaft für Statistik und Volkswirtschaft über „Wirtschaft, Umwelt, Wohlfahrt: Probleme und Methoden", Basel 1972.
Frey, R. L.: Wirtschaftswachstum und Umweltqualität: auf der Suche nach einer neuen Wachstumspolitik, in: Schweiz. Zeitschrift für Volkswirtschaft und Statistik, Heft 3, 1987.
Frey, R. L., Staehelin-Witt, E., Bloechinger, H. (Hrsg.): Mit Ökonomie zur Ökologie: Analysen und Lösungen des Umweltproblems aus ökonomischer Sicht, Basel 1991.
Frischmuth, G.: Daten als Grundlage für Investitionsentscheidungen, Berlin 1969.
Fulton, C.: Produktivitätssteigerung durch Wertanalyse, Frankfurt 1973.
Funke, H., Blohm, H.: Allgemeine Grundzüge des Industriebetriebes, 2. neubearb. Aufl., Essen 1969.
Gäfgen, G.: Theorie der wirtschaftl. Entscheidung, 3. erw. und erg. Aufl., Tübingen 1974.
Gälweiler, A.: Unternehmensplanung. Grundlagen und Praxis, Neuausg. bearb. u. erg. v. Schwaninger, U., Frankfurt, New York 1986.
Gelbraith, J. K.: Die moderne Industriegesellschaft, München 1968.
Gaydoul, P., Horváth, P., Schäfer, H. T.: Deckungsbeitragsrechnung – eine programmierte Unterweisung, Wiesbaden 1977.
Geitner, U. W. (Hrsg.): CIM-Handbuch, 2. Aufl., Braunschweig 1991.
Gerhard, W.: Neue Anlageformen, in: WiSt, 14. Jg. (1985), S. 520 ff.
Goetzke, W., Sieben, G. (Hrsg.): Moderne Unternehmensbewertung und Grundsätze ihrer ordnungsmäßigen Durchführung, Köln 1977.
Gomez, P.: Modelle und Methoden des systemorientierten Managements. Eine Einführung für Führungskräfte und Studenten der Betriebswirtschaft, Bern, Stuttgart 1981.
Gomez, P., Weber, B.: Akquisitionsstrategie, Zürich 1989.
Gordon, W. J. J.: Synectics, New York 1961.
Gottlieb Duttweiler Institut (Hrsg.): Ökologie im vertikalen Marketing, Rüschlikon, Zürich 1990.
Griese, J., Mertens, P.: Integrierte Informationsverarbeitung, Wiesbaden 1991.
Grob, H. L.: Übungsfälle zur Betriebswirtschaftslehre, München 1982.
Grob, H. L.: Investitionsrechnung mit vollständigen Finanzplänen, München 1989.
Grob, H. L., Reepmeyer, J.-A.: Einführung in die EDV, 3. überarb. Aufl., München 1990.
Grochla, E.: Betriebsverband und Verbandbetrieb, Berlin 1959.
Grochla, E.: Betriebliche Planung und Informationssysteme, Reinbek bei Hamburg 1975.
Grochla, E. (Hrsg.): Handwörterbuch der Organisation, 2. völlig neu gest. Aufl., Stuttgart 1980.
Grochla, E.: Grundlagen der organisatorischen Gestaltung, Stuttgart 1982.
Grochla, E.: Unternehmungsorganisation, 9. Aufl., Reinbek bei Hamburg 1983.

Grochla, E.: Grundlagen der Materialwirtschaft. Das materialwirtschaftliche Optimum im Betrieb, unveränd. Nachdr. d. 3. gründl. durchges. Aufl., Wiesbaden 1990.
Grochla, E., Wittmann, W. (Hrsg.): Handwörterbuch der Betriebswirtschaft, 3 Bde., 4. Aufl., Stuttgart 1974, 1975, 1976.
Grossekettler, H.: Macht, Strategie und Wettbewerb. Versuch einer prüfbaren Theorie des strategischen Unternehmensverhaltens, Bamberg 1972.
Grosse-Oetringhaus, W.F.: Praktische Projektgestaltung mit Netzplantechnik, 2. Aufl., Gießen 1979.
Gümbel, R.: Die Sortimentspolitik in den Betrieben des Wareneinzelhandels, Köln, Oplanden 1963.
Guhse, S.: Liquiditätsprognose auf der Grundlage von Phasenfolgen mit Hilfe von EDVA, Diss., Mannheim 1967.
Gutenberg, E.: Unternehmensführung. Organisation und Entscheidungen, Wiesbaden 1962.
Gutenberg, E.: Grundlagen der Betriebswirtschaftslehre, Bd. 1: Die Produktion, 24. unver. Aufl., Berlin, Heidelberg, New York 1983, Bd. 2: Der Absatz, 17. Aufl., Berlin, Heidelberg, New York 1984, Bd. 3: Die Finanzen, 8. Aufl., Berlin, Heidelberg, New York 1980.
Gutenberg, E. Einführung in die Betriebswirtschaftslehre, Nachdr., Wiesbaden 1990.
ten Haaf, H.-J., Hölscher, R.: Bausteine der Betriebswirtschaftslehre: „Investitionsrechnung", Lernsoftware, Wiesbaden 1992.
Haberstock, L.: Grundzüge der Kosten- und Erfolgsrechnung, 4. Aufl., München 1982.
Haberstock, L.: Kostenrechnung, Bd. I, Einführung mit Fragen, Aufgaben und Lösungen, 8. durchges. Aufl., Wiesbaden 1987, Bd. II, (Grenz-) Plankostenrechnung mit Fragen, Aufgaben und Lösungen, 7. durchges. Aufl., Wiesbaden 1986.
Härle, D.: Finanzierungsregeln und ihre Problematik, Wiesbaden 1961.
Häusler, J.: Grundfragen der Betriebsführung. Eine Analyse der Führungsproblematik in Wissenschaft und Praxis, Wiesbaden 1966.
Hagenmüller, K.F., Stoppok, G. (Hrsg.): Leasing-Handbuch für die betriebliche Praxis, 5. völlig neubearb. Aufl., Frankfurt 1988.
Hahn, D.: Planungs- und Kontrollrechnung – PuK. Integrierte ergebnis- und liquiditätsorientierte Planungs- und Kontrollrechnung als Führungsinstrument in Industrieunternehmungen mit Massen- und Serienproduktion, Nachdr., Wiesbaden 1991.
Hahn, O. (Hrsg.): Handbuch der Unternehmensfinanzierung, München 1971.
Hahn, O.: Finanzwirtschaft, 2. überarb. Aufl., Landsberg 1983.
Hansen, H.R.: Wirtschaftsinformatik I, 5. neubearb. u. stark erw. Aufl., Stuttgart 1986.
Hanssmann, F.: Die Rolle von Entscheidungsmodellen in der strategischen Planung, in: Müller-Merbach, H. (Hrsg.), Quantitative Ansätze in der Betriebswirtschaftslehre, München 1978.
Hanssmann, F.: Einführung in die Systemforschung. Methodik der modellgestützten Entscheidungsvorbereitung, 3. völlig überarb. Aufl., München 1987.
Hanssmann, F.: Quantitative Betriebswirtschaftlehre. Lehrbuch der modellgestützten Unternehmensplanung, 3. überarb. Aufl., München 1990.
Harder, U.: Bilanzpolitik, Wiesbaden 1962.
Harms, J.E., Küting, K.: Das Konzept der Wertaufholung nach dem Regierungsentwurf des Bilanzrichtlinie-Gesetzes, in: BB, 37. Jg. (1982), S. 1459 ff.
Hartmann, H., Meyer, P.: Soziologie der Personalarbeit, Stuttgart 1980.
Hauschildt, J.: Organisation der finanziellen Unternehmensführung. Eine empirische Untersuchung, Stuttgart 1970.
Hauschildt, J.: Entwicklungslinien der Bilanzanalyse, in ZfbF, 23. Jg. (1971), S. 335 ff.
Hauschildt, J.: Bilanzpolitik und Finanzierung, in: Büschgen, E. (Hrsg.): Handwörterbuch der Finanzwirtschaft, Stuttgart 1976, Sp. 190 ff.
Hauschildt, J.: Entscheidungsziele, Zielbildung in innovativen Entscheidungsprozessen, Tübingen 1977.
Hauschildt, J.: Erfolgs- und Finanz-Analyse. Fragengeleitete Analyse der „Vermögens-, Finanz- und Ertragslage des Unternehmens" nach BiRiLiG, hrsg. v. OATEV, 2. völlig überarb. u. erw. Aufl., Köln 1987.
Hauschildt, J., Sachs, G., Witte, E.: Finanzplanung und Finanzkontrolle, München 1981.

Hax, H.: Investitions- und Finanzplanung mit Hilfe der linearen Programmierung, in: ZfbF, 16. Jg. (1964), S. 430 ff.
Hax, H.: Zur Bedeutung der Körperschaftssteuerreform 1977 für die Dividendenpolitik von Aktiengesellschaften, in: ZfbF, 31. Jg. (1979), S. 322 ff.
Hax, H.: Investitionstheorie, 5. bearb. Aufl., Würzburg, Wien 1985.
Hax, H., Laux, H.: Flexible Planung – Verfahrensregeln und Entscheidungsmodelle für die Planung bei Ungewißheit, in: ZfbF, 24. Jg. (1972), S. 318 ff.
Hax, H., Laux, H. (Hrsg.): Die Finanzierung der Unternehmung, Köln 1975.
Hax, K.: Die Substanzerhaltung der Betriebe, Köln, Opladen 1957.
Hax, K., Wessels, Th. (Hrsg.): Handbuch der Wirtschaftswissenschaften, Bd. I: Betriebswirtschaft, 2. Aufl., Köln, Opladen 1966.
Heckhausen, H.: The anatomy of Achievement Motivation, New York 1967.
Heigl, A.: Controlling – Interne Revision. Grundwissen der Ökonomik: Betriebswirtschaftslehre, 2. neubearb. u. erw. Aufl., Stuttgart, New York 1989.
Heinen, E.: Das Kapital in der betriebswirtschaftlichen Kostentheorie. Möglichkeiten und Grenzen einer produktions- und kostentheoretischen Analyse des Kapitalverbrauchs, Wiesbaden 1966.
Heinen, E.: Grundlagen betriebswirtschaftlicher Entscheidungen. Das Zielsystem der Unternehmung, 3. Aufl., Wiesbaden 1976.
Heinen, E.: Betriebswirtschaftliche Kostenlehre, Kostentheorie und Kostenentscheidungen, Nachdr. d. 6. verb. u. erw. Aufl., Wiesbaden 1985a.
Heinen, E.: Einführung in die Betriebswirtschaftslehre, 9. verb. Aufl., Wiesbaden 1985b.
Heinen, E.: Handelsbilanzen, 12. Aufl., Wiesbaden 1986.
Heinen, E. (Hrsg.): Industriebetriebslehre – Arbeitsbuch, Fragen und Aufgaben, Antworten und Lösungen, 2. Aufl. 1991a.
Heinen, E. (Hrsg.): Industriebetriebslehre. Entscheidungen im Industriebetrieb, 9. vollst. überarb. u. erw. Aufl., Wiesbaden 1991b.
Heinen, H.: Ziele multinationaler Unternehmen, Wiesbaden 1982.
Heinhold, M.: Arbeitsbuch zur Investitionsrechnung, unter Mitarbeit von Bencke, E., 2. verb. Aufl., München, Wien 1985.
Heinrich, L. J., Burgholzer, P.: Informationsmanagement. Planung, Überwachung und Steuerung der Informations-Infrastruktur, 3. Aufl., München 1990.
Heister, M.: Rentabilitätsanalyse von Investitionen. Ein Beitrag zur Wirtschaftlichkeitsrechnung, Köln, Opladen 1962.
Helberg, P.: PPS als CIM-Baustein, Gestaltung der Produktionsplanung und -steuerung für computerintegrierte Produktion, Berlin 1987.
Helbling, C.: Die Kapitalstruktur der Unternehmung. Einige Überlegungen aus der Sicht des Abschlußprüfers, Zürich 1975.
Helbling, C.: Verfahren der Unternehmungsbewertung, in: APROPOS, Nr. 25, Nov. 1982.
Helbling, C.: Unternehmensbewertung und Steuern, 5. neubearb. Aufl., Düsseldorf 1989a.
Helbling, C.: Bilanz- und Erfolgsanalyse, 7. nachgef. Aufl., Bern, Stuttgart 1989b.
Hellwig, M.: Risikoallokation in einem Marktsystem, in: Schweiz. Zeitschrift für Volkswirtschaft und Statistik, Heft 3, Bern 1986.
Helmstädter, E.: Wirtschaftstheorie, Bd. 1: Mikroökonomische Theorie, 4. verb. Aufl., München 1991, Bd. 2: Makroökonomische Theorie, 3. überarb. Aufl., München 1986.
Heri, E. W.: Die Geldnachfrage: Theorie und empirische Ergebnisse für die Schweiz, Berlin 1986.
Henderson, J. M., Quant, R. E.: Mikroökonomische Theorie. Eine mathematische Darstellung, 5. verb. Aufl., München 1983.
Hertz, D. B.: Risk Analysis in Capital Investment, in: HBR, 1964, Nr. 1, S. 95 ff.
Hielscher, U.: Ursprünge und Grundgedanken der modernen Portfolio Theorie, in: Deutsche Vereinigung für Finanzanalyse und Anlageberatung (Hrsg.): Beiträge zur Wertpapieranalyse, Heft 25, Darmstadt 1988.
Hielscher, U., Laubscher, H.-D.: Finanzierungskosten. Kostenbestandteile, Kostenvergleiche und Usancen der Industriefinanzierung, 2. Aufl., Frankfurt a. M. 1989.
Hilke, W.: Dynamische Preispolitik. Grundlagen, Problemstellungen, Lösungsansätze, Wiesbaden 1978.

Hilke, W.: Zielorientierte Produktions- und Programmplanung, 3. Aufl., Neuwied 1988.
Hilke, W.: Bilanzpolitik – mit Aufgaben und Lösungen, 3. durchges. u. erw. Aufl., Wiesbaden 1991.
Hill, W.: Unternehmensplanung, 2. Aufl., Stuttgart 1971.
Hill, W.: Marketing, 2 Bde., 5. Aufl., Bern, Stuttgart 1982.
Hill, W.: Allgemeine Betriebswirtschaftslehre, Teil E: Management, hrsg. v. Hill, W., Müller, W.R., Rieser, J., Studer, T., Basel 1989.
Hill, W., Fehlbaum, R., Ulrich, P.: Organisationslehre. Ziele, Instrumente und Bedingungen der Organisation sozialer Systeme, Bd. 1, 4. durchges. Aufl., Bern, Stuttgart 1989, Bd. 2, 3. verb. Aufl., Bern, Stuttgart 1981.
Hill, W., Rieser, J.: Marketing-Management, Bern, Stuttgart 1990.
Hinterhuber, H. H.: Strategische Unternehmensführung, Bd. 1: Strategisches Denken, 5. neubearb. u. erw. Aufl., Berlin, New York 1992, Bd. 2: Strategisches Handeln. Direktiven, Organisation, Umsetzung, Unternehmungskultur, strategische Führungskompetenz, 4. völlig neubearb. Aufl., Berlin, New York 1989.
Höhn, R.: Stellenbeschreibung und Führungsanweisung. Die organisatorische Aufgabe moderner Unternehmensführung, 10. unveränderte Aufl., Bad Harzburg 1979.
Höhn, R., Böhme, G.: Führungsbrevier der Wirtschaft, 11. Aufl., Bad Harzburg 1983.
Hörschgen, H.: Grundbegriffe der Betriebswirtschaftslehre, 2 Teile in 1 Bd., 2. durchges. Aufl., Stuttgart 1987.
Hofmann, R.: Bilanzkennzahlen. Industrielle Bilanzanalyse und Bilanzkritik, 4. neubearb. Aufl., Wiesbaden 1977.
van Horne, J.C.: Financial management and policy, 4th ed., Englewood Cliffs (N.J.) 1977.
Horváth, P.: Controlling, 4. überarb. Aufl., München 1991.
Hüttner, M.: Grundzüge der Marktforschung, 4. völlig neubearb. u. erw. Aufl., Wiesbaden 1989.
Hummel, S., Männel, W.: Kostenrechnung, Bd. 1: Grundlagen, Aufbau und Anwendung, Nachdr. d. 4. völlig neubearb. u. erw. Aufl., Wiesbaden 1989, Bd. 2: Moderne Verfahren und Systeme, 4. vollst. neubearb. Aufl., Wiesbaden 1991.
Illetschko, L.L.: Unternehmenstheorie. Elemente rationeller Betriebslenkung, 2. Aufl., Wien, New York 1967.
Illetschko, L.L., Loitlsberger, E.: Empirische Betriebswirtschaftslehre, Wiesbaden 1963.
Institut der Wirtschaftsprüfer in Deutschland e.V. (Hrsg.): Wirtschaftsprüferhandbuch 1985, 9. Aufl., Düsseldorf 1985.
Jacob, H.: Die Methoden zur Ermittlung des Gesamtwertes einer Unternehmung, in: ZfB, 30. Jg. (1960), S. 113 ff u. S. 209 ff.
Jacob, H.: Produktionsplanung und Kostentheorie, in: Koch, S. (Hrsg.), Zur Theorie der Unternehmung, Wiesbaden 1962, S. 205 ff.
Jacob, H.: Neuere Entwicklung in der Investitionsrechnung, Wiesbaden 1964.
Jacob, H.: Preispolitik, 2. Aufl., Wiesbaden 1971.
Jacob, H.: Die Planung des Produktions- und des Absatzprogrammes, in: Jacob, H. (Hrsg.), Industriebetriebslehre in programmierter Form, Bd. 2, Wiesbaden 1972, S. 39 ff.
Jacob, H.: Zur Standortwahl der Unternehmung, 3. durchges. Aufl., Wiesbaden 1976.
Jacob, H. (Hrsg.): Strategisches Management, Bd. I, Wiesbaden 1982, Bd. II, Wiesbaden 1983.
Jacob, H. (Hrsg.): Industriebetriebslehre. Handbuch für Studium und Prüfung, 4. Aufl., Wiesbaden 1990a.
Jacob, H. (Hrsg.): Allgemeine Betriebswirtschaftslehre. Handbuch für Studium und Prüfung, Nachdr. d. 5. überarb. Aufl., Wiesbaden 1990b.
Jacob, H.: Kurzlehrbuch Investitionsrechnung. Mit Aufgaben und Lösungen, durchges. Nachdr. d. 3. überarb. Aufl., Wiesbaden 1992.
Jacobs, O., Brewi, K., Schubert, R.: Steueroptimale Rechtsform mittelständischer Unternehmen. Ein Steuerbelastungsvergleich der wichtigsten Rechtsformen mittelständischer Unternehmen, München 1978.
Jacobs, O.H., Schreiber, U.: Betriebliche Kapital- und Substanzerhaltung in Zeiten steigender Preise, Stuttgart 1979.

Jaensch, G.: Wert und Preis der ganzen Unternehmung, Köln, Opladen 1966.
Janberg, H. (Hrsg.): Finanzierungshandbuch, 2. Aufl., Wiesbaden 1970.
Janssen, F.: Bedeutung und Ausstattung von Wandel- und Optionsanleihen, Göttingen 1982.
Jantsch, E.: Technological Forecasting in Perspective, Paris 1967.
Jaschke, H. K.: Praktisches Lehrbuch der Betriebswirtschaft, 3. Aufl., München 1972.
Juesten, W., v. Villiez, C.: Cash Flow und Unternehmensbeurteilung. Ermöglicht die Cashflow-Rechnung eine Schnell-Analyse?, 5. neubearb. u. erw. Aufl., Berlin 1989.
Käfer, K.. Standardkostenrechnung, 2. Aufl., Stuttgart 1964.
Käfer, K.: Investitionsrechnungen, 4. verb. Aufl., Zürich 1974a.
Käfer, K.: Praxis der Kapitalflußrechnung. Aufstellung und Auswertung, Aufgaben und Lösungen, 2. verb. u. erw. Aufl., Stuttgart 1974b.
Käfer, K.: Die Bilanz als Zukunftsrechnung, 3. verb. u. erg. Aufl., Zürich 1976.
Käfer, K.: Kapitalflußrechnungen, 2. Aufl., Stuttgart 1984.
Kalverarm, W.: Der christliche Gedanke in der Wirtschaft, Köln 1949.
Kalverarm, W.: Industriebetriebslehre, 8. Aufl., Wiesbaden 1972.
Kandlbinder, H. K.: Die Gewinn- und Verlustrechnung in der unternehmerischen Wirtschaft, München 1973.
Kandler, G.: Wechsel der Unternehmensform. Umwandlung, Verschmelzung, Einbringung, Loseblattausg., 5. geänd. Aufl., Stuttgart 1991.
Kappler, E., Rehkugler, H.: Kapitalwirtschaft, in: Heinen, E. (Hrsg.), Industriebetriebslehre. Entscheidungen im Industriebetrieb, 9. vollst. überarb. u. erw. Aufl., Wiesbaden 1991.
Kern, W.: Investitionsrechnung, Stuttgart 1974.
Kern, W.: Industriebetriebslehre. Grundlagen einer Lehre von der Erzeugungswirtschaft, 3. Aufl., Stuttgart 1980.
Kern, W., Schröder, H.-H.: Konzept, Methode und Probleme der Wertanalyse, in: WISU, 7. Jg. (1978), S. 375 ff. u. S. 425 ff.
Keun, F., Wiese, O.: Finanzierung und Investition. Darstellung, Kontrollfragen, Aufgaben und Lösungen, 2. Aufl., Herne, Berlin 1985.
Kieser, A.: Organisationstheoretische Ansätze, München 1981.
Kieser, A., Kubicek, H.: Organisation, 2. neubearb. Aufl., Berlin 1983.
Kieser, A., Reber, G., Wunderer R. (Hrsg.): Handwörterbuch der Führung (HWFü), Stuttgart 1987.
Kilger, W.: Kurzfristige Erfolgsrechnung, Wiesbaden 1962.
Kilger, W.: Produktions- und Kostentheorie, Wiesbaden 1972.
Kilger, W.: Einführung in die Kostenrechnung, Nachdr. d. 3. Aufl., Opladen 1989.
Kilger, W.: Betriebliches Rechnungswesen, in: Jacob, H. (Hrsg.), Allgemeine Betriebswirtschaftslehre. Handbuch für Studium und Prüfung, Nachdr. d. 5. überarb. Aufl., Wiesbaden 1990a.
Kilger, W.: Flexible Plankostenrechnung und Deckungsbeitragsrechnung, Nachdr. d. 9. verb. Aufl., Köln, Opladen 1990b.
Kilgus, E.: Grundlagen der Unternehmungsführung im Gewerbe, 4. Aufl., Muri b. Bern 1985.
Kirchgeorg, M.: Ökologieorientiertes Unternehmensverhalten – Typologien und Erklärungsansätze auf empirische Grundlage, Wiesbaden 1990.
Kirsch, W.: Zur Problematik „optimaler" Kapitalstrukturen, in: ZfB, 38. Jg. (1968), S. 881 ff.
Kirsch, W.: Entscheidungsprozesse, Bd. 1: Verhaltenswissenschaftliche Ansätze der Entscheidungstheorie, Wiesbaden 1970, Bd. 2: Informationsverarbeitungstheorie des Entscheidungsverhaltens, Wiesbaden 1971a, Bd. 3: Entscheidungen in Organisationen, Wiesbaden 1971b.
Kirsch, W.: Betriebswirtschaftslehre: Systeme, Entscheidungen, Methoden, Wiesbaden 1974.
Kirsch, W., Esser, W.-M., Gabele, E.: Theoretische Perspektiven des geplanten organisatorischen Wandels, München 1978.
Kirsch, W., u. a.: Die Wirtschaft. Einführung in die Volks- und Betriebswirtschaftslehre, Wiesbaden 1975.
Kissner, E., Feinen, K., Bittmann, H.: Forfaitierung, Leasing, Factoring im Auslandsgeschäft, Bd. 6 der Schriftenreihe zur Finanzpraxis international operierender Unternehmen, hrsg. v. Swinne, A. H., Frankfurt 1982.

Kjer, V.: Optionsanleihen, Berlin, Bielefeld 1981.
Kloock, J., Sieben, G., Schildbach, Th.: Kosten- und Leistungsrechnung, 6. überarb. u. erw. Aufl., Tübingen 1991.
Knolmeyer, G.: Programmierungsmodelle für die Produktionsprogrammplanung: ein Beitrag zur Methodologie der Modellkonstruktion, Basel, Boston, Stuttgart 1981.
Koch, H.: Grundprobleme der Kostenrechnung, Köln, Opladen 1966.
Koch, H.: Grundlagen der Wirtschaftlichkeitsrechnung, Wiesbaden 1970.
Koch, H.: Die Betriebswirtschaftslehre als Wissenschaft vom Handeln, Tübingen 1975.
Koch, H.: Aufbau der Unternehmensplanung, Wiesbaden 1977.
Koch, H.: Neuere Beiträge zur Unternehmensplanung, Wiesbaden 1980.
Koch, H.: Integrierte Unternehmensplanung, Wiesbaden 1983a.
Koch, H. (Hrsg.): Unternehmensstrategien und Strategische Planung, ZfbF Sonderheft 15/83, Wiesbaden 1983b.
Koch, H. (Hrsg.): Neuere Entwicklungen in der Unternehmenstheorie. E. Gutenberg zum 85. Geburtstag, Wiesbaden 1983c.
Köhler, R.: Theoretische Systeme der Betriebswirtschaftslehre im Lichte der neueren Wissenschaftslogik, Stuttgart 1966.
Koreimann, D. S.: Systemanalyse, Berlin 1972.
Kormann, B.: Vierzehn Maßnahmen zur Abwehr von Manipulationen in Planungs- und Kontrollsystemen, in: DB, 27. Jg. (1974), S. 1633 ff. u. S. 1683 ff.
Korndörfer, W.: Allgemeine Betriebswirtschaftslehre. Aufbau, Ablauf, Führung, Leitung, 9. verb. Aufl., Wiesbaden 1989.
v. Kortzfleisch, G.: Die Grundlagen der Finanzplanung, Berlin 1957.
v. Kortzfleisch, G.: Betriebswirtschaftliche Arbeitsvorbereitung, Berlin 1962.
Kosiol, E.: Anlagenrechnung. Theorie und Praxis der Abschreibungen, 2. Aufl., Wiesbaden 1955a.
Kosiol, E.: Pagatorische Bilanz, in: Bott, K. (Hrsg.), Lexikon des kaufmännischen Rechnungswesens, Bd. III, 2. Aufl., Stuttgart 1955b, Sp. 2085 ff.
Kosiol, E.: Leistungsgerechte Entlohnung, 2. überarb. u. erw. Aufl., Wiesbaden 1962.
Kosiol, E.. Kostenrechnung und Kalkulation, 2. Aufl., Berlin, New York 1972a.
Kosiol, E.: Die Unternehmung als wirtschaftliches Aktionszentrum, 4. rev. u. erg. Aufl., Reinbek bei Hamburg 1972b.
Kosiol, E.: Bausteine der Betriebswirtschaftslehre, Bd. 1: Methodologie, Grundlagen und Organisation, Berlin 1974, Bd. 2: Rechnungswesen, Berlin 1973.
Kosiol, E. (Hrsg.): Plankostenrechnung als Instrument moderner Unternehmensführung, Berlin 1975.
Kosiol, E.: Organisation der Unternehmung, 2. Aufl., Wiesbaden 1976.
Kosiol, E.: Buchhaltung als Erfolgs-, Bestands- und Finanzrechnung, Berlin 1977.
Kosiol, E.: Kosten- und Leistungsrechnung, Berlin 1979.
Kosiol, E. (Hrsg.): Handwörterbuch des Rechnungswesens, 2. völlig neugest. Aufl., Stuttgart 1981.
Kosiol, E.: Finanzmathematik. Zinseszins-, Renten-, Tilgungs-, Kurs- und Rentabilitätsrechnung, 11. Aufl., Wiesbaden 1991.
Kotler, P., Bliemel, F.: Marketing-Management. Analyse, Planung und Kontrolle, 7. vollst. neubearb. u. erw. Aufl., Stuttgart 1991.
Kottke, K.: Bilanzstrategie und Steuertaktik, 3. Aufl., Herne, Berlin 1978.
Kreikebaum, H.: Integrierter Umweltschutz – Eine Herausforderung für das Innovationsmanagement, Wiesbaden 1990.
Krelle, W.: Preistheorie, Teil 1: Monopol- und Oligopoltheorie, Teil 2: Theorie des Polypols, des bilateralen Monopols (Aushandlungstheorie), Theorie mehrstufiger Märkte, gesamtwirtschaftliche Optimalitätsbedingungen. Spieltheoretischer Anhang, 2. Aufl., Tübingen 1976.
Kroeber-Riel, W.: Beschaffung und Lagerung. Betriebswirtschaftliche Grundfragen der Materialwirtschaft, Wiesbaden 1966.
Kroeber-Riel, W. (Hrsg.): Marketingtheorie. Verhaltensorientierte Erklärung von Marktreaktionen, Köln 1972.

Kroeber-Riel, W.: Konsumentenverhalten, 4. verb. u. ern. Aufl., München 1990.
Krüger, W.: Macht in der Unternehmung. Elemente und Strukturen, Stuttgart 1976.
Krüger, W.: Organisation der Unternehmung, Stuttgart 1984.
Krulis-Randa, J. S.: Marketing-Logistik, Bern, Stuttgart 1977.
Kruschwitz, L.: Finanzmathematische Endwert- und Zinsfußmodelle, in: ZfB, 46. Jg. (1976), S. 245 ff.
Kruschwitz, L.: Investitionsrechnung, 4. neubearb. Aufl., Berlin, Heidelberg, New York 1990.
Kübler, F.: Gesellschaftsrecht. Die privatrechtlichen Ordnungsstrukturen und Regelungsprobleme von Verbänden und Unternehmen, 3. neubearb. u. erw. Aufl., Heidelberg, Karlsruhe 1990.
Kühn, R.: Marktforschung für die Unternehmenspraxis. „Die Orientierung", Nr. 67, 3. überarb. Aufl., Bern 1986.
Küpper, W.: Standortentscheidungsprozesse transnationaler industrieller Großunternehmen, in: Lück, W., Trommsdorff, V. (Hrsg.), Internationalisierung der Unternehmung als Problem der Betriebswirtschaftslehre, Berlin 1982, S. 439–461.
Küpper, W., Knoop, P.: Investitionsplanung, in: Müller, W., Krink, J. (Hrsg.), Rationelle Betriebswirtschaft (Loseblattsammlung), Darmstadt o. J.
Küting, K.: Die Bewertungskonzeption des Bilanzrichtlinie-Gesetzes, in: DB, 37. Jg. (1984), S. 1 ff.
Kütting, K., Weber, C.-P.: Der Konzernabschluß. Lehrbuch und Fallstudien zur Praxis der Konzernrechnungslegung, 3. grundl. überarb. und wesentl. erw. Aufl., Stuttgart 1991.
Kupsch, P.: Die Bilanzierung von Rückstellungen im Rahmen der Bilanzpolitik der Unternehmung. Ergebnisse einer empirischen Untersuchung über die Bilanzpolitik von Aktiengesellschaften, Herne, Berlin 1975.
Lachnit, L.: Zeitraumbilanzen. Ein Instrument der Rechnungslegung, Unternehmensanalyse und Unternehmenssteuerung, Berlin 1972.
Langenegger, E.: Konzernunternehmungspolitik, Bern 1967.
Laßmann, G.: Die Produktionsfunktion und ihre Bedeutung für die betriebswirtschaftliche Kostentheorie, Köln, Opladen 1958.
Laux, H.: Flexible Investitionsplanung. Einführung in die Theorie der sequentiellen Entscheidungen bei Unsicherheit, Wiesbaden 1971.
Laux, H.: Entscheidungstheorie, Bd. 1: Grundlagen, Berlin u.a. 1982, Bd. 2: Erweiterung und Vertiefung, 2. Aufl., Berlin u.a. 1988.
Lay, R.: Dialektik für Manager, Neuaufl., München 1983.
Layer, M.: Möglichkeiten und Grenzen der Anwendbarkeit der Deckungsbeitragsrechnung im Rechnungswesen der Unternehmung, Berlin 1967.
Lechner, K.: Betriebswirtschaftlehre, Einzelwirtschaftliche Grundfragen, 9. Aufl., Wien 1983.
Lechner, K., Egger, A., Schauer, R.: Einführung in die Allgemeine Betriebswirtschaftslehre, 8. Aufl., Wien 1981.
Leffson, U.: Programmiertes Lehrbuch der Investitionsrechnung, Wiesbaden 1973.
Leffson, U.: Die Darstellung von Leasingverträgen im Jahresabschluß, in: DB, 31. Jg. (1976), S. 637 ff. u. S. 685 ff.
Leffson, U.: Bilanzanalyse, 3. verb. Aufl., Stuttgart 1984.
Leffson, U.: Die Grundsätze ordnungsmäßiger Buchführung, 7. rev. u. erw. Aufl., Düsseldorf 1987.
Lehmann, M. R.: Allgemeine Betriebswirtschaftslehre, 3. Aufl., Wiesbaden 1956.
Lehmann, M. R.: Industriekalkulation, 5. Aufl., Essen 1964.
Lehneis, A.: Langfristige Unternehmensplanung bei unsicheren Erwartungen, Neuwied 1971.
Leipold, H.: Wirtschafts- und Gesellschaftssysteme im Vergleich. Grundzüge einer Theorie der Wirtschaftssysteme, 4. bearb. Aufl., Stuttgart 1988.
Leontief, W.: Über Planungstechniken in der modernen Wirtschaft, in: Haseloff, O. W. (Hrsg.), Planung und Entscheidung, Berlin 1970.
Leumann, P.: Die Matrix-Organisation, Bern, Stuttgart 1979.
Lewandowski, R.: Prognose- und Informationssysteme, Bd. 1, Berlin 1974.
Liefmann, R.: Kartelle, Konzerne und Trusts, 8. Aufl., Stuttgart 1930.
Likert, R.: Die integrierte Führungs- und Organisationsstruktur, Frankfurt a. M., New York 1975.

Lindelaub, H.: Pagatorische Buchhaltung, Wiesbaden 1966.
Lintner, J.: The Valutation of Risk Assets und the Selection of Risky Investments in Stock Portfolios and Capital Budgets, in: Review of Economics and Statistics, 47, 1965, S. 13-37.
Lipfert, H.: Finanzierungsregeln und Bilanzstrukturen, in: Janberg, H. (Hrsg.), Finanzierungshandbuch, Wiesbaden 1964, S. 163 ff.
Litfin, P. M.: Unternehmensform nach Maß. Wirtschaftlich – Handelsrechtlich – Steuerlich, 3. überarb. u. aktualis. Aufl., Stuttgart o.J.
Löffelholz, J.: Repititorium der Betriebswirtschaftslehre, Nachdr. d. 6. Aufl., Wiesbaden 1989.
Lohmann, M.: Einführung in die Betriebswirtgschaftslehre, 4. neubearb. Aufl., Tübingen 1964.
Loisl, O.: Unternehmensbesteuerung, Stuttgart, Berlin, Köln, Mainz 1980.
Lück, W. (Hrsg.): Lexikon der Wirtschaftsprüfung. Rechnungslegung und Prüfung, Landsberg 1980.
Lück, W. (Hrsg.): Lexikon der Betriebswirtschaft, 4. völlig überarb. Aufl., Landsberg 1990.
Lück, W., Trommsdorff, V. (Hrsg.): Internationalisierung der Unternehmung als Problem der Betriebswirtschaftslehre, Berlin 1982.
Lücke, W.: Finanzplanung und Finanzkontrolle, Wiesbaden 1965.
Lücke, W.: Bilanzstrategie und Bilanztaktik, in: DB, 24. Jg. (1969), S. 2285 ff.
Lücke, W.: Produktions- und Kostentheorie, 3. Aufl., Würzburg, Wien 1973.
Lusti, M.: Dateien und Datenbanken: eine anwendungsorientierte Einführung, 2. durchges. Aufl., Berlin 1991.
McClelland, D. C.: Motivating Economic Achievement, New York 1969.
McGregor, D.: The Human Side of Enterprise, New York 1960.
Mair, W.: Die reale Kurs- und Rentabilitätsrechnung. Theorie und 100 Beispiele, Wien 1972.
Malik, F.: Strategie des Managements komplexer Systeme. Ein Beitrag zur Management-Kybernetik evolutionärer Systeme, 4. unveränd. Aufl., Bern, Stuttgart 1992.
Mao, J. C. T.: Corporate Financial Decisions, Palo Alto (Cal.) 1976.
March, J. G., Simon H. A.: Organisation und Individuum. Menschliches Verhalten in Organisationen, Wiesbaden 1977.
Markowitz, H. M.: Portfolio Selection, in: Journal of Finance, März 1952, S. 77-92.
Markowitz, H. M.: Portfolio Selection, Efficient Diversification of Investments, New York, London 1959.
Martino, J. P.: Technological Forecasting for Decision Making, New York 1972.
Marusev, A. W.: Das Marktzinsmodell in der bankbetrieblichen Einzelgeschäftskalkulation, in: Schriftenreihe des Instituts für Kreditwesen der Westfälischen Wilhelms-Universität Münster, hrsg. v. Schierenbeck, H., Bd. 40, Frankfurt a. M. 1990.
Marx, A. (Hrsg.): Personalführung, Bd. 1: Beiträge zur Problematik menschlicher Arbeitsleistung im Betrieb, Wiesbaden 1969, Bd. 2: Personalwirtschaft im Zeichen des technischen Fortschritts und der betrieblichen Mitbestimmung, Wiesbaden 1970, Bd. 3: Motivation und Stimulanz menschlicher Arbeitsergiebigkeit, Wiesbaden 1971, Bd. 4: Lernen und Ausbilden in ihrer Bedeutung für die Betriebswirtschaften, Wiesbaden 1972.
Maslow, A. H.: Motivation and Personality, Sec. ed., New York 1970.
Matschke, M. J.: Der Entscheidungswert der Unternehmung, Wiesbaden 1975.
Mayer, L.: Bilanz- und Betriebsanalyse, 4. Aufl., Wiesbaden 1970.
Mayer, E., Weber, J. (Hrsg.): Handbuch Controlling, Stuttgart 1990.
Meffert, H.: Betriebswirtschaftliche Kosteninformation – Ein Beitrag zur Theorie der Kostenrechnung, Wiesbaden 1968.
Meffert, H.: Informationssysteme, Tübingen 1975a.
Meffert, H.: Marketing heute und morgen. Entwicklungstendenzen in Theorie und Praxis, Wiesbaden 1975b.
Meffert, H.: Marketing im Wandel, Wiesbaden 1980.
Meffert, H. (Hrsg.): Kundendienst-Management, Bern, Frankfurt 1982.
Meffert, H.: Strategische Unternehmensführung und Marketing, Wiesbaden 1988.
Meffert, H.: Marketing. Grundlagen der Absatzpolitik. Mit Fallstudien, Einführung und Relaunch des VW Golf, Nachdr. d. 7. Aufl., Wiesbaden 1989.
Meffert, H., Althans, J.: Internationales Marketing, 2. völlig überarb. Aufl., Stuttgart 1982.

Meffert, H., Kirchgeorg, M.: Marktorientiertes Umweltmanagement, Stuttgart 1992.
Meffert, H., u.a.: Marketing und Ökologie – eine Bestandsaufnahme, Arbeitspapier Nr. 25 der Wissenschaftlichen Gesellschaft für Marketing und Unternehmensführung, hrsg. v. Meffert, H., Wagner, H., Münster 1985.
Meissner, H.G., Gerber, S.: Die Auslandsinvestition als Entscheidungsproblem, in: BFuP, 32. Jg. (1980), Heft 3, S. 217 ff.
Mellerowicz, K.: Allgemeine Betriebswirtschaftslehre, Bd. 1: 14. Aufl., Stuttgart 1973, Bd. 2: 13. Aufl., Stuttgart 1970, Bd. 3: 13. Aufl., Stuttgart 1971a, Bd. 4: 12. Aufl., Stuttgart 1968, Bd. 5: Die betrieblichen sozialen Funktionen, Stuttgart 1971b.
Mellerowicz, K.: Unternehmenspolitik, Bd. 1: Grundlagen, 3. Aufl., Freiburg 1976, Bd. 2: Funktionsbezogene Teilpolitiken, 3. Aufl., Freiburg 1977a, Bd. 3: Operative Teilpolitiken und Konzernführung, 4. Aufl., Stuttgart 1978.
Mellerowicz, K.: Neuzeitliche Kalkulationsverfahren, 6. neubearb. Aufl., Freiburg i. Br. 1977b.
Mellerowicz, K.: Planung und Plankostenrechnung, Bd. 1: Betriebliche Planung, 3. überarb. Aufl., Freiburg 1979, Bd. 2: Plankostenrechnung, Freiburg 1973.
Mellerowicz, K.: Betriebswirtschaftslehre der Industrie, Bd. 1: Grundfragen und Führungsprobleme industrieller Betriebe, 7. Aufl., Freiburg 1981a, Bd. 2: Die Funktionen des Industriebetriebes, 7. Aufl., Freiburg 1981b.
Menrad, S.: Rechnungswesen, Göttingen 1978.
Mertens, P.: Simulation, 2. überarb. Aufl., Stuttgart 1982.
Mertens, P., Plötzeneder, H.D.: Programmierte Einführung in die Betriebswirtschaftslehre, Bd. 1: Institutionslehre, 4. Aufl., Wiesbaden 1986, Bd. 2: Entscheidungslehre, 2. Aufl., Wiesbaden 1975a, Bd. 3: Entscheidungen in den Funktionalbereichen, 2. Aufl., Wiesbaden 1975b, Bd. 4: Lernziele, Adressaten, Validierung, Zwischentest-Lösungen, 2. Aufl., Wiesbaden 1975c.
Meyer, C.: Konsolidierte Zeitraum-Bilanzen. Ihre Verwendung zur finanziellen Führung von Konzernen, Stuttgart 1969.
Miller, M.H., Orr, D.: A model for the demand for money by firms, in: OJE, Vol. 80 (1966), S. 413 ff.
Modigliani, F., Miller, M.H.: The Cost of Capital. Corporation Finance and the Theory of Investment, in: AER, Vol. 48 (1958), S. 261 ff.
Mossin, J.: Equilibrium in a Capital Asset Market, in: Econometrica 34, 1966, S. 768–783.
Moxter, A.: Methodologische Grundfragen der Betriebswirtschaftslehre, Köln, Opladen 1957.
Moxter, A.: Optimaler Verschuldungsumfang und Modigliani-Miller-Theorem, in: Forster, K.H., Schuhmacher, P. (Hrsg.), Aktuelle Fragen der Unternehmensfinanzierung und Unternehmensbewertung, Stuttgart 1970, S. 128 ff.
Moxter, A.: Betriebswirtschaftliche Gewinnermittlung, Tübingen 1982.
Moxter, A.: Bilanzlehre, Bd. 1: Einführung in die Bilanztheorie, 3. Aufl., Wiesbaden 1984, Bd. 2: Einführung in das neue Bilanzrecht, 3. Aufl., Wiesbaden 1986.
Moxter, A.: Grundsätze ordnungsmäßiger Unternehmensbewertung, Nachdr. d. 2. vollst. umgearb. Aufl., Wiesbaden 1990.
Mülhaupt, L.: Der Bindungsgedanke in der Finanzierungslehre unter besonderer Berücksichtigung der holländischen Finanzierungsliteratur, Wiesbaden 1966.
Mülhaupt, L.: Einführung in die Betriebswirtschaftslehre der Banken. Struktur und Grundprobleme des Bankbetriebs und des Bankwesens in der Bundesrepublik Deutschland, 3. überarb. Aufl., Wiesbaden 1980.
Mülhaupt, L., Schierenbeck, H., Wielens, H. (Hrsg.): Controlling in Banken und Sparkassen, Frankfurt a.M. 1981.
Mülhaupt, L., Wielens, H.: Unternehmensfinanzierung heute. Neue Chance für die Aktie, Frankfurt a.M. 1978.
Müller, J.H.: Produktionstheorie, in: Ehrlicher, W., u.a. (Hrsg.), Kompendium der Volkswirtschaftslehre, Bd. 1, 5. Aufl., Göttingen 1980.
Müller, J.H., Peters, H.: Einführung in die Volkswirtschaftslehre, 12. Aufl., Herne, Berlin 1991.
Müller, W.R.: Führung und Identität, Bern 1981.

Müller, W. R.: Allgemeine Betriebswirtschaftslehre, Teil D: Personalwesen, hrsg. v. Hill, W., Müller, W. R., Rieser, J., Studer, T., Basel 1989.
Müller, W. R., Hill, W., Studer, T.: Allgemeine Betriebswirtschaftslehre, Teil A: Grundlagen der Betriebswirtschaftslehre, hrsg. v. Hill, W., Müller, W. R., Rieser, J., Studer, T., Basel 1989.
Müller-Merbach, H.: Risikoanalyse, in: Management-Enzyklopädie, Bd. 5, München 1971, S. 176–183.
Müller-Merbach, H.: Operations Research. Methoden und Modelle der Optimalplanung, 3. Aufl., Berlin, Frankfurt a. M. 1973.
Müller-Merbach, H.: Einführung in die Betriebswirtschaftslehre, 2. Aufl., München 1976.
Münstermann, H.: Einführung in die Dynamische Bilanz, Köln, Opladen 1957.
Münstermann, H.: Unternehmensrechnung, Wiesbaden 1969.
Münstermann, H.: Wert und Bewertung der Unternehmung, 3. Aufl., Wiesbaden 1970.
Naddor, E.: Lagerhaltungssysteme, Frankfurt a. M., Zürich 1971.
Nelißen, H., Nücke, H.: Zum Anwendungsbereich der Vorschriften des Bilanzrichtlinie-Gesetzes nach dem Regierungsentwurf vom 10. Februar 1982, in: WPg, 35. Jg. (1982), S. 293–303.
Neubürger, K.: Risikobeurteilung bei strategischen Unternehmungsentscheidungen. Grundlagen eines Risiko-Chancen-Kalküls, Stuttgart 1980.
Neuhof, B.: Das Rechnungswesen als Informationszentrum. Betriebswirtschaftliche Planungs- und Entscheidungsverfahren, Neuwied, Darmstadt 1978.
Nicklisch, H.: Die Betriebswirtschaft, 7. Aufl. der „Wirtschaftlichen Betriebslehre", Stuttgart 1972.
Nicolas, M.: Finanzmathematik, 2. verb. Aufl., Berlin 1967.
Nieschlag, R., Dichtl, E., Hörschgen, H.: Marketing, 16. Aufl., Berlin 1991.
Norbert, R.: Die Wertaufholung nach dem Entwurf des Bilanzrichtlinie-Gesetzes und ihre praktische Anwendung, in: DB, 36. Jg. (1983), S. 1557–1562.
Odiorne, G. S.: Management by Objectives, München 1973.
Oesterle, H., Brenner, W., Hilbers, K.: Unternehmensführung und Informationssystem. Der Ansatz des St. Galler Informationssystem-Managements, Stuttgart 1991.
Olfert, K.: Finanzierung, 6. Aufl., Ludwigshafen 1987.
Olfert, K.: Investition, 4. Aufl., Ludwigshafen 1988.
Olfert, K., Körner, W., Langenbeck, J.: Bilanzen, 5. Aufl., Ludwigshafen 1986.
O'Meara, J. T.: Selecting Profitable Products, in: HBR, 39. Jg. (1961), S. 83 ff.
Orth, L.: Die kurzfristige Finanzplanung industrieller Unternehmungen, Köln, Opladen 1961.
Orth, Th.: Die Wertanalyse als Methode industrieller Kostensenkung und Produktgestaltung, Wiesbaden 1968.
Pack, L.: Optimale Bestellmenge und optimale Losgröße, 2. Aufl., Wiesbaden 1964.
Pack, L.: Betriebliche Investition. Begriff – Funktion – Bedeutung – Arten, Wiesbaden 1966a.
Pack, L.: Die Elastizität der Kosten. Grundlagen der entscheidungsorientierten Kostentheorie, Wiesbaden 1966b.
Pausenberger, E. (Hrsg.): Internationales Management, Stuttgart 1981.
Pausenberger, E.: Die internationale Unternehmung: Begriff, Bedeutung u. Entstehungsgründe, in: WISU Heft 3 1982 (1. Teil), S. 118–123; WISU Heft 7 1982 (2. Teil, I), S. 332–337; WISU Heft 8 1982 (2. Teil, II), S. 385–388.
Peemöller, V. H.: Management Auditing. Unternehmensführung und betriebliches Prüfungswesen, Berlin, München 1978.
Perlitz, M.: Entwicklung und Theorien der Direktinvestition im Ausland, in: Wacker, W. H., u. a. (Hrsg.), Internationale Unternehmensführung, Berlin 1981, S. 95 ff.
Perridon, L., Steiner, M.: Finanzwirtschaft der Unternehmung, 6. völlig überarb. u. erw. Aufl., München 1991.
Peters, S.: Betriebswirtschaftslehre. Eine Einführung, 4. überarb. u. aktualis. Aufl., München, Wien 1991.
Pfohl, H.-C.: Planung und Kontrolle, Stuttgart, Berlin, Köln, Mainz 1981.
Pfohl, H.-C. (Hrsg.): Betriebswirtschaftslehre der Mittel- und Kleinbetriebe. Größenspezifische Probleme und Möglichkeiten zu ihrer Lösung, 2. neuüberab. Aufl., Berlin 1990.

Pichler, O.: Kostenrechnung u. Matrizenkalkül, in: Ablauf- und Planungsforschung (2), 1961, S. 29 ff.
Picot, A.: Betriebswirtschaftliche Umweltbeziehungen und Umweltinformationen, Berlin 1977.
Picot, A., Franck, E.: Die Planung der Unternehmensressource Information, Teil I in: WISU Heft 10 1988, S. 544–549; Teil II in: WISU Heft 11 1988, S. 608–614.
Pieroth, E. (Hrsg.): Sozialbilanzen in der Bundesrepublik Deutschland, Wien, Düsseldorf 1978.
Plaut, H.-G., Müller, H., Medicke, W.: Grenzplankostenrechnung und Datenverarbeitung, 3. Aufl., München 1973.
Pleitner, H.J. (Hrsg.): Aspekte einer Managementlehre für kleinere Unternehmen, Berlin 1986.
Pohmer, D., Bea, F.X.: Produktion und Absatz, Betriebswirtschaftslehre im Grundstudium der Wirtschaftswissenschaften, Bd. 2, 2. völlig neubearb. Aufl., Göttingen 1988.
Polasek, W.: EDA: Explorative Daten-Analyse: Einführung in die deskriptive Statistik, Berlin 1988.
Preinreich, G.A.D.: Replacement in the Theory of the Firm, in: Metroeconomica, Vol. 5 (1953), S. 68 ff.
Pressmar, D.B.: Kosten- und Leistungsanalyse im Industriebetrieb, Wiesbaden 1971.
Prill, M.: Die liquiditätsorientierte Planung des Verschuldungsgrades, Gelsenkirchen 1982.
Probst, G., Schmitz-Dräger, R.: Controlling und Unternehmensführung. Gewidmet Prof. Dr. Hans Siegwart zum 60. Geburtstag, Bern 1985.
Pugh, D.S., u.a.: Dimensions of Organisational Structure, in: ASQ, Vol.13 (1968), S. 65 ff.
Radke, M.: Die große betriebswirtschaftliche Formelsammlung, 8. überarb. Aufl., München 1991.
Raffee, H.: Grundprobleme der Betriebswirtschaftslehre, Göttingen 1974.
Recktenwald, H.C. (Hrsg.): Nutzen-Kosten-Analyse und Programmbudget – Grundlage staatlicher Entscheidung und Planung, Tübingen 1971.
REFA Verband für Arbeitsstudien und Betriebsorganisation e.V. (Hrsg.): Methodenlehre des Arbeitsstudiums, Bd.1: Grundlagen, 7. Aufl., München 1984, Bd. 2: Datenermittlung, 7. Aufl., München 1992, Bd. 3: Kostenrechnung, Arbeitsgestaltung, 7. Aufl., München 1985a, Bd. 4: Anforderungsermittlung (Arbeitsbewertung), 5. Aufl., München 1985b, Bd. 5: Lohndifferenzierung, 3. Aufl., München 1985c, Bd. 6: Arbeitsunterweisung, 2. Aufl., München 1977.
Reichard, C.: Betriebswirtschaftslehre der öffentlichen Verwaltung, 2. völlig neubearb. Aufl., Berlin, New York 1987.
Reinhard, H.: Die Wertaufholung nach dem Entwurf des Bilanzrichtlinie-Gesetzes und ihre praktische Anwendung, in: DB, 36. Jg. (1983), S.1557 ff.
Riebel, P.: Die Elastizität des Betriebes. Eine produktions- und marktwirtschaftliche Untersuchung, Köln, Opladen 1954.
Riebel, P.: Einzelkosten- und Deckungsbeitragsrechnung. Grundfragen einer markt- und entscheidungsorientierten Unternehmensrechnung, 6. wesentl. erw. Aufl., Wiesbaden 1990.
Rieger, W.: Einführung in die Privatwirtschaftslehre, 3. unveränderte Aufl., Erlangen 1984.
Rieper, B.: Entscheidungsmodelle zur integrierten Absatz- und Produktionsprogrammplanung für ein Mehrproduktunternehmen, Wiesbaden 1973.
Rieper, B., Waldmann, J.: Programmierte Einführung in das betriebliche Rechnungswesen, 5. Aufl., München 1975.
Rittershausen, H.: Industrielle Finanzierung, Wiesbaden 1964.
Rolfes, B.: Dynamische Verfahren der Wirtschaftlichkeitsrechnung, in: WiST, 15. Jg. (1986a), S. 481 ff.
Rolfes, B.: Statische Verfahren der Wirtschaftlichkeitsrechnung, in: WiST, 15. Jg. (1986b), S. 411 ff.
Rolfes, B.: Marktzinsorientierte Investitionsrechnung. Einführung in die klassische Investitionstheorie und Grundlagen marktorientierter Investitions-Entscheidungen, München, Wien 1992.
Rößle, K.: Allgemeine Betriebswirtschaftslehre, 5. Aufl., Stuttgart 1956.
Rogge, H.-J.: Methoden und Modelle der Prognose aus absatzwirtschaftlicher Sicht, Berlin 1972.

Rohrbach, B.: Techniken des Lösens von Innovationsproblemen, in: Jacob, H. (Hrsg.), Rationeller Einsatz der Marketinginstrumente, Schriften zur Unternehmensführung, Bd. 17, Wiesbaden 1973.
Rosenkranz, F.: Unternehmensplanung. Grundzüge der modell- und computergestützten Planung mit Übungen, München, Wien 1990.
v. Rosenstiel, L.: Motivation im Betrieb, München 1980.
Rückle, D.: Zur Diskussion um die Selbständigkeit der betriebswirtschaftlichen Steuerlehre, in: BFuP, 19. Jg. (1967), S. 36–48.
Rückle, D.: Normative Theorie der Steuerbilanzpolitik, Wien 1983.
Rühli, E.: Investitionsrechnung, in: Grochla, E., Wittmann, W. (Hrsg.), Handwörterbuch der Betriebswirtschaft, 4. Aufl., Stuttgart 1975, Sp. 2004 ff.
Rühli, E.: Leitungssysteme, in: Grochla, E. (Hrsg.), Handwörterbuch der Organisation, 2. Aufl., Stuttgart 1980, Sp. 1205 ff.
Rühli, E., Wehrli, H.-P. (Hrsg.): Strategisches Marketing und Management. Konzeptionen in Theorie und Praxis, Bern, Stuttgart 1986.
Sabel, H.: Die Grundlagen der Wirtschaftlichkeitsrechnung, Berlin 1965.
Sabel, H.: Produktpolitik in absatzwirtschaftlicher Sicht, Wiesbaden 1971.
Samuelson, P. A., Nordhaus, W. D.: Volkswirtschaftslehre – Grundlagen der Makro- und Mikroökonomie, Bd. 1 u. Bd. 2, 8. überarb. Neuaufl., Köln 1987.
Sandig, C.: Betriebswirtschaftspolitik, 2. völlig neubearb. Aufl., Stuttgart 1966.
Sandig, C., Köhler R.: Finanzen und Finanzierung der Unternehmung, 3. Aufl., Stuttgart 1979.
Schäfer, E.: Der Industriebetrieb, 2. erw. Aufl., Wiesbaden 1979.
Schäfer, E.: Die Unternehmung. Einführung in die Betriebswirtschaftslehre, Nachdr. d. 10. Aufl., Wiesbaden 1991.
Schäfer, E., Knoblich, H.: Grundlagen der Marktforschung, 5. neubearb. u. erw. Aufl., Köln, Opladen 1978.
Schanz, G.: Betriebswirtschaftslehre als Sozialwissenschaft. Eine Einführung, Stuttgart, Berlin, Köln, Mainz 1979.
Schanz, G.: Organisationsgestaltung, München 1982.
Scheer, A. W.: Die industrielle Investitionsentscheidung, Wiesbaden 1969.
Scheer, A. W.: CIM = Der computergesteuerte Industriebetrieb, 4. Aufl., Berlin u. a. 1990.
Schiemenz, B.: Betriebskybernetik, Stuttgart 1982.
Schierenbeck, H.: Unternehmungsfinanzen und Konjunktur, Stuttgart 1980a.
Schierenbeck, H.: Der Pyramideneffekt im verschachtelten Konzern, in: DBW, 40. Jg. (1980b), S. 249 ff.
Schierenbeck, H.: Kreditpyramiden und Bankbeteiligungen, in: WiST, 13. Jg. (1984a), S. 13 ff.
Schierenbeck, H.: Effektivzinskalküle, in: DBW, 44. Jg. (1984b), S. 99 ff.
Schierenbeck, H. (Hrsg.): Bank- und Versicherungslexikon, München, Wien 1990.
Schierenbeck, H.: Ertragsorientiertes Bankmanagement, 3. Aufl., Wiesbaden, Bern, Stuttgart 1991.
Schierenbeck, H., Hölscher, R.: BankAssurance – Institutionelle Grundlagen der Bank- und Versicherungsbetriebslehre, 2. überarb. u. erw. Aufl., Stuttgart 1992.
Schierenbeck, H., Rolfes, B.: Effektivzinsrechnung in der Bankenpraxis, in: ZfbF, 38. Jg. (1986), S. 766 ff.
Schierenbeck, H., Seidel, E. (Hrsg.): Banken und Ökologie: Konzepte für die Umwelt, Wiesbaden 1992.
Schmalenbach, E.: Die Privatwirtschaftslehre als Kunstlehre, in: ZfhF, 6. Jg. (1911/1912), S. 304 ff.
Schmalenbach, E.: Kapital, Kredit und Zins in betriebswirtschaftlicher Beleuchtung, 4. Aufl., Köln, Opladen 1961.
Schmalenbach, E.: Kostenrechnung und Preispolitik, 8. Aufl., Köln, Opladen 1963.
Schmalenbach, E.: Die Beteiligungsfinanzierung, 9. verb. Aufl., Köln, Opladen 1966.
Schmalenbach, E.: Dynamische Bilanz, unveränd. Nachdr. d. 13. verb. u. erw. Aufl., Köln, Opladen 1988.
Schmidt, F.: Die organische Tageswertbilanz, 4. Aufl., Wiesbaden 1969.
Schmidt, G.: Grundlagen der Aufbauorganisation, 2. Aufl., Gießen 1991a.

Schmidt, G.: Organisation – Methode und Technik, 4. Aufl., Gießen 1981 und 9. Aufl., Gießen 1991b.
Schmidt, G.: Organisatorische Grundbegriffe, 9. Aufl., Gießen 1991c.
Schmidt, R.-B.: Wirtschaftslehre der Unternehmung, Bd. 1: Grundlagen und Zielsetzung, 2. überarb. Aufl., Stuttgart 1977, Bd. 2: Zielerreichung, Stuttgart 1973, Bd. 3: Erfolgsverwendung, Stuttgart 1978.
Schmidt, R.-B.: Unternehmungsinvestitionen. Strukturen, Entscheidungen, Kalküle, 4. Aufl., Opladen 1984.
Schmidt, R.-H.: Grundzüge der Investitions- und Finanzierungstheorie, 3. Aufl., Wiesbaden 1991.
Schmidt-Sudhoff, U.: Unternehmerziele und unternehmerisches Zielsystem, Wiesbaden 1967.
Schmitt-Grohé, J.: Produktinnovation – Verfahren und Organisation der Neuproduktplanung, Wiesbaden 1972.
Schneeweiß, H.: Ökonometrie, 4. überarb. Aufl., Würzburg, Wien 1990.
Schneider, D.: Korrekturen zum Einfluß der Besteuerung auf die Investition, in: ZfbF, 21. Jg. (1969), S. 297 ff.
Schneider, D.: Bilanztheorien, neuere Ansätze, in: Kosiol, E. (Hrsg.), Handwörterbuch des Rechnungswesens, Stuttgart 1970, Sp. 260 ff.
Schneider, D.: Geschichte betriebswirtschaftlicher Theorie, 2. Aufl., München 1985.
Schneider, D.: Grundzüge der Unternehmensbesteuerung, 5. neubearb. Aufl., Wiesbaden 1990 a.
Schneider, D.: Investition, Finanzierung und Besteuerung. Lehrbuch der Investitions-, Finanzierungs- und Ungewißheitstheorie, Nachdr. d. 6. vollst. überarb. Aufl., Köln, Opladen 1990 b.
Schneider, E.: Volkswirtschaft und Betriebswirtschaft, Tübingen 1964.
Schneider, E.: Einführung in die Wirtschaftstheorie, Teil 1: Theorie des Wirtschaftskreislaufs, 14. verb. Aufl., Tübingen 1969.
Schneider, E.: Wirtschaftlichkeitsrechnung. Theorie der Investition, 8. Aufl., Tübingen 1973.
Schnettler, A.: Betriebsanalyse, 2. Aufl., Stuttgart 1960.
Schönfeld, H.-M.: Grundlagen des Rechnungswesens, 2. Aufl., Stuttgart 1969.
Schönfeld, H.-M.: Kostenrechnung, Bd. 1: Traditionelle Kostenrechnung, 7. erw. Aufl., Stuttgart 1979, Bd. 2: Kostenfunktion und die Verwendung von Kosten in Entscheidungsmodellen, 7. erw. Aufl., Stuttgart 1975.
Schoppe, S. G.: Kompendium der internationalen Betriebswirtschaftslehre, München, Wien 1991.
Schott, G.: Kennzahlen: Instrument der Unternehmensführung, 6. Aufl., Stuttgart, Wiesbaden 1991.
Schubert, W., Küting, K.: Unternehmenszusammenschlüsse, München 1981.
Schult, E.: Allgemeine Betriebswirtschaftslehre, 2. durchges. Aufl., Freiburg i. Br. 1984.
Schulte, K. W.: Wirtschaftlichkeitsrechnung, 4. Aufl., Würzburg, Wien 1986.
Schumann, J.: Grundzüge der mikroökonomischen Theorie, 5. rev. und erw. Aufl., Berlin, Heidelberg, New York 1987.
Schwarz, H.: Optimale Investitionsentscheidungen, München 1967.
Schwarz, H.: Betriebsorganisation als Führungsaufgabe, 9. Aufl., München 1983.
Schwarze, J.: Netzplantechnik, 6. Aufl., Herne, Berlin 1989.
Schweim, J.: Integrierte Unternehmensplanung, Bielefeld 1969.
Schweitzer, M.: Struktur und Funktion der Bilanz, Berlin 1972.
Schweitzer, M.: Einführung in die Industriebetriebslehre, Berlin, New York 1973a.
Schweitzer, M.: Produktions- und Kostentheorie der Unternehmung, Reinbek bei Hamburg 1973b.
Schweitzer, M., Küpper, H.-U.: Systeme der Kostenrechnung, 5. Aufl., München 1991.
Seelbach, H.: Determinanten des Kapitalbedarfs, in: Büschgen, H. E. (Hrsg.), Handwörterbuch der Finanzwirtschaft, Stuttgart 1976, Sp. 973–987.
Seelbach, H. (Hrsg.): Finanzierung, München 1980.
Seicht, G.: Die kapitaltheoretische Bilanz und die Entwicklung der Bilanztheorien, Berlin 1970.

Seidel, E.: Betriebliche Führungsformen. Geschichte, Konzept, Hypothesen, Forschung, Stuttgart 1978.
Seidel, E., Menn, H.: Ökologisch orientierte Betriebswirtschaft, Stuttgart 1988.
Seidel, E., Redel, W.: Führungsorganisation, München 1987.
Seidel, E., Strebel, H.: Umwelt und Ökonomie, Wiesbaden 1991.
Seidel, H.: Erschließung von Auslandsmärkten: Auswahlkriterien, Handlungsalternativen, Entscheidungshilfen, Berlin 1977.
Seischab, H.: Betriebswirtschaftliche Grundbegriffe, Stuttgart 1961.
Seischab, H., Schwantag, K. (Hrsg.): Handwörterbuch der Betriebswirtschaft, 3. Aufl., Stuttgart, Bd. 1: 1956, Bd. 2: 1958, Bd. 3: 1960, Bd. 4: 1962.
Sellien, H.: Finanzierung und Finanzplanung, 2. Aufl., Wiesbaden 1964.
Serfling, K.: Controlling, Stuttgart 1983.
Seyffert, R.: Über Begriff, Aufgaben und Entwicklung der Betriebswirtschaftslehre, 6. Aufl., Stuttgart 1971.
Sharpe, W.F.: A Simplified Model for Portfolio Analysis, in: Management Science 1962/63, S. 277-294.
Sharpe, W.F.: Capital Asset Prices; A Theory of Market Equilibrium under Conditions of Risk, in: Journal of Science, Sept. 1964, S. 425-442.
Sieben, G.: Der Substanzwert der Unternehmung, Wiesbaden 1963.
Sieben, G., Schildbach, T.: Betriebswirtschaftliche Entscheidungstheorie, 3. überarb. u. erw. Aufl., Tübingen, Düsseldorf 1990.
Sieben, G., Zapf, B. (Hrsg.): Unternehmensbewertung als Grundlage unternehmerischer Entscheidungen, Stuttgart 1981.
Siegwart, H.: Produktentwicklung in der industriellen Unternehmung, Bern, Stuttgart 1974.
Siegwart, H.: Der Cash-flow als finanz- und vertragswirtschaftliche Lenkungsgröße, 2. Aufl., Stuttgart 1990a.
Siegwart, H., u.a.: Meilensteine im Management, Bd. III: Management Controlling, Basel, Frankfurt a.M. 1990b.
Smith, A.: Der Wohlstand der Nationen – Eine Untersuchung seiner Natur und seiner Ursachen, neu aus dem Englischen übertragen von H.C. Recktenwald, München 1974.
Solomon, E.: The Theory of Financial Management, New York, London 1963.
Sommer, J.H.: Das Ringen um soziale Sicherheit in der Schweiz: eine politisch-ökonomische Analyse der Ursprünge, Entwicklungen und Perspektiven sozialer Sicherung, Diessenhofen 1978.
Soom, E.: Die neue Produktionsphilosophie: Just-in-time-Production, in: io Management-Zeitschrift, Nr. 9, S. 362ff., u. Nr. 10, S. 466ff., 1986.
Spies, U.: Grundlagen, Determinanten und situationsbezogene Gestaltung der optimalen Arbeitsaufgabe, Berlin 1976.
Spremann, K.: Investition und Finanzierung, 4. verb. Aufl., München, Wien 1991.
Spremann, K., Zur, E. (Hrsg.): Controlling, Wiesbaden 1992.
Sprenger, R.K.: Mythos Motivation – Wege aus einer Sackgasse, 2. Aufl., Frankfurt a.M., New York 1992.
Staehle, W.H.: Kennzahlen und Kennzahlensysteme als Mittel der Organisation und Führung von Unternehmen, Wiesbaden 1969.
Staehle, W.H.: Organisation und Führung sozio-technischer Systeme, Stuttgart 1973.
Staehle, W.H.: Management. Eine verhaltenswissenschaftliche Perspektive, 6. Aufl., München 1991.
Stahlknecht, P.: Einführung in die Wirtschaftsinformatik, 5. aktualis. u. überarb. Aufl., Berlin u.a. 1991.
Stahlmann, W.: Umweltorientierte Materialwirtschaft, Wiesbaden 1988.
Standop, D.: Optimale Unternehmensfinanzierung, Berlin 1975.
Statistisches Bundesamt (Hrsg.): Unternehmen und Arbeitsstätten, Arbeitsstättenzählung v. 27.5.1970, Heft 6, S. 9ff.
Statistisches Bundesamt (Hrsg.): Statistisches Jahrbuch 1991 für das vereinte Deutschland, Wiesbaden 1991.
Steffenhagen, H.: Wirkungen absatzpolitischer Instrumente, Stuttgart 1977.

Steger, U.: Umweltmanagement, Wiesbaden 1988.
Steiner, G. A.: Top-Management-Planung, München 1971.
Steiner, J.: Gewinnsteuern in Partialmodellen für Investitionsentscheidungen. Barwert und Endwert als Instrumente zur Steuerwirkungsanalyse, Betriebswirtschaftliche Studien, Bd. 40, Berlin 1980.
Steinle, C.: Führung. Grundlagen, Prozesse und Modelle der Führung in der Unternehmung, Stuttgart 1978.
Steinmann, H.: Das Großunternehmen im Interessenkonflikt, Stuttgart 1980.
Storck, E.: Zins- und Währungsswaps am Euromarkt, in: Die Bank, o.J., 1983, S. 459ff.
Strebel, H.: Umwelt und Betriebswirtschaft: Die natürliche Umwelt als Gegenstand der Unternehmenspolitik, Berlin 1980.
Streitferdt, L.: Die Produktionsfaktoren und ihre Bereitstellung, in: Müller, W., Krink, J. (Hrsg.), Rationelle Betriebswirtschaft, (Loseblattsammlung), Darmstadt o.J.
Strobel, A.: Die Liquidität. Methoden ihrer Berechnung, 2. Aufl., Stuttgart 1953.
Studer, T.: Allgemeine Betriebswirtschaftslehre, Teil C: Kapitalwirtschaft, hrsg. v. Hill, W., Müller, W.R., Rieser, J., Studer, T., Basel 1989.
Süchting, J.: Finanzmanagement. Theorie und Politik der Unternehmensfinanzierung, 5. vollst. überarb. u. erw. Aufl., Wiesbaden 1989.
Swoboda, P.: Die simultane Planung von Rationalisierungs- und Erweiterungsinvestitionen und von Produktionsprogrammen, in: ZfB, 35.Jg. (1965), S. 148ff.
Swoboda, P.: Finanzierungstheorie, Würzburg, Wien 1973.
Swoboda, P.: Investition und Finanzierung. Betriebswirtschaftslehre im Grundstudium der Wirtschaftswissenschaft, Bd. 3, 3. neubearb. Aufl., Göttingen 1986.
Swoboda, P.: Betriebliche Finanzierung, 2. erw. u. völlig überarb. Aufl., Würzburg, Wien 1991.
Szypersky, N.: Zur Problematik der quantitativen Terminologie der Betriebswirtschaftslehre, Berlin 1962.
Szypersky, N., Winand, U.: Grundbegriffe der Unternehmensplanung, Stuttgart 1980.
Tannenbaum, R., Schmidt, W.: How to choose a leadership pattern, in: HBR, 36.Jg. (1958), S. 95ff.
Terborgh, G.: Business Investment Policy, Washington D.C. 1958, ins Deutsche übersetzt und bearbeitet von H. Albach: Leitfaden der betrieblichen Investitionspolitik, Wiesbaden 1962.
Terhart, K.: Die Befolgung von Umweltschutzauflagen als betriebswirtschaftliches Entscheidungsproblem, Berlin 1986.
Tesch, P.: Die Bestimmungsgründe des internationalen Handels und der Direktinvestition, Berlin 1980.
Thiemeyer, Th.: Wirtschaftslehre öffentlicher Betriebe, Reinbek bei Hamburg 1975.
Thiess, E.: Kurz- und mittelfristige Finanzierung, Wiesbaden 1958.
Thom, N.: Personalentscheidung als Instrument der Unternehmensführung: Konzeptionelle Grundlagen und empirische Studien, Stuttgart 1987.
Thommen, J.P.: Managementorientierte Betriebswirtschaftslehre, 3. überarb. u. erw. Aufl., Bern, Stuttgart 1991.
Timmermann, M.: Sozialwissenschaften – eine multidisziplinäre Einführung, Konstanz 1978.
Töpfer, A.: Planungs- und Kontrollsysteme industrieller Unternehmungen, Berlin 1976.
Tucker, S.A.: Einführung in die Break-Even-Analyse, München 1973.
Ullrich, K.V.: Gesellschaftsbezogene Unternehmensphilosophie. Veröffentlichung der Stiftung Gesellschaft und Unternehmen, Heft 8, Köln 1977.
Ulrich, H.: Die Unternehmung als produktives soziales System, 2. Aufl., Bern, Stuttgart 1970.
Ulrich, H.: Management, hrsg. v. Dyllick, T., Probst, G., Bern, Stuttgart 1984.
Ulrich, H.: Unternehmenspolitik, 3. Aufl., Bern, Stuttgart 1990.
Ulrich, H., Hill, W., Kunz, B.: Brevier des Rechnungswesens, 7. Aufl., Bern, Stuttgart 1989.
Ulrich, P., Fluri, E.: Management. Eine konzentrierte Einführung, 5. durchges. Aufl., Stuttgart 1988.
Vazsonyi, A.: Die Planungsrechnung in Wirtschaft und Industrie, Wien, München 1962.
Veit, Th., Straub, W.: Investitions- und Finanzplanung, 2. überarb. Aufl., Heidelberg 1983.

Viel, J., Bredt, O., Renard, M.: Die Bewertung von Unternehmungen und Unternehmungsanteilen, 5. Aufl., Stuttgart 1975.
Vogler, G.: Allgemeine Betriebswirtschaftslehre, Wiesbaden 1976.
Vogler, G., Mattes, H.: Theorie und Praxis der Bilanzanalyse, 2. Aufl., Berlin 1976.
Volkart, R.: Beiträge zur Theorie und Praxis des Finanzmanagements, 2. erw. Aufl., Zürich 1987.
Vormbaum, H.: Grundlagen des betrieblichen Rechnungswesens, Stuttgart 1977a.
Vormbaum, H.: Kalkulationsarten und Kalkulationsverfahren, 4. Aufl., Stuttgart 1977b.
Vormbaum, H.: Finanzierung der Betriebe, 7. Aufl., Wiesbaden 1986.
Wagner, G.R. (Hrsg.): Unternehmung und ökologische Umwelt, München 1990.
Wagner, H.: Die Bestimmungsfaktoren der menschlichen Arbeitsleistung im Betrieb, Wiesbaden 1966.
Wagner, H.: Elektronische Datenverarbeitung. Systemanalyse und Systemgestaltung (Manuskript zur Vorlesung), Münster 1979.
Walb, W.: Finanzwirtschaftliche Bilanz, 3. Aufl., Wiesbaden 1966.
Waldmann, J.: Optimale Unternehmensfinanzierung, Wiesbaden 1972.
Walther, A.: Einführung in die Wirtschaftslehre der Unternehmung, Bd. 1, 2. Aufl., Zürich 1959.
Weber, H.K.: Betriebswirtschaftliches Rechnungswesen, Bd. 1: Bilanz und Erfolgsrechnung, 3. völlig neubearb. Aufl., München 1988, Bd. 2: Kosten- und Leistungsrechnung, 3. neubearb. Aufl., München 1991.
Weber, J.: Einführung in das Controlling, Teil 1: Konzeptionelle Grundlagen u. Teil 2: Instrumente, 3. Aufl., Stuttgart 1990.
Weber, M.: Wirtschaft und Gesellschaft. Grundriß der verstehenden Soziologie, 5. rev. Aufl., Tübingen 1980.
Weber, W., Kolb, M.: Einführung in das Studium der Betriebswirtschaftslehre, Stuttgart 1977.
Wehrli, H.P.: Marketing – Zürcher Ansatz, 2. Aufl., Bern, Stuttgart 1989.
Weilenmann, P.: Der Cash flow, „Die Orientierung", Nr. 60, 2. Nachdr., Bern 1980.
Weilenmann, P.: Kapitalflußrechnung in der Praxis, Zürich 1985.
Weilenmann, P.: Grundlagen des betriebswirtschaftlichen Rechnungswesens, 3. Aufl., Aarau, Frankfurt a.M. 1987.
Weilenmann, P.: Kostenrechnung, in: Borkowsky, R., Moosmann, R. (Hrsg.), Kleiner Merkur, Bd. 2: Betriebswirtschaft, 4. überarb. Aufl., Zürich 1990, S. 475–515.
Weinberg, P.: Betriebswirtschaftliche Logik. Symbolisierung logischer Strukturen in betriebswirtschaftlichen Theorieansätzen, Wiesbaden 1971.
Weingartner, H.M.: Mathematical Programming and the Analysis of Capital Budgeting Problems, Englewood Cliffs (N.J.) 1963.
Weinhold-Stünzi, H.: Marketing in 20 Lektionen, 12. Aufl., St. Gallen, Stuttgart, Steyr 1988.
v. Weizäcker, E.U.: Erdpolitik. Ökologische Realpolitik an der Schwelle zum Jahrhundert der Umwelt, Darmstadt 1989.
Welcker, J., Thomas, E.: Finanzanalyse, München 1981.
Welsch, G.A.: Budgetierung. Profit-Planning and Control, Englewood Cliffs 1957.
Westermann, H., u.a.: Handbuch der Personengesellschaften, Teil 1: Gesellschaftsrecht, Teil 2: Betriebswirtschaft, Teil 3: Steuerrecht, Teil 4: Arbeits- und Sozialversicherungsrecht, 3. Aufl., Köln 1979.
Weston, J.F., Brigham, E.F.: Managerial Finance, 5th. ed., London, Illinois, Sydney, Toronto 1975.
Wicke, L.: Umweltökonomie: eine praxisorientierte Einführung, 2. Aufl., Wiesbaden 1989.
Wielens, H.: Fragen der Bankorganisation. Führt die verstärkte Marktorganisation der Universalbanken zur Divisionalisierung?, Frankfurt a.M. 1977.
Wild, J.: Unternehmerische Entscheidungen, Prognose und Wahrscheinlichkeiten, in: ZfB, 39. Jg. (1969), 2. Erg.-H., S. 60ff.
Wild, J.: Management-Konzeption und Unternehmensverfassung, in: Schmidt, R.-B. (Hrsg.), Probleme der Unternehmensverfassung, Gedanken zum 70. Geburtstag von Martin Lohmann, Tübingen 1971.
Wild, J.: Product Management, München 1972a.
Wild, J.: Unterentwickeltes Management by …, in: MM (1972b) Nr. 10, S. 60ff.

Wild, J.: Grundlagen der Unternehmungsplanung, 4. Aufl., Reinbek bei Hamburg 1982.
Wilkens, K.: Kosten- und Leistungsrechnung. Lern- und Arbeitsbuch, 7. Aufl., München, Wien 1990.
Witte, E.: Die Liquiditätspolitik der Unternehmung, Tübingen 1963.
Witte, E.: Die Organisation komplexer Entscheidungsverläufe – Ein Forschungsbericht, in: ZfbF, 20. Jg. (1968), S. 581 ff.
Witte, E., Hauschildt, J.: Die öffentl. Unternehmung im Interessenkonflikt, Berlin 1966.
Witte, E., Klein, H.: Finanzplanung der Unternehmung. Prognose und Disposition, 3. Aufl., Wiesbaden 1983.
Witte, Th.: Heuristisches Planen, Wiesbaden 1979.
Wittek, B. F.: Strategische Unternehmensführung bei Diversifikation, Berlin, New York 1980.
Wittgen, R.: Einführung in die Betriebswirtschaftslehre, 2. überarb. u. erw. Aufl., München 1978.
Wittmann, W.: Unternehmung und unvollkommene Information, Opladen 1959.
Wittmann, W.: Betriebswirtschaftslehre. Ein einführendes Lehrbuch, Bd. I: Grundlagen, Elemente, Instrumente, Tübingen 1982, Bd. II: Beschaffung, Produktion, Absatz, Investition, Finanzierung, Tübingen 1985.
Wöhe, G.: Bilanzierung und Bilanzpolitik. Betriebswirtschaftlich – Handelsrechtlich – Steuerrechtlich. Mit einer Einführung in die verrechnungstechnischen Grundlagen, 7. völlig neubearb. u. erw. Aufl., München 1987.
Wöhe, G.: Die Handels- und Steuerbilanz. Betriebswirtschaftliche, handelsrechtliche und steuerrechtliche Gundsätze der Bilanzierung, 2. völlig neubearb. Aufl., München 1990a.
Wöhe, G.: Einführung in die allgemeine Betriebswirtschaftslehre, 17. überarb. u. erw. Aufl., München 1990b.
Wöhe, G.: Die Steuern des Unternehmens, 6. überarb. u. erw. Aufl., München 1991.
Wöhe, F., Bilstein, J.: Grundzüge der Unternehmensfinanzierung, 6. überarb. u. erw. Aufl., München 1991.
Wöhe, G., Kaiser, H., Döring, U.: Übungsbuch zur „Einführung in die Allgemeine Betriebswirtschaftslehre", 6. überarb. Aufl., München 1990.
Wohlleben, H.-D.: Präsentationstechnik, hrsg. v. Lindlaub, H., 3. Aufl., Gießen 1984.
Woll, A.: Allgemeine Volkswirtschaftslehre, 10. neubearb. Aufl., München 1990.
Wunderer, R. (Hrsg.): Betriebswirtschaftslehre als Management- und Führungslehre, 2. erg. Aufl., Stuttgart 1988.
Wunderer, R., Grundwald, W., unter Mitarbeit von Moldenhauer, P.: Führungslehre, Bd. 1: Grundlagen der Führung, Bd. 2: Kooperative Führung, Berlin, New York 1984.
v. Wysocki, K.: Kameralistisches Rechnungswesen, Stuttgart 1965.
v. Wysocki, K.: Sozialbilanzen, Stuttgart 1981.
v. Wysocki, K., Wohlgemuth, M.: Konzernrechnungslegung, 3. Aufl., Tübingen, Düsseldorf 1986.
Zangemeister, C.: Nutzwertanalyse in der Systemtechnik, 4. Aufl., Berlin 1976.
Zartmann, H., Litfin, P. M.: Unternehmensform nach Maß, 2.Aufl., Stuttgart 1977.
Zehnder, H. P.: Die Umgestaltung einer privaten Aktiengesellschaft in eine Publikumsgesellschaft, Zürich 1981.
Zimmerer, C.: Kompendium der Betriebswirtschaftslehre, 4. Aufl., Frankfurt a. M. 1971.
Zimmermann, G.: Grundzüge der Kostenrechnung. Arbeitsbuch, 4. überarb. u. erw. Aufl., Stuttgart 1992a.
Zimmermann, G.: Grundzüge der Kostenrechnung, 4. überarb. u. erw. Aufl., Stuttgart 1992b.
Zink, G.: Zur Systematik der bankbetrieblichen Standortfaktoren, in: ÖBA, 19. Jg. (1971), Nr. 1, S. 19–31.
Zlábek, K.: Wirtschaftslehre der Unternehmung, Würzburg, Wien 1968.
Zünd, A. (Hrsg.): Konzernrechnungslegung und Konzernrevision im Lichte der jüngeren schweizerischen und internationalen Entwicklung, Zürich 1985.
v. Zwehl, W.: Untersuchung zur Erstellung einer Planbilanz als Ergänzung des Jahresabschlusses, Berlin 1968.
v. Zwehl, W.: Kostentheoretische Analyse des Modells der optimalen Bestellmenge, Wiesbaden 1973.

v. Zwehl, W., Schmidt-Ewing, W.: Wirtschaftlichkeitsrechnung bei öffentlichen Investitionen, Wiesbaden 1981.
Zwicky, F.: Entdecken, Erfinden, Forschen im morphologischen Weltbild, München 1971.

Stichwortverzeichnis

ABC-Analyse 198 f.
Abgabenorientierung 48
Abgrenzung der Sache und Zeit nach,
  Grundsätze der 530
Ablauf-
– Organisation 91
– Planung, zeitliche 208 f.
– –, Dilemma der 209
– Politik 8
Abnutzung, technische 192
Absatz 181
–, direkter 288
–, indirekter 288
Absatz-
– Kanäle 287 f.
– Kredite, Systematisierung der 286 f.
– Kreditpolitik 286 f.
– Lager 181
– Markt 243
– Mittler, Verhalten der 254
– Orientierung 48
– Planung 243 ff.
– Potential 253
– Volumen 253
Abschöpfungspreispolitik 277
Abschreibung 540, 624 ff.
–, arithmetrisch-degressive 625
–, außerplanmäßig 543 f.
–, degressive 625
–, geometrisch-degressive 625
–, lineare 624 f.
–, planmäßig 542 f.
–, progressive 625 f.
Abschreibungs-
– Methoden 624 ff.
– Plan 543
– Summe 624
– Zeitraum 624
Abteilungsbildung 91, 102
Abweichungsanalyse 89
Abzinsungsfaktoren 337
Acid-Test-Regel 610
Äquivalenzziffern 652
Äquivalenzziffernkalkulation 652 f.
–, einstufige 652
–, mehrstufige 652
AG & Co. KG 28 f.
AIDA-Schema 290
Akkordlohn 136 f.
Akkordlohnsystem 136 f.
Akkreditiv 417
Aktien, Arten von 401 f.
Aktiengesellschaften 28, 30 f.

Aktivierungsfähigkeit 532
Aktualität von Zielen 76
Akzeptkredit 417
Alternativensuche 84 f.
Altersstruktur 285
Amortisations-
– Dauer (Pay-off) 332 f.
– Rechnung 319, 324, 332 f.
Analyse-Synthese-Konzept 91
Analysetechnik 148
Angebotskurve 19
Anhang 526 ff.
Anlagen-
– Deckungsgrad 606
– Intensität 605
Anlagespiegel 517
Anlagevermögen 517
Anlieferung, einsatzsynchrone 198
Annuitätenmethode 320, 335 ff., 343
Anpassung 223
–, intensitätsmäßige 228 ff.
–, kombinierte 231 f.
– –, zeitlich/intensitätsmäßig/quantitative
  231 f.
– –, zeitlich/quantitative 231
–, partielle 223, 225 f.
–, Prozeßtypen der 230
–, quantitative 223
–, selektive 223
–, totale 223 ff.
–, zeitliche 223, 228 f.
Anpassungsprozeß 229
–, optimaler 232
Anreiz-Beitrags-Theorie 57 f.
Anreizfaktoren 134
Anreizsystem 134
Anschaffungskosten 535 f., 538 f.
Anschaffungswertprinzip 531
Anstalten 28
Anwendungsprogramm 132
Arbeits-
– Bedingungen, objektive 187
– Bewertung 135 f.
– Gemeinschaften (Konsortien) 49
– Leistungen 181
– Organisation, Modelle der 190
– Orientierung 48
– Produktivität 187 ff.
– Stättenzählung 35 f.
– Teilung 15 f., 38
– –, produktivitätsfördernde Wirkung der 16
Argumentationstechnik 148
Art-Mengen-Wert-Verhältnis 198 f.

Aufbauorganisation 91 f.
Aufgabenregelung 89 f.
Aufsichtsrat 71
Auftragsgrößenplanung 208 f.
Aufwand 3
Aufwendungen 495
–, Abgrenzung der 495 f.
Ausgaben 495
–, Abgrenzung der 495 f.
–, kapitalbildende 297, 299
–, kapitalentziehende 297, 299
Ausgleichsgesetz der Planung 117
Ausgleichsposten 551 f.
Auskunftssystem 132
Auslandsdiversifikation 43
Auslandsniederlassungen 46
Auslastung, kritische 164 f., 326
Außendienst 293
Ausstrahlungseffekte 256
Automatisierung 195
Automatisierungsgrad 131 f.
Avalkredit 417 f.

Bankmarketing 250
Basismodell 362, 364
Basis-Lösung 176
Baumol-Modell 471
Bedarfsorientierung 282
Bedarfsplanung
–, programmgebundene 200 f.
–, verbrauchsgebundene 201
Bedürfnisbefriedigung 58 ff.
Befreiungsvoraussetzungen 550
Bereitstellungs-
– Kosten 184
– Planung, Aufgaben der 185
Berichtssystem 132
Beschäftigungs-
– Abweichung 662 f.
– Schwelle, kritische 276
Beschaffungs-
– Kosten 185
– Markt 252
– (Bestell)-Mengenoptimierung 201 ff.
– Vollzug, Planung des 203
Bestands-Größen im Rechnungswesen 493 ff.
Bestellmenge, Grundmodell der optimalen 203
β-Faktor 383
Beteiligungs-
– Finanzierung 399 ff.
– Quote 50
– Stammbaum 51
– Systeme 138
Betriebe

–, Bestimmungsfaktoren 25
–, Merkmale 22
–, öffentliche 24 f.
Betriebsabrechnung 620 ff.
– Teilkostenbasis 638 ff.
– auf Vollkostenbasis 620 ff.
–, Grundstruktur der 620 f.
Betriebsabrechnungsbogen (BAB) 627 f.
Betriebs-
– Ergebnis 63, 525
– –, kalkulatorisches 63
– Erfolg 620
– Größenplanung 207
– Kosten 324 f.
– Stoffe 196
– Vergleich 608
Betriebsmittel 181
–, Abnutzungsgrad der 192
–, Betriebsfähigkeit der 192
–, Elastizität der 194
–, Ersatzbedarf an 191
–, Erweiterungsbedarf an 191
–, Kapazität der 193
– –, qualitative 193 f.
– –, quantitative 193
–, Modernität der 191 f.
–, Neubedarf an 191
–, technische Eignung der 192
–, technischer Leistungsstand der 191
–, Wartung und Instandhaltung von 191
Betriebsmittel-
– Bedarf 191
– Bereitstellung 191
– Beschaffung 191
Betriebsoptimum 227
Betriebsverfassungsgesetz 71 f.
Betriebswirtschaftslehre 7, 9 ff.
–, Allgemeine 9 f.
–, Besondere 9 f.
Bewegungsbilanz 583 f.
Bewertung von
– Handlungsalternativen 86 ff.
– Wirtschaftsgütern 535 ff.
Bewertungs-
– Technik 148
– Vereinfachungsverfahren 539 f.
– Wahlrechte 535 ff.
Bezugsrecht 403
Bilanz 499 ff.
– Analyse 567, 590 ff.
– –, Aufgabengebiete der 568
– –, Begriff der 567
– –, Grenzen der 590 ff.
– Arten 499 ff.
– Auffassungen, theoretische 501 ff.
– –, dynamische 503

– –, organische 503 f.
– –, statische 501
– Gewinn 63
– Gleichung 499
– Handels-, Aufbau der 512 ff.
– Identität 530
– Kennzahlen 597 ff.
– Klarheit 530
– Kontinuität, Grundsatz der 531
– Kurs 403
– Politik 567, 569 ff.
– –, Begriff der 568
– –, Instrumente der 575 ff.
– –, optimale Kombination 587 ff.
– –, Ziele der 569 ff.
– Positionen, Aktiva 513 ff.
– –, Passiva 513 ff.
– Regel, goldene 610
– Sozial- 586 f.
– Theorie 501 f.
– Vermögen 495
– Wahrheit 530
Bilanzierung
– nach Handelsrecht 506 ff.
–, rechtliche Grundlagen 506 ff.
Bilanzierungs-
– Grundsätze 521
– Hilfe 534
– Pflicht 506 f.
– Verbote 534
– Wahlrechte 534 f.
Bottom-up Verfahren 113
Brainstorming 149 f.
Branchenanalyse 35 ff.
Break-Even-Analyse 143, 275 ff., 324 ff.
Brutto-
– Deckungsspanne, relative 240
– Gewinnzuschlag 274
– Methode 362
– Prinzip 526
– Sozialprodukt 22 ff.
Buchhaltung
–, doppelte (Doppik) 487 f.
–, einfache (Buchführung) 487
–, Konten der 487 f.
Buchkredit 414
Buchwertmethode 553 f.
Budgetierung 116, 125
Budgetlinie 260
Bürokratisierung 90
Business-Marketing 248

CAD 211
CAM 211
CAP 211
CAQ 211

CIM 210
Capital Asset Pricing Model (CAPM) 381 ff.
„Cash-Cows 121
Cash-Flow 333
– als Erfolgsindikator 595 f.
– –, Finanzierung 429
– –, Umsatzrentabilität 600 f.
Codierung, binäre 129 f.
Computer Aided
– Design 211
– Manufacturing 211
– Planning 211
– Production Planning and Steering 211
– Quality Assurance 211
Computer Integrated Manufacturing 210
Control-Konzept 549 ff.
Controlling 114 ff.
Convertible Floating Rate Note 410
Corporate Identity 293
Cost-Driver 665
Cournot-Optimum 269
CPM 156 ff.
Current-Ratio-Regel 610

Darstellungstechnik 149
Datenbanken 132
DBU-Quote 330 f.
Dean-Modell 350 ff.
Deckungsbeiträge 239
Deckungsbeitragsrechnung 640 f.
Deckungsbeitragsstruktur 285
Deckungsbudgets 645
Deckungsspanne 239
–, relative 239 ff.
Delegation 109
Delkredereversicherung 405
Desinvestitions-Planung 310
Dezentralisierung 43
Dienstleistungsmarketing 249
Dienstleistungsunternehmung 34
Differentialrechnung 174
Differenzinvestition 341 ff.
Direct-Costing 638 ff.
Direktinvestitionen 46
Disagioverteilungsfaktor 445
Diskont-
– Kredit 416
– Satz 416
Disposition 90 f.
Distribution, physische 288 f.
Distributionsmix 251
Distributionspolitik 250
Diversifikation 42 f., 281
Dividenden-
– Planung 311
– Stabilität, Politik der 573

Divisionskalkulation 649 ff.
–, einstufige 650
–, mehrstufige 650
"Dogs" 121
Dokumentation, Grundsätze der 529
Doppelgesellschaft 32 f.
Doppelwährungsanleihen 410
Drop-Lock Floating Rate Note 410
Durchschnitts-
– Methode 540
– Produktivität 218
Durchsetzung von Maßnahmen 88 f.
Durchsetzbarkeit von Zielen 76
Dynamische Investitionsrechnungsverfahren, genereller Aussagewert 351 f.
Effektenlombard 416
Effektivverschuldung 592 ff.
Effektivzins nach Preisangabeverordnung (PAngV) 453 ff.
– "internationaler" der AIBD 455 ff.
Effektivzinskalküle 437 ff.
– dynamische Reale Zinsfußmethode 447 ff.
– klassische (dynamische) Interne Zinsfußmethode 444 ff.
– traditionelle (statische) Methode 439 ff.
Eigenbetrieb 28
Eigenkapital 300, 592
–, bilanzielles 518 f.
Eigenkapital-
– Finanzierung 397 f.
– Rentabilität 64, 68, 599
Eignung, individuelle 187
Einflußaktivitäten 128
Einheitstheorie 549
Einkommensteuer 312
Einkreissystem 493
Einliniensystem 105
Einnahmen 495
–, kapitalfreisetzende 297, 299
–, kapitalzuführende 297, 299
Einsatzlager 181
Eintrittswahrscheinlichkeiten 171
Einzelbeschaffung 198
Einzelbewertung 352
Einzelkosten- 617
– Stückfaktoren 666 ff.
– Rechnung, relative 643 ff.
– Zeitfaktoren 666 ff.
Elastizität 90
Elastizität der Nachfrage 264 f.
–, qualitative, fertigungstechnische 194
–, quantitative, fertigungstechnische 194 f.
Emanzipation 208
Endwertmodelle 352
Energieorientierung 48

Engpaß 238 ff.
Entlohnung 135 ff.
Entscheidungen
–, Begriff der 87
–, Führungs- 43
–, Programm- 348
Entscheidungs-
– Baumanalyse (-Technik) 148, 375 f.
– Delegation 109
– Modelle, mathematische 148, 201 ff., 223 ff., 266 ff.
– Probleme unter Ungewißheit 124 f.
– Regeln bei Ungewißheit 171, 372 f.
– Tabelle 169 ff.
– Tabellentechnik 167 ff.
– Technik 149, 167 ff.
– Typen 88 f.
Equity-Methode 553 f.
Erbschaftssteuer 312
Erfahrungskurve, Konzept der 120
Erfolgs-
– Begriff 63
– Beteiligungssysteme 138
– Kennzahlen 597 ff.
– Rechnung 613 ff.
– –, Hauptaufgaben der 613 f.
– –, kalkulatorische 613 ff.
– Spaltung 593
– Ziele 62, 183
Ergebnis
–, außerordentliches 593
–, ordentliches 593
–, Kontrolle 89
–, Matrix 172
– Strukturanalyse 601 ff.
– Verwendung 525
Erhebungstechnik 148
Erlösplanung 263 ff.
ERP-Mittel 427
Ersatzinvestitionsproblem 326 ff.
Ertrag, 3, 495
Ertrags-
– Funktion 218 ff.
– Gebirge 217 f.
– Lage, Kennzahlen zur 598 ff.
– Struktur, Kennzahl zur 601 f.
– Verlauf 219
– Wertmethode 392 f.
Erweiterungsbedarf 191
Erwerbsmethode 553 f.
Eventualentscheidung 124
Eventualverbindlichkeiten 520
Existenzbedingungen der Unternehmung 60
Extrapolarisationsverfahren, statistische 149, 166 f.

Export 46
Exportkreditversicherung 405

Factoring 399, 418 ff.
Faktorkombinationen, kostenminimale 224
Faktorpreisänderungen, Kostenwirkung bei 225
Fehlmengenkosten 185
Festbewertung 539
FIFO-Verfahren 540
Financial-Lessing 421
Finanz-
– Bedarf 301
– Budget 474
– Investition 304
– Kraft 600
– Plan 309, 473 ff.
– Politik 309
– Prozeß 56, 297 ff.
– –, Grundstruktur des 182
– Rechnung 490
– Ziele 62
Finanzielle Ströme, Kreislauf der 298
Finanzielles Gleichgewicht 307
Finanzierung 307 ff.
– aus Abschreibungen 430 ff.
– aus Gewinnen 429
– aus Rückstellungen 433
– aus Vermögensumschichtung 433 f.
Finanzierungs-
– Entscheidungen 322
– Formen 397 ff.
– Instrumente 310
– Regeln 609
– Modelle 436 f.
– –, simultane 437
– Regeln
– –, horizontale 609
– –, vertikale 609 f.
– Zahlungsreihe 322
Fixkosten
– Deckungsrechnung, stufenweise 641 ff.
– Proportionalisierung 213, 639
Flexibilität 124 f.
Fließfertigung 196
Floating Rate Note 409
Flow-Chart(-ing) 150
Flußdiagrammtechnik 150
Fondsrechnung 584
Forderungsintensität 605
Forderungsverkauf (Factoring) 418 ff.
Formalziele 62
Fortschreibungsmethode (Skontrations-Methode) 623
Franchising 46
Fremdkapital 300, 592

–, bilanzielles 519 f.
Fremdkapitalfinanzierung 405 ff.
Fristenkongruenz, Grundsatz der 606
Führung 82, 93 ff.
–, Arten 94 ff.
–, Begriff 94
–, Rahmenbedingungen 97
Führungs-
– Entscheidungen, echte 88
– –, Durchsetzung der 88
– Prinzipien 133
– Stile 94 ff.
– Systeme 133
Fusion (Verschmelzung) 50

GAP-Analysis 118
Gebrauchsgüter 2
Gegenstromverfahren 113
Geld 16
– als allgemeines Tauschmittel 17
– als Recheneinheit 16
Geld-
– Bedarf 301
– Ströme 20
– Wirtschaft 16
Gemeinkosten
–, echte 617
–, unechte 617
Gemeinkosten-
– Schlüssel 630
– Streuung, Prinzip der minimalen 630
– Zuschlagssätze 629
Gemeinschaftskontenrahmen 491 f.
General Law of Replacement 346
Generalnorm 549
Genossenschaft 28, 32
Genußschein 402
Geschäftsfeld, strategisches 119 f.
Geschäftswertabschreibung, Methoden der
–, befristete 394
–, unbefristete 394
Gesamtergebnis vor Steuern 593
Gesamtkapitalrentabilität 65, 599
Gesamtkosten 214
– Funktion 227
– Verfahren 635
Gesellschaft des bürgerlichen Rechts 28 f.
Gesellschaftssteuer 312 f.
Gewerbesteuer 312
Gewinn-
– Maximierung 5
– –, Prinzip der 5
– schuldverschreibung 408
– schwellenanalyse (Break-Even-Analyse) 275 ff., 323 ff.
Gewinnrücklagen 519

Gewinnvortrag 519
Gewinn- und Verlustrechnung (GuV),
  Aufgaben der 521 ff.
Gewinnsteuern und
  Wirtschaftlichkeitsrechnung 361 ff.
Gewinnvergleichsrechnung 319, 329 ff.
Gleichgewicht
–, finanzielles 307
– –, Komponenten des 308
–, güterwirtschaftliches 183 f.
–, organisatorisches 90
GmbH 28, 30
GmbH & Co. KG 28 f.
GOB (Grundsätze ordnungsmäßiger
  Buchführung und Bilanzierung) 528 ff.
Gozinto-Methode 201 f.
Gratisaktien 405 f.
Grenzkosten 214, 224
Grenzkosten-
– Rechnung 638
– Funktion 225
Grenzplankostenrechnung 664
Grenzproduktivität 218
Grenzrate der Substitution 218
Größenklassen für Unternehmen 37 f.
Grunderwerbssteuer 312
Grundkosten 496
Grundprinzipien, marktwirtschaftliche 19
Grundrechnung 643 f.
Grundsätze
– der Abgrenzung der Sache nach 530
– der Abgrenzung der Zeit nach 530
– der Dokumentation 529
– der Klarheit 530
– der Konzernrechnungslegung 549
– der Rechenschaft 529 ff.
– der Stetigkeit 531
– der Vollständigkeit 530
– der Vorsicht 532 f.
– der Wahrheit 529 f.
– ordnungsmäßiger Buchführung und
  Bilanzierung 528 ff.
Grundsteuer 312
Grundstoffe 196
Güter
–, freie 2
–, immaterielle 2
–, materielle 2
Güterknappheit 1
Güterströme 20
Gutenberg-Produktionsfunktion 221 ff.

Handelsbilanz, Aufbau der 512 ff.
Handelsspanne 288
Handlungsalternativen 171
Handwerksbetrieb 38

Hardware 132
Harzburger Modell 140 ff.
Hauptkostenstellen 626
Hauptspeicher 132
Herkunftsorientierung 282
Herstellungskosten 536, 538 f.
Hierarchisierung 102 f.
HIFO-Verfahren 540 f.
Hilfskostenstellen 626
Hilfsstoffe 196
Homogenitätsgrad der Produkte 38, 41 f.

Imparitätsprinzip 531
Imponderable Faktoren 315
Index-Modell 381
Industriebetrieb 38
–, Breite des Repertoires 40, 42 f.
–, Merkmale des 38
–, technisch-ökonomische Struktur 38 ff.
Industrie-
– Kontenrahmen 492 f.
– Obligation, Ausstattungsmerkmale 407
– Schuldverschreibung 406 f.
Information
–, Begriff der 129
–, Qualitätskategorien für 130
–, unvollkommene 4
Informations-
– Angebot 130
– Arten 133
– Bedarf 130
– Beschaffung 130
– Management 115
– Nachfrage 130
– Prozesse 130
– Speicherung 131
– Systeme 128
– Theorie 129
– Übermittlung 131
– Verarbeitung 131
Inhaberaktie 401
Innenfinanzierung 429 ff.
Innenfinanzierungsgrad 604
Innenumsatzerlöse 552
Inputgüter 2
Instandhaltung 191
Instanzen 104
Instrumentalfunktion der Unternehmung 57
Integrationsgrad 38, 41
Interessenkonflikt 61
Internationalisierung 43
Internationalisierungsstrategie 45
Internationalisierungsstufen 45
Interne Zinsfußmethode (Interne
  Zinssatzmethode) 320, 335 ff.
Inventurmethode 623

Investitionen
-, Anschluß- 341
-, Arten von 304 ff.
-, Differenz- 341
-, Ergänzungs- 341
-, Nachfolge- 341
Investitions-
- Deckungsgrad 604
- Entscheidungen unter Unsicherheit 321
- Intensität 604
- Güter 249
- Kalküle, s. Investitionsrechnung 315 ff.
- Kette 375 f.
- Marge 355
- Modelle, Grundprobleme simultaner 318
- Objekte des Umlaufvermögens 305
- Probleme 207
- Rate 602
- Rechnungen 315 ff.
- Risiko 333
- und Finanzierungsprogramm, optimales 351 ff.
- Zahlungsreihe 322
Iso-Gewinnlinien 175
Isoquante 217, 225
Istkostenrechnung 614 f.

Jahresabschluß
-, erweiterter 510
-, Bewertung im 535 ff.
-, Bilanzierung im 532 ff.
-, handelsrechtlicher 506 ff.
-, konsolidierter 548 ff.
Jahresfehlbetrag 63, 519, 525
Jahresüberschuß 63, 519, 525
Joint Ventures 46

Käufer-
- Marktsituation 243
- Verhalten 254
Kalkulation
-, progressive 274 f., 648
-, retrograde 274 f., 648
Kalkulations-
- Verfahren, Übersicht über die 649
- Zinsfuß 336 f.
Kanal 132
Kapazität 193, 237
-, qualitative 193
-, quantitative 193
Kapazitäts-
- Bereitstellung 240
- Beschränkung 237
- Engpaß 238 ff.
- Erweiterungseffekt 431 f.
- Multiplikator 432

Kapital
-, Begriff des 297, 300
-, betriebsnotwendiges 626
-, genehmigtes 404
-, gekennzeichnetes 518
Kapitalaufrechnungsdifferenz 551 f.
Kapitalbedarf 301
-, Hauptdeterminanten des 302
Kapitalbedarfsplanung 309 f.
Kapitalbindungsdauer 303 f.
Kapitalbindungsdifferenzen 346
Kapitalerhaltung 570 f.
Kapitalerhöhung,
- Formen der 402 ff.
- gegen Einlagen 402 f.
-, bedingte 403 f.
- aus Gesellschaftsmittel 404 f.
Kapitalflußrechnung 583 f.
Kapitalfonds 300
Kapitalfondsplanung 309 f.
Kapitalfreisetzung
- im Anlagevermögen 433 f.
- im Umlaufvermögen 434
Kapitalfreisetzungseffekt 431
Kapitalgesellschaft 28, 30
Kapitalgewinn 63
Kapitalkonsolidierung 551 f., 554 f.
Kapitalkosten 324 f.
Kapitalmarkt 351 f.
Kapitalmarktformen 457 f.
Kapitalmarkttheorie 378 ff.
- linie 381
Kapitalrentabilität, umsatzbezogene 64
Kapitalrücklagen 519
Kapitalstruktur, Optimierung der 310
Kapitalstruktur-
- Kennzahlen 605 f.
- -, horizontale 606
- -, vertikale 605 f.
- Modelle 457 ff.
- Strukturnormen 609 f.
Kapitalumschlag 66, 332
Kapitalverlust 63
Kapitalwert 335 f.
Kapitalwert-
- Kurven 347
- Methode 320, 335 ff., 343
Kartell 49
Kassenhaltungsmodelle 470 ff.
Kassenmittelintensität 605
Kennzahlen
- Kosten- und Ertrags- 601 f.
- Mitarbeiter- 601
- Rentabilitäts- 598 f.
- zur Aufwands- und Ertragsstruktur 598 f.
- zur Ertraglage 598 ff.

– zur Finanzierung 604 ff.
– zur Investition 602 f.
– zur Kapitalstruktur 605 f.
– zur Liquidität 606 f.
– zur Vermögensstruktur 605
Kennzahlensysteme 64 ff., 148
Kennzahlenvergleiche 607 ff.
KGaA 28 f.
Körperschaften, öffentlich-rechtliche 28
–, privatrechtliche 29 f.
Körperschaftsteuer 312
Kommanditgesellschaft 28, 30
Kommunikation 131, 290 f.
Kommunikationsmix 251
Kommunikationspolitik 250 f.
Kompetenzabgrenzung 104 ff.
Komplementaritätsstrategie 74
Konditionenpolitik 286
Kongruenzprinzip 109
Konkurrenz
–, atomistische 269 f.
–, heterogene 266
–, homogene 266
–, monopolistische 271
–, polypolistische 271
Konkurrenzanalyse 254
Konsistenz von Zielen 76
Konsolidierung 548 ff.
– der anderen Aufwendungen und
  Erträge 558
– der Innenumsatzerlöse 558
– der konzerninternen Ergebnis-
  vereinnahmungen 558
–, Erfolgs- 551, 557 f.
–, Erst- 553 f.
–, Folge- 553 f.
–, Kapital- 551 ff.
–, Schulden- 551, 556 f.
–, Teil- 554
–, Voll- 554
Konsolidierungs-
– Kreis 549 ff.
– Pflicht 550
– Verbot 551
– Wahlrecht 551
Konsortium 49
Konsumgüter 2, 248 f.
Kontenplan 490 ff.
Kontenrahmen 490 ff.
Kontenrahmensystem 490 ff.
Kontokorrentkredit 415
Kontrahierungsmix 251
Kontrahierungspolitik 250
Kontrolle 82
–, Begriff und Funktion 89
–, Typen der 89

Kontrollsysteme 112 ff.
Konzentration 50
Konzept der einheitlichen Leitung 549 f.
Konzern 548 ff.
– Anhang 549
– Anschaffungskosten 557 ff.
– Bilanz 549, 551 ff.
– Gewinn- und Verlustrechnung 549 ff.
– Herstellungskosten 557
– Höchstwert 557
– Lagebericht 549
– Mindestwert 557 ff.
Kooperation 49
Koordination 101, 103
Koordinationsinstrumente 103
Korrekturverfahren 370
Kosten 3, 211
–, Abgrenzung der 496
–, Anders- 496
–, degressive 213
–, fixe 211, 237
–, primäre 622
–, progressive 213
–, proportionale 213
–, regressive 213
–, relevante 211, 237
–, sekundär 622
–, soziale 586
–, sprungfixe 229
–, variable 211
–, Zusatz- 496
Kostenarten 622
Kostenartenrechnung 621 ff.
Kostendeterminanten 209 ff.
–, Systeme der 211 f.
Kostenfunktion, optimale 229
Kostenkategorien 211 f.
Kostenkontrolle 658
Kosten-Nutzen-Analyse 334
Kostenplanung 658
Kostenrechnung 613 ff.
Kostenrechnungs-
– systeme 614 ff.
– Grundsätze 614 ff.
Kostenschlüssel 629 f.
Kostenstellen 626 f.
Kostenstellen-
–, Einzelkosten 630
–, Gemeinkosten 630
– Plan 627
– Rechnung 626 ff.
– Umlage 628 f.
Kostenstruktur 326
Kostenträger-
– Ergebnisrechnung 634 ff.
– Stückrechnung 647 ff.

Kostentragfähigkeitsprinzip 616
Kostentreiber 665
Kostenvergleichsrechnung 211 ff., 319, 324 f.
Kostenverläufe, variabel 212
Kostenverursachung, Prinzip der 616 f.
Kraftfahrzeugsteuer 312
Kreativitätstechnik 149
Kredit-
– Finanzierung 405 ff.
– –, kurz- und mittelfristige 413 ff.
– –, langfristige 406 ff.
– Leihe 417
– Merkmale 406
– Sicherheiten 405
– Versicherung 405
Kreuzpreiselastizität 266
Kriterium der höchsten Wahrscheinlichkeit 171 f.
Kriterium des maximalen Erwartungswertes 171 f.
Kundenanzahlung 414
Kundendienstpolitik 282
Kundenstruktur 285
Kuppel-
– Kalkulation 654 f.
– Produktbündel 655
– Produktion 654

Lagebericht 526 f.
Lager-
– Ausstattung 204
– Bestandsveränderungen 204
– Kosten 202
– Standort 204
Leasing 399, 420 ff.
Lebenszyklusanalyse 283, 285
Lebenszykluskonzept 118 f.
Leerkosten 662 f.
Leistung 3
Leistungen 497
–, innerbetriebliche 631 f.
Leistungsdokumentation 111
Leistungsmotivation 189
Leistungsprogramm
–, hetrogenes 41
–, homogenes 41
Leistungsprogrammtyp 196
Leistungsprozeß
–, Grundstruktur des 182
–, Phasen des 181
Leistungsrechnung 613
Leistungsverrechnung
–, innerbetriebliche 631 ff.
–, simultane Verfahren der 632 f.
–, sukzessive Verfahren der 632
Leistungswille, subjektiver 189

Leistungsziele 62
Leitungs-
– Organ 70
– Spanne 104, 107 f.
– System 104 ff.
Leontief-Produktionsfunktion 220 f.
Leverage-
– Effekt 65 f.
– Formel 65 ff., 599
Lieferantenkredit 414 f.
Lieferungsbedingungen 287
LIFO-Verfahren 540 f.
Lineare Programmierung 174 ff.
Liquidität 60
Liquiditäts-
– Dimension 308 f.
– Grade 606 f.
– Politik 310
– Postulat 309 f.
– Reserve 476
– Sicherung 475 f.
– Steuerung 469 ff.
– –, Kriterien der 469 f.
– –, Modelle der 469 ff.
Lizenzvergabe 46
LOFO-Verfahren 540 f.
Logistik 205
Lohmann-Ruchti-Effekt 431 ff.
Lohn-
– Formdifferenzierung 136 ff.
– Hierarchie 135
– Politik, betriebliche 135 ff.
– Logistik 287 f.
Lombard-
– Kredit 416
– Satz 416
Losgrößenformel 202

Machtträger 61
Machtverteilung 67, 76 f.
Makroökonomie 7
Management 81 ff.
–, Begriff des 81 f.
– –, by-Delegation 140 ff.
– –, by-Exception 109, 140 ff.
– –, by-Objectives 140 ff.
– –, by-System 139 ff.
– –, Information-Systeme 132
–, Funktion des 82
–, Fachfunktionen des 93
–, Hauptfunktionen des 81 ff.
–, Merkmale des 81 f.
– –, computergestützte 132 f.
– Prozeß 81 ff.
– Spirale 93
– System 56

– –, Bestandteile des 99 f.
– –, bürokratisch-administratives 99
– –, innovativ-strategieorientiertes 99
– –, Techniken 107, 147 ff.
– –, Begriffe 147
– –, Systematik 147 ff.
– Würfel 82
– Zyklus 83
Managerial Grid 94
Manipulation 125 ff.
Manipulationsabwehr 128
Manipulationshypothesen 594
Marginalanalyse 174
Märkte, Klassifikation von 267
Markenpolitik 281
Marketing 243 ff.
– Budget, optimales Volumen des 256, 259 f.
– Entscheidung, Komplexität und Unsicherheit 244
– Forschung 252 ff.
– in der Wettbewerbswirtschaft 245 ff.
– Instrumente 247, 250 f.
– –, Kombination der 256, 260 f.
– Konzeption 244 f.
Mix, optimales 255 ff.
Markowitz-Modell 378 ff.
Markt-
– Anteil 120, 253
– Arten 18
– Ausweitung 244
–, Begriff des 18
– Erschließung 244
– Erweiterung 42
– Formenschema 266 f.
– Forschung 252
– Merkmale 266
– Orientierung 245
– Potential 253
– Segmente 251
– Teilnehmer, Verhalten der 267
–, vollkommener 266
– Volumen 253
Marktanteils-Wachstum-Matrix 120
Marktwachstums-/Marktanteilsportfolio 120
Marktwirtschaftliche Grundprinzipien 19 f.
Marktzins-
– Modell 351 ff.
– Methode 351 ff.
Maschinenstundensatz-Rechnung 653 f.
Maßgeblichkeitsgrundsatz 574
Material-
– Bedarfsplan 199 ff.
– Bereitstellung 196 ff.
– Bereitstellungsprinzipien 197 f.

– Beschaffungsplanung 201 ff.
– Eigenschaften 199 f.
– Normen 200
Materialorientierung 48
– Verbrauch, Bewertung 624
– Vorratshaltung 198, 203 ff.
Matrixorganisation 106 f.
Mechanisierung 195
Mechanisierungsgrad 131
Mehrfachunterstellung 105
Mehrheitsbeteiligung 50
Mehrliniensystem 105
Meldebestand 204
Mengen-Kosten-Leistungsfunktion 227 f.
Methoden- und Modellbank 132
Mikroökonomie 7
Miller/Orr-Modell 472 f.
Mineralölsteuer 313
Minderheitsbeteiligungen 50
Minimalebenenprinzip 109
Minimalkostenkombination 224 f.
Minimax-
– Floating Rate Note 410
– Kriterium 172 f.
– Risiko-Kriterium 172 f.
Minimumsektor 117
Mitbestimmung 69 f.
Mitbestimmungsgesetz 61, 71
Mittelherkunft 583 f.
Mittelverwendung 583 f.
Mittelwertmethode 393 f.
Mobilitätsstatus, finanzieller 473 ff.
Modigliani/Miller-These 463, 465 ff.
Monopolfall 268 f.
Montan-Mitbestimmungsgesetz 71
Monte-Carlo-Methode 374
Motivationskonzept 134
Motivationstheorie 52 ff.
MPM 156 ff.

Nachkalkulation 647
Namensaktie 401
–, vinkulierte 401
Nebenkostenstellen 626
Nennwertaktie 402
Nettosozialprodukt 22 ff.
Netzplantechnik 156 ff.
Neubewertungsmethode 553 f.
Neufinanzierung 307
Niederstwertprinzip 531
Nominalgüter 2
Non-Business-Marketing 248
Normalgewinn 395
Normalkostenrechnung 615
Null-Kupon-Anleihe 409
Nutzkosten 662 f.

Nutzungsdauer-
- Entscheidungen 343 ff.
- Problem 321 f.

Öffentlichkeitsarbeit 290, 293
Ökologische
- Aspekte des Wirtschaftens 70 ff.
- Strategien 73
- Unternehmensführung 74
- Unternehmensgrundsätze 74 f.
- Unternehmungsziele 67
Offene Handelsgesellschaft (OHG) 28, 30 f.
Oligopolfall 267
Omelettenproblem 171 f.
Operating-Leasing 420
Operationalitätsprinzip 109
Operationalität von Zielen 76, 78
Optimalkapazität 193
Optimierungstechnik, analytische 156 ff.
Optimum,
-, materialwirtschaftliches 197
-, verfahrenstechnisches 195
Optionsanleihe 408
Ordnungspolitik 8
Ordnungssystem, marktwirtschaftliches 15 ff.
Organigramm 111
Organisation 57, 82
- als Managementfunktion 89 ff.
- Matrix 106 f.
- Stab-Linien- 106
Organisations-
- Kongruenz 76
- Prozeß 92 f.
- Struktur
- -, divisionale 101 f.
- -, Einflußgrößen der 111 f.
- -, funktionale 101 f.
- -, Formalisierung der 109 ff.
- -, Hierarchisierung der 109
- Systeme 100 ff., 111 f.
- Theorie, Ansätze der 100
- Zyklus 93
Outputgüter 2

Partialmodelle, klassische 318 f.
Partizipationsschein 402
Passivierungsfähigkeit 533 f.
Pay-Off-Periode 332 f.
Penetrationspreispolitik 277
Perioden-
- Kostenvergleich 324
- Vergleich 608
Periodisierung
-, kapitalbindungsproportionale 359

-, zeitproportionale 360
-, rückflußproportionale 361
Peripherie 132
Personengesellschaft 28, 30 f.
Personal-
- Bedarf 185
- Beschaffung 185
- Bereitstellung 185 ff.
- Entwicklungssystem 138 f.
- Einsatz 187
- Funktion 93
- (Führungs-) Systeme 133 ff.
PERT 156 ff.
Pfad, kritischer 158 f., 164
Pivot-
- Element 177 f.
- Spalte 177 f.
- Zeile 177 f.
Planalternative 124
Plankalkulationssatz 659 f.
Plankosten, verrechnete 663
Plankostenrechnung 615 f., 657 ff.
-, Aufgaben der 657 f.
-, flexible 661 ff.
-, Grenz- 658 ff.
-, Hauptformen der 657 f.
-, starre 658 ff.
-, Voll- 658 ff.
Planung 82, 84 ff.
-, Ausgleichsgesetz der 117
-, Definition der 87
-, elastische 116, 124 f.
-, flexible 116, 124 f.
-, operative 116 f.
-, revolvierende 116, 122 f.
-, rollende 123
-, strategische 116 ff.
Planungs-
- Ansatz, simultaner 237
- Autonomie 20
- System 112 ff.
- Verfahren
- -, progressive 113
- -, retrograde 113
Pooling of Interests-Methode 555 f.
Portfoliotechnik 119 ff.
Portfoliotheorie 378 ff.
Potentialfaktoren 2
PPS 211
Präferenzmatrix 152 f.
Präferenzpolitik 258 ff., 261
-, Bereiche der 279 ff.
Prämienlohn 137 f.
Prämienpreispolitik 277
Prämissenkontrolle 89
Praktikerverfahren 393

Preis-
- Absatz-Funktion 257f., 263ff.
- --, dynamische 264
- --, geknickte 271
- Bestimmung
- --, Prinzip der konkurrenz- und branchenorientierten 272, 276ff.
- --, Prinzip der kostenorientierten 272ff.
- --, Prinzip der nachfrage- und beschäftigungsorientierten 272, 274ff.
- Differenzierungspolitik 277f.
- Elastizität der Nachfrage 264ff.
- Entscheidungen, Anlässe für 263
- Mechanismus 18, 263
- Orientierung 282
- Politik 261, 263ff.
- --, auf oligopolistisch strukturierten Märkten 267
- --, bei atomistischer Konkurrenz 267, 269f.
- --, bei monopolistischer Angebotsstruktur 267ff.
- --, bei polypolistischer Konkurrenz 267, 271f.
- --, optimale 256
- Schwelle, kritische 276
- Theorie, klassische 266ff.
- Untergrenze
- --, kurzfristige 274
- --, langfristige 274

Preispolitischer Ausgleich 278
Preispolitisches Entscheidungsfeld 263ff.
Preispolitische Strategie 277f.
Primärforschung 254f.
Primärkosten 631
Prinzip, ökonomisches 3ff.
Problemanalyse 84
Produkt-
- Bewertungsanalyse 285
- Differenzierung 280
- Diversifikation 281f.
- Eliminierung 280
- Gestaltung 280f.
- Innovation 280
- Linie 281
- Management 107
- Mix 252
- politik 250
- Variation 280

Produktions-
- Aufteilungsplanung 208, 215ff., 227ff.
- Durchführungsplanung 208f.
- Faktoren 181
- Funktion 215ff.
- --, Arten von 215
- --, Begriff der 215
- --, ertragsgesetzlich 216

- --, limitationale 220ff., 227ff.
- --, substitutionale 216ff., 223ff.
- Güter 2
- Koeffizienten 220f.
- Planung 207ff.
- --, Kostendeterminanten der 211ff.
- Politik, Teilpläne 207f.
- Programm 41f.
- Programmplanung 209
- --, Konstellation der 236
- --, operative 209, 235ff.
- Prozeß 236f.
- Teilpläne 205
- Tiefe 40, 41f.
- Typ 40f.
- Verteilungsplanung 208

Produktivität 184
- menschliche Arbeit 186ff.

Prognose 85
-, Informationsgehalt der 86
-, Sicherheitsgrad der 86

Prognose-
- Bedarf, minimaler 122
- Kosten 657
- --, Rechnung 615
- Qualität 86
- Techniken 148
- Verfahren, extrapolierende 166f.

Programm-
- Entscheidungen 321
- Gestaltung, optimale 282
- Planung 235
- --, bei Bestehen eines Engpasses 238ff.
- --, ohne Kapazitätsbeschränkung 237f.
- --, operative 235ff.
- Strukturanalyse 285
- Variation 281f.

Programmierung, lineare 174ff.
Prohibitivpreis 257
Projekt-Management 107
Prolongation 307
Promotionspreispolitik 277
Proportionalitätsprinzip 631
Proportionalkostenrechnung 638ff.
Prozeß-
- Anordnung 307
- Geschwindigkeit 302
- Gliederungsprinzip 629
- Kostenrechnung 664ff.

Publizität
-, aktive 575, 582
-, passive 575, 582
Publizitätsgesetz 37f.
Publizitätspolitik 575
Puffer 158f.
-, freier Anfangs- (FAP) 159ff.

–, freier End- (FEP) 159 ff.
–, Gesamt- (GP) 159 ff.
–, unabhängiger (UP) 159 ff.
Punktbewertungsverfahren 151 ff.
Pyramideneffekt im Konzern 561 ff.

Qualitätswettbewerb 290
„Question Marks" 121
Quotenaktie 402
Quotenkonsolidierung 553, 555 f.

Rabatt-
– Politik 286 f.
– System 286
Rahmenbedingungen, volkswirtschaftliche 252 f.
Realgüter 2
Realinvestition 304 f.
Realisationsprinzip 531
Rechenschaft, Grundsätze der 529 ff.
Rechnungs-
– Abgrenzungsposten 518
– System, dreiteiliges 490
– Wesen 485 ff.
– –, Aufgaben des 485
– –, Begriff des 485
– –, Bestandsgrößen 493, 495
– –, Hauptbereiche des 486
– –, Stromgrößen 495
– –, volkswirtschaftliches 22
Rechtsform
–, Begriff der 28
–, Übersicht 28, 30 f.
–, Unterscheidungsmerkmale 29 ff.
Rechtsformwechsel 32 f.
REFA-Arbeitsstudien 136, 187 f.
Regeln, organisatorische 109 ff.
Regiebetrieb 28
Rekursionsprinzip 124
Rembourskredit 417
Rentabilität 60, 64, 331, 339
Rentabilitäts-
– Funktion 449 f.
– Kennzahlen 64, 598 ff.
– –, Leverage-Effekt 65 f., 67
– Komponente 309
– Normen 609
– Rechnung 319, 331 f.
– Risikohebel 563 f.
Rentenbarwertfaktoren 337
Repetierfaktoren 2
Reproduktionswert 392 f.
Reservierungskosten 185
Ressourcenerschöpfung 72
Restkosten 667
Restwertmethode 654

Retrograde Methode (Rückrechnung) 623
Return On Investment (ROI) 64, 67 f., 599
Revolving-Systeme 411
Rezepte 200
Rhythmendiagramm 123
Richtigkeit, Grundsatz der 530
Richtlinien 111
Risiko-
– Analyse 87, 148, 374 f.
– Chancen-Kalkül 148
– Chancenprofil 375
– Neigung 4
– Präferenzfunktion 374
Rohertrag 63, 524
ROI (Return On Investment)-Analyse 67 f.
Roll-back-Verfahren 124, 377
Rücklagen 518 f.
Rücklagenpolitik 580 ff.
Rückstellungen 519
Rückwärtsintegration 41

Sachleistungsunternehmung 34
Sachziele 62
Sättigungsmenge 257
Sammelbewertungsverfahren 539 ff.
Scenario 148
Scoring-Modell 148, 151 ff.
Schachtelprinzip 122
Scheck-Wechsel-Tauschverfahren 417
Scheingewinn 594
„Schütt-aus-hol-zurück"-Verfahren 460 f.
Schulden-
– Konsolidierung 551, 556 f.
– Tilgungskraft 606
Schuldscheindarlehen 411 f.
Schwellenpreis 272
Sekundärforschung 255
Sekundärkosten 631
Selbständigkeit, wirtschaftliche 49 f.
Selbstfinanzierung 429 f.
–, Modelle zur optimalen 457 ff.
Selbstkosten 272
Selbstverwirklichungsbedürfnisse 58 f.
Sensibilitätsanalyse 155 f.
Sensitivitätsanalyse (Verfahren kritischer Werte) 371 f.
Sicherheitsbedürfnis 58 f.
Sicherheitskoeffizient 330 f.
Simplex-
– algorithmus 174 ff.
– tableau 176
Simultan-Planung, totale 114
Situativer Ansatz 100
Skonto 414
Skontrationsmethode 623
Snob-Effekt 264

Social-Marketing 248
Software 132
Soll/Ist-Vergleich 89, 608
Sollkosten 663
Sondervermögen 28
Sonderposten mit Rücklagenanteil 519
Sortimentsoptimierung 199 f.
Sortimentspolitik 279 ff.
Sortimentsverbund 42, 240
Sozialbilanz 586
Sozialprodukt 22 f.
Spartenorganisation 101
Spezialisierung 100 f.
Spielräume, bilanzpolitische 579 f.
Stabilität 90
Stab-Linien-Organisation 106
Stabstellen 105
Stammaktien 401
Standard-Einzelkostenrechnung 664 ff.
Standard-Gewinnrate 67
Standardkosten 657
Standardkostenrechnung 615
Standardmodell 364
Standort- 46
– Bedingungen 47
– Entscheidungen 48
– Faktoren 48
Standortwahl 46 ff.
„Stars" 120 f.
Stellenbeschreibung 111
Stellenbildung 92, 102
Stellengefüge, Gliederungstiefe des 104, 107
Stetigkeit, Grundsatz der 531 f.
Steuer-
– Arten 312 f.
– Bilanzgewinn, geschätzter 595 f.
– Lastminimierung 574
– Paradoxon 367 f.
– Planung 311
– Recht 25
Steuern
– in der Investitionsrechnung 361 ff.
– in Finanzprozessen 460 f.
–, latente 520 f.
Stiftungen 28
Stille Gesellschaft 28 f.
Straßenfertigung 196
Strategien, preispolitische 277 f.
Strategische Lücke 117 f.
Strategische Planung 116 ff.
Strategisches Geschäftsfeld 119 f.
Stromgrößen im Rechnungswesen 297 ff., 493, 495
Struktur 90
Strukturformalisierung 109 ff.
Strukturplanung 157 f.

Stückkosten 214
Stückkosten-
– Dimensionen 214
– Vergleich 325
Stückliste 200
Stuttgarter Verfahren 395
Substanzwertmethode 392 f.
Substitution 216, 218, 307
Substitutionslücke 267
Subventionsorientierung 48
Subventionsfinanzierung 426 ff.
Sukzessivplanung 237
Synchronisation 208
Synthetische Methode 200
System, marktwirtschaftliches 15 ff.
Systemprogramm 132

Teilpläne 112 f.
Teilamortisationsvertrag 421
Teilkonzernabschluß 550
Teilkosten-
– Rechnung 616, 638 ff.
– –, Arten der 638 ff.
Teilreproduktionswert 393
Teilwert 536 f.
– Vermutungen 536
Theorie „X und Y" 134
Thesaurierung 308
Tochterunternehmen 46
Top-to-down-Verfahren 113
Totalanalyse 174
Totalmodelle 318
Transformation 307
Transportkosten 204
Trendextrapolation 166 f.
Triffinischer Koeffizient 266 f.
Typenbereinigung 200

Übergewinn-
– Abgeltung 394 f.
– –, diskontierte 395
– –, einfache undiskontierte 395
– –, Methoden der 394 f.
Überorganisation 90
Überschuß-Barwert 354
Überschußfinanzierung 429 ff.
Umfinanzierung 307
Umkehrwechsel 417
Umlaufvermögen 517 f., 591 f.
–, monetäres 592
Umsatzbezogene Kapitalrentabilität 64
Umsatz-
– Erlöse 63
– Kostenverfahren 635 f.
– Multiplikator 561 f.
– Reaktionsfunktion 259

– Rentabilität 64, 66, 332, 599
– Steuer 312
– Struktur 285
Umwandlung 32 f.
Umwelt-
– Verschmutzung 72
– Schutzgesetze 72
Unsicherheit bei Wirtschaftlichkeitsrechnung 370 ff.
Unsicherheitsproblem 335
Unternehmen
–, Arten von 52
–, assoziierte 556
–, emissionsfähige 400 f.
–, Gemeinschafts- 555 f.
–, Größenklassen der 37 f.
–, internationale 43
–, Mutter- 550 ff.
–, lokale 43
–, multinationale 43
–, nationale 43
–, regionale 43
–, nicht-emissionsfähige 399 f.
–, öffentliche 24
–, personenbezogene 24
–, private 24
–, Tochter- 550
–, verbundene 49 ff.
Unternehmens-
– Bewertung 388 ff.
– –, Anlässe der 320, 388
– –, Funktion der 321
– –, moderne 320
– –, objektive 320
– –, subjektive 320
–, Verfahren der 316, 389
– Form 28 f.
– Größen, Messung der 37 f.
– Größenklassen 37 f.
– Kategorien nach HGB 506 ff.
– Träger, Werthaltung der 59
– Verbände 49
– Verbindung 49 ff.
– Ziele 67
– Zusammenschlüsse 49
Unternehmergewinn/-verlust 63
Unternehmung 22, 34
–, Gliederung nach Branchen 34 f.
–, Gliederung nach Größenklassen 37 f.
–, Instrumentalfunktion der 57
–, Merkmale 22 ff.
–, Typen der 27
–, Typenbildung 27
Unternehmungs-
– Gewinn 63
– Philosophie 59, 61

– Planung, Hierarchische 112
– Ziele 57 ff.
– –, Entstehung 57 ff.
– –, soziale und ökologische Dimensionen der 67 ff.
– Zusammenschlüsse 49 ff.
Unterorganisation 90
Unterstellungsobjekt 5

Verantwortungsbereiche, organisatorische 105, 125
Veränderungsbilanz 583
Verbrauchs-
– Abweichung 663 f.
– Folgeverfahren 540
– Funktion 221 f.
– –, ökonomische 222
– –, technische 221 f.
– Güter 2
– Mengenerfassung 623 f.
– Struktur, zeitliche 199
Verfahren
– kritischer Werte (Sensitivitätsanalyse) 371 f.
–, organisationstechnische 196
–, technische 195
–, vergenztechnische 196
Verflechtung, kapitalmäßig 50
Verkäufermarktsituation 243
Verkauf, persönlicher 290, 293
Verkaufs-
– Förderung 290, 292
– Organisation 293
Verkehrsorientierung 48
Verlustantizipation, Prinzip der 531
Vermögen 300
Vermögens-
– Endwertmethode 320, 352
– Kategorien 495
– Maximierung
– –, firmeneigene 458
– –, für die Anteilseigner (dem Durchschnittsaktionär) 458 f.
– Streben 458
– Strukturkennzahlen 605
Vermögensteuer 313
Verrechnungsverfahren, simultane 632 f.
Verschmelzung 50
Verschuldung, Modelle der optimalen 461 ff.
Verschuldungsgrad 1
–, optimaler 463 ff.
–, statistischer 605 f., 609
–, dynamischer 605 f., 609
Verschuldungs-
– Hebel 65
– Risiko 66

Versicherungsverein 28, 32
Verteilungsmethode 654 f.
Vertriebskosten 288
Verwaltung, öffentliche 24 f.
–, konstruktive Merkmale 25
VOFI 318
Volkseinkommen 22 ff.
Volkswirtschaftslehre 6 ff.
–, Hauptbereiche der 7 f.
Vollarmortisationsvertrag 421
Vollkonsolidierung 554
Vollkosten-
– Rechnung 616 ff.
Vollreproduktionswert 393
Vollständigkeit, Grundsatz der 530
Vollständigkeit des Zielsystems 76
Vorgabezeit 187 f.
Vorkalkulation 647 f.
Vorrats-
– Haltung 203
– Intensität 605
– Optimierung 203
– Politik 204
– Sicherung 204
Vorsicht, Grundsatz der 532
Vorwärtsintegration 41
Vorzugsaktien 401 f.

Wachstum 60
Währungswap 411
Wahlentscheidungen 321
Wandel-
– Anleihe 408
– Schuldverschreibung 408
Waren-
– Forderungen 591
– Lombard 416
Wartung 191
Wechsel-
– Kredit 414
– Lombard 416
– Steuer 417
Weisungsbeziehungen 104 ff.
Werbe-
– Erfolgskontrolle 291 f.
– Etat 290 f.
– Mittel 291
– Objekt 291
– Planung 290 ff.
– Träger 291
Werbung 290 ff.
Werkstattfertigung 196
Werkstoffe 101, 196
Wert-
– Analyse 200
– Ansätze in der Bilanz 535 ff.

– Haltungen der Unternehmensträger 59
– Herabsetzungen 535, 540 ff.
– Klima der Unternehmungen 69
– Schöpfung 63, 187
– Schöpfungsrechnung 584, 586
– Synthese 87
Wertpapierportefeuille 381
Wertpapierlinie 383
Wiederbeschaffungswert 537
Wiedergewinnungsfaktoren 338
Willensbildung, betriebliche 70, 95
Willkürfreiheit, Grundsatz der 530
Wirtschaften 1 f.
– in den Unternehmungen 56
Wirtschaftlichkeit 4
Wirtschaftlichkeitskontrolle 657 f.
Wirtschaftlichkeitsrechnung
– dynamische Kalküle der 319, 323 ff.
–, Funktion der 321
– Partialmodelle der 318
– Simultanmodelle der 317
– statische Kalküle der 319, 323 ff.
–, Unsicherheit bei der 370 ff.
– unter Berücksichtigung von Gewinnsteuern 361 ff.
–, Verfahren der 323 ff.
Wirtschafts-
– Betrieb 62
– Einheiten 23
– Güter
– –, Arten von 2
– –, Bewertung 535 ff.
– –, Bilanzierung 532 ff.
– Kreislauf 20 ff.
– Philosophie 6 f.
– Politik
– –, staatliche 8
– –, Ziele der 8
– Prozeß der Unternehmung 56
– Technologie 6
– Theorie 5 f.
Wissenschaft 5
– Zweige 35 f.
Wohlstands-
– Faktoren 1
– Streben 458
Working-Capital 607

Zahlungs-
– Bedingungen 287
– Kraft 474
– Ströme, Systematisierung der 297, 299
Zeit-
– Kosten-Leistungsfunktion 228 f.
– Lohn 136
– Planung 158 f.

Zeitwertmethode 553 f.
Zentraleinheit 132
Zentralisierung 43
Zentren der betrieblichen Willensbildung 70
Zero-Bond 409
Zerobond-Abzinsfaktoren 354
Ziel-
– Beziehungen 78
– Bildung 58, 84
– Differenzen 78
– Ermittlung 151 f.
– Interdependenzen bilanzpolitischer Maßnahmen 587
– Komplementaritäten 78
– Konkurrenz 78
– Konflikte 78
– Konzeption 62
– Planungsprozeß 75 ff.
– System 56, 75 ff.
Zinsfuß,
–, interner 444 ff.
–, realer 447 f.

Zinsfußmethode
–, interne 320, 444 ff.
–, reale 447 f.
Zinsmodell 364
Zinssatz, kritischer 347
Zinsstruktur 353
Zinsswap 410 f.
Zirkelproblem, logisches 114
Zukunftserfolgswert 389 ff.
– Zurechnungsproblem 335
Zusammenschlüsse
–, horizontale 52
–, vertikale 52
Zuschlags-
– Kalkulation 653 f.
– –, differenzierende 653
– –, summarische 653
– Prozentsätze 653
Zuschlagssatz 628
Zuschreibungen 544 f.
Zweckaufwand 496
Zweikreissystem 493
Zwischenerfolgskonsolidierung 557 f.